ACCESO GRATIS *a la Lectura en la Nube*

Para visualizar el libro electrónico en la nube de lectura envíe junto a su nombre y apellidos una fotografía del código de barras situado en la contraportada del libro y otra del ticket de compra a la dirección:

ebooktirant@tirant.com

En un máximo de 72 horas laborables le enviaremos el código de acceso con sus instrucciones.

La visualización del libro en **NUBE DE LECTURA** excluye los usos bibliotecarios y públicos que puedan poner el archivo electrónico a disposición de una comunidad de lectores. Se permite tan solo un uso individual y privado.

Estudios jurídicos en Homenaje al Profesor Víctor Moreno Catena

VOLUMEN I

COMITÉ CIENTÍFICO DE LA EDITORIAL TIRANT LO BLANCH

María José Añón Roig
Catedrática de Filosofía del Derecho de la Universidad de Valencia

Ana Cañizares Laso
Catedrática de Derecho Civil de la Universidad de Málaga

Jorge A. Cerdio Herrán
Catedrático de Teoría y Filosofía del Derecho Instituto Tecnológico Autónomo de México

José Ramón Cossío Díaz
Ministro en retiro de la Suprema Corte de Justicia de la Nación y miembro de El Colegio Nacional

María Luisa Cuerda Arnau
Catedrática de Derecho Penal de la Universidad Jaume I de Castellón

Manuel Díaz Martínez
Catedrático de Derecho Procesal de la UNED

Carmen Domínguez Hidalgo
Catedrática de Derecho Civil de la Pontificia Universidad Católica de Chile

Eduardo Ferrer Mac-Gregor Poisot
Juez de la Corte Interamericana de Derechos Humanos Investigador del Instituto de Investigaciones Jurídicas de la UNAM

Owen Fiss
Catedrático emérito de Teoría del Derecho de la Universidad de Yale (EEUU)

José Antonio García-Cruces González
Catedrático de Derecho Mercantil de la UNED

José Luis González Cussac
Catedrático de Derecho Penal de la Universidad de Valencia

Luis López Guerra
Catedrático de Derecho Constitucional de la Universidad Carlos III de Madrid

Ángel M. López y López
Catedrático de Derecho Civil de la Universidad de Sevilla

Marta Lorente Sariñena
Catedrática de Historia del Derecho de la Universidad Autónoma de Madrid

Javier de Lucas Martín
Catedrático de Filosofía del Derecho y Filosofía Política de la Universidad de Valencia

Víctor Moreno Catena
Catedrático de Derecho Procesal de la Universidad Carlos III de Madrid

Francisco Muñoz Conde
Catedrático de Derecho Penal de la Universidad Pablo de Olavide de Sevilla

Angelika Nussberger
Catedrática de Derecho Constitucional e Internacional en la Universidad de Colonia (Alemania) Miembro de la Comisión de Venecia

Héctor Olasolo Alonso
Catedrático de Derecho Internacional de la Universidad del Rosario (Colombia) y Presidente del Instituto Ibero-Americano de La Haya (Holanda)

Luciano Parejo Alfonso
Catedrático de Derecho Administrativo de la Universidad Carlos III de Madrid

Consuelo Ramón Chornet
Catedrática de Derecho Internacional Público y Relaciones Internacionales de la Universidad de Valencia

Tomás Sala Franco
Catedrático de Derecho del Trabajo y de la Seguridad Social de la Universidad de Valencia

Ignacio Sancho Gargallo
Magistrado de la Sala Primera (Civil) del Tribunal Supremo de España

Elisa Speckman Guerra
Directora del Instituto de Investigaciones Históricas de la UNAM

Ruth Zimmerling
Catedrática de Ciencia Política de la Universidad de Mainz (Alemania)

Fueron miembros de este Comité:
Emilio Beltrán Sánchez, Rosario Valpuesta Fernández y **Tomás S. Vives Antón**

Procedimiento de selección de originales, ver página web:
www.tirant.net/index.php/editorial/procedimiento-de-seleccion-de-originales

Estudios jurídicos en Homenaje al Profesor Víctor Moreno Catena

VOLUMEN I

Helena Soleto
Raquel López Jiménez
Amaya Arnáiz Serrano
Sabela Oubiña Barbolla
Coordinadoras

Instituto Alonso Martínez de justicia y litigación
Universidad Carlos III de Madrid

tirant lo blanch
Valencia, 2025

Copyright ® 2025

Todos los derechos reservados. Ni la totalidad ni parte de este libro puede reproducirse o transmitirse por ningún procedimiento electrónico o mecánico, incluyendo fotocopia, grabación magnética, o cualquier almacenamiento de información y sistema de recuperación sin permiso escrito de los autores y del editor.

En caso de erratas y actualizaciones, la Editorial Tirant lo Blanch publicará la pertinente corrección en la página web www.tirant.com.

© Helena Soleto
Raquel López Jiménez
Amaya Arnáiz Serrano
Sabela Oubiña Barbolla

© TIRANT LO BLANCH
EDITA: TIRANT LO BLANCH
C/ Artes Gráficas, 14 - 46010 - Valencia
TELFS.: 96/361 00 48 - 50
FAX: 96/369 41 51
Email: tlb@tirant.com
www.tirant.com
Librería virtual: www.tirant.es
DEPÓSITO LEGAL: V-326-2025
ISBN: 978-84-1071-647-6 (Obra completa)
ISBN: 978-84-1071-869-2 (Volumen I)

Si tiene alguna queja o sugerencia, envíenos un mail a: *atencioncliente@tirant.com*. En caso de no ser atendida su sugerencia, por favor, lea en *www.tirant.net/index.php/empresa/politicas-de-empresa* nuestro procedimiento de quejas.

Responsabilidad Social Corporativa: http://www.tirant.net/Docs/RSCTirant.pdf

Listado de autores por orden de aparición

Silvia Barona Vilar
Catedrática de Derecho Procesal
Universitat de València

Vicente Pérez Daudí
Catedrático de Derecho Procesal
Universitat de Barcelona
perezdaudi@ub.edu

Fernando Gascón Inchausti
Catedrático de Derecho Procesal (UCM)

Elena Martínez García
Catedrática de Derecho Procesal
Universitat de Valencia

Juan Manuel Alcoceba
Universidad Carlos III de Madrid
Jalcoceb@der-pu.uc3m.es
https://orcid.org/0000-0003-2225-0177

María Luisa Villamarín López
Catedrática de Derecho Procesal UCM

Juan Damián Moreno
Catedrático de Derecho Procesal
Universidad Autónoma de Madrid

Gonzalo Quintero Olivares
Catedrático (j) de Derecho penal
Vocal Permanente de la CGC
Ex Vocal del CGPJ
Abogado

José Luis Rebollo Álvarez
Abogado
Doctor en Derecho
Profesor Asociado de Derecho Procesal Universidad de Oviedo

Inés C. Iglesias Canle
Catedrática de Derecho Procesal
Directora del "Instituto Universitario Xustiza e Xénero"
Universidade de Vigo

Ixusko Ordeñana Gezuraga
Profesor Titular Derecho Procesal UPV/EHU

Raúl Sánchez Gómez
Profesor Titular de Derecho Procesal
Universidad Pablo de Olavide
Correo electrónico: rgsangom@upo.es

Luis Martín Contreras
Doctor en Derecho
Secretario de la Sala Tercera del Tribunal Supremo
Fue Profesor Asociado de Derecho Procesal. Univ. Carlos III

Sonia Calaza López
Catedrática de Derecho procesal (UNED)

Raquel Castillejo Manzanares
Catedrática de Derecho Procesal de la USC

Anna Fiodorova
Ayudante doctora
Universidad Carlos III de Madrid
Instituto de Justicia y Litigación "Alonso Martínez"
ORCID: 0000-0002-6445-0161

Ana I. González Fernández
Profesora contratada sustituta Derecho Procesal
Universidad de Extremadura

Alberto Saiz Garitaonandia
Profesor Agregado de Derecho Procesal de la Universidad del País Vasco UPV-EHU

Bernardino J. Varela Gómez
Prof. Titular de Derecho Procesal (USC)

Mª Pía Calderón Cuadrado
Catedrática de Derecho Procesal (Universitat de València)
Magistrada (Tribunal Superior de Justicia Comunidad Valenciana, Sala de lo Civil y Penal)

L. Alfredo de Diego Díez
Magistrado y doctor en Derecho
Profesor de Derecho Procesal en la Universidad Pablo de Olavide (Sevilla)

Jacobo Barja de Quiroga López
Presidente de Sala del Tribunal Supremo

Amaya Arnáiz Serrano
Profesora Titular. Derecho Procesal
Universidad Carlos III. ORCID: 0000-0001-7125-9667

Milagros López Gil
Profesora Titular de Derecho Procesal
Universidad de Málaga
https://orcid.org/0000-0002-3399-3593

Pedro Álvarez Sánchez de Movellán
Profesor titular de Derecho Procesal
Universidad de León

Leticia Fontestad Portalés
Catedrática de Derecho Procesal
Universidad de Málaga
Consejera-Académica GUERRERO ABOGADOS

Lorenzo M. Bujosa Vadell
Catedrático de Derecho Procesal
Universidad de Salamanca

José Garberí Llobregat
Catedrático de Derecho Procesal (UCLM)
Ex Letrado del Tribunal Constitucional

José Antonio Colmenero Guerra
Prof. Titular de Derecho Procesal
Universidad Pablo de Olavide

José Maria Asencio Mellado
Catedrático de Derecho Procesal de la Universidad de Alicante

Joan Picó Junoy
Catedrático de Derecho Procesal
Universitat Pompeu Fabra

Tamara Martínez Soto
Universidad Internacional de La Rioja

Blanca Otero Otero
Profesora Ayudante Doctora de Derecho Procesal
Universidad de Vigo

Emilia Ofelia Pasolea
Ayudante Doctora
Universidad Carlos III de Madrid

Gregorio Serrano Hoyo
Profesor titular de Derecho procesal de la Universidad de Extremadura

David Vallespín Pérez
Catedrático de Derecho Procesal de la Universitat de Barcelona

Noemí Jiménez Cardona
Profesora Lectora de la Sección de Derecho Mercantil de la Universitat de Barcelona

Marcos Loredo Colunga
Profesor de Derecho Procesal
Universidad de Oviedo
loredomarcos@uniovi.es

Juan Manuel Bermúdez Requena
Profesor asociado (acreditado Contratado Doctor)
Universidad Pablo de Olavide (Sevilla-España)

Tomás López-Fragoso Álvarez
Catedrático de Derecho Procesal ULL (Universidad de La Laguna)

Carlos Lasarte Álvarez
Catedrático Emérito de Derecho Civil
UNED

Francisco Ramos Méndez
Catedrático de Derecho Procesal

Ángel M. López y López
Profesor Emérito de Derecho Civil de la Universidad de Sevilla
Abogado

Guillermo Ormazabal Sánchez
Catedrático de Derecho Procesal
Universidad de Girona

Carlos de Miranda Vázquez
Profesor lector de Derecho Procesal
Universitat Pompeu Fabra

Emiliano Carretero Morales
Profesor de Derecho Procesal
Universidad Carlos III de Madrid
ORCID ID: 0000-0002-8209-7170

Cristina Ruiz López
Universidad de Córdoba

Julio Banacloche Palao
Catedrático de Derecho Procesal UCM

Manuel Ortells Ramos
Catedrático de Derecho Procesal
Profesor emérito de la Universitat de València

Pablo Morenilla Allard
Catedrático de Derecho Procesal

Ignacio Díez-Picazo
Catedrático de Derecho Procesal (UCM)

Manuel Cachón Cadenas
Catedrático de Derecho Procesal

María Marcos González
Catedrática de Derecho Procesal UAH

Núria Reynal Querol
Profesora Titular de Derecho Procesal de la UAB

Mª Jesús Ariza Colmenarejo
Profesora Titular de Derecho Procesal
Universidad Autónoma de Madrid

Ángeles Gutiérrez Zarza
Universidad de Castilla-La Mancha

Esther Pillado González
Catedrática de Derecho Procesal
Universidad de Vigo

Jordi Gimeno Beviá
Prof. Titular Derecho Procesal UNED

María Nieves Jiménez López
Profesora Contratada Doctora de Derecho Procesal (Acreditada PTU)
Universidad de Málaga

Antonio Fernández de Buján
Catedrático Emérito de Derecho Romano de la Universidad Autónoma de Madrid
Académico de Número de las Reales Academias de Jurisprudencia
y Legislación de España y de Galicia

Teresa Armenta Deu
Catedrática de Derecho Procesal, UdG

Yolanda de Lucchi López-Tapia
Profesora Titular de Derecho Procesal
Universidad de Málaga

Jessica Jullien de Asís
Ayudante Doctora en Derecho Procesal
Universidad Carlos III de Madrid

Mª Paula Díaz Pita
Catedrática de Derecho Procesal
Universidad de Sevilla

Piedad González Granda
Catedrática de Derecho Procesal
Universidad de León

Alfonso-Luis Calvo Caravaca
Catedrático de Derecho internacional privado
Universidad Carlos III de Madrid
Vocal Permanente en la Sección Civil de la Comisión General de Codificación
ORCID ID: 0000-0003-2236-4641

Javier Carrascosa González
Catedrático de Derecho internacional privado
Universidad de Murcia
ORCID ID: 0000-0002-0347-7985

Luciano Parejo Alfonso
Catedrático emérito de Derecho Administrativo
Universidad Carlos III de Madrid

Ignacio Colomer Hernández
Catedrático de Derecho Procesal
Universidad Pablo de Olavide de Sevilla

Juan-Luis Gómez Colomer
Catedrático de Derecho Procesal
Universidad Jaume I de Castellón

Mª Isabel Romero Pradas
Catedrática EU de Derecho Procesal
Universidad de Sevilla

Lotario Vilaboy Lois
Profesor titular de Derecho Procesal
Universidad de Santiago de Compostela

Óscar Celador Angón
Universidad Carlos III de Madrid

Valentín Cortés Domínguez

Pilar Otero González
Catedrática de Derecho Penal
Universidad Carlos III de Madrid

Ignacio Flores Prada
Catedrático de Derecho Procesal
Universidad Pablo de Olavide de Sevilla

José Alberto Revilla González
Universidad Autónoma de Madrid

Rigoberto Cuéllar Cruz

Fernando Velásquez Velásquez
Profesor jubilado de la Universidad Sergio Arboleda
Asesor Académico de la misma casa de estudios

Juan Carlos Marín González
Tecnológico de Monterrey

José Martín Ostos
Catedrático de Derecho Procesal

Juan Manuel Alonso Furelos
Profesor Titular de Universidad de Derecho Procesal
Universidad Nacional de Educación a Distancia (UNED)

Rocío Zafra Espinosa de los Monteros
Profesora Titular Derecho Procesal
Universidad Carlos III de Madrid
Orcid: 0000-0001-7422-1103

José L. González Cussac
Catedrático de Derecho penal
Universidad de València

Raquel López Jiménez
Profesora Titular de Derecho Procesal
Universidad Carlos III de Madrid
Miembro del Instituto "Alonso Martínez" de Justicia y Litigación
ORCID ID: 0000 0002 5409 3738

Emilio de Llera Suarez-Bárcena
Fiscal de la Audiencia de Sevilla

Fermín Morales Prats
Catedrático de Derecho Penal
Universidad Autónoma de Barcelona
Abogado

María Lourdes Noya Ferreiro
Profesora Titular de Derecho Procesal
Universidad de Santiago de Compostela

Mercedes Llorente Sánchez-Arjona
Catedrática de Derecho Procesal
Universidad de Sevilla

Ana María Rodríguez Tirado
Profesora Titular de Universidad
Área de Derecho Procesal
Universidad de Cádiz

Andrés de la Oliva Santos
Catedrático Emérito de Derecho Procesal
Universidad Complutense
Académico numerario de la Real Academia de Jurisprudencia y Legislación de España
Académico no residente de la Accademia delle Scienze dell'Istituto di Bologna

Andrea Planchadell-Gargallo
Catedrática de Derecho Procesal
Universitat Jaume I

Nicolás González-Cuéllar Serrano
Catedrático de Derecho Procesal
Universidad de Castilla-La Mancha

Iñaki Esparza Leibar
Catedrático de Derecho Procesal, UPV/EHU

Coral Arangüena Fanego
Catedrática de Derecho Procesal y miembro del Instituto de Estudios Europeos de la Universidad de Valladolid

Antonio Mª Lara López
Profesor Contratado Doctor de Derecho Procesal de la Universidad de Málaga

Verónica López Yagües
Profesora titular de Derecho Procesal de la Universidad de Alicante
veronica.lopez@ua.es

Ana E. Carrillo del Teso
Profesora Permanente Laboral
Área de Derecho Procesal
Universidad de Salamanca

Eneko Etxeberria Bereziartua
Profesor Agregado de Derecho Procesal
Facultad de Derecho - EHU/UPV

Vicente C. Guzmán Fluja
Catedrático de Derecho Procesal
Universidad Pablo de Olavide, de Sevilla

Belén Hernández Moura
Profesora Ayudante Doctora
Universidad Carlos III de Madrid

Pedro M. Garciandía González
Catedrático de Derecho Procesal
Universidad de La Rioja

Carmen Navarro Villanueva
Universitat Autònoma de Barcelona

Nicolás Rodríguez-García
Catedrático de Universidad
Área de Derecho Procesal
Universidad de Salamanca

Francisco Ortego Pérez
Profesor Titular de Derecho Procesal
Universidad de Barcelona

Ágata Mª Sanz Hermida
Catedrática de Derecho Procesal
Universidad de Castilla-La Mancha

Ana Sánchez Rubio
Profesora Titular de Derecho procesal
Universidad Pablo de Olavide de Sevilla

Ana Isabel Luaces Gutiérrez
Profesora Titular de Derecho Procesal UNED

Mª Dolores Fernández Fustes
Profesora Titular de Derecho Procesal
Universidad de Vigo

Pablo Grande Seara
Profesor Titular de Derecho Procesal
Universidad de Vigo

Mercedes Serrano Masip
Universidad de Lleida

Fernando Martín Diz
Catedrático de Derecho Procesal
Universidad de Salamanca

Federico Bueno de Mata
Catedrático de Derecho Procesal
Universidad de Salamanca

José Francisco Etxeberria Guridi
Catedrático de Derecho Procesal UPV/EHU

Juan Alejandro Montoro Sánchez
Profesor Ayudante Doctor de Derecho Procesal
Universidad Pablo de Olavide de Sevilla

Lorena Bachmaier Winter
Catedrática de Derecho Procesal UCM

Miren Josune Pérez Estrada
Profesora Agregada (acred. Titular) de Derecho Procesal
Universidad del País Vasco. UPV/EHU

Federico González Barrera
Contratado Predoctoral FPI. Universidad Carlos III de Madrid

Mª Ángeles Catalina Benavente
Profesora Titular de Derecho Procesal
Universidad de Santiago de Compostela

Rafael Bellido Penadés
Catedrático de Derecho Procesal
Universidad de Valencia

Alicia González Navarro
Profesora titular de derecho procesal
Universidad de La Laguna (Tenerife)

Elena Laro González
Profesora contratada doctora de Derecho Procesal
Universidad de La Laguna

Helena Soleto
Catedrática de Derecho Procesal
Universidad Carlos III de Madrid
Departamento de Derecho Penal, Procesal e Historia
Instituto Alonso Martínez de Justicia y Litigación

Tomás Farto Piay
Profesor Ayudante Doctor de Derecho Procesal de la Universidad de Vigo

Julio Sigüenza López
Profesor Titular de Derecho Procesal
Universidad de Murcia

Jesús María González García
Catedrático de Derecho Procesal
Universidad Complutense de Madrid

Sabela Oubiña Barbolla
Profesora Contratada Doctora de Derecho Procesal
Universidad Autónoma de Madrid

Índice general

SEGUNDA PARTE
MEDIOS ALTERNATIVOS DE SOLUCIÓN DE CONFLICTOS

VOLUMEN II

PRIMERA PARTE
PROCESO CIVIL ESPAÑOL

SEGUNDA PARTE
MISCELÁNEA PROCESAL

VOLUMEN III

PROCESO PENAL ESPAÑOL

Palabras introductorias

En esta obra se integran ciento veinticinco aportaciones en honor a la figura de Víctor Moreno Catena, Catedrático de Derecho Procesal, con ocasión de su jubilación. Su trayectoria, tan extensa como multidisciplinar, resultaría compleja de resumir sin incurrir en olvidos; por ello estas líneas no tienen más pretensión que la de dejar cierta constancia de parte de esa magnífica trayectoria de nuestro maestro. Magisterio que se ha extendido no sólo a la docencia e investigación, a nivel nacional e internacional, sino también a la transferencia del conocimiento.

Pero si algo ha caracterizado su labor universitaria ha sido sin duda alguna su generosidad en el fortalecimiento de la Academia, extendiendo la comprensión de una disciplina que se consideraba compleja y tediosa, y profundizando en los fundamentos científicos del Derecho Procesal, al punto de haber creado una amplia escuela de procesalistas.

Quizá esa numerosa descendencia obedece a que pertenece a una generación de juristas que tuvieron un papel esencial en la construcción y consolidación del Estado social y democrático de Derecho surgido de la Constitución Española de 1978. Por ello, ha tratado de transmitir a través de su trabajo y sus enseñanzas la importancia social que tiene el Derecho procesal, convencido de que el Poder Judicial es el último garante de los Derechos fundamentales y el Proceso el único mecanismo de control de ese mismo poder.

Víctor Moreno nació en Santa Marta, Badajoz, en 1953, donde residió hasta su traslado a la provincia de Murcia y luego a Osuna, con su familia por el cambio de destino de su padre, Juez. En Sevilla cursó estudios de Licenciatura en Derecho en aquella Universidad entre los años 1970 y 1975, finalizando con el Premio Extraordinario de Licenciatura, e iniciando los cursos de doctorado en el área de Derecho Procesal.

Quiso dedicar su primera investigación al ámbito posiblemente con menos atención de los juristas, el proceso penal, y estudiando un problema necesitado de luz, el protegido por el secreto, y vinculado íntimamente al derecho de defensa. Defendió su tesis doctoral "El secreto en la prueba de testigos del proceso penal", dirigida por Faustino Gutiérrez-Alviz Armario, en 1979, que fue distinguida con el Premio Extraordinario de Doctorado de la Facultad de Derecho de Sevilla.

Su carrera en la Universidad fue rápida, a través de las figuras contractuales de la época, profesor ayudante, becario de investigación y en 1982 obtuvo plaza en la oposición de Profesor Adjunto de Derecho Procesal, si bien no llegó a tomar posesión de ninguna de las vacantes puesto que en 1983 ganó la oposición para la provisión de la cátedra de Derecho Procesal de la Universidad de Santiago de Compostela, que había sido convocada por una orden de 21 de julio de 1981.

Sus destinos como catedrático fueron Santiago de Compostela entre 1983 y 1986 y Sevilla entre 1986 y 1994, pasando a ejercer como Secretario General Técnico del Ministerio del Interior entre 1988 a mediados de 1993 y Subsecretario de julio a diciembre del mismo año en los gobiernos de las Legislaturas III, IV y V.

Su vuelta a la Universidad de Sevilla fue breve, tomando posesión como catedrático de la Universidad Carlos III de Madrid en 1994, para llegar aquí a su jubilación y proseguir como emérito desde 2023.

Durante este periplo académico, el profesor Moreno Catena ha dirigido 26 tesis doctorales, la mayoría con mención cum laude, innumerables proyectos de investigación, y ha ejercido como abogado principalmente en los últimos 30 años. A ello debe unirse la labor de transferencia que ha llevado a cabo a lo largo de todos esos años a través de la emisión de informes, dictámenes, elaboración de normas jurídicas y mediante la dirección del Estudio Jurídico de la Universidad Carlos III de Madrid. Asimismo, su compromiso universitario queda patente en el ejercicio de diversos cargos de gestión, entre los que cabría mencionar la Dirección de la Escuela de Práctica Jurídica de Santiago de Compostela; Director del Instituto Universitario Alonso Martínez de Justicia y Litigación de la Universidad Carlos III de Madrid; su elección como Decano de la Facultad de Derecho de la Universidad de Sevilla o su designación como Vicerrector de Coordinación en la Universidad Carlos III.

Además de la defensa de los derechos fundamentales, destaca entre sus grandes intereses la promoción de la eficiencia de la justicia en los distintos órdenes jurisdiccionales, y la defensa de la independencia y del servicio público de justicia, teniendo especial relevancia el Libro blanco de la Justicia que elaboró junto con Santos Pastor Prieto, jurista y economista. Se trataba de la primera propuesta de reforma integral del sistema de la justicia en España basada en el análisis económico del Derecho.

Ha sido también especialmente relevante su aportación a la cooperación con Latinoamérica, labor que ha desempeñado convencido de que sólo a través del fortalecimiento del Derecho tiene cabida la transformación social que permite lograr la paz, la seguridad y la justicia, claves en el fortalecimiento de las democracias. En este sentido cabe destacar su labor de cooperación con programas desplegados por organismos como USAID, AECID, FIIAPP, CAJ-FIU o los Ministerios de Justicia o Cortes Supremas de Justicia de Latinoamérica, principalmente en su trabajo como Secretario General de la Conferencia de Ministros de Justicia de los Países Iberoamericanos y Secretario General de IberRed (2006-2013).

Su compromiso con el fortalecimiento del Estado de Derecho ya fue reconocido a través de la concesión de la Cruz de Honor de la Orden de San Raimundo de Peñafort en 2000. Reconocimiento que culminó con el mérito otorgado por la concesión en 2016 de la Gran Cruz de la misma Orden.

Pero quizá, sobre esta brillante carrera, lo más destacado de su trayectoria haya sido la gran capacidad humana y relacional de Víctor, conservando discípulos y amigos en múltiples territorios y ámbitos, como demuestra el cariño de los participantes en esta obra, así como los numerosos compañeros que añaden sus mensajes ante la imposibilidad de enviar un trabajo.

Queremos enviar desde aquí a todos ellos un agradecimiento enorme por parte de nosotras y de todos los discípulos de Víctor, así como una vez más agradecer a nuestro maestro su generosidad, su inteligencia, su ilusión y su energía, que nos ha guiado estas décadas.

En Madrid, abril de 2024

Helena Soleto
Raquel López
Amaya Arnáiz
Sabela Oubiña

PRIMERA PARTE

SISTEMA DE JUSTICIA ESPAÑOL

Una justicia sostenible en su triple dimensión (social, eficiente y medioambiental)[1]

SILVIA BARONA VILAR
Catedrática de Derecho Procesal
Universitat de València

SUMARIO: 1. LA JUSTICIA, ESPEJO DE LA SOCIEDAD. 2. RETRATO DE LA INSOSTENIBILIDAD DE LA JUSTICIA, UNA DISONANCIA ENTRE LA OPINIÓN PÚBLICA Y LOS DATOS. LA IMPORTANCIA DE LA JUSTICIA ORIENTADA AL DATO. 3. JUSTICIA SOSTENIBLE EN SU TRIPLE DIMENSIÓN. 3.1. JUSTICIA EN SU DIMENSIÓN SOCIAL. ESPECIAL REFERENCIA A LA EMERGENCIA DE LA VULNERABILIDAD Y A LA INTEGRACIÓN DE LOS MASC/ADR. 3.2. JUSTICIA EN SU DIMENSIÓN ECONÓMICA/EFICIENTE. 3.3. JUSTICIA EN CLAVE MEDIOAMBIENTAL. ESPECIAL REFERENCIA AL ECOSISTEMA DIGITAL DE JUSTICIA Y SU ORIENTACIÓN AL DATO. BIBLIOGRAFÍA.

1. LA JUSTICIA, ESPEJO DE LA SOCIEDAD

De forma cíclica, aunque asimétrica y variable, las coordenadas que mueven la sociedad y la vida de las personas en el planeta cambian, se transforman, manteniéndose latente un estado constante de mudanza que camina pausadamente o que se altera volcánicamente por elementos exógenos que insuflan una suerte de metamorfosis societaria[2]. Las transformaciones que la Historia de la Humanidad ha experimentado han incidido en el modelo de sociedad y en la necesidad de conformar sus estructuras adecuadas. En ese permanente estado de mudanza se mantiene la Justicia, en busca de respuestas adecuadas a la sociedad en la que se integra.

La sociedad global, digital, eficientista del siglo XXI, permea, inevitablemente, el modelo de Justicia[3]. Esto es, tras un siglo XX en parte convulso,

---

1 Realizado en el marco del Proyecto Prometeo CIPROM 2023-64, "Justicia sostenible en estado de mudanza global".

2 Barona Vilar, S., "La digitalización y la algoritmización, claves del nuevo paradigma de Justicia eficiente y sostenible", en la obra colectiva *Uso de la información y de los datos personales en los procesos: los cambios en la era digital,* Dic. Colomer Hernández, I.; Coord. Catalina Benavente, M A., Oubiña Barbolla, S., Pamplona, Thomson Reuters Aranzadi, 2022, págs. 75-76.

3 *Ad extensum,* Barona Vilar, S., *Algoritmización del Derecho y de la justicia; cit.*, págs. 60-67.

con guerras nacionales e internacionales, se fueron asentando los valores y principios de la Justicia "social", garantista, respetuosa del individuo (más derechos para el imputado/acusado, para las víctimas, aparecen los consumidores, los movimientos feministas, políticas de equilibrio social, necesidad de tutela de los inmigrantes, etc.), llegó la globalización, un fenómeno indudablemente que ha insuflado dinamismo positivo en la economía, la cultura, la tecnología, la comunicación, la interacción internacional e interregional, que ha unido y dinamizado mercados, sociedades, personas, y que ha venido comportando una profusa transformación social, económica y política. Todo ello ha permeado las multifacetas sociales, y las ha imbricado con la competitividad, la sociedad del conocimiento, la sociedad de la información, la emergencia de plurales saberes y, sobre todo, la propulsión de la tecnología, amén de una volcánica e imparable evolución de la sociedad en conceptos, sectores, factores, tales como el significado de familia, el crecimiento de la población adulta y su envejecimiento, los desafíos biogenéticos y la emergencia de la neurociencia, el transhumanismo o posthumanismo, o la maximización del consumo y la manipulación de la población, sin obviar, lógicamente, el cambio de *modus operandi* de las personas individualmente consideradas y de la sociedad en general a través de la tecnología y de la inicial mutación de la piel del planeta a través del móvil y sus imparables desarrollos aplicativos.

Es indiscutible que la humanidad ha vivido, desde sus orígenes, en un estado permanente de mudanza[4], empero la velocidad de las transformaciones, cambios, no han seguido los tiempos veloces que nos acompañan. Y este descontrol temporal impide que la Justicia, entendida en sus múltiples aspectos, pueda dar respuesta a esa adaptabilidad, y muy especialmente se erija como la valedora de los derechos esenciales del ser humano, muy especialmente la dignidad de la persona y sus derechos fundamentales inmanentes, que durante tantos siglos han costado conquistar.

De este modo, asumiendo que el retrato social se vuelca en la Justicia, ese innovativo y hasta disruptivo paisaje social se traduce en una necesidad de caminar hacia nuevos horizontes también en el sistema de Justicia. Se avizoran cambios que pueden comportar mejoras ineludibles en ciertos espacios, que abren esferas tuitivas absolutamente imprescindibles en la convivencia humana y en el respeto de los derechos fundamentales de las

---

4 Barona Vilar, S., "Una justicia "digital" y "algorítmica" para una sociedad en estado de mudanza", en la obra colectiva Barona Vilar, S., *Justicia algorítmica y neuroderecho. Una mirada multidisciplinar*, Valencia, Tirant lo Blanch, 2021, págs. 21-64.

personas —basta pensar en los desarrollos e impulsos de la tutela de las personas vulnerables—, empero también generan retrocesos, restricciones y límites de los derechos de las personas, sostenidos desde una mirada utilitarista que defiende la maximización y sublimación de la eficiencia, prevalente frente a las garantías en ciertos casos.

Ante algunos avances imparables que devoran las señas identitarias y deconstruyen los valores sociales, se requiere una respuesta contundente de los Estados —quizás desde el fortalecimiento de sí mismos y la ocupación de espacios que había ido abandonando con la globalización—, en busca de la exigencia de Justicia sostenible que está siendo planteada y exigida desde estancias internacionales y supranacionales. Así, la función de la justicia adquiere un nuevo significado y una indiscutible relevancia, directamente imbricada con la tutela de los derechos individuales y colectivos, la promoción de la equidad y la inclusión, las maneras de resolver los conflictos en un mundo interconectado, que, paralelamente, requiere una transformación en su organización, estructura y principios, adecuada a un entorno digital en simbiosis con la absoluta necesaria respuesta a las exigencias globales de sostenibilidad. Si la sociedad actual se presenta con esas dosis de globalidad y en permanente estado de mudanza, la Justicia debe asumir que esos mismos componentes van a influir en su realidad, en su misión y en su volatilidad.

En todo caso, hablamos de la Justicia en sentido polisémico, con una pluralidad de significados que son de gran trascendencia para las personas y las sociedades, para garantizar la protección de los derechos individuales y también de los colectivos, pero también para promover la paz social y garantizar la convivencia y el equilibrio en un mundo desequilibrado, desigual, que se enfrenta cada día a enormes crisis globales y desafíos locales, que no escapan de la mirada y conformación del modelo de Justicia que se pueda configurar. Se mire desde la perspectiva de la Justicia como valor (o virtud, en sentido filosófico), como poder del Estado (si se la vincula a Poder Judicial), como estructura y modelo de servicio público (con una dimensión física, geográfica, material, personal y medioambiental), como principios o como cauces y medios de solución de conflictos (procesal o no procesal ni jurisdiccional —ADR/MASC—), es columna vertebral que sostiene una sociedad justa, equitativa y pacífica.

En el momento actual, el entorno digital que nos acompaña, en el que la enorme proyección de la tecnología ha mudado esféricamente nuestro hábitat, la ha permeado y se ha extendido a todo y a toda la humanidad, se habla de una verdadera sociedad disruptiva en la que la innovación venía ya acompañando, en las dos últimas décadas (probablemente desde comienzos del siglo XXI), con mayor o menor ritmo, al mundo en general, y a sus habitantes en particular. Muy probablemente el punto de partida fue la emergencia del internet como bien global, debido a que el S. XXI ha abierto las puertas al acceso a la información sin limitaciones. Ese entorno digital permite hablar de entorno global, de desaparición de fronteras, interacción, de sociedades abiertas, pero también con enormes divergencias, con palmarias brechas, sociales, económicas, raciales etc., que presentan una necesidad urgente de adoptar medidas para paliar las cada vez mayores diferencias entre los diversos sectores del planeta; una necesidad que ha llevado a plantear la urgencia de buscar y adaptarlo a un mundo sostenible —que no lo es— en su triple dimensión: la sostenibilidad social, la sostenibilidad económica (eficiente) y la sostenibilidad medioambiental. La sociedad del siglo XXI debe ser sostenible en esa triple dimensión.

Hemos venido observando desde comienzos del siglo XXI que todos los cambios que dieron lugar a cambios de la vida en la sociedad han transformado la mirada de la Justicia, empero también su *modus operandi.* Ahora bien, el retrato de la sociedad del Siglo XXI viene marcada por la liquidez (*sociedad líquida*, en términos de Zygmunt Bauman[5]); liquidez de algunos de los valores, principios y postulados que se asentaron en el siglo XX, propulsando una "licuefacción" de garantías y derechos. La globalización ha arrastrado todo, lo bueno y lo malo, las identidades, las barreras, los muros, y las soberanías estatales, y ha propiciado un cambio de valores, de políticas, de ideologías, con, desde y bajo el paraguas de la fascinación por el mercado, la economía, la eficiencia, la digitalización, ha abierto mercados, generando movimientos interregionales, nuevas relaciones jurídicas personales, profesionales, políticas, etc, ha dado lugar a un nuevo paisaje social, político, jurídico, económico y, por supuesto, también en materia de Justicia.

La irrupción de los movimientos internacionales, de las decisiones supranacionales y de organismos internacionales ha permitido denunciar una crisis planetaria desde el punto de vista de su sostenibilidad y abogando por medidas nacionales que permitan luchar contra la pobreza, proteger el planeta, mejorar la vida de las personas y sus perspectivas a futuro, incidiendo en la Justicia, en la cercana, próxima, en la de tod@s, necesitando restablecer la confianza en la misma y en sus instituciones, cuya imagen se halla tan deteriorada en los últimos tiempos. Ahora bien, igualmente se

---

[5] Bauman, Z., *Modernidad líquida,* Madrid, Fondo de Cultura económica, 2016.

ha manoseado el término de sostenibilidad, se le ha vaciado de contenido, quizás, como apunta Escrivá[6], por el "abusivo y banal uso publicitario", que lleva en ciertos casos a ser imposible su recuperación como *brújula de futuro, como cemento para el progreso.* No se trata de un elemento instrumental, sino un discurso ético, algo que denuncia este autor al considerar que aplicamos la idea instrumental de sostenibilidad como una conducta de consumidor, individual, y debería serlo como ciudadano en la sociedad, en la colectividad. Los impulsos internacionales acompañan, empero sigue existiendo el dilema, expuesto por Folch[7], no tanto de si seremos capaces de instaurar el concepto de sostenibilidad, sino si seremos suficientemente inteligentes para abordar el problema de la insostenibilidad.

Para alcanzar ese comportamiento de ciudadano en la colectividad necesitamos superar —lo que se hace cada vez más complejo, debido a su carácter más y más estructural— la hiperinflación de la ideología individualista que permea la sociedad actual, cuyos exponentes vemos día a día emerger desde la mirada economicista que nos acompaña desde la década de los años ochenta hasta la actual sociedad tecnológica y digital que debilitan la interacción presencial y física y que indudablemente fomentan el aislamiento[8]. Pareciera que la pandemia había insuflado los valores de solidaridad, cooperación, respeto, colectividad, pero fue un espejismo que se truncó, germinando un ultraindividualismo atroz, que superó con mucho el ya existente en los primeros lustros del siglo XXI. Y no debemos olvidar lo que el maestro Ordine escribió: *es necesario abrazar acciones y pensamientos que no se limiten exclusivamente a satisfacer nuestro individualismo, sino que puedan, con perspectiva, revelarse ventajosos también para la más amplia comunidad*

---

6 Escrivá, A., *Contra la sostenibilidad. Por qué el desarrollo sostenible no salvará el mundo (y qué hacer al respecto)*, Barcelona, Arpa, 2023, pág. 178.

7 Folch, R., "Què es el desenvolupament sostenible?", en *Desenvolupament sostenible. Els llindars en la contrucció de les relacions humanes i el medi ambient*, en Pensaments, 7, Ediciones de la Universitat de Lleida, 1999.

8 Como apunta Fanjul, S. C., "Egoísmo de naúfragos: por qué somos cada vez más individualistas", en *El País*, 17 de diciembre de 2023, muestra de ese individualismo aterrador son *el abuso de la palabra libertad, el énfasis en el éxito personal, la búsqueda de la singularidad o la liquidez de las relaciones sentimentales. También la baja natalidad y la proliferación de hijos únicos: en 2021, según Eurostat, solo nacieron 1,19 niños por mujer en España, una cifra cada vez más baja. También el número de personas que viven solas: el 27% de los hogares en 2021 según el Instituto Nacional de Estadística, un 20% más que un decenio antes. O la epidemia de soledad no deseada: un estudio de la Organización Mundial de la Salud (OMS) muestra que un 25% de las personas mayores en Europa están solas, pero no quieren estarlo.*

humana a la que pertenecemos. Quien no es capaz de vivir para los demás tampoco vive para sí mismo[9]. Ese retrato social puede encontrar espejo en ciertos aspectos de la Justicia y a ellos dedicaremos las páginas siguientes.

2. RETRATO DE LA INSOSTENIBILIDAD DE LA JUSTICIA, UNA DISONANCIA ENTRE LA OPINIÓN PÚBLICA Y LOS DATOS. LA IMPORTANCIA DE LA JUSTICIA ORIENTADA AL DATO

Desde hace algún tiempo se viene mostrando en la opinión pública un panorama poco halagüeño, con problemas asociados a la lentitud, a la estructura, a la falta de recursos humanos y materiales, a la falta de independencia y a la impredecibilidad de las decisiones judiciales, lo que, unido a algunos casos de incompetencias o de corrupción (los menos, afortunadamente), han venido sustentando la idea de que la justicia funciona mal. Se muestra una justicia insostenible, inadaptada a la sociedad que le rodea, cara, lenta, frustrante. *No es lo que parece, aunque algo hay.* Lo que es indudable que existen elementos de insostenibilidad en la Justicia y por ello hay que dirigirse hacia una mayor sostenibilidad de la Justicia desde el punto de vista de las personas (social), desde la eficiencia (económica) y desde la sostenibilidad medioambiental.

En cualquier caso, los indicadores objetivos que se alcanzan tras el análisis de las estructuras judiciales y el papel de los sistemas alternativos de resolución de controversias; los recursos públicos y privados —tanto humanos como financieros-empleados en las actividades jurídicas; la eficacia y eficiencia de juzgados y tribunales; y, finalmente, los datos y las percepciones de la sociedad acerca de la independencia, la imparcialidad y la calidad de la justicia ofrecen base suficiente para presentar la situación de la justicia desde los datos; pero no desde la obtención de datos fijos discontinuos, sino desde un buen planteamiento de un modelo de obtención de datos que, evitando su manipulación, pueda permitir analizar los "agujeros negros" de la Justicia para tratar su insostenibilidad, y propulsar medidas que favorezcan la sostenibilidad en su triple dimensión: social, eficiente/económica y medioambiental.

---

9 Ordine, N., *Los hombres no son islas. Los clásicos nos ayudan a vivir*, Barcelona, Editorial Acantilado, 2022, pág. 40.

La disonancia advertida entre las opiniones y los datos acerca de la Justicia en España no es nueva. Santos Pastor[10], hace dos décadas, lo afirmaba, pese a que en aquellos años era más complejo alcanzar la información estadística sobre el funcionamiento de la Justicia, de modo que se fundamentaba en investigaciones puntuales; sin embargo, su diagnóstico acertaba en lo esencial, esto es, en aquellas cuestiones que con el paso de los años han sido objeto de análisis para mejorar el conocimiento del funcionamiento de la justicia y asentar su evaluación sobre bases estadísticas sólidas. De este modo, los datos son instrumentos panorámicos que permiten configurar un análisis general de la situación de la Justicia y de su funcionamiento, empero requieren del análisis contextual humano, que permita confirmar o refutar los fríos datos, incluso cuando lo excepcional, probablemente más escandaloso y llamativo a la opinión pública, pretende convertirse en lo general y representativo.

La visión crítica de una Justicia que se hace insostenible no es, en todo caso, exclusiva de España. Al contrario, la desconfianza en el funcionamiento de juzgados y tribunales y las quejas por su lentitud se observan desde hace años en muchos países. Se trata de un resultado de causas internas al sistema judicial y de múltiples cambios políticos, sociales y económicos que inciden en la justicia y, en ocasiones, provocan su descrédito. Diversos organismos internacionales preocupados por la situación aconsejan desde hace tiempo a las instituciones judiciales un mayor esfuerzo de rendición de cuentas y más transparencia, con la finalidad de mejorar su funcionamiento real y combatir con datos los sesgos injustificadamente negativos presentes en las valoraciones. En todo caso, hay que apostar más por el desarrollo de políticas basadas en la evidencia que por una orientación de las evidencias basada en la política, que fabrica las pruebas para confirmar visiones de naturaleza más ideológica que analítica.

En el análisis de los últimos 50 años se observa:

1.- Un profuso desarrollo legislativo, que abordó, a partir de la Constitución de 1978, la descentralización autonómica y la integración en la Unión Europea, con un marco normativo *in crescendo* que, amén de más grande y complejo, es en ciertos casos, contradictorio. Esto provoca en ocasiones

---

10 Pastor Prieto, S., *Dilación, eficiencia y costes. ¿Cómo ayudar a que la imagen de la Justicia se corresponda mejor con la realidad?*, Foro sobre la Reforma y Gestión de la Justicia, Fundación BBVA, 2003.

mayores dificultades de cumplimiento por parte de los ciudadanos, sector económico, sector público e incluso por la judicatura[11].

2.- Organización del sistema jurisdiccional compleja. Por un lado, alcanzar el reconocimiento de la independencia de la justicia —y de la consiguiente capacidad de decisión del Poder Judicial— y, por otro, la descentralización de parte de la gestión en las comunidades autónomas y con la participación en las estructuras judiciales europeas. El resultado ha sido un modelo de gestión policéntrica, en el que toman decisiones sobre los recursos dedicados a la Administración de Justicia y la asignación de los mismos distintos centros de poder: la UE, el Poder Judicial, la Administración central y las comunidades. A la vista de los datos sobre distribución de recursos y resultados, en dicho modelo la coordinación ha resultado difícil de gestionar y no se ha favorecido una asignación de los recursos guiada por criterios de necesidad, eficacia y eficiencia.

Esta situación vino poniendo de relieve una enorme falencia: la falta de modernización decidida de la gestión para orientarla a los resultados, esto es, por un lado, revisar la selección y formación adecuadas de todo su personal —tanto jurisdiccional como de apoyo—, la gestión profesional de los recursos humanos y materiales, y la apuesta decidida por la tecnología y la digitalización. Directa o indirectamente todo ello ha venido incidiendo en un desacompasamiento entre el crecimiento exponencial de la litigiosidad, provocado, entre otros, por algunos de los factores derivados de la globalización, a los que nos referimos *supra,* y por la lentitud de respuesta del sistema de justicia ante la ciudadanía, lo que, a la postre, va a tener un reflejo indudable en su calidad. No es fácil, sin embargo, saber qué parte de los desajustes relacionados con la lentitud en las resoluciones judiciales se deben a variables que inciden en un aumento de la demanda de tutela o a las que limitan la capacidad de ofrecer servicios judiciales.

La demanda de justicia depende de varios factores: los derechos que se pueden reclamar por estar reconocidos por la ley; la frecuencia de los conflictos que se producen sobre los derechos; la voluntad de exigirlos; y las vías —judiciales o de otro tipo— elegidas para reclamarlos. En las últimas

---

[11] A título de ejemplo, en el año 2016 el Consejo de Unidad de Mercado estimaba que en España estaban vigentes unas 220.000 normas y 3.500 procedimientos distintos para dirigirse a las Administraciones Públicas, y que el BOE publicaba cada año más de 50.000 páginas de nuevas normativas, a las que se suman una media de más 40.000 de cada una de las comunidades autónomas.

décadas las circunstancias están impulsando la demanda de tutela por todas esas causas, aunque con diferente intensidad en unos países y en otros.

El primer peldaño se halla en el análisis de los recursos empleados para la partida de "recursos humanos", destacando en el modelo español que se ha ido ofreciendo paulatinamente un crecimiento del número de jueces en España, si bien de manera desproporcionada al gasto de las comunidades autónomas en personal de apoyo, lo que, sin embargo, no se ha visto reflejado en una mejora de los resultados, de modo que gastando en el apartado de personal más, sin embargo, no se perciben mejores resultados. Podríamos pensar que la implantación definitiva de la oficina judicial (reguladas por Ley 13/2009, de 3 de noviembre, de reforma de la legislación procesal para la implantación de la nueva Oficina Judicial, y la LO 1/2009, de 3 de noviembre, complementaria de la anterior, por la que se modifica la LOPJ 6/1985) permitiría percibir cambios significativos en los mismos resultados de la justicia, entre otras cosas, por la optimización de espacios y funcionarios, que permitirían una mayor agilidad y unos menores costes.

3.- A lo anterior debe añadirse el coste que supone en el sector privado esta radiografía de la justicia, que supone la intervención de abogados (tenemos una *ratio* aproximada de abogado/por cada 100.000 habitantes que es la más alta de Europa), sin que se haya reflejado en la función de gestión de conflictos, esto es, no han actuado como evitadores del litigio, sino que, al contrario, han sido reacios durante muchas décadas a impulsar las ADR, dado que han venido encontrando en los litigios una oportunidad de negocio. Es insostenible mantener esta mirada frente al conflicto en la actualidad.

Existe, por ello, en muchos casos, una insostenibilidad de la Justicia —ineficiencia— derivada del gasto mal repartido (en gran medida debido a la gestión policéntrica de los recursos dedicados a Justicia), esto es, dedicando recursos, en ocasiones excesivos, a la defensa o a la gestión del personal de apoyo judicial y menos a quienes asumen las decisiones judiciales, lo que provoca una carga laboral excesiva de los jueces y magistrados que se hallan absolutamente desbordados ante los asuntos que ingresan. El número de asuntos pendientes refleja un desajuste entre demanda y oferta de tutela judicial, lo que lleva a plantear la ineficacia del modelo, máxime cuando no es una causa transitoria (por ejemplo, por una crisis económica), sino que responde a una situación estructural, fruto de una sociedad asentada, con más cultura y más dinero. Y las perspectivas de futuro no son más halagüeñas.

En los últimos tiempos se ha venido escuchando la importancia de una Justicia orientada al dato, que casa a la perfección con la Estrategia Europea de Datos (periodo 2019-2024). Tiene como objetivo en nuestro país crear entre todas las administraciones con competencias en materia de Justicia, el CGPJ, la Fiscalía General del Estado, los órganos interadministrativos como la Comisión Nacional de Estadística y otros ministerios, una plataforma interadministrativa de datos con acceso abierto, a través de la cual se integran los distintos sistemas de información cuantitativa desagregada y georreferenciada, tanto de las administraciones prestacionales de justicia como de otras administraciones cuyos datos faciliten la adopción de decisiones de gestión. Con esta transformación de dataización de la Justicia se conseguiría[12]: a) Una integración conjunta de la información en una plataforma común abierta; b) Una mejor definición y perfeccionamiento conjunto de indicadores; c) Una explotación de la información; d) Mayor transparencia, publicidad, comunicación y formación, a través de distintos canales; e) Iniciativas de cumplimiento y fomento normativo para una estrategia basada en datos.

En suma, *un empleo racional para lograr evidencia y certidumbre al servicio de la planificación y elaboración de estrategias que coadyuven a una mejor y más eficaz política pública de Justicia...que permitirá tomar decisiones estratégicas...*", como señala el Real Decreto-Ley 6/2003, de 19 de diciembre, por el que se aprueban medidas urgentes para la ejecución del Plan de Recuperación, Transformación y Resiliencia en materia de servicio público de justicia, función pública, régimen local y mecenazgo, integrando en gran parte los dos proyectos de eficiencia (digital y procesal) que venían tramitándose en la Cortes Generales y quedaron interrumpidos por la disolución de las Cortes y el adelanto de elecciones generales.

La conformación de los datos que se arrojan en la Justicia permite hacer mejor diagnóstico que conforme los indicadores adecuados para la toma de decisiones, que pueden afectar a la adopción de una batería de medidas que permitan mejorar los procesos, perfeccionando la regulación procesal, incorporando instituciones o limitando algunas de las existentes, así como trabajar en la estructura y reorganización de los tribunales de justicia, valorando una mejor distribución territorial, material y funcional, una gestión colectiva u organizativa a través de la implantación definitiva

---

12 Así se manifiesta por el Ministerio de Justicia, en su web, https://datos.justicia.es/justicia-orientada-al-dato. Y queda desarrollado en CTEAJE, *Manifiesto por un espacio público de datos en el ámbito de Justicia*, 2022.

de las oficinas judiciales, así como un replanteamiento de la actividad funcional de quienes intervienen en la Justicia, valorando las posibilidades de deslocalización y teletrabajo, y configurando modelos digitales que abran garantías para el acceso a la justicia, eliminando trabas en quienes, por motivos diversos, puedan verse desprotegidos como consecuencia de una excesiva digitalización. Un paso adelante en esa dirección es la dada por la aprobación del RD-Ley 6/2023.

Si todos estos avances pueden jugar un papel esencial en el modelo de Justicia al servicio de la ciudadanía, deben asimismo favorecer una Justicia de calidad. Si la tutela judicial es lenta, costosa, no es efectiva y merma las exigencias de calidad del la Justicia. Las exigencias de independencia e imparcialidad forman parte esencial igualmente de la calidad de la justicia, a la que también puede contribuir una buena distribución de los tiempos, a saber, si tenemos en cuenta el poco tiempo que se le otorga a los jueces para dictar las resoluciones puede entenderse que en ocasiones los resultados sean bastante poco halagüeños.

Para evitar seguir hablando de una Justicia insostenible se hace necesario que mejoren las instituciones, reforzando la independencia y la imparcialidad judicial, alcanzando mayor calidad legislativa, con una simplificación del acervo regulatorio, y tratando de alcanzar con ello una mejora y agilización de la función jurisdiccional, lo que pasa por una redistribución de recursos humanos (en ciertos ámbitos con aumento del número de jueces), mejoras procesales y reestructuración organizativa estando a la cabeza de la gestión la oficina judicial, y la integración finalmente en el hábitat de la Justicia de las ADR, esto es, los medios no jurisdiccionales de solución de conflictos, haciéndolo de manera integral con los tribunales de justicia y el proceso.

A todo ello debería asumirse la necesidad de una buena mejora de la gestión del servicio público de Justicia, para tratar de impedir la continuidad de una Justicia insostenible, de manera que pueda obtenerse un aprovechamiento de los recursos más eficaz y eficiente, transparente, eliminando costes y retrasos innecesarios y que contribuya a la confianza de la Justicia mediante una adecuada rendición de cuentas, para lo cual se requiere de recursos, basándose en indicadores de necesidad, para asignar igualmente recursos por territorios, por jurisdiccionales y entre los diversos tipos de juzgados y tribunales, y tomando en consideración (de ahí la importancia de los datos) los resultados y rendición de cuentas periódica. En todo ello juega un papel esencial la gestión profesional de las oficinas judiciales. Y transversalmente, haciendo la vida fácil y permeando las múltiples propuestas que se realizan, es absolutamente imprescindible la usabilidad de las tecnologías en la gestión judicial y procesal[13].

Estos dos últimos lustros han sido especialmente significativos para avanzar hacia la Justicia sostenible o, mejor, para abandonar la Justicia insostenible. Contamos cada vez más con indicadores que permiten afrontar los retos; indicadores que podrían mejorar en esa orientación de la Justicia al dato, no al dato frío, sino al dato interpretativo. El último avance, como apuntábamos, lo ha realizado el Real Decreto-Ley 6/2023, de 19 de diciembre, por el que se aprueban medidas urgentes para la ejecución del Plan de Recuperación, Transformación y Resiliencia en materia de servicio público de justicia, función pública, régimen local y mecenazgo, introduciendo la regulación del acceso digital a la Administración de Justicia, profundizando con la sede judicial electrónica, el PAGAJ (Punto de Acceso General de la Administración de Justicia), la Carpeta Justicia, que facilita el acceso a los servicios y procedimientos o a la sede judicial electrónica de la Administración competente en justicia, la consolidación de los sistemas de identificación y autenticación, la tramitación electrónica de los procedimientos judiciales (con EJE, documento judicial electrónico, comunicación electrónica, punto común de comunicación, actuaciones automatizadas, proactivas y asistidas, etc.), incorporando los registros electrónicos de datos y lo que se denomina "datos abiertos" para la ciudadanía. Muchas de estas novedades no son neutras e instrumentales, sino que inciden en numerosas normas procesales por cuanto la "cultura procesal", el *modus operandi* procesal es distinto, lo que va a obligar a un enorme esfuerzo de cooperación entre Estado y Comunidades Autónomas, pero también contando con las líneas marcadas por la Unión Europea en la Estrategia de modernización de la Justicia desde la mirada digital.

---

13 El análisis arrojado en las páginas expuestas proviene del trabajo realizado por Barona Vilar, S; Pérez García, F.; Iranzo Navarro, A., *El funcionamiento de la Justicia en España. Estructuras, recursos y resultados,* para la Fundación BBVA, presentado en el año 2016, habiendo efectuado un análisis de los Juzgados y tribunales en España, las ADR, los recursos y gastos dedicados a Justicia, la eficacia y eficiencia del sistema judicial y un análisis de las falencias y bondades de la calidad del sistema, la independencia e imparcialidad y las conclusiones que recogían algunas de las reflexiones que han sido incorporadas en este apartado.

3. JUSTICIA SOSTENIBLE EN SU TRIPLE DIMENSIÓN

Con el fin ahondar en esa búsqueda de Justicia sostenible ha de atenderse, en primer lugar, al significado mismo de "sostenibilidad", que hace énfasis en ahondar en la búsqueda del equilibrio entre el respeto al medio ambiente, el crecimiento económico y el bienestar social. Y los tres inciden transversalmente en el hábitat de la Justicia.

Merece especial referencia el Informe Burtland[14], publicado en el año 1987 por Naciones Unidas, en el que se enfrenta y contrasta el desarrollo económico existente con la sostenibilidad ambiental. Un Informe realizado por la Comisión Brundtland y liderado por la que fuera la ex primera ministra noruega Gro Harlem Brundtland. Se emplea por vez primera el término "desarrollo sostenible", definiéndolo como aquel que va orientado a "satisfacer las necesidades de las generaciones presentes, sin comprometer las posibilidades de las del futuro para atender sus propias necesidades". Es un Informe crítico frente al desarrollo económico globalizador, que ya, a finales de la década de los años ochenta, fruto de la globalización, estaba generando un alto costo medioambiental. Este Informe suponía un cambio importante en cuanto a la idea de sostenibilidad (o sustentatibilidad), principalmente ecológica, que ofrecía también énfasis al contexto económico y social del desarrollo.

Este Informe fue realmente trascendente para impulsar las políticas de Naciones Unidas en busca de ese desarrollo sostenible que, también, han sido acogidas en los retos de la *Estrategia Europea de desarrollo sostenible*[15]. Las acciones internacionales se fueron sucediendo, en 1992 la *Conferencia sobre medio ambiente y desarrollo en Río de Janeiro* y la *Declaración de Río sobre el Medio Ambiente y el Desarrollo*[16]. La necesidad de fijar restricciones ecológicas (conservación del planeta) y morales (renunciar a los niveles de consumo) era uno de los puntos de partida, amén de una larga lista de acciones que podrían quedar nucleadas en la de *cuidar el planeta y sus alrededores*. El desarrollo sostenible requiere entender que la inacción traerá consecuencias, también en la Justicia. Son numerosas las acciones que hay que considerar en la triple dimensión de la Justicia sostenible.

---

14 Dicho Informe puede verse en: https://www.ecominga.uqam.ca/PDF/BIBLIOGRAPHIE/GUIDE_LECTURE_1/CMMAD-Informe-Comision-Brundtland-sobre-Medio-Ambiente-Desarrollo.pdf.

15 https://eur-lex.europa.eu/ES/legal-content/summary/strategy-for-sustainable-development.html.

16 https://www.un.org/es/conferences/environment/rio1992.

3.1. Justicia en su dimensión social. Especial referencia a la emergencia de la vulnerabilidad y a la integración de los MASC/ADR

La sostenibilidad social se focaliza en los grupos sociales concretos. De esta manera, busca fortalecer la cohesión y la estabilidad de las poblaciones. El concepto se aplica a sectores sociales o poblaciones en situación de desventaja con respecto a las demás, o que se encuentran desprotegidas de algún modo. De ahí que su objetivo central sea la gestión responsable de recursos, lo que significa garantizar que la actividad humana se desarrolle de una manera que no destruya el entorno de las comunidades en donde se realiza. Así se puede promover la permanencia en el largo plazo de estas comunidades humanas, de su estilo de vida y de su cultura. En suma, los recursos naturales no pueden emplearse irracionalmente, tampoco en Justicia como servicio público, caminando hacia su agotamiento.

Tomando en consideración los datos aportados por el Ministerio de Justicia[17], en España hay alrededor de 70.000 personas trabajando directamente en la Administración de Justicia: unos 5.600 jueces y juezas, casi 2.300 fiscales, 4.300 letrados y letradas de la Administración de Justicia (LAJs), más de 14.500 gestores procesales, 22.700 tramitadores procesales, más de 9.700 auxilios judiciales, 1.144 forenses, más de 200 facultativos y facultativas, 100 técnicos especialistas y 120 ayudantes de laboratorio; además de los más de 7.000 jueces y juezas de paz. Además de los 2.000 funcionarios y funcionarias de la administración General del Estado y de las Comunidades autónomas (CCAA) con competencias en materia de Justicia entre los que se encuentra la Abogacía del Estado. Así mismo, existen otros operadores que, sin ser empleados públicos, forman parte del Servicio Público de Justicia permitiendo, facilitando y, en definitiva, asegurando la relación de la ciudadanía con la Justicia: 155.000 abogados y abogadas ejercientes, 11.000 procuradores y procuradoras, 14.500 graduados y graduadas sociales ejercientes, 3.000 notarios y notarias, y 1.100 registradores y registradoras. En total, alrededor de 254.000 personas integran lo que puede considerarse como el servicio público de justicia. Además, dando soporte a todo el servicio, se encuentra el personal laboral que permite llevar a cabo los servicios de interpretación y traducción, peritación, mantenimiento y limpieza de sedes, archivo y depósito de bienes, formación, desarrollo y evolución de aplicaciones informáticas, mantenimiento de equipos, etcétera. Estos colectivos son los que hacen posible que el servicio público de Justicia se

---

17 Datos recogidos en: https://www.justicia2030.es/punto-de-partida#la-justicia-hoy

preste en unas buenas condiciones. A su vez, debe señalarse que la Administración de Justicia dispone de más de 1400 sedes judiciales repartidas por todo el territorio. El Ministerio de Justicia también dispone de 14 sedes administrativas a las que se suman las de las Comunidades Autónomas.

Los números son importantes, empero no son todo. Los recursos personales y materiales ofrecen un soporte indiscutible e imprescindible para que la Justicia funcione. Y la Justicia funciona. Sin embargo, el resultado del esfuerzo de todos los operadores jurídicos, públicos y privados, que actúan en la Justicia diariamente, no encuentra recompensa en la satisfacción de la ciudadanía. Se argumenta que los medios con que cuenta la Justicia son insuficientes, especialmente se hace referencia a falta de jueces, de medios informáticos y falta de personal auxiliar[18]. No obstante, el aumento exponencial del número de jueces y la adquisición de medios tecnológicos, incorporación de herramientas de digitalización, etc., no ha cesado, como adelantamos *supra,* (de hecho, el CEPEJ ha venido considerando a España como uno de los países europeos que ha venido liderando el ranking del índice de equipamiento en tecnologías de la información en el sistema judicial europeo, junto con Estonia y Austria[19]).

Sin embargo, la situación, lejos de mejorar, empeora, si se evalúa desde parámetros puramente estadísticos de pendencia de los procesos, dado que crecen sin parar. La insatisfacción crece y el significado de la Justicia comienza a generar una percepción negativa del servicio público de Justicia. Esto no significa que la Justicia no funcione, sino que es necesario evaluar las razones por las que se mantienen las falencias en el devenir del servicio público de Justicia, muy probablemente de medios, empero también de organización y de regulación procesal, que lleve a repensar la Justicia desde arriba y garantizando su triple sostenibilidad: social, eficiente-económica y medioambiental.

Anudar esa "construcción" (o re-pensamiento) de un nuevo modelo de Justicia en el marco de un desarrollo sostenible global debe ser el punto de partida y el objetivo a alcanzar. No solo es importante aumentar los recursos económicos y humanos, sino analizar las razones o claves que están

---

18 Barómetro del Centro de Investigaciones Sociológicas (CIS de julio de 2019 Estudio n. 3257). Vid: https://www.cis.es/cis/export/sites/default/-Archivos/Marginales/3240_3259/3257/es3257mar.pdf

19 Puede verse en *The 2023 EU Justice. Scoreboard, Communication from the Commission to the European Parliament, the Council, the European Central Bank, the European Economic and Social Committee and the Committee of the Regions, COM (2023) 309,* pág. 33.

dificultando (de manera global) la eficiencia del modelo de Justicia sostenible. Se habla de la necesidad de conjugar la ineficiente asignación de recursos en Justicia (materiales y personales) con la necesidad de repensar la organización compartimentalizada y poco flexible que presenta en la actualidad el Poder Judicial, junto con la necesidad de repensar un modelo de gobernanza y gestión que haga más efectiva la misión de la Justicia y, por supuesto, revisar algunos procedimientos que comportan un lastre en el desarrollo de la Justicia y su necesidad de ser accesible, ágil y flexible, garantizadora de los derechos de los ciudadanos.

Es indiscutible que el contexto nacional e internacional ha cambiado mucho, muy rápido y ha ido generando un nuevo marco para las políticas públicas que fuerza una adaptación que también afecta a la Justicia. Es un problema o "crisis" que hay que convertir en oportunidad.

Así, merece destacarse, por un lado, los impulsos generados desde Naciones Unidas en el marco de los Objetivos de Desarrollo Sostenible (ODS), aprobados en el año 2015[20]. Su aprobación suponía la implicación en una transformación de los Estados con fundamento en la sostenibilidad económica, social y ambiental; una agenda global ambiciosa que ofrecía una voluntad de movilización de la comunidad internacional en los retos por alcanzar unos objetivos comunes. Se aprobaba con ello una nueva hoja de ruta del desarrollo internacional, más allá de los que en su día dieron lugar a los Objetivos del Desarrollo del Milenio (ODM)[21], mucho más am-

---

20 https://www.un.org/sustainabledevelopment/es/development-agenda/.

21 La razón de la aprobación en 2015 de los ODS no es sino debida a la frustración del incumplimiento de los objetivos del milenio (ODM), lo que no significa que los ODM no supusieran un aporte importante para tratar de combatir la pobreza en el mundo en sus múltiples aristas, ofreciendo resultados que han servido para elaborar la Agenda de desarrollo sostenible 2030. Como apunta Gómez Gil, C., "Objetivos de Desarrollo Sostenible (ODS): una revisión crítica", en *Papeles de relaciones ecosociales y cambio global, n. 140 2017/18*, pág. 109, los ODM *impulsaron avances importantes de manera particular en materia de salud, así como en educación, al tiempo que facilitaron la introducción de planes de trabajo claros, precisos y limitados en el tiempo, fáciles de comunicar y mensurables.* Igualmente, este autor destaca la *capacidad de los ODM para introducir metodologías de medición y desagregación de datos con la finalidad de conocer de manera más precisa los avances generados. Los ODM permitieron focalizar el trabajo de gobiernos, donantes, agencias internacionales y organizaciones en áreas prioritarias de necesidad, posibilitando una mejora en la disponibilidad de datos e indicadores del desarrollo, así como en la mejora de los sistemas estadísticos nacionales, junto a un reforzamiento de la cultura de la rendición de cuentas. Bien es cierto que, entre sus numerosas limitaciones,*

biciosos en cantidad y calidad, y más integradores en esa búsqueda de diálogo entre el hemisferio norte y el hemisferio sur.

Probablemente el paso de los años ha permitido a la comunidad internacional hallarse más preparada para afrontar una necesidad de trabajo conjunto en el desarrollo sostenible, pero identificando sus ejes fundamentales. Y lo ha hecho mediante la extensión a 17 objetivos genéricos de desarrollo sostenible (frente a los 8 de los ODM), y con una triple visión que es especialmente remarcable: la económica, la social y la ambiental, con una priorización de la lucha contra la pobreza y el hambre y su intrínseca imbricación con los derechos humanos, la igualdad de género y el empoderamiento de las mujeres, amén de la búsqueda de la aminoración de las desigualdades entre países y dentro de cada uno de ellos, así como la eliminación de modelos de consumo claramente insostenibles, que engarza con una búsqueda de desarrollo económico que sea respetuoso con la humanidad y con el planeta. En suma, se insiste en el texto de los ODS *un mundo en el que sea universal el respeto de los derechos humanos y la dignidad humana, el estado de derecho, la justicia, la igualdad y la no discriminación; donde se respeten las razas, el origen étnico y la diversidad cultural y en el que exista igualdad de oportunidades para que pueda realizarse plenamente el potencial humano y para contribuir a una prosperidad compartida; un mundo que invierta en su infancia y donde todos los niños crezcan libres de la violencia y la explotación; un mundo en el que todas las mujeres y niñas gocen de la plena igualdad entre los géneros y donde se hayan eliminado todos los obstáculos jurídicos, sociales y económicos que impiden su empoderamiento; un mundo justo, equitativo, tolerante, abierto y socialmente inclusivo en el que se atiendan las necesidades de los más vulnerables.*

La Agenda 2030 asume que el desarrollo sostenible no puede hacerse realidad sin que haya paz y seguridad, para lo cual se ha de luchar para construir sociedades pacíficas, justas e inclusivas que proporcionen igualdad de acceso a la justicia y se basen en el respeto de los derechos humanos, en un estado de derecho efectivo y una buena gobernanza a todos los niveles, así que en instituciones transparentes y eficaces que rindan cuentas. Es por ello que el modelo de Justicia, su conformación, sus principios, sus protagonistas y su *modus operandi*, están llamados a desempeñar ineludiblemente un papel fundamental en el cumplimiento, control y sustento de los ODS. Ahora bien, no queda implicada la Justicia tan solo con el Objetivo

---

los ODM solo eran de aplicación a los países empobrecidos, teniendo una limitada visión del desarrollo, ajenos a una comprensión multidimensional del mismo.

16, *Paz, Justicia e Instituciones sólidas*[22], sino que igualmente se imbrica con otros, como el Objetivo 1 (poner fin a la pobreza en todas las formas del mundo), el Objetivo 3 (Salud y Bienestar), el Objetivo 4 (Educación de Calidad), el Objetivo 5 (lograr la igualdad entre géneros y empoderar a todas las mujeres y niñas), el Objetivo 10 (Reducción de las desigualdades), el Objetivo 13 (Acción por el Clima). Todos ellos inciden ineludiblemente en la tutela de las personas. Ahora bien, ¿se queda en una mera declaración programática la Agenda 2030 y su directa implicación en una Justicia 2030 que asuma los objetivos de desarrollo sostenible?

La respuesta depende de los gobiernos de los Estados. Los objetivos pueden favorecerse y cumplirse a través de numerosas medidas que pueden fomentar una Justicia sostenible en los términos expuestos, de manera que hay que trabajar, por un lado, para paliar la excesiva formalidad, complejidad y rigidez de algunos modelos procesales existentes, fomentando la incorporación de una Justicia "integral", con los MASC-ODR como Justicia, así como la adopción de oficinas de ayuda y asistencia de los más desfavorecidos, etc. Y en esa multiplicidad de medios para combatir la justicia lenta, desigual, costosa, excesivamente técnica se ubica igualmente la tecnología, inicialmente de forma instrumental, al servicio de esa búsqueda de una más, mejor y más social justicia y, posteriormente, de manera funcional, asumiendo tareas que eran exclusivas del ser humano, propulsando el debate en torno a si la irrupción de la tecnología, los algoritmos y la inteligencia artificial en la Justicia permite, amén de favorecer el cumplimiento de los ODS, se apuesta por una *Justicia más sostenible, más equitativa, más igual y más justa socialmente.* España ha hecho los deberes respecto de la segunda, si bien queda pendiente el impulso de las ADR/MASC/ODR.

Por otro lado, se han venido realizando numerosas acciones desde la Unión Europea, para garantizar la sostenibilidad de la Justicia, destacando a este respecto la *Estrategia de la UE para una Justicia sostenible de 2021*[23], que es un documento clave de compromiso de la Unión Europea en el desarrollo de un sistema de Justicia que sea eficiente, accesible y sostenible.

---

22 https://www.agenda2030.gob.es/objetivos/objetivo16.htm

23 Es la consecuencia de la "Estrategia Europea de Desarrollo Sostenible", que dio lugar al documento *Un futuro sostenible a nuestro alcance,* de la Comisión Europea, de 2007, pág. 7, en el que se insiste en los siete retos fundamentales: 1) El cambio climático y la energía limpia; 2) El transporte sostenible; 3) El consumo y la producción sostenibles; 4) La conservación y la gestión de los recursos naturales; 5) La salud pública; 6) La inclusión social, demografía y migración; y 7) La pobreza en el mundo.

La estrategia se centra en promover la confianza de los ciudadanos en la justicia, garantizar la igualdad ante la ley y promover la innovación y la digitalización en los sistemas judiciales de los Estados miembros. Y para ello presentó el "Programa de Trabajo de la Comisión Europea en el Área de Justicia (2021-2022)", en el que se destaca la importancia de la justicia sostenible y la digitalización de los sistemas judiciales en la Unión Europea. Se enfatiza la necesidad de mejorar la eficiencia de los tribunales, promover la mediación y garantizar que los procedimientos legales sean más rápidos y accesibles. A ello ha de anudarse el *Reglamento (UE) 2021/693 del Parlamento Europeo y del Consejo, de 28 de abril de 2021, por el que se establece el programa de Justicia y por el que se deroga el Reglamento (UE) n. 1382/2013*[24], la *Carta de Derechos Fundamentales de la Unión Europea 2000/C364/01*[25], que establece principios fundamentales de justicia, igualdad y protección legal, garantizándose el derecho a un juicio justo, a la igualdad ante la ley y a una tutela judicial efectiva. Estos principios son esenciales para el concepto de justicia sostenible en la UE.

Desde un punto de vista sectorial destaca la batería de instrumentos legales que se han preocupado por los menores, los adultos (con propuestas en marcha), por los consumidores, por los imputados/acusados/condenados, por las víctimas, por las mujeres, por los colectivos sociales más débiles, etc. Todo ello se vincula al *Programa de Acción de la UE en el Área de Justicia (2020-2025)*, que resalta la importancia de la justicia sostenible y eficiente en la UE. Propone medidas para fortalecer la cooperación judicial entre los Estados miembros y promover la digitalización de los procedimientos judiciales. También subraya la necesidad de garantizar que la justicia sea accesible y equitativa para todos los ciudadanos de la Unión Europea.

Estos documentos de la Unión Europea reflejan el compromiso de la UE con la promoción de una justicia sostenible y eficiente en toda la región, destacando la importancia de garantizar que los sistemas judiciales sean accesibles, equitativos y adaptados a los desafíos de la sociedad moderna. Y todo ello se anuda a la necesidad de integrar la noción de vulnerabilidad y muy especialmente de las políticas públicas que se adoptan para conseguir una verdadera dimensión social de la Justicia, desde el reconocimiento efectivo, más allá del programático, del principio de igualdad, entendido desde una mirada esférica y, por ende, aplicable a todas las personas, sean cuales fueren su género, raza, ideología, nacionalidad, edad, situación so-

---

24 https://eur-lex.europa.eu/legal-content/ES/TXT/?uri=celex%3A32021R0693.

25 https://www.europarl.europa.eu/charter/pdf/text_es.pdf.

cial y económica, etc. La emergencia de la vulnerabilidad en la Justicia es hoy una necesidad indiscutible, lo que no es óbice a que colectivos y personas vulnerables existieron siempre a lo largo de la historia, si bien en el mundo actual las políticas públicas requeridas para darles abrigo tuitivo y respuestas adecuadas no discriminatorias y garantizadoras de la dignidad humana están propulsando una mirada diversa del planeta.

En algunos casos han sido las normas jurídicas las que han ido incorporando una especial protección privilegiada, a través de normas para personas con discapacidad, para menores, para adultos, para mujeres, para inmigrantes, para personas sin medios económicos, para consumidores, para colectivos disgregados (LGBTI; de determinadas nacionalidades, etc.). En otros casos es el mismo modelo de Justicia el que discrimina, bien por el lenguaje, por los espacios, por la ausencia de capacitación de operadores jurídicos para llevar a cabo el trato con los mismos, por falta de traductores, etc. Un núcleo esencial debe ser la idea de que el Derecho es para todos y que la Justicia también lo es y debe serlo, y que desde la mirada sostenible socialmente también se ha permeado algunas normas que ofrecen una necesidad de trasladar a los operadores jurídicos que la Justicia es polisémica, empero también poliédrica, y en esa mirada poliédrica deben entrar todos.

Así, en el análisis de la dimensión social imbricada con la vulnerabilidad se enlazan cuestiones como el sentido del acceso universal, del lenguaje accesible y de lectura fácil, de la información jurídica básica, de la asistencia jurídica gratuita, las normas del derecho de defensa, la capacitación de los operadores jurídicos para la diferencia y para la integración de "los otros", la especial sensibilidad en el marco de la accesibilidad de los grupos vulnerables, y las medidas frente al sexismo, clasismo, aporofobia, edadismo, xenofobia, desprecio a los condenados o también a las víctimas, etc.

Y amén de todas ellas, se ha producido igualmente el interés por incorporar medios en la Justicia que permiten, por su flexibilidad y adaptación, ser cauces o vías para solucionar los conflictos (ADR/MASC/ODR). Su misión es la de simplificar, facilitar y abrigar las múltiples respuestas que los ordenamientos jurídicos, nacionales e internacionales, ofrecen a la ciudadanía para acceder a la Justicia. Ahora bien, su realidad y su consolidación jurídica, legal y práctica, ha seguido un largo, tenebroso y abrupto camino, lleno de obstáculos que han empañado sus bondades y engrandecido sus falencias. Numerosos textos legales, autonómicos, nacionales, supranacionales e internacionales, y un enorme esfuerzo de quienes desde hace lustros trabajaron con y desde los medios no judiciales ni jurisdiccionales de solución de los conflictos jurídicos entre las personas, naturales y jurídicas ha permitido que encuentren un lugar en ese hábitat de la Justicia. Las experiencias se cuentan por centenares y los resultados han sido altamente ilustrativos de las bondades y de las carencias, de lo que había que incorporar y lo que había que evitar.

La Unión Europea viene propulsando desde hace décadas la incorporación de procedimientos extrajurisdiccionales en la solución de conflictos y abogando esencialmente por la incorporación en los países de la Unión de la regulación de la mediación en diversos sectores, familia, consumo, menores, responsabilidad penal, comercio, transporte, deporte, etc. Directivas, Reglamentos de la UE se han sucedido, instando a la incorporación de medios eficaces y asequibles para resolver conflictos a través de estos medios. Y, como componente integrador de todo lo expuesto se encuentra el art. 81 del TFUE que recoge esa idea de impulsar en materia de cooperación el desarrollo de métodos alternativos de resolución de conflictos y el reconocimiento mutuo de las decisiones extrajurisdiccionales, amén de su ejecución.

En el seno internacional merece destacar, además de los ODS ya citados, en el marco de la preocupación por los vulnerables, la aprobación de las *Reglas de Brasilia sobre acceso a la Justicia de las personas en condición de vulnerabilidad de 2008*, fruto de la XIV Cumbre Judicial Iberoamericana. En este texto se delimitaban medidas específicas, destacando la necesidad de incorporar e impulsar medios de resolución de conflictos más apropiados para las personas especialmente vulnerables, tanto antes del inicio del proceso como durante la tramitación del mismo, haciendo referencia a la mediación, la conciliación, el arbitraje y otros medios que no impliquen resolución del conflicto por un tribunal.

España, amén de los textos vigentes en materia de mediación y arbitraje, presentó un texto, tramitándose en las Cortes Generales en el momento de su disolución, de Proyecto de Ley de eficiencia procesal del servicio público de Justicia, en el que se presentaba un tratamiento integrado de los MASC, con gestión a través de servicios públicos, que suponía el reconocimiento legal de esa Justicia multipuerta en la que ya nos encontramos. El texto no se aprobó. En el RD-L 6/2023 de 19 de diciembre se incorporan numerosas normas del texto proyectado de eficiencia procesal, empero no las que incorporaban el tratamiento de los MASC en el ordenamiento jurídico, con su tipología, su carácter de presupuesto de procedibilidad, etc. El dilema continúa en torno a si se regularán de forma integral o si seguiremos con un modelo de ADR/MASC como el que nos acompaña, pero lo que es indudable es que ya se ha visibilizado el papel trascendental que suponen estos cauces de solución de conflictos adaptados a personas especialmente vulnerables y a quienes no lo son también, y permiten indudablemente caminar hacia esa Justicia socialmente sostenible en los términos que hemos venido exponiendo. Habrá, por ello, que esperar al devenir del Proyecto de LO de medidas en materia de eficiencia del Servicio Público de Justicia y de acciones colectivas para la protección y defensa de los derechos e intereses de los consumidores y usuarios (BOE 22 de marzo de 2024). La aprobación de este texto supondría un paso importante en ese modelo integral de Justicia que hemos venido defendiendo.

3.2. Justicia en su dimensión económica/eficiente

La segunda dimensión de la sostenibilidad se centra en la capacidad que tiene una organización privada o pública de administrar sus recursos propios y generar rentabilidad a largo plazo de forma responsable. Este concepto implica el uso de prácticas económicas que sean rentables para alcanzar el bienestar de las personas (dimensión social) y el crecimiento económico (medioambiental), un necesario equilibrio entre el ser humano y la naturaleza con la idea de satisfacer las necesidades de las personas presentes sin comprometer a las que llegarán en un futuro (Informe Burtland). Para ello es posible diferencias cinco claves fundamentales en la sostenibilidad económica[26]:

1.- La búsqueda de la productividad y el rendimiento como factores de rentabilidad, que deben, sin embargo, anudarse a otras conductas, como aquellas que se exigen por los directivos privados o los gobernantes de invertir en sectores de producción que no reporten beneficios económicos directos cuantificables, empero sí intangibles, valorando lo que no es monetarizable, a saber, el denominado "valor de lo inútil" a que se refería Nuccio Ordine[27], inclusive incorporando en el mismo el conocimiento, el "saber", como expusieron en su día los grandes pensadores griegos, destacando la concepción aristotélica de que el auténtico conocimiento "no sirve", porque no es servil, siendo un resorte esencial de la sociedad el "asombro" como clave del deseo de conocer, un conocimiento que adquie-

---

[26] Seguimos, al respecto el "Informe Gadisa", en https://www.gadisa.es/blog/las-5-claves-de-la-sostenibilidad-economica/#:~:text=La%20sostenibilidad%20econ%C3%B3mica%20se%20define,largo%20plazo%20de%20forma%20responsable.

[27] ORDINE, N., *El valor de lo inútil*, Barcelona, Editorial Acantilado, 2013.

re más valor cuando se busca y alcanza "por amor al puro saber" y no "en vista de las cosas que derivan de él"[28].

2.- La sublimación de la eficiencia, entendida como la búsqueda de una productividad, máximos resultados con la mínima cantidad de recursos.

3.- Una de las grandes claves de la sostenibilidad económica es la unión entre tecnología e innovación, conectada con la dimensión social y medioambiental.

4.- La importancia de limitar recursos, fomentando especialmente los recursos renovables y caminando hace la sustitución de los recursos no renovables por alternativas renovables.

5.- El crecimiento —aumento cuantitativo— y el desarrollo —mejora cualitativa, vinculada al enfoque social y medioambiental-

La sostenibilidad económica debe, en consecuencia, necesariamente vincularse a las dimensiones social y medioambiental.

3.3. Justicia en clave medioambiental. Especial referencia al Ecosistema digital de Justicia y su orientación al dato

La primera cuestión que se suscita es qué es la sostenibilidad medioambiental y por qué hay que protegerla. Se presenta como el equilibrio armónico entre el ser humano y la naturaleza, de manera que pueda alcanzarse el desarrollo económico sin amenazar ni degradar el ambiente.

En la década de los años sesenta del siglo XX se produjo un importante activismo ambiental, y fueron muy receptivos los organismos internacionales. Así, en 1972 se celebró en Suecia la primera Conferencia Sobre el Medio Ambiente en Estocolmo, firmándose el primer acuerdo de gran trascendencia internacional, a partir del cual se sucedieron pactos y conferencias que sentaron las bases de los objetivos actuales para hacer frente a la crisis climática. Sus desarrollos no han parado y su expansión a todas las esferas públicas y privadas del planeta es incuestionable y no se centra tan solo en aspectos ambientales, sino que se anuda a un complejo equilibrio entre distintas perspectivas que vinculan el medioambiente con el desa-

---

28 ARISTÓTELES, *La metafísica (384-322 a.C.)*, Gredos, 214, 982 a-b.

rrollo social y económico[29], lo que lo vincula con la triple dimensión de la sostenibilidad: la social, la económica y la medioambiental.

Las estrategias dirigidas hacia la sostenibilidad medioambiental han encontrado eco en sede nacional e internacional y por supuesto desde la Unión Europea no se ha cesado en impulsar políticas públicas y privadas que favorezcan la sostenibilidad medioambiental. En el marco de Naciones Unidas destaca la aprobación de los ya citados ODS (17 Objetivos de Desarrollo Sostenible), con los que se pretende construir un mundo más igualitario y justo, así como detener el avance del cambio climático para el año 2030. Se hace referencia a conceptos como economizar el uso de la energía y favorecer los recursos renovables, aprovechar los recursos de cercanía, principio de economía circular y la gestión ecológica.

Ese pensamiento de sostenibilidad global incide en la Justicia, y ha encontrado un impulso extraordinario en el seno de la Unión Europea, asegurando la aportación global del Servicio Público de Justicia para la profundización del estado de Derecho en la UE, como proyecto de país y con sustento en la justicia medioambiental, aportando políticas públicas innovadoras que puedan a contribuir a la construcción europea, incluyendo la transición ecológica y la justicia medioambiental orientando el servicio público de Justicia y sus activos a la transformación y recuperación económica. La calidad del estado de Derecho se imbrica con la justicia eficiente, social y de calidad, que asegure los derechos y las libertades, que favorezca el desarrollo empresarial, el crecimiento inclusivo y un clima adecuado para las inversiones.

La Administración de Justicia debe incorporarse a la lucha contra la emergencia climática de forma urgente y decidida, reduciendo su huella de carbono. Se garantizará acceso a la justicia en materia de medio ambiente en el marco de lo que estipula el Convenio de Aarhus, sobre acceso a la información, participación del público en la toma de decisiones. Para ello se preveían medidas de mejoras tecnológicas y organizativas en el marco de la "*Justicia 2030*", algunas de las cuales han sido incorporadas a través de los fondos *next generation*; otras, irán poco a poco incorporándose.

En esta línea, es importante repensar el hábitat en el que se desarrolla la Justicia, en los espacios, en la incorporación de modelos laborales sos-

---

29 Así lo manifestó la Comisión Económica para América Latina y el Caribe (CEPAL, https://www.cepal.org/es/temas/desarrollo-sostenible/acerca-desarrollo-sostenible).

tenibles como el teletrabajo y el trabajo deslocalizado en las sedes, lo que puede llevar indudablemente a la reducción de la movilidad del personal y la consiguiente reducción de la huella de carbono. La Directiva 2018/844/UE relativa a eficiencia energética, incluye en la estrategia a largo plazo la renovación de los edificios públicos con el objetivo de transformarlos en parques inmobiliarios con alta eficiencia energética y descarbonizados antes de 2050. Será imprescindible rehabilitar las sedes judiciales teniendo en cuenta simultáneamente criterios organizativos y ambientales: el diseño interno del edificio para facilitar la oficina judicial, los MASC y la gestión en general; la rehabilitación de la envolvente de los edificios para aumentar su eficiencia energética y la incorporación de energías renovables para el autoconsumo; la separación de residuos en origen, de conformidad con lo que establezca la nueva normativa de residuos, consumos de energía, agua y papel; la instalación de aparcamientos para bicicletas y puntos de recarga para vehículos eléctricos, que permitan al personal y a los usuarios el acceso mediante movilidad sostenible, o la compensación de la huella de carbono generada mediante la plantación de árboles.

Y, por supuesto, con la omnipresencia de la digitalización, la inteligencia orientada al dato y el expediente judicial electrónico, considerados como piezas indiscutibles de esa búsqueda de transformación de la sociedad europea, que encuentra en la Justicia un eslabón esencial para alcanzar la sostenibilidad, como parte de la *Estrategia Europea*. Se destaca la importancia de aprovechar la tecnología para mejorar la eficiencia de la justicia, agilizar los procedimientos y facilitar el acceso a la justicia para todos los ciudadanos. La estrategia aboga por la implementación de sistemas de gestión de casos electrónicos, la interoperabilidad de los sistemas judiciales y la promoción de la mediación en línea.

En el año 2020 se presentó el *Plan de Acción sobre Justicia Digital* de la Comisión Europea, centrado en la transformación digital de la justicia en la UE. El plan defendía el acceso a la justicia en línea transfronteriza para facilitar la resolución de disputas en un contexto digital. Han sido sucesivos los instrumentos de la UE que se han venido aprobando: Reglamento 910/2014, sobre identificación electrónica y servicios de confianza para transacciones electrónicas; Directiva 2021/2167 sobre Reglamento 910/2014, sobre identificación electrónica y servicios de confianza para transacciones electrónicas; Directiva 2022/211, 16 febrero, por la que se modifica la Decisión Marco 2002/465/JAI del Consejo respecto de aproximación a las normas de la Unión sobre protección de datos de carácter personal; Directiva 2022/228, por la que se modifica Directiva 2014/41/UE sobre protección de datos de carácter personal; Reglamento 2020/1784 del Parlamento y Consejo relativo a la notificación y traslado (uso obligatorio de un sistema informático descentralizado electrónico, compuesto por sistemas informáticos nacionales interconectados, para la transmisión de documentos y solicitudes entre estados miembros) documentos judiciales y extrajudiciales en materia civil o mercantil; Reglamento (UE) 2020/1783 del Parlamento Europeo y del Consejo de 25 de noviembre de 2020 relativo a la cooperación entre los órganos jurisdiccionales de los Estados miembros en el ámbito de la obtención de pruebas en materia civil o mercantil (obtención de pruebas)— uso obligatorio sistema informático; Comunicación de la Comisión al Parlamento Europeo, Consejo, Comité Económico y Social y al Comité de las regiones sobre "Digitalización de la Justicia en los países de la Unión", 2 dic 2020; Orientaciones estratégicas en materia de Justicia y Asuntos de Interior (Agenda Estratégica 2019-2024 adoptada por Consejo Europeo en junio 2019), con cuatro componentes siendo el último el referido al dominio de las nuevas tecnologías y de la inteligencia artificial; 2022-2025 CEPEJ Action plan "Digitalisation for a better justice"; Carta ética europea sobre uso de la IA en los sistemas judiciales y su entorno (2018); Directrices éticas para una IA fiable (2019); Libro Blanco de la IA de la Comisión (2020); Proyecto Reglamento del Parlamento Europeo y del Consejo de IA (AI Act); el 28 junio 2023 se presenta el documento "Justicia digital" por acuerdo del Consejo y el Parlamento Europeo sobre las propuestas relativas a la digitalización de la cooperación judicial y el acceso de los ciudadanos a la justicia (eficacia del funcionamiento de los tribunales y favorece la cooperación), y las que siguen elaborándose, que requieren de un esfuerzo del equipo investigador para su análisis. A todo ellos, hay que añadir los impulsos más recientes por resolver los conflictos en línea, favoreciendo plataformas de ODR o mediaciones electrónicas. A todo ello hay que añadir las herramientas tecnológicas y algorítmicas que desde la UE se impulsan destinadas a favorecer la comunicación, la información y el intercambio en materias referidas a Justicia (antecedentes penales, condenas de nacionales de terceros países o apátridas, sistema digital de intercambio de pruebas electrónicas; comunicación electrónica entre los Registros Mercantiles o los Registros de la Propiedad de los distintos países de UE; rastreadores de entidades jurídicas para detectar posibles beneficios obtenidos por blanqueo de capitales o para financiar terrorismo; plataforma de Justicia en red (*E-CODEX), etc.*

En España se han ido introduciendo reformas, si bien la más reciente, por RD-Ley 6/2023, de 19 de diciembre, además de reconocer los derechos u deberes digitales en el ámbito de la Administración de Justicia (derechos de los ciudadanos y derechos de los profesionales de la abogacía, procura y graduados sociales), regula el acceso digital a la Administración de Justicia, con Sede Judicial electrónica, la Carpeta Justicia y la orientación al dato, incorporando el concepto de documento judicial electrónico, el Punto Común de Actos de Comunicación, la comunicación edictal electrónica, entre otros. Y favorece los actos y servicios no presenciales, introduciéndose el art. 258 bis LEC por el que se establece como regla general que todos los actos de juicio, vistas, audiencias, comparecencias, declaraciones y actuaciones procesales, a excepción de las referidas al ámbito penal, se realicen preferentemente de forma telemática. Incide en el Portal de Datos abiertos, que permite el acceso a los ciudadanos de la información sobre datos relevantes que se provean por la Administración de Justicia en los términos que defina el CTEAJE. Y en el texto se incide en la necesaria interoperatividad de los sistemas de información de Justicia, algo que venía siendo machaconamente referido el acciones anteriores. Interesante es también en este texto, la creación del Directorio general de información tecnológica judicial y, por supuesto, la anonimización y seudonimización automatizada de los documentos judiciales. Todo ello camina inexorablemente hacia la potenciación del "Punto de Acceso General de la Administración de Justicia", las sedes judiciales electrónicas, un sistema único de identificación segura y de firma digital electrónica, favorecer el teletrabajo y la deslocalización laboral cuando se precise para conseguir una mejora en la gestión profesional eficiente y en la conciliación de la vida profesional con la familiar...

Se fomenta la Justicia orientada al dato, que permitirá actuaciones automatizadas, proactivas y asistidas, aunque siempre con el respeto pleno a las leyes procesales y bajo criterios legales objetivos y públicos, atendiendo a la importancia que tiene para la sociedad obtener resoluciones judiciales en un plazo razonable, con preferencia por las comunicaciones judiciales telemáticas con garantías de seguridad jurídica, entre otras. Con ello se supera la digitalización de la Justicia desde el documento, que fue importante y lo sigue siendo, una digitalización instrumental y eficiente, para ir adentrándose en la gestión orientada al dato, que permite seleccionar objetivos, identificar buenas prácticas y evaluar resultados, favoreciendo un mayor control y una mayor participación de la ciudadanía. Debe, en todo caso, sostenerse el equilibrio entre la digitalización y los derechos, introduciendo límites, reglas y garantías para las personas y sus datos. La razón no es otra que tanto la generación como la utilización de datos para la gestión en la Justicia pueden colisionar con principios y valores, debiendo trabajar para alcanzar el equilibrio entre la seguridad en la gestión de los datos y el derecho fundamental a acceder a la información; el reconocimiento de derechos digitales y la utilización de los datos como un recurso en los procesos de producción, así como el valor añadido de la gestión basada en datos y las desigualdades que puede generar la ausencia de medios y la falta de formación tecnológica[30].

La incorporación de los datos puede mejorar los sistemas de gestión, perfeccionar las actuaciones procesales, sumar esfuerzos y volcar los resultados obtenidos para evaluar, mejorar y transformar la justicia, insuflando al servicio público de Justicia de mayor celeridad, eficiencia y aminoración de costes, siempre que se garanticen los principios de acceso, autenticidad, confidencialidad, integridad, disponibilidad, trazabilidad, conservación e interoperatividad de los sistemas de información de la Administración (art. 1.2 del RD-L 6/2023, de 19 de diciembre). Con ello caminamos hacia un ecosistema digital eficiente, sostenible y garantista de la Justicia.

Las bondades son obvias, si bien el lado anverso se halla en la conocida obsolescencia programada que las compañías tecnológicas establecen para la vida tecnológica de los diversos sistemas, máquinas, artefactos, de manera que los residuos tecnológicos no responden a la sostenibilidad, y asimismo exige periódicamente la modernización de infraestructuras, necesidad de presupuesto para adaptar edificios, así como para transformar la Justicia analógica de los ordenadores en sistemas digitales orientados al dato. Se requiere inversión en infraestructuras y terminales. Igualmente, también esta transformación digital de la justicia comporta un incremento de ciertos riesgos para los derechos de las personas, especialmente cuando hablamos de privacidad y de protección de datos personales; y asimismo concurren riesgos de ciberseguridad, debiendo adoptar medidas de protección de datos del proceso frente a los ataques, del ciberespacio, y a las múltiples conductas que maliciosamente pueden desplegarse (phishing, sexting, stalking, craking, swin swapping, scareware ...). Deben considerarse los riesgos y la posible gestión que deba efectuarse, tratando de eliminar o aminorar sus posibles consecuencias.

En todo caso, la Justicia camina inexorablemente hacia una mayor sostenibilidad en sus tres dimensiones, teniendo como reto pendiente la "Justicia integral" con los MASC, siendo las tres simultáneamente esenciales

---

30 CTEAJE (Comité Técnico Estatal de la Administración Judicial Electrónica), *Manifiesto por un espacio público de datos en el ámbito de la Justicia*, 2022, *https://www.mjusticia.gob.es/es/JusticiaEspana/ProyectosTransformacionJusticia/Documents/Manifiesto%20del%20Dato.pdf)*

para garantizar la tutela efectiva de la ciudadanía. Ese debe ser el fin y no otro.

BIBLIOGRAFÍA

Aristóteles, *La metafísica (384-322 a.C.),* Gredos, 214, 982 a-b.

Barómetro del Centro de Investigaciones Sociológicas (CIS de julio de 2019 Estudio n. 3257). Vid: https://www.cis.es/cis/export/sites/default/-Archivos/Marginales/3240_3259/3257/es3257mar.pdf

Barona Vilar, S; Pérez García, F.; Iranzo Navarro, A., *El funcionamiento de la Justicia en España. Estructuras, recursos y resultados,* Fundación BBVA, 2016.

Barona Vilar, S., *Algoritmización del Derecho y de la* justicia. *De la Inteligencia Artificial a la Smart Justice,* Valencia, Tirant lo Blanch, 2021.

Barona Vilar, S., "Una justicia "digital" y "algorítmica" para una sociedad en estado de mudanza", en la obra colectiva Barona Vilar, S., *Justicia algorítmica y neuroderecho. Una mirada multidisciplinar,* Valencia, Tirant lo Blanch, 2021.

Barona Vilar, S., "La digitalización y la algoritmización, claves del nuevo paradigma de Justicia eficiente y sostenible", en la obra colectiva *Uso de la información y de los datos personales en los procesos: los cambios en la era digital,* Dic. Colomer Hernández, I.; Coord. Catalina Benavente, M A., Oubiña Barbolla, S., Pamplona, Thomson Reuters Aranzadi, 2022.

Bauman, Z., *Modernidad líquida,* Madrid, Fondo de Cultura económica, 2016.

Comisión Económica para América Latina y el Caribe (CEPAL, https://www.cepal.org/es/temas/desarrollo-sostenible/acerca-desarrollo-sostenible).

Carta de Derechos Fundamentales de la Unión Europea, 2000, en: https://www.europarl.europa.eu/charter/pdf/text_es.pdf.

CTEAJE (Comité Técnico Estatal de la Administración Judicial Electrónica), *Manifiesto por un espacio público de datos en el ámbito de la Justicia,* 2022, *https://www.mjusticia.gob.es/es/JusticiaEspana/ProyectosTransformacionJusticia/Documents/Manifiesto%20del%20Dato.pdf*).

Conferencia de las Naciones Unidas sobre Medio Ambiente y Desarrollo, Rio de Janeiro, Brasil, 3-14 de junio de 1992, https://www.un.org/es/conferences/environment/rio1992.

Escrivá, A., *Contra la sostenibilidad. Por qué el desarrollo sostenible no salvará el mundo (y qué hacer al respecto),* Barcelona, Arpa, 2023, pág. 178.

Estrategia en favor de desarrollo sostenible, https://eur-lex.europa.eu/ES/legal-content/summary/strategy-for-sustainable-development.html.

Folch, R., "Què es el desenvolupament sostenible?", en *Desenvolupament sostenible. Els llindars en la contrucció de les relacions humanes i el medi ambient,* en Pensaments, 7, Ediciones de la Universitat de Lleida, 1999.

Fanjul, S. C., "Egoísmo de naúfragos: por qué somos cada vez más individualistas", en *El País,* 17 de diciembre de 2023.

Gómez Gil, C., "Objetivos de Desarrollo Sostenible (ODS): una revisión crítica", en *Papeles de relaciones ecosociales y cambio global, n. 140 2017/18.*

Informe Brundtland, https://www.ecominga.uqam.ca/PDF/BIBLIOGRAPHIE/GUIDE_LECTURE_1/CMMAD-Informe-Comision-Brundtland-sobre-Medio-Ambiente-Desarrollo.pdf

"Informe Gadisa", en https://www.gadisa.es/blog/las-5-claves-de-la-sostenibilidad-economica/#:~:text=La%20sostenibilidad%20econ%C3%B3mica%20se%20define,largo%20plazo%20de%20forma%20responsable.

Ministerio de Justicia, https://datos.justicia.es/justicia-orientada-al-dato. Y en https://www.justicia2030.es/punto-de-partida#la-justicia-hoy.

Ordine, N., *El valor de lo inútil*, Barcelona, Editorial Acantilado, 2013.

Ordine, N., *Los hombres no son islas. Los clásicos nos ayudan a vivir*, Barcelona, Editorial Acantilado, 2022.

Pastor Prieto, S., *Dilación, eficiencia y costes. ¿Cómo ayudar a que la imagen de la Justicia se corresponda mejor con la realidad?*, Foro sobre la Reforma y Gestión de la Justicia, Fundación BBVA, 2003.

Reglamento (UE) 2021/693 del Parlamento Europeo y del Consejo de 28 de abril de 2021 por el que se establece el programa Justicia y por el que se deroga el Reglamento (UE) n.o 1382/2013, en https://eur-lex.europa.eu/legal-content/ES/TXT/?uri=celex%3A32021R0693.

Scoreboard EU 2023, Communication from the Commission to the European Parliament, the Council, the European Central Bank, the European Economic and Social Committee and the Committee of the Regions, COM (2023) 309.

Sobre la necesidad de diseñar un proceso judicial digitalizado

VICENTE PÉREZ DAUDÍ[1]
Catedrático de Derecho Procesal
Universitat de Barcelona
perezdaudi@ub.edu

1. INTRODUCCIÓN

El riesgo que se corre con la ciberjusticia es que los principios esenciales no sean respetados en la resolución de las controversias judiciales. Esto ha provocado que, desde el CEPEJ, el Consejo Consultivo de Jueces Europeos y la Comisión Europea se haya advertido de que la aplicación de las nuevas tecnologías al proceso judicial debe respetar las garantías esenciales del proceso[2], que se identifican con los derechos que el Tribunal Europeo de Derechos Humanos ha considerado que son el núcleo esencial del artículo 6 del Convenio Europeo de Derechos Humanos. En el ámbito de la Unión Europea deberá respetar el artículo 47 de la Carta de Derechos Fundamentales de la Unión Europea y en España el artículo 24 de la Constitución española y las interpretaciones que han realizado el TJUE y el TC[3].

---

1 Este trabajo se realiza en el ámbito del proyecto de investigación del Ministerio de Ciencia e Innovación PID2021-125149NB-I00

2 Moreno Catena identifica el contenido esencial del derecho a la tutela judicial efectiva en el derecho de acceso a la justicia, el derecho a una sentencia de fondo y el derecho a la ejecución (en Introducción al Derecho Procesal, edit. Tirant lo Blanch, Valencia, 2021, págs. 217 y ss.).

3 Del mismo modo se pronuncia Barona Vilar que advierte sobre el riesgo de la merma de garantías ante la aplicación de la mecanización judicial (en *Algoritmiza-*

Las nuevas tecnologías se pueden aplicar fundamentalmente a la tramitación del proceso judicial, pero también existen sectores que afirman que se puede aplicar a la resolución de los conflictos.

El Real Decreto Ley 6/2023, de 19 de diciembre, por el que se aprueban medias urgentes para la ejecución del plan de Recuperación, Transformación y Resiliencia en materia de servicio público de justicia, función pública, régimen local y mecenazgo, regula en el Libro Primero las Medidas de Eficiencia Digital y Procesal del Servicio Público de Justicia. Tal como indica la exposición de motivos se "potencia el expediente Judicial Electrónico mediante un cambio de paradigma, pasando de la orientación al documento a la orientación al dato".

Para ello se regula el expediente judicial electrónico, la carpeta justicia, las notificaciones electrónicas, el inicio de procedimiento por vía telemática y acompañado de un formulario en los términos que establezca el Comité Técnico Estatal de la Administración Judicial Electrónica, las videoconferencias y las resoluciones generadas por sistemas informáticos (automatizadas, asistidas y proactivas). El Real Decreto Ley también modifica la Ley de Enjuiciamiento Civil para adaptar el proceso judicial a la digitalización.

En mi opinión la regulación realizada es positiva en muchos aspectos ya que regula unas cuestiones ex novo y aporta seguridad jurídica. Sin embargo, es criticable que haya pretendido adaptar un proceso judicial basado en la tramitación escrita a la digitalización tan solo regulando cuatro cuestiones: la tramitación del procedimiento y la celebración de vistas de manera telemática, las notificaciones electrónicas y las resoluciones generadas por sistemas informáticos. En mi opinión el cambio de paradigma que implica el soporte escrito al digital obliga al diseño de un procedimiento ex novo basado en este formato. En este trabajo analizaré esta última cuestión, atendiendo al respecto de los principios esenciales y la transformación del proceso declarativo.

---

ción del derecho y de la justicia, de la Inteligencia Artificial a la Smart Justice, edit. Tirant lo Blanch, Valencia, 2021., pág. 661), afirmando que "nunca los avances de la robotización de la Justicia pueden hacerse a costa de los derechos y libertades de los ciudadanos" (*op. cit.*, pág. 662).

2. LA APLICACIÓN DE LOS PRINCIPIOS DEL PROCESO A LA CIBERJUSTICIA. EL RESPETO DE LAS GARANTÍAS PROCESALES

El proceso es el punto de encuentro de la acción y de la jurisdicción. Todo él se dirige a que el órgano jurisdiccional se forme un juicio. El proceso es necesario para formar el juicio jurisdiccional. Por ello es necesario que responda a una serie de garantías que aseguran la correcta formación del juicio jurisdiccional. De esta forma se respalda la autoridad de las personas que desempeñan la función jurisdiccional al tener un instrumento adecuado para formar correctamente la decisión. A éstas se les denominan principios del proceso. Sin embargo, no se puede afirmar que afecten a la eficacia del proceso pues la resolución que se adopte está respaldada por la *potestas* del Estado.

Entre los principios del proceso hay que distinguir dos clases: aquellos que informan directamente la estructura del proceso y que constituyen una garantía de acierto de la decisión jurisdiccional; y otros que son consecuencia del objeto del proceso. Los primeros tienen un carácter eminentemente técnico. Sin embargo, los segundos derivan del carácter instrumental del juicio, lo que obliga a que el proceso se acople al objeto de este. En concreto responden a la necesidad del proceso y a la actuación de las partes en el mismo. Al responder esta determinación a un momento histórico determinado deben considerarse eminentemente políticos[4].

Los primeros son esenciales para que el proceso sea un instrumento eficaz para lograr el juicio. En caso contrario las partes no acudirían a él, sino a otros como la autotutela. Y esto implicaría un retroceso en la evolución de la sociedad.

---

4 Esta es una cuestión sobre la que se ha debatido doctrinalmente en España y depende del concepto que se tenga de la jurisdicción. Los que la concibe como creación del derecho en el caso concreto de forma irrevocable parten de un concepto absoluto, mientras que los que consideran que aplican el derecho en el caso concreto mantienen el carácter relativo del concepto. En mi opinión la jurisdicción crea el derecho en el caso concreto de forma irrevocable, por lo que debe analizarse su manifestación en el momento histórico actual y su adaptación a la ciberjusticia. A nivel doctrinal esta cuestión ha sido, pero considero esenciales las aportaciones de Serra Domínguez ("Jurisdicción", en *Estudios de Derecho Procesal*, edit. Ariel, Barcelona, 1969, págs. 20 y ss.), Gimeno Sendra (*Fundamentos del Derecho Procesal*, ed. Civitas, Madrid, 1981), y Ramos Méndez (*Derecho y proceso*, edit. Librería Bosch, Barcelona, 1978).

Los principios esenciales del proceso judicial son el principio de dualidad de posiciones, de audiencia y de igualdad. En el ámbito del proceso civil tradicionalmente nos hallamos ante procesos de carácter dispositivo, que son los que se regulan en el libro II de la LEC. Sin embargo, también existen procesos en que se aplican materias reguladas por normas de carácter imperativa o en las que concurren un interés público que justifica una modificación de los principios rectores del proceso judicial. Los principios concurrentes son el de conveniencia contrapuesto al de necesidad, el de oportunidad al el de legalidad y el dispositivo al de inmutabilidad.

2.1. El principio de dualidad de posiciones

El principio esencial del proceso es el de contradicción, lo cual implica que deben existir dos o más partes con posiciones contrapuestas entre sí. Su importancia se manifiesta en que el legislador ha creado el Ministerio Fiscal para garantizar la dualidad de posiciones en el proceso penal y, en general, en todos los procesos informados por el principio inquisitivo. Tradicionalmente se afirmaba que existían dos tipos de proceso: el proceso inquisitivo y el proceso acusatorio[5].

En el proceso deben existir tres posiciones: las contradictorias de las partes y la del órgano jurisdiccional. El juez debe ser independiente e imparcial. Lo cual implica que el conocimiento que tenga del litigio le sea proporcionado por aquellos que han participado en ellos, es decir, las partes. Es un principio inherente a la noción de jurisdicción.

Pero no basta con que existan tres posiciones en el proceso para que podamos afirmar que nos encontramos ante un proceso jurisdiccional. Es necesario que una de ellas sea imparcial y las otras dos sean contradictorias. Éste ha sido calificado como "la fuerza motriz, su garantía suprema"[6]. Y ello es así porque "el proceso no es un monólogo sino un diálogo, una conversación, un cambio de proposiciones, de respuestas y de réplicas, un cruzamiento de acciones y de reacciones, de estímulos y de contra estímulos, de ataques y de contraataques"[7].

---

5 Montero Aroca, *la Garantía procesal penal y el principio acusatorio,* "la Ley", 21 de enero de 1994, pág. 2.

6 Calamandrei, "El carácter dialéctico del proceso", *Proceso y democracia,* ed. Ejea, Buenos Aires, 1960, pág. 148.

7 Calamandrei, *op. cit.,* pág. 150.

Es decir, la justificación de este principio es poder incluir a las partes en el método dialéctico que es el proceso. A través de él se logra la síntesis que debe realizar el órgano jurisdiccional para que pueda tener un conocimiento más preciso de los hechos y, a partir de ellos, elaborar su juicio.

Uno de los retos del legislador será adaptar el proceso judicial a las TICs. Es esencial que se respete el principio de dualidad de posiciones, respetando las garantías procesales de las partes. Uno de los riesgos es que se prescinda de la intervención preceptiva de abogado. Esta tendencia está presente en las reformas legislativas que la convierten en voluntaria y no en obligatoria[8]. Considero esencial que se mantenga su intervención necesaria ya que la parte, por sí misma, no puede intervenir correctamente en el proceso debido a la complejidad jurídica, tanto procesal como sustantiva. La asistencia técnica del abogado garantiza el principio de dualidad de actuaciones, además de tener implicaciones en el resto de los principios del proceso[9].

2.2. El principio de audiencia

La contradicción implica que en el proceso todas las partes tengan oportunidad de ser oídas. Es decir, que puedan intervenir en el proceso realizando las alegaciones que más convengan a sus intereses. Éste es un requisito para que el proceso sea un instrumento eficaz porque "no sería

---

8 Por ejemplo, el artículo 5 del Proyecto de Ley de Eficiencia Procesal regulaba la intervención del abogado en los MASC previos y obligatorios al proceso judicial, sin establecer su obligación más que en los casos en que se realice una oferta vinculante y la cuantía sea superior a 2.000 €. De esta forma no es preceptivo en el resto de ADR con la consecuencia de que no se puede designar abogado de oficio en caso de insuficiencia de recursos de la parte. Una regulación similar estaba vigente en Italia y ha sido declarada inconstitucional por la Corte Constitucional Italiana en la Sentencia 10/2022, de 25 de noviembre de 2021 argumentando que negar la asistencia jurídica gratuita en el procedimiento de mediación, que recuerdo en que en Italia es preceptivo antes de iniciar el proceso judicial en una serie de materias, porque implica una asimetría entre las partes, que la intervención en el procedimiento de mediación exige unas conocimientos técnicos y que va a tener una repercusión procesal.

9 El Tribunal Constitucional ha declarado que el derecho a la asistencia de letrado trata de asegurar la efectiva realización de los principios de igualdad y contradicción entre las partes (por todas STC 132/1992, de 28 de septiembre) y que es una existencia estructural del proceso que tiende a asegurar su correcto desenvolvimiento (por todas la STC número 189/2006, de 19 de junio).

lógico ni mucho menos justo resolver un conflicto bilateral con audiencia unilateral"[10]. Las partes, a través de su intervención, le facilitarán al órgano jurisdiccional una versión interesada de los hechos. Precisamente por ello es necesario que ambas tengan oportunidad para realizarlo. Así el Juez tendrá un conocimiento total de los hechos presentes en el proceso, ya que sabrá cuáles son los intereses en juego por las alegaciones que formulen las partes para defenderlos. Éste se manifiesta de forma plena en todos los procesos, constituyendo uno de sus principios esenciales.

La regulación de la ciberjusticia debe incluir la obligación de que las partes tengan acceso a los criterios de decisión del litigio y la posibilidad de ser oídas y formular alegaciones acerca de la aplicación de estos al caso concreto. Este es un principio esencial irrenunciable y así ha sido reconocido tanto por el TEDH[11] como por el TC[12].

Sin embargo, las aplicaciones informáticas y la opacidad de los sesgos que se han utilizado para diseñar los algoritmos afectarán al principio de audiencia. Las partes deben tener la posibilidad de rebatir los criterios utilizados por las aplicaciones informáticas para sugerir la solución del caso concreto, y esto sólo se podrá garantizar si se hacen públicos[13]. Por ello, es

---

10 Morón Palomino, *Derecho Procesal Civil (Cuestiones Fundamentales)*, ed. Marcial Pons, Madrid, 1993, pág. 72. Recordemos que Morón Palomino parte de una concepción subjetiva de la jurisdicción, pero a pesar de que no lo compartamos esta afirmación aclara el fundamento mismo de la audiencia.

11 Ver Juan-Sánchez, Ricardo, *Proceso justo en España y Tribunal Europeo de Derechos Humanos*, edit. Aranzadi, 2020.

12 Ramos Méndez, Francisco, *El sistema procesal español*, edit. Atelier, Barcelona, 2016, págs. 371 y ss.

13 Es preocupante que estos programas vayan a ser diseñados por empresas privadas que los protegerán a través de las normas de propiedad intelectual, lo que impedirá acceder a los algoritmos para comprobar si se ajustan o no la ley y determinar los sesgos con los que ha sido creado. Así la Sentencia del Juzgado de lo Contencioso Administrativo número 8 de Madrid, número 143/2021, de 30 de diciembre, resuelve un recurso contencioso administrativo contra el Ministerio de Transición Ecológica sobre acceso a la información relativa a la aplicación informática que permita al comercializador de referencia comprobar que el solicitante del bono social cumple los requisitos para ser considerado consumidor vulnerable. La sentencia desestima el recurso porque entiende que la decisión no se adopta por el sistema de información BOSCO, sino que ésta se utiliza de forma instrumental para adoptar la decisión y que contra ésta cae impugnación en vía administrativa y judicial. A continuación, hace propias las conclusiones de un informe emitido por el Centro Criptológico Nacional que afirma que "la relevación del código fuente aumenta de una manera objetiva la severidad de las vulnerabilidades de cualquier

imprescindible que el mismo sea aprobado por el organismo competente legislativamente y que sea controlado en su aplicación por los órganos jurisdiccionales.

Actualmente el derecho de audiencia se garantiza permitiendo que las partes realicen alegaciones sobre los hechos objeto del proceso judicial, el cómo se han acreditado a través de los medios de prueba, el derecho aplicable y la jurisprudencia que lo ha interpretado. Todos estos elementos tienen carácter público y accesible. Y así debe ser para diseñar el proceso judicial tal como hoy en día lo concebimos. Por ello es esencial que el desarrollo del proceso judicial adaptado a las nuevas tecnologías permita el acceso de todas las partes y respete el principio de audiencia. Así es fundamental que las partes estén informadas de los criterios de decisión que pueden adoptarse utilizando las nuevas tecnologías y que tengan la posibilidad de realizar alegaciones.

2.3. El principio de igualdad

Las partes deben tener las mismas posibilidades de ser oídas. En caso contrario se permitiría que el Juez tuviera un conocimiento parcial de la realidad, cuando interesa que sea lo más completo posible porque su juicio la va a alterar de forma irrevocable. Las partes deben tener en el proceso las mismas oportunidades procesales. Que después sean utilizadas dependerá de la estrategia de actuación que sigan en el proceso concreto, pero la regulación del proceso les debe permitir intervenir de forma idéntica. Este principio está directamente vinculado con el de audiencia, hasta el extremo de que su violación implica también el del principio de igualdad.

Otra variante del principio de igualdad es que todas las partes personadas en un proceso deben tener conocimiento pleno de su contenido. Sólo de esta forma podrá actuar en el mismo de acuerdo a sus intereses. En caso

---

aplicación informática. Si además maneja información clasificada o sensible de la administración, el conocimiento del código fuente aumenta el riesgo de que la explotación de las vulnerabilidades pueda afectar a la seguridad nacional, la seguridad pública o la seguridad de los administrados". Hay que tener en cuenta que la referencia a la seguridad de los administrados se realiza porque la Administración había alegado que el acceso al código fuente permitía el acceso a otras bases de datos en las que figuraba información que afectaba a la intimidad de los administrados como la discapacidad o la condición de víctima de violencia de género del solicitante.

contrario se produciría una desigualdad entre las partes que infringiría el proceso con todas las garantías previsto por el art. 24 CE.

El TC ha considerado que el principio de igualdad en el proceso deriva del derecho al proceso con todas las garantías del art. 24 CE[14] y no del art. 14 CE que consagra el derecho a la igualdad de todos los ciudadanos[15]. De esta forma reconoce que la vulneración de este principio procesal va a tener una trascendencia en el proceso, y es que la parte a la que se haya privado injustificadamente de una oportunidad procesal habrá visto vulnerado su derecho a un proceso con todas las garantías. La discusión acerca del precepto en que deba ser incluido es una cuestión meramente teórica sin ninguna trascendencia práctica, ya que desde las dos posiciones se llega a la conclusión de que "no habrá verdadera vulneración del principio de igualdad que no incida en el derecho de defensa"[16].

El principio de igualdad también puede ser tomado en consideración por el legislador para "promover las condiciones para que la libertad y la igualdad del individuo y de los grupos en que se integra sean reales y efectivas" (art. 9.2 CE). Lo recomendable es optimizar el funcionamiento de instituciones como el beneficio de justicia gratuita[17], derogar los obstáculos y limitaciones legales al derecho de acción que no sean racionales y simplificar los tipos procesales[18].

En el contexto de la aplicación de las tecnologías de la información el principio de igualdad exige que se garantice que las partes y sus asesores legales tengan acceso a medios tecnológicos similares[19].

---

14 Berzosa Francos, "Principios del Proceso", *en Justicia. Revista de Derecho Procesal*, 1992-3, págs. 569-570.

15 Berzosa Francos, *op. cit.*, pág. 570.

16 Berzosa Francos llega a esta conclusión incluyendo este principio en el art. 14 CE, mientras que el TC lo realiza desde la perspectiva del art. 24 CE (Berzosa Francos, *op. cit.*, pág. 571).

17 Montero Aroca (*Derecho Jurisdiccional*, vol. I, edit. J. M. Bosch, Barcelona, 1994., pág. 321; *Introducción al Derecho Procesal*, ed. Tecnos, Madrid, 1976, pág. 249).

18 Montero Aroca, *Derecho Jurisdiccional*, *cit.*, pág. 320

19 Desde esta perspectiva sí que afecta al principio de igualdad, ya que ambas partes y su asistencia técnica deben tener la posibilidad de acudir a los mismos medios y herramientas tecnológicas. En caso contrario se podría generar una situación de indefensión (en este sentido se pronuncia el Group of the Commission to Reimagine the Future of New York's Courts en el *Report and Recommendations of the Future Trials Working Group* de mayo de 2021, pág. 11.

En el momento de implantar las tecnologías de la información al proceso judicial será esencial distinguir entre los actos judiciales jurisdiccionales y no jurisdiccionales. A continuación, realizo una auditoria del proceso declarativo, planteando una adaptación del procedimiento e identificando los actos que se pueden automatizar.

3. LA INCIDENCIA DE LAS TICS EN LA TRAMITACIÓN DEL PROCESO DECLARATIVO

3.1. La adopción de decisiones no jurisdiccionales automatizadas

El procedimiento es el conjunto de actos que conforman el proceso jurisdiccional. Éste se integra por dos tipos: unos de carácter administrativo o funcional que tiende a permitir que el proceso avance y otros jurisdiccionales en el que el órgano jurisdiccional toma decisiones que afectan a los derechos de las partes.

Así, por ejemplo, la convocatoria de la audiencia previa del juicio ordinario cuando se ha contestado a la demanda se acuerda de forma inmediata en el primer día hábil que el Juzgado tenga disponible en su agenda una vez que se ha presentado la contestación a la demanda y se ha admitido por el Tribunal. Sin embargo, la admisión de la prueba propuesta por las partes o el traslado al demandante de la excepción reconvencional a la parte demandante para que realice alegaciones afecta al derecho de audiencia que integra el justo proceso o el derecho a la tutela judicial efectiva. Por ello ni puede tener el mismo tratamiento procesal ni la misma forma de resolución.

La decisión sobre el día en que se va a convocar la audiencia previa tiene un carácter automático y tan solo depende de la disponibilidad del Tribunal y de las partes. La primera es controlable por el órgano judicial ya que basta con comprobar su agenda. Sin embargo, la segunda no y por ello se permite que éstas puedan solicitar la suspensión de esta cuando concurra alguna de las causas legalmente previstas.

En una situación ideal en que los órganos jurisdiccionales estuvieran integrados en una única plataforma sería posible determinar cuando los abogados de las partes tienen otra actuación judicial programada, que es una de las causas de suspensión. Concurriendo estas circunstancias sería posible que se fijara la celebración de la audiencia previa en una fecha en la que tuvieran disponibilidad el juzgado convocante y las partes.

Estamos muy lejos de esta realidad ya que aún estamos discutiendo sobre la compatibilidad de los sistemas informáticos de gestión procesal de las distintas administraciones competentes para ello (Estado y Comunidades Autónomas con competencia delegada en materia de administración de justicia)[20], pero sí que es posible que el juzgado determine la fecha que tiene disponible para convocar la audiencia previa. No existiría ningún problema procesal para que el programa informático determinase la fecha y realizase la propuesta al Letrado de la Administración de Justicia para que la validase. Lamentablemente algo tan sencillo aún no se ha realizado.

Yendo más allá de estos actos meramente procedimentales, pero que son necesarios para el desarrollo del proceso, podríamos aplicarlo a aquellos casos en los que la ley determina alguna consecuencia imperativa de carácter procesal, incluso que afecte al fondo del asunto.

Por un lado, pienso en las resoluciones judiciales, al margen de la competencia del Juez o del Letrado de la Administración de Justicia, que deben dictarse atendiendo a datos meramente objetivos que figuran en el expediente judicial y que no precisan de valoración judicial. Éste sería el caso de la declaración de la caducidad de la instancia o el archivo del recurso devolutivo porque la parte recurrente no ha comparecido ante el tribunal en el plazo legalmente previsto por el legislador. No encuentro ninguna razón procesal para no permitir que se generase automáticamente la resolución judicial y, previa valoración del órgano competente[21], se notificara a las partes.

---

20 Es significativo que el Real Decreto Ley 6/2023 prevea en su disposición adicional primera un plazo de cinco años desde la entrada en vigor del libro primero que se garantizará la interoperabilidad entre los sistemas al servicio de la Administración de Justicia. Recuerdo que la disposición adicional tercera de la ley 18/2011, de 5 de julio, reguladora del uso de las tecnologías de la información y de la comunicación en la Administración de Justicia regulaba un plazo de cuatro años desde la entrada en vigor de la ley para garantizar la interoperabilidad entre los sistemas al servicio de la Administración de Justicia.
Es decir, el 7 de julio de 2015 los sistemas tenían que ser inoperables. Lo cierto es que en la fecha de la aprobación del Real Decreto Ley 6/2023, de 19 de diciembre, aún no se ha logrado y la administración se auto concede un plazo de 5 años para garantizarlo.

21 En mi opinión es esencial el control del órgano competente para dictar la resolución, tanto si es el Letrado de la Administración de Justicia como el Juez o Magistrado. Así por ejemplo la caducidad de la instancia se regula en los artículos 236 y ss. LEC e implica que se tiene por abandonado el proceso cuando éste permanezca suspendido durante el plazo de dos años durante la primera instancia y de uno

Por otro lado, también incluyo las resoluciones judiciales que ponen fin al proceso por razones de fondo y que se dictan de forma prácticamente automática por el transcurso del plazo procesal legalmente previsto sin que alguna de las partes realice alguna actuación. Me refiero al proceso monitorio, el juicio cambiario o los procesos que siguen la técnica monitoria como el proceso de desahucio por falta de pago de la renta arrendaticia o de entrega de la posesión en caso de ocupación ilegal del bien inmueble.

En estos supuestos la ley atribuye una consecuencia a la falta de personación y oposición por parte del demandado, que es el fin del proceso estimando íntegramente la demanda e imponiendo las costas procesales. En estos casos tampoco existiría ningún inconveniente para que el sistema informático de gestión procesal advirtiera y generase una propuesta de resolución que debiera ser validada por el órgano judicial.

En todos estos casos debemos advertir que considero imprescindible la validación por el Letrado de la Administración de Justicia o del Juez, en función de la distribución de competencias que realiza la LEC. En todo caso será imprescindible permitir que la decisión sea finalmente revisada por el Juez como titular de la función jurisdiccional.

En esta materia queda mucho por hacer. Actualmente tenemos una oficina judicial anacrónica. A través de la ley 13/2009, de 3 de noviembre, de reforma de la legislación procesal para la implantación de la nueva Oficina Judicial, se intentó adaptar a las nuevas necesidades atendiendo a criterios de eficiencia. Lamentablemente los servicios comunes que se anunciaban en las materias que era competencia de los Letrados de la Administración de Justicia aún no se han implantado de forma generalizada en los distintos partidos judiciales. También queda por realizar la reforma de la planta judicial y atender de esta forma a las necesidades actuales en el que existe una realidad social muy distinta al momento histórico en que se diseñó la que actualmente tenemos[22].

---

si estuviera pendiente un recurso devolutivo. Aparentemente esta decisión tiene carácter objetivo, pero el artículo 238 LEC prevé que no se producirá cuando concurra fuerza mayor o la suspensión no sea imputable a la voluntad de las partes o interesados. Esta excepción obliga a que el órgano competente para adoptar la decisión deba apreciar si concurren o no estas circunstancias. Es decir, incluso en este supuesto en que parece que la decisión es automática, será imprescindible la intervención humana.

22 Actualmente se está tramitando el Proyecto de Ley Orgánica de eficiencia organizativa del servicio público de Justicia, por la que se modifica la Ley Orgánica 6/1985, de 1 de julio, del Poder Judicial, para la implantación de los Tribunales

A efectos de tramitación electrónica es sorprendente la escasez de medios con la que se ha pretendido implantar, lo que lleva a situaciones tan absurdas como que el Juzgado debe requerir la aportación de las copias de los escritos a las partes o imprimir los documentos esenciales del pleito. La situación es tan surrealista que en muchos partidos judiciales el Juez no puede acceder desde la Sala de Vistas al expediente judicial electrónico porque no tiene un punto de acceso. Lo que provoca continuos recesos para que lo pueda consultar desde su despacho.

Por último, una reflexión sobre el sistema lexnet que ha implantado el expediente judicial electrónico. Es cierto que ha constituido un avance, pero queda mucho por hacer. Al margen de problemas de infraestructuras como la escasez de sistemas informáticos en la Administración de Justicia, sorprende la incompatibilidad de los distintos sistemas existentes en el Estado Español que imposibilitan que los Juzgados se puedan comunicar electrónicamente entre ellos. También sería deseable actualizar los sistemas para permitir que los documentos que se pueden acompañar tengan un límite de tamaño que posibilite acompañar el mayor número de ellos y no sólo aquellos que tengan un formato escrito[23].

El Real Decreto Ley 6/2023, de 19 de diciembre, regula las actuaciones automatizadas y asistidas. Las primeras tienen carácter procedimental y se desarrollan en el artículo 56, siendo una variante las actuaciones proactivas que sirven para generar avisos o efectos directos a otros fines distintos. Las segundas están previstas en el artículo 57 y sirven generar "un borrador total o parcial de documento complejo basado en datos, que puede ser producido por algoritmos, y puede constituir fundamento o apoyo de una resolución judicial o procesal".

Lo que no ha hecho el legislador es integrar estas actuaciones en el proceso judicial. Hubiera sido deseable el diseño de un procedimiento en

---

de Instancia y las Oficinas de Justicia en los municipios, reforma la organización judicial adaptándola a las nuevas necesidades. El antecedente fue el Anteproyecto de reforma de la ley Orgánica del Poder judicial que realizaba una reforma de la organización territorial judicial, que fue aprobado por el Consejo de Ministros el 4 de abril de 2014, pero que decayó por la disolución de las Cortes Generales debido a la convocatoria de elecciones generales el 20 de diciembre de 2015.

23 El Ministerio de Justicia y las Comunidades Autónomas con competencias delegadas en materia de Justicia están realizando un esfuerzo importante para actualizar los soportes informáticos de los Juzgados y Tribunales en el plan de trabajo de la Justicia 2030 y la aplicación de los fondos europeos Next Generation a este objetivo.

formato digital e integrando las decisiones automatizadas. Las asistidas es más complejo, pero se podrían utilizar para agilizar el fin del proceso en los casos de caducidad de la instancia o en los procesos en que se utiliza la técnica monitoria.

3.2. Los actos procesales de parte y la ciberjusticia

Los efectos que la ciberjusticia tendrá en el proceso va más allá de su influencia en la adopción de resoluciones procesales y en la tramitación del procedimiento. Ésta va a tener una influencia decisiva en la forma en que las partes se relacionan con los órganos jurisdiccionales, y que incluye los siguientes aspectos:

- La relación de las partes con el Tribunal.
- La forma en que se realizan las alegaciones por las partes.

La relación de las partes con el Tribunal se manifiesta en la forma de otorgar la representación al procurador para que actúe como su representante en el proceso. La LEC prevé en el artículo 24, en la redacción dada por la ley 42/2015, de 5 de octubre, de reforma de la ley 1/2000, de 7 de enero, de Enjuiciamiento Civil, la posibilidad de realizar la comparecencia electrónica. Relacionado con esta primera perspectiva también se plantea la forma en que se realizan las notificaciones procesales a las partes[24].

Estos dos apartados son importantes y esenciales en el proceso, ya que afectan al derecho de defensa, pero no estrictamente a su desarrollo ya que se trata de actividades al margen del método de formación del juicio. La ciberjusticia puede tener un efecto directo e inmediato en la forma en que las partes realizan las alegaciones.

Si analizamos el proceso judicial es relativamente sencillo implantarla en las alegaciones de las partes. En el ámbito de la Unión Europea ya se ha avanzado al implantar formularios para realizar los actos de parte en determinados procesos judiciales, como el proceso europeo de escasa cuantía o el proceso monitorio europeo[25].

---

24 Ver ampliamente el análisis que realizo en *De la Justicia a la Ciberjusticia*, edit. Atelier, Barcelona, 2022, págs. 75 y ss.

25 Ver https://e-justice.europa.eu/content_small_claims_forms-177-es.do?clang=es#action y https://e-justice.europa.eu/content_european_payment_order_forms-156-es.do?clang=es#action respectivamente.

De una manera similar el legislador podría aprobar un anexo de la LEC en el que se indicasen los formularios que deben utilizarse para cada uno de los trámites del proceso judicial. Para su realización puede utilizarse la Guía de Buenas Prácticas sobre escritos e informes orales y actuaciones judiciales aprobada por la Sala de Gobierno del TSJ de Catalunya el 20 de noviembre de 2020, habiéndola consensuado en el seno de la Comisión Mixta TSJC-CICAC-ICAB[26].

La ciberjusticia debe adaptar el proceso judicial existente, pero no se debe limitar sólo a la presentación de los escritos en formato telemático o sustituir los actos orales por la videoconferencia. Debería diseñarse un nuevo proceso judicial aplicando los nuevos medios tecnológicos que sustituyen el soporte papel por el soporte informático y facilitar el tratamiento informático de los datos. Para ello es esencial que se respeten los derechos fundamentales, en especial los derivados del derecho a la tutela judicial efectiva, y tener siempre presente que este formato no puede considerarse como un fin en sí mismo, sino como un instrumento para lograr una mayor efectividad de la justicia.

Si atendemos al esquema del proceso por audiencias regulado en la LEC, la conversión a un sistema de ciberjusticia atendiendo a los siguientes criterios:

- Las alegaciones escritas deberían realizarse de forma telemática a través de la utilización de formularios creados específicamente para el acto concreto.
- Los actos orales deben realizarse de manera presencial, salvo que la sencillez del acto o el carácter técnico pueda justificar su realización a través de videoconferencia.
- Las resoluciones judiciales también deberían seguir un sistema uniforme.

De esta forma los escritos de demanda y contestación, tanto del procedimiento ordinario como verbal, se podría realizar en formato telemático. Así, por ejemplo, el escrito de demanda debería contener los siguientes apartados[27]:

---

26 Se puede consultar en https://www.icab.es/export/sites/icab/.galleries/documents-noticies/GUIA-BUENAS-PRACTICAS-SOBRE-ESCRITOS-INFORMES-Y-ACTUACIONES-JUDICIALES-castellano-vdef.pdf

27 Esta propuesta ya fue realizada por Ramos Méndez, en *Guía para una transición ordenada a la LEC*, edit. J. M. Bosch, Barcelona, 2000, pág. 303.

- Orden jurisdiccional.
- Juzgado competente.
- Identificación de la parte demandante y demandada, indicando todos los datos necesarios para individualizarlos y realizar los actos de notificación.
- Objeto del proceso. Indicar el petitum de la demanda indicando una serie de palabras claves que permitan que se traten los datos de manera informática.
- Hechos. En este apartado debería permitirse añadir tantos apartados como fueran necesarios.
- Fundamentos jurídicos. Debería distinguirse los aspectos procesales de los materiales y permitir añadir tantos apartados como fueran necesarios. Para ello sería conveniente que en un ítem se indicase la legislación aplicable, en otro la jurisprudencia que la ha interpretado y que sea alegada por la parte y en un último apartado permitir que la parte justifique su aplicación al caso concreto.
- Petitum, con tantos apartados como fueran necesarias.
- Peticiones complementarias, permitiendo añadir la petición de medidas cautelares.

También deberían adaptarse la totalidad de las alegaciones escritas de las partes. Su realización no debería realizarse de manera administrativa ni por el Consejo General del Poder Judicial ni por el Ministerio de Justicia, sino que debería aprobarse como un anexo de la LEC por el poder legislativo ya que complementa a la ley aprobada[28]. Esto ya se realiza en el derecho de la Unión Europea cuando se aprueba un Reglamento al que

---

[28] Sobre esta cuestión ver el análisis que realiza García-Rostan Calvin, que estudia los formularios aprobados por el Ministerio de Justicia y por el Consejo General del Poder Judicial para formular demanda sucinta del juicio verbal del proceso civil en que no es preceptiva la postulación procesal, y en el que pone de manifiesto los aspectos en que éstos se exceden de lo previsto en la LEC (en "Los formularios y el principio de legalidad", en *Aciertos, excesos y carencias en la tramitación del proceso,* edit. Atelier, dir. Juan H. Perezagua Javier López Sánchez, edit. Atelier, Barcelona, 2020, págs. 87).

se agrega un formulario común para su utilización por los Tribunal de los Estados miembros[29].

Una de las cuestiones que se plantean cuando se analizan los formularios es la relación que tienen con el texto legal. En España se regula el uso de los formularios en el ámbito procesal en el artículo 9.3 y en el anexo 3 de la ley 18/2011 y en la Resolución de la Secretaría General de la Administración de Justicia de 15 de diciembre de 2015. Éstos complementan los escritos de las partes a los efectos de que presenten por vía telemática.

El uso de formularios ya se aplica en la interposición de los recursos de amparo ante el Tribunal Constitucional y de casación civil ante el Tribunal Supremo.

El Tribunal Constitucional aprobó el acuerdo del Pleno el 15 de marzo de 2023 (BOE de 23 de marzo de 2023), por el que se regula la presentación de los recursos de amparo a través de su sede electrónica. En el introduce un formulario que complementa a la presentación del recurso de amparo. La regla segunda establece cuál es el contenido de este que es una breve exposición de las vulneraciones constitucionalmente denunciadas, la justificación de la especial transcendencia constitucional del recurso y la indicación del modo en que se ha producido el agotamiento de la vía judicial previa. El escrito de demanda no puede superar los 50.000 caracteres, utilizando la fuente times new roman, tamaño 12 puntos y con interlineado de 1,5 (lo que equivale aproximadamente a 25 páginas).

Del mismo modo la Comisión Permanente del Consejo General del Poder Judicial aprobó el 14 de septiembre de 2023, publicado en el BOE de 21 de septiembre de 2023, el acuerdo sobre extensión y otras condiciones extrínsecas de los escritos de recurso de casación y oposición civiles, en el que se prevé la aportación de una carátula junto con la interposición del recurso de casación y en el que no solo deben completarse los datos relativos al procedimiento e identificación de las partes, sino también realizar una resumen de la infracción cometida en 300 caracteres.

Siguiendo esta línea el Real Decreto Ley 6/2023 prevé en el artículo 33 el inicio del procedimiento por medios electrónicos. En su apartado cuarto regula la obligación de acompañar a todos escrito iniciador del pro-

---

29 El Reglamento fue aprobado por el Consejo de la Unión Europea el 24 de septiembre de 2012 y ha sufrido distintas modificaciones, la última de las cuáles el 18 de noviembre de 2022, publicado en el DOUE el 14 de febrero de 2023 y que entra en vigor el 1 de abril de 2023.

cedimiento un formulario normalizado debidamente cumplimentado en los términos que se establezca por el Comité Técnico Estatal de la Administración Judicial Electrónica.

La problemática que suscita el uso de los formularios se centra en los errores que se pueden cometer al seleccionar las opciones disponibles, bien porque la programación induzca a confusión o por causa imputable a las partes. En este caso no debe primar el formalismo sobre los derechos de las partes ni convertir el medio de transmisión en un fin en sí mismo, por ello debe permitirse la subsanación cuando nos hallemos ante un defecto estrictamente formal[30].

En este sentido se pronuncia la Sentencia del Tribunal Constitucional 55/2019, de 6 de mayo, que resuelve un recurso de amparo interpuesto por la parte recurrida en un recurso de casación a la que se le inadmite el escrito de impugnación al hacer constar por error un código distinto al del recurso interpuesto. En esta sentencia el Tribunal Constitucional recuerda que los formularios tienen un papel accesorio de facilitación de la comunicación electrónica, pero no puede devenir en condicionante de la validez del escrito procesal remitido. Además, afirma que "el error en alguno de los datos del formulario normalizado no puede condicionar por sí sola la validez del acto de comunicación correctamente realizado".

La correcta implementación de las nuevas tecnologías permitiría controlar los presupuestos procesales de una forma más ágil. Así, por ejemplo, cuando se exige la aportación de un documento como requisito de procedibilidad en el formulario podría constar el apartado en el que se indicase permitiendo que se adjuntase. De esta forma la parte tendrá constancia de este requisito y se le exigirá su cumplimentación. En el momento de

---

30 En el ámbito administrativo es habitual el uso de formularios electrónicos en la tramitación de los procedimientos administrativos. En estos casos se ha planteado la posibilidad de subsanar los defectos formales del solicitante, debiendo darse esta opción de forma preceptiva para garantizar los derechos del administrado. El Tribunal Supremo, en la Sentencia de la Sección 4ª de la Sala de lo Contencioso número 762/2021, de 31 de mayo, declara que "la Administración no puede escudarse en el modo en que ha sido diseñado el correspondiente programa informático para eludir el cumplimiento de sus deberes frente a los particulares, ni para erosionar las garantías del procedimiento administrativo". Añade a continuación que "la Administración debe, en todo caso, dar la posibilidad de subsanación cuando el interesado reacciona frente a su no inclusión en la lista de admitidos y acredita que sólo omitió el paso final, esto es, la firma electrónica y el registro de su solicitud".

admitir a trámite la demanda el órgano jurisdiccional deberá constatar que se ha aportado y que es el correcto. Si no fuera así se deberá requerir la subsanación del defecto si ello fuera posible, atendiendo la naturaleza de la actuación extraprocesal y a la finalidad de su exigencia.

En mi opinión es que el órgano competente para regular la obligación del uso del formulario y su contenido es el poder legislativo, que debería aprobarlo como anexo de la ley correspondiente e integrarlo en el formulario para que se tramitase telemáticamente. Ya he indicado como en la práctica han sido los órganos jurisdiccionales lo han adoptado a través de la aprobación de acuerdos no jurisdiccionales. Pero en la medida en que éstos afectan al derecho de acceso a la jurisdiccional la competencia es del poder legislativo y no del poder judicial para adoptarlo. Una cuestión distinta es que la pasividad del legislador haya provocado que sean los órganos jurisdiccionales los que aprueben estos acuerdos con el visto bueno del poder legislativo[31]

Los actos orales también deben diseñarse de nuevo atendiendo a la posible utilización de la videoconferencia. Hasta ahora esta se ha integrado en el proceso judicial de forma esporádica debido a las limitaciones técnicas que tienen los Tribunales y la brecha digital existente en una gran parte de nuestra sociedad.

En mi opinión no todas las actuaciones orales pueden realizarse utilizando la videoconferencia. Esta debería limitarse en un primer momento para los actos orales más sencillos o que tuvieran un carácter esencialmente técnico. Desde la primera perspectiva se podría integrar para determinados procesos, como los juicios verbales hasta una cuantía determinada o que fueran más sencillos por su carácter sumario[32].

---

31 En este sentido el artículo 87 bis LJCA habilita a la Sala de lo Contencioso Administrativo del Tribunal Supremo para adoptarlos. En esta misma línea el Proyecto de Ley de eficiencia procesal reforma el artículo 481 LEC, sobre el contenido del escrito de interposición del recurso de casación, previendo en su apartado 8 que "La Sala de Gobierno del Tribunal Supremo podrá determinar, mediante acuerdo que se publicará en el Boletín Oficial del Estado, la extensión máxima y otras condiciones extrínsecas, incluidas las relativas al formato en el que deban ser presentados, de los escritos de interposición y oposición de los recursos de casación".

32 Gimeno Sendra, enumera los procesos susceptibles de IA incluyendo el juicio monitorio, el proceso cambiario, los actos de jurisdicción voluntaria, los procesos filiación, paternidad y maternidad, menores, división de herencia, liquidación del régimen económico matrimonial, retracto, propiedad horizontal, alimentos y

4. A MODO DE CONCLUSIÓN: LA NECESIDAD DE DISEÑAR UN PROCESO JUDICIAL EN FORMATO DIGITAL

A lo largo del trabajo he indicado como la aplicación al proceso judicial de las tecnologías de la sociedad de la información y de la comunicación debe realizarse con un respeto absoluto de los derechos fundamentales, y en especial del derecho a la tutela judicial efectiva y del derecho de defensa de las partes. En el caso en que no fuera así y se generase indefensión las partes deben denunciarlo ante el órgano jurisdiccional alegando la vulneración de los artículos 24 de la Constitución Española, 6 del Convenio Europeo de Derechos Humanos y, en el caso de aplicar la regulación de la Unión Europea, el artículo 47 de la Carta de Derechos Fundamentales de la Unión Europea.

Si la vulneración del derecho de defensa de las partes se ha producido por el diseño que se ha realizado del proceso telemático la forma de denunciarlo dependerá del sistema que se haya seguido para su aprobación. En mi opinión debe ser el legislador el que lo regule, por lo que el órgano jurisdiccional que conozca del litigio deberá realizar una interpretación que tienda a la constitucionalidad de la norma legal. Si ello no fuera posible deberá plantear la cuestión prejudicial ante el Tribunal Constitucional para que éste se pronuncie y declare la constitucionalidad o no de la norma legal. En el caso en que la regulación provenga directa o indirectamente de la Unión Europea el órgano competente para interpretar y decidir su adecuación al artículo 47 de la Carta de Derechos Fundamentales de la Unión Europea es el Tribunal de Justicia de la Unión Europea, debiendo plantear el juez nacional actuando como tribunal de la Unión Europea la cuestión prejudicial ante el Tribunal de Justicia de la Unión Europea.

En la práctica actual la regulación se está realizando a través de acuerdos adoptados por los Tribunales al estilo de guías de actuación, en ocasiones con delegación legislativa expresa y otras no. En este caso el Tribunal deberá hacer caso omiso de estas cuando se genere indefensión. Las partes podrán denunciarlo cuando se les genere indefensión alegando que se ha prescindido de las normas esenciales del procedimiento (artículos 238 y 225 LEC). La forma será a través de los recursos ordinarios y, si no fuera posible, el planteamiento del incidente de nulidad de actuaciones.

---

proceso para la declaración de nulidad de préstamos usuarios (en *La simplificación de la justicia civil y penal*, edit. BOE, Madrid, 2021., págs. 32 y 33).

Si la aplicación de estas reglas de rango inferior a la ley determinarse la inadmisión de algún acto de parte y fuera subsanable, deber permitirse su subsanación de conformidad con lo previsto en los artículos 11.1 y 243.4 LOPJ y 231 LEC y la interpretación que ha realizado el Tribunal Constitucional (ver por todas la Sentencia del Tribunal Constitucional número 79/2012, de 17 de abril).

En todo caso cuando se regule el proceso telemático por el legislador debe actualizarse el régimen general de nulidad de actuaciones para permitir que las partes puedan denunciar la vulneración de los derechos fundamentales que se produzcan en el proceso judicial y la subsanación de los actos procesales de parte.

BIBLIOGRAFÍA

Barona Vilar, Silvia. *Algoritmización del derecho y de la justicia, de la Inteligencia Artificial a la Smart Justice*, edit. Tirant lo Blanch, Valencia, 2021.

Berzosa Francos, Victoria. "Principios del Proceso", en *Justicia. Revista de Derecho Procesal*, 1992-3.

Calamandrei, Piero. "El carácter dialéctico del proceso", *Proceso y democracia*, ed. Ejea, Buenos Aires, 1960.

García-Rostan Calvin, Gemma. "Los formularios y el principio de legalidad", en *Aciertos, excesos y carencias en la tramitación del proceso*, edit. Atelier, dir. Juan H. Perezagua, Javier López Sánchez, edit. Atelier, Barcelona, 2020.

Gimeno Sendra, Vicente. *Fundamentos del Derecho Procesal*, ed. Civitas, Madrid, 1981

Gimeno Sendra, Vicente. *La simplificación de la justicia civil y penal*, edit. BOE, Madrid, 2021.

Juan-Sánchez, Ricardo, *Proceso justo en España y Tribunal Europeo de Derechos Humanos*, edit. Aranzadi, 2020.

Montero Aroca, Juan. *Derecho Jurisdiccional*, vol. I, edit. J. M. Bosch, Barcelona, 1994.

Montero Aroca, Juan. *Introducción al Derecho Procesal*, ed. Tecnos, Madrid, 1976.

Montero Aroca, Juan. *La garantía procesal penal y el principio acusatorio*, "la Ley", 21 de enero de 1994.

Moreno Catena, Víctor. Introducción al Derecho Procesal, edit. Tirant lo Blanch, Valencia, 2021.

Morón Palomino, Manuel. *Derecho Procesal Civil (Cuestiones Fundamentales)*, ed. Marcial Pons, Madrid, 1993.

Ramos Méndez, Francisco, *El sistema procesal español*, edit. Atelier, Barcelona, 2016.

Ramos Méndez, Francisco. *Derecho y proceso*, edit. Librería Bosch, Barcelona, 1978.

Serra Domínguez, Manuel. "Jurisdicción", en *Estudios de Derecho Procesal*, edit. Ariel, Barcelona, 1969.

El nuevo reglamento sobre digitalización de la cooperación judicial en la Unión Europea

FERNANDO GASCÓN INCHAUSTI[1]
Catedrático de Derecho Procesal (UCM)

1. LA DIGITALIZACIÓN DE LA JUSTICIA COMO POLÍTICA PROPIA DE LA UNIÓN EUROPEA

La Unión Europea, al igual que los Estados miembros, está afrontando a marchas forzadas los retos regulatorios que comporta la digitalización de la vida social y económica. Lo digital, desde luego, es uno de los puntos en que se sostiene la transformación de la Justicia en las sociedades contemporáneas y, por eso, las instituciones europeas llevan ya tiempo buscando la manera de lograr un objetivo claro, el de lograr la digitalización de los sistemas nacionales de justicia.

Puede decirse, en efecto, que la digitalización es el eje gravitatorio más evidente de la política legislativa de la Unión Europea en materia de Justicia[2].

---

1 Sirva este trabajo como muestra de mi máximo reconocimiento hacia el Profesor Moreno Catena, tanto en lo académico como en lo personal. Es, además, resultado de las actividades del Proyecto de Investigación "Eficiencia y acceso a la justicia civil en tiempos de austeridad" (PID2021-122647NB-I00), financiado por el Ministerio de Ciencia e Innovación.

2 La digitalización de la Justicia es uno más de los elementos a través de los cuales la Unión promueve, de forma más generalizada, la gobernanza electrónica. Cfr. Ontanu, A.E., "e-Justice Governance in the EU", en Troitiño, D.R. (ed.), E-Go-

El Cuadro de Indicadores de la Justicia[3] la incluye bajo la etiqueta de la calidad, pero tiene entidad suficiente como para constituir una materia propia. El impulso a esta acción se encuadra en una política más general de promoción de la gobernanza digital a todos los niveles, que se manifiesta de maneras diferentes: por supuesto, impulsando reglamentos y directivas allí donde la Unión dispone de competencias normativas; en lo que se refiere a la justicia, además, hay que contar con los fondos europeos que se destinan a impulsar la digitalización de la justicia a nivel nacional, bajo el paraguas de los sucesivos planes de acción y estrategias europeas en materia de e-Justicia.

Con origen en una Comunicación de 2008[4], hay que contar hasta la fecha con el plan de acción de 2009-2013[5]; la Estrategia Europea de e-Justicia 2014-2018[6] y su plan de acción[7]; la Estrategia 2019-2023[8] y su plan de acción[9]; y la Estrategia 2024-2028[10]. Sus contenidos también son reveladores de los progresivos desarrollos acerca de la interrelación entre justicia y tecnología[11].

---

vernance in the European Union. Strategies, Tools and Implementation (todo el título en cursiva), Springer, Cham, 2024, págs. 243-258

3 *EU Justice Scoreboard,* elaborado y publicado anualmente por la Comisión y accesible en https://commission.europa.eu/strategy-and-policy/policies/justice-and-fundamental-rights/upholding-rule-law/eu-justice-scoreboard_en

4 Comunicación de la Comisión al Consejo, al Parlamento Europeo y al Comité Económico y Social Europeo - *Hacia una estrategia europea en materia de e-Justicia (Justicia en línea),* de 30 de mayo de 2008, Documento SEC(2008)1947 SEC(2008)1944. La Comunicación supone la respuesta de la Comisión a las Conclusiones de los Consejos Europeos de 21 y 22 de junio y de 14 de diciembre de 2007.

5 *Plan de acción plurianual 2009-2013 relativo a la justicia en red europea,* DOUE C 75, 31.3.2009, págs. 1-12.

6 *Proyecto de estrategia 2014-2018 relativa a la justicia en red europea,* DOUE C 375, 21.12.2013, págs. 7-11.

7 *Plan de acción plurianual 2014-2018 relativo a la justicia en red europea,* DOUE C 182, 14.6.2014, págs. 2-13.

8 E*strategia 2019-2023 relativa a la justicia en red europea,* DOUE C 96, 13.3.2019, págs. 3-8.

9 *Plan de Acción 2019-2023 relativo a la Justicia en Red Europea,* DOUE C 96, 13.3.2019, págs. 9-32.

10 Estrategia Europea relativa a la Justicia en Red 2024-2028 (en cursiva), aprobado por el Consejo el 17 de noviembre de 2023 (Doc. 15509/23).

11 Cfr., entre muchos otros y en lengua española, Senés Motilla, C. (coord.), *Presente y futuro de la e-Justicia en España y en la Unión Europea,* Aranzadi, Cizur Menor, 2010; De la Oliva Santos, A., Gascón Inchausti, F. y Aguilera Morales, M. (coords.), *La e-Justicia en la Unión Europea. Desarrollos en el ámbito europeo y en los ordenamientos nacionales,* Aranzadi, Cizur Menor, 2012; Conde Fuentes, J. y Serrano Hoyos, G.

La Unión Europea, como es sabido, no puede llegar a imponer la digitalización de los procesos civiles a nivel nacional, porque estaría excediéndose de sus competencias. A pesar de ello, sí que lleva ya un tiempo largo desarrollando una política propia en materia de e-Justicia, en la que no resulta sencillo deslindar qué es desarrollo de los tratados y qué, en cambio, parece más voluntarista. En las Estrategias y Planes de Acción que se han ido sucediendo los enfoques han ido evolucionando y excediendo de lo meramente transfronterizo.

Así, en el plan de acción 2009-2013 el vínculo con el artículo 81 TFUE es explícito: se señala expresamente que "La justicia en red es pues una cuestión horizontal en el marco de procedimientos europeos de carácter transfronterizo" y la desmaterialización se limita a los procedimientos judiciales y extrajudiciales transfronterizos. La estrategia 2014-2018, en cambio, da un ligero paso adelante, pues ya no se asume lo transfronterizo como límite infranqueable: "2. La Justicia en red europea pretende utilizar y desarrollar las tecnologías de la información y la comunicación al servicio de los sistemas judiciales de los Estados miembros, en particular en situaciones transfronterizas, a fin de permitir un mayor acceso a la justicia y la información judicial a los ciudadanos, empresas y profesionales del derecho y facilitar la cooperación entre las autoridades judiciales de los Estados miembros. Se esfuerza por mejorar la eficacia del propio sistema judicial, respetando al mismo tiempo la independencia y la diversidad de los sistemas judiciales de los Estados miembros así como los derechos fundamentales." Eso sí, la propia Estrategia señala (*sub* 19) la voluntariedad cuando no haya en juego cuestiones bajo la competencia de la Unión: "La participación en los proyectos de Justicia en red europea se deja al criterio de cada Estado miembro, salvo cuando se ha adoptado un instrumento legislativo de la Unión Europea, que incluya la exigencia de que se aplique un proyecto específico en el contexto del sistema de Justicia en red europea." Esta ambigüedad está presente también en el plan de acción 2014-2018, que a la postre se enfoca en actuaciones de nivel europeo, nunca estrictamente nacional. En las Estrategias 2019-2023 y 2024-2028 la Unión Europea sí que da el paso de aludir al funcionamiento cotidiano de los tribunales de los Estados miembros, más allá del ámbito puramente transfronterizo intraeuropeo.

En cualquier caso, es evidente que la implantación de la e-Justicia para el nivel de lo transfronterizo solo es posible si ya está previamente digitalizado el funcionamiento cotidiano de la justicia: lo transfronterizo no puede funcionar desconectado de lo interno, porque se apoya directamente

---

(dirs.), *La justicia digital en España y en la Unión Europea*, Atelier, Barcelona, 2019. Para un repaso que alcanza hasta fechas más recientes., cfr. Elvira Benayas, M. J., "Digitalización de la cooperación judicial internacional en materia civil o mercantil en la Unión Europea", *La Ley Unión Europea*, Nº 101, marzo 2022.

en él. Por eso, aunque la UE se limitara a impulsar la digitalización únicamente en relación con la litigación transfronteriza, la estaría impulsando también, aunque fuese indirectamente, en el plano puramente interno.

Se observa, además, una evolución interesante en cuanto al significado que cobra la digitalización en sí misma. En una primera etapa, la digitalización parece mantenerse en el plano de lo externo, de las formas del procedimiento: se identifica primordialmente con la comunicación electrónica, sea en el plano de las notificaciones, sea en el de la participación en audiencias mediante videoconferencias. En los proyectos y propuestas más recientes, sin embargo, se observa ya la búsqueda del tránsito hacia una digitalización del proceso en su conjunto, no solo de algunos de sus actos: este es el significado de la "desmaterialización", que abre la puerta a lo que ha venido en llamarse "justicia orientada al dato" —enfoque este plenamente acogido por el Real Decreto-ley 6/2023—. En este punto confluye uno de los rasgos distintivos de la legislación procesal europea, especialmente en materia civil, como es el recurso a formularios. Inicialmente, a través de los formularios se aspiraba a facilitar la cooperación, homogeneizando el marco y forzando a las autoridades a individualizar los datos relevantes, aliviando con ello las dificultades asociadas al contexto transfronterizo: el recurso al formulario era un estándar europeo de litigación transfronteriza. Ahora bien, la digitalización en sí de los formularios les ha dado un valor añadido enorme, pues permite convertirlos en formularios "inteligentes", capaces de captar datos, que después pueden manejarse para una mejor gobernanza: se hace posible con ello no solo la gestión de cada caso, sino también la recopilación de información general que sirva para hacer diagnósticos y orientar desarrollos futuros.

Desde una perspectiva institucional, el *buque insignia* es el Portal Europeo de e-Justicia[12], que representa además el punto de confluencia de muchas otras iniciativas y funcionalidades y que aspira a convertirse en "una ventanilla única en el ámbito de la justicia". El enfoque que predomina en el Portal es el del acceso de los ciudadanos a la justicia —"facilitar la vida del ciudadano", se dice en su portada—. Así se explica el amplísimo volumen de información que se ofrece sobre sistemas jurídicos, funcionamiento de la justicia y forma de hacer valer derechos, en lenguaje comprensible y disponible en todas las lenguas oficiales. También sirven a este fin muchas de las herramientas a las que conduce el Portal, como aquellas que permiten encontrar profesionales del Derecho de todo tipo (abogados, notarios, mediadores, traductores-intérpretes o peritos) o los formularios en línea para entablar procesos civiles transfronterizos en los que no es necesaria la asistencia de abogado, como el proceso europeo de escasa cuantía o el proceso monitorio europeo. El Portal, en cualquier

---

[12] https://e-justice.europa.eu

caso, resulta de extrema utilidad también para profesionales jurídicos: es el punto de anclaje del Atlas Judicial Europeo, de la Red Judicial Europea en materias civil y mercantil y de la Red Judicial Europea en materia penal.

El enfoque hacia lo digital también se ha puesto de manifiesto en las normas procesales civiles emanadas de la Unión Europea, tanto en el ámbito de la cooperación judicial internacional como en el de los procesos europeos diseñados para abordar de forma más eficaz la litigación transfronteriza. Estos instrumentos normativos han consagrado genuinos estándares europeos de justicia digitalizada.

La primera apuesta visible se produjo hace más de diez años, con el Reglamento de 2013 sobre ODR en materia de consumo[13], que dio origen a la plataforma de resolución de litigios en línea[14], gestionada por la Comisión Europea y que aspiraba a servir de punto focal para que los consumidores europeos hallasen solución a las controversias derivadas de sus compras en internet[15]. Su fracaso en la práctica ha conducido, en fechas recientes, a la decisión de suprimirla.

En 2015 se reformó el proceso europeo de escasa cuantía[16] con el objetivo de aprovechar las tecnologías de la información y de la comunicación para dotarlo de mayor agilidad. En este sentido, el texto reformado muestra una fuerte preferencia por la celebración de las vistas que resulten necesarias a través de videoconferencia o teleconferencia (arts. 8 y 9 RPEEC); igual preferencia se manifiesta a favor de la notificación por medios elec-

---

13 Reglamento (UE) 524/2013, de 21 de mayo de 2013, sobre resolución de litigios en línea en materia de consumo y por el que se modifica el Reglamento (CE) 2006/2004 y la Directiva 2009/22/CE, DOUE L 165, 18.6.2013, págs. 1-12. Cfr. Cortés, P. (ed.), *The new regulatory framework for consumer dispute resolution*, Oxford University Press, Oxford, 2016; Catalán Chamorro, M. J., "Nueva realidad española y europea en la resolución extrajurisdiccional de conflictos en consumo: ADR y ODR", en Barona Vilar, S. (coord.), *Mediación, arbitraje y jurisdicción en el actual paradigma de justicia*, Tirant lo Blanch, Valencia, 2016, págs. 171-196.

14 https://ec.europa.eu/consumers/odr/main

15 Un análisis sobre su funcionamiento real puede verse en Catalán Chamorro, M. J., "La plataforma europea de ODR de consumo: balance, aciertos y desaciertos", en Romero Pradas, M. I. (dir.), *Hacia una tutela efectiva de consumidores y usuarios*, Tirant lo Blanch, Valencia, 2022, págs. 565-592.

16 Reglamento (UE) 2015/2421, de 16 de diciembre de 2015, por el que se modifican el Reglamento (CE) 861/2007, por el que se establece un proceso europeo de escasa cuantía así como el Reglamento (CE) 1896/2006, por el que se establece un proceso monitorio europeo, DOUE L 341, 24.12.2015, págs. 1-13.

trónicos de los documentos y resoluciones a través de los que se desarrolla el procedimiento (art. 13 RPEEC); y se contempla, finalmente, el deber de los Estados miembros de permitir el pago a distancia de las tasas judiciales que eventualmente comporte el proceso, habilitando a tal fin los medios digitales oportunos (art. 15 bis RPEEC).

En estas actuaciones legislativas predomina una concepción de lo digital como algo instrumental al servicio del mejor funcionamiento de la justicia: se trata de un enfoque funcional, pero no tanto estructural. Por eso, el anclaje del sistema sigue siendo analógico: se ofrecen aspectos de progreso electrónico en contextos que, no obstante, siguen estando dominados por una suerte de "enfoque analógico". Lo digital, desde estos parámetros, sigue percibiéndose como una alternativa o un complemento, pero no como la regla.

La apuesta por lo digital en materia de cooperación judicial civil dentro de la UE se hace mucho más radical en 2020, con la aprobación de los nuevos reglamentos de notificación y de obtención de prueba y, de modo aún más claro, con la asunción por la Comisión de la generalización del sistema e-CODEX. En todos ellos se advierte un cambio claro en el enfoque: se abandona la concepción de lo digital como un complemento, una opción que, cuando resulte posible, "mejorará las cosas", para pasar a concebirse como algo estructural, que "debería ser la regla", esto es, como el arquetipo que ha de tenerse en cuenta a la hora de diseñar las reglas.

El nuevo Reglamento sobre obtención de pruebas[17] impone la vía electrónica para la transmisión de las solicitudes de cooperación que se formulen entre sí las autoridades judiciales y las autoridades centrales implicadas (art. 7 ROP). En concreto, se exige que esa transmisión se realice "a través de un sistema informático descentralizado seguro y fiable", que se base "en una solución interoperable", como e-CODEX. Solo de forma excepcional (v.g., en caso de interrupción del sistema) podrá usarse "la vía alternativa

---

17 Reglamento (UE) 2020/1783, de 25 de noviembre de 2020, relativo a la cooperación entre los órganos jurisdiccionales de los Estados miembros en el ámbito de la obtención de pruebas en materia civil o mercantil (obtención de pruebas) (versión refundida), DOUE L 405, 2.12.2020, págs. 1-39 (ROP, en lo sucesivo). Cfr. Ramírez Benavente, M. D., "La obtención de prueba en la Unión Europea: evolución y análisis del Reglamento (UE) 2020/1783 relativo a la cooperación entre los órganos jurisdiccionales de los estados miembros en el ámbito de la obtención de pruebas en materia civil o mercantil", *Revista General de Derecho Europeo,* Nº. 55, 2021; Marchal Escalona, N., "El nuevo marco europeo sobre notificación y obtención de pruebas en el extranjero: hacia un espacio judicial europeo digitalizado", *Revista española de derecho internacional,* Vol. 74, Nº 1, 2022, págs. 155-179.

más rápida y adecuada". Además, se apuesta igualmente por las TICs de cara a la ejecución en sí de las solicitudes de obtención de pruebas. Si opta por seguir los cauces generales, el órgano judicial requirente puede solicitar la utilización de la videoconferencia o de la teleconferencia —v.g., si se trata de la toma de declaraciones— y esta petición vinculará al órgano judicial requerido, salvo que sea incompatible con su Derecho nacional o lo impidan "grandes dificultades prácticas" (art. 12.4 ROP)[18]. Pero, además, el tribunal interesado en la toma de declaración o en el interrogatorio de una persona que esté presente en otro Estado miembro podrá solicitar la obtención directa de la prueba por videoconferencia, para lo que, en su caso, podrá contar con la asistencia práctica de la autoridad central o judicial correspondiente (arts. 19 y 20 ROP). Si el órgano jurisdiccional requirente o requerido no dispone de acceso a la tecnología necesaria para hacer posible la videoconferencia o la teleconferencia, el otro órgano jurisdiccional implicado podrá facilitársela de mutuo acuerdo.

Los esquemas descritos son similares en el nuevo Reglamento sobre notificaciones[19]. La vía electrónica es también aquí el cauce por defecto para la comunicación entre los órganos y organismos implicados en el funcionamiento del sistema (art. 5 RN). Se exige, asimismo, el empleo de un sistema informático descentralizado, seguro y fiable, basado en una solución interoperable, como e-CODEX. Esto significa que las solicitudes de notificación se van a remitir, salvo casos excepcionales —como la interrupción del sistema—, de forma electrónica a través de e-CODEX. Se admite, igualmente, la notificación directa electrónica, si se cumplen los requisitos es-

---

18 De hecho, el mismo precepto contempla la posibilidad de que uno u otro órgano judicial se faciliten recíprocamente los instrumentos necesarios para poder ejecutar la medida de obtención de pruebas a través de la TIC correspondiente.

19 Reglamento (UE) 2020/1784, de 25 de noviembre de 2020, relativo a la notificación y traslado en los Estados miembros de documentos judiciales y extrajudiciales en materia civil o mercantil ("notificación y traslado de documentos") (versión refundida), DOUE L 405, 2.12.2020, págs. 40-78 (RN, en lo sucesivo). Cfr. Aguilera Morales, M., "El Reglamento (UE) 2020/1784 sobre notificación y traslado transfronterizo de documentos: novedades e implicaciones internas", *Revista General de Derecho Europeo*, Nº 57, 2022; Villamarín López, M. L., "Influencia de los estándares europeos en el régimen procesal español de notificaciones", en Gascón Inchausti, F. y Peiteado Mariscal, P. (dirs.), *Estándares europeos y proceso civil. Hacia un proceso civil convergente con Europa*, Atelier, Barcelona, 2022, págs. 193-243; Alba Cladera, F., "Algunas cuestiones sobre la refundición del Reglamento Europeo relativo a la notificación y al traslado de documentos judiciales y extrajudiciales en materia civil o mercantil", *Revista General de Derecho Procesal*, Nº 54, 2021.

tablecidos en el artículo 19 RN —en este caso no se usará e-CODEX, pero, como se verá más adelante, se contempla permitir la utilización de una herramienta "europea" nueva, el punto de acceso electrónico europeo.

Además de lo anterior, resulta de singular interés el compromiso de la Unión con la regulación de aspectos no estrictamente jurídicos, pero imprescindibles para el funcionamiento del sistema y que se abordan exactamente en los mismos términos en ambos reglamentos. En este sentido, la Comisión —con cargo al presupuesto general de la UE— asume la creación, el mantenimiento y el desarrollo futuro de un programa informático de aplicación de referencia, que los Estados miembros podrán optar por utilizar como sistema de fondo (*back end*) en lugar de un sistema informático nacional (arts. 27.1 ROP y RN). Los Estados miembros, por su parte, asumen los gastos que van más allá de lo anterior, esto es, los que se generan "de puertas adentro": de un lado, los costes derivados de la instalación, el funcionamiento y el mantenimiento de los puntos de acceso que interconecten los sistemas informáticos nacionales en el contexto del sistema informático descentralizado[20] (arts. 28.1 ROP y RN); y, de otro lado, los gastos propios de establecer —o adaptar— los sistemas informáticos nacionales interoperables con los puntos de acceso, así como los gastos de gestión, funcionamiento y mantenimiento de esos sistemas (arts. 28.2 ROP y RN).

La pieza que faltaba para hacer operativas las previsiones de ambos textos era el sistema informático descentralizado seguro y fiable basado en una solución interoperable, es decir, e-CODEX. Su planeamiento y su diseño llevaban ya bastante tiempo (desde 2010) fraguándose a nivel técnico[21], pero era igualmente necesaria su regulación, que cristalizó hace poco más

---

20 Que el sistema sea descentralizado significa que el intercambio de información implica exclusivamente a remitente y destinatario, sin que exista un tercero que pueda intervenir en o conocer el contenido de lo transmitido.

21 Cf. Velicogna, M. y Lupo, G., "From Drafting Common Rules to Implementing Electronic European Civil Procedures: The Rise of e-CODEX", en Hess, B. y Kramer, X. (eds.), *From common rules to best practices in European Civil Procedure*, Nomos, Baden-Baden, 2017, págs. 181-212; Hess, B., "Cooperación judicial digital en el espacio de libertad, seguridad y justicia. La cooperación judicial en materia civil", en *Estándares europeos y proceso civil* (*supra*, nota 16), págs. 763-775, págs. 766-768; Themeli, E., "The frontiers of digital justice in Europe", en Kramer, X., Hoevenaars, J., Kas, B. y Themeli, E., *Frontiers in Civil Justice. Privatisation, Monetisation and Digitisation*, Edward Elgar, Cheltenham, 2022, págs. 102-120, págs. 112-114.

de dos años a través del "Reglamento e-CODEX"[22]. No es un reglamento parecido a los que abordan otros aspectos de la cooperación judicial internacional: su contenido es primordialmente técnico y organizativo, lo que lo convierte en difícil de entender para los "lectores habituales", acostumbrados a las categorías y la terminología de los instrumentos normativos del Derecho procesal de la UE. El propio Reglamento define al sistema e-CODEX como el "sistema de comunicación para la justicia digital mediante intercambio electrónico de datos" —formulación breve— y como el "sistema descentralizado e interoperable para la comunicación transfronteriza con el fin de facilitar el intercambio electrónico de datos, en particular cualquier contenido transmisible en formato electrónico, de manera rápida, segura y fiable en el ámbito de la cooperación judicial en materia civil y penal" —formulación extendida— (art. 3.1 Re-Cx). De forma algo más didáctica, la Comisión Europea[23] aclara que e-CODEX es un *paquete de software* que conecta los sistemas informáticos nacionales, lo que a su vez permite a los usuarios —autoridades judiciales y de otro tipo, profesionales de la Justicia y ciudadanos— enviar y recibir documentos, formularios jurídicos, pruebas y otra información de forma rápida y segura. Desde un punto de vista operativo, el Reglamento entrega la gestión *lato sensu* del sistema e-CODEX a la agencia eu-LISA[24]. En todo caso, debe subrayarse que e-CODEX no sustituye a las aplicaciones informáticas utilizadas a nivel nacional: solo armoniza los puntos centrales de entrada, para hacer posibles los intercambios de comunicación transfronterizos[25].

---

22 Reglamento (UE) 2022/850 del Parlamento Europeo y del Consejo de 30 de mayo de 2022 relativo a un sistema informatizado para el intercambio electrónico transfronterizo de datos en el ámbito de la cooperación judicial en materia civil y penal (sistema e-CODEX), y por el que se modifica el Reglamento (UE) 2018/1726 (Texto pertinente a efectos del EEE) DOUE L 150, 1.6.2022, págs. 1-19 (Re-Cx, en lo sucesivo).

23 Comunicación de la Comisión al Parlamento Europeo, al Consejo, al Comité Económico y Social Europeo y al Comité de las Regiones, *La digitalización de la justicia en la UE. Un abanico de oportunidades*, Documento COM(2020) 710 final, de 2 de diciembre de 2020, apartado 3.5.

24 Se trata de la abreviatura empleada para referirse a la Agencia de la Unión Europea para la Gestión Operativa de Sistemas Informáticos de Gran Magnitud en el Espacio de Libertad, Seguridad y Justicia. Inicialmente creada por el Reglamento (UE) 1077/2011, de 25 de octubre de 2011 (DOUE L 286, 1.11.2011, págs. 1-17), se encuentra actualmente regulada por el Reglamento (UE) 2018/1726, de 14 de noviembre de 2018 (DOUE L 295, 21.11.2018, págs. 99-137), que ha reforzado sus atribuciones.

25 Cfr. Hess, B., *supra* nota 21, págs. 768-769.

Lo descrito hasta ahora comporta la digitalización de las actuaciones que integran el grueso de la cooperación judicial en materia civil y mercantil: al fin y al cabo, la obtención de pruebas y la práctica de las notificaciones transfronterizas siempre han sido consideradas como el núcleo y la manifestación más visible de la cooperación. Sin embargo, el ámbito de las notificaciones y de la obtención de pruebas no agota el espectro de la cooperación judicial dentro de la Unión Europea. De un lado, se encuentra todo el sector de la cooperación en materia penal, que sin duda puede beneficiarse de la digitalización y para el que sus ventajas —singularmente la celeridad— resultan aún más evidentes. Pero, además, y volviendo al terreno de lo civil y de lo mercantil, debe reconocerse que son muchos los contextos de "interrelación" entre autoridades judiciales y/o con justiciables que se producen en contextos transfronterizos al amparo de las normas que integran el acervo procesal civil europeo, sin que esa interrelación comporte la notificación de documentos ni la obtención de pruebas.

Esto explica el interés de la Unión Europea en generalizar los esquemas de digitalización y extenderlos más allá del ROP y del RN y que, en consecuencia, se haya incluido una pieza adicional en la "cadena de producción legislativa" de la Unión, el nuevo Reglamento sobre digitalización de la cooperación judicial y del acceso a la justicia en los asuntos transfronterizos civiles, mercantiles y penales[26] (RDCJ, en lo sucesivo), aprobado el 13 de diciembre de 2023 y que será de aplicación a partir del 1 de mayo de 2025.

2. EL NUEVO REGLAMENTO SOBRE DIGITALIZACIÓN DE LA COOPERACIÓN JUDICIAL Y DEL ACCESO A LA JUSTICIA EN LA UNIÓN EUROPEA: ASPECTOS GENERALES

La elaboración de un Reglamento específico que consagre una digitalización generalizada y estructural de la cooperación judicial en la UE tiene su origen más cercano en diciembre de 2020, con una Comunicación de la Comisión titulada *La digitalización de la justicia en la UE. Un abanico de*

---

[26] Reglamento (UE) 2023/2844 del Parlamento Europeo y del Consejo, de 13 de diciembre de 2023, sobre la digitalización de la cooperación judicial y del acceso a la justicia en asuntos transfronterizos civiles, mercantiles y penales, y por el que se modifican determinados actos jurídicos en el ámbito de la cooperación judicial (DOUE 2844, de 27 de diciembre de 2023, págs. 1-29).

oportunidades[27]. Entre otras muchas cuestiones, se incluyó en ella un apartado 3.2, con una rúbrica muy expresiva: "Convertir el medio digital en la opción por defecto en la cooperación judicial transfronteriza en la UE". En ese apartado la Comisión constataba que el recurso a herramientas digitales en la cooperación judicial dentro de la UE no era la regla a nivel legislativo —con la salvedad de los reglamentos sobre obtención de pruebas y notificaciones, que en esa fecha se acababan de reformar en esa dirección—; y constataba, igualmente, que tampoco era la regla en la práctica, a pesar de su evidente necesidad. Para forzar el cambio, la Comisión consideró necesaria una acción normativa vinculante y se comprometió a presentar una Propuesta legislativa sobre la digitalización de la cooperación judicial transfronteriza para el cuarto trimestre de 2021. En cumplimiento de esa promesa, la Comisión presentó oficialmente el 1 de diciembre de 2021 su Propuesta de Reglamento sobre la digitalización de la cooperación judicial y del acceso a la justicia en los asuntos transfronterizos civiles, mercantiles y penales[28], junto con una "directiva de acompañamiento", a través de la

---

27 Cfr. *supra*, nota 23.

28 Propuesta de Reglamento del Parlamento Europeo y del Consejo sobre la digitalización de la cooperación judicial y del acceso a la justicia en los asuntos transfronterizos civiles, mercantiles y penales, y por el que se modifican determinados actos legislativos en el ámbito de la cooperación judicial, Documento COM(2021) 759 final. Para un primer análisis, cfr. Kramer, K., "Digitising access to justice: the next steps in the digitalisation of judicial cooperation in Europe", *Revista General de Derecho Europeo*, N° 56 (2022); Ontanu, E.A., "The Digitalisation of European Union Procedures: A New Impetus Following a Time of Prolonged Crisis", *Law, Technology and Humans*, Volume 5 (1), 2023, pp. 93-110; Elvira Benayas, M. J., "Digitalización de la cooperación judicial internacional en materia civil o mercantil en la Unión Europea", *La Ley Unión Europea*, N° 101, marzo 2022; De Blas Javaloyas, J. R. y García Mirete, C. M., "El futuro de la cooperación judicial civil en la Unión Europea: Una perspectiva", *Actualidad civil*, N° 3, 2022; Gascón Inchausti, F., "La digitalización de la cooperación judicial civil en la Unión Europea: algo nuevo, algo viejo, algo prestado y algo azul", en Romero Pradas, M. I. (dir.), *Últimos avances en el camino hacia un Derecho Procesal Civil de la Unión Europea*, Tirant lo Blanch, Valencia, 2024 págs. 191-230. Centrado primordialmente en el ámbito penal, cfr. Hernández López, A., "La digitalización de la cooperación judicial en materia penal en la Unión Europea", en Arangüena Fanego, C., De Hoyos Sancho, M. y Pillado González, E., *El proceso penal ante una nueva realidad tecnológica europea*, Aranzadi, Cizur Menor, 2023, págs. 281-306. También son valiosas las aportaciones del Consejo de la Abogacía Europea, que se pronunció expresamente sobre la propuesta el 29 de julio de 2022 (*CCBE position paper on the proposal for a regulation on the digitalisation of judicial cooperation and access to justice in cross-border civil, comercial and criminal matters*, disponible en https://www.ccbe.eu/fileadmin/speciality_distribution/

cual articular las modificaciones de la directiva sobre asistencia jurídica en asuntos transfronterizos y, sobre todo, de las decisiones marco y las directivas en materia de cooperación penal que habrían de verse afectadas por el cambio de enfoque buscado con el Reglamento. Tanto el Reglamento como la Directiva[29] se aprobaron simultáneamente y se publicaron de forma conjunta en el DOUE el 27 de diciembre de 2023.

El objetivo general del Reglamento —y de las reformas de las decisiones marco y de las directivas que sostienen la cooperación judicial penal dentro de la UE— es consagrar el principio *digital by default* a la hora de articular el núcleo de la actividad procesal que generan los instrumentos de cooperación judicial en materia civil, mercantil y penal. Además, también se extiende esta regla a los llamados "procesos civiles europeos", esto es, aquellos establecidos por la UE para facilitar determinados aspectos de la litigación transfronteriza: se trata, como es de sobra sabido, del proceso monitorio europeo, del proceso europeo de escasa cuantía y del proceso para la obtención de una orden europea de retención de cuentas. Esto último explica que el título propuesto para el nuevo reglamento incluya una referencia al "acceso a la justicia", que en estos casos no comporta de forma necesaria el recurso a mecanismos de cooperación judicial internacional en sentido estricto —aunque, a la inversa, es evidente que los mecanismos de cooperación judicial internacional se hallan, en último término, al servicio del acceso a la justicia.

Las razones que justifican este enfoque resultan obvias y se sintetizan con gran claridad en el Considerando 4: se trata de "mejorar la eficiencia y la efectividad de los procesos judiciales y facilitar el acceso a la justicia mediante la digitalización de los canales de comunicación existentes, lo que debe suponer un ahorro de costes y tiempo, una reducción de la carga administrativa y una mayor resiliencia ante circunstancias de fuerza mayor

---

public/documents/IT_LAW/ITL_Position_papers/EN_ITL_20222907_CCBE-position-paper-on-the-proposal-for-a-regulation-on-the-digitalisation-of-judicial-cooperation-and-access-to-justice-in-cross-border-civil-commercial-and-criminal-matters.pdf).

29 Directiva (UE) 2023/2843 del Parlamento Europeo y del Consejo, de 13 de diciembre de 2023, por la que se modifican las Directivas 2011/99/UE y 2014/41/UE del Parlamento Europeo y del Consejo, la Directiva 2003/8/CE del Consejo y las Decisiones Marco 2002/584/JAI, 2003/577/JAI, 2005/214/JAI, 2006/783/JAI, 2008/909/JAI, 2008/947/JAI, 2009/829/JAI y 2009/948/JAI del Consejo, en lo que respecta a la digitalización de la cooperación judicial.

para todas las autoridades que participan en la cooperación judicial transfronteriza". El enfoque es, por ello, netamente eficientista.

La aprobación del Reglamento encuentra su base jurídica en los artículos 81 y 82 TFUE, esto es, en las competencias de la Unión Europea en materia de cooperación judicial entre Estados miembros: esto explica que su ámbito de aplicación se ciña a los litigios transfronterizos y que no pueda incidir de forma directa en la legislación procesal de los Estados miembros fuera de ese ámbito. Como se verá más adelante, un impacto indirecto será inevitable y, de hecho, el interés de las instituciones europeas en impulsar una digitalización de la justicia en los Estados miembros es evidente: así lo pone de manifiesto que sea uno de los aspectos que se analizan en el *Cuadro de Indicadores de la Justicia en la Unión Europea* (*EU Justice Scoreboard*)[30], cuya última edición publicada, la de 2023, incide en la necesidad de que los Estados miembros aceleren las reformas de modernización en materia digital, ya que sigue habiendo un margen de mejora notable en algunos Estados miembros.

Debe señalarse, siempre en el terreno de lo general, que Irlanda ha ejercido su facultad de inclusión en el nuevo instrumento, mientras que Dinamarca no lo ha hecho, de modo que no le será de aplicación[31]. Se prevén, finalmente, varios periodos transitorios para su plena aplicación, en los que tanto la Comisión como los Estados miembros deben realizar los pertinentes ajustes normativos y, sobre todo, técnicos (art. 26 en relación con el art. 10 RDCJ).

Si se analiza su contenido se llega a una primera conclusión: la digitalización que se quiere promover con el Reglamento tiene un alcance relativamente limitado, pues se proyecta de forma primordial sobre lo que en él se denominan "los canales de comunicación".

---

30 También lo apunta Themeli, E. (*supra*, nota 18), págs. 114-115. En concreto, el *Scoreboard* se ocupa de la digitalización en el apartado dedicado a la calidad de los sistemas de justicia y analiza cuestiones diversas. De un lado, se miden aspectos no relacionados directamente con la digitalización de la justicia en sí, como el acceso abierto a información sobre el sistema judicial o a resoluciones judiciales. Pero también se valoran otros extremos, que sí forman parte del núcleo duro de la justicia digital: normas procesales que permitan la utilización de tecnología digital; utilización efectiva de la tecnología digital en los procesos judiciales, con enfoque singular en materia de comunicaciones; existencia de mecanismos digitales que permitan incoar y seguir el desarrollo de procesos judiciales (en este punto se incluye el uso de sistemas *blockchain* y de inteligencia artificial).

31 Cfr. los considerandos 59 y 60.

(i) No se trata, por supuesto, de digitalizar en cuanto tal toda la actividad judicial de los procesos nacionales, pues es algo que excedería con creces el ámbito de competencia legislativa de la Unión y los principios de subsidiariedad y autonomía procesal de los Estados miembros[32].

(ii) Tampoco se pretende digitalizar los procedimientos de cooperación judicial en materia civil, mercantil o penal en su conjunto —v.g., digitalizar de forma íntegra todas las actuaciones que conforman el procedimiento de euroorden o el procedimiento de exequátur de una resolución en materia de derecho de familia—. Es posible que la potestad normativa de la Unión para introducir un cambio de ese alcance pudiera tener acomodo en el TUE y en el TFUE, si se considerase que esa digitalización es necesaria para un adecuado funcionamiento de los mecanismos de cooperación judicial; pero, desde luego, no se quiere llegar a ese punto con este nuevo Reglamento.

(iii) Por el momento, pues, lo único a lo que aspira el legislador europeo es a extender el principio *digital by default* a la actividad de comunicación *stricto sensu* entre los órganos judiciales y el resto de autoridades y organismos potencialmente implicados en los diversos instrumentos normativos a través de los que se articula la cooperación judicial en la Unión Europea.

Otro tanto sucede con los "procesos europeos": no se busca convertirlos en procesos completamente "desmaterializados" —una evolución que, tal vez, llegue a producirse en el futuro—, sino tan solo digitalizar los canales de comunicación que pueden tener que utilizarse cuando comportan la necesidad de que se produzca la cooperación entre autoridades de Estados diversos —v.g., para hacer llegar una orden europea de retención de cuentas a la autoridad competente del otro Estado miembro en que deba ser ejecutada o para notificar un requerimiento europeo de pago.

Esta pretensión principal —digitalizar los canales a través de los cuales se producen las comunicaciones propias de cualquier contexto de cooperación judicial internacional— explica también que el Reglamento excluya de su ámbito la obtención de pruebas y la práctica de notificaciones[33]: este objetivo ya se logró con los reglamentos de 2020, de modo que no es nece-

---

[32] Sobre estos temas cfr. Gascón Inchausti, F., *Derecho europeo y legislación procesal civil nacional: entre autonomía y armonización*, Marcial Pons, Madrid-Barcelona-Buenos Aires-Sao Paulo, 2018.

[33] Cfr. el considerando 17. La adhesión de Irlanda al instrumento se publicó en el DOUE de 8 de marzo de 2024.

saria una acción normativa adicional en esos ámbitos. Lo que sí se prevé, como se verá más adelante, es la modificación del RN para dar cabida en él a la utilización del punto de acceso electrónico europeo como método válido de notificación transfronteriza (a través de la incorporación de un nuevo artículo 19 bis RN).

Debe advertirse, además, que el Reglamento "desborda" el ámbito de los canales de comunicación, en la medida en que se ocupa de otros aspectos, vinculados de forma más o menos directa con la cooperación judicial, en relación con los cuales también apuesta por la opción digital en contextos transfronterizos: a) el uso de videoconferencias u otras tecnologías de comunicación a distancia; b) la aplicación de servicios de confianza electrónicos; c) los efectos jurídicos de los documentos electrónicos y d) el pago electrónico de tasas.

Cabe señalar, por tanto, que el título del Reglamento resulta hasta cierto punto equívoco: no se digitaliza de forma plena la cooperación judicial en asuntos civiles, mercantiles y penales; y tampoco se digitaliza de forma plena el acceso a la justicia en los asuntos transfronterizos. Nos hallamos ante una actuación normativa de alcance limitado, pues afecta a un sector reducido de la actividad procesal —la relativa a la cooperación judicial internacional y a la litigación transfronteriza— y que, además, no está tampoco concebida para generar una transformación absoluta de esa actividad, pues únicamente afecta a los canales de comunicación y a actuaciones procesales concretas. No pretendo, con ello, desdeñar el valor a la iniciativa, sino dejar claro el impacto esperable de la regulación introducida. De hecho, debe reconocerse que los aspectos de la cooperación judicial y de la litigación transfronteriza sobre los que incide son aquellos para los que la modalidad digital resulta más beneficiosa, es decir, aquellos que más se pueden beneficiar del cambio en las prácticas que debería comportar el cambio normativo. Si son seguros e interoperables, los canales de comunicación digitales fomentan un ahorro de tiempo que es crucial para la efectividad de la tutela de los derechos, para el éxito de la persecución penal y para un eficaz ejercicio del derecho de defensa. Desde esta perspectiva, cooperación judicial y acceso a la justicia dejan de ser cuestiones diversas: en la gran mayoría de asuntos transfronterizos —y en otros que, en puridad, quizá no lo sean de partida— acaba siendo necesario acudir a mecanismos de cooperación judicial internacional, de cuya eficacia depende el mejor o peor acceso a la justicia de las personas involucradas; promover esa eficacia a través de la digitalización es, por ello, una forma de demostrar un auténtico compromiso con el derecho a la tutela judicial.

Es cierto que esa mejora se promueve en un "rincón" de la litigación civil y de la persecución penal, aquel en que merecen la calificación de transfronterizas. Ahora bien, resulta cada vez más evidente que, en el ámbito del Derecho procesal europeo, lo que se establece inicialmente para un sector aparentemente reducido y marginal del sistema de justicia —lo transfronterizo, los procesos en relación con ciertas parcelas sustantivas armonizadas a nivel europeo— acaba teniendo un fuerte potencial expansivo a medio plazo. La "solución europea", aunque no se contenga en un instrumento con fuerza normativa directa, tiende a percibirse como el ejemplo que debe seguirse para la mejora del ordenamiento nacional: funciona, por ello, a modo de estándar de buena regulación, que muchos legisladores acaban siguiendo, a veces por inercia, a veces por convicción, a veces por presión —al fin y al cabo, no es fácil explicar a justiciables y operadores jurídicos que la tutela de los derechos sea más eficaz en aquellas parcelas que se han beneficiado de la acción normativa directa de las instituciones europeas, cuando la solución europea sería igualmente trasladable al contexto puramente interno, cubierto por la autonomía procesal de los Estados miembros.

Esto es algo que también podrá acabar sucediendo con el Reglamento sobre digitalización: si algún Estado miembro podría aún albergar dudas al respecto, la Unión deja clara la preferencia por lo digital y lo aplica a todo aquello que depende de su acción regulatoria. Puede decirse, por ello, que el Reglamento lleva implícita una suerte de invitación a los Estados miembros a hacer, a nivel interno y de forma generalizada, aquello que en él se prevé: usar canales digitales de comunicación, normalizar el uso de videoconferencias y de servicios de confianza electrónicos, reconocer plena eficacia jurídica a los documentos electrónicos y permitir el pago electrónico de tasas judiciales. En relación con estas cuestiones, pues, se fijan o se confirman estándares europeos claros: podrán criticarse tales estándares, por supuesto; y, sobre todo, podrá "lamentarse" que las soluciones del legislador europeo no hayan ido tan lejos como habría sido deseable —y esto, a su vez, puede generar una impresión de "mucho ruido y pocas nueces", especialmente en aquellos Estados miembros en los que el desarrollo legislativo ya haya conducido a niveles de digitalización que cubran el mínimo europeo.

3. LOS CANALES DE COMUNICACIÓN Y EL PUNTO DE ACCESO ELECTRÓNICO EUROPEO

Como se ha señalado ya, la aspiración fundamental que persiguen el Reglamento y su Directiva de acompañamiento es generalizar la utilización de canales digitales para encauzar todas las comunicaciones que se produzcan en aplicación de los instrumentos de cooperación judicial dentro de la UE. La forma de hacerlo es diversa en función de si solo están implicadas autoridades públicas o si, además, se ven involucrados los justiciables.

3.1. Comunicación entre autoridades

Cuando las protagonistas en ambos extremos de la comunicación son autoridades públicas, el nuevo Reglamento se aprovecha del acervo generado por los Reglamentos de 2020 sobre obtención de pruebas y notificaciones transfronterizas, que habrán servido, en cierta medida, de banco de pruebas. Y ello supone convertir al sistema e-CODEX en el instrumento básico al servicio de las comunicaciones digitales transfronterizas dentro de la UE[34]. El texto del artículo 3.1 RDCJ no menciona expresamente a e-CODEX[35], sino que alude genéricamente al empleo de "un sistema informático descentralizado seguro, eficaz y fiable"; no obstante, es evidente que, por ahora, ese sistema es e-CODEX y, de hecho, cuando se abordan los costes del sistema, en el artículo 13, sí que se habla expresamente de él —también se hace en los considerandos[36].

Por eso, la regla general será el recurso a los canales digitales de comunicación entre todas las autoridades judiciales y los organismos públicos que deban intervenir en los procedimientos de cooperación judicial y en la aplicación de los procedimientos europeos que se mencionan en los anexos del propio Reglamento.

> En concreto, en el Anexo I se engloban los instrumentos normativos en el ámbito de la cooperación judicial en materia civil y mercantil a los que serán de aplicación las previsiones del nuevo Reglamento: la directiva sobre justicia gratuita (2003/8/CE); los reglamentos por los que se establecen el título ejecutivo europeo (805/2004), el proceso monitorio europeo (1896/2006), el proceso europeo de escasa cuantía (861/2007) y la orden europea de retención de cuentas (655/2014); el Reglamento Bruselas I bis (1215/2012) y los reglamentos sobre competencia, reconocimiento y ejecución de resoluciones en materia matrimonial, responsabilidad parental y sustracción internacional de menores (2019/1111); de alimentos (4/2009); sucesiones (650/2012); medidas de protección en materia civil (606/2013); regímenes económicos

---

[34] El considerando 20 RDCJ señala, sin margen de ambigüedad, que "Los puntos de acceso del sistema informático descentralizado deben basarse en e-CODEX", esto es, asume que es el único modelo válido, al menos por el momento.

[35] Como sí hacen, en cambio, el artículo 7.1 ROP y el artículo 5.1 RN.

[36] Cfr. los considerandos 9, 20, 21 y 53.

matrimoniales (2016/1103); y efectos patrimoniales de uniones registradas (2016/1104); y el reglamento de insolvencia (2015/848).
El Anexo II, por su parte, identifica los instrumentos normativos en materia de cooperación penal: las decisiones marco relativas a la orden europea de detención y entrega (2002/584), el embargo preventivo de bienes y el aseguramiento de pruebas (2003/577), la prevención y resolución de conflictos de jurisdicción (2009/948) y el reconocimiento mutuo de diversos tipos de resoluciones judiciales, como sanciones pecuniarias (2005/214), resoluciones de decomiso (2006/783), sentencias que imponen penas o medidas privativas de libertad (2008/909), sentencias y resoluciones de libertad vigilada (2008/947) y resoluciones sobre medidas de vigilancia (2009/829); las directivas por las que se establece la orden europea de protección (2011/99) y la orden europea de investigación en materia penal (2014/41); y el reglamento sobre reconocimiento mutuo de resoluciones de embargo y decomiso (2018/1805).

El sistema e-CODEX se va a convertir así en la gran aportación técnica de la Unión en este ámbito y en uno de los mejores ejemplos del éxito de una iniciativa surgida como proyecto multidisciplinar. E-CODEX va a ser el cauce para articular la comunicación entre las autoridades nacionales de los Estados miembros, y también de estas con las autoridades de la Unión Europea involucradas en la cooperación judicial internacional (cabe pensar, sobre todo, en Eurojust y en la Fiscalía Europea). De hecho, en muestra del potencial expansivo de la normativa europea sobre ámbitos de competencia estrictamente nacional, el artículo 3.6 RDCJ sugiere a los Estados miembros la utilización del sistema informático descentralizado para la comunicación entre sus propias autoridades, siempre que esa comunicación interna deba producirse en el ámbito de aplicación de alguno de los instrumentos normativos a que se refieren los anexos (v.g., si la autoridad nacional que ha recibido una resolución para su reconocimiento y ejecución no es la competente y ha de remitírsela a quien sí lo sea[37]).

El enfoque *digital by default*, en todo caso, no es sinónimo de *digital only*: de forma similar a lo ya previsto en el ROP y en el RN, el Reglamento también contiene previsiones para los casos en que resulte imposible servirse de e-CODEX (por interrupción del sistema, por la naturaleza física o técnica del material transmitido o por causas de fuerza mayor): habrá que acudir entonces a los medios alternativos de comunicación que sean los más rápidos y adecuados, teniendo en cuenta la necesidad de garantizar un intercambio de información seguro y fiable (art. 3.2 RDCJ). Cabe inferir una preferencia por lo digital para los canales alternativos, pero el

[37] Cfr., en materia penal, el artículo 16.2 de la Ley de Reconocimiento Mutuo de Resoluciones Penales en la Unión Europea.

legislador europeo ha preferido, con sensatez, no imponer condiciones predeterminadas específicas[38].

3.2. El punto de acceso electrónico europeo

La aportación realmente novedosa del Reglamento en relación con la digitalización de las comunicaciones es la creación del *punto de acceso electrónico europeo*. Se define como "un portal accesible a las personas físicas y jurídicas o a sus representantes, en toda la Unión, que está conectado a un punto de acceso interoperable en el contexto del sistema informático descentralizado" (art. 2.4 RDCJ). En otros términos, es una forma de acceso de cualquier ciudadano al sistema e-CODEX o a cualquier sistema equivalente de comunicación electrónica por el que deba canalizarse una actuación procesal determinada. Y, por ese enfoque de acceso, se va a ubicar en el Portal Europeo de e-Justicia: el "acceso al punto de acceso" se hará a través del Portal (art. 4.1 RDCJ). De hecho, la Comisión asume igualmente su gestión técnica, el desarrollo, la accesibilidad, el mantenimiento, la seguridad y la asistencia técnica a sus usuarios —esta asistencia, además, ha de ser gratuita (art. 4.3 RDCJ).

El punto de acceso electrónico europeo es, en primer término, un foco para el acceso a información por las personas físicas y jurídicas sobre su derecho a la asistencia jurídica gratuita, especialmente en procesos transfronterizos. Pero su objetivo primordial es el de operar como un canal de comunicación bidireccional entre justiciables y autoridades[39], aunque de forma parcialmente asimétrica.

(i) Funciona, por supuesto, como cauce de comunicación de los justiciables con las autoridades a las que deban dirigirse, en función del proceso, trámite o actuación que pretendan realizar a través del punto de acceso: el artículo 4.4 RDCJ alude de forma expresa a la presentación de demandas y solicitudes y al envío de información pertinente desde el punto de vista procesal —términos muy genéricos, que aspiran a dar cabida a la pluralidad de situaciones contempladas en el propio precepto.

En estos casos, el canal es directamente operativo, de modo que la autoridad destinataria de la comunicación habrá de aceptarla (art. 4.5 RDCJ). La entrada en vigor del Reglamento en este punto, por tanto, obliga a los Estados miembros a ser diligentes en la implementación de los puntos de acceso e-CODEX y el resto de infraestructura y software que sean precisos para que

---

38 El considerando 24 admite, en último término, el recurso al servicio postal.

39 Por eso, el artículo 4.7 RDCJ exige que esté diseñado de tal forma que garantice la identificación de los usuarios (algo que parece obvio, por otro lado).

sea plenamente operativo el derecho de los justiciables europeos a usar este canal de comunicación. De hecho, a medio plazo, esta previsión tiene el potencial de provocar una generalización de este tipo de puntos de acceso: si funciona para la litigación transfronteriza, con más razón debería operar en todo tipo de procesos —o, si se prefiere, será difícilmente explicable que el Estado no habilite para todos los procesos una herramienta de la que solo se benefician los protagonistas de procesos transfronterizos[40]. El legislador europeo está ofreciendo así un modelo o, si se prefiere, una "imagen del futuro" para las notificaciones en asuntos internos: la creación de un portal único de acceso en el que cada ciudadano disponga de su propia carpeta o de su propio espacio[41]. En el caso de nuestro país la fórmula, de hecho, tiene su reflejo en el Real Decreto-ley 6/2023, que ha articulado un sistema similar a través del Punto de Acceso General a la Administración de Justicia y de la Carpeta Justicia (arts. 12 y sigs. RDL 6/2023).

(ii) También ha de ser posible su utilización para que los justiciables reciban notificaciones y traslados de documentos judiciales o extrajudiciales, en cualquiera de los ámbitos en que el sistema resulte aplicable (art. 4.4 RDCJ)[42]. De hecho, se contempla una modificación del RN para introducir en él un nuevo artículo 19 bis, que dé cabida a la notificación o traslado directo de documentos judiciales mediante el punto de acceso electrónico europeo. Ahora bien, en cualquier caso, la notificación a través del punto de acceso electrónico europeo estará supeditada al consentimiento previo del destinatario (art. 4.6 RDCJ). El legislador europeo, pues, confirma una vez más el estándar en materia de notificaciones electrónicas con los justiciables: es necesario el consentimiento del destinatario. Como estándar, desde luego, se le puede aplicar sin problemas el calificativo de "mínimo", pues comporta en la práctica un desaprovechamiento de los canales digitales de comunicación. Puede ser razonable no someter a las personas físicas a la carga de disponer de medios de conexión al punto de acceso y de verificar periódicamente su contenido: semejante carga puede verse como excesiva, especialmente cuando se trata de quienes podríamos calificar de "digitalmente vulnerables" (no solo quienes carecen de los medios materiales —ordenador y conexión

---

40 Desde una perspectiva estrictamente nacional, cabe preguntarse por las eventuales repercusiones de un sistema así sobre la procura; el Reglamento, a estos efectos, alude como posibles usuarios del sistema a los representantes de las personas físicas o jurídicas, noción esta en la que tienen cabida los representantes procesales.

41 El Consejo de la Abogacía Europea lo percibe en parte como un riesgo para los sistemas de comunicación ya existentes entre abogados y tribunales, desarrollados y/o operados en muchos casos por los colegios profesionales; subraya, por eso, que un eventual recurso en el futuro al punto de acceso electrónico europeo no debería efectuarse en detrimento del uso de esos otros sistemas de comunicación entre abogados y tribunales (*CCBE position paper, supra* nota 28, pág. 3).

42 De hecho, el punto de acceso, según el artículo 4.4 RDCJ, también ha de permitir a sus usuarios almacenar información o documentos (cabe suponer que se tratará tanto de los enviados por ellos mismos como de los recibidos).

a internet—, también quienes no disponen de competencias digitales para afrontar con seguridad este tipo de actuaciones). Ahora bien, hace tiempo que es una exigencia generalizada para las personas jurídicas —al menos para muchas personas jurídicas— disponer de página web y de dirección electrónica, esto es, de estar plenamente operativas en modo digital; no sería desproporcionado, por ello, imponerles la carga de recibir válidamente notificaciones judiciales por dichos canales[43].

El artículo 4.6 RDCJ aclara, además, que "cada acto de consentimiento será específico del procedimiento para el cual se otorgue y se otorgará por separado a efectos de comunicación, notificación y traslado de documentos". Cabe entender con ello que el legislador europeo quiere evitar el recurso a cláusulas contractuales que incorporen una suerte de consentimiento previo genérico para cualquier procedimiento judicial o situación equivalente (recuérdese que el RN también se aplica a la notificación de documentos extrajudiciales).

En cualquiera de las direcciones en que pretenda utilizarse, el artículo 4.4 RDCJ establece que la comunicación que se produzca a través del punto de acceso electrónico europeo habrá de cumplir "los requisitos del Derecho de la Unión y nacional del Estado miembro de que se trate, en particular en cuanto a la forma, el idioma y la representación". Esta aplicación por defecto de las reglas procesales nacionales y/o europeas sirve para aclarar que el canal no puede usarse "de cualquier forma", algo que es obvio, pero también para recordar que el punto de acceso es solamente un canal de comunicación y que, por tanto, el Reglamento no está regulando de forma completa un método de notificación o comunicación. La normativa europea o nacional, en consecuencia, seguirá condicionando el contenido de lo que ha de comunicarse —incluidas ciertas fórmulas más o menos estereotipadas, como los "pies de recurso"—; y, por supuesto, serán igualmente aplicables las reglas procesales sobre validez, nulidad y subsanación de las comunicaciones que se efectúen a través del punto de acceso —incluidas las consecuencias sobre el derecho de defensa de una realización defectuosa—.

La utilización del punto de acceso electrónico europeo solo estará prevista, al menos inicialmente, en materia civil y mercantil y, en concreto,

---

43 De hecho, el considerando 29 parece ceñir únicamente a las personas físicas las precauciones: "[…] para garantizar que el acceso a la justicia a través de medios digitales no contribuya a ampliar la brecha digital, la elección entre la comunicación electrónica, tal como se establece en el presente Reglamento, y otros medios de comunicación debe dejarse a discreción de las personas físicas afectadas".

en el contexto de la aplicación de determinados instrumentos normativos europeos y para ciertos fines (art. 4.2 RDCJ)[44]:

a) En todas las actuaciones procesales en que resulte necesaria la comunicación con personas físicas o jurídicas (o sus representantes) en el marco de procesos monitorios europeos, procesos europeos de escasa cuantía y órdenes europeas de retención de cuentas.

> Así, por ejemplo, podrá usarse para remitir al tribunal competente la petición inicial de un proceso monitorio europeo, la demanda de un proceso europeo de escasa cuantía o la solicitud de una orden europea de retención de cuentas.

b) En términos generales, en las actuaciones procesales asociadas a la expedición y ejecución de títulos ejecutivos europeos, así como en las previstas para el reconocimiento, la declaración de ejecutividad o la denegación del reconocimiento con arreglo al Reglamento Bruselas I bis y los demás reglamentos sectoriales (materia matrimonial, responsabilidad parental, sustracción internacional de menores, alimentos, sucesiones, orden de protección, regímenes económicos matrimoniales y efectos económicos de las uniones registradas).

> Podrá usarse, por ejemplo, para solicitar la ejecución de una resolución dictada en el Estado A ante los tribunales del Estado B —en España, pues, para presentar una demanda ejecutiva— o el exequátur de una resolución que no tenga eficacia ejecutiva directa.

c) En los procedimientos necesarios para la expedición, la rectificación o la retirada de ciertos documentos o certificados previstos en varios de los reglamentos europeos de cooperación judicial en materia civil: los extractos previstos en el Reglamento de alimentos; el certificado sucesorio europeo y los demás certificados previstos en el Reglamento de sucesiones; los certificados a que se refiere el Reglamento Bruselas I bis y los equivalentes cuando se trata de órdenes europeas de protección, regímenes económicos matrimoniales, efectos económicos de uniones registradas y responsabilidad parental y sustracción internacional de menores.

---

[44] Buena parte de los preceptos finales del Reglamento (arts. 20 a 24) están pensados para modificar estos textos normativos y adaptarlos a las nuevas reglas, incluida la posible utilización del punto de acceso electrónico europeo como canal de comunicación.

El ejemplo más claro es la solicitud de expedición del certificado a que se refiere el artículo 53 del Reglamento Bruselas I bis, que debe acompañar a la solicitud de ejecución de una resolución dictada en otro Estado miembro.

d) Para que un acreedor extranjero pueda presentar su crédito en un procedimiento de insolvencia (con arreglo al artículo 53 del Reglamento de Insolvencia)[45].

e) Para comunicarse con las autoridades centrales, cuando sea necesario en materia de alimentos, matrimonial, responsabilidad parental, sustracción internacional de menores y obtención de asistencia jurídica.

Así, por ejemplo, un acreedor que pretenda el cobro de alimentos podrá utilizar el punto de acceso para dirigirse a la autoridad central de otro Estado miembro solicitando la ejecución de una sentencia a su favor (art. 56.1 b) del Reglamento de alimentos). Y podrá servirse igualmente de él quien pretenda solicitar justicia gratuita en otro Estado miembro en un proceso transfronterizo (art. 13 de la Directiva sobre asistencia jurídica).

Debe advertirse, además, que la incorporación del punto de acceso electrónico europeo al elenco de los mecanismos de notificación del RN le puede otorgar un potencial mucho más amplio, dado que su ámbito de aplicación comprende la materia civil y mercantil en los términos generales de su artículo 1.1[46].

4. MÁS ALLÁ DE LOS CANALES DE COMUNICACIÓN: VIDEOCONFERENCIAS, SERVICIOS ELECTRÓNICOS DE CONFIANZA, DOCUMENTOS ELECTRÓNICOS Y PAGO DE TASAS

La digitalización de los canales de comunicación conforma el núcleo del Reglamento, pues es el aspecto de la cooperación judicial internacio-

---

45 De hecho, cuando los administradores concursales sean competentes en virtud del Derecho nacional para recibir créditos presentados por un acreedor extranjero en procedimientos de insolvencia con arreglo al Reglamento de Insolvencia, deben considerarse autoridades competentes en el sentido del RDCJ (considerando 13).

46 A diferencia de otros reglamentos europeos en materia de cooperación judicial, el artículo 1.1 RN solo excluye expresamente de la noción "materia civil o mercantil" la materia fiscal, aduanera o administrativa y la responsabilidad de un Estado miembro por acciones u omisiones en el ejercicio de su autoridad (*acta iure imperii*).

nal sobre el que ha querido incidir con mayor contundencia el legislador europeo. Junto a ello, la apuesta por la digitalización se hace visible en relación con otros cuatro extremos, en relación con los cuales el impacto del Reglamento será menor.

4.1. Vistas por videoconferencia en materia civil y mercantil

El recurso a la videoconferencia —y a otras tecnologías de comunicación a distancia— se ha generalizado de forma indudable a resultas de la pandemia asociada a la COVID-19, aunque es una posibilidad que ya estaba contemplada en el Derecho de la UE con anterioridad[47]. Su mantenimiento, desaparecidas las razones de salud pública, se justifica por razones de eficiencia, claramente comprensibles en el ámbito de la litigación transfronteriza y de la cooperación judicial internacional. Era inevitable, por ello, que el legislador europeo la incluyera en el Reglamento a través del cual se quiere consolidar la digitalización de la cooperación judicial.

En el ámbito civil y mercantil es el artículo 5 RDCJ el encargado de sentar las bases. El objetivo primordial es generalizar la posibilidad de que las partes y sus representantes legales puedan participar en una audiencia por videoconferencia que deba celebrarse en otro Estado miembro, más allá de los supuestos en que ya se contempla por algún instrumento normativo europeo[48]: en concreto, ha de quedar claro que se aplicará el ROP —y no el nuevo Reglamento— cuando el objetivo de la videoconferencia sea la práctica de prueba transfronteriza[49]. Se trata de un propósito en línea con la búsqueda de la eficiencia, el ahorro de costes y la superación de los obstáculos propios de la litigación transfronteriza. La forma de promoverlo es sencilla: la autoridad judicial que esté conociendo de un proceso en materia civil y mercantil podrá permitir que las partes y sus representantes

---

47 Son significativas a este respecto las Recomendaciones del Consejo sobre videoconferencias transfronterizas (*Fomentar la utilización de las videoconferencias transfronterizas en el ámbito de la justicia en los Estados miembros y a escala de la UE y compartir las mejores prácticas*, DOUE C 250, 31.7.2015, págs. 1-5), así como todo el trabajo desarrollado y volcado en el marco del Portal Europeo e-Justicia.

48 Es lo que sucede con los reglamentos sobre obtención de pruebas, sobre orden europea de retención de cuentas y sobre el proceso europeo de escasa cuantía, que cuentan con previsiones más específicas y detalladas.

49 Insiste en ello el considerando 40. En este sentido cfr. también Kramer, X. (*supra*, nota 28), pág. 6.

intervengan por videoconferencia en una actuación oral si dicho sujeto está presente en otro Estado miembro en el momento de su celebración.

En concreto, el artículo 5.1 RDCJ faculta a un tribunal para acordar que una parte y sus representantes participen en una vista por videoconferencia, en los términos siguientes:

i) La parte ha de estar presente en un Estado miembro distinto de aquel en que se deba desarrollar la vista (= la actuación judicial oral).

ii) Ha de haberlo solicitado alguna de las partes, pero también será posible que se acuerde de oficio si lo permite el ordenamiento procesal nacional (como ocurre en nuestro país, en virtud del régimen de los artículos 129 bis y 137 bis LEC, introducidos por el RDL 6/2023). El RDCJ, sin embargo, obliga al tribunal a atender a la opinión de las partes al respecto: no debe respetarla, pero al menos ha de escucharla antes de decidir en firme acerca de este modo de proceder.

iii) El recurso a la videoconferencia ha de resultar idóneo a la luz de las circunstancias concretas del caso.

iv) Las herramientas para hacerlo han de estar disponibles; esta disponibilidad incluye, con arreglo al artículo 5.2 RDCJ, la accesibilidad para las personas con discapacidad.

Si se dan estas premisas, el desarrollo en sí de la videoconferencia se ajustará a la normativa del Estado miembro en que se celebre la vista (art. 5.4 RDCJ), incluidas las previsiones en relación con la grabación de las vistas, con la exigencia expresa de que las grabaciones se efectúen y se almacenen de forma segura y no se difundan públicamente (art. 5.3 RDCJ). Teniendo en cuenta que la grabación de una vista comporta un tratamiento de datos personales, parece razonable pensar que la vigencia general del RGPD en todos los Estados miembros asegura el debido respeto a esta salvaguarda.

El alcance de la norma es mucho mayor de lo que se deduce de los términos en que se expresa, que transmiten la idea de una posibilidad. Y es que si una autoridad, con arreglo al Reglamento, puede permitir esta forma de participación de un sujeto en una vista o audiencia, es porque tiene ese poder, aunque su legislación procesal nacional no se lo haya conferido. En efecto, el único aspecto en que la normativa procesal nacional condiciona la aplicación del artículo 5 RDCJ es el relativo a la potestad de oficio del tribunal de acordar la participación en la vista por videoconferencia; pero, según está redactado el artículo 5.1 RDCJ, cuando la decisión obedece a la iniciativa de alguna o de todas las partes, la potestad del tribunal dimana directamente de la norma europea, que solo la condiciona a la disponibilidad técnica, a la toma en consideración de la opinión de las partes y, sobre todo, al juicio sobre su idoneidad. Es cierto que el Reglamento no llega a crear un derecho incondicionado de los justiciables y de sus representantes legales a intervenir por medio de videoconferencia en contextos transfronterizos; habría sido, quizá, excesivo, pues ni siquiera es razonable que exista de forma incondicionada. Pero lo que sí crea el Reglamento es una potestad en el tribunal de optar por esta modalidad de participación, que tal vez el tribunal no tuviera con arreglo a su legislación interna. La potestad adicional de imponer a la parte y/o a su representante legal el formato de videoconferencia para la participación en la vista, en cambio, solo existirá allí donde el ordenamiento procesal nacional también se la otorgue a sus jueces en situaciones internas.

Sea como fuere, se trata de una norma procesal "pura y dura", que tendrá un impacto directo sobre los ordenamientos nacionales, que se verán alterados en la medida en que no hubieran otorgado a sus tribunales el poder de acordar, con cierto margen de discrecionalidad —al menos a instancia de parte—, la participación en una vista por medio de videoconferencia. Y se trata de una inmisión legítima del legislador europeo en materia procesal, ya que tiene la cobertura de la competencia normativa del artículo 81 TFUE, pues solo se aplica en situaciones transfronterizas (una parte o su representante se encuentra en un Estado miembro distinto de aquel en que se ha de desarrollar la actuación).

Sentada la existencia de esa potestad, el legislador europeo delega los términos de su ejercicio en el legislador nacional: según el artículo 5.4 RDCJ, el procedimiento para la celebración de una audiencia mediante videoconferencia se regirá ya por la legislación nacional del Estado miembro que la organice. Dado el carácter transfronterizo de los casos, sería razonable tener previstas reglas *ad hoc*, incluido el uso de intérpretes, que ayude a superar eventuales barreras lingüísticas[50]. Si, por un casual, la legislación de un Estado miembro careciera de normas sobre uso de videoconferencias, la entrada en vigor del Reglamento obligaría a dicho Estado a adoptar la regulación oportuna —aunque solo fuera para las situaciones transfronterizas contempladas en aquel—, por exigencias básicas del principio de efectividad del Derecho de la Unión[51].

---

50 Cfr. lo previsto en el art. 20.2 ROP.

51 El Consejo de la Abogacía Europea insiste en la falta de competencia de la UE para imponer a nivel procesal interno el uso de la videoconferencia (*supra*, nota

Tratándose, además, de supuestos transfronterizos, la opción del legislador europeo da a entender que debería bastar con la decisión del tribunal ante el que ha de celebrarse la videoconferencia para que esta pueda realizarse, esto es, para que el sujeto situado en otro Estado miembro y que reciba la citación y el enlace para conectarse pueda y deba hacerlo válidamente: no parece sujetarse, pues, a las exigencias de los actos de cooperación judicial internacional[52], que resultan operativas, en cambio, cuando se trata de obtener pruebas (básicamente, de tomar declaración a partes, peritos y/o testigos).

En otro orden de ideas, debe subrayarse que la nueva regulación se limita a la participación en una audiencia por videoconferencia, no a la celebración de audiencias telemáticas. Se trata de una diferencia importante, pues las implicaciones en uno y otro caso sobre los esquemas del derecho a un proceso con todas las garantías son diferentes. Si la audiencia se va a celebrar de forma telemática de todos modos, es evidente que la videoconferencia —o tecnología equivalente— será la única manera de participar en ella: ahora bien, en tal caso la norma europea no podrá ser la relevante, pues es claro que se tratará de algo que habrá de estar previsto por la legislación procesal nacional. Y puede suceder, igualmente, que la participación por videoconferencia del único protagonista de una actuación procesal —v.g., porque se trata de la declaración de un testigo como prueba anticipada— determine que el tribunal opte por la forma telemática para la actuación en su conjunto: pero esto, nuevamente, será cuestión propia de la normativa procesal nacional, no exigida por el legislador europeo.

El tenor del precepto suscita una duda relevante en cuanto a su ámbito de aplicación: la condiciona a que "una de las partes o su representante esté presente en otro Estado miembro", pero no aclara si la potestad que confiere al tribunal ha de ceñirse a la participación por videoconferencia de esa parte —y/o de su representante legal— o a la de todas, incluidos

---

28, pág. 4). El Reglamento, en su considerando 33, subraya que una eventual laguna nacional sobre este punto debería colmarse aplicando *mutatis mutandis* las normas "más apropiadas" del ordenamiento nacional y menciona específicamente las relativas a la obtención de pruebas —sugerencia esta que es objeto de crítica contundente por la Abogacía Europea.

52 Subraya Hess en este sentido que la propuesta de Reglamento zanja la discusión, suscitada en la doctrina alemana, acerca de si el envío de un enlace para participar en una videoconferencia a una persona situada en otro Estado "invade" la soberanía de ese segundo Estado, por ser equivalente a una suerte de envío de un agente judicial (Hess, B., *supra* nota 21, pág. 773).

aquellos otros sujetos que sí se hallen en el Estado miembro y pudieran acudir en persona sin especial dificultad a la vista. El espíritu de la norma apunta a una cierta flexibilidad en relación con esta cuestión, que ha de ajustarse a la normativa procesal interna[53]en esa dirección, pero el tenor literal es equívoco.

Lo que, en cambio, no es equívoco es el alcance del término "participar": el uso de la videoconferencia ha de poder acordarse no solo cuando la parte vaya a protagonizar una actuación —v.g., ha de tomar posición en relación con una petición formulada por la contraria—, sino que ha de ser igualmente posible para cualquier otra actividad procesal en que sea posible la intervención activa de la parte —v.g., se va a celebrar una audiencia preparatoria o una audiencia principal con práctica probatoria que comporte la declaración de otros sujetos[54].

> Cuando el objetivo de la videoconferencia es servir de instrumento para la práctica de prueba en el extranjero, el RDCJ insiste en la necesidad de utilizar los mecanismos del ROP (considerando 40). Con arreglo a los esquemas del ROP es posible llegar a la práctica de una prueba personal por videoconferencia (transfronteriza) de dos maneras diferentes:
> a) A través de los mecanismos ordinarios de cooperación, de conformidad con lo establecido en el artículo 12.4 ROP: el tribunal que necesite la práctica de una prueba personal en otro Estado miembro puede dirigir una solicitud de cooperación para su práctica a la autoridad judicial del Estado requerido en la que puede pedir que se utilice la videoconferencia. Debe notarse, no obstante, que quien ha de utilizar la videoconferencia es el tribunal requerido, no el requirente. La videoconferencia se solicita, posiblemente, porque el tribunal requirente es consciente de las dificultades para que la persona que deba declarar comparezca en persona ante la autoridad judicial requerida y porque, en todo caso, la declaración por videoconferencia se puede grabar e, incluso, se puede presenciar en remoto por el tribunal requirente. En principio, cuando el tribunal requirente solicite este tipo de cooperación el tribunal requerido habrá de prestársela, a no ser que esa utilización sea incompatible con su Derecho nacional —algo cada vez más difícil de imaginar— o que el órgano jurisdiccional requerido no pueda utilizarla debido a que existen grandes dificultades prácticas. En este último caso, si las dificultades prácticas consisten en la ausencia de medios adecuados, el ROP abre la puerta a que se le faciliten desde el tribunal requirente.
> b) El ROP también permite que, en ciertos casos, la autoridad judicial de origen acuerde la práctica directa de pruebas en el Estado requerido, siempre que cuente con la autorización de este y siempre, además, que la actividad

---

[53] El considerando 38 asume como posible que se halla acordado la participación por videoconferencia "de al menos una de las partes u otras personas".

[54] Siempre que no sea necesario acudir a los mecanismos del ROP, que excluirían la aplicación del RDCJ.

probatoria pueda llevarse a cabo de forma voluntaria, esto es, sin que deban ni puedan aplicarse medidas coercitivas (art. 19 ROP). El ejemplo más claro de lo anterior es la práctica directa de la toma de declaración a una parte, un testigo o un perito por videoconferencia, a la que el ROP dedica su artículo 20. En estos casos, el papel de la autoridad judicial requerida será más limitado: una vez autorizada la práctica de la videoconferencia, la cooperación requerida consiste en programar la reunión, de modo que el sujeto que deba declarar lo haga, si es preciso, en dependencias de la autoridad judicial requerida, contando con los medios materiales de esta y bajo su supervisión (en especial a efectos de verificación de identidad y de evitación de "influencias indebidas" durante su desarrollo): el artículo 20.2 ROP se limita a señalar que los tribunales "se pondrán de acuerdo sobre los aspectos prácticos de la toma de declaración o el interrogatorio". Se trata, *mutatis mutandis*, de un auxilio equivalente al que se produce internamente cuando un testigo declara por videoconferencia desde la oficina judicial de su municipio en el marco de un proceso que se está tramitando en otro lugar. Además, si así se pide porque resulta necesario, se proporcionará ayuda al órgano jurisdiccional requirente para encontrar un intérprete. Ahora bien, dado el carácter voluntario de la actuación, ni se puede forzar la declaración del sujeto —el artículo 19.3 II ROP señala que el tribunal requirente debe informar de ese extremo a la persona llamada a declarar o a ser interrogada—, ni tampoco puede asumir el tribunal requerido la obligación de designar un intérprete.

4.2. Vistas por videoconferencia en materia penal

El enfoque es parcialmente diverso cuando la actividad se desplaza al ámbito penal. El objetivo es el mismo —generalizar el recurso a la videoconferencia en situaciones transfronterizas—, pero el legislador europeo se ha autoimpuesto muchas más limitaciones, como se desprende del artículo 6 RDCJ[55].

En primer lugar, se restringe la potestad de acordar el uso de la videoconferencia para dar audiencia a un sospechoso, acusado o condenado o a

55 Cfr., de manera muy exhaustiva, Hernández López, A. (*supra*, nota 28), págs. 290-298; Laro González, E., "La audición por videoconferencia en la cooperación judicial penal en la Unión Europea: regulación actual y perspectivas futuras", en Hernández López, A. y Laro González, E. (coords.), *Proceso penal europeo: últimas tendencias, análisis y perspectivas*, Aranzadi, Cizur Menor, 2023, págs. 197-212; Bellido Penadés, R., "Presente y futuro de la videoconferencia en materia penal (proceso penal español y cooperación judicial penal internacional en la UE)", *Revista General de Derecho Procesal*, N°. 59, 2023.

una "persona afectada" por una resolución de embargo o decomiso[56] que esté presente en otro Estado miembro.

En segundo término, se enuncian de forma expresa los contextos procesales en los que cabe acudir a la previsión normativa del Reglamento (art. 6.1 RDCJ):

> (i) La toma de declaración a la persona frente a la que se haya emitido una orden europea de detención, mientras no se haya tomado la decisión por la autoridad de ejecución (conforme al artículo 18.1.a) de la Decisión Marco 2002/584);
> (ii) la toma de posición del condenado en relación con su traslado a otro Estado para la ejecución de una pena privativa de libertad (conforme al artículo 6.3 de la Decisión Marco 2008/909);
> (iii) la audiencia al condenado antes de adoptar la decisión sobre la imposición de una pena, en el contexto de la ejecución de una sentencia o resolución de libertad vigilada (conforme al artículo 17.4 de la Decisión Marco 2008/947);
> (iv) la audiencia de la persona afectada antes de la adopción de decisiones ulteriores a la ejecución de una medida de vigilancia sustitutiva de la prisión provisional (conforme al artículo 19.4 de la Decisión Marco 2009/829);
> (v) la audiencia a la persona causante del peligro antes de emitir una orden europea de protección (con arreglo al artículo 6.4 de la Directiva 2011/99);
> (vi) la interposición por la persona afectada de un recurso contra las resoluciones de embargo y decomiso (conforme al artículo 33.1 del Reglamento 2018/1805).
> Fuera de estos ámbitos es también posible la realización de actuaciones por videoconferencia en situaciones transfronterizas, pero habrán de atenerse a la regulación específica del instrumento de cooperación que las prevea (art. 6.4 RDCJ): cabe pensar, de forma especial, en la orden europea de investigación y en el Convenio Europeo de Asistencia Judicial en Material Penal entre los Estados miembros de la Unión Europea. Ha de notarse, en especial, que las normas del Reglamento no son aplicables a actuaciones judiciales que tengan naturaleza probatoria ni a la celebración de juicios que puedan dar lugar a una resolución sobre la culpabilidad o inocencia del sujeto pasivo del proceso penal[57].

En este contexto —limitado, además, *ratione materiae*— de la cooperación judicial penal, lo previsto por el Reglamento es que la petición de la

---

56 Según el artículo 2.10 del Reglamento 2018/1805, por "persona afectada" se ha de entender "la persona física o jurídica contra la que se emite una resolución de embargo o una resolución de decomiso o la persona física o jurídica propietaria de los bienes a los que se refiere la citada resolución, así como cualesquiera terceros cuyos derechos respecto a dichos bienes se vean directamente perjudicados por la resolución en virtud del Derecho del Estado de ejecución."

57 Insiste en ello con contundencia el considerando 43.

autoridad requirente genere el deber en la autoridad del Estado miembro de ejecución de permitir la participación mediante videoconferencia del sospechoso, acusado o condenado, o de la persona afectada por una resolución de embargo o decomiso que se encuentra en su territorio en una actuación oral inserta en el proceso penal que la concierne y que se está desarrollando en el Estado miembro de la autoridad requirente. Ahora bien, se trata de un deber bastante mitigado —si se prefiere, de una potestad bastante limitada—, pues está supeditado a la concurrencia de dos requisitos (art. 6.2 RDCJ): (i) que las circunstancias del caso justifiquen su uso[58]; y (ii) que el sospechoso, acusado, condenado o la persona afectada haya prestado su consentimiento expreso para el uso de la videoconferencia a los efectos de dicha vista.

Este segundo requisito del consentimiento se considera auténtica garantía del proceso penal[59], dado el impacto negativo que el uso de la videoconferencia puede tener en términos de inmediación y de derecho de defensa. Por eso, la prestación del consentimiento se ha sujetado a exigencias adicionales:

i) Antes de decidir si presta o no su consentimiento, el sospechoso o acusado podrá solicitar asistencia letrada de conformidad con la Directiva 2013/48/UE.

ii) Antes de decidir si presta o no su consentimiento, las autoridades competentes facilitarán a la persona a la que se haya de tomar declaración información sobre el procedimiento para celebrar una vista por videoconferencia, así como sobre sus derechos procesales, incluidos el derecho a interpretación y el derecho a asistencia de letrado.

iii) El consentimiento ha de ser voluntario e inequívoco y será sometido a comprobación por parte de la autoridad competente requirente antes de que dé comienzo la vista; será preciso, además, dejar

---

58 A diferencia de la propuesta inicial, la versión final del Reglamento ya no exige expresamente que la tecnología para la práctica de la videoconferencia esté disponible, sino que se da por descontado y, de hecho, el artículo 6.3 RDCJ obliga a la autoridad requerida a que garantice que las personas que deban actuar por videoconferencia tengan acceso a la infraestructura necesaria para realizarla (especialmente aquellas con discapacidad).

59 En este sentido, cfr. también Hernández López, A. (*supra*, nota 28), pág. 291; y Kramer, X. (*supra*, nota 28), pág. 8; con absoluta contundencia se manifiesta también el Consejo de la Abogacía Europea (*supra*, nota 28), pág. 5.

constancia expresa en los registros de la vista, de conformidad con el Derecho nacional del Estado miembro requirente (v.g., porque queda grabado junto con el resto de la actuación oral por videoconferencia).

iv) De forma excepcional, la autoridad competente podrá decidir no solicitar el consentimiento de las personas que deban declarar cuando su participación en persona en la vista represente una grave amenaza para la seguridad pública o la salud pública que resulte real y actual o previsible.

De hecho, según lo previsto en el artículo 6.9, será la legislación de la autoridad requirente la que regirá la realización de la videoconferencia, aunque habrá que respetar, eso sí, las reglas especiales del RDCJ. Así, v.g., habrá que articular los mecanismos de información y petición de consentimiento de la persona concernida, aunque no estén establecidos a nivel interno; y se impondrán también las previsiones sobre toma de declaración a menores o sobre confidencialidad. En todo caso, las "disposiciones prácticas" habrán de convenirse entre la autoridad requirente y la requerida (v.g., el día y la hora, el software o la plataforma, la ubicación de la cámara, la presencia de un intérprete). En esto, pues, se reconoce un cierto margen de flexibilidad, siempre que no quede comprometido el respeto a ninguna garantía esencial del proceso. De forma equivalente a lo que se establece para las vistas por videoconferencia en materia civil, el artículo 6.7 RDCJ equipara las videoconferencias practicadas en su virtud a aquellas que se hayan realizado en procesos puramente internos en lo atinente a su grabación; impone, igualmente, el deber de almacenarlas de forma segura y de impedir su difusión pública. Y, en términos igualmente generales, se establece el deber de los Estados miembros de garantizar la confidencialidad de la comunicación entre los sospechosos, acusados, condenados o personas afectadas y sus abogados, tanto antes como durante la vista (art. 6.5 RDCJ). Si se hallan presentes en el mismo espacio físico cuando deba celebrarse la videoconferencia, se les debe permitir reunirse en un espacio reservado e, igualmente, han de tener derecho a tomarse recesos durante la declaración para poder hablar de forma reservada (v.g., si la ley nacional exige la presencia de algún funcionario o agente de la autoridad en la sala desde la que se celebra la videoconferencia, sea por razones de seguridad o para garantizar la integridad de la declaración). Es posible también que abogado y cliente se hallen en espacios físicos diferentes; de ser así, el sistema utilizado para el desarrollo de la videoconferencia debe disponer de una sala virtual confidencial, en la que puedan reunirse con carácter previo a la toma de declaración y a la que puedan acudir "virtualmente" durante esta, en receso, cuando resulte necesario.

El legislador europeo, además, prevé una serie de garantías adicionales cuando se trate de tomar declaración a un menor por videoconferencia (art. 6.6 RDCJ).

(i) En primer término, se exige informar sin demora a los titulares de la patria potestad o a otro adulto adecuado, en su defecto. Esta información habrá de hacerse antes de la toma de declaración en sí, aunque el silencio del RDCJ impide anudar una consecuencia clara a la eventual negativa de aquellos al formato virtual: será, pues, la legislación interna la que determine si los titulares de la patria potestad —o quienes ejerzan funciones equivalentes— disponen de un poder de veto o tan solo del derecho a manifestar su criterio.

(ii) Además, la autoridad competente tendrá en cuenta el interés del menor al decidir si procede tomarle declaración por videoconferencia; en relación con esto último, cabe entender que impone a la autoridad requirente motivar expresamente el modo en que ha sopesado el interés del menor y, desde luego, podrá hacerlo tomando en consideración la eventual normativa interna sobre esta materia, que con frecuencia aconseja la videoconferencia para mitigar la victimización secundaria —cfr. los nuevos artículos 137 bis 3 LEC y 258 bis 3 a) LECrim, en el caso de nuestro país.

El impacto de la declaración por videoconferencia sobre la posición jurídica de un sospechoso, un acusado, un condenado o una persona afectada por un decomiso puede ser tremendo, como se deduce de los contextos procesales en que el RDCJ permite servirse de ella. Por ello, el artículo 6.8 les reconoce "la posibilidad de obtener tutela judicial efectiva, de conformidad con el Derecho nacional y respetando plenamente la Carta" si no se han cumplido los requisitos o garantías establecidos en el propio artículo 6. Se trata de una previsión muy abierta, que no predetermina una consecuencia concreta, por lo que queda irremediablemente cubierta por la remisión a la normativa procesal nacional del Estado en que se desarrolla el proceso penal en el que se ha practicado la videoconferencia. Lo único que impone el RDCJ, en este punto, es el derecho del sujeto concernido a poner de manifiesto la infracción del artículo 6 RDCJ en alguno o varios de sus aspectos, pero no obliga, v.g., a que deba hacerse por la vía de los recursos —sería lo normal—, ni tampoco a permitir que la denuncia de la infracción se haga de inmediato —podría, por ello, imponerse la carga de denunciar la infracción al impugnar la resolución tomada a resultas de la videoconferencia, en su caso.

El considerando 45, de forma diversa al artículo 6.8, parece limitar el margen de reacción del sujeto concernido a que "se vulneren los derechos de un sospechoso, acusado o condenado en el contexto de una vista celebrada por videoconferencia". Según esto, no cualquier infracción de las previsiones del artículo 6 RDCJ debería dar acceso a una vía de reacción, sino solo aquellas que tengan la entidad suficiente como para determinar una vulneración de derechos. Aunque se trata de un criterio general sensato, no siempre será fácil establecer hasta qué punto la falta de observancia de alguna de las garantías *europeas* supone una *vulneración de derechos*. Y, en todo caso, de producirse una vulneración, la consecuencia debería poder ser la nulidad del acto judicial celebrado por videoconferencia y, si procede, de aquellos que traigan causa directa de aquel.

4.3. Servicios electrónicos de confianza, documentos electrónicos y pago electrónico de tasas

La digitalización de la cooperación judicial y del acceso a la justicia en asuntos transfronterizos se cierra con tres bloques de previsiones normativas.

a) En primer lugar, se hace una remisión en bloque al Reglamento eIDAS[60] a los efectos de establecer cómo habrán de sellarse o firmarse los documentos que sean objeto de transmisión a través de los canales de comunicación digital en procesos transfronterizos y al aplicar los mecanismos de cooperación internacional a que se refieren los anexos I y II —incluidos los casos en que se utiliza el punto de acceso electrónico europeo (art. 7 RDCJ).

b) En segundo término, se obliga a reconocer los efectos jurídicos de los documentos electrónicos que se hayan transmitido en el contexto de los procesos transfronterizos y al aplicar los procedimientos de cooperación internacional a que se refieren los anexos I y II: no podrá denegárse-

---

[60] Reglamento (UE) 910/2014, de 23 de julio de 2014, relativo a la identificación electrónica y los servicios de confianza para las transacciones electrónicas en el mercado interior y por la que se deroga la Directiva 1999/93/CE (DOUE L 257, 28.8.2014, págs. 73-114). El Reglamento eIDAS (acrónimo inglés de identificación electrónica, autenticación y servicios de confianza) es la norma europea que define los estándares y normas para la firma electrónica simple, firma electrónica avanzada y firma electrónica cualificada, la emisión de certificados cualificados y los servicios de confianza online.

les efectos jurídicos por el solo hecho de estar en forma electrónica (art. 8 RDCJ). En este punto, el legislador europeo asume un planteamiento que debería considerarse ya pacíficamente asumido por todos los Estados miembros, también en supuestos puramente internos. El tenor literal de la norma reproduce, con las salvedades imprescindibles, algo que ya prevén el artículo 6 ROP y el artículo 8 RN.

c) Finalmente, el Reglamento se hace eco de una reclamación que vienen formulando hace bastante tiempo los profesionales jurídicos involucrados en la litigación transfronteriza y que se contempla para el proceso europeo de escasa cuantía[61]: que se habiliten los mecanismos necesarios para efectuar el pago electrónico de tasas, "incluso desde Estados miembros distintos de aquel en el que tenga su sede la autoridad competente" (art. 9.1 RDCJ). Este último inciso da a entender que el mandato no cubre solo los supuestos transfronterizos y de cooperación judicial internacional, sino que tendría un alcance más general —eso sí, de dudosa compatibilidad con la autonomía procesal de los Estados miembros, dado su insuficiente anclaje con el artículo 81 TFUE.

Estos medios técnicos de pago electrónico, además, han de resultar en todo caso accesibles. Además, si los medios disponibles de pago electrónico de tasas lo permiten, estarán accesibles a través del punto de acceso electrónico europeo (art. 9.2 RDCJ).

5. CONCLUSIÓN

El nuevo Reglamento no aspiraba a revolucionar el tratamiento de la cooperación judicial en el ámbito de la Unión Europea, pero sí a dejar clara la primacía del enfoque "digital por defecto", cubriendo las lagunas existentes en los ámbitos no afectados por otros instrumentos previos (especialmente el ROP y el RN en el ámbito civil).

Su principal aportación —lo realmente novedoso—, a mi juicio, es el punto de acceso electrónico europeo, que puede acabar convirtiéndose en una herramienta muy útil y en una palanca poderosa desde la que provo-

---

61 En virtud del artículo 15 bis RPEEC las partes han de poder abonar las tasas judiciales por medios de pago a distancia que les permitan efectuar el pago también desde un Estado miembro distinto del Estado miembro en el que esté situado el órgano jurisdiccional, a través al menos de transferencia bancaria, tarjeta de crédito o débito, o adeudo en cuenta bancaria.

car un nuevo enfoque para la práctica de las comunicaciones procesales, también a nivel interno.

La referencia a las videoconferencias, a estas alturas de la evolución normativa en los ordenamientos nacionales, no puede considerarse ya como algo nuevo. En este punto, pues, el RDCJ tiende a consagrar unos estándares mínimos que, muy probablemente, ya están contemplados a nivel interno, pero cuya proyección al ámbito transfronterizo resulta conveniente asegurar.

Tampoco debe sorprender la opción por el sistema e-CODEX para la comunicación digitalizada entre autoridades judiciales y de otro tipo, que se toma de los reglamentos sobre obtención de pruebas y notificaciones; o la remisión al Reglamento eIDAS en relación con los sistemas de sellado y firma de documentos. Es evidente que el legislador europeo en este punto no podía hacer cosa distinta de la que ha hecho.

La implementación práctica, en todo caso, dependerá de la puesta en marcha de las herramientas tecnológicas que el Reglamento prevé. Y en esto, como en relación con el punto de acceso electrónico europeo, hay que contar con la sustancial aportación tecnológica y económica que va a hacer el presupuesto europeo para la implementación del sistema, asumiendo la creación, el mantenimiento y el desarrollo del programa informático de aplicación de referencia al servicio de los Estados miembros (cfr. arts. 12 y 13 RDCJ)[62].

BIBLIOGRAFÍA

Aguilera Morales, M., "El Reglamento (UE) 2020/1784 sobre notificación y traslado transfronterizo de documentos: novedades e implicaciones internas", *Revista General de Derecho Europeo*, Nº 57, 2022.

Alba Cladera, F., "Algunas cuestiones sobre la refundición del Reglamento Europeo relativo a la notificación y al traslado de documentos judiciales y extrajudiciales en materia civil o mercantil", *Revista General de Derecho Procesal*, Nº 54, 2021.

---

62 En el apartado 3.2 de la Comunicación de 2020 se señala, en su parte final, lo siguiente: "Sin duda, el proceso de digitalización de la cooperación judicial en la UE supondría un gasto considerable. En este sentido, los Estados miembros deberían poder beneficiarse de la ayuda financiera de la UE. Las soluciones informáticas de carácter genérico desarrolladas a escala de la UE para su uso por parte de todos los Estados miembros podrían ser una medida importante para la reducción de costes."

Bellido Penadés, R., "Presente y futuro de la videoconferencia en materia penal (proceso penal español y cooperación judicial penal internacional en la UE)", *Revista General de Derecho Procesal*, Nº. 59, 2023.

Catalán Chamorro, M. J., "Nueva realidad española y europea en la resolución extrajurisdiccional de conflictos en consumo: ADR y ODR", en Barona Vilar, S. (coord.), *Mediación, arbitraje y jurisdicción en el actual paradigma de justicia*, Tirant lo Blanch, Valencia, 2016, págs. 171-196.

Catalán Chamorro, M. J., "La plataforma europea de ODR de consumo: balance, aciertos y desaciertos", en Romero Pradas, M. I. (dir.), *Hacia una tutela efectiva de consumidores y usuarios*, Tirant lo Blanch, Valencia, 2022, págs. 565-592.

Conde Fuentes, J. y Serrano Hoyos, G. (dirs.), *La justicia digital en España y en la Unión Europea*, Atelier, Barcelona, 2019.

Consejo de la Abogacía Europea, *CCBE position paper on the proposal for a regulation on the digitalisation of judicial cooperation and access to justice in cross-border civil, comercial and criminal matters*, disponible en https://www.ccbe.eu/fileadmin/speciality_distribution/public/documents/IT_LAW/ITL_Position_papers/EN_ITL_20222907_CCBE-position-paper-on-the-proposal-for-a-regulation-on-the-digitalisation-of-judicial-cooperation-and-access-to-justice-in-cross-border-civil-commercial-and-criminal-matters.pdf

Cortés, P. (ed.), *The new regulatory framework for consumer dispute resolution*, Oxford University Press, Oxford, 2016.

de Blas Javaloyas, J. R. y García Mirete, C. M., "El futuro de la cooperación judicial civil en la Unión Europea: Una perspectiva", *Actualidad civil*, Nº 3, 2022.

De la Oliva Santos, A., Gascón Inchausti, F. y Aguilera Morales, M. (coords.), *La e-Justicia en la Unión Europea. Desarrollos en el ámbito europeo y en los ordenamientos nacionales*, Aranzadi, Cizur Menor, 2012.

Elvira Benayas, M. J., "Digitalización de la cooperación judicial internacional en materia civil o mercantil en la Unión Europea", *La Ley Unión Europea*, Nº 101, marzo 2002.

Gascón Inchausti, F., *Derecho europeo y legislación procesal civil nacional: entre autonomía y armonización*, Marcial Pons, Madrid-Barcelona-Buenos Aires-Sao Paulo, 2018.

Gascón Inchausti, F., "La digitalización de la cooperación judicial civil en la Unión Europea: algo nuevo, algo viejo, algo prestado y algo azul", en Romero Pradas, M. I. (dir.), *Últimos avances en el camino hacia un Derecho Procesal Civil de la Unión Europea*, Tirant lo Blanch, Valencia, 2024 págs. 191-230.

Hernández López, A., "La digitalización de la cooperación judicial en materia penal en la Unión Europea", en Arangüena Fanego, C., De Hoyos Sancho, M. y Pillado González, E., *El proceso penal ante una nueva realidad tecnológica europea*, Aranzadi, Cizur Menor, 2023, págs. 281-306.

Hess, B., "Cooperación judicial digital en el espacio de libertad, seguridad y justicia. La cooperación judicial en materia civil", en Gascón Inchausti, F. y Peiteado Mariscal, P. (dirs.), *Estándares europeos y proceso civil. Hacia un proceso civil convergente con Europa*, Atelier, Barcelona, 2022, págs. 763-775.

Kramer, K., "Digitising access to justice: the next steps in the digitalisation of judicial cooperation in Europe", *Revista General de Derecho Europeo*, Nº 56, 2022.

Laro González, E., "La audición por videoconferencia en la cooperación judicial penal en la Unión Europea: regulación actual y perspectivas futuras", en Hernández López, A. y Laro González, E. (coords.), *Proceso penal europeo: últimas tendencias, análisis y perspectivas*, Aranzadi, Cizur Menor, 2023, págs. 197-212.

Marchal Escalona, N., "El nuevo marco europeo sobre notificación y obtención de pruebas en el extranjero: hacia un espacio judicial europeo digitalizado", *Revista española de derecho internacional*, Vol. 74, Nº 1, 2022, págs. 155-179.

Ontanu, E. A., "The Digitalisation of European Union Procedures: A New Impetus Following a Time of Prolonged Crisis", *Law, Technology and Humans*, Volume 5 (1), 2023, pp. 93-110.

Ontanu, A. E., "e-Justice Governance in the EU", en Troitiño, D.R. (ed.), *E-Governance in the European Union. Strategies, Tools and Implementation*), Springer, Cham, 2024, pp. 243-258.

Ramírez Benavente, M. D., "La obtención de prueba en la Unión Europea: evolución y análisis del Reglamento (UE) 2020/1783 relativo a la cooperación entre los órganos jurisdiccionales de los estados miembros en el ámbito de la obtención de pruebas en materia civil o mercantil", *Revista General de Derecho Europeo*, Nº 55, 2021.

Senés Motilla, C. (coord.), *Presente y futuro de la e-Justicia en España y en la Unión Europea*, Aranzadi, Cizur Menor, 2010.

Themeli, E., "The frontiers of digital justice in Europe", en Kramer, X., Hoevenaars, J., Kas, B. y Themeli, E., *Frontiers in Civil Justice. Privatisation, Monetisation and Digitisation*, Edward Elgar, Cheltenham, 2022, págs. 102-120.

Velicogna, M. y Lupo, G., "From Drafting Common Rules to Implementing Electronic European Civil Procedures: The Rise of e-CODEX", en Hess, B. y Kramer, X. (eds.), *From common rules to best practices in European Civil Procedure*, Nomos, Baden-Baden, 2017, págs. 181-212.

Villamarín López, M. L., "Influencia de los estándares europeos en el régimen procesal español de notificaciones", en Gascón Inchausti, F. y Peiteado Mariscal, P. (dirs.), *Estándares europeos y proceso civil. Hacia un proceso civil convergente con Europa*, Atelier, Barcelona, 2022, págs. 193-243.

Tutelar con justicia en el siglo XXI: nuevos derechos y nuevos retos para la función jurisdiccional de siempre

ELENA MARTÍNEZ GARCÍA
Catedrática de Derecho Procesal
Universitat de Valencia[1]

SUMARIO: 1. TUTELAR CON JUSTICIA EN EL SIGLO XXI. 2. LA PROHIBICIÓN DE *NON LIQUET EN UN MUNDO INTERDEPENDIENTE Y GLOBALIZADO*. 3. NUEVOS DERECHOS EN TIEMPOS DE ANOMIA: ¿CUÁL ES EL LÍMITE DE LA CREACIÓN JUDICIAL?. 4. DECIDIR SOBRE LO NUEVO, DERECHOS SOCIALES Y DERECHOS DE SOLIDARIDAD. 4.1. LAS GARANTÍAS PRIMARIAS Y SECUNDARIAS DE LOS DERECHOS COMO OBJETO DE TUTELA POR LA JUDICATURA. 4.2. LA EVOLUCIÓN DE LOS DERECHOS HUMANOS HACIA LOS DERECHOS DE SOLIDARIDAD. 5. CONCLUSIÓN. 6. NOTA DE LA AUTORA. BIBLIOGRAFÍA.

1. TUTELAR CON JUSTICIA EN EL SIGLO XXI

Justicia y felicidad son dos términos que han ido tradicionalmente de la mano dentro de la disciplina de la filosofía[2]. Es una reflexión *sesuda* preguntarnos si tenemos o no derecho a un mínimo de felicidad y, de existir

---

1 Este artículo ha sido realizado en el marco del Proyecto Prometeo GVA (2023-64) "Justicia Sostenible en el Estado de mudanza global".

2 "A lo largo de la historia dos candidatas se han ido ofreciendo como orientaciones para forjarse un buen carácter: justicia y felicidad. Y las dos han ido generando utopías, las utopías de la justicia y las de la felicidad. Los seres humanos nos hemos orientado muy acertadamente hacia crearnos un carácter en el sentido de la justicia y también en el sentido de la felicidad. Y así como las personas y las instituciones tienen que ser justas, las personas tienen que ser felices. Afirmaba John Rawls en Teoría de la Justicia que la justicia es una obligación de las instituciones y de las sociedades, de la misma manera que la verdad es una obligación de los sistemas científicos. Una institución que no pretenda ser justa es ilegítima, una sociedad que no pretenda ser justa es una sociedad inhumana. Las instituciones y las sociedades tienen que pretender ser justas, las personas además de ser justas sueñan con ser felices. Por eso las instituciones han de establecer las bases de justicia indispensables para que las personas puedan proyectar su felicidad como bien les parezca, siempre que no atenten contra la felicidad de los demás". *Vid.* Cortina

este, en qué se traduce o qué alcance tiene. Imaginemos una persona con salud, bienestar económico, expectativas razonables adecuadas a la realidad, derechos sociales cubiertos... En principio tal sujeto debería ser feliz y no generar conflictividad. Pero sabemos que esto es quimérico, porque la insatisfacción y conflictividad es connatural al ser humano. Es en este punto donde entra nuestra disciplina en acción.

"Tutelar" con justicia, conlleva que el Derecho y su aplicación no tiene por qué parecernos justo, pero sí incluir un mínimo de justicia, porque eso es "la tutela judicial efectiva". Según la RAE, lo *efectivo* es real, verdadero, frente a lo *eficiente*, que es algo capaz y ejecutivo, también efectivo, pero no necesariamente *justo*[3] Como afirma nuestro querido profesor Moreno Catena, la función jurisdiccional no solo debe solventar el conflicto en el caso concreto, sino también "(debe) enviar señales que prevengan el nacimiento de otros nuevos conflictos en el futuro"[4]. Ese mensaje aporta a la idea de justicia, no solo en el caso concreto que se le presenta al juzgador, sino para la colectividad que aspira a una sociedad igualitaria y justa. Esa aspiración también tiene (o debería tener) mucho que ver con la idea de felicidad. En este sentido, ahonda este autor afirmando que "la pregunta de fondo es ¿por qué surge la demanda de tutela jurisdiccional? Y, salvo excepciones, la respuesta es casi tautológica: Los conflictos nacen porque a alguien le ha compensado provocarlos. En otras palabras, y con matizaciones, alguien pensó que el beneficio esperado de ignorar o apropiarse de un derecho, incumplir un contrato, no adoptar precauciones y causar daños o, en general, de infringir una norma era inferior al coste de hacerlo. El concepto de valor esperado del Derecho (lo que dicen las normas, multiplicado por la probabilidad de su exigibilidad efectiva) es esencial para entender su funcionamiento y su efecto sobre las conductas de sus destinatarios"[5]. Como decimos, justicia y felicidad van de la mano, y el valor esperado del Derecho contribuye a ambos postulados.

Orts, Adela, "La manida palabra ética", *Revista Contrastes. Revista Internacional de Filosofía*, en www.uv.es/contrastes

[3] Según la RAE algo *justo* exige que se obre según justicia y razón, objetivo, neutral, ecuánime.

[4] Moreno Catena, Víctor, "La jurisdicción y el Poder Judicial", *Introducción al Derecho Procesal*, 11 Edición, Tirant lo Blanch (2021), pág. 52.

[5] Moreno Catena, Víctor, "La jurisdicción y el Poder Judicial", *Introducción al Derecho Procesal*, 11 Edición, Tirant lo Blanch (2021), pág. 52.

En estos términos, debemos analizar la función jurisdiccional en un contexto globalizador, sin fronteras para los negocios jurídicos o para la criminalidad, pero sí para la Justicia, es un gran caldo de cultivo para que el coste-oportunidad salga positivo en favor de la generación de conflictos, en marcos de posibles anomias y antinomias, que resolvemos en un marco nacional con repercusiones internacionales. Es probable, por ende, que en los próximos años cambie la naturaleza del conflicto, la naturaleza de las acciones y legitimaciones, así como las tipologías procesales, todo ello para que la respuesta jurisdiccional esté a la altura de estas nuevas circunstancias interdependientes y desbordantes de la potestad jurisdiccional de un único país. Pero también afectará (y mucho) al poder legislativo y ejecutivo, tanto en la gestación normativa como en su aplicación, presumimos que se transformarán para abordar esta nueva realidad. Veamos una aproximación a estas ideas desde la perspectiva de nuestra disciplina[6].

2. LA PROHIBICIÓN DE *NON LIQUET EN UN MUNDO INTERDEPENDIENTE Y GLOBALIZADO*

Percibimos que el paradigma político, social y cultural está cambiando[7]. En este marco de transformaciones, hemos tomado consciencia de lo obvio, a saber, que la naturaleza y los recursos naturales de nuestro planeta son bienes limitados. En esta línea, ya sabemos que es insostenible el modelo extractivo y productivo que mantiene nuestra vida, tal y como la hemos

---

6 *Vid.* mi trabajo, *La función jurisdiccional en tiempos de interdependencia y ecodependencia*, Tirant lo Blanch (2024).

7 Si Montesquieu *levantara la cabeza*, debemos preguntarnos si, con los elementos actuales, reformularía con alguna matización su teoría en el contexto del siglo XXI. Al fin y a la postre, el principal objetivo de la separación de poderes es la vida en democracia, es decir, una vida que garantice el ejercicio del voto a través de un sistema de mayorías, representaciones parlamentarias y en el ejecutivo que deben de respetar y velar por la limitación del poder sin límites, porque los derechos fundamentales se garanticen, bien limitando la intervención de los poderes públicos, privados, bien obligado a dicho poderes públicos a hacer que se garanticen positivamente que se realicen los derechos. En su *cara B* surge, entonces, la idea de responsabilidad del Estado por sus acciones y omisiones en el desarrollo real de la democracia resulta clave. El poder y la responsabilidad son las dos caras de los derechos fundamentales en democracia. En esta línea cabe preguntarnos si, el mercado y la *lex mercatoria* que impone normas a los Estados y gobiernos, desconfigura de alguna forma este equilibrio constitucional necesario que diseñó Montesquieu.

diseñado. Somos ecodependientes y este darse cuenta de ello nos empuja a lograr una transición hacia un modelo económico que integre como valor, no solo cuestiones crematísticas, sino también la calidad de vida de las personas en este planeta, es decir, integrar como valor un modelo *biocéntrico.* Este parámetro de cambio se sostiene sobre la premisa de acabar reconociendo, de alguna forma, que hay bienes de naturaleza común, no privativa, *bienes demaniales,* de pertenencia a la humanidad, y, por tanto, dichos elementos actuarán como límite a los propios poderes públicos y a la ciudadanía, al igual como ocurre con los derechos fundamentales[8]. Así se recoge en un gran acervo normativo internacional y nacional, con especial interés en la Resolución del Parlamento Europeo, de 9 de junio de 2021, sobre la Estrategia de la UE sobre la biodiversidad de aquí a 2030: Reintegrar la naturaleza en nuestras vidas 2020/2273(INI)[9]; una y otra vez, las Naciones Unidas nos exigen que los parlamentos, los gobiernos, los tribunales, el sector privado y la ciudadanía hagamos un esfuerzo por remar en la misma dirección hacia las transformaciones de nuestros paradigmas actuales periclitados, tal y como avala la ciencia[10].

---

8 Sobre la transición ecológica y la intervención activa del Estado *vid. Plan de Recuperación, Transformación y Resiliencia del Gobierno de España,* aprobado por Real Decreto-ley 36/2020, cuyo objetivo principal es impulsar la transformación de las cadenas de valor estratégicas del sector de los cuidados y la economía social, de forma multisectorial y transversal. La línea de transición ecológica la realizan a través de los derechos a la salud, los cuidados, territorio, energía, igualdad de oportunidades y de género, desarrollo del tejido empresarial y asociativo y también la ciencia.

9 Donde entre otras muchas cosas, urge a los Estados a modificar y actualizar la Directiva 2004/35/CE del Parlamento Europeo y del Consejo, de 21 de abril de 2004, sobre responsabilidad medioambiental en relación con la prevención y reparación de daños medioambientales (DO L 143 de 30.4.2004).

10 En este sentido encontramos el Convenio sobre el acceso a la información, la participación del público en la toma de decisiones y el acceso a la justicia en materia de medio ambiente, de 25 de junio de 1998, ratificado por España en 2005, la Conferencia de Naciones Unidas sobre el Desarrollo Sostenible junio 2012, donde se firmaron los Principios de la Declaración de Río sobre el Medio ambiente y su Desarrollo, Tratado de Paris firmado el 12 de diciembre de 2015 y entró en vigor el 4 de noviembre de 2016, la resolución de Naciones Unidas 48/13 del Consejo de derechos Humanos, de 8 de octubre de 2021 sobre "El derecho Humano a un medio ambiente limpio, saludable y sostenible (A/76/53/Add.1) que fue la antesala de la Resolución de Naciones Unidas de 28 de julio de 2022 que reconoce como derecho humano el derecho a disfrutar un medio ambiente sano y a una naturaleza que asegure la vida saludable y sostenible para las generaciones futuras (A/RES/76/300). Todo ello en el marco de la Adenda 2030 de las

Este cambio de modelo requiere ir acompañado de un cambio cultural, que profundice en el concepto de democracia, que visualice como parte neurálgica de ésta a las personas en su entorno vital y de la naturaleza. Necesitamos tomar distancia, pensar y consensuar democráticamente estos cambios que traen, con toda seguridad, un nuevo "contrato social" de naturaleza biocéntrica o ecocéntrica, que coloque la vida en el centro del debate jurídico, social, cultural, económico, etc., que vincule en sus compromisos a las personas, el Estado y el tejido asociativo y empresarial. Este nuevo "contrato social" se está fraguando a nivel jurídico entre un grueso de juristas importante a través de lo que se denomina "Una Constitución para la tierra"[11], que recoja valores, derechos y principios protectores de la vida de las personas y del plantea que habitamos, de forma supranacional, que recoja las nuevas transiciones hacia otro paradigma[12], que incorpore a la ecología[13]. Lo hemos visto recientemente con la aprobación de la Ley 19/2022, de 30 de septiembre, para el reconocimiento de la personalidad jurídica a la laguna del Mar Menor y su cuenca, aprobada por iniciativa legislativa popular, donde se ha convertido en sujeto titular de derechos subjetivos al planeta, algo novedosísimo en nuestra legislación[14].

Naciones Unidas aprobada en 2015. De estos documentos se deriva comúnmente que una obligación para los Estados que implica frenar ya en nuestra forma de consumo y de producción, en nuestro comportamiento vital y, por tanto, exige de los Estados una transformación de sus políticas, de su economía, de su cultura y educación de hábitos en la ciudadanía y tejido empresarial. De otra forma, habrá responsabilidad para el Estado por los daños de naturaleza sistémica, es decir, por los daños individuales producidos por no generar la Administración esos cambios sistémicos o estructurales a través de las normas que protegen esa zona, principalmente, pero no exclusivamente. Sobre los derechos de la naturaleza, véase muy interesante, el estudio "Puede la Naturaleza lograrlo? Estudio sobre los derechos de la naturaleza en el contexto europeo", realizado por el Parlamento Europeo consultado (24/02/2023): https://www.europarl.europa.eu/thinktank/es/document/IPOL_STU(2021)689328 *Vid.* Elena de Luis, *El derecho al medio ambiente,* Tirant lo Blanch 2020.

11 *Para una Constitución de la Tierra. La humanidad en la encrucijada,* Trotta, 2022.

12 "La aspiración más elevada: llamamiento a la acción en favor de los derechos humanos" presentado por el secretario General de la ONU al Consejo de derechos Humanos el 24 de febrero 2020 (pág. 12)

13 Según la RAE, el término ecología significa "Ciencia que estudia los seres vivos como habitantes de un medio, y las relaciones que mantienen entre sí y con el propio medio"

14 Martínez García, Elena "Nuevos usuarios, nuevos derechos, nuevas legitimaciones: La titularidad del ecosistema del Mar Menor en España", *Derecho del consumo y*

Lo mismo ocurre con las últimas legislaciones en materia de protección de animales[15]. O las regulaciones en favor de colectivos vulnerables, tales, como ancianos, menores, personas con discapacidad o discriminadas por su orientación sexual o de género, cuyos derechos y marcos normativos se han ganado en la calle, reivindicando siempre el pueblo frente al *status quo* del poder.

En el momento en el que vivimos, la economía tiñe todo tipo de decisiones, porque la eficiencia económica es el valor que domina el diseño del mundo que luego hacen los gobiernos, los legisladores, las empresas, o la propia judicatura. Todo ello con aparente libertad de elección en cada

---

protección del consumidor sustentable en la sociedad digital del siglo XXI, Ediciones Universidad Autónoma de Chile, 2023. Martínez García, Elena (Martínez Dalmau, Rubén/Pedro Bueno, Aurora), "La personalidad jurídica del Mar Menor", *Debates y perspectivas sobre los derechos de la naturaleza,* Pireo (2023).

15 Que los animales han pasado a ser sujetos de derechos se observa en la Ley 7/2023, de 28 de marzo, de protección de los derechos y el bienestar de los animales (BOE 7936/2023), la Ley 17/2021, de 15 de diciembre, de modificación del Código Civil, la Ley Hipotecaria y la Ley de Enjuiciamiento Civil, sobre el régimen jurídico de los animales (BOE 300 de 16 de diciembre). Véase el Código de Protección y Bienestar animal publicado por el BOE, que recoge y regula todas las formas de relación entre el hombre y los animales (alimentación, usos científicos, sanidad, seguridad, explotaciones. Igualmente es importante el giro que en esta materia ofrece el Proyecto de Ley de protección, derechos y bienestar de los animales 121/000117, de 12 de septiembre. Sobre los retos que presenta este tema véase Brage Cendán, Santiago, "¿Es necesaria una nueva reforma penal en el ámbito de los delitos de maltrato y abandono de animales?", Diario La Ley, Nº 9187, Sección Doctrina, 27 de abril de 2018, STS 229/2022, de 11 de marzo 2022, Rec. 2142/2020, con un voto particular interesante sobre la proporcionalidad entre el concepto de "sufrimiento animal" y "dolo" del comportamiento humano. En este mismo sentido la STS 1159/2020, de 20 de mayo Rec. 447/2019, de acorde con "un marco legal que ha desplazado la consideración patrimonial de los animales para focalizar el núcleo de la prohibición alrededor de conductas que generan sufrimiento", citando la SAP de Guadalajara 32/2020, de 12 de marzo Rc. 579/019, "El delito de maltrato animal vulnera un interés básico que consiste en el respeto a las obligaciones biológicas —bioéticas— que tiene el hombre con los animales y ello incluye el respeto medioambiental de que derivan las obligaciones aludidas". Se trata de una tendencia que acaba de empezar y que necesita madurar. Conceptos como "sufrimiento animal", "conductas sádicas", "abuso sexual animal" o el "reproche social" de estos hábitos, poco a poco se irán configurando en favor de la protección de los animales, domesticados o no, en un futuro. Recientemente, Cuerda, María Luisa, *De animales y normas. Protección animal y derecho sancionado,* Tirant lo Blanch, 2021.

una de nuestras acciones. Y esta conflictividad *maquillada* le llega a la judicatura. La carrera de los juzgadores se torna cada vez más exigente porque tienen que saber de toda la complejidad que existe ante conflictos aparentemente lineales y sencillos, en contextos supranacionales de averiguación de los hechos, con una vaguedad y técnica legal a menudo pobre... La libertad como pretexto, parafraseando al profesor Tomas Vives, no puede ser un límite para no generar condiciones materiales de igualdad[16]. Todo lo contrario, la libertad tiene límites y estos vienen impuestos por el resto de derechos fundamentales. También la igualdad del art. 14 CE, obligando a los poderes públicos a remover los obstáculos (derivados de la libertad), que impidan su realización plena.

La importancia de asumir el poder transformador de las sentencias en un mundo lleno de retos "glocales" (globales y locales al tiempo)[17] resulta evidente. La judicatura siempre va por delante en el abordaje de la realidad. Para estas personas titulares del Poder Judicial es difícil solucionar conflictos que afectan a personas sin normas concretas aplicables al caso sometido a su enjuiciamiento, pero por eso son titulares de un Poder del Estado y está sujetos a tan alta responsabilidad. La realidad estamos viendo que va a una velocidad inabarcable jurídicamente. Y este reto sólo acaba de empezar[18]. Pensemos que "tras la Justicia y la función jurisdiccional ya no hay nada más para dar esa tutela de derechos a la ciudadanía y dicha potestad es el medio para fiscalizar la actividad administrativa, desde la imparcialidad objetiva y subjetiva de los Jueces y Magistrados, individualizada en el caso concreto para tener sentido y resolver conflictos... Se crea derecho en un sentido auténtico de la expresión, (porque) la sentencia es la norma jurídica individualizada"[19], de conformidad con el contexto histórico y social en el que vivimos (art. 3 Código Civil) y de acuerdo con

---

16 Vives Antón, Tomás, *La libertad como pretexto*, Tirant lo Blanch (1995).

17 Sobre esta paradoja Discurso de António Guterres, *Secretario General* de las *Naciones Unidas. La aspiración más elevada. Llamamiento a la acción en favor de los derechos humanos (2020), con motivo del 75 Aniversario de las Naciones Unidas*

18 Discurso de António Guterres, *Secretario General* de las *Naciones Unidas. La aspiración más elevada. Llamamiento a la acción en favor de los derechos humanos (2020), con motivo del 75 Aniversario de las Naciones Unidas.*

19 Añade que "Las leyes son generales y abstractas por definición, el personal jurisdiccional debe de identificar el caso concreto, detectar particularidades y, de acuerdo con la metodología jurisdiccional, dar una respuesta adecuada, que muchas veces no es única, pero es verificable, lógica y fundamentada", Esparza Eibar, Iñaki, *Introducción al Derecho Procesal*, Tirant lo Blanch (2023), págs. 54-55

la Constitución, las leyes, los principios generales del derecho (art. 1.4 CC) y marco jurídico internacional al que nos hemos adherido (arts. 93 y 10.2 CE), entre otras muchas normas, la Carta de los Derechos Fundamentales de la Unión Europea, la Declaración Universal de los Derechos Humanos, o el Pacto Internacional de Derechos Económicos, Sociales y Culturales, que son el anclaje al que debemos sujetarnos para resolver muchos de estos futuros conflictos novedosos y complejos de resolver desde una perspectiva simplista y no holística y multinivel. La prohibición de *non liquet* (art. 1.7 CC) en un mundo globalizado va a tomar cierta probabilidad e intensidad, seguramente.

3. NUEVOS DERECHOS EN TIEMPOS DE ANOMIA: ¿CUÁL ES EL LÍMITE DE LA CREACIÓN JUDICIAL?

Desde hace años se va fraguando a nivel global un movimiento político, jurídico y social que reivindica un cambio de paradigma que supere el androantropocentrismo y que avance hacia parámetros biocéntricos, dejando a un lado una visión del planeta basada en concebir al hombre como el centro de esta cosmovisión, transitando hacia un sistema donde la vida (personas, animales, naturaleza) deben de hilvanar una nueva forma del mundo. Los derechos de las futuras generaciones comienzan a ser un elemento de debate jurídico[20], que es importante para entender el sentido de este trabajo. Esos cambios vienen propiciados desde las propias Naciones Unidas.

La *Earth Jurisprudence*, enmarcada en lo que las Naciones Unidas han diseñado en el Programa Harmony with Nature[21] (aprobado en Asamblea General de 22 de abril de 2009), se refiere a lo que viene denominándose

---

20 Castañón del Valle, Manuel, "La protección jurídico medioambiental de las generaciones futuras", Diario la Ley núm. 10232, de 20 de febrero de 2023; Richard P. Hiskes, *Human Right to a Green Future - Environmental Rights and Intergenerational Justice* (Cambridge University Press, 2009, repr. 2014), at págs. 26-47.

21 http://www.harmonywithnatureun.org/ Año tras año se ha ido actualizando esete pronunciamiento hasta llegar a 75th sesión de la Asamblea general de la ONU de 20 diciembre de 2020 donde se adoptó la Resolucion on Harmony with Nature (A/RES/75/220). Igualmente, el Convenio sobre Diversidad Biológica posterior a 2020 (Borrador) CBD/WG2020/2/3 de 6 de enero 2020 de Naciones Unidas. Lamentablemente sin aprobar a día de hoy, pandemia mediante. Hoy se encuentra en sus últimas fases de actualización tras su última reunión WG2020/4, 21-26 de junio de 2022, (Nairobi, Kenia).

la "teoría del cambio", que exige a los Gobiernos y sociedades que establezcan sus prioridades y asignen recursos financieros y de otro tipo, que aspiren a internalizar el valor de la naturaleza y el coste futuro de no tomar medidas[22]. En este mismo sentido, apunta por ejemplo la importantísima Resolución de Naciones Unidas de 28 de julio de 2022, que reconoce por primera vez como *derecho humano*, el derecho a disfrutar un medio ambiente sano y a una naturaleza que asegure la vida saludable y sostenible para las generaciones futuras[23].

Este cambio de paradigma hacia los nuevos derechos humanos se inició, primero, con la apertura hacia un plano legal de los denominados dere-

---

22 A tal fin afirman que, "para lograr ese cambio alcanzar la igualdad de género, empoderamiento de las mujeres, jóvenes, enfoques sensibles a cuestiones de género, participación plena y efectiva de pueblos indígenas y comunidades locales en la implementación de este marco... A través de la colaboración de muchas organizaciones a nivel mundial, nacional y local a fin d generar impulso. Se implementará con un enfoque basado en derechos y reconociendo el principio de equidad intergeneracional", véase la Resolución del Parlamento Europeo, de 9 de junio de 2021, sobre la Estrategia de la UE sobre la biodiversidad de aquí a 2030: Reintegrar la naturaleza en nuestras vidas 2020/2273(INI), Convenio sobre Diversidad Biológica posterior a 2020 (Borrador), pág. 7. Así se afirma en la Agenda 2030 de las Naciones Unidas. Vivir acorde a estos parámetros es una obligación moral, urgente y un mandato internacional, como veremos. De aprobarse este documento, conllevará fuertes limitaciones en la forma de comercio y economía clásica, así como una determinante introducción de la perspectiva de género en todos los cambios. Igualmente sobre esta teoría del cambio véase *Estrategias mundiales del sector de la salud contra el VIH, las hepatitis víricas y las infecciones de transmisión sexual para el periodo 2022-2030*, Organización Mundial de la Salud 2022, y sobre los derechos de la naturaleza, véase muy interesante, el estudio "Puede la Naturaleza lograrlo? Estudio sobre los derechos de la naturaleza en el contexto europeo", realizado por el Parlamento Europeo consultado (24/02/2023): https://www.europarl.europa.eu/thinktank/es/document/IPOL_STU(2021)689328

23 Más recientemente, la Recomendación del Comité de Ministros del Consejo de Europa para considerar la protección del medioambiente como derecho humano aprobado el 22 de septiembre de 2022 (CM/Rec (2022)20, donde se recomienda revisar la legislación nacional y la práctica, a fin de respetar el derecho internacional medioambiental, los derechos de la CEDH, la Carta social Europea en relación al medioambiente, asegurando el derecho de acceso a la justicia en la materia, implementando las políticas necesarias para hacerlo una realidad en la sociedad civil, en para las instituciones destinadas a proteger los derechos humanos, empresas, stakeholders, grupos de personas, comunidades, ciudades etc.

chos de los animales —hoy sin duda regulados en nuestra legislación[24]—, lo que ya entonces generó esa ruptura de esquemas, porque hasta ahora solo el hombre era titular de derechos y digno de defensa y tutela por los tribunales[25]. "En definitiva, los derechos son constructos humanos que han ido evolucionando con el tiempo y que pueden considerarse jurídicamente como tales, cuando de ellos se desprenden consecuencias jurídicas. Por lo tanto, (...) el concepto sujeto de derechos en sentido jurídico, no se refiere solo a una relación ética o moral, sino objetiva y productora de consecuencias jurídicas. Quien sea el sujeto beneficiado de la protección jurídica corresponde definirlo al derecho"[26]. Así es, desde mi concreta visión, coincido con este autor en insistir en la idea de que corresponde a

---

24 Que los animales han pasado a ser sujetos de derechos se observa en la Ley 17/2021, de 15 de diciembre, de modificación del Código Civil, la Ley Hipotecaria y la Ley de Enjuiciamiento Civil, sobre el régimen jurídico de los animales (BOE 300 de 16 de diciembre). Véase el Código de Protección y Bienestar animal publicado por el BOE, que recoge y regula todas las formas de relación entre el hombre y los animales (alimentación, usos científicos, sanidad, seguridad, explotaciones. Igualmente es importante el giro que en esta materia ofrece el Proyecto de Ley de protección, derechos y bienestar de los animales 121/000117, de 12 de septiembre. También, Santiago Bernardo BRAGE CENDÁN ¿Es necesaria una nueva reforma penal en el ámbito de los delitos de maltrato y abandono de animales? Diario La Ley, Nº 9187, Sección Doctrina, 27 de abril de 2018, Editorial Wolters Kluwer

25 Este paso se pudo dar porque antes se dotó de capacidad legal y procesal a personas físicas sin capacidad intelectual suficiente y personas jurídicas que, igualmente, necesitaban de dicha complementación. También hoy el mar menor como se ha visto *supra.*

26 Martínez Dalmau, Rubén, *op. cit.*, pp 21 y 22. En esta misma línea transformadora, el profesor Luiggi Ferrajoli probablemente pase a la Historia por ser uno de los importantes juristas visionarios de los grandes retos y cambios a los que se enfrenta en mundo, hitos a los que el Derecho y los juristas debemos urgentemente abordar, unas veces haciendo y otras dejando de hacer. Como profesor de filosofía del derecho, ha sabido perfectamente transmitirnos la esencia de la democracia y de los derechos fundamentales, en una sociedad compleja donde para *realizar* o dar cuerpo real a la palabra *democracia*, propone dar un paso más allá y actualizar —de acuerdo con el mundo que se está pergeñando— las bases de la separación de poderes, proteger los denominados *bienes fundamentales,* tomar consciencia de la necesidad de acudir a lo supranacional a través de una Constitución para la Tierra. Estos derechos y bienes fundamentales son, según este autor, no sólo límites a la democracia sino la sustancia de la misma. *Derechos y Garantías: La democracia a través de los derechos,* Trotta 2014, *Poderes salvajes. La crisis de la democracia constitucional,* Trotta 2011 y *Para una Constitución de la Tierra. La humanidad en la encrucijada,* Trotta, 2022.

la ley definir quién y cómo se debe regular esta manera de reconstruir la sociedad y el orden jurídico, porque saltarnos la ley es tanto como acabar con el principio de separación de poderes y la garantía de imparcialidad objetiva y subjetiva[27]. Y en esta construcción, sabemos que muy a menudo la Jurisprudencia va por delante del legislador, es decir, la ley que surge de los Parlamentos es fruto de una andadura previa que normalmente nace en reivindicaciones en la ciudadanía, llega a la práctica de los tribunales y que luego *a posteriori* acaba desarrollando el legislador. Esto es así, y corresponde a la práctica judicial dar soluciones novedosas aplicando marcos normativos superiores derivados del derecho internacional de los derechos humanos (que es derecho obligatorio para los Estados firmantes y que daría una respuesta *legal* a muchas de las anomias y antinomias que arrojan los marcos legales nacionales, especialmente importante en estas materias que evolucionan a tal velocidad).

Aquí encontramos un viejo y conocido tema como es la delimitación no invasiva entre los poderes ejecutivo, legislativo y judicial. ¿Ante una anomia dónde está el límite de creación judicial del derecho para no invadir la potestad discrecional de la administración pública, por ejemplo? En España los adalides de este importante tema en torno a labor interpretativa de los juzgadores son los profesores Atienza y García Amado[28]. Sin entrar en esta polémica en tan corto espacio de reflexión, en mi opinión como procesalista, el punto más importante a meditar versa sobre la exigibilidad de los derechos humanos como derecho positivo a aplicar ante una anomia que se da al resolver en el caso concreto presentando ante la judicatura. Es decir, recurrir a los valores *normativizados* de los tratados internacionales es obligatorio y los mismos producen eficacia erga omnes para los Estados firmantes. Sobre estos aspectos Maria José Añón desarrolla ampliamente estos rasgos vinculantes para los Estados, a menudo olvidados en nuestras sentencias, con especial incidencia en los tiempos de crisis[29]. El "sistema

---

27 *Poderes salvajes, op. cit.* pág. 37

28 Entre otras muchas, Atienza, Manuel, *Filosofía del Derecho y transformación social,* Trotta (2017) y García Amado, Juan Antonio, "Interpretar, argumentar, decidir", *El juez y la cultura contemporánea* (coord. Por Faustino Gutiérrez-Alviz y Conradi, Javier Martínez Lázaro), Vol. 3 (2009).

29 "Human rights obligations, especially, in times of crisis", The Age of Human Rights Journal, 17 (December 2021) págs. 1-26. Igualmente, Jorge Cardona Llorens, "Hacia la configuración de un "sistema" de protección de los derechos humanos de las Naciones Unidas", Cursos de derecho internacional y relaciones internacionales de Vitoria-Gasteiz Nº. 1, 2015, págs. 135-172

de protección de los derechos humanos" hace que se integre dentro del acervo normativo, no solo, los textos del acuerdo internacional y sus protocolos, sino también las opiniones de los Observadores Generales de los Comités específicos de Naciones Unidas, que entienden cómo debe desarrollarse en un caso concreto el acuerdo internacional en cuestión. Por tanto, para la resolución de las anomias, la judicatura cuenta con un acervo normativo multinivel que suele ser mucho más extenso de lo que a menudo vemos en las sentencias dictadas en el ámbito nacional.

En un entorno de evolución contante de los derechos humanos, revolución tecnológica y emergencia climática, va a ser frecuente encontrarnos con normas vagas que no generan la seguridad jurídica suficiente para resolver conflictos y asegurar la paz social. En este sentido, nos atrevemos a aventurar que un cada vez mayor aplicación de la Carta Social Europea de 3 de mayo de 1996 y el Pacto internacional de derechos económicos, sociales y culturales de 3 de enero de 1976, porque ofrece muchas respuestas en torno a los derechos sociales de las personas, a su justiciabilidad y a su dignidad, especialmente en contextos disruptivos. Estos derechos se encuentran en evolución y concreción de sus contenidos y obligaciones, de hecho, recientemente se ha incorporado los derechos ambientales a dicho elenco, ante el nuevo horizonte que tienen ante sí las personas y su vida en democracia. Valga como ejemplo, la reciente creación del derecho humano al medio ambiente saludable y limpio (citada supra)[30], no solo es

---

30 Ejemplo de los que decimos aparece, entre otras muchas, en la Sentencia del Tribunal Europeo de Derechos Humanos Paulov vs Rusia de 11 de octubre de 2022, que a partir del art. 8 del CEDH sobre el derecho a la vida privada, se deduce en un voto particular la creación de un "subderecho", entendido "como un derecho humano implícito o emergente de carácter medioambiental" (págs. 36-37), de no considerarlo así, continua la sentencia "un aspecto del derecho a la vida privada se perdería, completamente desprotegido, y en peligro por los riesgos medioambientales. Por esta razón, este subderecho o derecho indirectamente derivado de la efectividad de la norma es extremadamente importante para la protección del medioambiente" (pág. 37)"Pfo. 13. Debe aclararse que, al ampliarse para proteger el derecho en cuestión (a una vida privada) de riesgos presentes y futuros, la norma de efectividad y el derecho en cuestión siguen siendo los mismos. La ampliación de la norma de efectividad para proteger el derecho a no sufrir contaminación, ruido y otros problemas medioambientales también debe examinarse a la luz del Derecho internacional y puede verse influida por el avance de la conciencia medioambiental en Europa y en todo el mundo, que es un valor de civilización estrechamente vinculado al respeto de la dignidad humana. Y la dignidad sustenta todos los derechos humanos, incluido, por supuesto, el artículo 8." (págs. 37 y 38).

un derecho que afecta a la salud y a la vida privada, sino al planeta y a las futuras generaciones en su forma de vida, trabajo, vivienda, acceso a servicios básicos como agua o salud o en el acceso a la propia justicia[31].

4. DECIDIR SOBRE LO NUEVO, DERECHOS SOCIALES Y DERECHOS DE SOLIDARIDAD

Así lo viene afirmando la Agencia Europea de Derechos Fundamentales (FRA). Ésta ha creado un marco de protección de los derechos fundamentales aplicado al mercado y al modelo económico actual, conocedora del poder casi absoluto que éste tiene en nuestras vidas y consciente de que diseña el mundo a través del comercio y poderes financieros, a partir de ahí, la FRA reivindica que los derechos humanos deben de ser límite a los mismos, porque la naturaleza de la democracia y la esencia de los derechos humanos así lo exigen[32].

---

31 Afortunadamente con este enfoque holístico, entre tanto, tenemos la Resolución *2021 Council of Europe Parliamentary Assembly Resolution No 2396 (Anchoring the right to a healthy environment: need for enhanced action by the Council of Europe) 29 September 2021* y el posterior desarrollo de la Recomendación del Comité de Ministros del Consejo de Europa para considerar la protección del medioambiente como derecho humano aprobado el 22 de septiembre de 2022 (CM/Rec (2022)20, donde se recomienda revisar la legislación nacional y la práctica destinado a respetar el derecho internacional medioambiental, a respetar los derechos de la CEDH, la Carta social Europea en relación al medioambiente, asegurando el derecho de acceso a la justicia en la materia, implementando las políticas necesarias para hacerlo una realidad en la sociedad civil, en para las instituciones destinadas a proteger los derechos humanos, empresas, stakeholders, grupos de personas, comunidades, ciudades etc.

32 https://fra.europa.eu/es/themes/business-and-human-rights contiene dos documentos muy interesantes sobre este tema. El primero Bussiness and Huma rights: Access to remedy (FRA 2020) y Fredom to conduct a bussiness: Exploring the dimensions of a fundamental right (FRA 2015). Un año antes, las Naciones Unidas creaban el documento "Principios rectores relativos a las evaluaciones de los efectos de las reformas económicas en los derechos humanos. Informe del Experto Independiente sobre las consecuencias de la deuda externa y las obligaciones financieras internacionales conexas de los Estados para el pleno goce de todos los derechos humanos, sobre todo los derechos económicos, sociales y culturales, Consejo de Derechos Humanos 40° período de sesiones 25 de febrero a 22 de marzo de 2019", que establecía límites a la libertad de mercado para los Estados, con obligaciones positivas y negativas para éstos, a fin de salvaguardar los derechos humanos.

Para este nuevo marco de novedades, vamos a seguir usando las herramientas clásicas para la tutela judicial efectiva. Ahora más que nunca el Estado Social, Democrático y de Derecho debe imponer su sentido, método para resolver estos nuevos conflictos y lograr la paz social en un mundo global y conectado, con el fin de que generar conflictos no salga ventajoso, parafraseando al profesor Moreno Catena.

4.1. Las garantías primarias y secundarias de los derechos como objeto de tutela por la judicatura

En este nuevo escenario habrá cosas que ya no es lícito decidir por mayorías, porque afecta a derechos y garantías fundamentales[33]. Como afirma Ferrajoli, "hay una esfera de lo indecidible"[34], es decir, los derechos de libertad (o derecho de abstención del Estado) y los derechos sociales (o derecho positivos que implican la acción del Estado para garantizarlos) marcados por la Constitución, son límites para los poderes públicos y para las personas, y vinculan a los poderes públicos, no solo en la forma de generar normas, sino en sus contenidos. "De este modo, política y mercado (...) forman la *esfera de lo decidible*, rígidamente delimitadas por *la esfera de lo indecidible* integrada por el conjunto de derechos fundamentales"[35]. Ambas esferas son inseparables desde la perspectiva constitucional[36].

Estas garantías de un derecho fundamental son complejas y variadas. Ferrajoli las define en dos grupos y ambos integran siempre el derecho fundamental. En primer lugar, existen las *garantías primarias* de los derechos fundamentales que consisten en las prohibiciones de hacer (en *los derechos de libertad o status libertatis*), por lo que actúan a modo de *garantías negativas* para que los derechos no sean lesionados por otros[37]; junto a ellas, existen

---

33 Todorov, Tzvetan, "Los enemigos íntimos de la democracia", Galaxia Gutenberg, 2012. En este mismo sentido, véase el discurso del secretario General de las Naciones Unidas para el 75 aniversario de las mimas, "La aspiración más elevada: llamamiento a la acción en favor de los derechos humanos", *op. cit supra.*, pág. 9.

34 *Poderes Salvajes, op. cit.*, pág. 29

35 *Poderes salvajes, op. cit.*, pág. 34

36 "En este sentido el garantismo, tomado en sus cuatro dimensiones —político, civil, liberal y social, según las clases de derechos garantizados— puede muy bien ser considerado como la otra cara del constitucionalismo y como el presupuesto jurídico de la efectividad de la democracia", *Poderes salvajes, op. cit.*, pág. 36

37 Su ausencia da lugar a *antinomias*. Junto a estas, existen garantías primarias que contienen obligaciones de hacer (en *los derechos sociales* o *status positivus socialis*)

garantías positivas que exigen prestaciones activas de otros para no ser lesionados dichos derechos[38]. En segundo lugar, este autor citado denomina *garantías secundarias* a *las garantías de proteccionabilidad o justiciabilidad*, es decir, el derecho a la tutela judicial efectiva de nuestro art. 24 CE (lo que constituyen los derechos derivados de su *status activus procesualis)*[39]:

(a) Cuando un juzgador opere para evitar o reparar una violación de un derecho y sus garantías dañadas, está abordando lo que Ferrajoli denomina como *antinomia*. Éstas serán ser resueltas directamente por la función jurisdiccional.

(b) Sin embargo, cuando éste mismo juzgador aborde la inexistencia de una regulación de éstos derechos o sus garantías se genera lo que se denomina una *anomia*, por encontrar contenidos y límites difusos, no recogidos por las normas (*laguna*) y, dado que la tutela judicial debe cumplir la obligación del *non liquet*, la persona juzgadora debe de abordar que se revise, remueva y proteja de la manera que considere más acorde a su pro-

---

38 Es decir, su ausencia da lugar a *lagunas*.

39 Así lo reconocen las Naciones Unidas cuando exige a los Estados, a través de la función jurisdiccional que aseguren los derechos humanos de la ciudadanía, cuando afirma que "Los Estados deben velar por que el acceso a la justicia y el derecho a un recurso efectivo estén garantizados, mediante mecanismos judiciales, cuasijudiciales, administrativos y políticos, con respecto a las acciones y omisiones en la preparación y/o la aplicación de políticas de reforma económica que puedan menoscabar los derechos humanos. Los Estados deberían velar por que la población esté plenamente informada de los procedimientos, los mecanismos y los recursos de que dispone y porque esos mecanismos sean física y económicamente accesibles para todos. (21.1) El derecho a un recurso efectivo incluye reparaciones y garantías de no repetición. Un poder judicial independiente, bien financiado y proactivo es esencial tanto para evitar que las reformas económicas perjudiquen a los derechos humanos como para proporcionar recursos efectivos en caso de que se produzca un daño. Las evaluaciones de los efectos en los derechos humanos pueden servir para asegurar que haya procedimientos de rendición de cuentas y mecanismos exigiendo opciones de políticas claramente articuladas y justificadas que se hayan preparado mediante la participación inclusiva de la población potencialmente afectada", en "Principios rectores relativos a las evaluaciones de los efectos de las reformas económicas en los derechos humanos. Informe del Experto Independiente sobre las consecuencias de la deuda externa y las obligaciones financieras internacionales conexas de los Estados para el pleno goce de todos los derechos humanos, sobre todo los derechos económicos, sociales y culturales, Consejo de Derechos Humanos 40º período de sesiones 25 de febrero a 22 de marzo de 2019", pág. 24.

tección[40]. Éstas lagunas deben ser señaladas por la judicatura, que deberá ordenar a la Administración y el Poder legislativo, con el fin de que se supla ese déficit (por eso este autor les denomina derechos y garantías débiles, aunque no por ello dejan de tener la consideración de derecho fundamental y de ser parte de la democracia, se refiere a la educación, asistencia sanitaria, seguridad social y otros semejantes)[41].

4.2. La evolución de los derechos humanos hacia los derechos de solidaridad

En resumen, conviene no olvidar que la *primera generación de derechos humanos* nació con una "matriz ideológica individualista", que con el tiempo sufriría una erosión e impugnación fruto de las luchas y reivindicaciones sociales del siglo XIX, de donde nacerían los derechos humanos económicos, sociales y culturales (o *derechos de segunda generación*). Los primeros defienden la *libertad* del individuo; los segundos, *la igualdad*[42]. Ello hizo transitar el denominado Estado liberal de Derecho al Estado social de Derecho[43]. En este camino evolutivo e histórico, los derechos humanos hoy, como es razonable, tienen nuevas características y se abre paso una tercera generación de derechos humanos complementaria de las fases anteriores, como "respuesta a la "contaminación de las libertades", (dada) la erosión y degradación que aqueja a los derechos fundamentales ante determinados usos de nuevas tecnologías"[44]. Estos derechos de tercera generación defienden la *solidaridad,* frente a los excesos a los que nos ha llevado la liber-

---

40 Poderes salvajes, *op. cit.* págs. 39 y 40.

41 Ferrajoli, Luiggi, *La democracia a través de los derechos,* Trotta, 2014, págs. 70-72.

42 Pérez Luño, Antonio-Enrique, "La concepción generacional de los derechos fundamentales", *El Juez y la Cultura jurídica conteporánea, Tomo I, La tercera Generación de derechos fundamentales, op. cit.*, pág. 24.

43 No es extraño que esta idea la acuñara una mujer Beatrice Webb, junto a su marido Sidney Webb. Se les atribuye la creación de la idea de red pública de protección desde el nacimiento hasta la muerte, *vid.* The Minority Report (1908)

44 Pérez Luño, Antonio-Enrique, "La concepción generacional de los derechos fundamentales", *El Juez y la Cultura jurídica conteporánea, Tomo I, La tercera Generaciónde derechos fundamentales, op. cit.*, pág. 25.

tad, el mercado y la tecnología Siguiendo al citado autor[45], existen rasgos diferenciales de los derechos de tercera generación[46].

Bastan estas palabras de Pérez Luño para entender el cambio de paradigma ante el que nos encontramos en el binomio ciudadano-tecnología, a donde la solidaridad y el altruismo son elementos nuevos a integrar el concepto de estados social y democrático del derecho. La naturaleza que da soporte a este modelo de vida se está agotando y, se mantiene sobre la base de agotar recursos que pertenecen al imaginario colectivo (naturaleza y vida sostenibles en el futuro), por esta razón debemos autolimitarnos en la producción y consumo y transformar nuestros hábitos en un sistema próspero que permita el futuro de las próximas generaciones[47]. A esto nos referimos cuando hablamos de los *derechos de solidaridad*. Todas las personas tienen derecho al progreso y a salir de la pobreza y parece que el sistema actual no pude dar satisfacción a todo el mundo de forma equitativa, con la peculiaridad de que los países pobres nos permiten a los ricos mantener este ritmo frenético de extracción, producción y consumo[48]. Ello es incompatible con el tenor literal de los derechos sociales establecidos en

---

45 Véase PÉREZ Luño, Antonio-Enrique, "La concepción generacional de los derechos fundamentales", *El Juez y la Cultura jurídica conteporánea, Tomo I, La tercera Generaciónde derechos fundamentales, op. cit.*, pág. 29-40.

46 A sabiendas de lo desafortunada que resulta esta expresión por ser "conceptualmente incompatible con los postulados teóricos y metodológicos de la ciencia jurídica", "debido a la debilidad e impresión de los instrumentos de garantía requeridos para dotarlos de vigencia, (...) diluidas en un horizonte de indeterminación, que se extiende a instancias internacionales y estatales, gubernamentales y no gubernamentales Esta circunstancia gravita sobre la exigibilidad judicial de estas categorías, comprometiendo gravemente su status normativo" PÉREZ Luño, Antonio-Enrique, "La concepción generacional de los derechos fundamentales", *El Juez y la Cultura jurídica conteporánea, Tomo I, La tercera Generación de derechos fundamentales, op. cit.*, pág. 30.

47 El motivo por el que la mayoría de los economistas no captan el problema y no entienden la situación actual —según Rifkin—, es porque "toda actividad económica consiste en un préstamo de la energía y los recursos naturales de la naturaleza"; por esta razón hoy se habla de limitar *los poderes salvajes del mercado,* que se nutren o perviven del extractivismo de la naturaleza. *Vid.* Lastra Lastra, Jose Manuel, Recensión a la obra de Rifkin sobre la Tercera Revolución Industrial (Paidós 2011), en *Boletín Mexicano de Derecho Comparado,* año XLIX, núm. 150, septiembre-diciembre 2017, págs. 1460-1461.

48 Sin embargo, ahora imponemos a los países en vías de desarrollo, que para salir de la pobreza cumplan estándares medioambientales que nosotros, los países ricos, nunca cumplimos.

el Pacto Internacional de Derechos Económicos, Sociales y Culturales y su desarrollo.

Para poder superar estas trabas, Ferrajoli apuesta por ir más allá y valorar el desarrollo de un "Constitucionalismo de los mercados" o lo que es lo mismo, integrar una perspectiva del estado de derecho en relación con cuestiones económicas y poder económico, es decir un constitucionalismo de derecho privado[49]. En puridad, afirma este autor, hay una extraestatalidad de las relaciones privadas y de la creación de sus reglas al margen del Estado y de la *res pública*[50], que requieren de una renovada alianza entre el poder legislativo y el judicial que "construyan un constitucionalismo global"[51]. Este es el nuevo contrato social al que nos venimos refiriendo.

Entre tanto las controversias y contradicciones que nos envía el mercado no cesan. El legislador va muy por detrás y la IA nos va a poner en limites democráticos inimaginables. Observemos que, a su vez, el poder tecnológico está al servicio del poder económico[52]. Necesariamente, y debido a la prohibición de *non liquet* o de abstenerse de resolver por no haber norma jurídica en vigor, éste va a tener que decidir *sobre lo nuevo.* Urge, entonces, que el legislador plasme principios básicos sobre las nuevas relaciones jurídicas[53], que pergeñen un marco que permita al Juez moverse con seguridad en la ley, proceda a aplicarlos y hacerlos una realidad en el caso concreto. Eso es proteger la Constitución de forma global por todos los Jueces y Magistrados. En este sentido, la función jurisdiccional, es reordenar que la política de los Estados en materia de derechos (a través de la

---

49 Ferrajoli, Luiggi, *Por una Constitución de la tierra, op. cit.*, pág. 93.

50 Rodotà Stefano, *El derecho a tener derechos,* Trotta, (2014), pág. 69

51 Rodotà, *op. cit.*, pág. 70

52 Ferrajoli, Luiggi, *Por una Constitución de la tierra, op. cit.*, pág. 99.

53 Así se observa que se ha llevado a cabo a partir de la aprobación del Reglamento relativo al Mecanismo de Recuperación y Resiliencia del Parlamento Europeo y Consejo de diciembre de 2021/241, de 12 de febrero, cuando a partir de ahí se aprueba la Comunicación de la Comisión. Guía técnica sobre la aplicación del principio "no causar perjuicio significativo" en virtud del citado Reglamento (DOUE núm. 58, de 18 de febrero de 2021), donde de una manera muy didáctica y práctica explica las diferentes situaciones con las que se pueden encontrar jueces o administración a la hora de aplicar el Reglamente, aportando los parámetros valorativos de solución de la infinidad de problemas aplicativos que puede tener una norma marco como esta. Consideramos que, a partir de ahora, la complejidad de los conflictos, su transversalidad, su carácter tecnológico, sus implicaciones éticas y supranacionales van a requerir de determinadas guías interpretativas que den soporte a las decisiones inimaginables que deberán adoptar los jueces.

protección de su ciudadanía) para que siempre prevalezca sobre los poderes económicos y financieros. En puridad, aplicar la Constitución española es conseguir esto que decimos, porque de otra forma se vacía de derecho público, de ahí que se proponga un constitucionalismo de derecho privado[54].

Pero no hay que inventar la rueda. Los tratados internacionales sobre derechos humanos son derecho internacional vinculante para los Estados firmantes. No son meras declaraciones morales *de lege ferenda*. Son derecho positivo, normativo y vinculante erga omnes. Simplemente es que las obligaciones positivas y negativas que les caracteriza o les integran, a menudo no vienen bien delimitadas porque están en proceso de constante cambio y evolución, como venimos afirmando. Por tanto, la responsabilidad del Estado, también en su faceta de Estado-Juez, es clara en caso de resolver administrativamente o judicialmente sin mirar a los derechos humanos.

5. CONCLUSIÓN

Necesitamos tener una perspectiva planetaria del momento en que vivimos, donde las personas y el planeta son las claves para invertir la cúpula de relaciones de poder que parecen no dejar futuro a la vida. El planeta, siempre existirá y nos sobrevivirá, aunque nos extingamos como civilización. Se entiende, entonces, la propuesta de Ferrajoli destinada a crear una Constitución para la Tierra[55].

---

54 Un documento básico que he analizado para entender los retos de la función jurisdiccional para el siglo XXI es el relativo a los "Principios rectores relativos a las evaluaciones de los efectos de las reformas económicas en los derechos humanos Informe del Experto Independiente sobre las consecuencias de la deuda externa y las obligaciones financieras internacionales conexas de los Estados para el pleno goce de todos los derechos humanos, sobre todo los derechos económicos, sociales y culturales", Consejo de Derechos Humanos 40º período de sesiones 25 de febrero a 22 de marzo de 2019 (A/HRC/40/57)

55 Se dice que no hemos conseguido crear una identidad europea. Pues bien, comenzar por aquí, por reconocer lo que sí podemos hacer por la vida y el planeta podría ser un buen hilo conductor seamos jueces, fiscales, letrados o cualquiera que sea nuestra profesión, en este gran sumatorio que integran los conceptos de "vida" y la "democracia". Este pacto social es lo que el profesor Ferrajoli denomina *Una Constitución para la Tierra.* Una Constitución para la Tierra, requiere repensar el contrato social que queremos "firmar" la ciudadanía; este contrato social es —metafóricamente hablando— el pegamento que une a las personas a las institu-

Se precisa de un cambio de paradigma que genere una nueva Constitución o constitucionalismo, una nueva economía y un nuevo entramado jurídico. Un nuevo contrato social que admita como prioridad preservar la democracia y el futuro de las próximas generaciones[56]. "...Semejante vacío de derecho público en una sociedad global cada vez más frágil, transparente e interdependiente, no es sostenible a la larga sin avanzar hacia un futuro de guerras y violencias capaces de arrollar a nuestras democracias"[57]. Urge que nuestra judicatura se comprometa concienzudamente en el ejercicio de la función jurisdiccional para —en este nuevo contexto— haga todo lo que pueda hacer en este sentido, bien protegiendo directa y activamente a la ciudadanía que le pide la tutela de sus derechos e intereses, o bien apuntando a través de sus sentencias a quien debería protegerla, a saber, al poder ejecutivo y al legislativo; sin lugar a dudas, cumpliendo siempre los límites de la propia función jurisdiccional y resolviendo bajo el respeto de la potestad discrecional de la administración pública y los que conlleva el ejercicio de la soberanía del Parlamento. Es decir, si bien no será lícito que la judicatura le diga a la Administración o al Parlamento *lo que debe hacer*, sí lo será por el contrario, que le *señale los espacios de anomia a las que debe de entrar para que la tutela de los derechos e intereses de las personas sea garantizada con justicia.*

Pero no debemos sucumbir en esta nueva era a la tentación de introducir parámetros ideológicos en la función jurisdiccional. En ningún caso. Nuestra aspiración es normativista, y que el juez aplique la Ley de forma razonada expresando su íntima convicción judicial (art. 120 CE) y ante lagunas o anomias, no puede dar saltos al vacío porque "en definitiva, todas las Declaraciones y Convenios internacionales reconocen derechos fundamentales con las consiguientes garantías para los seres humanos por el hecho de serlo, con independencia de su condición, que han de servir no

---

ciones. Si este reconocimiento de mi ser como ciudadano no comulga con lo que es el Estado como res pública, la distancia deja espacios para los populismos y los engaños

56 La propia hoja de ruta del Ministerio de Justicia así lo afirma cuando dice "La gestión de esa conflictividad debe desembocar en el aumento de la cohesión social. Que nadie se quede atrás y que la resolución de estos conflictos se haga desde el diálogo y el acuerdo entre las partes en conflicto, en lo posible, sin necesidad de acudir a los tribunales. Es función del Servicio Público de Justicia incorporar nuevos instrumentos para la resolución de sus conflictos para salir de la crisis como una sociedad más cohesionada, resiliente y Fortalecer el contrato social" www.justicia2030.es en su apartado "Punto de Partida".

57 Ferrajoli, Luiggi, Por una Constitución de la tierra, *op. cit.*, pág. 103.

solo de guía y pauta al tiempo de interpretar y aplicar cualquier ordenamiento jurídico, sino de paradigma legal para la decisión judicial. (...) No son solo meros criterios éticos, políticos y sociales desprovistos de sanción jurídica, sino auténticos cuerpos normativos de proyección universal y cuya fuerza de obligar son los jueces quienes la tienen que fijar al momento de dirimir la cuestión litigiosa"[58]. Por esta razón, estos marcos normativos internacionales, cada vez más frecuentemente, incorporan la responsabilidad del estado por falta de diligencia exigible en la prevención y protección de estos intereses y valores inspiradores de estos marcos normativos[59]. Se trata del deber de precaución de las administraciones públicas[60]. El ejemplo más claro, según se verá está en el Convenio de Estambul[61], pero lo podemos encontrar en la Convención para la protección de personas

---

58 Peces Morate, Jesús Ernesto, "Las Normas y la Jurisdicción", *Revista Jueces para la Democracia,* núm. 15 (1992), pág. 96.

59 Esta panoplia de normas internacionales crean los contenidos *objetivos* y *subjetivos* de derechos que, seguramente, no tenemos en un ámbito nacional pero que, sin embargo, se ha conseguido, gracias a la presión de la comunidad internacional y que suben nuestros estándares de exigibilidad en España. Pongamos como ejemplo la regulación de la mujer (Convenio de Estambul art. 4 y 5), el medio ambiente (Tratado de París arts. 2, 6 y 7) o la inclusión de las personas con discapacidad (Convención europea art. 4). En los tres casos hay textos internacionales que apuntan a regular un *deber de diligencia debida de los Estados* e introducen en nuestro Estado una doble dimensión de responsabilidad por la que debe resarcir a la víctima del daño, a saber, *una dimensión sistémica y una dimensión individual*

60 Doménech Pascual, Gabriel, "Repensar la responsabilidad patrimonial del estado por normas contrarias a Derecho", *Indret,* núm. 4 (2022) y Ponce i Solé, Juli, "La Lucha por el buen gobierno y el derecho a una buena administración mediante el estándar Jurídico" Cuadernos Democracia nº 15 (2019).

61 En el artículo 4 del Convenio de Estambul por el cual, "las partes adoptarán las medidas legislativas necesarias para promover y proteger el derecho de todos, en particular de las mujeres, a vivir a salvo de la violencia tanto en el ámbito público como en el privado". Lo define como un derecho de las mujeres a vivir una vida sin violencia de género, en condiciones de igualdad y sin discriminación.
En su Art. 5 el Convenio de Estambul bajo el epígrafe "Obligaciones del Estado y Diligencia debida", establece consecuentemente la responsabilidad del Estado en su dimensión sistémica destinada a modificar la legislación (civil, penal, administrativa y laboral) adecuada para transformar esta sociedad y proteger a la mujer frente a la discriminación y la violencia previendo sanciones adecuadas para las personas que no cumplan, así como la responsabilidad del Estado en su dimensión individual (obligaciones destinadas a proporcionar protección a las víctimas que sufren una concreta violencia por su pareja o ex pareja).

con discapacidad[62], Convención para la protección de menores[63] o en materia climática[64], en relación a los derechos de las personas mayores[65]. En este camino, son las propias Naciones Unidas las que nos piden que viremos la orientación del barco o no tendremos futuro[66]. Nos corresponde a la Academia profundizar en estos nuevos retos y así ayudar a la Judicatura en su delicada labor *en tiempos de mudanza.*

---

62 Firmado en Nueva York 2006 y ratificado por España en abril de 2008. (ya mencionaste antes fechas de adopción y ratificación)

63 Firmado el 20 de noviembre de 1989 y ratificado por España en diciembre de 1990 (ya mencionaste antes fechas de adopción y ratificación.

64 Convención Interamericana para la Protección de los derechos de las personas mayores, aprobada por la Organización de Estados Americanos en diciembre de 2015; todavía no existe un texto de estas características en el Consejo de Europa o la UE, a pesar de los derechos reconocidos en el Pacto de Derechos Económicos Sociales y Culturales y el Pilar Social de la UE

65 En este momento, liderado tras el COVID-19 por Naciones unidas, se ha creado la Mesa Estatal por los Derechos de las Personas Mayores en el Gobierno español, tal y como se afirma en *España 2050. Fundamentos y propuestas para una Estrategia Nacional a largo plazo,* en el desafío 5º "Preparar nuestro Estado de Bienestar para una sociedad más longeva". *A día de hoy no existe una Convención internacional de Derechos de las personas mayores. Esta sería importante, por el avance que representaría para el reconocimiento de sus derechos y su justiciabilidad, y porque constituiría un lugar de partida, básico, para el diseño de políticas públicas dirigidas a las personas mayores, particularmente en el ámbito de cuidados* de 2020 el primer *Informe sobre el impacto del cambio demográfico,* que trata sus causas y su repercusión en el contexto europeo. Como primer resultado de este informe se ha aprobado el 21 de enero de 2021 el *Libro Verde sobre el envejecimiento. Fomentar la solidaridad y la responsabilidad entre generaciones* (Comisión Europea, 2020). Como se imagina uno, se trata de una trayectoria natural que finalizará con una Convención internacional al igual que ha ocurrido con las personas con discapacidad o las personas menores.

66 Entre otros muchos véase los documentos Resolución adoptada por la Asamblea General de Naciones Unidas el 21 de diciembre de 2020 denominada Harmony with de Nature y el Convenio sobre Diversidad Biológica posterior a 2020 (CBD/WG2020/2/3 de 6 de enero de 2020), pendiente de aprobación; Acuerdo de París para el cambio climático, aprobado por las Naciones Unidas en diciembre de 2015 y la "Ley Europea del clima" a'probada por Reglamento (UE) 2021/1119 del Parlamento Europeo y del Consejo de 30 de junio de 2021 por el que se establece el marco para lograr la neutralidad climática y se modifican los Reglamentos (CE) nº 401/2009 y (UE) 2018/1999 ("Legislación europea sobre el clima"). Especialmente interesante la intersección igualdad de género-clima que está desarrollando la Organización para la Cooperación y Desarrollo Económicos (OECD), *vid. Gender and the Enviroment: Builing Evidence and Policies to achieve SDGs,* 2021.

6. NOTA DE LA AUTORA

Mi agradecimiento al Profesor Víctor Moreno Catena por tanto conocimiento aportado a la Academia y tanto cariño mostrado a las personas que la integramos. Mis mejores deseos para esta nueva etapa de la vida.

BIBLIOGRAFÍA

Añón Roig, Maria José, "Human rights obligations, especially, in times of crisis", *The Age of Human Rights Journal,* 17 December (2021).

Atienza, Manuel, *Filosofía del Derecho y transformación social,* Trotta (2017)

Brage Cendán, Santiago Bernardo, ¿Es necesaria una nueva reforma penal en el ámbito de los delitos de maltrato y abandono de animales? *Diario La Ley,* Nº 9187, Sección Doctrina, 27 de abril de 2018, Editorial Wolters Kluwer

Cardona Llorens, Jorge, "Hacia la configuración de un "sistema" de protección de los derechos humanos de las Naciones Unidas", *Cursos de derecho internacional y relaciones internacionales de Vitoria-Gasteiz* Nº. 1 (2015)

Castañón del Valle, Manuel, "La protección jurídico medioambiental de las generaciones futuras", *Diario la Ley* núm. 10232, de 20 de febrero de 2023.

Cortina Orts, Adela, "La manida palabra ética", *Revista Contrastes. Revista Internacional de Filosofía,* en www.uv.es/contrastes

Cuerda, Maria Luisa, *De animales y normas. Protección animal y derecho sancionado,* Tirant lo Blanch, 2021

Doménech Pascual, Gabriel, "Repensar la responsabilidad patrimonial del estado por normas contrarias a Derecho", *Indret,* núm. 4 (2022)

Esparza Eibar, Iñaki, *Introducción al Derecho Procesal,* Tirant lo Blanch (2021)

Ferrajoli, Luiggi, *Derechos y Garantías: La democracia a través de los derechos,* Trotta (2014)

Ferrajoli, Luiggi, *Poderes salvajes. La crisis de la democracia constitucional,* Trotta (2011)

Ferrajoli, Luiggi, *Para una Constitución de la Tierra. La humanidad en la encrucijada,* Trotta (2022)

García Amado, Juan Antonio, "Interpretar, argumentar, decidir", *El juez y la cultura contemporánea* (coord. Por Faustino Gutiérrez-Alviz y Conradi, Javier Martínez Lázaro), Vol. 3 (2009).

Hiskes, Richard, *Human Right to a Green Future - Environmental Rights and Intergenerational Justice* (Cambridge University Press, 2009, repr. (2014)

Lastra Lastra, Jose Manuel, Recensión a la obra de Rifkin sobre la Tercera Revolución Industrial (Paidós 2011), *Boletín Mexicano de Derecho Comparado,* año XLIX, núm. 150, septiembre-diciembre 2017

Martínez García, Elena (Martínez Dalmau, Rubén/Pedro Bueno, Aurora), "La personalidad jurídica del Mar Menor", *Debates y perspectivas sobre los derechos de la naturaleza,* Pireo (2023). Tirant lo Blanch (2023)

Martínez García, Elena "Nuevos usuarios, nuevos derechos, nuevas legitimaciones: La titularidad del ecosistema del Mar Menor en España", *Derecho del consumo y protección del consumidor sustentable en la sociedad digital del siglo XXI,* Ediciones Universidad Autónoma de Chile, 2023.

Moreno Catena, Víctor, "La jurisdicción y el Poder Judicial", *Introducción al Derecho Procesal,* 11 Edición, Tirant lo Blanch (2021)

Peces Morate, Jesús Ernesto, "Las Normas y la Jurisdicción", *Revista Jueces para la Democracia,* núm. 15 (1992),

Pérez Luño, Antonio-Enrique, "La concepción generacional de los derechos fundamentales", *El Juez y la Cultura jurídica conteporánea, Tomo I, La tercera Generación de derechos fundamentales*

Ponce i Solé, Juli, "La Lucha por el buen gobierno y el derecho a una buena administración mediante el estándar Jurídico" Cuadernos Democracia nº 15 (2019).

Rodotà Stefano, *El derecho a tener derechos,* Trotta, (2014).

Todorov, Tzvetan, "Los enemigos íntimos de la democracia", Galaxia Gutenberg, 2012

Vives Antón, Tomás, *La libertad como pretexto,* Tirant lo Blanch (1995).

El proceso en crisis: desafíos presentes y futuros para la jurisdicción en España

JUAN MANUEL ALCOCEBA
Universidad Carlos III de Madrid
Jalcoceb@der-pu.uc3m.es
https://orcid.org/0000-0003-2225-0177

SUMARIO: 1. CONSIDERACIONES PREVIAS. 2. LA OBSOLESCENCIA DEL MODELO DE JUSTICIA LIBERAL Y NUESTRA INCAPACIDAD PARA RENOVARLO. 3. LA DIVERGENCIA ENTRE EL ESPÍRITU CODIFICADOR ORIGINARIO Y LAS NUEVAS TENDENCIAS LEGISLATIVAS BASADAS EN LA ESPECIALIDAD PROCEDIMENTAL Y LA DISPERSIÓN NORMATIVA. 4. EL SURGIMIENTO DE NUEVOS INTERESES, ACTORES Y SUJETOS PROCESALES. 5. LA PROGRESIVA AMPLIACIÓN DEL PAPEL DESEMPEÑADO POR EL PODER JUDICIAL EN EL ESTADO DE DERECHO CONTEMPORÁNEO. 6. CONCLUSIONES. BIBLIOGRAFÍA.

1. CONSIDERACIONES PREVIAS

Si algo caracteriza la obra del Profesor Víctor Moreno Catena es, en opinión del presente autor, su compromiso con los principios democráticos y sociales que inspiraron nuestro imperfecto Estado de Derecho. Su doctrina supone, probablemente, la traslación más clara y directa del sistema de valores propio de la Constitución del 78 al estudio del proceso y la jurisdicción. Por eso, su legado, además de científico, resulta en buena medida político. Entiéndase el término en el mejor sentido, por cuanto alude a la titánica tarea de democratizar la Justicia en España.

Como parte de una generación de juristas transformadores que vieron en el Derecho un campo fértil para la regeneración política y social, a Moreno Catena le corresponde el destacado lugar de haber promovido y desarrollado una concepción del proceso basada en su utilidad como mecanismo de control del poder y no como mera herramienta dirigida a la justificación de su ejercicio. Esta perspectiva, liberal, garantista, fiel a los postulados de la modernidad, será la espina dorsal de su extensísima producción investigadora, estando igualmente presente en su desempeño como abogado. Pero, sobre todo, marcará el desarrollo de su prolífica escuela. Porque, si la herencia académica de Víctor Moreno Catena parece grande, la humana lo es aún más. Decenas de discípulos repartidos por toda la geografía española hacen prueba de su generosidad intelectual, a la par que acreditan el valor social que tiene abordar el estudio de la ley adjetiva desde una perspectiva crítica y reflexiva; desde la convicción de que el Derecho Procesal, antes que una ciencia, resulta un instrumento democratizador del Estado; desde la creencia, en resumidas cuentas, de que la jurisdicción, antes que un poder, es un medio de tutela al servicio de la ciudadanía. Por eso, la presente contribución pretende rendir tributo, antes que al académico o al jurista, a su visión del Estado, la Justicia y el Proceso como garantes de los Derechos Fundamentales.

En coherencia con tal propósito, lo que se plantea a continuación es una reflexión libre, de naturaleza teórica, sobre la compleja situación en que se encuentra el modelo de Justicia que hemos heredado de la ilustración, así como sobre los diferentes desafíos que deberá enfrentar, no ya para su mejora o perfeccionamiento, sino de cara a asegurar su propia supervivencia.

Los fundamentos axiológicos que inspiran nuestro sistema procesal parecen cada día más alejados de la realidad política y social contemporánea. Sus máximas y principios, basados en la primacía de los derechos individuales predicables de toda persona y la igualdad formal ante la ley, siguen representando los pilares conceptuales sobre los que descansa el tercer poder del Estado moderno. Pero no puede obviarse que la construcción en su conjunto se muestra cada vez más erosionada desde sus mismos cimientos. El paso de los siglos no perdona más a nuestras leyes procesales ni tribunales y las sucesivas reformas dirigidas a paliar los estragos del tiempo, siempre parciales e insuficientes, revelan una grave incapacidad para operar esa transformación integral que el sistema necesita.

Mientras, en un contexto histórico caracterizado por su frenetismo, nuevas realidades se abren camino impugnando el pasado y presente de nuestra Justicia; la vieja concepción liberal del Derecho y el proceso palidece por momentos. Son muchas las tendencias legislativas y jurisprudenciales actualmente en auge que divergen, cuando no colisionan directamente, con la tradición jurídica nacida de las revoluciones francesa y americana. Queremos destacar ahora, por su trascendencia procesal: el regreso de la especialidad procedimental como forma de atender las singularidades de una sociedad cada vez más plural y diversa; el surgimiento de nuevos intereses y bienes jurídicos no susceptibles de ser formulados como derechos subjetivos, pero igualmente merecedores de tutela; la emergencia de nuevos sujetos de derechos con estatuto jurídico propio y la creciente influencia de los tribunales en los procesos democráticos.

El presente trabajo consiste, por tanto, en la plasmación de una serie de consideraciones tan fragmentarias como la realidad que tratan de describir —la de nuestra justicia—. Con ellas no se pretenden ilustrar al lector sobre institución alguna, formular propuestas, o proporcionar soluciones a problemas concretos. Su objeto es, sencillamente, alimentar la reflexión en torno al difuso y complejo fenómeno conocido como "la crisis del proceso". Una crisis que, si bien no puede reputarse novedosa, si parece estar adquiriendo en la actualidad inusitadas dimensiones, tanto por las múltiples aristas que presenta (política, jurídica, filosófica, etc), como por los diferentes planos en que se desarrolla (procesal, orgánico, institucional...). Y, si la magnitud de la crisis que padece nuestro modelo procesal no tiene precedentes, es de prever que tampoco lo tengan sus implicaciones. Lo único claro, por ahora, es su estrecha relación con el espíritu de nuestro tiempo. Sirvan estas líneas para reflexionar sobre el presente de nuestra justicia y especular sobre su incierto futuro.

2. LA OBSOLESCENCIA DEL MODELO DE JUSTICIA LIBERAL Y NUESTRA INCAPACIDAD PARA RENOVARLO

Ya en 1988 Moreno Catena advertía expresamente sobre la situación crítica que atravesaba la Justicia en España. La crisis de la Justicia, extrapolable al resto de países de nuestro entorno político y geográfico, debía considerarse, según el autor, "una realidad axiomática que nadie puede poner en duda"[1]. La principal causa: su ineficacia a la hora de tutelar los derechos tanto subjetivos como colectivos de la ciudadanía. La única solución posible: una reforma integral realizada "de una manera global y sincrónica, que suponga un cambio de estructuras, tanto en la organización de los Tribunales y en el funcionamiento de la oficina judicial, como en los instrumentos procesales"[2]. El objetivo de tan ambiciosa reforma: adecuar a la realidad vigente un modelo de justicia decimonónico que apenas ha experimentado cambios de calado durante los últimos dos siglos y medio[3].

Han pasado casi cuarenta años desde la publicación de aquel trabajo y efectivamente se han llevado a cabo importantes modificaciones de nues-

1 Moreno Catena, V. "Crisis de la Justicia y Reformas Orgánicas". En VV.AA. *Crisis de la Justicia y Reformas Procesales.* Madrid: Centro de Publicaciones del Ministerio de Justicia, 1988.

2 *Ob. Cit.*, pág. 82.

3 *Ídem.*

tro ordenamiento procesal y orgánico. En 1998 vio la luz la Ley 29/1998, de 13 de julio, reguladora de la Jurisdicción Contencioso-administrativa (LJCA), reformada hasta en 45 ocasiones hasta la fecha; en el año 2000 nos dotamos de una nueva Ley de Enjuiciamiento Civil (LEC), que sustituyó al viejo Código de 1881 y ha sido modificada 79 veces a partir de su entrada en vigor el 1 de enero de 2001; en 2011 se promulgó la Ley 36/2011, de 10 de octubre, reguladora de la jurisdicción social (LJS), más moderna en sus planteamientos que las anteriores, razón por la que solo ha sufrido 11 cambios en los últimos 13 años.

En cuanto al modelo organizativo, bien es cierto que la Ley Orgánica del Poder Judicial (LOPJ) lleva vigente desde 1985 sin ver sustancialmente modificado el esquema que recoge, pero sobre ella se han realizado ya 71 modificaciones. Algunas de gran calado organizativo, como la operada a través de la LO 19/2003, de 23 de diciembre, por la que se introdujeron profundas transformaciones en la regulación de la Oficina Judicial, que posteriormente serían desarrolladas por la LO 1/2009 y Ley 13/2009, ambas de 2 de noviembre[4] e implementadas, mucho más recientemente, por el Real Decreto-ley 6/2023, de 19 de diciembre, por el que se aprueban medidas urgentes para la ejecución del Plan de Recuperación, Transformación y Resiliencia en materia de servicio público de justicia, función pública, régimen local y mecenazgo. Otras reformas de la LOPJ han presentado profundas implicaciones políticas, como las introducidas en relación con el Consejo General del Poder Judicial (CGPJ) por la LO 2/2001, de 29

---

4 *Según* señalan Moreno Catena, V. y Cortes Domínguez, V. *Introducción al Derecho Procesal* (12ª Ed). Valencia: Tirant lo Blanch, 2023, pág. 171: hasta tres eran las razones que hacían acuciante esta modificación. En primer lugar, para adaptar la organización de la Justicia al Estado Autonómico. En segundo lugar, para resolver los conflictos derivados de la confluencia de ámbitos de decisión sobre una misma realidad entre los funcionarios al servicio de la Administración de Justicia. Y, en tercer lugar, para adaptar el funcionamiento de la vieja Secretaría a las nuevas tecnologías. A este respecto, debe tenerse en cuenta que la puesta en funcionamiento de la "nueva" oficina judicial no se ha realizado por completo hasta el año 2023, donde aun se han seguido realizando modificaciones normativas que le afectan a hasta el reciente RD 6/2023.

de junio[5], la Ley Orgánica 4/2013, de 28 de junio[6], o la Ley Orgánica 4/2021, de 29 de marzo[7]. Otras han servido para modificar el Estatuto de Jueces y Magistrados, como la Ley Orgánica 7/2015, de 21 de julio, que incomprensiblemente suprimió la responsabilidad civil sobre sus propios actos. Otras han sido utilizadas para introducir, con gran acierto, la especialización dentro de nuestro sistema jurisdiccional, como la Ley Orgánica 1/2004, de 28 de diciembre, de Medidas de Protección Integral contra la Violencia de Género. Y así un largo etc.

No obstante, si se realiza un análisis retrospectivo sobre el total de las reformas previamente referenciadas, resulta evidente que todas ellas poseen un carácter coyuntural y autónomo, no estructural. Ya sea individualmente consideradas o en su conjunto, resultan insuficientes o inidóneas para operar esa transformación integral a la que aludía el profesor Moreno a finales de los 80. Por muy amplias en su ámbito de aplicación que sean, como la "nueva" LEC del 2000, no suponen un verdadero cambio de paradigma, ni rompen con las dinámicas y estructuras heredadas del siglo XIX. Son, en buena medida, ejercicios parciales de actualización que, con mayor o menor acierto, tratan de mantener en pie y funcionando un modelo arcaico de enjuiciamiento; intervenciones de urgencia para salvar la vida de ese sistema centenario que, paradójicamente, se encuentra instalado en una situación de crisis permanente a causa de su avanzada edad e inadecuación al tiempo presente.

Pero quizás, el exponente más claro de la obsolescencia que a día de hoy presenta el modelo procesal y orgánico decimonónico, es la justicia

---

5 Que mantuvo el sistema de designación de vocales judiciales, con la única particularidad de que se daba entrada a las asociaciones judiciales y a los jueces no asociados en la propuesta de designación. La nueva reforma se realizó a propuesta del Partido Popular, que contaba en el Parlamento con una mayoría de 183 escaños y contó con apoyo mayoritario en el Congreso, incluyendo al PSOE. Fruto del Pacto de Estado de Justicia entre PP y PSOE. Los 12 vocales judiciales seguirían siendo designados por las Cámaras. Los vocales judiciales debían ser seleccionados entre una lista de un máximo de 36 candidatos, propuestos por las asociaciones o contando con el aval al menos el 2% de jueces y magistrados del total en activo. Las Cortes tendrán, no obstante, libertad para elegir entre los nombres propuestos).

6 Que fue aprobada en solitario por el PP y suprime el límite de candidatos para las 12 plazas de jueces, de forma que cualquiera puede presentarse si cuenta con 25 avales. Además, cada Cámara puede renovar a 10 vocales, aunque la otra no haya podido alcanzar las mayorías necesarias para decidir.

7 Que establece, a través del art. 670 bis, el régimen aplicable al CGPJ en funciones, es decir, aquel que ha visto expirado su mandato sin posibilidad de renovación.

criminal. La actual Ley de Enjuiciamiento Criminal (LECrim) cuenta ya con 142 años de antigüedad. En 1882, cuando se elaboró y promulgó, este código procesal supuso un auténtico hito para nuestra ciencia jurídica, un gran logro que permitió superar con considerable éxito la herencia inquisitiva que impregnaba nuestro sistema penal[8].

Sin embargo, el paso del tiempo ha transformado ampliamente la realidad de nuestro país y de la civilización humana en su conjunto. El contexto social e histórico actual no se corresponde con el de finales del siglo XIX. Ni los delitos que se comenten son los mismos que entonces, ni se utilizan medios similares para investigarlos. Lo mismo ocurre con los espacios de interacción social, que han cambiado enormemente en las últimas décadas a raíz del surgimiento de internet. Hay campos del saber de gran utilidad para la investigación y enjuiciamiento de los delitos, cómo las ciencias médicas o las tecnologías de la información y las comunicaciones, que han nacido o avanzado enormemente desde la promulgación de la actual LECrim. Tanto las nuevas realidades criminógenas, como las posibilidades que la tecnología brinda para su investigación y enjuiciamiento, han sido incorporadas de forma fragmentaria e incoherente a nuestro modelo de justicia penal ante la incapacidad de dar lugar a uno distinto al de 1800.

A ello debe sumarse que la sociedad española ha evolucionado en este siglo y medio, desarrollando nuevas sensibilidades e incorporando nuevos valores a su acervo cultural. Así, por ejemplo, la víctima es hoy un elemento fundamental que pasó casi inadvertido en etapas anteriores[9]. Lo mismo

---

8 Sobre cómo ha afectado el devenir de los siglos al modelo procesal puede consultarse Álvarez Cora, E. "La evolución del enjuiciamiento en el siglo xix" en *Anuario de historia del derecho español,* Nº 82. 2012.

9 Sobre la creciente presencia de la figura de la víctima en las diferentes fases del proceso penal y las reformas operadas en la materia durante las últimas décadas, puede consultarse: De Hoyos Sancho, M. (Dir.). *La víctima del delito y las últimas reformas procesales penales,* Aranzadi, Cizur Menor, 2017; De Hoyos Sancho, M. "Reflexiones sobre la Directiva 2012/29/ UE, por la que se establecen normas mínimas sobre los derechos, el apoyo y la protección de las víctimas de delitos, y su transposición al ordenamiento español". *RGDP.* Nº. 34. 2014; De Hoyos Sancho, M. "Novedades en el tratamiento procesal de las víctimas de hechos delictivos tras las reformas normativas de 2015". *Diario La Ley.* Nº 8689. 2016. Y, específicamente sobre el tratamiento que le dispensa el Anteproyecto: Juan Sánchez, J. R. "El estatuto de la víctima y las partes civiles en el Anteproyecto de lecrim de 2020". En Jimenez Conde, F. (Dir.); Fuentes Soriano, O (Coord.): *Reflexiones en torno al Anteproyecto de Ley de Enjuiciamiento Criminal de 2020.* Valencia: Tirant lo Blanch. 2022.

ocurre con la necesidad de adaptar nuestra justicia a colectivos especialmente vulnerables como son las personas con discapacidad y los menores.

Decenas de reformas parciales han hecho de la Ley de Enjuiciamiento Criminal de 1882 un cuerpo normativo incoherente y de difícil aplicación en muchos casos. Se trata de una norma que, tras setenta y ocho modificaciones, cincuenta y cuatro de ellas posteriores a la aprobación de la Constitución, ha visto sustituida su estructura original por un conjunto de disposiciones fragmentarias, enlazadas unas con otras por razones coyunturales. Tal y como subraya la exposición de motivos del fallido Anteproyecto de LECrim de 24 de noviembre de 2020: "hoy, para la tramitación de nuestros procesos penales hemos de aplicar artículos redactados en tres siglos diferentes".

El sistema procesal penal español y, por extensión, el modelo de justicia criminal en su conjunto, está regulado por una norma centenaria que, por virtuosa que pueda ser, no se compadece de todas las transformaciones sociales, políticas y científicas acaecidas desde su promulgación y que, por ello, resulta difícilmente readaptable a la realidad vigente. Una realidad donde principios como la igualdad de género, la no discriminación o la protección de las personas más vulnerables han pasado a ser rectores de la actual cultura democrática.

Este anacronismo, extrapolable en diferente medida al resto de jurisdicciones, se hizo aún más visible con la llegada del presente siglo, hasta el punto de pasar a convertirse en un lugar común para la totalidad de fuerzas políticas del país. Así, en el año 2001 el "Pacto de Estado para la Reforma de la Justicia", firmado por las dos principales organizaciones partidistas (PP y PSOE), estableció expresamente como objetivo básico y urgente elaborar un "profundo proyecto de reforma global [...] que acometa decidida y sistemáticamente el fondo de los problemas" que presentaba y sigue presentando el servicio publico de justicia derivados de las nuevas exigencias de una sociedad cada vez más dinámica y compleja y del incremento de la litigiosidad. Concretamente con respecto a la jurisdicción penal establecía en su apartado 17 que "se elaborará una nueva Ley de Enjuiciamiento Criminal, que recoja la jurisprudencia del Tribunal Constitucional, y que culmine el proceso de modernización de nuestras grandes leyes procesales". Para, a continuación, enunciar los principales aspectos que esta nueva Ley de Enjuiciamiento Criminal debería abordar[10]. El pac-

10 Véase la agilización de los procedimientos, la mejora de los procedimientos abreviados, el enjuiciamiento inmediato de los delitos menos graves y flagrantes, y la

to fue apoyado por la comunidad jurídica en su conjunto y bien recibido por la opinión publica en general.

Cabría preguntarse entonces porque, después de tres intentos, aun no contamos con una nueva LECrim. Pero, sobre todo, porque prácticamente nada de lo acordado en aquel pacto de 2001 se ha llevado a cabo durante estos años. Siendo tan urgente y obvia la necesidad de reformar íntegramente nuestra justicia ¿Qué nos impide dar los pasos necesarios para ello? La respuesta a esta pregunta puede que pase por ubicar las instituciones que rodean al tercer poder del Estado dentro de un concreto tiempo y espacio, caracterizados, en gran medida, por el cambio de época y la incertidumbre que ello conlleva.

Si, tal y como parece, no estamos dando respuesta a la crisis de la Justicia, quizás sea porque aún no conocemos ninguna respuesta nueva que dar. No al menos distinta a las que se vienen repitiendo desde hace ya siglos, basadas en las máximas o axiomas que nos han traído al momento presente, pero que en ocasiones no parecen dar para más. Puede que ahora seamos capaces de ver el problema, pero aún no lo somos de atisbar la solución.

El sistema procesal en su conjunto resulta, al igual que toda institución jurídica, una entidad adaptativa en constante evolución[11]. La forma en que se imparte la justicia es algo tan variable, en términos históricos, como el propio concepto de justicia. Demasiados intereses, propósitos y fuerzas

---

simplificación de trámites en las grandes causas; la modificación de la regulación del ejercicio de la acción popular y la acusación particular; la defensa de las víctimas del delito; la reforma de la prisión provisional de acuerdo con la Jurisprudencia del Tribunal Constitucional; la delimitación y régimen jurídico aplicable al sujeto pasivo del proceso; la doble instancia; la regulación de los nuevos métodos de investigación; la adaptación de la regulación de los medios de prueba científicos y tecnológicos y los derechos del detenido.

11 Autores clave para la comprensión del pensamiento contemporáneo como Michelle Foucault o David Garland han dedicado, desde el ámbito de la filosofía y la sociología respectivamente, buena parte de sus esfuerzos y (excepcionales) capacidades a analizar las profundas transformaciones que experimenta el sistema jurídico penal en función del paradigma social y político de referencia. Sus magnas obras: Foucault, M. *Vigilar y castigar Nacimiento de la prisión*. Buenos Aires: Siglo XXI Editores, 1976 y Garland, D. *Castigo y Sociedad Moderna*. Madrid: Siglo XXI Editores, 1999, donde, desde perspectivas diferentes, se analiza de forma clara y exhaustiva el devenir de la institución penal en el más amplio sentido del término, acreditan la naturaleza evolutiva del castigo como institución disciplinaria y medio de control social.

se encuentran implicados en su articulación como para que sea posible garantizar, ni tan siquiera a medio plazo, la inmutabilidad de un determinado modelo o diseño procesal[12]. De hecho, el cambio constante al que se ve sometido el proceso judicial es una consecuencia lógica y necesaria del lugar central que ocupa dentro de todo orden social. Ninguna institución política resiste inalterable el paso de los siglos. Menos aún aquellas que, como la Justicia, se encuentran en permanente escrutinio por parte de la sociedad y los poderes públicos[13]. Por eso, la mutación de sus fundamentos y finalidades no debe sorprender, ni siquiera aun en aquellas ocasiones donde se produce de forma más dramática o radical. De hecho, lejos de suponer una anomalía, tales alteraciones constituyen, atendiendo a la mejor literatura existente sobre la materia, una constante a lo largo de la historia de la humanidad[14]. Pero estas transformaciones, por constantes o habituales que sean, no siempre se producen de forma paulatina o secuencial, obedeciendo en ocasiones a la lógica kuhniana de crisis de paradigma[15].

El momento histórico actual, en su conjunto, parece estar caracterizado —desde hace ya décadas— por el escenario de consunción que precede a toda revolución intelectual, en nuestro caso aun no acontecida. Así lo evidencia las intensas contradicciones que surgen entorno al modelo social, político y económico nacido a partir del triunfo de las revoluciones francesa y americana. Hoy, las tensiones internas y externas se multiplican en

---

12 *Vid.* Rivera Beiras, I. *Política criminal y sistema penal: viejas y nuevas racionalidades punitivas.* Barcelona: Anthropos Editorial, 2005.

13 En este sentido, se coincide con Domínguez, D. J.; Domínguez Sánchez-Pinilla, M. "Génesis de la episteme de lo criminal: anotaciones en torno a Beccaria, Ferri y Foucault". *Isegoría,* [S. l.], n. 65, pág. 13, 2021 en que "los productos de toda acción punitiva y sus transformaciones históricas no constituyen el producto de un mero capricho oportunista o de un golpe de genio humanista, sino que se insertan en una transformación profunda de las políticas penalistas y de las funciones sociales del castigo".

14 De hecho, dentro de la doctrina jurídica más autorizada resulta un lugar común el estudio de las transmutaciones teleológicas experimentadas por el Derecho Penal, de entre las que puede tomarse como referencia por cercanía con la materia aquí tratada; SILVA Sánchez, J. M. *La expansión del Derecho penal. Aspectos de la política criminal en las sociedades postindustriales.* Madrid: Civitas Ediciones, 2001.; Jakobs, G. y Cancio Meliá, M. *Derecho Penal del Enemigo,* Madrid: Civitas Ediciones, 2003 y Roxin, C. *La evolución de la política criminal, el derecho penal y el proceso penal,* Tirant lo Blanch, 2000.

15 Kuhn, T. S. *La estructura de las revoluciones científicas.* Fondo de Cultura Económica de España, 2004. págs. 33-51.

el seno occidente. Lo solido se vuelve líquido. Las verdades universales se relativizan. Los grandes relatos se cuestionan. Las identidades colectivas se fragmentan. Y, ante tal situación, no hay garantía alguna de que la estructura sobre la que descansa el constructo otrora denominado "liberalismo jurídico" resista el embate. Al menos no sin un replanteamiento en profundidad de sus fundamentos.

La interminable decadencia del pensamiento occidental entra, una vez más, en fase aguda y ello, indudablemente, afecta al modelo procesal[16]. La libertad y los derechos fundamentales como valores superiores del ordenamiento, pilares centrales del pensamiento jurídico moderno, ceden terreno ante postulados pragmatistas o autoritarios que dicen perseguir la consecución de intereses metajurídicos como la eficiencia, la infalibilidad o la indemnidad social[17]. La agencia del sujeto racional cartesiano, sobre el que se sostienen los planteamientos de los autores clásicos[18], es sustituida, en este nuevo marco, por tendencias sociales o de opinión, patrones de conducta y perfiles de comportamiento reconducibles a sistemas predictivos basados en la IA. Y, en este contexto, el ejercicio de la jurisdicción deja de contemplarse como un mecanismo de tutela, para percibirse como un recurso estratégico más a disposición de los particulares para la consecución de sus intereses personales o del Estado para la aplicación de sus políticas represivas o de disciplinamiento social. Consecuentemente, la

---

16 En relación con la justicia penal, que es la que evidencia con mayor claridad el fenómeno, no debe perderse de vista que, tal y como indica Gonzalez Cussac, J. L. "Apuntes de un derecho penal híbrido", en Queralt Jiménez, J. J., et al. *Estudios de Derecho penal Homenaje al profesor Santiago Mir Puig*. Buenos Aires: Editorial B de F, 2017: "el derecho penal, como todo el derecho, es un constructo político, económico, social y cultural" y que, por tanto "es fruto de cada una de las formas de organización del poder político. Así, nuestro actual derecho penal está indisolublemente vinculado al Estado social y democrático de Derecho. Y como por todos es sabido es el resultado de la evolución durante los dos últimos siglos del pensamiento liberal y socialdemócrata. Pero ese pensamiento liberal, como su derecho y como el contexto en el que nació y se desarrolló, *se muere.*"

17 En poco coincide la realidad descrita a través de la presente obra (*vid.* Infra 3.2) con el espíritu de la Constitucion del 78, donde, como destaca en Vilas Nogueira, J. "Los valores superiores del ordenamiento jurídico": *Revista Española de Derecho Constitucional*, Año 4. Núm. 12. 1984: "la seguridad y la promoción del bien de los españoles tienen una consagración meramente expositiva (reducida al preámbulo), mientras que, por el contrario, la igualdad y el pluralismo político, consagrados en la parte dispositiva como valores superiores del ordenamiento jurídico, no son aludidos, al menos *expresa verbis*, en el preámbulo.

18 Como Rosseau, Montesquieu o Beccaria y más tarde Kant o Weber.

intervención judicial se desliga cada vez más de la prevalencia de los derechos subjetivos para conectarse con la imperatividad de un determinado código moral. La jurisdicción pasa de salvaguardar o restituir derechos, a proteger valores e identidades.

En el marco descrito es donde los principios ilustrados en que se inspira nuestro modelo procesal comienzan a resultar caducos, pues todos ellos pivotan sobre la construcción jurídico-filosófica de individuo cartesiano (el hombre de la Declaración de Derechos del Hombre y del Ciudadano) comprendido como unidad social básica y principal sujeto de derechos y obligaciones. Con la caída en desgracia de este sujeto filosófico-político, los principios que inspira pierden vigencia, pues se produce una falta de correspondencia entre estos y las nuevas corrientes de pensamiento en auge. Sin embargo, tampoco parece posible a día de hoy articular un paradigma alternativo en base a los nuevos valores emergentes —a primera vista incoherentes entre si—, lo que aboca a mantener formalmente en vigor, por ahora, los postulados heredados del sistema en crisis. Unos postulados cada vez menos representativos de la realidad, pero necesarios para no recaer en la *anomia procesal*[19]. De este modo y no otro, nociones como el proceso acusatorio, la contradicción o el derecho de defensa efectiva permanecen sin duda en el centro de nuestra cultura jurídica, pero como mero elemento de legitimación histórica, pues existe cada vez menos correspondencia entre ellos y el difuso sistema de valores imperante.

3. LA DIVERGENCIA ENTRE EL ESPÍRITU CODIFICADOR ORIGINARIO Y LAS NUEVAS TENDENCIAS LEGISLATIVAS BASADAS EN LA ESPECIALIDAD PROCEDIMENTAL Y LA DISPERSIÓN NORMATIVA

Dentro del contexto previamente descrito, el historiador del Derecho Pio Caroni, jurista brillante de origen suizo, se pregunta en "Lecciones de Historia de la Codificación" si aún tiene sentido reflexionar sobre el concepto histórico de código, y si realmente esta figura conserva todavía algo en común con los textos legales que hoy acostumbramos a nombrar como tales. La cuestión, genialmente resuelta en la citada obra, no solo presenta interés desde el punto de vista historiográfico adoptado por el autor, sino que también puede ser clave a la hora de interpretar las transformaciones

---

19 Durkheim, E. *Le suicide: étude de sociologie.* Paris: PUF, 1999.

experimentadas por la actividad legislativa nacional e internacional durante las últimas décadas.

Parece obvio que, aun en la actualidad, la configuración de nuestro ordenamiento procesal sigue orbitando en torno a la figura del Código. Así lo demuestra el hecho de que la mayor parte de disposiciones procesales vigentes en el orden civil, penal, contencioso o laboral, estén recogidas en extensos cuerpos legales con las características formales de esta tipología normativa[20]. Sin embargo, resulta igual de evidente que, en el momento presente, la técnica y sistemática aplicadas para reformar dichos códigos, poco o nada tienen que ver con las utilizadas por el legislador ilustrado que les dio origen.

Lejos de seguir buscando la unidad, la coherencia y la plenitud que caracterizaron al espíritu codificador decimonónico[21], el ordenamiento contemporáneo parece hacer de la fragmentariedad virtud. Y así lo demuestra la proliferación de legislaciones especiales dirigidas a exceptuar determinadas cuestiones del régimen general aplicable[22]; la creciente dispersión del sistema fuentes, fomentada por procesos de integración de los Estados en estructuras supranacionales como la UE[23] y, sobre todo, la emergencia de nuevos sujetos de Derecho dotados de un estatuto jurídico propio[24].

Todas estas tendencias, contrarias a la vocación uniformadora del movimiento codificador, están presentes, con mayor o menor intensidad, en la generalidad de normas de rango legal promulgadas durante las últimas décadas. En el ámbito penal, por ejemplo, es cada vez más frecuente encontrar figuras cuya regulación, pese a estar contenida dentro del Código, se sustrae del marco general establecido por este o supone directamente una excepción al mismo. La responsabilidad penal de la persona jurídica, con sus propias reglas de imputación que nada tienen que ver con las aplicadas

---

20 Véanse en este sentido el Real Decreto de 14 de septiembre de 1882 por el que se aprueba la Ley de Enjuiciamiento Criminal y Real Decreto de 24 de julio de 1889 por el que se publica el Código Civil; la Ley Orgánica 10/1995, de 23 de noviembre, del Código Penal.

21 *Vid.* Caroni, P. *Lecciones sobre historia de la codificación.* Madrid: Universidad Carlos III de Madrid. 2013.

22 Ley de Fiscalía Europea, Ley de protección del dato penal, etc.

23 Véase de la Oliva Santos, A; Gascón Ichausti, F y Aranguren Fanego, C. *Derecho procesal civil europeo.* Madrid: Thomson Reuters Aranzadi. 2011.

24 Como las víctimas, las mujeres, las personas con discapacidad, los menores, etc.

sobre la persona física; la figura del decomiso autónomo, dirigida a regular una institución no vinculada al desvalor de las conductas sancionadas o el tratamiento del terrorismo y la criminalidad organizada, centrado en la neutralización de amenazas a la seguridad bajo la lógica del enemigo, son claros ejemplos de ello[25].

A la expansión de la excepcionalidad dentro del derecho sustantivo, le acompaña en lo procesal una fuerte tendencia a la especialidad. El crecimiento exponencial de los denominados procedimientos especiales es hoy un fenómeno común en todas las jurisdicciones[26]. Pero quizás, donde más llame la atención por su escasa presencia histórica sea dentro de la justicia criminal. El ejemplo más evidente de esta tendencia es el procedimiento regulado por la Ley Orgánica 9/2021, de 1 de julio para los casos en que resulta competente la Fiscalía Europea, donde, contrariamente a lo establecido en la LECrim, es el Ministerio Publico quien dirige la investigación. Lo mismo ocurrirá en materia mercantil con el procedimiento especial para microempresas reciente introducido en la Ley Concursal[27]; en civil con los nuevos procedimiento especiales regulados en la Ley 8/2021, de 2 de junio, por la que se reforma la legislación civil y procesal para el apoyo a las personas con discapacidad en el ejercicio de su capacidad jurídica; en laboral con los distintos procedimientos por despido, vacaciones, clasificación profesional, conciliación, conflictividad y negociación colectiva, etc, introducidos a lo largo de los últimos años…

Pero si hay un ámbito donde la especialidad se ha abierto camino con fuerza durante estos últimos años, y no solo a nivel procesal, es en el derecho administrativo. Como claro exponente encontramos el desarrollo del Derecho a la protección de datos, donde coexiste un tríptico normativo caracterizado por la superposición de regulaciones cada cual más especial que el anterior. La *Ley Orgánica 7/2021, de 26 de mayo* y la *Ley Orgánica 1/2020, de 16 de septiembre,* establece un régimen especial sobre los datos tratados con fines penales respecto del contenido en la *Ley Orgánica*

---

25 En este sentido véase: Lauta Rey, A; Riveros Pardo, D. F y de Asis Neto, N. D. "La cultura de la emergencia y la excepcionalidad penal. Un análisis de la normalización de la excepción en el ordenamiento jurídico español". *Diario La Ley,* Nº 10264, Sección Tribuna, 2023.

26 Desde el procedimiento monitorio, el concursal, el de determinación de la edad, el de filiación, el hipotecario, etc, dentro del ámbito civil, pasando por el pleito testigo en el contencioso o los relativos a la negociación colectiva en el laboral.

27 Regulado en el Libro III de la Ley Concursal y en vigor desde el 1 de enero de 2023.

3/2018, de 5 de diciembre, de Protección de Datos. Pero es que, sobre este, existe otro régimen especialísimo aplicable únicamente a aquellos que provienen del *Registro de Nombres de Pasajeros* de avión utilizados para la prevención del terrorismo y la delincuencia grave, regulado en la citada LO 1/2020. Estamos ante una batería normativa donde una norma se antepone a la otra hasta conformar una cascada de marcos legales cada cual más especial que el anterior. Y no se trata de un caso aislado, sino de una técnica legislativa cada vez más empleada por la UE para la regulación de ámbitos especialmente complejos o con múltiples implicaciones políticas[28].

Paralelamente a la especialidad, crece la tendencia a reconocer un régimen jurídico propio a un numero cada vez mayor de colectivos de muy diversa índole como: victimas, mujeres, menores, personas con discapacidad, animales, el medio ambiente, etc. El estatuto de todos estos colectivos ha sido o está siendo objeto de un profundo desarrollo normativo a distintos niveles, como demuestra la existencia de la *Directiva 2012/29/UE del Parlamento Europeo y del Consejo, de 25 de octubre de 2012, por la que se establecen normas mínimas sobre los derechos, el apoyo y la protección de las, víctimas de delitos, y por la que se sustituye la Decisión marco 2001/220/JAI del Consejo*; *la Ley 4/2015, de 27 de abril, del Estatuto de la víctima del delito* y la innumerable cantidad de normas autonómicas que amplían o complementan el marco general previamente citado en lo que respecta a determinados tipos de víctimas[29]. Lo mismo ocurre con las victimas de violencia sexual, cuyo tratamiento procesal especifico es objeto de regulación en la *Ley Orgánica 10/2022, de 6 de septiembre, de garantía integral de la libertad sexual;* con los menores víctimas, cuyo régimen especifico se encuentra recogido en la *Ley Orgánica 8/2021, de 4 de junio, de protección integral a la infancia y la adolescencia frente a la violencia;* con las personas con discapacidad, que ven regida su participación en el proceso por la citada *Ley 8/2021, de 2 de junio, por la que se reforma la legislación civil y procesal para el apoyo a las personas con discapacidad en el ejercicio de su capacidad jurídica*, etc. Todas estas normas parten desde un mismo prisma: la existencia de un colectivo o identidad que requiere especial atención o protección, lo que justifica su reconocimiento como nuevo

---

28 Sirvan de ejemplo las normas en materia europea en materia de medio ambiente: Reglamento (UE) 2021/1119 por el que se establece el marco para lograr la neutralidad climática y los respectivos reglamentos (CE) n.º 401/2009 y (UE) 2018/1999.

29 Sirva como ejemplo la *Ley 5/2018, de 17 de octubre, para la protección, reconocimiento y memoria de las víctimas del terrorismo* de la Comunidad de Madrid.

sujeto de derechos con un régimen procesal propio y autónomo, distinto del aplicable a la generalidad de partes.

Estas tendencias legislativas, de cuya conveniencia o legitimidad política no se duda, conectan con la transformación teleológica experimentada por el sistema normativo en la sociedad contemporánea. Donde antes gobernaba la finalidad uniformadora del Derecho, ahora lo hace el reconocimiento a la diversidad; donde antes se perseguía generalizar, universalizar, bajo el paraguas de la ley, hoy se busca diferenciar entre situaciones pretendidamente iguales desde un prisma meramente formal. Asistimos, en esencia, al agotamiento de la tradición jurídica liberal, cuyos impredecibles efectos se hacen sentir en todos los campos de las ciencias jurídicas, empezando por la técnica legislativa aplicada a la producción normativa actual.

No debe perderse de vista que el vehículo y la sistemática que utilizamos para ordenar las disposiciones normativas refleja, con igual fidelidad que su contenido, el sentir de la sociedad sobre las que se aplican. No resulta posible desligar la estructura en que se incardina un mandato jurídico de su fondo o sentido. Ambos extremos hacen parte de una misma visión sobre el poder y, en último extremo, reflejan la comprensión que este propugna sobre el ser humano y sus relaciones sociales[30].

Por eso, el proceso histórico que hoy conocemos como "codificación" resulta inseparable de la concepción ilustrada del Derecho que le da origen. Si el *Aufklärung* ha sido concebido como el movimiento filosófico, político y cultural dirigido a *disipar las tinieblas de la ignorancia de la humanidad mediante las luces del conocimiento y la razón*; el Código es, por definición, aquella norma que aspira a la plenitud jurídica, a constituirse en referente universal, a agotar todas las variables posibles dentro del ámbito de la realidad que es llamado a regular[31]. La codificación surge, en resumidas cuentas, como el instrumento normativo de la razón. Pero no de cualquier razón, sino de la razón ilustrada, que es una razón omnicomprensiva, capaz de dar respuesta a todos los supuestos jurídicamente relevantes; una razón coherente y unificadora[32].

---

30 Savigny, F. K. *De la vocación de nuestra época para la legislación y la ciencia del Derecho.* Madrid: Universidad Carlos III de Madrid. 2015.

31 Caroni, P. *Lecciones sobre historia de la… Ob. Cit.* pág. 22.

32 Harris, J. "Los escritos de codificación de Jeremy Bentham y su recepción en el primer liberalismo español". *Télos. Revista Iberoamericana de Estudios Utilitaristas*, vol. VIII, nº 1. 1999, pág. 10.

Así, en su dimensión histórico-política (indesligable de la filosófica), el Código supone la principal expresión regulatoria del afán unificador presente en las revoluciones liberales. Es, en gran medida, la ratificación normativa del Estado liberal como organización política unitaria en términos territoriales, culturales y administrativos[33]. Y, también, la principal herramienta de sus artífices, la burguesía, para imponer una determinada visión de la sociedad y las relaciones humanas construida sobre el concepto de igualdad formal[34]. Una visión que, pese a sus virtudes, también presenta grandes carencias que han conducido a su debilitamiento a lo largo del tiempo. Dentro de este proceso de refutación del liberalismo clásico son especialmente importantes ciertas corrientes críticas de pensamiento con gran trascendencia jurídica, como el marxismo o el feminismo, pues su influencia ha provocado importantes transformaciones en la sensibilidad social mayoritaria, precisamente desde la impugnación de ese disciplinamiento social basado en la igualdad formal que buscaba la codificación.

La modificación del orden *técnico-sistemático* del derecho operada en el siglo XIX para superar el fraccionamiento legislativo que caracterizó al *Ancien Régime*, sentó las bases de un nuevo orden social basado en la uniformidad del régimen jurídico aplicable a sus gentes[35]. Se acababa así con las singularidades propias de la sociedad estamental y se imponía una única disciplina normativa caracterizada por su "precisión", "coherencia" y "plenitud". Bajo este punto de vista, el código se diferencia del resto de normas por la clara vocación de ser una norma completa, sistemática, unívoca; portadora de todos los principios inspiradores del ordenamiento en su conjunto y, por tanto, autorreferencial. Es, en cierto sentido, la traslación jurídica del sujeto cartesiano y la visión del mundo que le acompaña. Hoy esa tradición filosófica se encuentra cuestionada y, con ella, también la técnica legislativa que le acompaña. Hoy reivindicamos una sociedad mucho más plural, conformada por muchos y muy diferentes sujetos jurídicos. Consecuentemente, la normatividad que la rija también habrá de ser plural y tan fragmentaria como la propia sociedad que regula.

No se trata de un vicio del legislador o de simples déficits técnicos. Tras varios siglos de evolución, los planteamientos políticos y filosóficos sub-

---

33 Cobo del Rosal, G. "El surgimiento del Estado liberal en España y su incidencia en los mecanismos de creación legislativa". *Revista de la Inquisición (Intolcracia y Derechos Humanos)*, Vol. 15. 2011, págs. 151-172

34 Caroni, P. Lecciones sobre historia de la… *Ob. Cit.* pág. 25.

35 *Idem.*

yacentes al movimiento jurídico de base ilustrada conocido como codificación, han perdido vigencia. Pero, pese a ello, su principal plasmación normativa, el Código, continúa ocupando un lugar central en el sistema normativo. Esta discordancia entre medios y fines avoca al legislador a realizar un difícil ejercicio de transformismo cada vez que pretende introducir en la carcasa diseñada por y para el proyecto jurídico liberal de base ilustrada, contenidos que nada tienen que ver con sus postulados. Y que, en cierta medida, resultan incluso contrarios a esta.

Así pues, la subsistencia del Código como base del ordenamiento jurídico se encuentra indefectiblemente ligada a la vigencia del paradigma ilustrado de pensamiento. Y esto es algo que, como ya se ha puesto de manifiesto con anterioridad, está cada vez más en entredicho. Si, tal y como expresara Savigny en su famoso libro, *De la vocación de nuestro siglo para la legislación y la ciencia del Derecho*, el Derecho es un producto de la vida social y no una idea abstracta que pueda circunscribirse y fijarse en las fórmulas rígidas de los artículos de un Código[36], habrá de atenderse a los cambios que acontecen en esa vida social para determinar, tanto sus fundamentos, como el vehículo normativo en que se inserta.

4. EL SURGIMIENTO DE NUEVOS INTERESES, ACTORES Y SUJETOS PROCESALES

La crisis del paradigma liberal de justicia debe encuadrarse en el contexto político poliédrico resultante del desmantelamiento del mundo bipolar propio de la guerra fría. A la desaparición de ese orden dicotómico, política e intelectualmente vigente durante la práctica totalidad del siglo XX, subsistirán las lógicas confrontativas que determinaron la relación entre sujetos políticos antagónicos[37]. Sin embargo, en el nuevo escenario, aún por definir, la confrontación no se produce entre bloques monolíticos, sino entre una multiplicidad de agentes que convergen en espacios de conflicto aparentemente autónomos[38]. De tal modo que, la dialéctica binaria que sirvió para dividir entre izquierda y derecha el espectro político, pare-

---

36 Savigny, F. K. *De la vocación de nuestra época para la legislación... Ob. Cit.* 109.

37 Mesa, R. "Guerra fría, distensión y solución de conflictos". *Revista del Centro de Estudios Constitucionales.* Nº. 3. 1989, pág. 252 y ss.

38 Dentro de estos nuevos espacios de conflicto altamente cambiantes, donde la confluencia de intereses, agentes y estrategias políticas es idiosincrática, destacan las redes sociales en general y, en particular Twitter. Proctor, K. "Social Media and

ce ahora cambiar— —que no desaparecer— ante la irrupción de nuevas realidades. Estas realidades, caracterizadas por su alto grado de polimorfismos y fragmentariedad, están construidas a través de la intersección de diferentes intereses y luchas.

Así, formas de organización política heterodoxas y fluidas, como los movimientos sociales y el activismo, gozan de una creciente presencia en el entramado institucional, lo que les permite trasladar a los círculos de decisión legislativa sus objetivos y estrategias. Estas estrategias, a diferencia de las desarrolladas por las rígidas estructuras de los partidos —donde los órganos de dirección toman el grueso de las decisiones—, son diseñadas y ejecutadas, en la mayoría de ocasiones, por agentes centrados específicamente en la defensa de unos valores o intereses determinados. La focalización de la actividad política en un concreto ámbito, permite a actores diversos pero afines, confluir con otros por motivos estratégicos, sin necesidad de compartir por completo una determinada cosmovisión política. Libres de la necesidad de comulgar con todos los extremos de un mismo ideario, la posibilidad de trazar alianzas coyunturales se multiplica. De esta manera, las posiciones unitarias propias del siglo pasado, van dando paso a un mosaico de grupos de interés articulados en forma de *cluster*[39].

Piénsese en aspectos tales como la defensa del medio ambiente, la igualdad de derechos entre mujeres y hombres o la defensa de los servicios públicos. En clave tradicional, las tres causas podrían entenderse dentro de un determinado sector o bloque político, dada la incompatibilidad que presentan todas ellas con macrosistemas de valores históricamente hegemónicos como el capitalismo o el patriarcado. Cabría comprenderlos, en este sentido, como partes de una misma ideología, representada por uno o varios partidos, que pugnan entre ellos por su capitalización[40]. Sin embar-

---

Conflict: Understanding Risks and Resilience - An Applied Framework for Analysis". *Mercy Corps*. 2021, págs. 11.

39 Según Porter, un clúster es "un grupo geográficamente próximo de compañías interconectadas e instituciones asociadas en un campo particular, vinculadas por características comunes y complementarias". Porter, M. "La Ventaja Competitiva de las Naciones". Buenos Aires: J. Vergara Editor S.A. 1991.

40 De forma que, en el esquema tradicional de pensamiento, la pertenencia a una organización marxista obligaría a adoptar también una determinada posición respecto de la explotación de recursos naturales; ser de un partido ecologista como los verdes, implica asumir unas determinadas tesis económicas o pertenecer al Partido Feminista, comporta la asunción de postulados concretos sobre el sistema productivo.

go, en la actualidad, es común encontrar movimientos construidos en torno a la defensa puntual de cada una de las causas citadas, como pudieran ser los grupos ambientalistas y ecologistas[41], las asociaciones de mujeres y colectivos feministas[42] o las plataformas ciudadanas en defensa de lo público, respectivamente. Estos agentes, se constituyen habitualmente como sujetos procesales con el objeto de salvaguardar o hacer valer sus intereses ante los tribunales. Y, también es común que los miembros de estos movimientos acaben engrosando a su vez las antiguas —o nuevas— organizaciones partidistas, donde actúan, en parte, como delegados o representantes del colectivo del que provienen[43].

Esta "segmentación organizativa", lejos de impedir una transferencia ideológica entre posiciones, la fomenta. De ello dan cuenta el ecofeminismo[44], el feminismo marxista[45] o el ecosocialismo[46], en tanto corrientes de pensamiento que hibridan metas; de forma que, para la consecución de una, se considera necesario alcanzar también las otras[47].

---

41 Herrero, Y. "El movimiento ecologista ante el deterioro global: retos y utopías". *Intervención Psicosocial.* Vol. 15 N.° 2. 2006, págs. 149-166.

42 Folguera, P. *El feminismo en España. Dos siglos de historia.* Madrid: Editorial Pablo Iglesias. 2022.

43 El planteamiento sería extrapolable tanto a formaciones de izquierdas como de derechas, siendo un claro ejemplo de ello la presencia de miembros de plataformas como la PAH en la coalición de Unidas Podemos y de miembros de Hazte Oir en las formación de Vox y, anteriormente, el Partido Popular. Sobre el primer fenómeno: Mangot-Sala, LL. "La plataforma de Afectados por la Hipoteca (PAH). De la Crisis a la Estafa. Del Prozac al Empoderamiento": 337331422_La_Plataforma_de_Afectados_por_la_Hipoteca_PAH_De_la_Crisis_a_la_Estafa_Del_Prozac_al_Empoderamiento. Sobre el segundo fenómeno: https://www.eldiario.es/sociedad/conexiones-vox-grupos-ultracatolicos_1_1799146.html

44 El término es creado por la ecofeminista francesa Françoise d'Eaubonne en 1974 y se desarrolla sobre todo en Estados Unidos en el último tercio del siglo XX. Existen una diversidad de subcorrientes en el ámbito sociocultural, político y activista. Puleo, A. *Ecofeminismo para otro mundo posible.* Madrid: Cátedra, págs. 29-85.

45 Sobre la convergencia y la divergencia entre paradigmas: Butler, J; Fraser, N. *¿Reconocimiento o redistribución? Un debate entre marxismo y feminismo.* Madrid: Editorial Traficantes de Sueños. 2017.

46 Lowy, M. *Ecosocialismo. La Alternativa radical a la catástrofe ecológica capitalista.* Madrid: Editorial Biblioteca Nueva. 2012.

47 De una prelación vertical de fines políticos, se pasa a la interrelación horizontal de los mismos.

El proceso de fragmentación ideológica tampoco supone un obstáculo para la construcción de estructuras comunes, favoreciéndolo incluso, tal y como evidencian la proliferación de coaliciones y plataformas electorales nacidas a raíz de la convergencia de movimientos sociales[48]. Lo que si refleja el fenómeno, es la emergencia de un sistema de organización política no centralizado (confederal) que afecta a lo interno de los grandes partidos clásicos y que guarda ciertos paralelismos con las estructuras productivas contemporáneas, donde se combina la especialización de sus agentes con el funcionamiento en red.

La primera consecuencia de índole procesal a destacar, derivada de la integración de los movimientos sociales en formaciones con vocación electoral, es el creciente incremento de sus integrantes en instituciones con capacidad legislativa o prelegislativa como el Congreso, el Senado o los ministerios. Desde sus cargos representativos, los movimientos sociales promueven modificaciones de las leyes de enjuiciamiento dirigidas a la protección de los intereses o bienes que nacieron para defender. Y lo hacen, no ya a través de la actividad lobbística, tan lúcidamente descrita por la doctrina[49], sino directamente a través de su presencia en las instituciones de gobierno. Los movimientos feministas redactan, desde el ministerio de igualdad, reformas procesales para la protección de las mujeres; los ambientalistas hacen lo propio, desde el de transición ecológica; los animalistas desde la Dirección General de Derechos de los Animales, etc. Se suprime, así, la intermediación previamente ejercida por el partido legislador o pre-legislador, entre estos movimientos y el Boletín Oficial del Estado, puesto que ellos mismos pasan a ocupar ese rol.

Sin lugar a dudas la tendencia descrita es, en gran medida, producto de la evolución del sistema democrático en sociedades cada vez más complejas, donde, para deducir la voluntad popular en todos sus matices, los sistemas de representación institucional deben atender a las manifestaciones políticas de una sociedad civil cada vez más organizada[50]. Pero, igualmente cierto resulta el hecho de que, con la desaparición de esa intermediación

---

48 Alvarado-Espina, E; Morales-Olivares, R; Rivera-Vargas, P. "El partido-movimiento como expresión de la democracia radical. Emergencia y consolidación de Podemos en España y Revolución Democrática en Chile". *Política y Sociedad.* Nº 57. 2020, págs. 21-43.

49 Silva Sánchez, J. M. *La expansión del Derecho penal. Ob. Cit.*, pág. 69 y ss.

50 Caballero García, A;. *Campos de juego de la ciudadanía.* Barcelona: El Viejo Topo. 2003.

entre organizaciones políticas con representación permanente en el ámbito institucional y movimientos sociales, se corre el riesgo de perder también visión de conjunto sobre el ordenamiento procesal y el sistema jurídico en general. Disminuye, igualmente, la necesidad de congeniar posturas en el proceso de producción normativa. La articulación del proceso deja de tener como finalidad principal la resolución de un conflicto, para centrarse en la defensa abierta de ciertos colectivos o intereses. Una defensa que se traduce, en la mayoría de casos, en el aumento del régimen cautelar dirigido a conjurar las amenazas *contra* esos mismos colectivos o intereses. O bien, en la ampliación de los espacios de riesgos jurídico-penalmente relevantes, cuando estos les afectan. Así, el propósito del proceso torna defensivo: evitar el daño, garantizar la *indemnidad* de un determinado grupo de personas o bienes.

Sin que este enfoque tenga nada de reprochable, al menos en abstracto, si debe advertirse que representa un giro en la tradicional función asignada al proceso judicial. La solución del conflicto o la tutela de derechos parecen decaer en estos casos ante la urgencia de proteger a sujetos específicos de todo daño o peligro, así como ante la posibilidad de evitarlos en un futuro. Esto es algo que encuentra claro reflejo, hasta terminológico, en la proliferación de normas que, bajo la rubrica de "Ley Orgánica Integral de Protección ...", operan modificaciones procesales desde una óptica netamente defensiva de ciertos colectivos o bienes jurídicos[51].

Así, en la actualidad son muchos los sujetos concernidos el funcionamiento de nuestro sistema procesal que presentan clara vocación de influir en su diseño. Los operadores jurídicos, la academia, las fuerzas de seguridad, los grupos parlamentarios, los partidos políticos, el tejido civil asociativo, las ONGs, las organizaciones sindicales o las entidades empresariales son solo algunos de ellos. Conseguir cierto equilibrio entre sus expectativas e intereses se revela un requisito tan complicado como inexcusable en el camino hacia la renovación de nuestro modelo. El consenso como condicionante de la viabilidad de toda propuesta que pretenda sustituir el paradigma actual de justicia dificulta, pero no imposibilita, la aspiración de renovar el modelo, a la par que supone una exigencia lógica en términos democráticos.

---

51 Sirvan de ejemplo: la Ley Orgánica 1/2004, de 28 de diciembre, de Medidas de Protección Integral contra la Violencia de Género; la Ley Orgánica 8/2021, de 4 de junio, de protección integral a la infancia y la adolescencia frente a la violencia; La Ley Orgánica 10/2022 de garantía integral de la libertad sexual.

5. LA PROGRESIVA AMPLIACIÓN DEL PAPEL DESEMPEÑADO POR EL PODER JUDICIAL EN EL ESTADO DE DERECHO CONTEMPORÁNEO

Al desfase histórico que presenta el ordenamiento procesal en su doble dimensión —tanto material como formal—, se suma la reciente transformación que está experimentando el papel desempeñado por el Poder Judicial dentro de las democracias liberales. Una transformación marcada, a grandes rasgos, por la progresiva ampliación del ámbito decisional encomendado a los tribunales y, más recientemente, por el creciente peso de sus miembros en el juego político.

Bien es cierto que el fenómeno no tiene nada de nuevo, pero si lo tiene su magnitud, así como los consiguientes desequilibrios a los que está dando lugar en el seno del Estado de Derecho. La querencia de la magistratura por condicionar, a través del ejercicio de la jurisdicción, el debate público, resulta de sobra conocida, como también lo es la delegación estratégica de decisiones propias del ejecutivo en órganos judiciales. Se trata de fenómenos ampliamente estudiados a los que se suele aludir mediante los términos "politización de la justicia"[52] o "judicialización de la política"[53]. Existen ahora, sin embargo, evidencias para pensar que este binomio ha adquirido una nueva dimensión, tanto en lo cuantitativo como en lo cualitativo[54] y, lo que es más importante, todo apunta a que está afectando al normal funcionamiento del sistema legal-representativo sobre el que se sostiene nuestra democracia. Para identificar las causas de esta anomalía es necesario reflexionar sobre si el papel que desempeña Poder Judicial a día de hoy se corresponde con el que tradicionalmente se le ha otorgado dentro del esquema que da forma al Estado liberal.

No cabe duda de que la Justicia constituye un pilar central en la estructura de poder que hoy llamamos Estado y de que así lleva siendo desde sus mismos inicios[55]. De hecho, es, según los postulados liberales clásicos, la herramienta diseñada por el poder público para hacer prevalecer la vigen-

---

52 Ramírez Ortiz, J. L. "¿Politización de la justicia o judicialización de la Política?". *Cursos de Verano de la Universidad Complutense: Los retos de la justicia en España.* 2010.

53 Ferejohn, J. "Judicialización de la política, politización de la ley". *Revista mexicana de ciencias políticas y sociales.* Vol. 45. Nº. 184, 2002.

54 Clara muestra de ello es la popularización de términos como "Lawfare".

55 En este sentido, Kelsen llegaría a decir que "La justicia es ante todo, una característica más de un orden social." Kelsen, H. *¿Qué es a justicia?* Ciudad de Mexico: Fontamara, 1991, pág. 9.

cia de la normatividad jurídica imperante, con todo lo que ello implica[56]. Y, al mismo tiempo, representa, en su formulación más roussoniana, la garantía de que todo individuo recibe los beneficios que le corresponden por haber depositado su confianza en el Estado a través del Contrato Social existente entre ambos[57]. De este modo, la Justicia, según el modelo clásico, no solo servirá al Estado para reprimir las conductas contrarias a la norma, sino que también debe proporcionar al individuo la seguridad de que sus legítimos intereses serán respetados en sociedad; algo que se consigue, en caso de necesidad, mediante la actuación de un poder superior con capacidad para ejercer la fuerza en régimen de monopolio[58].

Es decir, que, la organización humana integrada en la mega estructura del Estado moderno a la que se alude con el termino Justicia, vendría a desempeñar dos funciones político-sociales simultáneamente. Una represiva, dirigida a reforzar los mecanismos de control social basado en la normatividad jurídica. Otra prestacional, encaminada a mantener viva la confianza en las instituciones públicas como garantes de los derechos subjetivos de toda persona[59].

La primera de estas funciones se satisface a través de la prevalencia del imperio de la Ley mediante la ejecución coactiva de las resoluciones judiciales. Dado que la potestad jurisdiccional consiste en juzgar y hacer ejecutar lo juzgado en los justos términos establecidos por el ordenamiento jurídico[60], mediante su ejercicio se proporciona al mandato presente en la norma jurídica un respaldo coercitivo. A día de hoy, la existencia de este respaldo se asume como requisito imprescindible para asegurar el efectivo

---

56 En este sentido Foucault señala como: "la idea de justicia ha sido inventada y puesta a funcionar en diferentes tipos de sociedades como instrumento de cierto poder político y económico, o como un arma contra ese poder". Chomsky, N; Foucault, M. *La Naturaleza Humana: Justicia versus Poder. Un debate*. Madrid: Katz Editores. 2006, pág. 77.

57 *Vid.* Rousseau, J. J. *El Contrato Social.* Ciudad de México: PRD. 2017.

58 *Vid.* Hobbes, T. *Leviatan.* Buenos Aires: Losada. 2003.

59 En el ámbito procesal, estas dos funciones han sido tradicionalmente imputadas a la jurisdicción bajo la idea de: a) la defensa de la ley y control normativo y b) La tutela de los derechos de los ciudadanos por medio de la satisfacción de pretensiones. *Vid.* Moreno Catena, V; Cortes Domínguez, V. *Introducción al Derecho Procesal.* Valencia: Tirant lo Blanch. 2021, pág. 47 y ss.

60 El artículo 117 CE consagra, en su apartado primero, el principio de sumisión a la ley, que impone la obligada aplicación del ordenamiento como forma de resolver los conflictos jurídicos que ante él se presentan.

cumplimiento de las disposiciones normativas que integran el Derecho. Si el Derecho se distingue de otros ordenes normativos, según Kelsen, precisamente por su carácter coercitivo[61]; en el Estado de Derecho será únicamente mediante la Justicia, entendida como un poder de dicho Estado, como se aplique la coerción encaminada a hacer prevalecer el contenido de la norma.

La segunda función, sin embargo, está dirigida a asegurar la confianza del individuo en la necesidad y utilidad del poder público. Esto es algo que se consigue a través de la idea de salvaguarda de los derechos individuales como obligación prestacional del Estado. Mediante la satisfacción de esta obligación, se dibuja el contorno de una justicia creada para prestar servicio a la ciudadanía y no solo para reprimirla en caso de incumplimiento de la regla jurídica. Estamos, en esencia, ante la formulación de la Justicia como herramienta para la satisfacción del Derecho a la tutela judicial efectiva[62]. A través de esta función, la reacción estatal ante la infracción se convierte, también, en un mecanismo de protección de los derechos subjetivos.

Dar más peso a una u otra función de entre las desempeñadas por la Justicia no es un acto casual, sino el claro reflejo de una determinada orientación política en la configuración de esta organización humana. La función represiva y la función tuitiva, lejos de resultar opuestas, podrían ser definidas como dos caras de una misma moneda. Pero, la primacía de una cara sobre la otra, supone el dominio de planteamientos ideológicos no siempre compatibles. De hecho, la preponderancia de una u otra finalidad ha llevado a la formulación de diferentes denominaciones aplicables al sistema de justicia. Como se ha puesto de manifiesto a través de las diferentes

---

61 Según el positivismo jurídico (y por extensión también el pospositivosmo) el Derecho se distingue del resto de ordenes normativos por su carácter coercitivo. *Vid.* Kelsen, H. *Introducción a la Teoría Pura del Derecho.* México D.F: Instituto de Investigaciones Jurídicas. 2002, pág. 23 y ss.

62 Dispone el art. 24.1 de la CE que "todas las personas tienen derecho a obtener la á ante la efectiva de los jueces y Tribunales en el ejercicio de sus derechos e intereses legítimos". Lo que viene a consagrar el precepto es el derecho al "libre acceso a la Jurisdicción" que asiste a toda persona para obtener la protección jurisdiccional de su derecho subjetivo o interés jurídico material vulnerado, por la actuación de un particular o de la Administración pública. El precepto constitucional debe, además, ser complementado por lo dispuesto en el art. 5.1 de la Ley de Enjuiciamiento Civil: "se podrá pretender de los tribunales la condena a determinada prestación y la declaración de la existencia de derechos y de situaciones jurídicas".

normas constitucionales promulgadas en España, la utilización del *nomen iuris* "Poder Judicial" o "Administración de Justicia" para aludir al constructo social, político y material que se entiende por justicia, lejos de ser baladí, supone una declaración de principios sobre la posición ideológica de la que parte su diseño[63]. "La utilización de una u otra expresión no es neutral, por cuanto la elección pone de relieve una diferente concepción política acerca del juego y las relaciones entre los poderes del Estado, e incluso acerca de la existencia misma del Poder Judicial"[64]. A esta tradicional dicotomía, habría que añadir la existencia de un tercer término, donde el énfasis se pone en la satisfacción de derechos y no tanto en la represión de conductas o gestión de recursos. Me refiero al de "Servicio Público de Justicia": un término más ajustado al lugar que la Justicia ocupa en el marco del Estado Social y Democrático contemporáneo.

Cuando se alude a la justicia en su conjunto con la expresión "Poder Judicial", se está enfatizando, sobre el resto de facetas, la de defensa de la ley y control normativo a través del ejercicio de la jurisdicción. Concretamente, se resalta el papel de la jurisdicción dentro del sistema de pesos y contrapesos al que da lugar la separación de poderes. Por eso, este es el término que mayor cercanía presenta respecto de los planteamientos originalmente enunciados por los teóricos anglosajones precursores del Estado liberal[65]. Un término, que, en comparación con otros como "Administración de Justicia" o "servicio público de Justicia", relega la función social que cumplen los tribunales a través de tutela de derechos de la ciudadanía y enfatiza la de supervisión y disciplina miento.

Previamente a la revolución francesa y americana, la tradición inglesa ya había puesto los pilares de la división de funciones dentro del Estado a

---

63 La Constitución de 1812, aunque realmente vino a consagrar la separación de poderes, rubricó su título V "De los tribunales y de la Administración de Justicia en lo civil y criminal". La Constitución de 1837 tituló "Del Poder Judicial". La de 1845 acogió la rúbrica "De la Administración de Justicia". En la Constitución de 1869 reaparecía la expresión Poder judicial. Sin embargo, la Constitución de la Restauración monárquica de 1876 volvió a utilizar "De la Administración de Justicia". Por último, en la Constitución de 1931 se empleó la rúbrica "De la Justicia", al igual que en la Ley Orgánica del Estado de 1967. Moreno Catena, V; Cortes Domínguez, V. *Introducción al Derecho Procesal.* Valencia: Tirant lo Blanch. 2021, pág. 40.

64 *Idem.*

65 *Vid.* Herrera, C. M. "Kelsen et le libéralisme". En: *Le droit, le politique. Autour de Max weber, Hans Kelsen et Carl Schmitt.* Paris: L'Harmartan. 1995, pág. 37-68

través del *Act of Settlement* de 12 de junio de 1701. La norma, inspirada en la noción del *checks and balances,* reconoció por primera vez en la historia la independencia de la judicatura a través de la garantía de la inamovilidad, e instauro un sistema de elección de jueces profesionales que sentaría las bases del concepto moderno de Poder Judicial[66]. "Esa configuración del poder judicial de la metrópoli influirá, a través del legado de Blackstone, de modo determinante en lo que sería después la arquitectura institucional en los Estados Unidos"[67]. Casi un siglo más tarde, el modelo acabará por reinterpretarse en el continente europeo gracias a las aportaciones doctrinales de autores como Montesquieu[68].

Tanto en el caso de Inglaterra como de Estados Unidos, la noción del sistema de Justicia como un verdadero Poder nace, por tanto, vinculada a la idea de independencia y autonomía de sus integrantes respecto del resto de poderes a la hora de ejercer las funciones de control que le son propias. Si se remarca la naturaleza de Poder que reviste la Justicia, es, en esencia, para defenderla de quienes pueden pretender dominarla o diluirla en su seno. Lejos de ser una amenaza para la democracia, como entonces se percibía al Ejecutivo, la Justicia se concebía como una institución inofensiva y frágil, a la que debía ampararse para evitar su absorción. En *El Federalista,* obra de referencia del constitucionalismo norteamericano escrita por Hamilton, Madison y Jay en 1788 con el objetivo de promover la ratificación de la Constitución de los Estados Unidos, puede encontrarse claramente reflejada esta idea al expresar como "el departamento judicial es, sin comparación, el más débil de los tres departamentos del poder; que nunca podrá atacar con éxito a ninguno de los otros dos, y que son precisas toda suerte de precauciones para capacitarlo a fin de que pueda defenderse de los ataques de aquéllos"[69].

---

66 *Vid.* Guarnieri, C. y Pederzoli, P. *La magistrature nelle democrazie contemporanee.* Roma: Laterza, 2002.

67 Jiménez Asensio, R. "Poder Judicial y Administración de Justicia". *Iura Vasconiae.* N° 16. 2019, pág. 465.

68 Que, como se menciona más adelante, coincidirá tan solo parcialmente con los planteamientos establecidos por la tradición anglosajona en materia de división de poderes, al percibir la independencia y profesionalización del Poder Judicial como un elemento de menor peso en la construcción del Estado liberal que los teóricos americanos. *Vid.* Solozábal Echavarria, J. J. "Sobre el principio de la separación de poderes". *Revista de Estudios Políticos (Nueva Epoca).* N° 23. 1981, págs. 215-234.

69 Continúa diciendo: Prueba igualmente que aun cuando en ocasiones sean los tribunales de justicia los que oprimen a los individuos, la libertad general del pue-

La visión de la Justicia como un poder exánime, inerme ante las agresiones externas e incapaz de modificar por sí mismo el orden de las cosas en el tablero político, será también recogida por Montesquieu en su obra cumbre *El espíritu de las Leyes.* En ella señalará como "de los tres poderes que hemos hablado, el de juzgar es, en cierto modo, nulo", razón por la cual, para el autor francés "los jueces de la nación no son, como hemos dicho, más que el instrumento que pronuncia las palabras de la ley, seres inanimados que no pueden moderar ni la fuerza ni el rigor de las leyes"[70]. Más que ante un desiderátum, estamos ante la descripción de lo que se consideraba la realidad política del momento. Una realidad que, podemos concluir sin riesgo a equivocarnos, no se ajusta a la actual, donde jueces y magistrados participan activamente del debate político dentro y fuera de las salas de justicia. Y lo hacen, por regla general, sin posibilidad de replica ni responsabilidad sobre sus propios actos[71].

Así, en la concepción liberal originaria, la Justicia, hermana pequeña del legislativo y el ejecutivo, debía ser protegida antes que controlada, pues ya contaba con limitaciones intrínsecas en virtud de la función que estaba llamada a desempeñar. Para los teóricos de la *common law,* el único peligro presente en ella era la posibilidad de sucumbir a presiones externas. Y, como medio para conjurar ese riesgo, se apostó por su empoderamiento. Hacer de la Justicia un poder fue, al fin y al cabo, una apuesta estratégica

---

blo no ha de temer amenazas de esa dirección; quiero decir, mientras el departamento judicial se mantenga realmente aislado tanto de la legislatura como del Ejecutivo. Porque estoy conforme con que "no hay libertad si el poder de juzgar no está separado de los poderes ejecutivo y legislativo". Y prueba, finalmente, que como la libertad no puede tener nada que temer de la administración de justicia por si sola, pero tendría que temerlo todo de su unión con cualquiera de los otros departamentos; que como todos los efectos de la unión que suponemos procederían de la sumisión del primero a los segundos, a pesar de una separación nominal y aparente; que como, por la natural debilidad del departamento judicial, se encuentra en peligro constante de ser dominado, atemorizado o influido por los demás sectores, y que como nada puede contribuir tan eficazmente a su firmeza e independencia como la estabilidad en el cargo, esta cualidad ha de ser considerada con razón como un elemento indispensable en su constitución y asimismo, en gran parte, como la ciudadela de la justicia y la seguridad públicas". Hamilton, A; Madison, J; Jay, J. *El Federalista.* Mexico D.F: Fondo de Cultura Económica. 2010, pág. 295.

70 Montesquieu, C. L. *El espíritu de las Leyes.* Ciudad de México: PRD. 2018, pág. 169.

71 Alcoceba Gil, J. M. "'Lawfare', llámalo responsabilidad judicial". El Diario. 16/10/2023. Disponible en: https://www.eldiario.es/opinion/tribuna-abierta/lawfare-llamalo-responsabilidad-judicial_129_10690738.html

para poner coto al Ejecutivo y así conseguir el necesario equilibrio que caracteriza al Estado de Derecho[72]. Esta concepción se verá además reforzada tras la primera mitad del siglo XX. Como respuesta a los totalitarismos, que habían administrativizado la Justicia con el objeto de centralizar todos los poderes en la figura del líder, las constituciones de los 70, 80 y 90 optarán por enfatizar la independencia y autogobierno de la Justicia[73].

Bajo la óptica descrita, cuestiones tales como la legitimidad democrática del propio sistema fueron supeditadas en favor de planteamientos basados en la legitimidad de ejercicio, donde las exigencias recaen sobre la profesionalidad, independencia y buen hacer de los jueces, en lugar de sobre su conexión con la soberanía popular. Esta inercia ha llegado hasta nuestros días, dando lugar a una interpretación extensiva del artículo 117 de la Constitución que atribuye la condición de independiente a todo aquel que ostente el cargo de juez o magistrado sin atender a lo que evidencien sus concretos actos. De forma que, para proteger esa independencia que se le presupone a todo miembro del Poder Judicial, han de blindarse sus actuaciones respecto de cualquier juicio externo, aun cuando, paradójicamente, de estas pueda deducirse claramente su falta de independencia. Piénsese, en este sentido, en la tendencia cada vez más favorable a que sean los propios jueces quienes escojan, de entre ellos mismos, a los miembros del Consejo General del Poder Judicial, desvinculando así definitivamente a la judicatura de la soberanía popular[74]. En el pulso entre legitimación democrática e independencia, parece claro que hasta ahora la segunda ha primado. Pero no como exigencia u obligación predicable de quien juzga y hace ejecutar lo juzgado, sino como prerrogativa para actuar al margen del escrutinio de cualquier otra autoridad, lo que curiosamente está dando alas a la politización que trataba de evitarse con dicha garantía.

Por eso, es común que cuando se aborda el lugar que debe ocupar el Poder Judicial dentro de nuestro Estado de Derecho, el foco se ponga en la figura de quien ejerce la jurisdicción, con el objeto de engrandecerlo. El debate sobre el diseño institucional de la jurisdicción se ha visto recondu-

---

72 Debe tenerse en cuenta que, para algunos autores como Kelsen, el liberalismo nació como un planteamiento apolítico, susceptible de albergar en su seno cualquier sistema productivo existente en la práctica o imaginación de los hombres.

73 Moreno Catena, V. "Los Jueces y la Constitución". En: Ramiro Avilés, M. A. y Peces-Barba Martinez, G (Coord.) *La Constitución a examen: un estudio académico 25 años después.* Barcelona: Marcial Pons. 2004, págs. 591-614.

74 Veáse: VV.AA. *Modelos de Elección de vocales del CGPJ. Juezas y Jueces para la Democracia.* 2022.

cido, con carácter general, a aspectos tales como la profesionalización de la función de juzgar, el método de elección del gobierno del Poder Judicial, la formación o capacitación exigidas para el acceso al cargo y, por encima del resto de cosas, las salvaguardas y garantías que deben amparar al juzgador en el ejercicio de sus facultades[75]. Toda la atención se centra, por influjo de nuestra herencia liberal clásica, en la fortificación del Juez ante el resto de autoridades o la propia sociedad. Y así, la posibilidad de que algún miembro de la judicatura acabe afectando negativamente al equilibrio de poderes e invadiendo la esfera del legislativo o ejecutivo, ha sido sistemáticamente invisibilizada.

Sin embargo, el estado de la cuestión está cambiando a gran velocidad. La instrumentalización de la justicia por las fuerzas políticas resulta a día de hoy una realidad innegable en nuestro país y otros muchos[76], como también lo es la influencia que los miembros de la judicatura y la fiscalía ejercen en los partidos y grupos parlamentarios. Y, al ocupar una posición tan destacada en el juego político, no solo se vuelve imposible seguir sosteniendo la presumida independencia de jueces y magistrados, sino que se hace evidente su total desconexión con la soberanía popular. No es de extrañar, por tanto, que de seguir así las cosas acabe por invertirse el equilibrio de fuerzas que hasta ahora regia el mencionado pulso entre legitimidad democrática e independencia del Poder Judicial. Al fin y al cabo, si queremos seguir siendo democráticos: o dejamos de hacer política desde los estrados, o articulamos sistemas para hacer más representativas de la soberanía popular nuestras salas de justicia.

---

75 Tal y como demuestran las primeras regulaciones sobre la materia.

76 Para constatar el peligro que ciertos jueces comportan para los procesos democráticos, solo hace falta atender a las oportunas intervenciones del magistrado García Castellón contra Podemos o los independentistas y, más recientemente, contra la propia investidura. También son representativas algunas actuaciones de la Sala Segunda del Tribunal Supremo y del Tribunal Constitucional en aras a garantizar la unidad de España. Si a esto le sumamos los pronunciamientos cuasi golpistas del CGPJ en relación con la ley de amnistía. Alcoceba Gil, J. M. "'Lawfare', llámalo responsabilidad judicial". El Diario. 16/10/2023. Disponible en: https://www.eldiario.es/opinion/tribuna-abierta/lawfare-llamalo-responsabilidad-judicial_129_10690738.html

6. CONCLUSIONES

Ya se analice desde el plano dogmático, legislativo u orgánico, el modelo de justicia actual da claras muestras de agotamiento. La principal evidencia de ello es, quizás, su creciente desviación respecto de los fines para los que se erigió y la erosión que ello genera en las instituciones del Estado.

No son pocas las voces que a día de hoy alertan sobre como aquellos fundamentos nucleares del aparato conceptual al que denominamos Estado de Derecho se encuentren cada vez más alejados de los valores sociales realmente imperantes. El ámbito de la Justicia es quizás uno de los vértices donde mejor se aprecia esta distancia. Desde planteamientos elementales del pensamiento liberal, como pueda ser la separación de poderes, hasta principios específicamente procesales como la presunción de inocencia, la contradicción o el derecho de defensa efectiva, son objeto a día de hoy de un intenso revisionismo que tiende a relativizar su aplicación. Como consecuencia, el peso de la tradición jurídica ilustrada en la práctica resultar ser cada vez menor, aunque de facto siga reproduciéndose en los textos legales, obras doctrinales, documentos programáticos o el discurso oficial mantenido por los poderes públicos. Lo mismo ocurre con la dimensión formal del ordenamiento procesal, en teoría aun fiel a las máximas codificadoras que inspiraron las grandes leyes de enjuiciamiento, pese a resultar cada vez más fragmentario en sus normas y disperso en sus fuentes.

La principal razón de esta disociación entre los fundamentos axiológicos de nuestro sistema jurídico-procesal y el contexto político y social actual reside, probablemente, en la incapacidad del pensamiento jurídico contemporáneo para regenerarse y ofrecer soluciones distintas a las enunciadas hace siglos, en los albores de la modernidad, para los problemas sociales y políticos de entonces. Unos problemas que, sobra decir, no siempre se corresponden con los de ahora. Cuanto más crece la distancia entre los axiomas ilustrados que sostienen nuestro modelo de justicia y la sustantividad propia de la realidad presente, mayores son las contradicciones que afligen a los operadores jurídicos en el ejercicio de sus funciones.

Esta suerte de caducidad que de facto padecen los principios rectores de los grandes textos legislativos y doctrinales decimonónicos, contrasta a su vez con la emergencia de nuevas tendencias legislativas. Entre las mismas, destacan por su virulencia dentro del ámbito procesal la proliferación de procedimientos especiales por razón de la materia, así como la tendencia a dotar de un estatuto jurídico propio a cada vez más colectivos (como víctimas en general o víctimas de determinados delitos, mujeres, menores, personas con discapacidad, migrantes, etc.), que por una razón u otra acaban sustrayéndose al régimen general aplicable a las partes del proceso. Las razones que motivan tales tendencias son sin duda políticamente legítimas, pero una vez más resultan contrarias a los planteamientos originales del movimiento iluminista en que aún se inspira nuestro diseño de la justicia. Un diseño basado en la igualdad formal, la uniformidad, la coherencia interna del sistema normativo y la plenitud del ordenamiento jurídico.

Ni siquiera el ámbito orgánico parece salvarse de la crisis. A nadie escapan las dificultades por las que atraviesa la relación entre los diferentes poderes del Estado, que lejos de la cordial colaboración que cabría esperar, en cada vez más ocasiones parece regida por la rivalidad, la confrontación o, incluso, el ánimo de dominación. El Estado liberal se edificó sobre la —ingenua— creencia de que el Poder Judicial, por su propia función, nunca podría representar una amenaza para la soberanía popular. De ahí que se le dote de una robusta independencia, se le confiera la potestad de fiscalizar a los otros dos poderes y, sin embargo, no se articulen sistemas de control recíprocos, eximiéndole incluso de conexión alguna con el sufragio directo.

El gran temor de Hamilton, Tocqueville, Montesquieu o Rousseau fue la influencia que las organizaciones partidistas, y por ende el poder legislativo y ejecutivo, pudieran tener en la justicia. El despotismo como forma de gobierno constituía para estos ilustrados la mayor amenaza para los derechos y libertades individuales. La justicia, por el contrario, el principal dique de contención contra ese poder omnímodo. Aun hoy, casi doscientos cincuenta años después, seguimos fieles a aquel discurso y continuamos viendo en todas partes la injerencia de lo político en la justicia. Seguimos también por ello, igual de ciegos ante la creciente influencia de los miembros del tercer poder del Estado en el juego institucional-representativo. Nadie pondría en duda que una excesiva concentración de poderes en manos del gobierno sigue constituyendo un peligro para cualquier democracia. Pero la expansión descontrolada de la Justicia y su desmedida presencia en los procesos de conformación de la voluntad democrática también está demostrando serlo. Parece prudente entonces reflexionar, a la luz de la más reciente experiencia, sobre la posibilidad de proyectar sobre el Poder Judicial las mismas cautelas que los revolucionarios liberales mostraron respecto del ejecutivo.

Nuestra Justicia parece moverse hoy entre la obsolescencia, el desequilibrio y la disrupción. La causa de tales males es, sin embargo, motivo de alegría, pues responde en el fondo a la propia evolución del sistema democrático en sociedades cada vez más complejas, donde las reglas del Estado de Derecho requieren de mayor sofisticación que cuando fueron denunciadas por primera vez para seguir funcionando de forma satisfactoria.

Por eso, si queremos conservar una Justicia compatible con el Estado Social y Democrático que proclama el artículo 1 de la Constitución de 1978, es imperativo reformar en profundidad aquellas instituciones que lo sustentan. Y no solo para superar una crisis puntual (o periódica) generada por la coyuntura, sino con la finalidad de expandir sus fundamentos hasta que reflejen las vertiginosas transformaciones que definen el mundo de hoy. Es imprescindible readaptar la naturaleza de la Justicia al tiempo presente, hacer de ella una institución viva y dúctil que, sin despojarse de los enormes avances que trajeron consigo los siglos precedentes, sea capaz de reflejar aquellos que tienen lugar ahora o aún están por venir.

BIBLIOGRAFÍA

Alvarado-Espina, E; Morales-Olivares, R; Rivera-Vargas, P. "El partido-movimiento como expresión de la democracia radical. Emergencia y consolidación de Podemos en España y Revolución Democrática en Chile". *Política y Sociedad*. N° 57. 2020.

Álvarez Cora, E. "La evolución del enjuiciamiento en el siglo xix" en *Anuario de historia del derecho español*, N°. 82. 2012.

Butler, J; Fraser, N. (2017). *¿Reconocimiento o redistribución? Un debate entre marxismo y feminismo*. Madrid: Editorial Traficantes de Sueños. 2017.

Caballero García, A;. *Campos de juego de la ciudadanía*. Barcelona: El Viejo Topo. 2003.

Caroni, P. *Lecciones sobre historia de la codificación*. Madrid: Universidad Carlos III de Madrid. 2013.

Chomsky, N; Foucault, M. *La Naturaleza Humana: Justicia versus Poder. Un debate*. Madrid: Katz Editores. 2006.

Cobo del Rosal, G. "El surgimiento del Estado liberal en España y su incidencia en los mecanismos de creación legislativa". *Revista de la Inquisición (Intolcracia y Derechos Humanos)*, Vol. 15. 2011.

De Hoyos Sancho, M. (Dir.). *La víctima del delito y las últimas reformas procesales penales*, Aranzadi, Cizur Menor, 2017.

De Hoyos Sancho, M. "Novedades en el tratamiento procesal de las víctimas de hechos delictivos tras las reformas normativas de 2015". *Diario La Ley*. N° 8689. 2016.

De Hoyos Sancho, M. "Reflexiones sobre la Directiva 2012/29/ UE, por la que se establecen normas mínimas sobre los derechos, el apoyo y la protección de las víctimas de delitos, y su transposición al ordenamiento español". *RGDP*. N°. 34. 2014.

De la Oliva Santos, A; Gascón Ichausti, F y Aranguren Fanego, C. *Derecho procesal civil europeo*. Madrid: Thomson Reuters Aranzadi. 2011.

Domínguez, D. J.; Domínguez Sánchez-Pinilla, M. "Génesis de la episteme de lo criminal: anotaciones en torno a Beccaria, Ferri y Foucault". *Isegoría*, [S. l.], n. 65, 2021.

Durkheim, E. *Le suicide: étude de sociologie*. París: PUF, 1999.

Ferejohn, J. "Judicialización de la política, politización de la ley". *Revista mexicana de ciencias políticas y sociales*. Vol. 45. N°. 184, 2002.

Folguera, P. *El feminismo en España. Dos siglos de historia.* Madrid: Editorial Pablo Iglesias. 2022.

Foucault, M. *Vigilar y castigar Nacimiento de la prisión.* Buenos Aires: Siglo XXI Editores, 1976.

Garland, D. *Castigo y Sociedad Moderna.* Madrid: Siglo XXI Editores, 1999.

Gonzalez Cussac, J. L. "Apuntes de un derecho penal híbrido", en Queralt Jiménez, J. J., et al. *Estudios de Derecho penal Homenaje al profesor Santiago Mir Puig.* Buenos Aires: Editorial B de F, 2017.

Guarnieri, C. y Pederzoli, P. *La magistrature nelle democrazie contemporanee.* Roma: Laterza, 2002.

Hamilton, A; Madison, J; Jay, J. *El Federalista.* México D.F: Fondo de Cultura Económica. 2010.

Harris, J. "Los escritos de codificación de Jeremy Bentham y su recepción en el primer liberalismo español". *Télos. Revista Iberoamericana de Estudios Utilitaristas,* vol. VIII, nº 1. 1999.

Herrera, C. M. "Kelsen et le libéralisme". En: *Le droit, le politique. Autour de Max weber, Hans Kelsen et Carl Schmitt.* Paris: L'Harmartan. 1995.

Herrero, Y. "El movimiento ecologista ante el deterioro global: retos y utopías". *Intervención Psicosocial.* Vol. 15 N.° 2. 2006.

Hobbes, T. *Leviatan.* Buenos Aires: Losada. 2003.

Jakobs, G. y Cancio Meliá, M. *Derecho Penal del Enemigo,* Madrid: Civitas Ediciones, 2003. Roxin, C. *La evolución de la política criminal, el derecho penal y el proceso penal,* Tirant lo Blanch, 2000.

Jiménez Asensio, R. "Poder Judicial y Administración de Justicia". *Iura Vasconiae.* Nº 16. 2019.

Juan Sánchez, J. R. "El estatuto de la víctima y las partes civiles en el Anteproyecto de lecrim de 2020". En Jimenez Conde, F. (Dir.); Fuentes Soriano, O (Coord.): *Reflexiones en torno al Anteproyecto de Ley de Enjuiciamiento Criminal de 2020.* Valencia: Tirant lo Blanch. 2022.

Kelsen, H. *¿Qué es a justicia?* Ciudad de Mexico: Fontamara, 1991.

Kelsen, H. *Introducción a la Teoría Pura del Derecho.* Mexico D.F: Instituto de Investigaciones Jurídicas. 2002.

Kuhn, T. S. *La estructura de las revoluciones científicas.* Fondo de Cultura Económica de España, 2004.

Lauta Rey, A; Riveros Pardo, D. F. y De Asis Neto, N. D. "La cultura de la emergencia y la excepcionalidad penal. Un análisis de la normalización de la excepción en el ordenamiento jurídico español". *Diario La Ley,* Nº 10264, Sección Tribuna, 2023.

Lowy, M. *Ecosocialismo. La Alternativa radical a la catástrofe ecológica capitalista.* Madrid: Editorial Biblioteca Nueva. 2012.

Mesa, R. "Guerra fría, distensión y solución de conflictos". *Revista del Centro de Estudios Constitucionales.* Nº. 3. 1989.

Montesquieu, C. L. *El espíritu de las Leyes.* Ciudad de México: PRD. 2018.

Moreno Catena, V. "Crisis de la Justicia y Reformas Orgánicas". En VV.AA. *Crisis de la Justicia y Reformas Procesales.* Madrid: Centro de Publicaciones del Ministerio de Justicia, 1988.

Moreno Catena, V. "Los Jueces y la Constitución". En: Ramiro Avilés, M. A. y Peces-Barba Martinez, G (Coord.) *La Constitución a examen: un estudio académico 25 años después.* Barcelona: Marcial Pons. 2004.

Moreno Catena, V. y Cortes Domínguez, V. *Introducción al Derecho Procesal* (12ª Ed). Valencia: Tirant lo Blanch, 2023.

Porter, M. *La Ventaja Competitiva de las Naciones.* Buenos Aires: J. Vergara Editor S.A. 1991.

Proctor, K. "Social Media and Conflict: Understanding Risks and Resilience - An Applied Framework for Analysis". *Mercy Corps.* 2021.

Puleo, A. *Ecofeminismo para otro mundo posible.* Madrid: Cátedra, 2011.

Ramírez Ortiz, J. L. "¿Politización de la justicia o judicialización de la Política?". *Cursos de Verano de la Universidad Complutense: Los retos de la justicia en España.* 2010.

Rivera Beiras, I. *Política criminal y sistema penal: viejas y nuevas racionalidades punitivas.* Barcelona: Anthropos Editorial, 2005.

Rousseau, J. J. *El Contrato Social.* Ciudad de Mexico: PRD. 2017.

Savigny, F. K. *De la vocación de nuestra época para la legislación y la ciencia del Derecho.* Madrid: Universidad Carlos III de Madrid. 2015.

Silva Sánchez, J. M. *La expansión del Derecho penal. Aspectos de la política criminal en las sociedades postindustriales.* Madrid: Civitas Ediciones, 2001.

Solozábal Echavarria, J. J. "Sobre el principio de la separación de poderes". *Revista de Estudios Políticos (Nueva Epoca).* Nº 23. 1981.

Vilas Nogueira, J. "Los valores superiores del ordenamiento jurídico": *Revista Española de Derecho Constitucional,* Año 4. Nº. 12, 1984.

Retos y desafíos del derecho de acceso a la justicia en el siglo XXI[1]

MARÍA LUISA VILLAMARÍN LÓPEZ
Catedrática de Derecho Procesal UCM

1. INTRODUCCIÓN

"Ante la ley hay un guardián. A este portero llega un hombre del campo que le pide entrar en la ley. Pero el portero dice que no puede permitirle la entrada en este momento. El hombre lo piensa y luego pregunta si le permitirán entrar más adelante. "Es posible", dice el portero, "pero no ahora". (...) El hombre del campo no esperaba tales dificultades: la ley siempre debería ser accesible

---

[1] Este trabajo se inscribe en el marco del Proyecto de Investigación "Eficiencia y acceso a la justicia en tiempos de austeridad" (PID2021-12647NB-I00), financiado por el Ministerio de Ciencia e Innovación.

para todos, piensa, pero ahora mira más de cerca al portero con su abrigo de piel, su gran nariz puntiaguda y su larga, delgado (...) decide que sería mejor esperar hasta que le den permiso para entrar. El portero le da un taburete y le permite sentarse al lado, delante de la puerta. Allí permanece durante días y años". *Franz Kafka, Ante la ley, 1925.*

Nadie duda de que en los casi cien años transcurridos desde que Kafka escribiera esta parábola, la justicia ha experimentado avances considerables. Sin embargo, desgraciadamente, también es cierto que hoy en día, en muchas partes del planeta, no son pocos los que experimentan su paso por los tribunales de forma similar al campesino kafkiano.

¿Cómo se posicionan los ciudadanos del siglo XXI ante la Administración de Justicia? Los problemas legales no les resultan extraños; por el contrario, estas situaciones van en aumento. El ciudadano medio va a sufrir a lo largo de su vida al menos un problema con implicaciones legales. Por ejemplo, según los datos de 2019 del *World Justice Project*, alrededor de siete de cada diez ciudadanos de la mayoría de los países occidentales (7 en España; 6,8 en Alemania; in Austria, 7.5; 6,6 en EE.UU.) experimentaron un conflicto con implicaciones legales en los últimos dos años[2]. Más de un tercio de estos problemas siguen sin resolver, ya sea porque los ciudadanos desconocen la ley o no reconocen su dimensión jurídica, porque carecen de recursos para litigar o porque no saben cómo acceder a mecanismos adecuados de resolución de conflictos. Hay que tener en cuenta dos cuestiones adicionales, de las que alerta la OCDE en sus informes. En primer lugar, estos problemas no los experimentan todos de la misma manera: las personas que son más vulnerables a la exclusión socioeconómica suelen reportar más problemas legales que otros grupos. En segundo lugar, estos conflictos les afectan más porque normalmente se combinan con otras dificultades (sociales, profesionales, económicas), por lo que se desencadena con frecuencia lo que esta institución denomina el "ciclo de declive"[3].

Además, la falta de resolución eficaz de los conflictos no agota sus efectos negativos en la esfera personal de los ciudadanos afectados, sino que tiene también un alto coste social y económico, lastrando el crecimiento de las sociedades, con un impacto directo en su PIB, por lo que es un claro potenciador de la pobreza en los países. Por ello, amén de los esfuerzos que

---

2 https://worldjusticeproject.org/access-to-justice-data/#/.

3 OCDE, "Equal Access to justice for inclusive growth", pág. 32 (puede consultarse en: https://www.oecd.org/governance/equal-access-to-justice-for-inclusive-growth-597f5b7f-en.htm).

hagan individualmente los Estados, se está apostando fuertemente a nivel internacional por salvar esta brecha de acceso y, en este contexto, la ONU se ha marcado como Objetivo de su Agenda 2030 "la igualdad de acceso a la justicia para todos" (16.3).

Nosotros, los procesalistas, dedicamos nuestro tiempo a estudiar la función jurisdiccional, la acción y cómo ésta se canaliza mediante los procesos, pero de poco sirven todos nuestros esfuerzos si en la práctica la puerta de entrada a los tribunales es difícil de abrir por los ciudadanos o, si se les facilita el paso, pero solo en apariencia. Desde hace años me ha inquietado la existencia de estas deficiencias en el efectivo acceso a la justicia, motivo por el que me planteé realizar esta investigación con el fin de tratar de identificar cuáles eran las últimas tendencias existentes a nivel global en esta materia, partiendo del estudio de las iniciativas y líneas de actuación adoptadas recientemente en diversos países.

Este trabajo está dividido en dos partes: la primera, en la que abordo el contenido del derecho de acceso a la justicia y la evolución histórica de la aproximación a esta garantía; y, la segunda, que constituye su núcleo, en la que formulo mis propuestas de mejora en la protección del derecho de acceso, a la luz de las nuevas tendencias que he ido identificado en este estudio.

Dos aclaraciones previas: la primera, téngase en cuenta que mi trabajo es reflejo de una aproximación global a este derecho y no se trata, por tanto, de un análisis de su contenido en el ordenamiento español; de este modo, aunque se hagan guiños y se formulen propuestas de cara a nuestro sistema judicial, el objeto de este estudio ha sido identificar las tendencias existentes a nivel mundial; la segunda: que este análisis se ciñe únicamente al acceso a la justicia civil, sin perjuicio de que algunas de las dificultades apuntadas y de las soluciones propuestas puedan extenderse a cualquier otro orden jurisdiccional.

2. ESTADO ACTUAL DEL DERECHO DE ACCESO A LA JUSTICIA

Dada la importancia del acceso a la justicia, cualquiera que sea su naturaleza, definición y reconocimiento legal, que exploraremos en detalle más adelante, es crucial garantizar que este derecho no sea meramente nominal. De poco sirven todos los esfuerzos realizados para mejorar la administración de justicia si, en la práctica, los ciudadanos tienen dificultades para abrir la puerta, si se facilita la entrada, pero sólo en teoría, como describió vívidamente el juez irlandés Sir James Matthew en el siglo XIX: "En Inglaterra, la justicia está abierta a todos, como el Hotel Ritz"[4].

Aunque muchos de los aspectos fundamentales del derecho de acceso han sido redefinidos en los últimos años, su sustancia permanece inalterable. El derecho de acceso a la justicia supone el poder otorgado a los solicitantes de buscar reparación ante un tribunal de justicia. Este derecho debe ser efectivo y estar protegido por todas las garantías legales. Esto, como lo describen Harris, O'Boyle & Warbrick, implica el acceso a los tribunales tanto *de facto como de jure*; en otras palabras, no sólo el ordenamiento jurídico debe respetarlo y defenderlo, sino que también deben tomarse medidas para garantizar que este derecho fundamental no se vea afectado de ninguna manera. Además, según el Tribunal Europeo de Derechos Humanos, este derecho se extiende más allá de la acción inicial de solicitar reparación ante un tribunal. Profundizando más, el TEDH ha afirmado repetidamente que "el derecho a un tribunal incluye no sólo el derecho a iniciar un procedimiento sino también el derecho a obtener una resolución de la disputa por parte de un tribunal", basándose en la premisa de que, si los Estados miembros no pudieran garantizar el poder de sus tribunales para resolver disputas mediante la emisión de una decisión final, el derecho a un tribunal sería "ilusorio" (véase en este sentido STEDH *Fălie c. Rumania*)[5]

Es irrefutable tanto en la doctrina como en la práctica jurídica que el derecho de acceso a la justicia no es absoluto y puede ser objeto de diversas limitaciones según el contexto legal e histórico en el que se desenvuelve. Por lo tanto, si bien todos los justiciables tienen derecho a instar la reparación de sus derechos ante los tribunales, no se sigue de ello que dicha solicitud deba conducir siempre a procedimientos judiciales y sentencias definitivas. Como afirma el Tribunal Europeo de Derechos Humanos "el derecho de acceso a un tribunal no es absoluto, sino que puede estar sujeto a limitaciones; estos están permitidos implícitamente ya que el derecho de acceso, por su propia naturaleza, exige una regulación por parte del Estado, que goza de un cierto margen de apreciación a este respecto". Por tanto, cada ordenamiento jurídico puede tener un régimen particular de plazos de prescripción, plenamente compatible con el derecho de acceso, o puede prever determinadas condiciones o requisitos jurídicos (económi-

---

4 Cfr. Hayes, M., "Access to Justice", *An Irish Quarterly Review*, 2010, vol. 99, no 393, pág. 29).

5 Sentencia de 19 de mayo de 2015, app. no. 232570/04.

cos, procesales, subjetivos, etc.) para la presentación de las demandas ante los tribunales[6].

Con todo, estos poderes estatales han de ejercerse con cautela: de lo contrario, la aplicación de restricciones excesivamente severas podría, en palabras del Tribunal de Justicia de las Comunidades Europeas, "socavar la esencia de este derecho y efectivamente anularlo"[7]; en la misma línea, el TEDH explicaba que dichas limitaciones no serían "compatibles con el Art. 6 § 1 CEDH si no persiguen un fin legítimo o si no guardan una relación de proporcionalidad entre los medios empleados y el objetivo que se persigue conseguir"[8].

3. RECONOCIMIENTO JURÍDICO DEL DERECHO DE ACCESO A LA JUSTICIA

3.1. Introducción

Desde que los tribunales se constituyeron como el mecanismo preferido para la resolución de disputas, se facilitó a los individuos un camino para acercarse a la justicia. En Roma, por ejemplo, el Digesto disponía que "una demanda no es más que el derecho de una persona a hacer valer una reclamación ante un tribunal"[9]. Pero, incluso aunque se permitiera a los ciudadanos ejercer sus derechos ante los tribunales, esta facultad se atribuía individualmente y, por tanto, el Estado no tenía una preocupación excesiva por protegerla. Durante siglos, por tanto, el Estado no entendió que era su deber facilitarlo y mucho menos pagar el acceso a los tribunales.

Pero el panorama cambió en el nuevo contexto socioeconómico surgido tras la Segunda Guerra Mundial, gracias al esfuerzo común de la comunidad internacional por asentar ciertos derechos básicos como pilares esenciales de futuro. La idea de que toda persona tiene ciertos derechos que requieren una acción positiva por parte del Estado para su reconocimiento se generalizó en casi todos los países y los Estados comenzaron

---

6 Sobre las barreras del acceso a la justicia, puede consultarse Villamarín López, M. L., "Access to civil Justice under European Case Law", *International Journal of Procedural Law*, 2017, n. 1.

7 Asunto *Alasini y otros*, 18 de marzo de 2010, C-317 a 320/08.

8 Asunto Bîzdîga v. The Republic of Moldova (App.no. 15646/18), 17 de octubre de 2023.

9 Digesto 44.7.51.

a plantearse que debían proporcionar mecanismos para la resolución de disputas legales y, por lo tanto, debían garantizar (o, al menos, facilitar) a sus ciudadanos el acceso a los tribunales para buscar acciones legales.

Siguiendo las palabras de Cappeletti, el acceso a la justicia se convirtió en "el requisito más básico —el derecho humano más básico— de un sistema jurídico moderno e igualitario"[10] y, en consecuencia, a partir de entonces ha sido consagrado en las constituciones nacionales de casi todos los países (o, en su defecto, en su jurisprudencia dictada por los tribunales constitucionales) y en todos los textos internacionales que reconocen los derechos humanos.

3.2. Reconocimiento jurídico del derecho de acceso a la justicia a nivel nacional[11]

El reconocimiento nacional del derecho de acceso a la justicia está generalizado hoy en día en la mayoría de las democracias liberales. La mayoría de los Estados incluyen expresamente este derecho en sus Constituciones. En Europa[12] , por ejemplo, el derecho a ser protegido por los tribunales está expresamente previsto en términos bastante similares en muchas constituciones[13]como la polaca (art. 45), la ucraniana (art. 55), la portuguesa (art. 20) o la italiana (Art. 24). En Asia, está expresamente previsto en el art. 27 (1) de la Constitución de Corea y en el art. 32 de la Constitución japonesa. En Oceanía, destaca su reconocimiento en la Sección 27 de la Ley de Declaración de Derechos de Nueva Zelanda de 1990. En América, por ejemplo, podemos encontrar un texto bastante completo de reconocimiento de este derecho en México en el Art. 17 de su Carta Magna.

---

10 Cappeletti, M., Garth, B. y Trocker, N., "Acceso a la justicia: informe general comparativo", *Rabels Zeitschriftt für ausländisches und internationals Privatrecht*, 1976, pág. 672.

11 Sobre esta cuestión, véase también sobre la "Constitucionalización del acceso a los tribunales" el interesante estudio de Domej, T., "Constitutionalisation and fundamentalisation of Civil Procedure", Capítulo 2, Parte V, *CPLJ* (en prensa).

12 Véase más extensamente sobre el reconocimiento jurídico europeo de este derecho, Storskrubb, E. y Ziller, J., "Access to Justice in European Comparative Law", en Francioni, F., *Access to Justice as a Human Right*, Oxford University Press, 2007, págs. 177 y ss.

13 Cfr. Maultzsch, F., *Informe para la Conferencia de Seúl de la Asociación Internacional de Derecho Procesal*, 2014, pág. 2019. Este reconocimiento indirecto ocurre también fuera de Europa en países como Canadá.

En otros casos, el derecho se deduce de otro derecho fundamental expresamente reconocido (normalmente del derecho a la tutela judicial efectiva), como es el caso de España (art. 24), Alemania o Israel[14] , o está previsto por otra norma, como es el caso de Austria (párrafo 29 del Código Civil General).

Como explica detalladamente Domej, este derecho individual a los tribunales no está sujeto a reconocimiento en países en los que no rige el "concepto liberal de Estado de derecho", como China o Rusia[15].

3.3. Reconocimiento jurídico del derecho de acceso a la justicia a nivel internacional[16]

A nivel supranacional existe un reconocimiento bien extendido de este derecho en los principales instrumentos jurídicos internacionales que se ocupan de regular los derechos fundamentales, con un contenido similar al de los textos nacionales.

En el contexto europeo, este derecho es reconocido de manera similar por dos instrumentos legales: desde 1950, por el art. 6 del Convenio Europeo de Derechos Humanos (CEDH)[17]; en el contexto de la UE, por el artículo 47 de la Carta Europea de los Derechos Fundamentales.

En América viene reconocido por el art. 25 de la Convención Americana de Derechos Humanos a través del denominado "derecho a la protección judicial": "1. Toda persona tiene derecho a un recurso simple y rápido, o a cualquier otro recurso efectivo, ante un juzgado o tribunal competente

---

14 En Israel, el derecho de acceso a los tribunales no estaba expresamente reconocido en la lista de derechos fundamentales garantizados por sus Leyes Básicas, pero fue declarado un derecho constitucional, pero la Corte Suprema en 2003. Cfr. Ofer-Tsfon, M. y Zer-Gutman, L., "Access to Justice in Israel", en Whalen Bridge, H., *The Role of Lawyers in Access to Justice*, Cambridge University Press, 2022.

15 Domej, T., "Constitutionalisation and fundamentalisation of Civil Procedure", Capítulo 2, Parte V, *CPLJ* (en prensa).

16 Sobre esta cuestión, véase también sobre la "Constitucionalización del acceso a los tribunales" el interesante estudio de Domej, T., *op. cit.*, en el Capítulo 2 de la Parte V, *CPJL* (en prensa).

17 Interpretándolo, recientemente, para todos, Asunto *Fischer c. República Checa*, 24.2.22: "39. El Tribunal reitera que el artículo 6.1 del Convenio consagra el "derecho a un tribunal", que garantiza no sólo el derecho a iniciar un proceso sino también el derecho a obtener una resolución del litigio por parte de un tribunal".

para protección contra actos que violen sus derechos fundamentales reconocidos por la constitución o las leyes del Estado de que se trate o por esta Convención (...)".

En términos similares se prevé en el art. 7 de la Carta Africana de Derechos Humanos y de los Pueblos, que establece que: "Todo individuo tendrá derecho a que su causa sea escuchada"[18].

Algo más allá va el mundo islámico, que reconoce legalmente un "derecho a la justicia" en el art. IV de la Declaración Islámica Universal de Derechos Humanos[19].

El consenso sobre la necesidad de reconocer este derecho se ha plasmado incluso a nivel global, habiéndose llegado a un acuerdo común de incluir este derecho de acceso en los dos principales textos jurídicos universales en materia de derechos humanos: los Arts. 2(3) y 14 del PIDCP y los Arts. 8 y 10 de la Declaración Universal de Derechos Humanos de las Naciones Unidas. De hecho, para este segundo organismo, la consecución de este derecho es uno de los objetivos esenciales de su agenda 2030, como señalamos *supra.*

---

18 Esto comprende: "a) El derecho a recurrir ante los órganos nacionales competentes contra actos que violen sus derechos fundamentales reconocidos y garantizados por las convenciones, leyes, reglamentos y costumbres vigentes; b) El derecho a presumirse inocente hasta que un tribunal competente lo demuestre culpable; c) El derecho a la defensa, incluido el derecho a ser defendido por un abogado de su elección; d) El derecho a ser juzgado dentro de un plazo razonable por un juzgado o tribunal imparcial".

19 "a) Toda persona tiene derecho a ser tratada conforme a la Ley, y sólo de conformidad con la Ley. b) Toda persona tiene no sólo el derecho sino también la obligación de protestar contra la injusticia; a recurrir a los recursos previstos por la Ley con respecto a cualquier lesión o pérdida personal injustificada; a defenderse contra cualquier cargo que se le impute y a obtener un fallo justo ante un tribunal judicial independiente en cualquier controversia con autoridades públicas o cualquier otra persona. c) Es derecho y deber de toda persona defender los derechos de cualquier otra persona y de la comunidad en general (Hisbah). d) Ninguna persona será discriminada en la defensa de derechos públicos y privados. e) Es derecho y deber de todo musulmán negarse a obedecer cualquier orden que sea contraria a la Ley, sin importar quién la emita".

4. EL CONTENIDO DEL DERECHO DE ACCESO A LA JUSTICIA

Sentado el reconocimiento de este derecho a nivel legislativo, surge una segunda pregunta: ¿es idéntico su contenido en todos estos instrumentos? Si leemos las distintas disposiciones legales que lo recogen, aunque existen ligeras diferencias, la redacción legal es prácticamente idéntica en todas ellas, aunque, curiosamente, su significado no es el mismo en diferentes contextos espacio-temporales. Por ejemplo, mientras que en los países occidentales el derecho generalmente se refiere a la idea de facilitar el acceso a los tribunales, en los Estados Islámicos está directamente "enraizado en la idea de hacer justicia más que en maximizar el acceso a la justicia por parte de los ciudadanos", ya que el concepto tiene una importante connotación religiosa[20]. Parece, por tanto, que se suele utilizar la misma expresión como un verdadero cajón de sastre en el que cabe todo. En este sentido, Hess señaló que, si bien el derecho de acceso a la justicia ha sido un "poderoso concepto clave en la agenda política de los sistemas judiciales en Europa" durante más de treinta años, "su significado preciso y el concepto judicial de este término clave permanece aún confuso"[21].

Por lo tanto, antes de plantear sus desafíos o retos, me parece necesario comenzar este trabajo intentando definir o aclarar el contenido de este derecho.

El primer término que nos encontramos al formular esta garantía nos coloca ya en situación: nuestro objeto de estudio es un "derecho" que se reconoce a los ciudadanos, un derecho subjetivo que les permite hacer valer sus derechos e intereses legítimos ante el Estado, que es quien monopoliza la función jurisdiccional. Y, dado que queda vedada la autotutela, se convierte en un derecho humano básico[22], por lo que, como acabamos de

---

20 Cfr. Maranlou, S., *Acceso a la justicia en Irán,* Cambridge University Press, 2014, pág. 34.

21 Cfr. Hess, B., "Tendencias de la UE en el acceso a la justicia", en Hess, B., Cadiet, L. y Requejo, M., *Privatizando la resolución de disputas: tendencias y límites,* Ed. Nomos, 2019, pág. 189.

22 Señalaba Kofi Anann que los "derechos humanos son la base de la existencia y co-existencia humana; que los derechos humanos son universales, indivisibles e interdependientes y que residen en el corazón de todo lo que inspira a las Naciones Unidas para conseguir paz y desarrollo. Son lo que nos hace humanos. Son principios por los que se crea el hogar sagrado de la dignidad humana" (cfr. Angwe, B, "Access to justice and protection of rights of citizens", Sesión de apertura de los tribunales, Abuja, abril 2017. pág. 3).

ver, casi todos los ordenamientos mundiales lo incluyen dentro del núcleo de derechos catalogados como fundamentales.

El segundo término que define el contenido de ese derecho es el término "acceso", cuyo significado tampoco es muy controvertido. Según la RAE, el "acceso" consiste en la "acción de llegar o acercarse" o en la "entrada o paso". Se trata, por tanto, de un poder que se reconoce para ingresar, para penetrar en algún recinto reservado a algún fin. Ahora bien, ¿cómo se concibe esa vía de entrada? ¿Está abierto a todos, con o sin restricciones? Es generalmente aceptado que se trata de una entrada sin exclusiones "ni por razón del sujeto ni por el objeto": esto es, que no puede dejarse fuera a nadie ni cabe excluir "ningún sector del ordenamiento jurídico del que "deriven derechos subjetivos o intereses legítimos"[23]. es decir, nadie debe ser ni puede excluirse legítimamente "ningún sector del sistema jurídico" del que "se derivan derechos o intereses subjetivos". Aunque la realidad ha demostrado que ese ideal no siempre puede realizarse en su totalidad (en particular, debido a los recortes presupuestarios que han hecho la mayoría de los países en su partidas dedicadas a la asistencia jurídica gratuita), este derecho debería implicar, al menos en teoría, la posibilidad de facilitar un acceso igualitario a la justicia. Ahora bien, lo que sí pueden establecerse son ciertas restricciones de entrada (pensemos, por ejemplo, en las tasas judiciales), siempre que estén suficientemente justificadas por el buen funcionamiento de los tribunales o por otras razones de interés público.

El último término que define el derecho de acceso es la palabra "justicia", que da respuesta a la cuestión siguiente: ¿qué pueden esperar los ciudadanos cuando acceden a los tribunales? El término "justicia" no es, lógicamente, unívoco; a estos efectos, importan dos de sus significados[24]. Primero, la justicia (con minúsculas) alude al sistema legal que sirve para tutelar los derechos e intereses de los ciudadanos y, dentro de él, comprende a las instituciones que sirven a tal fin; este primer significado se corresponde con la sexta acepción de la RAE: justicia es "poder judicial". En segundo lugar, la "Justicia" con mayúsculas nos conduce a un significado más indeterminado y abstracto, impregnado de tintes axiológicos: se identifica

---

23 Cfr. Díez-Picazo Giménez, I., "Artículo 24", en Alzaga Villaamil, O. (dir.), *Comentarios a la Constitución Española*, Ed. Edersa, 1996, pág. 37 (versión descargada en Vlex).

24 En algunos idiomas, como el alemán, existe un término distinto para referirse a este segundo ámbito, que identifican con la palabra "Gerechtigkeit", a diferencia de "Justiz", que se refiere al primer significado que hemos aludido.

con su objetivo final de que cada uno reciba lo que le corresponda y con la necesidad de restaurar las situaciones en las que este equilibrio se quiebre; este segundo significado se refleja en la segunda entrada del término "justicia" del Diccionario de la RAE: justicia es "derecho, razón o equidad".

Este último término es nuclear en este estudio ya que, curiosamente, la distinta manera de enfocarlo ha ido marcando la evolución del derecho de acceso a la justicia, cuestión de la que paso a ocuparme a continuación.

5. TENDENCIAS EN LA INTERPRETACIÓN DEL DERECHO DE ACCESO A LA JUSTICIA

5.1. Tendencias históricas en la aproximación al derecho de acceso a la justicia

Si nos remontamos al siglo XIX, esta garantía se concebía como un derecho individual de acceso a las instituciones judiciales para intentar encontrar una solución a los conflictos jurídicos[25]. Éste fue su contenido esencial hasta que, a partir de la década de 1960, de la mano del movimiento mundial a favor de la protección de los derechos fundamentales, el acceso a la justicia comenzó a enfocarse desde una perspectiva más social, a la par que otros derechos emergentes como el derecho a la educación o a la asistencia sanitaria. A partir de entonces, se empezó a considerar seriamente el hecho de que muchos ciudadanos no tenían posibilidades reales de acceder a los tribunales cuando lo necesitaban, por lo que la academia y los legisladores centraron sus esfuerzos en identificar las barreras para el acceso a la justicia, en especial aquellas que afectaban a los más desfavorecidos.

En este contexto de cambio, en 1978 los profesores Mauro Capeletti y Bryant Garth abordaron un ambicioso programa de investigación sobre la evolución del acceso a la justicia, fruto del cual identificaron tres sucesivas olas de reformas globales en esta materia.

La primera ola giraba en torno a la asistencia jurídica gratuita. En un primer momento, desde principios del siglo XX pero, en particular, a partir de los años sesenta, los Estados se preocuparon especialmente por ga-

---

25 Cfr. Galanter, M., "Acceso a la justicia en un mundo de capacidad social en expansión", *Fordham Urban Law Journal*, vol. 37, 2010, pág. 118. Véase también con detalle sobre la historia de este derecho, Friedman, L., "Access to Justice", *Fordham Law Review*, 927 (2004).

rantizar la asistencia jurídica a los más pobres[26] y con este fin organizaron programas de justicia gratuita bastante completos, de tal manera que este beneficio terminó convirtiéndose en parte esencial del derecho de acceso a la justicia en casi todos los ordenamientos jurídicos nacionales[27]e, incluso, fue objeto de reconocimiento a nivel supranacional. Lamentablemente, desde los años 1980 en no pocos países se han recortado los presupuestos que sustentan esta asistencia jurídica gratuita (por ejemplo, piénsese en el caso inglés o canadiense), lo que ha generado, por un lado, una gran preocupación social por la desprotección que estas medidas provocan y, por otro lado, el desarrollo de otras vías alternativas de financiación del litigio como la financiación por terceros, o la proliferación de seguros de defensa jurídica[28].

La segunda ola de reformas, desarrollada a partir de los años sesenta, y con especial intensidad al principio en Estados Unidos, se centró en la defensa de intereses difusos[29]. La sociedad del bienestar permitió la creación de nuevos derechos de titularidad colectiva, que no recibían una protección suficiente con los esquemas legales tradicionales. Así, poco a poco se introdujeron en los sistemas jurídicos mundiales (aunque de modo diverso) las acciones de clase, que obligaron a modificar no pocas categorías procesales clásicas, como, por ejemplo, ocurrió con la regulación de los

---

26 En Alemania, por ejemplo, se dieron los primeros pasos en 1919 y 1923; en Inglaterra, en 1949; en Estados Unidos las reformas se produjeron a partir de 1965. Cfr. Cappeletti, M., y Garth, B., *El acceso a la justicia. La tendencia en el movimiento mundial para hacer efectivos los derechos*, Ed. Fondo de Cultura Económica, pág. 25.

27 Incluso Naciones Unidas ha reconocido la asistencia jurídica como un derecho fundamental, al menos en el ámbito penal: "Principios y directrices de las Naciones Unidas sobre el acceso a la asistencia jurídica en los sistemas de justicia penal" (disponible en: chrome-extension://efaidnbmnnnibpcajpcglclefindmkaj/https://www.unodc.org/documents/justice-and-prison-reform/UN_principles_and_guidlines_on_access_to_legal_aid.pdf).

28 Véanse sobre esta cuestión los interesantes trabajos de Aguilera Morales, M. E., "Hacia un marco normativo europeo sobre la financiación privada de litigios", en Martín Pastor, J. (dir.), *El Derecho Procesal*, 2022, págs. 587-596; D'Alessandro, E., "From public to private litigation funding: private funding by commercial litigation funders", *Actualidad civil*, núm. 7-8, 2023; Hau, W., "Access to justice and costs of litigation", CPLJ (en prensa); Solas, G. M., "Third party funding: a comparative legal and factual overview", *Law, Economics and Policy*, septiembre 2019.

29 Cfr. Cappeletti, M., y Garth, B., *El acceso a la justicia. La tendencia en el movimiento mundial para hacer efectivos los derechos*, Fondo de Cultura Económica, págs. 35 y ss.

efectos y límites de la cosa juzgada. Con todo, en la práctica las class actions no consiguieron extender el acceso a la justicia tanto como se esperaba[30].

Los problemas de acceso persistían pese a estos avances legislativos; por esto se fueron explorando nuevos modos de solución de conflictos, más sencillos y rápidos, que sirvieran de válvula de escape a la colapsada vía judicial. Esto se consiguió en la tercera ola de reformas mediante la creación de los denominados ADRs, tales como el arbitraje o la mediación (hoy MASCs). El reconocimiento de estos medios alternativos de resolución de controversias trajo consigo la ampliación del concepto de acceso a la justicia, ya que, a partir de entonces, el recurso a estas instituciones se integra dentro del contenido de este derecho fundamental, siempre que su actuación se ajuste a las garantías esenciales del proceso justo[31]. Ahora bien, esta opción resulta conveniente siempre que se mantenga en los límites de la voluntariedad. En opinión de gran parte de la doctrina, a la que me sumo, hay que precaverse de la imposición de estos medios alternativos con carácter obligatorio, aunque recientemente parece que ésta es la tendencia[32]. Como demuestran los estudios empíricos realizados sobre esta cuestión[33], es mucho menos probable llegar a un acuerdo cuando las partes se ven obligadas a ello e, incluso, aunque finalmente lleguen a un consenso por esta vía, es muy posible que el acuerdo sea más injusto que la solución alcanzada. sin presiones, dentro de un proceso o mediación consensuada. De hecho, lo que realmente puede lograrse por este camino es justo lo contrario de lo que se buscaba: construir una nueva barrera en el acceso a la justicia.

Como puede verse hasta este momento, en el transcurso de esta evolución del acceso a la justicia, su núcleo residía en "el derecho de acceso a un tribunal"; esto es, en la garantía de entrada a la jurisdicción y, como

---

30 Un informe canadiense mostró esta conclusión, como lo refieren Roach, K. y Sossin, L. en "Access to Justice and beyond", *60 U. Toronto Law Journal*, 373, 2010, pág. 378.

31 Ver en la Sentencia del TEDH *Oleksandr Volkov c. Ucrania*, nº 21722/11, 9 de enero de 2013, párrs. 88-91.

32 Por ejemplo, en Europa se han introducido mecanismos obligatorios de ADR en algunos países, ya sea con carácter general (como ocurre en Italia o Noruega), sólo para determinadas materias (como ocurre en Inglaterra y Gales en derecho de familia; en Austria para cuestiones como custodia de los hijos; o en Francia para reclamaciones de menor cuantía) o para determinados territorios (como ocurre en algunos Länder de Alemania).

33 Cfr. Wissler, nota 9 en *African Studies.*

mucho, a la resolución del asunto por un juez natural, independiente e imparcial o, en su caso, a una institución alternativa reconocida por el Estado para tal fin; esto es, en el derecho a la entrada a un sistema de resolución de conflictos sin más. Se trataba, por tanto, de una formulación básica de este derecho, ligada a la primera forma de entender el concepto de justicia, como poder judicial, que se consagró como el contenido básico de este derecho en muchos textos legales.

Sin embargo, lo cierto es que, en su desarrollo posterior a nivel legal (pensemos, por ejemplo, en el Art. 6 CEDH o el Art. 47 CDFUE) y, sobre todo, jurisprudencial, se vino reconociendo un valor añadido a esta garantía: el derecho de acceso no sólo ha de asegurar la entrada sino también que el proceso adonde se acceda opere conforme a unos estándares básicos de respeto a los derechos humanos ("acceso a un proceso justo"), por lo que se suele ligar el reconocimiento de su contenido básico con la exigencia de que el proceso se acomode a una serie de garantías esenciales, tales como el derecho a que la causa sea oída pública y equitativamente, el derecho de defensa, el derecho a una resolución de fondo, el derecho al recurso o el derecho a la ejecutabilidad de las resoluciones. Pongamos dos ejemplos para ilustrar esta tendencia. En primer lugar, la doctrina del Tribunal Europeo de Derechos Humanos, que entiende que este derecho se extiende más allá de la acción inicial de solicitar reparación ante un tribunal. En este sentido, el TEDH ha afirmado reiteradamente que el derecho a un tribunal incluye no sólo el derecho a iniciar un procedimiento, sino también "el derecho a obtener una resolución del litigio por un tribunal, partiendo de la premisa de que si los Estados miembros no fueran capaces de garantizar el poder de sus tribunales para resolver disputas mediante la emisión de una decisión final, el derecho a un tribunal sería ilusorio[34]. Segundo ejemplo: la definición de este derecho dada por las Naciones Unidas en 2004 también refleja esta comprensión más amplia de esta garantía: el derecho de acceso a la justicia es "es la aptitud de los ciudadanos (...) para buscar y obtener remedio a través de sistemas formales e informales y en consonancia con los principios y estándares de los derechos humanos"[35].

---

34 Véase Asunto *Fălie c. Rumania*, 19 de mayo de 2015, ap. No. 232570/04.

35 Y continúa: y "es más que mejorar el acceso de un individuo a los tribunales, o garantizar representación legal...y...debe definirse en términos de garantizar que los resultados legales y judiciales sean justos y equitativos" (cfr. Programa de las Naciones Unidas para el Desarrollo, Nota práctica: Acceso a la Justicia, 2004. Disponible en: chrome-extension://efaidnbmnnnibpcajpcglclefindmkaj/https://www.undp.org/sites/g/files/zskgke326/files/publications/Justice_PN_En.pdf).

Aclarado esto, cabe formularse la siguiente pregunta: ¿es suficiente esta aproximación al acceso a la justicia para garantizar la tutela efectiva de los derechos de los ciudadanos? Dicho de otro modo, incluso si contamos con un sistema procesal suficientemente garantista, ¿es satisfactoria una concepción del derecho de "acceso a la justicia" que se limita a poner el énfasis en la posibilidad de entrada al entramado institucional de resolución de conflictos y en el respeto a una serie de garantías procesales básicas? Ésta es la inquietud que ha impulsado mi investigación porque creo que la respuesta es claramente negativa.

5.2. ¿Nuevas tendencias en el acceso a la justicia?

Pasamos, así, al segundo bloque de esta exposición, que da respuesta a la pregunta siguiente: ¿hacia dónde se está avanzando en la mejora del acceso a la justicia?

En 1988 nuestro maestro D. Andrés De la Oliva Santos manifestó lo siguiente, al describir lo que él calificaba como el "desquiciamiento de la justicia": "¿Se imaginan Vds. —decía— bibliotecas al servicio de los bibliotecarios y ajenas a los lectores? ¿Se imaginan unos servicios de bomberos estructurados, organizados y reformados en función de los bomberos y no de apagar incendios o achicar inundaciones? Pues eso es lo que, desde hace bastante tiempo, sucede con la justicia en España: que no gira en torno a los justiciables, es decir, en torno a todos nosotros en cuanto podemos necesitar la denominada "tutela jurisdiccional", sino en torno a los órganos jurisdiccionales y a los jueces"[36].

No cabe duda de que podrían seguir adoptándose medidas al modo de las que fueron implementándose desde los años sesenta, pero no es menos cierto que difícilmente pueden prosperar si, como critica el Prof. De la Oliva, estos cambios parten de un criterio desenfocado. Él diagnosticó claramente la enfermedad que podía restar eficacia a estos esfuerzos: "lle-

[36] Cfr. De la Oliva Santos, A., *Cápsulas para la memoria (1966-2006)*, Ed. CERA, Madrid, 2006, pág. 208. En un sentido similar, en su relato titulado "La justicia de Evaristo", el profesor SATTA hacía una advertencia similar a los procesalistas italianos, indicando que su trabajo no debe ser un fin en sí mismo y, por tanto, que si se respeta la humanidad del proceso Al faltar en sus estudios y tratados la ciencia, la academia, la justicia quedó meramente reducida a "un juego".
Cfr. Satta, S. "Un giudizio di conciliazione overo La giustizia di Evaristo", en *Rivista dir. Comm.*, 1963, pág. 230.

vamos demasiado tiempo —apuntaba— soportando que tanto las reformas orgánicas como las procesales se planteen y ejecuten sin pensar en la tutela del Derecho (objetivo) y de los derechos (de los sujetos jurídicos) sino mirando exclusivamente por lo que conviene a los jueces (...). Lo instrumental se ha convertido en un fin. Y el fin verdadero ya no se quiere pensar e incluso se está dispuesto a sacrificarlo"[37].

Pues bien, en estos últimos años coincidieron con él muchos expertos extranjeros tanto en el diagnóstico como también en su solución: era preciso cambiar de perspectiva ¿Se estaría, así, forjando un nuevo movimiento de acceso la justicia? Desde diversos frentes se planteaba abandonar la forma tradicional de creación de modelos procesales pensados desde y para los jueces y abogados[38], con el ciudadano en un rol pasivo, y trasladar la mirada al justiciable como sujeto activo que reclama tutela efectiva, colocándolo así en el centro del diseño de los sistemas de resolución de conflictos (lo que llaman los anglosajones una intervención *bottom-up*[39]). Dado que con este nuevo enfoque, con carácter previo a la adopción de cualquier medida, es preciso identificar de forma empírica las dificultades y necesidades concretas de los ciudadanos (mediante estadísticas, encuestas, trabajos de campo, etc.), el modelo se fue revelando como exitoso ya que permitía que las nuevas propuestas legislativas que se fueran formulando pudieran ajustarse mejor al fin perseguido y su impacto pudiera medirse de cara a ulteriores reformas.

Y, además, esta nueva perspectiva sitúa a la Justicia con mayúsculas en el corazón del derecho de acceso a la justicia ¿Por qué razón? Porque, si el punto de partida de este nuevo enfoque se sitúa en los intereses y necesidades de los ciudadanos, y sabemos que éstos aspiran a algo más que una simple resolución al final de un proceso judicial, esta nueva aproximación al derecho de acceso abre las puertas a una justicia con un valor añadido[40]. De este modo, desde esta perspectiva, el derecho de acceso presupone la existencia de una estructura normativa material y procesal que garantice

---

37 Cfr. De la Oliva Santos, A., *Cápsulas para la memoria (1966-2006),* Ed. CERA, Madrid, 2006, pág. 208.

38 Cfr. Ahrens, H, Fischer, H., Gómez, V. y Nowak, M. (ed.), *Equal access to justice for all and Goal 16 of the Sustainable Development Agenda: challenges for Latin America and Europe,* Ed. Lit, 2019.

39 Cfr. Van der Meene, I., y Van Rooij, B., *Access to justice and legal empowerment,* Ed. Leiden University Press, 2008, pág. 6.

40 Wrbka denomina a esta nueva aproximación a este derecho: "Acceso a la Justicia 2.0" (cfr. Wrbka, S., *European Consumer Access to justice revisited,* Ed. Cambridge, 2019, pág. 28).

suficientemente la tutela efectiva de los derechos e intereses legítimos de los ciudadanos.

En las últimas décadas este nuevo enfoque no se ha quedado en el plano teórico, plasmado únicamente en decenas de trabajos científicos[41] , sino que se está consolidando como objetivo nuclear en las más prestigiosas instituciones internacionales[42]. Hay que destacar dos hitos relevantes: primero, la adopción en 2015 por parte de Naciones Unidas del Objetivo 16 (dentro de los ODS: Objetivos de Desarrollo Sostenible, dirigidos a 2030), sobre el estado de derecho y el acceso a la justicia. En segundo lugar, la

---

41 Entre toda la doctrina sobre este derecho de Acceso, destacamos los siguientes trabajos: Zuckerman, A., y Cranston, R., *Reforma del Procedimiento Civil. Ensayos sobre "Acceso a la justicia"*, Ed. Oxford, 1995; Rhode, D., "Acceso a la justicia: principios de conexión con la práctica", 17 *Georgetown Journal of Legal Ethics*, 369 (2004); Galanter, M., "Acceso a la justicia en un mundo de capacidad social en expansión", *Fordham Urban Law Journal*, vol. 37, 1, 2010; Hurter, E., "Acceso a la justicia: ¿to soñar el sueño imposible?", *Comparative and International Law Journal of Southern Africa*, 2011; Hughes, P., "Avanzando en el acceso a la justicia a través de soluciones genéricas: el riesgo de perpetuar la exclusión", *Windsor YB Access Just* (2013) 31; Farrow, T., "¿Qué es el acceso a la justicia?", *Osgoode Hall Law School of York Law Journal*, vol. 51 (2014); Crawford, C., Bonilla Maldonado, D., "Acceso a la justicia: teoría y práctica desde una perspectiva comparada", *27 Indiana Journal of Global Legal Studies*, 1 (2020); Roberge, J. F., "Acceso a la justicia en el siglo XXI: hacia un enfoque empírico y plural", 54 *RJT*, 487 (2020); Kramer, X., Biard, A., Hoevenaars, J. Y Themeli, E., *Nuevos caminos hacia la justicia civil en Europa*, Ed. Springer, 2021; Storgaard, A., "La investigación sobre acceso a la justicia: en camino hacia una perspectiva más amplia", *Serie Socio jurídica Oñati*, 2022; Creutzfeldt, N. Kyprianides, A., Bradford, B., Jackson, J., *Acceso a la justicia, digitalización y vulnerabilidad: explorando la confianza en la justicia (perspectivas sobre el derecho y el acceso a la justicia)*, Ed. Oxford, 2024; Watson, D., Berg, J. y Laponi, L., "Actioning the Human Rights Agenda and issues of Access to Justice", en *Una agenda de investigación para una criminología centrada en los derechos humanos*, 2024; Brescia, R., "La crisis del acceso a la justicia y el auge de la tecnología jurídica", en *Lawyer Nation*, Ed. Prensa de la Universidad de Nueva York, 2024.

42 Entre otros estudios, FRA, *Handbook on European Law related to Access to Justice*, 2016 (disponible en www.fra.europea.eu); PARLAMENTO EUROPEO, "Acceso efectivo a la justicia", Estudio para la Comisión PETI, 2017; Informe Final "Justicia para todos. Grupo de trabajo sobre Justicia", Centro de Cooperación Internacional, 2019 (disponible en: www.justice.sdg16.plus); OCDE, "Equal access to justice", 2019 (disponible en: https://www.oecd-library.org/governance/equal-access-to-justicia-para-el-crecimiento-inclusivo_597f5b7f-es); OCDE, "Acceso a la justicia y la pandemia de Covid-19: compendio de prácticas nacionales", 25 de septiembre de 2020.

"Recomendación sobre el acceso a la justicia y a una justicia centrada en las personas", adoptada en julio de 2023 por la OCDE, que incluso definía el "centrismo en las personas" en este contexto: "El centralismo en las personas se refiere a un enfoque centrado en las personas que adopta la perspectiva de las personas como punto de partida y las coloca en el centro del diseño, entrega, implementación y evaluación de políticas públicas, servicios y procedimientos legales dentro y fuera del sistema de justicia. Considera las perspectivas y necesidades de comunidades específicas, incluidos los grupos marginados, desatendidos y en situaciones vulnerables (por ejemplo, mujeres, niños, grupos indígenas, ancianos y personas con discapacidad)"[43].

Teniendo en cuenta todo lo anterior, con cierto atrevimiento, formulo la que creo que es mi mayor aportación personal en este trabajo: considero que este cambio ha adquirido entidad suficiente como para afirmar que estamos ante la cuarta ola del movimiento global de acceso a la justicia, que trae consigo un claro cambio de enfoque al defender un modelo de acceso pensado desde y para el ciudadano tutelado, que define, lógicamente, tanto el contenido como los modos de acometer las reformas de Justicia inspiradas por este movimiento.

6. LA "CUARTA OLA DE ACCESO A LA JUSTICIA": DEFINIENDO SUS CARACTERÍSTICAS

Extrayendo los rasgos comunes de las diversas iniciativas analizadas, entiendo que esta cuarta ola de acceso a la justicia se caracteriza por las siguientes notas:

a) Primero: es adaptativa: permite ofrecer mejores soluciones para todos (por ejemplo, es un compromiso explícito de la ONU de "no dejar a

---

43 Recomendación del Consejo de la OCDE sobre el acceso a la justicia y los sistemas de justicia centrados en las personas, 12 de julio de 2023 (disponible en: https://legalinstruments.oecd.org/en/instruments/OECD-LEGAL-0498), discutida en el Informe Global de la OCDE de 2023 Mesa redonda sobre igualdad de acceso a la justicia, Liubliana, diciembre de 2023 (Notas de la sesión disponibles en: chrome-extension://efaidnbmnnnibpcajpcglclefindmkaj/https://www.oecd.org/governance/global-roundtables-access-to-justice/oecd-2023 —mesa redonda-agenda-preliminar.pdf).

nadie atrás"[44]) y, en particular, para los más vulnerables[45]. Tradicionalmente, las soluciones jurídicas tenían un alcance muy general, por lo que algunas necesidades de los ciudadanos nunca eran satisfechas, especialmente las de los más vulnerables, de modo que se perpetuaban ciertas situaciones de desprotección frente a determinados grupos (niños, inmigrantes, grupos indígenas, personas mayores, personas con discapacidad, etc.). Esta nueva tendencia está permitiendo adaptar las leyes a las necesidades de diferentes grupos de población y diferentes tipos de sociedades en cada momento histórico,[46] desde el momento en que el gobierno "se involucra directamente con la gente" para estos fines[47]. Por ejemplo, se pueden superar estas deficiencias mediante campañas informativas o aplicaciones para personas analfabetas o para una parte de la población marginada o acomodando las normas procesales a sus circunstancias. (Por ejemplo, cuando se

---

44 Cfr. Notas de sesión de la OCDE…, *op. cit.*, pág. 14.

45 Por ejemplo, para la protección especial de los niños, la OCDE adoptó un Marco de Justicia Adaptado a los Niños para "apoyar a los países en el desarrollo de una estrategia gubernamental para fortalecer las prácticas amigables con los niños en el sistema de justicia". Este marco, construido "sobre el análisis de las necesidades jurídicas de los niños y los desafíos que enfrentan cuando enfrentan problemas de justicia", proporcionó "una base para reformas de los sistemas de justicia adaptadas a los niños, en línea con las normas y obligaciones internacionales" (cfr. OCDE (2023), "Marco de justicia adaptado a los niños de la OCDE: construcción de un sistema de justicia centrado en las personas", Documentos de políticas de gobernanza pública de la OCDE, nº 41, Publicaciones de la OCDE, París, https://doi.org/10.1787/6a60970e-en).

46 En este sentido, el Informe de la OCDE de 2019, pág. 7.

47 "En la práctica, esto significa dialogar directamente con las personas —y especialmente con los grupos desfavorecidos— sobre sus mayores necesidades, problemas y experiencias en materia de justicia. Estas interacciones pueden arrojar luz sobre la desconexión que muchas personas experimentan entre sus vidas y preocupaciones y los sistemas y servicios del sector judicial. También pueden ayudar a identificar y abordar obstáculos procesales, barreras estructurales (por ejemplo, lenguaje legal complejo, desafíos tecnológicos, problemas de accesibilidad física o sesgos sistémicos) e ineficiencias y brechas en los servicios (por ejemplo, falta de apoyo para ciertas cuestiones legales, cobertura geográfica insuficiente)., o representación inadecuada para ciertos grupos)" (cfr. Notas de sesión de la Mesa Redonda Global de la OCDE de 2023 sobre Igualdad de Acceso a la Justicia, Liubliana, diciembre de 2023, pág. 6).

trata de personas con discapacidad o menores de edad[48]) o implementar herramientas para evitar ciertos sesgos cognitivos[49].

b) Segundo: fomenta soluciones creativas, que, en muchos casos, determinan la acción conjunta de diversos agentes y disciplinas para lograr el objetivo perseguido (juzgados, ONG, trabajadores sociales, abogados, bibliotecas, etc.), apoyando también la multidisciplinariedad, al tratarse con frecuencia de iniciativas que integran perspectivas jurídicas, psicológicas y sociales. Un buen ejemplo de esta tendencia son los proyectos liderados por el Hiil (Instituto de La Haya para la Innovación del Derecho), como son el Justice Innovation Labs o el Justice Accelerator, todos ellos encaminados a mejorar el sistema judicial a nivel mundial y lograr un "punto de inflexión" hacia las personas[50].

c) Tercero: se beneficia de los avances de las TIC y, más recientemente, del potencial que ofrece la IA. En este sentido, cabe destacar las palabras del presidente del Tribunal Supremo norteamericano, John Roberts, en el Informe de fin de año sobre el poder judicial federal: "Para aquellos que no pueden pagar un abogado, la IA puede ayudar. Impulsa herramientas nuevas y altamente accesibles que brindan respuestas a preguntas básicas, incluido dónde encontrar plantillas y formularios judiciales, cómo completarlos y dónde llevarlos para presentarlos al juez, todo sin salir de casa. Estas herramientas tienen el potencial de suavizar cualquier desajuste entre los recursos disponibles y las necesidades urgentes en nuestro sistema judicial"[51]. En cualquier caso, no pueden preterirse los retos que esto plantea y, en particular, los efectos de la llamada brecha digital en colectivos

---

48 Por ejemplo, en las Notas de Sesión de la OCDE, citan el caso de Egipto, donde han desarrollado tribunales infantiles y una línea de asistencia infantil, como una "forma para que los niños busquen ayuda y apoyo". O el ejemplo de Letonia, donde se han establecido servicios multiinstitucionales y amigables para los niños víctimas y testigos de violencia o abuso (cfr. pág. 15).

49 Para poder analizar ejemplos concretos de buenas prácticas a este respecto, véanse *las Notas de sesión de la OCDE…, op. cit.*, págs. 15 y 16.

50 https://www.hiil.org/. Su lema actual en su página web es una pregunta muy interesante sobre este tema: ¿Qué tan justa es la justicia si no te lleva a ninguna parte?". En la actualidad desarrollan interesantes programas en Etiopía, Países Bajos, Níger, Nigeria, Túnez y Uganda)

51 Honorable. John G. Roberts, Jr., Informe de fin de año de 2023 sobre el poder judicial federal, 6 (31 de diciembre de 2023), https://www.supremecourt.gov/publicinfo/year-end/2023year-endreport.pdf citado por Chien, C., Kim, M., Raj, A., Rathis, R., "How LLMs Can Help Address the Access to Justice Gap Through the Courts", *Loyola of Los Angeles Law Review*, enero de 2024, pág. 1 (acceso abierto).

especialmente vulnerables (mayores, analfabetos, etc). Para evitar este último problema se están poniendo en marcha muchas iniciativas; por ejemplo, en el contexto europeo, la Comisión Europea para la Eficiencia de la Justicia (en adelante, CEPEJ) ha recomendado encarecidamente "dedicar atención específica al riesgo de brecha digital y garantizar que nadie se quede atrás (...)"[52]. O la iniciativa del Programa de Justicia Mundial en 2019 con el objetivo de "Medir la brecha de justicia", que tenía como objetivo realizar una "evaluación centrada sobre las personas de las necesidades de justicia insatisfechas en todo el mundo"[53].

d) Cuarto: está dirigido a la prevención y solución de conflictos ("evitación de disputas" en palabras de Susskind[54]). Con este modelo se proponen soluciones no sólo para la resolución de conflictos, sino también para evitarlos, formando e informando a los ciudadanos para que aprendan a prevenir conflictos jurídicos o, cuando se produzcan, para poder desescalarlos rápidamente. En este sentido, la OCDE ha acordado recientemente que "el acceso a la justicia se refiere a la capacidad de las personas, las empresas y las comunidades para prevenir conflictos (...)"[55].

e) Quinto: se trata de un enfoque dinámico, porque, mediante una evaluación continua[56] y mecanimos de prueba-error, permite ir eligiendo las formas más efectivas de mejorar el acceso sobre una base sólida y bien fundada. De hecho, es uno de los desafíos de la OCDE en el camino hacia la generalización del acceso a la justicia: "desarrollar e implementar un marco de medidas e indicadores que revelen una imagen precisa de la provisión de acceso a la justicia para todos"[57]. Para dar un ejemplo práctico de

---

52 Cfr. "Informe de evaluación de la CEPEJ de los sistemas judiciales europeos", Parte. 1, 2022, pág. 103. Disponible en: https://rm.coe.int/cepej-report-2020-22-e-web/1680a86279.

53 Consulte el informe completo en https://worldjusticeproject.org/our-work/research-and-data/access-justice/measuring-justice-gap.

54 Susskind, R., *Los tribunales en línea y el futuro de la justicia,* Oxford University Press, 2019, pág. 75.

55 Punto I de la Recomendación de 12 de julio de 2023, antes citada.

56 En este sentido, la CEPEJ señala como una de las formas de enfocarse en los usuarios de los tribunales "los esfuerzos realizados por los tribunales para comprender sus necesidades y expectativas a través de la organización de encuestas periódicas, talleres, entrevistas, reuniones y otras formas para mejorar la comunicación bidireccional"., promoviendo la calidad y la responsabilidad". Cfr. pág. 103.

57 Cfr. Notas de sesión de la OCDE ..., *op. cit.*, 21. Un interesante análisis de este tema en sus págs. 18 a 23.

esta tendencia a nivel nacional, en Holanda, al amparo de la llamada "Ley para la introducción de Experimentos Temporales en la Justicia Civil", se han implementado diferentes iniciativas procesales (a las que denominan "experimentos "), que, incluso, permiten desviarse de las normas procesales vigentes, siempre que se respeten los principios esenciales del acceso a la justicia y del juicio justo. Los resultados de cada iniciativa se analizan caso por caso para decidir si debe consolidarse en la legislación procesal o, por el contrario, abandonarse[58].

7. TENDENCIAS ACTUALES DE LA "CUARTA OLA" DE ACCESO A LA JUSTICIA: ENFRENTANDO BARRERAS AL ACCESO A LA JUSTICIA

Llegados a este punto, resta analizar las principales iniciativas que se están llevando a cabo en todo el mundo para mejorar la justicia desde esta nueva perspectiva del acceso.

7.1. Empoderar a los ciudadanos a través de una mejor información jurídica

Una de las primeras barreras que encuentran los ciudadanos para acceder a la justicia es la falta de información jurídica. Desde esta nueva perspectiva del acceso a la justicia, no sólo resulta preocupante que los ciudadanos ignoren normas procesales cuando ya están ante los tribunales, sino que también desconozcan las leyes que se les aplican al operar en sus relaciones cotidianas (contratos de trabajo, contratos de alquiler, de compraventa de bienes, etc.), incluso antes de que surjan los conflictos (intentando, cuando sea posible, "desescalarlos"). Es común que no sepan tampoco a quién pedir ayuda. Por eso el Estado debe actuar en este frente de la manera más activa posible. Como señaló la OCDE en su Informe de 2015, es necesario explorar "varios caminos hacia la justicia", ya que en los últimos años hay "un enfoque cada vez mayor en la gama más amplia y el alcance de los problemas que experimenta el público y, por ende, en sus

---

58 Cfr. Van der Grinten, P., "La autorrepresentación y los tribunales: algunas observaciones políticas desde los Países Bajos", en Kramer, X., *op. cit.* pág. 195. Por ejemplo, para cuestiones matrimoniales implementaron el "*Proyecto Divorcio sin Daño*" o la institución de los "*Jueces Consultivos*", con los cuales las partes podían dialogar para, cuando fuere posible, tratar de buscar una solución más informal al conflicto.

problemas legales y sociales"[59], recomendando mostrar un "servicio continuo desde la educación jurídica pública hasta los servicios de resolución temprana y la representación y resolución completa". Este nuevo enfoque se ve facilitado por la existencia de las TIC, que ofrecen muchos recursos para configurar información completa y ágil a través de diferentes mecanismos como páginas web, apps, chat boxes (instrumentos que se pueden combinar con reconocimiento de voz y asistentes como Alexa o Siri), que están permitiendo superar las barreras físicas o educativas que han aislado durante años a determinados colectivos en todo el mundo (mayores, analfabetos, pobres, etc.) al poder utilizarse fácilmente desde casa a través de un ordenador pero también a través de un móvil.

Un primer paso podría darse facilitando la formación jurídica básica a todos desde la base, como ocurre en Finlandia y Francia[60], en donde se han incluido estos contenidos como materia extra opcional en la escuela secundaria. La educación sería probablemente la mejor vacuna contra los conflictos legales.

En materia de prevención, existen multitud de iniciativas públicas y privadas al respecto. Como señala Susskind, "en Derecho, como en Medicina, creo que más vale prevenir que curar. La mayoría de la gente seguramente preferiría evitar los problemas legales por completo antes que resolverlos bien (...) entonces el acceso a la justicia tiene que ver tanto con evitar disputas como con resolverlas". Como continúa afirmando este autor: "mejorar el acceso a la justicia (...) puede significar garantizar el acceso a mecanismos de resolución de disputas más rápidos, más baratos y menos combativos" y debería asimismo implicar "la introducción de técnicas que ayuden a todos los miembros de la sociedad a evitar disputas en primer lugar y, además, a tener una mayor comprensión de los beneficios que la ley puede conferir"[61], etc.)[62].

---

59 Mesa redonda de expertos de la OCDE (notas de antecedentes), "Equal access to Justice", 7 de octubre de 2015, pág. 14 (disponible en internet).

60 Cfr. Storskrubb, E. y Ziller, J., *Access to justice in European Comparative Law,* Oxford University Press, 2007, pág. 191.

61 Cfr. Susskind, R., *The end of Lawyers? Rethinking the Nature of Legal Services,* Ed. Oxford, 2010, pág. 232.

62 Hay buenos ejemplos de estas iniciativas en África, donde la falta generalizada de conciencia sobre el acceso a los tribunales estatales era motivo de preocupación. Algunos sujetos individuales u ONGs han creado herramientas que facilitan el acceso a la justicia a los más desfavorecidos: desde la difusión de información jurídica en la televisión, la radio, las redes sociales (Facebook o Twitter), hasta

Para cuando ya han surgido conflictos, además de múltiples iniciativas públicas y privadas (desde instituciones jurídicas junto con entidades sociales y/o educativas o sanitarias, según las necesidades), recientemente se han desarrollado sistemas denominados "triage"[63], a la manera de los empleados en el ámbito hospitalario. Se trata de ofrecer mecanismos para diagnosticar el problema, analizar si realmente tiene entidad suficiente para ser llevado a los tribunales, priorizar los casos más relevantes y ofrecer, en su caso, la posible ayuda (por ejemplo, asistencia jurídica cuando corresponda) o soluciones a través de la vía judicial o extrajudicial, servicios paralegales[64]. Junto a estos sistemas de triaje, existen múltiples formas en las que este tipo de información jurídica se brinda en la mayoría de los países, presencial o telefónicamente, en los puntos de contacto de justicia

la creación de aplicaciones o plataformas que los sujetos descargan en sus teléfonos móviles, como Barefoot Law, un proyecto reconocido como modelo y muy premiado internacionalmente e iniciado por un estudiante de derecho en 2012 en Uganda como una iniciativa privada para proporcionar información jurídica gratuita a profesionales del derecho a través de su Facebook y SMS y que se ha extendido con gran éxito en toda África, con más de 800.000 usuarios (y más de veintidós mil casos resueltos en su haber). Con un propósito similar, brindar educación jurídica, pero en este caso a nigerianos, destaca la iniciativa denominada "Law Padi" (2015). También hay que destacar la creación de contratos Comic, contratos "escritos en imágenes", que explican a los ciudadanos de forma fácil de entender los términos de los acuerdos y la posición y función de cada parte. Fue desarrollado por primera vez en 2016 por un abogado sudafricano, Robert de Rooy, para ayudar a los recolectores de frutas en las granjas a firmar sus contratos de trabajo, pero se ha extendido a otras áreas del derecho (financiero, comercial- Ver ejemplos de contratos de Comic creados por la empresa Creative Contracts en: https://creative-contracts.com/examples/. También sobre este tipo de iniciativas, Nagtegaal, J., "Justicia para todos: por qué Sudáfrica debería invertir en tecnología legal", en Daily Maverick, 8 de marzo de 2019. La idea se está ampliando con iniciativas, por ejemplo, en Australia (véase en: https://www.aurecongroup.com/about/latest-news/2018/may/visual-employment-contract).

63 La idea de "triage legal" también fue defendida por Susskind (cfr. Susskind, R., *The end of Lawyers? Rethinking the Nature of Legal Services*, Ed. Oxford, 2010, pág. 240).

64 Por ejemplo, desde 2007 existe en los Países Bajos un programa de sitios web interactivos de diagnóstico y clasificación para la resolución de disputas en línea a través de Rechtwijzer 2.0, que es visitado principalmente por ciudadanos en las primeras etapas del conflicto para tratar de "recopilar información necesaria que pueda ayudarlos a resolver el problema". tomar decisiones adecuadas sobre cómo resolver la disputa". En Mesa redonda de expertos de la OCDE (notas de antecedentes), "Equal access to Justice", 7 de octubre de 2015, pág. 17 (disponible en internet).

proporcionados por los Colegios de Abogados, por los Ministerios de Justicia o por los Tribunales[65], o gracias a las TIC a través de centros de autoayuda o sitios web o aplicaciones en Internet[66], iniciativas cuya eficacia se verá intensamente potenciada con la aplicación de la IA.

Finalmente, una vez iniciado el procedimiento, es fundamental que reciban la información adecuada al respecto por parte del tribunal e incluso de sus abogados"[67].

7.2. Facilitar la comprensión y accesibilidad del sistema de justicia

7.2.1. ¿Mejorar la accesibilidad a los tribunales mediante la autorrepresentación?

El Eurobarómetro de la Comisión Europea sobre el "fortalecimiento del consumidor" señalaba en 2011 que sólo dos de cada cien consumidores acudieron a un juzgado ante un conflicto de consumo.; el setenta y ocho por ciento declaró que el procedimiento era demasiado caro, largo y complicado. Estos datos nos advierten de que hay otras dos barreras que siguen dificultando el acceso real a la justicia: el coste y la complejidad de los procedimientos.

La cuestión de la complejidad puede salvarse fácilmente si se cuenta con la asistencia de un profesional del Derecho. Hoy en día, prácticamente todos los ciudadanos prefieren acudir a los tribunales con abogado porque se sienten más seguros y saben que será más fácil que prospere su

---

65 En Austria, por ejemplo, además de la información ordinaria proporcionada por el tribunal, una vez al mes se organiza una jornada de puertas abiertas para que los ciudadanos puedan acercarse a hacer sus preguntas.

66 Por ejemplo, en Estados Unidos, Hotdocs, Probono Net, Stateside Legal, Self-represented littigants Network, Limited License Legal técnicos en Washington, Navigators en Nueva York y Justice Corps en California. Además, cabe destacar el desarrollo del Stanford Legal Design Lab con sede en la Stanford Law School.

67 Véase en este sentido, por ejemplo, la sentencia del TEDH Caso *Anghel v. Italia*, de 25 de junio de 2013, en la que el Tribunal Europeo consideró que el abogado de oficio dio al cliente información incorrecta tanto sobre los plazos para presentar un recurso como sobre el tipo de el recurso es admisible y por tanto, que dicha conducta impidió al cliente impugnar la decisión en tiempo y forma. En igual sentido, en el Informe del CEPEJ (Comisión Europea para la eficiencia de la justicia), "Por una mejor integración del usuario en los sistemas judiciales", 17 de junio de 2021, págs. 8 y ss.

asunto; en concreto, cinco veces más probable, en opinión de los expertos[68]. Ahora bien, lo cierto es que esa asistencia es costosa o muy costosa, según los países, por lo que, a la postre, termina siendo con demasiada frecuencia una barrera más para el acceso a los tribunales. Pueden salvarla, por arriba, quienes tengan dinero disponible para dedicar a este fin sin que esto les impida cubrir sus necesidades básicas cotidianas o, por abajo, quienes, demostrando su falta de recursos para litigar, consigan asistencia del Estado para acudir de forma gratuita a los tribunales. En medio queda todo un estrato muy amplio de población más desatendida, fundamentalmente los miembros de la clase media, que en muchos casos optan por no hacer valer sus derechos ante los tribunales porque no le salen las cuentas, en especial cuando se trata de pleitos por cuestiones de poca entidad. Corrobora esta afirmación el Tribunal de Justicia de la Unión en su Sentencia dictada en el Asunto *Océano Grupo Editorial*[69], cuando afirma que: "en litigios cuya cuantía es a menudo escasa, los honorarios del abogado pueden resultar superiores a los intereses en juego, lo cual puede disuadir al consumidor de defenderse". Esta dificultad podría salvarse extendiendo la cobertura de la asistencia jurídica gratuita a un mayor número de personas que lo necesitan, pero, curiosa y desgraciadamente, la tendencia desde hace ya más de una década es justamente la contraria, recortándose en la mayor parte de los países cada vez más el presupuesto de Justicia dedicado a esta partida.

¿Qué estrategia adoptar entonces, para salvar el acceso a la justicia? En la práctica, para contrarrestar esos recortes, gran parte de los Estados han optado por aumentar los supuestos en los que no es preciso abogado en el proceso civil; por ejemplo, así ha ocurrido en Estados Unidos, Canadá, Reino Unido, Australia, Nueva Zelanda o Hong Kong[70]. La fotografía de lo que ocurre en los Estados miembros de la Unión Europea sirve también como ejemplo de esta tendencia: ocho de ellos renunciaron totalmente a la obligación de comparecer ante los tribunales con asistencia jurídica en todas sus instancias (Dinamarca, Finlandia, Irlanda, Letonia, Lituania,

---

68 Rebecca Sandefur, socióloga de la Universidad de Stanford, tras estudiar el impacto del trabajo de los abogados en el resultado de los juicios, afirmó que "un litigante con abogado tiene cinco veces más posibilidades de ganar un juicio que alguien que se defiende". Cfr. Sanderfur, R., "Access to what?", *Dedalus*, 2019, 148 (1), pág. 986.

69 C-240/98, de 27 de junio de 2000 (párr. 26).

70 Cfr. Buhai, S., en "Acceso a la justicia para litigantes no representados: una perspectiva comparada", 42 *Loyola de Los Angeles Law Review*, 979 (2009), pág. 983.

Malta, Rumanía y Suecia) y, en otros siete (Bélgica, Bulgaria, Croacia, República Checa, Eslovenia, Estonia y Polonia), sólo se exige para recursos de alto nivel (segundo recurso o casación). De esta forma, paulatinamente, la defensa jurídica se va convirtiendo en una opción para los ciudadanos, tal y como se configura en el art. 47 CDFUE y está propuesto en el Reglamento Modelo UNIDROIT (Regla 14) ¿Es esta nueva tendencia una garantía de un acceso más efectivo a la justicia? En nuestra opinión, si lo analizamos desde el punto de vista del ciudadano, si esta opción viene sin herramientas adicionales, es un auténtico fiasco. El Estado levanta esta primera barrera, pero deja al ciudadano solo ante los tribunales.

¿Qué claves podemos ofrecer para afrontar este problema desde la "cuarta ola"? Propongo tres, que luego explicaré con más detalle: primera, reforzar la capacidad de los ciudadanos para "autogestionar" sus conflictos (a modo de un "DIY procesal"); segunda, modificar normas procesales; y, tercera y última, acomodar el papel del juez a esta nueva realidad.

7.2.2. Facilitar la comprensión del lenguaje jurídico

> "¡Oh! Pues si no me entienden —respondió Sancho— no es maravilla que mis sentencias sean tenidas por disparates. Pero no me importa: yo me entiendo y sé que no he dicho muchas necedades en lo que he dicho: sino que vuesa merced, señor mío, siempre es friscal de mis dichos y aún más de mis hechos.
> – Fiscal has de decir —dijo Don Quijote— que no friscal, prevaricador del buen lenguaje, que Dios te confunda" (Don Quijote, II, cap. 19).

No cabe duda de que una de las barreras más difíciles de sortear por el ciudadano lego en Derecho es la comprensión del lenguaje jurídico. De hecho, ocho de cada diez españoles consideran que es excesivamente complicado y difícil de entender y su oscuridad fue una de las quejas más repetidas ante el CGPJ. No se trata, empero, de adoptar un lenguaje básico y simple, ni de dar "esquinazo" al lenguaje jurídico, bajo el paraguas de una suerte de movimiento similar al que, en 1793, en plena Revolución Francesa, dio lugar a la supresión de las Facultades de Derecho. Los tecnicismos y el lenguaje jurídico deben, en mi opinión, seguir empleándose y, de hecho, son imprescindible en muchos contextos, pero hay que conseguir que las comunicaciones del tribunal con las partes sean comprensibles. Así lo explica el Consejo Consultivo de los jueces europeos sobre cualidad de las decisiones judiciales (2008): "cualquier resolución judicial ha de ser inteligible, redactada en un lenguaje claro y sencillo, condición esencial para que sea entendida por las partes y por el público. Esto exige una estructura coherente de la resolución y de la articulación de la argumentación en un estilo claro y accesible para todos”[71].

Sin embargo, además de cumplir con estos requisitos básicos, el juez no debe olvidar que el destinatario de la decisión debe comprender el resultado de sus deliberaciones, por lo que puede ser necesario en algunos casos que tenga que realizar una suerte de “traducción” de las resoluciones judiciales en un lenguaje sencillo, adaptado a las circunstancias del destinatario (edad, nivel de estudios, etc.)[72].

Para cumplir con el objetivo de hacer que la lengua sea más accesible a los ciudadanos, se han desarrollado muchas iniciativas en todo el mundo. Destacan los trabajos de la Comisión Europea para la eficiencia de la justicia (CEPEJ), institución integrada en el Consejo de Europa y, en particular, su Documento titulado “Directrices y estudios comparados sobre la centralidad del usuario en los procedimientos judiciales en materia civil y sobre la simplificación y clarificación del lenguaje con los usuarios” (16-17 de junio de 2021). Traemos aquí algunas de sus principales recomendaciones, ya que pueden tomarse como guía de mejores prácticas al respecto: a) Fomento de la formación en estas cuestiones (inicial y permanente) de los

[71] Curiosamente en la mediación se utiliza habitualmente un lenguaje sencillo y comprensible.

[72] Por ejemplo, esto está previsto expresamente en España para las personas con discapacidad donde la Ley de Enjuiciamiento Civil se ha adaptado recientemente a las exigencias internacionales previstas por la Convención Internacional sobre los Derechos de las Personas con Discapacidad de 2006. Así, la Ley 8/2021, de El 2 de junio, introdujo un nuevo apartado en el artículo 7, que establece lo siguiente: “En los procesos en los que participen personas con discapacidad, se realizarán las adaptaciones y ajustes necesarios para garantizar su participación en igualdad de condiciones”, adaptaciones que podrán ser solicitadas por las partes, por el Ministerio Público o de oficio. Requiere adaptar, cuando sea necesario, su comunicación (por ejemplo, a través de un intérprete de señas), su comprensión, exigiendo el uso de un “lenguaje claro, sencillo y accesible” en función de sus características y necesidades personales, y su interacción con el entorno. Buen ejemplo de esta adaptación son los Proyectos Piloto de sentencias en lectura fácil que se están implementando en Tribunales de Asturias, Madrid, La Rioja y Andalucía. Han conseguido acercar las decisiones judiciales a sus destinatarios, para que comprendan qué aspectos les afectarán y para ello aclaran los términos jurídicos utilizados en recuadros, incluyendo pictogramas sobre los conceptos que trata la resolución. Ver más detalladamente la “Guía de buenas prácticas de acceso para personas con discapacidad (2021): https://www.poderjudicial.es/cgpj/es/Temas/Foro-Justicia-y-Discapacidad/Documentos-de-interes/Guias —y-Protocolos/Guia-de-buenas-practicas-sobre-el-acceso-a-la-justicia-de-las-personas-con-discapacidad.

jueces; b) Creación de manuales y recomendaciones de estilo[73]; c) Promoción de herramientas de información como folletos y páginas web sobre estos temas; d) Cuidado la utilización de modelos y plantillas de resoluciones, siempre respetando la independencia judicial[74]; e) Introducción de evaluaciones periódicas de las competencias orales y escritas de los jueces, al menos durante su primera etapa de formación (en Austria durante los tres primeros años) o durante su mandato, como ya lo hacen varios países como Finlandia, Alemania (cada 4 o 5 años), Italia o Eslovenia[75]; f) Realización de encuestas a usuarios de justicia para medir su satisfacción en cuanto a su comprensión de la lengua tras su paso por los tribunales, para adoptar las medidas correctoras necesarias para mejorar su comprensión, como es el caso de Dinamarca, Finlandia, Moldavia, Eslovenia o Suecia.

En la misma línea, la OCDE ha invitado recientemente a los Estados miembros en la ya mencionada Recomendación del Consejo sobre el acceso a la justicia y a sistemas de justicia centrados en las personas a "diseñar y prestar servicios jurídicos y de justicia centrados en las personas" (...), asegurando que se "proporcionan en un lenguaje y forma claros, sencillos e inclusivos, evitando la complejidad" (Sección II.2.b.ii).

---

73 Destaca en este sentido el proyecto belga del Consejo Superior de Justicia (conocido como Plan Crocus, 2017-2020), que busca que todos los implicados en el proceso utilicen "las herramientas existentes para comunicarse de una manera más comprensible". También son destacables las iniciativas de Bosnia y Herzegovina, Dinamarca y Suecia (Ley sobre la lengua. Véase en CEPEJ (Comisión Europea para la eficiencia de la justicia), "Por una mejor integración del usuario en los sistemas judiciales", 17 de junio de 2021, págs. 34 y ss.

74 De hecho, en algunos países el uso de formularios es obligatorio (por ejemplo, en Reino Unido —art. 4 de las Normas de Procedimiento Civil—). En otros países, como Alemania, Hungría o Moldavia, aunque no es obligatorio, estos formularios se facilitan a los jueces para garantizar que cumplen ciertos estándares mínimos para los ciudadanos. Estas prácticas se diferencian, en cualquier caso, del uso no recomendado de razonamientos estereotipados mediante la técnica de "cortar y pegar", que desgraciadamente se utiliza con frecuencia en nuestros tribunales, y que priva al acusado de posibilidades de defensa por falta de razonamiento suficiente.

75 CEPEJ (Comisión Europea para la eficiencia de la justicia), "Por una mejor integración del usuario en los sistemas judiciales", 17 de junio de 2021, pág. 44.

7.2.3. Diseño de espacios judiciales adecuados para el mejor servicio al ciudadano

La accesibilidad al sistema de justicia pasa también por planificar su diseño considerando las necesidades de los usuarios. En este Apartado mencionaremos la importancia de planificar bien los espacios físicos en los que se administra justicia de manera presencial (Apartado a), así como los espacios virtuales, que son cada vez más utilizados (Apartado b).

a) Diseño de espacios judiciales para actividades procesales presenciales

La idea de que el diseño del lugar destinado a administrar justicia influye en el estado de ánimo y la actitud de sus usuarios no es nueva. De hecho, los romanos, conscientes de la importancia del diseño de los espacios de administración del derecho, levantaron armoniosos edificios con sus magníficas basílicas que transmitían una idea de autoridad y respeto a quienes acudían a pedir justicia. Esta idea se ha perpetuado durante siglos, como lo demuestra el hecho de que el edificio de la corte suele ser uno de los más destacados y habitualmente uno de los más solemnes en casi todas las ciudades. Linda Mulcahy, profesora de la Universidad de Oxford, resume esta idea de esta manera: "cómo el diseño del palacio de justicia y de la sala del tribunal puede verse como una expresión física de nuestra relación con los ideales de justicia". Los cambios en el enfoque del sistema de justicia se han reflejado en la configuración de los espacios judiciales (por ejemplo, aumentando el espacio para los abogados, reduciendo o aumentando el lugar para el público, para el jurado, etc.). En otras palabras, la historia del diseño de los edificios dedicados a administrar justicia tiene mucho que decir sobre la evolución histórica de la propia justicia[76]. Si, como sostenemos en este trabajo, la percepción del acceso a la justicia está cambiando en los últimos años hacia una perspectiva más centrada en el usuario, es, por tanto, lógico considerar cómo debería reflejarse esto en la arquitectura judicial. Con numerosos ejemplos, Mulcahy ilustra cómo los nuevos edificios judiciales en todo el mundo se están concibiendo como símbolos de la democracia, abiertos a una mayor participación pública. Los arquitec-

---

[76] Un estudio detallado de la evolución de la arquitectura jurídica se puede encontrar en Mulcahy, L., *Legal Architecture: Justice, Due Process and the Place of Law*, Routledge, 2011. También es interesante sobre este tema Spaulding, N.W., "The enclosure of justice: courthouse architecture, due process and the dead metaphor of trial", *Yale JL & Human*, 2012.

tos contemporáneos están proyectando edificios que puedan ser un espejo de transparencia y accesibilidad sin perder su sentido de majestuosidad o autoridad. Ejemplos de esta nueva tendencia se podrían encontrar en los juzgados de Reino Unido, Sudáfrica, Australia, Francia, Bélgica, como muestra Mulcahy[77]. De todos ellos destacamos dos ejemplos de este tipo de construcciones. En primer lugar, el proyecto de ampliación del Palacio de Justicia de Burdeos[78]. Esta obra, realizada en 1992 por el prestigioso arquitecto Richard Rogers (que también proyectó, entre otros, el edificio del Tribunal Europeo de Derechos Humanos), persigue transmitir a los ciudadanos una percepción positiva sobre la accesibilidad del sistema judicial francés y refleja sus dos pilares esenciales: transparencia, identificada con la claridad del vidrio que recubre todo el edificio, y la honestidad de los jueces, "materializada en una drástica separación de formas enfatizada con una clara diferenciación de materiales"[79]. En segundo lugar, el Tribunal de Justicia de Nueva Zelanda, que expresa a lo largo de sus muros las nuevas aspiraciones del sistema de justicia del siglo XXI[80].

Otro paso importante para mejorar el diseño de los espacios judiciales pasa por la elaboración de guías maestras para la construcción de proyectos de este tipo. Según nuestras fuentes, Reino Unido está liderando este enfoque en la práctica, ya que ha preparado una guía de ciento sesenta y nueve páginas (disponible en línea), destinada literalmente a "mejorar la experiencia de los usuarios de la justicia", titulada "Guía de diseño de tribunales y tribunales" (2019)[81], que puede ser utilizada como referencia por otros países. Contiene las normas que deben seguirse para la construcción de los edificios judiciales[82]. La guía plantea cómo se deben organizar

---

77 Cfr. Mulcahy, L., *Legal Architecture: justice, due process and the place of law*, Ed. Routledge, 2011, págs. 151 a 159.

78 Cfr., Rowden, E., *El tribunal demócrata Una historia moderna del diseño, el debido proceso y la dignidad*, Routledge, 2019. Y también en Mulcahy, L., *op. cit.*

79 https://arquitecturaviva.com/works/ampliacion-del-palacio-de-justicia-burdeos.

80 Véase, por ejemplo, sobre el significado de este edificio Watson, MT., *Representing Justice: Architecture and the New Zealand Supreme Court*, 2012 (disponible en: http://researcharchive.vuw.ac.nz/handle/10063/2443).

81 Disponible en línea en: https://assets.publishing.service.gov.uk/government/uploads/system/uploads/attachment_data/file/790777/Court_and_Tribunal_Design_Guide_-_Public_v1.1_-_webOptimised.pdf.

82 Cfr. "Guía de diseño de juzgados y tribunales", pág. 9. En ella se prevé que estos edificios sean: "adecuados (los edificios deben proporcionar el entorno y el servicio adecuados para cada usuario y cada audiencia, y reflejar la dignidad y autoridad de los juzgados y tribunales); eficaces (los edificios deben proporcionar

los espacios para ofrecer un mejor servicio a los ciudadanos, con el fin de que su presencia en ellos no les genere a los usuarios tanto estrés o ansiedad; por ejemplo, indica desde cómo debe ser el punto de entrada, con una sala de espera y un mostrador de atención acogedor, si se debe habilitar una sala para los niños que deben acudir a declarar (en las que juegan o lean) o cuestiones sobre la mejor acústica, el mejor color o el mobiliario que mejor se adapta al propósito y tono de cada espacio.

b) Diseño de espacios judiciales en línea

La preocupación por crear entornos más amigables para el público, pero sin perder el sentido de prestigio, autoridad y legitimidad que merecen los tribunales aumenta en los entornos virtuales. El mero recorrido físico que debe realizar el demandado desde la calle hasta la sala del tribunal (especialmente si el arquitecto ha previsto un gran espacio de entrada para llegar al edificio, como es el caso, por ejemplo, del Tribunal Supremo de Australia) pone al usuario en situación. Sin embargo, esto no sucede online, a quien se conecta a una audiencia desde casa. Por lo tanto, es necesario pensar en cómo ayudar al usuario a prepararse para su ingreso virtual a los espacios de la justicia. Aunque hay otros países que también han logrado avances importantes en este sentido, volvemos a destacar las iniciativas adoptadas en Reino Unido. Como resultado del trabajo de expertos de diversas disciplinas, se han preparado una variedad de herramientas para ayudar a los usuarios. En particular, además de una guía de "Buenas prácticas para audiencias a distancia"[83], en la página web del Ministerio de Justicia hay vídeos disponibles[84] que explican tres cuestiones esenciales: en primer lugar, cómo prepararse para las audiencias judiciales tanto técnica como personalmente. (por ejemplo, qué hacer si no quieres ser visto por uno de los participantes en la sesión virtual); segundo, qué sucederá durante la audiencia; y, tercero, cómo comportarse (indicando, por ejemplo, que deben ser educados, que no pueden comer ni beber, ni fumar, ni tener

---

un entorno seguro para todos y ayudar a cada usuario a cumplir su función); accesibles (los edificios deben ser fáciles de usar y comprender) flexibles (adaptables, tanto a las necesidades del día a día como a los cambios a largo plazo; sostenibles (...)".

83 https://www.judiciary.uk/wp-content/uploads/2020/03/Good-Practice-for-Remote-Hearings-May-2020-1.pdf; https://www.gov.uk/guidance/what-to-expect-when-joining-a-telephone-or-video-hearing.

84 https://www.youtube.com/playlist?list=PLORVvk_w75Py6JClMOiiltyTjI2gyc81g.

mascotas cerca). Como ilustra Mulcahy, que ha liderado este proyecto, en sólo quince minutos los ciudadanos pueden ser conscientes de lo que van a hacer y así les resulta más fácil actuar en consecuencia.

7.3. Mejorar el acceso a la justicia para las personas vulnerables

Esta nueva forma de entender el acceso a la justicia está representando un avance muy significativo en la mejora de la protección de los grupos más vulnerables. En este apartado señalaremos algunas medidas adoptadas a tal efecto. Primero, dos iniciativas que se están tomando para mejorar cualquier tipo de vulnerabilidad y, segundo, algunos proyectos especialmente diseñados para el colectivo al que van dirigidos.

7.3.1. Iniciativas generales para todos los colectivos vulnerables

a) Mejorar el derecho sustantivo para una mejor protección de los grupos vulnerables

Una pieza clave para mejorar el acceso a la Justicia con mayúsculas es, lógicamente, la existencia de normas sustantivas que protejan suficientemente los derechos e intereses de estos grupos vulnerables. Por ello, los Estados están siendo especialmente sensibles a las necesidades de estos grupos y están construyendo verdaderos cuerpos normativos para defender sus intereses. Consideremos, tanto a nivel nacional como supranacional, los avances producidos en las últimas dos décadas en el ámbito de los consumidores Así, por ejemplo, en el contexto europeo destaca la Directiva 2019/2161, de 27 de noviembre, para la mejora y modernización de la aplicación de la protección del consumidor de la UE, que vuelve a aumentar la lista de derechos y garantías de los compradores, especialmente reforzando su protección en el tráfico online.

También existen numerosas iniciativas legislativas para mejorar la protección de las mujeres[85] o de determinadas comunidades que han sido marginadas durante años o siglos por razones de género o raza. Este es el caso, por ejemplo, de Canadá, en donde aprobaron recientemente un Plan

---

85 Las mujeres son un grupo marginado en no pocos países. A modo de ejemplo, en los países subsaharianos, el sesgo/discriminación de género fue una de las barreras más graves (la segunda más significativa) al acceso a la justicia. También se ha identificado una brecha de género, ya que existen grandes diferencias entre las mujeres según su estado civil.

de Reconciliación con los pueblos indígenas (2021-2024), centrado, entre otras cosas, en la promoción de los derechos de este grupo.

b) Ampliar la legitimación para una mejor protección de los grupos vulnerables

Una vez reconocidos más derechos sustantivos para los grupos más vulnerables, el siguiente paso para mejorar el acceso a la Justicia pasa por ampliar el círculo de sujetos o entidades que pueden invocarlos ante los tribunales, reconocimiento que pueden realizar los legisladores y los tribunales.

A nivel europeo, la legislación que reconoce la legitimación extraordinaria es muy variada, aunque, por su novedad, destacamos la Directiva 2020/1828, que habilita a determinadas entidades a ejercer en nombre de los consumidores acciones representativas para la protección de intereses colectivos. A nivel nacional, también son muchos los ejemplos de extensión de las normas de legitimación activa para la protección de personas mujeres o de otras personas marginadas por edad o condición sexual (o discapacidad). Por ejemplo, en España la Ley de Enjuiciamiento Civil reconoce una facultad amplia extendida a partidos políticos, sindicatos, asociaciones profesionales de trabajadores autónomos, organizaciones de consumidores y usuarios (arts. 11, 11 bis y 11 ter).

Los tribunales también ayudan en esta tarea. En concreto, a modo de ejemplo, citemos dos sentencias recientes del Tribunal de Justicia de las Comunidades Europeas que han hecho una lectura amplia de las normas extraordinarias de legitimación activa previstas en la legislación en materia de medio ambiente y protección de datos, respectivamente: primero, el Asunto *Stiching Varkens* in *Nood y otros*[86], en el que se reconoció legitimación extraordinaria a la ONG, y, segundo, el Asunto *Federación Alemana de Consumidores vs. Meta Platform Ireland* (Facebook)[87], en el que el TJUE también permitió a dicha Federación ejercitar la acción civil.

---

[86] C-826/18, 14 de enero de 2021.

[87] C-319/20, de 28 de abril de 2022.

7.3.2. Medidas dirigidas a determinados colectivos vulnerables

a) Proteger a los ciudadanos pobres y analfabetos

En los últimos años, todas las organizaciones supranacionales han estado especialmente atentas a los datos sobre el acceso a la justicia de los más necesitados y pobres, ya que son cada vez más conscientes de que un sistema de justicia que no funciona aumenta exponencialmente la pobreza y perpetúa situaciones de necesidad, ya que genera espirales interminables de problemas[88]. También les preocupan las grandes desventajas que tienen ante los tribunales los analfabetos o las personas con bajos niveles educativos: "se encontró que las personas que no podían actuar por sus problemas legales tenían 'bajo nivel de capacidad en términos de educación, ingresos, confianza, habilidad verbal, habilidad de alfabetización y fortaleza emocional' (Genn y Paterson, 2001), señalando así la naturaleza multidimensional de la capacidad legal (Collard et al., 2011)"[89]. En algunos casos, las dificultades se ven agravadas por situaciones de guerra o posguerra, como es el caso de Afganistán o de algunos países subsaharianos, como Sierra Leona[90]. En estos casos, se requieren soluciones específicas, en la mayoría de los casos no sólo para reconstruir el sistema de justicia, sino también para reconstruir la confianza de los ciudadanos[91]. En este sentido, el Informe del Secretario General de la ONU (2004) señalaba que en cada caso particular se debe apreciar la "sensibilidad a las necesidades de los grupos"[92].

---

[88] Véase Bowdon las dificultades para llegar a los tribunales en los tres países más pobres del mundo: Sierra Leona, Tanzania y Zambia (cfr. Bowdon, R., "Access to Justice in Africa", *Policy Brief*, n. 13 (2009)).

[89] Notas de sesión de la OCDE…, *op. cit.*, pág. 12.

[90] Cfr, Malik, WH y Maghani, C. L., Banco Mundial, *Voces de los vulnerables: promover el acceso a la justicia en África subsahariana*, 2023, pág. 34.

[91] "La falta de confianza en el poder judicial se considera la principal barrera al acceso a la justicia y está fuertemente relacionada con otras barreras, mientras que la corrupción es la causa más directa de desconfianza en el poder judicial" (cfr Malik, WH, y Maghani, C. L., World Bank, *Voces de los vulnerables…*, *op. cit.*, pág. 61).

[92] Por ejemplo, esto llevó en Afganistán (un país donde el 69% de la población es analfabeta) a la rehabilitación de los tribunales consuetudinarios, teniendo en cuenta su falta de confianza en los tribunales oficiales.

b) Protección de las personas con discapacidad

Históricamente, uno de los sectores de la población que casi podría decirse que quedó fuera de un posible acceso a la justicia fueron las personas con discapacidad. En los últimos años ha habido una mayor conciencia mundial sobre la necesidad de brindarles un mundo más accesible. Desde la perspectiva del acceso a la justicia, Naciones Unidas aprobó en diciembre de 2006 un instrumento que protege sus derechos: la Convención Internacional sobre los derechos de las personas con discapacidad[93], cuyo artículo 13 reconoce su derecho de acceso a la justicia en los siguientes términos: "Los Estados Partes garantizará el acceso efectivo a la justicia para las personas con discapacidad en igualdad de condiciones que las demás, incluso mediante la provisión de adaptaciones procesales y apropiadas para su edad, a fin de facilitar su papel efectivo como participantes directos e indirectos, incluso como testigos, en todos los procedimientos legales (...)". Diferentes países han introducido estas medidas en sus legislaciones nacionales, como es el caso español, a través de la aprobación de la Ley 8/2021, de 2 de junio[94].

c) Protección de las PYMES

Aunque el foco fundamental del nuevo enfoque del acceso a la justicia está en los ciudadanos más pobres, en las personas marginadas y en los consumidores, no puede quedar fuera un grupo especialmente afectado por un acceso inadecuado a la justicia: las PYMES. Las PYMES son la "sala de máquinas" social y económica de cada país. Por ello, los Estados analizan cada vez más las necesidades de protección jurídica de sus empresas para brindarles una protección judicial más efectiva. Por poner un ejemplo, este estudio se ha llevado a cabo en Polonia, cuyo resultado demuestra la importancia de este tema para las PYME: "casi la mitad (46,9%) de los

---

93 Sobre este tema, más detalladamente, véase Flynn, E., *Disabled Justice? Access to justice and the Convention on the rights of people with disabilities*, Ed. Routledge, 2015.

94 Esta Ley introduce un nuevo apartado en el artículo 7, que establece lo siguiente: "En los procesos en los que participen personas con discapacidad se realizarán las adaptaciones y ajustes necesarios para garantizar su participación en igualdad de condiciones", adaptaciones que podrán ser solicitadas por las partes, por el Ministerio Público o de oficio. Requiere adaptar, cuando sea necesario, su comunicación (por ejemplo, a través de un intérprete de señas), su comprensión, exigiendo el uso de un "lenguaje claro, sencillo y accesible" en función de sus características y necesidades personales, y de su interacción con el entorno.

encuestados tuvieron una contienda legal en los tres años anteriores al estudio"[95], datos que probablemente sean iguales en la mayoría de los países. Y el problema es que muchas pequeñas y medianas empresas no sólo saben qué hacer cuando surge un conflicto legal, sino tampoco cómo prevenirlo (mejorando, por ejemplo, la redacción de sus contratos), y en la mayoría de los casos no tienen acceso a asistencia jurídica gratuita para ayudarles a encontrar el mejor camino para resolver el conflicto. Estas diferencias se agravan, como señaló Butler para Nueva Zelanda (aunque puede generalizarse a cualquier país)[96], en el comercio internacional, por lo que muchas de estas microempresas deciden no operar en el extranjero para evitar problemas. Al margen de la huida en estos casos a los mecanismos de ADR (la Prof. Butler propone en su artículo como solución parcial la creación de Tratados de Arbitraje Bilaterales), es necesario evaluar país por país qué necesidades tienen sus Pymes y proponer medidas que puedan mejorar su acceso a los tribunales[97].

e) Protección de los pueblos indígenas

La Declaración de las Naciones Unidas sobre los Derechos de los Pueblos Indígenas (DNUDPI) fue adoptada en 2007. Establece estándares mínimos para la supervivencia, el bienestar y la dignidad de los Pueblos Indígenas en todo el mundo. La DNUDPI prevé el derecho de los Pueblos Indígenas a la autodeterminación, la autonomía o el autogobierno (Artículo 4 DNUDPI), reconocimiento que incluye el derecho de acceso a la justicia. Hay determinados países como Australia, Brasil o Canadá, donde estas normas son de especial calado y que han tenido que incorporarlas a

---

95 Muszynski, K., "Acceso a la justicia en las pequeñas y medianas empresas en Polonia. An empirical report", 2019. Disponible en: https://www.academia.edu/40798193/Access_to_justice_in_small_and_medium_sized_enterprises_in_Poland_An_empirical_report.

96 Cfr. Mayordomo, P. y Herbert, C., "Acceso a la justicia versus acceso a la justicia para pequeñas y medianas empresas: el caso de un tratado de arbitraje bilateral", *New Zealand Universities Law Review,* vol. 26, 2014, págs. 2 y 12.

97 Véase mayordomo, P. y Whelan, G., "¿El régimen de resolución de disputas en Europa realmente sirve a los HSH?", en Beaumont, B., Foucard, A., Brodlija, F. (eds), *International arbitration: Quo Vadis?,* Wolters Kluwer 2022, Capítulo 6.

su regulación nacional por la presencia de un número importante de población indígena[98].

7.4. *Reducir las barreras procesales*

Al margen de las consideraciones tradicionales que se han mantenido tanto a nivel nacional como internacional para que las exigencias procesales no constituyan obstáculos al acceso efectivo a la justicia (evitando normas procesales inadecuadas que contengan formalidades procesales desproporcionadas o interpretaciones excesivamente estrictas de dichas normas)[99], podemos añadir dos nuevas cuestiones al hilo de lo planteado en el marco de esta nueva ola de acceso a la justicia. En primer lugar, la necesidad de adaptar nuestros modelos procesales a los crecientes casos de autorrepresentación y segundo, las consecuencias procesales que tendrán las medidas adoptadas en el ámbito sustantivo para proteger mejor a los grupos vulnerables.

7.4.1. La necesidad de adaptar los modelos procesales a los crecientes casos de autorrepresentación

Dado que, como comentaba anteriormente, los Estados están aumentando los supuestos en los que los particulares no están obligados a acudir a los tribunales con un abogado, puede ser necesario adaptar los modelos procesales a este nuevo panorama. De lo contrario, los ciudadanos no podrán hacer frente a los múltiples trámites pensados para un procedimiento ante expertos jurídicos, creando una clara nueva barrera para el acceso a la justicia. Así, formularemos a continuación una serie de propuestas para adaptar nuestros procedimientos civiles a esta nueva situación:

1) Forma del procedimiento: convendría que los procedimientos fueran predominantemente orales. Con todo, no se oculta que algunos modelos de procedimientos de escasa cuantía como el europeo (muy

[98] Por ejemplo, Canadá no respaldó plenamente la DNUDPI hasta 2016 y finalmente aprobó en 2021 el proyecto de ley C-15, "una ley que respeta la Declaración de las Naciones Unidas sobre los Derechos de los Pueblos Indígenas. Disponible en: https://www.parl.ca/DocumentViewer/en/43-2/bill/C-15/royal-assent.

[99] Véase en este sentido, el trabajo de Villamarín López sobre las barreras en el acceso a la justicia (cfr. Villamarín López, M. L., "Access to civil ..., *op. cit.*).

criticado por ello) o algunos países por razones de mayor eficacia[100] están prefiriendo los procedimientos escritos. En mi opinión, esta opción reduce claramente las garantías para los litigantes, mayor aun cuando no acuden con un profesional del derecho a llevar el litigio ante los tribunales. Cuando las partes no están representadas, se vuelve aún más urgente tener al menos la opción de celebrar una audiencia y que las partes presenten sus reclamos personal y directamente al juez.

2) Los tiempos del procedimiento. Primero, los plazos. Cabe considerar si los legalmente previstos para los actos de alegación y defensa son suficientes para permitir una defensa efectiva de las partes legas, porque normalmente existe un régimen temporal único para los casos con o sin intervención de abogados. En segundo lugar, en cuanto a la preclusión, porque en la mayoría de los casos se diseñaron y pensaron reglas procesales estrictas para el litigio con la ayuda y asistencia de profesionales del derecho[101]. Cuando esta situación no se produzca, mi recomendación es relajarlas, salvo que se garantice que las partes han sido debidamente informadas de sus consecuencias y las han comprendido plenamente.

3) Reglas de la carga de la prueba: sería también recomendable aliviar estas reglas, como lo hacen países como Estados Unidos o el Reino Unido en sus procedimientos civiles de escasa entidad.

4) Papel del juez. Si bien la construcción del modelo del procedimiento civil contemporáneo se basa en el principio dispositivo, que implica que las partes definen íntegramente el objeto del procedimiento, ello no significa que el juez no deba asumir ningún papel activo durante el procedimiento, sin abandonar su posición imparcial. Por lo tanto, en este tipo de procedimientos sin asistencia jurídica a las partes podría ser recomendable que el tribunal asumiera no sólo el deber de informar equidistantemente a las partes de sus derechos y cargas, sino también que les diera la oportunidad de presentar argu-

---

100 Por ejemplo, España en su reciente Real Decreto 6/2023, de 19 de diciembre.

101 En España, por ejemplo, el art. 265 de la Ley de Enjuiciamiento Civil exige que los documentos vayan acompañados de la demanda (o de la contestación de la demanda, para el demandado), sin que pueda hacerse posteriormente si existiera la oportunidad de incorporarlos en este momento inicial.

mentos jurídicos durante el proceso y que hiciera comprensibles sus resoluciones a sus destinatarios[102].

5) Control de las decisiones adoptadas en estos procedimientos. Si bien es cierto que gran parte de los procedimientos de escasa cuantía no cuentan con segunda instancia, normalmente están sujetos a cualquier tipo de recurso, incluso excepcional. Seguimos creyendo que es más necesario un recurso cuando las partes se encuentran ante el tribunal sin abogado, ya que se ven privadas de cualquier opción de impugnar decisiones judiciales si el juez ha violado sus garantías esenciales.

7.4.2. Consecuencias procesales de las medidas adoptadas en el ámbito sustantivo para proteger mejor a los grupos vulnerables

Como se analizó antes, uno de los logros de esta nueva ola de acceso a la justicia es la mejor protección efectiva de los derechos de los ciudadanos a través de una regulación más integral de sus derechos sustantivos y la extensión de las reglas de legitimación activa. Pero la eficacia de algunas de estas iniciativas puede verse obstaculizada por los requisitos establecidos por algunas normas procesales nacionales.

Llegados a este punto, cabe preguntarse: ¿cuánto acceso a la justicia es suficiente? ¿Cuánto acceso a la justicia queremos? Porque lo cierto es que, si creamos todo un corpus de leyes sustantivas para la protección de los ciudadanos y normas especiales para los grupos más vulnerables, las normas procesales no deberían dejarlas vacías de contenido ¿Tenemos entonces que alterar o cambiar nuestra "forma tradicional de construir procedimientos civiles" (sus principios, sus reglas, sus límites, etc.) para hacer efectivas las leyes sustantivas? ¿Tenemos que empezar a aceptar excepciones en la aplicación de requisitos procesales para hacer aplicables los derechos (por ejemplo, en lo que respecta a las reglas de cosa juzgada o de preclusión)?

Dentro de la Unión Europea se ha podido constatar en los últimos años una tendencia clara en esta dirección en algunos ámbitos que se consideran necesitados de protección especial (en particular, los consumidores): un camino hacia la prevalencia de hacer efectivos los derechos sustantivos

---

102 Sobre el papel del juez cuando las partes no están representadas, véase, *inter alia*, Buhai, SL, "Access to Justice for Unrepresented Litigants: A Compared Perspective", 42 *Loyola of Los Angeles Law Review* 979 (2009), pág. 997.

europeos por encima, si fuera necesario, de las leyes procesales nacionales (sobre cuestiones tan importantes como preclusión o cosa juzgada). Así sucedió en los asuntos *Ibercaja* y *Unicaja* ante el TJUE, si bien es cierto que parece que esta línea de jurisprudencia está siendo últimamente matizada por el Tribunal[103].

7.5. Enfrentando litigios cada vez más complejos y tribunales sobrecargados

7.5.1. Reformar la organización de los tribunales

En los últimos años se pueden observar dos tendencias fundamentales en materia de reorganización de los tribunales: primero, la desaparición de muchos juzgados de primera instancia y, segundo, la especialización de los tribunales. Creemos que vale la pena examinar esta tendencia para analizar si afecta de alguna manera el acceso a la justicia.

Respecto a la primera cuestión, existe una tendencia general hacia la desaparición de los juzgados de primera instancia de jurisdicción general[104] (integrados por un juez único más cercano al ciudadano), normalmente debido a una reorganización de la distribución territorial. En algunos países como España se intentó justificar estas medidas diciendo que el establecimiento del nuevo modelo judicial de juzgados (juzgados de distrito con una competencia más amplia) "simplificaría el acceso a la justicia" pero parece que esa justificación para muchas de sus las reformas están lejos de eso; normalmente, responde más a la búsqueda de la eficiencia y economía procesal (mera optimización de recursos, fusionando juzgados unipersonales en un único Tribunal, evitando aumentar la plantilla judicial), por lo que los legisladores nacionales deben ser muy cautelosos con los cambios que realicen en este sentido para no convertirlos en un nueva barrera al acceso a la justicia si lo que consiguen es alejar al ciudadano del tribunal. En este sentido, la CEPEJ recuerda a los Estados miembros que

---

103 Véase en este sentido, el trabajo de Vallines García, E., "No procedural limits for consumers challenging unfair contract terms? (C-869/19, C-600/19 and C-693/19 & C-831/19)" [¿Sin límites procesales para los consumidores que alegan cláusulas abusivas?], *EU Law Live*, 26 de mayo de 2022. Sobre la última jurisprudencia a este respecto, también Vallines García, E., "Demolishing procedural autonomy in the name of effectiveness: Unicaja, Ibercaja and SPV Project", en Sarmiento y otros (eds.), *Yearbook on Procedural Law of the Court of Justice of the European Union*, 2023 (en prensa).

104 Más detallado en Informe CEPEJ, pág. 95.

"el derecho de acceso depende esencialmente de las condiciones bajo las cuales el ciudadano puede, por sí mismo o por una persona jurídica, representante, comparecer ante un juez", lo que "implica una relativa proximidad entre los litigantes y el tribunal, al menos para la primera instancia"[105].

Deben tomarse precauciones similares por lo que se refiere a la tendencia progresiva a la especialización de los tribunales[106]. Para evitar excesos en este sentido, puede ser apropiado seguir la recomendación dado por el Consejo Consultivo de Jueces Europeos en su Dictamen 15 (2012) sobre la especialización de los jueces: que estos tribunales "sólo deberían crearse cuando sean necesarios para la adecuada administración de justicia, debido a la complejidad o especificidad del derecho de los hechos", como ocurrió, por ejemplo, con la creación de los primeros tribunales medioambientales en Suecia[107].

7.5.2. Simplificación de trámites

Sin embargo, parece fuera de toda duda que lo que puede reducir la carga de nuestros tribunales es la creación de procedimientos judiciales más simples. Cuando sea posible, se desarrollarán online aprovechando las posibilidades que ofrecen las nuevas tecnologías, que permiten a los usuarios gestionarse durante todo el procedimiento desde casa con su propio ordenador, tableta o, incluso, con su móvil. Aunque podría ser posible que, al menos, los documentos esenciales del procedimiento puedan presentarse online, para luego remitirlos al tribunal competente, como ocurre de momento con los procedimientos europeos que se gestionan a través de E-Justicia portal (por ejemplo, para procesos de menor cuantía), ya hay países que han ido un paso más allá y han implementado procedimientos completos desarrollados en línea. Destacamos dos modelos, que están funcionando muy bien y están sirviendo de ejemplo para el resto del mundo: el primero, en Canadá, el Tribunal de Resolución Civil de la Columbia Británica, gestionado desde 2016 como un tribunal, aunque sus miembros no son jueces profesionales sino expertos en Derecho y resolución de con-

---

105 Informe CEPEJ, pág. 101.

106 Como señala la CEPEJ, aunque en los últimos años se ha ralentizado un poco, el aumento de tribunales especializados en Europa ha sido del 38% en la última década (2010-2020).

107 Informe CEPEJ, págs. 99 y 101.

flictos; el segundo, el procedimiento inglés conocido como "*Money Claims*", previsto para reclamaciones de cuantía inferior a 10.000 libras[108].

No se puede descartar que en unos años gran parte de los litigios se resuelvan mediante inteligencia artificial y se puedan iniciar los procesos desde nuestros móviles para que un robot pueda resolverlos, como vienen haciendo desde 2017 en Hangzhou (China), a través de los "Smart Courts", tribunales en línea que funcionan las 24 horas del día, los 7 días de la semana —ya exportados a Beijing y Guangzhou— para resolver cuestiones en materia digital. Pero, de momento, parece más prudente considerar sólo procedimientos que no alteren la dinámica de nuestros procedimientos civiles actuales (de hecho, por ejemplo, prevén la celebración de una audiencia), pero que, realizados en línea, simplifican su recorrido al ciudadano, ya que les ayuda en la preparación de su demanda o petición inicial a través de los navegadores que van enfocando sus respuestas y facilitando así la introducción de sus alegaciones y sus pruebas. Con todo, lo cierto es que la implementación de estos procedimientos debe hacerse con mucho cuidado para no crear procedimientos rígidos que terminen limitando la defensa de las partes. Pero no parece que esto esté sucediendo en los países que mencioné *supra*, cuyo índice de satisfacción con estos procedimientos online es altísimo[109].

8. CONCLUSIONES FINALES

PRIMERA. El derecho de acceso a la justicia entendido en su contenido básico de acudir a los tribunales es objeto de un amplio reconocimiento en prácticamente todos los países del mundo (incluso a nivel constitucional en muchos de ellos) y es un pilar básico de los textos internacionales que reconocen los derechos humanos. Además, tanto las leyes como la jurisprudencia han ido reconociendo múltiples garantías complementarias que hacen más efectivo este derecho (por ejemplo, los derechos a la sentencia motivada, a un juicio justo, a la ejecución y al recurso de apelación).

SEGUNDA. Existe una tendencia global a reconocer un valor añadido al derecho de acceso a la justicia, desde el momento en que los ciudadanos

---

108 https://www1.moneyclaims.service.gov.uk/eligibility.

109 Véanse, por ejemplo, las encuestas realizadas por el CRT: https://civilsolvingbc.ca/about-the-crt/reports-and-publications/.

esperan y merecen de los tribunales la protección material de sus derechos sustantivos (lo que ha sido llamado por la doctrina "Justicia 2.0").

TERCERA. Es posible observar a nivel nacional y supranacional una tendencia general a acercar la justicia a los ciudadanos (a través de un enfoque *bottom up*) y a tratar de hacerla llegar al mayor número posible de personas, con especial atención a los más vulnerables. Esta tendencia es lo que en este estudio la "cuarta ola de acceso a la justicia".

CUARTA. Probablemente estemos viviendo el momento más privilegiado de la historia para facilitar el acceso general a la justicia. Como hemos visto a lo largo de estas páginas, incluso países subdesarrollados o que sufren condiciones de violencia o pobreza extrema están haciendo enormes esfuerzos en esta dirección, sabiendo que es una de las armas más poderosas para superar su situación.

QUINTA. Estos avances hacia la mejora del acceso a la justicia no provienen únicamente del ámbito del Derecho Procesal, ni siquiera del ámbito jurídico, como ocurría hasta hace unos años. Y esto porque se tienen en cuenta otros muchos aspectos como los económicos, estadísticos, socioculturales, étnicos, lingüísticos, etc. Por lo tanto, futuros trabajos en este campo precisan de una aproximación multidisciplinar para poder utilizar la información específica proporcionada por estas áreas para desarrollar análisis más precisos y poder, así, ofrecer soluciones específicas para cada caso[110].

---

[110] En la misma dirección, Storgaard, A., "Access to Justice Research...", *op. cit.*, pág. 15, y Sanderfur, R., "Acceso a la justicia civil (...)", *op. cit.*, 2009, XVI.

Eficacia de la ley procesal en el tiempo: claves para una reconstrucción de la teoría de la irretroactividad de las normas procesales[1]

JUAN DAMIÁN MORENO
Catedrático de Derecho Procesal
Universidad Autónoma de Madrid

El pasado nunca muere; ni siquiera es pasado (William Faulkner)

SUMARIO: 1. INTRODUCCIÓN. ILUSIÓN Y REALIDAD DE LAS INTERMITENCIAS DEL DERECHO ¿LEYES NUEVAS, MÁS LEYES O LEYES MEJORES? EL RELOJ DEL PROCESO Y EL RELOJ DEL DERECHO. 2. RETROACTIVIDAD, IRRETROACTIVIDAD Y CERTEZA: ¿CÓMO AFECTAN LOS CAMBIOS NORMATIVOS AL EJERCICIO DE LOS DERECHOS? CLASES O GRADOS DE RETROACTIVIDAD. 3. EFECTOS DE LA IRRETROACTIVIDAD DE LAS NORMAS PROCESALES EN LA PROGRAMACIÓN DE LA ESTRATEGIA DE DEFENSA DE LAS PARTES. IRRETROACTIVIDAD Y PRECLUSIÓN.

1. INTRODUCCIÓN. ILUSIÓN Y REALIDAD DE LAS INTERMITENCIAS DEL DERECHO ¿LEYES NUEVAS, MÁS LEYES O LEYES MEJORES? EL RELOJ DEL PROCESO Y EL RELOJ DEL DERECHO

La perdurabilidad o continuidad del derecho no equivale a la perdurabilidad o continuidad de las leyes; las leyes cambian, incluso de un día para otro, pero el derecho permanece. La vida de una ley, como la de cualquier ser humano, está marcada por dos acontecimientos esenciales y de enorme transcendencia; por una parte, su nacimiento y, por otra, su ex-

---

1 *Este trabajo, inicialmente pensado para que formara parte del monográfico que bajo el título* Derecho y retroactividad *tiene previsto publicar el Anuario de la Facultad de Derecho (AFDUAM), se lo quiero dedicar a Víctor Moreno, en reconocimiento, no sólo a su magisterio, sino como muestra de mi profundo agradecimiento por el apoyo y afecto que he recibido de él a lo largo de toda mi trayectoria académica.*

tinción. Las leyes tienen siempre un antes y un después. Las circunstancias que originan el nacimiento de una ley, constituyen uno de los elementos que más honda significación tienen para los profesionales del derecho y, a menudo, son recordadas de manera especialmente intensa. Las vicisitudes y las reformas que, a lo largo de su trayectoria vital, se han llevado a cabo para mantenerlas en un estado adecuado para seguir siendo útil, también permiten conocer la ruta o el camino que han recorrido.

Cada uno de los hechos o hitos que se suceden a lo largo del periodo de vigencia de una ley son pues fundamentales en muchísimos aspectos, especialmente a la hora de interpretarla y aplicarla y, en consecuencia, son fragmentos de vida legal que nos descubren los grandes secretos que encierran cada una de ellas. Porque luego de indagar las circunstancias que se tuvieron en cuenta para promulgarla y averiguar las razones que motivaron su aprobación, resultan enormemente útiles para sus eventuales destinatarios; es decir, para quien tiene que adecuar su conducta a los establecido en ellas[2].

Pero toda esta labor requiere de un esfuerzo previo de análisis y más aún si se trata de la sustitución de una norma por otra. El cambio de una ley por otra o, simplemente, la derogación de la que estuviera vigente, al margen del trastorno que pueda generar, da lugar a un conjunto de situaciones a las que el jurista deberá necesariamente enfrentarse, y, desde luego, es todo un reto para el que tenga que adecuar su actividad o su conducta a lo que en cada momento le establezca la ley, algo que tiene una especial incidencia en el ámbito del derecho penal[3].

Y no solo el jurista, también el estudioso y el estudiante; quienes empezamos a estudiar la carrera al comienzo de la transición vivimos una experiencia inolvidable en todos los aspectos. Uno de ellos tenía que ver con este tema, pues todo el ordenamiento jurídico español estaba en esos años en plena transformación, de manera que, como aquel *Camaleón de Madagascar* del que habla la leyenda, nos veíamos obligados a mirar con un ojo al pasado y con el otro al futuro y a estudiar simultáneamente los textos del derecho vigente junto con los proyectos legislativos que ya se estaban preparando, y siempre temiendo que tres palabras del legislador

---

2 Un tratamiento en profundidad de la problemática que genera esta materia y las soluciones que se han dado, se encuentra en el excelente trabajo de Luis Mª Díez-Picazo: *La derogación de las leyes* (Madrid, 1990), pág. 34.

3 Tajadura Tejada, Javier: "Tiempo y derecho: fundamento y límites de la retroactividad de la ley", *Revista de Derecho Político*, UNED, nº 108 (2020), pág. 43.

acabasen haciendo inservibles las horas que habíamos dedicado a preparar las distintas asignaturas, haciendo buena aquella maldición de Von Kirchmann de la que ya empezábamos a oír hablar y que tanta preocupación nos empezaba a causar.

Pero también el paso del tiempo afecta a la eficacia de las leyes y puede generar situaciones paradójicas debido a las consecuencias que el transcurso de los años provoca en ellas, especialmente en países en los que la codificación tuvo un protagonismo especial; hasta tal punto es así, que la avanzada edad de algunas de ellas constituye un factor que se presenta como síntoma de su aparente decadencia, circunstancia que es aprovechada por quienes, en ocasiones, pretenden, desacreditar o cuestionar la autoridad de sus disposiciones. Es más, para complicarlo más a veces el legislador ni siquiera se toma la molestia de fijar el momento a partir del cual una ley deja de tener efectos o, lo que es más grave, ni se preocupa de determinar su alcance respecto de los hechos o situaciones pasadas[4].

Sin embargo, hay leyes de una enorme longevidad y que siguen ganando prestigio con los años y han permanecido casi inmunes a cualquier cambio que implique su sustitución, tal como sucede con la vigente Ley de Enjuiciamiento Criminal (1882), que aún se mantiene con buena salud y plenamente en forma. Ahora bien, aventurar que una norma está vigente porque no ha sido derogada o porque se promulgó hace muchos años, no siempre es un criterio fiable. En realidad, como se refirió Gómez Orbaneja aludiendo, al comienzo de sus insuperables *Comentarios*, a los muchos años transcurridos desde la aprobación de aquella emblemática ley, *no hay leyes viejas y nuevas; toda norma vigente expresa una voluntad actual y deberá ser entendida y aplicada como si el legislador acabase de dictarla*[5].

Y aunque el poder para cambiar las leyes no está sujeto a más límites que los constitucionalmente previstos, es igualmente cierto que la incontinencia legislativa de algunos gobernantes puede llegar a ser infinita hasta el extremo de constituir una amenaza al Estado de Derecho si es el resultado

---

4 Un ejemplo cercano lo tuvimos con la supresión del recurso extraordinario por infracción procesal que llevó a cabo el Real Decreto-Ley 5/2023, de 28 de junio, y, sin embargo, para sorpresa de todos, los tramoyistas del legislador, no sabemos si por descuido, no derogaron aquellas disposiciones, de manera que, durante un tiempo, han permanecido como tales en la Ley de Enjuiciamiento Civil.

5 Gómez Orbaneja, Emilio: *Comentarios a la Ley de Enjuiciamiento Criminal*, I (Barcelona, 1947), pág. XV.

del ejercicio arbitrario del poder[6]. Ejemplos se han dado en la historia donde una errática concepción del positivismo jurídico terminó por difuminar los límites entre la ley y el derecho y haciendo creer que las leyes promulgadas durante esa etapa responden a la voluntad del legislador[7].

Es verdad que quedan lejos los tiempos en que la estabilidad legislativa proporcionaba cierta tranquilidad al estudioso y al intérprete[8]; pero forma parte de la normalidad de los ordenamientos jurídicos que existan momentos de renovación y de cambio, especialmente en periodos de grandes transformaciones sociales, sin que eso suponga necesariamente como en algunos casos sucede cuestionar la legitimidad de la normativa anterior. Tal como expuso Wach, un país que partiera de la base de desautorizar mediante su derecho nuevo a todo su derecho anterior, estaría negando a su vez el derecho que tiene para poder sustituir unas leyes por otras[9]. Es más, en una democracia, es la forma habitual de desarrollar el programa políti-

---

6 En su ya clásica obra, López de Oñate señaló que la diferencia entre un Estado tiránico o despótico de otro que no lo es, radica entre otras cosas en que en éstos los mandatos emanados del legislador, aunque se expresen formalmente como resultado de una ley, al ser meramente ocasionales o coyunturales, en el fondo son fruto de la exclusiva voluntad de quien las aprueba o promueve y, por lo tanto, son siempre mandatos dotados de un alto grado de arbitrariedad [López de Oñate, Flavio: *La certeza del derecho* (Buenos Aires, 1953), pág. 160. Para comprender en buena medida las razones por las que surgió este movimiento en favor de la certeza del derecho en la Italia de 1942 resulta imprescindible acudir al comentario que sobre esta obra llevó a cabo Calamandrei y las consideraciones que en este trabajo se realizan [Calamandrei, Piero: "La certeza del derecho y las responsabilidades de la doctrina", en *Los estudios del derecho procesal en Italia* (Buenos Aires, 1959), pág. 117].

7 Sobre ello véase la reflexión de algunos juristas alemanes de entonces como Eberhard Schmidt: "La ley y los jueces. Valores positivos y negativos del positivismo", en *Derecho injusto y derecho nulo*, Edición de José María Rodríguez Paniagua (Madrid, 1971), pág. 40.

8 Según López de Oñate, los cambios continuos en las leyes, aparte de amenazar la certeza del derecho, socavan en buena medida la confianza del ciudadano en la voluntad del órgano de las que emanan [López de Oñate, Flavio: *La certeza del derecho, cit.*, pág. 97]. Esta problemática fue hace años objeto de atención por parte de un selecto grupo de profesionales del derecho que consideraron que este fenómeno podría llegar a constituir una amenaza a la seguridad jurídica y un desafío para nuestro Estado de Derecho [Menéndez, Aurelio/Pau Pedrón, Antonio/Atienza, Manuel: *La proliferación legislativa: un desafío para el Estado de Derecho* (Madrid, 2004), pág. 5].

9 Wach, Adolf: *Manual de derecho procesal civil* (Buenos Aires, 1977), I, pág. 289.

co del partido que ha obtenido el respaldo mayoritario de los ciudadanos; es un síntoma de vitalidad del sistema[10].

Pero como se ha dicho, sería igualmente ilógico negarle al legislador el legítimo derecho a cambiar las leyes, pues tan pernicioso es el exceso de legalidad y más aún el frenesí legislativo como el inmovilismo o la parálisis legislativa, algo que no le pasó desapercibido a aquel joven y perspicaz Alexis de Tocqueville cuando al llegar a los EEUU quedó sorprendido del enorme dinamismo y el vivo espíritu de renovación que animaba al pueblo americano en relación con los asuntos públicos, algo que a su juicio es lo que le hacía agitar sin cesar su constante actividad legislativa; en su opinión, una de las grandes ventajas que la sociedad americana obtiene de la democracia es que *no solo obedece a la ley por ser obra suya, sino porque puede cambiarla si le perjudica; primero se somete a ella como un mal que él mismo se ha impuesto y después como un mal pasajero*[11].

Aunque tampoco se trata de vivir en un continuo *sobresalto legislativo*, que lejos de generar confianza entre los ciudadanos, provoca incredulidad y desconfianza. Por ello, no es ocioso recordar a Tucídides cuando decía que una ciudad con leyes malas pero estables es más poderosa que con buenas leyes pero sin autoridad[12]. La certeza y la seguridad jurídica constituyen un valor importante y exigiría un mayor esfuerzo del legislador que los destinatarios de las normas supieran a qué atenerse a fin de poder actuar en consecuencia, máxime en épocas como en las que vivimos, de altísima y hasta compulsiva producción normativa y en la que cada acto político acaba automáticamente transformándose en ley sin apenas intervención de las cámaras legislativas.

En este sentido, si ha habido un aspecto que ha centrado la atención de la doctrina, esa es la que se refiere a la cuestión sobre los efectos que el paso del tiempo produce en el derecho, algo que ha merecido la reflexión de juristas de todos los países, de todas las épocas y de todas las orientaciones ideológicas y a la que se le ha querido dar respuesta de muy diversas maneras y a través de fórmulas de las más generales a las más casuísticas,

---

10 Sobre el trasfondo constitucional de las limitaciones jurídicas a la potestad legislativa: Hart, H. L. A.: *El concepto de derecho* (México, 1963), pág. 82 y Tajadura Tejada, Javier: "Tiempo y derecho: fundamento y límites de la retroactividad de la ley", *cit.*, pág. 61.

11 Tocqueville, Alexis: *La democracia en América* (Madrid, 2002), I, pág. 350.

12 Tucídides, *Historia de la guerra del Peloponeso,* Edición de Luis M. Macía (1989), III § 37, pág. 214.

más tolerantes y menos tolerantes con la legislación de quienes les precedieron en la tareas legislativas[13]. La historia está repleta de situaciones sobre las diversas tendencias y soluciones que se han dado sobre cómo el paso del tiempo incide en el ordenamiento jurídico[14].

Nuestro país cuenta con algunas reglas claras y precisas que nos orientan y arrojan alguna luz sobre la eficacia que las decisiones legislativas producen a la hora de sustituir o derogar las normas que regulan nuestra convivencia[15]. El Código Civil, primero, y luego nuestra Constitución, rindiendo un merecido tributo a la seguridad jurídica, establecieron un principio general o una presunción clara en favor de la irretroactividad. Pero no solo eso, sino que nuestra Constitución, al contemplar junto con el de seguridad jurídica y la publicidad de las normas el principio de irretroactividad (art. 9 CE), quiso a la vez ser consecuente con la finalidad que aquéllas tienen y para la cual han sido promulgadas. Al ser reglas de carácter prospectivo ya que establecen pautas de conducta de cara al futuro, solamente pueden ser vinculantes desde que se aprueban y se informa de su contenido a los destinatarios a fin de que puedan acomodar su conducta a lo establecido en las mismas[16]. Es más, las normas tendrían que ser tan evidentes en cuanto a sus proposiciones prescriptivas que los ciudadanos deberían poder *pre-sentir* que lo que se disponen a hacer es conforme a derecho.

Pero cuando todo esto afecta a un fenómeno tan esencialmente dinámico como es el proceso, que discurre en el tiempo, la cosa cambia. Siendo las mismas reglas, admiten matices y singularidades. A poco que examinemos la experiencia jurídica observaremos el modo tan diferente en que se aplica la norma sustantiva respeto de la norma procesal. En la relación entre la norma sustantiva y su destinatario no hay intermediarios; cada sujeto debe enfrentarse a ella como quien se enfrenta a su propia conciencia; cumplir o no cumplir depende de su exclusiva responsabilidad, depende

---

13 García Valdecasas, Guillermo: "Sobre la significación del principio de no retroactividad de las leyes", *Anuario de Derecho Civil*, 1966, I, pág. 47.

14 De Castro y Bravo, Federico: *Derecho civil de España. Parte general* (Valladolid, 1942), pág. 554 y Tajadura Tejada, Javier: "Tiempo y derecho: fundamento y límites de la retroactividad de la ley", *cit.*, pág. 60.

15 Batlle Vázquez, Manuel: *Comentarios al Código Civil y Compilaciones Forales*, Dir. Manuel Albaladejo (Madrid, 1978), pág. 74.

16 Garrido Falla, Fernando: *Comentarios a la Constitución* (Madrid, 1980), pág. 112.

de su voluntad pues como expresó acertadamente López de Oñate, *la ley hace saber a cada cual lo que puede querer*[17].

Sin embargo, cuando de lo que se trata es de saber cuál es la concreta voluntad de la ley y llega el momento de declararla en el caso controvertido, hay que recurrir al proceso y desde luego, el reloj del proceso no mide el tiempo de la misma manera que el reloj que mide el derecho sustantivo. Más aun, cuando alguien, a través de un proceso, pide la actuación de la ley a su favor, el fenómeno se complica; el resultado ya no depende de la voluntad del destinatario. Antes del proceso, el derecho subjetivo cuya actuación se pretende no es más que una mera *expectativa*[18]. Es más, como sostuvo Larenz, el mayor dilema que tiene los jueces, y que no lo tienen quienes desde otra perspectiva se enfrentan a un problema jurídico, es que están sometidos a una obligación que les impide retrasar su decisión hasta que lo hayan resuelto de una manera definitiva o estén convencidos de que han encontrado la solución correcta; es decir, al final no tienen más remedio que *arriesgar* una decisión y fundamentarla con los elementos que disponga; otros podrán esperar a encontrar la solución que más les convenza, incluso no darla; pero los jueces, no[19].

Por eso, asociar la idea de riesgo a la incertidumbre que sufren las partes sobre el resultado del proceso, lo cual llevó a la doctrina a equipararlo nada más y nada menos que a un juego, obviamente sin ese componente lúdico de los juegos tienen, sino como metáfora de lucha o contienda[20]. A eso trataremos de dedicar nuestras próximas reflexiones puesto que la realidad procesal ofrece a nuestro juicio algunas particularidades porque existen factores que influyen en la decisión; uno de ellos tiene que ver con la resistencia que eventualmente oponga el demandado y, consecuentemente, respetando las mismas reglas de juego que en cada momento regulen una determinada actuación procesal y función de la estrategia que adopten las partes a partir de ese momento. Hay que tener en cuenta que cada procedimiento está configurado como un todo y de acuerdo a un hilo conductor que da coherencia interna y sentido a cada acto procesal que lo integra.

---

17 López de Oñate, Flavio: *La certeza del derecho, cit.*, pág. 76.

18 Chiovenda, Giuseppe: *Instituciones de derecho procesal civil* (Madrid, 1948), I, pág. 2.

19 Larenz, Karl: *Metodología de la ciencia del derecho* (Barcelona, 2010), pág. 226.

20 Calamandrei, Piero: "El proceso como juego", en *Estudios sobre el proceso civil* (Buenos Aires, 1962), III, pág. 259 y Carnelutti, Francesco: "Juego y proceso", en *Cuestiones sobre el proceso penal* (Buenos Aires, 1994), pág. 103.

De ahí que las reformas legales que afectan al proceso tengan una incidencia esencial en la estrategia de las partes, especialmente cuando los cambios se producen estando pendiente un proceso y en donde el pasado se entremezcla con el presente y con el futuro[21]. Y si, utilizando la expresiva descripción de Díez-Picazo, la aprobación de una ley nueva no produce nunca un *corte limpio* respecto de la regulación anterior[22], menos aún debería suceder cuando se trata de una norma procesal. Cualquier litigante instruido y previsor sabe que las normas procesales no forman parte de una naturaleza muerta, sino que se mueven en un espacio dinámico de modo que su aplicación está sujeta a enormes condicionantes pues requiere, entre otras cosas, que las partes sepan a qué atenerse; de ahí que, aunque por regla general los jueces se encuentren vinculados a la norma que se halle vigente en cada momento, siempre se encontrarán con situaciones en que se vean, como el *Camaleón de Madagascar* al que nos hemos referido, autorizados a regirse por las normas de la legislación derogada y aplicar retrospectivamente normas que formalmente han dejado de existir pero manteniendo intactos sus efectos[23].

2. RETROACTIVIDAD, IRRETROACTIVIDAD Y CERTEZA: ¿CÓMO AFECTAN LOS CAMBIOS NORMATIVOS AL EJERCICIO DE LOS DERECHOS? CLASES O GRADOS DE RETROACTIVIDAD

La cuestión acerca de la retroactividad o no de las leyes, fue uno de los temas que se introdujeron en la reforma del Título Preliminar del Código Civil de 1974, cuyos preceptos exceden del rango normativo del lugar en que están ubicados, por lo que no sería exagerado afirmar que dicha normativa comenzó a ser vista como un anticipo del proceso de modernización

---

21 Son ya clásicas las digresiones de San Agustín sobre la noción del tiempo; si nada pasara no habría pasado ni tampoco futuro, pero solo hay un presente, dividido en tres tiempos: el presente de las cosas pasadas, encarnadas en la memoria, el presente de las cosas presentes, manifestadas en las sensaciones extraídas de las percepciones sensoriales y el presente de las cosas futuras, en las que anida la esperanza [*Confesiones*, Libro XI, 20].

22 Díez-Picazo, Luis Mª: *La derogación de las leyes, cit.*, pág. 187.

23 La distinción entre eficacia y vigencia ha sido puesta de relieve por Díez-Picazo: la derogación no supone por sí misma la *muerte de la ley*; es el ordenamiento el que por medio de las normas transitorias regula cómo se produce la sucesión de una ley por otra por otra [Díez-Picazo, Luis Mª: *La derogación de las leyes, cit.*, pág. 170].

legislativa que vendría después[24]. Algunos justificaron la razón del principio de irretroactividad en la idea, no sabemos si fundada o infundada, de que las leyes posteriores eran siempre mejores que las anteriores, y que los cambios que introduce el legislador vienen motivados por la intención de mejorar, rectificar o corregir los efectos de una ley anterior, de manera que, siendo verdad que la decisión sobre los efectos retroactivos de la ley puede resultar un instrumento muy útil en manos de quienes ostentan el poder político, inadecuadamente utilizado, puede conducir a la negación del derecho y a conducir al reino de la arbitrariedad.

No en vano, una retroactividad así, sin condiciones o, como se verá seguidamente, de *grado máximo*, podía llegar a ser *peligrosa* si no se la concilia con otros intereses igualmente dignos de protección[25]. Así sucedería cuando todos los efectos de la nueva norma resultaran más beneficiosos, en cuyo caso la ley, a través de las normas de derecho transitorio, podría excepcionalmente invertir los términos de la retroactividad para extender la aplicación de una norma a situaciones anteriores a la fecha de su aprobación. Nuestra Constitución es tajante en relación con este aspecto. (art. 25 CE)[26]. Por eso, de acuerdo con una larga tradición, se admite excepcionalmente en el orden penal, que no solo impide aplicar normas penales de manera retroactiva, sino que, a la vez obliga a revisar las consecuencias

---

24 Herrero y Rodríguez de Miñón, Miguel: "Aspectos constitucionales del nuevo Título preliminar del Código Civil", *Revista de Estudios Políticos*, nº 198, 1974, pág. 89. Véase también el trabajo de Pablo Contreras, Pedro: "La función normativa del Título preliminar del Código Civil", *Anuario de Derecho Civil*, 1996, 49 (2), pág. 534.

25 García Valdecasas, Guillermo: "Sobre la significación del principio de no retroactividad de las leyes", *cit.*, pág. 48. Algunos autores llegaron a decir que esto podría llevar a la muerte de la seguridad jurídica [Castán Tobeñas, José: *Derecho civil español, común y foral* (Madrid, 1975), I, pág. 591].

26 Es más, el tema de la aplicación retroactiva a delitos que no estaban expresamente previstos en la legislación internacional constituyó al finalizar la II Guerra Mundial uno de los temas al que los aliados tuvieron que abordar para determinar la normativa en función de la cual deberían ser juzgados los crímenes cometidos por los dirigentes alemanes, lo que dio lugar a la elaboración de los Principios de Nuremberg que, como sabemos, constituyó el germen de una verdadera justicia penal internacional [Macdonogh, Giles: *Después del Reich* (Barcelona, 2010), pág. 645]. Para los aficionados al cine, un interesante análisis sobre estos juicios puede encontrarse en Muñoz Conde, Francisco: *¿Vencedores o vencidos?* (Valencia, 2003), pág. 11.

penales perjudiciales o adversas previstas y producidas conforme a la ley anterior (art. 2 CP)[27].

Pero también es posible en el ámbito civil cuanto se trata de normas más favorables. Un caso muy paradigmático es el de la Ley 11/1981, de 13 de mayo, de modificación del Código Civil en materia de filiación, patria potestad y régimen económico del matrimonio, o el de la reciente Ley 8/2021, de 2 de junio, por la que se reforma la legislación civil y procesal para el apoyo a las personas con discapacidad en el ejercicio de su capacidad jurídica. En todo caso, es evidente que la presunción en favor de la irretroactividad puede romperse, pero siempre mediante una norma expresa que la contemple. En resumen; la retroactividad no se presume.

Aun así, la Constitución elude elevar a rango constitucional el principio de irretroactividad, suponemos que para evitar tener que contemplar todas las hipótesis posibles en que puede no serlo; por eso, dentro de las opciones posibles, y quizás con la vista puesta en experiencias vividas con anterioridad, mostró un especial interés en limitarse a proclamar el principio de irretroactividad de las disposiciones sancionadoras no favorables y restrictivas de derechos individuales, de manera que, constitucionalmente hablando, sería perfectamente admisible retrotraer los efectos de una ley cuando sea más beneficiosa o no cause perjuicios a sus destinatarios[28].

En definitiva, nadie puede asegurar que las leyes nuevas sean mejores que las antiguas, ni que las antiguas sean más justas que aquellas a las que sustituyen, pero sí hay un elemento que indiscutiblemente define la esencia del derecho: la certeza o su determinación, condición inherente a su existencia para servir al fin para el que está establecido, pues, como ha subrayado con acierto Laporta, *la indeterminación del derecho genera incertidumbre*[29]. Y esto no lo decimos porque consideremos que cualquier tiempo pasado fue mejor, ni porque creamos que las mejores leyes haya que con-

---

27 Lascuraín Sánchez, Juan Antonio: *Sobre la retroactividad penal favorable* (Madrid, 2000), pág. 57.

28 Sobre el alcance que la jurisprudencia ha dado al concepto al que se refiere y las dificultades interpretativas que resultan de él: Rodríguez de Santiago, José María: *Sistema de fuentes del derecho administrativo. La dirección de la Administración a través del Derecho* (Madrid, 2021), pág. 45.

29 Laporta San Miguel, Francisco: *Certeza y predecibilidad de las relaciones jurídicas* (con Juan Ruiz Manero y Miguel Ángel Rodilla), Fundación Coloquio Jurídico Europeo (Madrid, 2009), pág. 55; más ampliamente en *El imperio de la ley: una visión actual* (Madrid, 2007).

servarlas en un relicario, sino porque no siempre las leyes recién promulgadas representan un avance ni mucho menos vienen a remediar injusticia alguna. Por eso, no creemos que pueda decirse que todas las nuevas leyes son bienvenidas: al contrario de lo que sucede con otras cosas, el legislador no siempre mejora con los años.

Pero, es que, además, una aplicación estricta del principio de irretroactividad, hasta el punto de que sin tan siquiera haya tiempo a que se solucionen los problemas que la ley nueva trata de remediar, dejando en la retaguardia situaciones aún pendientes de resolver y que pueden afectar a bienes jurídicos igualmente dignos de protección, puede tener un efecto enormemente contraproducente. Por eso un sector de la doctrina considera que la retroactividad en muchas ocasiones es *indispensable*[30]. Como algunos autores han señalado incluso que el progreso social y jurídico no sería posible sin la retroactividad: *la retroactividad hace posible el progreso*[31]. Y eso es así fundamentalmente porque constituye el elemento de unión entre el pasado y el futuro; no es simplemente el precio que hay que pagar por salvaguardar derechos adquiridos o por consolidar situaciones nacidas al amparo de una ley anterior.

En todo caso, si bien la seguridad jurídica no puede erigirse por sí sola en el único argumento para defender la constitucionalidad del principio de irretroactividad[32], lo decisivo de este principio y la función que desempeña en el mundo del derecho, no puede desvincularse del valor que la predecibilidad aporta en el ámbito de las relaciones jurídicas y, por lo tanto, también y esencialmente con la seguridad jurídica, lo cual, como se verá más adelante, tiene, también en el ámbito procesal, una enorme trascendencia, pues la estrategia procesal que adopten las partes normalmente está en función de las reglas de juego que se apliquen en cada momento y, en definitiva, de ese principio de confianza que, en relación con la actuación de la ley, debe presidir el comportamiento de los ciudadanos.

El que la previsibilidad sea un valor asociado al principio de confianza y que el ordenamiento jurídico debe proteger, ya fue puesto de relieve precisamente en relación con el mantenimiento de situaciones anteriores

---

30 Batlle Vázquez, Manuel: *Comentarios al Código Civil y Compilaciones Forales, cit.*, pág. 75.

31 Tajadura Tejada, Javier: "Tiempo y derecho: fundamento y límites de la retroactividad de la ley", *cit.*, pág. 47.

32 De Otto y Pardo, Ignacio: *Derecho Constitucional. Sistema de fuentes* (Barcelona, 2001), pág. 96.

a un cambio normativo, evitando que el factor sorpresa llegase a lesionar las expectativas que los ciudadanos hubieran puesto a la hora de tener que tomar una decisión[33]. Por ello, hablar de los efectos retroactivos de una norma, si bien ayuda a saber lo que es la retroactividad, no proporciona un elemento definitivo para aclarar su concepto. Lo que sí sabemos es que, si alguien actúa conforme a la conducta que en cada momento es debida, lo hace siendo consciente de que está comportándose de forma correcta y, por lo tanto, jurídicamente irreprochable (al menos en un Estado de Derecho y, por supuesto, libre de toda coacción arbitraria).

Pero dado que no siempre lo mejor está por venir y que, como hemos indicado, la retroactividad no es sólo un peaje que se paga por renovar el ordenamiento jurídico, la doctrina civilista de la época, tratando de huir del riesgo de elaborar reglas generales que sirvieran para todos los supuestos, y porque no decirlo, sin querer perder de vista tampoco la siempre influyente teoría de los derechos adquiridos, comenzó a distinguir entre una retroactividad de *grado máximo,* otra de *grado medio* y otra de *grado mínimo*[34]. Consecuentemente, en el supuesto de que el Código Civil estuviese estableciendo realmente una "presunción de irretroactividad", a la retroactividad de grado máximo, se le asignaría la condición de *invencible* o difícilmente vencible, pues sería capaz de arrollar con todo lo que encontrara a su paso. Por eso, como hemos dicho, la retroactividad no se presume y para que pueda ser tomada en cuenta, el legislador debe hacer expresa indicación de esta circunstancia.

La segunda, la de grado medio, que es la que permitiría retrotraer ciertos efectos de la nueva ley a los actos no nacidos al amparo de la ley derogada, pero sí a los aún pendientes de desarrollarse conforme a la ley nueva que la sustituyera, se le asigna la condición de *fuerte.* Y por, último, habría una retroactividad de grado mínimo o *atenuada* y, por lo tanto, se trataría de una irretroactividad *fácilmente vencible* (derrotable, según la moderna terminología), y que es la que se produciría cuando la nueva ley se aplica a los efectos de una relación jurídica regulada bajo la ley derogada, pero que solo afectaría a los efectos que se originasen después de estar vigente la nueva ley.

Algunos otros autores consideraron que, en el fondo, solo puede hablarse de una única y verdadera retroactividad, que se explicaría, como en

---

33 García de Enterría, Eduardo: *Curso de Derecho Administrativo* (con Tomás-Ramón Fernández), I (Madrid, 2002), pág. 94.

34 De Castro y Bravo, Federico: *Derecho civil de España, cit.*, pág. 558.

otras tantas soluciones jurídicas, a través de una "ficción", de manera que en sentido estricto se entendería como retroactividad aquella situación en que la norma vigente vendría a actuar en el ámbito de las relaciones jurídicas anteriores a su entrada en vigor *como si* la norma recién aprobada hubiera estado entonces vigente para distinguirla de otra, más *débil,* pero con forma y maneras de retroactividad[35].

Hoy, siguiendo la doctrina alemana, es frecuente referirse a ella bajo el nombre de *retroactividad impropia* que, como veremos, ha logrado hacerse un hueco en la doctrina española y ya forma parte del acervo cultural de nuestra jurisprudencia constitucional[36]. La diferencia estriba en que este tipo de retroactividad no se fundamenta en ficción alguna; no es más que un simple efecto de la extensión de los efectos de la ley nueva a las situaciones o relaciones posteriores al momento de su entrada en vigor, pero respetando los efectos creados al calor de la ley derogada[37]. De ahí que en función de los criterios que se encuentre en juego, pueda ser calificada también como vencible o *derrotable*[38].

En definitiva, dejar que continúen y, por lo tanto, permitir que terminen o concluyan los efectos de los actos ya comenzados conforme a la ley anterior, puede que no sea retroactividad en el sentido propio de la palabra por mucho hierro que se le quiera quitar calificándola de otra forma. E, igualmente, como analizaremos más adelante, cuando este criterio se refiere al proceso, lo que sucede no es que estos criterios se apliquen de manera diferente, sino que no se aplican a un acto aislado y dotado de plena sustantividad en el ámbito de una relación jurídica material, sino a un conjunto homogéneo de actos encadenados y dependientes entre sí unos

---

35 García Valdecasas, Guillermo: "Sobre la significación del principio de no retroactividad de las leyes", *cit.*, pág. 47.

36 Larenz, Karl: *Metodología de la ciencia del derecho, cit.*, pág. 422 y Díez-Picazo, Luis Mª: *La derogación de las leyes, cit.*, pág. 210. Sobre la incidencia de esta distinción en la jurisprudencia del Tribunal Constitucional, véase López Menudo, Francisco: "El principio de irretroactividad. Tres cuestiones claves", *Documentación Administrativa,* nº 263-264, 2002, pág. 85 y Rodríguez de Santiago, José Mª: *Sistema de fuentes del derecho administrativo, cit.*, pág. 40.

37 Según García Valdecasas, confundir esta eficacia que pueda tener la ley con su retroactividad es un error y prueba el gran confusionismo que existe en esta materia [García Valdecasas, Guillermo: "Sobre la significación del principio de no retroactividad de las leyes", *cit.*, pág. 49].

38 Rodríguez de Santiago, José María: *Sistema de fuentes del derecho administrativo, cit.*, pág. 45.

de otros, lo que permite que puedan seguir realizándose unos hasta que termine el periodo, etapa o instancia en que se encuentren, y otros conforme a otra, lo cual tampoco sería un efecto propio de la retroactividad[39].

Nadie mejor que Ihering ha sabido poner de relieve la importancia del procedimiento y la trascendencia que históricamente ha tenido en el mundo del derecho, algo que, a pesar de sus inconvenientes, tiene enormes ventajas; en su opinión, bastaría para ello imaginarse lo que sucedería si no existieran unas reglas ciertas y estables a las que las partes y el juez tuvieran que ajustarse y atenerse. El hecho de que tanto unos como otros se vean obligados a someterse a un procedimiento es una necesidad; preconizar lo contrario, señala con acierto el maestro alemán, es querer introducir la oscuridad y la confusión en el proceso[40]; de ahí que todo proceso precise para su desarrollo de normas que ordenen el régimen de sus actos y que las normas que lo regulen, lejos de convertirse un obstáculo para el ejercicio procesal de los derechos, esté sometida a formalidades ciertas y predecibles y en las que el litigante tenga la posibilidad de optar ante una situación procesal dada[41].

Ya hemos insistido en que el ejercicio de la potestad jurisdiccional no se lleva a cabo instantáneamente ni se resuelve en un solo acto jurídico; de la petición de justicia no resulta automáticamente una decisión judicial. Requiere la realización de una serie de actos ordenados para pueda que desarrollarse con normalidad; juzgar sin proceso es relativamente sencillo; juzgar a través de un proceso, no tanto[42]. Exige someterse a unas reglas y respetar las garantías de ambas partes. El proceso aporta la garantía necesaria para que esta importante función se lleve a cabo adecuadamente; no es sólo aquello a lo que se tienen que enfrentar los abogados el día que tienen que presentar una demanda. Pero las normas procesales responden a un diseño programado de actuación, pero sobre una programación *pro-*

---

39 Díez-Picazo, Luis Mª: *La derogación de las leyes, cit.*, pág. 211.

40 Ihering, Rudolph: *El espíritu del derecho romano* (Granada, 2011), pág. 638.

41 Chiovenda, Giuseppe: "Le forma nella difesa giudiziale del diritto", en *Saggi di diritto processuale civile* (Roma, 1930), I, pág. 353.

42 Esto, que parece un juego de palabras o más bien una tautología, con serlo, es, como señaló Satta, *una sublime tautología*, porque demuestra que el proceso no puede definirse más que para sí mismo y para sí mismo solo puede definirse la norma que lo regula [Satta, Salvatore: *Diritto processuale civile* (Padua, 1948), pág. 148].

puesta, no *im-puesta* y, por lo tanto, como veremos seguidamente, sostenida a base de la noción de carga procesal[43].

La previsibilidad de la que nos hemos hecho eco, y que tanta importancia le concedemos al analizar el tema de la retroactividad o no de las normas, tiene una incidencia capital para el ejercicio de los derechos y la asunción de los deberes que resultan de aquellas y, en consecuencia, este mismo planteamiento debe aplicarse igualmente a quienes en el ámbito del proceso se relacionan con los tribunales. Fue a raíz de la obra de Bülow cuando se vio que mientras las relaciones jurídicas que constituyen el objeto del proceso se presentan totalmente concluidas, la relación jurídico-procesal, esto es, el *iudicium* o *processus iudicii*, se encuentra siempre en constante movimiento y transformación, avanzando gradualmente y desarrollándose paso a paso mediante actos separados, independientes y sometidos a reglas diferentes a las que regulan la relación material discutida. A partir de ese momento, todo el mundo empezó a entender que, en realidad, el proceso se halla sometido a reglas propias y diferentes de las que regulan la relación discutida[44]. La importancia de este gran descubrimiento ha sido esencial, y no sólo porque para muchos constituyera el punto de partida de la autonomía científica del derecho procesal, sino porque constató que, aunque interdependientes una de otra, la órbita del mundo del proceso no gira bajo la misma ley y ni al mismo tiempo que la del mundo del derecho cuya infracción o vulneración se hace valer.

3. EFECTOS DE LA IRRETROACTIVIDAD DE LAS NORMAS PROCESALES EN LA PROGRAMACIÓN DE LA ESTRATEGIA DE DEFENSA DE LAS PARTES. IRRETROACTIVIDAD Y PRECLUSIÓN

El ejercicio de un derecho produce unos efectos que recaen en el mismo derecho y en principio la regulación de tales efectos pertenece a la norma material que lo regula[45]. Pero una vez que el ejercicio del derecho traspasa el umbral de lo jurisdiccional, entre otras cosas, por efecto del principio de *dialleticità* del que hablaba Calamandrei, las reglas son otras y, por lo tanto, luego de cruzar esa frontera, la existencia del derecho controvertido ya no

---

43 Gelsi Bidart, Adolfo: *El tiempo y el proceso* (Santa Fe, 1969), pág. 483.

44 Bülow, Oskar: *Teoría de las excepciones procesales y los presupuestos procesales* (Buenos Aires, 1964), pág. 313.

45 Gómez Orbaneja, Emilio: *El ejercicio de los derechos* (Madrid, 1975), pág. 15.

dependerá de las condiciones materiales en que se haya desenvuelto hasta ese momento, sino en la estrategia que siga la parte contraria en el proceso y, en último extremo, de la decisión que finalmente adopte el juez. Para ganar un asunto ante los tribunales, no basta con tener razón. La *dialecticidad*, tal como la configuró el maestro florentino, sería algo así como el resultado de aplicar al proceso las reglas del *ping-pong* o de un deporte similar, en el que la alternancia inherente a los actos de cada uno de los litigantes está en función del movimiento que lleve a cabo el litigante contrario y que condiciona a su vez al que le sigue, abriéndole así la posibilidad de realizar otro movimiento dirigido a contrarrestar los efectos del que le precede[46].

Y en esto, aunque parezca sorprendente, reside también el *misterio del proceso*[47]. Sin embargo, este misterio no lo sería tanto si no fuera porque existe un elemento que dota a la experiencia procesal de un acentuado dinamismo y que es el que supo ver Goldschmidt al observar que un buen número de actos que se desarrollan en el proceso no obedecen precisamente al ejercicio de un derecho o al cumplimiento de un deber, sino fruto de una decisión voluntaria que cada una de ellas adopta en función de su propio interés. Por eso, llegó a la conclusión de que el tablero donde se juega la partida del proceso está fundamentalmente integrado por un conjunto de *expectativas*, de *posibilidades* y, sobre todo, de *cargas*, de modo que, para obtener una sentencia favorable, cada parte ha de ser capaz de aprovechar las posibilidades que el proceso le ofrece, cumplir las cargas que le incumben y realizar las expectativas que van unidas a todo acto procesal[48].

Por eso, el maestro alemán gráficamente vino a decir que el proceso está básicamente compuesto por *promesas* y *amenazas*. La ley procesal concedería al litigante la posibilidad de una sentencia favorable si actúa conforme a lo que las normas procesales le establecen y le amenaza con un perjuicio o resultado desfavorable si deja de cumplir con las cargas que ésta le impone, siendo así que para actuar con conocimiento de causa ha de conocerlas previamente y, en función de ello, actuar como considere oportuno. De ahí que, entre todas estas nociones que integran el proceso, la que más particularidades ofrece y la que desde el punto de vista de la estrategia de las partes tiene más incidencia en el resultado de un proceso, es la noción de *carga procesal*. La noción de caga procesal es la única capaz de colocar a

---

46 Calamandrei, Piero: "El proceso como juego", en *Estudios sobre el proceso civil*, III, *cit.*, pág. 261-264.

47 Satta, Salvatore: *Il mistero del processo* (Milán, 1994), pág. 24.

48 Goldschmidt, James: *Teoría general del proceso* (Barcelona, 1936), pág. 43.

cada una de las partes ante la tesitura de llevar a cabo o no una determinada actuación procesal con la que intentar obtener un beneficio para sí o un perjuicio para el adversario[49]. Y desde luego, sin ningún género de dudas, la mayor amenaza que se cierne sobre el litigante poco avisado, negligente u olvidadizo, al menos en los procesos de naturaleza dispositiva, es la *preclusión*, un elemento que va asociado a la noción de carga por los devastadores efectos que produce según qué tipo de procedimiento. La preclusión inequívocamente responde a la idea de *pérdida*, en este caso a la pérdida de una oportunidad procesal y que se mide objetivamente por el transcurso del tiempo concedido por la ley para llevarla a cabo y que, como ya tuvo ocasión de observar Chiovenda, se establece realmente con la finalidad de hacer más *cierto, ordenado y preciso el camino del proceso*[50].

¿Y qué tiene que ver la preclusión con la irretroactividad o retroactividad de las normas procesales? Ni más ni menos que la pérdida de oportunidades procesales que, si es responsabilidad de la parte, quizás sea admisible, pero no cuando viene propiciada por un cambio legal. Ya sabemos que un importante sector de la doctrina manifestó su preferencia porque los actos procesales fueran regulados con carácter general por la ley actual, es decir, sin tener en cuenta el tiempo que produjeron los hechos objeto de la relación material controvertida ("tempus regit actum")[51]. Pero esta tesis, rígidamente aplicada, puede generar una gran inseguridad jurídica si no se toma en cuenta las facultades procesales que una nueva ley pueda hacer perder a los litigantes. Hay que tener en cuenta que, en función de ese principio de confianza que inspira al que hemos aludido, una eventual irretroactividad de las normas procesales puede hacer que la previsibilidad

---

49 Los deberes y las obligaciones solo están referidas al juzgador. Sobre el juez no pesan cargas sino deberes, facultades y potestades: Sentís Melendo, Santiago: "Desarrollo del proceso. Deberes del juez y cargas de las partes", *Revista de Derecho Procesal*, 1968, IV, pág. 10. A mi modo de ver, si sobre las partes solo hubiera deberes, los litigantes no tendrían más opción que hacer lo que ley les indica, con lo cual el derecho de defensa de los que participan en él se resentiría gravemente.

50 La noción de *preclusión*, uno de los conceptos más fecundos del derecho procesal, se debe a Chiovenda y sigue teniendo una gran repercusión como elemento estructural del proceso [Chiovenda, Giuseppe: *Cosa juzgada y preclusión*, en "Ensayos de derecho procesal" (Buenos Aires, 1949), III, pág. 163]. Sobre la incidencia que tienen las cargas en relación con la preclusión: Vallines García, Enrique: *La preclusión en el proceso civil* (Madrid, 2004), pág. 95.

51 Chiovenda, Giuseppe: "La natura processuale delle norme sulla prova e l'efficacia della legge processuale nel tempo", en *Saggi di diritto processuale civile*, I, *cit.*, pág. 243.

de los actos que se suceden a lo largo de cada procedimiento sea un elemento de enorme trascendencia.

No se olvide que los litigantes suelen anticipar su estrategia en función de la programación que cada uno de ellos hace al inicio de proceso, por lo que cualquier cambio que se produzca por obra del legislador puede afectar a su derecho de defensa, lo cual es tanto como decir al derecho a la tutela judicial efectiva. Resultaría inadmisible que la ley nueva privase de manera sorpresiva a un litigante de las oportunidades procesales que la ley anterior le otorgaba. Y eso es algo que el derecho transitorio debe solucionar ya que desde una perspectiva procesal es dudoso poder hablar de derechos adquiridos. La vigente de Ley de Enjuiciamiento Civil, que es además supletoria de las demás leyes procesales, dispone en su artículo segundo que "salvo que otra cosa se establezca en disposiciones legales de derecho transitorio, los asuntos que correspondan a los tribunales civiles se sustanciarán siempre por éstos con arreglo a las normas procesales vigentes, que nunca serán retroactivas". El hecho de que la propia Ley de Enjuiciamiento Civil atribuya a las normas de derecho transitorio la consideración de excepción, es la prueba más evidente de que la regla general presupone la irretroactividad, o por decirlo en palabras de Prieto-Castro, *el principio de irretroactividad se hace efectivo mediante las normas de derecho transitorio*[52].

La jurisprudencia constitucional siempre ha partido de la base de que las normas del procesales tienen un efecto inmediato (STC 63/1982), una afirmación demasiado simple y que en parte ya fue impugnada por Chiovenda que la consideró equívoca ya que en el fondo no añade nada a lo que constituye el efecto característico y propio de cualquier ley y es que se aplica a relaciones futuras y, por lo tanto, sean procesal o no, no cabe presumir su retroactividad; en el fondo la inmediata aplicabilidad de la norma procesal deriva del fenómeno tan particular sobre el que recae y es que los tribunales solo pueden aplicar la ley procesal vigente en el momento que se sustancia el proceso[53].

Por eso, si bien puede ser importante a estos efectos el momento en que se haya iniciado el proceso, quizás lo verdaderamente relevante para el juez sea cuál es el derecho procesal vigente. Resuelto esto, lo único que habría que saber es cuál es el alcance de los efectos que un acto procesal pendiente tiene sobre el que le sucede en el tiempo, algo que normalmen-

---

52 Prieto-Castro, Leonardo: *Tratado de derecho procesal civil*, I (Pamplona, 1985), pág. 153.

53 Chiovenda, Giuseppe: *Instituciones de derecho procesal civil* (Madrid, 1948), pág. 97.

te es resuelto por el legislador a través de las normas de derecho transitorio pues es evidente que sostener que ante un cambio de ley los procesos deben terminar con la misma ley con la que comenzaron, no parece lo más adecuado ya que los actos ulteriores a la entrada en vigor de la nueva ley no deben entenderse como una mera consecuencia del proceso ya iniciado conforme a la anterior[54].

Existen varias soluciones para hacer frente a este tipo de situaciones. En primer lugar, la que se ha denominado más *conservadora*, y que supondría aplicar a los procesos pendientes la ley derogada hasta su finalización[55], lo que llevaría tener que aplicar al proceso un principio de ultraactividad[56]. El problema que enseguida admitió la doctrina es que no siempre es fácil determinar el momento en que un proceso se puede dar por terminado[57]. Por eso, se opta por lo general por la solución intermedia, de una *ultraactividad* que llamaríamos *de grado medio*, consistente en que, dado que el proceso es un conjunto de actos concatenados, dependientes unos de otros, la solución más pragmática ha sido la de recurrir a una técnica ya muy consolidada consistente en dividir al proceso en etapas o fases, homogéneas e independientes, que permitan una transición ordenada de una ley a otra, algo que para algunos autores sería la mejor manera de *suavizar* los efectos de una aplicación rigurosa del principio de irretroactividad a los actos procesales aún pendientes[58].

En realidad no se trata tanto de suavizar nada, sino más bien de aplicar una regla lógica consistente en asumir que cada etapa concluida representa una suma de efectos jurídicos acabados y, por lo tanto, aunque no hablemos de derechos sino tan solo de expectativas, los efectos de los actos

---

54 Cortés Domínguez, Valentín: *Comentarios a la reforma de la Ley de Enjuiciamiento Civil* (Madrid, 1985), pág. 993.

55 De la Oliva Santos, Andrés: *Comentarios a la Ley de Enjuiciamiento Civil* (Madrid, 2001), pág. 72.

56 La noción de *ultraactividad* o de supervivencia de la ley antigua ha sido especialmente destacada por Díez-Picazo. La teoría de la ultraactividad se contrapone a la teoría del efecto inmediato que se fundamenta en el hecho de que, a menos que la ley disponga otra cosa, *el legislador solo se ocupa del futuro*. El problema, según apunta, es que ni la teoría del efecto inmediato ni la de la ultraactividad tienen un fundamento jurídico claro en nuestro derecho y, por lo tanto, habría que atender a las características de cada caso concreto [Díez-Picazo, Luis Mª: *La derogación de las leyes, cit.*, pág. 206-209].

57 Wach, Adolf: *Manual de derecho procesal civil, cit.*, pág. 298.

58 Guasp, Jaime: *Comentarios a la Ley de Enjuiciamiento Civil* (Madrid, 1948), I pág. 65.

ya realizados en cada una de ellas no son retornables ni reversibles[59]. Este criterio tiene además la ventaja de que evita que el proceso se convierta en una suerte de juego de azar donde cada litigante tenga que preguntarse hasta qué momento retrotraer los actos a los que pueda llegar a afectar la legislación derogada.

Se trataría, en suma, de aprovechar la estructura del proceso, por lo general dividida en instancias y grados, como si fueran unidades autónomas que permitan la sustitución de una ley procesal por otra. A esta técnica responden la mayoría de las reformas procesales que se han planteado ya que es la mejor manera de dar continuidad a la sucesión de actos que conforman el proceso sin que las transformaciones o mutaciones de una nueva ley lleguen a quebrar el derecho de defensa al que nos hemos referido y, en consecuencia, a la protección de las legítimas expectativas que tienen las partes a obtener una sentencia favorable; una vez que se ha cerrado el ciclo para el que se ha dispuesto cada fase procesal se pasa a la siguiente conforme a la nueva ley[60].

Otro criterio con el que asegurar un elemental principio de confianza, complementario y no incompatible con el anterior, es distinguir entre los actos consumados o terminados, de los pendientes y de los futuros. En este aspecto, lo lógico es que los actos realizados bajo el imperio de la ley derogada conserven los efectos que ya se habían producido conforme a la vieja ley. En cambio, si estos efectos no se han producido aun, pero estaban pendientes de producirse, las normas transitorias deberían contemplar la posibilidad de que dichos efectos se regulasen de acuerdo con la ley anterior[61]. Como los fotogramas de una película que discurre *a cámara lenta*, esta puede ser la mejor manera de tender un puente entre el pasado y el futuro sin causar estrépito ni perjudicar las legítimas expectativas de los litigantes.

Ambos criterios encajarían sin dificultad dentro de los supuestos que hemos visto de *retroactividad impropia*, que es la que permitiría aplicar normas que tengan condiciones más beneficiosas a hechos o situaciones ya

---

59 Wach, Adolf: *Manual de derecho procesal civil, cit.*, pág. 300.

60 Para algunos autores esto no es más que fruto del principio de causalidad que informa el devenir de los actos jurídicos. La raíz de este principio de causalidad, dice Carnelutti, está en la continuidad, cuyo símbolo es la cadena donde cada una de las situaciones tiene algo en común y algo diverso con las que le preceden [Carnelutti, Francesco: *Teoría general del derecho, cit.*, pág. 246].

61 Satta, Salvatore: *Diritto processuale civile, cit.*, pág. 150.

concluidas con el fin de no menoscabar el adecuado nivel de protección del principio de confianza en el ejercicio de sus derechos por parte de sus destinatarios, sin bien en estos casos habría que ponderar y tener en cuenta otro tipo de perjuicios que esta situación pudiera causar; es decir, no sería una regla definitiva[62].

De esta manera, una vez que una fase o instancia haya finalizado conforme a la legislación derogada, comenzaría la siguiente de acuerdo con la nueva, siendo firmes e intangibles las decisiones adoptadas en cada una de ellas[63]. Sería ilógico, y desde luego, contrario a cualquier principio, que una ley nueva tuviese efectos retroactivos hasta el punto de obligar a revisar sentencias o decisiones firmes o a repetir actos esencialmente irrepetibles, salvo que, excepcionalmente, se apreciaran motivos muy justificados de miran atrás con el fin de restablecer una injusticia grave o bien para otorgar un mayor grado de protección.

No lo consideró así sin embargo el Tribunal Constitucional cuando en su sentencia de 27 de junio de 2022 (STC 83/2022), al examinar la actuaciones resultantes de la Ley 2/2020, de 27 de julio, por la que se volvía a reformar el artículo 324 de la Ley de Enjuiciamiento Criminal en lo que refiere a la fijación de plazos máximos de instrucción penal, niega que el juzgado hubiera efectuado una aplicación retroactiva de una norma desfavorable al no considerar lesiva la *expectativa* del imputado a que la instrucción incoada en su contra finalizase de conformidad con los plazos establecidos en la normativa entonces vigente. El Tribunal Constitucional, al hilo de ello, mientras aprovechaba la ocasión para volver a recordar su doctrina sobre la irretroactividad de las normas procesales, reconoció que,

---

62 Larenz, Karl: *Metodología de la ciencia del derecho, cit.*, pág. 423. Según Larenz, la llamada *retroactividad propia*, que es la que más problemas plantea desde el punto de vista de su constitucionalidad, no está asociada funcionalmente a garantizar seguridad jurídica de los posibles destinatarios que han actuado conforme a la ley derogada o modificada, de manera que solo excepcionalmente se podría recurrir a ella a fin de preservar valores muy cualificados de interés general, como puede ser la conveniencia de hacer frente a situaciones claramente injustas o en función del bien común o razones de orden público. En relación con la aplicación que ha llevado a cabo en nuestro país, Rodríguez de Santiago sostiene que el Tribunal Constitucional ha preferido recurrir a otros principios más concretos, como es la seguridad jurídica, que aplicar conceptos como el interés común, entendemos que para no abrir en exceso la puerta a interpretaciones demasiado arriesgadas [Rodríguez de Santiago, José Mª: *Sistema de fuentes del derecho administrativo, cit.*, pág. 48].

63 Prieto-Castro, Leonardo: *Tratado de derecho procesal civil, cit.*, pág. 153.

si bien podría *entenderse que el demandante de amparo ostentaba una legítima expectativa a que la fase de instrucción culminara en una determinada fecha*, sin embargo, negó que las expectativas fueran derechos y, en consecuencia, entendió, erróneamente a nuestro juicio, que no se había producido *afectación alguna a la esfera de derechos e intereses del interesado porque no existía una situación jurídicamente consolidada ni un derecho adquirido*. A nuestro modo de ver, es verdad que el legislador no anduvo muy fino a la hora de redactar la disposición transitoria de aquella ley, pero el Tribunal Constitucional tampoco debió defender la constitucionalidad de una norma que en realidad no lo merecía[64].

Como ya Goldschmidt tuvo la ocasión de recordar en este sentido, la única expectativa cierta que una parte tiene antes del proceso es que con la presentación de la demanda el tribunal se comporte y la tramite con arreglo a la ley procesal[65]. Es pues evidente que con carácter general los órganos jurisdiccionales tienen el deber de regirse por la ley procesal vigente sin que puedan aplicar la normativa derogada salvo que, con carácter transitorio, venga autorizado por el propio legislador, por lo tanto, en el ejercicio de la potestad jurisdiccional, los juzgados y tribunales están vinculados por las normas de competencia y de procedimiento que leyes establezcan (art. 117 CE).

Gráficamente se ha señalado, la *hora del proceso*, que es obviamente la que cuenta para la aplicación de la ley procesal, es diferente a la hora que regula relación jurídica deducida[66]. Y puede darse la circunstancia de que en un mismo proceso el juez esté aplicando leyes de tiempos y lugares diferentes[67]. De ahí la importancia de resolver con carácter previo la cuestión de si la norma que corresponde aplicar y cuya retroactividad se pretenda

---

64 Teniendo en cuenta la trascendental separación del proceso penal en dos fases tan claramente tan diferenciadas, como es la instrucción y el juicio oral, no es de recibo haber despachado el problema transitorio aludiendo de forma tan genérica *a los procesos en tramitación*; hubiera sido deseable un mayor rigor a la hora de contemplar estos supuestos.

65 Goldschmidt, James: *Teoría general del proceso, cit.*, pág. 189.

66 De la Oliva Santos, Andrés: *Derecho procesal civil* (Madrid, 1990), I, pág. 232.

67 Chiovenda, Giuseppe: *Instituciones de derecho procesal civil, cit.*, pág. 96. En relación con los criterios utilizados en la doctrina para abordar la tradicional contraposición entre unas y otras: Prieto-Castro, Leonardo: "Normas procesales y normas sustantivas", en *Estudios y comentarios para la teoría y la práctica procesal civil*, I (Madrid, 1950), pág. 9 y Fairén Guillén, Víctor: *Doctrina general del derecho procesal* (Barcelona, 1990), pág. 61.

hacer valer tiene una naturaleza u otra, pues sabemos que el legislador no suele plantearse este tipo de problemas cuando tiene que abordar la elaboración de una ley, de manera que en un mismo texto podemos encontramos normas cuya naturaleza no corresponda a la ley en que está ubicada. No es algo que sea exigible, aunque sí tiene trascendencia en muchos aspectos. Lo tiene, por ejemplo, y mucho, para el recurso de casación, donde la atribución del carácter de una norma es decisiva a los efectos de que pueda admitirse cuando hay que determinar la naturaleza sustantiva o procesal de la norma que se presume infringida (art. 477 LEC), y lo tiene igualmente en un campo tan sensible como son las normas sobre la prueba o las que regulan las condiciones materiales o sustantivas para que una determinada pretensión pueda prosperar o afecten al nacimiento, modificación o extinción de un derecho o una determinada situación jurídica[68].

En suma, no es algo que sea indiferente, y menos aun cuando afecta al tema que estamos tratando. Puede suceder que una ley nueva afecte, no al procedimiento, sino a los presupuestos materiales de una acción. En este caso, es evidente que esto puede tener un impacto en las expectativas de quien se presenta como titular, pero en modo alguno rigen para este supuesto las reglas procesales, si bien es forzoso reconocer que no siempre resulta sencillo distinguir la norma que se relaciona con el fondo del asunto o a la forma propiamente dicha pues muchas veces van indisolublemente unidas hasta el punto de que, siendo retroactiva la primera, pueda afectar al éxito de la segunda[69].

El nacimiento de un derecho, tal cual viene configurado por el legislador, no suele coincidir con el momento en que jurisdiccionalmente se ejercita su tutela. El derecho material preexiste al acto por el que se solicita su tutela y no se extingue ni muda por un cambio en la normativa proce-

---

68 Hoy se acepta prácticamente sin discusión la idea de que las normas sobre la prueba son procesales ya que regulan la admisibilidad, práctica y eficacia de las pruebas, si bien la doctrina no deja de contemplar supuestos concretos en que la ley contenga previsiones particulares respecto de un determinado medio de prueba y cuyo objeto sea regular un derecho o una situación jurídica, en cuyo caso se entiende que tendrían naturaleza sustantiva [Cortés Domínguez, Valentín: "Concepto y objeto de la prueba", en *La prueba* (Dir.: Isabel González Cano), I (Valencia, 2017), pág. 24] y Serra Domínguez, M.: *Comentarios al Código Civil y Compilaciones Forales, cit.*, Tomo XVI, Vol. 2 (Madrid, 1991), pág. 3].

69 Fiore, Pascuale: "De la retroactividad e irretroactividad de las leyes de procedimiento en los juicios civiles", *Revista General de Legislación y Jurisprudencia*, Tomo 78 (Madrid, 1891), pág. 441.

sal; si así fuera, volveríamos al sistema romano de las acciones en donde uno no tenía el derecho si no tenía la acción. El derecho, aunque tuvo un origen netamente procesal, ya que nació de la acción, no era más que una prolongación del derecho sustantivo. Hoy no es así debido a la gran revolución que supuso pasar del *ordenamiento de las acciones*, propio del derecho romano y donde el terreno estaba marcado por la "litiscontestatio", al *ordenamiento de los derechos* del derecho moderno, momento en el que derecho a la tutela judicial se independizó de su origen, constituyendo un derecho autónomo y, por lo tanto, desvinculado del derecho material que se pretende hacer valer[70].

Pero es evidente que una alteración sobrevenida en las condiciones procesales para su ejercicio puede afectar a las posibilidades de que pueda ser declarado jurisdiccionalmente. En nuestra opinión, aunque las expectativas de una sentencia favorable tienen su origen en el derecho sustantivo y no son equiparables a las que tienen origen en el proceso, están tan vinculadas al derecho a la tutela judicial efectiva y, por lo tanto, cualquier norma de derecho transitorio no debería afectarlas negativamente. Siguiendo el razonamiento de Ihering, de la misma manera que los derechos adquiridos, que aun siendo adquiridos, no son eternos, lo mismo podría aplicarse a las expectativas que las partes han puesto en las normas de procedimiento y que cualquier cambio obligaría a respetar, aun no siendo tampoco son eternas[71]. Pero desde este punto de vista, puede haber razones muy fundadas que permitan sacrificar el principio de irretroactividad porque muchas veces donde los civilistas, mercantilistas o administrativistas, por poner un ejemplo, ven derechos adquiridos, los procesalistas vemos garantías y, por lo tanto, conquistas.

---

70 Windscheid, Bernhard: "La *actio* del derecho civil romano desde el punto de vista del derecho actual", en *Polémica sobre la "actio"* (Buenos Aires, 1974), pág. 8.

71 Ihering, Rudolph: *El espíritu del derecho romano, cit.*, 273.

El Consejo General del Poder Judicial como problema[1]

GONZALO QUINTERO OLIVARES
Catedrático (j) de Derecho penal
Vocal Permanente de la CGC
Ex Vocal del CGPJ
Abogado

Si se interroga a un espectador de la vida política española por cuáles son los problemas más graves que están presentes y que no parecen tener una solución fácil sin duda uno hubiera sido la parálisis del Consejo General del Poder Judicial (CGPJ), pendiente de renovación cinco años cumplidos y con muchas de sus más importantes facultades suspendidas. El problema ha sido de tal gravedad que llegó al conocimiento de la UE, que ha exhortó a los Partidos españoles a dar pronto con una solución por el bien mismo del Estado de Derecho y de la imagen de la Administración de Justicia.

Cuando esto escribo se ha resuelto finalmente la elección de los vocales (10 propuestos por el PP y otros 10 propuestos por el PSOE) y, tras algunas tensiones, se ha elegido una nueva Presidente del TS y del CGPJ, con lo que la parálisis ha terminado, pero en la memoria queda el gravísimo suceso político que ha sido la imposibilidad de renovar un órgano constitucional porque no quisieron los dos Partidos principales. Buscar culpables de la situación es tan fácil como baldío. El PP dirá que el PSOE quería controlar el CGPJ para colocar a sus afines. El PSOE dirá que el PP quería un CGPJ corporativo y sin legitimación parlamentaria porque habría de ser más conservador

---

1 Este trabajo está dedicado a mi gran y viejo amigo Víctor Moreno Catena, Catedrático de Derecho Procesal, excelente jurista y universitario ejemplar.

Sea como fuere, lo cierto es que ni a uno ni a otros les sonrojó el marasmo en el que cayó el que es un órgano constitucional que culmina la organización del Poder Judicial.

En lo que sigue intentaré revisar algunas de las ideas que circulan en el marco del debate sobre la insólita situación que hemos vivido, para luego pasar a la inevitable reflexión sobre la razón de ser y de subsistir del propio CGPJ.

1. EL ORIGEN

Como es sabido, el CGPJ es un órgano que carece tradición constitucional en España cuya inclusión en el art. 122 de la Constitución de 1978 pareció a los autores del texto una buena idea que permitía asimilar la organización judicial española a los modelos dominantes en Europa occidental[2]. En su momento se dijo que el CGPJ había de ser, a la vez, el órgano de Gobierno del Poder Judicial, así como el garante de su independencia. También se dijo que se trataba de un órgano que seguía los modelos de otros países próximos como Francia, Portugal y, en especial, Italia.

Ciertamente, su creación fue en su día una auténtica innovación del constituyente de 1978, ya que no es posible hallar ningún antecedente directo en nuestra historia de un órgano de gobierno autónomo del Poder Judicial y garante de su independencia. La novedad era realmente extraordinaria, si se tiene en cuenta que muy buena parte de las competencias que se atribuyeron al CGPJ pertenecía tradicionalmente al Ministerio de Justicia, lo cual, evidentemente resultaba totalmente incompatible con la separación de Poderes.

El desarrollo normativo del CGPJ, su organización y funciones, fueron regulados por la LOPJ cuyo primer texto entró en vigor el 10 de enero de 1980, pero ese texto sería sustituido por la LOPJ 6/1985 de 1 de julio que introdujo un importante cambio precisamente en la forma de elección de los Vocales, de modo tal que la totalidad de ellos, respetando la proporción de 12 jueces y 8 juristas, serían elegidos por el Congreso y el Senado, modificando el anterior criterio sentado en el artículo 8 de la Ley de 1980, de acuerdo con la cual los doce Vocales de procedencia judicial se elegían entre Jueces y Magistrados pertenecientes a todas las categorías judiciales.

---

[2] Como eran la Constitución francesa de 1946, y su Consejo Superior de la Magistratura, la Constitución italiana de 1947 y la portuguesa de 1976.

Ese sería el origen de un conflicto que con el paso del tiempo no hizo más que agravarse.

Aquella modificación fue recurrida ante el Tribunal Constitucional por 55 diputados del PP, pero el Tribunal Constitucional decidió (Sentencia 108/1986, de 29 de julio) que la Reforma operada por la Ley de 1985 se ajustaba a la Constitución, pues se respetaban las dos condiciones fijadas por ésta (elección entre jueces y magistrados y elección por una mayoría cualificada).

Con anterioridad, el propio CGPJ (el primero que se había formado) planteó ante el TC, el 17 de abril de 1985, un conflicto contra el Parlamento, conflicto que fue rechazado. Pero el TC no entró en el fondo del problema, lo que sí hizo en la antes citada sentencia, rechazando la pretensión de los recurrentes, que sostenían que los 12 Vocales de procedencia judicial deberían ser elegidos por los propios jueces y magistrados. En su argumentación el TC advertía que lo que la Constitución dice, es que la elección se llevará a cabo en los términos que establezca la ley orgánica, por lo que no era posible sostener, como hacían los recurrentes, que el Poder legislativo, al cumplir el mandato constitucional, actuaba como poder constituyente al regular un órgano constitucional cuya configuración está predeterminada por la Constitución, precisamente porque no existe tal predeterminación. En suma: no se constitucionalizó una fórmula concreta, sino que los constituyentes se limitaron a remitir la cuestión a una futura ley orgánica.

Ahora bien, también señaló el TC que la fórmula de la elección parlamentaria entrañaba un riesgo: el de distribuir los puestos cubrir entre los distintos partidos, en proporción a la fuerza parlamentaria de cada uno. El TC, equivocándose sobre lo que iba a ser el futuro (cosa que no se puede censurar en modo alguno) añadía que convenía que, aunque el poder de los Partidos pudiera llevar a eso, preponderara el buen sentido y se dejara la elección de Vocales al margen de la lucha de partidos, que debería respetar ciertos ámbitos de poder y, especialmente, el Poder judicial.

Evidentemente bien, también señaló el TC que la fórmula de la elección parlamentaria entrañaba un riesgo: el de distribuir los puestos cubrir entre los distintos partidos, en proporción a la fuerza parlamentaria de cada uno. El TC, equivocándose sobre lo que iba a ser el futuro (cosa que no se puede censurar en modo alguno) añadía que convenía que, aunque el poder de los Partidos pudiera llevar a eso, preponderara el buen sentido y se dejara la elección de Vocales al margen de la lucha de partidos, que debería respetar ciertos ámbitos de poder y, especialmente, el Poder judicial.

2. LA GRAVEDAD DE LA SITUACIÓN

Ya me he referido, sintéticamente, a la esencia de los reproches que se cruzaron PP y PSOE, a lo que se debe añadir la protesta de los Partidos minoritarios por sentirse marginados de la discusión, lo cual es en buena parte cierto. Nadie pone en duda que la crisis institucional y política es la mayor que se ha vivido desde la instauración de la democracia, y una buena prueba es que hayan tomado cartas en el asunto organismos de la Unión Europea.

Para el PSOE el sistema hasta ahora vigente tiene declarada su corrección constitucional, y, además, la mayoría de los Vocales son jueces, lo cual ya es una "prioridad" que concedió la Constitución de 1978, que no decía que además tenían que ser elegidos por jueces sino "entre jueces". Por su parte, el PP se mantiene firme en su tesis de que la independencia judicial solo está garantizada si los Vocales judiciales son elegidos por jueces y no por los diputados y senadores, e invoca en su favor el modo en que se hace en Francia o Portugal.

Para la elección de los Vocales judiciales hay que estar a lo dispuesto en el artículo 567 de la LOPJ[3], que en su actual redacción exige la mayoría cualificada de dos tercios para todos los Vocales, judiciales y no judiciales.

Una solución que se intentó fue un supuesto "intermedio" entre la elección por el Parlamento y la elección por los jueces, y fue la más desafortunada fórmula, consistente en filtrar la elección de los Vocales judiciales a través de propuestas elaboradas por las Asociaciones judiciales, lo cual no era más que una extensión del sistema de cuotas que tanto se censura, que, además, dejaba fuera del camino al Consejo a los Jueces y Magistrados no asociados, aunque teóricamente no sea así.

Ahora bien: cuando se habla de inaplazable necesidad de reformar la LOPJ y todo el sistema parece que las disfunciones, fallos y defectos se deriven de esa Ley, lo cual no es objetivo, pues eso solo se conseguiría diferenciando con claridad y sinceridad los defectos y vicios atribuibles a la Ley, los que derivan del ejercicio de la función reglamentaria por el Consejo, y los

---

[3] *1. Los veinte Vocales del Consejo General del Poder Judicial serán designados por las Cortes Generales del modo establecido en la Constitución y en la presente Ley Orgánica. 2. Cada una de las Cámaras elegirá, por mayoría de tres quintos de sus miembros, a diez Vocales, cuatro entre juristas de reconocida competencia con más de quince años de ejercicio en su profesión y seis correspondientes al turno judicial, conforme a lo previsto en el Capítulo II del presente Título.*

que pueden agruparse como fruto del factor humano, y de las desviaciones en el modo de aplicar las normas.

Por otra parte, el criterio de selección de los Vocales de procedencia judicial no está concretado ni en la Constitución ni en la Ley, sino que ha sido establecido mediante acuerdos entre fuerzas políticas o pactos con asociaciones judiciales, y, por lo tanto, si el sistema no es satisfactorio, que se culpe a esos pactos y no a la Ley.

El problema de la elección de Vocales se ha transformado, a raíz del enfrentamiento permanente entre PP y PSOE, en el *problema central,* pero eso tampoco es acertado si con ello se pretende transmitir la idea de que resuelto el problema del modo de elección desaparecen todos los demás. No hay que olvidar cuestiones no menores, como la formación de mayorías y pactos, los intercambios de nombramientos, etc. que también son sobradamente conocidos, y en ningún supuesto se puede sostener que la causa es la Ley, como si los individuos que la aplican y sus actos fueran solo una inexorable consecuencia de una norma incorrecta.

3. LA IMPLICACIÓN DE LA INDEPENDENCIA JUDICIAL

En el debate sobre la parálisis sufrida en la renovación del CGPJ se cruzaba sistemáticamente un tema que en realidad es diferente, cual es el de la *independencia judicial.* Ese es uno de los equívocos que maneja habitualmente el PP: ligar el modo de elección de los Vocales del Consejo con la independencia judicial, lo cual es intencionadamente incorrecto. La Constitución, proclama la independencia del Poder Judicial, no la *independencia del Consejo General del Poder Judicial,* pues la independencia reside en cada Juez y no en el órgano de gobierno, y la LOPJ no es ni puede ser una especie de concordato entre el Estado y la judicatura,

Es fácil ver que el argumento de la defensa de la independencia de los jueces se presenta con facilidad sin que se aprecie su componente demagógico, pero lo cierto es que no es fácil sostener la afectación de la independencia judicial porque se elijan de un modo u otro los vocales del Consejo. La búsqueda de respuesta pasa por recordar, o señalar algunos puntos clave e imprescindibles para opinar con rigor sobre la cuestión.

Cuando en la Constitución (art. 117-1) se afirma que la Justicia emana del pueblo y se administra por jueces y magistrados integrantes del Poder judicial, independientes, inamovibles, responsables y sometidos únicamente al imperio de la ley, se está describiendo el estatuto esencial de la judicatura y, dentro de él, de la independencia judicial, o la figura 'constitucional' de juez, que solo está sometido al imperio de la ley, aunque no sea absolutamente libre para interpretarla como le venga en gana, pues puede ser controlado por el TS o, en su caso, por el TC.

Lo que no se afirma, ni se podría afirmar, es que el Poder judicial, que compone una de las tres bases del Estado junto al Ejecutivo y al Legislativo, sea *también* independiente. De Poder judicial, al que dedica un título la Constitución de 1978, solo se puede hablar, con corrección, a partir de la Revolución Francesa y, en lo que atañe a España, de la Constitución de Cádiz. A su vez, el 'juez' integrado en ese Poder plantea una problemática específica al margen de que, en abstracto, esta sea también del Poder Judicial, sobre todo porque ha de velar por que se respete, pero sin que la independencia forme parte de sus propios atributos.

El error capital es *confundir* al Poder Judicial, en cuanto parte conformadora de la estructuración del Estado, con el juez, en quien, como he dicho antes, se residencia la independencia. Sería una equivocación creer que todo esto no es más que una logomaquia para ocultar la realidad de la inexistencia de independencia. No es así, sino que al decir eso se afirma nada más y nada menos que todos y cada uno de los jueces gozan de independencia y son titulares de ese estatuto constitucional.

El CGPJ es el órgano de gobierno de los jueces, pero no es el depositario último de la independencia, aunque tenga, entre otras misiones, el deber de velar por que dicha independencia sea respetada. Los demás poderes del Estado tienen el deber de respetar esa independencia, la cual, a su vez, se manifestará en distintas consecuencias que se expanden por todo el ordenamiento jurídico. A su vez, la independencia conlleva consecuencias: intangibilidad en el ejercicio de la función de juzgar (función jurisdiccional), inamovilidad, y, en su caso, responsabilidad.

La función del CGPJ *no es jurisdiccional*, a diferencia de la de los jueces y tribunales, sino, aun forzando un tanto la naturaleza jurídica, de *carácter administrativo*, por lo que sus decisiones pueden ser impugnadas ante la jurisdicción contenciosa, extremo que con frecuencia se olvida cuando se censura esa institución, sin perjuicio de lo criticable que sea el modo de elegir a sus miembros, como podría decirse de otros altos organismos del Estado. Pero en ningún caso puede dictar instrucciones a los jueces sobre cómo deben aplicar la ley.

Ciertamente se cuestiona la independencia, pero no señalando a los jueces, que, por supuesto, pueden ser criticados por sus decisiones, sino por otros motivos que se dice, debilitan o diluyen la realidad de la independencia, y como tales se señala la fuerte presencia de la decisión política en la selección de los miembros del CGPJ, o la dependencia jerárquica del Ministerio Fiscal respecto del Gobierno (partiendo de que el MF pertenece al Poder judicial, premisa muy discutible) o que la policía judicial depende en último término del Ministerio del Interior o de la autoridad autonómica correspondiente). Todo argumentos indirectos, sin perjuicio de que cada uno de ellos entrañe problemas que deben ser abordados obligatoriamente.

Por lo tanto, la independencia judicial es, ante todo, un concepto constitucional de capital importancia en la configuración total del sistema, y como tal ha de ser contemplada. Es una propiedad del juez, que no es elegido, sino que accede a esa función mediante selección técnica. Solo algunos cargos del organigrama judicial son decididos por el CGPJ, pues de alguna manera habrá que dar salida a la realidad de que un único orden reglamentario es inviable, y no existe ni en España ni en ningún Estado europeo.

A partir de ahí, recordemos que la soberanía reside en el pueblo español, y este, a su vez, tiene su representación natural en el Parlamento (ya sé el alto grado de formalismo teórico que tiene todo este discurso, pero es el único posible constitucionalmente), y así podría llegarse a la conclusión de que la única legitimación originaria ha de proceder, directa o indirectamente, del sufragio popular, y, por esa razón 'originaria', la única vinculación con la fuente de soberanía nacional, que reside en el pueblo español, y de la que emanan todos los poderes, no puede ser otra que la vinculación al Parlamento de la elección de los miembros del Consejo General del Poder Judicial —prescindiendo del acierto con el que se realice esa elección—, única manera, siquiera pequeña e indirecta, de conectar la jurisdicción con la soberanía popular, y prescindiendo, también, del modo de funcionar del CGPJ o de elegir a sus miembros y, por supuesto, del modo personal o errático de entender la independencia que pueda verse en las acciones o decisiones de algunos pocos jueces.

Sostener que la elección de los jueces Vocales del CGPJ solo puede ser realizada por los propios jueces, so pena de conculcar la independencia judicial es sencillamente una manipulación de la realidad jurídica. Si, por la razón que sea, se decidiera que fueran los propios Jueces quienes eligieran a los Vocales de procedencia judicial, hágase, *pero sin invocar a la independencia judicial* como argumento.

Tampoco tiene sentido la tesis de algunos que sostienen que al PP o al PSOE lo que realmente les interesa es determinar quiénes serán los jueces que finalmente juzgarán sus problemas penales si los tienen. Eso es una simpleza porque la maquinaria judicial es mucho más complicada, y creer que todo se reduce a contar con buenos amigos en el Tribunal de casación (son los que nombra el CGPJ) evidencia una idea muy superficial de la organización judicial y del funcionamiento del sistema procesal.

Eso, precisamente, es lo preocupante, esto es, la razón profunda por la que una y otra vez se han producido episodios de bloqueo, que en esta última ocasión se ha superado, pero que podrá repetirse mientras no cambie completamente la normativa que, desde la Constitución misma, atañe al CGPJ. Pero el enfrentamiento entre los grandes Partidos, obsesionados con las cuotas respectivas de poder es la peor perspectiva en orden a esperar que el conflicto no se vuelva a repetir.

Así vista la cuestión, resulta delirante la tesis de que unos y otros desean colocar a un grupo de jueces y juristas que le son próximos, y lo cierto es que, a la vista de la relación de los elegidos esa acusación tiene mucho de verdadera. Pero, aunque así sea, mantener esa opinión es, en abstracto, una frivolidad, pues si de verdad esa es la preocupación, lo adecuado sería algo muy diferente de la pelea o las descalificaciones personales, sino proceder a una reforma de la LOPJ introduciendo la obligatoriedad de un proceso público de examen de todos los candidatos a Vocal del CGPJ, en lugar de la vía expeditiva de la presentación de listas, seguramente pactadas por los Partidos de acuerdo con sus propios intereses, que pueden ser totalmente ajenos a las ideas de mérito y capacidad, o negociadas con las Asociaciones judiciales que cada Partido sienta más próximas.

La conclusión es que, incluso celebrando el fin del largo bloqueo, lo que con seguridad queda en papel mojado, es la teórica elección "por el Congreso de los Diputados" o "por el Senado", pues ambas cámaras se van a limitar a votar (afirmativamente) las listas que les presenten sin tener ni arte ni parte en el proceso de selección de los candidatos a Vocal.

Las asociaciones judiciales tampoco han contribuido significativamente a resolver el problema. Posiblemente no les desagrada la idea de que *lo justo* sería que los propios jueces eligieran a los Vocales del Consejo, con lo cual se iría, inevitablemente, no ya a la imprescindible independencia judicial, sino directamente a la "soberanía" del Poder Judicial. La tesis subyacente de que solo la elección por los propios jueces, sin intervención alguna del órgano depositario de la soberanía popular, garantiza la ecuanimidad del órgano y su despolitización se compadece mal con las claras connotaciones ideológicas que tienen las asociaciones judiciales. Y, además, otro problema se cruza, que es el de la marginación de los jueces que no estén afiliados a ninguna asociación.

Así pues, la afirmación de que el modo de elegir a los Vocales del CGPJ afecta al prestigio y respetabilidad ese Alto Organismo es plenamente asumible, pero cuando se dice que ese modo de elección afecta a la independencia es ya por influencia de un deseo de manipular la imagen de la justicia para que a los ciudadanos les llegue la perversa idea de que el Poder político influye en el *contenido de las decisiones judiciales,* aprovechándose de la ignorancia tanto de cuáles son las funciones del CGPJ como de qué es quién detenta la independencia judicial.

Ya sé que queda una cuestión abierta: la influencia derivada de la capacidad de elección y nombramiento de altos cargos. Se ha dicho que la facultad de poder nombrar a quienes han de dictar las sentencias es un modo indirecto de influir en cuál será el comportamiento del órgano afectado. Eso se resume en una idea "central" en la pelea política: el TS es el órgano encargado de juzgar a los Diputados, Senadores y miembros del Gobierno, entre otros. Por lo tanto, el nombramiento de personas "afines" contribuirá a la suerte final de esos procesos.

Ante esa acusación lo primero que se puede decir es que no cuenta, que se sepa, con especiales ejemplos demostrativos de esa teoría, y sí de casos que la contradicen. En segundo lugar, si realmente preocupa tanto que los jueces que hayan de juzgar a aforados no ocupen su puesto exclusivamente por razones preferentemente escalafonarias lo que se debe hacer es revisar la existencia misma de los aforamientos, siempre denostados, aunque nunca se encuentre el momento adecuado para revisarlos.

La vía de reformar la LOPJ para arrojar luz sobre el proceso de elección de Vocales del Consejo no puede, en principio, desdeñarse, pero no se podría acometer sin antes llegar a una concordia sobre cuestiones tan importantes como el examen parlamentario de los aspirantes y la libertad de cualquier juez o cualquier jurista para postularse como candidato, al menos en una fase de "preselección", para no depender ni de Partidos políticos ni de asociaciones judiciales.

El Poder Legislativo puede cambiar las leyes, entre ellas la LOPJ. Otra cosa es que no se haya de abusar de esa potestad, comenzando por no despreciar el sentido de las disposiciones de la Constitución, entre las cuales destaca que los Vocales no judiciales del CGPJ han de ser elegidos por la mayoría cualificada que exige la Constitución, con lo cual dentro de un mismo órgano habría dos regímenes jurídicos diferentes según sea la procedencia de los Vocales. Pero es obligado, a la vista de las últimas experiencias, revisar la posibilidad de que, concluido el período de mandato de una Consejo y hasta tanto no se provea la elección de uno nuevo, impedir que bajo la condición de "Consejo en funciones" se puedan realizar nombramientos, en contra de la misma lógica que explica que un Gobierno en funciones no puede traspasar la línea del despacho ordinario de los asuntos públicos, pues así lo establece la Ley del Gobierno de 50/1997, de 27 de noviembre de 1997, aunque a veces lo hayan hecho.

Los dos grandes Partidos han tenido ocasiones sobradas para introducir una reforma en la LOPJ que garantizara que, cumplido el plazo de 5 años de vigencia del nombramiento, se produjera el *cese automático*, como sucede con la jubilación de magistrados y fiscales, sin prórroga de especie alguna. La presidencia del CGPJ podría continuar en funciones sin problema alguno, y los asuntos de trámite ordinarios podrían ser resueltos sin necesidad de prolongar mandatos. Se hubiera podido hacer y no se hizo.

4. LA ELECCIÓN DE LOS VOCALES JUDICIALES

El modo de elegir a los Vocales judiciales es el que más discusión ha provocado, participando en ella Gobierno, Partidos políticos y asociaciones judiciales. Ante la gravedad constitucional del problema, la primera reflexión que acude es que no es admisible que un tema de esa envergadura se presente como algo que pertenece en exclusiva a la relación entre Gobierno y Asociaciones, como si se tratara de un conflicto exclusivamente profesional, ensombreciendo su carácter constitucional. Claro está, que más preocupante todavía es que el artículo 122 de la Constitución[4] continúe sin alcanzar un entendimiento compartido por las diferentes fuerzas

---

[4] *Artículo 122.*
1. La Ley orgánica del poder judicial determinará la constitución, funcionamiento y gobierno de los Juzgados y Tribunales, así como el estatuto jurídico de los Jueces y Magistrados de carrera, que formarán un Cuerpo único, y del personal al servicio de la Administración de Justicia.
2. El Consejo General del Poder Judicial es el órgano de gobierno del mismo. La Ley orgánica establecerá su estatuto y el régimen de incompatibilidades de sus miembros y sus funciones, en particular en materia de nombramientos, ascensos, inspección y régimen disciplinario.
3. El Consejo General del Poder Judicial estará integrado por el Presidente del Tribunal Supremo, que lo presidirá, y por veinte miembros nombrados por el Rey por un período de cinco años. De éstos, doce entre Jueces y Magistrados de todas las categorías judiciales, en los términos que establezca la Ley Orgánica; cuatro a propuesta del Congreso de los Diputados y cuatro a propuesta del Senado, elegidos en ambos casos por mayoría de tres quintos de sus

políticas; y de ese precepto constitucional lo único que se ha dicho, sobre este punto, por parte del Tribunal Constitucional (STC 106/86) es que deja un margen para que sea el legislador quien resuelva cuál ha de ser el criterio que seguir en la elección de los Vocales.

Tradicionalmente solo la asociación JpD (hoy JyJpD) defendió la elección parlamentaria, al menos en teoría, puesto que esa opción queda severamente matizada si establece un sistema de control asociativo sobre qué Jueces o Magistrados pueden ser elegidos, que es lo que sucedió a partir del año 2001. Las otras asociaciones, que, por lo tanto, representan a la mayoría de los jueces asociados (que no del total de jueces) siempre han sido partidarias del sistema de elección por los propios jueces y magistrados.

El regreso al sistema de elección por los propios jueces ha sido abiertamente defendido por el PP, como puede verse en la Proposición de Ley que presentó en enero de 2023[5], en la que modificaba aspectos importantes relativos a la elección de Vocales judiciales, cambiando el criterio que había implantado a través de la Ley Orgánica 4/2013, de 28 de junio, de reforma del Consejo General del Poder Judicial. Su última proposición fue que los 12 Vocales que según la Constitución tienen que ser elegidos entre jueces y magistrados, lo fueran por los propios jueces, sin intervención alguna del Congreso y del Senado[6], suprimiendo también el sistema

---

miembros, entre abogados y otros juristas, todos ellos de reconocida competencia y con más de quince años de ejercicio en su profesión.

5 Boletín Oficial de las Cortes Generales de 27 de enero de 2023. Proposición de Ley Orgánica relativa a la modificación de la Ley Orgánica 6/1985, de 1 de julio, del Poder Judicial, para el cambio de modelo de elección de los Vocales del Consejo General del Poder Judicial y el fortalecimiento de la independencia judicial.

6 La última propuesta del PP incluía más condiciones: dos de los Vocales judiciales tienen que ser Magistrados del Tribunal Supremo y tres tener una antigüedad superior a 25 años de carrera, sin límites de antigüedad quedarían los siete Vocales restantes. A ello se añade la incompatibilidad con el hecho de haber ocupado un cargo en el Gobierno, o en Consejos de Gobierno de las comunidades autónomas, o cargos orgánicos en los partidos o los sindicatos en los últimos cinco años. En cuanto a los ocho Vocales no pertenecientes a la carrera judicial, los "juristas de reconocido prestigio" serían elegidos cuatro por el Congreso y cuatro por el Senado, como establece la Constitución, precisando el voto favorable de los tres quintos de la cámara que los elija, al igual que sucede en la actualidad. Por ese turno no podrán entrar miembros de la Carrera judicial. Estos Vocales tampoco podrán haber pertenecido en los cinco años anteriores a su designación al gobierno central, los gobiernos autonómicos, ni haber sido eurodiputados, diputados,

de elección por el Congreso y Senado limitada a hacerlo entre una lista de candidatos que eligen los propios jueces y magistrados, a través de un proceso de selección en el que pueden hacer propuestas las asociaciones de jueces, o cualquier juez puede presentarse siempre y cuando reúna un determinado número de avales.

Puede valorarse esa idea, y ahora se abre un período de cinco años que pueden servir para madurar una fórmula. Pero, se acepte o no, ninguna de esas soluciones es compatible constitucionalmente con la exigencia de ser *elegidos por el Congreso o el Senado*, regla que no es compatible con la predeterminación de quiénes son los sujetos elegibles que, como acaba de suceder, aparecen como por arte de magia en una relación de nombres pactados entre los dos Partidos, sin que se sepa cuál ha sido el criterio determinante de la selección que, además, se ha hecho sobre un número cerrado de candidatos (20) dejando claro que ni siquiera se ofrece a las Cámaras la posibilidad de elegir entre una relación más amplia de candidatos.

Lamentablemente, es absurdo esperar de las Cámaras una auténtica protesta por considerarse marginadas en un proceso de decisión, pues es conocida y clamorosa su docilidad, con las excepciones que se quiera, siempre protagonizadas por Partidos muy minoritarios. Se dirá, con razón, pero no entraré en ello porque sería entrar en otro tema, que esa es una de las muchas consecuencias perversas del funesto sistema electoral de listas cerradas, que permite lograr el acta de diputado sin necesidad de demostrar cualidad personal alguna, así como llevar una vida de parlamentario cómoda, en la que solo cuenta obedecer al Partido, con exención plena de obligaciones de dar explicaciones al electorado.

Pero la consecuencia última es evidente, no existe en España, ni hay viso de que vaya a haberlo, un debate parlamentario sobre las condiciones personales que debe reunir quien aspire a ser elegido Vocal del Consejo del Poder Judicial. Todo ese hipotético debate se sustituye expeditivamente por la decisión adoptada por los sanedrines de los Partidos. Pero, a pesar de eso y de las críticas a la "calidad de los diputados" y a los problemas de lentitud del proceso de elección, lo correcto sería dar primacía al debate parlamentario, que, además, podría ser seguido por la opinión pública gracias a los medios de comunicación, y eso enriquece la calidad de la democracia.

---

senadores o miembros de las asambleas legislativas autonómicas, ni haber ostentado cargos orgánicos en partidos u organizaciones sindicales.

La última propuesta del PP no ha llegó a debatirse en las Cortes. Entretanto, desde medios cercanos al PSOE y a Sumar se dijo que era imprescindible evitar el exceso de "corporativismo", pero, en cambio, por todas las asociaciones judiciales, incluyendo a JpD, se rechazó el sistema introducido en 2013 en el punto relativo al número de avales que se precisan para que un Juez pueda postularse a la elección como Vocal, entendiendo que 25 avales eran muy poco, pues esa cantidad relativamente pequeña de apoyos tenía el mismo peso que una asociación, y eso es un modo de despreciarlas, abriendo una puerta a la posibilidad de que los Partidos políticos elaboren candidaturas sin grandes dificultades. Es evidente que el aroma a corporativismo impregnaba a esa queja, que se completaba diciendo que la Reforma quería ningunear a la Asociaciones al "suprimir sus *poderes de promoción*".

5. UNA REFLEXIÓN PENSANDO EN EL FUTURO

Por muchas razones se debe reconocer que las ideas teóricas sobre el CGPJ se han derrumbado al chocar con la realidad, especialmente en todo lo relativo a la elección de sus Vocales[7]. A buen seguro la voluntad del legislador constitucional sería otra, al margen de que estuviera influido por el deseo de imitar el modelo italiano. Seguro que creyó que el plazo constitucional de cinco años para la duración de un Consejo sería escrupulosamente respetado, y no podía imaginar que se diera una negativa a renovar el Consejo y se fuera al sistema de prórrogas indefinidas, como hemos vivido.

Tal vez también creyó de buena fe que el modo de configurar las mayorías necesarias sería una eficaz manera de conseguir la unidad de criterios o, al menos, de imponer el consenso como regla. Poco podía sospechar que en nuestro país el consenso es una *rara avis* que solo aparece de tarde en tarde, como lo demuestra la conocida imposibilidad de los dos grandes Partidos se hayan siquiera planteado formar un Gobierno de coalición por graves que sean las crisis y problemas que planean sobre toda la sociedad española.

---

7 El problema, con otras características, también se ha producido en la elección de los Magistrados del Tribunal Constitucional (sobre ello, vid.: A. Carmona Contreras, "*Control parlamentario y designación de órganos constitucionales en España: teoría y práctica*", *Revista de las Cortes Generales*, nº 113, 2022, pp. 245 y ss.

Así las cosas, los intentos del legislador constitucional para que el CGPJ fuese un órgano fuerte y no subordinado ni a las Cámaras ni, menos aún, a los Partidos políticos, han fracasado rotundamente, y el único criterio consolidado es que cada Partido estima que le corresponde un cupo o cuota y que no ha de discutir con el otro Partido sobre a quienes coloca dentro de su cupo, y si es un Partido minoritario sucede lo mismo, y eso, evidentemente, es una *perversión* del programa constitucional.

Además, y contemplado el problema desde la óptica parlamentaria, la experiencia nos ha enseñado también que cada Partido decide por su cuenta quiénes son sus candidatos, y una vez tomada esa determinación *ordena* a sus parlamentarios que procedan a votarlos, cosa que harán disciplinadamente, por supuesto, y eso tiene muchas explicaciones, colocando en cabeza el ya mencionado sistema de listas cerradas para acceder a la condición de Diputado, tema en el que no voy a entrar. Pero, ciertamente, ante esa realidad hablar de "elección parlamentaria" es un sarcasmo.

Más allá de la gravedad de la situación por la que ha pasado durante cinco años el CGPJ, es preciso en lo que atañe a su futuro, una reconsideración global del órgano, su composición y su función. No se puede olvidar que no se trata de una cuestión que haya surgido en estos últimos cinco años sin renovación del Consejo, sino que el escepticismo sobre el futuro del órgano a causa de sus problemas viene ya de antiguo, hasta el punto de que se ha dicho que el CGPJ vive en permanente estado de crisis, lo que ha dado lugar a que alguna autorizada voz haya sugerido que lo mejor sería reformar la Constitución y suprimirlo.

Si se ha podido llegar a esa conclusión, realmente preocupante, no ha sido por casualidad, sino porque es un órgano constitucional excesivamente lastrado por su imagen de órgano politizado, y otros, finalmente, a su carácter de cámara de representación gremial y traducción de la fuerza de las diferentes asociaciones judiciales.

Otro dato a tener en cuenta es que, pese a haber sido un tema de campaña, nada permite afirmar que el PP haya pagado un precio electoral como consecuencia de su cerrazón ante la renovación del CGPJ, pero no es porque a los votantes les parezca mayoritariamente correcto ese modo de actuar, sino porque el tema del CGPJ, más allá de los círculos profesionales *no despierta especial interés,* a pesar de la insistencia de un sector de la prensa en vincular el modo de elección de los vocales con una potencial influencia en los contenidos de las resoluciones judiciales.

No pretendo decir que la LOPJ y su legislación concordante están bien y que solo se trata de aplicarla mejor y sin corruptelas, pues esa sería una manera de zanjar un problema difícil, cual es el de la disyuntiva entre considerar que todo se reduce a mejorar el funcionamiento del actual sistema o, lo que es mucho más grave, admitir que, aunque el sistema se aplicara con la mejor voluntad por parte de todos, en sí mismo alberga el virus del mal funcionamiento y la desviación. Aunque en el análisis faltaría una tercera posibilidad, en la búsqueda de causas: la baja calidad de la clase política española y su irrefrenable deseo de contar con una magistratura afín.

Es difícil responder a todas las cuestiones, pues hay ciertos males enquistados que no son de hoy y que han venido repitiéndose prácticamente desde que se puso en funcionamiento ese órgano constitucional. Por ejemplo, y de nuevo es solo eso, la mentalidad con la que los Partidos políticos han utilizado y cubierto las plazas que les "correspondían", en las que a veces han promovido a juristas de prestigio, pero en otras han "aparcado" a cesantes de otros cargos que no tenían donde colocarse, y eso lo han hecho sin sentir la menor necesidad de explicarse, o, y esa es otra constante curiosa, la utilización del cupo de juristas para colocar a Fiscales o incluso a Jueces que no cabían en el cupo judicial.

Y así llegamos a la gran pregunta. ¿se puede corregir lo que es el CGPJ y su funcionamiento o es mejor dar el drástico paso *de suprimir el órgano* vía la correspondiente reforma de la Constitución? Por el momento, las fuerzas políticas apuntan a la vía de la *reforma,* en tanto que la supresión es solo expresamente propuesta por sectores académicos.

El PP plantea como reforma imprescindible, como sabemos, la forma de elección de los Vocales judiciales, a fin de que sean elegidos íntegramente por los jueces, que hayan de distribuirse entre Magistrados del TS y jueces de una determinada antigüedad es cuestión menor. El PSOE no parece desear cambios en el sistema actual, salvo, quizá, la modificación del modo de presentación de los candidatos judiciales a través de las asociaciones o con el respaldo de un determinado número de avales.

Por su parte, Sumar considera necesario "reducir al mínimo las competencias del CGPJ". En esa materia la capacidad de reforma es muy amplia, pues el art. 122 de la Constitución se limita a decir que la Ley Orgánica del Poder Judicial establecerá las funciones del Consejo General del Poder Judicial, "en particular en materia de nombramientos, ascensos, inspección y régimen disciplinario" de los jueces, pero nada más, y, a su vez, la LOPJ especifica que será competencia del CGPJ el nombramiento de los cargos judiciales, esto es, Presidentes de las Audiencias Provinciales, Audiencia Nacional, Tribunales Superiores de Justicia, magistrados y Presidentes de

Sala del Tribunal Supremo, y, además, dos magistrados del Tribunal Constitucional.

Es evidente que esas son las competencias más importantes, además de las otras que tienen base constitucional (ascensos, inspección y régimen disciplinario), mientras que no hay obligación jurídica de atribuir al Consejo competencias como las de formación de jueces, las relaciones internacionales en materia de justicia y la formulación del presupuesto. En cambio, la pretensión de Sumar de revisar la capacidad de realizar nombramientos aprovechando la relativa inconcreción de la Constitución no parece practicable con facilidad.

Ni que decir tiene que las asociaciones judiciales se oponen frontalmente a esos recortes competenciales, pero apenas se pronuncian en lo que se refiere al actual modo de ejercer sus más importantes competencias, que son las de nombramientos de cargos judiciales, pero, previamente, la selección y elección del Presidente y los Vocales, dejando provisionalmente de lado la determinación de quiénes han de ser los electores.

5.1. La selección y elección del Presidente del Consejo y del TS

Creo que hay temas que debieran situarse en el centro de las preocupaciones, y que a mi juicio son la figura del Presidente y su elección y los controles de idoneidad de los aspirantes a Vocal.

Se ha repetido hasta la saciedad que ha venido siendo escandalosa la manera en que anunciaba que los Partidos habían llegado a una concordia sobre el nombre, y que luego indicaban a "sus" respectivos Vocales lo que tenían que hacer. Ese sistema es *indefendible,* pero tampoco hay motivos razonables para suponer que los 20 Vocales vayan a ejercer esa Facultad de elección pensando exclusivamente en los principios de mérito y capacidad para asumir tan importante función.

La Constitución solamente indica (art. 123.2), que el Presidente del Tribunal Supremo será nombrado por el Rey, a *propuesta del Consejo General del Poder Judicial, en la forma que determine la Ley.* Por lo tanto, no puede afirmarse rotundamente que la Ley no pueda determinar un método de elección que esté previamente organizado a través de un procedimiento de control parlamentario.

Sentado lo anterior, lo razonable sería establecer un previo mecanismo de control parlamentario, y para ello las diferentes fuerzas políticas presentes en el Congreso debieran poder presentar candidatos que necesariamente tuvieran que pasar por un examen de idoneidad, tras el cual la Cámara podría remitir al Consejo los nombres de quienes hubieran sido considerados idóneos para el cargo, y de entre ellos el CGPJ podría elegir al Presidente.

La Ley indica que para ser elegido Presidente del Tribunal Supremo, será necesario ser miembro de la Carrera Judicial con la categoría de Magistrado del Tribunal Supremo y reunir las condiciones exigidas para ser Presidente de Sala, o bien ser un jurista eminente con más de veinticinco años de experiencia en su profesión. Pero la sola condición de Magistrado del TS o la de "jurista eminente" pueden no concurrir con otras virtudes necesarias para el gobierno del CGPJ y la presidencia de nuestro máximo Tribunal, y se trata de un cargo demasiado importante como para dejarlo a la práctica hasta ahora seguida, que es simplemente bochornosa, y no es posible aducir razones convincentes para prescindir de un proceso en el que intervenga el Parlamento.

5.2. La idoneidad de los Vocales

Es sorprendente, por no decir escandaloso, que tras debatir tan ampliamente sobre el sistema de elección, y constatar que, para unos, ha de ser un sistema *prioritariamente parlamentario,* mientras que para otros ha de ser, *prioritariamente judicial,* nada se dice sobre la necesidad de que *además,* en algún momento, haya un control sobre la idoneidad de los candidatos, a diferencia de lo que se hace, y es un buen ejemplo, con los aspirantes a Magistrados del Tribunal Constitucional, sin perjuicio de que la preselección siempre recaiga sobre personas formalmente cualificadas.

Lo prudente y razonable es que tanto los aspirantes por la vía judicial como por la vía de juristas de reconocido prestigio con más de un número de años de ejercicio, *fueran sometidos a un examen de méritos por parte de las Cámaras.* Hay que recordar que el mérito y el mando o preeminencia en una asociación judicial no son lo mismo, y tampoco puede suponerse mérito a cualquier jurista que simplemente haya terminado la carrera quince años antes, durante los cuales puede no haber hecho nada que tenga significación o relevancia.

El *protagonismo parlamentario* no puede quedarse reducido a la capacidad de votar, que ni siquiera es eso, pues como advertí antes, los parlamentarios se limitan a votar obedientemente la lista de candidatos a Vocal que ha decidido unilateralmente la dirección de su Partido. La capacidad e idoneidad de los elegibles ni les consta ni, seguramente, les importa.

6. LA HIPÓTESIS DE LA SUPRESIÓN DEL CGPJ

Como más arriba dije, eminentes profesores se han pronunciado abiertamente a favor de la modificación de Constitución en orden a suprimir el CGPJ, por muy escandalosa que la idea pueda parecer en una primera aproximación. Bien es cierto que la asociaciones judiciales han sido muy sensible a esas opiniones, y se han opuesto radicalmente a la idea de la supresión del órgano, que en su momento lanzó Ciudadanos, Partido hoy casi desaparecido. Los jueces, o al menos las asociaciones, aceptaban la necesidad de reformar la LOPJ, pero en modo alguno la supresión del órgano.

Los partidarios de la supresión aducen, en primer lugar, que es un órgano que desde su creación ha generado más problemas que soluciones y que, además de carecer de tradición es España, tampoco se trata de una institución habitual en otros Estados de la UE, que son democracias respetables sin necesidad de contar con un organismo de esa clase. A eso se añade que, por circunstancias que no viene al caso recordar, el CGPJ no goza de prestigio (actualmente lo mismo se puede decir del TC) y, así las cosas, nada se perdería suprimiéndolo.

Quienes se oponen a la supresión, por su parte, comienzan por la obviedad de que ese paso requeriría una modificación de la Constitución y de la LOPJ. Por supuesto, pero es no es un argumento sino una consecuencia obligada. A renglón seguido señalan las funciones del CGPJ que son imprescindibles y que tendrían que resolverse de alguna manera. Pero se olvida que durante muchos años la administración de las cuestiones regladas estaba encomendada a una Dirección General. Los nombramientos discrecionales podrían resolverse, por ejemplo, mediante la votación de los jueces del respectivo orden jurisdiccional y si se tratara de la elección de Presidente de la Audiencia por la votación de todos los jueces de la provincia, sin perjuicio de que todos los jueces de España que reunieran los requisitos exigidos pudieran presentarse a la elección. Lo mismo podría hacerse para la elección de Magistrados del Tribunal Supremo, matizando tal vez la antigüedad mínima para ser elector y elegible. Finalmente, las competencias disciplinarias podrían adjudicarse a las Salas de Gobierno de los Tribunales Superiores de Justicia o la Sala de Gobierno del Tribunal Supremo.

Los partidarios de la subsistencia necesaria del CGPJ, entre los que se encuentran la mayor parte de las Asociaciones judiciales, argumentan que no existe una alternativa apta para asumir todas las competencias y actividades que en la actualidad ejerce y desarrolla el Consejo. Alguna asociación (JpD) llegó a decir que la supresión del CGPJ supondría acabar con la independencia judicial, lo cual es un colosal dislate, que se completaba diciendo que supondría una vuelta al franquismo. No merece comentario.

Alejándonos un poco de las posiciones radicales creo que es perfectamente legítimo y necesario hacer balance de lo sucedido desde que entró en vigor la Constitución y preguntarse por la posibilidad de soluciones diferentes a la del CGPJ, que, ciertamente, existe en otros Estados, pero también son muchos los Estados que no cuentan con institución parecida.

La *utilidad* de un órgano no se puede medir fácilmente, pero eso no significa que sea imposible hacerlo[8], pero para eso la primera condición la sinceridad en la aceptación de datos indiscutible. El CGPJ ha venido siendo un reflejo de las mayorías y minorías parlamentarias, lo cual hace imposible ver cuál es el sentido propio del órgano, que, tal vez afortunadamente, está lejos del conocimiento de los ciudadanos, que ignoran, entre otras cosas, cuál es materialmente el criterio que determina la selección de Vocales, sin poner en duda todas las excepciones que se quieran invocar, que no podrán desvirtuar el hecho de que no existe, y eso es gravísimo, un mecanismo previo de preselección de jueces y juristas que garantice la idoneidad, y que pudiera concretar un grupo de candidatos ente los que las Cámaras pudieran elegir. Pero, lamentablemente, suponer que los grandes Partidos son capaces de renunciar a sus cuotas poder directo en los nombramientos es ilusorio.

Es tan fácil como demagógico defender las virtudes de la elección de los Vocales judiciales por los propios jueces, como vacuna infalible contra la llamada "politización" de la justicia, pero, como antes dije, el precio es entregar el gobierno judicial al corporativismo, y no se puede olvidar que el interés último se sitúa en los nombramientos de Magistrados del Tribunal Supremo y de Presidentes de Tribunales, y para esa función tan funesto es el dominio del poder político como el corporativismo.

Termino estas páginas sin ofrecer una solución porque no la tengo. Me he limitado a señalar vicios del modo de elegirse el CGPJ, y las consecuencias están a la vista de todos. También he señalado algún cambio no pequeño, como el que afectaría a la preselección de los candidatos y los controles de idoneidad para todos, incluyendo a los aspirantes a Presidente del

---

8 Un interesante estudio (y no es el único) sobre el tema es el de Rafael Jiménez Asensio, "*Crisis de las Instituciones: para qué sirve el Consejo General del Poder Judicial*", La Mirada Institucional, 9/9/2020.

órgano, que no puede continuar siendo el fruto de un pacto casi secreto entre PP y PSOE. Y concluyo con una última idea, aun siendo consciente de las dificultades enormes que implica una reforma constitucional, y es la de que plantear la sustitución del CGPJ por otro sistema no puede ser calificado como un desvarío sin sentido, y, menos, hacerlo desde la defensa del sistema actual.

Acceso a la Justicia y eficiencia: una propuesta de reorganización judicial desde el Análisis Económico del Derecho

JOSÉ LUIS REBOLLO ÁLVAREZ
Abogado
Doctor en Derecho
Profesor Asociado de Derecho Procesal Universidad de Oviedo

SUMARIO: 1. EL ANÁLISIS ECONÓMICO DEL DERECHO Y EL DERECHO PROCESAL. 2. PENSAR DE OTRA MANERA PARA PENSAR IGUAL: LA JUSTICIA AL SERVICIO DEL CIUDADANO. 3. UNA PROPUESTA DE REORGANIZACIÓN DEL ACCESO A LA JUSTICIA. BIBLIOGRAFÍA.

1. EL ANÁLISIS ECONÓMICO DEL DERECHO Y EL DERECHO PROCESAL

En los últimos cien años el estudio del Derecho en la Universidad española ha girado y evolucionado tanto que recordarlo quizás nos sirva para encajar con mayor certeza nuestro ámbito de estudio en el panorama general de la ciencia jurídica. Con esto no queremos, ni mucho menos, insinuar que con anterioridad la enseñanza del Derecho no había mutado de forma importante[1] sino que lo ha hecho de forma más relevante y exponencial en el siglo XX.

---

1 En un coloquio en homenaje F. Tomás y Valiente, M. Martínez Neira en *La Facultad de Derecho de Salamanca en la posguerra*, en e-Archivo de la Universidad Carlos III de Madrid, págs. 149-207, ya nos indica que el estudio del derecho en otros periodos históricos se ha desarrollado por ejemplo por el mismo en M. Martínez Neira, *El estudio del derecho. Libros de texto y planes de estudio en la universidad contemporánea*, Madrid, 2001; o, y por lo que se refiere a los siglos XVI y XVII, M. P. Alonso Romero, *Theoria y praxis en la enseñanza del Derecho: tratados y prácticas procesales en la Universidad de Salamanca a mediados del siglo XVI*, Anuario de historia del derecho español, 61 (1991), págs. 451-547, entre otras obras; por lo que se refiere a los planes de estudio ilustrados y de la época liberal, M. Peset, cuya obra puede consultarse en Cuadernos del Instituto Antonio de Nebrija, 5 (2002), págs. 57-78.

J. M. Puyol Montero[2] por lo que se refiere a la Universidad Central y M. Martínez Neira[3], con relación a la Universidad de Salamanca, nos trazan perfectamente el panorama que conduciría a la aprobación del Plan de Estudios de 1953[4], al que ahora todos llamamos *plan antiguo* y en el que el Derecho Procesal se asienta con dos cursos en los años de estudio cuarto y quinto. En la fase del Directorio civil instaurado por el Real Decreto de 5 de diciembre de 1925 y bajo la dirección del nuevo ministro de Instrucción Pública y Bellas Artes Eduardo Callejo de la Cuesta, a partir del Real Decreto-Ley de 25 de agosto de 1926 comienza en España una reforma universitaria que podemos decir se pretendía asentar en una estructura global para toda la Universidad española aunque con ciertos guiños a una ligerísima autonomía de las distintas facultades a la hora de introducir alguna cuestión o asignatura específica. Permitió también esta reforma[5] que la asignatura *Procedimientos* pasase a denominarse *Derecho Procesal*[6], denominación que ya quedaría asentada tras la reunión de decanos de Derecho[7], si bien con una secuencia de enseñanza que se denominaba alterna —esto es, que no era de enseñanza diaria— y relegada únicamente al quinto curso. Quedaba la enseñanza del Derecho Procesal equiparada a las de Economía, Derecho Internacional Público, Hacienda, Derecho Internacional Privado, Filosofía del Derecho y por detrás de Derecho Natural,

---

2 J. M. Puyol Montero, *El plan de estudios de derecho en la Universidad Central (1923-1931)*, Cuadernos del Instituto Antonio de Nebrija, 8 (2005), págs. 281-358.

3 M. Martínez Neira, *op. cit.*: *La Facultad de Derecho de Salamanca en la posguerra.*

4 Decreto de 11 de agosto de 1953 por el que se establecen los planes de estudio de las Facultades de Filosofía y Letras, Ciencias, Derecho, Medicina, Veterinaria y Ciencias Políticas, Económicas y Comerciales; BOE Nº 241 de 29 de agosto de 1953. Por lo que se refiere al plan de estudios de Derecho *vid. pág.* 5187.

5 En noviembre de 1927 el ministro Callejo presentó a la entonces Asamblea Nacional el proyecto de ley de bases para la reforma cuyo examen culmina por informe de 17 de enero de 1928 que pasa a discutirse los siguientes días 14 y 17 de febrero de 1928 y que finaliza con el real decreto-ley de 19 de mayo de 1928.

6 Y así lo señala acertadamente J. M. Puyol Montero, *op. cit.*, pág. 296: "En el anexo VI se presentaba un listado con las disciplinas fundamentales para el título de licenciado en Derecho. El texto del dictamen coincidía textualmente con el incluido en el artículo 5 del decreto-ley de 19 de mayo, con dos pequeñas modificaciones: el dictamen proponía el nombre de la materia de "Procedimientos", pero en la ley se denominó "Derecho Procesal" (...)"

7 Los decanos de las Facultades de Derecho españolas se reunieron, tras la entrada en vigor del real decreto-ley de 19 de mayo de 1928 durante el verano dando a luz el plan de estudios que se aprobó por Real orden de 1 de agosto de 1928 y destinado a surtir efectos en el siguiente curso académico 1928-1929.

Derecho Romano, Historia del Derecho, Derecho Político, Derecho Civil, Derecho Canónico, Derecho Administrativo, Derecho Penal e incluso de los conocimientos que los alumnos tendrían que adquirir a lo largo de la carrera de Lógica y Teoría del Conocimiento, un curso a elegir de Letras e Historia y el conocimiento o de dos lenguas vivas o de una lengua muerta[8].

Todavía en la última fase del periodo monárquico, en 1930, se aprobaron modificaciones a los planes de estudio, entre ellos Derecho, y la asignatura *Derecho Procesal* pasa a denominarse *Derecho de Procedimientos* en el Real Decreto de 25 de septiembre de 1930[9]. En nuestra disciplina y en la Universidad Central de Madrid la dirección la ocuparía T. Montejo y Rica[10] hasta la entrada de F. Beceña en 1930[11].

---

8 J. M. Puyol Montero, *op. cit. pág.* 309. Sin embargo, la Junta de Facultad modificó la terminología en su propuesta de cuadro de estudios para 1929-1930 e introduce como de enseñanza alterna (lunes, miércoles y viernes) las asignaturas de *procedimientos judiciales* en cuarto y *práctica forense y redacción de instrumentos públicos* en quinto curso.

9 J. M. Puyol Montero, *op. cit. pág.* 329. La modificación fue, entre otras cosas, motivada por la contestación de los alumnos, no solo en Madrid, sino también en Oviedo.

10 Precisamente la abundancia denominativa se expresa en la biografía que de Tomás Montejo y Rica (1856-1933), de marcado carácter procedimentalista, contiene el *Diccionario de catedráticos españoles de Derecho* (1847-1984) de la Universidad Carlos III de Madrid, https://humanidadesdigitales.uc3m.es/s/catedraticos/, ya que se presentó por anuncio de la Gaceta de Madrid de 11 de junio de 1880 a las oposiciones a la cátedra de *Teoría práctica de los procedimientos judiciales y práctica forense* de la Universidad de Madrid si bien, tras ganar la oposición el 4 de febrero de 1882, fue nombrado catedrático de *Teoría de los procedimientos judiciales de España y práctica forense* de la Universidad de Madrid. Todavía por Real Orden de 25 de septiembre de 1884 la asignatura y su cátedra pasó a denominarse *Derecho procesal civil, penal, canónico y administrativo y teoría y práctica de redacción de instrumentos públicos,* pasando a ser en 1892 catedrático de *procedimientos judiciales y práctica forense.*

11 Francisco Beceña González (1889-1936) accedió a la cátedra de la Universidad de Oviedo tras ganar las oposiciones a la cátedra de procedimientos judiciales y práctica forense de La Laguna en 1923, ocupando la de Valencia por concurso de traslado en 1924 que permuta por la de Oviedo el 26 de octubre de 1925 hasta su traslado a la Universidad Central en 1930.

Cachón Cadenas[12] en su semblanza de Francisco Beceña[13] cuenta como el 28 de noviembre de 1925 el recién nombrado Catedrático de Procedimientos Judiciales de la Universidad de Oviedo solicita una ampliación de estudios a fin de *estudiar en Francia e Italia algunos problemas referentes a organización y procedimiento judicial y al estado actual de los proyectos de reforma (...)*, y seguir los trabajos de los *Profesores de Procedimientos de Roma, Padua y Florencia.* Estos profesores no eran otros que Chiovenda (Roma), Carnelutti (Padua) y Calamandrei (Florencia)[14].

Cachón Cadenas atribuye a Francisco Beceña un papel protagonista en la renovación de los estudios procesales que se produjo en España en el periodo inmediatamente anterior a la guerra civil[15] citando a su discípulo Serrano Suárez quien en su discurso de apertura del curso académico 1942-1943 de la Universidad de Oviedo expone: *Beceña es el creador, no solo el innovador, como se ha sostenido, de la moderna Ciencia procesal española*[16].

Lo cierto es que antes de Beceña los estudios de derecho procesal[17] eran exclusivamente de corte procedimentalista y tras él y su temprana

---

12 *Cfr.* M. Cachón Cadenas, *Francisco Beceña, un procesalista de primera hora*; *Ed.* Atelier Llibres Jurídics, Barcelona, 2017, *pág.* 72.

13 Francisco Beceña, cuyo nombre ilustra el Área de Derecho Procesal de la Facultad de Derecho de la Universidad de Oviedo, (1889-1936) nació con el Código Civil y murió por las miserias de la Guerra Civil y a pesar de su vocación tardía por el Derecho Procesal pasa por haber realizado las mayores aportaciones en España a la ciencia del Derecho Procesal a partir de su trabajo *Magistratura y Justicia, notas para el estudio de los problemas fundamentales de la organización judicial* (Librería General de Victoriano Suárez, Madrid, 1928).

14 Sobre la contribución de Francisco Beceña a la ciencia procesal debe también *Vid.*: M. A. Bermejo Castrillo, *En los orígenes de la ciencia procesal española. Francisco Beceña: trayectoria académica, inquietudes docentes y aportación doctrinal,* Cuadernos del Instituto Antonio de Nebrija, 11/2 (2008), pág. 143-211, y J. Montero Aroca, Aproximación a la biografía de Francisco Beceña, Revista de Derecho Procesal Iberoamericana, 1980, núm. 1, págs. 131-163.

15 *Cfr.* M. Cachón Cadenas, *op. cit., pág.* 153.

16 *Cfr.* M. Cachón Cadenas, *op. cit., pág.* 161 y nota 315 de J. M. Serrano Suárez, Discurso leído en la solemne apertura del curso académico del 1942 a 1943, Oviedo, 1942, *pág.* 20.

17 Si por ejemplo observamos el texto, de gran uso en las facultades de la época, de M. Miguel y Romero, *Lecciones y modelos de práctica forense,* Madrid, Tercera Ed. 1914, podemos advertir cómo la entrada conceptual se abría paso: "*No corresponde el nombre de esta asignatura con su objeto, porque lejos de consistir en la simple ejecución de actos aislados según los usos y costumbres del Foro (...), se distingue por su carácter científico (...). Cuadraba mejor a esta disciplina la denominación de Derecho Procesal, con que antes*

y violenta muerte quedó su escuela y discípulos como el propio Serrano, Enciso, Guasp, Silva, Gómez Orbaneja y Prieto-Castro[18].

Tras la guerra[19] y para el curso 1939-1940 se siguió el anterior plan de estudios ya aprobado en 1930 figurando la asignatura *Derecho Procesal*, con tal denominación, en los cursos cuarto y quinto, si bien con la mitad de horas lectivas a impartir que otras asignaturas, y tal esquema se mantiene mientras desde 1939 se comienza la reforma del sistema universitario español en su conjunto que tras los anteproyectos de 1941 y 1942 culmina en la Ley de Ordenación de la Universidad Española de 29 de julio de 1943[20] que establece la organización de los estudios mediante cuatrimestres en los que el *Derecho Procesal*, así denominado, aparece en los números séptimo (*organización y procedimiento civil*), octavo (*procedimiento civil y penal*) y noveno (*procedimientos especiales*) de los cursos de cuarto y quinto, y aumen-

---

era conocida en nuestro tecnicismo oficial"; *op. cit.* pág. 2. M. Miguel y Romero que se doctoró con una tesis sobre *Las acciones civiles en el Derecho Procesal* (Madrid, 1904) ganó la cátedra de La Laguna en 1925 aunque prefirió seguir colaborando en las Universidades de Valladolid y Salamanca.

18 *Cfr.* Cachón Cadenas, *op. cit., pág.* 168.

19 Tras la Guerra Civil española y como nos cuenta M. Martínez Neira, *op. cit.* pág. 152, "se diseñó un método de cursos y exámenes extraordinarios para facilitar la rápida y eficaz reincorporación a la vida escolar de los jóvenes combatientes", celebrándose los llamados exámenes patrióticos en agosto de 1939.

20 BOE *núm.* 212 de 31 de julio de 1943, *págs.* 7406-7431. Su exposición inicial traza, en lenguaje de la época, una subjetiva evolución de la universidad española: "*Entre los tesoros del patrimonio histórico de la Hispanidad descuella con luminosidad radiante el de nuestra tradición universitaria. Van a cumplirse, ahora precisamente, setecientos años del amanecer feliz de la más preclara de las Universidades españolas, cuyo, nombre orla de esplendores el siglo de las Cruzadas y de las Catedrales. (...) La Dictadura del ínclito General Primo de Rivera volvió a plantear el problema de una reforma honda que rescatase la Universidad de su fatal descamino, devolviéndole su prístina función educadora. (...) La caída de la Monarquía precipitó aún más la catástrofe de nuestros Centros de cultura, y la República lanzó a la Universidad por la pendiente del aniquilamiento y desespañolización, hasta el punto de que brotaron de su propia entraña las más monstruosas negaciones nacionales. (...). Al recuperar España su substancia histórica con el sacrificio y la sangre generosa de sus mejores hijos en la Cruzada salvadora de la civilización de Occidente, y al proclamar con la victoria el principio de la revolución espiritual, se hace indispensable encarnar esa mutación honda de los espíritus en una transformación del orden universitario que, a la par que anude con la gloriosa tradición hispánica, se adapte a las normas y al estilo de un nuevo Estado, antítesis del liberalismo y ejecutor implacable de la consigna sagrada de los muertos: devolver a España su unidad, su grandeza y su libertad.*" Por cierto, que la Ley de 1943 termina con el monopolio de la Universidad Central para otorgar y expedir el título de doctor que pasa a poder ser expedido por todas las universidades.

tándose también su presencia en el horario de clases. Este esquema con pocas variaciones, aunque de nuevo con una organización en asignaturas anuales, pasa al plan de estudios de 1953[21].

Con la Ciencia del Derecho Procesal asentada en gran medida gracias a los esfuerzos de F. Beceña y sus discípulos[22], su denominación y su contenido consagrado en el plan de estudios de 1953 y los infinitos posteriores —ya por universidades— incluyendo los de adaptación al EEES[23], la enseñanza y estudio del Derecho Procesal entra en una fase de enriquecimiento dogmático, análisis normativo, como el de la importante nueva Ley 1/2000 de Enjuiciamiento Civil de 7 de enero, y preocupación constante por la organización judicial y la reforma de la Ley de Enjuiciamiento Criminal de 14 de septiembre de 1882. En absoluto queremos decir con ello que nuestra doctrina haya abandonado otras cuestiones, como los procesos laboral o contencioso-administrativo[24], o el controvertido problema y

---

21 Decreto de 11 de agosto de 1953. Nos es conocido como la enseñanza del Derecho Procesal se asienta en los cursos cuarto y quinto con duración anual y dedicación horaria fundamentalmente similar a la de otras asignaturas.

22 Seguramente es discutible esta afirmación pues propiamente no puede hablarse de discípulos de Beceña, debido fundamentalmente a lo que F. Ramos Méndez señala como *paréntesis forzoso durante la contienda civil de 1936-39*, *Cfr.*: F. Ramos Méndez, *Bibliografía Procesal Española 1978-2000*, J. M. Bosch Editor, 2001, *pág.* 21 y quizás nuestra expresión no pase más allá de ser una reivindicación del papel de F. Beceña en la ciencia procesal consolidado por los profesores señalados por F. Ramos Méndez como *el núcleo inicial*: E. Gómez Orbaneja, L. Prieto-Castro, N. Alcalá-Zamora Y J. Guasp Delgado. La *Bibliografía* de F. Ramos Méndez tiene su antecedente en el propio autor en Derecho Procesal, *Guía para el estudio y el trabajo científico y profesional*, Librería Bosch, Barcelona, 1978. En la Bibliografía 1978-2000, *pág.* 13, F. Ramos Méndez ya recoge la obra de A. J. Pérez-Cruz Martín y N. Rodríguez García *Guía bibliográfica de Derecho Procesal*, Tórculo Edicións, Santiago de Compostela, 1999 y su segunda edición de 2000.

23 Espacio Europeo de Educación Superior (EEES) o Proceso de Bolonia, y al que pertenece España desde 1999 si bien comenzó su proceso de adaptación tras la Ley Orgánica 4/2007 de 12 de abril y el Real Decreto de Ordenación de enseñanzas universitarias oficiales de 26 de octubre de 2007.

24 Si bien es cierto que no le ha dedicado la misma atención, probablemente por considerar ambos procesos como especialidades del proceso civil ya desde la doctrina temprana (*Cfr.*: F. Ramos Méndez, *Guía para el estudio y el trabajo científico y profesional*, Librería Bosch, Barcelona, 1978, *págs.* 436 y 449). Precisamente en el contraste de las obras expuestas de estas especialidades en las *Bibliografías* de F. Ramos Méndez podemos apreciar cuantitativamente el déficit de atención que mencionamos. Sin embargo y aunque pueda resultar adecuado desde el punto de vista de la docencia y de los planes de estudios el relatar los contenidos de los procesos

discusión del gobierno de los jueces y la eventual reforma del Consejo General del Poder Judicial, o el análisis de los nuevos medios de solución de controversias. Solo queremos dar a entender que el ámbito de la Ciencia del Derecho Procesal se ha mantenido más estático que el de otras ciencias jurídicas[25]. En otros casos el Derecho Procesal ha compartido contenidos: me refiero al estudio del sector relativo a la Justicia como poder, al Poder Judicial, en este caso con relación al Derecho Constitucional[26]. En cual-

---

laboral y contencioso-administrativo en las asignaturas, respectivamente, de derecho Laboral y Derecho Administrativo, para nosotros no es menos cierto que estamos ante instituciones de Derecho Procesal. No nos resistimos a citar en el ámbito del proceso laboral a F. Gómez de Liaño González, A. J. Pérez-Cruz Martín, J. M. Roca Martínez, J. Hernández Galilea y C. Iglesias García, *Derecho Procesal Laboral*, Oviedo, en sus sucesivas ediciones y F. Gómez de Liaño González y C. Iglesias García, *Comentarios a la Ley de Procedimiento Laboral*, Oviedo, 1990. El proceso laboral como proceso jurisdiccional no es una realidad al menos hasta la Ley Orgánica de la Magistratura de Trabajo de 17 de octubre de 1940 (BOE núm. 308 de 3 de noviembre de 1940) si bien la misma menciona que *nació la Magistratura de Trabajo por Decreto de 13 de mayo de 1938, con el carácter provisional que las circunstancias impusieron* y disponiendo su artículo primero que *el Estado crea la Magistratura de Trabajo como única institución jurisdiccional contenciosa en la rama social del derecho* y con base territorial —artículo 6— en la provincia. No pueden considerarse órganos judiciales los Tribunales Industriales de la Ley de 19 de mayo de 1908, ni los Comités paritarios de 1926 ni tampoco los órganos derivados de la Ley de Jurados mixtos de 1931. Las Magistraturas de Trabajo funcionaron mediante el Texto Refundido de procedimiento laboral de 1958 con sus sucesivas modificaciones siendo la más relevante la derivada de la entrada en vigor del Estatuto de los Trabajadores de 1980. Los cambios definitivos vinieron de la mano de la LOPJ y de la posterior Ley 7/1989 de 12 de abril de Bases de Procedimiento Laboral (BOE núm. 88 de 13 de abril de 1989) cuyo texto articulado vio la luz en 1990 (RDL 521/1990 de 27 de abril, BOE núm. 105 de 2 de mayo de 1990) y estuvo en vigor hasta la aprobación del Texto Refundido de la Ley de Procedimiento Laboral por RDL 2/1995 de 7 de abril y de ahí ya alcanzamos la ley actualmente en vigor Ley 36/2011 de 10 de octubre reguladora de la Jurisdicción Social (BOE núm. 245 de 11 de octubre de 2011).

25 Pienso, por ejemplo, en la adición del estudio del sistema de Seguridad Social o de la protección social al Derecho del Trabajo, o en los nuevos desarrollos en materia de fiscalidad internacional, derecho presupuestario o financiación local y autonómica en lo que respecta al derecho Financiero y Tributario, o en la extraordinaria expansión del Derecho Administrativo.

26 El primer acercamiento del autor a esta realidad no vino en sus estudios de licenciatura por la asignatura de Derecho Procesal sino por las extraordinarias lecciones impartidas por I. De Otto Pardo en su segundo curso de licenciatura (Facultad de derecho de la Universidad de Oviedo, curso académico 1984-1985)

quier manual de Derecho Constitucional se aborda el estudio del Poder Judicial e incluso el propio Boletín Oficial del Estado recoge la Ley Orgánica del Poder Judicial en su Código de Derecho Constitucional[27]. Debe mencionarse también el fenómeno relativo al Derecho Concursal dentro de esta categoría de contenidos compartidos, en este caso con el Derecho Mercantil, y su expansiva evolución desde la publicación de la Ley 22/2003 Concursal el 9 de julio de 2003.

Pero, además, recientemente, se va acuñando con insistencia la denominación de *servicio público de Justicia*[28], que en realidad tampoco puede decirse que sea una novedad excéntrica[29] aunque si reciente[30]. La Cien-

---

en aquellos tiempos en que la asignatura todavía se denominaba Derecho Político II y sus profesores la consignaban como Derecho Constitucional. Aquellas explicaciones corrieron parejas a la redacción de la Ley Orgánica 6/1985 del Poder Judicial de 1 de julio y dieron lugar a unos extraordinarios apuntes de cátedra. Dice A. J. Pérez-Cruz Martín, *Constitución y Poder Judicial* (2ª Ed.), Atelier, 2015, *pág.* 30, que *en un estudio completo de Jurisdicción no sólo debe prestarse atención al momento dinámico (función jurisdiccional), sino también a la perspectiva estática del juego de división de poderes, lo cual implica partir del derecho constitucional.*

27 *Cfr.* BOE, *Código de Derecho Constitucional*, Ed. Actualizada a 17 de septiembre de 2021.

28 Del Ministro de Justicia, además de su gabinete y oficina de prensa, depende la Dirección del Servicio Jurídico del Estado, la Subsecretaría de Justicia y la Secretaría General Técnica y la Secretaría General para la Innovación y Calidad del Servicio Público de Justicia, de la que dependen la Dirección General de Cooperación Jurídica Internacional y Derechos Humanos, la ahora denominada Dirección General de Seguridad Jurídica y Fe Pública, la Dirección General de Transformación Digital de la Administración de Justicia y la Dirección General para el Servicio Público de Justicia. *Cfr.* organigrama publicado en mjusticia.gob.es y Real Decreto 453/2020 de 10 de marzo por el que se desarrolla la estructura orgánica básica del Ministerio de Justicia, y se modifica el Reglamento del Servicio Jurídico del Estado, aprobado por el Real Decreto 997/2003 de 25 de julio.

29 El Consejo General del Poder Judicial editó en 2007 *Poder Judicial y servicio público*, Ed. CGPJ, Madrid, 2007, en Colección Estudios de Derecho Judicial, Dir. M. A. García García, y *Justicia: poder y servicio público*, Ed. CGPJ-CENDOJ, Madrid, Cuadernos de Derecho Judicial, 18-2006; pero es llamativa alguna otra publicación como el artículo de J. M. Canales Aliende, *El servicio público de la justicia: actualidad y perspectivas*, Política y Sociedad (UCM), 20, Madrid, 1995, págs. 63-70; o C. Milione, La función judicial en el marco del Estado Social y Autonómico Español: ¿Poder o Servicio Público?, Estudios de Deusto, Vol. 62, Iss. 2, 2014.

30 Aunque pueda existir alguna mención lo cierto es que en el documento *Carta de derechos de los ciudadanos ante la Justicia*, aprobada como proposición no de ley por unanimidad de todos los grupos parlamentarios el 16 de abril de 2002, no se

cia del Derecho Procesal no puede ni debe alejarse de la realidad de un debate que debe contribuir a plantear en términos más rigurosos que los actuales. No cabe duda de que la Justicia padece una valoración muy mala por los ciudadanos[31], valoración que además es endémica en el tiempo[32], y a nosotros tampoco nos cabe duda de que su análisis desde el punto de vista de los poderes públicos no es el adecuado, al menos a la luz del primer párrafo de la Exposición de Motivos del decaído Proyecto de Ley de medidas de eficiencia procesal del servicio público de Justicia[33] que infravalora la falta de medios para predicar un desacierto en las soluciones anteriores y poner de manifiesto que la solución vendrá por las medidas acuñadas en el texto de las que ya adelantamos la inmensa mayoría pueden ser calificadas de ocurrencias. En todo caso, la Ciencia del Derecho

---

contiene mención alguna a la denominación *servicio público de Justicia*. La *Carta* es fruto y una parte de los contenidos del *Pacto de Estado para la Reforma de la Justicia de 28 de mayo de 2001* y, en nuestra opinión, veinte años después ambos textos en comparación con la realidad actual no pueden tener un resultado más frustrante.

31 *Cfr. Los españoles y la Justicia*, Consejo General del Poder Judicial, mayo 2021, Informe elaborado por Metroscopia y publicado en la web del CGPJ. Aunque analizaremos con más detenimiento el informe baste decir por el momento que la impresión general que de la Justicia tienen los ciudadanos españoles es 48% mala, 18% regular y un 33% considera que funciona bien; advertir que las peores puntuaciones se obtienen en falta de medios y sobre todo lentitud. No debemos confundir valoración con preocupación; el Centro de Investigaciones Sociológicas elabora mensualmente su *Barómetro* en el que pregunta habitualmente por los problemas que preocupan a los españoles y en donde la *Administración de Justicia* no figura entre esas principales preocupaciones (*Vid.*: Barómetro diciembre 2022 en cis.es en donde aparece con un total de 2,0 alejada del principal problema —*la crisis económica*— con un total de 39,3); sin embargo la metodología del Barómetro del CIS consiste en preguntar por *los tres principales problemas que existen actualmente en España* como respuesta espontánea.

32 Si en 2021 un 48% de los ciudadanos consideran que el funcionamiento de la Justicia es malo, esa cifra es un 47% en 2002. *Cfr. Los españoles y la Justicia*, Consejo General del Poder Judicial, mayo 2021, Informe elaborado por Metroscopia y publicado en la web del CGPJ.

33 "El sistema de Justicia de nuestro país padece desde hace décadas de insuficiencias estructurales, algunas de las cuales sin justificación, que han dificultado que ocupe plenamente el lugar que merece en una sociedad avanzada. No hay duda de que en algunos puntos del sistema puede haber déficit de recursos que haya que corregir, pero no parece que esta sea la causa principal de nuestros problemas crónicos, derivados más bien de la escasa eficiencia de las soluciones que sucesivamente se han ido implantando para reforzar la Administración de Justicia como servicio público."

Procesal debe, en nuestra opinión, aportar soluciones a este debate pues solo desde el conocimiento del proceso estas soluciones podrán ser viables; dice F. Ramos Méndez que *si hemos tardado un siglo en que cuajaran categorías puramente jurídicas en la ciencia procesal, aún estamos en los albores del tiempo para que cristalicen en los códigos los criterios económicos y adquieran la relevancia que exigen,* y añade: *donde mayormente puede ser útil el análisis económico procesal es en el diseño de políticas judiciales y en la instrumentación de políticas legislativas (...) Revisar por ejemplo la organización de los tribunales y sus funciones desde la perspectiva económica es un objetivo plenamente asumible: menos "jurisdicción" —en lo que ya reina más que un acuerdo de mínimos— y más organización eficiente, en términos de número, accesibilidad, disponibilidad, distribución, formación, dotación, pautas de trabajo, previsibilidad, rentabilidad del precedente, cosa juzgada, alcance de los recursos, etc. Como se ve un latifundio por explotar con criterios jurídico-económicos*[34].

Debe por tanto plantearse el Análisis Económico del Derecho como una perspectiva más dentro del estudio del Derecho Procesal, especialmente en materia de organización judicial y acceso. De poco nos va a servir una impecable estructura del proceso si el acceso al mismo se vuelve tan difícil como casi imposible, o si los tiempos de resolución se alargan hasta límites insoportables. Nuestra ciencia debe estudiar, reflexionar y aportar soluciones a una realidad que, año a año, se ha ido haciendo constante, estable y crónica: nuestros juzgados y tribunales están saturados, nuestros jueces y magistrados cansados y desmotivados y nuestra organización judicial sigue descansando en criterios y postulados del siglo XIX con una planta judicial que, con una mínima revisión en el siglo XX tras la Ley Orgánica del Poder Judicial, es prácticamente heredera del periodo isabelino. A esta reflexión le puede y debe aportar mucho la perspectiva del análisis económico pues

---

34 F. Ramos Méndez, Prólogo *Proyecciones económicas de la acción procesal, la jurisdicción y el proceso,* en R. Núñez Ojeda y N. Carrasco Delgado, *Derecho, proceso y economía,* Marcial Pons, 2022, págs. 11-14. Para nosotros el científico del derecho procesal español que más páginas ha dedicado al estudio de estas cuestiones relacionadas con los otros aspectos del proceso, o la economía del proceso, es F. Ramos Méndez. *Cfr.* Ramos Méndez, F., *Enjuiciamiento Civil: cómo gestionar los litigios civiles*; Atelier Libros Jurídicos, Barcelona, 2008. Esta obra compuesta de dos tomos y 1650 páginas y su estructura parte de la Gestión de litigios civiles (capítulo I) y comienza por la Ejecución (capítulo II) concluyendo el Tomo I con los capítulos II, IV y V dedicados a Alternativas, Medidas Cautelares y Prueba; el Tomo II comienza con la Economía del litigio (capítulo VI) y el capítulo VII dedicado a los Usuarios, para luego acometer la Distribución de litigios (capítulo VIII), el Juicio ordinario (capítulo IX), el Control (capítulo X) y las Variantes del Juicio tipo (capítulo XI).

al final no estamos hablando sino de alcanzar un objetivo —imprescindible— de eficacia con medios escasos —siempre serán escasos— que deberán combinarse y estructurarse racionalmente para lograr la obtención de un óptimo.

2. PENSAR DE OTRA MANERA PARA PENSAR IGUAL: LA JUSTICIA AL SERVICIO DEL CIUDADANO

No todo es proceso, ni todo es organización judicial, ni todo son medios al servicio de esa organización judicial o Administración de Justicia, ni todo son reformas, tendentes a solucionar cuestiones parciales; tampoco la solución a los problemas de la Justicia vendrá de la mano de la digitalización como gran mantra de nuestros tiempos[35] aunque sin duda es una oportunidad. No es nada y es todo y a nuestro juicio una cierta dosis de *matar al padre*, si se nos permite la expresión como un resumen abstracto y sencillo de parte de nuestra opinión[36]. Creemos que conviene reequilibrar el principio de tutela y acceso; y decimos reequilibrar y no reformular, pero entiéndase que ante una Justicia saturada el acceso de unos provocará la falta de acceso o acceso tardío de otros. A nadie le parecería mal que en un hospital se atendiese antes en el área de urgencias un infarto de miocardio de urgencia vital que un catarro o un esguince. Sin embargo, en nuestra Justicia atendemos por el *orden de llegada* en casi todos los casos[37]

---

35 Y es que uno lee la nota de prensa tras el Consejo de ministros del 19 de octubre de 2021 en lamoncloa.gob.es presentando el *Anteproyecto de Ley de Eficiencia Digital del Servicio Público de Justicia* y se sorprende: "*La norma hará estructurales medidas como la celebración de vistas y actos procesales telemáticos, que se implantaron durante la pandemia, pero que después se han consolidado. Los más de 590.000 juicios telemáticos celebrados durante la pandemia han supuesto un ahorro estimado en desplazamientos de más de 12 millones de euros y han evitado la emisión de más de 5.850 toneladas de CO2.*" Pues menuda irresponsabilidad todos los juicios que se vienen celebrando desde hace ya tantos años: ¿y cómo se calcula semejante cifra?

36 *Matar al padre* es una expresión del psicoanálisis freudiano, una metáfora para explicar que para sobrevivir como individuos debemos distanciarnos de la protección o autoridad paterna. Para nosotros una parte de la solución a los problemas en presencia vendrá determinada por cierto distanciamiento de principios, reglas y costumbres que por asumidas y consolidadas no tienen por qué no verse sometidas a un escrutinio sobre su bondad.

37 Dentro del orden jurisdiccional civil existen casos en los que la norma jurídica establece una tramitación preferente o un procedimiento más abreviado o con plazos más breves.

y de esta forma es fácil y habitual que una tramitación de un desahucio a iniciativa de un tenedor inmobiliario múltiple se tramite con anterioridad a un proceso similar donde el demandante precisa de idéntico resultado de recuperación de la posesión para procurarse su único medio de subsistencia. Al final la capacidad de dictar resolución es finita y no es otra cosa que la multiplicación de la capacidad de un juez por el número de jueces, dicho, claro está, de forma sencilla, pero no por ello menos cierta, cuestión a la que, por cierto, debemos añadir la enorme problemática que se cierne sobre nuestro sistema judicial por el oscuro futuro que nos ofrece el estudio de la demografía judicial.

Ahora bien, sabemos que existe una interrelación entre determinados sucesos y la litigiosidad, al mismo tiempo que también sabemos que determinada litigiosidad es *rígida*: en el primer caso nos encontramos con que ante la existencia de una crisis económica existirán más procesos concursales o de reclamación de deudas, y en el segundo caso determinados procesos repiten fundamentalmente su escala numérica como los relativos a familia. Por tanto, ciertamente la capacidad de respuesta es fundamentalmente previsible.

Si incidimos en esa capacidad de respuesta —en este caso en la capacidad de dictar resoluciones— y la aumentamos, no por ello necesariamente obtendremos una relación directa en el número de asuntos en tramitación pues no hemos incidido en la capacidad de tramitación que depende fundamentalmente de la norma procesal y de la capacidad de cada oficina judicial. Cualquier profesional relacionado con la práctica podría convenir que se ha encontrado con la situación en un juzgado, normalmente de una localidad pequeña, de que un asunto se ralentiza o incluso paraliza porque existe una vacante de Letrado de la Administración de Justicia o de un oficial o agente y dichas vacantes, debido a la ausencia de alternativas, producen retrasos.

La mejora de la eficiencia procesal vendrá pues determinada por múltiples factores que se interrelacionan entre sí y solo si incidimos en todos ellos de manera exacta y acertada nos acercaremos a una solución. Algunos de esos factores los denominaremos *internos* y se refieren a la planta judicial, a la norma procesal y a la práctica deficiente[38]; de otro lado,

---

38 P. Calamandrei se refería así a la defensa de las partes por abogados: "*La institución del patrocinio forense responde a dos exigencias: una de orden psicológico y otra de orden técnico. Desde el punto de vista psicológico, la parte, obcecada muy a menudo por la pasión y el ardor de la contienda, no tiene por lo común la serenidad desinteresada que hay*

los factores *externos* tendrán que ver con la litigiosidad cuya variación —es decir, eliminada de la ecuación su parte rígida—, en nuestra opinión, se basa a su vez en cuestiones económicas o relativas a la calidad de la resolución, el asesoramiento a las partes o la calidad global de las resoluciones. A todo ello debe añadirse otro factor que bebe de los dos anteriores y que referimos a la *impunidad procesal*, como un término que pretende nombrar de forma descriptiva aquellas situaciones donde se producen errores procesales evidentes pero que tienen una incidencia elemental, directa y, en muchos casos, fatal sobre la tramitación de un proceso[39].

Nos referimos todavía en ocasiones, cada vez menos, a nuestra *nueva* Ley de Enjuiciamiento Civil, Ley 1/2000 de 7 de enero, por comparación a aquella sustituida de 1881[40], pero a pesar de las novedades y mejoras existentes en el nuevo texto no creemos que estemos realmente ante una nueva ley dicho esto en el sentido de novedad que pretendía de *radical innovación* como expresaba su Exposición de motivos. En nuestra opinión no se ha producido todavía esa radical innovación y la presencia de algunas —a nuestro juicio— instituciones desfasadas y arcaicas, normalmente funda-

---

que tener para captar los puntos esenciales del caso jurídico en que se encuentra implicada y exponer sus razones en forma tranquila y ordenada (...). Desde el punto de vista técnico, la importancia del patrocinio es paralela a la progresiva complicación de las leyes escritas ya la especialización, cada vez mayor, de la ciencia jurídica (...). Agréguese que el tecnicismo de las leyes adquiere una especial importancia precisamente en el cumplimiento de los actos procesales, que, para poder conseguir su finalidad, deben desplegarse según ciertas normas rigurosamente prescritas, cuyo conocimiento no se adquiere más que a través de una larga práctica (...)". Continúa Calamandrei explicando que ambas expresiones se refieren al interés privado de la parte, en contraposición a un interés público de la Justicia, que prefiere —lógicamente— tratar con profesionales expertos en técnica y lenguaje jurídico que ante particulares legos. Cfr. Calamandrei, P., *Instituciones de Derecho Procesal Civil*, Vol. II, Ediciones jurídicas Europa-América, Buenos Aires, 1962, págs. 392-393.

39 Por citar un ejemplo de aquello a lo que nos referimos *Cfr.* STC (1ª) 138/2017 de 27 de noviembre de 2017 donde un defecto de notificación determina la retroacción del proceso.

40 La Exposición de motivos de la Ley 1/2000 de 7 de enero comenzaba su apartado III diciendo: "*Con perspectiva histórica y cultural, se ha de reconocer el incalculable valor de la Ley de Enjuiciamiento Civil, de 1881. Pero con esa misma perspectiva, que incluye el sentido de la realidad, ha de reconocerse, no ya el agotamiento del método de las reformas parciales para mejorar la impartición de Justicia en el orden jurisdiccional civil, sino la necesidad de una Ley nueva para procurar acoger y vertebrar, con radical innovación, los planteamientos expresados en los apartados anteriores*".

mentadas en el privilegio[41], así lo atestiguan. Pero tampoco tenían mucho de innovación los tres proyectos decaídos en su tramitación parlamentaria en la XIV Legislatura y presentados como anteproyectos por el Ministerio de Justicia entre el 11 de noviembre de 2020[42] y el 19 de octubre de 2021 y que pretendían configurar un cambio sustancial en lo que denominaban *Servicio Público de Justicia*[43] mientras desde el Gobierno se nos hablaba con insistencia de *reforma integral.*

---

[41] Nos referimos a: A) Provisión de fondos y cuenta del procurador y honorarios de los abogados (artículos 29, 34 y 35 LEC); B) Tasación de costas (artículos 241 al 246 LEC), que aunque no consideramos como privilegio procesal su identidad merece la discusión; C) Provisión de fondos del perito (artículo 342 LEC); D) Indemnizaciones a los testigos (artículo 375 LEC); E) Consideración como títulos ejecutivos de aquellos no judiciales (artículo 517.2 apartados 4º, 5º, 6º y 7º LEC); F) Ejecución de bienes hipotecados o pignorados (artículos 681-698 LEC); G) Por último y aunque no podamos considerarlos propiamente como privilegios debe plantearse si el mantenimiento de las modalidades de los procesos ordinario y verbal, así como el monitorio, el cambiario y el incidente concursal resultan eficientes en el proceso civil.

[42] Nos referimos a los siguientes anteproyectos: Anteproyecto de Ley Orgánica de Eficiencia Organizativa del Servicio Público de Justicia, presentado el 11 de noviembre de 2020; Anteproyecto de Ley de Medidas de Eficiencia Procesal del Servicio Público de Justicia, presentado el 15 de diciembre de 2020; y Anteproyecto de Ley de Eficiencia Digital del Servicio Público de Justicia presentado el 19 de octubre de 2021. A fecha de 20 de febrero de 2023 la situación de la tramitación de los proyectos de ley, todos en el Congreso de los Diputados era la siguiente: A) Proyecto de Ley Orgánica de eficiencia organizativa del servicio público de Justicia, por la que se modifica la Ley Orgánica 6/1985, de 1 de julio, del Poder Judicial, para la implantación de los Tribunales de Instancia y las Oficinas de Justicia en los municipios (121/000098), presentado por el Gobierno el 13/04/2022 y calificado el 19/04/2022: tras el plazo de enmiendas hasta el 21/10/2022 (BOCG-CD núm. A-98-2) fue emitido el informe de la ponencia el 31/01/2023 (BOCG-CD núm. A-98-3). B) Proyecto de Ley de medidas de eficiencia procesal del servicio público de Justicia (121/000097), presentado por el Gobierno el 13/04/2022 y calificado el 19/04/2022: se produjeron hasta diez comparecencias en la Comisión de Justicia y ha finalizado el plazo de enmiendas que fueron publicadas el 03/02/2023 (BOCG-CD núm. A-97-3) sin que se haya alcanzado la emisión de dictamen. C) Proyecto de ley de Medidas de Eficiencia Digital del Servicio Público de Justicia (121/000116), presentado por el Gobierno el 21/07/2022 y calificado el 08/09/2022: en plazo de enmiendas hasta el 22/02/2023. Posteriormente y al producirse la disolución de las Cortes generales por la convocatoria de Elecciones Generales los tres proyectos decayeron en el estado descrito que hace presagiar su recuperación en la actual Legislatura.

[43] Nótese que en los tres proyectos se hace referencia al concepto con tal terminología que sin embargo no fue incorporada al *Plan de Recuperación, Transformación*

Decía J. GUASP que el Derecho procesal no quiere decir, en definitiva, otra cosa que derecho referente al proceso, es, pues, el conjunto de normas que tienen por objeto el proceso o que recaen sobre el proceso[44]. El Derecho Procesal se nos plantea, pues, como una ciencia jurídica relativa a las normas procesales, con características propias y de naturaleza imperativa, y que regulan la jurisdicción, la acción y el proceso. En concreto el Derecho Procesal atiende a la organización judicial, a los sistemas alternativos o complementarios de resolución de conflictos, al acceso a la jurisdicción

---

y Resiliencia de octubre de 2020 que en su proyecto 11 de modernización de las administraciones públicas traza un "*Plan de Reforma Integral y Modernización del Sistema de Justicia*"; *Cfr.* memoria al Programa 110A del Proyecto de PGE para 2021 en congreso.es

44 Cfr.: J. Guasp (y P. Aragoneses), *Derecho Procesal Civil*, Tomo I, *Introducción y Parte General*, 7ª Ed., Cívitas, 2005, pág. 51. Añade Guasp que el proceso, en efecto, de un lado sirve al derecho en cuanto que contribuye a realizar las finalidades que el ordenamiento jurídico, genéricamente considerado, se propone; de otro lado, es servido por el derecho en cuanto que el ordenamiento jurídico regula los problemas a que la existencia del proceso da lugar. Más recientemente cabe señalar las definiciones de J. M. Asencio Mellado, *Introducción al Derecho Procesal*, Tirant lo Blanch, 6ª Ed., 2015, pág. 23, aquella parte del ordenamiento jurídico que regula la actuación de los órganos jurisdiccionales y de las partes en el seno del proceso con el fin de la aplicación del derecho al caso concreto cuya resolución se solicita. Para J. A. Robles Garzón, *Conceptos de Derecho Procesal Civil*, Tecnos, 1ª Ed., 2017, pág. 151, el Derecho Procesal no está imitado al estudio del conjunto de normas que regulan el proceso, sino que constituye una rama o parte de la ciencia jurídica que tiene por objeto los principios constitucionales del Poder Judicial y de la jurisdicción —lo que denominamos perspectiva constitucional de la jurisdicción—, el estatuto jurídico del juez en cuanto funcionario —o perspectiva administrativista de la jurisdicción— y, finalmente, la actividad en cuanto instrumento a través del cual el Poder Judicial cumple las funciones que tiene atribuidas constitucionalmente —perspectiva procesal de la jurisdicción. Para J. M. Roca Martínez, *Derecho Procesal I, Introducción al derecho Procesal*, 2ª Ed., Ediuno, 2021, pág. 34, el Derecho Procesal es la rama del ordenamiento jurídico reguladora de las normas dirigidas a garantizar la eficacia del derecho a la tutela judicial reconocido constitucionalmente. Podemos añadir que al igual que existen normas jurídicas que regulan las relaciones sociales en sus variantes de relaciones de carácter privado o entre sujetos de derecho privado, o de carácter público y por tanto entre sujetos de derecho público o entre éstos y los ciudadanos, las normas jurídicas procesales comprenden la parte del ordenamiento jurídico que posibilita, ordena y regula, desde la prohibición de la autotutela, la actuación de los sujetos de derecho, público y privado, ante los distintos componedores de soluciones a los conflictos planteados fundamentadas en la aplicación del ordenamiento jurídico al caso concreto, así como la propia ordenación de recursos a tal fin, su organización y eficacia.

y al trámite ante los distintos órdenes jurisdiccionales que cristalizan en procedimientos civiles, penales, contencioso-administrativos o sociales.

Ahora bien, el conocimiento de esta ciencia, o este sector de la ciencia jurídica, no puede abstraerse de su practicidad y como consecuencia de tal practicidad no nos cabe duda de que existe una relación directa entre Derecho Procesal de un lado y economía y mercado de otro, relación que, sin embargo, no parece influir demasiado en el legislador[45]. Mientras las teorías y fundamentos de los premios Nobel D. North y R. Coase alientan esta relación, la misma se presenta bastante ajena al estudio del Derecho Procesal y quizás no tanto a la ciencia económica[46]. El Derecho Procesal no puede ser ajeno al contenido económico del proceso, a sus consecuencias económicas y para el mercado, o a si el coste del servicio público *Justicia* es el adecuado y óptimo; también creemos que las cuestiones económicas influyen en el acceso a la Justicia[47].

---

45 Los saldos de las cuentas de consignaciones judiciales al cierre de cada año económico respecto de los procesos exclusivamente civiles —con promedios de 1.500 millones de euros— deben motivarnos a comprobar si, por ejemplo, tal inmovilización de recursos es adecuada.

46 Nos referimos a la Teoría de Juegos. Ya en el prólogo de su obra Pérez, J, Jimeno, J. L. Y Cerdá, E. nos indican que "*la Teoría de Juegos ha aportado instrumentos de análisis (entre ellos el equilibrio de Nash) que han resultado eficaces y enriquecedores en el estudio de muchas situaciones de tipo económico (en el estudio, por ejemplo, de los mercados ologopolísticos, de las licitaciones públicas o de la regulación de mercados), y también de muchas situaciones de tipo social, político y legal*". La formulación más importante en la doctrina económica de la Teoría de Juegos fue formulada por el matemático John Forbes Nash (1928-2015), Nobel de Economía en 1994, desde la Universidad de Princeton donde convivió con Albert Einstein y John von Neumann, ya en 1949, y se denomina Equilibrio de Nash. Explicado con la mayor sencillez el equilibrio de Nash implica que cada jugador ha adoptado su mejor estrategia, que deducen o conocen unos las estrategias de los otros habiendo posicionado unos las suyas en función de las de los demás y, por tanto, sin ningún interés en modificarlas. No implica una perfección puesto que esta solo vendría dada por la coordinación de las distintas jugadas. La aplicación de la teoría ha llegado a campos como a los estudios coste-beneficio, a las subastas o a la planificación de la bancarrota (págs. 458-459), similares a los planteamientos que puedan plantearse en litigios en masa. Cfr. Pérez, J, Jimeno, J. L. Y Cerdá, E., *Teoría de Juegos*, segunda edición, Garceta Grupo Editorial, Madrid, 2013. Prólogo: pág. IX, págs. 458-459.

47 Como decía Carnelutti ni del derecho ni de ninguna otra cosa lograremos saber lo que debemos saber sin mirar al patio del vecino; *Vid.* F. Carnelutti, *Teoría general del derecho*, (traducción de Francisco Javier Osset), Revista de Derecho Privado, Madrid, 1955, pág. 199.

Sin embargo, siendo así o aceptando intuitivamente que sea así, parece conveniente reflexionar de otra manera. Como hemos tenido ocasión de decir[48], cuando menos desde Gimeno Sendra[49] podemos aceptar que son tres los elementos que convierten en eficaz a la administración de justicia: a) el libre ejercicio del derecho de acción y defensa; b) la solución del conflicto por un juez independiente y en un plazo razonable; y c) la existencia en el proceso de medio de ejecución y justicia cautelar que posibiliten la tutela efectiva de los intereses y derechos en conflicto. Ahora bien, el concepto de eficiencia, estudiado insistentemente en la teoría económica, no ha tenido la misma atención por el derecho, mutándose en una idea difusa que ha producido que no se haya medido adecuadamente en las sucesivas reformas procesales, ni mucho menos en el último intento reformador, pues aunque nos decía la Memoria de impacto que acompañaba al Proyecto de Ley Orgánica de eficiencia organizativa que *El anteproyecto tendrá un efecto indirecto positivo sobre la economía española derivado de la reorganización de la Administración de Justicia y, con ello, la especialización de los tribunales y la cercanía al ciudadano en todo el territorio, generando mayor eficiencia y eficacia de los medios personales y recursos materiales de los tribunales de justicia del país,* y que *Por otro lado, las normas referidas a la transformación digital en la Administración de Justicia permitirán también una resolución más temprana de los litigios, debiendo señalarse la importancia extrema que ello tiene para la seguridad jurídica y, en consecuencia, para la economía de un país,* no se nos explicaba el por qué. Y así, cabe preguntarse por qué va a existir una resolución más temprana de los litigios cuando la demografía judicial nos condena a la cada vez menor existencia de jueces y magistrados. Aun aceptando que se consiga tramitar con mayor celeridad un proceso al final la resolución no podrá realizarse con la misma velocidad pues la resolución depende de un juez y dicho juez tiene una capacidad de resolución finita que incluso hoy puede considerarse excesivamente recargada si pretendemos que se realice con una calidad adecuada. Por eso para nosotros eficiencia en el ámbito judicial es alcanzar el resultado de eficacia con el mínimo coste: obsérvese, sin renunciar a la eficacia, esto es, sin que se ponga en cuestión el libre ejercicio del derecho de acción y defensa, realizándose la resolución del conflicto por un juez independiente y en un plazo razonable y siempre posibilitando la tutela efectiva de los intereses y derechos en conflicto.

---

[48] J. L. Rebollo Álvarez en *Digitalización de la Justicia, eficiencia y proceso concursal,* ponencia al III Congreso Internacional de Derecho Procesal, Oviedo, 2022.

[49] V. Gimeno Sendra, *Causas históricas de la ineficacia de la justicia, Justicia* año 1987/3, *págs.* 579-602.

¿Podemos aceptar que nuestra justicia es eficaz? ¿Podemos aceptar, por ejemplo, que los conflictos sometidos al orden jurisdiccional civil se resuelven en un plazo razonable? No nos es posible en este entorno traer a la vista un análisis estadístico de tiempos de resolución por otra parte muy conocido. Baste decir que recientemente el Consejo General del Poder Judicial ha puesto de manifiesto que *con la excepción de la jurisdicción contencioso-administrativa que ha mostrado una leve disminución del 0,7 por ciento en el número de asuntos ingresados, en todos los órdenes se han observado incrementos interanuales en el tercer trimestre de 2023: en el orden Civil se registraron un 14,9% más asuntos que hace un año; en el Penal, un 4,7% más y en el Social, el ingreso de nuevos asuntos creció un 9,2 por ciento*[50]. Mientras esa realidad crece, crecen también las vacantes judiciales, y sabemos que lo que vendrá —por el normal devenir de la demografía— será peor. Y también mientras tanto empeora la opinión que la ciudadanía tiene del sistema judicial[51].

Por falta de estadística específica tampoco la situación descrita objetivamente por el Consejo General del Poder Judicial es el fiel reflejo de la situación social. No lo es porque en la actualidad nuestro orden jurisdiccional civil está repleto de procesos en los que una de las partes es una entidad financiera, o un fondo de inversión inmobiliaria y el colapso orilla la imprescindible atención ciudadana, generando un problema de acceso ciudadano a la justicia y, correlativamente, una certeza de falta de credibilidad como ya hemos visto que se refleja estadísticamente.

---

50 CGPJ, nota de 13 de diciembre de 2023: *Según los datos contenidos en el informe estadístico sobre la "Situación de los órganos judiciales" correspondiente al tercer trimestre de 2023, hecho público hoy por el Consejo General del Poder Judicial (CGPJ), en España tuvieron entrada en el conjunto de los órganos judiciales un total de 1.656.616 asuntos, cifra que supone un incremento del 8,8% respecto al mismo trimestre del año anterior. En el mismo periodo, los tribunales españoles resolvieron 1.418.725 asuntos, un 4,3 por ciento más que hace un año. El número de asuntos que quedaron en trámite al final del trimestre, 3.907.128 en total, se incrementó un 18,5% ciento respecto al tercer trimestre de 2022*, en https://www.poderjudicial.es/cgpj/ca/Poder-Judicial/.

51 Según el estudio de Metroscopia elaborado para el CGPJ *Los españoles y la Justicia* (CGPJ, mayo 2021), el 72% de los españoles piensa que *la administración de Justicia es tan lenta que siempre que se pueda vale más evitar acudir a ella*, y un 79% piensa que *la Justicia no cuenta en nuestro país con los recursos que necesita para poder actuar de forma más rápida y eficaz* (opinión que no se ha modificado en los últimos 30 años). El 84% de los españoles cree que todos los gobiernos, sea cual sea su color ideológico muestran más interés por tratar de controlar a la Justicia que por proporcionarle los recursos que precisa para funcionar de forma rápida y eficaz.

Para nosotros ante tal estado de cosas resulta necesario acometer dos decisiones básicas: la justicia no puede ser gratuita —o casi gratuita— para todos[52] y debe modificarse el sistema de acceso con relación a las necesidades más esenciales de la ciudadanía.

3. UNA PROPUESTA DE REORGANIZACIÓN DEL ACCESO A LA JUSTICIA

El derecho a la Justicia es o consiste en el derecho de acceso a la Justicia, su contenido es el concreto acceso a las instituciones que declaran aquello que es justo conformando las diferentes situaciones sociales y humanas a la ley que a su vez tiene una legitimación democrática. El derecho a la justicia es prestacional y es por tanto la propia ley la que debe establecer el concreto contenido de la prestación pues ante un escenario de escasez y aunque partamos de la base de que todos los derechos que puedan ejercitarse sean igualmente legítimos deberemos diferenciar entre aquellas situaciones injustas que ponen en peligro los derechos subjetivos más esenciales de aquellas otras que simplemente ralentizan una situación económica concreta.

Por este motivo y con fundamento en esta diferencia y con la motivación de una situación de crisis estructural de nuestra justicia que, por otra parte, debe resolverse en un medio plazo[53] somos partidarios de la existencia de dos circuitos judiciales con dos ámbitos de acceso a la jurisdicción diferenciados en donde el que denominaremos *primario* debe atender con base en el partido judicial —cuya estructura debe ser profundamente revisada en atención a la nueva situación geográfica derivada del cambio en las comunicaciones operado desde 1988— y desde dos tipos de juzgado, *de instancia y de familia*, con competencias en materia de garantías —o por el momento de instrucción— aquellas cuestiones más esenciales y cercanas para el ciudadano, personas físicas y pequeñas empresas. El sistema debe, necesariamente, complementarse con un sistema *multi-door* al objeto de proponer el arreglo alternativo bajo el control del propio sistema judicial y dentro de la propia sede judicial y en este circuito primario debe predominar la gratuidad en todos los ámbitos del coste del proceso.

---

[52] Aquí nos referimos al coste de la propia utilización del sistema.

[53] Y seamos claros: la solución vendrá con más jueces y magistrados y con mejor formación y menor carga de trabajo, de un lado, y de un cambio social ciudadano tendente a operar otros medios de composición, de otro. En ambos casos, se necesita tiempo.

En nuestro sistema[54], el *juzgado de familia* se encargaría de todos los procesos de familia, infancia, provisión de apoyos y división de patrimonios, así como de los asuntos de violencia sobre la mujer[55]. El *juzgado de instancia* se ocuparía bajo premisas materiales y cuantitativas, estadísticamente comprobadas, de aquellas necesidades más relevantes para el ciudadano como arrendamientos, propiedad horizontal, responsabilidad civil derivada de accidentes de tráfico, juicios sumarios y reclamaciones de cantidad hasta una determinada cuantía que también actuaría en materia de arrendamientos y que podría situarse sobre la cantidad de veinte mil euros, así como determinados aspectos de justicia penal (delitos leves), contencioso-administrativo (licencias menores y sanciones comunes como de tráfico o municipales) y social (determinados despidos y reclamaciones de cantidad, pensiones, dependencia).

Se trata de acercar la Justicia al ciudadano y hacerla realmente accesible y rápida en aquello que debe serlo, también comprensible, oral y gratuita y también permitir desde la misma una didáctica de los medios adecuados de solución de conflictos dirigida por el juez y atendida materialmente por el Juzgado: no tiene sentido promover los MASC obligatoriamente cuando además resultan más caros que la utilización del sistema judicial, y menos dejarlos extramuros del sistema, como tampoco tiene sentido viajar decenas de kilómetros para discutir la imposición de una sanción de tráfico o esperar meses para obtener el resarcimiento de una cantidad adeudada por una relación laboral.

---

54 Además del denominado circuito *primario* coexistiría, lógicamente, un circuito *secundario* —para el que somos favorables al sistema de tribunales de instancia provinciales en materia civil, penal, contencioso, laboral y mercantil—, objetivamente determinado por la exclusión material del primario, que no estará dotado de las mismas características de universalidad y gratuidad en el acceso, al contrario, somos partidarios de racionalizar el acceso y dotarlo de un sistema de control mediante el uso de las costas procesales y la imposición de tasas por temeridad y abuso; *cfr.*: J. L. Rebollo Álvarez, *La oportunidad de un sistema de admisión en el proceso civil con fundamento en las consecuencias económicas de la admisión forzada*, en *Un modelo de Justicia para el siglo XXI: justicia alternativa, justicia negociada y justicia informal*, Dir. J. M. Roca Martínez, Tirant lo Blanch, Valencia, 2021, págs. 295-328.

55 Pues entendemos fundamental el despliegue de jueces y magistrados especializados en la materia a lo largo de toda la geografía nacional, especialización que puede impartirse con profundidad en la Escuela Judicial.

BIBLIOGRAFÍA

Alonso Romero, M. P. *Theoria y praxis en la enseñanza del Derecho: tratados y prácticas procesales en la Universidad de Salamanca a mediados del siglo XVI, Anuario de historia del derecho español,* 61 (1991), págs. 451-547.

Asencio Mellado, J. M., *Introducción al Derecho Procesal,* Tirant lo Blanch, 6ª Ed., 2015, pág. 23.

Bermejo Castrillo, M. A. *En los orígenes de la ciencia procesal española. Francisco Beceña: trayectoria académica, inquietudes docentes y aportación doctrinal,* Cuadernos del Instituto Antonio de Nebrija, 11/2 (2008), pág. 143-211.

Cachón Cadenas, M. *Francisco Beceña, un procesalista de primera hora; Ed.* Atelier Llibres Jurídics, Barcelona, 2017, *págs.* 72, 153, 161.

Calamandrei, P., *Instituciones de Derecho Procesal Civil,* Vol. II, Ediciones jurídicas Europa-América, Buenos Aires, 1962, págs. 392-393.

Canales Aliende, J. M., *El servicio público de la justicia: actualidad y perspectivas,* Política y Sociedad (UCM), 20, Madrid, 1995, págs. 63-70.

Carnelutti, F., *Teoría general del derecho,* (traducción de Francisco Javier Osset), Revista de Derecho Privado, Madrid, 1955, pág. 199.

García García, M. A. (Dir.) *Poder Judicial y servicio público,* Ed. CGPJ, Madrid, 2007, en Colección Estudios de Derecho Judicial.

Gimeno Sendra, V., *Causas históricas de la ineficacia de la justicia, Justicia* año 1987/3, *págs.* 579-602.

Gómez de Liaño González, F., Pérez-Cruz Martín, A. J., Roca Martínez, J. M., Hernández Galilea, J., Iglesias García, C. *Derecho Procesal Laboral,* Oviedo, en sus sucesivas ediciones, y Gómez de Liaño González, F., Iglesias García, C., *Comentarios a la Ley de Procedimiento Laboral,* Oviedo, 1990.

Guasp, J. (y P. Aragoneses), *Derecho Procesal Civil,* Tomo I, Introducción y Parte General, 7ª Ed., Civitas, 2005, pág. 51.

Martínez Neira, M. *El estudio del derecho. Libros de texto y planes de estudio en la universidad contemporánea,* Madrid, 2001.

Miguel y Romero, M. *Lecciones y modelos de práctica forense,* Madrid, Tercera Ed. 1914.

Milione, C., *La función judicial en el marco del Estado Social y Autonómico Español: ¿Poder o Servicio Público?,* Estudios de Deusto, Vol. 62, Iss. 2, 2014.

Montero Aroca, J. *Aproximación a la biografía de Francisco Beceña,* Revista de Derecho Procesal Iberoamericana, 1980, núm. 1, págs. 131-163.

Pérez-Cruz Martín, A. J. y Rodríguez García, N. *Guía bibliográfica de Derecho Procesal,* Tórculo Edicións, Santiago de Compostela, 1999 y su segunda edición de 2000.

Pérez-Cruz Martín, A. J., *Constitución y Poder Judicial* (2ª Ed.), Atelier, 2015, *pág.* 30.

Pérez, J, Jimeno, J. L. y Cerdá, E., *Teoría de Juegos,* segunda edición, Garceta Grupo Editorial, Madrid, 2013. Prólogo: pág. IX, págs. 458-459.

Peset, M. *Cuadernos del Instituto Antonio de Nebrija,* 5 (2002), págs. 57-78.

Puyol Montero, J. M., *El plan de estudios de derecho en la Universidad Central (1923-1931),* Cuadernos del Instituto Antonio de Nebrija, 8 (2005), págs. 281-358.

Ramos Méndez, F. *Bibliografía Procesal Española 1978-2000,* J. M. Bosch Editor, 2001, *págs.* 13, 21.

Ramos Méndez, F. *Derecho Procesal, Guía para el estudio y el trabajo científico y profesional,* Librería Bosch, Barcelona, 1978, *págs.* 436 y 449.

Ramos Méndez, F., *Enjuiciamiento Civil: cómo gestionar los litigios civiles*; Atelier Libros Jurídicos, Barcelona, 2008.

Ramos Méndez, F., Prólogo *Proyecciones económicas de la acción procesal, la jurisdicción y el proceso,* en R. Núñez Ojeda y N. Carrasco Delgado, *Derecho, proceso y economía,* Marcial Pons, 2022, págs. 11-14.

Rebollo Álvarez, J. L., *Digitalización de la Justicia, eficiencia y proceso concursal,* ponencia al III Congreso Internacional de Derecho Procesal, Oviedo, 2022.

Rebollo Álvarez, J. L., *La oportunidad de un sistema de admisión en el proceso civil con fundamento en las consecuencias económicas de la admisión forzada,* en *Un modelo de Justicia para el siglo XXI: justicia alternativa, justicia negociada y justicia informal, Dir.* J. M. Roca Martínez, Tirant lo Blanch, Valencia, 2021, págs. 295-328.

Robles Garzón, J. A., *Conceptos de Derecho Procesal Civil,* Tecnos, 1ª Ed., 2017.

Roca Martínez, J. M., Derecho Procesal I, *Introducción al derecho Procesal,* 2ª Ed., Ediuno, 2021, pág. 34.

Serrano Suárez, J. M. Discurso leído en la solemne apertura del curso académico del 1942 a 1943, Oviedo, 1942, *pág.* 20.

Eficiencia procesal y sistema público de Justicia

INÉS C. IGLESIAS CANLE
Catedrática de Derecho Procesal
Directora del "Instituto Universitario Xustiza e Xénero"
Universidade de Vigo

Resumen: El deterioro que ha experimentado a lo largo de los años de democracia el sistema público de Justicia es lo que justifica que el legislador europeo y nacional haya optado por dar impulso a los ADR y ODR como un medio de dotar de eficacia al sobrecargado sistema jurisdiccional.

En efecto, el derecho a la tutela judicial efectiva requiere de una profunda revisión para lograr su efectividad y ello pasa, entre otras medidas, por la reforma del sistema de recursos en el proceso civil, una nueva ley procesal penal y la implementación de las nuevas tecnologías en la Administración de Justicia. En definitiva, analizaremos las reformas realizadas hasta el momento y las propuestas legislativas que quieren dar impulso a la mediación con la finalidad de dotar de efectividad y celeridad al Sistema Público de Justicia en el actual contexto constitucional.

Palabras clave: ADR, ODR, mediación, sistema público de Justicia, recursos.

1. INTRODUCCIÓN

Entre los métodos de resolución de conflictos el más habitual sigue siendo el proceso ante los órganos jurisdiccionales, pero, sin embargo, no es siempre ni el más eficiente ni tampoco el que mejor respuesta ofrece a las necesidades de las partes y no siempre consigue resolverlos en su totalidad, de forma que es más que posible que vuelvan a emerger con el paso del tiempo. El proceso se basa en la resolución del conflicto por parte de un tercero ajeno al mismo envestido de potestad jurisdiccional a partir de la consideración de enfrentamiento entre las partes y bajo la vigencia de un binomio consistente en que uno gana y el otro necesariamente, en contraposición, pierde.

Por ello, las partes no queda satisfechas totalmente con la solución final y es que, muchas veces más vale un mal acuerdo que un buen pleito. La solución dada por el Juez o Magistrado no siempre es la más justa, al menos así es como lo ven las partes. Cuanto más cuando el incremento de litigiosidad trae consigo un aumento incesante de asuntos que ingresan en sede judicial y ante la falta de medios materiales y humanos los justiciables ven como la solución a su conflicto se dilata en el tiempo y la relación con la contraparte se enquista cada día un poco más.

Es en este contexto donde se enmarca el movimiento ADR (*Adecuated / Alternative Dispute Resolution*), entre los que destaca la mediación. Los ADR ocupan un papel trascendental en el proceso de modernización de la Justicia y su adaptación a las necesidades sociales.

Si bien hoy en día ya están previstos en la práctica totalidad de los Ordenamientos Jurídicos y gozan de una amplia aceptación por parte de casi todos los operadores jurídicos, su consolidación no fue un camino fácil como se desprende de la evolución jurídica de la institución de la mediación y los datos estadísticos existentes en la materia en España, Portugal e Italia como modelos de derecho comparado.

Hoy en día la mediación se configura, como veremos, como un modo de solución de los conflictos mediante el cual son las propias partes las que las que, ayudadas por un tercero imparcial, ponen fin al conflicto existente entre ellas con un acuerdo que las satisfaga, todo ello, bajo la vigencia de la voluntariedad y autonomía de las partes. Como veremos, son ellas las grandes protagonistas y es que nadie mejor que ellas saben cuál es la mejor forma de poner fin al conflicto planteado.

A raíz de la Ley de Mediación del año 2012, se introduce una regulación definida de la mediación civil y mercantil, con una amplia aplicación a los asuntos de naturaleza disponible.

Los principios informadores son, básicamente, los de neutralidad, imparcialidad, confidencialidad y voluntariedad, sobre este último las nuevas propuestas legislativas defienden su limitación con la finalidad de favorecer el impulso de la mediación y de descongestionar a los órganos jurisdiccionales. En este sentido, vamos a realizar un estudio de tales propuestas con la finalidad de pronunciarnos sobre la posible conculcación del derecho a la tutela judicial efectiva, configurado constitucionalmente.

Pero de cara a lograr la eficiencia de la Justicia existen otros ejes sobre los que el legislador español y de otros países de nuestro entorno entiende que deben pivotar las reformas procesales. En tal sentido, se debe apostar por la modernización de la Justicia y su informatización, de cara a lograr la efectividad del derecho a la tutela judicial efectiva y el derecho a un proceso público y con todas las garantías, derechos constitucionales consagrados y reconocidos en el art. 24 CE.

En esta línea de actuación se han definido las últimas reformas procesales publicadas recientemente y a las que dedicaremos parte de nuestra atención puesto que su finalidad última pasa por la consecución de un sistema público de Justicia eficiente y eficaz.

No obstante, no podemos dejar de reconocer que en el actual escenario constitucional español desde siempre el método por antonomasia de resolución de conflictos ha sido la Jurisdicción o, si se prefiere, su instrumento, esto es, el proceso.

El deterioro que ha experimentado a lo largo de los años de democracia el sistema público de Justicia es lo que justifica que el legislador europeo y nacional haya optado por dar impulso a los ADR y ODR como un medio de dotar de eficacia al sobrecargado sistema jurisdiccional. Pero no por ello debemos considerar que estamos ante una solución ideal, de hecho, el propio legislador español ha conjugado las propuestas legislativas tendentes al impulso de la mediación y ADR en general, de las que nos ocuparemos seguidamente, con otras reformas que ponen el acento en la modernización de la Justicia para procurar la eficiencia procesal y digital del sistema público de Justicia.

En efecto, el derecho a la tutela judicial efectiva requiere de una profunda revisión para lograr su efectividad y ello pasa por la reforma del sistema de recursos en el proceso civil, una nueva ley procesal penal y la implementación de las nuevas tecnologías en la Administración de Justicia.

Lo primero y lo último son una realidad que permite una reducción de tiempos y reasignación de recursos en los distintos órdenes jurisdiccionales, no obstante, el proceso penal sigue siendo "la Cenicienta" del sistema procesal español y no ha habido una apuesta legislativa por el momento que haya superado los filtros necesarios para dotar de una norma integrada e integradora que, más allá de las adecuaciones y reformas parciales, dote de una respuesta única y coherente a las exigencias derivadas del derecho a un proceso penal público y con todas las garantías.

Analicemos pues las reformas realizadas y las propuestas legislativas que quieren dar impulso a la mediación y confiemos que el tiempo y la estabilidad de la nueva legislatura permitan realizar esa reforma procesal penal pendiente, acometida sin éxito hasta el momento, pero necesaria y urgente para realizar y dotar de plena efectividad al sistema público de Justicia y, lo que es más importante, el derecho de defensa y a un proceso penal garantista en el actual modelo de Estado de Derecho de nuestro país.

2. PROPUESTAS LEGISLATIVAS PARA EL IMPULSO DE LA MEDIACIÓN

2.1. Anteproyecto de Ley de Impulso de la Mediación

El primer intento de impulso de mediación en nuestro país lo constituye, como apuntábamos en las líneas precedentes, el Anteproyecto de Ley de Impulso de la Mediación (ALIM), aprobado en Consejo de Ministros el 11 de enero de 2019, esta propuesta suponía la modificación de las distintas normas procesales con el fin de lograr un impulso definitivo de la mediación en España[1]. Con el Anteproyecto de Impulso de la Mediación se esperaba instaurar la mediación como primera opción para la resolución de conflictos y su definitiva implantación en nuestro país, sin embargo, lo que parecía un escenario perfecto quedo en un mero planteamiento que no fue más allá de un modelo que se podría recuperar para el futuro sin tener más trascendencia hasta el momento.

El objetivo propuesto con esta norma, como se desprende de la redacción de la Exposición de Motivos, no es otro que "articular fórmulas abiertas y flexibles que contribuyan decididamente a implantar la mediación como institución complementaria de la Administración de la Justicia y a incrementar su difusión y presencia en el desenvolvimiento de las relaciones jurídicas entre particulares". Con todo ello, para impulsar definitivamente la mediación dentro de nuestras fronteras, cree el legislador que la mejor manera de lograrlo es a través de la aprobación y establecimiento de medidas legislativas procesales con ese fin.

Entre las medidas pretendidas con el ALIM destaca el abandono del modelo de mediación bajo la idea de voluntariedad, vigente hoy en día, para la implementación de una "obligatoriedad mitigada" que, si bien está

---

1 A pesar de las firmes apuestas de cara al impulso de la mediación antes del 2019, nunca vinieron acompañadas de partidas económicas acordes a este fin. Cada año, la partida presupuestaria destinada a los distintos proyectos piloto creados en sede judicial veía como cada vez la dotación económica era menor, lo que provocó la paulatina desaparición de éstos. Incluso en las CCAA con materias transferidas en Justicia no hacían labor mayor en este sentido.

inspirada en el modelo italiano (Chéliz, 2022)[2], dista de éste ya que en el modelo español únicamente se hacía mención de la obligatoriedad de que las partes asistiesen a una primera sesión informativa y, en su caso, exploratoria. Sin embargo, el modelo italiano va más allá incorporando como requisito de procedibilidad la finalización del procedimiento mediador, independientemente del resultado.

La fórmula presentada en el ALIM configura la mediación como un trámite necesario y obligatorio previo a la vía judicial, como requisito de admisibilidad de la demanda, aunque únicamente en determinados casos. También plantea esta obligación de acudir a mediación en aquellos casos dónde el Juez lo estime oportuno al entender éste que es necesaria o precisa la derivación —en este caso, en el marco de un proceso iniciado—. No obstante, en ningún caso se obliga a las partes a resolver finalmente el conflicto de este modo ni desde luego concluir la totalidad del procedimiento (Saavedra, 2019, pág. 8), de manera que el principio de voluntariedad sigue teniendo vigencia, que recordemos que se trata de un principio esencial de mediación[3].

Para la introducción del nuevo modelo de mediación, el ALIM modifica sustancialmente la LEC, introduciendo diecisiete apartados en los que se responde al deseo del legislador de impulsar la mediación a través de la denominada "obligatoriedad mitigada", así como la derivación a mediación cuando el Tribunal lo estime conveniente. En ambos casos, se trata de lograr una solución más ágil y efectiva que el proceso tradicional.

También el ALIM propone modificaciones sustanciales, además de la LEC, LM y, finalmente, en la Ley 1/1996, de 10 de enero, de Asistencia

---

2 Disponible en: http://www.millenniumdipr.com/n-357-el-anteproyecto-de-ley-de-impulso-de-la-mediacion-presentacion-e-incidencia-en-el-ambito (Última consulta: 24/04/2022).

3 La incorporación de esta obligatoriedad mitigada nos transporta, en cierta medida, a la originaria incorporación de la mediación a nuestro OJ, pero, en el Proyecto de 2011, se hacía mención a ella en términos de complementariedad, de modo que en el precitado Proyecto se refería a ella en los siguientes términos: "se regula la facultad de las partes para disponer del objeto del juicio y someterse a mediación y se exige que con carácter previo al proceso las partes hayan intentado resolver su conflicto a través de la mediación en los juicios verbales de reclamación de cantidad". Esta referencia quedaba patente en el art. 7 de la proyectada norma, así, se establece la voluntariedad de la mediación, salvo, que en la legislación procesal se prevea la obligatoriedad de su inicio.

Jurídica Gratuita (LAJG)[4]. La técnica legislativa empleada procura la simplificación, para ello, efectúa las necesarias adaptaciones sistemáticas en todas las cuestiones procesales que así lo requieran. Con ello, se quiere evitar la dispersión normativa, modificando únicamente las cuestiones que requieran modificaciones para adaptarse a la nueva regulación. De este modo, la reforma incide en la Ley especial sin meterse demasiado en la norma procesal general, esto es, en la LEC, procurando en todo momento la creación de un marco normativo estable, predecible, integrado y claro con la Ley vigente.

En todo caso, con la incorporación de la "mediación mitigada" no se conculcaría el derecho a la tutela judicial efectiva ya que en todo caso se mantiene la posibilidad de los ciudadanos de acudir a la vía judicial cuando lo estimen oportuno, en cualquier momento, quedando únicamente obligados, como dijimos y trataremos más detenidamente, a acudir a una primera sesión informativa.

En relación con la referida "obligatoriedad" previa a la vía judicial, ésta consiste en intentar la mediación ante un mediador a través de la celebración de una sesión informativa y exploratoria —que se pueden celebrar el mismo día—, dentro de los seis meses anteriores a la presentación de la demanda. Será precisa la asistencia personal de las partes o, en el caso de las personas jurídicas, de su representante legal o persona con poder para transigir.

2.2. El Proyecto de Ley de Medidas para la Eficiencia Procesal

El 12 de abril de 2022 el Consejo de Ministros aprobó el texto del Proyecto de Ley de Eficiencia Procesal del Servicio Público de Justicia (PLEP)[5], que se enmarca dentro del Plan de Recuperación, Transformación y Resiliencia, constituyendo el hito CID 152 de la Medida C11.R2 "Reforma para el impulso del Estado de Derecho y eficiencia del Servicio Público de la Justicia", que se prevé que llegará a lo largo del cuarto trimestre de 2022. En este sentido, la parte expositiva de la Council Implementation Decision (CID) señala que se debe aprobar el PLEP para acortar la duración de los

---

4 España. Ley 1/1996, de 10 de enero, de asistencia jurídica gratuita [internet], BOE nº 11, de 12 de enero de 1996, páginas 793 a 803 [disponible en: https://www.boe.es/eli/es/l/1996/01/10/1, última consulta: 17/05/2022].

5 Puede consultarse el texto analizado en el siguiente enlace: https://www.congreso.es/public_oficiales/L14/CONG/BOCG/A/BOCG-14-A-97-1.PDF

procedimientos en todas las jurisdicciones, preservando al mismo tiempo las garantías procesales de los ciudadanos, así como el establecimiento de medios alternativos adecuados de solución de controversias, todo ello con fecha límite el 31 de diciembre de 2022.

El objetivo del PLEP es cambiar la cultura del litigio hacia la cultura del acuerdo a través de los MASC. Con la incorporación de estos métodos, el objetivo pretendido es potenciar la cultura de la negociación entre las partes (directamente o a través de un tercero neutral) y, de ese modo, evitar la sobrecarga y el colapso soportado por la mayoría de nuestros Tribunales.

Los MASC se definen en su art. 1 como "cualquier tipo de actividad negocial a la que las partes de un conflicto acuden de buena fe con el objeto de encontrar una solución extrajudicial al mismo, ya sea por sí mismas o con la intervención de un tercero neutral". Para ello, se propone un cambio de modelo de mediación tal como se concibe en nuestros días, así pues, será requisito inexcusable el intento de esta negociación previa antes de la interposición de la correspondiente demanda[6]. En definitiva, se busca que las partes recuperen la capacidad negociadora, a través de la incorporación de estos MASC que supongan una quiebra de la dinámica actual que supone la litigiosidad absoluta en las relaciones sociales, con este objetivo, "se ha de potenciar la mediación en todas sus formas e introducir otros mecanismos de acreditada experiencia en el derecho comparado"[7]. Con los MASC se incrementa el protagonismo de las profesiones jurídicas, especialmente por el papel negociador de los abogados, pero también de

---

6 No será perceptiva la actividad negociadora previa en los siguientes supuestos: a) Para la tutela judicial civil de derechos fundamentales; b) para la adopción de las medidas previstas en el artículo 158 del CC; c) en solicitud de autorización para el internamiento forzoso por razón de trastorno psíquico conforme a lo dispuesto en el artículo 763 de la LEC; d) de tutela sumaria de la tenencia o de la posesión de una cosa o derecho por quien haya sido despojado de ellas o perturbado en su disfrute; e) en pretensión de que el tribunal resuelva, con carácter sumario, la demolición o derribo de obra, edificio, árbol, columna o cualquier otro objeto análogo en estado de ruina y que amenace causar daños a quien demande; f) de ingreso de menores con problemas de conducta en centros de protección específicos, de entrada en domicilios y restantes lugares para la ejecución forzosa de medidas de protección de menores ni de restitución o retorno de menores en los supuestos de sustracción internacional; g) iniciación de expedientes de jurisdicción voluntaria (art. 4.2 y 4.3 PLEP).

7 Exposición de Motivos del Proyecto de Ley de Medidas de Eficiencia Procesal.

los procuradores de los tribunales, los mediadores, los graduados sociales, los notarios y los registradores de la propiedad, entre otros[8].

A estos efectos, se establece un amplio elenco de MASC que favorece a las partes la libre elección de estos con el fin anteriormente referido de dar un nuevo enfoque a nuestro tradicional modelo de Justicia. En este sentido, se contempla la actividad negocial, la conciliación privada, la oferta vinculante confidencial, la opinión del experto independiente, la mediación, así como cualesquiera otros procedimientos previstos en la legislación especial (consumo). Con todo, se potencia el uso de la mediación, significando la vigencia de la LM y el RD 980/2012, por el que se desarrollan determinados aspectos de esta Ley siendo la Ley que ha de regir en todos los procedimientos de mediación.

Siguiendo la estela iniciada por el ALIM, que las partes intenten la consecución de un acuerdo a través de uno de estos mecanismos, supondrá un requisito inexcusable antes de la interposición de la correspondiente demanda. Para considerar cumplido este requisito, será necesario, además, que exista identidad entre el objeto de la negociación y el objeto del litigio, independientemente de que las pretensiones sobre él puedan variar. La iniciativa para acudir a los MASC puede proceder de una de las partes o de ambas de común acuerdo previamente al proceso judicial (mediación extrajudicial), o bien, por una decisión judicial de derivación a las partes a este tipo de medios de solución de conflictos (mediación intrajudicial).

En todo caso, las partes no podrán acudir a un MASC de los previstos en el PLEP, ni aún por derivación judicial, cuando los conflictos afecten a derechos y obligaciones no disponibles en virtud de la legislación aplicable, ni los que versen sobre alguna de las materias excluidas de la mediación conforme a lo dispuesto en el artículo 87 ter de la LOPJ, sin perjuicio de la posible aplicación de los medios adecuados de solución de controversias,

---

8 Recuerda la propia Exposición de Motivos que se toma en especial consideración "*el Código Deontológico de la Abogacía Española establece como prioritaria, y característica de la actuación profesional, la función de la concordia, junto a la obligación de procurar el arreglo entre las partes. El propio Estatuto General de la Abogacía Española exige que el asesoramiento letrado que se preste no incite al conflicto ni al litigio. Por estas razones resulta oportuno, ante el exponencial incremento de la litigiosidad, fomentar tal modo de proceder habitual de la abogacía contemplando que dicha actividad negocial sea debidamente remunerada, incluso en los casos en los que se intervenga por designación en el turno de oficio, y con la introducción de un catálogo de mecanismos de negociación asistida, abierto a cualquier otro método eficaz, que sea subsidiario de la actividad negociadora directa que ya se practica tradicionalmente por la abogacía*".

en relación a los efectos y medidas previstos en los artículos 102 y 103 del CC.

Esta actividad negocial previa a la presentación de la demanda no constituirá un requisito de procedibilidad cuando el objeto del proceso se refiera a la tutela judicial civil de derechos fundamentales, la adopción de las medidas previstas en el artículo 158 del CC o cuando se solicite autorización para el internamiento forzoso por razón de trastorno psíquico conforme a lo dispuesto en el artículo 763 de la LEC.

La proyectada Ley modifica el art. 266 de la LEC para prever que habrá de acompañarse a la demanda el documento acreditativo de la actividad negocial previa a la vía judicial (tanto la mediación como cualquiera de los otros MASC previstos en el PLEP). También modifica el artículo 399 en su apartado 3, sobre el contenido de la demanda, y el apartado 2 del artículo 403 sobre su inadmisión en caso de que no conste acreditado este intento de negociación previo obligatorio.

Para dar cumplido este requisito, de acuerdo con el art. 7 PLEP, se distingue si intervino un tercero neutral o no. En este último caso, "la acreditación podrá cumplirse mediante cualquier documento firmado por ambas partes en el que se deje constancia de la identidad de éstas, la fecha, el objeto de la controversia, y la determinación de la parte o partes que formularon propuestas iniciales. En su defecto, podrá acreditarse el intento de negociación mediante cualquier documento que pruebe que la parte requerida ha recibido dicha propuesta y en qué fecha, y que ha podido acceder a su contenido íntegro".

De existir la intervención de este tercero neutral en el desarrollo de las negociaciones, éste deberá expedir, a petición de cualquiera de las partes, de un documento en el que necesariamente debe constar la siguiente información:

a) La identidad del tercero, su cualificación, colegio profesional o institución a la que pertenece

b) La identidad de las partes.

c) El objeto de la controversia.

d) La fecha de la reunión o reuniones mantenidas.

e) La declaración solemne de que las dos partes han intervenido de buena fe en el proceso, para que surta efectos ante la autoridad judicial correspondiente.

En caso de inasistencia de la parte requerida o si ésta rechaza la invitación a acudir a mediación, se hará constar, determinando la forma en la que se ha realizado la citación efectiva, la justificación de hacerse realizado, así como la fecha de recepción de la misma. En el supuesto de que sea el propio promotor de la negociación el que no comparece, se hará constar documentalmente tal circunstancia, expidiéndose un justificante en este sentido.

Con carácter general, las partes son libres para decidir acudir o no asistidas de un Abogado a un procedimiento de mediación, no obstante, esta asistencia técnica sí será perceptiva cuando se acuda a la formulación de una oferta vinculante o se acuda a la conciliación privada o a la mediación, siempre que el conciliador o el mediador no sea profesional del derecho (art. 2 PLEP). En todo caso, si la cuantía no supera los 2.000€ o si una Ley lo contempla de manera expresa, no será obligatorio para las partes acudir con abogado.

Si la propuesta de mediación no obtiene respuesta o bien, tras la celebración de las sesiones de mediación no se consigue llegar a ningún acuerdo, las partes deberán interponer en el plazo de tres meses la correspondiente demanda, a contar desde la recepción de la propuesta inicial o desde la finalización del procedimiento de mediación sin avenencia. Si en este periodo ninguna de las partes presenta la correspondiente demanda para la tutela de sus intereses, deberá instar un nuevo procedimiento de mediación si su deseo es instar de nuevo la acción judicial.

En relación con el acuerdo deberá quedar constancia de las concesiones adoptadas en un documento, firmado por los intervinientes, dónde se hará constar la identidad y el domicilio de las partes y, en su caso, la identidad del tercero neutral que haya intervenido en el procedimiento, el lugar y la fecha de celebración de la negociación o mediación.

De la misma manera, la tercera persona interviniente, dejará constancia de las obligaciones asumidas por cada parte y que las mismas han sido adoptadas en el seno de un procedimiento ajustado a la legalidad vigente. Este acuerdo tendrá el valor de cosa juzgada para las partes, no pudiendo presentar demanda con igual objeto.

Para que el acuerdo alcanzado tenga valor de título ejecutivo debemos hacer referencia a dos situaciones diferentes. El primero de ellos se refiere a la posibilidad de que las partes asuman recíprocamente el compromiso de elevar el acuerdo suscrito a escritura pública[9]. La segunda posibilidad

---

9 En este caso, los gastos notariales serán sufragados según lo acordado por ellas, en defecto de acuerdo para la asunción de estos gastos, serán satisfechos por aquella

se refiere a la posibilidad contemplada en la legislación o, de proceder el acuerdo de un procedimiento de mediación intrajudicial, en ese caso, las partes podrán solicitar del propio tribunal su homologación.

Asimismo, se contempla la posibilidad de que el acuerdo de mediación deba producir efectos fuera de nuestras fronteras, en estos supuestos, además de la necesaria elevación a escritura pública, se deberá dar cumplimiento a los requisitos que, en su caso, puedan exigir los convenios internacionales en que España sea parte y las restantes normas de la UE.

Tal como se establece ya en la vigente LM, contra lo convenido en el acuerdo que ponga fin al conflicto únicamente se podrá plantear la acción de nulidad por las causas que invalidan los contratos (art. 10.2 PMEP).

También es objeto de regulación el deber de confidencialidad de lo tratado en cualquier MASC. La regla general establecida en la proyectada norma es que ninguno de los intervinientes podrá revelar información, ni la obtenida a través de la prueba documental ni oral, conocida a través de esta actividad negocial previa.

En cualquier caso, la vulneración de este deber de confidencialidad, generará la correspondiente responsabilidad conforme a lo previsto en el OJ. Ahora bien, se contemplen tres excepciones a esta regla general, de forma casi idéntica a la LM vigente (art. 6 PMEP):

a) Cuando todas las partes de manera expresa y por escrito se hayan dispensado recíprocamente o al tercero neutral del deber de confidencialidad.

b) Cuando se esté tramitando la impugnación de la tasación de costas y solicitud de exoneración o moderación de las mismas según lo previsto en el artículo 245 de la Ley 1/2000, de 7 de enero, de Enjuiciamiento Civil.

c) Cuando, mediante resolución judicial motivada, sea solicitada por los jueces del orden jurisdiccional penal.

En cuanto a los honorarios de los profesionales intervinientes, la proyectada Ley también hace mención a este extremo, distinguiendo si las partes acuden acompañadas de sus abogados, en cuyo caso deben ser ellas mismas las que abonen sus honorarios. Distingue también si interviene un tercero neutral, en este caso, sus honorarios profesionales serán objeto

---

que solicite su elevación, sin perjuicio de la repercusión que, en su caso, pudiera producirse en el proceso de ejecución en materia de costas previsto en los arts. 241.6º y 539 LEC.

de acuerdo previo con las partes intervinientes. Si la parte requerida para participar en el proceso negociador no rehúsa su intervención, deberá el requirente abonar íntegramente los honorarios devengados hasta ese momento por el tercero neutral.

Se regulan también la mediación desarrollada por medios telemáticos en el proyectado artículo 5. De este modo, las partes podrán acordar que todas o alguna de las actuaciones de negociación puedan celebrarse por medios telemáticos, de videoconferencia u otro medio análogo de transmisión de la voz o imagen, eso sí, debe garantizarse el respeto a las normas previstas en la LM. Recogiendo la misma previsión que en la vigente LM, se establece que la mediación electrónica será preferente para las reclamaciones de cantidad que no excedan de 600€.

Para actuar como mediador, será preciso cumplir una serie de requisitos, de esta forma, será perceptiva su inscripción en el Registro de Mediadores e Instituciones de Mediación dependiente del Ministerio de Justicia o, en su caso, en los registros de mediadores habilitados por las Comunidades Autónomas, como ya se preveía en el ALIM y como reza la propia LM. En cuanto su elección para actuar como tal, puede ser de común acuerdo entre los intervinientes o, a falta de consenso, se contempla la posibilidad de que sea una de las partes la que escoja a este profesional. En los supuestos de derivación judicial, de no haber acuerdo entre las partes, se nombrará a uno de la lista de mediadores que exista ante el Tribunal Superior de Justicia, la Audiencia Provincial o el Decanato de los juzgados unipersonales[10].

Finalmente, destaca la previsión contenida en el art. 4.3 PLEP que prevé que, los Tribunales tomen en consideración a los efectos de costas e imposición de multas o sanciones de las previstas en la LEC, la actitud de las partes en esta negociación previa respecto a la solución amistosa y el eventual abuso del servicio de Justicia. Como vemos, nace en este cuerpo legal el concepto de abuso del servicio de Justicia, refiriéndose a la utilización fraudulenta del mismo.

En definitiva, con este Proyecto de Ley se pretende poner solución al número de conflictos planteados en sede judicial que podrían tener una mejor solución en vía extrajudicial, sin colapsar aún más los Tribunales

---

[10] Iglesias Canle, I. C., "La mediación civil y mercantil y la tutela judicial efectiva a la luz de las nuevas reformas procesales" en Serrano Hoyo, G. y Rodríguez García, N. (Dir.), *Justicia restaurativa y medios adecuados de solución de conflictos* (Madrid: Dykinson, 2022), págs. 199-200.

y contribuyendo a mejorar este servicio público de Justicia. Sin duda, es una apuesta arriesgada del legislador que veremos si obtiene los resultados esperados pero en la línea iniciada desde el año 2008 por el legislador europeo y que en el año 2012 el legislador español avaló con la actual regulación de la mediación civil y mercantil.

De lo dicho se desprende que el derecho de acceso a la jurisdicción en los términos contemplados por el legislador y posteriormente interpretados por el Tribunal Constitucional, se limita al establecer la obligación de acudir a alguno de los MASC con carácter previo a la Jurisdicción sin que sea suficiente, como sucedía en el anterior Anteproyecto de Ley, acudir únicamente a la sesión informativa. Tal limitación podría considerarse inconstitucional, puesto que impone un requisito de procedibilidad y de admisibilidad de la demanda con cargo al litigante en todas las materias de naturaleza disponible. En el pasado, se intentó tal solución en relación con la conciliación y los resultados fueron absolutamente nefastos, de ahí la reforma procesal subsiguiente que eliminó tal obligatoriedad.

No debemos olvidar que el contenido del derecho de acceso a la jurisdicción no se puede limitar, a diferencia de lo que sucede con el derecho a los recursos que es un derecho de ordenación legal, de forma que establecer limitaciones a la segunda instancia o los recursos extraordinarios, resulta plenamente coherente con su naturaleza. No obstante, en este caso, el acceso a la jurisdicción resultaría condicionado a la previa interposición de una solicitud de cualquier MASC sin considerar la voluntad de las partes, que se verán penalizadas en materia de costas si finalmente deciden no acudir a esta vía alternativa previa a la jurisdicción.

Cabe mencionar, en este sentido, que el Tribunal de Justicia de la Unión Europea ya se ha pronunciado anteriormente en relación a la imposición de la mediación obligatoria en el seno de la Unión Europea, entre otras, la Sentencia de 18 de marzo de 2010 (STJUE C-317/2008)[11], en la que dictaminó que el hecho de que una norma interna disponga la obligatoriedad de acudir a un método ADR antes de ejercer una acción judicial no vulnera el derecho a la tutela judicial efectiva, siempre que no desemboque en una decisión vinculante para las partes, que no suponga un retraso sustancial

---

[11] TJUE. Sentencia de 18 de marzo de 2010, Rosalba Alassini contra Telecom Italia Spa (C-317/08), Filomena Califano contra Wind SpA (C-318/08), Lucia Anna Giorgia Iacono contra Telecom Italia Spa (C-319/08) y Multiservice Srl contra Telecom Italia SpA (C-320/08), ECLI:EU:C:2010:146.

en la vía judicial ni un sobrecoste adicional y que no suspenda la prescripción de los correspondientes derechos.

Todo ello nos lleva a la conclusión de que pese a las dudas que pueda suscitar tal previsión, la constitucionalidad no se puede considerar, si bien cuestionamos su efectividad de cara a descongestionar la Administración de Justicia puesto que, si falta la voluntariedad y buena fe de las partes, la actividad del tercero interviniente o mediador será absolutamente infructuosa, lo que dilatará aún más el procedimiento y los costes del servicio de Justicia.

3. ÚLTIMAS REFORMAS PROCESALES Y SISTEMA PÚBLICO DE JUSTICIA

Con la aprobación del Real Decreto-Ley 5/2023, del 28 de junio, por el cual se adoptan distintas medidas para dar soluciones a las consecuencias económicas, así como a situaciones de vulnerabilidad, guerra de Ucrania y la reconstrucción de la isla de Palma; también en lo que se refiere a modificaciones que permiten una mayor conciliación de la vida familiar y la vida profesional de los progenitores, para el desempeño profesional de las personas dedicadas a la abogacía, graduados y procuradores, así como la regulación de baja por nacimiento y cuidado por nacimiento, se lleva a cabo una reforma del sistema de recursos en los distintos órdenes jurisdiccionales, con especial atención al recurso de casación civil, entre otras reformas procesales.

En sí misma la miscelánea no parece la más adecuada y de ahí que la primera crítica necesariamente debe ser que, después de esperar más de veinte años desde la entrada en vigor de la Ley de Enjuiciamiento Civil, no parece que la forma en que se lleva a cabo la reforma de este medio de impugnación sea la correcta, al menos formalmente.

Se rubrica esta disposición como la norma por la que se adoptan y prorrogan determinadas medidas de respuesta a las consecuencias económicas y sociales a la guerra de Ucrania, de apoyo a la reconstrucción de las islas de La Palma y otras situaciones de vulnerabilidad dada la pluralidad y variedad de cuestiones que abarca, pero, desde el punto de vista procesal, como dispone su Exposición de motivos, las cuestiones más relevantes en relación al proceso civil son las siguientes:

> *"... comprende todas aquellas medidas que se consideran compatibles con el derecho a la tutela judicial efectiva de la ciudadanía y no ocasionadoras de*

indefensión, como la suspensión de vistas u otros actos procesales, de actos de comunicación y del curso del procedimiento cuando acontezcan determinadas circunstancias.

Por otro lado, se modifica la regulación del recurso de casación penal para, ante la situación existente en la Sala Segunda del Tribunal Supremo, introducir una serie de filtros consistentes, por un lado, en exigir que se incluya en el escrito un breve extracto del motivo o motivos de casación que se pretenden esgrimir, así como que se cite el precepto del Código Penal de carácter sustantivo que se considere vulnerado; y, por otro, prever expresamente que la Audiencia Provincial o la Sala de lo Penal de la Audiencia Nacional puedan tener por no preparado el recurso, en el caso de que el motivo o motivos se aleguen por otra vía distinta a la prevista en el artículo 849.1 de la Ley de Enjuiciamiento Criminal (error de Derecho) o no se cite el precepto del Código Penal de carácter sustantivo, que se considere vulnerado.

(...) La reforma de la Ley 1/2000, de 7 de enero, de Enjuiciamiento Civil, se recoge en el capítulo III. Además de la correlativa introducción de las medidas de conciliación antes expuestas, se modifica también el régimen del recurso de casación. Así, el modelo actual de recursos extraordinarios en materia civil, casación e infracción procesal, creado por la propia Ley 1/2000, de 7 de enero, separó la denuncia de las infracciones procesales (materia del recurso extraordinario por infracción procesal) de las sustantivas (objeto del recurso de casación), reservando este último al Tribunal Supremo o a los Tribunales Superiores de Justicia, en el caso de normas de derecho civil foral o especial propias de las Comunidades Autónomas con competencia para ello.

La previsión de dos recursos diferentes, en función de la naturaleza procesal o sustantiva de la infracción, y de tres cauces distintos de acceso (procesos sobre tutela civil de derechos fundamentales, cuantía superior a 600.000 euros e interés casacional) no resulta operativa en el actual desarrollo del derecho privado.

(...) Esta situación exige la reforma de la ley, en el sentido de atribuir al recurso de casación el tratamiento que reclama su naturaleza de recurso extraordinario dirigido a controlar la correcta interpretación y aplicación de las normas aplicables, en consonancia con la reiteradísima la jurisprudencia del Tribunal Constitucional, del Tribunal Europeo de Derechos Humanos y de la propia Sala Primera de lo Civil de nuestro Tribunal Supremo insistiendo en el especial rigor de los requisitos de admisión del recurso de casación...".

De lo dicho se desprende que la reforma procura generar agilidad en la tramitación de los medios de impugnación con una importante reducción de plazos y de trámites procesales que se consideran superfluos, sin que con ello se altere el contenido del derecho a la tutela judicial efectiva en tanto en cuanto en su dimensión del derecho a los recursos este derecho es de, u ordenación legal, salvo en el orden jurisdiccional penal, en el que como consecuencia de los Pactos y Tratados Internacionales suscritos por España, es necesario asegurar que la sentencia condenatoria sea supervisada por un tribunal superior (art. 14 PIDCP y art. 6 CEPDHLF), lo que tras las últimas reformas y adaptaciones orgánicas y procesales se cumple escrupulosamente en el ordenamiento jurídico español.

Pero con la actual reforma lo que se pretende pasa por atribuir al Tribunal Supremo en los distintos órdenes jurisdiccionales, pero fundamentalmente en el proceso civil, el papel de unificar la interpretación y aplicación de la norma procesal y sustantiva y por ello debe valorarse positivamente tal reforma, con una importante reducción de tiempos o trámites innecesarios, precisamente valiéndose el legislador de la consideración del derecho de impugnación como de un derecho de ordenación legal.

Concretamente en relación con el recurso de casación civil que es el que se ve más afectado, los puntos más importantes de la reforma son los siguientes:

A. Se elimina el recurso extraordinario por infracción procesal. Permanece únicamente, el recurso de casación, que puede fundarse en la infracción de normas sustantivas o procesales, siempre que concurra interés casacional.

B. Se suprime la vía de acceso a casación por cuantía superior a 600.000 euros. Los únicos cauces de acceso son el interés casacional y la tutela judicial civil de derechos fundamentales susceptibles de recurso de amparo.

C. Se mantiene el concepto de interés casacional, que se ajusta al supuesto en el que la sentencia recurrida aplique normas sobre las que no exista doctrina jurisprudencial del Tribunal Supremo y se elimina el requisito temporal de que la norma no lleve más de cinco años en vigor. De hecho, el artículo 477. 3ª LEC proporciona tres criterios que marcan el interés casacional: 1. Cuando la sentencia recurrida se oponga a doctrina jurisprudencial del Tribunal Supremo o la desconozca; 2. Cuando resuelva puntos o cuestiones sobre los que existan pronunciamientos contradictorios de las Audiencias Provinciales; 3. Cuando aplique normas sobre las que no existiese doctrina jurisprudencial del Tribunal Supremo.

   El concepto de interés casacional se ha establecido en su día por el Acuerdo no jurisdiccional de la Sala de lo Civil de 27 de enero de 2017 y todavía se puede considerar vigente, a raíz de la regulación realizada por el Real Decreto-Ley 5/2023. En cualquiera de los anteriores supuestos, el recurrente debe poner de manifiesto el punto en el cual se ha producido la infracción de la norma del ordenamiento jurídico y si consta el interés casacional, el recurso será admitido, paso previo a su estimación, con la fijación de la doctrina jurisprudencial que se interese por parte del recurrente.

D. En lo que respecta a la tramitación del recurso de casación, el RD-Ley 5/2023, abre un amplio campo de discrecionalidad para que el trámite de admisión, ya que no hay causas tasadas de inadmisión, de forma que la inadmisión se realiza por medio de una providencia sucintamente motivada, la admisión por el contrario se hará por auto motivado que exprese las razones por las que se admite el recurso. Desaparece también el trámite de alegaciones previo a la inadmisión para que las partes pudieran expresar lo que consideren oportuno sobre la admisibilidad. La inadmisión también puede ser parcial, referida a alguna u algunas infracciones, en cuyo caso seguirá adelante la tramitación respecto de los motivos de admisión admitidos (art. 4833.3.II LEC).

E. La vista pasa a ser decisión potestativa del Tribunal, es decir, no se encuentra vinculado por la petición común de las partes (art. 485 LEC).

En principio valoramos muy positivamente la reforma del recurso de casación civil porque incluso el que se motive únicamente la admisión y no la inadmisión del recurso de casación civil puede tener una lectura positiva, no olvidemos el carácter técnico de este medio de impugnación extraordinario y por tanto no es de recibo que se planteen recursos con escasa o nula fundamentación, de ahí que el trámite de admisión deba referirse a las causas y concretos motivos que permitan fundamentar correctamente el recurso y no a las causas de inadmisión que derivan de un incorrecto planteamiento del mismo por no ser la resolución impugnable o por falta de algún presupuesto procesal insubsanable o, finalmente, en su caso, por no referir correctamente el único motivo de impugnación, esto es, la infracción de la norma procesal o sustantiva si concurre interés casacional.

Es de esperar que ello procure mayor celeridad a la resolución de los asuntos pendientes y la reducción de la duración media del trámite de admisión de este recurso, que hoy se traduce en un mínimo de dos años, lo que a todas luces resulta excesivo de cara a garantizar el derecho a la tutela judicial efectiva y a la realización y efectividad del servicio público de Justicia.

Por su parte el Real Decreto-Ley 6/2023, de 19 de diciembre, por el que se aprueban medidas urgentes para la ejecución del Plan de Recuperación, Transformación y Resiliencia en materia de servicio público de Justicia, función pública, régimen local y mecenazgo, realiza una profunda reforma del sistema público de Justicia para lograr una mayor eficiencia digital y procesal. Las medidas más relevantes en este sentido y que se valoran positivamente se refieren a la necesidad de potenciar el entorno digital con el propósito de favorecer una más eficiente actividad procesal. Desde la reforma de la ley 18/2011, de 5 de julio, reguladora del uso de las nuevas tecnologías de la información y comunicación en la Administración de Justicia, donde se pasó al expediente digital electrónico, la firma digital y a los actos de comunicación electrónico, se dio un importante paso en la Administración de Justicia, complementada por ulteriores reformas que implementaron nuevas aplicaciones tecnológicas, por ejemplo la reforma operada por la Ley 39/2015, de 1 de octubre, del Procedimiento Administrativo Común de las Administraciones Públicas, y la Ley 40/2015, de 1 de octubre, de Régimen jurídico del Sector Público. Esta última introdujo en el proceso civil las subastas judiciales electrónicas y la obligatoriedad general de comunicación con la Administración de Justicia por medios electrónicos, salvo algunas excepciones con las personas físicas. En ese mismo año, el Real Decreto 1065/2015, de 27 de noviembre, introdujo y reguló el sistema LEXNET para la práctica de los actos de comunicación.

Con la nueva norma, como reconoce expresamente su exposición de motivos, se persigue la adaptación de la realidad judicial española del siglo XXI al marco tecnológico contemporáneo, y con ello favorecer una relación digital con la ciudadanía y los órganos jurisdiccionales, con el fin de potenciar al tiempo la eficiencia, transparencia y rendición de cuentas de los poderes públicos. Para ello se establece la obligación de las administraciones competentes en materia de Justicia de garantizar la prestación del servicio público de Justicia por medios digitales con servicios que permitan la itineración de expedientes electrónicos y transmisión de documentos electrónicos en todo el territorio nacional; la interoperabilidad de todo tipo de datos entre órganos judiciales y fiscales, el acceso a servicios, informaciones y procedimientos de la Administración de Justicia que afecten a la ciudadanía y, finalmente, la identificación y firma de los intervinientes en actuaciones no presenciales. Por ello se potencia la tramitación del expediente judicial electrónico y se crea un sistema único de acceso personalizado a la Justicia, la Carpeta Justicia, sistema por el que cada persona puede acceder a sus asuntos y consultar sus expedientes. Se potencia la videoconferencia, y para que la inmediación judicial sea garantizada en todas las actuaciones por este medio se crean los "puntos de acceso seguro" y los" lugares seguros" desde los cuales tendrá plena virtualidad y eficacia, cuando la ley procesal lo consienta. También se potencia como regla general la comunicación electrónica o telemática. Es decir, la Administración de Justicia digital se ofrece como un medio para *"enfatizar la necesidad de asimilar la Justicia como un servicio de todos y todas en el que los pactos, los consensos y la corresponsabilidad son características fundamentales y notas indisociables de la misma"*.

A la digitalización debe añadírsele la necesidad de introducir mecanismos eficientes para hacer frente al incremento de la litigiosidad y recuperar el pulso de la actividad judicial, en palabras del legislador, lo que se traduce en las reformas procesales que comentamos someramente a continuación y se recogen el Título VIII del libro I, como medidas de eficiencia procesal del sistema público de Justicia y la armonización de las leyes procesales con la tramitación digital. Entre ellas podemos destacar la reforma del proceso monitorio (art. 815 LEC), el ámbito de la legitimación activa en el artículo 11 de la LEC y la defensa de los derechos de las personas con discapacidad en el proceso civil (art. 7 bis LEC).

La apuesta por la automatización de determinadas actuaciones procesales, tales como, el numerado o paginado de los expedientes; generación de copias, declaración de firmeza..., supone la incorporación de la Inteligencia Artificial al proceso sin restar el papel de supervisión que debe realizar, en todo caso, el órgano judicial.

Asimismo, se reforma el art. 258 bis LECRim. para favorecer la presencia telemática, salvo en el caso de interrogatorio de partes o testigos o cuando así lo requiera el Derecho Penal o la autoridad judicial reclamando la presencia física para preservar el derecho de defensa; la Ley 29/1998, de 13 de julio, de la Jurisdicción Contencioso-Administrativa, para favorecer la tramitación electrónica de las causas, fundamentalmente, mediante la transmisión digital del expediente administrativo en soporte digital a los órganos judiciales y la obligación de los funcionarios públicos de relacionarse con la Administración de Justicia mediante medios telemáticos y electrónicos; y, finalmente, la reforma de la Ley de Enjuiciamiento Civil se realiza con distintas finalidades, entre ellas, eliminar barreras que les impiden participar en los procesos judiciales en igualdad de condiciones, ampliación de materias por las que se sigue el juicio verbal, con independencia de su cuantía, así como el incremento de la cuantía a 15.000 Euros para este tipo de proceso ordinario, la incorporación del procedimiento testigo y las reformas en materia de proceso de familia y ejecución, todo ello para lograr la simplificación procedimental y con ello la celeridad de la Justicia.

Y, finalmente, se le permite a la Abogacía del Estado, con la consiguiente reforma procesal en los distintos órdenes jurisdiccionales, colaborar con los órganos judiciales en los procedimientos de revisión de sentencias como consecuencia de los pronunciamientos del Tribunal Europeo de Derechos Humanos que declaren que una resolución ha sido dictada violando alguno de los derechos reconocidos en la Convención Europea de Derechos Humanos y Libertades Fundamentales, con el fin de facilitar su ejecución en nuestro país e informar al Comité de Ministros del Consejo de Europa de tales medidas ejecutivas.

Con todas estas medidas de calado procesal se ha pretendido lograr una mayor celeridad y eficiencia del sistema público de Justicia, sin cercenar el contenido del derecho fundamental de tutela judicial efectiva, en sus manifestaciones de acceso a la jurisdicción y a los recursos establecidos legalmente, fundamentalmente, y con una apuesta firme del legislador español en favor de la modernización y digitalización de la Justicia, de un lado; y, de otro, con una reducción o simplificación procedimental de trámites y tiempos en la tramitación de los procedimientos, recurriendo a mecanismos tales como la acumulación de acciones, procesos y la creación del denominado procedimientos testigo, e incrementando notablemente el ámbito del juicio verbal, con la consiguiente simplificación que comporta al no existir fase intermedia propiamente dicha y concentrarse toda actuación procesal en el trámite oral de la vista pública. Cabe destacar también el cambio en el régimen de las costas procesales del recurso de casación civil que si fuere estimado total o parcialmente no comportará imposición de costas, lo que puede desincentivar a los recurrentes ya que en cualquier caso deberán soportar las costas de este, con independencia de su estimación.

La radiografía que se obtiene con esta reforma respecto al actual sistema público de Justicia responde pues a las exigencias constitucionales y resulta más acorde con la necesidad de resolver en tiempo y forma las demandas planteadas ante los órganos jurisdiccionales, haciendo uso para ello de las herramientas que permite la tecnología, pero sin renunciar al rito procesal, como garante de los derechos de los ciudadanos a la hora de solicitar la defensa de sus derechos e intereses legítimos, aún cuando se hayan realizado ciertos cambios en el mismo tendentes a procurar una mayor celeridad en la tramitación de los asuntos pendientes.

La aprobación de las reformas analizadas que potencien los ADR y ODR en el ámbito de los derechos disponibles contribuiría en gran medida a esta misma finalidad de dotar de efectividad al Sistema Público de Justicia, por lo que somos partidarios de tal solución, para permitir una reducción del número de asuntos que ingresen ante los órganos jurisdiccionales puesto que hay que generar una cultura proclive a la resolución alternativa de conflictos mediante mediación y otros métodos negociales y, paso previo, puede ser su imposición como requisito de admisibilidad de la demanda, como exigen otros ordenamientos jurídicos de nuestro entorno, valga como muestra el modelo italiano[12]. De todo ello se hace eco el plan de trabajo diseñado por el Ministerio de Presidencia, Justicia y Relaciones con las Cortes en el marco de la Agenda prevista para 2030[13].

Véase en tal sentido el cuadro que refleja las líneas de actuación y medidas para la consecución de tales objetivos en relación a la eficiencia procesal ya que la eficiencia organizativa no se ha hecho efectiva hasta el momento:

OBJETIVO 2: EFICIENCIA DEL SERVICIO PÚBLICO DE JUSTICIA

PROGRAMAS	PROYECTOS	SUB-PROYECTOS
EFICIENCIA ORGANIZATIVA	**10.** Ley de eficiencia Organizativa del Servicio Público de Justicia	10.1 Ley de Eficiencia Organizativa del Servicio Público de Justicia
	11. Tribunales de instancia y oficina judicial	11.1 Tribunales de instancia
		11.2 Oficina judicial
	12. Oficinas de Jusicia en los municipios	12.1 Oficinas de justicia en los municipios
EFICIENCIA PROCESAL	**13.** Ley de Eficiencia Procesal del Servicio Público de Justicia	13.1 Ley de Eficiencia Procesal del Servicio Público de Justicia
		13.2 Implantación de los Medios Adecuados de Solución de Controversias (MASC)
		13.3 Solución de Controversias Online (ODR)
	14. Sistemas de ejecución	14.1 Modelo ejecución
		14.2 Oficina de Recuperación y Gestión de Activos (ORGA)
	15. Ley de Enjuiciamiento Criminal	15.1 Ley de Enjuiciamiento Criminal (LECrim)
EFICIENCIA DIGITAL	**16.** Ley de Eficiencia Digital del Servicio Público de Justicia	16.1 Ley de Eficiencia Digital del Servicio Público de Justicia
	17. Analítica legislativa y judicial	17.1 Inteligencia artificial para la eficiencia de la Justicia
		17.2 Impulso de la Comisión de Codificación
	18. Seguridad jurídica digital	18.1 Inmediación digital y servicios no presenciales
		18.2 Fe pública digital
		18.3 Puesto de trabajo deslocalizado y teletrabajo

Fuente: https://www.justicia2030.es/eficiencia-del-servicio-p%C3%BAblico-de-justicia

Con todo, la apuesta real por una Justicia eficiente y eficaz pasa necesariamente por una adecuada dotación de medios personales y materiales de la Administración de Justicia, que permita la realización de las exigencias que tales reformas plantean desde el punto de vista de la eficiencia digital y procesal del Servicio Público de Justicia[14].

---

12 González Fernández, A. I., *La mediación como método de resolución de controversias*, (Valencia: Tirant lo Blanch, 2023), págs. 60 y ss.

13 https://www.justicia2030.es/-/la-justicia-en-espana (última consulta: 21/02/2024)

14 Cordón Moreno, F., *La reforma procesal ómnibus por Real Decreto Ley 6/2023, de 19 de diciembre (II)*, en https://www.ga-p.com/publicaciones/la-reforma-procesal-

BIBLIOGRAFÍA

Barona Vilar, Silvia, "La mediación: mecanismo para mejorar y complementar la vía jurisdiccional. Ventajas e inconvenientes. Reflexiones tras la aprobación de la Ley 5/2012, de 6 de julio, de mediación en asuntos civiles y mercantiles". En J. F. Etxeberria Guridi (dir.), *Estudios sobre el significado e impacto de la mediación: ¿una respuesta innovadora en los diferentes ámbitos jurídicos?* Navarra: Aranzadi, 2012.

Cordón Moreno, Francisco, La reforma procesal ómnibus por Real Decreto Ley 6/2023, de 19 de diciembre (II) en https://www.ga-p.com/publicaciones/la-reforma-procesal-omnibus-por-real-decreto-ley-6-2023-de-19-de-diciembre-ii/. 2024

Iglesias Canle, Inés Celia, "La mediación civil y mercantil y la tutela judicial efectiva a la luz de las nuevas reformas procesales". En Serrano Hoyo, G. y Rodríguez García, N. (Dir.), *Justicia restaurativa y medios adecuados de solución de conflictos,* Madrid: Dykinson, 2023.

González Fernández, Ana Isabel, *La mediación como método de resolución de controversias,* Valencia: Tirant lo Blanch, 2023.

Ortuño Muñoz, Pascual, "La abogacía y la mediación: apuntes críticos al Anteproyecto de Ley de Impulso", *La Ley mediación y arbitraje,* nº 1: 2020.

Saavedra Gutiérrez, María, "Comentarios al Anteproyecto de Ley de Impulso a la mediación" *InDret,* nº 3 (2020).

Soleto Muñoz, Helena, "La mediación conectada con los Tribunales" En Soleto Muñoz, H. (dir.), *Mediación y resolución de conflictos: técnicas y ámbitos.* Madrid: Tecnos, 2017.

Vallejo Pérez, Gema, *Métodos alternativos de resolución de conflictos en Derecho Romano. Especial referencia a la mediación.* Madrid: Dykinson, 2018.

---

omnibus-por-real-decreto-ley-6-2023-de-19-de-diciembre-ii/ (última consulta: 16/02/2024).

It's Now or Never: ¿Ha llegado la hora de derogar la justicia no técnica municipal? La eficiencia como excusa para transformar los Juzgados de Paz en Oficinas de Justicia en los Municipios

IXUSKO ORDEÑANA GEZURAGA
Profesor Titular Derecho Procesal UPV/EHU

SUMARIO: 1. SIGUIENDO LA ESTELA DEL HOMENAJEADO O COMBINANDO EL ANÁLISIS DOCTRINAL Y PRÁCTICO. 2. LA JUSTICIA DE PAZ O JUSTICIA LAICA MUNICIPAL: UN TEMA DESATENDIDO PERO QUE HAY QUE FINIQUITAR. DINÁMICA PARA EL ANÁLISIS. 3. UN PASADO REVUELTO: LO QUE MAL EMPIEZA.... 3.1. TODO ES LO QUE QUEDA DE LO QUE FUE. SUCINTA MIRADA AL PASADO. 3.2. LECCIONES DEL PASADO PARA EL FUTURO DE LOS JUZGADOS DE PAZ. 4. UN PRESENTE CUESTIONADO: CUANDO "NO CONFÍAN EN TI" O "DEJANDO MORIR". 4.1. REGULACIÓN ACTUAL. 4.2. CUESTIONES DEBATIDAS ACTUALES Y ELEMENTOS SUPERABLES Y NO SUPERABLES. 5. UN FUTURO POSIBLE: ¿DE VERDAD QUE VAMOS A SUSTITUIRLO POR UN ÓRGANO ADMINISTRATIVO?. 5.1. CONFIGURACIÓN POR EL PLEOSPJ. 5.2. LECTURA Y REFLEXIONES CRÍTICAS. 6. A MODO DE CONCLUSIÓN: MUCHO FUTURO PARA LA JUSTICIA DE PAZ Y MÁS SALUD PARA EL MAESTRO MORENO CATENA AL RITMO DE ELVYS PRESLEY (IT'S NOW OR NEVER). BIBLIOGRAFÍA.

1. SIGUIENDO LA ESTELA DEL HOMENAJEADO O COMBINANDO EL ANÁLISIS DOCTRINAL Y PRÁCTICO

La investigación del magnífico jurista, profesor y compañero Víctor Manuel Moreno Catena, homenajeado mediante esta obra, se ha caracterizado por muchas cosas (pluralidad y diversidad de temas, exactitud y tono crítico en el análisis, rigurosidad, anticipación a problemas jurídicos venideros,...), pero, sin duda, la nota predominante ha sido, a nuestro juicio, la excelente combinación del análisis doctrinal con el práctico, fruto de la adecuada organización de la vida académica y profesional —esta última en el ejercicio de la abogacía—, lo que ha posibilitado una actividad investigadora de primer orden y pionera en el Estado. Ello le ha permitido el examen crítico, tanto del proceso civil, como del penal, incidiendo en elementos, no sólo teóricos, sino en problemas prácticos, contribuyendo, con su método, al avance cierto y real de la ciencia jurídica. Es, por ello, que, en esta ofrenda al Gran Maestro, hemos escogido para las siguientes líneas, un tema de investigación que nos ha acompañado toda nuestra trayectoria y que hemos trabajado académicamente al tiempo que hemos conocido desde la práctica: la justicia de paz, cuestión ahora en el centro de debate doctrinal. Cuatro mandatos como juez de paz titular de la localidad vizcaína de Sestao, nos han permitido conocer las entrañas y evolución de la justicia laica de nivel municipal, fusionando su análisis doctrinal y práctico. Ahora que se pretende acabar con la justicia de paz, creemos que un estudio crítico breve en torno a la misma es el mejor tributo que podemos ofrecer al Doctor Honoris Causa por la Universidad de Sevilla.

2. LA JUSTICIA DE PAZ O JUSTICIA LAICA MUNICIPAL: UN TEMA DESATENDIDO PERO QUE HAY QUE FINIQUITAR. DINÁMICA PARA EL ANÁLISIS

En este tiempo, sin embargo, hemos advertido que la "justicia menor"[1] no interesa a la doctrina, seguramente, por el cansancio provocado por la eterna agonía en la que vive la justicia de paz en nuestro país. Y es que, aunque a la sombra de la Constitución Española de 1978 (en adelante, CE) y de la Ley Orgánica 6/1985, de 1 de julio, del Poder Judicial (en adelante, LOPJ) la justicia municipal ha disfrutado de la mayor estabilidad en su historia, nunca ha dejado de ser cuestionada. Es más, en periodos históricos anteriores, desde su surgimiento hasta la CE, tampoco ha sido pacífica su configuración y existencia. En sus casi 170 años de existencia, se ha debatido sobre su relación con los Ayuntamientos, la figura del juez o jueza de paz (laico o no técnico en Derecho), sus competencias, ámbito territorial, ... Actualmente, además de a todos estos elementos, en el marco del Plan Justicia 2030 (en adelante, PJ 2030)[2] y, concretamente, en el

---

1 Utilizan esta designación, entre otros muchos, García Rodríguez, Horacio, "De la justicia municipal a la justicia de paz", *Revista Vasca de Derecho Procesal y Arbitraje*, núm. 2/1990 y Perdiguero Bautista, Eduardo, "La planta y Demarcación judicial española. Su necesaria reforma", *Diario La Ley*, núm. 7429/2010.

2 El Ministerio de Justicia presentó el "Plan de Justicia 2030", en mayo de 2021. El PJ 2030 recoge un programa de trabajo, a 10 años, para impulsar el Estado de Derecho y el acceso a la justicia, en cuanto "palancas de transformación del País", al tiempo que concreta el "Plan de Recuperación, Transformación y Resiliencia para el Servicio Público de Justicia". *Vid.* el Plan de Justicia 2030: https://www.justicia2030.es/documents/107891/185900/justicia2030_dossier.pdf/eebcd1bd-29e7-5871-3d58-60bf5cbf9088?t=1621325866436, donde se acopia su resumen eje-

Proyecto de Ley de Eficiencia Organizativa del Servicio Público de Justicia (en adelante, PLEOSPJ)[3], se apela a su escasa eficiencia para postular su derogación y conversión en Oficinas de Justicia en los Municipios (en adelante, OJM). Se muda, con ello, el tradicional órgano jurisdiccional municipal servido por jueces y juezas legas —la forma más barata, conocida en la historia, para garantizar la presencia judicial en todos los municipios— en órgano administrativo. ¿Es esta la mejor solución? O, más básico, aún: ¿es una buena solución? No, a nuestro juicio, entendiendo la transformación no una "evolución" —como apunta el PLEOSPJ— sino una "revolución" e "involución", sin perjuicio de que consideramos que ya ha llegado la hora de zanjar el debate en torno a los que, *lege data*, se configuran como los órganos judiciales de primer nivel o escalón (art. 26 LOPJ). Con esta tesis principal, y en el camino a justificarla, proponemos —en el espacio limitado que se nos concede— el análisis de tres elementos principales: (1) su historia, que viene a demostrar que estamos ante un órgano judicial, tan arraigado —que ha sabido adaptarse a los momentos y circunstancias concretas, siempre para garantizar la presencia judicial de forma barata o "eficiente"—, como cuestionado[4]; (2) su realidad actual, caracterizada, no sólo por sus exiguas competencias —fruto de una evolución legislativa, y una intencionalidad clara, justificada en parte— sino por las críticas —en general, superables—, y por su escaso coste, y (3) la posibilidad de su

---

cutivo y desarrollo. *Vid.* las líneas básicas del Plan de Recuperación, Transformación y Resiliencia para el Servicio Público de Justicia en el siguiente link: https://planderecuperacion.gob.es/. Por su parte, el plan completo: https://www.mjusticia.gob.es/es/AreaTematica/fondos-next generation/Documents/Documento%20completo%20PRTR.pdf. Explicamos sus líneas generales, objetivos específicos y fuentes de inspiración, Ordeñana Gezuraga, Ixusko, "Educación para la desjudicialización o una experiencia piloto de coordinación entre el equipo docente y la tutoría de un centro asociado dirigido a fomentar las competencias necesarias para la investigación jurídica mediante el empleo de metodologías activas", AAVV (Dr. Ordeñana Gezuraga, Ixusko, Calaza López, Sonia), *Externalización de la justicia civil, penal, contencioso-administrativa y laboral*, Tirant lo Blanch, Valencia 2022, págs. 145 y ss.

3 Analiza sus líneas básicas, y las principales reformas que pretende, Castillo Rigbert, Fernando, "La reforma de la Ley Orgánica del Poder Judicial para la implantación de los Tribunales de Instancia y las Oficinas de Justicia en los municipios", AAVV (Dra. Díaz Pita, María Paula), *Horizonte Justicia 2030. Reflexiones críticas sobre los proyectos de eficiencia del Servicio Púbico de Justicia*, Tecnos, Madrid 2022, págs. 21-44

4 Por todos, Rodríguez Jiménez, José, "Problemática de los juzgados de paz", *Revista Poder Judicial*, núm. 33/1994.

conversión en OJM, conforme a la ordenación que, al respecto, recoge el PLEOSPJ.

3. UN PASADO REVUELTO: LO QUE MAL EMPIEZA...

3.1. Todo es lo que queda de lo que fue. Sucinta mirada al pasado[5]

Haciendo a un lado los *adsertoris pacis*, que aparecen en el Fuero Juzgo y en el Liber Iudiciorum, encargados de la conciliación, y los *vilicos* o *prepósitos*, a quienes competía la resolución de pequeñas disputas civiles e infracciones penales leves, situamos el origen más remoto de la justicia, de nivel local, en el siglo XI; época en la que se reconocía a los alcaldes, en cuanto representantes de la corporación municipal o concejo, potestad jurisdiccional dentro de los límites del territorio que gobernaban, apareciendo muy mezcladas las funciones propiamente jurisdiccionales y las ejecutivas. Fue, como es sabido, la Constitución de Cádiz de 1812, la que promulgó, por primera vez, la separación de poderes en el ordenamiento jurídico español, sustrayendo a los alcaldes y corregidores las funciones jurisdiccionales que habían detentado hasta entonces, otorgándosela a los jueces de partido[6].

En este contexto, los juzgados de paz no se crearon hasta 1855[7]. Fue la Ley de Enjuiciamiento Civil (en adelante, LEC) de 1855 la norma que creó el juicio verbal para solventar disputas de hasta 600 reales, atribuyendo su conocimiento a los juzgados de paz. Hasta entonces, sin embargo, este órgano jurisdiccional, con la denominación empleada por la ley mentada,

---

5 Hacemos un examen más exhaustivo, Ordeñana Gezuraga, Ixusko, *La justicia de paz: nuevos tiempos, ¿nuevas(infra) estructuras? Disquisiciones ante la creación de las Oficinas de Justicia en los municipios en lugar de los juzgados de paz,* Bosch, Barcelona 2023, págs. 313-344.

6 Excepcionalmente, se reconoció al alcalde de cada pueblo, en los términos del mismo, "el oficio de conciliador", exigiendo, al tiempo, a los ciudadanos que querían "demandar por negocio civiles o por injurias (...) presentarse a él con este objeto" (art. 282). Se convertía así en instancia extrajurisdiccional previa a la vía judicial.

7 Es más, en el periodo entre 1812 y 1855 razones económicas obligaron a atribuir a los alcaldes funciones jurisdiccionales, rompiendo la tendencia marcada con la Constitución de Cádiz; luego, fue una senda con pasos hacia delante y hacia atrás. Lo relata, Fonseca, M., "Justicia municipal", *Revista de Legislación,* núm. (año) 1890.

no existía, por lo que, antes de su entrada en vigor —a principios de enero de 1856—, tuvo que crearse y ordenarse. Lo hizo el Decreto de 22 de octubre de 1855, que dibujo los cargos de juez de paz y su sustituto como honoríficos y obligatorios para dos años, tiempo en el que las personas que los ocupaban disfrutaban del mismo respeto y privilegios que los alcaldes. Estableció, asimismo, los requisitos para ambos cometidos: ser español con pleno ejercicio de los derechos civiles; vecino del pueblo; saber leer y escribir y detentar la capacidad exigida para ser alcalde o teniente de alcalde[8]. Aunque no cabe duda de que la intención del legislador, desde la creación de los juzgados de paz, fue la clara diferenciación entre funciones gubernativas y jurisdiccionales, en un principio sólo se les reconoció funciones civiles. Fue, posteriormente, una orden del 12 de noviembre del mismo año la que les atribuyó competencias penales. No obstante, la práctica mostró, en breve, muchas deficiencias en la elección de los jueces de paz (nombramientos meramente políticos, designación de personas no capacitadas para el cargo,...). Por ello, la Orden Real de 2 de enero de 1856 suspendió los nombramientos realizados hasta el momento y atribuyó las competencias reconocidas a los jueces de paz, en la LEC, a los alcaldes. Muestra de los vaivenes políticos, meses más tarde, el mismo año 1856, una Orden Real de 28 de noviembre derogó la anterior y reinstauró el régimen previo, remarcando la importancia de diferenciar funciones jurisdiccionales y gobernativas. Con ello no cesaron las críticas sobre la politización de la elección de los jueces de paz, sucediéndose diferentes Órdenes Reales encaminadas a poner fin a esta debilidad.

Fue la Ley Orgánica del Poder Judicial de 1870 la que separó la justicia municipal del Ayuntamiento y la integró en la justicia ordinaria[9]. Esta ley —que a pesar de nacer con vocación provisional estuvo en vigor durante 100 años— previó para cada municipio un juzgado municipal o más, inte-

---

8 Ordenaba, igualmente, las incapacidades de aquéllos, su nombramiento por la Audiencia y la obligación de jurar la Constitución y las leyes y el legal ejercicio del cargo ante la corporación municipal.

9 Esta ley pasó a la historia del Derecho jurisdiccional español por promulgar la independencia del Poder Judicial, convirtiendo la inmovilidad (arts. 221 y 234) y responsabilidad de los jueces (arts. 245 y 253) en elementos esenciales de su estatuto jurídico, en cuanto cauce para separar las funciones jurisdiccionales y las ejecutivas. Explica sus líneas generales, Fairén Guillén, Victor, "Algunos conceptos y principios fundamentales de la LOPJ de 1870", AAVV, *El centenario de una gran obra legislativa,* Valencia 1972, pág. 50 y ss. Ya dos años antes, el Decreto de 7 de noviembre de 1868 había proclamado, en su Exposición de Motivos (en adelante, EM), que la imparcialidad debía guiar el nombramiento de los jueces de paz.

grado cada uno de ellos por un juez, su sustituto, un fiscal, un secretario y un subordinado. El cargo del juez era para dos años, obligatorio (art. 31) y remunerado (art. 212). Aunque para ser juez era suficiente con saber leer y escribir, se priorizaba a los expertos en Derecho. El juez debía ser conciudadano del municipio. Lo elegían los presidentes de la audiencia territorial de entre los integrantes de una terna presentada por los juzgados de primera instancia. Tras su nombramiento, el juez debía jurar su cargo (art. 189). Una vez en el mismo, conocía de las faltas que hasta entonces conocías los alcaldes (art. 271) y disputas civiles de hasta 250 pesetas. Curiosamente, 15 días más tarde de entrar en vigor la mentada ley orgánica —el 15 de septiembre de 1870— una orden convirtió a los jueces de paz en jueces municipales, atribuyéndoles las mismas competencias.

En las siguientes cuatro décadas (1870-1907) dos fueron los elementos principales que acompañaron a la justicia municipal: su alta politización y el deseo de profesionalizar a los jueces que la servían. La escasez de recursos económicos impidió el cumplimiento de este último anhelo, si bien, en cuanto solución intermedia, se priorizó para ocupar el cargo a los juristas. Del mismo modo, reflejo de la inconsistencia e insatisfacción del régimen previsto, los siguientes años se sucedieron abundantes proyectos para modificar la justicia municipal, si bien fue la ley de 5 de agosto de 1907, para la reforma de la Administración de justicia en los juzgados municipales, la que dotó de cierta estabilidad a éstos. Conocida como la Ley Maura —presidente del Gobierno en aquél entonces—, se planteó expresamente dos objetivos: garantizar la independencia e imparcialidad de los juzgados municipales, liberando a los jueces municipales de cualquier atadura política, y casar la organización judicial con las leyes sustantivas. Con este fin, esta ley creó, en su artículo primero, dos órganos: los juzgados municipales y los tribunales municipales. Los primeros, se ubicaban en todos los municipios, y eran servidos por un juez, su sustituto, un fiscal y un secretario; se les vetó la posibilidad de conocer de cualquier disputa —civil o penal—, limitando sus atribuciones a labores conciliatorias, preparatorias de juicio, ejecución de decisiones de los tribunales municipales y auxilio de otros juzgados y tribunales (art. 16)[10]. Bajo el régimen previsto por la Ley Maura, el cargo de juez y fiscal municipal se configuraron como obligatorios (art. 9) y para cuatro años (art. 2). Asimismo, en busca de la independencia judicial absoluta, se creó una fórmula nueva para el nombramiento de los

---

10 Los tribunales municipales, integrados por un juez y dos ayudantes, se asentaban en los lugares previstos por la ley y conocían de disputas civiles entre 500 y 1500 pesetas y delitos en primera instancia (art. 18).

jueces municipales: los nombraban las salas de gobierno de las audiencias territoriales, con intervención de los Colegios de abogados y procuradores (art. 5), reclutándolos conforme a un orden de preferencia denominado automatismo. Concretamente, se priorizaba a los funcionarios de la carrera judicial o fiscal; en su ausencia, a opositores a aquéllas; a continuación, a los abogados y a quien tuviera cualquier título académico. La última opción eran personas mayores de 25 años, que supieran leer y escribir, con buen nombre y arraigadas en el municipio (art. 3). Sin embargo, en la práctica, ocuparon el cargo de juez municipal personas integrantes de este último grupo, fracasando el sistema para su nombramiento, al quedar, una vez más, en manos de las fuerzas políticas[11].

Desde la Ley Maura a la Ley de Bases de 1944 vieron la luz abundantes leyes en la materia, intentando todas ellas enmendar el fracaso del sistema de nombramiento de los jueces municipal para garantizar su independencia[12]. Esta última, que exigía decretos posteriores para su desarrollo,

---

11 Se hace eco de ello, Covos Gavala, Rosa, *El juez de paz en la ordenación jurisdiccional española,* Ministerio de Justicia, Madrid 1989, págs. 103-108.

12 Así, el Real Decreto del 4 mayo de 1917 derogó el sistema de prioridades para el nombramiento del juez municipal que disponía la ley de 1907 (art. 3), imponiendo la toma en consideración, para la elección de los jueces municipales, de su capacidad profesional y su arraigo y buen nombre en el municipio. Años más tarde, en los primeros momentos de la dictadura de Primo de Rivera, el Real Decreto de 6 de octubre de 1923 derogó los artículos 2 a 7 de la Ley Maura, relativos al nombramiento de los jueces y fiscales municipales. Pocos días después, el Real Decreto de 30 de octubre puso patas arriba la justicia local: se eliminaron los tribunales municipales, atribuyendo sus competencias a los juzgados del mismo nombre, y se dejó el nombramiento de los titulares de estos últimos en manos del pleno de las audiencias territoriales, con asistencia del Colegio de Abogados y Procuradores. Curiosamente, recién instaurada la II República, la ley de 8 de mayo de 1931 estableció, en las poblaciones con menos de 12.000 habitantes, el sistema de elección popular para el nombramiento de los jueces municipales. En los municipios cabeza de partido judicial y en los pueblos de más de 12.000 habitantes, se seguían eligiendo conforme a la ley de 1907. Sin embargo, el sistema de elección popular, también, resultó un fracaso, por lo que, tres años más tarde, la ley de 27 de junio de 1934 lo derogó, instaurando, el decreto de 14 de julio de 1934, el sistema de nombramiento previsto en la ley de 1907 (art. 4). No duró mucho el régimen jurídico impuesto por el último pues, antes de que estallara la guerra civil, la ley de 2 de julio de 1936 lo abolió. Esta última derogó el sistema de preferencias para el nombramiento de los jueces municipales e instauró un triple método de designación: en las capitales de provincia y en las poblaciones con más de 30.000 habitantes el nombramiento correspondía, con absoluta libertad, al Ministerio de Justicia; en las capitales de partido judicial y en los municipios con

instauró, de nuevo, los juzgados de paz, en aquéllos lugares en los que no había juzgados municipales y comarcales[13], es decir, se ubicaban en zonas rurales. A estos jueces no se exigía conocimiento técnico especial alguno, sino moralidad e integridad. Los designaban las salas de gobierno de las audiencias territoriales, de entre una terna propuesta por jueces de primera instancia. Era un cargo gratuito, honorífico, de por vida y obligatorio, y sus competencias muy limitadas, atribuyéndosele funciones conciliatorias[14]. Nos encontramos, pues, con que la Ley de Bases de Justicia Municipal de 1944 pretendió tecnificar y profesionalizar los juzgados de base municipal, si bien, una vez más, se encontró con el obstáculo económico[15].

Tras la promulgación de Ley de Bases de Justicia Municipal en 1944, los años siguientes se hicieron pequeñas modificaciones en el régimen de los órganos previstos por aquélla. En lo que respecta a los juzgados de paz, de entre los decretos que se otorgaron —todos en la línea de la base IX de la ley de 1944— podemos destacar el de 25 de febrero de 1949, que convirtió el cargo de juez de paz en perpetuo o de por vida, si bien reconociendo al

---

más de 10.000 habitantes, se atribuyó esta competencia a las salas de gobierno de las audiencias territoriales; en los demás municipios, el nombramiento quedaba en manos de la junta de gobierno de la audiencia provincial, con asistencia de los jueces de primera instancia. Finalizada la guerra civil, la ley de 8 de mayo de 1939, sobre renovación extraordinaria de los cargos de la justicia municipal estableció las normas para su nombramiento, derogando la ley de 2 de julio de 1936 y adecuando a la situación del momento la ley de 1907. Conforme a la orden de 14 de julio de 1939, que desarrolló aquélla, al presentar propuestas para el cargo de juez municipal, los jueces de primera instancia, además de la cualidad y condiciones de los candidatos, debían vigilar su adhesión al Movimiento Nacional.

13 Los juzgados municipales se instauraron en las ciudades grandes y en los pueblos con más de 20.000 habitantes. Eran órganos técnicos y su titular un juez de carrera, un jurista que había superado la oposición pertinente. Los juzgados comarcales, por su parte, servían justicia en las comarcas, en territorios semiurbanos. Los titulares de estos juzgados no eran miembros de la carrera judicial, si bien debían probar su conocimiento técnico del Derecho. Ello, sin perjuicio de que, juzgados municipales y juzgados comarcales, organizados y servidos de manera diferente, detentaran similares competencias (base IX Ley de Bases Municipal de 1944).

14 Describe la situación de la justicia municipal de esta época, Aragoneses Alonso, Pedro, "Justicia municipal", *Revista de Derecho Procesal*, enero-marzo/1950.

15 En aquél entonces existían 9000 municipios en España, y como resultaba difícil pagar a un juez técnico en cada uno de ellos, una solución parcial fue la creación de juzgados comarcales, que no eran 9.000 sino 1.300. En este esquema, se mantuvieron los juzgados de paz, con funciones simbólicas, en cuanto forma de acercar la justicia a la ciudadanía.

Ministro de Justicia la facultad de remover a los que actuaran de manera parcial (art. 55), y el 19 de junio de 1969, que, por primera vez, reconoció a las mujeres la posibilidad de ocupar el cargo.

En los años siguientes, tras el fracaso del anteproyecto de la Ley Orgánica de las Bases de la Justicia de 1968[16], el 28 de noviembre de 1974, se aprobó la Ley Orgánica de las Bases de la Justicia. El régimen orgánico, previsto por esta última, venía condicionado por el desarrollo poblacional y económico español; en el nuevo contexto social, resultaba imprescindible la tecnificación de los jueces, limitando el rol del juez lego, del "hombre bueno", a disputas sencillas de la ciudadanía. Los jueces de paz los nombraba la Sala de Gobierno de la audiencia territorial, entre empadronados en el municipio detentadores de buen nombre. Contaban con la asistencia del secretario del Ayuntamiento —si bien se preveía la atribución de esa función a los secretarios judiciales— para el desempeño de sus funciones, reconocidas en la ley de 8 de abril de 1967[17].

Por último, la ley 11/1978, de 20 de febrero derogó la Ley Orgánica de las Bases de la Justicia de 1974, salvo la parte en la que se regulaban los juzgados de distrito. Consecuentemente, los juzgados de paz desaparecieron de la organización jurisdiccional española. Volvieron a aparecer con/en la LOPJ de 1985, que abolió los juzgados de distrito.

---

16 En su base IX mostraba su intención de abolir los juzgados municipales y los comarcales. Los juzgados de paz se mantendrían en los municipios en los que no se ubicaran los juzgados de distrito. La competencia de estos últimos se dibujaba en la base XVII: podrían fallar y ejecutar disputas civiles de pequeña cuantía, ejercerían la jurisdicción voluntaria e investigarían y solventarían infracciones. En este esquema, los jueces de paz serían representantes de los jueces de distrito, pudiendo éstos, de oficio o a instancia de parte, dejar el conocimiento de cualquier caso en manos de aquéllos. Los jueces de paz actuarían en equidad, mediante juicios con escasa formalidad, protegiendo la igualdad y la audiencia de las partes.

17 En el ámbito civil, solventaban los pleitos en equidad, resultando sus sentencias recurribles en los juzgados de distrito, argumentando defecto formal, indefensión o infracción de la equidad. Las disputas penales las solventaban aplicando el Derecho. Se reconocía a los jueces de distrito la facultad, de oficio o a instancia de parte, de delegar en los jueces de paz la resolución de los expedientes, y especialmente los actos de comunicación, ejecución y prevención.

3.2. Lecciones del pasado para el futuro de los juzgados de paz

Sin perjuicio de que la mirada al pasado se puede hacer de muchas formas y con distintas finalidades, por lo que las deducciones, igualmente, pueden ser diferentes, a nuestro juicio, quedan claras tres cosas: (1) durante su existencia siempre se ha pretendido la presencia judicial en todos los municipios, asignándoles competencias menores (especialmente, resolución extrajudicial de los conflictos y auxilio a otros órganos judiciales), debido a la falta de formación jurídica de sus titulares; (2) se ha demostrado, al tiempo, como la forma más barata de garantizar la presencia judicial en todos los municipios, acercando la justicia a la ciudadanía, (3) pese al constante deseo de profesionalizar el primer nivel de la justicia y de proteger su independencia e imparcialidad. Tomamos nota de todo ello para valorar la propuesta que hace el legislador en el PLEOSPJ y para presentar nuestra propia propuesta de futuro para los juzgados de paz.

4. UN PRESENTE CUESTIONADO: CUANDO "NO CONFÍAN EN TI" O "DEJANDO MORIR"

4.1. Regulación actual

La justicia de paz se regula, actualmente, en el capítulo VI ("De los Juzgados de Paz") del Título IV LOPJ ("De la composición y atribuciones de los órganos jurisdiccionales") (arts. 99 a 103, ambos inclusive)[18]; en la ley 38/1988, de 28 de diciembre, de Demarcación y de Planta Judicial (en adelante, LDPJ) (arts. 49 a 52, ambos inclusive y Disposición Transitoria (en adelante, DT) quinta, sexta y séptima)[19]; en el Reglamento 3/1995, de 7 de junio, de los jueces de paz, dictado por el Consejo General del Poder Judicial (en adelante, CGPJ), en ejercicio de la potestad que le reconoce

---

18 Ordenan, concretamente, la ubicación (art. 99) y competencias (art. 100) de los juzgados de paz; la selección y nombramiento de su titular (arts. 101 y 102), sus derechos y cese (art. 103).

19 Los artículos mentados regulan la retribución de los jueces y juezas de paz (art. 49), la secretaría de los juzgados de paz (art. 50), el resto del personal (art. 51) y sus instalaciones y recursos materiales (arts. 51 y 52). Las DT hacen referencia a la situación de los secretarios judiciales y los jueces de paz con el cambio de normativa.

la LOPJ (art. 110.2 k))[20]; el Real Decreto 257/1993, de 19 de febrero, por el que se regulan las Agrupaciones de Secretarías de juzgados de paz[21]; la ley 1/2000, de 7 de enero, de Enjuiciamiento Civil (LEC)[22] y el Real Decreto de 14 de septiembre de 1882, que promulgó la Ley de Enjuiciamiento Criminal (en lo sucesivo, LECR)[23]. Tenemos que citar, además, dos instrucciones: la Instrucción 4/2001, de 20 de junio, del Pleno del CGPJ, sobre el alcance y límites del deber de auxilio judicial que deben prestar los juzgados de paz y la Instrucción de 28 de mayo de 2008, de la Dirección General de los Registros y del Notariado, sobre funcionamiento y organización de los Registros civiles delegados a cargo de los juzgados de paz y su información.

4.2. Cuestiones debatidas actuales y elementos superables y no superables

Sin incidir en su régimen jurídico (tanto del titular —elección y nombramiento del juez o jueza de paz, su estatuto,...— como del propio órgano —ubicación, personal, competencias, relación con otros órganos judiciales, financiación,...)[24], sí queremos reparar en cuatro cuestiones

---

20 Concretamente, regula el nombramiento de los jueces de paz (arts. 1-12, ambos inclusive), su capacidad y compatibilidad (arts. 13 a 16, ambos inclusive), derechos y deberes (arts. 17 a 19, ambos inclusive) y responsabilidad (arts. 30-32, ambos inclusive).

21 Esta norma, en desarrollo del art. 50 LDPJ (art. 1), regula las Agrupaciones de Secretarias de los juzgados de paz. En el ámbito de sus competencias, las CCAAs, también, han dictado normas sobre esta materia. Así, por ejemplo, el Decreto 411/1998, de 22 de diciembre, sobre justicia de paz, del Gobierno Vasco y el Decreto 75/1997, de 18 de marzo, por el que se regula el procedimiento de creación y modificación de las Agrupaciones de Secretarías de juzgados de paz en Cataluña.

22 La ley rituaria civil regula 4 cuestiones en relación a los juzgados de paz: su competencia en materia civil (art. 47), la recusación de los jueces de paz y los secretarios que sirven en estos juzgados (arts. 108 y 110), el auxilio judicial que corresponde a estos órganos (art. 170) y la apelación contra las decisiones dictadas por los mismos (art. 455), si bien este último no tiene sentido, en cuanto no cabe apelación contra las sentencias dictadas por los juzgados que nos ocupan.

23 Esta ley únicamente cita a los juzgados de paz en su art. 259, que les autoriza para recoger denuncias sobre delitos públicos.

24 Para un análisis sucinto sobre la cuestión, Ordeñana Gezuraga, Ixusko, "Una propuesta de futuro para la justicia de paz en el ordenamiento jurídico español en el marco del Derecho Jurisdiccional Diversificado a partir del análisis de su pasado y presente", *Revista General de Derecho Procesal*, núm. 44/2018.

básicas en torno al mismo, especialmente debatidas en la actualidad, ejercicio que nos permitirá mostrar nuestro diagnóstico, al respecto: (1) su constitucionalidad, (2) la dependencia de estos órganos judiciales de los Ayuntamientos, (3) la figura de su titular (persona no técnica en Derecho) y (4) su eficiencia, cuestión ésta apuntada ahora —en el PLEOSPJ— como argumento para su derogación y que requiere un análisis en torno a sus competencias y coste. Lo hacemos sucintamente sin solución de continuidad.

No hay duda de la constitucionalidad de los juzgados de paz. Su no previsión expresa en la CE no resta legitimidad a la justicia laica municipal, en cuanto aquélla dejó la potestad de crear juzgados y tribunales en manos de una futura LOPJ (la vigente) (art. 122.1 CE) y ésta reconoce (art. 26 LOPJ) y configura (arts. 99-103 LOPJ) los juzgados de paz. Ello, no obstante, no impide —más, al contrario, facilita— su derogación, al resultar más fácil modificar la LOPJ que la propia CE. Del mismo modo, no advertimos problema mayor en que existan personas (en lo que nos interesa, jueces y juezas de paz) que ejercen la función jurisdiccional sin pertenecer a la única carrera judicial española. En la misma situación aparecen magistrados y magistradas suplentes y jueces y juezas sustitutos, sin que ello suponga la infracción del art. 117.1 CE o del art. 122 CE. Otra cosa es que ello sea lo óptimo. Además, en el caso de jueces y juezas de paz aparece su carácter no técnico. En todo caso, todas las personas que ejercen la función jurisdiccional (jueces y juezas de paz incluidos) deben ser independientes, inamovibles —aunque sea temporalmente—, responsables y actuar sometidos únicamente al imperio de la ley (art. 117.1 CE).

Debe, al tiempo, abandonarse la consideración de que la justicia de paz es una forma de participación de la ciudadanía en la Administración de Justicia, alimentada por la condición de no técnico en Derecho de la persona titular de estos órganos[25]. Al respecto, proclamamos que los juzgados de paz son órganos jurisdiccionales creados por la LOPJ (art. 26), parte de la organización judicial única española.

Es indubitado, por otra parte, el estrecho vínculo entre juzgados de paz y los municipios que los cobijan: comparten territorio y población y, como norma general, la persona titular de este órgano jurisdiccional es elegido por el correspondiente Ayuntamiento (art. 101 LOPJ). Además, la determinación del edificio o inmueble sede del mismo corresponde al Ministe-

---

[25] En nuestro apoyo, De la Oliva, Andrés, "Los jueces de paz en la LOPJ", *Boletín del Ilustre Colegio de Abogados de Madrid-Revista jurídica general*, núm. 5/1985.

rio de Justicia o a la CCAA que tenga competencia en la materia, siempre a propuesta del Ayuntamiento respectivo (art. 10.1 LDPJ), ocupando, normalmente, espacios de éste. Igualmente, en los pueblos de menos de 7000 habitantes, salvo que integren una Agrupación de Secretarías de juzgados de paz, corresponde al Ayuntamiento designar a una persona como secretaria idónea, normalmente, entre su personal. No menos importante, compete a la Administración local, como norma general, proveer de bienes materiales a los juzgados de paz, y su mantenimiento[26], solicitando, al efecto, la subvención oportuna prevista en los presupuestos del Estado o de las CCAAs con competencia en la materia, que se modula en función del número de habitantes del municipio (art. 52 LDPJ).

En análisis crítico de este vínculo juzgado de paz-Ayuntamiento, y sin incidir en la elección de la persona titular del juzgado de paz —cuestión que abordaremos independientemente, en breve—, es indudable el lazo o enlace entre el órgano judicial y el administrativo[27]. Aunque ello facilita la consideración de la justicia de paz como una justicia no independiente, luego, sometida al Ayuntamiento, infringiendo, al tiempo, el principio básico de separación de poderes que debe caracterizar la justicia de todo Estado de Derecho moderno[28], nos ayuda a superar el obstáculo la realidad que acontece con los jueces y juezas de carrera: es el Ministerio de Justicia y/o, en su caso, la Consejería de justicia de las CCAAs, con competencia en la materia —en todo caso, el Poder Ejecutivo—, el que les facilita los recursos materiales y personales que requieren para ejercer la función jurisdiccional. No se pone, por ello, en duda su existencia, configuración y/o actividad, bajo la idea de que sometidos, únicamente a la ley, independientes del resto de personas, agentes y Poderes (incluidos otros órganos judiciales y sus propios órganos de gobierno) son inamovibles y responsables (art. 117.1 CE).

Bien distinto es nuestro juicio en torno a la figura de la persona titular del juzgado de paz. Al respecto, consideramos esencial distinguir su forma de elección y su falta de conocimiento técnico del Derecho, en cuanto

---

26 Solo excepcionalmente, se ordena, su dependencia, total o parcial, del Ministerio de Justicia o la CCAA correspondiente (art. 51.3 LDPJ).

27 En la doctrina, por todos, Bonet Navarro, José, *Justicia de paz y alternativa*, Dykinson, Madrid 2014, pág. 37. Antes, Rodríguez Rivera, Francisco Enrique, "La tradicionalmente llamada justicia municipal. Realidad actual y futuro de los Juzgados de paz", *Tapia*, núm. septiembre 1992.

28 Acopia las opiniones doctrinales, al respecto, Damián Moreno, Juan, *Los jueces de paz*, UNED, Madrid 1987, págs. 233 y ss.

cuestiones que nos merecen veredictos contrarios. Por una parte, bajo la consideración de que no existe un sistema perfecto para la elección de jueces y juezas de paz —igual que ocurre con los de carrera[29]— superamos la traba consistente en su elección por los Ayuntamientos, distinguiendo su selección de su actuación sometidos únicamente a la ley. Al respecto, apelamos a la abstención y a la recusación, como elementos que garantizan la independencia judicial, también en el caso de jueces y juezas de paz. Sin perjuicio de ello, y en coherencia con nuestra opinión sobre la formación que han de detentar *lege ferenda* los jueces y juezas de paz, postulamos que la forma excepcional de nombramiento vigente —por la que hemos sido seleccionados hasta en 3 ocasiones—, es decir, el concurso de méritos organizado y decidido por el correspondiente Tribunal Superior de Justicia (en adelante, TSJ) (arts. 101.4 LOPJ y 9-11 RPJ), puede garantizar adecuadamente la independencia de aquéllos. En sentido contrario, compartimos la opinión de la doctrina mayoritaria[30] de que no puede existir, a día de hoy, con el nivel de desarrollo de la sociedad y de sus conflictos jurídicos (aunque sean de escasa cuantía!), si se quiere realmente ofrecer a la ciudadanía una verdadera tutela judicial efectiva (art. 24 CE), una autoridad jurisdiccional que no tenga conocimiento técnico del Derecho. Ello no quita para que —en cuanto forma de abaratar la justicia de base local— pueda existir un grupo de jueces y juezas (*lege ferenda*, de paz) que, con conocimiento jurídicos suficientemente acreditados, sean parte del Poder Judicial —temporalmente— sin pertenecer a la carrera judicial.

Por último, en relación a la falta de eficiencia de los juzgados de paz, principal argumento empleado por el PLEOSPJ para justificar su transformación en OJM, queremos hacer unas cuantas apreciaciones para terminar con una última conclusión. Por una parte, en el marco del PJ 2030, la mejora de la justicia —entendida, como la actividad y resultado jurisdiccional— se anuda con la eficiencia; se ha superado el anhelo y obligación de la tutela judicial "efectiva", que se centra en la satisfacción de los derechos del justiciable o la justiciable que acude a los tribunales, y se refuerza la "eficiencia" de la justicia, entendida ésta como prestación social (el servicio público de justicia), que sufragamos toda la ciudadanía y que se audita,

---

29 Por todos, recientemente, Escudero Moratalla, José Francisco, "La selección de los jueces en España", *Diario La Ley*, núm. 9832/2021. También, antes, Olmedo Palacios, Manuel, "Selección de jueces y crisis", *Diario La Ley*, núm. 7969/2012.

30 Entre una inmensa mayoría, Picó i Junoy, Joan, "El juez de paz en España", *Justicia: revista de derecho procesal*, núm. 1/1997.

reparando en los resultados concretos, a partir de su coste[31]. No compartimos el planteamiento, por dos razones principales. Por un lado, porque el concepto de "eficiencia", parámetro típico de la empresa, es relativo, y por otro, porque, compartiendo la configuración de la justicia como servicio público[32], creemos que su mera existencia ya es un valor incalculable, por lo que aporta al bien común, a la paz social y orden público, sin que sea tan trascendental cuantificar la cantidad de ocasiones en las que hacen uso de la misma la ciudadanía[33]. Consideramos que, igual que valoramos

---

31 Repárese que las tres leyes principales que prevé el PJ 2030 son relativas a la *eficiencia* organizativa, *eficiencia* procesal y *eficiencia* digital

32 Ya el pacto de Estado para la Justicia, suscrito el 28 de mayo de 2001 por el PSOE y el PP configuraba la justicia como "un servicio público capital", sin olvidar la dimensión de Poder de la justicia, pero haciendo hincapié en su carácter instrumental. Lo enfatiza, Sánchez Morón, Miguel, "El pacto de Estado para la reforma de la justicia", *Justicia administrativa: Revista de derecho administrativo*, núm. 13/2001. Justificaba, antes, Canales Aliende, José Manuel., "El servicio público de la justicia: actualidad y perspectivas", *Política y sociedad*, núm. 20/1995, la utilización de la nueva configuración por tres razones: (1) por entender que la problemática de la justicia no es algo aislado, debiendo incluirse en el contexto más amplio de la modernización del Estado y de sus instituciones, "lo que implica una mejor calidad en las prestaciones y servicios públicos"; (2) porque es común identificar la justicia, personalizándola y patrimonializándola, con uno de sus actores (los jueces y las juezas), que, aunque importante, no es el único ("con el injusto olvido de muchos otros actores intervinientes en el proceso"), y (3) porque el poder judicial y la justicia no es un fin en sí mismo, sino un medio, resultando, en última instancia, su justificación y finalidad, "como la de cualquier otro servicio público, la satisfacción de las demandas de los ciudadanos". En contra de su consideración como servicio público, Oliveros Rosello, María Jesús, "Sobre el 'servicio público de justicia'", *Diario La Ley*, núm. 9888/2021. La autora postula "el carácter de mito" que tiene la denominación de servicio público "de difícil entendimiento pues confronta un eslogan político-social revestido de un alto grado de idealización, e instrumentación (...) que es marchamo de una lucha cronológica entre dos cabezas del poder, el ejecutivo y el judicial". A su juicio, "el servicio público no es una categoría dominante y menos la noción clave en torno a la que construir la Justicia". Antes, con argumentación parecida y poniendo al Poder Judicial en el centro del sistema judicial, Fairén Guillén, Víctor, ""La justicia no es un servicio público": examen provisional del proyecto de reforma procesal. (En situación parlamentaria de "enmiendas"), *Anales de la Real Academia de jurisprudencia y legislación*, núm. 39/2009. Realiza un examen exhaustivo, al respecto, Pérez Estrada, Miren Josune, "La justicia, ¿un servicio público?", *Revista General de Derecho Procesal*, núm. 57/2022.

33 En nuestro apoyo, aludiendo a "la contribución preventiva del sistema de justicia", Domínguez Martínez, José María, Rueda López, Nuria, "¿Cómo debe medirse la producción del servicio de justicia?", *eXtoikos*, núm. 12/2013.

unos buenos servicios sanitarios públicos —con el coste consiguiente— y queremos utilizarlos lo menos posible —sin perjuicio de que, con ello, no se amortice el gasto realizado por el Estado—, requerimos un servicio público adecuado de justicia para quien lo requiera y que el resto de los y las justiciables tengamos la tranquilidad de su existencia, para el caso de que lo necesitemos. No en vano, este servicio de justicia es la fuente suprema de la seguridad jurídica que persigue todo ordenamiento jurídico. Sea como fuere, es innegable que distintas reformas legislativas (especialmente reseñables la desaparición de las faltas penales y la desjudicialización del registro civil) han vaciados los juzgados de paz de competencias, por lo que, limitados a labores de auxilio de otros juzgados en materia de comunicación y conciliatorias, no ejercen verdaderamente potestad jurisdiccional[34]. Ello facilita el reconocimiento de su falta de eficacia, aunque tampoco impide dotarle *lege ferenda* de nuevas funciones (por ejemplo, en relación a los mecanismos extrajudiciales, que pretende reforzar el proyecto de ley de Eficiencia Procesal del Servicio Público de Justicia (en adelante, PLEPSPJ)[35]). Sin embargo, tampoco tenemos claro cuál es su coste real. Aunque no dudamos de que su coste efectivo se puede medir —únicamente se debe sumar las partidas soportadas por el Estado[36], por las CCAAs[37] y por los Ayuntamientos, entendiendo que éstos —si no siempre, muchas veces— hacen dispendios no reintegrados por las subvenciones mentadas—, aunque lo hemos intentado, no hemos podido dar con la cifra concreta[38]. Entendemos que el legislador debería dar datos concretos y exactos sobre el coste de la justicia de paz si se quiere justificar la conversión de estos juzgados

34 Por todos, Gascón Inchausti, Fernando, "La figura del juez de paz en la organización judicial española", Reforma *judicial. Revista Mexicana de Justicia,* núm. 8/2006.

35 El CGPJ ofreció datos relativos al año 2021, por CCAAs, mostrando una actividad muy adecuada de los juzgados de paz. *Vid.*, tabla concreta Ordeñana Gezuraga, Ixusko, *La justicia de paz: nuevos tiempos, ¿nuevas(infra) estructuras? Disquisiciones ante la creación de las Oficinas de Justicia en los municipios en lugar de los juzgados de paz, op. cit.*, pág. 302.

36 El correspondiente a las indemnizaciones de sus titulares y, en su caso, salvo que estén trasferidas a las CCAAs, el relativo al personal y a las subvenciones a los Ayuntamientos para su mantenimiento.

37 El correspondiente al personal transferido y a las ayudas a los Ayuntamientos para su mantenimiento.

38 Nuestro esfuerzo queda patente Ordeñana Gezuraga, Ixusko, *La justicia de paz: nuevos tiempos, ¿nuevas(infra) estructuras? Disquisiciones ante la creación de las Oficinas de Justicia en los municipios en lugar de los juzgados de paz, op. cit.*, págs. 295-300.

en OJM por su falta de eficacia. Por otra parte, el resultado de la actividad de estos juzgados es aún más difícil de cuantificar, especialmente, porque, sin perjuicio de los casos concretos en los que, ciertamente, interviene, su mera existencia produce unos efectos o beneficios intangibles, tan importantes como la proximidad de la justicia a la ciudadanía, la contribución a la seguridad jurídica y nacional y al orden público.

Luego, con todo, no nos termina de convencer el argumento de la ineficacia de los juzgados de paz para justificar su transformación en OJM.

5. UN FUTURO POSIBLE: ¿DE VERDAD QUE VAMOS A SUSTITUIRLO POR UN ÓRGANO ADMINISTRATIVO?

5.1. Configuración por el PLEOSPJ

El PLEOSPJ —propuesta de regulación sobre la que basamos este apartado[39]— regula escasamente la nueva estructura (en tres artículos y dos DT), además de recoger dos referencias en su EM.

Concretamente, el apartado IV EM justifica la necesidad de las OJM en cuanto "evolución" de los juzgados de paz y como fórmula para ofrecer una justicia más próxima, sostenible y de calidad, que aprovecha los beneficios derivados de las nuevas tecnologías. Alude, además, a la configuración de las OJM a partir de las secretarías de los juzgados de paz, que "sustituye a los Juzgados de Paz, cuya figura desaparece del ordenamiento". Por su parte, el apartado VI EM dispone que el objeto del artículo único de la ley de eficiencia organizativa es, junto a la creación de los tribunales de instancia, la creación y constitución de las OJM.

El art. 439 ter LOPJ define OJM, ordena su ubicación y su ámbito territorial de actuación (municipio) y la dotación de instalaciones, medios instrumentales (a priori Ayuntamiento) e informáticos (Ministerio o CCAA) que requieren[40]. Recuerda mucho a la ordenación vigente de la justicia de paz.

---

39 Nos basamos en el proyecto publicado en el Boletín Oficial de las Cortes Generales. Congreso de los Diputados, el 22 de abril de 2022. Versión visible: https://www.congreso.es/public_oficiales/L14/CONG/BOCG/A/BOCG-14-A-98-1.PDF

40 Su dicción literal: "1. Las Oficinas de Justicia en los municipios son aquellas unidades que, sin estar integradas en la estructura de la Oficina judicial, se constituyen

El art. 439 quáter LOPJ enumera los servicios que van a ofrecer las nuevas estructuras ((1) actos de comunicación, (2) colaboración con Registro civil, (3) solicitudes de justicia gratuita, (4) solicitudes o gestiones a Gerencias territoriales del Ministerio de Justicia u órganos equivalentes de las CCAAs, (5) colaboración con unidades MASC, (6) espacios de coworking), en un listado abierto con una cláusula que abre sus actuaciones a "aquellos otros servicios que figuren en convenios de colaboración entre diferentes Administraciones Públicas"[41]. Este último elemento nos da pie

---

en el ámbito de la organización de la Administración de Justicia para la prestación de servicios a la ciudadanía de los respectivos municipios.
2. En cada municipio donde no tenga su sede un Tribunal de Instancia existirá una Oficina de Justicia, que prestará servicios en la localidad donde se encuentre ubicada.
3. Las instalaciones y medios instrumentales de estas Oficinas estarán a cargo del Ayuntamiento respectivo, salvo cuando fuere conveniente su gestión total o parcial por el Ministerio de Justicia o la comunidad autónoma con competencias asumidas en materia de Justicia. Los sistemas y equipos informáticos de las Oficinas serán facilitados por el Ministerio de Justicia o la comunidad autónoma respectiva en los casos que tengan asumidas las competencias en materia de Justicia"

41 Su dicción literal: "En las Oficinas de Justicia en los municipios se prestarán los siguientes servicios:
a) La práctica de los actos de comunicación procesal con quienes residan en el municipio o municipios para los que preste sus servicios, siempre que los mismos no se hayan podido practicar por medios electrónicos.
b) Los que, en su calidad de oficina colaboradora del Registro Civil, se establezcan en la ley o por vía reglamentaria.
c) La recepción de las solicitudes de reconocimiento del derecho a la asistencia jurídica gratuita y su remisión a los Colegios de Abogados y Abogadas encargados de su tramitación, así como las restantes actuaciones que puedan servir de apoyo a la gestión de estas solicitudes y su comunicación a los interesados.
d) Las solicitudes o gestión de peticiones de la ciudadanía, dirigidas a las Gerencias Territoriales del Ministerio de Justicia u órganos equivalentes en aquellas comunidades que tienen asumidas competencias en materia de Justicia.
e) La colaboración con las unidades de medios adecuados de solución de controversias existentes en su ámbito territorial, en coordinación con la Administración prestacional competente.
f) La colaboración con las Administraciones públicas competentes para que, en cuanto el desarrollo de las herramientas informáticas lo permita, se facilite a jueces, juezas, magistrados y magistradas, fiscales, letrados y letradas de la Administración de Justicia y al personal al servicio de la Administración de Justicia que no esté integrado en las relaciones de puestos de trabajo de dichas Oficinas, el desempeño ocasional de su actividad laboral en estas instalaciones, comunicando telemáticamente con sus respectivos puestos.

a pensar que cada OJM va a ofrecer servicios distintos, algo que infringiría la igualdad de la ciudadanía (art. 1 CE) en materia de justicia. Se presentan, además, especialmente en cuanto a sus funciones, las OJM de forma abierta, reconociendo que se les podrá atribuir otras funciones de las que se prevén inicialmente. Nos da mucho miedo, causa inseguridad jurídica y, en definitiva, no convence que los servicios que se anudan a una estructura que viene a sustituir a otra de tanta tradición, sean presentados y configurados aproximativamente. Del mismo modo, la comparación de funciones (o servicios) entre la nueva estructura y la de los juzgados de paz nos parecen similares, echando de menos en el PLEOSPJ servicios tan importantes que prevé el PJ 2030 para estas OJM, como "la información general del estado de tramitación de los procesos judiciales" o "la realización de cualquier gestión de índole procesal con cualquier órgano judicial".

Por su parte, el art. 439 quinquies LOPJ regula los puestos de trabajo de las OJM, que se cubrirán por personal integrante de los Cuerpos de funcionarios y funcionarias al servicio de la Administración de Justicia, sin perjuicio de la posibilidad de que se incluya personal de otras Administraciones Públicas[42]. Se prevé una estructura muy similar a la actual (la

---

g) Aquellos otros servicios que figuren en convenios de colaboración entre diferentes Administraciones Públicas".

42 Con el siguiente texto: "1. Los puestos de trabajo de las Oficinas de Justicia en los municipios, cuya determinación corresponderá al Ministerio de Justicia y a las comunidades autónomas con competencias asumidas, en sus respectivos ámbitos, se cubrirán por personal de los Cuerpos de funcionarios y funcionarias al servicio de la Administración de Justicia. En las respectivas relaciones de puestos de trabajo se podrán incluir determinados puestos a cubrir con personal de otras Administraciones Públicas, siempre que reúnan los requisitos y condiciones establecidas en aquéllas.
En todo caso, la Secretaría de estas Oficinas de Justicia será desempeñada por personal del Cuerpo de Gestión Procesal y Administrativa, conforme se determine en la correspondiente relación de puestos de trabajo.
2. Los puestos de trabajo declarados compatibles de conformidad con el artículo 521.3 F) se integrarán en las relaciones de puestos de trabajo de las Oficinas de Justicia en los municipios y de las Oficinas judiciales del mismo partido judicial. Los funcionarios o funcionarias de los Cuerpos al servicio de la Administración de Justicia que ocupen tales puestos realizarán las tareas propias de la Oficina de Justicia en el municipio y del servicio común o unidad procesal de tramitación de la Oficina judicial al que pertenezcan, bajo la dependencia funcional del respectivo Director o Directora del servicio o unidad.
3. El Ministerio de Justicia o la comunidad autónoma con competencia en materia de Justicia, en atención a la población, podrán establecer áreas en que los

posibilidad de que el mismo personal sirva en más de una OJM; o de que el Ayuntamiento ponga su personal a disposición de su correspondiente OJM,...), con alguna innovación en aras de la eficiencia (la compatibilidad de determinados puestos en una oficina judicial y en una OJM,...)

La DT quinta regula la fecha de implantación de las OJM (cuando constituyan los Tribunales de Instancia), previendo la transformación de "las actuales Secretarías de Juzgados de Paz o Agrupaciones de aquellas en los respectivos partidos judiciales (...) en Oficinas de Justicia en los Municipios", y el correspondiente efecto en su personal, aludiendo especialmente a las personas que ocupan las Secretarías de los juzgados de paz. Por último, la DT sexta, prevé, en la misma fecha en la que se constituya cada OMJ, el "inmediato" cese de los jueces y juezas de paz.

5.2. Lectura y reflexiones críticas

De lo general a lo concreto, en primer lugar, la configuración que se presenta de las OJM, prescindiendo del juez o jueza de paz, más que una "evolución" nos parecen una "revolución", pues, en definitiva, lo que se hace es convertir un órgano hasta ahora judicial en un órgano administrativo, apuntando, además, sin complejo alguno, en el espíritu del PJ 2030, y en la búsqueda de la eficacia, que este nuevo órgano desarrollará funciones de auxilio judicial (no juzgadoras) y funciones administrativas, en aras de la "eficiencia interadministrativa". Censuramos el cambio de naturaleza. A nuestro juicio es necesario un órgano judicial en todos los municipios, sin perjuicio de que "toquemos" a su titular, y de que, obviamente, actualicemos y aumentemos sus competencias. La garantía del valor supremo justicia y la presencia de la autoridad judicial en todos los municipios españoles lo requiere.

---

integrantes de una misma relación de puestos de trabajo presten sus servicios en Oficinas de Justicia de varios municipios, siempre que éstas pertenezcan a un mismo partido judicial.

En estos casos, el Ministerio de Justicia o las mismas comunidades autónomas determinarán el régimen de atención de las expresadas Oficinas por el personal al servicio de la Administración de Justicia destinado en ellas. Además, el Ayuntamiento nombrará personal idóneo en cada una de estas Oficinas, el cual auxiliará al de la Oficina de Justicia en la prestación de los servicios que tuviere encomendados, a menos que su ejecución esté legalmente atribuida al personal de los Cuerpos al servicio de la Administración de Justicia."

Por otra parte, y en aras de la eficiencia, consideramos que no se puede debilitar, ni un ápice, la independencia judicial y la separación de poderes en nuestro Estado de Derecho. ¿Realmente, es acertado que en un mismo lugar se informe al ciudadan@ sobre una subvención y sobre el estado de una demanda? Luego, retomando la idea inicial, y tomando como punto de partida los propios juzgados de paz, mantenemos que, quizás es más adecuado hablar de una "involución" y de no de una "evolución".

Además, y clave, esta conversión se dibuja o configura en un marco general diseñado por el PJ 2030, buscando la eficiencia organizativa, la eficiencia procesal y la eficiencia digital de nuestro sistema de justicia en conjunto. En este marco, la conversión de los juzgados de paz en OJM, es una pieza más, pero que se configura en atención al todo. En otros términos: la nueva configuración de los juzgados de paz, requiere, principalmente, la digitalización de la justicia o la regulación de las técnicas extrajudiciales, por ejemplo. Da mucho miedo que se empiece la casa por el tejado, es decir, que se conviertan los juzgados de paz en OJM (porque es lo fácil y lo rápido) cuando todavía no se han realizado el resto de reformas, que realmente son premisas para que la conversión esté justificada. En este sentido, entendemos que antes de dictarse la ley de eficiencia organizativa, se deben aprobar la ley de eficiencia procesal y eficiencia digital.

Del mismo modo, y mirando a la eficiencia organizativa, y al PLEOSPJ, no podemos dejar de considerar que el cambio radical que se propone en el sistema de justicia patrio reside, principalmente, en los juzgados de paz, prescindiendo de sus titulares y modificando su naturaleza (perdiendo un órgano judicial), pues con la creación de los tribunales de instancia, salvo pequeñas modificaciones (escasas correcciones y ajustes en materia de competencia) la organización judicial (órganos jurisdiccionales, titulares y competencias) queda como antes, sin perjuicio —que no es poco— de la estructuración pluripersonal que se dispone. Otro tanto podemos decir de la oficina judicial: aunque se pretende redefinir, realmente lo que se hace es poner en marcha la estructura previamente configurada en el año 2002, su organización, en unidades procesales de tramitación y servicios comunes, flexibles y adaptables, en un entorno digital.

Con todo, la nueva ordenación de las OJM nos recuerda mucho (si no todo) a la vigente de los juzgados de paz; parece que, derogando la figura del juez o jueza del paz, el resto (ubicación, personal, dependencia del Ayuntamiento, funciones...) queda muy parecido. Además, postulamos que se debería ordenar con más precisión una estructura que está llamada a cumplir una función importante y que viene a sustituir a un órgano judicial con tanta tradición.

Por lo demás, con la nueva ordenación, las OJM pasan a ser "unidades que, sin estar integradas, en la estructura de la Oficina judicial, se constituyen en el ámbito de la organización de la Administración de Justicia" (art. 439 ter LOPJ). El PJ 2030 se refiere a ellas como "parte" "nueva terminal" de las oficinas de justicia. Luego, nos queda la duda de cómo se quieren realmente configurar. Deducimos que son unidades administrativas (de las ordenadas en el art. 439.1 LOPJ), si bien con una regulación específica en cuanto a su ubicación, gestión, servicios y personal (arts. 439 ter-quinquies LOPJ). Se configuran, además, como "nuevas ventanillas de entrada al servicio público para acceder a la ajusticia en el mundo rural", pero luego se crean en todos los municipios. Tenemos claro que las necesidades y facilidades de acceso a la justicia de los pobladores del mundo rural y del mundo urbano no son las mismas. En este sentido, se nos antoja una pregunta: si prescindimos de los jueces y juezas de paz, ¿es necesario que núcleos rurales y urbanos cuenten con la misma infraestructura no propiamente jurisdiccional en la Administración de Justicia? El legislador omite, a nuestro juicio, que el acceso al municipio cabeza de partido judicial o a la capital de provincia, a día de hoy, no resulta igual de complicado ni costoso —ni siquiera contaminante— en todos los territorios de España.

Aunque pueda ser una cuestión menor, no sabemos cómo se llamarán las nuevas OJM: los tribunales de instancia, uno en cada partido judicial, con sede en su capital, tomarán su nombre (art. 84 LOPJ), mientras que *lege data* los juzgados de paz adquieren el nombre del municipio en el que se ubican y a cuyos habitantes sirven (art. 5 LDPJ). No se prevé algo parecido para las OJM en el proyecto de eficiencia organizativa, seguramente por la pérdida de rango de la nueva estructura (pasa de órgano jurisdiccional a unidad administrativa). Reconoce el Consejo de Estado, en su informe al PLEOSPJ anteproyecto de ley de eficiencia organizativa, que la denominación "Oficinas de justicia en el municipio" no parece del todo afortunada, pues se confunde con el de "oficina judicial".

Dos últimas reflexiones finales. Por una parte, a todo lo afirmado hay que sumar, que las ideas pueden ser buenas o, incluso, mejores, pero sin recursos, no hay nada. No tenemos duda —porque lo hemos visto desde dentro—, de que una de las causas del funcionamiento tan cuestionado de los juzgados de paz ha sido la falta de recursos. Las OJM se crean sobre los medios materiales y personales de aquéllos y se siguen sometiendo a los Ayuntamientos en cuanto a sus estructuras, previéndose un sistema de financiación similar al que tienen los juzgados de paz. Luego, los financiamos mejor… o correrán parecida suerte. El papel lo aguanta todo, pero las mejoras cuestan… y no poco.

Además, y con todo, ¿serán más eficientes las nuevas OJM que los actuales juzgados de paz (objetivo último previsto en el PLEOSPJ)? Tal y como están ordenados en el PLEOSPJ y, a la espera de cómo se ordenen definitivamente, difícil lo entendemos.

6. A MODO DE CONCLUSIÓN: MUCHO FUTURO PARA LA JUSTICIA DE PAZ Y MÁS SALUD PARA EL MAESTRO MORENO CATENA AL RITMO DE ELVYS PRESLEY (IT'S NOW OR NEVER)

España aparece dividida entre los que quieren abolir la justicia de paz y los que quieren mantenerla, aunque sea con modificaciones. Al respecto, es esencial recordar que los dos grandes partidos políticos del Estado (PP y PSOE) son de la misma opinión. El último lo ha manifestado, recientemente, en el PJ 2030 y en el PLEOSPJ. El primero (PP), por su parte, ya en el anteproyecto de ley orgánica del Poder Judicial del año 2014[43], en busca de "un alto grado de eficiencia y agilidad en el sistema judicial", mantenía que "una clara apuesta por la profesionalización de la Administración de Justicia, debe conllevar la desaparición de los Jueces de Paz".

En este marco, conociendo la justicia de paz, desde dentro, y conscientes de las necesidades de nuestro sistema de justicia, no somos partidarios de prescindir del órgano municipal jurisdiccional. A mayor abundancia, bajo ningún concepto le quitaríamos su naturaleza jurisdiccional. Luego, ¿cómo mejorarlo? Proponemos poner a su cargo a un profesor y profesora universitaria del Grado en Derecho (estudios universitarios que se ofrecen en casi todas las provincias españolas), con una dedicación parcial (15 horas a la semana), como titular, miembro temporal del Poder Judicial pero no de la Carrera judicial. Ello no quita obviamente, que, transitoriamente, se aproveche la experiencia de los jueces y juezas de paz que llevan un tiempo en el cargo, en un marco jurídico definido y transparente.

Conscientes de que se ha dejado morir a los juzgados de paz, al tiempo que se han reducido sus competencias, las aumentaríamos, basadas en el

---

43 Un análisis completo del mismo, Banacloche Palao, Julio, "Anteproyecto de Ley Orgánica del Poder Judicial de 4 de abril de 2014", *El notario del siglo XXI: revista del Colegio Notarial de Madrid*, núm. 57/2014.

auxilio judicial (no en el desempeño de juicios, en el ejercicio de la potestad jurisdiccional) y en la resolución extrajudidicial de conflictos, conforme a los servicios que prevé el art. 439 quárter LOPJ, reconociendo a todos los órganos jurisdiccionales de base local las mismas funciones de auxilio judicial.

BIBLIOGRAFÍA

Aragoneses Alonso, Pedro, "Justicia municipal", *Revista de Derecho Procesal*, enero-marzo/1950.

Banacloche Palao, Julio, "Anteproyecto de Ley Orgánica del Poder Judicial de 4 de abril de 2014", *El notario del siglo XXI: revista del Colegio Notarial de Madrid*, núm. 57/2014.

Bonet Navarro, José, *Justicia de paz y alternativa*, Dykinson, Madrid 2014.

Canales Aliende, José Manuel., "El servicio público de la justicia: actualidad y perspectivas", *Política y sociedad*, núm. 20/1995.

Castillo Rigbert, Fernando, "La reforma de la Ley Orgánica del Poder Judicial para la implantación de los Tribunales de Instancia y las Oficinas de Justicia en los municipios", AAVV (Dra. Díaz Pita, María Paula), *Horizonte Justicia 2030. Reflexiones críticas sobre los proyectos de eficiencia del Servicio Púbico de Justicia*, Tecnos, Madrid 2022.

Covos Gavala, Rosa, *El juez de paz en la ordenación jurisdiccional española*, Ministerio de Justicia, Madrid 1989.

Damián Moreno, Juan, *Los jueces de paz*, UNED, Madrid 1987.

De la Oliva, Andrés, "Los jueces de paz en la LOPJ", *Boletín del Ilustre Colegio de Abogados de Madrid-Revista jurídica general*, núm. 5/1985.

Domínguez Martínez, José María, Rueda López, Nuria, "¿Cómo debe medirse la producción del servicio de justicia?", *eXtoikos*, núm. 12/2013.

Escudero Moratalla, José Francisco, "La selección de los jueces en España", *Diario La Ley*, núm. 9832/2021.

Fairén Guillén, Victor, "Algunos conceptos y principios fundamentales de la LOPJ de 1870", AAVV, *El centenario de una gran obra legislativa*, Valencia 1972.

Fairén Guillén, Víctor, ""La justicia no es un servicio público": examen provisional del proyecto de reforma procesal. (En situación parlamentaria de "enmiendas"), *Anales de la Real Academia de jurisprudencia y legislación*, núm. 39/2009.

Fonseca, M., "Justicia municipal", *Revista de Legislación*, núm. (año) 1890.

García Rodríguez, Horacio, "De la justicia municipal a la justicia de paz", *Revista Vasca de Derecho Procesal y Arbitraje*, núm. 2/1990.

Gascón Inchausti, Fernando, "La figura del juez de paz en la organización judicial española", Reforma *judicial. Revista Mexicana de Justicia*, núm. 8/2006.

Oliveros Rosello, María Jesús, "Sobre el 'servicio público de justicia'", *Diario La Ley*, núm. 9888/2021.

Olmedo Palacios, Manuel, "Selección de jueces y crisis", *Diario La Ley*, núm. 7969/2012.

Ordeñana Gezuraga, Ixusko, "Una propuesta de futuro para la justicia de paz en el ordenamiento jurídico español en el marco del Derecho Jurisdiccional Diversificado a partir del análisis de su pasado y presente", *Revista General de Derecho Procesal*, núm. 44/2018.

Ordeñana Gezuraga, Ixusko, "Educación para la desjudicialización o una experiencia piloto de coordinación entre el equipo docente y la tutoría de un centro asociado dirigido a fomentar las competencias necesarias para la investigación jurídica mediante el empleo de metodologías activas", AAVV (Dr. Ordeñana Gezuraga, Ixusko, Calaza López, Sonia), *Externalización de la justicia civil, penal, contencioso-administrativa y laboral,* Tirant lo Blanch, Valencia 2022.

Ordeñana Gezuraga, Ixusko, *La justicia de paz: nuevos tiempos, ¿nuevas(infra) estructuras? Disquisiciones ante la creación de las Oficinas de Justicia en los municipios en lugar de los juzgados de paz,* Bosch, Barcelona 2023.

Perdiguero Bautista, Eduardo, "La planta y Demarcación judicial española. Su necesaria reforma", *Diario La Ley,* núm. 7429/2010.

Pérez Estrada, Miren Josune, "La justicia, ¿un servicio público?", *Revista General de Derecho Procesal,* núm. 57/2022.

Picó i Junoy, Joan, "El juez de paz en España", *Justicia: revista de derecho procesal,* núm. 1/1997.

Rodríguez Jiménez, José, "Problemática de los juzgados de paz", *Revista Poder Judicial,* núm. 33/1994.

Rodríguez Rivera, Francisco Enrique, "La tradicionalmente llamada justicia municipal. Realidad actual y futuro de los Juzgados de paz", *Tapia,* núm. septiembre 1992

Sánchez Morón, Miguel, "El pacto de Estado para la reforma de la justicia", *Justicia administrativa: Revista de derecho administrativo,* núm. 13/2001.

Expediente judicial electrónico y tramitación judicial orientada al dato

RAÚL SÁNCHEZ GÓMEZ
Profesor Titular de Derecho Procesal
Universidad Pablo de Olavide
Correo electrónico: rgsangom@upo.es

SUMARIO: 1. INTRODUCCIÓN. 2. EL EXPEDIENTE JUDICIAL ELECTRÓNICO. 3. ADMINISTRACIÓN DE JUSTICIA DIGITALIZADA Y ORIENTADA AL DATO. 4. LA NUEVA PROPUESTA DE EXPEDIENTE JUDICIAL ELECTRÓNICO. 5. LA TRAMITACIÓN ELECTRÓNICA DE LOS PROCEDIMIENTOS JUDICIALES. BIBLIOGRAFÍA.

1. INTRODUCCIÓN

El traspaso de competencias entre el Estado y las determinadas comunidades autónomas respecto de la gestión de medios personales, pero sobre todo materiales, en materia de Administración de Justicia supuso la proliferación de diferentes sistemas de gestión procesal (Adriano, Atlante, Cicerone, Justizia.Bat, Ius Madrid, etc.), situando el concepto de interoperabilidad en el centro del debate[1] tanto respecto de su interconexión como respecto de los diferentes órganos nacionales y las aplicaciones generales[2], en sus dimensiones técnicas, semánticas y organizativas[3].

---

1 Sobre el concepto de interoperabilidad, puede consultarse Bueno de la Mata, Federico (2022), "Interoperabilidad de sistemas de gestión procesal y debido proceso: experiencias a nivel nacional y europeo para alcanzar una verdadera digitalización de la Justicia", en *Digitalización de la justicia: Prevención, investigación y Enjuiciamiento* (Llorente Sánchez-Arjona y Calaza López, Dirs.), Thomson Reuters Aranzadi, Pamplona, págs. 151 a 178.

2 Al respecto, véase Dorado Picón, Antonio (2017), *Un cambio en la administración de justicia: la oficina judicial*, Tesis Doctoral, Universidad Pablo de Olavide, Sevilla, págs. 159 y ss.

3 Para un desarrollo de tales dimensiones puede confrontarse Cerrillo Martínez, Agustí (2009), "Cooperación entre Administraciones públicas para el impulso de la administración electrónica", en *La Ley de Administración Electrónica. Comentarios a la Ley 11/2007, de 22 de junio, de Acceso Electrónico de los Ciudadanos a los Servicios Públicos* (Gamero Casado y Valero Torrijos, dirs.), Aranzadi, Thomson Reuters.

En efecto, la proliferación de diversos sistemas de gestión procesal que conviven en función del territorio, nacional o autonómico, ha generado una innecesaria deslocalización de la gestión judicial, con avances tecnológicos y de implementación desiguales y con tendencia a presentar una débil compatibilidad (artículo 230 LOPJ, en sus apartados quinto y sexto). En otras palabras, se ha propiciado una situación de asimetría de medios y tiempos respecto de la digitalización de la Administración de Justicia[4] entre las diferentes administraciones con competencias en la materia.

La concurrencia de disfunciones técnicas son una realidad, en la creación, mantenimiento e interconexión de los sistemas, con presencia de desarrolladores públicos, pero también privados, y en ocasiones, incluso diferentes.

Además, la coexistencia de sistemas de gestión procesal con un grado digitalización de diferente intensidad genera que tengan que inventarse atajos y formas de desarrollar el trabajo en las oficinas judiciales que han venido diluyendo, en lo esencial, lo previsto en la Ley 18/2011, de 5 de julio, reguladora del uso de las tecnologías de la información y la comunicación en la Administración de Justicia

Como ejemplo, un asunto tramitado en los órganos judiciales de instancia de Ceuta o Melilla, partidos judiciales perteneciente a los territorios comunes del Ministerio de Justicia, utilizará el sistema de gestión procesal correspondiente[5]. Sin embargo, a los efectos de la demarcación judicial, las Ciudades de Ceuta y Melilla quedan integradas en la circunscripción territorial de la Sección Sexta de la Audiencia Provincial de Cádiz, con sede en Ceuta y de la Sección Octava de la Audiencia Provincial de Málaga, con sede en Melilla, respectivamente (art. 3 LDYP). Más aún, quedando

---

Cizur Menor, 2009, págs. 763 y 76; Gamero Casado, Eduardo "Interoperabilidad y Administración Electrónica: Conéctense, por favor", en *Revista de Administración Pública*, Madrid, núm. 179, págs. 296 y 297. Asimismo, Cerdá Meseguer, Juan Ignacio (2012), *El Expediente Judicial Electrónico*, Universidad de Murcia, 2017, págs. 131 y ss. y Delgado Martín, Joaquín (2012), "Una concepción integral del expediente judicial electrónico", en *Revista Aranzadi de Derecho y nuevas tecnologías*, **Thomson Reuters Aranzadi**, núm. 28, Pamplona, págs. 119 a 128.

4 Barona Vilar, Silvia (2023), "Ecosistema digital de Justicia eficiente (De la Justicia digital orientada al documento a la Justicia orientada al dato)", en *Actualidad civil*, Wolters Kluwer, núm. 5, Madrid, pág. 4.

5 Con la variante Minerva NOJ para aquellos órganos judiciales que tienen implementado el expediente judicial electrónico y Minerva Digital para el resto.

también integradas en la circunscripción territorial del Tribunal Superior de Justicia de Andalucía (art. 2 LDYP).

En el caso de Melilla, existe una sección desplazada (Séptima) de la Audiencia Provincial de Málaga, con competencias en materia civil y penal y que conocerá de parte del sistema de impugnaciones[6], mediante el sistema de gestión procesal dispuesto para los territorios comunes. En sentido similar, en el caso de Ceuta, donde también existe una sección desplazada (Sexta) de la Audiencia Provincial de Cádiz. En otras palabras, los asuntos que se conozcan en los territorios del Ministerio de Justicia, incluidas las meritadas Secciones desplazadas, utilizarán el sistema Minerva Digital o Minerva NOJ, según corresponda[7].

Por tanto, el sistema de gestión procesal previsto en segunda instancia debiera diferir del inicialmente utilizado, debiendo transitarse digitalmente hacia Adriano (actualmente en su nueva versión @Adriano). A primera vista, podría pensarse que la interoperabilidad funciona y será posible trasladar los asuntos entre los sistemas de gestión procesal, sin mayores dificultades. Sin embargo, la práctica habitual es la remisión del legajo completo de originales en papel (generalmente archivados de manera desmembrada del procedimiento principal al que debieran estar incorporados), junto con un CD que incluye el expediente y las actuaciones orales. Una vez recepcionado, se procede a su registro, sin que la información entre a formar parte de Adriano, pensado principalmente para el formato papel[8] y even-

---

6 Se excepcionan, por ejemplo, los eventuales recursos que pudieran plantearse en materia mercantil o de violencia sobre la mujer, de los conocerán las respectivas secciones (Sexta y Octava) de la Audiencia Provincial de Málaga, con sede en la capital. Asimismo, los recursos contra las sentencias dictadas por dicha sección desplazada, en materia laboral (suplicación), contencioso-administrativa o frente a las resoluciones dictadas por el Tribunal del Jurado, con sede en Melilla, de las que conocerá la sala correspondiente del Tribunal Superior de Justicia de Andalucía, con sede en Granada.

7 Sobre las aplicaciones anteriores, proyectos LIBRA y CORTE, puede verse Martín Galán, Bonifacio (2001), *Tratamiento y difusión en internet de información jurisprudencial mediante tecnologías XML: aplicación al caso del Tribunal Constitucional,* Tesis Doctoral, Universidad Carlos III de Madrid, págs. 158 y ss.

8 La presentación digitalizada de documentos, mediante su escaneo y posterior producción en formato impreso, para el eventual "clonado" del expediente judicial en papel da buena cuenta de dicha realidad. A tal fin, puede considerarse la Instrucción 1/2011, de 31 de marzo, de la Secretaría General de la Administración de Justicia, sobre el funcionamiento de las unidades procesales de apoyo directo a jueces y magistrados y su actuación coordinada con los servicios comunes pro-

tual digitalización posterior, a salvo las resoluciones judiciales, es decir, no se incorpora el expediente al formato electrónico.

A tal fin, es posible afirmar que la digitalización propuesta es aún muy rudimentaria[9].

Tampoco se entiende qué aporta esta estructura de gestión procesal deslocalizada a los fines de gestión pública autonómica[10], que razonablemente habrá supuesto un aumento significativo de la dotación presupuestaria prevista para su desarrollo, pues con independencia de la convivencia de varios sistemas en el territorio nacional, se debe tener presente el coste para el erario público[11] de la obligada interconexión entre éstos[12].

A tal fin, habría sido más conveniente configurar un único sistema estatal de gestión procesal, al que, vía interoperabilidad, vincular las aplicaciones tecnológicas que procedan (visores, desarrollador de firma electrónica, grabación de comparecencias, conexión Sede judicial electrónica, Punto

---

cesales, que presenta incluso la particularidad de prever la emisión de fotocopias por los miembros de las UPAD para su gestión por los jueces y magistrados.

9 Como ejemplo, valga la siguiente noticia de título "Los diferentes sistemas de gestión procesal de la Justicia por fin "hablan" entre ellos", publicado en el diario El Confidencial el día 25 de junio de 2022, sobre un hito de interoperabilidad entre los sistemas de gestión procesal existentes, desarrollado 10 días antes de su publicación: https://confilegal.com/20220625-los-diferentes-sistemas-de-gestion-procesal-de-la-justicia-por-fin-hablan-entre-ellos/ (consultado el día 29 de junio de 2023).

10 Excepción hecha de algunos supuestos inicialmente pensados en sede autonómica y que, posteriormente, han sido exportados al resto de administraciones con competencias en materia de Administración de Justicia, como, por ejemplo, el sistema de subastas electrónicas.

11 En similares términos se pronuncia García-Varela Iglesias, Román (2020), "El proceso de transformación digital en la Administración de Justicia española", en *Diario La Ley*, Wolters Kluwer, núm. 9731, Madrid, pág. 5, cuando afirma que el desarrollo de estos sistemas y aplicativos ha provocado un despilfarro del presupuesto destinado a Justicia, ya que, lo lógico, sería la utilización de un sistema y aplicativos comunes para todo el territorio español.

12 Sobre el coste económico, público, privado y oculto de la fallida transición digital en la Administración de Justicia, y su incidencia en los derechos fundamentales, véase Sancho Alonso, Jesús (2017), *La función institucional del secretario judicial-letrado de la Administración de Justicia*, Tesis Doctoral, Universidad de Málaga, 2017, págs. 92 a 100, trayendo a colación los estudios del Prof. Santos Pastor, continuados y actualizados a fecha de la obra citada por Pastor Prieto, Santos (2016), *Análisis Económico de la Justicia y Reforma Judicial*, Tirant lo Blanch, Valencia.

Neutro Judicial, SIRAJ, Lenet, etc…), garantizando un servicio público homogéneo en todo el territorio nacional, basado en criterios de eficiencia, eficacia y calidad, entre otros aspectos.

Sin embargo, lamentablemente, no todos los atributos descritos resultan predicables del actual modelo de gestión de la Administración de Justicia.

El sistema de gestión procesal se configura como un aplicativo básico que configura el "core" de la tramitación electrónica (sin papel) de los procedimientos en los juzgados. Entre sus funcionalidades, reseñar la posibilidad de firma digital con Código Seguro de Verificación (CSV) de los documentos obrantes en el expediente judicial (incluido grabaciones) o agendar los señalamientos del juzgado y ponerlos a disposición de las partes vía sede judicial electrónica[13].

Sistema de gestión procesal que, sin embargo, debiera cumplir una serie de funcionalidades, principalmente, en materia de automatización respecto de la gestión de las diferentes fases y plazos procesales, incorporando un sistema de alertas efectivo y de recepción de comunicaciones, respecto del volcado de datos, escritos procesales y resoluciones judiciales, su accesibilidad y control por los sujetos legitimados en el seno del órgano judicial. En materia de seguridad y control de acceso, de firma electrónica segura, inteligente e interconectada con el sistema de notificaciones, que permita la gestión directa de las resoluciones que proceda firmar, entre otras[14].

Por tanto, es posible afirma que el sistema de gestión procesal y el expediente judicial electrónico representan dos caras de una misma moneda, que operan en una serie de planos interconectados en la gestión de los datos con trascendencia judicial y en directa relación con los derechos de las personas que interactúan con el sistema de Administración de Justicia.

---

13 García-Varela Iglesias, Román (2020), "El proceso de transformación digital en la Administración de Justicia española", en *Diario La Ley, ob. cit.*, pág. 5, quien además señala que "su acceso está comenzando a desarrollarse vía web lo cual permite el teletrabajo. Además, su incorporación a las sedes judiciales supuso una ostensible mejora operativa en la gestión procesal, homogenización de las metodologías de trabajo, agilidad en la tramitación, reducción de cargas de trabajo, mayor control y seguimiento del procedimiento, reducción de los plazos en la administración de justicia, obtención de métricas y datos estadísticos sobre los juzgados".

14 Al respecto puede verse, Sancho Alonso, Jesús (2017), *La función institucional del secretario judicial-letrado de la Administración de Justicia, ob. cit.*, 2017, págs. 189 a 193.

2. EL EXPEDIENTE JUDICIAL ELECTRÓNICO

A la implementación del proyecto INFORIUS (1984)[15], iniciativa que permitió, de manera dispar e insuficiente, la gestión y tratamiento informático de datos y textos a nivel judicial y la posterior creación de un sistema informático de los Juzgados (SIJ), le sucedió un dilatado debate sobre la necesidad de valorar la aplicación de la tecnología a la Administración de Justicia, particularmente desde una óptica organizativa y funcional.

Como se dijo, comenzaban a perfilarse los diferentes sistemas de gestión procesal a medida que se producía el traspaso de las competencias en materia de Administración de Justicia.

Una década más tarde, se introduce la posibilidad de utilizar medios técnicos, electrónicos, informáticos y telemáticos en los juzgados y tribunales (artículo 230 LOPJ redactado conforme la Ley Orgánica 16/1994, de 8 de noviembre, por la que se reforma la Ley Orgánica 6/1985, de 1 de julio, del Poder Judicial)[16], dando curso al principio de continuidad electrónica[17] y reconociendo la validez de los documentos emitidos por estos medios[18], entre otras cuestiones.

---

15 Sobre el análisis de los principales hitos informáticos habidos en el seno de la Administración de Justicia puede consultarse Bueno de la Mata, Federico (2013), *La prueba electrónica en el marco de una Administración de Justicia informatizada: especial referencia al proceso civil*, Tesis Doctoral, Universidad de Salamanca, págs. 58 y ss. y Martín Galán, Bonifacio (2001), *Tratamiento y difusión en internet de información jurisprudencial mediante tecnologías XML: aplicación al caso del Tribunal Constitucional*, *ob. cit.*, págs. 156 y ss.

16 Como señala la Exposición de motivos del Proyecto de Ley de Medidas de Eficiencia Digital del Servicio Público de Justicia, el antecedente más remoto de la utilización de medios técnicos en la Administración de Justicia lo encontramos en la Real Orden de 28 de mayo de 1904. En ella, el entonces Ministerio de Gracia y Justicia accedía a la "presentación en los tribunales y juzgados del Reino, los escritos y sus copias hechos con máquinas de escribir", estableciendo incluso un formato normalizado.

1.1 17 Pérez Gil, Julio (2005), "Normas procesales y sociedad de la información: entre el tecno-optimismo y los tecno-prejuicios", en *Derecho y conocimiento: anuario jurídico sobre la sociedad de la información y del conocimiento*, Universidad de Huelva, núm. 3, pág. 15.

18 Frente a su obligada utilización prevista en la Disposición adicional primera de la Ley 42/2015, de 5 de octubre, de reforma de la Ley 1/2000, de 7 de enero, de Enjuiciamiento Civil, que además concede carácter subsidiario al soporte en papel de la documentación judicial, o la actual redacción del artículo 230 LOPJ previsto en la Ley Orgánica *4/2018, de 28 de diciembre, de reforma de la* Ley Orgánica

Entre tanto, la promulgación de la Ley 18/2011 introduce el régimen jurídico aplicable a la Administración judicial electrónica, configurando el actual y parcialmente fallido modelo de expediente judicial electrónico[19].

Dicha normativa facilitaría la transición tecnológica en la Administración de Justicia[20] introduciendo conceptos tales como Sede judicial electrónica (SJE)[21], recogidas en el Punto de acceso general de la Admi-

---

6/1985, de 1 de julio, del Poder Judicial, que también dotó de contenido el actual sistema de notificaciones electrónicas (art. 271 LOPJ). Asimismo, el vigente artículo 147 LEC, introducido por la citada Ley 13/2009, y posteriormente reformulado por las Ley 42/2015, de 5 de octubre y Ley Orgánica 7/2015, de 21 de julio, respectivamente, ordena que las actuaciones orales en vistas y comparecencias se registrarán en soporte apto para la grabación y reproducción del sonido y de la imagen, correspondiendo al letrado de la Administración de Justicia la custodia del documento electrónico que sirva de soporte a la grabación. No obstante, la reforma planteada respecto de la eficiencia digital de la Administración de Justicia ya mandata que la oficina judicial asuma la incorporación de las grabaciones al expediente judicial electrónico, reservando como subsidiario el deber de custodia comentado (nueva redacción del artículo 147 LEC). En similares términos, respecto de las grabaciones de las sesiones de juicio oral conforme la nueva redacción de los apartados primero y segundo del artículo 743 LECrim.

19 El mandato de desarrollar una Administración de Justicia tecnológicamente avanzada conforme dispuso la Carta de derechos de los ciudadanos ante la Justicia fue asumido en el Plan Estratégico de Modernización de la Justicia para los años 2009-2012, principal pilar sobre el que se asienta la actual configuración del expediente judicial electrónico. Asimismo, junto a los precedentes citados, debemos ahora añadir el Plan de Transparencia Judicial de 2003, la derogada Ley 11/2007, de 22 de junio, de acceso electrónico de los ciudadanos a los Servicios Públicos o el Plan de Acción E-Justicia 2009-2013.

20 Respecto de las diferentes aplicativos, plataformas y sistemas al servicio de la transformación digital de la Administración de Justicia puede verse, García-Varela Iglesias, Román (2022), "*Hacia una nueva etapa en la Administración judicial electrónica*", en *Digitalización de la justicia: Prevención, investigación y Enjuiciamiento, ob. cit.*, págs. 269 a 308.

21 Destacar las sedes judiciales electrónicas de los territorios comunes del Ministerio de Justicia planteadas por la Orden JUS/1126/2015, de 10 de junio, por la que se crea la sede judicial electrónica correspondiente al ámbito territorial del Ministerio de Justicia, de Galicia conforme Orden de 22 de septiembre de 2016 por la que se crea y se regula la sede judicial electrónica de Galicia, Andalucía, por Orden de 16 de noviembre de 2016, por la que se crea la sede judicial electrónica correspondiente al ámbito territorial de la Comunidad Autónoma de Andalucía o Cantabria, por Orden PRE/29/2017, de 24 de febrero, por la que se crea la sede judicial electrónica correspondiente al ámbito territorial de la Comunidad Autónoma de Cantabria.

nistración de Justicia, un sistema de sellado, firma e identificación que garantizase la identidad de los firmantes o la autenticidad e integridad de los documentos electrónicos aportados[22].

Asimismo, el meritado cuerpo normativo se desarrolla tomando como elemento basilar el concepto de interoperabilidad entre los diferentes sistemas de gestión procesal. Se anticipaba, entonces, la dificultad de su implementación efectiva, que se encomienda al Comité técnico estatal de la Administración judicial electrónica por Real Decreto 369/2013, de 7 de junio, regulador del Comité técnico estatal de la Administración judicial electrónica. El Comité se encargará del diseño de los criterios técnicos necesarios para la gestión electrónica de la actividad judicial, conforme a los parámetros de simplificación procedimental y racionalización de las funciones internas (art. 25 de la Ley 18/2011), configurándose los criterios de cooperación e interoperabilidad entre administraciones con competencias en materia de Administración de Justicia. El sistema de cogobernanza previsto en la constitución y funcionamiento del Comité (artículo 44 de la Ley 18/2011) y los diferentes grupos de trabajo y demás estructuras, ha intentado superar las carencias técnicas derivadas de la implementación común y autonómica de los diferentes sistemas de gestión procesal existentes.

Por último, se plantea el desarrollo de los documentos, archivos y registros electrónicos, el traslado de copias o la presentación telemática de escritos, con especial atención a los criterios de seguridad judicial electrónica, vía Esquema judicial de interoperabilidad y seguridad[23], que ha permitido confrontar las competencias judiciales respecto de la fe pública

---

22 Sobre la implementación del expediente judicial electrónico en sede de Audiencia Nacional puede confrontarse González Romero, María del Mar (2018), "El expediente judicial electrónico", en *Práctica de Tribunales*, Wolters Kluwer, núm. 131, Madrid, págs. 1 y ss. Asimismo, el reciente AAN 178/2023, de 22 de marzo, realiza un interesante análisis respecto de la petición de la defensa de recepcionar el expediente judicial en formato papel, desestimando que la negativa al formato solicitado genere afectación alguna de derechos procesales.

23 Desarrollado mediante Bases del Esquema judicial de interoperabilidad y seguridad previsto en el art. 47 de la Ley 18/2011, que junto a los criterios de interoperabilidad y seguridad pretende asegurar el acceso, integridad, disponibilidad, autenticidad, confidencialidad, trazabilidad y la conservación de los datos, informaciones, documentos y servicios, utilizados por medios electrónicos que gestionen los distintos órganos judiciales en el ejercicio de sus competencias.

judicial hasta criterios técnicos de fiabilidad en los sistemas y procedimientos tecnológicos utilizados[24].

En efecto, la modernización tecnológica de la Administración de Justicia hizo necesario plantear un sistema de comunicación electrónica entre los órganos y las oficinas judiciales, los profesionales y particulares que se relacionan con ésta, promocionando hasta la obligatoriedad la gestión electrónica de escritos y documentos procesales. La inicial digitalización documental de los expedientes[25] permitió comenzar a operar electrónicamente, incorporando sistemas de comunicaciones electrónicos de notable importancia como LEXNET[26].

Evidentemente, es posible afirmar la transición digital del modelo de expediente judicial, manuscrito, cosido a mano, cuyas resoluciones pendientes quedaban "en la cuerda floja", donde los principales datos de tramitación del procedimiento se transcribían a los correspondientes libros registros, al actual modelo electrónico que incorpora, con generosidad, toda la vida procesal del expediente en dicho formato. No obstante, la carencia de un ulterior desarrollo razonable de esta primera aproximación a la transición digital del expediente judicial electrónico, obliga a concebirlo, actualmente, como un mero visor avanzado de documentos (PDF)[27].

---

24 A ello, además, se debe añadir el afianzamiento normativo de la celebración de vistas y actos procesales de manera telemática previsto en la Ley 3/2020, de 18 de septiembre, de medidas procesales y organizativas para hacer frente al COVID-19 en el ámbito de la Administración de Justicia y, actualmente, respecto de la reforma planteada por el Real Decreto-ley 6/2023, de 19 de diciembre, por el que se aprueban medidas urgentes para la ejecución del Plan de Recuperación, Transformación y Resiliencia en materia de servicio público de justicia, función pública, régimen local y mecenazgo, respecto de la celebración de actos procesales mediante presencia telemática.

25 El art. 26 de la Ley 18/2011 definía el expediente judicial electrónico como el conjunto de datos, documentos, trámites y actuaciones electrónicas, así como de grabaciones audiovisuales correspondientes a un procedimiento judicial, cualquiera que sea el tipo de información que contenga y el formato en el que se hayan generado.

26 Regulado por Real Decreto 1065/2015, de 27 de noviembre, sobre comunicaciones electrónicas en la Administración de Justicia en el ámbito territorial del Ministerio de Justicia y por el que se regula el sistema LexNET.

27 Véase Sancho Alonso, Jesús (2017), *La función institucional del secretario judicial-letrado de la Administración de Justicia, ob. cit.*, págs. 188 a 190. A fecha 27 de febrero de 2023 el Ministerio de Justicia ha planteado el acceso al expediente judicial electrónico para la ciudadanía y las empresas, cuando éstos estén involucrados en un

A lo anterior, debe añadirse la Solución Justicia Digital, que ha permitido, el tratamiento electrónico de la información de los asuntos en los territorios comunes del Ministerio de Justicia, interconectando sistemas tales como Minerva Digital[28] y Lexnet e incorporando varias aplicaciones, a saber, el portafirmas electrónico, el visor de expedientes y el cargador de expedientes administrativos. Se añaden también al sistema de gestión procesal una serie de utilidades que permiten telematizar las diferentes fases del procedimiento mediante un sistema de "estados" y "alertas" que coadyuvan en el mejor seguimiento y control procesal de las actuaciones. Ello obligaría, además, a la emisión y firma de resoluciones judiciales de trámite, precisamente, en dicho formato electrónico.

Seguidamente, se conecta la conformación del expediente judicial electrónico con la llevanza de su correspondiente registro digital en términos de integridad y accesibilidad.

En primer lugar, asignándose un número de identificación general a aquellos documentos que puedan generar un nuevo procedimiento, que será único e inalterable a lo largo de todo el proceso, permitiendo su identificación unívoca por cualquier órgano del ámbito judicial en un entorno de intercambio de datos.

En segundo lugar, se foliarán los expedientes mediante índice electrónico, que se firmará por la oficina judicial actuante, es decir, por el propio letrado de la Administración de Justicia, quien consolida, vía firma electrónica, un índice previsiblemente configurado en formato HTML, con sellado interno de tiempo, al objeto de garantizar su integridad. Asimismo, la configuración de dicho índice permitirá su recuperación pudiendo suceder que un mismo documento forme parte de distintos expedientes judiciales electrónicos, y, por ende, de distintos procedimientos.

---

procedimiento judicial respecto de los territorios comunes a través de la Plataforma Acceda. El acceso se justifica, esencialmente, en base al Reglamento 1/2005, del Consejo General del Poder Judicial, de aspectos accesorios de las actuaciones judiciales, en las leyes de enjuiciamiento y la propia LOPJ.

28 El proyecto de desarrollo ATENEA, previsible futuro sistema de gestión procesal para los territorios comunes, actualmente, se configura como una aplicación que permite la gestión respecto del registro y reparto de asuntos. Los avances de la aplicación pueden consultarse en la siguiente noticia que publica la editorial Tirant lo Blanch, en su sección de Actualidad jurídica: https://tirant.com/actualidad-juridica/noticia-sistema-de-gestion-procesal-atenea/ (consultado el día 2 de septiembre de 2023).

Por último, se sustituye la remisión física de expedientes por la puesta a disposición del generado electrónicamente, pudiendo obtener copia electrónica las personas legitimadas. Nótese que las copias electrónicas del expediente tendrán la autentificación otorgada en la primera firma del índice electrónico, siendo el propio sistema, quien las podría generar y remitir (criterio de fiabilidad), concurriendo la intermediación directa de la propia oficina judicial, a través del letrado de la Administración de Justicia (criterio de certeza), a los efectos de su previa autorización.

Como puede fácilmente intuirse, la entrada, tratamiento y emisión de la información judicial se plantea de manera digitalizada. Sin embargo, la mera producción de documentos judiciales en formato PDF no nos permite afirmar la existencia de una transición completa a un expediente digital, siendo todavía prevalente el recurso a la impresión en papel, sobre todo antes posibles disfunciones técnicas de los sistemas o la carencia de medios materiales para su gestión.

La transición digital del expediente judicial hacia un formato electrónico se ha planteado tomando como referencia el anterior modelo de tramitación basado en la escritura, convirtiéndolo, como se dijo, en un mero visor de archivos que permite la comunicación y acceso a su contenido de manera electrónica[29]. En otras palabras, se opera una transición digital de la Administración de Justicia sobre la base de una gestión procesal pensada en las propias leyes de enjuiciamiento que distan mucho de dicha realidad tecnológica[30].

Por todo lo anterior, es posible afirmar que el expediente judicial electrónico no puede entenderse sin considerar los sistemas de gestión procesal que los sostienen, afectándole sus aciertos, pero también y, sobre todo, las limitaciones puestas de relieve *ut supra.*

---

29 En tal sentido, Sancho Alonso, Jesús (2017), *La función institucional del secretario judicial-letrado de la Administración de Justicia, ob. cit.*, pág. 197, quien, además, de manera razonada, sostiene la identidad existente entre el sistema de gestión procesal y el propio expediente judicial electrónico.

30 Véase Suárez-Quiñones y Fernández, Juan Carlos (2010), "Administración de Justicia y Nuevas Tecnologías: Presente y futuro", en Diario La Ley, Wolters Kluwer, núm. 7421, Madrid, pág. 11, quien afirma que "no puede hablarse de modernización de la Justicia sin la digitalización del proceso judicial. Pero el expediente judicial electrónico no es sólo la digitalización de documentos en papel, es un sistema completo y complejo de input-output de la documentación y de la formación digitalizada de las actuaciones judiciales".

Tanto los sistemas de gestión procesal como el expediente judicial electrónico se mueven en diferentes planos, tales como el formato papel, la informática, la tramitación procesal o las propias comunicaciones judiciales, debiendo añadirse la interconexión y seguridad de los diferentes datos generados en éstos y valorando su utilización por los funcionarios que integran los diferentes puestos de trabajo de la oficina judicial.

La valoración conjunta de los diferentes planos y su aplicabilidad en la praxis judicial impone afirmar que el modelo de expediente judicial electrónico planteado en 2011 puede ser concebido como una verdadera ficción.

3. ADMINISTRACIÓN DE JUSTICIA DIGITALIZADA Y ORIENTADA AL DATO

La promulgación del Proyecto de Ley de Medidas de Eficiencia Digital del Servicio Público de Justicia[31], se ha producido mediante el citado Real Decreto-ley 6/2023, cuyo objeto persigue adaptar la Administración de Justicia a la realidad tecnológica actual permitiendo la gestión digital de las relaciones entre la ciudadanía y las administraciones públicas con competencias en materia de Administración de Justicia, de éstas entre sí, como respecto del resto de administraciones públicas[32].

Para ello, se plantea una propuesta coherente que aspira a que la Administración de Justicia se desarrolle digitalmente y de manera equivalente, que no homogénea, en todo el territorio nacional.

Se incorporan una serie de obligaciones para las administraciones públicas con competencias en materia de Administración de Justicia que basculan entre las expectativas de optimismo que genera el modelo pro-

---

31 Enmarcado en el Plan Justicia 2030, concreción del **Plan de Recuperación, Transformación y Resiliencia para el Servicio Público de Justicia, entre cuyos programas se encuentra la transformación y eficiencia digital de la Administración de Justicia. Asimismo, debe considerarse** el Plan de Acción 2019-2023 relativo a la Justicia en Red Europea en cuanto la aplicación de sistemas de inteligencia artificial al ámbito **de la Administración de Justicia.**

32 No parece que el instrumento normativo utilizado resulte particularmente idóneo según las materias procesales que regula, en condiciones de urgente necesidad (artículo 86 CE), vistos los plazos de efectiva implementación de la interoperabilidad entre los diferentes sistemas al servicio de la Administración de Justicia.

puesto, que permite superar con creces las tradicionales barreras que han impedido la efectiva transición digital de la Administración de Justicia, y el escepticismo inherente por los resultados obtenidos con las diferentes reformas proyectadas o promulgadas desde la configuración de la oficina judicial hasta la propia Ley 18/2011.

Como premisa de partida, se establece el principio general de una Administración de Justicia orientada al dato, frente al actual modelo orientado hacia el documento, producido en formato papel o digital. Como refiere el artículo 35 del RDL 6/2023, los sistemas de justicia asegurarán la entrada y tratamiento de información en forma de metadatos, conforme a esquemas y datos comunes e interoperables. Este cambio de paradigma permitirá una tramitación íntegramente electrónica de los procedimientos judiciales, configurando un modelo de trabajo uniformizado y basado en la gestión eficaz y eficiente de los datos judiciales.

Consecuencia de lo anterior, se vuelve a poner en valor el concepto de interoperabilidad, si bien, desde una perspectiva más pragmática y operativa que en el modelo propuesto por la Ley 18/2011.

La interoperabilidad también, pero sobre todo, se garantiza conforme la manera en que se plantea el esquema de trabajo y el tratamiento de la gestión electrónica de los datos judiciales, de aplicación general obligada para todas las administraciones públicas con competencias en materia de Administración de Justicia. La propuesta de diseñar un modelo de trabajo, basado en datos estructurados, común a la gestión procesal que se desarrolle en los diferentes sistemas, resulta a todas luces necesaria. Interoperabilidad que también será predicable respecto de los sistemas de información y comunicación mediante el referido sistema basado en datos (artículo 89 del RDL 6/2023). Además, la iniciación y tramitación electrónica integra de los procedimientos judiciales conforme un esquema de trabajo común facilita la interoperabilidad de los datos entre los diferentes sistemas de gestión procesal y respecto de las diferentes aplicaciones o servicios vinculados[33].

---

[33] Como refiere la Exposición de Motivos del RDL 6/2023, la gestión sobre los mismos posibilitará o facilitará la interoperabilidad de los sistemas, la tramitación electrónica, la búsqueda y análisis de los datos, la anonimización y seudonimización, la elaboración de cuadros de mando, la gestión de documentos y su transformación, la publicación de información en portales de datos abiertos, la producción de actuaciones automatizadas, asistidas y proactivas, la utilización de sistemas

La interoperabilidad también se garantiza diseñando una propuesta de itineración y transmisión de datos judiciales centralizada a disposición de las administraciones públicas con competencias en materia de Administración de Justicia. Se plantean entonces, dos posibilidades al respecto: se propone la utilización de dichas plataformas centralizadas y comunes para todo el territorio nacional, opción más razonable, o bien, las administraciones públicas con competencias en materia de Administración de Justicia estarán obligadas a garantizar su interoperabilidad con el resto de las administraciones, particularmente respecto de aquellas otras con competencias en materia de Administración de Justicia. En otras palabras, la transformación digital, incrementa la cohesión y coordinación territorial para la consecución de una Justicia eficaz[34].

La idea adelantada *ut supra* sobre la equivalencia de los servicios públicos que se prestan digitalmente a la ciudadanía en la Administración de Justicia se vislumbra, precisamente, en las numerosas referencias a las obligaciones que prevé la recientemente aprobada normativa deben contraer las administraciones públicas con competencias en materia de Administración de Justicia. Entre estos, destacan la posibilidad de itineración directa del propio expediente judicial electrónico, la interoperabilidad de los datos (frente al actual modelo de interoperabilidad de sistemas y documentos) que permite la eficaz transmisión de documentos electrónicos, incluyendo la posibilidad de realizar intercambios masivos de datos.

A lo anterior debe añadirse, un sistema de identificación y firma que previsiblemente no tendrá carácter definitivo, y las condiciones de accesibilidad a los servicios prestacionales por parte de la ciudadanía, a cuyo fin se propone la creación de la Carpeta Justicia junto con puntos y lugares de acceso seguro para las intervenciones telemáticas.

Por tanto, la tramitación electrónica de los procedimientos judiciales se orienta hacia el acceso, tratamiento e itineración de datos, el aseguramiento y custodia del contenido de la documentación judicial, conservando trazabilidad mediante los sistemas de información y comunicación respecto

---

de inteligencia artificial para la elaboración de políticas públicas, y la transmisión de los datos conforme a lo que se determine.

34 Al respecto, puede consultarse García-Varela Iglesias, Román (2020), "El proceso de transformación digital en la Administración de Justicia española", en *Diario La Ley*, *ob. cit.*, pág. 2.

del acceso, creación, modificación o borrado de información del ámbito jurisdiccional[35].

Ello debe ponerse en relación con dos cuestiones. La primera respecto de la introducción de actuaciones automatizadas, proactivas y asistidas (artículo 56 del RDL 6/2023). Las actuaciones automatizadas permitirán la programación de actuaciones procesales producidas por el propio sistema de información. En cuanto a las actuaciones proactivas, se trataría de actuaciones automatizadas, auto-iniciadas por los sistemas de información sin intervención humana, que aprovechan la información incorporada en un expediente o procedimiento de una Administración pública con un fin determinado, para generar avisos o efectos directos a otros fines distintos, en el mismo o en otros expedientes, de la misma o de otra Administración pública, en todo caso conformes con la ley. Las actuaciones asistidas permiten generar un borrador total o parcial de documento complejo basado en datos, que puede ser producido por algoritmos, y puede constituir fundamento o apoyo de una resolución judicial o procesal.

La segunda respecto de la garantía de integridad de la información judicial producida y el correspondiente registro de actividad (artículo 31 del RDL 6/2023).

De esta forma, resulta obligación de las administraciones públicas con competencias en materia de Administración de Justicia disponer las condiciones técnicas necesarias para que los sistemas de información y comunicación conserven un registro de las actividades realizadas, al menos en cuanto a la recogida, alteración, consulta, comunicación, incluidas las transferencias, y combinación o supresión. Asimismo, los registros harán posible determinar la justificación, la fecha y la hora de tales operaciones, así como la persona que realiza la consulta o comunicación de los datos personales y la identidad de los destinatarios o destinatarias de dichos datos.

Dicha obligación vincula también a toda persona que interactúe con el sistema o participe en su gestión técnica respecto del mantenimiento, soporte o inspección de los sistemas de información, donde también debe incluirse, aunque no se mencione expresamente, la eventual participación de entidades privadas contratadas a tal fin.

Lógicamente, cualquier acceso que pretenda realizarse a los sistemas de información al margen del normal discurrir del concreto procedimiento

---

35 Esta realidad debe necesariamente abrir el debate sobre el sistema de archivos de dicha información, su creación, naturaleza y mantenimiento.

judicial requerirá autorización previa del letrado o letrada de la Administración de Justicia competente, o en su caso del superior funcional del servicio.

El cambio de intelección entre un modelo de procedimiento escrito y tangible donde la figura del letrado de la Administración de Justicia custodia y garantiza la autenticidad e integridad de la documentación actuada, hacia un modelo de procedimiento tramitado electrónicamente donde, precisamente, tales competencias tienen que compatibilizarse con las tecnologías empleadas, debe desembocar necesariamente hacia una armonización de la realidad tecnológica aplicada con las competencias descritas[36].

4. LA NUEVA PROPUESTA DE EXPEDIENTE JUDICIAL ELECTRÓNICO

En lógica consonancia con la orientación al dato y la garantía de trazabilidad se plantea un marco básico conceptual del expediente judicial electrónico similar a la regulación prevista en la Ley 18/2011, si bien, con algunos matices de calado que facilitan precisamente la interoperabilidad entre sistemas, su itineración y el propio acceso a su contenido.

La propuesta de comprender el expediente judicial electrónico como un conjunto ordenado de datos y demás elementos, que incorporan un número de identificación general propio (frente al actual sistema que lo incorpora a aquellos documentos que puedan generar un nuevo procedimiento) y un índice generado, bien por la oficina judicial o por procesos automatizados, debe conectarse con las constantes referencias a la garantía de acceso al contenido de los expedientes.

A tal fin, se prevé la creación de un sistema de intercambio de documentos y expedientes, interoperable con los sistemas de información de

---

36 Como ejemplo, valga la regulación de las copias electrónicas (artículo 40 del RDL 6/2023) cuando excepciona a criterio del letrado de la Administración de Justicia la emisión de copias en formato papel valorando su consideración de original, siempre que contenga el Código Seguro de Verificación, a los efectos de garantizar su autenticidad e integridad. De este modo, se ordenaría que para garantizar la identidad y contenido de las copias electrónicas o en papel, y, por tanto, su carácter de copias auténticas se estará a lo previsto en el Esquema Judicial de Interoperabilidad y Seguridad, así como en la normativa técnica de desarrollo.

las administraciones públicas, dependiente del Comité técnico estatal de la Administración judicial electrónica (artículo 48 del RDL 6/2023).

Dicho sistema permitirá la itineración de los expedientes judiciales electrónicos y la transmisión de documentos electrónicos entre los diferentes órganos judiciales y fiscales, con independencia de sistema de gestión procesal que se utilice.

Como se dijo, la opción de interoperabilidad se plantearía respecto de una plataforma centralizada, dependiente del Ministerio de Justicia y bajo la supervisión del Comité técnico estatal de la Administración judicial electrónica, donde concurrirán las diferentes administraciones públicas con competencia en medios materiales y personales de la Administración de Justicia, que estarán obligadas a garantizar la interoperabilidad de sus sistemas de gestión procesal, con un único sistema de gestión de documentos y expedientes judiciales electrónicos.

Por tanto, es posible afirmar que la propuesta realizada permitirá reducir sensiblemente la dispersión técnica producida por el modelo de transferencia autonómica en materia de Administración de Justicia. Obligación que se reafirma en el propio artículo 4 del RDL 6/2023 en cuanto a la itineración de expedientes electrónicos y la transmisión de documentos electrónicos a nivel judicial y fiscal, junto al deber de conservación y acceso a largo plazo de los expedientes y documentos electrónicos.

En otras palabras, la propuesta debiera ser compartida y articulada, también por la Administración autonómica con competencias en materia de Administración de Justicia, por los beneficios que genera en la tramitación de los procedimientos judiciales, permitiendo su eficiente gestión electrónica. A tal fin, se debe tener muy presente que el acceso y conservación de los expedientes judiciales electrónicos se configura como derecho tanto de la ciudadanía como de los propios profesionales que se relacionan con la Administración de Justicia (artículos 5 y 6 del RDL 6/2023).

De manera similar se plantea respecto de la constitución de las diferentes sedes judiciales electrónicas (artículos 8, 9 y 10 del RDL 6/2023), al incluirse entre su obligado contenido el acceso al expediente judicial electrónico, a la presentación de escritos, a la práctica de notificaciones y demás elementos.

Igualmente, la Carpeta Justicia (artículo 15 del RDL 6/2023), incluirá el acceso a los expedientes judiciales electrónicos en el que el ciudadano fuese parte o interesado, facilitando también un servicio de consulta del estado de la tramitación (artículo 17 del RDL 6/2023). Se prevé, provisionalmente, que el acceso a los procedimientos judiciales que no se hallen en soporte electrónico (aun no digitalizados) puedan disponer de servicios electrónicos de información respecto del estado de tramitación y el órgano judicial competente que está conociendo de la causa.

Dicho acceso a la información sobre el estado de tramitación del procedimiento o respecto del expediente judicial electrónico se producirá en cumplimiento de la normativa que garantice la protección de datos personales y comprenderá la relación de los actos de trámite realizados, con indicación sobre su contenido, así como la fecha en la que fueron dictadas las resoluciones (artículo 46 del RDL 6/2023).

No obstante, el deber de conservación de los documentos y escritos que componen el expediente judicial electrónico podrá procederse, una vez incorporados al formato electrónico como copia electrónica autentica, a su devolución a las partes o, en su caso, a su eventual destrucción (artículo 80 del RDL 6/2023).

Por último, también se ordena la obligatoriedad de que los diferentes sistemas de gestión procesal sean interoperables con la Carpeta Justicia en los términos que defina el Comité técnico estatal de la Administración judicial electrónica.

En resumen, resulta obligado afirmar lo acertado del planteamiento expuesto que permitirá la gestión electrónica de toda la vida del expediente judicial electrónico, particularmente, auspiciada por un concepto de interoperabilidad técnica generosamente desarrollado.

Asimismo, junto a la gestión procesal de los expedientes judiciales electrónicos, se sitúa el derecho de acceso de los ciudadanos y profesionales que se relacionan con la Administración de Justicia.

No obstante, la correlativa reforma procesal propuesta, a la que da soporte la regulación analizada, da la impresión de que se presenta, en ocasiones de manera particularmente cauta, centrada en regular el periodo transitorio previsto en la Disposición Adicional Primera del RDL 6/2023, en lo que respecta a la transición digital de la Administración de Justicia, precisamente, cómo consecuencia de la falta de medios técnicos para implementar las propuestas en los diferentes órganos judiciales[37].

---

37 Además, se debe tener presente la expresa derogación de la Ley 18/2011 por la Disposición derogatoria única y los plazos de *vacatio legis* previstos, es decir, 20 días para las disposiciones adicionales primera a novena y las disposiciones transitorias

5. LA TRAMITACIÓN ELECTRÓNICA DE LOS PROCEDIMIENTOS JUDICIALES

La premisa de partida ordena considerar que toda la vida procedimental de un asunto sea tramitada de manera electrónica, a salvo las excepciones previstas en el artículo 32 del RDL 6/2023. Los sistemas que sostienen la Administración de Justicia aspiran a ser interoperables, precisamente, porque la gestión de los asuntos se produce en formato electrónico. Tramitación electrónica que se mantendrá en las distintas fases del proceso.

De esta forma, los sistemas y aplicaciones utilizados en la Administración de Justicia garantizarán el control de los tiempos y plazos, la identificación del órgano u oficina responsable de los procedimientos, la tramitación ordenada de los expedientes, facilitando la simplificación y la publicidad de los procedimientos (artículo 34 del RDL 6/2023).

Como se dijo, el cambio de paradigma en la gestión procesal desde el actual modelo orientado hacia el documento, producido en formato papel o digital, hasta la consecución de una Administración de Justicia basada en datos, también se predica respecto del intercambio de información con relevancia judicial entre las diferentes administraciones con competencias en Administración de Justicia o respecto de las comunicaciones a las partes personadas o sujetos interesados.

Se plantea la creación de un modelo que uniformiza cómo se producirá el tratamiento e intercambio de dicha información, es decir, en formato de datos estructurados conforme los modelos de datos antes mencionados.

En la raíz técnica de este sistema de intercambio de informaciones y comunicaciones, se sitúa al propio Comité técnico estatal de la Administración judicial electrónica, a quien compete asegurar su confiabilidad, su posible automatización y la integración en el expediente judicial electrónico para su visualización por el usuario.

A tal efecto, el Ministerio de Justicia proporciona una plataforma de interoperabilidad de datos, de cuyo funcionamiento y gestión será responsable para que las administraciones públicas con competencias en medios materiales y personales de la Administración de Justicia puedan intercambiar información y utilizar la información intercambiada.

---

primera a tercera y 3 meses respecto de las previsiones contenidas en el título VIII del libro primero y las disposiciones finales primera, segunda y cuarta.

En buena lógica, la optimización y eficiente gestión de los recursos públicos impondría la utilización de dicha plataforma por parte de todas las administraciones públicas referidas, que siempre podrán optar por disponer sus propios medios autónomos para impulsar tales intercambios a los efectos de agilización de procesos judiciales y de eficiencia procesal, desarrollando las actuaciones oportunas, entre las que podrá estar la suscripción de convenios con entidades públicas o privadas.

Dicha transición hacia una tramitación procesal íntegramente electrónica también se justifica valorando la producción de los documentos judiciales y sus copias, la presentación de escritos y documentos y cómo se producirían los actos de comunicación.

Respecto del documento judicial electrónico, se introduce un concepto más amplio que sirve a los fines de la transición digital de la Administración de Justicia, con expresa inclusión de los correspondientes metadatos, piedra angular del modelo de interoperabilidad propuesto, en directa relación con su incorporación al expediente judicial electrónico. Dicha conceptualización se conecta con la regulación propuesta de reforma de la normal procesal civil respecto de los documentos electrónicos presentados o incorporados al expediente judicial electrónico.

El documento judicial electrónico se completa con la asociación de un sello o firma electrónica que permitirá dejar constancia del órgano emisor, fecha y hora de su presentación o creación. El cumplimiento de tales requisitos junto a la firma electrónica del letrado o letrada de la Administración de Justicia, en el ámbito de las competencias, permitirá además conceder naturaleza pública al documento judicial electrónico (artículo 39 del RDL 6/2023).

La consideración de un documento judicial electrónico como original se supeditada, entonces, a su efectiva incorporación al expediente judicial electrónico, sean generados por los propios sistemas de gestión procesal, mediando firma electrónica, o bien tratándose de escritos de parte, sean iniciadores o de trámite.

Por tanto, esta propuesta de incorporación al expediente judicial electrónico, junto a la obligada emisión y tramitación procesal en formato electrónico de los documentos y la información que contienen, permite situarlo como uno de los elementos tecnológico de referencia a los efectos de interoperabilidad.

También tendrán la consideración de documentos originales las resoluciones judiciales o administrativas que hubiesen sido firmadas electrónicamente por la autoridad competente para su emisión, a través de cualquiera de los sistemas legalmente establecidos, incluyendo los basados en Código Seguro de Verificación (artículo 40 del RDL 6/2023). Ahora bien, no tendrán la consideración de originales, a estos efectos, las copias digitalizadas de otros documentos incorporados al expediente judicial electrónico, salvo que así se declare expresamente.

Respecto de las copias auténticas de documentos judiciales electrónicos originales (artículo 40 del RDL 6/2023) se plantea un concepto amplio, al admitirse cualquier formato o cambio de formato en la producción de la copia, previa firma del letrado de la Administración de Justicia, o bien, posibilitando su emisión y obtención mediante la realización de actuaciones automatizadas. En todo caso, debe incluir sello electrónico y constatar su previa incorporación al expediente judicial electrónico.

Además, la información de firma electrónica, y en su caso de sello electrónico cualificado, así como de su contenido, deben permitir comprobar la coincidencia con dicho documento. Sin embargo, se reserva para la exclusiva competencia del letrado de la Administración de Justicia la emisión de copias auténticas respecto de documentos generados en soporte papel y su eventual digitalización posterior.

Existe, por tanto, equilibrio entre la producción electrónica de la copia de un documento y las competencias del letrado de la Administración de Justicia para valorar su naturaleza auténtica.

Respecto de la presentación de escritos y documentos por medios electrónicos se propone disponer de los correspondientes datos de identificación en cuanto al remitente, órgano al que se dirige, datos del procedimiento concreto al que se vincula y la fecha de presentación, ordenando su conservación a los efectos de ulteriores consultas. A tal fin, se admite la posibilidad de acordar cambios en el formato inicialmente utilizado para su presentación.

Asimismo, a la presentación de los escritos y documentos le seguirá el traslado simultáneo de copia entre profesionales, manteniendo la posibilidad de utilizar los necesarios códigos de almacenamiento, previéndose también la aportación y visualización de documentos en las actuaciones orales telemáticas (artículo 45 del RDL 6/2023) junto a la utilización de salas de vistas virtuales (artículo 65 del RDL 6/2023).

Por último, se regula la posibilidad de generar actos comunicación por vía electrónica, creando a tal fin un Punto Común de Actos de Comunicación, en cuanto sistema de gestión centralizada que permitirá interoperar en tiempo real y de manera automática con los sistemas de gestión procesal (artículo 51 del RDL 6/2023) mediante su configuración orientada al dato (artículo 53 del RDL 6/2023), presentando esquemas comunes que faciliten precisamente la transición de datos.

Misma identidad de razón, en cuanto a la configuración del Registro Electrónico Común de la Administración de Justicia (artículos 70 y 73 del RDL 6/2023) o respecto de los archivos judiciales con la creación del sistema de archivo de la Administración de Justicia (artículo 79 del RDL 6/2023). Asimismo, se regula cómo se producirá la presentación, acceso y gestión de los datos abiertos entre los diferentes sistemas de gestión procesal y sus aplicaciones asociadas, que serán interoperables (artículo 84 del RDL 6/2023), previo procesamiento automático (artículo 83 del RDL 6/2023), mediante la creación del Portal de datos de la Administración de Justicia (artículo 81 del RDL 6/2023).

Por todo lo expuesto, es posible afirmar que las cuestiones analizadas permitirán la tramitación electrónica de los procedimientos judiciales, en condiciones de seguridad técnica, debiendo realizarse un esfuerzo en esencia, presupuestario y organizacional, por parte de las Administraciones implicadas, para adaptar el trabajo que se desarrolla en los órganos judiciales, y muy particularmente, en las propias oficinas judiciales a la realidad tecnológica propuesta. No se debe descartar que una vez se produzca dicha adaptación, de llegar a producirse en los plazos señalados, deba acometerse una nueva reforma de las normas procesales, potenciándose además la adaptación de los puestos de trabajo y la formación interna del personal de las oficinas judiciales, con la suficiente antelación y solvencia, así como derivarse la necesaria inversión pública en infraestructura tecnológica[38] que soporte el uso de la tecnología aplicada a la nueva tramitación electrónica de los procedimientos judiciales[39].

---

[38] *A tal fin, debe considerarse el* Acuerdo de 22 de noviembre de 2018, de la Comisión Permanente del Consejo General del Poder Judicial, por el que se aprueba la Instrucción 1/2018, relativa a la obligatoriedad para Jueces y Magistrados del empleo de medios informáticos a que se refiere el artículo 230 de la Ley Orgánica 6/1985, de 1 de julio, del Poder Judicial.

[39] En sentido similar se pronuncian Barona Vilar, Silvia (2023), "Ecosistema digital de Justicia eficiente (De la Justicia digital orientada al documento a la Justicia orientada al dato)", en *Actualidad civil, ob. cit.*, pág. 12 y Calaza López, Sonia (2022) "Digitalización de la Justicia: prevención, investigación y enjuiciamiento", en *Digitalización de la justicia: Prevención, investigación y Enjuiciamiento, ob. cit.*, pág. 36.

BIBLIOGRAFÍA

Barona Vilar, Silvia (2023), "Ecosistema digital de Justicia eficiente (De la Justicia digital orientada al documento a la Justicia orientada al dato)", en *Actualidad civil*, Wolters Kluwer, núm. 5, Madrid.

Bueno de la Mata, Federico (2013), *La prueba electrónica en el marco de una Administración de Justicia informatizada: especial referencia al proceso civil*, Tesis Doctoral, Universidad de Salamanca

Bueno de la Mata, Federico (2022), "Interoperabilidad de sistemas de gestión procesal y debido proceso: experiencias a nivel nacional y europeo para alcanzar una verdadera digitalización de la Justicia", en *Digitalización de la justicia: Prevención, investigación y Enjuiciamiento* (Llorente Sánchez- Arjona y Calaza López, Dirs.), Thomson Reuters Aranzadi, Pamplona.

Calaza López, Sonia (2022) "Digitalización de la Justicia: prevención, investigación y enjuiciamiento", en *Digitalización de la justicia: Prevención, investigación y Enjuiciamiento*, Llorente Sánchez-Arjona y Calaza López, Dirs.), Thomson Reuters Aranzadi, Pamplona.

Cerrillo Martínez, Agustí (2009), "Cooperación entre Administraciones públicas para el impulso de la administración electrónica", en *La Ley de Administración Electrónica. Comentarios a la Ley 11/2007, de 22 de junio, de Acceso Electrónico de los Ciudadanos a los Servicios Públicos* (Gamero Casado y Valero Torrijos, dirs.), Aranzadi, Thomson Reuters. Cizur Menor.

Delgado Martín, Joaquín (2012), "Una concepción integral del expediente judicial electrónico", en *Revista Aranzadi de Derecho y nuevas tecnologías*, Thomson Reuters Aranzadi, núm. 28, Pamplona.

Dorado Picón, Antonio (2017), *Un cambio en la administración de justicia: la oficina judicial*, Tesis Doctoral, Universidad Pablo de Olavide, Sevilla.

Gamero Casado, Eduardo "Interoperabilidad y Administración Electrónica: Conéctense, por favor", en *Revista de Administración Pública*, Madrid, núm. 179, págs. 296 y 297. Asimismo, Cerdá Meseguer, Juan Ignacio (2012), *El Expediente Judicial Electrónico*, Universidad de Murcia, 2017.

García-Varela Iglesias, Román (2020), "El proceso de transformación digital en la Administración de Justicia española", en *Diario La Ley*, Wolters Kluwer, núm. 9731, Madrid.

González Romero, María del Mar (2018), "El expediente judicial electrónico", en *Práctica de Tribunales*, Wolters Kluwer, núm. 131, Madrid.

Martín Galán, Bonifacio (2001), *Tratamiento y difusión en internet de información jurisprudencial mediante tecnologías XML: aplicación al caso del Tribunal Constitucional*, Tesis Doctoral, Universidad Carlos III de Madrid,

Pastor Prieto, Santos (2016), *Análisis Económico de la Justicia y Reforma Judicial*, Tirant lo Blanch, Valencia.

Pérez Gil, Julio (2005), "Normas procesales y sociedad de la información: entre el tecno-optimismo y los tecno-prejuicios", en *Derecho y conocimiento: anuario jurídico sobre la sociedad de la información y del conocimiento*, Universidad de Huelva, núm. 3.

Sancho Alonso, Jesús (2017), *La función institucional del secretario judicial-letrado de la Administración de Justicia*, Tesis Doctoral, Universidad de Málaga, 2017.

Suárez-Quiñones y Fernández, Juan Carlos (2010), "Administración de Justicia y Nuevas Tecnologías: Presente y futuro", en Diario La Ley, Wolters Kluwer, núm. 7421, Madrid.

La casuística de los actos de comunicación

LUIS MARTÍN CONTRERAS

Doctor en Derecho

Secretario de la Sala Tercera del Tribunal Supremo

Fue Profesor Asociado de Derecho Procesal. Univ. Carlos III

1. INTRODUCCIÓN

A pesar de que se nos pide un trabajo de carácter técnico, no puedo sustraerme a la tentación de hacer una mención inicial a los aspectos personales y afectivos que me unes al hoy homenajeado, el Profesor Moreno Catena. Conocí a Víctor Moreno Catena en 1986 cuando él, un joven catedrático que colaboraba con el Ministerio de Justicia, repuntaba con fuerza junto con otros tres catedráticos, todos ellos de la disciplina procesal. Para quienes estábamos vinculados a esta rama del Derecho nos sentíamos huérfanos hasta la aparición de estos cuatro catedráticos con sus textos de Derecho Procesal Civil y Penal (José Almagro Nosete, Valentín Cortés Domínguez, Vicente Gimeno Sendra y Víctor Moreno Catena). En seguida me vinculé a todos ellos y he mantenido mi amistad con todos ellos, mientras vivieron unos y, en concreto con Víctor sigo con ella. Recuerdo con cariño cómo se refería a Vicente como mi maestro por haber sido mi director de tesis o cómo zanjó el debate en el tribunal de mi tesis cuando, siendo el tercer interviniente, nada más comenzar su intervención, dejó claro que, a pesar de los defectos que pudiera haber encontrado, él me daría un sobre saliente cum laudem. Otras muchas anécdotas pudrían contar sobre el Profesor Moreno Catena, pero sirvan estas primeras líneas como testimonio de todas ellas que tratan de condensar nuestra ya vieja amistad.

Dicho lo anterior, trataré de abordar el tema que centrará mi aportación al libro homenaje al citado profesor.

Casi como primera providencia hemos de apuntar que casi todas las reformas procesales que se han producido sobre la cuestión que ahora nos ocupa en estas líneas, responden a lo que en su día se denominó como "la excusa legislativa" que las motivó. Me refiero a lo que se vino en llamar la reforma de la oficina judicial de 2003, a la que posteriormente se unió la ley que reguló la aplicación de las nuevas tecnologías a la Administración de Justicia, conocida como Ley 18/2011, que ahora se ha incorporado en su integridad al Real Decreto Ley 6/2023, de 19 de diciembre.

A pesar del tiempo transcurrido, hablar de oficina judicial en estos momentos es enfrentarnos a la mayor reforma orgánica que nuestro sistema judicial haya experimentado desde la unificación de fueros, de manera que no yerro si digo que, en aquellos momentos, creímos aproximarnos a un momento en el que toda la organización judicial tradicional experimentaría un vuelco tan radical como para pensar que comenzaríamos de nuevo. En efecto, frente al modelo organizativo que se derivó de la Ley Provisional del Poder Judicial de 1872, nos adentrábamos en un nuevo modelo de organización judicial en el que la administración de justicia ya no va a pivotar únicamente en torno al juez, sino que éste cedía, por imperativo legal, parte del protagonismo al letrado de la Administración de Justicia. Creo no equivocarme si afirmo que el principal logro de la reforma que se introdujo fue la exclusión del tempo del proceso del ámbito, hasta entonces, propio del juez, para pasar a manos del letrado de la Administración de Justicia, de modo que la única responsabilidad del juez a este respecto se circunscribe al plazo para dictar sentencia, pues, el juez ni siquiera puede decidir de forma autónoma el tiempo para señalar la celebración del juicio oral que se ampara en un nuevo sistema de agenda automatizada, donde tendrá también intervención el letrado de la Administración de justicia.

Si esta reforma supuso una cierta "desposesión" de lo que tradicionalmente se había considerado propio del juez, en esa misma proporción fue el letrado de la Administración de Justicia quien asumió esa responsabilidad, para pasar a compartir protagonismo. Por ese motivo, estas notas de exposición sobre los actos procesales y notificaciones, si bien se focalizan en los aspectos procesales que ya forman parte de nuestra actividad cotidiana, sin olvidar que, con posterioridad a esa reforma, se promulgó una norma, la Ley 18/2011, que a pesar de que en su exposición de motivos ya se recogía que no introducía modificaciones en las normas procesales, sí tuvo incidencia en las formas de llevar a cabo los actos procesales y sus modificaciones. Esta última norma se ha visto afectada por el Real Decreto Ley 6/2023, de 19 de diciembre, que incorporó y actualizó esa última norma.

Dicho lo anterior, el tema que centrará esta exposición homenaje tiene como referencia fundamental los actos de comunicación. A pesar de que el título de la misma hace referencia también a los actos procesales, considero que, salvo la referencia a los decretos que se incorporan a la relación de resoluciones, en este caso motivadas y del letrado de la Administración de Justicia, el resto sigue manteniendo el mismo esquema que en la Ley de Enjuiciamiento Civil (LEC) desde que fue promulgada.

Es por ese motivo por el que mi exposición se centrará más en lo que constituye la problemática de los actos de comunicación, con una mención acelerada de los actos procesales y su comunicación, regulados en el Capítulo V del Título V de la Ley de Enjuiciamiento Civil (LEC), con algunas menciones al resto de las leyes procesales lo que en la práctica supone ir más allá del mero carácter supletorio que podemos encontrar regulado en las diferentes Disposiciones Adicionales o, en general, en el art. 4 de la LEC y, otros artículos (por ejem. el 48) Por ello dedicaré un primer apartado al análisis de esta cuestión que para lo que va a ser objeto de mi exposición, resultará de vital importancia.

Junto a esta novedad que lo es la remisión expresa introducida en el precepto, también existen algunas otras novedades que, sin perjuicio de ser analizadas con más detalle en apartados posteriores, quiero dejar apuntadas ya desde este momento inicial. En primer lugar, se mantiene el plazo de notificación de las resoluciones, dentro del día de la fecha o de los tres días posteriores, como se recoge en el art. 151. 1 de la LEC, si bien hay que resaltar que el precepto hace una citación expresa de las resoluciones, incluyendo bajo esa denominación, como no podía ser de otra manera, las que emanan del letrado de la Administración de Justicia y las que emanan del juez o tribunal. Se introdujo ya desde el inicio en la ley, en su art. 156, la obligación de la averiguación del domicilio, siguiendo la doctrina del TC, antes de acordar llevar a cabo el acto de comunicación a través de edictos, sin duda debido a la poca confianza que este sistema ofrece al legislador y a quienes vivimos inmersos dentro del mundo del Derecho. Esto supone la incorporación de una regulación más garantista, ya prevista para el proceso civil y que se ha ido incorporando al resto de normas procesales. La última de las innovaciones en materia de actos de comunicación se refleja en el contenido del art. 62 de la LPL, que acomodó su texto a las nuevas tecnologías, a las que ya se había adaptado el resto de las jurisdicciones, sin perjuicio de las últimas modificaciones incorporadas a todos los órdenes a través del Real Decreto Ley 6/2023 y también a la nueva distribución competencial entre los integrantes de la oficina judicial.

2. LA SUPLETORIEDAD DE LA LEY DE ENJUICIAMIENTO CIVIL

Ya desde la gran etapa de la codificación en nuestro país, a finales del siglo XIX y principios del XX, surge la idea de la supletoriedad como remedio lógico para las lagunas apreciadas en los textos legales. No obstante, este criterio de supremacía no se plasma en norma alguna, a pesar de lo cual la primera Ley de Enjuiciamiento Civil de 1853 se configura como un texto elaborado que trata de dar solución a los distintos problemas procesales de las dos ramas existentes en esos momentos.

La promulgación de la Ley de Enjuiciamiento Criminal (LECrim) minimiza esta influencia inicial, por cuanto este nuevo texto ya regulaba un proceso penal diferente al civil, al que no siempre le eran de aplicación las normas previstas para éste, si bien en la última ley citada sí se incluyó ya alguna remisión a las normas de la procesal civil.

Diferente es la situación en los órdenes jurisdiccionales social y contencioso-administrativo, inexistentes en aquella fecha y desgajados posteriormente de la jurisdicción civil, que se aprovecharían de éste en todo lo que les fuera de aplicación.

Sin embargo, no es la ley primaria la que regula el carácter de supletoriedad, sino las suplidas quienes, a través de distintas Disposiciones, de manera genérica, asumen la remisión a la Ley de Enjuiciamiento Civil. Como ya he expuesto en la Disposición Adicional 1ª en la Ley de Procedimiento Laboral (LPL) o Disposición Final 1ª de la Ley de la Jurisdicción Contencioso-Administrativa (LJCA).

Con ese estado de cosas que ya se había sentado desde la LEC de 1881, se promulga la Ley 1/2000, de Enjuiciamiento Civil, que, de manera expresa, sí introduce por primera vez el carácter de primacía hasta ese momento no regulado en la ley procesal civil anterior. La plasmación de dicho criterio en el art. 4 de la LEC supone el reconocimiento de una de las tendencias doctrinales que se agrupó en torno a la idea de crear un código procesal único que pudiera servir para todos los órdenes jurisdiccionales y que fuera complementado por un texto reducido que se encargara de regular las especialidades de cada una de las otras ramas del Derecho Procesal. Para ello este texto procesal se encargaría de regular todas las materias interdisciplinares, tales como presupuestos procesales, resoluciones judiciales, notificaciones, auxilio judicial, medios de impugnación, ejecución, regulación de las vistas... etc. Esta tendencia doctrinal se aglutinó alrededor de lo que se dio en llamar el "código modelo", y fue defendida a mediados del siglo pasado por una importante corriente procesalista cuya plasmación práctica se materializó en un grupo residual de países.

A pesar de todo, el art. 4 de la vigente LEC surge, como mínimo, con clara vocación de servir de "norma modelo", pues, lejos de regular una situación en la que, partiendo de una articulación general en todos sus contenidos, se complementase con una regulación específica para cada orden jurisdiccional (en cuyo caso la supletoriedad quedaría reducida a situaciones residuales), el nuevo texto legal proclama esta supletoriedad de manera expresa, de forma que junto a los textos procesales de cada una de las leyes de esa naturaleza se establece uno de referencia, no para los casos de laguna legislativa, sino como mecanismo habitual de complementación de una falta de regulación específica. Es decir, el texto no se encuadra expresamente dentro de la concepción de norma procesal modelo, pero sí pretende serlo y constituirse en tal, hasta el punto de querer aglutinar en su regulación materias que, según la exposición de motivos de la propia LEC, pueden formar parte de los aspectos procesales, pero que, aún hoy, se encuentran reguladas en la Ley Orgánica del Poder Judicial, y según la intención del legislador de 2000 deberían haber sido excluidas de esta norma, aunque la Ley Orgánica 19/2003 las ha vuelto a retomar manteniéndolas en aquélla y revitalizándolas. En definitiva, da la impresión de que el legislador de 2000 asume la supletoriedad como una técnica legislativa.

Antes de seguir, permítaseme una licencia, referida a la escuela procesalista que se encargó del texto del proyecto de Ley de Enjuiciamiento Civil, y que hace referencia a las preferencias que la mencionada escuela siempre mantuvo sobre esa idea de código modelo.

Por otra parte, algunos autores más respetuosos con el legislador de 2000 consideran que la nueva LEC ni siquiera introdujo una novedad al regular el carácter supletorio de manera expresa, sino que se limita a efectuar una compilación de lo ya dispuesto en las respectivas Disposiciones (Adicional 1ª en el de la LPL y Final de la LJCA), que se remiten expresamente a la Ley de Enjuiciamiento Civil como si de un auténtico código procesal se tratase, de modo que sea este texto procesal el que colme las lagunas que planteen las leyes reguladoras del procedimiento en cada uno de los distintos órdenes jurisdiccionales.

No obstante, sin entrar a considerar la naturaleza jurídica de algunas de estas materias, pienso que el Legislador de 2000 olvidó la situación actual o la ignoró intencionadamente, pues, con independencia de la naturaleza jurídica de materias tales como la abstención o la recusación, lo cierto es que en estos momentos en nuestro sistema procesal existe una LOPJ que contiene una regulación procesal que no puede ser obviada, pues aunque sólo sea por la incidencia que algunos aspectos orgánicos tienen sobre los procesales, la citada Ley Orgánica será norma de aplicación directa para la LPL y para la LJCA en aquellas instituciones de las que éstas carezcan y sí estén reguladas en aquélla, con independencia de si en este caso sería de aplicación el principio de jerarquía normativa.

Sin embargo, a pesar de que, como ya he dejado apuntado, algunos autores como el profesor Gimeno[1] han considerado que el texto recogido en el art. 4 de la Ley de Enjuiciamiento Civil se limita a recopilar lo ya expuesto en el resto de los textos procesales, encargados de regular los otros procedimientos, lo cierto es que el citado precepto constituye *"la culminación de un proceso de evolución legislativa que arranca en el siglo XIX con la promulgación de dos Códigos Procesales, la Ley de Enjuiciamiento Civil de 1881 y la Ley Enjuiciamiento Criminal de 1882"*, lo que no deja de sorprender sobre la generosidad en el trato del texto ahora analizado, sobre todo si tenemos en cuenta que, como el autor citado reconoce, la LEC y la LECrim, por citar un ejemplo concreto, mantienen principios diferentes en cuestiones tan importantes como el cómputo de los plazos, y, en los casos en los que mantienen su coincidencia, nos encontramos con regulaciones paralelas. Es decir, que no se necesita acudir a la supletoriedad de la ley primaria por cuanto la secundaria ya tiene su propia regulación que evita la laguna legal, por lo que, ante la ausencia de laguna, no se precisa de la supletoriedad. Pero es que tampoco los procesal laboral y contencioso-administrativo son miméticamente iguales al civil.

Con más frecuencia de lo deseable, ya es costumbre que los textos legales presenten de manera bastante generalizada lagunas que los legisladores no han previsto a la hora de elaborar el texto normativo, echándose mucho de menos la labor que tradicionalmente se había encomendado a los Letrados de Cortes, lo que en la práctica supone que nos encontremos

---

1 Gimeno Sendra, Vicente (coordinador): *Proceso Civil Práctico*, Tomo I, Editorial La Ley.

con situaciones no reguladas y esto, que es general, se produce tanto en las normas sustantivas como en las procesales. Es en previsión de estas lagunas por lo que, también de forma habitual, las normas suelen contener distintas disposiciones de integración que suplan esos vacíos normativos: son las llamadas disposiciones finales o disposiciones adicionales, según los diferentes textos legales.

De los distintos tipos de remisión supletoria, tres son los modelos bajo los que se pueden agrupar, según su naturaleza, los diferentes preceptos de remisión. En primer lugar, los que contienen las remisiones genéricas que las distintas disposiciones de las diferentes normas procesales hacen a la LEC. En el caso de la LPL el ejemplo lo encontramos en la Disposición Adicional 1ª o en la LJCA en la Disposición Final 1ª.

En segundo lugar, las remisiones amplias a este último texto legal. No se trata de una remisión a aspectos concretos, pero tampoco puede considerarse una remisión en bloque. Un ejemplo socorrido de este tipo lo encontramos ahora en la que se recoge en el art. 52. 1 de la LPL para materializar los actos de comunicación, o en el art. 60 de la LJCA para practicar la prueba.

En tercer lugar, la remisión concreta a un artículo; es decir, artículo de ley procesal suplida que se remite específicamente a un artículo concreto de la ley supletoria. Para este supuesto el mejor ejemplo lo encontramos en el art. 57. 4 de la LPL, con una remisión específica a la materialización de los actos de comunicación mediante entrega y en el art. 55. 4 de la LJCA.

La problemática que se suscita respecto de los distintos sistemas es diferente, pues mientras que la primera supone una remisión amplísima, lo que permite la interpretación de quien pretende la supletoriedad, la última lo hace de modo concreto a un precepto determinado, sin que en este último caso puedan producirse problemas de interpretación, pues el legislador de la norma de remisión ha conocido previamente el contenido del precepto al que se remite (aunque posteriormente haya sido modificado) y, aun así, ha decidido no regular la situación concreta en el texto de remisión, para aplicar íntegramente el precepto de la norma supletoria. Sin embargo, la experiencia nos demuestra que no siempre ha sido así, pues la realidad actual es muy otra, hasta el punto de que la norma supletoria ha sido redactada y promulgada con posterioridad a las suplidas, sin que éstas se hayan adaptado a aquélla, lo que provoca más problemas que la remisión genérica al amparo de una teórica imposibilidad de interpretación.

No obstante, estos mecanismos de integración, en expresión del profesor Moreno Catena[2], se aglutinan en dos tipos diferentes: heterointegración o autointegración. En el caso de la heterointegración es la supletoriedad la que se encarga de cubrir las lagunas del texto legal; en el caso de la autointegración es la técnica de la interpretación analógica dentro de la misma norma que rige el proceso la que se encarga de cubrir las ausencias de regulación específica.

Ambos mecanismos sirven para suplir la ausencia de regulación sobre supuestos de hecho concretos, pero la Ley de Enjuiciamiento Civil a través de su art. 4 se ha decantado por la fórmula de la heterointegración. Aunque este sistema hemos de aceptarlo con una doble cautela que, en el caso de la LPL, se materializa en una doble vertiente; por una parte, en que todo texto legal debe como principio general ser autointegrado ante una eventual laguna, es decir, debe buscarse la analogía dentro de sus propios preceptos y de su propia rama del derecho antes de acudir a cualquier otra analogía o supletoriedad; y, por otra, que la cláusula de supletoriedad que se recoge en el art. 4 de la LEC ha de servir para suplir los vacíos legales de una rama del ordenamiento, pero nunca de la totalidad, pues en caso contrario se rompería ese carácter autointegrador de las distintas ramas del derecho y podría provocar desequilibrios difícilmente justificables a la luz de la Constitución. Este criterio es aplicable también a la jurisdicción laboral, como ha tenido ocasión de reiterar el Tribunal Supremo por vía jurisprudencial.

Dicho lo anterior, en la actualidad los distintos preceptos de los diferentes textos legales conjugados con el contenido del art. 4 de la LEC nos llevan a establecer de manera nítida que estamos ante un supuesto de autointegración, lo que impediría la aplicación de una norma supletoria, ni siquiera por razones de analogía, cuando en el texto procesal en cuestión existan normas de aplicación directa.

Volviendo al art. 4 de la LEC, las normas procesales tras la aprobación de aquel texto legal se integran en un doble sistema: Por una parte, en el citado precepto se establece una remisión genérica de todos los procesos de cualquier orden jurisdiccional, incluido el militar, a los preceptos de la LEC como norma supletoria. Se establece así una cláusula de heterointegración que culmina las normas de esta naturaleza recogidas en los distintos textos procesales, en los que de forma genérica se contienen normas

---

2 Moreno Catena, Víctor y otros: *El proceso civil.* Valencia 2002.

de heterointegración (Disposición Adicional 1ª. 1 de la LPL y Disposición Final 1ª de la LJCA). Así pues, el art. 4 de la LEC es una cláusula general de cierre que configura a este texto legal como una norma de derecho común supletorio y como la culminación o compendio de las otras cláusulas de remisión.

Por otra, esta cláusula de integración se complementa con otras específicas que se remiten a preceptos o trámites concretos de la LEC para llevar a cabo el desarrollo de una fase determinada del procedimiento.

Esta doble remisión suscita un doble cuestionamiento. En primer lugar, la remisión genérica prevista en las distintas disposiciones y en el art. 4 de la LEC puede plantear algunos problemas sobre el alcance y eficacia de la remisión al derecho supletorio, y de hecho da pie a las numerosas interpretaciones analógicas. Mientras que, en segundo lugar, las remisiones expresas recogen de modo indubitado la intención del legislador, por lo que en estos segundos supuestos no se deja resquicio a la interpretación analógica, pues la ley de remisión establece cómo quiere que se interprete la supletoriedad en esos casos concretos.

Sin embargo, en puridad en estos segundos supuestos no se puede hablar de lagunas legales, sino de supletoriedad querida por el legislador y, por lo tanto, de ahorro normativo, ya que no se produce una laguna legal no querida por éste, sino una intencionada ausencia de regulación por considerar aplicable y suficiente la existente en la norma remitida.

Curiosamente, frente a lo que pudiera parecer, los mayores problemas de acoplamiento de normas se deberían dar en los casos de supletoriedad genérica, en los supuestos de laguna legal, derivados fundamentalmente de las genuinas características de cada proceso, según el orden jurisdiccional al que pertenezcan. Pero en la práctica es en los segundos supuestos (remisión concreta) donde más problemas se suscitan, pues, como ya he dejado expuesto, las leyes procesales suplidas no se han adaptado a la posterior norma supletoria, de forma que en determinadas fases la norma suplida no puede adaptarse a la supletoria.

No obstante, hemos de decir que el espíritu del art. 4 de la LEC resulta tremendamente presuntuoso desde un punto de vista práctico, pues, si nos atenemos a la letra literal del precepto, se considera a esta norma como de derecho supletorio de todos los órdenes jurisdiccionales, incluso el militar, pero esta declaración no resulta tan fácil de estimar, dado que plantea muchas dudas sobre su alcance y sobre el concreto modo de llevar a cabo la integración de las normas procesales.

La primera de estas dudas se suscita en torno al alcance material del precepto, pues, ante la generalidad del mismo, podría dudarse de si la supletoriedad se extiende a todo su contenido o únicamente a la parte general común y a aquellos trámites para los que exista una remisión expresa en las distintas leyes procesales. Para salir de este "*impasse*" habremos de acudir a las intenciones del legislador, recogidas en la Exposición de Motivos, en concreto en su apartado V, donde se establece la vocación generalista de esa ley, incluso con intención de desposeer a la Ley Orgánica del Poder Judicial de aquellas materias de naturaleza procesal.

Así pues, a pesar de la parquedad del precepto, el art. 4 de la LEC supone la materialización de la aspiración de este texto procesal de convertirse en ley procesal común, en la manifestación atenuada de la escuela del "código modelo" relativa a cuestiones generales de todos los procesos, o, lo que es lo mismo, plazos y su cómputo, nulidad de actos procesales, presupuestos procesales, capacidad, legitimación, resoluciones judiciales, actos de comunicación, etc. Es decir, estamos ante un precepto eficaz respecto de las normas procesales en sentido estricto, las que por su conexión íntima con cualesquiera de las estructuras básicas de cualquier proceso pueden ser utilizadas como complemento supletorio de cualquier laguna que se produzca en los diferentes órdenes jurisdiccionales, pero conservando las peculiaridades propias de cada uno de ellos.

Este factor de supletoriedad debe quedar meridianamente claro, pues no podemos pretender que el art. 4 de la LEC sirva de factor habilitante de manera general para todas las jurisdicciones.

Sin embargo, estos problemas quedan solventados cuando se trata de remisiones concretas, al margen de lo previsto en el art. 4 de la Ley de Enjuiciamiento Civil, que se recogen en las otras leyes procesales y que ya han tenido en cuenta la naturaleza específica de cada proceso y han acudido a este sistema de supletoriedad por resultar aplicable, asumiendo intencionadamente las normas del proceso civil.

Desde un punto de vista jurisprudencial, el Tribunal Supremo también se ha decantado por la supletoriedad de la Ley de Enjuiciamiento Civil en el resto de los órdenes jurisdiccionales. En este sentido podemos citar, entre otras muchas resoluciones, la STS, Sala 4ª, de 1 de febrero del mismo año.

De todo lo expuesto, podemos concluir que tanto la LPL como la LJCA se amparan en un sistema de supletoriedad autointegrador y, en lo que a los actos de comunicación se refiere, la misma será de aplicación siempre respetando *"las especialidades previstas en esta Ley"*, según la dicción recogida en el art. 53. 1 de la LPL.

3. ACTOS PROCESALES

Con independencia de la procedencia, de las partes o del órgano jurisdiccional, los actos procesales podemos definirlos como una serie de sucesos ordenados hacia la obtención de una resolución definitiva y que constituyen el proceso. Estos actos inciden directamente sobre el nacimiento, desarrollo y terminación de las relaciones que constituyen el proceso.

Los actos procesales deberán estar sujetos a las normas que para ellos se establecen en la correspondiente ley procesal, pero las leyes procesales no se ocuparán del nacimiento de los actos procesales, sino de la forma de los mismos, hasta el punto de que la falta de esos requisitos formales puede acarrear la nulidad de los mismos salvo que, en determinadas circunstancias, los defectos apreciados puedan ser objeto de subsanación. De ahí que, incluso, los vicios en el consentimiento de las partes, salvo raras excepciones (prueba de interrogatorio de partes) no supondrán causa invalidante, ni siquiera podrán provocar su revocación. Todo ello supone en síntesis que los actos procesales tienen en su constitución del proceso su característica fundamental y, por ese motivo, estos actos estarán regulados por las normas procesales, y es en éstas donde se establecen los requisitos que los mismos han de contener.

No considero necesario detenerme en este momento en los requisitos a los que me he referido (forma, lugar, tiempo, idioma ......) pues creo que tendrá más interés para los lectores que nos detengamos en el análisis pormenorizado de los distintos mecanismos para llevar a cabo los actos de comunicación.

Por todo ello, dentro de este apartado me limitaré a hacer una mínima referencia a los actos procesales emanados del órgano jurisdiccional.

En efecto, los actos que emanan del órgano jurisdiccional van más allá de las resoluciones que puedan ser dictadas por jueces y letrados de la Administración de Justicia. Sin embargo, serán los actos de comunicación como actos procesales del órgano jurisdiccional los que verdaderamente centren el quehacer de esta actividad, de ahí que en este punto final del presente apartado me limite a enumerar las resoluciones que deberán ser notificadas, así como aquellas otras actuaciones que suponen el llamamiento o la interpelación a las partes para que procedan a realizar o a abstenerse de hacer una determinada actividad. En el caso de las primeras cabe citar las sentencias, autos, providencia, decretos y diligencias de ordenación. En el de los segundos, estaremos ante citaciones, notificaciones, emplazamientos y requerimientos.

Con independencia de posterior análisis más detallado, quiero finalizar este apartado haciendo mención al contenido del art. 60. 1 de la LPL, según el cual no se consignará en la diligencia de notificación, emplazamiento o citación ninguna manifestación que quisiera realizar el afectado, dejando esta posibilidad únicamente para los supuestos de requerimiento, lo cual no supone ninguna novedad respecto de lo ya regulado en la redacción anterior y de lo que ya se viene estableciendo en la LEC, en el caso de la LPL con el matiz de que esta regla general puede quedar modificada en los supuestos en los que se hubiera acordado recibir esas manifestaciones, en cuyo caso se recogerán como añadido a la diligencia de notificación. En el caso de la jurisdicción contencioso-administrativo no se suscita esta dualidad desde el momento en que la Ley Reguladora de la Jurisdicción no fija pauta alguna sobre la forma de materializar los actos de comunicación, por lo que no se suscita duda alguna sobre la aplicación de la supletoriedad, se aplica de forma automática.

4. LOS ACTOS DE COMUNICACIÓN. CUESTIONES GENERALES

Creo que una de las partes más importantes de la reforma aún está por llegar, y es la aplicación de los medios tecnológicos, en concreto a Internet, a la materialización de los actos de comunicación. Es cierto que las notificaciones ya se llevan a cabo, como sistema primario, a través del sistema denominado Lex-Net, sin embargo, esta modificación normativa aún no ha llegado a todos los juzgados de España, ni las innovaciones que la digitalización ha introducido en los órganos con expediente judicial electrónico se han incorporado a la mayoría de los juzgados y tribunales de nuestro país.

En efecto, son los actos de comunicación el grueso de mi exposición y a ellos voy a dedicar los apartados siguientes, a los diferentes tipos, a la forma de llevarlos a cabo, a los requisitos que se exigen, a las garantías que han de observarse, a las consecuencias de la ausencia de unos y otras, y también a la forma en que han de materializarse los mismos. Por este motivo este apartado tendrá un gran número de subapartados, pues es mi intención ser lo más prolijo posible a la hora de hacer una exposición realista y amparada siempre en la práctica diaria de juzgados y tribunales.

Dada la importancia que la LEC va a tener en los actos de comunicación, el lector me permitirá hacer un mínimo apunte a tener en cuenta respecto de la regulación procesal anterior. Me refiero a la sistemática utilizada por la vigente LEC desde una visión práctica, pues regula todos los actos de comunicación de forma unitaria, incluyendo a los mandamientos y oficios. En la vieja LEC de 1881 estos últimos se encontraban ubicados junto a los exhortos en una sección aparte, al tiempo que se suprimen las llamadas *"exposiciones"* a que se hacía referencia en el artículo 298 de la vieja LEC, inexistentes en la práctica y de las que casi nadie sabe para qué servían[3].

En la vigente LEC, el Capítulo V del Título V del Libro I al que se remite la LPL lleva por rúbrica *"De los actos de comunicación"* y abarca los artículos 149 a 168. El Capítulo VI se dedica a regular los tradicionalmente denominados exhortos bajo el título "Del auxilio judicial", y comprende los artículos 169 a 177, aunque para estos últimos supuestos no existe una remisión expresa y, aunque los exhortos han quedado reducidos a la mínima expresión, sobre todo desde que los órganos jurisdiccionales de nuestro país han asumido las comunicaciones de forma directa, a través de algún sistema telemático.

Por último, dentro de este encabezamiento, antes de iniciar la exposición de los diferentes subapartados, permítanme dejar establecidos dos puntos fundamentales sobre los actos de comunicación en general en la LPL. El primero, que, como punto de referencia, en el artículo 53. 1 de la LPL se establece una remisión expresa a la forma en que han de llevarse a cabo los actos de comunicación: la "establecida en el Capítulo V del Título V del Libro I de la LEC".

El segundo, que, según datos estadísticos, la utilización del sistema LexNet en los actos de comunicación viene agilizando entre un treinta y un cuarenta por ciento el tiempo de duración de los procesos, por la rapidez en la transmisión y recepción de aquellos.

4.1. Clasificación

Es en el artículo 149 de la LEC donde se clasifican los actos de comunicación en los tipos siguientes:

---

3 Real Orden de 28 de febrero de 1931 (*Gaceta* número 62, de 3 de marzo) sobre exposiciones elevadas por los jueces a Ministerios o Centros dependientes de ellos.

1. *Notificaciones;* cuando el acto de comunicación tenga por objeto dar noticia de la resolución de una diligencia o cualquier otra actuación judicial.

2. *Emplazamientos:* Llamamiento que el órgano jurisdiccional hace para que partes e interesados puedan realizar algún tipo de actividad dentro de un plazo concreto.

3. *Citaciones:* En el caso de las citaciones el órgano jurisdiccional establece el lugar, la fecha y la hora para comparecer o realizar algún acto.

4. *Requerimientos:* A través de este tipo de acto de comunicación el órgano jurisdiccional *ordena* una conducta o que se abstenga de realizarse.

5. *Mandamiento:* Es el mecanismo adecuado para ordenar el libramiento de certificaciones o testimonios y la práctica de cualquier actuación cuya ejecución corresponda a los registradores de propiedad, mercantil, de buques, de venta a plazos de bienes muebles, de notarios, o integrantes del cuerpo de auxilio judicial.

6. Oficios: Es el instrumento adecuado para las comunicaciones con autoridades no judiciales y funcionarios que no sean los antes mencionados.

4.2. Aspectos generales a todos los actos de comunicación

En la Exposición de Motivos de la LEC (apartado IX) se expone que es intención de la nueva normativa que los actos de comunicación sean regulados *"con orden, claridad y sentido práctico. Y se pretende que, en su propio interés, los litigantes y sus representantes asuman un papel más activo y eficaz, descargando a los tribunales de un injustificado trabajo gestor y, sobre todo, eliminando tiempos muertos que retrasan la tramitación"*. Es evidente que no son los actos de comunicación y la materialización de los mismos los que provocan los llamados tiempos muertos que, como todos sabemos, únicamente les son imputables a los órganos jurisdiccionales.

Por otra parte, parece razonable que los actos de comunicación se realicen de manera ordenada, con claridad y sentido práctico, pues será ésta la única forma mediante la que los receptores de los mismos puedan llevar a cabo la actividad o inactividad que se les reclama a través de esos actos de comunicación.

4.3. Personas a las que se debe notificar

Se establece en el artículo 150 de la LEC que *"las resoluciones judiciales y las diligencias de ordenación se notificarán a todos los que sean parte en el proceso".*

Quizás las novedades más importantes que se introducen en los actos de comunicación vengan impuestas por vía indirecta; en concreto dos van a ser estas novedades, por una parte la que se recoge como obligación para todas las resoluciones judiciales, referida a si son o no firmes y qué tipo de recursos cabe contra las mismas, según se regula en el artículo 208 de la LEC y, por otra, la información que deberá trasladarse al destinatario sobre la necesidad de realizar un depósito previo para el supuesto de que quiera impugnar la resolución de la que se le da traslado, según se establece en la Disposición Adicional 15ª de la LOPJ.

En efecto, lo que, por imperativo legal, art. 248. 4 de la LOPJ, debía informarse en el momento de materializar el acto de comunicación, a partir de la nueva reforma (4 de mayo próximo) esta información deberá incorporarse a la propia resolución, como parte de la misma, de manera que, sin haberse derogado el precepto anterior, mediante la vía de la supletoriedad, se impone esta obligación como parte de la resolución en el art. 208 de la LEC. Esta nueva regulación tiene su justificación en la materialización de los actos de comunicación a través de medios técnicos, en cuyo caso el funcionario no tendrá opción de instruir directamente al receptor del acto de comunicación del tipo de recurso que cabe interponer y el plazo en que deberá hacerlo. Todo ello a pesar de que el Tribunal Constitucional ya se ha encargado de delimitar en qué casos se debe apreciar la nulidad como consecuencia de la ausencia de este requisito, excluyendo los supuestos en que la notificación se hubiera entendido con un procurador o letrado.

De igual modo, la reforma de la LOPJ por medio de la LO 1/2009 introdujo un depósito de carácter punitivo, del que también deberá ser informado el destinatario del acto de comunicación por si quiere hacer uso de los recursos que contra la resolución cupiera. Este depósito será devuelto a la parte impugnante para el caso de que el recurso fuera estimado, mientras que, en caso de desestimación, el depósito se perderá en beneficio de la Hacienda Pública.

Se prevé en el artículo 150.2 LEC que, por disposición del tribunal y según los autos, se notificará la pendencia del proceso a las personas que puedan verse afectadas por la resolución que ponga fin al procedimiento, y a aquellas que el tribunal estime que pueden verse afectadas por el proceso cuando advierta indicios de que éste se ha promovido con fines fraudulentos. En este caso, el legislador de 2009 cambió de la redacción inicial la palabra sentencia por la expresión más amplia de *"resolución que ponga fin al procedimiento"*, para dar cabida bajo la misma a los autos y decretos. Esta nueva exigencia viene a dar cobertura procesal a lo ya prescrito en el art. 270 de la LOPJ, donde se establece que además de a las partes, se deben notificar las resoluciones judiciales y las diligencias de ordenación a las personas a quienes se refieran y a las que les pueda parar algún perjuicio.

También se hará la notificación a los terceros cuando lo ordene la ley, según se establece en el artículo 150. 3 de la LEC.

En el orden laboral, estas previsiones se recogen ya desde la aprobación de la LPL en el artículo 54. 2.

4.4. ¿Quién ha de materializar el acto de comunicación?

Tradicionalmente este cometido ha estado cubierto de polémica por todas las connotaciones corporativas y de carácter económico que tuvieron en el pasado. Sin embargo, la nueva redacción dada al artículo 152 de LEC viene a zanjar la polémica y, en tal sentido, en el apartado 1 del citado precepto se establece que los actos de comunicación serán responsabilidad del letrado de la Administración de Justicia, lo cual es razonable teniendo en cuenta que también la tendrán del funcionamiento del servicio común de donde procedan. Sin embargo, frente al contenido inicial de este mismo precepto, dado por la redacción inicial en 2000, la actual encomienda de forma directa este cometido a los integrantes del cuerpo de auxilio judicial. Esta nueva solución vuelve a utilizar la técnica de la ubicación de la responsabilidad de los actos de comunicación en un cuerpo funcionarial concreto, lo que evita la posibilidad de que sea el letrado de la Administración de Justicia quien pueda, haciendo uso de sus responsabilidades, designar al funcionario que considere oportuno de entre todos los que presenten servicio en la oficina judicial. En efecto, frente al constreñimiento que se establecía en la vieja LEC de 1881, según la cual los actos de comunicación deberían ser materializados por el propio letrado de la Administración de Justicia o por un gestor a su cargo cuando se tratase de notificaciones, emplazamientos y requerimientos, o en los casos de las citaciones a peritos y testigos por parte de auxilios judiciales, la regulación vigente opta por la asignación directa, lo cual, no sólo solucionará una fuente de conflictos, sino que, además, se adapta a la nueva realidad organizativa. De esta regulación se pasó a la posibilidad de que letrado de la Administración de Justicia pudiera designar al funcionario al que considerase oportuno. En la primera regulación los actos de comunicación venían recompensados con una cantidad de dinero que, posiblemente, trataba de evitar disputas entre los integrantes de la secretaría. Quizá ésta sea la mejor decisión para poner en marcha un nuevo modelo organizativo.

Por último, el precepto antes citado también introduce un papel protagonista en los actos de comunicación para los procuradores, sobre todo en procedimientos especiales y en el intercambio de escritos, pero estos cometidos, a pesar de la remisión expresa, no es práctica habitual.

4.5. Cédula y copia

Sobre este particular tampoco será necesaria la supletoriedad de LEC, no sólo porque no se refiere el precepto a la forma de llevar a cabo las notificaciones, sino porque el contenido de las cédulas se regula específicamente en el art. 152 de la LEC. En el citado precepto de forma específica se establece que la cédula deberá recoger los requisitos que debe contener, en concreto expresará el Tribunal o letrado de la Administración de Justicia que hubiese dictado la resolución, la fecha de ésta y el asunto en que hubiera recaído, el nombre y apellido de la persona a quien se haga la citación o emplazamiento, el objeto de éstos y el lugar, día y hora en que deba comparecer el citado, o el plazo dentro del cual deba realizarse la actuación a que se refiera el emplazamiento y con la prevención de que en caso de no comparecer le parará el perjuicio a que hubiera lugar en derecho. Finalmente, la cédula recogerá la fecha y la firma de quien la autoriza.

A pesar de todo ello, considero que sí será de aplicación supletoria en el resto de los órdenes jurisdiccionales la previsión que se recoge en el artículo 152. 1, 3ª de la LEC, y lo será porque, junto a la falta de regulación en la LJCA, en la redacción actual del artículo 58. 1 de la LPL se excluyó, respecto de la redacción originaria, la obligación de entregar copia del acuerdo a notificar, de manera que este último precepto quedó reducido a regular el contenido de la cédula, sin recoger mención alguna a la copia de la resolución, mientras que el precepto de la ley procesal civil sí sigue manteniendo la obligación de entregar copia de la resolución. En concreto, en el artículo 152. 1, 3ª se establece que con la cédula se hará *"entrega al destinatario de copia literal de la resolución, del requerimiento que el Tribunal o el secretario judicial le dirija o de la cédula de citación o emplazamiento*". Así pues, en la LEC se ha optado por la entrega o remisión de copia de la resolución en las notificaciones, cualquiera que sea la persona que la reciba y por la fórmula de la "cédula" sólo en las citaciones y emplazamientos. Quedan, pues, los requerimientos un tanto imprecisos en cuanto a la forma que han de adoptar, pero en la nueva normativa se ha clarificado el panorama al regular un solo tipo de cédula, como ocurre en el art. 58 de la LPL.

Otra de las cuestiones que considero interesantes es la que se recoge en el artículo 58. 2 de la LPL y que es tributaria del punto 3 del mismo precepto en su redacción anterior. Me refiero a la diligencia en la que se dejará constancia de haberse llevado a cabo el acto de comunicación. En efecto, frente a la regulación de la vieja ley procesal civil, la vigente es mucho más resumida y, como ocurre en tantos otros casos, el legislador de 2000 da por supuesta la fórmula para documentar la recepción del acto de comunicación, pero no la regula de manera prolija como ahora se hace en el art. 58. 2 de la LPL.

4.6. Respuesta del interesado

Se establece en el artículo 152.4 de la LEC que, en las notificaciones, citaciones y emplazamientos no se admitirá ni consignará respuesta alguna del interesado, salvo que expresamente así se hubiera mandado, según la expresión del precepto. En el caso de la LJCA, no existe regulación específica. Sin embargo, en el caso de la LPL este es el sentir que se recoge, en concreto en el art. 60. 1 se expresa como criterio general que *"en las notificaciones, citaciones y emplazamientos no se admitirá ni consignará respuesta alguna del interesado, a no ser que se hubiera mandado en la resolución"*. Para este último caso hemos de entender que el legislador se refiere a la diligencia de notificación o citación, pues es evidente que en las cédulas no se consignará respuesta alguna por la sencilla razón de que será el receptor el destinatario de la cédula y no el órgano jurisdiccional. Así pues, en este último supuesto no es necesaria la supletoriedad por cuanto existe una regulación específica en la ley a suplir.

En el caso de los requerimientos, la ley (tanto la procesal civil como la LPL) sí ha permitido que el receptor pueda realizar manifestaciones, en concreto en el inciso final del citado precepto de la LPL, así se menciona, si bien se insiste en que la respuesta se recogerá de manera sucinta.

En contra de lo que tradicionalmente se ha regulado en la jurisdicción civil, donde únicamente se permitía al receptor realizar manifestaciones en el momento de la materialización del requerimiento y la plasmación de las mismas en la diligencia correspondiente, en la jurisdicción laboral ya se reguló esta previsión desde su aprobación. La LEC incluyó esta posibilidad desde su redacción inicial de 2000.

No cabe duda de que esta normativa ha quedado desfasada si tenemos en cuenta que, según la regla general, ya en un principio se para llevar a cabo la materialización de los actos de comunicación será a través del correo certificado y, en la actualidad, a partir de 2015, esa misma materialización del acto de comunicación, de forma primaria, se llevará a través del sistema Lex-Net y que, a partir de la entrada en vigor del Real Decreto Ley 6/2023, se utilizará la comunicación telemática, incluso con los ciudadanos particulares.

A efectos puramente científico, quede constancia de que esta evolución hacia las nuevas tecnologías, en general, se inicia con la reforma de 1994 cuando se introdujo la nueva redacción al art. 230 de la LOPJ. Lo que constató que no se podrían realizar manifestaciones si el requerimiento se realizaba sin la presencia de funcionario alguno; todo esto salvo que el órgano jurisdiccional espere precisamente una respuesta, en cuyo caso el único camino será acordar que el requerimiento se realice personalmente, lo que constituiría una excepción a la regla general.

4.7. Servicios Comunes

Una vez más, reitero que en la LJCA no existe regulación alguna sobre actos de comunicación en la LJCA. Dicho lo anterior, si nos atenemos a la remisión que se regula en el artículo 53. 1 de la LPL, el contenido del artículo 163 de la LEC no será de aplicación por cuanto la constitución de un servicio común de notificaciones no iría referido a una forma de llevar a cabo las notificaciones, sino más bien la manera de materializar un tipo de los varios posibles para los actos de comunicación, pues es la notificación a través de procurador la que provoca la creación de estos salones de notificaciones.

Por lo demás, la existencia de este local no presenta ninguna novedad, pero sí la regulación, precisamente porque la vieja denominación de "salón de notificaciones" que se incorporaba a la redacción inicial, quedó superado con la redacción que se introdujo en la LOPJ en 2003 y que se llevó constancia al art. 163 de la Ley de Enjuiciamiento Civil. Este matiz tendrá poca repercusión práctica, sobre todo en las localidades donde existe funcionando este tipo de servicio desde hace más de veinte años. Desde un punto de vista doctrinal, sí llama la atención la diferencia en la regulación entre un modelo y otro, pues mientras que el que se regula en la Ley de Enjuiciamiento Civil se establece de modo imperativo, el que se hace en la Ley Orgánica del Poder Judicial se hace con carácter potestativo. Mientras que en la ley procesal civil se utiliza el imperativo "se practicará", en la orgánica se atempera la expresión para afirmarse que "podrá establecerse" un servicio común de notificaciones. De cualquier forma, para los supuestos de materialización de actos de comunicación a través de procuradores, en numerosas ciudades existe un servicio común que, a los efectos de notificaciones, también sería aplicable a todos los órdenes jurisdiccionales.

Su organización y régimen de funcionamiento se recogió en su día en el Reglamento 5/1995 del Consejo General del Poder Judicial, de aspectos accesorios de las actuaciones judiciales, reformado por Acuerdo del Pleno de 14 de abril de 1999.

4.8. Nulidad y subsanación de los actos de comunicación

Nada se regula en las leyes suplidas sobre las consecuencias de una mala práctica en los actos de comunicación, por lo que será forzoso en este caso acudir a la supletoriedad de la ley procesal civil, no tanto por la remisión concreta, sino por la genérica, regulada en las distintas Disposiciones. De cualquier manera, parece lógico pensar que lo regulado en el artículo 166 de la LEC, respecto a la nulidad y posible subsanación de los actos de comunicación no practicados en la forma correcta será de aplicación también en el resto de los órdenes jurisdiccionales.

Antes de entrar a analizar este precepto considero oportuno dejar patente que la jurisprudencia del TC, previa a la promulgación de la vigente ley procesal civil, ya había dejado sentado que los actos de comunicación que no se hubieran practicado con arreglo a la ley serían nulos, pero siempre y cuando esa defectuosa materialización de la comunicación hubiera provocado indefensión. Es decir, era el resultado, la indefensión, lo que provocaría la nulidad del acto, pero no la materialización del mismo.

Pues bien, en el citado precepto de la LEC se establece un sistema de convalidación idéntico al ya previsto en la vieja ley de 1881, aunque se mejora porque si la persona notificada, citada, emplazada o requerida se da por enterada en el juicio, y no denuncia la nulidad de la diligencia en la primera comparecencia que efectúe ante el órgano judicial (y esta es la novedad respecto de la regulación anterior) el acto de comunicación desplegará todos sus efectos del mismo modo que si se hubiera llevado a cabo en la forma establecida en la ley.

En el caso de la jurisdicción laboral, a pesar del contenido del artículo 61 de la LPL, creo que será más acertado amparar la convalidación en los actos del receptor más que en la mera presunción de ausencia de indefensión, que era la tesis que también se mantenía en la LEC de 1881.

Es decir, el legislador de 2000 introdujo los mismos parámetros que posteriormente se establecerían en el art. 225. 3 a la hora de regular los supuestos de nulidad de los actos procesales, por lo que estos serán nulos *"cuando se prescinda de normas esenciales de procedimiento, siempre que, por esa causa, haya podido producirse indefensión"*.

Esta regulación no es incompatible con el contenido del artículo 11.3 de la Ley 52/1997, de 27 de noviembre, de Asistencia Jurídica al Estado e Instituciones Públicas, donde se establece la nulidad de los actos de comunicación procesal que no se realicen conforme a dicha ley. La nulidad vendrá determinada por la concurrencia o no de indefensión y deberá ser denunciada en la primera comparecencia. Este último apunte lo introduzco pensando en aquellos supuestos en los que la Administración o cualquiera de sus organismos autónomos puedan constituirse en parte dentro del proceso contencioso-administrativo y también en el laboral.

4.9. Responsabilidad de los funcionarios intervinientes

Tampoco este tema está regulado específicamente en las leyes suplidas. Sin embargo, al igual que en lo expuesto en el apartado anterior, también en éste será de aplicación la regulación supletoria, por mor de las remisiones genéricas, reguladas en las distintas Disposiciones finales o adicionales.

Así pues, en este sentido, como ocurría en el caso de la subsanación o la nulidad, será de aplicación lo que se establece en la LEC sobre la responsabilidad en la que pueden incurrir los funcionarios encargados de llevar a cabo la materialización de los actos de comunicación, para los que se establece en el art. 168. 1 de la LEC que *"el letrado de la Administración de Justicia o el funcionario de los Cuerpos al servicio de la Administración de Justicia que, en el desempeño de sus funciones que por este capítulo se le asignan, diere lugar, por malicia o negligencia, a retrasos o dilaciones indebidas, será corregido disciplinariamente por la autoridad de quien dependa e incurrirán, además, en responsabilidad por los daños y perjuicios que ocasionara"*.

Desde un punto de vista normativo este precepto, al que se le ha mejorado en su redacción de 3 de noviembre de 2009, no aporta nada novedoso, pues ya existía una previsión en el artículo 280 de la vieja ley de 1881, lo cual tampoco debería de extrañarnos si tenemos en cuenta que las conductas sancionables de los funcionarios, ésta en concreto, ya vienen reguladas en sus respectivos estatutos orgánicos. De la misma manera, cualquier persona está sujeta siempre a la responsabilidad de los daños y perjuicios que por su actividad causare, por aplicación de lo dispuesto en el art. 1.902 del Código Civil.

Con la incorporación de los procuradores como posibles agentes encargados de los actos de comunicación se exigía también una regulación específica en este sentido. Por ello, en el apartado segundo del mismo artículo 168 de la LEC se establece una regulación sancionadora para los procuradores, disponiéndose que incurrirán en responsabilidad por daños y perjuicios, y serán sancionados conforme a la ley o estatutos profesionales, si actuaren con dolo o morosidad o contraviniendo las normas legales.

Conviene citar aquí también como último apunte a este respecto que en el art. 247 de la LEC, donde se regulan las reglas de la buena fe procesal, se sanciona con multas que oscilan entre 180 y 6000 euros, sin que en ningún caso puedan superar la tercera parte de la cuantía del proceso, a las partes que actúen conculcando las reglas de la buena fe procesal. Y si el tribunal estimare que la conculcación es imputable a los profesionales, además de la multa a la parte, se dará traslado al Colegio respectivo por si procede la imposición de alguna sanción disciplinaria.

Sirvan estos dos últimos apuntes simplemente como datos doctrinales, pues en algunos casos, en las jurisdicciones laboral y contencioso-administrativa la participación de estos profesionales en la materialización de los actos de comunicación sigue siendo prácticamente nula.

4.10. Auxilio judicial

Sobre este particular, ya ha quedado expuesto que la realidad ha superado notablemente a la realidad desde la incorporación de las nueva tecnologías de la información y la comunicación a la Administración de Justicia, con una repercusión posiblemente no medida hasta ahora, por cuanto, no solo afecta a la materialización en sí de los actos de comunicación, sino también a la división territorial y competencial de los propios órganos jurisdiccionales, pues mientras que antes de la incorporación de estos nuevos mecanismos estas diligencias únicamente podían llevarse a cabo por parte del órgano judicial que tuviera asignada la competencia territorial, salvo causas de urgencia y con comunicación al órgano competente, en la actualidad todas estas notificaciones, utilizando la terminología general, pueden, y de hecho se hace, llevar a cabo directamente por el órgano que está conociendo del pleito, directamente mediante los medios técnicos.

Dicho lo anterior, simplemente añadiré que, como ya es habitual, no existe regulación específica en al LJCA y que, a pesar de lo expuesto, en el artículo 62 de la LPL se establece de manera genérica que el letrado de la Administración de Justicia deberá expedir, en este caso, los exhortos y cualesquiera otros actos de comunicación que se acuerden, interesando la práctica de actuaciones. De esta redacción se desprende que cuando el acto de comunicación haya de practicarse mediante entrega de la cédula o copia por tribunal distinto al que lo hubiera dictado (es decir, cuando no se pueda realizar a través de procurador, el correo haya resultado fallido o disponga la ley que se haga en forma personal), se efectuará por medio de exhorto al que se acompañará la documentación necesaria.

Al igual que en supuestos anteriores, para esta jurisdicción seguirá siendo de aplicación, en caso de que sea necesario, la remisión específica que se recoge en el artículo 52. 1 de la LPL, a la supletoriedad de lo regulado en la LEC.

5. LA FORMA DE LOS ACTOS DE COMUNICACIÓN

Como ocurre en todos los supuestos, en la jurisdicción contencioso-administrativa no existe ninguna regulación específica, en contra de lo que ocurren en la jurisdicción social, por loque con independencia de la supletoriedad específica a la que me vengo refiriendo, para el caso de la materialización de los actos de comunicación se dispone unos sistemas específicos en los arts. 55, 56 y 57 de la LPL, donde se establecen tres sistemas alternativos, en primer lugar mediante la realización del acto de comunicación en la sede del órgano jurisdiccional, en segundo lugar mediante el sistema de correo o a través de medios tecnológicos y como último recurso mediante el sistema de notificación (entendiendo por tal cualquier acto de comunicación) de manera personal en el domicilio del interesado.

Considero que, a pesar de esta regulación específica y de que, a pesar de las sucesivas reformas de la LPL, no se haya incorporado a las mismas una mención específica a la utilización de las nuevas tecnologías, creo que no es descabellado pensar que los actos de comunicación podrían llevarse a cabo, no solo a través de procurador, para el caso de que se utilizase la postulación en esta jurisdicción, sino, lo que es más importante, no creo que pueda alegarse indefensión si la comunicación se lleva a cabo a través de medios tecnológicos, sobre todo, una vez entre en vigor el Real Decreto Ley 6/2023 y hay transcurrido el período de vacatio legis para la incorporación de los ciudadanos a las nuevas tecnologías.

Como último apunte dentro de este apartado, no hemos de olvidar que en la LEC el sistema primario para materializar los actos de comunicación en general es la vía telemática.

5.1. Cuestiones generales

Antes de entrar a analizar la casuística sobre los actos de comunicación en general creo imprescindible analizar algunas consideraciones generales aplicables a todos los supuestos, incluso para aquellos en los que, como es el caso de la jurisdicción laboral, los actos de comunicación se suelen realizar de forma directa con las partes.

5.1.1. Concepto de domicilio

Según se establece en el artículo 40 del Código Civil *"para el ejercicio de los derechos y el cumplimiento de las obligaciones civiles, el domicilio de las personas naturales es el lugar de su residencia habitual y, en su caso, el que determine la Ley de Enjuiciamiento Civil"*. Asimismo, en el artículo 41 del mismo cuerpo legal se establece que el domicilio de las personas jurídicas será el que legal o estatutariamente se fije, o aquel en que se halle establecida la representación legal.

Si nos atenemos al contenido de la Exposición de Motivos de la LEC, apartado IX, *"la Ley opta decididamente por otorgar relevancia a los domicilios que consten en el padrón o en entidades o registros públicos, al entender que un comportamiento cívica y socialmente aceptable no se compadece con la indiferencia o el descuido de las personas respecto de esos domicilios. A efectos de actos de comunicación, se considera también domicilio el lugar de trabajo no ocasional"*.

En esta línea, en el artículo 155. 2 de la LEC se establece que el domicilio del demandante será el que haya hecho constar en la demanda, o en el primer escrito o comparecencia que efectúe ante el órgano judicial. De igual manera en el citado precepto, pero en su apartado 5, se impone a las partes la obligación de comunicar a la oficina judicial cualquier cambio de domicilio que éstas lleven a cabo en el transcurso de la tramitación del proceso y, si en sus comunicaciones con el tribunal se ha empleado algún medio telefónico, electrónico o telemático, deberá informar de los cambios de número o claves de identificación.

Quiero llamar la atención del lector sobre el hecho de que con la vigente LEC se haya suprimido lo que en la vieja ley procesal era una obligación, cual era el designar un domicilio en la sede del órgano jurisdiccional a efectos de notificaciones. Esta supresión, aparte de las razones sociales que la propiciaron, también encuentra una razón de ser en la incorporación de los medios informáticos y telemáticos a los actos de comunicación.

Dicho lo anterior, corresponde al demandante la obligación de designar el domicilio del demandado, a efectos del primer emplazamiento o citación. Uno o varios a los que la LEC parece darles el carácter de oficialidad y que se recogen en la enumeración siguiente: el que aparezca en el padrón municipal o el que conste oficialmente a otros efectos, los que consten en cualquier registro oficial en caso de personas jurídicas, los que aparezcan en publicaciones de Colegios Profesionales, y el domicilio laboral no ocasional.

Además, el demandante aportará cuantos datos conozca y puedan ser de utilidad para la localización del mismo, como números de teléfono, fax, correo electrónico o similares. Si designare varios domicilios, indicará el orden por el que estime más probable la localización del demandado (art. 155.2 LEC), conjugando todo lo anterior con lo que se dispone en el artículo 160. 2 de la LEC. A instancia de parte y a costa de quien lo interese, se podrá ordenar que la remisión de comunicaciones por correo se realice simultáneamente a los lugares previstos en el artículo 155.3 de la LEC (los domicilios "oficiales" que han quedado apuntados). Cuando comparezca éste en el proceso podrá designar otro domicilio distinto para sucesivas comunicaciones y sobre todo una dirección de correo electrónico, al que poder dirigirse, con lo que quedará vinculado, como ya ha quedado expuesto, al tiempo que asumirá las consecuencias de cambiar o anular esa dirección.

Quizás la innovación más importante en medios de comunicación se incorporó en el 155. 4 de la LEC, donde se hace una previsión muy importante según la cual, cuando la parte no esté representada por procurador, las comunicaciones efectuadas en los domicilios oficiales antes mencionados surtirán plenos efectos. A esta previsión habrá que añadir la que se prevé en el Real Decreto Ley 6/2023 en lo que a las comunicaciones telemáticas se refiere.

Considero que estas referencias al domicilio de las partes serán de plena aplicación en la jurisdicción laboral.

5.1.2. Averiguación del domicilio

Siguiendo el orden temporal, en la redacción vigente del art. 59. 1 de la LPL, se incorporó que sólo podrá llevarse a cabo un acto de comunicación a través de la publicación de edictos cuando se hubieran agotado todas las gestiones encaminadas a la averiguación del domicilio del destinatario de acto. Me parece muy acertada esta redacción si la comparamos con el contenido del mismo precepto en su redacción inicial, pues era evidente que la jurisprudencia del TC no iba en la línea que en ese precepto se recogía.

Completando esa regulación con lo previsto en la LEC, el órgano jurisdiccional deberá proceder a la averiguación, por ejemplo, en caso de que los litigantes se ausenten de su domicilio una vez personados sin dejar señas, pues no cabe duda de que se le produciría indefensión si el órgano permitiera la prosecución del juicio sin haber llevado a cabo ninguna diligencia de averiguación del domicilio lo que podría acarrear una posterior nulidad de actuaciones.

Por otra parte, en la propia LEC se establece que para el caso de que el demandante manifestare que le es imposible designar el domicilio del demando, a los efectos del correspondiente llamamiento y posible personación, se utilizarán los medios oportunos para averiguarlo. En tal sentido, en el artículo 156.2 de la LEC se refuerza la obligación del demandante, al establecer que no se podrá considerar imposible la designación de domicilio si éste consta en archivos o registros públicos a los que pueda tener acceso un particular. Sin embargo, de la confrontación entre los dos preceptos, hemos de destacar que en la jurisdicción social la averiguación del domicilio se deja más a la iniciativa privada, de forma que el órgano jurisdiccional sólo intervendrá en la averiguación de domicilio cuando la parte haya agotado todos los medios a su alcance, pues de la redacción dada al art. 59. 1 de la LPL no se desprende que las averiguaciones sobre el domicilio del demandado deba realizarlas el tribunal, como sí ocurre en el caso de la jurisdicción civil y, por supletoriedad en la contencioso-administrativa.

En cuanto a los medios para la averiguación habrá que añadir los registros y organismos que se citan en el art. 59. 1 de la LPL, los introducidos como cláusula residual en el artículo 156 de la LEC, según el cual se podrán utilizar todos los que se consideren oportunos, incluso pudiendo dirigirse a todos los organismos y registros que se mencionan en el artículo 155. 3 de la LEC.

5.1.3. Dies a quo

Tampoco se establece nada en las normas procesales suplidas sobre la fecha en la que comenzará el cómputo de los plazos que pudieran derivar del acto de comunicación, por lo que una vez más como consecuencia de la supletoriedad general deberán ser las normas previstas en la LEC al respecto las que deban aplicarse en los procesos de esos órdenes jurisdiccionales. En este sentido, según se establece en el artículo 151. 2 de la LEC, los actos de comunicación se entenderán realizados con la fecha del día siguiente a la materialización de los mismos.

Especial mención merecen las notificaciones llevadas a cabo a través del sistema de notificaciones Lex-Net, al que me referiré en apartado posterior, dejando apuntado en el presente que en este sistema también el acto de comunicación se entenderá hecho al día siguiente de su recibo, salvo que no se hubiera recepcionado mediante la apertura del correspondiente buzón, en cuyo caso la notificación se entenderá realizada una vez transcurridos tres días desde la remisión (artículo 162. 1 de la LEC), aunque también este tema no es pacífico.

Este dato es importante por la repercusión que tendrá a los efectos de poder interponer algún recurso contra la resolución recibida, o para el cumplimiento de alguna obligación que se establezca en la resolución que se le notifica.

5.2. La materialización de los actos de comunicación

Una vez fijados los criterios generales que pueden aplicarse a cualesquiera de los tres mecanismos establecidos en la LPL creo conveniente, antes de entrar a analizarlas en detalle, hacer una mención especial a lo que podría parecer una contradicción entre normas procesales. Me refiero a la que se puede producir entre la remisión que se regula en el artículo 53. 1 de la LPL y el contenido de los artículos 55, 56 y 57 de la LPL. En efecto, podría dar la impresión de que en el primero de estos preceptos se efectúa una remisión genérica a todas las formas posibles de materializar los actos de comunicación, que se harían de acuerdo con las normas previstas para ello en la LEC. Sin embargo, si nos atenemos a lo señalado en los preceptos citados en segundo lugar, da la impresión de que existe una regulación específica para llevar a cabo los actos de comunicación en tres formas concretas en la jurisdicción social: En la oficina judicial, por correo certificado o en el domicilio del destinatario, y por este orden.

Ante esta aparente contradicción, considero que lo más acertado es no dejar fuera de la regulación aquellas otras vías o fórmulas de notificación que, aun no reguladas en la LPL, sí pueden servir al fin de materializar el acto de comunicación, aunque se regulen en la LEC y tengan poca aplicación en la jurisdicción laboral o en la contencioso-administrativa.

5.2.1. Especial referencia a las notificaciones a través de Lexnet

Podríamos decir que tras la entrada en vigor de la redacción dada al artículo 230 de la LOPJ, por la LO 16/1994, los actos de comunicación a través de los medios tecnológicos han proliferado de tal manera que en estos momentos en algunos casos (territorio Ministerio) estos sistemas han desplazado a los métodos tradicionales.

En efecto, una vez superado el método que, en su momento, supuso una gran innovación, el correo con acuse de recibo a partir de 1973, son los servicios de fax primero y los medios electrónicos después los que asumieron el protagonismo con vistas a la consecución de un servicio de comunicación más ágil, pero sin renunciar a la seguridad. Sin duda, entre ellos estará el correo electrónico, una vez que todas oficinas judiciales se hallen dotadas con firma electrónica[4] debidamente autorizada. El Ministerio de Justicia, previa aprobación del Consejo General del Poder Judicial, según se prevé en el artículo 230 de la LOPJ, procedió a promover un mecanismo jurídico que diera cobertura a la utilización de estos modernos artilugios que agilizasen los actos de comunicación. Para ello, en lo que se denomina territorio Ministerio se instauró y asignó a los juzgados y tribunales los medios y herramientas informáticos necesarios, entre ellos, la firma electrónica a cada uno de los responsables de la oficina judicial. En esta idea se promulgó el Real Decreto 1065/2015, de 27 de noviembre, sobre comunicaciones electrónicas en la Administración de Justicia en el ámbito territorial del Ministerio de Justicia y por el que se regula el sistema LexNET.

Se puede leer en la exposición de motivos de este texto normativo que *"la fundamentación de esta norma reglamentaria se encuentra en la nueva redacción del artículo 230 de la Ley Orgánica del Poder Judicial, que establece la obligación de los Juzgados y Tribunales y también de las Fiscalías de utilizar cualesquiera medios técnicos electrónicos, informáticos y telemáticos puestos a su disposición para*

---

4 En el Real Decreto Ley 14/1999, de 17 de septiembre, se reguló por primera vez la firma electrónica. La Directiva de la CE 1999/93/CE, de 13 de diciembre de 1999, establecía un marco comunitario para la firma electrónica. A este respecto también resultó interesante la Orden de Ministerio de Fomento, 21 de febrero de 2000, por la que se aprobó el Reglamento de Acreditación de prestadores de servicios de certificación y de certificación de determinados productos de firma electrónica. En estos momentos la base legal de la Firma electrónica está recogida en la Ley 59/2003 de Firma Electrónica.

el desarrollo de su actividad y ejercicio de sus funciones, siempre con las limitaciones legales que resulten de aplicación".

Es evidente que el nuevo modelo propugna la agilización de las comunicaciones, pero sin renunciar a las necesarias garantías que han de acompañarlas, como no podía ser de otra manera y que goza de todos los avales nacionales y europeos.

Asimismo, en la exposición de motivos del que supuso la primera norma reguladora del sistema Lex-Net, el Real Decreto 84/2007, de 26 de enero, se recogía que estábamos ante un sistema "*constituido por una arquitectura basada en correo electrónico securizado que proporciona máxima seguridad y fiabilidad en la comunicación mediante la utilización de firma electrónica reconocida*".

¿En qué consiste este sistema aparentemente novedoso? Simplificando mucho los términos y sin perjuicio de poder ser ampliada la explicación en el debate posterior, el sistema Lex-Net es un modelo de comunicación basado en la transmisión documental de resoluciones judiciales y otros documentos. Dado que, en esta apresurada exposición curso me estoy refiriendo a los actos de comunicación, la materialización de los mismos a través de este sistema supone la transmisión inmediata de las resoluciones y documentos que a ellos se adjunten, con el fin de que las partes o sus representantes puedan tener conocimiento de los mismos casi en tiempo real o, como máximo, al día siguiente de haber sido firmadas. Para ello se establece un procedimiento de comunicación a través de unos gestores y unas firmas electrónicas autorizadas, que van a ser quienes se encarguen de la remisión y recepción de los actos de comunicación.

En la primera regulación los abogados quedaban prácticamente fuera porque dependía de ellos la recepción o no de los actos de comunicación. Sin embargo, con la modificación introducida en el artículo 162 de la LEC, que será de aplicación a todas las jurisdicciones, como ya ha quedado expuesto, la notificación a los abogados a través de este sistema también será posible, sin dejar en sus manos la recepción o el rechazo, lo que convierte al sistema en el modelo generalista con cuya vocación nació.

Mención aparte merece un comentario sobre la confrontación de lo regulado en los arts. 151. 2 y el 162. 2 de la LEC sobre el dies a quo para el cómputo de los plazos, pero ese será tema para el análisis de otro estudio de futuro.

En la actualidad el sistema de comunicación Lex-Net es el sistema primario para llevar a cabo los actos de comunicación y traslado de documentación entre las partes en todos los órdenes jurisdiccionales.

5.2.2. Por correo o cualquier otro medio técnico

En segundo lugar, cuando el acto de comunicación no se hubiera podido llevar efectuar mediante el sistema de comunicaciones telemáticas Lex-Net, sobre todo cuando se refieren a un particular o en los supuestos de primera comunicación, en la LEC se fija como sistema secundario el de la comunicación por correo certificado con acuse de recibo, así se fija en el art. 160 de la LEC y en el artículo 56. 1 de la LPL.

Una vez más la ley especial, en este caso la LPL, regula una prelación del sistema de mecanismo para materializar los actos de comunicación, diferente a la ley supletoria, por lo que debería ser el criterio de la ley suplida el que primase sobre el de la supletoria. No obstante, en todo aquello no regulado en el artículo 56 de la LPL sí será de aplicación lo previsto para la jurisdicción civil, con independencia del contenido del citado precepto.

El contenido del precepto antes citado es suficiente prolijo a la hora de describir los detalles que deben contener las cédulas que se remitan a través de este sistema, a los que habrá que añadir los que se recogen en el Reglamento del Servicio Postal[5], que vendrá a completar las circunstancias que deban constar en el acto de comunicación.

Volviendo a la regulación prevista para la jurisdicción civil, se establece en la legislación procesal civil que este sistema de comunicación servirá para cualquier acto de comunicación dirigido a un litigante, siempre que conste que se ha recibido en el domicilio designado. Ahora bien, si el objeto de la comunicación fuere la personación en juicio o la intervención personal de la parte, se exige que en el acuse de recibo conste que el receptor ha sido el firmante. Si así no fuere, la comunicación no será válida y deberá realizarse de forma personal (art. 158 LEC), según se establece en el artículo 155. 4 de la LEC. Frente a esta regulación aparentemente garantista la LPL no prevé limitación alguna por lo que, ante la ausencia de regulación limitativa, deberá aplicarse la regla especial y dar por válido el acto de comunicación efectuado de esta forma, aunque no lo hubiera recepcionado el destinatario. Una vez más, aunque suene a reiterativo, la LJCA no recoge regulación alguna sobre actos de comunicación.

Sin embargo, en el precepto que se regula en el artículo 56 de la LPL se excluyen los requerimientos, pues en él se hace una enumeración de los

---

5 Según el Reglamento de Servicios Postales a que nos hemos referido (RD 1829/1999), artículo 41.3, deberá constar en el acuse la fecha, identidad, DNÍ y firma del interesado o persona que se haga cargo.

actos de comunicación que podrán llevarse a cabo por este sistema, por lo que, ante la ausencia de regulación, parece lógico pensar que el legislador ha preferido excluir de los actos de comunicación a través del sistema de correo u otros medios técnicos todos aquellos actos que conllevar una intimación para que el destinatario haga algo o se abstenga de hacerlo, todo ello en aras a garantizar la comunicación y, sobre todo, la efectividad del contenido de la resolución.

Junto a la regulación mediante el sistema de correo certificado con aviso de recibo, en la LEC se regulan otros sistema de comunicación, entre ellos se encuentran el telegrama con acuse de recibo, pero también "los medios electrónicos, telemáticos, infotelecomunicaciones o de otra clase semejante, que se realizará conforme a lo establecido en el art. 162 de la Ley de Enjuiciamiento Civil", según se recoge en el art. 56 de la LPL, precepto éste que fue introducido para incorporar el sistema Lex-Net o cualquier otro similar, si bien en este caso la norma de referencia será lo previsto en la ley supletoria, que regula con mayor precisión este sistema.

En cualquier caso y esto sí que es una regulación no recogida en la LPL, pero sí aplicable a esta jurisdicción, el letrado de la Administración de Justicia garantizará en los autos con fe pública de la remisión y del contenido de lo remitido, uniéndose, una vez conste, el acuse de recibo o la acreditación de la recepción, según lo dispuesto en el artículo 160 de la LEC.

Permítaseme un último apunte referido a la regulación específica de los actos de comunicación a través del servicio postal. En tal sentido, en el BOE de 31 de diciembre de 1999 se publicó el Real Decreto 1829/1999, de 3 de diciembre, por el que se aprobaba el Reglamento regulador de la prestación de los servicios postales. A tal efecto, debemos tener en cuenta que en los artículos 39 a 44 se regulan la "admisión y entrega de notificaciones de órganos administrativos y judiciales". En concreto en el artículo 39 se establece que la entrega de notificaciones de órganos administrativos y judiciales realizada por el operador tendrá corno efecto la constancia fehaciente de su recepción. En los artículos siguientes se establece la forma en que los órganos judiciales deben entregar las notificaciones al operador, las disposiciones generales sobre la entrega al destinatario, los intentos de entrega y las notificaciones a personas jurídica y organismos públicos.

5.2.3. Notificación personal en la sede de la oficina judicial

Se establece en el art. 160. 3, de la LEC que se podrá citar a las partes para que comparezcan en la sede del órgano jurisdiccional con el fin de que puedan ser notificadas, requeridas o para darles traslado de algún escrito. Al socaire de esta regulación, en otras jurisdicciones se viene utilizando este mecanismo dilatador de la tramitación de manera generalizada, lo que supone una infracción al propio precepto, pues en las citaciones para que las partes comparezcan para recibir un acto de comunicación no se les advierte del contenido de esa citación, sino que, en el mejor de los casos bajo el genérico para practicar "diligencia de su interés" se oculta la práctica de cualquier acto de comunicación de forma sorpresiva. Siguiendo esta idea, en el art. 55 de la LPL se regula algo parecido, pero cambiando la iniciativa del órgano judicial a la parte, de forma que, si por propia iniciativa compareciera en la oficina judicial el receptor de la citación, notificación, emplazamiento o requerimiento, en ese acto se practicará con él, el acto de comunicación.

Sin embargo, creo que no es éste el sentir que se desprende de lo regulado en el artículo 55 de la LPL, sino que este tipo de acto de comunicación se llevará a cabo únicamente en el caso de que el destinatario del acto de comunicación compareciera voluntariamente ante la oficina judicial, pero no en los supuestos en que pueda ser compelido por el órgano jurisdiccional para que comparezca. En este caso creo que sí será de aplicación la supletoriedad autocompositiva y deberá aplicarse el precepto de la ley principal en detrimento de la ley supletoria.

En cualquier de los dos supuestos, la materialización del acto de comunicación de este modo no ofrece complicación alguna, se le entregará copia de la resolución, al tiempo que se instruirá de su contenido al receptor, quien firmará la diligencia de recepción y el conforme y enterado.

Dicho lo anterior, cabe añadir que este sistema de materialización de los actos de comunicación, sin perjuicio de los matices que sobre el particular puedan introducirse en relación con las notificaciones por el sistema telemático, en la jurisdicción laboral es el sistema primario de notificación, aunque porcentualmente hablando no sea el más numeroso.

5.2.4. Acto de comunicación mediante entrega de cédula en el domicilio

En la jurisdicción civil la práctica de los actos de comunicación mediante la entrega de cédula ocupará el siguiente lugar en el orden de prelación, para el caso de que no se hubiera podido llevar a cabo la notificación mediante medios tecnológicos, ni a través de correo ni en la sede del órgano. Se regula este modelo de comunicaciones en el art. 155 de la LEC. Este supuesto se regula expresamente en el art. 57. 1 de la LPL, donde se fija que se efectuará mediante entrega de la copia de la resolución o de cédula al destinatario, según los casos, y, si no fuera hallado el destinatario en el domicilio, se le entregará a algún familiar que con él conviva y que sea mayor de catorce años. De manera residual para las comunicaciones por este sistema, se podrá realizar la entrega al conserje o portero, lo que supone la exclusión de los vecinos, según los términos recogidos por la ya antigua doctrina del TC, que la LPL incorporó a nuestro sistema procesal, como pionera, y que posteriormente fue incluida en la LEC.

Permítame el lector citar algo que ha quedado como un hecho anecdótico tras la derogación de la ley procesal civil de 1881. Me refiero a la obligación que el funcionario tenía a la hora de materializar el acto de comunicación de leer íntegramente el contenido de la resolución a la persona a quien se hiciera la entrega, obligación ya excluida en la inicial redacción de la LPL excluía ya esta obligación, fijando que se llevaría a cabo sólo mediante la entrega de cédula, a la que la nueva redacción incorpora la entrega de copia, en los términos que se regulan en la LEC.

Con independencia de los comentarios siguientes, quiero hacer una mención especial a la remisión concreta que se recoge en el último inciso del artículo 57. 4 de la LPL, es decir a las formalidades que se previenen en el artículo 161 de la LEC.

Volviendo al contenido del arts. 152 y 161 de la LEC, al que se remite el 57 de la LPL, la entrega al destinatario se efectuará en el domicilio de la persona que deba ser notificada. Consiste esta fórmula en la entrega de la copia de la resolución o de la cédula, según proceda, y esta entrega se documentará por medio de diligencia que firmará el funcionario que la haya practicado, haciendo constar el nombre de la persona con quien se realice, quien también la firmará, según se establece en el artículo 58. 2 de la LPL.

Vamos a analizar los diferentes supuestos.

a) Que el destinatario del acto de comunicación se encuentre presente en el domicilio

La diligencia que documente el acto de comunicación se efectuará con él, quien firmará la citada diligencia. Sin embargo, en el supuesto de que no quisiera recibir la comunicación o, una vez recibida, se negara a firmar la diligencia, deberá instruírsele de la obligación que tiene de hacerlo y, si, a pesar de todo, persiste en su negativa, se le hará saber que la copia o la cédula quedará a su disposición en la oficina judicial de procedencia. Con firma o sin ella, con aceptación o sin ella, el acto de comunicación surtirá todos sus efectos.

b) Que el destinatario no se encuentre en su domicilio

Si se tratase del domicilio del destinatario del acto de comunicación o así se desprendiese de los datos de averiguación del domicilio a los que ya me he referido (padrón municipal, Hacienda, registros oficiales……) se hará entrega de la cédula o copia a cualquier empleado o familiar mayor de catorce años, o al conserje o portero, incluso al compañero de trabajo o persona que manifieste conocer al interesado, advirtiendo de la obligación que tiene de hacerle llegar a su destinatario la comunicación y que tiene derecho al resarcimiento de los gastos que se le ocasionen, según la dicción recogida en el art. 57. 3 de la LPL.

Se hará constar en la diligencia la hora y día en que se intentó encontrar al interesado sin haberlo hallado, y el nombre y relación con aquél de la persona que recibe la copia o cédula, surtiendo plenos efectos la comunicación realizada.

El problema puede suscitarse cuando el destinatario no se encuentre en el domicilio, pero la persona que en él se halle se niegue a recoger la cédula o copia o que la reciba, pero se niegue a firmar la diligencia de notificación (piénsese sobre todo en los casos de empleados). No se ha previsto ni en la ley supletoria ni en las especiales que se le hará saber que queda la cédula en la oficina judicial de procedencia a disposición del destinatario y se considera practicado el acto de comunicación, como sí se hubiera hecho en el apartado anterior del mismo artículo para el supuesto de que se tratase del propio interesado. Pero lo más preocupante es que ante la ausencia de regulación, cuando sea otra persona quien se niega a firmar y recoger la cédula no se podrá entender practicado el acto de comunicación, y habrá que intentarlo en otra ocasión, sin perjuicio de advertir a quien se niegue a colaborar que su conducta puede ser constitutiva de infracción penal y tomar el juez las medidas oportunas.

c) Que el domicilio no sea el del destinatario

Cuando se acuda a un domicilio que hubiera dejado de ser ya el del destinatario, o no se encontrare a nadie, el funcionario actuante ha de procurar averiguar su paradero a través de los vecinos, oficinas contiguas, etc., haciendo constar el resultado en la diligencia, según se previene en el artículo 161. 4 de la LEC.

Si agotados todos los domicilios que consten en autos no se tuviere razón de la persona buscada, se debería proceder a la averiguación del domicilio conforme previene el artículo 156 de la LEC.

5.2.5. Por medio de procurador

Se regula la participación de estos profesionales del Derecho y su intervención en los actos de comunicación en los artículos 28, 152, 153, 154, 162 y 276 de la LEC.

En base a estos preceptos podemos afirmar que, en todos los procedimientos en que se encuentre personado un procurador, se entenderán con éste todo tipo de comunicaciones que deban hacerse a la parte a quien representa, incluso las que tengan por objeto alguna actuación que deba realizar personalmente el poderdante (lo cual supone una novedad respecto a la vieja ley procesal); *"sin que le sea lícito pedir que se entiendan con éste"* se puede leer en el artículo 28.1 de la LEC, que reproduce el contenido del artículo 14.7 del Estatuto General de los Procuradores. Esta obligación se extiende a todo el curso del proceso y hasta que quede ejecutada la sentencia. Supone un paso adelante iniciado con la reforma procesal urgente de 1992.

En el artículo 154 de la LEC se fija también un orden de prelación a la hora de llevar a cabo las notificaciones a los procuradores; en concreto, se establece que se harán en la sede del juzgado o tribunal, o en el servicio de recepción de notificaciones que deberá organizar el Colegio de Procuradores, dejando al margen la utilización de medios electrónicos o telemáticos materializar los actos de comunicación con estos profesionales. Sin embargo, esta laguna queda subsanada posteriormente mediante su inclusión en el artículo 162 de la LEC.

5.2.6. Por medio de edictos

Se regula en la LEC la materialización de los actos de comunicación a través de la publicación de edictos como la opción residual, sólo para el caso de que no hubiera posibilidad de llevarse a cabo por ninguno de los medios anteriormente expuestos. En efecto, en el artículo 164 de la LEC se recoge la doctrina del TC sobre las notificaciones por medio de edictos, habiendo quedado recogido sobradamente que este medio de notificaciones ha de quedar como el último recurso, dada la desconfianza que este sistema produce, pues es de todos conocido que este tipo de comunicaciones a través de los periódicos oficiales o incluso mediante su colocación en el tablón de anuncios del órgano judicial no tienen ningún tipo de aceptación entre los interesados y rarísimas posibilidades de que la comunicación pueda llegar al interesado.

En el art. 59 de la LPL, en su redacción actual, cebe destacar el contenido del punto 1, en el que ya se incluyen los mecanismos de averiguación del domicilio, ausente en la regulación inicial y, por lo tanto, sin previsión para el caso de que no se supiera domicilio de la persona a comunicar, pasando directamente de la diligencia negativa de comunicación personal a la notificación edictal sin proceder a ningún tipo de averiguación de domicilio, por lo que en este caso concreto no será necesaria la supletoriedad en la materialización de la comunicación edictal.

No será necesario realizar toda la interminable peregrinación de pesquisas de localización de domicilio y se podrá acudir directamente a este sistema de notificación en el caso de que los datos que consten en autos coincidan con los del Registro Central de Rebeldes Civiles, según se establece en el art. 157. 2 de la LEC. A pesar de ser este registro un instrumento de publicidad netamente civil y de no acceder a él los rebeldes de las otras jurisdicciones, nada obstará, creo yo, a que pueda acudirse al mismo como fuente de información previa a acordar la publicación de edictos, si esta vía puede evitar un, a veces, prolongado camino de averiguación del domicilio.

¿Cómo han de materializarse los actos de comunicación mediante el sistema edictal? La notificación por edictos consistirá en fijar en el tablón de anuncios de la oficina judicial correspondiente la copia de la resolución o la cédula. En el último párrafo del artículo 164 de la LEC se establece que sólo a instancia de parte, y a su costa, se publicarán la cédula o la resolución en el Boletín Oficial de la Provincia, de la Comunidad Autónoma, en el Boletín Oficial del Estado, o en un diario de difusión nacional o provincial. También sobre este particular existe un matiz a tener en cuenta en la jurisdicción social, el concreto recogido en el artículo 59. 2 de la LPL, de manera que a la hora de materializar el acto de comunicación de forma edictal, el letrado de la Administración de Justicia acordará, no ya la colocación de edictos en el tablón, sino una primera publicación del acto de comunicación, aunque extractada y por una sola vez, en la que se recogerá expresamente que en las sucesivas el edicto ya no se publicará, sino que únicamente se colocará en el tablón de anuncios de la oficina judicial. De esta regla general quedarán excluidas las notificaciones de autos y sentencias y los emplazamientos, pues todos ellos deberán seguir publicándose en los diarios oficiales.

5.2.7. A las personas que no son parte

Además de las partes y de aquellas otras que, sin serlo, pudieran resultar afectadas por la resolución del proceso y que, por ello, deben ser llamadas al proceso, en cuyo caso la manera materializar este llamamiento se realizará en cualquiera de las formas anteriormente expuestas y en el mismo orden de prelación.

Asimismo, existen otras personas que sin ser partes poder verse afectadas por el proceso, sí deben ser llamadas al proceso para participar en él como informadores del tribunal, tales como testigos o peritos.

De estos llamamientos no se establece un procedimiento especial en las leyes procesales suplidas, por lo que, al amparo de la remisión general recogida en el art. 53. 1 de la LPL, las mencionadas personas deberán ser llamadas en la forma que se establece en el artículo 159 de la LEC. Según se establece en este precepto, los actos de comunicación a esas personas se intentarán, en primer lugar, de igual modo que sucede con las partes y en el mismo orden de priorización, según lo ya expuesto.

Si la comunicación resultare fallida, el letrado de la Administración de Justicia acordará que se proceda a la entrega personal de la cédula, que se documentará en la misma forma que hemos visto antes, en los términos previstos en el artículo 161 de la LEC, a cuya forma de materialización, existe una remisión expresa en el art. 57. 4 de la LPL.

Por último, en el art. 159. 3 de la LEC se establece una exigencia para los peritos, testigos y personas que, no siendo parte ni interesados, deban comparecer a informar al órgano judicial. Para todos ellos en el citado precepto se establece una exigencia, según la cual deberán comunicar al Tribunal cualquier cambio de domicilio que se produzca durante la sustanciación del pleito. De esta obligación deberá ser instruido cualquiera de ellos en la primera comparecencia que realice ante el juzgado o tribunal.

5.2.8. Especial referencia a los actos de comunicación con las Administraciones Públicas

La primera consideración que deberemos tener en cuenta en este apartado es que existe una regulación específica sobre este particular, que se recoge en la Ley 52/1997, de 27 de noviembre, de Asistencia Jurídica al Estado e Instituciones Públicas. Esta norma será la que debamos tener en cuenta a la hora de llevar a cabo los actos de comunicación a los entes de las Administraciones, sin perjuicio de que las formas de materializarse los mismos puedan ser de aplicación a las previsiones recogidas en las leyes procesales. En este sentido, se puede leer en el último párrafo de la Disposición Derogatoria Única de la LEC que *"se considera en vigor la Ley 52/1997, de 27 de noviembre, de Asistencia Jurídica al Estado e Instituciones Públicas",* lo que en el fondo supone un reconocimiento expreso a lo que acabo de exponer.

En efecto, en lo relativo a la representación y defensa de las Administraciones Públicas, existe una regulación genérica, aplicable a todos los órdenes jurisdiccionales. Me refiero a lo que se establece en el art. 447 de la y, en desarrollo de ese precepto, en la Ley 52/1997 ya citada, y a las modificaciones que le han afectado[6]. En el art. 11 de ésta se regula que los actos de comunicación procesal se entenderán directamente con el Abogado del Estado en la sede oficial de la respectiva Abogacía del Estado, bajo pena de nulidad. Como ya he dejado apuntado, la conjugación de las dos normas nos lleva a realizar los actos de comunicación en la Abogacía del Estado, pero en la forma recogida en la LEC, tomar en consideración en este caso lo expuesto sobre nulidad y subsanación de los actos de comunicación.

En esta línea habrá de tenerse en cuenta que en estos supuestos no valen las notificaciones realizadas en la sede de la oficina judicial o departamento afectado por la resolución que se notifica, sino que la regulación específica ya expuesta ha de considerarse imperativa y, por lo tanto, deberán practicarse en la sede de la Abogada del Estado, en la de los Servicios Jurídicos de la Tesorería General de la Seguridad Social y de las Entidades Gestoras, y en la de los Servicios Jurídicos de las Comunidades Autónomas (artículo 11, en relación con las Disposiciones Tercera y Cuarta de la citada Ley 52/1997). Sin embargo, a esta regla general, habrá que añadirse las regulaciones específicas introducidas por, en su día, la Ley 18/2011 y ahora por el Decreto Ley 6/2023, que permite las comunicaciones con la Abogacía del Estado mediante el sistema telemático Lex-Net.

A esta regulación propia de la Administración General del Estado ha de añadirse las que las diferentes Comunidades Autónomas han promulgado para su normativa específica sobre este particular, aun a pesar de la previsión que en la citada Ley 52/1997 se recoge sobre los posibles convenios de cooperación en materia de asistencia jurídica.

A pesar de estas regulaciones específicas, en la actualidad todos los actos de comunicación con los organismos oficiales, incluidos los Letrados de la Administración de la Seguridad Social, los Letrados de Cortes, los del

---

6 Atención a la modificación de los artículos 1 y 13 por Ley 14/2000, de 29 de diciembre, de Medidas Fiscales, Administrativas y del Orden Social.

INSS, INSERSO, INSALUD y ISM[7] se realizan también a través del sistema oficial de comunicaciones telemáticas de la Administración de Justicia.

Con respecto a los *Entes locales,* se establece en el art. 447.2 de la LOPJ que les representarán y asistirán los letrados de sus Servicios Jurídicos y, a falta de éstos, deberán valerse de abogado colegiado o, por supuesto, procurador. De hecho, los ayuntamientos casi siempre comparecen representados por procurador. En esta línea se establece en el art. 221. 2 del RD 2568/1986, de 28 de noviembre, por el que se aprueba el Reglamento de Organización, Funcionamiento y Régimen Jurídico de las Entidades Locales, que "*de acuerdo con lo dispuesto en el artículo 54. 4 del Real Decreto Legislativo 781/1986, de 18 de abril, y en el artículo 447. 2 de la Ley Orgánica 6/1985, de 1 de julio, del Poder Judicial, la representación y defensa en juicio de los Entes Locales corresponderán a los Letrados que sirvan en los Servicios Jurídicos de los mismos, salvo que designen Abogado colegiado que les represente y defienda*". También para estos se ha generalizado la utilización de Lex-Net para las comunicaciones con los entes locales.

6. OFICIOS Y MANDAMIENTOS

Se establece en el art. 149. 5 de la LEC que se utilizará el *mandamiento* para ordenar el libramiento de certificaciones o testimonios y la práctica de cualquier actuación cuya ejecución corresponda a los registradores de la propiedad, mercantiles, de buques, de ventas a plazos de bienes muebles, notarios, corredores de comercio o agentes de juzgado o tribunal.

Esta redacción, que tiene su precedente legislativo en lo regulado en el antiguo art. 297 de la ley procesal civil de 1881, se mantiene básicamente redacción en el actual art. 167 de la LEC, incorporando las modificaciones estatutarias y orgánicas llevadas a cabo en las dos últimas décadas del siglo pasado.

Visto lo anterior, se establece en el 149. 6º de la LEC que se utilizarán los *oficios* para las comunicaciones con autoridades no judiciales y funcionarios distintos de los mencionados en el número anterior. En el art. 167 del mismo cuerpo legal se regulan pautas para materializar los oficios y mandamientos, donde se establece que se remitirán directamente a la au-

---

7 Instituto Nacional de la Seguridad Social, Instituto Nacional de Servicios Sociales, Instituto Nacional de la Salud, Instituto Social de la Marina, según sus siglas habituales.

toridad o funcionario a que vayan dirigidos por correo certificado o por telegrama con acuse de recibo, pudiendo también utilizarse cualquiera de los medios electrónicos, informáticos y similares que antes hemos visto y que se mencionan en el art. 162 de la LEC, siempre que esté garantizada la autenticidad de la comunicación, de su contenido y quede constancia de la remisión y recepción.

La práctica de los juzgados y tribunales ha superado esta regulación tan formalista para utilizar los nuevos sistemas telemáticos, en aras a la agilización de los trámites de comunicación.

Next Generation Justice: *¿Magia procesal o Inteligencia Artificial?*[1]

SONIA CALAZA LÓPEZ
Catedrática de Derecho procesal (UNED)

SUMARIO: 1. INTRODUCCIÓN. 2. JUSTICIA DIGITAL. 3. JUSTICIA INTELIGENTE. 4. CONSIDERACIONES FINALES. BIBLIOGRAFÍA.

1. INTRODUCCIÓN

Transparencia, publicidad, fiabilidad, celeridad, agilidad, sencillez, trazabilidad, interoperabilidad y al término, acierto. Esto —y nada menos que esto— reclamamos —como mínimo— para la digitalización de la *Next Generation Justice*, a la que —necesariamente— ha de seguir la implementación de herramientas —¿públicas?— de Inteligencia Artificial —¿legal?—; y todo ello en un controlado entorno judicial de *máximos* en cuánto al: (i) mantenimiento de los principios vertebradores de cada uno de nuestros procesos judiciales; (ii) cumplimiento de nuestros derechos fundamentales —tanto de naturaleza procesal como sustantiva (cuando resulten comprometidos en el marco del proceso)—; y (iii) respeto a las garantías procesales inherentes a cada procedimiento.

En este libro —*Justicia: eficiencia, seguridad y servicio público*— trataré de ofrecer una visión comprensiva —y esperanzadora— de la Justicia digital —expediente electrónico, vistas telemáticas, carpeta judicial— y, sobre todo, de la Justicia inteligente —conveniente inserción de técnicas (unas predictivas y otras generativas) de IA—, en este Horizonte 2030, por tratarse de un estudio en homenaje al Prof. Víctor Moreno Catena, quién —en su día (y anticipándose en el tiempo a la actual *transformación digital de la*

1 Este trabajo se enmarca en dos Proyectos de investigación del MICINN: "Ejes de la Justicia en tiempos de cambio" (PID2020-113083GB-I00) y "Transición Digital de la Justicia", Plan de Recuperación, Transformación y Resiliencia, Ministerio de Ciencia e Innovación, financiado por la Unión Europea: Next Generation UE (RED 2021-130078B-100).

Justicia)—, tuvo el decisivo acierto de crear la primera Fundación de Inteligencia Artificial Legal (FIAL) en España[2], con la ingeniosa finalidad de desarrollar, de forma pionera, precisamente, proyectos y/o aplicaciones que promoviesen —en un entorno seguro— la toma de decisiones jurídicas con herramientas de IA.

El Prof. Moreno Catena ha dejado claro, hace escasos meses[3], que "si las leyes procesales no incorporan garantías, si a través de esa sucesión ordenada de actuaciones que conforman el proceso judicial no se puede lograr una mejor decisión de los conflictos, una resolución que responda al valor justicia en una sociedad democrática, esas leyes serían sencillamente superfluas. Y cuando se analizan en esta clave las normas procesales advertiremos sin duda que sobran ciertos preceptos, pero también que falta alguna regulación". Seguramente el Profesor homenajeado —en esta obra: *Justicia: eficiencia, seguridad y servicio público*— estaba pensando, al tiempo en que redactaba estas líneas (también expresadas —verbalmente— en un Congreso de La Laguna sobre la "humanización del proceso" en el que, por cierto, compartimos "mesa de coloquio/debate") en la imperiosa necesidad de dotar de cobertura normativa adecuada y suficiente, de un lado a la digitalización de la Justicia —pues la legislación entonces existente estaba claramente desfasada— y de otro, a la Inteligencia Artificial en el marco de la Administración de Justicia —normativa que, en aquel momento, era —al menos, a nivel nacional— inexistente. En este momento en que estamos a punto de cerrar el Libro homenaje al Profesor de la Universidad Carlos III (Madrid) se acaba de estrenar una legislación nacional de mínimos —dependiente, no solo de ulterior desarrollo normativo— sino también de la existencia de medios suficientes para su puntual implementación. Trataré de hacer un estudio ilustrativo de las líneas esenciales de la reforma con integración —como todo homenaje integrado merece— de las opiniones —vertidas al respecto— por un buen número de compañera/os especializada/os en la materia, mucha/os de ella/os, además, discípula/os —de primera, segunda o, incluso, tercera generación— del referido Profesor Moreno Catena.

---

2 *Vid.*: https://fial.ai/somos/

3 *Vid.*, esta reflexión, en Moreno Catena, Víctor, "El principio de igualdad de partes en el proceso", en *La humanización del proceso. Homenaje al Profesor Manuel Morón Palomino,* Dir: Tomás López-Fragoso Álvarez y Alicia González Navarro; Coord.: Diana Marrero Guanchez, Ed. Dykinson, Madrid, 2023, pág. 156.

Pongámonos en contexto: La Justicia española —finalidad esencial del Estado de Derecho[4]— ha perdido el pulso, hace mucho tiempo, de la fertilidad y vitalidad conflictual cotidiana: las razones se antojan variadas, desde la *insuficiente inversión económica* en Justicia (tantas veces identificada con su baja rentabilidad política) hasta la *deficiente digitalización o escasa eficiencia* de los procedimientos que canalizan esa conflictividad, pasando por la *deficitaria* (en verdad —prácticamente— nula) *cultura de la Paz* de nuestra ciudadanía, habituada a resolver todas sus controversias —por atenuadas, insustanciales o íntimas que puedan ser— en (casi exclusiva) sede judicial. Estas —y otras— causas han sido anunciadas y denunciadas en múltiples ocasiones: algunas no parecen resolubles (y así conviene ya admitirlo: el compromiso institucional con la Justicia, antes asentado en grandilocuentes expresiones literarias, que en consistentes inyecciones económicas, no dará paso —por arte de birlibirloque— a una situación de desahogo; la inexistencia de plataformas —tanto físicas como electrónicas— pero, en cualquier caso públicas, económicas y ágiles de resolución extrajudicial de controversias, dentro de este *servicio público*, con el que últimamente se identifica la Justicia, no promoverá esa cultura de la Paz por la vía de la deseable desjudicialización —al menos— de los asuntos más livianos, sin un coherente refuerzo presupuestario en un entorno controlado. Y una vez descartada la primera opción: una mayor inversión en Justicia —tanto judicial como extrajudicial—; para "recuperar el pulso" de la pacificación ciudadana, *intra* o *extra muros* de la Jurisdicción, ya sólo nos quedan, como retos inminentes, por el momento en el marco del Poder Judicial —pues los MASC han sido (provisionalmente) desmantelados de la reciente reforma[5] (Real Decreto-ley 6/2023, de 19 de diciembre, por el que se aprueban

---

4 *Vid.*, en este sentido, Barja de Quiroga, Jacobo: "La justicia y la paz social son la finalidad a la que debe tender el Derecho y, por ello, el imperio de la ley y la convivencia pacífica se consiguen merced a la implantación de un Estado de Derecho", *La Justicia y la política*, Ed. Tirant lo Blanch, Valencia, 2021, pág. 150.

5 Y ello a pesar de tantas expectativas como había generado el Proyecto de Ley de Medidas de Eficiencia procesal; *vid.*, un gran número de recientes estudios al respecto: VV.AA., *MASC: To be or not to be? Medios adecuados de solución de conflictos en la Justicia*, bajo la dirección de Silvia Barona Vilar, Ed. Tirant lo Blanch, Valencia, 2024; *De los ADR (Alternative Dispute Resolution) a los CDR (Complementary Dispute Resolution) en la Jurisdicción Civil*, dirigida por los Profes. Sonia Calaza López, Ixusko Ordeñana Gezuraga y Julio Sigüenza López, Ed. Tirant lo Blanch, Valencia, 2023; *Medios adecuados de solución de controversias. Eficiencia procesal de las personas físicas y jurídicas*, bajo la dirección de Sonia Calaza López, Ixusko Ordeñana Gezuraga y Verónica López Yagües, Ed. IIILa Ley, Madrid, 2023; VV.AA., *Innovación docente en la universidad: los MASC como último elemento de la ciencia procesal y su enseñanza-*

medidas urgentes para la ejecución del Plan de Recuperación, Transformación y Resiliencia en materia, entre otras, de servicio público de Justicia)— la digitalización y la eficiencia (que han de asentarse necesariamente, sobre una cimentación procedimental de simplificación, agilización y universalización).

La meta es —aparentemente— simple: el ejercicio de los derechos a la tutela judicial efectiva y de defensa en un marco físico, tecnológico o híbrido —judicial & extrajudicial— de calidad, que permita otorgar a los ciudadanos, una respuesta rápida (y jurídicamente satisfactoria) —también motivada, congruente, estable— tras un proceso justo y económico, dónde puedan ver atendidas sus respectivas pretensiones —contradictorias o no (en esos escasos, pero existentes, supuestos de imprescindible intervención judicial pese a la cordial/armoniosa relación de las partes)— con publicidad, inmediación, contradicción y concentración.

El ambicioso Plan de Recuperación, Transformación y Resiliencia — financiado con fondos europeos *Next Generation*— y comprometido con la modernización y la dinamización —en lo que a nosotros ahora incumbe— de la Justicia ha sido equiparado, por el gran calado estructural de su propuesta reformista, al que supuso —nada menos que— la misma incorporación —allá por 1986— de España a la Unión Europea. El primer impulso de esta propuesta en materia de Justicia —tras la instauración de una nueva casación (operada por el Real Decreto Ley 5/2023, de 28 de junio)[6]— viene de la mano de la *digitalización*[7] —tamizada por la humanización (ampliación objetiva/subjetiva de los *ajustes para personas con*

---

aprendizaje mediante métodos innovadores, Directores: Sonia Calaza López e Ixusko Ordeñana Gezuraga, Ed. Dykinson, Madrid, 2023; VV.AA., *Externalización de la Justicia civil, penal, contencioso-administrativa y laboral*, Directores Sonia Calaza López e Ixusko Ordeñana Geruzaga; Coordinadores José Carlos Muinelo Cobo e Irune Suberbiola Garbizu, Ed. Tirant lo Blanch, Valencia, 2022; VV.AA., *Justicia restaurativa y medios adecuados de solución de conflictos*; coord. por Gregorio Serrano Hoyo, Nicolás Rodríguez García, Cristina Ruiz López, Selena Tierno Barrios, Ed. Dykinson, Madrid, 2022.

6 Para un estudio integral de la nueva casación, se remite al lector a la obra VV.AA., *La casación Civil*, Coordinadores: Sonia Calaza López y José Ramón García Vicente, Ed. La IIILALEY, Madrid, 2023.

7 *Vid.*, por todos y anticipándose a la reforma, Barona Vilar, Silvia, *Algoritmización del Derecho y de la Justicia. De la Inteligencia Artificial a la Smart Justice*, Ed. Tirant lo Blanch, Valencia, 2021.

discapacidad y personas mayores[8] del retocado artículo 7 bis LEC)— y de la *simplificación* —o eficiencia— *procesal* mediante: a saber, un juicio verbal amplificado (cualitativa y cuantitativamente), procesos testigo (con extensión de efectos)[9], unificación judicial en la tramitación de los recursos, así como algunos otros puntos de menor calado.

Estos dos retos originarios de la reciente reforma —*eficiencia digital y procesal*— tendrán, a su vez, un impacto crucial en la puntual consecución —gracias su persistente retroalimentación— de otras legítimas expectativas tan relevantes —en nuestro Estado de Derecho— como las siguientes: *la transición ecológica* (una Justicia digitalizada comporta una menor contaminación)[10]; *el crecimiento económico* (una Justicia más rápida repercute positivamente en el progreso, productividad y competitividad del país)[11]; la *cohesión social* (una Justicia más abierta, flexible, ágil y dinámica proporciona el deseable hermanamiento de nuestros lazos personales, culturales y territoriales); la *igualdad jurídica* (una Justicia más universal, concentrada, interconectada y relacionada repercute, indudablemente, en

---

8 *Vid.*, en este punto, un sugerente estudio de Soleto Muñoz, Helena, "Tutela judicial y alternativas al proceso: instrumentos adecuados para la protección de los derechos de las personas mayores, *Anuario de la Facultad de Derecho de la Universidad Autónoma de Madrid*, Nº. 25, 2021.

9 *Vid.*, un estudio específico en Calaza López, Sonia, *Rebus sic stantibus, extensión de efectos y cosa juzgada*, Ed. La Ley, Madrid, 2021.

10 *Vid.*, Barona Vilar, Silvia, "Ecosistema digital de justicia eficiente (De la Justicia digital orientada al documento a la Justicia orientada al dato)", *Actualidad Civil* nº 5, mayo, 2023.

11 *Vid.*, una sugerente reflexión de González Navarro, Alicia, en este punto: "los problemas actuales de la Justicia no son intrínsecos de esta, sino que son consecuencia inevitable de un sistema económico y de un ritmo de vida frenéticos, los cuales proyectan sus consecuencias también sobre la administración de Justicia. Por ello, se trataría de humanizar la Justicia, sí, pero no solamente. Además, se da la urgente necesidad de humanizar la economía —o ¿acaso sea más acertado (…) hablar de la necesidad, por redundante que parezca, de humanizar el ser humano?— que impone unos ritmos que se presentan incompatibles no solamente con los de la administración de Justicia sino con la conservación del planeta y, por lo tanto, contrarios a la conservación de nuestra especie. En definitiva, ¿no exigiría el debido proceso —o si se prefiere, la justicia, que esta sea, casi por definición y al menos en términos económicos, ineficiente?", "Las nuevas Tecnologías como instrumento para la consecución de los ODS en la Administración de Justicia", en *La tecnología y la Inteligencia Artificial al servicio del proceso*, Dir.: Pilar Martín Ríos y César Villegas Delgado; Coord.: María Luisa Domínguez Barragán, Ed. Colex, Madrid, 2023, pág. 206.

la más equitativa, igualitaria y unificada aplicación de las normas); la *sostenibilidad ambiental* (una Justicia más eficiente contribuye a resolver, con esa expectativa de inmediatez digital, las controversias actuales sin comprometer, en absoluto, otras necesidades presentes o futuras)[12]; y el *refuerzo institucional* (una Justicia más próxima en el tiempo al surgimiento del conflicto devuelve, sin duda, a la ciudadanía, la fe en la Justicia, traducido en un imprescindible respeto por las instituciones públicas comprometidas en su más rigurosa y puntual impartición). Analicemos, pues, estos retos esenciales: Justicia digital, primero (con un mero enunciado de la reforma) y Justicia inteligente (de forma algo más detallada), después.

2. JUSTICIA DIGITAL

La digitalización de la Justicia ha cobrado un decisivo —y esperado[13]— impulso con el reciente Real Decreto-Ley 6/2023, de 19 de diciembre, por el que se aprueban medidas urgentes para la ejecución del Plan de Recuperación, Transformación y Resiliencia, entre otras, en materia de servicio público de Justicia[14]. La relación electrónica con la Administración de Justicia no podía hacerse esperar más: bien es cierto que no es la primera norma que promueve la digitalización —pues atrás queda, entre otras de menor abordaje digital, la Ley 18/2011, de 5 de julio, reguladora del uso de las tecnologías de la información y la comunicación en la Administración de Justicia—; pero esperemos que esta legislación, a diferencia de su predecesora, logre sortear ese trípode de escollos —*insuficiencia de me-*

12 *Vid.*, Barona Vilar, Silvia, cuando señala que "la tecnología, sus desarrollos, sus estructuras, sus herramientas, son indudablemente medios para mejorar el mundo y la Humanidad. Es el momento adecuado para servirnos de ellas, para precisamente mejorar el mundo y dejarlo mejor de lo que lo encontramos, un mundo más colaborativo, más justo, más solidario, más sostenible", "Justicia algorítmica: ¿Más o menos sostenible?", en *Los objetivos de desarrollo sostenible y la Inteligencia Artificial en el proceso judicial,* Dir.: Paloma Arrabal Platero, Ed. Tirant lo Blanch, Valencia, 2022, pág. 256.

13 *Vid.*, Perez Daudí, Vicente, "La transformación digital de la Justicia civil", en *Digitalización de la Justicia: Prevención, Investigación y Enjuiciamiento,* Dir.: Mercedes Llorente Sánchez-Arjona y Sonia Calaza López, Ed. Aranzadi, Navarra, 2021.

14 *Vid.*, ampliamente, García-Varela Iglesias, Román, *La Administración (judicial) electrónica,* Ed. Dykinson, Madrid, 2023.; *Vid.*, del mismo autor, "Hacia una nueva etapa en la Administración judicial electrónica", en *Digitalización de la Justicia: Prevención, Investigación y Enjuiciamiento,* Dir.: Mercedes Llorente Sánchez-Arjona y Sonia Calaza López, Ed. Aranzadi, Navarra, 2021.

dios técnicos, inercia analógica y deficiente formación digital— que ralentizan —cuando no obstaculizan— la verdadera implementación de esas "reglas del juego" —tecnológicamente hablando—" (a las que se alude el preámbulo de la nueva normativa) en materia procesal.

El nuevo Real Decreto-ley 6/2023 asume, con desigual intensidad, dos esenciales retos tecnológicos; ambos en los primeros VII Títulos: de un lado, la eficiencia digital o digitalización; y de otro, la inserción de la IA en la Administración de Justicia. La *eficiencia digital* —cuya potencialidad queda, por cierto, condicionada a la suficiencia de medios telemáticos de las distintas oficinas judiciales— se concreta, entre otras y principalmente, en las siguientes medidas: realización electrónica del primer emplazamiento y subsiguiente publicación en el *Tablón Edictal Judicial Único*, en caso de que el destinatario no acceda a su contenido en los tres primeros días; *digitalización documental*; generalización de las *vistas telemáticas*[15], con la salvedad de las declaraciones o interrogatorio de partes[16], testigos o peritos (que también podrán, en todo caso, acogerse a la intervención digital

---

15 *Vid.*, Bueno de Mata, Federico, quién —de forma optimista— destaca las virtudes de esta generalización de las vistas telemáticas: "los principios vinculados al desarrollo del juicio oral a través de su virtualización se transforman puesto que algunos de ellos como el principio de inmediación se convierten en una especie de sucedáneo con sus propias características; otros se refuerzan, al permitir gracias a la tecnología que los mismos se lleguen a producir, como son propiamente los principios de contradicción y oralidad; y finalmente otros se llegan a desarrollar exponencialmente, como ocurre con los principios de publicidad y concentración", en *Hacia un proceso civil eficiente: Transformaciones judiciales en un contexto pandémico*, Ed. Tirant lo Blanch, Valencia, 2021, pág. 370.

16 En este punto, parecen haber tenido resonancia las voces de los procesalistas que clamaban —con acierto— por una inmediación presencial: *vid.*, Picó i Junoy, Joan, como uno de sus —más elocuentes— exponentes, cuando destacó que "en la relación entre el juez y el justiciable hay valores que no deberían perderse, y uno de ellos es el de la humanización de la justicia, que comporta que el justiciable pueda tener acceso directo al juez, esto es, a quién le resolverá su problema jurídico, por lo que ambos deben poder interactuar mirándose a los ojos y escuchándolos de manera cercana, como lo hace el médico cuando atiende a su paciente o el profesor cuando educa a su alumno. Y aquí no puede entrometerse nada ni nadie: el juez, con sus cinco sentidos, debe percibir todo lo que le transmite directamente el justiciable —o cualquier otra persona que declare ante el (testigo o perito)— sin que una pantalla de ordenador limite su capacidad de percepción", en "La experiencia norteamericana de la Virtual Justice: no es oro todo lo que reluce", en *Logros y Retos de la Justicia civil en España*, Dir.: Fernando Jiménez Conde, Julio Banacloche Palao y Fernando Gascón Inchausti; Coord.: Guillermo Schumann Barragán, Ed. Tirant lo Blanch, Valencia, 2023, pág. 727.

cuando residan en distinto domicilio al del Juzgado/Tribunal); posibilidad de conferir el apoderamiento *apud acta* al procurador por comparecencia electrónica —que debe llevarse a cabo en el momento de presentación del primer escrito—: con creación de un *Registro Electrónico de Apoderamiento de la Administración General del Estado*; refuerzo de la publicidad —traducida en transparencia— de las actuaciones judiciales en *streaming*; interoperabilidad *ad intra* —entre Juzgados/Tribunales y Fiscalías— y *ad extra* —con el resto de Administraciones públicas[17]—; impulso del *expediente judicial electrónico* (con incorporación de los documentos, trámites, actuaciones electrónicas y grabaciones audiovisuales que forman parte de cada procedimiento judicial)[18] y correlativa creación de la *Carpeta Justicia* para la consulta —por partes e interesados— de dicho expediente; introducción del *principio de orientación al dato*[19] con inserción de —más o menos sofisticadas— técnicas de Inteligencia Artificial, respecto de actividades de apoyo judicial con anonimización, gestión e incluso, y esto es lo realmente relevante —pese a su aparente neutralidad, generación documental.

3. JUSTICIA INTELIGENTE

La Justicia inteligente viene de la mano —*ex ante*— de la predictibilidad —o Justicia inteligente predictiva— y a continuación —*ex post*— de la automatización —o Justicia inteligente generativa—. La primera, la Justicia

---

17 Esperemos que esta apuesta de interoperabilidad integral —nacional e internacional— deje de ser una "utopía" —como parecía no hace tanto tiempo— y pase a ser una realidad; *Vid.*, en este sentido, Bueno de Mata, Federico, cuando señala lo siguiente: "podríamos plantearnos si la búsqueda de la interoperabilidad completa tanto a nivel nacional como europeo es un objetivo con realmente utópico, debido a que el legislador siempre ha intentado cumplir este objetivo con distintas iniciativas sin llegar a conseguirlo de manera plena", "Interoperabilidad de sistemas de gestión procesal y debido proceso: Experiencias a nivel nacional y europeo para alcanzar una verdadera digitalización de la Justicia", *Digitalización de la Justicia: Prevención, Investigación y Enjuiciamiento,* Dir.: Mercedes Llorente Sánchez-Arjona y Sonia Calaza López, Ed. Aranzadi, Navarra, 2021, pág. 175.

18 *Vid.*, Martín González, Marina, "La definitiva tecnificación de las comunicaciones judiciales dirigidas al justiciable", en *Digitalización de la Justicia: Prevención, Investigación y Enjuiciamiento,* Dir.: Mercedes Llorente Sánchez-Arjona y Sonia Calaza López, Ed. Aranzadi, Navarra, 2021.

19 *Vid.*, a este respecto, un estudio esencial en Barona Vilar, Silvia, "Ecosistema digital de justicia eficiente (De la Justicia digital orientada al documento a la Justicia orientada al dato)", *Actualidad Civil* nº 5, mayo, 2023.

inteligente predictiva permite conocer las probabilidades de éxito —de cada una de las partes— en relación con una determinada controversia, a la vista de una analítica de litigios pasados. Esta predictibilidad favorecerá —sin duda alguna— la minoración de acciones infundadas —o carentes de toda verosimilitud— así como de aquellas otras que, sin llegar a ser descabelladas o disparatadas, no parecen gozar de una cierta probabilidad de éxito. Así, la cotidiana implementación de técnicas de predicción de la respuesta judicial —sin duda— será muy eficaz, en términos estadísticos, para lograr la minoración de los asuntos que carecen de suficiente recorrido, sin por ello comprometer la tutela judicial efectiva del resto, por cuánto la decisión, de litigar o no, —una vez conocidas las posibilidades reales de eficaz reconocimiento del bien, derecho o interés, susceptible de tutela— será, lógicamente, libre y voluntaria, pero —al fin— convenientemente informada. Hasta el momento, muchos litigantes se lanzaban al abismo del juicio sin suficiente conocimiento previo acerca de la prosperidad real de sus pretensiones: la predictibilidad del resultado permitirá que su decisión —la de litigar o no (se entiende)— se asiente sobre una información muy precisa, no sólo respecto de si su concreta petición será positivamente atendida, o no, por el Juez; sino también —y esto es muy importante— respecto al espacio temporal en que, en su caso, será atendida[20], así como al gasto que le supondrá, puesto que el coste de oportunidad —que cada litigante se plantea antes de tomar la relevante decisión de ejercitar (o no) su acción— no es sólo económico, sino también temporal y —¡qué duda cabe!— psicológico.

Pero la predicción no solo alcanza la anticipación del juicio final; sino también la de todas y cada una de las fases que integran el proceso: desde la probabilidad de éxito de la admisión de una primera pretensión hasta la respuesta a cualesquiera de las restantes peticiones procesales (así, entre otras, diligencias preliminares, actos de investigación, anticipación y/o preconstitución probatoria, medidas cautelares, medios de prueba, diligencias finales); e incluso, más allá de la condena y de la propia ejecución: en este sentido, son especialmente útiles, conocidas y sugerentes, las herra-

---

20 Bonet Navarro, José, se muestra exigente en este punto: "los procesos no deberían extenderse más allá de treinta días, ni siquiera en los supuestos más complejos, que es, más o menos, lo que requieren las garantías, el ejercicio de los derechos y la certeza", "Principio de ductilidad, Juntas de dilatación y vías para minorar las dilaciones", en *Digitalización de la Justicia: Prevención, Investigación y Enjuiciamiento,* Dir.: Mercedes Llorente Sánchez-Arjona y Sonia Calaza López, Ed. Aranzadi, Navarra, 2021, pág. 147.

mientas de predicción del riesgo, en esencia, de reincidencia delictiva, de destrucción de las fuentes de prueba y de proximidad a personas/ lugares potencialmente peligrosos.

El término "Justicia predictiva" —asumido y generalizado entre la comunidad científica— no es, sin embargo —y así ha sido destacado[21]— el más oportuno para designar la previsibilidad (en términos de probabilidad) de un resultado, puesto que su enunciado —predictibilidad— parece sugerir una (exacta) predicción —previsión— de la respuesta, en lugar de una —mucho más modesta (y sensata) probabilidad: En Justicia nos movemos siempre —lógicamente— entre márgenes de posibilidad (especialmente sensible y, en cierto modo (incluso) "imprevisible", respecto de ciertos colectivos vulnerables como personas con discapacidad[22], mayores[23], jóvenes[24] y/o menores[25]): ahí reside la debilidad de la expectativa, la inseguridad del resultado y la moderada convicción acerca del acierto. Pero la anticipación de la respuesta —siquiera sea en términos de probabilidad (que no de exacta predicción)— a cualquier incógnita que se vaya planteando en el proceso judicial —entre tantas y tantas otras, de la admisión/inadmisión *ab initio* de la demanda/acusación, de la aceptación/

---

21 Esta crítica corresponde a Marchena, Manuel, cuando, en su Discurso de toma de posesión como Académico de Número, Medalla nº 63 (adscrita a la Sección de Derecho, de la Real Academia de Doctores de España) ha estacado que "la terminología "justicia predictiva" no es correcta. Y es que los propios matemáticos que trabajan con cálculos de probabilidad saben bien que una previsión no es lo mismo que una predicción", "Inteligencia artificial y jurisdicción penal", *Diario La Ley*, Nº 66, noviembre de 2022, Editorial LA LEY.

22 *Vid.*, en este punto, Calaza López, Sonia, "Resiliencia física y digital de la Discapacidad", en *Víctimas y especial vulnerabilidad*, Dir. Verónica López Yagües, Ed. Tirant lo Blanch, Valencia, 2023.

23 *Vid.*, a propósito de esta brecha digital generacional, Zafra Espinosa de los Monteros, Rocío, "Inteligencia Artificial y proceso judicial", en *Inteligencia Artificial legal y Administración de Justicia*, Dir.: Sonia Calaza López y Mercedes Llorente Sánchez-Arjona, Ed. Aranzadi, Navarra, 2022, pág. 511.

24 En materia de delincuencia juvenil y proceso (civil&penal) de menores: *Vid.*, por todos, Pillado González, Esther, "Posibilidades de desjudicialización de la ciberdelincuencia juvenil", en *El proceso penal ante una nueva realidad tecnológica europea"*, Dir. Coral Arangüena Fanego, Montserrat De Hoyos Sancho y Esther Pillado González; Coord. Pedro Miguel Freitas, Ed. Aranzadi, Navarra, 2023.

25 *Vid.*, un estudio específico, en Pillado González, Esther, "Algoritmos predictivos del comportamiento y proceso penal de menores", en la obra colectiva *Justicia algorítmica y neuroderecho*, Dir. Silvia Barona Vilar, Ed. Tirant lo Blanch, Valencia, 2021

denegación de la medida cautelar, de la pertinencia/utilidad (o todo lo contrario) de la prueba; no digamos ya, de la estimación/desestimación de la respuesta— es positiva[26], por cuánto promueve un mejor y mayor conocimiento de la acción cotidiana de nuestra Justicia, así como una deseable democratización y alfabetización jurídica —sin entrar, claro está, en la conveniencia o no de la construcción de perfiles de Jueces (cuya afirmación respecto del efecto beneficioso o perjudicial en nuestro contexto social y empresarial sería fruto, para un procesalista, poco menos que de la "adivinación")—: y ello repercute en una mayor información, para los litigantes, para los aplicadores, para los poderes públicos y para la misma sociedad.

En este momento, existen ya tantos —tantísimos— sistemas, herramientas y/o mecanismos de predicción, que sería muy difícil enumerarlos todos. Sirvan de ejemplo, entre otros (y por poner algunos conocidos ejemplos), los siguientes: COMPAS (*Correctional Offender Management Profiling for Aternative Santions*), herramienta de IA —ideada en EE.UU.— que ofrece una predicción del riesgo de reincidencia delictiva —incluso, con evaluación de la posible violencia futura— de los internos en centros penitenciarios, a la vista de las particulares reacciones que estos condenados ofrecen a una serie de cuestiones, cuyas respuestas —debidamente entremezcladas y— analizadas a la luz de un algoritmo, ofrecen dicha probabilidad de reincidencia; PROTOBADI (Bangladeh), sistema que permite alertar de la proximidad de personas con tendencias sexuales delictivas; HART (*Harm Assessment Risk Tool*) o Herramienta de Evaluación de Riesgo de Daños ideada por la Universidad de Cambridge e implementada por la Policía de Durham, destinada a la predicción acerca de la posibilidad de cometer delitos que presenta un sospechoso en un periodo de dos años; VALCRI (*Visual Analytics for Sense-making in Criminal Intelligence análisis*),

---

26 Así lo considera también Gómez Colomer, Juan Luis, cuando destaca que "la predicción no es por sí (...) negativa. Como estrategia procesal para estar mejor preparado de cara al desarrollo de nuestro asunto civil o causa penal, no es malo querer saber qué se ha sentenciado en casos similares, ni qué ha sentenciado ese juez concreto que es l competente, en casos similares, ni es tampoco malo finalmente querer saber cuáles son las preferencias argumentales de los tribunales para dar la razón en casos muy semejantes. Forma parte de la vida jurídica querer ganar el caso, en realidad, querer hacer Justicia para la parte que lo solicita, y por ello cualquier instrumento cognoscitivo de apoyo debe ser admisible, siempre y cuando los límites estén claramente establecidos", "Derechos fundamentales, proceso e Inteligencia Artificial: Una reflexión", en *Inteligencia Artificial legal y Administración de Justicia,* Dir.: Sonia Calaza López y Mercedes Llorente Sánchez-Arjona, Ed. Aranzadi, Navarra, 2022, pág. 284.

desarrollado en los Países Bajos y Reino Unido, con propuesta de distintas hipótesis/reconstrucciones de la escena del crimen, que permitan ampliar las líneas de investigación inicialmente existentes e, incluso, presentar hallazgos; OxRec *(Oxford Risk of Recidivism Tool)*, creada y validada en Suecia, dedicada a hacer cálculos de probabilidad de reincidencia delictiva; VRAG (*Violence Risk Appraisal*), herramienta para la valoración del riesgo de reincidencia violenta en pacientes mentales y en delincuentes en prisión o en cumplimiento de otras medidas penales; HCR-20, guía de valoración del riesgo de violencia diseñada específicamente para predecir y gestionar el riesgo de violencia futura en grupos de personas con enfermedad mental o en personas que han cometido uno o más delitos violentos; PREDPOL es una herramienta que predice la comisión de delitos futuros únicamente con tres elementos: el lugar, tiempo (día/hora) y tipo de delito; PCR-R, instrumento de referencia a nivel internacional, que sirve para la evaluación de la psicopatía en la población penitenciaria y en la práctica clínica y forense; SARA (*Spouse Abuse Risk Assessment*) diseñada *para* identificar el *riesgo* de violencia *física* y *sexual* grave y reiterada *contra* la *pareja*; EPV-R, escala de Predicción del riesgo de violencia grave contra la pareja o ex-pareja; SVR-20, guía estructurada basada en el juicio clínico para valorar el riesgo de violencia sexual, que también aporta probabilidades de identificación y gestión adecuada de casos con alta probabilidad de reincidencia.

En España, además, existen una cierta variedad de mecanismos de predicción de riesgo con fines variados; de nuevo, sin ánimo exhaustivo: P3-DSS (*Predictive Police Patroling*) —desarrollado en el Cuerpo Nacional de Policía (Distrito Central de Madrid), para la implementación de un paradigma predictivo de patrullaje policial[27]—; VeriPol —aplicación informática que detecta las denuncias falsas interpuestas en casos de robos con violencia e intimidación o tirones[28]—; Sistema VioGén (Sistema de

---

[27] *Vid.*, los objetivos de este mecanismo de predicción en https://observatorio.cisde.es/actualidad/policia-predictivo-crimen-matematicas-algoritmo/: pronosticar la distribución del crimen y el riesgo que se produce en un determinado territorio, así como un sistema de optimización de la distribución de recursos humanos y el patrullaje. El algoritmo es novedoso planteando la identificación de una gama de impactos diferentes. Esta poderosa herramienta permitiría optimizar los turnos policiales.

[28] Esta herramienta, habilitada en todas las comisarías de España desde 2018, identifica el delito basándose en el texto de la denuncia, por lo que no precisa ninguna información adicional a cargo del usuario, y es, además, completamente automática. Se trata de la primera herramienta de este tipo en el mundo y diversos experi-

Seguimiento Integral en los casos de Violencia de Género)[29] del Ministerio del Interior —permite determinar el nivel de peligro de sufrir nuevas agresiones, determinar los protocolos más adecuados para darle la necesaria protección a las víctimas y sus hijos, así como realizar el seguimiento de cada caso para ajustar las medidas de seguridad[30]—; RisCanvi, sistema de predicción del riesgo de futuras conductas violentas de internos en centros penitenciarios de Cataluña[31]. Fuera del ámbito de la predicción y dentro del campo exclusivamente matemático, pueden destacarse otras herramientas tan útiles como LEXTools Tasaciones, sistema de cálculo de las costas judiciales del proceso o la Calculadora 988, para la cuantificación de la acumulación de condenas.

La predicción se encuentra, por tanto, a día de hoy, muy desarrollada —y seguramente, por ello (a pesar de los inevitables "falsos positivos" y "falsos negativos") bastante perfeccionada— tanto en el ámbito represivo —penitenciario— como en el preventivo —previsión de futuras conductas —esto es, la "predicción del riesgo" (sea de acciones violentas (individuales o en grupo); sea de reincidencias delictivas (con idénticos u otros delitos); sea, incluso, de salud mental.

Sin embargo, esta predicción todavía no se ha ensayado, en España, en otras fases del procedimiento anteriores o coincidentes con la propia la absolución o condena; y ello, seguramente, por la ausencia de cobertura legal existente hasta el momento, además de por el vértigo que genera toda premonición —nada menos que— del mismo enjuiciamiento, máxime cuando, además, se trata de una anticipación de un resultado mecánico,

---

mentos empíricos demuestran que tiene una precisión superior al 90%, mientras que policías expertos alcanzan una precisión del 75%

29 *Vid.*, un estudio específico, en Montesinos García, Ana, "Los algoritmos que valoran el riesgo de reincidencia. En especial, el sistema Viogen", *Revista Aranzadi de Derecho y Proceso Penal* núm. 64/2021

30 Borges Blázquez, Raquel, "Inteligencia Artificial y perspectiva de género: programar, investigar y juzgar con *filtro morado", Revista General de Derecho Procesal* nº 55, 2021.

31 Llorente Sánchez-Arjona, Mercedes, destaca el indudable acierto de la construcción —a cargo de dos instituciones públicas— de RisCanvi, "a diferencia de lo que viene siendo común en la mayor parte de países, que es comprar la tecnología a una empresa privada con todos los problemas que ello acarrea de falta de transparencia", "Hacia una justicia penal predictiva", *Cuadernos de Política Criminal* Número 136, I, Época II, mayo 2022, pág. 120.

que puede sugestionar —y mucho—, tanto consciente como inconscientemente, la decisión judicial[32].

La adopción de medidas cautelares[33] —civiles y penales— parece, en este sentido, una de las opciones más viables para la IA[34], puesto que tanto los presupuestos reales —*fumus boni iuris, periculum in mora* y prestación de caución (con fijación, además, del importe de dicha caución a la vista del objeto litigioso susceptible de "aseguramiento")[35]— como personales[36] —*riesgo de fuga, riesgo de reiteración delictiva, riesgo de ocultación, alteración o destrucción de las fuentes de prueba y riesgo de actuación contra los bienes jurídicos de la víctima*[37]— pueden implementarse, sin mayor dificultad, como algoritmos (algunos ya bastante experimentados) de predicción de probabilidades que provoquen el acierto (o al menos la mayor probabilidad de acierto) de la respuesta.

---

32 Martínez Garay, Lucía y Montes Suay, Francisco, así lo han analizado en "El uso de valoraciones del riesgo de violencia en Derecho Penal: algunas cautelas necesarias", *InDret* 2/2018

33 *Vid.*, en este sentido, Simón Castellano, Pere, quién considera "preferibles los sistemas expertos de IA judicial de valoración de riesgos frente a atávicos heurísticos o atajos intuitivos del juzgador", *Justicia cautelar e Inteligencia Artificia. La alternatividad a los atávicos heurísticos judiciales,* Ed. Bosh, Barcelona, 2021.

34 *Vid.*, un minucioso estudio en Planchadell Gargallo, Andrea, "Inteligencia artificial y medidas cautelares", en la obra colectiva *Justicia algorítmica y neuroderecho,* Dir. Silvia Barona Vilar, Ed. Tirant lo Blanch, Valencia, 2021.

35 *Vid.*, a favor de esta opción, Martín Pastor, José, "Retos de la Justicia digital", en *Logros y Retos de la Justicia civil en España,* Dir.: Fernando Jiménez Conde, Julio Banacloche Palao y Fernando Gascón Inchausti; Coord.: Guillermo Schumann Barragán, Ed. Tirant lo Blanch, Valencia, 2023, pág. 633.

36 *Vid.*, cómo la IH —a diferencia de la IA (si llega a implementarse)— puede adoptar decisiones amparadas en razones o motivos que "distan mucho de aparecer de un modo jurídicamente suficiente" (los algoritmos no "dicen una cosa —razonable o no— por otra"), Moreno Catena, Víctor, quién ha señalado que "de acuerdo con los fundamentos de las resoluciones parece que en el fondo de la decisión afloran razones ajenas a la medida cautelar, como la de calmar la alarma social que, tanto en Cataluña como en el resto de España, sin duda produjeron los hechos que se estaban investigando en la causa", "La prisión provisional durante el procés", en *Debates jurídicos de actualidad,* Dir.: Raquel Castillejo Manzanares y Ana Rodríguez Álvarez; Coord: Cristina Alonso Salgado y Almudena Valiño Ces, Ed. Aranzadi, Pamplona, 2021, pág. 59

37 *Vid.*, también a favor de esta opción, Neira Pena, Ana María, "Inteligencia Artificial y Tutela cautelar", *Revista Brasileira de Direito Processual Penal,* vol. 7, n. 3, 2021.

La admisión/denegación *ab initio* de la anticipación —y/o preconstitución— de la prueba también puede tener una base algorítmica (ante ese *riego de irrepetibilidad* y posible *pérdida probatoria*); e incluso —aunque esto es mucho más cuestionable (por el momento)— su valoración posterior[38] también puede ampararse en —que no suplirse por— una herramienta de Inteligencia Artificial, siempre en apoyo del mejor criterio humano[39], reforzado por un razonamiento personal *ad hoc*[40] y, además, sustentado —como no podía ser de otro modo— en máximas de experiencia, reglas de la sana crítica y toda suerte de apreciaciones íntimamente relacionadas con el *buen saber y entender* judicial[41]. Sin perjuicio de las grandes ventajas interpretativas que ofrecen ciertos instrumentos de IA en relación con la

---

38 *Vid.*, Fernández-Figares Morales, María José, quién reclama, antes de confiar a la IA, —nada menos que— la valoración probatoria (en este caso del interrogatorio), una mayor claridad legislativa: "la IA basada en reglas de conocimiento usa la deducción en base al silogismo: si (condición) entonces (consecuencia/conclusión); y esta operación precisa nutrirse de normas claras para poder configurarse", "El posible uso de la Inteligencia Artificial en la prueba testifical del proceso civil", en *Logros y Retos de la Justicia civil en España,* Dir.: Fernando Jiménez Conde, Julio Banacloche Palao y Fernando Gascón Inchausti; Coord.: Guillermo Schumann Barragán, Ed. Tirant lo Blanch, Valencia, 2023, pág. 669.

39 Bueno de Mata, Federico así lo concluye, tras un estudio muy detallado al respecto: "el juez no puede delegar esta tarea en otros y debe expresar en la sentencia sus propias razones, sin hacerlas descansar en la valoración de los agentes, lo que preservará la aplicación del principio de libre valoración sobre la prueba pericial de inteligencia", *Investigación y prueba de delitos de ocio en redes sociales: Técnicas OSINT e Inteligencia Policial,* Ed. Tirant lo Blanch, Valencia, 2023, pág. 291.

40 Barona Vilar, Silvia, nos alerta de ello: "si bien ciertamente las personas no son infalibles —y no lo dudamos—, las máquinas tampoco lo son, fundamentalmente porque se limitan a reproducir lo que nosotros hacemos y pensamos, son simuladores del pensamiento humano, pero ni piensan, ni sienten, ni dudan, ni contextualizan. Generan, por ende, el dilema de si nos hallamos ante una utopía o una distopía ante el fascinante empleo de los algoritmos en el ámbito probatorio del proceso penal", "Algoritmización de la prueba y la decisión judicial en el proceso penal: ¿Utopía o distopía?", en *El proceso penal ante una nueva realidad tecnológica europea,* Dir. Coral Arangüena Fanego, Montserrat De Hoyos Sancho y Esther Pillado González; Coord. Pedro Miguel Freitas, Ed. Aranzadi, Navarra, 2023, págs. 155 y 156.

41 Moreno Catena, Víctor nos recuerda, en este sentido que "la quiebra que representa la opacidad y la imposibilidad de someter a control el algoritmo pone en cuestión su resultado porque deja en el aire el derecho fundamental a la defensa y el principio de contradicción en el desarrollo del proceso", "Los datos en el sistema de justicia y la propuesta de reglamento UE sobre inteligencia artificial", en *Uso de la información y de los datos personales en los procesos: los cambios en la era di-*

mejor evaluación de algunos objetos complejos; lo cierto es que la generalizada asunción judicial —casi mecánica— del resultado arrojado por algunas periciales tecnológicas —en ocasiones, sobrevaloradas— presenta, en este momento, desafíos constantes[42].

La Justicia inteligente generativa se refiere, lógicamente, a la tecnología diseñada para la automatización de tareas tan complejas como la misma toma de decisiones con generación de texto autónomo que da respuesta a problemas concretos incorporados y, por supuesto, supervisados por la IH. En el momento actual, resulta muy difícil imaginar una respuesta exclusivamente robótica a un problema humano (especialmente, a uno que comprometa derechos de la personalidad y/o lazos afectivos, familiares, sociales); pero desde luego son muchas las opciones de —lícito y legítimo— aprovechamiento de datos[43] con apoyo en la IA que pueden desahogar la labor judicial: desde la construcción del texto de la sentencia[44], en esos tramos meramente informativos —fecha, encabezamiento,

---

gital, Dir.: Ignacio Colomer Hernández (dir.), María Angeles Catalina Benavente (coord.), Sabela Oubiña Barbolla (coord.), Ed. Aranzadi, Navarra, 2022, pág. 70.

42 Gascón Inchausti, Fernando, señala, en este punto, lo siguiente: "otro de los desafíos a los que se enfrenta la justicia penal como consecuencia de su inmersión en la era digital es lo que me atrevo a llamar, sin pretensión de connotación peyorativa alguna, el fenómeno de *sumisión* o *sometimiento* pericial, esto es, un exceso de dependencia de las autoridades de persecución penal —singularmente, de las autoridades judiciales— respecto de los informes periciales", "Desafíos para el proceso penal en la era digital: Externalización, Sumisión pericial e Inteligencia Artificial", en *La Justicia digital en España y la Unión Europeo,* Dir. Jesús Conde Fuentes y Gregorio Serrano Hoyo, Ed. Atelier, Barcelona, 2019, pág. 199.

43 *Vid.*, varios estudios esenciales en materia de protección de datos utilizados —masivamente— por la IA con fines de predicción y/o de generación de la respuesta: Colomer Hernández, Ignacio, "Limitaciones en el uso de la información y los datos personales en un proceso penal digital", en *El proceso penal ante una nueva realidad tecnológica europea,* Dir. Coral Arangüena Fanego, Montserrat De Hoyos Sancho y Esther Pillado González; Coord. Pedro Miguel Freitas, Ed. Aranzadi, Navarra, 2023; Esparza Leibar, Iñaki, "Derecho fundamental a la protección de datos de carácter personal en el ámbito jurisdiccional e Inteligencia Artificial. En especial, la LO 7/2021, de protección de datos personales tratados para fines de prevención, detección, investigación y enjuiciamiento de infracciones penales y de ejecución de sanciones penales", en *Inteligencia Artificial legal y Administración de Justicia,* Dir.: Sonia Calaza López y Mercedes Llorente Sánchez-Arjona, Ed. Aranzadi, Navarra, 2022.

44 Ercilla García, Javier, ha destacado que "la automatización en la redacción de resoluciones judiciales pasa, por una parte por automatizar aquellos elementos repetitivos que no aportan valor, por utilizar herramientas de procesamiento de

desarrollo fáctico, enumeración de pretensiones, redacción de hechos probados— hasta la propuesta de conclusión. Introducción, nudo y desenlace: las tres fases podrían encontrar apoyo en la IA; si bien, resulta evidente el "valor añadido" de la Inteligencia Humana a la hora de contrastar —con cierta empatía— los datos empíricos, así como los algoritmos y el distinto predominio de su porcentaje; todos ellos de gestación, actualización y escrutinio, por el momento, exclusivamente humanos (todo llegará, es de prever que también la *responsabilidad de las máquinas,* similar a la de las *personas jurídicas* —que ya, incluso, *delinquere potest*— cuando lleguen a gozar de total autonomía respecto de sus creadores[45]); pero entre tanto los humanos tengamos el control jurídico de nuestros actos, también debemos reclamar —salvo casos exactamente idénticos (idéntica *rebus sic stantibus,* igual condición general de la contratación, exacto acuerdo social de la misma sociedad de capital, similar retraso aéreo, semejante cláusula de un análogo seguro) una respuesta personalizada[46], así como una interpretación y aplicación de la norma, individualizadas[47], en función de cada caso

---

lenguaje natural que permitan la inclusión automática en los modelos de Sentencia de los datos concretos de cada caso (nombres, apellidos, cantidades etc...), la selección de los modelos posibles ante el litigio propuesto por la partes y por último —de lo que es objeto el presente artículo— la redacción de pequeños párrafos de Sentencias, en elementos muy concretos, para redactar textos que se correspondan con la apreciación concreta del Juzgador y con sus instrucciones. En este caso la IA no valora la prueba, sólo traduce a lenguaje natural las instrucciones y argumentos —estereotipados o del caso concreto (texto libre)— dados por el Juzgador para creer o no un testimonio, ofreciendo así un texto cuya aceptación o no correrá en última instancia a un ser humano, a saber, al Juzgador que la incluya en su resolución", en "Integración de GPT-3 en la redacción de argumentos de Sentencias: Un ejemplo práctico", *Revista Aranzadi de Derecho y Nuevas Tecnologías* núm. 61/2023, pág. 27.

45 *Vid.*, sobre la —indiscutible— exigencia de responsabilidad, Martín Diz, Fernando, "Herramientas de IA y adecuación en el ámbito del proceso judicial", *Derecho procesal, retos y transformaciones,* Ed. Atelier, Barcelona, 2021, pág. 298.

46 Y ello para combatir el riesgo, anunciado por López Martínez, Raúl, de "convertir a la Justicia en una indeseable máquina expendedora, con el consabido: *Su Sentencia, Gracias*", "Riesgos de la aplicación de la Inteligencia Artificial en la Administración de Justicia", en *Inteligencia Artificial legal y Administración de Justicia,* Dir.: Sonia Calaza López y Mercedes Llorente Sánchez-Arjona, Ed. Aranzadi, Navarra, 2022, pág. 565.

47 Conde Fuentes, Jesús, destaca, en este punto, que "la decisión judicial automatizada ofrecida por la herramienta de IA se debe completar —necesariamente— con la motivación referida al caso concreto y que solo el juez puede realizar interpretando las normas aplicables", "La Inteligencia Artificial y la figura del Juez-Robot",

concreto. Y es que todo ello —por si lo anterior fuera poco— se enmarca en un contexto espacial, temporal, económico, sociológico[48], psicológico y hasta político determinado[49]; pues la respuesta judicial no es una flor que ofrece la maravilla de una Justicia rediviva en un desierto —hasta ese día— inexplorado, sino otra —bien distinta: personal, directa, detallada, así como— perfectamente anclada en un lugar y tiempo determinados.

Frente a la inmediatez de la máquina —cuya calidad *versus* instantaneidad, en principio[50], no admite duda—, la celeridad humana —a la hora de dictar sentencia— ha sido, sin embargo, cuestionada; por cuánto la labor enjuiciadora precisa un tiempo razonable para neutralizar los riesgos de la precipitación cognitiva[51]: es algo así como el "descanso del conoci-

---

en *Modernización, Eficiencia y Aceleración del proceso,* Dir.: Silvia Pereira Puigvert Y Mª Jesús Pesqueira Zamara; Coord: Francesc Ordóñez Ponz y Santiago-Francisco Rodríguez Ríos, Ed. Aranzadi, Navarra, 2022, pág. 134.

48 *Vid.*, Borrás Andrés, Nuria, cuando señala que "los conflictos y su resolución judicial contienen factores humanos y sociológicos que no deben descuidarse en el juicio y para cuya introducción y corrección en el proceso son necesarios los agentes humanos que en el intervienen", "La verdad y la ficción de la Inteligencia Artificial en el proceso penal", en *La Justicia digital en España y la Unión Europeo,* Dir. Jesús Conde Fuentes y Gregorio Serrano Hoyo, Ed. Atelier, Barcelona, 2019, pág. 39.

49 Recuérdese, con Barja de Quiroga, Jacobo, que "si para legitimar las decisiones queremos recurrir a los valores, basta con recordar cómo estos han sido utilizados en la historia y el rendimiento que han dado: importante en la conciencia colectiva e individual, pero, de escasa utilidad cuando han desaparecido o se han difuminado. Además, ha de tenerse en cuenta que los valores cambian a lo largo del tiempo y en función de la sociedad de que se trate", en *Introducción a la Teoría del Estado. La legitimación,* Ed. Tirant lo Blanch, Valencia, 2014, pág. 17.

50 Sin perjuicio, claro está, de —la posible— "despersonalización judicial". *Vid.*, Suárez Xavier, Paulo Ramón, cuando señala que "no se puede perder de vista la naturaleza instrumental del proceso en cuánto garantía fundamental de los justiciables, libre de los inmediatismos de una justicia que se centra más en los datos que en las personas, que fueron desde siempre y deben seguir siendo el centro de nuestro sistema jurídico-procesal", en "Retos y perspectivas de la regulación de la Inteligencia Artificial en la Administración de Justicia", en *Logros y Retos de la Justicia civil en España,* Dir.: Fernando Jiménez Conde, Julio Banacloche Palao y Fernando Gascón Inchausti; Coord.: Guillermo Schumann Barragán, Ed. Tirant lo Blanch, Valencia, 2023.

51 *Vid.*, Julià-Pijoan, Miquel, "Una razón de ser para el proceso judicial", cuando señala lo siguiente: "la presencia de un lapso temporal para el dictado de la sentencia (esencia del proceso según parte de la dogmática) es necesario para neutralizar determinadas características del procesamiento rápido de la información.

miento", el "reposo del juicio", que aporta —eso parece— una garantía de mayor probabilidad de acierto. Las garantías procesales siempre han estado guiadas por la madurez del juicio, madurez precisada de un tiempo razonable; ello no se cumple, sin embargo, en el caso de la IA, dónde la respuesta inmediata no se identifica —o no, al menos, por su inmediatez— con la respuesta sesgada, inmadura o poco asentada.

Sin perjuicio de todo ello, la IA ya ha llegado a la Justicia: La Fiscalía de Shanghai (China)[52], ha estrenado un sistema basado en Inteligencia Artificial (IA) para la elaboración de escritos de acusación, amparados en la descripción verbal, con una capacidad de acierto superior al 97%. En este mismo país, se ha creado —asimismo— el denominado "Sistema 206", cuya finalidad es —nada menos que— la de evaluar "la solidez de las pruebas, las condiciones para una detención y el grado de peligrosidad de un sospechoso"; además de otros destinados —específicamente— a la admisión (o inadmisión) de recursos e incluso, al análisis de la condena de los delincuentes, con un análisis de su estado físico y/o psicológico, de cara a analizar la posibilidad de riesgo de reincidencia y, con ello, reducir la —hipotética— violencia del futuro. Asimismo, y también en China, se implementó, recientemente, el primer asistente judicial artificial denominado *Xiao Fa* —traducido como "ley pequeñita" o "derecho pequeñito"— con la finalidad de generar automáticamente borradores de sentencias y estandarizar condenas. Pero fue en 2017 cuando se creó el primer tribunal virtual o cibernético, en la ciudad de Hengezhou (China); un tiempo después Pekín y Guangzhou (China) crearon tribunales similares; todos ellos para resolver asuntos en materia de propiedad intelectual, comercio electrónico y operaciones en red. En ese mismo —ya (pareciera que) lejano— 2017 se instauró, en Argentina, PROMETEA, una IA desarrollada por la Fiscalía de la Ciudad de Buenos Aires para preparar automáticamente dictáme-

---

Por un lado, a fin de evitar que (i) se alcancen directamente conclusiones, recurriendo a las intuiciones, prejuicios y sesgos y (ii) se confiera un mayor rol a los elementos contextuales e inconscientes y, por tanto, extrajurídicos en la toma de decisiones. Y, por el otro, (iii) para garantizar la emergencia de la duda en todo este procesamiento. Si no se opera de este modo se vulneran dos de los tres pilares sobre los que se sustenta la función jurisdiccional: el derecho a la independencia judicial —en su vertiente de la imparcialidad judicial— y al derecho a la defensa, que incorpora el derecho a la prueba, a la contradicción y a la motivación", *Revista General de Derecho Procesal* nº 61, 2023, pág. 41.

52 https://confilegal.com/20220103-china-inventa-un-fiscal-de-inteligencia-artificial-capaz-de-presentar-cargos-con-un-97-de-precision/

nes judiciales[53]. En Colombia, poco después —en el año 2000— se crea PRETORIA, una IA de apoyo judicial con tres funciones esenciales[54]: (i) búsqueda, que permite ubicar información de interés para la selección de las sentencias; (ii) categorización, según criterios relevantes para la Corte Constitucional; y (iii) estadísticas, con líneas de tiempo y gráficos para tener una visión holística e integral sobre la tutela. En Brasil, la herramienta VÍCTOR analiza el texto de miles de recursos de apelación presentados ante el Tribunal Supremo Federal del Brasil y señala los que cumplen un requisito fundamental: el de "repercusión general"; esto es, la exigencia de que el recurso solicitado tenga un potencial impacto social amplio, y por lo tanto merezca ser estudiado: algo similar acabará implementándose, en nuestros Tribunales (Supremo y Constitucional) españoles con el "interés casacional" y la "especial transcendencia constitucional". Estonia, finalmente, creó —hace tiempo— su X-Road[55], una infraestructura digital que permite el instantáneo intercambio de datos entre las distintas Administraciones del país, pudiendo —además— los propios ciudadanos verificar quién ha accedido a su particular y propia información. En el marco de esta infraestructura, se está trabajando en un proyecto más ambicioso —también más cuestionado—: la creación de auténticos "Jueces robot"[56]

53 La herramienta le ha permitido a la Fiscalía incrementar la eficiencia de sus procesos de manera significativa: una reducción de 90 minutos a 1 minuto (99%) para la resolución de un pliego de contrataciones, otra de 167 días a 38 días (77%) para procesos de requerimiento a juicio, y de 190 días a 42 días (78%) para amparos habitacionales con citación de terceros, entre otros. Esta ganancia permitió que los empleados y funcionarios dedicados a realizar las tareas automatizadas pudieran dedicar más tiempo a aquellos casos más complejos que requieren un análisis más profundo, mejorando la calidad de sus dictámenes en estos casos específicos. https://publications.iadb.org/es/prometea-transformando-la-administracion-de-justicia-con-herramientas-de-inteligencia-artificial

54 https://www.corteconstitucional.gov.co/noticia.php?PRETORIA,-un-ejemplo-de-incorporaci%C3%B3n-de-tecnolog%C3%ADas-de-punta-en-el-sector-justicia-8970

55 https://www.thetechnolawgist.com/2019/06/12/estonia-se-prepara-para-tener-jueces-robot-basados-en-inteligencia-artificial/

56 Entre los primeros procesalistas españoles en analizar la figura del "Juez Robot" se encuentra Bonet Navarro, J., "La tutela judicial de los derechos no humanos. De la tramitación electrónica al proceso con robots autónomos", *CEFLegal, 208*, 2018.; *Vid.*, después, del mismo autor, "La Giurisdizione in un futuro non necessariamente distopico (L'ipotesi della sostituzione del Guidice)", en *Il giusto proceso civile 4/2022*, Edizione Scientifiche Italiane, 2023.; "El juicio y el prejuicio por la máquina", *Revista General de Derecho procesal* nº 60, IUSTEL, mayo 2023.

para dictar sentencias —apelables ante "Jueces humanos"— en aquellos juicios en los que hay discrepancias económicas cuantificadas en cantidades iguales y/o menores de 7000 euros.

La implementación de herramientas de IA colaborativa asistencial no plantea los límites, riesgos y amenazas de relajación —llevados al extremo, de degradación— de los derechos fundamentales y garantías esenciales del proceso judicial[57]; por cuánto la generación automática de posibles respuestas —a la controversia planteada— quedará sujeta a la voluntaria aceptación de los contendientes: la libre asunción de la respuesta —en una resolución autocompositiva— en lugar de la obligatoria aceptación —y posterior ejecución— de la respuesta judicial, torna más sencilla la inserción de este tipo de técnicas de IA asistenciales[58] en el marco de la Justicia extrajudicial.

Las mayores ventajas de la IA judicial decisoria, frente al enjuiciamiento exclusivamente humano se circunscriben a: (i) una mayor rapidez de la respuesta (la máquina, ya se sabe, no descansa ni desconecta jamás); (ii)

---

57 Gascón Inchausti, Fernando, ha destacado, en efecto, que "una buena legislación procesal necesita un legislador muy atento a los derechos y garantías, pero también al modo en que funcionan los sistemas de inteligencia artificial. Entrar adecuadamente en esa ecuación es uno de los mayores desafíos a que se enfrenta la comunidad jurídica en los próximos años", "Eficiencia procesal y sistemas de Inteligencia Artificial: La necesidad de pasar a la acción a la normativa", en *Modernización, Eficiencia y Aceleración del proceso,* Dir.: Silvia Pereira Puigvert Y Mª Jesús Pesqueira Zamara; Coord: Francesc Ordóñez Ponz y Santiago-Francisco Rodríguez Ríos, Ed. Aranzadi, Navarra, 2022, pág. 75.

58 *Vid.*, Diana Marcos, Francisco, quién advierte que "a día de hoy no es tarea fácil que un *software* actúe como tercero neutral en los ODR en países como el nuestro: además de que resulta imprescindible salvaguardar la esencia o naturaleza de los ADR (y, en este sentido, con la tecnología actual —de inteligencia artificial "débil" y específica— no es posible que una máquina asuma el tan importante rol de un mediador que solo un humano puede adoptar), hoy en día hay muchos escollos —algunos tratados— que deberían superarse. No sucede lo mismo si hablamos de la inteligencia artificial como herramienta asistencial, donde cabe esperar su más pronta introducción y generalización en los ODR y, más en concreto, en sede de negociación, en la que ya hay potentes plataformas que ofrecen respuestas o soluciones automáticas partiendo de bases de datos de reclamaciones similares (aquí es donde la inteligencia artificial puede llegar a tener un papel fundamental al no afectar la tecnología a la esencia de la negociación y facilitar la obtención de acuerdos de forma respetuosa con los derechos fundamentales)", "Smart ODR y su puesta en práctica: El salto a la Inteligencia Artificial", *Revista General de Derecho Procesal* nº 59, 2023, pág. 35.

una aplicación de la norma exenta de emociones y, por tanto, menos discrecional (al tiempo que más objetiva); (iii) un tratamiento más igualitario; (iv) un proceso más económico; (v) un procedimiento menos fatigoso psicológicamente; (vi) un bloqueador de estrategias procesales amparadas en intereses tan espurios como mantener el litigio con una finalidad amenazante o tan solo para "ganar tiempo"; (vii) un proceso más asistido[59]; y desde luego, (viii) un resultado más previsible: la máquina —que es una— ofrecerá siempre la misma solución —*la imbatibilidad del dato*—[60] frente a tantas y tantas respuestas —a veces similares; pero otras disonantes, incoherentes y hasta contradictorias— como pueden ofrecer los distintos Jueces/ Magistrados —la incertidumbre del juicio-

Los mayores inconvenientes de la IA judicial decisoria también han sido advertidos: (i) ausencia de empatía, solidaridad y asertividad —en las respuestas que deben conciliar la inexcusable aplicación de la norma con una razonable carga emocional—; (ii) petrificación y anquilosamiento, auténtica fosilización del Derecho, traducidos en ausencia de actualización de las normas antiguas a una renovada sensibilidad social, así como de implementación de las nuevas a una realidad jurídica todavía indefinida[61];

---

59 Recuérdese, con Pérez Luño, Antonio-Enrique, la necesidad (convertida en obligación del Tercer Poder del Estado) de "democratizar la digitalización judicial": "el uso generalizado de las TIC en Justicia está también condicionado por la presencia cotidiana de las TIC en la experiencia social. Para ello, aparte de la consciencia social tecnológica, que es un fenómeno advertible en todas las sociedades de nuestro tiempo, es necesario poner a disposición de todos los sectores sociales la posibilidad de acceso a las NT y a las TIC, evitando lo que se ha denominado la *brecha digital* o la diferencia entre *info ricos* e *info pobres*", "El Derecho ante las nuevas Tecnologías", en *El Derecho en la encrucijada tecnológica,* Dir. César Villegas Delgado y Pilar Martín Ríos, Ed. Tirant lo Blanch, Valencia, 2022, págs. 59 y 60.

60 *Vid.*, Barja de Quiroga, Jacobo y Calaza López, Sonia, "Justicia digital & Justicia inteligente: De la imbatibilidad del dato a la incertidumbre del juicio", en *Derecho penal económico, Legal Tech y Teoría del delito,* Dirs. Eduardo Demetrio & Agatha María Sanz Hermida; Coords. Mónica de la Cuerda Martín & Faustino García de la Torre García, Ed. Tirant lo Blanch, Valencia, 2024.

61 *Vid.*, Bonet Navarro, José, quién destacó "la incapacidad del juez robot para crear e innovar en derecho, de tal manera que, y a pesar de que se optase por su incorporación en nuestro sistema de justicia, será necesario contar con jueces humanos, al menos a modo de órgano superior o supervisor, a los cuales se les encargue la tarea de dictar la primera jurisprudencia cuando la norma aplicable carezca de ella; de unificar jurisprudencia, o de procurar su evolución cuando así se requiera para su adaptación a los valores sociales vigentes", en "La tutela judicial de los

(iii) falta de creatividad, criticismo o capacidad de improvisación[62]; (iv) inhumanidad (y posible deficiencia o, incluso, insuficiencia) de la motivación; (v) ausencia de razonamiento específico, individual y propio; (vi) complejidad de la congruencia[63]; (vii) falta de trasparencia[64] —ocasionada por la opacidad del algoritmo (blackbox)[65]—; (viii) aplicación (o más bien, replicación) de respuestas judiciales anteriores (en lugar de la renovada validación *ad hoc* de la norma vigente en cada momento: fuente primera del derecho)[66]; (ix) indefensión —en vía de recurso— ante un razonamiento amparado en motivos desconocidos o escasamente exportados al enjuiciamiento.

derechos no humanos. De la tramitación electrónica al proceso con robots autónomos", *CEFLegal, 208,* 2018, pág. 89.

62 *Vid.*, esta reflexión, en Nieva Fenoll, Jordi: "Lo que nos separa a los seres humanos de la máquina no es exactamente nuestra curiosidad, puesto que la IA, con su increíble capacidad de absorción de datos, tiene la más ambiciosa "curiosidad" que pueda imaginarse. Sí nos hace diferentes, en cambio, nuestra creatividad —más allá del criticismo, que también—, que, aunque no siempre abunda, no depende sistemáticamente —a diferencia de la IA— de los datos que ya conozcamos. Somos capaces de improvisar", "Inteligencia Artificial y proceso judicial: Perspectivas tras un alto tecnológico en el camino", *Revista General de Derecho Procesal* nº 57, 2022, pág. 4.

63 Nos recuerda Suárez Xavier, Paulo Ramón, en este sentido, que la IA "puede ser empleada en sistemas de soporte a la decisión, sin que ello implique que dicho soporte pueda servir para eludir el deber de motivación y congruencia de las resoluciones judiciales, que consagra el artículo 218 de la LEC, y correlatos en la legislación procesal de los distintos órdenes jurisdiccionales", *Justicia Predictiva: Construyendo la Justicia del siglo XXI,* Ed. Aranzadi, Navarra, 2023, págs. 172 y 173.

64 "¿Algoritmos secretos en la Justicia penal?" se pregunta, de forma provocadora, Martínez Garay, Lucía, "Peligrosidad, algoritmos y *due process*: El caso *State v Loomis*", *Revista de derecho penal y criminología,* 3ª Época, nº 20, julio de 2018, pág. 497.

65 Alonso Salgado, Cristina, ha sido extraordinariamente clara en este punto: "la ausencia de *explicabilidad,* la perpetuación y retroalimentación de sesgos discriminatorios y, lo que es peor, su blanqueamiento, entre otros aspectos, implican no pocos riesgos en un ámbito que exige certeza, certidumbre, inteligibilidad y seguridad", "El problema de la falta de transparencia en la interacción de la Inteligencia Artificial y la Justicia", en *Inteligencia Artificial legal y Administración de Justicia,* Dir.: Sonia Calaza López y Mercedes Llorente Sánchez-Arjona, Ed. Aranzadi, Navarra, 2022, pág. 522.

66 *Vid.*, Pérez Daudí, Vicente, "El precedente judicial. La previsibilidad de la sentencia y la decisión automatizada del conflicto", *Revista General de Derecho procesal nº* 54, 2021.

Y después de este planteamiento general, llega la hora de la verdad: el Real Decreto-Ley 6/2023 se estrena con un decidido (e imprescindible) refuerzo de la digitalización y asume, por primera vez, la implementación de la IA en la Justicia española. Pero, tal y como se ha advertido con meridiana claridad, la digitalización o, incluso, la automatización —característica y propia de las *actuaciones automatizadas* (valga la redundancia) e, incluso, de las *actuaciones proactivas*— no es equivalente a la de la IA —indiscutiblemente característica de las *actuaciones asistidas*[67]—. La digitalización se refuerza mediante actuaciones tales como el expreso reconocimiento legal de las *actuaciones automatizadas* —aquellas producidas por un sistema de información adecuadamente programado sin necesidad de intervención humana en cada caso singular (*numerado o paginado de expedientes, remisión de asuntos al archivo cuando se den las condiciones procesales para ello, generación de copias y certificados, generación de libros, comprobación de representaciones, declaración de firmeza de acuerdo con la ley procesal*)— y de las *actuaciones proactivas* —aquellas automatizadas y autoiniciadas por los sistemas de información sin intervención humana, que aprovechan la información incorporada en un expediente o procedimiento de una Administración Pública con un fin determinado, para generar avisos o efectos directos a otros fines, en el mismo o en otros expedientes, de la misma o de otra Administración Pública, en todo caso conformes con la ley—; sin embargo, la IA se incorpora a la Justicia, tan sólo a través de las *actuaciones asistidas*[68], que son, precisamen-

---

67 Así lo ha explicado Fernández, Carlos B, cuando ha señalado —con toda clarividencia— que "Aunque es frecuente confundir ambos tipos de procesos, como se podrá ver en las definiciones que se incluyen a continuación, automatización e IA no son actividades equivalentes. Por eso resulta particularmente útil esta diferenciación introducida por el regulador. Como explica en un reciente post en LinkedIn Miguel Solano Gadea, de esta regulación resulta que el uso la IA es admisible como 'actuación asistida' de la Administración de Justicia", en "Actuaciones automatizadas y actuaciones asistidas por IA en la Administración de Justicia", *Diario La Ley*, 16 de enero de 2024.

68 Richard González, Manuel, También Lo Tiene Claro: "Las (Actuaciones, se entiende) asistidas pueden claramente insertarse en lo que podría denominarse aplicación de la IA en el sistema de justicia. A este respecto, las actuaciones asistidas suponen otorgar a máquinas la toma de decisiones, aunque sean provisionales y sometidas al superior criterio del juzgador", "Las actuaciones judiciales automatizadas, proactivas y asistidas, previstas en el Anteproyecto de Ley de Medidas de Eficiencia digital de 2021, en el marco de la Estrategia Europea de desarrollo de la Inteligencia Artificial", en *Logros y Retos de la Justicia civil en España*, Dir.: Fernando Jiménez Conde, Julio Banacloche Palao y Fernando Gascón Inchausti; Coord.: Guillermo Schumann Barragán, Ed. Tirant lo Blanch, Valencia, 2023, pág. 713.

te, aquellas para las que, el sistema de información de la Administración de Justicia *genera un borrador total o parcial de documento complejo basado en datos, que puede ser producido por algoritmos, y puede constituir el fundamento o apoyo de una resolución judicial o procesal.* En esta generación algorítmica del documento —potencialmente destinado a convertirse en resolución judicial o procesal— han de cumplirse las siguientes premisas: (i) precisa la validación de la autoridad competente; (ii) la generación del referido borrador documental se producirá por *voluntad del usuario,* pudiendo, además, este mismo usuario modificarlo *libre y enteramente*; (iii) la *constitución de* —esto es: la conversión de ese borrador documental en— *resolución judicial o procesal requerirá siempre la validación del texto definitivo, por el juez o jueza, magistrado o magistrada, fiscal o letrado o letrada de la Administración de Justicia, en el ámbito de sus respectivas competencias y bajo su responsabilidad, así como la identificación, autenticación o firma electrónica que, en cada caso, prevea la ley, además de los requisitos que las leyes procesales establezcan.*

La generación automática de documentos decisorios, pese a la aparente sencillez de esta formulación teórica, conlleva —en verdad— grandes dificultades prácticas[69]: no sólo porque la aplicación del Derecho objetivo (cuando resulta diáfano) al caso concreto precisa —en no pocos casos— una interpretación[70]; sino porque este Derecho objetivo no es perfecto:

---

69 Castillejo Manzanares, Raquel: "las labores de calificación jurídica generalmente son bastante difíciles de incluir en un algoritmo. La principal causa de ello es lo que se ha venido a denominar "*textura abierta del derecho*", que provoca que, para ciertos casos, las normas sean vagas e indeterminadas. Esta característica del derecho, unida a que su práctica argumentativa, al menos en la labor de motivación del juez, se convierte en muchos casos en largas cadenas de razonamiento complejo, también complican las labores de análisis, sistematización y elaboración automática. A esto se le suma que la argumentación jurídica consiste en una actividad persuasoria, que al aplicar las normas al caso concreto lo hace inscrita en un determinado contexto social. En este sentido, el juzgador, en la resolución y motivación de sus decisiones, no solo realiza inferencia lógico-jurídica, sino que también ha de recurrir a la consideración de elementos sociológicos y retóricos", "Las nuevas tecnologías y la Inteligencia Artificial como retos post-covid19", *Revista General de Derecho Procesal* nº 56, 2022, págs. 24 y 25.

70 *Vid.*, Pérez Daudí, Vicente, quién señala que "la aplicación de la Inteligencia Artificial a la adopción de resoluciones judiciales es asimilable a defender la teoría del silogismo judicial, que ha resultado insuficiente al ser incompleta, ya que excluye las sentencias subjetivas del derecho, hace una distinción artificial entre hecho y derecho y no explica la aplicación de la equidad. Por lo tanto, en este momento no es posible utilizarla para sustituir la decisión jurisdiccional", *De la Justicia a la Ciberjusticia,* Ed. Atelier, Barcelona, 2022, pág. 186.

en ocasiones, es difícilmente seleccionable (¿confiamos en un *iura novit curia* digital o acaso en un *daha mihi factum et dabo tibi ius* tecnológico?), tiene lagunas, vacíos, imprecisiones, conceptos jurídicos indeterminados, conflictos normativos: y este es el punto de partida; ya no digamos cuando el objeto litigioso es, además, especialmente complejo o cuando hay una multiplicidad de personas en cada parte procesal (activa/pasiva) —sean actores/demandados, sean acusadores/acusados—, así como una multiplicidad y/o heterogeneidad de pretensiones/resistencias.

La sola idea del "Juez-Robot" como mecanismo de IA que otorgue puntual respuesta —sin la menor interacción/supervisión humana— a los conflictos cotidianos que acucian, en todos los ámbitos —civil, penal, administrativo y/o laboral, por supuesto también militar— a la ciudadanía, ha sido radicalmente rechazada, en este momento, por la totalidad de la doctrina; toda ella consciente de que ello supondría no sólo la defunción de un sistema amparado en principios de ideación y formulación humana (con la desaparición de actividades procesales tan enriquecedoras como el mismo debate)[71]; sino incluso —y nada menos que— un auténtico retroceso en la misma historia de nuestra democracia[72].

---

71 *Vid.*, en este sentido, Nieva Fenoll, Jordi, cuando augura que "la contradicción dialéctica propia de las conclusiones, a la vista de las pruebas, difícilmente enriquecerá los debates. Es decir, planteadas las alegaciones y presentadas las pruebas, la máquina decidirá. Y ejecutará. La ejecución, sea cual fuere el proceso, será una actividad que habiendo sido ya esencialmente administrativa y en ocasiones, casi burocrática, devendrá automática", "Un cambio generacional en el proceso judicial: La Inteligencia Artificial", en *El Derecho en la encrucijada tecnológica. Estudios sobre Derechos fundamentales, nuevas Tecnologías e Inteligencia Artificial,* Dir. Pilar Martín Ríos y César Villegas Delgado, Ed. Tirant lo Blanch, Valencia, 2022, pág. 223.

72 Son muchas las voces autorizadas de la disciplina que así lo han verbalizado; *Vid.*, entre otras, Marcos González, María, cuando pone énfasis en que "los ciudadanos no pueden ser compelidos a estar y pasar por la ejecución de una declaración judicial que carezca de garantías en cuánto al modo como se ha adoptado o al contenido de la misma. Permitirlo socavaría, como parece obvio, los cimientos del Estado de Derecho y de la propia justificación de la existencia del Poder Judicial", "Procesos judiciales y procesos automatizados", en *Digitalización de la Justicia: Prevención, Investigación y Enjuiciamiento,* Dir.: Mercedes Llorente Sánchez-Arjona y Sonia Calaza López, Ed. Aranzadi, Navarra, 2021, pág. 339; Llorente Sánchez-Arjona, Mercedes, ha advertido, a su vez, que "la IA va a cambiar el concepto y la práctica del Derecho, es más, podemos decir que ya lo está cambiando, pero a lo que no se puede renunciar, en aras de una mayor eficiencia, es al conjunto de derechos fundamentales y garantías procesales que ha costado tanto esfuerzo conquistar", "Inteligencia Artificial, valoración del riesgo y derecho al debido

La respuesta exclusivamente automatizada, y sin intervención humana, comportaría —sin lugar a dudas— una radical quiebra del derecho de defensa[73], no sólo en su primera y más elemental proyección de la contradicción, publicidad y hasta concentración —principios todos ellos característicos de las actuaciones procesales físicas o, a lo sumo, híbridas— que debe presidir todo debate —como sangre que bombea el corazón del proceso[74],

---

proceso", en *Inteligencia Artificial legal y Administración de Justicia,* Dir.: Sonia Calaza López y Mercedes Llorente Sánchez-Arjona, Ed. Aranzadi, Navarra, 2022, pág. 393; Gómez Colomer, Juan Luis, ha destacado, en este punto, después de una profunda disertación sobre esta cuestión, que "el punto central (...) es si estamos dispuestos a negar principios esenciales de la constitución democrática por la que tantos seres humanos han luchado, muchos incluso han dado sus vidas, renunciando a principios que jamás deberían desaparecer ni de nuestras leyes ni de nuestra práctica, a cambio de aligerar la Justicia civil o penal y conseguir juicios más rápidos. Ésa es la cuestión. En mi opinión, de momento el Juez-Robot vulneraría el estado democrático de derecho, la independencia judicial, la imparcialidad judicial y el principio del juez legal. Vulneraría otros más, (...), pero ahí están cuatro sin los que la Revolución Francesa habría sido una rutinaria pelea de barrio. Mi respuesta por tanto es negativa. A ese precio no quiero acabar con la sobrecarga judicial. Hay que dar alas a la imaginación y buscar otras vías de solución", "Problemas legales del Juez robot desde una perspectiva procesal y orgánica", en *El proceso penal ante una nueva realidad tecnológica europea,* Dir. Coral Arangüena Fanego, Montserrat De Hoyos Sancho y Esther Pillado González; Coord. Pedro Miguel Freitas, Ed. Aranzadi, Navarra, 2023, págs. 178 y 179.

73 Castillejo Manzanares, Raquel, también lo tiene claro: "las partes deben poder conocer todos los materiales de hecho y de derecho que puedan influir en la convicción del juez en el momento de dictar sentencia y la facultad de poder alegar, probar y argumentar con la misma idea de incidir en la convicción judicial. Es por ello que la opacidad en el contenido de los datos que presente la herramienta de IA que pueda llegar a utilizar en el proceso lesionará el derecho de defensa cuando el propio desconocimiento de la estructura que contiene el algoritmo afecte al derecho de defensa del investigado o acusado", "Digitalización y/o Inteligencia Artificial", en *Inteligencia Artificial legal y Administración de Justicia,* Dir.: Sonia Calaza López y Mercedes Llorente Sánchez-Arjona, Ed. Aranzadi, Navarra, 2022, pág. 87.

74 Guzmán Fluja, Vicente, es el inspirador de esta cautivadora reflexión: "el derecho procesal, el proceso, por supuesto el proceso penal, solo tiene razón de ser en cuánto se integra por un conjunto de principios y garantías sustanciales e identificadoras cuyo menoscabo, desconocimiento, desnaturalización, vulneración o ausencia determinan la imposibilidad de reconocer no ya el resultado o solución del conflicto, sino la existencia del propio método procesal (es bien sabido que el proceso judicial se integra por dos principios estructurales: igualdad de armas y contradicción)", en "Ideas para un debate sobre la predicción del crimen", en

en cada latido, con el consiguiente suministro de oxígeno y nutrientes, a todas sus fases procedimentales—, sino también en la motivación —y razonamiento— de la respuesta, que sería muy difícil —por no decir, imposible— de cuestionar; ya no digamos de revertir —vía recurso[75]— sin conocer las razones, motivos y/o argumentos que impulsaron al Juez Robot a adoptar esa respuesta y no otra. Pero incluso la proposición de la respuesta judicial —cuando no estuviere exclusivamente automatizada— presenta riesgos difíciles de conjurar; por cuánto no será fácil deslindar, respecto de una resolución determinada, cuánta parte de la misma —en términos matemáticos— será de creación humana propia —fruto del ingenio, la creatividad, la originalidad y el propio empeño— del Juez; y cuánta la traslación automatizada —sin la menor reflexión adicional— de otros casos —siempre a juicio de la máquina— similares: El siguiente reto será precisamente este, el de la deconstrucción —consciente— de la inercia de la respuesta, frente a la construcción —caso por caso— de una solución amparada —pero no ideada— en las técnicas —cada día más sofisticadas— de IA con las que —es de prever, muy pronto— contarán nuestros Juzgadores[76]. Finalmente, ha de aceptarse que todo este estado embrionario de la IA judicial, que tantas incógnitas (también recelos y hasta rechazo) presenta, a día de hoy, es —tan sólo— el comienzo de un nuevo ecosistema digital judicial interconectado, cuya siguiente aspiración ha de pasar, forzosamente, por la homogeneización de la IA judicial en el ámbito de la UE[77].

Inteligencia Artificial legal y Administración de Justicia, Dir.: Sonia Calaza López y Mercedes Llorente Sánchez-Arjona, Ed. Aranzadi, Navarra, 2022, pág. 327.

75 Ariza Colmenarejo, Mª Jesús, destaca, en este sentido, que "si concebimos la IA como algo que le sirve al juez para motivar mejor, entonces el recurso se deberá plantear en términos de motivación o razonamiento de la decisión", "Impugnación de las decisiones judiciales dictadas con auxilio de Inteligencia Artificial", en *Inteligencia Artificial legal y Administración de Justicia,* Dir.: Sonia Calaza López y Mercedes Llorente Sánchez-Arjona, Ed. Aranzadi, Navarra, 2022, pág. 52.

76 Y así lo percibió Nieva Fenoll, Jordi: "hay que luchar porque todo lo conseguido gracias al derecho al juez independiente e imparcial, no se pierda si algún día las máquinas influyen en mayor medida en el enjuiciamiento", "Inteligencia Artificial y proceso judicial: Perspectivas ante un alto tecnológico en el camino", en *Inteligencia Artificial legal y Administración de Justicia,* Dir.: Sonia Calaza López y Mercedes Llorente Sánchez-Arjona, Ed. Aranzadi, Navarra, 2022, pág. 436.

77 *Vid.*, De Hoyos Sancho, Montserrat, cuando señala que "la necesaria creación del "ecosistema de confianza" en la Unión Europea en materia de Inteligencia Artificial, la implantación de un marco jurídico destinado a lograr una IA fiable y respetuosa de los derechos y garantías fundamentales, repercutirá también sobre el éxito de la imprescindible cooperación judicial y policial transfronteriza en los

4. CONSIDERACIONES FINALES

Las posibilidades de delegar en herramientas de IA la gestión de las distintas fases que integran los procedimientos judiciales son tan heterogéneas como diversas: desde la minuciosa selección, numeración y/o clasificación de documentos hasta la misma toma de decisiones relevantes, pasando por el mero establecimiento de alarmas, alertas o avisos de todo tipo. Y ello afecta a todos y cada uno de los sectores que coadyuvan cotidianamente al éxito de la Justicia, desde la misma Abogacía —que encuentra un decisivo apoyo en empresas de Legal Tech y de Law Tech[78]— hasta la Fiscalía y desde luego, a la Judicatura.

La resolución judicial amparada en herramientas de IA será factible, desde luego, para aligerar la respuesta a controversias sencillas, repetitivas, mecánicas, con escaso margen de interpretación y con clarividencia probatoria —como el caso, entre otros, de los procesos monitorios[79], los juicios cambiarios, los desahucios, las crisis matrimoniales amistosas (excepción hecha, claro está, de la nulidad)—; ya no digamos los que carecen de toda oposición (un buen número de expedientes de Jurisdicción Voluntaria); o los amparados en hechos que no precisan la más mínima actividad probatoria, ya sea por su notoriedad, ya por su dual aceptación fáctica; si bien, incluso en esos casos, la progresiva asunción de la respuesta automatizada

---

supuestos cada vez más frecuentes en que se hayan podido usar sistemas IA", en "El uso jurisdiccional de los sistemas de Inteligencia Artificial y la necesidad de su armonización en el contexto de la Unión Europea", *Revista General de Derecho Procesal* nº 55, pág. 24.

78 Suárez Xavier, Paulo Ramón, explica las diferencias entre ambos tipos de conceptos del siguiente modo: "Nosotros adoptamos como concepto de *Legal Tech,* el conjunto de las empresas del sector legal dedicadas al desarrollo e implementación de tecnologías destinadas a facilitar, automatizar, modernizar o "*smartificar"* la prestación de servicios legales, es decir, son empresas cuyos servicios se destinan a los prestadores de servicios legales o empresas y personas físicas que cuentan con servicios propios permanentes de asesoría legal. El *Law Tech,* por otro lado, se refiere a la rama de las empresas que prestan autoservicios jurídicos, lo que implica que las tecnologías que emplean no se destinan al apoyo de las actividades realizadas por los profesionales del sector jurídico, sino más bien a su sustitución en determinadas actividades", "Inteligencia Artificial y uberización de la abogacía: ¿Quien regulará al abogado robot o al robot del abogado?", *Revista General de Derecho Procesal* nº *58,* 2022, pág. 8.

79 *Vid.*, Rodríguez Ríos, Santiago-Francisco, "Un proceso civil gestionado por Inteligencia Artificial: El monitorio como ejemplo", *Revista General de Derecho Procesal* nº 61, 2023.

podría llevar a derrumbar la alta torre de la argumentación, razonamiento y/o motivación, características de todo enjuiciamiento judicial, por cuánto una misma respuesta —en lenguaje coloquial— *se haría viral*[80] para todos los casos; y ello con independencia de las particularidades que pudieran llegar a presentar supuestos concretos, cuya *novedad*, *singularidad* u *originalidad* tan sólo resaltaría a la luz del ingenio humano. Y es que, sin desconocer sus indudables ventajas, y conscientes de que, en este campo, *no hay marcha atrás*, la IA generativa y decisoria plantea —por el momento— incógnitas tan difíciles de resolver como, entre otras, las siguientes: (i) *la falta de transparencia del algoritmo*[81] —entre tanto no se derive al Poder Judicial la exclusiva competencia para elaborar, supervisar y actualizar el algoritmo —necesariamente— público[82]: esa opacidad carente de todo control judicial comprometerá, de forma muy agresiva: (ii) *el derecho a la presunción de inocencia, el derecho de defensa, el derecho a un proceso público con todas las*

---

80 Así lo explicaba Nieva Fenoll, Jordi, hace ya algún tiempo: "¿qué sucede en aquellos casos en los que, efectivamente, la aplicación del Derecho es fácil una vez resuelta la parte probatoria? Puede gustar más o menos el resultado, pero en estos supuestos, tarde o temprano, la motivación dejará de existir porque se aceptará sin más la resolución que proponga la herramienta de Inteligencia artificial, que se tendrá por suficientemente justificada si el algoritmo fue configurado correctamente y nadie lo discute", *Inteligencia artificial y proceso judicial,* Ed. Marcial Pons, Madrid, 2018, pág. 117.

81 Conde Fuentes, Jesús lo resalta: "los sistemas de IA han de ser transparentes, es decir, no pueden basarse en una caja negra (*blackbox*) ni en sistemas basados en un aprendizaje profundo (*deep learning*), siendo ambos límites infranqueables", "El juez-robot y la independencia judicial: una aproximación", en *Logros y Retos de la Justicia civil en España,* Dir.: Fernando Jiménez Conde, Julio Banacloche Palao y Fernando Gascón Inchausti; Coord.: Guillermo Schumann Barragán, Ed. Tirant lo Blanch, Valencia, 2023, pág. 658.

82 Nieva Fenoll, Jordi, insiste en ello: "en lo que atañe al derecho de defensa, será fundamental el conocimiento del funcionamiento de los algoritmos. Las excusas de propiedad intelectual para no desclasificarlos serán inaceptables, dado que las partes deben tener perfecto conocimiento de los mismos para poder, en su caso, combatirlos. No será aceptable entrar en un oscurantismo de nuevo cuño que dejaría a la Justicia en un ámbito misterioso que es incompatible con la elaboración de estrategias procesales por parte de los litigantes", en "Un cambio generacional en el proceso judicial: La Inteligencia Artificial", en *El Derecho en la encrucijada tecnológica. Estudios sobre Derechos fundamentales, nuevas Tecnologías e Inteligencia Artificial,* Dir. Pilar Martín Ríos y César Villegas Delgado, Ed. Tirant lo Blanch, Valencia, 2022, pág. 101.

garantías[83], *el derecho a la respuesta motivada y hasta el mismo derecho al Juez legal*, con todas sus severas implicaciones en cuánto a los atributos esenciales de la Jurisdicción: (iii) *objetividad*[84], *responsabilidad*[85], *independencia*[86] e *imparcialidad*[87]. Y al término, la gestión de todas estas opciones —cuando

---

83 Guzmán Fluja, Vicente, ha advertido, en este sentido, que "la automatización de decisiones puede suponer un envenenamiento del proceso penal, afectando a las garantías y derechos fundamentales de las personas", en "Proceso penal y Justicia automatizada", *Revista General de Derecho Procesal* nº 53, 2021, pág. 40.

84 Castillejo Manzanares, Raquel, apunta a una "reestructuración de las exigencias de imparcialidad e independencia": "una máquina no podrá ser parcial, pues es imposible que en su diseño contemple la posibilidad de sentir emociones. Tampoco es posible que la herramienta de Inteligencia Artificial se deje corromper por el poder, por lo que la independencia en su funcionamiento no corre riesgo. Sin embargo, esto no elimina el problema, sino que más bien traslada su foco: ahora la independencia y la imparcialidad tienen que ser garantizadas en el diseño y, por lo tanto, el sujeto pasivo de estas exigencias sería quién elabora el algoritmo, que tendrá que cumplir las pautas de igualdad, no discriminación y sometimiento a la ley", "Cuáles son las razones que obstaculizan la introducción de la IA en el proceso judicial. Especial referencia al proceso penal", en *La tecnología y la Inteligencia Artificial al servicio del proceso,* Dir.: Pilar Martín Ríos y César Villegas Delgado; Coord.: María Luisa Domínguez Barragán, Ed. Colex, Madrid, 2023, págs. 104 y 105.

85 *Vid.*, San Miguel Caso, Cristina, cuando señala que "es necesario diseñar un sistema de corresponsabilidad frente a los daños que se pudieran derivar del uso de estas técnicas de predicción judicial de manera que, tanto los desarrolladores del algoritmo como la propia Administración de Justicia, respondan por los errores técnicos y jurídicos que puedan resultar del empleo de las mismas", "Las técnicas de predicción judicial y su repercusión en el proceso", en *La Justicia digital en España y la Unión Europeo,* Dir. Jesús Conde Fuentes y Gregorio Serrano Hoyo, Ed. Atelier, Barcelona, 2019, pág. 49.

86 *Vid.*, en este sentido Castillejo Manzanares, Raquel, cuando advierte que "la decisión automatizada de una máquina inteligente choca frontalmente con la noción constitucional de independencia judicial, ya que el juez pasaría a depender del ingeniero diseñador o de la técnica", "Nuevas tecnologías y prueba en el proceso penal. Especial incidencia en la Inteligencia Artificial", *Derecho digital e Innovación* nº 11, 2022, pág. 25.

87 *Vid.*, Gómez Colomer, Juan Luis, cuando se plantea un buen número de imprescindibles dilemas: "¿es independiente una máquina? Y si lo es, ¿de qué o de quién?; ¿es o puede llegar a ser imparcial una máquina? La imparcialidad presupone independencia, pero además vela por otros intereses; ¿qué ocurre con el principio de responsabilidad judicial cuando sentencia una máquina?". Y aún sigue: "¿qué causas de abstención o recusación podrían alegarse, qué datos permitirían deducir que el juez robot no ha sido ajeno al litigo o a la causa, se habría producido por tanto un ataque a la imparcialidad judicial?", "Unas reflexiones sobre el llamado

lleguen— de inserción (pública, transparente, controlada y segura) de IA en el juicio todavía puede sorprendernos, pues todavía estamos en la incipiente fase de germinación de una semilla, cuyo proceso de crecimiento se torna, a día de hoy, inimaginable: así, la constante recopilación, interacción y análisis de datos permite, entre tantísimas otras potencialidades, generar auténticos *patrones de actuación enjuiciadora* y *perfiles de jueces* que ya han llegado a prohibirse en algunos países europeos[88].

De todas las anteriores consideraciones, y con independencia de la fascinación o rechazo —de cada uno— por la progresiva asunción de una Justicia tecnológica, cabe concluir —muy a pesar de la dicción del nuevo texto legal respecto de la responsabilidad (¿personal?) del usuario (Juez, Magistrado, Fiscal, LAJ) respecto de esos "documentos" (voluntarios y manipulables) generados por la IA— con una incógnita: ¿De quién es la responsabilidad[89] del (posible) error —intencionado o no[90]— de cada mecanismo de IA y en qué grado? ¿Del Juez, Magistrado, Fiscal y/o LAJ

Juez Robot al hilo del principio de independencia judicial", en *Justicia algorítmica y neuroderecho: una mirada multidisciplinar*, Ed. Tirant lo Blanch, Valencia, 2021.

88 Bueno de Mata, Federico, lo explica con claridad y despeja algunos "malentendidos" cuando expresa que "Francia ha limitado el tratamiento y la trazabilidad de herramientas de Legaltech que cree perfiles de los jueces y pueda llegar a extraer patrones que predigan sus prácticas o incluse los vinculen con determinadas ideologías o pensamiento político. Debemos dejar claro que esto no tiene nada que ver con penar con prisión a los desarrolladores de programas de justicia predictivas, tal y como han informado algunos autores, sino que lo que prohíbe es catalogar a los jueces en función de sus opiniones", "Macrodatos, Inteligencia Artificial y proceso: Luces y sombras", *Revista General de Derecho Procesal* nº 51, 2020, pág. 26.

89 *Vid.*, por todos, en este punto, Barona Vilar, Silvia, "Persona, algoritmización y posthumanismo, una ecuación hacia la "persona maquínica" y su responsabilidad", *Actualidad Civil*, Nº 10, octubre de 2022, Editorial LA LEY

90 Esparza Leibar, Iñaki y Fernández Galarreta, Francisco Javier nos recuerdan, en este sentido, que "no es una novedad que el empleo de la IA comporta riesgos, desde el sesgo —quizá ni siquiera malintencionado, pero tan real como perjudicial— en la elaboración de un algoritmo aplicable en materia de justicia (ejecución de penas y progresión de grado, v. gr.), hasta el falseamiento total, la clonación o invención —también o potencialmente maliciosa— de los datos de carácter personal (imágenes, sonidos, ubicaciones, datos fiscales o de salud…) que parecen reales pero que no lo son en absoluto", "Sin datos de carácter personal no hay inteligencia artificial. Reflexiones en torno a la inteligencia artificial y los datos en la justicia", *Diario LA LEY*, Nº 78, diciembre de 2023, Editorial LA LEY, pág. 4.

que asumió ciegamente el resultado de la máquina? Parece que esto deja entrever la norma; pero...Si se trata de un defecto del sistema, de un "gusano", de un virus, de un hackeo, de una desactualización...En fin, de tantas y tantas eventualidades como las que pueden surgir; entonces: ¿De quién es la responsabilidad?[91]: ¿También del Juez, Magistrado, Fiscal y/o LAJ? ¿Del programador de la máquina? ¿De la compañía que ha diseñado la máquina? ¿De la propia máquina? S.O.S., pero, a pesar del vértigo, por favor... ¡No paren las máquinas!

BIBLIOGRAFÍA

Alonso Salgado, Cristina, "El problema de la falta de transparencia en la interacción de la Inteligencia Artificial y la Justicia", en *Inteligencia Artificial legal y Administración de Justicia,* Dir.: Sonia Calaza López y Mercedes Llorente Sánchez-Arjona, Ed. Aranzadi, Navarra, 2022.

Ariza Colmenarejo, Mª Jesús, "Impugnación de las decisiones judiciales dictadas con auxilio de Inteligencia Artificial", en *Inteligencia Artificial legal y Administración de Justicia,* Dir.: Sonia Calaza López y Mercedes Llorente Sánchez-Arjona, Ed. Aranzadi, Navarra, 2022.

Barja de Quiroga, Jacobo, *Introducción a la Teoría del Estado. La legitimación,* Ed. Tirant lo Blanch, Valencia, 2014.

Barja de Quiroga, Jacobo, *La Justicia y la política,* Ed. Tirant lo Blanch, Valencia, 2021.

Barja de Quiroga, Jacobo y Calaza López, Sonia, Justicia digital & Justicia inteligente: De la imbatibilidad del dato a la incertidumbre del juicio, en "Derecho penal económico, Legal Tech y Teoría del delito", Dirs. Eduardo Demetrio & Agatha María Sanz, Hermida; Coords. Mónica de la Cuerda Martí n & Faustino García de la Torre García, Ed. Tirant lo Blanch, Valencia, 2024.

Barona Vilar, Silvia, "Una Justicia 'digital' y 'algorítmica' para una sociedad en estado de mudanza", en *Justicia algorítmica y neuroderecho,* Ed. Tirant lo Blanch, Valencia, 2021.

Barona Vilar, Silvia, *Algoritmización del Derecho y de la Justicia. De la Inteligencia Artificial a la Smart Justice,* Ed. Tirant lo Blanch, Valencia, 2021.

Barona Vilar, Silvia, "Justicia algorítmica: ¿Más o menos sostenible?", en *Los objetivos de desarrollo sostenible y la Inteligencia Artificial en el proceso judicial,* Dir.: Paloma Arrabal Platero, Ed. Tirant lo Blanch, Valencia, 2022.

Barona Vilar, Silvia, "Persona, algoritmización y posthumanismo, una ecuación hacia la "persona maquínica" y su responsabilidad", *Actualidad Civil,* Nº 10, octubre de 2022, Editorial LA LEY

Barona Vilar, Silvia, "Algoritmización de la prueba y la decisión judicial en el proceso penal: ¿Utopía o distopía?", en *El proceso penal ante una nueva realidad tecnológica eu-*

91 *Vid.*, Carretero Sánchez, Santiago, "El principio general de responsabilidad del estado en su vertiente digital y sus límites éticos", *Diario LA LEY,* Nº 10230, febrero de 2023, Editorial LA LEY

ropea, Dir. Coral Arangüena Fanego, Montserrat De Hoyos Sancho y Esther Pillado González; Coord. Pedro Miguel Freitas, Ed. Aranzadi, Navarra, 2023.

Barona Vilar, Silvia, "Ecosistema digital de justicia eficiente (De la Justicia digital orientada al documento a la Justicia orientada al dato)", *Actualidad Civil* nº 5, mayo, 2023.

Bonet Navarro, J., "La tutela judicial de los derechos no humanos. De la tramitación electrónica al proceso con robots autónomos", *CEFLegal, 208,* 2018.

Bonet Navarro, J., "Principio de ductilidad, Juntas de dilatación y vías para minorar las dilaciones", en *Digitalización de la Justicia: Prevención, Investigación y Enjuiciamiento,* Dir.: Mercedes Llorente Sánchez-Arjona y Sonia Calaza López, Ed. Aranzadi, Navarra, 2021.

Bonet Navarro, J., "La Giurisdizione in un futuro non necessariamente distopico (L'ipotesi della sostituzione del Guidice)", en *Il giusto processo civile 4/2022,* Edizione Scientifiche Italiane, 2023.

Bonet Navarro, J., "El juicio y el prejuicio por la máquina", *Revista General de Derecho procesal* nº 60, IUSTEL, mayo 2023.

Borges Blázquez, Raquel, "Inteligencia Artificial y perspectiva de género: programar, investigar y juzgar con *filtro morado",* *Revista General de Derecho Procesal* nº 55, 2021.

Borrás Andrés, Nuria, "La verdad y la ficción de la Inteligencia Artificial en el proceso penal", en *La Justicia digital en España y la Unión Europeo,* Dir. Jesús Conde Fuentes y Gregorio Serrano Hoyo, Ed. Atelier, Barcelona, 2019.

Bueno de Mata, Federico, "Macrodatos, Inteligencia Artificial y proceso: Luces y sombras", *Revista General de Derecho Procesal* nº 51, 2020.

Bueno de Mata, Federico, *Hacia un proceso civil eficiente: Transformaciones judiciales en un contexto pandémico,* Ed. Tirant lo Blanch, Valencia, 2021.

Bueno de Mata, Federico, "Interoperabilidad de sistemas de gestión procesal y debido proceso: Experiencias a nivel nacional y europeo para alcanzar una verdadera digitalización de la Justicia", *Digitalización de la Justicia: Prevención, Investigación y Enjuiciamiento,* Dir.: Mercedes Llorente Sánchez-Arjona y Sonia Calaza López, Ed. Aranzadi, Navarra, 2021.

Bueno de Mata, Federico, *Investigación y prueba de delitos de ocio en redes sociales: Técnicas OSINT e Inteligencia Policial,* Ed. Tirant lo Blanch, Valencia, 2023.

Calaza López, Sonia, *Rebus sic stantibus, extensión de efectos y cosa juzgada,* Ed. La Ley, Madrid, 2021.

Calaza López, Sonia, "Resiliencia física y digital de la Discapacidad", en *Víctimas y especial vulnerabilidad,* Dir. Verónica López Yagües, Ed. Tirant lo Blanch, Valencia, 2023.

Carretero Sánchez, Santiago, "El principio general de responsabilidad del estado en su vertiente digital y sus límites éticos", *Diario LA LEY,* Nº 10230, febrero de 2023, Editorial LA LEY

Castillejo Manzanares, Raquel, "Las nuevas tecnologías y la Inteligencia Artificial como retos post-covid-19", *Revista General de Derecho Procesal* nº 56, 2022.

Castillejo Manzanares, Raquel, "Nuevas tecnologías y prueba en el proceso penal. Especial incidencia en la Inteligencia Artificial", *Derecho digital e Innovación* nº 11, 2022.

Castillejo Manzanares, Raquel, "Digitalización y/o Inteligencia Artificial", en *Inteligencia Artificial legal y Administración de Justicia,* Dir.: Sonia Calaza López y Mercedes Llorente Sánchez-Arjona, Ed. Aranzadi, Navarra, 2022.

Castillejo Manzanares, Raquel, "Cuáles son las razones que obstaculizan la introducción de la IA en el proceso judicial. Especial referencia al proceso penal", en *La tecnología y la Inteligencia Artificial al servicio del proceso,* Dir.: Pilar Martín Ríos y César Villegas Delgado; Coord.: María Luisa Domínguez Barragán, Ed. Colex, Madrid, 2023.

Colomer Hernández, Ignacio, "Limitaciones en el uso de la información y los datos personales en un proceso penal digital", en *El proceso penal ante una nueva realidad tecnológica europea,* Dir. Coral Arangüena Fanego, Montserrat De Hoyos Sancho y Esther Pillado González; Coord. Pedro Miguel Freitas, Ed. Aranzadi, Navarra, 2023.

Conde Fuentes, Jesús, "El Juez-Robot y la independencia judicial: una aproximación", en *Logros y Retos de la Justicia civil en España,* Dir.: Fernando Jiménez Conde, Julio Banacloche Palao y Fernando Gascón Inchausti; Coord.: Guillermo Schumann Barragán, Ed. Tirant lo Blanch, Valencia, 2023.

Conde Fuentes, Jesús, "La Inteligencia Artificial y la figura del Juez-Robot", en *Modernización, Eficiencia y Aceleración del proceso,* Dir.: Silvia Pereira Puigvert Y Mª Jesús Pesqueira Zamara; Coord: Francesc Ordóñez Ponz y Santiago-Francisco Rodríguez Ríos, Ed. Aranzadi, Navarra, 2022.

De Hoyos Sancho, Montserrat, "El uso jurisdiccional de los sistemas de Inteligencia Artificial y la necesidad de su armonización en el contexto de la Unión Europea", *Revista General de Derecho Procesal* nº 55, 2021.

Diana Marcos Francisco, "Smart ODR y su puesta en práctica: El salto a la Inteligencia Artificial", *Revista General de Derecho Procesal* nº 59, 2023

Ercilla García, Javier, "Integración de GPT-3 en la redacción de argumentos de Sentencias: Un ejemplo práctico", *Revista Aranzadi de Derecho y Nuevas Tecnologías* num. 61/2023

Esparza Leibar, Iñaki y Fernández Galarreta, Francisco Javier, "Sin datos de carácter personal no hay inteligencia artificial. Reflexiones en torno a la inteligencia artificial y los datos en la justicia", *Diario LA LEY,* Nº 78, diciembre de 2023, Editorial LA LEY

Esparza Leibar, Iñaki, "Derecho fundamental a la protección de datos de carácter personal en el ámbito jurisdiccional e Inteligencia Artificial. En especial, la LO 7/2021, de protección de datos personales tratados para fines de prevención, detección, investigación y enjuiciamiento de infracciones penales y de ejecución de sanciones penales", en *Inteligencia Artificial legal y Administración de Justicia,* Dir.: Sonia Calaza López y Mercedes Llorente Sánchez-Arjona, Ed. Aranzadi, Navarra, 2022.

Fernández, Carlos B, "Actuaciones automatizadas y actuaciones asistidas por IA en la Administración de Justicia", *Diario La Ley,* 16 de enero de 2024.

Fernández-Figares Morales, María José, "El posible uso de la Inteligencia Artificial en la prueba testifical del proceso civil", en *Logros y Retos de la Justicia civil en España,* Dir.: Fernando Jiménez Conde, Julio Banacloche Palao y Fernando Gascón Inchausti; Coord.: Guillermo Schumann Barragán, Ed. Tirant lo Blanch, Valencia, 2023.

García-Varela IGLESIAS, Román, *La Administración (judicial) electrónica,* Ed. Dykinson, Madrid, 2023.

García-Varela IGLESIAS, Román, "Hacia una nueva etapa en la Administración judicial electrónica", en *Digitalización de la Justicia: Prevención, Investigación y Enjuiciamiento,* Dir.: Mercedes Llorente Sánchez-Arjona y Sonia Calaza López, Ed. Aranzadi, Navarra, 2021.

Gascón Inchausti, Fernando, "Desafíos para el proceso penal en la era digital: Externalización, Sumisión pericial e Inteligencia Artificial", en *La Justicia digital en España y la Unión Europeo,* Dir. Jesús Conde Fuentes y Gregorio Serrano Hoyo, Ed. Atelier, Barcelona, 2019.

Gascón Inchausti, Fernando, "Eficiencia procesal y sistemas de Inteligencia Artificial: La necesidad de pasar a la acción a la normativa", en *Modernización, Eficiencia y Aceleración del proceso,* Dir.: Silvia Pereira Puigvert Y Mª Jesús Pesqueira Zamara; Coord: Francesc Ordóñez Ponz y Santiago-Francisco Rodríguez Ríos, Ed. Aranzadi, Navarra, 2022.

Gómez Colomer, Juan Luis, "Unas reflexiones sobre el llamado Juez Robot al hilo del principio de independencia judicial", en *Justicia algorítmica y neuroderecho: una mirada multidisciplinar,* Ed. Tirant lo Blanch, Valencia, 2021.

Gómez Colomer, Juan Luis, "Derechos fundamentales, proceso e Inteligencia Artificial: Una reflexión", en *Inteligencia Artificial legal y Administración de Justicia,* Dir.: Sonia Calaza López y Mercedes Llorente Sánchez-Arjona, Ed. Aranzadi, Navarra, 2022.

Gómez Colomer, Juan Luis, "Problemas legales del Juez robot desde una perspectiva procesal y orgánica", en *El proceso penal ante una nueva realidad tecnológica europea,* Dir. Coral Arangüena Fanego, Montserrat De Hoyos Sancho y Esther Pillado González; Coord. Pedro Miguel Freitas, Ed. Aranzadi, Navarra, 2023.

González Navarro, Alicia, "Las nuevas Tecnologías como instrumento para la consecución de los ODS en la Administración de Justicia", en *La tecnología y la Inteligencia Artificial al servicio del proceso,* Dir.: Pilar Martín Ríos y César Villegas Delgado; Coord.: María Luisa Domínguez Barragán, Ed. Colex, Madrid, 2023.

Guzmán Fluja, Vicente, "Proceso penal y Justicia automatizada", *Revista General de Derecho Procesal* nº 53, 2021.

Guzmán Fluja, Vicente, "Ideas para un debate sobre la predicción del crimen", en *Inteligencia Artificial legal y Administración de Justicia,* Dir.: Sonia Calaza López y Mercedes Llorente Sánchez-Arjona, Ed. Aranzadi, Navarra, 2022.

Julià-Pijoan, Miquel, "Una razón de ser para el proceso judicial", *Revista General de Derecho Procesal* nº 61, 2023.

Llorente Sánchez-Arjona, Mercedes, "Hacia una justicia penal predictiva", *Cuadernos de Política Criminal* Número 136, I, Época II, mayo 2022.

Llorente Sánchez-Arjona, Mercedes, "Inteligencia Artificial, valoración del riesgo y derecho al debido proceso", en *Inteligencia Artificial legal y Administración de Justicia,* Dir.: Sonia Calaza López y Mercedes Llorente Sánchez-Arjona, Ed. Aranzadi, Navarra, 2022.

López Martínez, Raúl, "Riesgos de la aplicación de la Inteligencia Artificial en la Administración de Justicia", en *Inteligencia Artificial legal y Administración de Justicia,* Dir.: Sonia Calaza López y Mercedes Llorente Sánchez-Arjona, Ed. Aranzadi, Navarra, 2022.

Marcos González, María, "Procesos judiciales y procesos automatizados", en *Digitalización de la Justicia: Prevención, Investigación y Enjuiciamiento,* Dir.: Mercedes Llorente Sánchez-Arjona y Sonia Calaza López, Ed. Aranzadi, Navarra, 2021.

Martín Diz, Fernando, "Herramientas de IA y adecuación en el ámbito del proceso judicial", en *Derecho procesal, retos y transformaciones,* Ed. Atelier, Barcelona, 2021.

Martín González, Marina, "La definitiva tecnificación de las comunicaciones judiciales dirigidas al justiciable", en *Digitalización de la Justicia: Prevención, Investigación y*

Enjuiciamiento, Dir.: Mercedes Llorente Sánchez-Arjona y Sonia Calaza López, Ed. Aranzadi, Navarra, 2021.

Martín Pastor, José, "Retos de la Justicia digital", en *Logros y Retos de la Justicia civil en España,* Dir.: Fernando Jiménez Conde, Julio Banacloche Palao y Fernando Gascón Inchausti; Coord.: Guillermo Schumann Barragán, Ed. Tirant lo Blanch, Valencia, 2023.

Martínez Garay, Lucía, "Peligrosidad, algoritmos y *due process*: El caso *State v Loomis*", *Revista de derecho penal y criminología, 3ª Época, nº 20 (julio de 2018)*

Martínez Garay, Lucía y Montes Suay, Francisco, "El uso de valoraciones del riesgo de violencia en Derecho Penal: algunas cautelas necesarias", *InDret* 2/2018

Montesinos García, Ana, "Los algoritmos que valoran el riesgo de reincidencia. En especial, el sistema Viogen", *Revista Aranzadi de Derecho y Proceso Penal* num. 64/2021

Moreno Catena, Víctor, "La prisión provisional durante el procés", en *Debates jurídicos de actualidad,* Dir.: Raquel Castillejo Manzanares y Ana Rodríguez Álvarez; Coord: Cristina Alonso Salgado y Almudena Valiño Ces, Ed. Aranzadi, Pamplona, 2021.

Moreno Catena, Víctor, "Los datos en el sistema de justicia y la propuesta de reglamento UE sobre inteligencia artificial", en *Uso de la información y de los datos personales en los procesos: los cambios en la era digital,* Dir.: Ignacio Colomer Hernández (dir.), María Angeles Catalina Benavente (coord.), Sabela Oubiña Barbolla (coord.), Ed. Aranzadi, Navarra, 2022.

Moreno Catena, Víctor, "El principio de igualdad de partes en el proceso", en *La humanización del proceso. Homenaje al Profesor Manuel Morón Palomino,* Dir: Tomás López-Fragoso Álvarez y Alicia González Navarro; Coord.: Diana Marrero Guanchez, Ed. Dykinson, Madrid, 2023.

Neira Pena, Ana María, "Inteligencia Artificial y Tutela cautelar", *Revista Brasileira de Direito Processual Penal,* vol. 7, n. 3, 2021.

Nieva Fenoll, Jordi, *Inteligencia artificial y proceso judicial,* Ed. Marcial Pons, Madrid, 2018.

Nieva Fenoll, Jordi, "Inteligencia Artificial y proceso judicial: Perspectivas tras un alto tecnológico en el camino", *Revista General de Derecho Procesal* nº 57, 2022.

Nieva Fenoll, Jordi, "Un cambio generacional en el proceso judicial: La Inteligencia Artificial", en *El Derecho en la encrucijada tecnológica. Estudios sobre Derechos fundamentales, nuevas Tecnologías e Inteligencia Artificial,* Dir. Pilar Martín Ríos y César Villegas Delgado, Ed. Tirant lo Blanch, Valencia, 2022.

Nieva Fenoll, Jordi, "Inteligencia Artificial y proceso judicial: Perspectivas ante un alto tecnológico en el camino", en *Inteligencia Artificial legal y Administración de Justicia,* Dir.: Sonia Calaza López y Mercedes Llorente Sánchez-Arjona, Ed. Aranzadi, Navarra, 2022.

Pérez Daudí, Vicente, "El precedente judicial. La previsibilidad de la sentencia y la decisión automatizada del conflicto", *Revista General de Derecho procesal nº* 54, 2021.

Pérez Daudí, Vicente, "La transformación digital de la Justicia civil", en *Digitalización de la Justicia: Prevención, Investigación y Enjuiciamiento,* Dir.: Mercedes Llorente Sánchez-Arjona y Sonia Calaza López, Ed. Aranzadi, Navarra, 2021.

Pérez Daudí, Vicente, *De la Justicia a la Ciberjusticia,* Ed. Atelier, Barcelona, 2022.

Pérez Luño, Antonio-Enrique, "El Derecho ante las nuevas Tecnologías", en *El Derecho en la encrucijada tecnológica,* Dir. César Villegas Delgado y Pilar Martín Ríos, Ed. Tirant lo Blanch, Valencia, 2022.

Picó i Junoy, Joan, "La experiencia norteamericana de la Virtual Justice: no es oro todo lo que reluce", en *Logros y Retos de la Justicia civil en España,* Dir.: Fernando Jiménez Conde, Julio Banacloche Palao y Fernando Gascón Inchausti; Coord.: Guillermo Schumann Barragán, Ed. Tirant lo Blanch, Valencia, 2023.

Pillado González, Esther, "Algoritmos predictivos del comportamiento y proceso penal de menores", en la obra colectiva *Justicia algorítmica y neuroderecho,* Dir. Silvia Barona Vilar, Ed. Tirant lo Blanch, Valencia, 2021.

Pillado González, Esther, "Posibilidades de desjudicialización de la ciberdelincuencia juvenil", en *El proceso penal ante una nueva realidad tecnológica europea",* Dir. Coral Arangüena Fanego, Montserrat De Hoyos Sancho y Esther Pillado González; Coord. Pedro Miguel Freitas, Ed. Aranzadi, Navarra, 2023.

Planchadell Gargallo, Andrea, "Inteligencia artificial y medidas cautelares", en la obra colectiva *Justicia algorítmica y neuroderecho,* Dir. Silvia Barona Vilar, Ed. Tirant lo Blanch, Valencia, 2021.

Richard González, Manuel, "Las actuaciones judiciales automatizadas, proactivas y asistidas, previstas en el Anteproyecto de Ley de Medidas de Eficiencia digital de 2021, en el marco de la Estrategia Europea de desarrollo de la Inteligencia Artificial", en *Logros y Retos de la Justicia civil en España,* Dir.: Fernando Jiménez Conde, Julio Banacloche Palao y Fernando Gascón Inchausti; Coord.: Guillermo Schumann Barragán, Ed. Tirant lo Blanch, Valencia, 2023.

Rodríguez Ríos, Santiago-Francisco, "Un proceso civil gestionado por Inteligencia Artificial: El monitorio como ejemplo", *Revista General de Derecho Procesal* nº 61, 2023.

San Miguel Caso, Cristina, "Las técnicas de predicción judicial y su repercusión en el proceso", en *La Justicia digital en España y la Unión Europeo,* Dir. Jesús Conde Fuentes y Gregorio Serrano Hoyo, Ed. Atelier, Barcelona, 2019.

Simón Castellano, Pere, *Justicia cautelar e Inteligencia Artificia. La alternatividad a los atávicos heurísticos judiciales,* Ed. Bosh, Barcelona, 2021.

Soleto Muñoz, Helena, "Tutela judicial y alternativas al proceso: instrumentos adecuados para la protección de los derechos de las personas mayores, *Anuario de la Facultad de Derecho de la Universidad Autónoma de Madrid,* Nº. 25, 2021

Soleto Muñoz, Helena, "Hacia la consecución de un sistema equilibrado de justicia: la potenciación de los métodos adecuados de resolución de conflictos en el proyecto de ley de eficiencia procesal", en *Justicia restaurativa y medios adecuados de solución de conflictos /* coord. por Gregorio Serrano Hoyo, Nicolás Rodríguez García, Cristina Ruiz López, Selena Tierno Barrios, Ed. Dykinson, Madrid, 2022.

Suárez Xavier, Paulo Ramón, "Inteligencia Artificial y uberización de la abogacía: ¿Quien regulará al abogado robot o al robot del abogado?", *Revista General de Derecho Procesal* nº *58,* 2022.

Suárez Xavier, Paulo Ramón, "Retos y perspectivas de la regulación de la Inteligencia Artificial en la Administración de Justicia", en *Logros y Retos de la Justicia civil en España,* Dir.: Fernando Jiménez Conde, Julio Banacloche Palao y Fernando Gascón Inchausti; Coord.: Guillermo Schumann Barragán, Ed. Tirant lo Blanch, Valencia, 2023.

Suárez Xavier, Paulo Ramón, *Justicia Predictiva: Construyendo la Justicia del siglo XXI,* Ed. Aranzadi, Navarra, 2023.

VV.AA., *Externalización de la Justicia civil, penal, contencioso-administrativa y laboral*, Directores Sonia Calaza López e Ixusko Ordeñana Geruzaga; Coordinadores José Carlos Muinelo Cobo e Irune Suberbiola Garbizu, Ed. Tirant lo Blanch, Valencia, 2022.

VV.AA., *De los ADR (Alternative Dispute Resolution) a los CDR (Complementary Dispute Resolution) en la Jurisdicción Civil*, dirigida por los Profes. Sonia Calaza López, Ixusko Ordeñana Gezuraga y Julio Sigüenza López, Ed. Tirant lo Blanch, Valencia, 2023.

VV.AA., *Medios adecuados de solución de controversias. Eficiencia procesal de las personas físicas y jurídicas*, bajo la dirección de Sonia Calaza López, Ixusko Ordeñana Gezuraga y Verónica López Yagües, Ed. IIILa Ley, Madrid, 2023.

VV.AA., *La casación Civil*, Coordinadores: Sonia Calaza López y José Ramón García Vicente, Ed. La IIILALEY, Madrid, 2023.

VV.AA., *Innovación docente en la universidad: los MASC como último elemento de la ciencia procesal y su enseñanza-aprendizaje mediante métodos innovadores*, Dir.: Sonia Calaza López e Ixusko Ordeñana Gezuraga, Ed. Dykinson, Madrid, 2023

VV.AA., *MASC: To be or not to be? Medios adecuados de solución de conflictos en la Justicia*, bajo la dirección de Silvia Barona Vilar, Ed. Tirant lo Blanch, Valencia, 2024

Zafra Espinosa De Los Monteros, Rocío, "Inteligencia Artificial y proceso judicial", en *Inteligencia Artificial legal y Administración de Justicia,* Dir.: Sonia Calaza López y Mercedes Llorente Sánchez-Arjona, Ed. Aranzadi, Navarra, 2022.

La inteligencia artificial como prueba en el proceso

RAQUEL CASTILLEJO MANZANARES
Catedrática de Derecho Procesal de la USC

SUMARIO: 1. INTRODUCCIÓN. 2. LA JUSTICIA ROBÓTICA. 2.1. LOS DATOS CON LOS QUE SE ALIMENTA LA IA. 2.2. LA OPACIDAD. 2.3. FALTA DE TRANSPARENCIA. 3. FACTORES QUE HAN DE FORTALECERSE AL UTILIZAR LA IA EN EL PROCESO JUDICIAL.

1. INTRODUCCIÓN

En el ámbito jurisdiccional empiezan a aparecer sistemas automatizados de toma de decisiones basados en algoritmos que persiguen la rapidez y certeza jurídica en la aplicación del derecho, la seguridad en el resultado; en definitiva, el acierto en la decisión judicial.

La inteligencia artificial se distingue de una apuesta clara y actual de la justicia española en el proceso de modernización de la Administración de Justicia, se trata de la automatización masiva de procesos. La automatización está referida a procedimientos o series de acciones relacionadas entre sí de modo que una conduce necesariamente a la otra, conducción que se delega total o parcialmente en el uso de un intermediario tecnológico no humano. Sin embargo, como vemos, la inteligencia artificial va más allá e implica que ese elemento tecnológico no humano, puede trascender, total o parcialmente, la condición de intermediario y convertirse en agente activo, además de tener capacidad de aprendizaje y de toma de decisiones[1].

De hecho, según la define el borrador final de la Ley de Inteligencia Artificial de la Unión Europea a 21 de enero de 2024, define el sistema de IA en su artículo 3 (1) como "*un sistema basado en máquinas diseñado para funcionar con diversos niveles de autonomía y que puede mostrar capacidad de adaptación tras su despliegue y que, para objetivos explícitos o implícitos, infiere, a*

---

1 Pérez Estrada, M. J., *Fundamentos jurídicos para el uso de la inteligencia artificial en los órganos judiciales*, Tirant lo Blanch, Valencia, 2022, pág. 87.

partir de la entrada que recibe, cómo generar salidas tales como predicciones, contenidos, recomendaciones o decisiones que pueden influir en entornos físicos o virtuales".

Otra definición es la de la Comisión Europea en el *White Paper On artificial Inteligence-A European approach to excellence and trust* de febrero de 2020, es una colección de tecnologías que combina datos, algoritmos y capacidad de computación. Esta misma Institución en el documento sobre "Inteligencia artificial para Europa"[2] dice que "*El término "inteligencia artificial" se aplica a los sistemas que manifiestan un comportamiento inteligente, pues son capaces de analizar su entorno y pasar a la acción —con cierto grado de autonomía— con el fin de alcanzar objetivos específicos*".

O como también la define el Grupo de Expertos de Alto Nivel de la Comisión Europea sobre Inteligencia Artificial de 9 de abril de 2019 "*... Los sistemas que muestran un comportamiento inteligente al analizar su entorno y tomar acciones, con cierto grado de autonomía, para alcanzar objetivos específicos. Los sistemas basados en IA pueden basarse exclusivamente en software, actuando en el mundo virtual (por ejemplo, asistentes de voz, análisis de imágenes), software, motores de búsqueda, sistemas de reconocimiento de voz y de rostro) o IA pueden integrarse en dispositivos de hardware (por ejemplo, Robots avanzados, autos autónomos, drones o aplicaciones de Internet de la Cosas*".

Realmente no se puede proporcionar una única definición de la IA, ya que la misma cambia con el tiempo en función de los avances tecnológicos. Ya hemos pasado por varias generaciones en su tratamiento. Una primera generación de la IA, fue la "*analítica descriptiva*" basada en el pregunta ¿qué pasó? El segundo "*análisis de diagnóstico*" aborda ¿por qué sucedió? La tercera y actual generación es "*análisis predictivo*", que responde a la pregunta, basado en lo que ya sucedió: ¿Qué podría suceder en el futuro?

Si bien el análisis predictivo puede ser muy útil y ahorrar tiempo para los científicos de datos, aún depende completamente de los datos históricos. Por lo tanto, los científicos de datos quedan indefensos cuando se enfrentan a escenarios nuevos y desconocidos. Para tener una verdadera inteligencia artificial, se necesitan máquinas que puedan "pensar" por sí mismas, especialmente cuando se enfrenta a una situación desconocida. Se necesita una IA que no solo pueda analizar los datos que se muestran, sino que exprese un presentimiento cuando algo no cuadre. En resumen, necesitamos una IA que pueda imitar la intuición humana.

---

2 Comunicación de la Comisión, Bruselas, 25.4.2018 COM (2018) 237 final, pág. 1.

Precisamente, la cuarta generación de la IA es la intuición artificial, que permite a las computadoras identificar amenazas y oportunidades sin que se les diga qué buscar, al igual que la intuición humana nos permite tomar decisiones sin que se nos instruya específicamente sobre cómo hacerlo.

En el momento actual de la IA conocemos que no tiene que ver sólo con que los ordenadores sean cada vez más rápidos y listos, sino con que está impulsada por descubrimientos en las ciencias de la vida y las ciencias sociales. Cuanto mejor comprendamos los mecanismos bioquímicos que subyacen a las emociones, los deseos y las elecciones humanas, mejores serán los ordenadores a la hora de analizar el comportamiento humano, de predecir las decisiones de los humanos y de sustituir a los conductores, banqueros y abogados humanos.

En las últimas décadas, la investigación en áreas tales como la neurociencia y la economía conductual ha permitido a los científicos acceder a los humanos, y en particular comprender mejor cómo toman las decisiones. Se ha descubierto que todas las elecciones que hacemos, escoger desde una comida hasta la pareja, son resultado no del libre albedrío, sino de un trabajo de miles de millones de neuronas que calculan probabilidades en una fracción de segundo. Los buenos conductores, banqueros y abogados no tienen intuiciones mágicas acerca del tráfico, la inversión o la negociación; lo que ocurre es que, al reconocer patrones recurrentes, divisan e intentan evitar a peatones despistados, a prestatarios ineptos y a delincuentes deshonestos.

Esto significa que la IA puede superar a los humanos incluso en tareas que en teoría exigen intuición. De hecho, la IA no puede competir con el alma humana en corazonadas místicas, pero si puede competir con redes neuronales en el cálculo de probabilidades y el reconocimiento de patrones.

Siendo esto así, actualmente faltan a la IA tres cualidades propias del ser humano, a saber: la curiosidad, el pensamiento crítico y la creatividad. Es por ello que cuanta más creatividad se atesore, menos sustituibles seremos. Pero cuando más especializados estemos, más fácil será sustituirnos.

Se crea la informática o computación cognitiva para emular las formas en que los humanos pensamos y correlacionamos datos. Intenta desarrollar algoritmos que imiten los procesos mentales. Diseña algoritmos bioinspirados que resuelvan problemas y perciban el entorno como lo hace el sistema cognitivo humano. En definitiva, consiste en simular los procesos de pensamiento humano, mediante redes de autoaprendizaje neuronales que extraen el material mediante minería de datos, el reconocimiento de patrones y el procesamiento del lenguaje natural. Es por ello que la ley de IA en la UE recoja como definición en su artículo 3: Definiciones, (34) que "*sistema de reconocimiento de emociones*" es "*un sistema de IA destinado a identificar o deducir emociones o intenciones de personas físicas a partir de sus datos biométricos*".

Así bien, los sistemas computacionales, en la inteligencia artificial, deben ser capaces de simular características que son comúnmente asociadas con la inteligencia de la conducta humana. Un sistema inteligente es aquel que exhibe un comportamiento similar al humano cuando se enfrenta a un problema idéntico.

2. LA JUSTICIA ROBÓTICA

El Parlamento Europeo en su resolución de 16 de febrero de 2017, Normas de Derecho Civil sobre robótica, entiende por robótica la "*capacidad de aprender de la experiencia y tomar decisiones cuasi independientes*". Esta característica tiene como consecuencia que "*los robots se asimilen cada vez más a agentes que interactúan con su entorno y pueden modificarlo de forma significativa*". Y define la autonomía de un robot como "*la capacidad de tomar decisiones y aplicarlas en el mundo exterior con independencia de todo control o influencia externos; que esa autonomía es, puramente, tecnológica y será mayor cuando mayor sea el grado de sofisticación con que se haya diseñado el robot para interactuar con su entorno*".

En cualquier caso, y a este respecto, la Ley de Inteligencia Artificial (Reglamento (UE) 2024/1689, del Parlamento Europeo y del Consejo, de 13 de junio de 2024) ha calificado la aplicación de sistemas de inteligencia artificial en el entorno jurídico, como de alto riesgo[3], y prevé en el anexo III: Sistemas de IA de alto riesgo contemplados en el apartado 2 del artículo 6, que los sistemas de IA de alto riesgo son los sistemas de IA enumerados en cualquiera de los siguientes ámbitos, y entre ellos enumera el recogido en el número 8, referido a la Administración de justicia y procesos democráticos, en el que se recogen los sistemas de IA destinados ser utilizados por una autoridad judicial, o en su nombre, para ayudar a una autoridad judicial en la investigación e interpretación de hechos y de la ley, así como en la garantía del cumplimiento del Derecho a un conjunto concreto de hechos,

---

[3] La Resolución del Parlamento Europeo, de 20 de octubre de 2020 (2020/2012 (INL)) con recomendaciones destinadas a la Comisión

o a ser utilizados de forma similar en una resolución alternativa de litigios; así como los sistemas de IA destinados ser utilizados para influir en el resultado de una elección o referéndum o en el comportamiento electoral de personas físicas que ejerzan su derecho de voto en elecciones o referendos. Quedan excluidos los sistemas de IA a cuyos resultados de salida no estén directamente expuestos las personas físicas, como las herramientas utilizadas para organizar, optimizar o estructurara campañas políticas desde un punto de vista administrativo o logístico.

En este marco, es cierto que el Poder Judicial debe adaptarse a la tecnología, a los cambios de la sociedad y avanzar con ella incorporando aquellos sistemas que ayuden a mejorar la calidad del servicio público proporcionando soluciones duraderas que faciliten el acceso a la justicia y garanticen en todo momento la participación inclusiva; pero también lo es que es preciso revisar en todo momento los sistemas de Inteligencia Artificial y sus algoritmos, de manera que nunca se puede dudar de la transparencia de la justicia, y ésta pueda derivar en situaciones injustas, provocando desigualdades entre los justiciables. Además de esto, no cabe obviar que la implementación de ella supone adaptar los trámites, oficinas y operadores de justicia a la nueva realidad manteniendo todas las garantías. Esto unido a la resistencia al cambio, así como múltiples trabas como la legislación obsoleta, falta de financiación, uso deficiente de recursos y una interoperabilidad limitada de los sistemas de información que pueden provocar diferentes niveles de calidad del servicio público de justicia en determinados territorios[4].

Con la aplicación de la inteligencia artificial al proceso es posible que se automaticen tareas que son mecánicas y no necesitan de intervención humana, tales como enviar notificaciones o comprobar que una demanda cumple los resultados formales necesarios para admitirla. La cuestión es si sirve para cuestiones procesales más complejas como la prueba.

En el más estricto ámbito judicial, las tecnologías de IA contribuyen a un mejor sistema judicial. Así Jurimetria, herramienta capaz de analizar un gran volumen de datos en muy poco tiempo, generalmente sentencias, para así extraer información y tendencias de su contenido[5].

---

4 Pazos Rgo, M. J., La realidad de la Inteligencia Artificial en el Poder Judicial español, Derecho Digital e innovación, número 15, sección Doctrina, primer trimestre de 2023, La Ley 2633/2023.

5 https://jurimetria.wolter.es/content/Inicio.aspx.

Desde el Consejo General del Poder Judicial se ha facilitado a los jueces y juezas, magistrados y magistradas el CENDOJ, buscador de jurisprudencia que usa la IA para facilitar la interacción entre el ordenador y la persona usuaria, mediante la comprensión y procesamiento del lenguaje de esta última, permitiendo extraer información de los documentos disponibles en su base de datos y obtener unos resultados en base a los criterios especificados por la persona usuaria.

Además, una aplicación de seudonimización, a partir de ella todas las resoluciones que aparecen publicadas en el CENDOJ tienen nombres, direcciones, correos electrónicos..., no reales, por protección de datos. Se trata del proceso automático del KENDOJ, herramienta basada en machine learning. Tiene una aplicación de seudonimización automática que permite la validación y corrección posterior por el usuario. El Juez sólo tiene que subir un documento, que puede ser una resolución judicial o cualquier otro tipo de documento, si bien el sistema está optimizado por las primeras.

El CENDOJ también proporciona la "Lectura fácil", como método de adaptación y redacción de contenidos, realizado por los equipos de accesibilidad cognitiva de Plen Inclusión, que pretende hacer accesible la información a las personas con dificultades de comprensión lectora utilizando palabras sencillas y frases cortas. Así, cuando a una persona con diversidad funcional es sometida a tutela, puede resultar complicado para ésta entender qué es lo que está pasando.

Destaca Themis, sistema de textualización automática, desarrollada por ETIQMEDIA, e implementada por el Ministerio de Justicia, diseñada para el ámbito judicial, que permite la localización precisa de momentos clave dentro de grabaciones de vistas judiciales y declaraciones mediante búsquedas por palabra.

Todos estos instrumentos pueden servir para aliviar la carga de trabajo, pues fuerzan nuestro traslado hacia puestos y situaciones que destacan nuestras capacidades innatas. La automatización nos permite desarrollar ese conjunto de habilidades blandas en las que el celebro humano es bueno. Y no, no es realizando trabajo repetitivo, especializado o basado en datos, sino uno fundamentado en la creatividad, el pensamiento crítico, la comunicación y, sí, en destilar información de los datos.

Por tanto, lo cierto es que la IA devuelve horas de trabajo a los magistrados y gestores, que podrán ser invertidas en otras tareas como dedicar más tiempo a la valoración de las pruebas. La pregunta que cabe hacerse a continuación es sí puede un robot sustituir a un juez. Y sí es la respuesta si la hacemos desde el punto de vista de la ingeniería informática. Técnicamente se puede hacer.

Sin embargo, la IA no puede sustituir a los jueces. La justicia, por definición, es humana e imperfecta, el razonamiento judicial no se puede meter en unos moldes estandarizados porque cada ciudadano merece una solución personal e individualizada.

Como pone de manifiesto Bueno de Mata[6], es necesario fijar una línea roja que no se debe sobrepasar. La inteligencia artificial no puede usarse para sustituir al juez, pues ello atentaría de manera frontal con lo que entendemos hoy en día por función jurisdiccional como actividad exclusiva y excluyente de jueces y magistrados. Por ello, considero que cabe el uso de la inteligencia artificial como mecanismo de ayuda o guía al juez en sentido amplio, abarcando funciones de analítica jurisprudencial, asistente virtual para guiar en la tramitación informática de distintos procedimientos o utilizar los datos abiertos de los administrados como elemento predictivo en juicio.

Los jueces robot no harían una justicia más justa. No se ganaría en seguridad jurídica, y ello debido a que la respuesta de un robot es una respuesta estadística, matemática. Puede ser exacta, pero no necesariamente justa. Por ello no creo que se pueda sostener un escenario en que un robot pueda sustituir al juez. Son varias las razones.

2.1. Los datos con los que se alimenta la IA

Es previsible que se produzcan problemas con los datos con los que se alimenta la IA. La Ley de Inteligencia Artificial de la UE, diferencia en su artículo 3, entre datos de entrenamiento "*datos usados para entrenar un sistema de IA mediante el ajuste de sus parámetros entrenables*" de validación "*datos usados para proporcionar una evaluación del sistema de IA entrenado y adaptar sus parámetros no entrenables y su proceso de aprendizaje para, entre otras cosas, evitar el subajuste o el sobreajuste* "—(30)—. Pues bien, se pueden introducir sesgos en los datos de entrenamiento, o a través del prejuicio matemático o algorítmico de su creador.

---

6 Bueno de Mata, F., Macrodatos, inteligencia artificial y proceso: luces y sombras, Revista General del Derecho Procesal, 51, 2020, pág. 18.

Para seguir con los datos de prueba *"los datos usados para proporcionar una evaluación independiente del sistema de IA, con el fin de confirmar el funcionamiento previsto de dicho sistema antes de su introducción en el mercado o su puesta en servicio"* —(31); y los datos de entrada, entendiendo por tales *"los datos proporcionados a un sistema de IA u obtenidos directamente por él a partir de los cuales produce un resultado de salida"* —(32)-Con respecto a estos, en ocasiones podrán no representar todos los escenarios, y es por ello que tenderán a generalizar. Incluso es posible que los datos introducidos sean de poca calidad, por lo que muchos datos contengan errores.

2.2. La opacidad

La opacidad puede ser la relativa a la falta de conocimientos técnicos sobre el funcionamiento de un algoritmo o la interpretación de un código informático. Tengamos en cuenta que este campo de conocimiento está todavía reservado a un sector reducido de la población. No obstante, está clase de opacidad no resulta un problema, pues no afecta al derecho de defensa.

Tampoco le afecta la opacidad relativa al propio funcionamiento de los algoritmos de *machine learning*, cuya peculiaridad estriba en el hecho de que incluso, aquellas sujetos que poseen los conocimientos técnicos requeridos, llegan a ser capaces de interpretar los motivos por los que el programa produce un determinado resultado.

En estos dos supuestos, como en otros que actualmente acontecen, como cuando introducimos en el proceso sistemas de mensajería instantánea y se impugna su autenticidad, se requiere que expertos de estas tecnologías aporten al proceso sus conocimientos a través de la prueba pericial.

En efecto, si bien se hace necesario que nos den a conocer los valores que se han introducido en el sistema y, también el resultado final arrojado por éste, no tenemos por qué comprender el funcionamiento interno de la máquina, ni el cruce ponderativo que ha realizado hasta llegar al resultado final. De tal forma que es preciso comprender y explicar los sistemas inteligentes, pero hay que evitar el extremo en el sentido de pretender su total transparencia y explicabilidad.

Por lo tanto, se puede adoptar un enfoque prudente, destinado no a eliminar la opacidad de los sistemas inteligentes, sino a hacerla variable en su intensidad y proporcional a los riesgos que plantean, mediante una regulación que prevea un ámbito y unos métodos adecuados a los tipos específicos de estos sistemas y a su ámbito de aplicación[7]. Ello no es óbice para limitar el secreto de los códigos informáticos, ya que la llamada explicabilidad de los resultados de los sistemas inteligentes debe ser posible al menos en casos concretos.

Siendo esto así, como en el supuesto de la intervención policial, no estamos ante algo absolutamente novedoso. Así, por ejemplo, a la hora de dar validez como prueba incriminatoria de un delito de tráfico de drogas a la transcripción de una conversación telefónica en un lenguaje encriptado, el juez se servirá de su experiencia y del informe de la fuerza policial que haya llevado a cabo la transcripción. Un sistema de inteligencia artificial lo que haría sería analizar la conversación y, a partir de cientos o de miles de conversaciones de otros procedimientos en las que se haya utilizado también términos encriptados, valorará la probabilidad de que la que está siendo analizada oculte, en realidad, una operación de narcotráfico. Es decir, recurrir en el ámbito judicial al pronóstico que sea capaz de realizar un sistema de inteligencia artificial tras analizar miles de datos, no es tan distinto de lo que hoy vienen haciendo jueces y tribunales, cuando a la hora de fundamentar una sentencia condenatoria reconocen la validez de aquellas pruebas que permiten alcanzar un juicio de inferencia que va más allá de la duda razonable recurriendo a las máximas de la experiencia[8].

Distinto es cuando la opacidad deriva del secreto público o privado, siendo éste el que impide el escrutinio interno del algoritmo. De forma tal que puede afectar al derecho de defensa, en cuanto las partes deben poder conocer todos los materiales de hecho y de derecho que pueden influir en la convicción del juez en el momento de dictar la sentencia. En efecto, la opacidad en el contenido de los datos que presente la herramienta de inteligencia artificial, lesionaría el derecho de defensa cuando el propio desconocimiento de la estructura que contiene el algoritmo afecte al derecho de defensa del investigado o acusado. Esta opacidad es la base de la explotación comercial de instrumentos del tipo de COMPAS. No obstante, para que un algoritmo se use para decidir sobre un sistema público de justicia, el contenido del mismo debería ser también público.

---

7 Fioriglio, G., *Inteligencia artificial: Retos para el derecho en la sociedad global*, en Inteligencia Artificial y Derecho. El jurista ante los retos de la era digital, Aranzadi, 2021, pág. 124.

8 Palma Herrera, J. M., *Inteligencia artificial y lucha contra la delincuencia. Potencialidad y peligros en el mundo global*, en Inteligencia artificial y Derecho. El jurista ante los retos de la era digital, Aranzadi, Madrid, 2021, pág. 289.

Pero se entrelazan cuestiones de propiedad industrial e intelectual en la creación, comercialización y uso de algoritmos por parte de empresas privadas que han desarrollado este tipo de tecnología y que quieren ofrecerlas al sistema judicial. Desde luego, la propiedad industrial no pude prevalecer nunca frente a los derechos constitucionales fundamentales de los procesados, cosa que tendría lugar, sobre todo, si los análisis de inteligencia artificial, más allá de ser una herramienta de auxilio al juez, se convierten en el elemento nuclear sobre el que se apoyen sus resoluciones haciendo desaparecer la valoración personal de los distintos elementos probatorios.

Sí sólo se queda como herramienta de apoyo del juez, es muy poco probable que éste imponga la verificación del código utilizado por una de las potencias informáticas dominantes en la prestación de sus servicios, por tratarse de un secreto industrial utilizado para prestar servicios a millones de usuarios; y ello quizás por la desproporción entre el valor del caso, por un lado, y de la propiedad industrial e intelectual, por otro, así como por la posibilidad de llegar a un resultado aceptable, desde un punto de vista probatorio, con menos esfuerzo y riesgo para tales derechos[9].

En definitiva, este planteamiento genera un debate que afecta directamente a la evaluación de la inteligencia artificial, y que se contrae al secreto comercial que se cierne sobre el sistema inteligente. Sin embargo, la solución pasa por la ausencia de privatización sobre el algoritmo que debía ser público atendiendo al entorno jurídico en que se desarrollaría. Es decir, en un sistema público de justicia, la inclusión de tecnología privada que, en cualquier caso, responde a unos intereses totalmente distintos a los propios de la Administración de Justicia, no sólo supone, de forma parcial, la externalización de un servicio, sino que, además, implica un riesgo añadido en el derecho a un juicio justo[10].

Es un problema complejo pues es cierto que no podemos pensar en un sistema en el que la IA sea creada por una empresa privada, ¿pero la solución entonces la planteamos por un sistema en el que pertenezca al

---

9 Fioriglio, G., Inteligencia artificial: Retos para el derecho en la sociedad global, en "Inteligencia Artificial y derecho. El jurista ante los retos de la era digital", Aranzadi, Navarra, 2021, pág. 121.

10 Gascón Inchausti, F., *Desafíos para el proceso penal en la era digital: externalización, sumisión pericial e inteligencia artificial*, en Conde Fuentes y Serrano Hoyo, "la justicia digital en España y la Unión Europea: Situación actual y perspectivas de futuro", Atelier, 2019, pág. 200.

gobierno? La respuesta nos lleva a pensar en el control del poder judicial por parte del gobierno, lo que en absoluto parece la solución.

Por lo tanto, se puede adoptar un enfoque prudente, destinado no a eliminar la opacidad de los sistemas inteligentes, sino a hacerla variable en su intensidad y proporcionar a los riesgos que plantean, mediante una regulación que prevea un ámbito y unos métodos adecuados a los tipos específicos de estos sistemas y a su ámbito de aplicación[11]. Ello no es óbice para limitar el secreto de los códigos informáticos, ya que la llamada explicabilidad de los resultados de los sistemas inteligentes debe ser posible al menos en casos concretos.

En esta dirección se mueve la Unión Europea pues proyecta en su Ley de Inteligencia Artificial, en su artículo 13 rubricado "Transparencia y suministro de información a los empresarios", que los sistemas de IA de alto riesgo se han de diseñar y desarrollar de forma que se garantice que su funcionamiento es lo suficiente transparente como para permitir a los implantadores interpretar los resultados del sistema y utilizarlos adecuadamente. De este modo se habrá de garantizar un tipo y grado de transparencia adecuados con vistas a logar el cumplimiento de las obligaciones pertinentes del proveedor y del implantador. Se exige de este modo que los sistemas de IA de alto riesgo vayan acompañados de instrucciones de uso en un formato digital adecuado o de otro tipo que incluya información concisa, completa, correcta y clara que sea pertinente, accesible y comprensible para todos los usuarios.

2.3. Falta de transparencia

Es importante el riesgo de que la automatización de las decisiones judiciales por el uso de la IA, conlleve una reducción de la transparencia y fundamentación de las mismas.

Resulta de forma inexcusable fundamental la motivación de las resoluciones, ello permite a las partes conocer de qué manera ha llegado el juez a la conclusión que se ve reflejada en sus decisiones.

Así bien, se hace necesario que nos den a conocer los valores que se han introducido en el sistema y, también el resultado final arrojado por

---

[11] Fioriglio, G., Inteligencia artificial: Retos para el derecho en la sociedad global, en Inteligencia artificial y derecho. El jurista ante los retos de la era digital, Aranzadi, pág. 124.

éste, pero no se tiene porque comprender el funcionamiento interno de la máquina, ni el cruce ponderativo que ha realizado hasta llegar al resultado final.

De forma tal que es preciso comprender y explicar los sistemas inteligentes, pero hay que evitar el extremo en el sentido de pretender su total transparencia y explicabilidad. La transparencia implica que los justiciables deberían estar plenamente informados cuando una decisión se basa en algoritmos de IA o se toma a partir de ellos. En estas circunstancias deben tener la oportunidad de solicitar información al actor de la IA o a las Instituciones del sector público de justicia. Además, las personas deberían poder conocer los motivos por los que se ha tomado una decisión que afecta a sus derechos y libertades y tener la posibilidad de impugnarlo.

La transparencia, en conclusión, puede permitir a las personas comprender cómo se implementa cada etapa de un sistema de IA, en función del contexto y la sensibilidad del sistema en cuestión. También puede proporcionar información sobre los factores que influyen en una predicción o decisión específicas, y sobre la existencia o no de garantías adecuadas.

La explicabilidad, por su parte, supone hacer inteligibles los resultados de los sistemas de IA y facilitar información sobre ellos. También se refiere a la inteligibilidad de la entrada, salida y funcionamiento de cada componente algorítmico y la forma en que contribuye a los resultados de los sistemas.

Para que esta transparencia y explicabilidad sea posible, la Ley de Inteligencia Artificial de la Unión Europea, prevé en su artículo 13 número 3 que los sistemas de IA han de ir acompañados de instrucciones de uso que habrán de contener como mínimo la siguiente información: a) la identidad y los datos de contacto del proveedor y, en su caso, de su representante autorizado; b) las características, capacidades y limitaciones del funcionamiento del sistema de IA de alto riesgo; c) los cambios en el sistema de IA de alto riesgo y su funcionamiento predeterminados por el proveedor en el momento de efectuar la evaluación de la conformidad inicial, en su caso; d) las medidas de supervisión humana a que se hace referencia en el artículo 14, incluidas las medidas técnicas establecidas para facilitar la interpretación de los resultados de salida de los sistemas de IA de alto riesgo por parte de los responsables del despliegue; e) los recursos informáticos y de Hardware necesarios, la vida útil prevista del sistema de IA de alto riesgo y las medidas de mantenimiento y cuidado necesarias (incluida su frecuencia) para garantizar el correcto funcionamiento de dicho sistema, también en lo respecta a las actualizaciones del *software*; f) cuando proceda, una descripción de los mecanismos incluidos en el sistema de IA de alto riesgo que permita a los responsables del despliegue recabar, almacenar e interpretar correctamente los archivos de registro de conformidad con el artículo 12.

3. FACTORES QUE HAN DE FORTALECERSE AL UTILIZAR LA IA EN EL PROCESO JUDICIAL

Una vez introducida la prueba algorítmica en el proceso, el juez podría valorarla y utilizarla en su motivación para dictar una resolución. Esto que resulta un tanto disruptivo en la mente de muchos juristas, resulta habitual en el mundo de la medicina. Un médico acude a un tac, una resonancia… para su diagnóstico. El problema aquí no es tanto que se acuda a la inteligencia artificial, sino a que el instrumento médico valora el presente del enfermo y la judicial se nutre de datos del pasado, y estos datos, son datos con desequilibrio, hay desequilibrio entre las clases, por ejemplo, por el simple hecho de que tenemos menos ejemplos de unas clases que de otras. Todo ello nos conduce a que si generalizamos, se cometen errores de sesgo.

Resulta obvio que habrá que explicar al órgano jurisdiccional el sistema por el cual el mecanismo de inteligencia artificial llega a un resultado. Así bien, no cabe a continuación sino plantearnos la cuestión relativa a si se admite la inteligencia artificial en el proceso, pasa por verificar su fiabilidad o señalar los requisitos que deberían cumplir para hacer prueba en el proceso.

Como hemos puesto de manifiesto hasta aquí, son varios los factores que pueden verse afectados al introducir la IA en el proceso judicial, y es por ello que requieren de fortalecerse. Para ello, hemos de tener en cuenta que toda validación de un algoritmo debe prestar atención tanto a la posibilidad de que éste presente sesgos que discriminen a unas personas frente a otras, de acuerdo con los intereses o las inclinaciones de los programadores, como a su grado de viabilidad predictivida, lo que en muchas ocasiones responderá a la propia calidad de los datos utilizados en su confección. A este respecto señala el Considerando M de la Resolución del Parlamento Europeo de 14 de marzo de 2017, que "*debe hacerse una distinción entre cantidad y calidad de los datos a fin de facilitar la utilización eficaz de los macrodatos (algoritmos y otras herramientas analíticas); y que los datos y/o los procedimientos de baja calidad en los que se basan los procesos de toma de decisiones y las herramientas analíticas podrían dar lugar a algoritmos sesgados, correlaciones falsas, errores, una subestimación de las repercusiones éticas, sociales y legales, el riesgo de utilización de los datos con fines discriminatorios o fraudulentos y la marginación del papel de los seres humanos en esos procesos, lo que puede traducirse en procedimientos deficientes de toma de decisiones con repercusiones negativas en las vidas y oportunidades de los ciudadanos, en particular los grupos marginalizados, así como generar un impacto negativo en las sociedades y empresas*".

Pues bien, como en los coches que pasan la ITV, la máquina tendría que ser sometida a un testeo, presentándole casos, a fin de ver si introducen sesgos o no. Un organismo independiente debería realizar este testeo. Siendo preciso, por tanto:

En primer lugar, el fortalecimiento de los factores tecnológicos. Es necesaria la robustez, esto es, la exactitud, utilizando modelos diseñados de forma multidisciplinar.

También la utilización de fuentes certificadas y datos intangibles, por ello hay que buscar modelos de datos y la calidad de los mismos. Todo ello, habiendo establecido un entorno tecnológico seguro. Y es que, muchas veces, los datos con los que se alimenta, no representan todos los escenarios y, por ello, generaliza. Además, en algunos casos, contienen errores. Todo ello afecta al grado de fiabilidad predictiva. A ese respecto ha señalado el Parlamento Europeo en su resolución de 14 de marzo de 2017, considerando 20, que serán necesarias "*evaluaciones periódicas sobre la representatividad de los conjuntos de datos, así como examinar la exactitud e importancia de las predicciones*".

Es fundamental por tanto configurar sistemas de control de funcionamiento. Se hace preciso auditar el sistema de forma periódica, esto implica, verificar y validar los sistemas inteligentes. Con la verificación se trata de comprobar si se ha construido un sistema correctamente, lo que implica asegurarse de que el software implementado no contiene errores, y que el producto final satisface los requisitos y las especificaciones de diseño.

Con la validación se trata de analizar la calidad del sistema inteligente en su entorno real de trabajo, lo que nos permite determinar si el producto desarrollado satisface convenientemente las expectativas inicialmente depositadas en él.

Hemos de tener en cuenta que con la Inteligencia Artificial se utilizan metodologías científicas que requieren de verificación. En esto último es donde hasta ahora podemos encontrar el problema para definirla como prueba científica.

Según la define Giunta[12], consiste en "*operaciones probatorias para las cuales, en el momento de la admisión, de la asunción y de la valoración, se usan instrumentos de conocimiento atinentes a la ciencia y a la técnica, es decir, principios y metodologías científicas, métodos tecnológicos, aparatos técnicos cuyo empleo requiere la competencia de expertos*". La prueba científica es, en esencia, un método, pues designa un fenómeno muy complejo, articulado y diversificado en múltiples formas de manifestación. En términos generales se designan los supuestos en que el método científico es utilizado en la actividad probatoria para aportar el conocimiento o la demostración de un hecho[13].

Según Verbic[14], prueba científica es un resultado probatorio que, a través de la utilización de criterios científicos, se obtiene respecto de enunciados de hecho cuyo análisis y valoración escapa al conocimiento de la cultura media del juez. Por ello, para que una prueba sea científica:

a. Ha de precisar de un experimento que se realice sobre una fuente particular, específica, donde se registre el hecho.
b. Ha de existir una ley científica o tecnología aceptada por la comunidad de referencia que avale el mencionado experimento.
c. Ha de reinar la necesidad de contar con elementos especializados o de alta tecnología para realizar los experimentos necesarios para obtener la información que se busca.
d. Su análisis y evaluación ha de superar el nivel medio de conocimiento.
e. En su producción ha de predominar una metodología regida por principios propios y rigor científico.
f. Han de requerirse profesionales altamente capacitados y cualificados para la comprensión del fenómeno o la aplicación de criterios.
g. Su producción ha de exigir extremar el control de contradicción —sobre todo cuando estamos ante análisis irrepetibles—.

---

12 Guinta, F., *Questioni scientifiche e prova sicentifica tra categorie sostanziali e regole di giudizio*, Criminalia, 2014, págs. 561 a 587.

13 Taruffo, La prueba de los hechos, editorial Trotta, 2011, pág. 277.

14 Verbic, F., La prueba científica en el proceso judicial. Identificación de la noción en el marco de la teoría general de la prueba. Problemas de admisibilidad y atendibilidad", Rubinzal Culzoni, Santa Fe, 2008, págs. 40 y ss.

h. Los resultados probatorios deben arrojar un elevado nivel de certeza, en ocasiones expresados en términos probabilísticos.

i. Han de valorarse de forma particularísima, en tanto que para poder apartarse de las conclusiones derivadas de estas pruebas el juez debe dar fundamentos de un peso equivalente al aportado por ellas y, en consecuencia, cargados de mayor motivación que la exigida para otra prueba no científica.

En definitiva, la prueba científica únicamente inserta en el proceso conocimientos científicos que estén respaldados por un método homologado por la comunidad científica de referencia, con lo que el nivel de cientificidad exigido supera la de cualquier otra prueba. De acuerdo a estas características lo que se está exigiendo para que una prueba sea científica es que tenga un grado de fiabilidad muy alto. La prueba científica es una prueba cuya principal virtud es la de ofrecer conclusiones con un grado de probabilidad suficientemente alto como para lograr la certeza del hecho. Así bien, es aquella que se constituye a través de la utilización de un método científico en cualquier momento de su actividad probatoria, que precisa de conocimientos sectoriales y especializados que escapan del saber judicial, y que se vale de leyes y principios científicos y, con frecuencia, de equipos y procedimientos de elevado nivel tecnológico, que requieren de personal cualificado para llegar a producir unos resultados objetivos, cuyas concusiones son, además, susceptibles de verificación y control[15]. Actualmente esto no es posible pues, como ya hemos tenido posibilidad de analizar, los algoritmos además de presentar sesgos, bien derivados de los intereses o inclinaciones de los programadores, bien de la calidad de los datos utilizados, que inciden de manera directa en la fiabilidad predictiva; no son métodos, hasta ahora, homologados por la comunidad científica de referencia, no siendo su grado de fiabilidad alto. Para ello han de tomarse decisiones relativas a auditar su funcionamiento, determinando cuáles son los mecanismos aptos para garantizar la adecuada auditoria.

Al respecto, el artículo 10 de la ley de inteligencia artificial de la UE, en su número 2 prevé que los conjuntos de datos de entrenamiento, validación y ensayo han de estar sujetos a prácticas adecuadas de gobernanza y gestión de datos adecuadas para la finalidad prevista del sistema de IA. Dichas prácticas se refieren a los procesos de recogida de datos y el origen de los mismos y, en el caso de los datos personales, la finalidad original de

---

15 Sánchez Rubio, A., *La prueba científica en la justicia penal*, Tirant lo Blanch, 2019.

la recogida de datos; operaciones pertinentes de tratamiento de preparación de datos, como anotación, etiquetado, limpieza, actualización, enriquecimiento y agregación; la formulación de hipótesis, en particular con respecto a la información que los datos deben medir y representar; la evaluación de la disponibilidad, cantidad e idoneidad de los conjuntos de datos necesarios; así como el examen a la vista de posibles sesgos que puedan afectar a la salud y seguridad de las personas, repercutir negativamente en los derechos fundamentales o dar lugar a discriminaciones prohibidas por el derecho de la Unión.

En segundo lugar, los factores organizativos, tales como una normativa adecuada, una necesaria alfabetización digital y la participación, además de juristas, de otras disciplinas. Y es que se hace fundamental la supervisión humana como explicita el artículo 14 de la ley de inteligencia artificial de la UE, según el cual los sistemas de IA de alto riesgo, se habrán de diseñar y desarrollar de tal manera que puedan ser vigilados de manera efectiva por personas físicas durante el período que estén en uso, lo que incluye dotarlos de herramientas de interfaz humano-máquina adecuadas.

En efecto, es preciso garantizar la acción humana en la supervisión de la IA. No se debe dejar toda la carga de evaluación en la IA. Este tema se convierte en fundamental en cuanto ya se está intentando atribuir responsabilidad a los instrumentos de Inteligencia Artificial. Considero que, siendo válido que dependamos en ciertas ocasiones de estos sistemas por razones de eficacia, siempre ha de ser posible atribuir la responsabilidad ética y jurídica, en cualquier etapa del ciclo de vida de estos sistemas, así como en los casos de recursos relacionados con sistemas de IA, a personas físicas o entidades jurídicas existentes. Por tanto, un sistema de IA nunca podrá reemplazar la responsabilidad final de los seres humanos y su obligación de rendir cuentas.

Nos ilustra Bourcier[16] sobre un caso acaecido en 1986, Julia Engle sufrió una operación quirúrgica rutinaria en un hospital. La operación fue bien, y se le inyectó un analgésico por medio de un ordenador. El sistema equipado con un "módulo experto" que dosificaba automáticamente los medicamentos estaba mal regulado, y le inyectó una dosis que le hizo entrar en coma. Cinco días después entró en coma profundo. La interpretación de la situación es clara: las enfermeras tendrían que haberse dado cuenta, de forma que hubiesen podido corregir la actuación de la máquina.

---

16 Bourcier, D., Inteligencia artificial y derecho, Barcelona, 2003, págs. 164/165.

De hecho, hemos de exigir, como se recomienda en el párrafo 63 del Proyecto de Recomendación sobre la Ética de la Inteligencia Artificial que "*Los Estados miembros deberían reforzar la capacidad del Poder Judicial para adoptar decisiones relacionadas con los sistemas de IA en el marco del Estado de Derecho y de conformidad con el derecho y las normas internacionales, en particular en lo que respecta a la utilización de los sistemas de IA en sus deliberaciones, velando al mismo tiempo porque se respete el principio de la supervisión humana. En caso de que los sistemas de IA sean utilizados por el poder judicial, se necesitan suficientes salvaguardias para garantizar, entre otras cosas, la protección de los derechos fundamentales, el estado de derecho, la independencia judicial y el principio de supervisión humana, así como para asegurar un desarrollo y una utilización de los sistemas de IA en el poder judicial que sean fiables, orientados al interés público y centrados en el ser humano*".

En cualquier caso, en los diferentes controles del sistema, en la evaluación diferida de las distintas fases del proceso interno del sistema inteligente, el desarrollador del algoritmo no debe participar en la fase de valoración del mismo. De forma tal que considero acertado que, en las distintas fases de intervención o evaluación de la Inteligencia Artificial, participen sujetos distintos, con la finalidad de garantizar una mayor fiabilidad de estos sistemas.

En tercero, factores relativos a los derechos de las personas, tales como la no discriminación y prohibición de sesgos, privacidad, así como protección de datos personales.

Es obvio que desde el punto de vista técnico se debe a la falta de representatividad de los datos, pero, si bien es cierto que existen sesgos involuntarios o propios de las limitaciones técnicas de estas tecnologías, también lo es que detrás hay personas que toman decisiones sobre qué diseñar, cómo y con qué propósito. En este sentido, la inteligencia artificial, usada en determinados contextos, puede no tener la objetividad y neutralidad que debería.

En efecto, son fundamentales los datos que introducimos, y es precisamente con ellos con los que se generan graves problemas. Por un lado, cabe destacar que no representan todos los escenarios. A veces la máquina no sabe porque hay un escenario que no se ha introducido, en este supuesto generaliza. Esto es producto de que no se ha introducido mucha información.

Por otro, no siempre el sesgo nace de forma intencionada. Los sistemas de inteligencia artificial y de aprendizaje automático se alimentan de datos y patrones relacionales por lo que, si en los datos de aprendizaje, se encuentran sesgos, la capacidad cognitiva contará con ellos. Además, es inherente al propio sistema algorítmico, matemático o relacional el que puedan existir sesgos a la hora de aplicar la propia metodología de cálculo e interpretación. Estas técnicas se basan en el uso y clasificación de los datos. Tengamos en cuenta que enseñamos a la Inteligencia artificial mediante datos e informaciones lo que es cada cosa. Ya estamos clasificando directamente mediante los conjuntos de aprendizaje. Es obvio, que en este modelo de aprendizaje cabe sesgo en la clasificación o simplemente ausencias en el conjunto de los datos de entrenamiento y validación. Así se crea uno de los sesgos más importantes y a los que son vulnerables los sistemas de Inteligencia Artificial.

Es por esto, que el sesgo, o la ausencia de muestra real o total, siempre estará presente, pero, además, podemos aumentarlo al tratar la información con el prejuicio matemático o algorítmico de su creador.

Por ejemplo, si en una imagen aparece una persona con pelo largo y rasgos de mujer, el software no es capaz de detectar el objeto que sostiene como una taladradora y lo puede cambiar como un secador. Pues bien, en el ámbito policial y judicial, ello puede tener consecuencias terribles pues los sistemas de predicción delictiva o de análisis de riesgos trabajarán con datos extraídos de intervenciones policiales o judiciales previas que pueden estar cargadas de sesgo (dirty data).

El problema, es, además, especialmente grave cuando, no existen estudios, como es el caso de Europa, dirigidos a identificar esos *dirty data.* Por ejemplo, en España, no existen datos policiales sobre el origen racial de las personas paradas por la policía para ser identificadas, aunque estudios independientes ponen de manifiesto que el porcentaje de personas de raza gitana, árabe, norteafricanos o latinoamericanos es muy superior a la de otras etnias u orígenes raciales[17].

Puede haber soluciones para evitar los sesgos que pasan por tener sistemas de *big data* para combatir los posibles sesgos en los datos de entrada a los sistemas de inteligencia artificial; verificar cada una de las salidas del sistema, relacionarla con las entradas que motivaron la decisión y evaluar el acierto final; o realizar un prechequeo de los datos que alimentan los

---

17 Souza de Menezes, C/Agustina Sanllehí, J. R., *Big Data, inteligencia artificial y policía predictiva. Bases para una adecuada regulación legal que respete los derechos fundamentales,* en Dupuy, Daniela et al., Cibercrimen III. Inteligencia artificial. Automatización, algoritmos y predicciones en el derecho Penal y procesal penal, buenos Aires, BdeF, 2020, pág. 163.

modelos que detectan potenciales sesgos de origen y poderlos eliminar o minimizar antes de que los algoritmos trabajen con ellos[18].

Alertado de ello el legislador europeo prevé en la Ley de Inteligencia Artificial, en su artículo 10.5, que en la medida que sea estrictamente necesario para garantizar la detección y corrección de sesgos en relación con los sistemas de IA de alto riesgo, los proveedores de dichos sistemas podrán tratar excepcionalmente las categorías especiales de datos personales, con sujeción a las garantías adecuadas para los derechos y libertades fundamentales de las personas físicas. Exigiéndose para dicho tratamiento determinadas condiciones, así que la detección y corrección de sesgos no puede realizarse eficazmente mediante el tratamiento de otros datos, incluidos los datos sintéticos o anonimizados; las categorías especiales de datos personales tratados están sujetas a limitaciones técnicas en cuanto a la reutilización de los datos personales y a las medidas más avanzadas de seguridad y preservación de la intimidad, incluida la seudonimización; además dichas categorías están sujetas a medidas que garanticen que los datos personales

---

18 A todo ello se unen los datos con sesgo oculto. Hay algunos sesgos que no se manifiestan a primera vista, pero están. Recuerden como se llaman todas las aplicaciones que nos ayudan: Siri, Alexia. O cuando un proceso automatizado determina descartar las aplicaciones de mujeres para un trabajo en Amazon, o como le pasó a una investigadora del Instituto de Tecnología de Masachusents (MIT) Joy Buolamwini, cuando el sistema de reconocimiento facial falla con su tono de piel.
Es posible también que los datos contengan errores (IMPACT). Realmente es difícil asegurar la calidad de los datos que se ponen en línea y esto repercute en la propia fiabilidad de las elaboraciones realizadas por los sistemas de Big Data Analytics, corriendo el riesgo de frustrar su aportación, incluso en aquellos casos en los que sería extremadamente útil. E incluso, a veces, los datos provienen de distintas fuentes y eso hace que en muchas ocasiones sean incompatibles.
Es posible que cuando no se tengan datos se utilicen datos sustitutivos. Tengamos en cuenta que el establishment tecnológico se ver reforzado por la ventaja competitiva resultante de la posesión de una posición monopolística o dominante en determinados sectores, que le permite adquirir continuamente una enorme cantidad de datos y ser capaz de procesarlos de forma cada vez más inteligente. Al mismo tiempo, los sujetos públicos se ven obligados a recurrir a los poderes privados para adquirir la información necesaria para el desempeño de sus funciones.
Por último, además si se entrena la caja negra con un objetivo determinado, sin límites en el uso de datos, podemos tener resultados no deseados. De hecho, el problema de la opacidad de las *black box* que realizan las elaboraciones, ocultando el razonamiento utilizado para tomar determinadas decisiones. En este marco, la opacidad es casi absoluta: normalmente no es posible saber qué y cuánta información se adquiere y elabora realmente, ni cómo es, ni controlar realmente su circulación.

tratados estén seguros, protegidos, sujetos a las salvaguardias adecuadas, incluidos controles estrictos y documentación del acceso, para evitar usos indebidos y garantizar que sólo las personas autorizadas tengan acceso a dichos datos personales con las obligaciones de confidencialidad adecuadas; por otro lado, de manera fundamental, en lo que respecta a estas categorías no podrán transferirse los datos y habrán de suprimirse una vez que se haya corregido el sesgo o los datos personales hayan llegado al final de su período de conservación.

Por lo que se refiere a la protección de datos e IA, cobra especial relevancia el principio de información previa, esto es, derecho de información que las partes, operadores jurídicos o, en su caso, terceros, deben tener sobre el tratamiento, uso y destino que se va a aplicar a sus datos personales.

Pero, además, son también relevantes otros principios relativos a la protección de datos, se trata de la confidencialidad, integridad, trazabilidad y minimización, esto es, la conservación de los datos sólo por el tiempo que sea necesario y sólo para la finalidad para la que han sido recogidos.

En la ley de Inteligencia Artificial en la UE, en su artículo 78, se reseña de forma individualizada el que la Comisión, las autoridades de vigilancia del mercado y los organismos notificados, así como cualquier persona física o jurídica implicada en la aplicación de la misma, han de respetar la confidencialidad de la información y los datos obtenidos en el desempeño de sus funciones y actividades, de manera que se proteja en particular los derechos de propiedad intelectual e industrial y la información empresarial confidencial o los secretos comerciales de una persona física o jurídica, incluido el código fuente; la aplicación eficaz de la Ley, en particular a efectos de investigaciones, inspecciones o auditorías; los intereses de seguridad pública y nacional; la información clasificada con arreglo al Derecho de la Unión o nacional; y de manera destacada a los efectos que nos interesan, la integridad de los procedimientos penales o administrativos.

En cuarto lugar, factores propios del sector público, como la transparencia, explicabilidad y rendición de cuentas a los que ya hicimos referencia con anterioridad.

Se hace preciso en la configuración de la IA que cuando un ciudadano acuda a un proceso, entienda de forma clara, el sistema de IA que se esté aplicando y por qué se toman unas decisiones u otras. Se trata de un principio esencial de transparencia.

Pero también ha de entender el órgano judicial el funcionamiento y los resultados que derivan de la utilización e introducción de la Inteligencia

Artificial en el proceso judicial. Esto se ha de entender mejor remitiéndonos a una prueba que hemos de destacar como muy reconocida y de gran fiabilidad. Nos referimos a la prueba de ADN, cuya importancia resulta transcendental. Habiéndose asegurado en ella la cadena de custodia, el margen de error queda reducido al mínimo y los resultados que se obtengan gozarán de una gran fiabilidad y precisión. Tengamos en cuenta a este respecto que los laboratorios oficiales que disponen de la pertinente acreditación, como acontece en los casos de las pruebas de ADN, revisten una especialidad probatoria, ya que se les otorga mayor valor y grado de fiabilidad que a los demás tipos de dictámenes o informes. Este fenómeno se residencia en el hecho de que son realizados por personal especializado que cuenta con instalaciones y garantías específicamente apropiadas, al aplicar protocolos científicos estandarizados en relación al método y desarrollo de los análisis periciales y contar con materiales y métodos técnicos adecuados para desempeñar sus labores.

En definitiva, la prueba de ADN se descompone en cuatro grandes etapas como dibuja Carracedo Álverez, la primera de ellas, la relativa al "análisis laboratorial de la muestra, en el seno del cual se debe analizar el mayor número de poliformismos de ADN posible, obteniendo un perfil genético de la muestra objeto de análisis. La segunda es la comparación de los resultados con los obtenidos en el inculpado o en la víctima. La tercera es la que guarda relación con la valoración probabilística de la prueba en el caso de coincidencia de patrones. Aquí, pueden producirse dos situaciones. Puede darse el supuesto de que los patrones sean diferentes en uno o más grupos con lo que se concluirá que ese vestigio biológico no se corresponde con el individuo con el que se compara. Opuestamente, puede acontecer que los polimorfismos de ADN analizados en el vestigio se correspondan con el individuo con el que se comparan. Entonces hay que valorar la probabilidad de que ese vestigio provenga de ese individuo, lo que depende de la frecuencia de esos grupos de población. La cuarta y última fase es la consistente en la emisión del correspondiente informe medicolegal y, en su caso, la comunicación de los resultados en el juicio oral.

En este marco, Carracedo[19] explica que cuando se analizan polimorfismos genéticos en manchas biológicas y se intenta comprobar si coinciden con los de un individuo en concreto, al que se le ha extraído una muestra biológica, pueden producirse dos tipos de resultados: que coincidan uno

---

19 Carracedo Álvarez, A., Valoración de la prueba de ADN, en Martínez Jarreta, MB., La prueba de ADN en medicina forense, Masson, 1999, pág. 302.

o varios marcadores analizados o qué coincidan todos. En el primer caso, puede afirmarse que la mancha analizada no corresponde al individuo con un margen de error prácticamente despreciable y que depende, en todo caso, de la seguridad analítica del laboratorio. Sin embargo, el problema se presenta cuando coinciden los grupos analizados en el individuo y en la mancha. No obstante, es de vital transcendencia que, aunque coincidan varios marcadores siempre existirá una incertidumbre sobre si la mancha pertenece al individuo, ya que, en muchas ocasiones, puede ser mínima, pero siempre es evaluable y no puede hablarse en ningún caso de incriminación o seguridad absoluta. Siempre se ha de proceder a la valoración probabilística de la coincidencia de grupos.

Consecuentemente los análisis genéticos no proporcionan resultados de identificación plena y esta es la razón por la cual "la moderna ciencia forenses, y en concreto la genética forense, no valora los resultados de las pruebas en términos de fiabilidad absoluta, sino que valoran el mayor o menor grado de incertidumbre en términos de probabilidades.

Consecuentemente la labor de los/as peritos/as no pasa por valorar las posibilidades de que los vestigios encontrados pertenezcan o no al sujeto encausado, sino que simplemente se circunscribe a la tarea de explicarle, de un modo comprensible, al órgano jurisdiccional los resultados que las pruebas genéticas han arrojado. En última instancia, es el tribunal en ejercicio de su labor jurisdiccional, quien debe desarrollar las tareas de apreciación y valoración de las pruebas de ADN, atendiendo, no sólo a los resultados que de las mismas se deriven, sino también al conjunto de pruebas y de indicios existentes, pues de otro modo, se estaría conculcando el derecho a la defensa.

Ello implica y hace necesario que los órganos jurisdiccionales conozcan en cierta medida la técnica pericial de ADN, así como los problemas que puede ocasionar su uso inadecuado o incorrecto. Pero además es preciso que los/as peritos/as depongan en la fase de juicio oral explicando cuál ha sido el resultado de los análisis genéticos, cómo se ha llegado al mismo, en qué términos se ha garantizado la cadena de custodia de las muestras biológicas analizadas, cuál ha sido la población o subpoblación tomada como referente en el análisis y con qué frecuencia aparecen esos perfiles genéticos en la misma...

Ello no quiere decir que dichos informes periciales no puedan ser impugnados, refutados y contradichos, oportunamente explicados a efectos de una adecuada valoración judicial. Y esto mismo es lo que habrá de acontecer cuando lo que se introduzca en el proceso judicial sea una prueba de inteligencia artificial.

En el borrador de Ley de Inteligencia Artificial de la UE, se contemplan una serie de procedimientos de verificación de la calidad de los Sistemas de IA que se empleen en la UE, si bien sólo e forma excepcional se prevé la intervención activa de las autoridades. Este tipo de auditoría pública ya opera en otras tecnologías vinculadas con la Administración de Justicia.

Es por ello necesario crear, en el ámbito de la UE, una Agencia sobre IA que tenga competencia para examinar, filtrar y verificar la calidad de los sistemas y su conformidad con la legalidad vigente, tanto con carácter previo a su introducción en el mercado o a su puesta en circulación.

Tal agencia serviría para realizar las tareas de análisis y verificación de la calidad y conformidad de los sistemas, ya que, por un lado, sería una institución púbica la que habría detrás del proceso, lo cual es fundamental a efectos de generar confianza en los ciudadanos, puesto que el interés único es el oficialmente anunciado, y, además, hay un riesgo bajo de filtraciones de las patentes millonarias que suele haber detrás de tales herramientas.

En cualquier caso, y comenzando por la ineludible exigencia de que se hace preciso comprender y explicar los sistemas inteligentes, es cierto que hay que evitar el extremo, en el sentido de pretender su total transparencia y explicabilidad. La transparencia implica que los justiciables deberían estar plenamente informados cuando una decisión se basa en algoritmos de IA o se toma a partir de ellos. En estas circunstancias deben tener la oportunidad de solicitar información del actor de la IA o a las Instituciones del sector público de Justicia. Además, las personas deberían poder conocer los motivos por los que se ha tomado una decisión que afecta a sus derechos y libertades y tener la posibilidad de impugnarlo. La transparencia, en conclusión, puede permitir a las personas comprender como se implementa cada etapa de un sistema de IA, en función del contexto y la sensibilidad del sistema en cuestión. También puede proporcionar información sobre los factores que influyen en una predicción o decisión específicas, y sobre la existencia o no de garantías adecuadas.

La explicabilidad, por su parte, supone hacer inteligibles los resultados de los sistemas de IA, y facilitar información sobre ellos. También se refiere a la inteligibilidad de la entrada, salida y funcionamiento de cada componente algorítmico y la forma contribuye a los resultados de los sistemas.

Por último, todos los factores relativos al sistema de justicia y proceso. Los atinentes al sistema de justicia se concretan en la posibilidad de acceso a la justicia sin discriminación, esto es, el derecho a la tutela judicial efectiva, dada la posible brecha digital y las personas en condición de vulnerabilidad; en la independencia judicial, pudiendo apartarse de forma efectiva; y en el posible riesgo para el ejercicio de la función judicial, y ello debido a que se hace necesario por parte de los jueces y magistrados, suficiente comprensión sobre la IA usada para garantizar responsabilidad por las decisiones tomadas con su asistencia.

Tengamos en cuenta que actualmente nos hallamos ante dictaduras digitales. Se ha creado la clase de los irrelevantes, se trata de aquellos que no pueden ejercer su poder a tavés de los datos. Hay todavía muchas personas que no tienen capacidad para comunicarse por internet, que será de ellos en la nueva era.

En efecto, el auge de la IA puede acabar separando a la humanidad en una pequeña clase de superhumanos y una subclase enorme de homo sapiens inútiles.

Si queremos evitar la concentración de toda la riqueza y el poder en manos de una pequeña élite, la clave es regular la propiedad de los datos. La carrera para poseerlos dato ya ha empezado, encabezada por gigantes de los datos como Google, Facebook, Baidu y Tencent. Hasta ahora, muchos de esos gigantes parecen haberes adoptado el modelo de negocio de los mercaderes de la atención. Captan nuestra atención al proporcionarnos de forma gratuita información, servicios y diversión, y después revenden nuestra atención a los anunciantes. Pero las miras de los gigantes de los datos apuntan probablemente mucho más allá que cualquier mercader de la atención que haya existido. Su verdadero negocio no es en absoluto vender anuncios. Más bien, al captar nuestra atención consiguen acumular cantidades inmensas de datos sobre nosotros, que valen más que cualquier ingreso publicitario. No somos sus clientes: somos su producto.

En el marco del proceso con todas las garantías destaca precisar cuáles son las fuentes de datos, así como el derecho de defensa frente a una decisión algorítmica.

Hacia la regulación europea del uso de sistemas de inteligencia artificial en el ámbito de la justicia

ANNA FIODOROVA
Ayudante doctora
Universidad Carlos III de Madrid
Instituto de Justicia y Litigación "Alonso Martínez"
ORCID: 0000-0002-6445-0161

1. INTRODUCCIÓN

La cuarta revolución industrial[1] ha traído consigo el empleo de algoritmos en ciertas funciones, actos de la vida cotidiana, negocios, administración pública y justicia, que ya no son nada singular. Los buscadores en Internet, las traducciones en línea, las asistentes inteligentes como Alexa o Siri, los vehículos de conducción automática, los registros de los productos disponibles en el stock, las calculadoras para hipotecas y seguros, los trámi-

---

[1] El PARLAMENTO EUROPEO "observa que el mundo está al borde de la cuarta revolución industrial; señala que, en comparación con las tres oleadas anteriores, iniciadas por la introducción del vapor, la electricidad y luego los ordenadores, la cuarta oleada extrae su energía de la abundancia de datos combinada con potentes algoritmos y capacidad informática; destaca que la revolución digital actual se caracteriza por su escala mundial, su rápida convergencia y el enorme impacto de los nuevos avances tecnológicos en los países, las economías, las sociedades, las relaciones internacionales y el medio ambiente". Resolución del Parlamento Europeo, de 3 de mayo de 2022, sobre la inteligencia artificial en la era digital (2020/2266(INI)).

tes administrativos en línea y los *chatbots* han entrado en nuestras vidas para facilitarlas y quedarse en ellas[2].

Como bien indica Moreno Catena, "la IA ha llamado a las puertas de la resolución de conflictos jurídicos y del propio sistema judicial, y esta llamada no puede ser desconocida"[3]. La justicia tampoco puede quedarse al margen de este progreso tecnológico[4] y ya está empleando la inteligencia artificial (en lo sucesivo, la IA) con diferentes alcances, comenzando por motores de búsqueda de jurisprudencia, gestión de casos[5], *chatbots* en las páginas de Internet de los despachos de abogados[6], programas de redacción de escritos, sistemas de identificación de personas y objetos, sistemas

---

2 Véanse más ejemplos en COM(2019) 168, final, pág. 1.

3 Moreno Catena, Víctor, "Sobre el futuro del proceso civil", en Jiménez Conde, Fernando; Banacloche Palao, Julio; Gascón Inchausti, Fernando, *Logros y retos de la justicia civil en* España, Tirant lo Blanch, 2023, pág. 110.

4 Como señala la COMISIÓN PARA LA EFICACIA DE LA JUSTICIA, "existe un acuerdo general actual en que la justicia no puede permanecer al margen de una evolución que está teniendo un enorme impacto en las sociedades en las que opera y en las poblaciones a las que se dirige." COMISIÓN PARA LA EFICACIA DE LA JUSTICIA, "Directrices para impulsar el cambio hacía la ciberjusticia", 2016, pág. 5.
También en la Resolución del Parlamento Europeo, de 6 de octubre de 2021, sobre la inteligencia artificial en el derecho penal y su utilización por las autoridades policiales y judiciales en materia penal (en lo sucesivo, la Resolución de 6 de octubre de 2021), se confirma que la aplicación de la Inteligencia Artificial (en lo sucesivo, IA) por estas autoridades puede ayudar "en la lucha más eficaz contra determinados tipos de delitos, en particular la delincuencia financiera, el blanqueo de capitales y la financiación del terrorismo, los abusos sexuales en línea y la explotación de menores en línea, así como determinados tipos de ciberdelincuencia, contribuyendo así a la seguridad de los ciudadanos de la UE".

5 Cabe matizar que la gestión automatizada de los casos según De Hoyos Sancho "no implica el uso de IA en sentido estricto". De Hoyos Sancho, M., "El Libro Blanco sobre inteligencia artificial de la Comisión Europea: reflexiones desde las garantías esenciales del proceso penal como "sector de riesgo", *Revista Española de Derecho Europeo*, Núm. 76, 2020, pág. 14. Compartimos esta opinión cuando el sistema de gestión de casos no tiene algoritmo para generar ningún resultado sobre la base de los datos introducidos, sino que se utiliza meramente como facilitador de gestión.

6 Véanse Aragüez Valenzuela, Lucía, "La profesión de la abogacía a través de la IA: ChatBots y nuevos desafíos para el asesoramiento jurídico", *Revista de Estudios Europeos*, N° 2, 2023, págs. 57-66.

de predictibilidad, análisis cuantitativo y cualitativo[7], entre otros[8]. Todos estos ejemplos pueden considerarse sistemas restringidos de IA (*narrow AI system*), que pueden realizar solamente ciertas tareas específicas, a diferencia de un sistema general de IA (*general AI system*), que sería capaz de realizar la mayoría de las actividades que puede hacer un ser humano, o en nuestro caso concreto, un operador jurídico[9]. Como señala De Hoyos Sancho, "[...] tengamos presente que hoy por hoy los sistemas IA han de entenderse como "ayuda" al ejercicio de la función jurisdiccional

---

7 Por ejemplo, se utiliza *software* para analizar miles de millones de datos generados en transacciones financieras bajo investigación o para identificar a las víctimas y los autores de delitos de pornografía infantil a través de la comparación de muebles, objetos o sonidos. Así, las acciones que antes llevaban meses de investigación ahora se pueden realizar en horas o días.

8 Como observó la COMISIÓN PARA LA EFICACIA DE LA JUSTICIA en 2018, "Por el momento, los jueces de los miembros del Consejo de Europa no parecen estar haciendo un uso práctico uso práctico y cotidiano del software predictivo. [...] La iniciativa para el desarrollo de estas herramientas procede en gran medida del sector privado, cuya clientela hasta ahora de seguros, abogados y servicios jurídicos que desean reducir la inseguridad jurídica y la imprevisibilidad de los litigios." COMISIÓN PARA LA EFICACIA DE LA JUSTICIA, "Carta ética europea sobre el uso de la inteligencia artificial en los sistemas judiciales y su entorno", pág. 14.
Para ejemplos sobre el actual y posible uso de la IA en la justicia, en particular en el proceso penal, véanse Martín Diz, Fernando, "Inteligencia artificial y cooperación judicial penal internacional: instrumentos y posibilidades", en Fontestad Portalés, Leticia, *El uso de las TICs en la cooperación jurídica penal internacional: construyendo la sociedad digital del futuro*, COLEX, 2022, págs. 158-160.

9 Véanse, HIGH-LEVEL EXPERT GROUP ON ARTIFICIAL INTELLIGENCE, "A Definition of AI: Main Capabilities and Disciplines", 2019, pág. 5.
Según la COMISIÓN PARA LA EFICACIA DE LA JUSTICIA, "las IA "fuertes" de la literatura de ciencia ficción no existen. Este tipo de IA, dotada no sólo de inteligencia, sino también de conciencia, sigue siendo pura ficción. Los sistemas de aprendizaje automático que se están desarrollando se describen como IA "débiles" y son capaces de extraer patrones complejos y aprender de grandes volúmenes de datos de forma eficiente y a menudo con altos niveles de precisión predictiva." COMISIÓN PARA LA EFICACIA DE LA JUSTICIA, "Carta ética europea sobre el uso de la inteligencia artificial en los sistemas judiciales y su entorno", pág. 31.
Moreno Catena, V. destaca tres momentos en los cuales se podría aplicar la IA en el sistema de justicia: la prevención, la investigación (actividad probatoria) y las decisiones judiciales. Véanse, Moreno Catena, V., "Los datos en el sistema de justicia y la propuesta de reglamento UE sobre inteligencia artificial", en Colomer Hernández, I., *Uso de la información y de los datos personales en los procesos: los cambios en la era digital*, Aranzadi, 2022, pág. 60.

por el órgano competente o, en su caso, a las labores de los letrados de la acusación y/o la defensa. Las decisiones intermedias y finales que hayan de adoptarse sobre la causa corresponderán necesariamente y en exclusiva al titular/es del juzgado o tribunal."[10] No obstante, como apunta DALIA, la cuarta revolución industrial puede resultar en una redefinición de los sistemas judiciales[11].

A pesar de la presencia cotidiana de la IA y siendo esta "una de las tecnologías más estratégicas del siglo XXI"[12], se trata de un ámbito donde la Unión Europea (en lo sucesivo, la UE), de momento, se queda detrás de otros actores relevantes para la economía y el progreso mundial, tanto desde el punto de vista del planteamiento estratégico e inversiones[13], como del desarrollo[14]. No obstante, la UE tiene perspectiva, por un lado, de acelerar en estos ámbitos y, por otro lado, ya se está ocupando (en paralelo y/o junto con el Consejo de Europa) de la cuestión de los principios éticos y de los aspectos legales de la IA, delimitando qué IA sería aceptable y en qué condiciones. Además, la UE se plantea conseguir una reputación de productos de IA seguros y de calidad, reforzar la confianza de los ciudada-

---

10 De Hoyos Sancho, M., "El Libro Blanco sobre inteligencia artificial de la Comisión Europea: reflexiones desde las garantías esenciales del proceso penal como 'sector de riesgo'", *Revista Española de Derecho Europeo,* Núm. 76, 2020, pág. 21.

11 Véanse, Dalia Gaspare, "El uso de la I.A. en el marco del proceso penal entre las exigencias de eficacia y las valoraciones judiciales"; en Fontestad Portalés, Leticia, *A vueltas con la transformación digital de la cooperación jurídico penal internacional,* Aranzadi, 2022, pág. 253.

12 COM(2018) 237 final, pág. 2.

13 Como señaló la COMISIÓN EUROPEA en 2018, "el Gobierno de los Estados Unidos presentó una estrategia sobre IA e invirtió cerca de 970 millones EUR en investigación no clasificada sobre IA en 2016. Con su "Plan de desarrollo de la inteligencia artificial de próxima generación", China ambiciona alcanzar el liderazgo mundial en 2030 y está efectuando ingentes inversiones. Otros países, como Japón y Canadá, también han adoptado estrategias en relación con la IA. En los Estados Unidos y en China, las grandes empresas están invirtiendo considerablemente en IA y explotando grandes cantidades de datos. Globalmente, Europa se sitúa a la zaga en inversiones privadas en IA, las cuales oscilaron entre 2 400 y 3 200 millones EUR en 2016, frente a 6 500-9 700 millones EUR en Asia y 12 100-18 600 millones EUR en América del Norte." COM(2018) 237 final, pág. 5.

14 Un 73% de la IA más compleja se desarrolla en los Estados Unidos y un 15% en China. Véanse, Meyers, Zach, Springford, John, "How Europe can make the most of AI", 2023, pág. 4.

nos en el progreso digital y crear una ventaja competitiva para las empresas europeas en el desarrollo de la IA[15].

El objetivo de este estudio, inspirado en las ponencias y publicaciones del doctor Víctor Moreno Catena sobre la repercusión de la IA en la justicia y su labor en el marco de la Fundación de la Inteligencia Artificial Legal, es el análisis del Reglamento (UE) 2024/1689 del Parlamento Europeo y del Consejo, de 13 de junio de 2024, por el que se establecen normas armonizadas en materia de inteligencia artificial y por el que se modifican los Reglamentos (CE) nº 300/2008, (UE) nº 167/2013, (UE) nº 168/2013, (UE) 2018/858, (UE) 2018/1139 y (UE) 2019/2144 y las Directivas 2014/90/UE, (UE) 2016/797 y (UE) 2020/1828 (Reglamento de Inteligencia Artificial) (en lo sucesivo, RdIA)[16], desde la perspectiva de su aplicación a la IA en la justicia.

Este trabajo ve la luz coincidiendo con el final de la primera lectura de la Propuesta de Reglamento del Parlamento Europeo y del Consejo por el que se establecen normas armonizadas en materia de inteligencia artificial (ley de inteligencia artificial) y se modifican determinados actos legislativos de la Unión (en lo sucesivo, la Propuesta de la LdIA)[17] por los colegisladores de la UE y publicación del texto definitivo en el Diario Oficial de la UE.

En estas circunstancias, haremos un recorrido por los actos principales de la UE y del Consejo de Europa (en lo sucesivo, el CdE) que, en gran medida, han servido de fundamento para la Propuesta de la LdIA, y procedemos a su análisis comparativo con el compromiso final de los colegisladores europeos, sobre todo en relación con la IA aplicable en el ámbito judicial. Teniendo en cuenta la extensión máxima permitida, analizaremos solamente la definición, el ámbito subjetivo de aplicación, así como los sistemas de IA prohibidos, considerando que son unos de los aspectos que marcarán en alcance del futuro desarrollo, el uso y las responsabilidades de los sistemas de la IA en la UE, y a través de ellos la afectación a nuestras vidas.

Pero antes de terminar esta parte introductoria, nos gustaría mencionar algunas definiciones de los sistemas de IA que sirvieron como punto de

---

15 Véanse, COM(2019) 168 final, pág. 1; COM(2020) 65 final, pág. 1.

16 DOUE L series, 12.7.2024, págs. 1-144.

17 COM(2021) 206 final.

partida para la Comisión Europea a la hora de definir este concepto en la Propuesta de la LdIA.

Así, la Comisión Europea destaca en sus comunicaciones que los sistemas de IA "manifiestan un comportamiento inteligente, pues son capaces de analizar su entorno y pasar a la acción —con cierto grado de autonomía— con el fin de alcanzar objetivos específicos."

El Grupo de expertos de alto nivel en inteligencia artificial (en lo sucesivo, el AI HLEG, por sus siglas en inglés) ha sido más específico al enfatizar la naturaleza racional de la IA[18] y proponer una definición sumamente completa:

> *"Los sistemas de inteligencia artificial (IA) son sistemas de software (y posiblemente también de hardware) diseñados por humanos que, dado un objetivo complejo, actúan en la dimensión física o digital percibiendo su entorno mediante la adquisición de datos, interpretando los datos estructurados o no estructurados recogidos, razonando sobre el conocimiento, o procesando la información, derivada de estos datos y decidiendo la(s) mejor(es) acción(es) a tomar para alcanzar el objetivo dado. Los sistemas de IA pueden utilizar reglas simbólicas o aprender un modelo numérico, y también pueden adaptar su comportamiento analizando cómo se ve afectado el entorno por sus acciones anteriores."*[19]

2. CIMIENTOS EUROPEOS HACIA LA REGULACIÓN DE LA IA

En la última década, uno de nuevos ámbitos de debates y acciones en la UE y el CdE ha sido marcado por la llegada de la IA a la economía en general, "a la puerta de las casas" de la mayoría de los ciudadanos, en muchas ocasiones, sin un análisis previo de los riesgos que conlleva, incluyendo su repercusión en ciertos derechos fundamentales y cuestiones filosófico-existenciales sobre la relación entre la "máquina inteligente" y el ser humano. En este escenario, ambas organizaciones se vieron compelidas a reflexionar sobre este tema y a comenzar a crear fundamentos sólidos que permitirían mantener un equilibrio entre el beneficio que puede aportar el uso de la IA y la garantía de los valores humanos.

---

18 Véanse, HIGH-LEVEL EXPERT GROUP ON ARTIFICIAL INTELLIGENCE, "A Definition of AI...", *loc. cit.*, pág. 1; COM(2018) 237 final, pág. 1; COM(2018) 795 final, pág. 1.

19 HIGH-LEVEL EXPERT GROUP ON ARTIFICIAL INTELLIGENCE, "A Definition of AI...", *loc. cit.*, pág. 6.

Antes de comenzar un análisis más profundo, nos gustaría resaltar que los planteamientos elegidos por la UE y el CdE han sido diferentes: mientras la UE ha abordado las cuestiones de la IA de manera general, incluyendo todos los ámbitos, el CdE se ha centrado específicamente en el ámbito de la justicia.

2.1. La Unión Europea

Aunque la UE ya venía abordando el tema de la IA desde el año 2004, a través de los programas marco de investigación y desarrollo y aplicada a la robótica[20], la labor continua con un enfoque concreto en la IA comenzó en 2018 con la aprobación de la estrategia "Inteligencia artificial para Europa"[21] (en lo sucesivo, la Estrategia de la IA), la cual contempla tres ejes principales:

- Impulso de la capacidad tecnológica e industrial de la UE.
- Preparación para las transformaciones socioeconómicas.
- Garantía de un marco ético y jurídico[22].

En relación con este último eje, la Comisión Europea señaló que "para aumentar la transparencia y reducir el riesgo de sesgo o error, los sistemas de IA deberían desarrollarse de tal modo que las personas puedan comprender (cuál es la base de) sus acciones."[23] En este contexto se preveía la elaboración de fundamentos éticos y requisitos de seguridad y responsabilidad, así como la capacitación de personas para beneficiarse de las oportunidades que ofrece la IA.

En resumen, a partir de la Estrategia de la IA, la política de la Comisión Europea aspiraba a convertir la UE "en un centro de talla mundial para la IA y, al mismo tiempo, garantizar que la IA esté centrada en el ser humano y sea fiable"[24].

A finales del 2018 también se aprobó el "Plan coordinado sobre la inteligencia artificial"[25], que incluía acciones para los años 2019 y 2020 con

20 Véanse, COM(2018) 237 final, pág. 6.

21 Ibidem.

22 Ibidem, pág. 4.

23 Ibidem, pág. 17.

24 COM(2021)205 final, pág. 1.

25 COM(2018) 795 final.

el objetivo de potenciar la capacidad de la UE y sus Estados miembros en el desarrollo de la IA y su posicionamiento más fuerte a nivel mundial[26].

En junio de 2018 la Comisión Europea creó el AI HLEG para apoyar la implementación de la Estrategia de la IA. El grupo ha preparado:

- Directrices éticas para una IA confiable (en lo sucesivo, las Directrices éticas para IA).
- Recomendaciones de política e inversión para una IA fiable.
- Lista final de evaluación de la IA fiable.
- Consideraciones sectoriales sobre las recomendaciones de política e inversión[27].

Como podemos observar, uno de los mensajes clave resaltados en el título de las Directrices éticas para IA es su "fiabilidad", la cual solo es posible lograr con tres componentes interrelacionados: la adecuación a la ley, el respeto a los principios éticos y la solidez.[28]

Las Directrices éticas para IA abordan la fiabilidad desde tres perspectivas:

- Sus fundamentos, basados en los derechos fundamentales y en cuatro principios: el respeto de la autonomía humana, la prevención del daño, la equidad y la explicabilidad. Se destaca que:

  "Los seres humanos que interactúen con sistemas de IA deben poder mantener una autodeterminación plena y efectiva sobre sí mismos y participar en el proceso democrático. Los sistemas de IA no deben subordinar, coaccionar, en-

---

[26] El Plan coordinado sobre la inteligencia artificial incluía las siguientes acciones:
- Desarrollo de las estrategias nacionales.
- Aumento de las inversiones públicas y privadas en IA.
- Eliminación de obstáculos del mercado fragmentado.
- Creación de una asociación público-privada de IA y fortalecimiento de la excelencia.
- Adaptación del aprendizaje a la época de IA.
- Creación de espacios de datos europeos que se puedan utilizar para la IA.
- Elaboración de normas éticas y de un marco jurídico favorable a la innovación.
- Abordaje de los aspectos de la seguridad de IA.

[27] Véanse, COMISIÓN EUROPEA, "Configurar el futuro digital en Europa" s/f. Disponible en: https://digital-strategy.ec.europa.eu/es/policies/expert-group-ai (última consulta el 14 de enero de 2024).

[28] Véanse, HIGH-LEVEL EXPERT GROUP ON ARTIFICIAL INTELLIGENCE, "Ethics Guidelines for Trustworthy AI", 2019, pág. 5; COM(2019) 168 final, pág. 3.

gañar, manipular, condicionar o pastorear injustificadamente a los humanos. Por el contrario, deben diseñarse para aumentar, complementar y potenciar las habilidades cognitivas, sociales y culturales humanas. La dimensión sustantiva implica el compromiso de: garantizar una distribución equitativa y justa tanto de los beneficios como de los costes, y asegurar que los individuos y los grupos estén libres de prejuicios injustos, discriminación y estigmatización."[29]

- Su implementación, a través de la conversión de los principios anteriormente mencionados en requisitos de intervención y supervisión humanas[30], solidez y seguridad técnicas, privacidad y gestión de datos, transparencia, diversidad, no discriminación y equidad, bienestar social y medioambiental y rendición de cuentas[31]. En relación con la supervisión humana se destaca la autonomía del usuario y "el derecho a no ser objeto de una decisión basada únicamente en el tratamiento automatizado, cuando ésta produzca efectos jurídicos en los usuarios o les afecte de manera significativa de forma similar."[32]

---

29 HIGH-LEVEL EXPERT GROUP ON ARTIFICIAL INTELLIGENCE, "Ethics Guidelines for…", *loc. cit.*, págs. 12-13.

30 Se destacan tres posibles niveles de intervención humana:
– *Human-in-the-loop*, que supone intervención humana en cada paso de decisión de la IA (lo que a veces no es posible, ni deseable).
– *Human-on-the-loop*, que implica la intervención humana en las etapas de diseño y de supervisión de funcionamiento de la IA.
– *Human-in-command*, que conlleva la supervisión de "la actividad global del sistema de IA (incluido su impacto más amplio económico, social, jurídico y ético) y a la capacidad de decidir cuándo y cómo utilizar el sistema en cada situación determinada. Esto puede incluir la decisión de no utilizar un sistema de IA en una situación concreta, establecer niveles de discreción humana durante el uso del sistema o garantizar la capacidad de imponerse a una decisión tomada por el sistema." COM(2019) 168 final, pág. 5.

31 Cabe señalar el matiz introducido por la Comisión Europea en relación con estos requisitos: "Aunque estos requisitos están pensados para ser aplicados a todos los sistemas de IA en diferentes entornos y sectores, el contexto específico en el que se apliquen debe tenerse en cuenta para su implementación concreta y proporcionada, adoptando un enfoque basado en el impacto. A modo de ejemplo, una aplicación de IA que sugiere un libro de lectura inadecuado es mucho menos peligrosa que otra que diagnostique erróneamente un cáncer y, por tanto, puede estar sujeta a una supervisión menos estricta." COM(2019) 168 final, pág. 4.

32 HIGH-LEVEL EXPERT GROUP ON ARTIFICIAL INTELLIGENCE, "Ethics Guidelines for…", *loc. cit.*, pág. 16.

- Su evaluación, adaptando una lista de criterios a la naturaleza de cada IA[33].

En las Recomendaciones de política e inversión para una IA fiable, el AI HLEG consideró que todos los esfuerzos políticos, económicos, tecnológicos y de investigación deberían enfocarse en la creación de sistemas colaborativos entre humanos y su trabajo y la IA, pero sin frenar la innovación y el desarrollo de los sistemas que serían una alternativa rentable comparados con el trabajo de un humano o que ayuden evitar los trabajos sumisos, "lo que permite a los gobiernos asignar fondos para la creación de puestos de trabajo más productivos y mejorar el bienestar social de las personas."[34]

En 2019 la Comisión Europea emitió la comunicación "Generar confianza en la inteligencia artificial centrada en el ser humano"[35] y en 2020 aprobó el Libro blanco sobre la inteligencia artificial —un enfoque europeo "antropocéntrico"[36], orientado a la excelencia y la confianza (en lo sucesivo, el Libro blanco sobre la IA). Ambos documentos reiteran el enfoque de la IA en el ser humano, la creación de confianza en la IA, integrando los valores de la sociedad, sobre todo los derechos fundamentales y el Estado de Derecho en la evolución de la IA[37].

El Libro blanco sobre la IA se basa en dos pilares:

- Creación de un "ecosistema de excelencia", que consiste en el planteamiento de medidas de harmonización de los esfuerzos regionales, nacionales y europeos, incluyendo los sectores público y privado.

---

33 Véanse, ibidem, págs. 7-8, 24, 26-31; COM(2019) 168 final, pág. 4.

34 HIGH-LEVEL EXPERT GROUP ON ARTIFICIAL INTELLIGENCE, "Policy and Investment Recommendations for Trustworthy AI", 2019, págs. 12-13.

35 COM(2019) 168 final.

36 COM(2020) 65 final, pág. 3. Para más sobre el enfoque humano de la IA, véanse, LETTIERI, NICOLA; GUARINO, ALFONSO; ZACCAGNINO, ROCCO; MALANDRINO, DELFINA, "Keeping judges in the loop: a human-machine collaboration strategy against the blind spots of AI in criminal justice", *Soft Computing*, 27, 2023, págs. 11278-11279.

37 Véanse, COM(2019) 168 final, pág. 2; COM(2020) 65 final, págs. 2-3. Entre los derechos fundamentales se destacan la dignidad humana y la protección de la privacidad.

- Creación de un "ecosistema de confianza" basado en normas éticas, en la protección de los derechos fundamentales y en los derechos de los consumidores[38].

En 2021 la Comisión publicó la comunicación "Fomentar un planteamiento europeo en materia de inteligencia artificial"[39] y el Plan coordinado sobre la Inteligencia Artificial revisado, con el objetivo de "desarrollar un liderazgo mundial de la UE en materia de IA fiable"[40] a través de las acciones comunes y de la reducción de la fragmentación de la financiación en la UE y los Estados miembros. En el nuevo Plan se prevén acciones concretas a corto (hasta 2024) y medio (hasta "2025+") plazo, como, por ejemplo, la puesta en marcha de un programa de adopción de la IA para el sector públicos, o la creación de "un espacio común europeo de datos de seguridad para las autoridades policiales"[41]. El mismo día, se publicó la Propuesta de la LdIA.

En septiembre de 2022 la Comisión presentó dos actos complementarios al Reglamento de IA que actualmente están en la fase de la primera lectura:

- Propuesta de Directiva del Parlamento Europeo y del Consejo sobre responsabilidad por los daños causados por productos defectuosos[42].
- Propuesta de Directiva del Parlamento Europeo y del Consejo relativa a la adaptación de las normas de responsabilidad civil extracontractual a la inteligencia artificial[43].

2.2. El Consejo de Europa

Como hemos mencionado, el planteamiento del CoE sobre la regulación de la IA ha sido diferente al de la UE, abordando las cuestiones judi-

---

38 Véanse, COM(2020) 65 final, pág. 3. Más sobre este tema en De Hoyos Sancho, M., "El Libro Blanco sobre inteligencia artificial de la Comisión Europea: reflexiones desde las garantías esenciales del proceso penal como 'sector de riesgo'", *Revista Española de Derecho Europeo*, Núm. 76, 2020, págs. 14-20.

39 COM(2021)205 final.

40 Ibidem, pág. 2.

41 Véanse, ibidem, ANNEX, pág. 67.

42 COM(2022) 495 final.

43 COM(2022) 496 final.

ciales separadamente de otros ámbitos de posible aplicación de la IA. Así, en diciembre de 2018 la Comisión para la eficacia de la justicia (en lo sucesivo, CEPEJ) aprobó la "Carta ética europea sobre el uso de la inteligencia artificial en los sistemas judiciales y su entorno" (en lo sucesivo, la Carta ética para la IA)[44]. Al igual que en el caso de la UE, se establecieron cinco principios para el uso de la IA en la justicia y, de hecho, estos sirvieron como inspiración para las Directrices éticas para la IA aprobados en 2019. Los principios establecidos por el CdE son los siguientes:

- Respeto de los derechos fundamentales.
- No discriminación.
- Calidad y seguridad.
- Transparencia, imparcialidad y equidad.
- "Bajo control del usuario"[45].

Como podemos ver en la siguiente tabla, los principios propuestos en la Carta ética para la IA y los principios y requisitos incluidos en las Directrices éticas para la IA[46], si no coinciden totalmente, tienen la misma naturaleza, a pesar de que el primero es un documento sectorial, mientras que el segundo es más genérico.

---

44 Disponible en: https://protecciondata.es/wp-content/uploads/2021/12/Carta-Etica-Europea-sobre-el-uso-de-la-Inteligencia-Artificial-en-los-sistemas-judiciales-y-su-entorno.pdf (última consulta el 15 de enero de 2024).

45 Véanse, COMISIÓN PARA LA EFICACIA DE LA JUSTICIA, "Carta ética europea sobre el uso de la inteligencia artificial en los sistemas judiciales y su entorno", págs. 6-10. Más sobre este tema en Martín Diz, Fernando, "Inteligencia artificial y cooperación judicial penal internacional: instrumentos y posibilidades", en Fontestad Portalés, Leticia, *El uso de las TICs en la cooperación juíidica penal internacional: construyendo la sociedad digital del futuro*, COLEX, 2022, págs. 145-146.

46 Más sobre el contenido de la Carta ética para la IA y Directrices éticas para la IA en Gómez Colomer, Juan Luís, "Derechos fundamentales, proceso e inteligencia artificial: una reflexión", en Calaza López, Sonia; Llorente Sánchez-Arjona, Mercedes, *Inteligencia artificial legal y administración de justicia,* Aranzadi, 2022, págs. 268-275.

Tabla 1. Comparación de los principios aplicables a la IA (elaboración propia)

Carta ética para la IA (CdE)	Directrices éticas para la IA (UE)	
Principios	**Principios**	**Requisitos**
Respeto de derechos humanos	Respeto de la autonomía humana	Privacidad y gestión de datos Transparencia Bienestar social y medioambiental
No discriminación		Diversidad, no discriminación y equidad
Transparencia, imparcialidad y equidad	Equidad	
Calidad y seguridad	Prevención del daño	Solidez y seguridad técnicas
Control del usuario	Explicabilidad	Intervención y supervisión humanas Rendición de cuentas

Una de las diferencias entre ambos enfoques es en el contenido de los derechos fundamentales. Si en el caso de la UE esta se centra en el derecho a la privacidad y a la protección de los datos personales, el CdE también se refiere al derecho de acceso a la justicia, a un juicio justo, a la independencia judicial y a la igualdad de armas.

En 2020 la CEPEJ emitió un estudio sobre la posible introducción de un mecanismo de certificación de herramientas y servicios de inteligencia artificial en el ámbito de la justicia y el Poder Judicial[47], seguido por una Hoja de ruta, presentada en 2021. En el estudio se consideraron los indicadores que pueden mostrar la conformidad de la IA con los principios establecidos en la Carta ética para la IA y que se presentan a continuación de manera esquemática.

---

47 CEPEJ (2020) 15 REV.

Tabla 2. Indicadores propuestos de CEPEJ que mostrarían la concordancia de un sistema de IA con los principios recogidos en la Carta ética para la IA (elaboración propia)

Principio de la Carta ética para la IA	Indicadores propuestos
Respeto de los derechos humanos	Tratamiento proporcionado y con fines claros de los datos personales Garantía del derecho de acceso al juez y a un juicio justo Independencia de los jueces Ética y derechos humanos desde el diseño
No discriminación	Evitación de la discriminación basada en datos sensibles
Transparencia, imparcialidad y equidad	Estándar ISO/UEC 27001 Los datos tienen que ser atribuibles, legibles, actualizados, originales, exactos, completos, coherentes, duraderos y disponibles
Calidad y seguridad	Acceso al código fuente para los fines de la certificación Aseguramiento de una IA justa, responsable y transparente Equidad Rendición de cuentas de la IA Identificación de los sistemas de IA y sus acciones
Control del usuario	Garantía de estar bajo el control del usuario Derecho del acusado a conocer la IA utilizada y de "opt-out" del uso de la IA Formación y certificación de los miembros del Poder Judicial

En 2021 se aprobó una Hoja de ruta revisada para garantizar un seguimiento adecuado de la Carta Ética de la CEPEJ sobre el uso de la inteligencia artificial en los sistemas judiciales y su entorno[48], donde, entre otros aspectos, se señala la necesidad de elaboración de una herramienta detallada sobre el cumplimiento de los principios aplicables a la IA y su comprobación a través de un proyecto piloto, así como la creación del Consejo Asesor sobre Inteligencia Artificial y del Centro de Recursos sobre Inteligencia Artificial, junto con la formación y sensibilización de los operadores jurídicos.

En el marco del CdE también se creó temporalmente[49] el Comité de Inteligencia Artificial (en lo sucesivo, CAI, por sus siglas en inglés), que en abril de 2022 comenzó el proceso de negociación del llamado "Borrador

48 CEPEJ(2021) 16.

49 En su mandato se indican las fechas desde el 1 de enero de 2022 hasta el 31 de diciembre de 2024. Véanse, https://rm.coe.int/terms-of-reference-of-the-commit-

Cero" [Marco] de la Convención sobre Inteligencia Artificial, Derechos Humanos, Democracia y Estado de Derecho (en lo sucesivo, el borrador de la Convención). Hasta finales de enero de 2024, el CAI mantuvo nueve reuniones y, después de terminar la segunda (y penúltima) lectura, emitió la versión revisada del borrador de la Convención.

En la revisión del borrador de la Convención, esta se estructura en ocho capítulos[50] y refleja el debate sobre el ámbito de la aplicación de la Convención, ya que plantea tres opciones:

- Aplicación a las actividades del ciclo de vida de cualquier IA que pueda interferir con los derechos humanos, la democracia y el Estado de Derecho.
- Aplicación a las actividades del ciclo de vida de cualquier IA que pueda interferir con los derechos humanos, la democracia y el Estado de Derecho, excepcionando las actividades de investigación si cumplen con la regulación interna de cada estado.
- Aplicación a las actividades del ciclo de vida de la IA emprendidas por las autoridades públicas o en su nombre y que pueda interferir con los derechos humanos, la democracia y el Estado de Derecho. La aplicación de esta Convención al sector privado queda en las manos de los Estados, que tienen que tomar medidas acordes con la Convención).

Además, ha surgido el debate sobre la posible aplicación de la Convención a la investigación en el ámbito de la IA y a las actividades relacionadas con la seguridad nacional (el debate ha sido si no se aplicaría en ningún caso o se podría aplicar en algunos). Como podemos ver, se trata de una norma genérica sobre la IA, aplicable tanto a la justicia como a cualquier otro ámbito donde se pueda utilizar la IA (con el matiz abierto sobre la investigación y la seguridad nacional).

La definición de IA propuesta en el "borrador cero" no ha sufrido ningún cambio y se mantiene como "un sistema basado en máquinas que, por

---

tee-on-artificial-intelligence-for-202/1680a74d2f (última consulta el 16 de enero de 2024)

50 1. Disposiciones generales, 2. Obligaciones generales, 3. Principios relativos a las actividades dentro del ciclo de vida de los sistemas de inteligencia artificial, 4. Recursos, 5. Evaluación y mitigación de riesgos e impactos adversos, 6. Implementación de la Convención, 7. Mecanismo de seguimiento y cooperación, 8. Disposiciones finales.

objetivos explícitos o implícitos, infiere, a partir de la entrada que recibe, cómo generar salidas tales como predicciones, contenidos, recomendaciones o decisiones que pueden influir en entornos físicos o virtuales."

En relación con los derechos fundamentales, la versión revisada del borrador de la Convención los estructura mejor, introduciendo la obligación general de protegerlos, así como la integridad de los procesos democráticos y el respeto al Estado de Derecho. Se precisan y en cierto modo amplían los principios previstos en la Carta ética para la IA. Así, el texto actual incluye los principios de dignidad humana y autonomía individual, transparencia y supervisión, rendición de cuentas y responsabilidad, equidad y no discriminación, privacidad y protección de datos personales, preservación de la salud (y también del medio ambiente, como posibilidad), fiabilidad y confianza, así como seguridad de la innovación. Como podemos ver, algunos principios son trascendentes para la normativa de la UE, elaborada después de la aprobación de la Carta ética para la IA.

3. DESAFÍOS DE LA APLICACIÓN DE LA IA EN EL ÁMBITO DE LA JUSTICIA

Lo anteriormente dicho sobre la inevitabilidad de la IA y los beneficios que puede aportar a la humanidad se podría resumir en las palabras de la Comisión Europea publicadas en 2021: "Los posibles beneficios de la IA para nuestras sociedades son múltiples, desde una menor contaminación hasta menos muertes por accidentes de tráfico, desde la mejora de la atención médica y el aumento de las oportunidades para las personas con discapacidad y las personas mayores hasta una mayor educación y más formas de implicar a los ciudadanos en los procesos democráticos, desde unas resoluciones judiciales más rápidas hasta una lucha más eficaz contra el terrorismo y la delincuencia, en línea y fuera de línea, así como la mejora de la ciberseguridad."[51]

---

[51] COM(2021)205 final, pág. 1. En relación con la justicia se sostiene que "la IA puede ayudar a luchar contra la delincuencia y el terrorismo, y permitir a las fuerzas o cuerpos de seguridad seguir el ritmo del rápido desarrollo de las tecnologías utilizadas por los delincuentes y sus actividades transfronterizas." COM(2021)205 final, pág. 4.

No obstante, la mayoría de los fenómenos tienes sus "luces y sombras" y la IA no es una excepción, dado que puede suponer riesgos de diferente alcance, incluyendo la posible vulneración de derechos fundamentales.

Como señala el Libro blanco sobre la inteligencia artificial, los derechos fundamentales que se pueden ver afectados por la aplicación de cierta IA son la dignidad, la privacidad, la protección de datos personales, la igualdad, la no discriminación y la libertad de expresión, entre otros. Entre los derechos más estrechamente vinculados con la justicia destacan el derecho de acceso a la justicia, al proceso debido, a la seguridad jurídica por falta de la regulación de la IA, a la defensa y a un proceso equitativo, incluyendo la igualdad de armas y el principio de contradicción[52]. Entre otras cuestiones de riesgo se encuentran la seguridad de la IA, la fiabilidad, la opacidad de las decisiones y las relaciones causales[53], los derechos de los consumidores

---

52 Véanse, entre otros: COM(2021) 206 final, pág. 12; De Hoyos Sancho, M., "El Libro Blanco sobre inteligencia artificial de la Comisión Europea: reflexiones desde las garantías esenciales del proceso penal como 'sector de riesgo'", *Revista Española de Derecho Europeo,* Núm. 76, 2020, págs. 11, 17; Martín Diz, Fernando, "Inteligencia artificial y cooperación judicial penal internacional: instrumentos y posibilidades", en Fontestad Portalés, Leticia, *El uso de las TICs en la cooperación jurídica penal internacional: construyendo la sociedad digital del futuro,* COLEX, 2022, págs. 146-151; Moreno Catena, V., "Los datos en el sistema de justicia y la propuesta de reglamento UE sobre inteligencia artificial", en Colomer Hernández, I., *Uso de la información y de los datos personales en los procesos: los cambios en la era digital,* Aranzadi, 2022, págs. 60-61; Zafra Espinosa De Los Monteros, Rocío, "Inteligencia artificial y proceso judicial", en Calaza López, Sonia; Llorente Sánchez-Arjona, Mercedes, *Inteligencia artificial legal..., op. cit.*, págs. 492-495.

53 El este contexto se utiliza el término "caja negra" (*black-box*) para referir a la imposibilidad de rastrear el motivo de determinadas decisiones de la IA. Véanse, Gless, Sabine, "AI in the courtroom: a comparative analysis of machine evidence in criminal trial", *Georgetown Journal of International Law,* Vol. 51, 2020, págs. 211-212; HIGH-LEVEL EXPERT GROUP ON ARTIFICIAL INTELLIGENCE, "A Definition of AI: Main Capabilities and Disciplines", 2019, pág. 5; COM(2020) 65 final, pág. 14.
Como señala Moreno Catena, en el caso de la aplicación de la IA en la justicia, "[...] los procedimientos internos del sistema son opacos (*black box*), no solo para los ciudadanos en general ni para los litigantes o los afectados directamente por el resultado que arroje la herramienta, sino que también son opacos para el tribunal, e incluso escapan del conocimiento y del control del propio autor del algoritmo, aunque conozca el código fuente." Moreno Catena, V., "Los datos en el sistema de justicia y la propuesta de reglamento UE sobre inteligencia artificial", en Colomer Hernández, I., *Uso de la información y de los datos personales en los procesos: los cambios en la era digital,* Aranzadi, 2022, pág. 61. En la misma línea,

y las cuestiones sobre la responsabilidad civil derivada del uso de la IA[54]. Meyers y Springford opinan que "la IA podría reproducir y amplificar los prejuicios humanos contra las mujeres y las minorías, por ejemplo, ayudar a los perturbadores a propagar información errónea, interferir en las elecciones, plantear riesgos de ciberseguridad o aumentar aún más la desigualdad de ingresos."[55]

Partiendo de la consideración de la Agencia de los Derechos Fundamentales de la Unión Europea (en lo sucesivo, ADFUE), si persona no sabe que se utilizó la IA, no puede impugnar efectivamente su uso y las decisiones basadas en ella[56], por lo que también se podría hablar de indefensión.

Aunque una acción de la IA puede tener menor probabilidad de error o de subjetividad que en una acción humana, deberíamos tener en cuenta que el alcance de un error automatizado puede afectar y discriminar a muchas más personas[57]. Por lo tanto, las medidas para evitar estos errores deben ser muy rigurosas y estrictas, con "un enfoque basado en el riesgo"[58],

---

véanse De Hoyos Sancho, M., "El Libro Blanco sobre inteligencia artificial de la Comisión Europea: reflexiones desde las garantías esenciales del proceso penal como 'sector de riesgo'", *Revista Española de Derecho Europeo,* Núm. 76, 2020, pág. 23. Sobre mismo fenómeno de la caja negra, Contissa y Lasagni lo comparan con una decisión de un oráculo que tiene información de input y da output, dejando fuera del alcance el entendimiento claro del proceso. Véanse, Contisa Giuseppe, Lasagni Giulia, "When it is (also) Algorithms and AI that decide on Criminal Matters: In Search of an Effective Remedy", *European Journal of Crime, Criminal Law and Criminal Justice,* Vol. 28, 2020, pág. 282.

Por su parte, Lettieri, Guarino, Zaccagnino y Malandrino identifican cuatro elementos que provocan la opacidad de los sistemas: grandes cantidades de datos, naturaleza heurística, desconocimiento de las características del sistema e interacción entre los datos y acciones heurísticas. Véanse, Lettieri, Nicola; Guarino, Alfonso; Zaccagnino, Rocco; Malandrino, Delfina, "Keeping judges in the loop..., *loc. cit.*, pág. 11278.

54 Véanse, AGENCIA DE LOS DERECHOS FUNDAMENTALES DE LA UNIÓN EUROPEA, "Construir correctamente el futuro. La inteligencia artificial y los derechos fundamentales. Resumen", 2021, pág. 5; COM(2019) 168 final, pág. 2; COM(2020) 65 final, págs. 1, 13; COM(2021)205 final, pág. 4.

55 Meyers, Zach, Springford, John, "How Europe can...", *loc. cit.*, pág. 2.

56 Véanse, AGENCIA DE LOS DERECHOS FUNDAMENTALES DE LA UNIÓN EUROPEA, "Construir correctamente el futuro...", *loc. cit.*, pág. 3.

57 Véanse, COM(2020) 65 final, pág. 14.

58 COM(2020) 65, pág. 21.

pero al mismo tiempo no perjudicar el desarrollo tecnológico bajo el control humano.

Compartimos la consideración de De Hoyos Sancho[59], de que todo esto se debería considerar en el contexto de la cooperación judicial transfronteriza y el principio del reconocimiento mutuo de las resoluciones judiciales. Imaginemos que se trasmite una prueba obtenida aplicando algún sistema de IA (en lo sucesivo, SdIA) o se ordenan medidas contra una persona fundamentadas (aunque sea parcialmente) en la aplicación de tal sistema. En estas circunstancias, la confianza mutua, elemento crucial para el funcionamiento del principio del reconocimiento mutuo, se basaría en la fiabilidad de la IA que se podría obtener aplicando los mismos requisitos, aunque sean mínimos, en su diseño, desarrollo y aplicación.

4. PROPUESTA Y TEXTO FINAL DE REGLAMENTO DE INTELIGENCIA ARTIFICIAL

Hemos mencionado que en 2021 la Comisión Europea presentó la Propuesta de LdIA, con los siguientes objetivos:

- Garantizar la seguridad, los derechos fundamentales y los valores de la UE y mejorar su gestión y aplicación.
- Facilitar la innovación y la inversión a través de la garantía de la seguridad jurídica, así como el desarrollo del mercado único, no fragmentado, basado en la fiabilidad de los sistemas de IA[60].

Como señala Moreno Catena, con esta propuesta se ofrece "una regulación que quiere ser pionera y referente mundial atendiendo a la protección de las personas, a sus libertades, a su salud y a su seguridad, pero sin olvidar el desarrollo del I+D+i de los investigadores y las empresas en este campo"[61]. La ADFUE también define la propuesta como revolucionaria y pionera (*groundbreaking*)[62]. DALIA, no sin razón, observa similitudes entre la Propuesta de LdIA y el Reglamento (UE) 2016/679 del Parlamento Europeo y del Consejo, de 27 de abril de 2016, relativo a la protección de las

---

59 Véanse, De Hoyos Sancho, M., "El Libro Blanco…", *loc. cit.*, pág. 38.

60 Véanse, COM(2021) 206 final, pág. 3.

61 Moreno Catena, V., "Los datos en el sistema…", *loc. cit.*, pág. 51.

62 AGENCIA DE LOS DERECHOS FUNDAMENTALES DE LA UNIÓN EUROPEA, "Fundamental Rights report - 2023", 2023, pág. 177.

personas físicas en lo que respecta al tratamiento de datos personales y a la libre circulación de estos datos y por el que se deroga la Directiva 95/46/CE (Reglamento general de protección de datos, en lo sucesivo, el RGPD) en relación con su naturaleza y la filosofía de la regulación propuesta[63].

4.1. Características generales

Antes de proceder al estudio comparado de la propuesta de LdIA y del RdIA, consideramos oportuno destacar sus principales características.

En primer lugar, se ha intentado equilibrar en ella la regulación suficiente del diseño, desarrollo y uso de la IA para conseguir su fiabilidad, la superioridad humana, sus valores[64] y derechos, pero al mismo tiempo dejar la flexibilidad suficiente para abordar su desarrollo en el futuro y no impedir el progreso[65]. Esta posición se resume muy bien en las palabras de Meyers y Springford, cundo se refieren a que "el objetivo de la política de la UE debe ser acelerar la adopción de la IA, en lugar de obstaculizarla."[66] Según los mismos autores, con razón se crea un nuevo marco legal para abordar, sobre todo, las cuestiones de responsabilidad y gestión de riesgos de la IA, en lugar de intentar embeberlo en la regulación existente[67].

En segundo lugar, las responsabilidades se reparten entre diferentes actores (creadores, responsables por despliegue (*deployers*), usuarios) y se adaptan a la naturaleza de cada SdIA.

---

63 Véanse, Dalia Gaspare, "El uso de la I.A. en el marco del proceso penal entre las exigencias de eficacia y las valoraciones judiciales"; en Fontestad Portalés, Leticia, *A vueltas con la transformación digital de la cooperación jurídico penal internacional*, Aranzadi, 2022, pág. 257.

64 Véanse, COM(2018)237 final, pág. 3.

65 Véanse, COM(2020) 65 final, pág. 12. En la Propuesta del reglamento se indica que se pretende presentar "un enfoque normativo horizontal, equilibrado y proporcionado, para la IA, que se limita a establecer los requisitos mínimos necesarios para subsanar los riesgos y problemas vinculados a la IA, sin obstaculizar ni impedir indebidamente el desarrollo tecnológico y sin aumentar de un modo desproporcionado el coste de introducir soluciones de IA en el mercado." COM(2021) 206 final, pág. 3. En la misma línea, Etxeberria Guridi, José Francisco, "Sistemas biométricos (el reconocimiento facial en particular) y sus aplicaciones, en Calaza López, Sonia; Llorente Sánchez-Arjona, Mercedes, *Inteligencia artificial legal*, *op. cit.*, pág. 174.

66 Meyers, Zach, Springford, John, "How Europe can...", *loc. cit.*, pág. 2.

67 Véanse, ibidem, pág. 12.

En tercer lugar, el marco legislativo se aplicará a los sistemas de la IA utilizados en la UE, independientemente de su diseño intra —o extra— UE.

En cuarto y último lugar, se crea el marco jurídico basado en los riesgos que pueden suponer los sistemas de la IA, enfatizando las reglas para los sistemas de alto riesgo y sin perjuicio a los sistemas de bajo riesgo[68].

4.2. Definición de sistema de IA

Como hemos visto a lo largo de este estudio, se pueden encontrar diferentes definiciones de SdIA, algo no baladí, porque delimita el alcance de la aplicación de las normas elaboradas justamente para su regularización. Como destacó la ADFUE, "una definición restrictiva corre el riesgo de limitar indebidamente el ámbito de protección."[69]

La Comisión Europea no ha sido la excepción en este sentido y en las primeras disposiciones de la Propuesta de LdIA ya tuvo que afrontar la tarea de redactar una definición. Teniendo en cuenta los trabajos anteriores de la UE en este ámbito, se ha propuesto definir SdIA de la siguiente manera: "el *software* que se desarrolla empleando una o varias de las técnicas y estrategias que figuran en el anexo I y que puede, para un conjunto determinado de objetivos definidos por seres humanos, generar información de salida como contenidos, predicciones, recomendaciones o decisiones que influyan en los entornos con los que interactúa."[70]

Consideramos que de esta definición serían destacables los siguientes términos: *software*, técnica/estrategia, ser humano, objetivos, información de salida (que llamaremos *output*) e influencia en entornos.

Así, un SdIA es un *software* desarrollado sobre la base de ciertas técnicas y estrategias que puede generar *outputs* de diferente naturaleza (desde con-

---

68 Como indica Moreno Catena, la propuesta de regulación del "uso de herramientas de IA genera, y abre una especie de semáforo: rojo, que supone riesgo inaceptable; ámbar, que serían las aplicaciones de alto riesgo; y verde, en donde se comprenderían las aplicaciones de riesgo bajo [...]". Moreno Catena, V., "Los datos en el sistema...", *loc. cit.*, pág. 52.

69 AGENCIA DE LOS DERECHOS FUNDAMENTALES DE LA UNIÓN EUROPEA, "Fundamental Rights report...", *loc. cit.*, pág. 197.

70 La Comisión Europea la considera como "tecnológicamente neutra de los sistemas de IA que tiene perspectivas de futuro, en la medida en que puede abarcar técnicas y enfoques que aún no se conocen o aún no se han desarrollado". COM(2021)205 final, pág. 7.

tenidos hasta decisiones) y que tienen incidencia en el escenario en que funciona. Los objetivos de este *software* tienen que ser definidos por el ser humano.

Como hemos visto, la definición se remite al anexo I, que contiene un *numerus clausus* de técnicas y estrategias, que son las siguientes (y solo estas):

- Estrategias de aprendizaje automático.
- Estrategias basadas en la lógica y el conocimiento.
- Estrategias estadísticas, estimación bayesiana, métodos de búsqueda y optimización[71].

Comparando esta definición con la propuesta por el AI HLEG, se observa una mayor concisión en la definición de la Propuesta de Reglamento, que evita referencias a los datos e información, así como a su procesamiento e interpretación. Las referencias a las técnicas y estrategias y la remisión a un anexo nos parece una opción legislativa más flexible, debido a que el anexo se podrá modificar en el futuro por la Comisión Europea, sin necesidad de pasar por todo el proceso legislativo[72]. Otra diferencia destacable es que la Comisión Europea excluye el valor cualitativo del *output*, a diferencia del AI HLEG, que apuntaba a que el SdIA, al procesar los datos, decide sobre las mejores acciones. Coincidimos con la Comisión en este aspecto, porque no siempre se trata de una mejor o peor opción (*output*), sino de un resultado objetivo según los algoritmos y datos empleados.

A pesar de los aspectos positivos de la definición inicialmente propuesta por la Comisión, esta ha cambiado como resultado del acuerdo político entre el Consejo de la Unión Europea y el Parlamento Europeo. Así en el RdIA un SdIA se define como "que está diseñado para funcionar con dis-

---

71 En el anexo I se explica de manera no exhaustiva qué se considera como los dos primeros tipos de estrategias:
"Estrategias de aprendizaje automático, incluidos el aprendizaje supervisado, el no supervisado y el realizado por refuerzo, que emplean una amplia variedad de métodos, entre ellos el aprendizaje profundo.
Estrategias basadas en la lógica y el conocimiento, especialmente la representación del conocimiento, la programación (lógica) inductiva, las bases de conocimiento, los motores de inferencia y deducción, los sistemas expertos y de razonamiento (simbólico)."

72 El artículo 4 de la Propuesta del Reglamento indica que a la Comisión Europea se le delega el poder, entre otras cosas, de modificar el anexo I.

tintos niveles de autonomía y que puede mostrar capacidad de adaptación tras el despliegue, y que, para objetivos explícitos o implícitos, infiere de la información de entrada que recibe la manera de generar resultados de salida, como predicciones, contenidos, recomendaciones o decisiones, que pueden influir en entornos físicos o virtuale"[73].

De esta definición podríamos destacar como novedades la referencia a diferentes niveles de autonomía de los sistemas, algo no plasmado en las definiciones anteriores, así como la posibilidad de que los objetivos sean tanto explícitos como implícitos.

Consideramos que la nueva definición carece de un elemento muy importante, que es el núcleo de toda la política sobre IA de la UE, cual es el enfoque antropocéntrico. La nueva definición, siendo muy lacónica, se parece mucho a la propuesta en el borrador cero de la Convención del CdE[74]. No podemos negar que diferencias significativas entre ambas definiciones dificultarían enormemente la aplicación de los respectivos textos una vez en vigor, pero contamos con la ventaja de que ambos se están redactando y debatiendo casi en paralelo, pero esto no significa que debamos prescindir de la visión defendida por la UE desde los primeros debates sobre el papel central del ser humano en el desarrollo de los sistemas de IA.

4.3. Ámbito subjetivo de aplicación

El artículo 2 de la Propuesta de LdIA señalaba su aplicabilidad a dos clases de sujetos: los proveedores y los usuarios de sistemas de IA. En cuanto a la caracterización territorial de estos sujetos (país de procedencia), se aplica a los proveedores intra —o extra— UE que introducen o ponen en servicio sistemas de IA en la UE o cuando el *output* de dichos sistemas se aplica en la UE, así como a los usuarios de estos sistemas que se encuentran en la UE o que utilicen su *output* en la UE. Podemos concluir pues que la aplicación subjetiva de la futura LdIA está vinculada al uso de cierto SdIA o de sus resultados en el territorio de la Unión. El texto de compromiso

---

73 CONSEJO DE LA UNIÓN EUROPEA, documento 5662/24, pág. 97. Traducción propia debido a la falta de la traducción oficial en español a la hora de terminar este estudio.

74 Recordamos que es la siguiente: "un sistema basado en máquinas que, por objetivos explícitos o implícitos, infiere, a partir de la entrada que recibe, cómo generar salidas tales como predicciones, contenidos, recomendaciones o decisiones que pueden influir en entornos físicos o virtuales."

acordado por los colegisladores mantiene esta idea principal de vinculación con el territorio de la UE, pero añade más actores a quienes también se aplicará la norma una vez se apruebe: fabricantes, importadores, distribuidores, representantes autorizados de proveedores no establecidos en la Unión y personas afectadas que estén establecidas en la Unión. Nos parece lógico incluir todos estos actores, en particular las personas afectadas, debido a que en la Propuesta de LdIA original no se les mencionaba directamente, a pesar de incluir normas sobre reparación de daños causados por sistemas de IA.

En cuanto a las exclusiones del ámbito de aplicación de la Propuesta de LdIA, se refería (salvo la disposición sobre la revisión de la lista de los sistemas de IA de alto riesgo) a los sistemas de este nivel de riesgo relacionados con la aviación civil, el mercado de los vehículos de motor (y sus remolques), agrícolas, forestales, de dos o tres ruedas, cuatriciclos, equipos marinos y sistemas ferroviarios. Se excluía totalmente la aplicación objetiva a los sistemas de IA creados o utilizados exclusivamente para fines militares, así como la aplicación subjetiva a las autoridades públicas extranjeras y las organizaciones internacionales para el uso de sistemas de IA en el marco de la cooperación policial o judicial, siempre que exista acuerdo con uno o más Estados miembros en esta cuestión.

El compromiso político entre los colegisladores mantiene las mismas excepciones, matizando que, en el caso de la cooperación policial y judicial, el estado o la organización internacional en cuestión debe asegurar la protección de los derechos fundamentales y de las libertades de las personas. También se amplía la exclusión de la aplicación del RdIA al ámbito de la seguridad nacional y a la investigación, cuando se trata de:

- sistemas y modelos de IA con el único fin de la investigación científica y el desarrollo,
- todas las actividades de investigación, ensayo y desarrollo de sistemas de IA o sus modelos antes de su comercialización o puesta en servicio[75].

4.4. *Prohibición de ciertos sistemas de IA en el ámbito de la justicia*

Como hemos mencionado, la regulación de los sistemas de IA propuesto por la Comisión se basa en los riesgos que puede suponer su desarrollo,

---

[75] Véanse, CONSEJO DE LA UNIÓN EUROPEA, documento 5662/24, pág. 96.

su introducción en el mercado y/o su uso. Así, se proponen tres niveles de sistemas de IA:

- prohibidos, entendiendo como tales aquellos que "vulneren los valores de la Unión Europea o violen los derechos fundamentales"[76].
- de alto riesgo,
- de bajo riesgo.

Debido a la extensión necesariamente limitada de este estudio, a continuación, analizaremos solamente las disposiciones sobre los sistemas de IA prohibidos, ya que en el ámbito de la justicia cabría el uso de algunos de ellas y, de hecho, el legislador europeo prevé algunas excepciones para las prohibiciones.

En la Propuesta de LdIA se presentaban cuatro tipos de sistemas de IA prohibidos, entre los cuales[77] los de mayor relevancia, a nuestro juicio, para el ámbito de la justicia son los sistemas de identificación biométrica remota en tiempo real en espacios públicos (en lo sucesivo, SIBRTREP), debido a que: primero, los datos biométricos se usan por las autoridades de aplicación de la ley y las autoridades judiciales para la verificación de la identidad o identificación de las personas[78]; segundo, la misma Propuesta del Reglamento establecía excepciones para su uso por estas instituciones (policiales y judiciales).

Si en general la identificación biométrica abarca muchas categorías, como el reconocimiento por huellas dactilares, iris o retina, ADN o imágenes faciales, cuando la Propuesta de LdIA se refiere a "identificación biométrica remota en tiempo real" en espacios públicos, suponemos que

---

76 COM(2021)205 final, pág. 8.

77 Sistemas que afectan la conciencia de una persona con los fines de cambiar su comportamiento con la posible provocación de perjuicios físicos o psicológicos para la misma u otra personas, los sistemas anteriores con el aspecto añadido de aprovechamiento de alguna vulnerabilidad de personas de grupos específicos (por su edad o discapacidad), sistemas con la finalidad de valoración de fiabilidad de personas utilizados por las autoridades públicas o en su representación y que provocan un trato desproporcionalmente desfavorable de estas personas, sistemas de identificación biométrica remota en tiempo real en espacios públicos.

78 Sobre la aplicación de los sistemas biométricas se puede consultar Etxeberria Guridi, José Francisco, "Sistemas biométricos (el reconocimiento...", *loc. cit.*, págs. 169-170.

se trata principalmente de reconocimiento facial, premisa que mantendremos en nuestro análisis posterior.

El reconocimiento facial se puede definir como el procesamiento automático de imágenes digitales que contienen los rostros de los individuos para fines de identificación, verificación de la identidad de una persona o su categorización[79].

La IA relacionada con el reconocimiento facial ayudaría a verificar si los datos de una persona ya se encuentran en una base de datos (por ejemplo, de agresores sexuales) mucho más rápido de lo que lo hubiera hecho una persona. También podría ayudar a identificar a las víctimas de ciertos delitos, como, por ejemplo, de pornografía infantil. Muchos de nosotros tenemos grabadas en nuestra memoria las imágenes del sospechoso del atentado terrorista en la Rambla de Barcelona, captadas poco después por las cámaras del mercado de la Boquería, lo que nos permite imaginar la utilidad del reconocimiento facial en tiempo real en supuestos como este.

No obstante, el uso de datos biométricos, como datos especialmente protegidos que son, podría vulnerar el derecho a la privacidad, la intimidad y la protección de datos. La utilización de un SdIA y su empleo en el tiempo real multiplica estos riesgos y añade los de discriminación o de vulneración del derecho a la libertad y a la presunción de inocencia de la multitud de personas que "caen" dentro del alcance del sistema[80].

---

79 Véanse AGENCIA DE LOS DERECHOS FUNDAMENTALES DE LA UNIÓN EUROPEA, "Facial recognition technology…", *loc. cit.*, pág. 7.
La Comisión Europea, en su Libro Blanco sobre la IA, explica que "en lo que se refiere al reconocimiento facial, por "identificación" se entiende que la plantilla de la imagen facial de una persona se compara con otras muchas plantillas almacenadas en una base de datos para averiguar si su imagen está almacenada en ella. La "autenticación" (o "verificación"), por su parte, se refiere habitualmente a la búsqueda de correspondencias entre dos plantillas concretas. Permite la comparación de dos plantillas biométricas que, en principio, se supone que pertenecen a la misma persona; así, las dos plantillas se comparan para determinar si la persona de las dos imágenes es la misma. Este procedimiento se emplea, por ejemplo, en las puertas de control automatizado de fronteras empleadas en los controles fronterizos de los aeropuertos". COM(2020) 65, pág. 26.

80 Todos estos riesgos pueden ocurrir por la baja calidad de las imágenes, insuficiente cantidad de datos o errores del algoritmo y que puede resultar en "falsos positivos" y "falsos negativos" cuando el *software* de reconocimiento facial vincula la imagen de la persona buscada con la imagen de una persona que en realidad no es la misma, o cuando falla al detectar a la persona buscada. Como señala la ADFUE, "la calidad de las imágenes faciales extraídas de las cámaras de vídeo no

Por estas razones, la Propuesta de LdIA clasificaba el uso de SIBRTREP como una práctica prohibida, pero preveía excepciones en el ámbito de seguridad y la justicia, con los fines de:

- buscar posibles víctimas concretas de un delito y menores de edad desaparecidos,
- evitar un atentado terrorista o una "amenaza específica, importante e inminente" para la vida o la seguridad física de las personas físicas,
- detectar, localizar, identificar o enjuiciar a la persona que ha cometido o se sospecha que ha cometido un delito enumerado en el artículo 2 de la Decisión Marco 2002/584/JAI del Consejo, de 13 de junio de 2002, relativa a la orden de detención europea y a los procedimientos de entrega entre Estados miembros, siempre y cuando esté castigado en el Estado miembro que hace uso del SdIA con una pena máxima de al menos 3 años de prisión.

Estas excepciones estaban permitidas solamente si se cumplían una serie de requisitos. Primero, la evaluación de la gravedad de la situación y de los daños que se "producirán de no utilizarse el sistema", así como de la probabilidad y repercusión de las consecuencias en las personas afectadas por el uso de tal SdIA.

Segundo, la aplicación de los principios de necesidad y proporcionalidad, sobre todo en su alcance temporal, territorial y subjetivo.

Tercero, la autorización de una autoridad judicial o administrativa independiente, previa solicitud motivada de la autoridad competente, salvo en casos de urgencia, cuando se permitiría la obtención de tal autorización en un momento posterior al uso del sistema.

El texto pactado entre los colegisladores europeos amplía la lista de los sistemas prohibidas y prevé algunos cambios en el uso de los SIBRTREP.

Analizaremos primeros las modificaciones relacionadas con las excepciones que permiten el uso de los SIBRTREP. En comparación con el texto original propuesto por la Comisión, el RdIA es más limitativo en dos aspectos:

---

se puede controlar: la luz, la distancia y la posición de la persona captada en la grabación de vídeo limitan los rasgos faciales". AGENCIA DE LOS DERECHOS FUNDAMENTALES DE LA UNIÓN EUROPEA, "Facial recognition technology..."; *loc. cit.*, pág. 8.

- Primero, en cuanto a la búsqueda de las víctimas específicas de delitos, que ahora se limita solamente a secuestros, trata de seres humanos y explotación sexual de seres humanos. Pero al mismo tiempo, en vez de referirse a los menores desaparecidos, se permite el uso de los sistemas en cuestión para la búsqueda de cualquier persona desaparecida.
- Segundo, se sustituye la remisión a la lista de delitos incluida en la Decisión marco 2002/584/JAI[81] por una lista cerrada de delitos que se incluye en un anexo del texto revisado y que es mucho más corta, pues incluye solo dieciséis categorías de delitos[82].

Globalmente, estimamos que estas modificaciones aportan más proporcionalidad al uso de los SIBRTREP. Con la sustitución de la lista de delitos de la Decisión marco 2002/584/JAI por el anexo que acompaña propio del texto de compromiso se eliminan los delitos de la naturaleza económica y se dejan solo delitos que, en su mayoría, implican violencia, junto con diferentes tipos de tráficos ilícitos y otros que afectan de manera grave a la seguridad. No obstante, no queda totalmente claro por qué se incluyen los delitos contra el medioambiente, mientras se excluye el incendio voluntario, que puede ser tan grave como algún delito medioambiental.

También se añaden algunos requisitos para la aplicación de estas excepciones. Así, la policía tendrá que presentar, junto con la solicitud para poder aplicar un SIBRTREP, la evaluación de su impacto en los derechos fundamentales y asegurar que el SIBRTREP está registrado según los trámites previstos. Por otro lado, se establece un plazo de 24 horas para presentar la solicitud de uso *ex post* de tal sistema.

En relación con las nuevas categorías de sistemas de IA prohibidos y que podrían ser de interés para la justicia, en el texto final de las negociaciones se incorporaron:

---

81 Algo criticado por Moreno Catena, V., "Los datos en el sistema...", *loc. cit.*, pág. 54.

82 Terrorismo; trata de seres humanos; explotación sexual de niños y pornografía infantil; tráfico ilícito de estupefacientes y sustancias psicotrópicas; tráfico ilícito de armas, municiones y explosivos; asesinato, lesiones corporales graves; comercio ilícito de órganos y tejidos humanos; tráfico ilícito de materiales nucleares o radiactivos; secuestro, detención ilegal y toma de rehenes; delitos que sean competencia de la Corte Penal Internacional; apoderamiento ilícito de aeronaves o buques; violación; delitos contra el medio ambiente; robo organizado o a mano armada; sabotaje; participación en una organización delictiva implicada en uno o varios de los delitos enumerados anteriormente.

- Los sistemas de categorización de personas sobre la base de ciertos datos personales sensibles (raza, opiniones políticas, pertenencia a los sindicatos, creencia religiosas o filosóficas, vida u orientación sexual), salvo los datos legalmente obtenidos en el ámbito policial. En relación con esta prohibición, parece que se trata de una categorización sobre la base de las categorías especiales de datos personales, pero surge la duda de por qué se mencionan solamente estas, mientras queda fuera otra categoría especial prevista en el artículo 9 del RGPD, cual es el origen étnico.
- Los sistemas de evaluación o predictibilidad de posible actividad criminal de una persona, basada en el perfil de una persona física, sus rasgos de personalidad, salvo si se basan en hechos objetivos relacionados con una actividad delictiva. En relación con esta excepción, nos parece llamativo que nada se diga sobre la limitación de los fines o usuarios de tales sistemas de IA.
- Los sistemas que creen o amplíen bases de datos de reconocimiento facial incorporando sin objetivo concreto imágenes faciales encontradas en Internet o de grabaciones de los Circuitos Cerrados de Televisión (CCTV). Nos parece admisible esta excepción, sobre todo la dudosa calidad de las imágenes que se pueden encontrar en dichas fuentes, lo que aumentaría el número de falsos positivos en la identificación.

En resumen, lo pactado por los colegisladores europeos sobre los sistemas de IA prohibidas, nos parece un equilibrio bastante acertado entre la protección de los derechos fundamentales y el desarrollo de la IA, aunque no con la celeridad del desarrollo tecnológico y las necesidades, lo que podría no garantizar que este equilibrio se mantendrá a largo plazo.

5. A MODO DE CONCLUSIÓN PRELIMINAR

Para terminar este estudio, nos hemos inclinado más hacia unas conclusiones preliminares en vez de definitivas, considerando que estas últimas solo estarán disponibles cuando se pueda analizar el funcionamiento real de la regulación jurídica europea de los Sistemas de Inteligencia Artificial.

A día de hoy podemos confirmar que la UE y el CdE han hecho avances significativos en el ámbito de la IA, ya que hace seis o siete años no existía ninguna regulación y ahora contamos con un *soft-law* relevante, la UE está a punto de aprobar definitivamente la Propuesta de LdIA y el CdE está en la última lectura del borrador de la Convención, antes de presentarlo a la firma de los Estados parte.

Ambas organizaciones consideran la IA no solo como una cuestión necesitada de regulación jurídica, sino también de perspectiva ética, como evidencia la elaboración de la Carta ética para la IA y las Directrices éticas para la IA, que establecen una serie de principios enfocados en la prevalencia humana y sus derechos sobre la IA, la seguridad y la transparencia, entre otros.

En el ámbito de la justicia, el impacto de la IA es inevitable y diríamos que hasta deseable, para ir de mano de los avances tecnológicos ya permeados en todos los ámbitos de la vida, por un lado, y, por otro lado, para no permitir la superioridad de la delincuencia en su uso. Al mismo tiempo, el empleo de los SIA tiene que ser consciente y respetuoso con los derechos fundamentales.

Consideramos que el sistema basado en riesgos previsto en RdIA es el camino adecuado para la regulación del desarrollo y el uso de los Sistemas de Inteligencia Artificial en general, y el texto de compromiso entre los colegisladores aporta un equilibrio entre los posibles avances en el ámbito de la IA y el posicionamiento adecuado de la UE en el mercado global de la IA, sin dejar de lado la protección de los derechos fundamentales. No obstante, para la evaluación de la aplicación real de esta normativa tendremos que esperar algunos años, debido a que su aplicación está prevista a partir del 2 de agosto de 2026.

BIBLIOGRAFÍA

AGENCIA DE LOS DERECHOS FUNDAMENTALES DE LA UNIÓN EUROPEA, "Facial recognition technology: fundamental rights considerations in the contexts of law enforcement", 2020;

AGENCIA DE LOS DERECHOS FUNDAMENTALES DE LA UNIÓN EUROPEA, "Construir correctamente el futuro. La inteligencia artificial y los derechos fundamentales. Resumen", 2021;

AGENCIA DE LOS DERECHOS FUNDAMENTALES DE LA UNIÓN EUROPEA, "Fundamental Rights report - 2023", 2023.

Aragüez Valenzuela, Lucía, "La profesión de la abogacía a través de la IA: ChatBots y nuevos desafíos para el asesoramiento jurídico", *Revista de Estudios Europeos,* Nº 2, 2023, págs. 52-71.

COMISIÓN EUROPEA, Comunicación Inteligencia artificial para Europa, COM(2018) 237 final;

COMISIÓN EUROPEA, Comunicación de la Comisión al Parlamento Europeo, al Consejo Europeo, al Consejo, al Comité Económico y Social Europeo y al Comité de las Regiones. Plan coordinado sobre la inteligencia artificial, COM(2018) 795 final;

COMISIÓN EUROPEA, Comunicación de la Comisión al Parlamento Europeo, al Consejo, al Comité Económico y Social Europeo y al Comité de las Regiones. Generar confianza en la inteligencia artificial centrada en el ser humano, COM(2019) 168 final;

COMISIÓN EUROPEA, Libro Blanco sobre la inteligencia artificial, un enfoque europeo orientado a la excelencia y la confianza, COM(2020) 65 final.

COMISIÓN PARA LA EFICACIA DE LA JUSTICIA, "Directrices para impulsar el cambio hacía la ciberjusticia", 2016;

COMISIÓN PARA LA EFICACIA DE LA JUSTICIA, "Carta ética europea sobre el uso de la inteligencia artificial en los sistemas judiciales y su entorno", 2018.

Contisa Giuseppe, Lasagni Giulia, "When it is (also) Algorithms and AI that decide on Criminal Matters: In Search of an Effective Remedy", *European Journal of Crime, Criminal Law and Criminal Justice*, Vol. 28, 2020, págs. 280-304.

Dalia Gaspare, "El uso de la I.A. en el marco del proceso penal entre las exigencias de eficacia y las valoraciones judiciales"; en FONTESTAD PORTALÉS, LETICIA, A vueltas con la transformación digital de la cooperación jurídico penal internacional, Aranzadi, 2022, págs. 251-275.

De Hoyos Sancho, M., "El Libro Blanco sobre inteligencia artificial de la Comisión Europea: reflexiones desde las garantías esenciales del proceso penal como 'sector de riesgo'", Revista Española de Derecho Europeo, Núm. 76, 2020, págs. 9-44.

Etxeberria Guridi, José Francisco, "Sistemas biométricos (el reconocimiento facial en particular) y sus aplicaciones, en Calaza López, Sonia; Llorente Sánchez-Arjona, Mercedes, Inteligencia artificial legal y administración de justicia, Aranzadi, 2022, págs. 151-180.

Gless, Sabine, "AI in the courtroom: a comparative analysis of machine evidence in criminal trial", Georgetown Journal of International Law, Vol. 51, 2020, págs. 195-253.

Gómez Colomer, Juan Luís, "Derechos fundamentales, proceso e inteligencia artificial: una reflexión", en Calaza López, Sonia; Llorente Sánchez-Arjona, Mercedes, Inteligencia artificial legal y administración de justicia, Aranzadi, 2022, págs. 257-287.

HIGH-LEVEL EXPERT GROUP ON ARTIFICIAL INTELLIGENCE, "A Definition of AI: Main Capabilities and Disciplines", 2019.

HIGH-LEVEL EXPERT GROUP ON ARTIFICIAL INTELLIGENCE, "Ethics Guidelines for Trustworthy AI", 2019.

HIGH-LEVEL EXPERT GROUP ON ARTIFICIAL INTELLIGENCE, "Policy and Investment Recommendations for Trustworthy AI", 2019.

Lettieri, Nicola; Guarino, Alfonso; Zaccagnino, Rocco; Malandrino, Delfina, "Keeping judges in the loop: a human-machine collaboration strategy against the blind spots of AI in criminal justice", Soft Computing, 27, 2023, págs. 11275-11293.

Martín Diz, Fernando, "Inteligencia artificial y cooperación judicial penal internacional: instrumentos y posibilidades", en Fontestad Portalés, Leticia, El uso de las TICs en la cooperación jurídica penal internacional: construyendo la sociedad digital del futuro, COLEX, 2022, págs. 135-160.

Meyers, Zach, Springford, John, "How Europe can make the most of AI", 2023.

Moreno Catena, Víctor, "Los datos en el sistema de justicia y la propuesta de reglamento UE sobre inteligencia artificial", en Colomer Hernández, I., *Uso de la información y de los datos personales en los procesos: los cambios en la era digital,* Aranzadi, 2022, págs. 47-73;

Moreno Catena, Víctor, “Sobre el futuro del proceso civil”, en Jiménez Conde, Fernando; Banacloche Palao, Julio; Gascón Inchausti, Fernando, *Logros y retos de la justicia civil en* España, Tirant lo Blanch, 2023, págs. 73-128.

Zafra Espinosa De Los Monteros, Rocío, “Inteligencia artificial y proceso judicial”, en Calaza López, Sonia; Llorente Sánchez-Arjona, Mercedes, Inteligencia artificial legal y administración de justicia, Aranzadi, 2022, págs. 487-513.

Retos y desafíos de la Inteligencia Artificial en el ámbito de la resolución de conflictos

ANA I. GONZÁLEZ FERNÁNDEZ
Profesora contratada sustituta Derecho Procesal
Universidad de Extremadura

Resumen: El objetivo principal del siguiente trabajo es el de adentrarnos en el conocimiento de la IA y en cómo la presencia de la misma se ha convertido en uno de los retos más importantes del mundo profesional, centrándonos en especial en aquellas profesiones jurídicas y en cómo la presencia de la IA en nuestro día a día ha cambiado nuestra actividad como juristas. Dada las bondades que permite la implementación de la IA y dónde más interesante puede resultar es en el campo de la resolución de conflictos, cuanto más en aquellos que se pueden desarrollar por medios electrónicos. La IA no sólo nos puede ayudar en la resolución de conflictos actuando como un mero asistente, sino que se habla por dotarlo de una función decisoria que, en la práctica, puede conllevar a la sustitución del tercero imparcial que asume el papel de conciliador, negociador o, incluso, mediador.

Palabras clave: resolución de conflictos, Inteligencia Artificial, ODR, *machine learning*, automatización

1. INTRODUCCIÓN

Para poder entender mejor el impacto de la IA en el campo jurídico, es importante analizar cómo se está aplicando actualmente en la resolución de conflictos. En este sentido, la IA puede ser utilizada para analizar grandes cantidades de datos y realizar predicciones sobre el resultado de un caso, lo que puede ayudar a los operadores jurídicos a tomar decisiones más informadas. Además, la IA también puede ser utilizada para automatizar tareas repetitivas, como la revisión de documentos legales, lo que puede ahorrar tiempo y recursos a los profesionales del derecho.

Sin embargo, la implementación de la IA en la resolución de conflictos plantea también varios desafíos éticos y legales. Por un lado, la IA puede sesgar los resultados si los algoritmos utilizados no son neutrales o si los datos de entrenamiento utilizados tienen sesgos incorporados. Por otro lado, la sustitución de un tercero imparcial por la IA puede plantear dudas sobre la imparcialidad y la equidad del proceso de resolución de conflictos.

En resumen, la IA está transformando la forma en que se resuelven los conflictos en el ámbito jurídico, ofreciendo nuevas oportunidades y desafíos a los profesionales del derecho. Es importante que los juristas estén preparados para adaptarse a estos cambios y para garantizar que la IA se utilice de manera ética y equitativa en la resolución de controversias.

En este contexto, debemos hacernos la siguiente pregunta, ¿estamos caminando hacia la sustitución de mediadores, árbitros, negociadores, etc.?, y de ser así, ¿es lo mejor para la resolución de conflictos? Todas estas preguntas deben responderse teniendo en cuenta que todo instrumento de IA debe garantizar siempre la seguridad jurídica de los ciudadanos y, sobre todo, la protección de los Derechos Humanos.

En este sentido, será objeto de análisis determinar en qué consiste exactamente la IA y cómo está presente en distintos ámbitos jurídicos, incluida en la resolución de conflictos y, a renglón seguido, analizaremos los distintos métodos ODR que conjugan la IA en su proceso.

Para ello, examinaremos los desafíos éticos y legales que surgen con la implementación de la IA en el mundo del Derecho, especialmente en lo que respecta a la toma de decisiones automatizadas basadas en algoritmos, la protección de datos personales y la privacidad, y la transparencia en el funcionamiento de los sistemas de IA.

Debemos tener en cuenta que vivimos en un mundo cambiante dónde prima la eficiencia, la ubicuidad y la rapidez para hacer frente a la resolución de lo que impone la necesidad de incorporar "*herramientas informáticas y telemáticas de última generación*" que aportan un plus a la resolución alternativa de conflictos en línea, especialmente, de mediación y arbitraje " *con aplicaciones de inteligencia artificial y lo que el manejo y procesamiento del big data, algoritmos y el diseño final de software [...] pueda deparar tanto en elementos de asistencia (pasiva) como incluso asumiendo una función decisoria (activa)*"[1],

1 Martín Diz, Fernando, Inteligencia artificial y medios extrajudiciales de resolución de litigios online (ODR): evolución de futuro en tiempos de pandemia glo-

procurando en todo momento garantizar todos los derechos y garantías de los justiciables.

Por todo ello, al margen de los ODR más tradicionales, que se encuentran ya integrados y regulados en nuestra Ley de Mediación del año 2012, resulta interesante evaluar las facilidades que ofrece la integración de la Inteligencia Artificial y que nos permite hablar ya de ODR 2.0 o de segunda generación.

2. EL BINOMIO IA Y DERECHO

Cuando hablamos de IA y Derecho, casi siempre supone una novedad ya que su aplicación y uso en las profesiones jurídicas sigue siendo muy escasa pese a los innumerables avances realizados en esta materia. De hecho, debido a la mayor presencia de internet en todo el mundo, a la digitalización y al auge de las nuevas tecnologías, muchas empresas y profesionales han utilizado esos nuevos instrumentos digitales para aumentar los conocimientos y lograr una mayor diversidad cognitiva.

En la actualidad, es muy difícil permanecer alejado de los avances de la IA ya que cada vez está más presente en nuestras vidas. En un primer momento, los ciudadanos la vinculaban con la ciencia ficción y eran muy reacios a incorporarla en su día a día, pero hoy en día esto ya no es así. Gracias a los medios de comunicación y las publicaciones que realizan sobre los grandes progresos logrados en el ámbito sanitario, económico, comunicativo o transporte, los ciudadanos cada vez son más conscientes de que la IA forma parte de nuestro día a día y que es una realidad que ha llegado para quedarse. A pesar de que podemos encontrar rasgos o instrumentos de IA en casi todas partes, también es necesario saber de qué se trata y definirla.

---

bal (Covid-19)", *La Ley mediación y arbitraje,* N° 2, Sección Doctrina (2020) [LA LEY 6538/2020].

Sobre la protección de los derechos fundamentales de las partes cuando estamos en presencia de sistemas de IA y dónde nuestros datos pueden verse más comprometidos, véase, entre otros, Iglesias Canle, I. C. Y González Fernández, A. I., "La obtención de perfiles genéticos de ADN a través de la Orden Europea de Investigación" en Llorente Sánchez-Arjona, M. (Dir.), *Estudios procesales sobre el espacio europeo de justicia penal* (Pamplona: Aranzadi, 2021).

La IA es definida por algunos especialistas como el estudio de agentes que reciben percepciones del ambiente y, a su vez, desarrollan una serie de acciones como consecuencia de esa recepción precedente. Otros, sin embargo, la definen como una propiedad de procesos de pensamiento y razonamientos internos que no son visibles y, por último, otra definición posible es aquella que indica que existe algún tipo de comportamiento inteligente cuando hay una conducta externa también inteligente.

A tal fin, en las siguientes líneas trataremos de visualizar algunas de las principales definiciones de la IA. Así las cosas, para Russell y Norvig, la IA solo existe si se cumplen una serie de requisitos a la hora de crear una máquina. Es decir, esta última debe ser capaz de obedecer y seguir comandos u órdenes dictadas por un ser humano, realizar esas funciones con la mayor fidelidad posible, que la misma pueda realizar un proceso cognitivo de pensamiento interno y, por último, que su conducta externa sea un reflejo de las indicaciones proporcionadas previamente por el ser humano (siguiendo siempre un objetivo inteligente), para conseguir un fin específico y racional. Por último, podríamos decir que para estos autores la IA es la combinación de algoritmos planteados con el objetivo de crear máquinas que presenten capacidades similares a las del ser humano[2].

Por IA también se entiende la capacidad general de una máquina para copiar y replicar, de forma independiente, los procesos intelectuales y cognitivos del ser humano ya que toma la decisión de realizar una acción respondiendo así a su entorno percibido. Su finalidad principal es la de reproducir algunos comportamientos humanos para tomar decisiones, resolver problemas y aprender del entorno[3].

---

2 Russell, S. J. y Norvig, P; *Inteligencia Artificial. Un Enfoque Moderno*, 2ª ed., (Madrid: Pearson, 2004), pág. 29 y ss.: "El campo de la inteligencia artificial, o IA, va más allá: no sólo intenta comprender, sino que también se esfuerza en construir entidades inteligentes. [...] La IA abarca en la actualidad una gran variedad de subcampos, que van desde áreas de propósito general, como el aprendizaje y la percepción, a otras más específicas como el ajedrez, la demostración de teoremas matemáticos, la escritura de poesía y el diagnóstico de enfermedades. La IA sintetiza y automatiza tareas intelectuales y es, por lo tanto, potencialmente relevante para cualquier ámbito de la actividad intelectual humana. En este sentido, es un campo genuinamente universal".

3 Goldenberg, S. L.; Nir, G. Y Salcudean, S. E., "A new era: artificial intelligence and machine learning in prostate cancer, en *Nature Reviews Urology*, Vol. 16, 2019, pág. 391.

Una vez definida la IA, también debemos tener en cuenta la clasificación aplicable a ella. Por todo ello, podemos decir que existe una IA débil y otra fuerte. En lo que respecta a la IA débil, se hace referencia a que el comportamiento del ser humano puede ser copiado y utilizado por máquinas para resolver problemas de complejidad media. Es decir, los algoritmos en los que se basa este tipo de IA realizan, a su vez, tareas específicas como respuesta a su programación, es decir, en forma de respuesta automática, pero sin comprender, en ningún momento, el significado de la orden en cuestión, como pueden ser SIRI o ALEXA.

En relación con la denominada IA fuerte, podemos decir que tiene como finalidad la creación de sistemas con conciencia humana y emociones. Su fundamento radica en que la IA es capaz de aprender y pensar como lo hace un niño, pero de una forma más rápida. Todo ello es debido a su gran capacidad de procesamiento y a su elevada potencia de cálculo[4].

Una vez analizada, de forma somera, una clasificación de la IA atendiendo a la finalidad que persigue cada una de ellas, debemos tener en cuenta uno de los subcampos de la IA que es el Machine Learning (ML). Supone una de las estrategias que puede usar la IA para lograr una imitación de la capacidad cognitiva del ser humano, es decir, consiste en el desarrollo de algoritmos que analizan información datificada (de la cual aprenden) y que, a su vez, reconocen algún tipo de patrón en un proceso que se denomina "entrenamiento". Mediante este proceso automatizado se puede encontrar una serie de relaciones entre los datos obtenidos y así elaborar predicciones. Su finalidad es la de realizar tareas de soporte a la toma de decisiones.

Este proceso de aprendizaje puede, a su vez, clasificarse en tres tipos: supervisado, no supervisado y aprendizaje por refuerzo. En el primero de ellos, el supervisado, los algoritmos necesitan ayuda externa para realizar las funciones de clasificación y predicción. En el segundo de ellos, en el aprendizaje no supervisado, los datos de entrada no son clasificados y es la propia máquina la que busca patrones y predice el resultado. Cuando los datos son nuevos, se emplea todo lo aprendido con anterioridad y con ello se reconocen esos nuevos retos. En el último de ellos, es decir, en el aprendizaje por refuerzo, los algoritmos aprenden a reaccionar, por sí solos, a un entorno mediante un proceso de

---

4 Coppin, B., *Artificial Intelligence Illuminated,* Jones and Bartlett Publishers, Massachusetts, 2004, pág. 5 y ss.

recompensa acumulada. En este tipo se persigue lograr un equilibrio entre la maximización de la recompensa y la persecución de los mejores resultados. Se utiliza sobre todo en el ámbito de la robótica y en los videojuegos[5].

En la actualidad, la relación entre IA y Derecho ya es una realidad. Esta vinculación tiene como punto de partida la necesidad de regular el incipiente y rápido desarrollo de la IA. La búsqueda de una regulación que respete los derechos fundamentales y la utilización de los diferentes sistemas y mecanismos de IA en el ámbito jurídico han sido el origen de la creación de unas normas que regulen y controlen la aplicación de IA en este campo. La utilización de los diferentes sistemas de IA depende, en cierta medida, del nivel de conocimiento que de los mismos se tenga así como de la percepción de justicia que los mismos nos transmitan. Es decir, es importante y fundamental conocer los resultados que nos puedan ofrecer para que su uso sea racional y equitativo, es decir, para no tener una opinión negativa ni fantástica de los mismos. La aplicación de la IA tiene que convencer a los ciudadanos de sus beneficios, pero también hay que poner en evidencia los defectos que puedan presentar.

A medida que pasa el tiempo, la IA ha dejado de ser un fenómeno tecnológico para convertirse en un fenómeno social, cada vez más presente en nuestro día a día. Las aplicaciones de la IA en el mundo real se están volviendo cada vez más predominantes y disruptivas, con ejemplos muy empleados en el día como el caso de los traductores automáticos o bien el reconocimiento facial automático, utilizados para identificar a los viajeros y rastrear a los delincuentes, hasta los vehículos que se conducen solos y los asistentes personales en los teléfonos inteligentes y otros dispositivos de nuestra vida cotidiana. Por ello, su relación con el Derecho cada vez se hace más fuerte e inevitable ya que está estrechamente vinculada con su mayor presencia y expansión en nuestra sociedad.

La finalidad que tiene la IA es conseguir que una máquina posea una inteligencia cuanto más parecida sea posible a la del ser humano. A medida que su desarrollo avance, mayor será su autonomía y, por lo tanto, dependerán menos de los fabricantes y de los propietarios. Todo ello supone un reto en nuestro ordenamiento jurídico ya que no contempla el hecho de que ciertas decisiones sean tomadas por máquinas. La base de nuestro

---

5 Worthy Campbell, R., "Artificial Intelligence in the Courtroom: The Delivery of Justice in the Age of Machine Learning", en *Colorado Technology Law Journal*, vol. 18, núm. 2, 2020, pág. 325.

ordenamiento jurídico radica en que todas las decisiones son tomadas por seres humanos. Ante este nuevo panorama, con una mayor presencia de máquinas que pueden llegar a tomar decisiones, es fundamental que los juristas entiendan y se formen todo lo posible para llegar a entender cómo funcionan las máquinas de IA, cómo se extiende esta nueva tecnología para sí, poder dar una respuesta jurídica eficaz y adaptada a los nuevos tiempos que corren[6].

Como punto de partida, debemos tener en cuenta que todo profesional del ámbito jurídico para poder entender cuál es la naturaleza jurídica de la IA, lo primero que debe hacer es entender cuál es su naturaleza por sí misma, es decir, entender cuál es su finalidad y funcionamiento.

En el sector jurídico, tampoco resulta ajena la IA también está cada vez más presente. Entre otros usos, se utilizará para automatizar tareas como la revisión de contratos o documentos a gran escala, cotejar y verificar información de documentación presentada por nuestros clientes, la redacción de textos será más rápida, podremos sistematizar aún más aquellas tareas que son muy repetitivas o mecánica. La realidad es que en algunos despachos de abogados ya se utilizan diferentes programas de IA, como puede ser Ravn, que obtiene datos de los documentos y los lleva a hojas de Excel; Luminance, que permite analizar contratos y determinar las posibles diferencias existentes entre ellos; Kira Systems, el cual identifica cláusulas contractuales con una gran precisión[70].

---

6 Narváez López, C., "La Inteligencia Artificial entre la culpa, la responsabilidad objetiva y la responsabilidad absoluta en los sistemas jurídicos del derecho continental y anglosajón", en Derecho y Nuevas Tecnologías: El Impacto de una Nueva Era, coordinado por Jhoel Chipana Catalán, (Lima: Editorial Jurídica Themis, 2019), pág. 211: "(...) para el entendimiento de la relación entre el Derecho y la Inteligencia Artificial, desde estas dos perspectivas, es imprescindible que exista una comprensión interdependiente entre actores como los profesionales del Derecho y los desarrolladores de sistemas de Inteligencia Artificial. Para que los juristas puedan determinar la necesidad y formas de realizar regulaciones adecuadas sobre el desarrollo y aplicación de la Inteligencia Artificial, es indispensable que tengan claridad sobre qué es la Inteligencia Artificial, sus funcionalidades y capacidades actuales, así como su potencialidad y creciente desarrollo hacia sistemas plenamente cognitivos que, por el momento, no se han logrado desarrollar".

7 Morales Cáceres, A., "El impacto de la inteligencia artificial en el Derecho", en *Advocatus*, I, N° 39, 2021, págs. 39-71.

En efecto, en la última reforma procesal llevada a cabo por el Real Decreto-ley 6/2023, de 19 de diciembre, por el que se aprueban medidas urgentes para la ejecución del Plan de Recuperación, Transformación y Resiliencia en materia de servicio público de justicia, función pública, régimen local y mecenazgo, recoge la posibilidad de automatizar con uso de IA actuaciones que permite que algunas cuestiones que antes no se podían hacer de manera automática se puedan ahora realizar de manera automática (por ejemplo, cálculo de plazos con base a fechas que aparecen como datos, comprobaciones automáticas de situación concursal de una empresa, en base a NIF y tipo de proceso judicial, etc.).

Analizado de modo general la utilización de la IA en el ámbito jurídico en general, el objetivo de nuestro trabajo es analizar la incorporación de la misma en los métodos ADR y ODR, en éstos últimos es donde despliega todas sus bondades.

3. LOS ODR TRADICIONALES: ANTECEDENTES Y REGULACIÓN ACTUAL

3.1. Estado de la cuestión en el contexto europeo

La nueva forma de comunicarnos hace que en muchas ocasiones nuestras relaciones sociales y comerciales traspasen fronteras que en la práctica supone la posibilidad del nacimiento de nuevos conflictos y nuevas realidades y, con ello, la necesidad de incorporar mecanismos más efectivos para su gestión y, en su caso, solucionarlos con los menores costes posibles para los justiciables[8]. Por ello, hace décadas que se está recurriendo a métodos de resolución de conflicto que bien de forma íntegra o en parte, se celebran por vía electrónica o telemática, salvando las distancias entre las partes y las dificultades derivadas de tal motivo.

Si la aparición del movimiento ADR procuraba, en la medida de lo posible, salvar las dificultades de un sistema judicial colapsado que impedía ofrecer a los justiciables una respuesta adecuada y rápida, en una sociedad globalizada como en la que vivimos, los ODR se erigen como métodos más

---

8 Pérez Daudí, V., "La problemática de los ADR en materia de consumo y vivienda y la aplicación de las decisiones automatizadas", *Revista de la Asociación de Profesores de Derecho Procesal de las Universidades Españolas*, nº 1 (2020), [disponible en: https://dialnet.unirioja.es/servlet/ejemplar?codigo=584663&info=open_link_ejemplar, última consulta: 24/04/2022], pág. 100.

efectivos y atractivos para las partes para salvar no sólo las dificultades de enfrentarse a un proceso lento y costoso, sino que permite salvar la distancia física de los contendientes. Debemos señalar en este sentido, que la implantación de las tecnologías de la comunicación en el seno de los ADR está mucho más visible y avanzada que en el proceso judicial ya que su incorporación resulta más sencilla debido a la flexibilidad que caracteriza a estas fórmulas alternativas[9].

La aparición de los ODR presenta dos ventajas cualitativas esenciales frente a los ADR tradicionales, esto es, en primer lugar, fomenta una comunicación instantánea acompañada de gran cantidad de documentación y, en segundo lugar, aumenta la capacidad de detectar pautas entre la cantidad excesiva de datos recopilados, todo ello con la ayuda del análisis de las comunicaciones emitidas en el procedimiento de resolución de conflictos y cuanto más si conjugamos estas formas de comunicación con sistemas inteligentes que permiten un análisis rápido de los medios de prueba aportados por los implicados en defensa de sus intereses[10]. En lo relativo a los ODR, entre las iniciativas de la Unión Europea para incentivar el comercio online, destaca la plataforma de resolución de litigios en línea que entró en funcionamiento el 15 de febrero de 2016.

Esta plataforma de resolución de conflictos, creada a raíz de la obligación prevista en la Directiva 2013/11/UE del Parlamento Europeo y del Consejo, de 21 de mayo de 2013, relativa a la resolución alternativa de litigios en materia de consumo y el Reglamento (UE) nº 524/2013 del Parlamento Europeo y del Consejo, de 21 de mayo de 2013, sobre resolución de litigios en línea en materia de consumo[11]. Con ella se pretende

---

9 Kaufmann-Kohler, G. Y Schultz, T., *Online dispute resolution: challenges for contemporary justice,* The Hague, 2004, págs. 5 a 7.

10 López Vallés, S., "Nuevas fronteras en la resolución extrajudicial de conflictos: ODR y e-mediación" en BUENO DE MATA, F. (Coord.), *Fodertics II: Hacia una justicia 2.0. Estudios sobre Derecho y nuevas tecnologías* (Salamanca: Ratio Legis, 2014), pág. 357.

11 Esta norma fue traspuesta a nuestro Ordenamiento Jurídico, fuera del plazo establecido, a través de la Ley 7/2017, de 2 de noviembre, por la que se incorpora al ordenamiento jurídico español la Directiva 2013/11/UE, del Parlamento Europeo y del Consejo, de 21 de mayo de 2013, relativa a la resolución alternativa de litigios en materia de consumo (en adelante, LRAL). Con ella se pretende garantizar a los consumidores residentes en cualquier EEMM el acceso a entidades de resolución alternativa reconocidas para la resolución de conflictos surgidos en el ámbito del comercio.

garantizar a los consumidores residentes en cualquier EEMM el acceso a entidades de resolución alternativa reconocidas para la resolución de conflictos surgidos en el ámbito del comercio. La plataforma europea de resolución de conflictos es un sistema enfocado a la solución de conflictos de comercio electrónico entre empresas y consumidores (B2C), de gran volumen y escasa cuantía, cuyo objetivo principal es aumentar la confianza del consumidor en las compras transfronterizas que se realizan a través de internet.

A la luz de las nuevas fórmulas de resolución de conflictos introducidas en Europa y a partir de la entrada en funcionamiento de la plataforma europea de resolución de conflictos en línea, la Comisión realizó un análisis de la utilización de la misma entre febrero de 2016 a febrero de 2017 que puso de relieve unos resultados positivos ante el interés de usuarios y empresarios para resolver sus conflictos que, en principio, parece que se trata de una iniciativa interesante y con premisas verdaderamente alentadoras[12].

Esta norma fue traspuesta a nuestro Ordenamiento Jurídico, fuera del plazo establecido, a través de la Ley 7/2017, de 2 de noviembre, por la que se incorpora al ordenamiento jurídico español la Directiva 2013/11/UE, del Parlamento Europeo y del Consejo, de 21 de mayo de 2013, relativa a la resolución alternativa de litigios en materia de consumo (en adelante, LRAL).

12 En efecto, el propio Informe detalla en sus conclusiones que *"un análisis detallado del ciclo de vida de una reclamación en la plataforma, como muestra el cuadro 4 a continuación, revela que, en un número considerable de los casos (85%), las reclamaciones se cerraron automáticamente en los 30 días posteriores a su presentación (es decir, el plazo para que el consumidor y el comerciante acuerden un organismo de resolución alternativa de litigios competente). Con el fin de comprender la importancia de estos datos y evaluar el interés de los comerciantes en los procedimientos de resolución alternativa de litigios, la Comisión realizó una encuesta específica para obtener información de los consumidores cuyos asuntos de cerraron automáticamente. La encuesta mostró que, aunque un gran número de comerciantes no siguió el proceso en la plataforma de resolución de litigios en línea hasta el final, en el 40% de los asuntos en los que la reclamación presentada en la plataforma se cerró automáticamente, los comerciantes se habían puesto en contacto directamente con los consumidores para resolver el problema sin que la reclamación siguiera su curso en la plataforma. Por ello, incluso en esos casos hay que reconocer que la plataforma de resolución de litigios en línea ayuda a consumidores y comerciantes a resolver sus litigios, ya que el simple hecho de que los consumidores recurran a ella tiene un efecto preventivo en los comerciantes, que se muestran más dispuestos a solucionar el conflicto de manera rápida sin llevar la reclamación a un organismo de resolución de litigios a través del flujo de trabajo de la plataforma".* Véase, Informe de la Comisión al Parlamento Europeo y al Consejo sobre el funcionamiento de la plataforma europea de resolución de litigios en línea creada en

Sin embargo, las cifras que ofrece la propia plataforma europea dónde se evidencia que el 89% de las reclamaciones planteadas se archivaron automáticamente una vez transcurrido el plazo máximo de 30 días para que el comerciante acepte iniciar el procedimiento ADR; en un 6% de los asuntos, el comerciante declinó esta opción y, finalmente, únicamente un 1% permitió que se concluyese la reclamación ante un órgano de ADR. A pesar de una lectura pesimista de estas cifras, el propio informe evidencia que el 20% de los consumidores indicaron que su litigio se había resuelto en la plataforma o fuera de ella, y el 19% que continuaba en conversaciones con el comerciante para su solución ajena al proceso[13].

Por tanto, la creación de este tipo de plataformas online de resolución de conflictos de escasa entidad en el marco de la Unión Europea tiene un impacto muy positivo en tanto en cuanto ayuda a resolver conflictos de escasa entidad y que no implica el análisis de una cuestión jurídica de fondo, por lo que sería conveniente incluso polarizar esta iniciativa en cada país y extrapolar su estructura, si bien mejorada, para la creación de modelos ODR que puedan ofrecer nuestras instituciones públicas.

3.2. Sistemas ODR en el Ordenamiento Jurídico español: especial mención a la mediación electrónica

Entre todos los métodos ODR existentes, destaca la mediación electrónica con la particularidad antedicha de que su desarrollo será íntegra o parcialmente por medios electrónico[14]. La mediación electrónica se puede definir como un procedimiento que se vale del empleo y utilización de sistemas informáticos que garanticen todas las exigencias legales de identidad, seguridad, confidencialidad y protección de datos personales, que permita la interacción de las partes con un mediador para la gestión de su conflicto[15]. Con todo, para su utilización y desarrollo será necesario crear

---

virtud del Reglamento (UE) nº 524/2013 sobre resolución de litigios en línea en materia de consumo, pág. 9.

13 Véase, https://ec.europa.eu/info/sites/default/files/just-2021-07677-00-00-estra-00.pdf, última consulta: 29/11/2022.

14 La mediación electrónica se regula en nuestro país en el artículo 24 de la Ley de Mediación del año 2012, y que reproduce el Proyecto de Ley de Eficiencia Procesal de 2022, que prevé el uso preferente de la mediación por medios electrónicos cuando la reclamación tenga un valor inferior a los 600€.

15 Martín Diz, F., "Objetivos, principios y efectos de la mediación electrónica: perspectiva nacional y comparada" en Castillejo Manzanares, R. (Dir.), *Nuevos debates*

sistemas electrónicos fiables, que sean compatibles con la cultura tecnológica de los ciudadanos, de forma que generen confianza para las partes y, desde las instituciones se promueva su utilización, si bien requieren en todo caso la aceptación y la convivencia de este modo, perviviendo, por tanto, el principio de voluntariedad que debe regir la mediación[16]. Los encargados de velar por el correcto funcionamiento del procedimiento de mediación por vía telemática serán los propios mediadores e instituciones de mediación, que deben vigilar el respeto a los principios y garantías recogidas en la Ley de Mediación, y cuanto más a aquellas actuaciones que puedan llegar a comprometer la seguridad y confidencialidad del procedimiento[17].

En lo referente al ámbito material la mediación electrónica, no puede excluirse más allá de la norma de cobertura para la mediación en los ámbitos propios del derecho privado, en el ámbito del derecho administrativo (si fuese posible) y en aquellos ámbitos del proceso penal en los que no esté excluido. Sin embargo, destaca su eficacia en conflictos transfronterizos ya que se trata de un recurso fácil y accesible que permite salvar las complejidades de este tipo de conflictos.

Con todo, de entre todas las posibles dificultades de la mediación electrónica destaca la ausencia de reuniones físicas de las partes con el mediador —y cuanto más si finalmente se llega a utilizar un método de mediación completamente desarrollado a través de la IA—. En este sentido, muchos los teóricos de la mediación entienden que uno de los pilares esenciales de la mediación es la comunicación sensorial y no verbal entre las partes que, si se desarrolla por medios electrónicos, dificulta o directamente la elimina[18]. No obstante, se deben adaptar las reglas de comportamiento en

---

en relación a la mediación penal, civil y mercantil (Santiago de Compostela: Universidade de Santiago de Compostela, 2018), pág. 45.

16 Pérez-Serrabola González, J. L., "Notas sobre el estatuto jurídico del mediador en la Ley 5/2012, de mediación en asuntos civiles y mercantiles". En Petitlavall. M. V. Y Cuñat Evo, V. (Coords.), *Estudios de Derecho Mercantil, Liber Amicorum, Profesor Dr. Francisco Vicent Chuliá,* (Valencia: Tirant lo Blanch, 2013), pág. 126.

17 González Martín, L. A., "Espacio abierto. La mediación civil y mercantil: una necesidad y una obligación legal en el espacio de la Unión Europea. La importancia de la figura del profesional de mediación", *Revista de Mediación,* nº 9 (2012), págs. 6-9.

18 En este sentido, podemos citar a Funes Laponni, entiende que "*es fundamental aprender a interpretar la dimensión no verbal, porque puede suministrar más información de la que a veces se obtiene con las palabras y puede ayudar a entenderlas mejor*". Véa-

el mundo real al ámbito virtual de forma que seamos conscientes de dónde está el ciberespacio, respetar el tiempo de los otros, no abusar del poder conferido y saber perdonar los errores de los demás en este procedimiento electrónico.

Con esta intención, el mediador debe adoptar una forma de comunicación con las partes adecuada a las circunstancias y manteniendo una actitud comunicativa correcta. Por ello, debe evitar en la medida de lo posible el envío de mensajes poco profesionales o el reenvío y sucesión de cadenas de mensajes injustificadas. Como sucede en un ámbito presencial, el mediador debe mantener siempre y en todo caso, un trato considerado y cortés con las partes, manteniendo criterios profesionales en todos y cada uno de los mensajes emitidos, con firma con nombre completo y evitando, y siempre que sea posible, evitar el uso de emoticonos que pueden ser interpretados por las partes como poco profesionales o fuera de lugar. A través de estas reglas de comunicación el mediador conseguiría crear un ambiente virtual que lograse parecer que se trata de una comunicación cara a cara y, por consiguiente, se conseguiría alcanzar una solución más eficaz para las partes[19].

Sin embargo, algunos autores destacan el hecho de que las partes a través de esta vía se desinhiben por lo que "*se crean nuevas personalidades que desafían el ser dócil o sumiso*" que podríamos encontrarnos en una mediación presencial. De este modo, podría asimilarse a una situación más igualitaria entre las partes y la improbable aparición de hostilidades y agresión que conllevaría a una escalada del conflicto.

La otra dificultad de la mediación electrónica fuertemente discutida es la eventual vulneración de las comunicaciones, la protección de datos y, con ella, la inevitable quiebra de la confidencialidad, así como los riesgos en materia de identificación plena y correcta de los intervinientes o el tratamiento de los datos personales[20]. Entendemos que es necesario ofrecer a las partes unos estándares y garantías de seguridad electrónica amplios y de protección de nuestros datos personales.

---

se, Funes Laponni, S., "Comunicación: emociones y poder". En Soleto Muñoz, H. (Dir.), *Mediación y resolución de conflictos: técnicas y ámbitos*, (Madrid: Technos, 2011), pág. 142.

19 Asencio Gallego, J. M., "Las ventajas de la mediación online y la superación de sus inconvenientes" en Bueno De Mata, F. (Coord.), *Fodertics 3.0 (Estudios sobre nuevas tecnologías y justicia)*, (Granada: Comares, 2015), pág. 7.

20 Martín Diz, F., "Objetivos, principios y efectos…", *op. cit.*, pág. 53.

De hecho, en este momento, debemos tener en cuenta las garantías que en este sentido nos ofrece la firma electrónica y la entrada a través de un DNI electrónico que garantizaría estos estándares de protección y, con ello, salvar las reticencias de los operadores implicados en este sentido. En cuanto a la protección de datos, tanto en las mediaciones nacionales como internacionales desarrolladas por medios telemáticos, el mediador y las instituciones de mediación deberán atender a lo dispuesto en la normativa nacional y europea en este ámbito.

4. EL NUEVO PARADIGMA DE LOS ODR DE SEGUNDA GENERACIÓN

Como hemos referido hasta este momento, los ODR se pueden llevar a cabo a través de una multiplicidad de medios tecnológicos y, a su vez, de forma sincrónica o asincrónica. Sin embargo, como sabemos, la tecnología no deja de avanzar, estamos asistiendo a una modificación de todo lo que nos rodea hacia un sistema dónde los sistemas inteligentes gozan de una posición privilegiada. En el proceso penal ya estamos viendo cómo se implementan determinadas diligencias de investigación que beben de este sistema o las múltiples propuestas normativas surgidas en el seno de la Unión Europea en aras de su implementación[21].

Pues bien, en este contexto, podemos distinguir ya dos modelos de ODR, los tradicionales a los que ahora hacemos mención y aquellos otros de nuevo cuño que ya incorporan determinadas herramientas que son propias de los sistemas de IA y que permite hablar de un modelo de ODR digital, "*fruto de la combinación que el big data ofrece a través de operaciones matemáticas, de probabilidades y de razonamientos humanos introducidos en una máquina para "enseñarla" a pensar como los humanos*" y que es utilizado no sólo para definir el conflicto sino también para generar una estrategia

21 Véase, entre otros trabajos existentes en la doctrina, Iglesias Canle, I. C., "Intercambio de información e inteligencia en el contexto europeo, con especial referencia al ordenamiento jurídico español" en Bonorino Ramírez, P. R., Fernández Acevedo, R., Valcárcel Fernández, P (Eds.), *Justicia, Administración y Derecho. Nuevos retos del derecho en el siglo XXI*, Thomson Reuters Aranzadi, Navarra, 2021, págs. 91 a 117 o Iglesias Canle, I. C., "Registros biométricos y su aplicación al proceso penal en España e Italia" En Calaza López, S. y Llorente Sánchez-Arjona, M. (Dirs.), *Inteligencia Artificial Legal y Administración de Justicia*, (Pamplona: Aranzadi, 2022), págs. 339-369.

para la defensa de los intereses de la parte reclamada e, incluso en supuestos más avanzados para tomar decisiones sobre el conflicto planteado ante la máquina[22].

En cuanto a las funciones que puede adoptar la IA, dependiendo del grado de protagonismo en el proceso, distinguimos aquellos que adoptan una función de asistencia en el procedimiento negociador, siendo un elemento más de apoyo a las partes y al propio mediador que a partir del ofrecimiento de datos *y predicciones* basados en casos anteriores que ofrezcan una visión amplia del conflicto y los posibles modos de desarrollar su labor[23]. De hecho, en el ámbito judicial ya son bastantes los sistemas predictivos existentes, a modo de ejemplo, podemos señalar los programas dirigidos a la prevención de hechos delictivos (COMPAS, VioGen, VeriPol...) o programas destinados a la redacción de escritos o para el desarrollo de determinados actos procesales[24].

Sensu contrario, debemos mencionar aquellos sistemas inteligentes más atrevidos y gozan con una función decisoria, esto es, sustituyendo a la persona que juzga o media. Esta última función de la IA es la más arriesgada, no obstante, bien utilizada y con las debidas garantías para los justiciables, puede ser una herramienta muy útil para mejorar y dotar de rapidez al proceso o cualquier otro MASC prescindiendo de la intervención humana para la resolución de las controversias.

En el sentido expuesto, podemos señalar que son variados los modelos y clasificaciones de los modelos ODR existentes en la actualidad, si bien es cierto que no todos ellos cuentan con una estructura pública que nos permita analizar y estudiar su funcionamiento al ser casi todas privadas y que dificulta esta labor[25]. En el ámbito de las iniciativas públicas existentes

---

22 De hecho, "*el impacto de la IA en los ODR puede resultar incluso mayor que en el proceso judicial, dado que se trata de medios de solución de controversias más flexibles y con mayor capacidad de adaptación que los rígidos sistemas judiciales*" (Montesinos García, A., "Inteligencia artificial...", *op. cit.*, págs. 509-510).

23 Martín Diz, F., "Inteligencia artificial y medios extrajudiciales...", *op. cit.*

24 Tierno Barrios, S., "Inteligencia Artificial y ADR: acceso a la justicia con perspectiva de género", *Revista de Estudios Jurídicos y Criminológicos, nº 5, Universidad de Cádiz,* 2021, pág. 36, disponible: https://doi.org/10.25267/REJUCRIM.2022.i5.03.

25 Véase, Seara Vieira, A., Hervella García, N. Y González Ferández, A. I., "Aplicabilidad de técnicas de Inteligencia Artificial en sistemas de resolución de conflictos en línea". En Iglesias Canle, I. C. (Dir.), *Formas de tutela del medioambiente. Especial referencia a la gestión y resolución de conflictos hídricos en Ourense,* Tirant lo Blanch, Valencia, 2022.

destaca la Plataforma Europea de Resolución de conflictos en Línea a la que nos hemos referido anteriormente. Con todo, existen herramientas de ODR especializadas en determinados conflictos atendiendo a las especiales circunstancias que rodean cada uno de ellos.

Al margen de la existencia de distintos modelos y las diferentes configuraciones, todos estos modelos ODR siguen una estructura común que permiten distinguir una serie de funcionalidades y patrones, de este modo, diferenciamos las funciones de gestión de expedientes, gestión de la comunicación y la negociación y, por último, sistemas de soportes a la toma de decisiones. Todos estos tienen en común que para un correcto funcionamiento de estos será necesaria la constante retroalimentación del sistema algorítmico[26].

En estos momentos, me gustaría analizar los segundos —sistemas de gestión de la comunicación y de negociación—. Hoy en día, existe ya un modelo de negociación asistida por medios electrónicos denominado "negociación automatizada" que se basa en un procedimiento de subasta a ciegas o "*blind-bidding*". Este modelo, susceptible de aplicación a reclamaciones de naturaleza económica, consiste en ofrecer a los litigantes, entre una variedad de alternativas que resultan de aplicación y que previamente fue descrito y probado (imágenes, vídeos, documentos, etc.). A partir de ahí, se seleccionan alguna de las alternativas y se le da traslado a la parte en contra de quien se actúa para que ésta responda en un breve lapso aquello que estime favorable a sus intereses. A la vista de todo lo expuesto, el sistema artificial decide cuál es la mejor solución para ese supuesto que, en todo caso, no debe vincular a las partes[27].

La negociación automatizada funciona de la manera que, las partes introducen en el sistema su versión de la historia mientras que el software ayuda a concretar el conflicto. En este sentido, las partes, a partir de reciprocas concesiones a la contraria en el marco de una negociación, pueden aproximarse a la zona de acuerdo sin que se conozca la cantidad del acuerdo previamente, ya que esta oferta queda generalmente oculta para el contrario. A partir de ahí, el algoritmo, generalmente, premia a la parte que más cede en la negociación y que muestra mayor interés en la solución del conflicto. De esta forma, *"cuando una de las partes llega a un acuerdo den-*

---

26 Seara Vieira, A., Hervella García, N. y González Ferández, A. I., "Aplicabilidad...", *op. cit.*

27 Amunátegui Perelló, C., *Arcana Technicae. El derecho y la Inteligencia Artificial* (Valencia: Tirant lo Blanch, 2020), pág. 105.

tro de la zona de acuerdo (cantidad escondida), el sistema declara un acuerdo"[28]. Buen ejemplo de estas funcionalidades son las plataformas AssetDrivider (para la resolución de conflictos familiares) y SmartSettle (adecuada para conflictos que permita su valoración económica).

En cuanto a los sistemas de soporte a la toma de decisiones, señalar que hoy en día son bastantes las plataformas de comercio electrónico que integran la IA para la resolución de los conflictos de escasa cuantía entre comerciante y usuario o, incluso para la división de ciertas propiedades. La práctica totalidad de estos sistemas emplean sistemas de razonamiento basado en casos (CBR), que permiten la búsqueda de una solución a partir de los casos almacenados en la base de datos.

En su funcionamiento se distinguen varias fases principales que giran en torno a la base de asuntos almacenados. Su utilización requiere, en primer lugar, una vez que se presenta un asunto, analizar la información relevante ofrecida por las partes (módulo de diagnóstico) y recuperar los antecedentes existentes en la plataforma a partir de los datos insertados por las partes y que requieren la combinación de diferentes técnicas de procesamiento del lenguaje para que sea eficiente[29].

A partir de ahí, a los efectos que nos interesa, el software permite sintetizar los ámbitos en los que las partes están de acuerdo y desacuerdo para proponer soluciones a las partes. En todo caso, esta solución no es vinculante en ningún caso, de todas formas, si la solución planteada no resulta satisfactoria para los implicados, se iniciaría, ya con intervención humana de un tercero imparcial, en aras de alcanzar una solución beneficiosa para las partes (módulo de mediación)[30], esta fase también se puede denominar revisión y retención. De no finalizar con acuerdos, las partes todavía tienen la oportunidad de acudir al arbitraje y, en su caso, a la propia vía judicial.

A modo de ejemplo, podemos citar el software *Modria,* diseñado inicialmente para eBay y PayPal y que posteriormente se fue extendiendo y orientando a la solución financiera de litigios.

---

[28] Ortega Hernández, R. J., *Mecanismos alternativos…*, *op. cit.*, pág. 92.

[29] Seara Vieira, A., Hervella García, N. Y González Ferández, A. I., "Aplicabilidad…", *op. cit.*

[30] Tierno Barrios, S., "Inteligencia Artificial…", *op. cit.*, págs. 37 y 38.

5. RETOS DE FUTURO: LA GARANTÍA DE LOS DERECHOS HUMANOS

El Derecho es una pieza fundamental en toda sociedad. Consiste en la instauración de unas normas jurídicas, previo consenso de esa sociedad, para poder vivir en armonía, garantizar el bienestar del ser humano e impulsar esa sociedad hacia un futuro. Es decir, el Derecho permite que esa sociedad evolucione y se adapte a los nuevos tiempos. Esas normas jurídicas pueden acordarse teniendo en cuenta varios criterios, desde la razón natural, pasando por un acuerdo o convención legal por parte de los legisladores o bien por ser una unión entre ambos razonamientos.

En la actualidad, el mayor reto al que se enfrenta la disciplina del derecho es conseguir que todo este avance tecnológico, que implica no solo el diseño, sino también la utilización y el funcionamiento de máquinas inteligentes respeten los principios de derecho establecidos en cada Estado.

La inteligencia artificial es una industria que está en pleno auge y que engloba cómo pensamos, diseñamos y construimos hardware y software que se utilizan para la creación de entidades o máquinas que tengan la capacidad de pensar por sí mismas, es decir, capacidad volitiva, y también la capacidad para la toma de decisiones, capacidad cognoscitiva[31].

Según Worthy Campbell[32], la IA no es una varita mágica que todo lo resuelve, sino que es una tecnología con múltiples capacidades pero que también presenta numerosas limitaciones. Por todo ello, no debemos confiar plenamente en que la IA consiga, algún día, realizar cosas que, de momento, son inalcanzables tampoco podemos suponer que los resultados que se han obtenido hasta el momento son resultado de algún fenómeno que el ser humano no conoce. Por ello, la utilización

---

31 Espinosa Zárate, Z., "¿La inteligencia artificial como mejora cognitiva?: de los Sistemas de apoyo a la decisión (DSSs) a las Reflection machines", en *Veritas*, N. 55, Valparaíso, 2023, en donde analiza si los Sistemas de apoyo a la decisión (DSSs) y otros asistentes para su uso, como las Reflection machines o los Personal Assistants that Learn (PAL), contribuyen de hecho a una mejora cognitiva, y si su potencial para expandir e impulsar la acción de las facultades cognoscitivas se ve efectivamente actualizado y, en consecuencia, si sirven para reafirmar el sentido capacitante de la IA y la extensión de la agencia del sujeto a través de ella.

32 Worthy Campbell, R., "Artificial Intelligence in the Courtroom: The Delivery of Justice in the Age of Machine Learning", en *Colorado Technology Law Journal*, Vol. 18, Nº 2, 2020, pág. 325.

de la IA ha de hacerse teniendo en cuenta todos los beneficios que nos presenta y también sus limitaciones. Debemos buscar cómo introducirla en nuestro día a día al tratarse de un progreso más de la ciencia, pero también debemos actuar cuando alguno de sus potenciales usos, que se propongan, suponga una amenaza o vulneración con los derechos del ser humano.

El desconocimiento y las limitaciones que suponen sobre la aplicación de IA en todo proceso nos lleva a no fomentar el uso de la misma en el ámbito del derecho, sobre todo en la toma de decisiones judiciales. Uno de los principales motivos es que en el art. 120.3 de la Constitución Española, se establece que toda sentencia debe estar debidamente motivada. En el ámbito jurídico no es suficiente con saber que un hecho es cierto basándonos en meras predicciones que nos puede aportar un sistema de IA, son que debemos explicar y fundamentar el por qué ese hecho es verídico. Es ahí donde la aplicación de IA presenta grandes limitaciones a la hora de tomar ciertas decisiones, sobre todo, cuando debemos fundamentar y motivar las mismas. La adopción de decisiones judiciales sin un seguimiento sobre la generación y manipulación de los datos, desconociendo el funcionamiento interno, conlleva el incumplimiento de dicho deber.

No debemos olvidarnos que cuando hablamos de IA a cualquiera de las fórmulas de resolución de conflictos como el arbitraje o la mediación por medios telemáticos, nos estamos refiriendo fundamentalmente a la realización por parte de un mediador que no está físicamente con las partes, sino que se encuentra telemáticamente. Esta circunstancia permitirá optimizar los trámites de forma que el procedimiento de mediación sea mucho más rápido, eficaz y eficiente debido a la posibilidad de predecir resultados.

Para conseguir una mayor fiabilidad y garantizar de una mejor manera los resultados, se han llevado a cabo algunas soluciones como la transparencia algorítmica y la explicabilidad, para que, de alguna forma, se dé un voto de confianza a los nuevos sistemas de IA en la toma de decisiones[33]. En estos casos no se revela cuál ha sido el proceso cognitivo mediante el cual se ha tomado esa decisión y no otra, es decir, no se explica cómo se ha llegado a esa decisión por mucho que una sentencia esté debidamente motivada. Del mismo modo que se alerta sobre los posibles riesgos y limitacio-

---

33 Zerilli, J., Knott, A., Maclaurin, J. Y Gavaghan, C., "Transparency in algorithmic and human decision-making: is there a double standard?", en *Philosophy & Technology*, Vol. 32, Nº 4, págs. 661-683.

nes que puede presentar que una máquina de IA tome ciertas decisiones, también habría que tener en cuenta y analizar los caminos o estrategias mentales que se emplean para tomar una decisión en el ámbito jurídico. Es decir, cuando un árbitro o mediador resuelve una disputa, también sería conveniente analizar las estrategias cognitivas empleadas y justificar el por qué se realizó de una manera y no de otra para garantizar así, en todo momento, su independencia e imparcialidad.

Por todo ello, también abogamos por la creación de un marco jurídico normativo y ético estable por parte del legislador que suponga que el ciudadano conozca el modo en qué se están tratando sus datos personales y la información trasmitida y que es tomada en consideración por parte de la IA. En todo caso, debe garantizarse la imparcialidad e independencia en la toma de decisiones por parte de quien dirige cualquier mecanismo ODR.

6. CONCLUSIONES

Pese a lo expuesto, consideramos que en determinados asuntos dónde es determinante tener en cuenta las emociones de las partes, por muy perfeccionada que esté el sistema inteligente no tendrá la misma consideración que tendría la decisión tomada por un humano, independientemente de si es un mediador, un árbitro o un Juez. Los humanos somos capaces de diferenciar las emociones de las partes, su forma de relacionarse, si tiene miedo, etc., hecho que un sistema inteligente que funciona con operaciones matemáticas y datos incorporados al sistema —al menos de momento— y pese al nivel de perfección que se alcance en el futuro a través de sistemas biométricos o de voz, no tendrán en cuenta estos elementos subjetivos tan importantes a la hora de tomar una decisión. Con todo, deben tenerse en cuenta otras funcionalidades que permite el procesamiento del lenguaje natural (PNL) en el campo de la resolución de conflictos. De este modo, entre los beneficios del PNL sería la adaptación de los textos y el comportamiento de una persona en el marco de una reunión por medios telemáticos al lenguaje de una máquina para que ésta pueda entender, aprender y crear conocimiento[34].

---

34 Seara Vieira, A., Hervella García, N. Y González Ferández, A. I., "Aplicabilidad…", *op. cit.*

Se debe tomar en cuenta y utilizar las formas de solución automatizada de conflicto en reclamaciones dinerarias basadas únicamente en pruebas objetivas aportadas por las partes y no suponen mayor problema de una aplicación arbitraria del derecho por parte de la máquina. Sin duda, esta posibilidad de solución de conflictos supondría el ahorro de tiempo y coste a la hora de poner fin a las posibles diferencias que puedan surgir como consecuencia de la utilización de estos medios de comercio electrónico y al tratarse de materias de derecho disponible, entendemos que no existe inconveniente alguno en su puesta en funcionamiento pues las partes son libres de acatarla o no.

Reiterando lo expuesto a lo largo de este trabajo, consideramos que en determinados asuntos dónde es determinante tener en cuenta las emociones de las partes, por muy perfeccionada que esté el sistema inteligente no tendrá la misma consideración que tendría la decisión tomada por un humano, independientemente de si es un mediador, un árbitro o un Juez. Los humanos somos capaces de diferenciar las emociones de las partes, su forma de relacionarse, si tiene miedo, etc., hecho que un sistema inteligente que funciona con operaciones matemáticas y datos incorporados al sistema —al menos de momento— y pese al nivel de perfección que se alcance en el futuro a través de sistemas biométricos o de voz, no tendrán en cuenta estos elementos subjetivos tan importantes a la hora de tomar una decisión.

La otra gran cuestión planteada, referida a la IA configurada como un asistente en la resolución de conflictos como coadyuvante para alcanzar la eficiencia de nuestro sistema procesal, debemos responder afirmativamente. Los sistemas inteligentes, debidamente utilizados y procurando en todo momento que se cumplan las garantías procesales de los justiciables será de gran ayuda a la hora de ofrecerles una solución rápida y con los menores costes posibles.

En todo caso, para poder considerarla siquiera una opción debe regularse todas las cuestiones antedichas y dotarla de un marco jurídico estable y sólida para salvar las posibles dudas éticas ante la posible injerencia de los sistemas de IA tanto a la hora de ofrecernos una solución automatizada de nuestro conflicto sino también sobre el tratamiento de los datos personales con los fines antedichos.

BIBLIOGRAFÍA

Amunátegui Perelló, Carlos, *Arcana Technicae. El derecho y la Inteligencia Artificial*, Valencia: Tirant lo Blanch, 2020.

Catalán Chamorro, María José, *El acceso a la justicia de consumidores: los nuevos instrumentos del ADR y ODR de consumo*, Valencia: Tirant lo Blanch, 2019.

Coppin, Ben, *Artificial Intelligence Illuminated*, Jones and Bartlett Publishers, Massachusetts, 2004

Funes Laponni, Silvina, "Comunicación: emociones y poder" en Soleto Muñoz, Helena (Dir.), Mediación y resolución de conflictos: técnicas y ámbitos, Madrid: Technos, 2011.

Goldenberg, S. Larry; Nir, Guy Y Salcudean, Septimum E., "A new era: artificial intelligence and machine learning in prostate cancer, en *Nature Reviews Urology*, Vol. 16, 2019

González Fernández, Ana Isabel, "La irrupción de la Inteligencia Artificial en la resolución alternativa de conflictos". En Calaza López, Sonia y Llorente Sánchez-Arjona, Mercedes (Dirs.), Inteligencia Artificial Legal y Administración de Justicia, Pamplona: Aranzadi, 2022.

Iglesias Canle, Inés Celia y González Fernández, Ana Isabel, "La obtención de perfiles genéticos de ADN a través de la Orden Europea de Investigación" en Llorente Sánchez-Arjona, Mercedes (Dir.), *Estudios procesales sobre el espacio europeo de justicia penal*, Pamplona: Aranzadi, 2021.

Iglesias Canle, Inés Celia, "Intercambio de información e inteligencia en el contexto europeo, con especial referencia al ordenamiento jurídico español" en Bonorino Ramírez, Pablo R., Fernández Acevedo, Rafael, Valcárcel Fernández, Patricia (Eds.), *Justicia, Administración y Derecho. Nuevos retos del derecho en el siglo XXI*, Navarra: Thomson Reuters Aranzadi, 2021.

Iglesias Canle, Inés Celia, "Registros biométricos y su aplicación al proceso penal en España e Italia" en Calaza López, Sonia y Llorente Sánchez-Arjona, Mercedes (Dirs.), Inteligencia Artificial Legal y Administración de Justicia, Pamplona: Aranzadi, 2022.

Kaufmann-Kohler, Gabrielle, *Online dispute resolution: challenges for contemporary justice*, The Hague, 2004.

Martín Diz, Fernando, Inteligencia artificial y medios extrajudiciales de resolución de litigios online (ODR): evolución de futuro en tiempos de pandemia global (Covid-19)", *La Ley mediación y arbitraje*, Nº 2, Sección Doctrina (2020).

Morales Cáceres, Alejandro, "El impacto de la inteligencia artificial en el Derecho", en *Advocatus*, I, Nº 39, 2021

Ortega Hernández, Rolando Joaquín, *Mecanismos alternativos de resolución de conflictos por medios electrónicos*, Barcelona, Bosch, 2019.

Pérez Daudí, Vicente, "La problemática de los ADR en materia de consumo y vivienda y la aplicación de las decisiones automatizadas", *Revista de la Asociación de Profesores de Derecho Procesal de las Universidades Españolas*, nº 1 (2020).

Seara Vieira, Adrián, Hervella García, Noelia y González Fernández, Ana Isabel, "Aplicabilidad de técnicas de Inteligencia Artificial en sistemas de resolución de conflictos en línea". En Iglesias Canle, Inés Celia (Dir.), *Formas de tutela del medioambiente. Especial referencia a la gestión y resolución de conflictos hídricos en Ourense*, Tirant lo Blanch, Valencia, 2023.

Tierno Barrios, Selena, "Inteligencia Artificial y ADR: acceso a la justicia con perspectiva de género", *Revista de Estudios Jurídicos y Criminológicos*, nº 5 (2021).

Worthy Campbell, Ray, "Artificial Intelligence in the Courtroom: The Delivery of Justice in the Age of Machine Learning", en *Colorado Technology Law Journal*, vol. 18, núm. 2, 2020.

Prompting, alucinaciones y lo que Kahneman puede enseñarnos del debido uso slow *de la Inteligencia Artificial en el ámbito jurídico*

ALBERTO SAIZ GARITAONANDIA
Profesor Agregado de Derecho Procesal de la Universidad del País Vasco UPV-EHU

1. LA ECLOSIÓN DE LA INTELIGENCIA ARTIFICIAL Y SU REPERCUSIÓN EN LOS *WHITE-COLLAR WORKERS*

En los últimos meses hemos contemplado con asombro cómo la palabra "Inteligencia Artificial" (IA) capitalizaba una gran parte de los debates sobre el devenir de nuestras vidas. Si bien este fenómeno tecnológico data de décadas atrás, las últimas innovaciones aplicadas a la misma y, muy especialmente, la eclosión de la Inteligencia Artificial Generativa (GenAI) ha supuesto un hito tanto en su impacto social como en la visualización de sus aplicaciones prácticas en numerosos ámbitos. Como punto de inflexión de ese gran movimiento no podemos pasar por alto el lanzamiento y puesta a disposición pública a finales de 2022 de ChatGPT, que en pocas semanas alcanzo millones de usuarios en todo el planeta y ayudó a popularizar la IA en ámbitos en los que hasta ese momento no tenía presencia alguna.

Sin duda, la Inteligencia Artificial Generativa está suponiendo una revolución social y profesional de primera magnitud: no hay jornada en la que no se lea noticia sobre sus aplicaciones y no hay ámbito laboral en el que no se reproduzcan las visiones sobre sus aplicaciones y se debata sobre sus virtudes y defectos. Está recabando un éxito sin precedentes, y sus aplicaciones están trayendo aparejadas un cambio masivo cuyo horizonte no somos capaces de definir en la actualidad: la revolución de la IA todavía se encuentra en una fase incipiente, y ese elemento, unido a la enorme velocidad con la que se están produciendo los cambios, nos impide llegar a unas conclusiones mínimamente válidas de cara a comprender su alcance y poder regular este fenómeno en constante evolución. Efectivamente, la IA está suponiendo una revolución cuyas fronteras finales ni hemos superado ni alcanzamos a percibir en la actualidad, pero que intuimos —cada vez somos más conscientes de ello— que va a suponer un antes y un después en las formas de hacer y, como reflejo de ello, en muchos de los trabajos que desarrollamos en la actualidad.

En los últimos tiempos abundan las noticias, entrevistas y artículos que tratan de mostrar el impacto de la IA —especialmente la Inteligencia Artificial Generativa (IAG)— en distintos ámbitos laborales. Curiosamente, una de las características esenciales de la revolución de la IA es que, al contrario de lo que ha sucedido con otras innovaciones disruptivas en el pasado —véase la máquina de vapor, la electricidad o incluso el ordenador personal—, la aplicación de la IA —en especial, la IAG— trasciende al concepto clásico de aumento de las capacidades personales o de las habilidades computacionales para lograr desarrollar tareas que, como las vinculadas a la creatividad, hasta el momento eran consideradas como algo esencial e innatamente humano. Esta capacidad adicional de desarrollar tareas creativas nos hace poner el foco en la posibilidad de que determinados bienes o servicios sean desarrollados de forma mayoritaria o, incluso, exclusiva, por medio de esta solución tecnológica, con una intervención humana limitada o, en determinados casos, inexistente. Si bien es este un patrón común en todo proceso de revolución tecnológica acaecida en la historia, la gran diferencia con respecto a revoluciones industriales pasadas es que los impactados por la nueva tecnología no serán los operarios manuales (*blue-collar workers*), sino los trabajadores intelectuales, los *white-collar workers* que, como los abogados y otras personas que trabajan en el asesoramiento legal, proyectan una faceta creativa en su quehacer diario[1].

2. PROFESIONES JURÍDICAS E IA GENERATIVA, AÑO UNO

Es curioso echar la vista atrás y darse cuenta de la velocidad con la que se están desarrollando los acontecimientos en relación con la AI Genera-

---

1 Candelon, F., Burtsev, M., Jha, G., Sack, D., Zhukov, L. y Zuluaga Martínez, D., "ChatGPT's first year is just the start of a permanent AI revolution. Here's what your company should do to prepare", en https://fortune.com/2023/12/01/chat-gpt-ai-revolution-management-bcg/

tiva y, más específicamente, su incidencia en el ámbito del asesoramiento jurídico en general. Efectivamente, hace escasamente un año reflexionábamos sobre el posible impacto de ChatGPT en la abogacía[2]. Se encontraba muy cercana en el tiempo la puesta a disposición pública del modelo de la empresa OpenAI que, como decíamos anteriormente, ya había recabado la atención de millones de usuarios en todo el planeta. Comentábamos entonces que este modelo de IA podía proporcionar textos no solo de contenido verosímil y coherente, sino de una calidad de estaba sorprendiendo y que hacía augurar una rápida extensión en su uso. Nos hacíamos eco de algunas experiencias que, ya en aquellos primeros momentos, situaban el mayor potencial de la GenAI en determinadas profesiones de un corte intelectual indudable: fue el caso de Terwiesch[3], que sometió a ChatGPT a cinco problemas de su materia en el MBA de Wharton—, con unos resultados extraordinarios, pero también algunos errores graves. O la posteriormente popular de Katz y Bommaritto, que hicieron a ChatGPT pasar los tests que constituye parte del examen de acceso a la abogacía en Estados Unidos (BAR), con unos resultados muy positivos, aunque no alcanzara los resultados logrados por los candidatos humanos que se presentan al BAR[4]. Por último, de nuevo Katz y Bommaritto "examinaron" el modelo de OpenAI con preguntas test del examen CPA —que sirve para acreditar a los profesionales de la auditoria o consultoría en EE.UU.—, con unos resultados que, en este caso, rebasaron la barrera del 50% de acierto, un extraordinario dato considerando que los candidatos humanos se mueven en una tasa de suspensos de entre el 45 y el 55%[5].

Ya en ese momento los datos anteriores nos permitían vislumbrar un futuro uso de la IA Generativa muy fructífero en el campo legal pero, eso sí, siempre bajo la supervisión de una persona experta que pudiera "visar"

---

2 Saiz Garitaonandia, A., "Abogacía y ChatGPT-IA: Desmontando Mitos y Confirmando Realidades", en Revista del Consejo General de la Abogacía Española, nº 139, febrero 2023, págs. 30-33.

3 Terwiesch, C., "Would Chat GPT Get a Wharton MBA? A Prediction Based on Its Performance in the Operations Management Course", Mack Institute for Innovation Management at the Wharton School, University of Pennsylvania, 2023.

4 50% de acierto de la IA por 68% de las personas que se presentan al BAR (Bommarito II, M. y Katz, D. M., "GPT takes the bar exam", 2022, arXiv preprint arXiv:2212.14402, págs. 5-6).

5 Bommarito, J., Bommarito, M., Katz, D. M. y Katz, J., "GPT as knowledge worker: A zero-shot evaluation of (ai) cpa capabilities", 2023, pág. 9 (arXiv preprint arXiv:2301.04408).

el contenido y corregir los posibles defectos que, en ocasiones, podían llegar a ser muy graves. Así es, que el *output* de la IA tuviera una apariencia de verosimilitud y una lógica en su relato no quería decir que, en todo caso, su contenido fuera correcto, y es ahí donde la intervención experta de la mano de, en nuestro caso, un abogado experimentado, jugaba un rol fundamental.

En cualquier caso, el elemento que en aquel momento nos llamó más la atención fue la increíble y velocísima evolución que, gracias a la lectura de los *papers* de Katz y Bommaritto, pudimos comprobar entre las distintas generaciones de modelos y la mejora de los resultados conseguidos en dichas evoluciones: no era lo que podía hacer ChatGPT en ese momento —como tampoco lo es a la hora de escribir estas líneas—, sino la evolución rapidísima y el salto de calidad en los resultados conseguidos lo que hacía presagiar un impresionante impacto en las profesiones intelectuales en general y, en particular, en el mundo del asesoramiento jurídico. Esta impresión —que todavía persiste— vino refrendada pocas semanas después al darse a conocer GPT-4, una versión avanzada del modelo anterior que logró mejorar notablemente los resultados reportados por ChatGPT: centrándonos en el ámbito jurídico, GPT-4 supero el 75% de acierto en las preguntas test del examen de acceso a la abogacía BAR, por delante del 68% medio de los examinados humanos. Pero, además, también superó con buenos resultados la parte correspondiente a elaboración de textos escritos en respuesta a casos prácticos[6] (Multistate Essay Examination —MEE—). Ahora sí, podía afirmarse que GPT-4 era capaz de aprobar el examen BAR y, lo que desde nuestro punto de vista era más trascendente, con una capacidad asombrosa de elaborar textos jurídicos razonados, lo que suponía un salto evidente en las funcionalidades que un modelo de IA podía aportar a sus usuarios y, más específicamente, a los profesionales del ámbito jurídico.

Los resultados actuales que permiten afirmar que GPT-4 puede aprobar el examen BAR son, en nuestra opinión —y así lo avalan otras experiencias llevadas a cabo en distintos ámbitos—, una buena muestra indicativa de la capacidad de este modelo de IA por, mucho más allá de suministrar fuentes o aportar antecedentes, llegar a generar textos articulados de calidad en el ámbito del derecho. Con todo, como antes indicábamos, creemos necesario seguir poniendo el foco no tanto en lo que la IA es capaz de hacer

---

6 Katz, D. M., Bommarito, M., Gao, S., Arredondo, P., "GPT-4 Passes the Bar Exam", March 15, 2023. Available at SSRN: https://ssrn.com/abstract=4389233 or http://dx.doi.org/10.2139/ssrn.4389233.

en el momento presente, sino en el avance rapidísimo que ha sufrido en los últimos tiempos y, unido a ello, las mejoras que todavía están por venir de la mano de nuevas generaciones de modelos evolucionados que, en forma de GPT-5, GPT-6 y otros de compañías distintas a OpenAI, puedan seguir optimizando los resultados aportados por la IA. En el sentido anterior, son significativas las palabras de los autores del artículo citado, al indicar que lo que en el mismo se había analizado constituía "el suelo, pero no el techo[7]" de las aplicaciones futuras de la IA Generativa en el ámbito de las profesiones de corte eminentemente intelectual y, más específicamente, las jurídicas. No se trata, por lo tanto, de una cuestión que podamos dar por concluida, sino que deberá ser objeto de un análisis continuado en los próximos años a la luz de la evolución de los modelos y de sus resultados. Así, las conclusiones a las que podamos llegar estarán, en cualquier caso, sujetas a los cambios que la revolución de la IA pueda traer aparejada en el futuro.

3. FUNCIONAMIENTO DE LA IA: LA BÚSQUEDA DE PATRONES PROBABILÍSTICOS EN EL *DATASET*

Con todo, el uso de la IA Generativa no está exento de problemas que, de hecho, se han ido mostrando en la práctica a lo largo de los últimos tiempos. Algunos de estos problemas —como la *black box* o los sesgos— son viejos conocidos del uso de la IA y, como tal, han venido siendo mencionados tradicionalmente de forma reiterada por la doctrina que se aproximaba a la temática. Creemos, en todo caso, que el análisis de cualquiera de

---

7 Katz, D. M., Bommarito, M., Gao, S., Arredondo, P., "GPT-4 Passes the Bar Exam", *op. cit.*, págs. 10-11: "The exam, which includes both multiple-choice and open-ended tasks testing theoretical knowledge and practical lawyering, has long been viewed as an insurmountable summit for even domain-specific models. This assumption no longer holds; large language models can meet the standard applied to human lawyers in nearly all jurisdictions in the United States by tackling complex tasks requiring deep legal knowledge, reading comprehension, and writing ability. Most notably, the results documented in this paper reflect only zero-shot model behavior. While many real tasks in industry and society broadly require more knowledge and ability than tested on the Exam itself, there is significant opportunity to advance the performance of large language models through external queries, scratchpads, chain-of-thought prompting (CoT), or one of the many other techniques that emerges weekly. Our findings only highlight the floor, not the ceiling, of future application".

esos problemas exige una comprensión mínima del funcionamiento de la IA que nos ayude a entender el origen de los inconvenientes y dificultades que puedan surgir con posterioridad. En la línea anterior, mencionaremos aquí que los textos producidos por parte de la IA Generativa, si bien articulados y exponiendo conclusiones, no se pueden calificar como explicaciones que el modelo, emite tras un análisis de los datos aportados, o al menos no en el sentido tradicional del término: la producción de dichos textos se realiza en base a los patrones predictivos que el modelo de IA Generativa encuentra en sus bases de datos en relación con la información proporcionada (*inputs*), esto es, la predicción de qué palabras y frases deben seguir a las que anteriormente se han producido, tomando en consideración para realizar dicha predicción las bases de datos que han servido para entrenar el modelo tras, evidentemente, un proceso muy complejo de tokenización, clusterización y contextualización de las palabras y frases que se van reproduciendo[8] producido dentro de sus redes neuronales[9]. En resumen, el sistema realiza una búsqueda de patrones por agrupaciones de letras, palabras, frases y contextos dentro de su *dataset* y, conforme a la misma, produce un texto articulado en respuesta a la solicitud que le haya sido realizada. Dichos patrones son realizados sin, en general, poder encontrar los motivos por los que los mismos fueron seleccionados, lo que produce el fenómeno que ha venido en llamarse la *black box*[10].

La explicación anterior nos muestra de una forma muy evidente que, además del modelo y sus evoluciones constantes, en cualquier caso un ele-

---

8 Una exposición excelente y comprensible del funcionamiento actual de los modelos de IA Genetariva nos la aporta MURGIA, M., "Generative AI exists because of the transformer", Financial Times, 12 de septiembre de 2023 (https://ig.ft.com/generative-ai/).

9 El camino seguido por las redes neuronales de cara a elaborar esos patrones y ofrecer esos *outputs* no puede ser trazado, lo que genera el efecto conocido como *black box* o caja negra, que implica el desconocimiento en relación con los motivos que llevaron a la IA a generar su output (Zerilli, J., "A Citizen's Guide to Artificial Intelligence", The MIT Press, Cambridge, 2021, pág. 12).

10 Surden, H., "Ethics of AI in Law: Basic Questions", en Dubber, M., Frank Pasquale, F. y Das, S. (eds), The Oxford Handbook of Ethics of AI (2020; online edn, Oxford Academic, 9 July 2020), pág. 739: "There are many different machine learning techniques. Some techniques, such as regression or decision trees, produce answers that are very easy to understand and inspect. By contrast, some other machine learning approaches, particularly neural-network and deep learning approaches, produce AI models that, while highly accurate, can be difficult, if not impossible, for humans to understand".

mento fundamental en el funcionamiento de la IA viene constituido, sin lugar a dudas, por los datos que han servido de base para su entrenamiento: gracias a estos datos el modelo de IA ha desarrollado su aprendizaje para que, una vez en uso, posteriormente pueda producir sus *outputs* que, en el caso de la IA Generativa en la que nosotros nos centramos en el ámbito jurídico, se mostraran en forma de textos articulados[11]. No es de extrañar, por lo tanto, que la calidad de dichos datos —por ejemplo, la ausencia de sesgos en los mismos-vaya a condicionar, a su vez, la idoneidad de los resultados producidos por el modelo utilizado en respuesta a nuestros *inputs*[12]. Además, considerando la aproximación probabilística que realiza el modelo de cara a encontrar los patrones y emitir posteriormente su *output*, no sorprende que sus resultados sean más positivos cuanto más cuantificables sean todos los elementos a valorar a la hora de analizar los datos o, *a sensu contrario*, que sus resultados puedan no ser tan adecuados si los elementos a ponderar en los datos tienen una vertiente cualitativa difícilmente apreciable desde la aproximación matemático-cuantitativa en la que se base la IA de cara a encontrar las mencionados patrones[13].

4. "INVENCIONES" DEL MODELO Y ACOTACIONES A LA IA: ALUCINACIONES Y *PROMPTING*

Una vez conocido el funcionamiento de la IA de cara a la generación de textos no podemos dejar de reseñar determinados problemas específicos que han alcanzado cierta resonancia en los últimos tiempos. Así, por lo que respecta al ámbito estrictamente legal, en mayo de 2023 tuvieron un gran eco los hechos sucedidos al presentar un letrado un documento producido por ChatGPT ante una corte de Nueva York. Dicho documento,

---

11 Zerilli, J., A Citizen's Guide to Artificial Intelligence, *op. cit.*, pág. 4: "We can define a predictive model as a tool that can make guesses about some outcome variable based on a set of input variables. To build a predictive model, the key ingredient is a training set of cases where we know the outcome variables as well as the input variables".

12 Burrell, J., "How the machine 'thinks': Understanding opacity in machine learning algorithms", en Big Data & Society, January-June 2016, 1-12, 2016, págs. 5-7.

13 En esta línea, aplicándolo al ámbito concreto de la *dispute resolution*, se pronuncia Sourdin, T., Judges, Technology and Artificial Intelligence. The Artificial Judge, Edward Elgar Publishing, Cheltenham, 2021, pág. 23: "The more fact-based, complex, and evaluative the legal problem, the less likely online dispute resolution will be an appropriate forum".

bien estructurado y fundamentado desde una perspectiva formal, citaba determinada jurisprudencia de algunos tribunales de Estados Unidos que posteriormente se demostró que no existía[14], esto es, que había sido "inventada" por la IA, lo que conllevó una sanción para el letrado en cuestión y una polémica posterior sobre el uso indiscriminado y sin control de material producido por IA ante órganos judiciales en dicho país.

Los hechos anteriores son muestra de las llamadas "alucinaciones" que, en ocasiones, pueden generar los modelos de IA. Se trataría de una cierta tendencia de los Grandes Modelos de Lenguaje que utiliza la IA Generativa de producir contenidos que, en algunos casos, se desvían de los principios y precedentes legales existentes, generando información que no coincide con datos reales del pasado[15]. Si bien grave, la realidad anterior podría considerarse anecdótica dentro de unos datos que apuntaran a su escasa presencia cuantitativa. No obstante, según determinados estudios realizados en aplicaciones de la IA en ámbitos estrictamente legales, estas alucinaciones se producen de forma persistente[16]: al ser preguntados por cuestiones específicas relativas a casos de tribunales federales en Estados Unidos, ChatGPT proporcionó algún tipo de información alucinatoria en un 69% de los casos, y la cifra llego hasta el 88% en otros modelos, como Llama 2 de la compañía Meta (antiguo Facebook). Además, los propios modelos no siempre son capaces de saber si, ante preguntas al respecto, están produciendo información no acorde con precedentes reales.

La perspectiva anterior avala una postura de prudencia a la hora de dar por buenos los *outputs* generados por la IA sin ningún tipo de control. Ciertamente, los textos generados son de una gran calidad y, además, a medida que las generaciones de IA van avanzando el grado de acierto va, a su vez, elevándose a niveles muy importantes, como hemos podido comprobar a la hora de exponer la IA al examen BAR. No obstante, en ámbitos en los que, como el del asesoramiento o defensa jurídica, la precisión y veracidad de la información aportada se constituye como un elemento esencial, no podemos por más que insistir en la necesidad de la adecuada supervisión de un abogado experto de cara a validar los datos proporcionados como

---

[14] https://www.nytimes.com/2023/05/27/nyregion/avianca-airline-lawsuit-chatgpt.html

[15] https://hai.stanford.edu/news/hallucinating-law-legal-mistakes-large-language-models-are-pervasive

[16] Dahl, M., Magesh, V., Suzgun, M, Ho, D., "Large Legal Fictions: Profiling Legal Hallucinations in Large Language Models", 2024, https://arxiv.org/abs/2401.01301

output por parte del modelo. En el sentido anterior, ya en alguna ocasión nos hemos referido[17] a la tendencia psicológica de, superado un umbral de precisión, dar por buena la información aportada por los sistemas tecnológicos y asumir sus *outputs* sin realizar un control efectivo sobre ellos. Se trata de un fenómeno nada novedoso y que, como efecto colateral adverso en todo avance tecnológico, fue bautizado en su día como una "ironía de la automatización[18]". En este sentido, se subraya la necesidad de un control "auténtico" o "efectivo" de los productos de la IA[19], no solo una supervisión formal que, en general, puede acabar pasando por alto errores o imprecisiones en la confianza del buen funcionamiento general del sistema y de la muy alta precisión del mismo. Así, no es suficiente con obtener un texto verosímil, coherente y aparentemente de calidad, sino que es preciso cerciorarse de su corrección técnica, la veracidad de las fuentes aportadas y de que responda de forma atinada a las cuestiones planteadas. En este sentido, señala Coeckelberg que los sesgos también pueden provenir de la confianza excesiva en las decisiones tomadas por la IA, que descarta o ni siquiera considera los datos que puedan apuntar en sentido contrario al de la decisión automatizada[20].

Por otro lado, cabría preguntarse si, por medio del *prompting*, podemos ayudar al modelo de IA a identificar sus errores que, en forma de alucinaciones u otros sesgos, se hayan podido reproducir en el texto producido. Sobre esta cuestión diremos que los modelos de IA Generativa permiten al usuario realizar acotaciones, dar indicaciones o, en general, interactuar con la IA de cara a mejorar los resultados obtenidos en relación con los objetivos buscados por parte de los usuarios[21]. Ciertamente, el *prompting* es una técnica que se está desarrollando mucho en los últimos tiempos, a la

---

17 Saiz Garitaonandia, A., "Deus ex machina al estrado: Inteligencia Artificial y Resolución de Conflictos. Reflexiones para una aproximación flexible a un fenómeno en constante evolución", en Diario La Ley, 8 de septiembre de 2023.

18 Bainbridge, L., "Ironies of Automation", en *Automatica*, Vol. 19, No. 6. 1983, págs. 775-779.

19 Zerilli, J., Knott, A., Maclaurin, J., Gavaghan, C., "Algorithmic Decision-Making and the Control Problem", en Minds & Machines, 29, 2019, págs. 555-578.

20 Coeckelberg, M., AI Ethics, MIT Press, Cambridge, 2020, pág. 130: "Bias may also arise because human decision makers trust more in the accuracy of the recommendations of the algorithm than they should and disregard other information or do not sufficiently exercise their own judgment".

21 https://help.openai.com/en/articles/6654000-best-practices-for-prompt-engineering-with-the-openai-api

luz del alumbramiento y uso extensivo de la IA Generativa en distintos ámbitos personales y profesionales. Por lo que respecta al ámbito legal[22], también podemos encontrar muestras de su utilidad y su desarrollo constante aunque, en todo caso, en ningún caso podemos concluir que mediante su uso se puedan excluir problemas que, como el de las alucinaciones, los sesgos u otros vinculados al uso de la IA, pueden generar *outputs* con errores u omisiones de naturaleza grave.

5. PENSAMIENTO HUMANO VS. IA. KAHNEMAN Y EL PENSAMIENTO "LENTO" DE LA IA

Llegado este punto creemos interesante aportar algunos elementos en relación con el proceso que seguimos los humanos a la hora de tomar nuestras decisiones. Ciertamente, no son pocos los que sugieren que la IA no puede equipararse a la forma en la que las personas realizamos nuestras valoraciones y tomamos nuestras decisiones y, de hecho, para algunos el pensamiento humano y su proceso de toma de decisiones es tomado como el culmen del raciocinio, entendida esta perspectiva como la forma más perfecta que pueda concebirse para arribar a una conclusión concreta.

Probablemente el estudio más laureado en relación con los distintos elementos que los humanos consideran en su proceso de toma de decisiones viene constituido por el genial "Pensar rápido, pensar despacio", escrito por el psicólogo israelí Daniel Kahneman[23]. En esta fantástica obra, gracias a la cual su autor recibió el Premio Nobel de Economía, se realiza un recorrido por los dos sistemas que conducen a los humanos en su toma de decisiones: el Sistema 1 y el Sistema 2[24]. En este esquema, el Sistema 1 opera de una forma automática y veloz, de forma prácticamente involuntaria y sin una sensación de control sobre el mismo (es el sistema que piensa "rápido" en el título de la obra de Kahneman). Por lo que respecta al Sistema 2, su funcionamiento exige que la persona realice un esfuerzo mental consciente, y trabaja de una forma bien distinta —casi opuesta— al primero: la persona lo activa de forma consciente, voluntaria, y lo dirige

---

22 Sobre la cuestión puede verse, por ejemplo, Yu, F., Quarty, L., Schilder, F., "Legal Prompting: Teaching a Language Model to think like a lawyer", https://arxiv.org/abs/2212.01326

23 Kahneman, Daniel, "Pensar rápido, pensar despacio", Ed. Debate, Barcelona, 2012.

24 Kahneman, Daniel, "Pensar rápido, pensar despacio", *op. cit.*, pág. 35.

a realizar una elección o actuación específica para la que, por los motivos que sean, estime que debe realizar el esfuerzo mental de concentración sobre dicha cuestión (es el pensamiento "lento" dentro del título del libro).

Tratando de explicar el funcionamiento y proyección decisional de estos dos sistemas, nos ha llamado profundamente la atención el paralelismo que podemos encontrar entre determinadas afirmaciones que Kahneman realiza por lo que respecta a la forma de trabajar de esos dos Sistemas y algunas cuestiones mencionadas en relación con la IA Generativa. Así, se indica que el Sistema 1 genera impresiones y sentimientos sin esfuerzo que, a su vez, proyectarán "patrones de ideas sorprendentemente complejas". Pero es solo el Sistema 2 el que puede "construir pensamientos en una serie ordenada de pasos", requiriendo sus operaciones una atención especial, "y si no se está preparado o la atención no es la adecuada, las actividades correspondientes se realizarán peor o no se realizarán en absoluto[25]". Las respuestas del Sistema 1 son, en general, muy apropiadas, especialmente en "situaciones familiares" y en "predicciones a corto plazo", aunque en este Sistema hay "sesgos, errores sistemáticos que es propenso a cometer en situaciones específicas[26]". En el sentido anterior, es el Sistema 2 el que puede llegar a realizar un análisis más exhaustivo de los datos y una reflexión autocrítica que pueda llegar a percibir los sesgos que el Sistema 1 ha pasado por alto pero, en cualquier caso, se requiere un indicio del error para que pueda actuarse a tal fin e, incluso en ese supuesto, "estos solo pueden prevenirse con un control reforzado y una actividad más intensa del Sistema 2[27]". De hecho, esa actitud autocrítica exige un especial esfuerzo y disciplina pues, por ejemplo, "en el contexto de las actitudes, el Sistema 2 es más un apologista de las emociones del Sistema 1 que un crítico de esas emociones", con una tendencia innata a aprobarlas más que a refrenarlas[28]. Y es que el Sistema 1 influye "incluso en las decisiones más cuidadosas. Su input nunca cesa[29]" en el quehacer del Sistema 2, por lo que solo con un proceso de especial concentración y contraste, donde se evalúe la información de una forma singularmente crítica, seremos capa-

---

25 Idem, pág. 37.

26 Idem, págs. 40-41.

27 Idem, págs. 44-45.

28 Idem, pág. 140: "... Su búsqueda de información y de argumentos se ciñe generalmente a la información que sea compatible con las creencias existentes, no con la intención de examinarlas. Aquí —en el ámbito de las emociones—, un Sistema 1 activo, que busca la coherencia, sugiere soluciones a un Sistema 2 poco exigente".

29 Idem, pág. 118.

ces de identificar los datos objetivos relevantes para la toma de la decisión correspondiente, sin dejarnos llevar —o, al menos, minimizando su impacto— por los sesgos presentes.

Como indicábamos más arriba, cuando releíamos a Kahneman encontrábamos importantes similitudes con el funcionamiento de la IA. Así es, el Sistema 1 se asemejaría a un primer uso de la IA: los outputs de los últimos Grandes Modelos de Lenguaje (LLMs) utilizados por la IA Generativa también han sorprendido por su precisión y buena construcción para las cuestiones más comunes y reiteradas, aunque una de las preocupaciones constantes es precisamente el reflejo de sesgos en los textos emitidos y las ya citadas alucinaciones que, en ocasiones, aparecen en los productos de la IA. Por otro lado, por lo que respecta al Sistema 2, hemos indicado que este se encarga de depurar la información y se activa cuando se precisa una reflexión más profunda, articulada y sosegada, un análisis más exhaustivo de cara a la emisión de una opinión o juicio para cuestiones no tan ordinarias o que nos exigen una precisión superior.

Cabría preguntarse si el mencionado *prompting* puede jugar un papel similar al pensamiento "lento" del Sistema 2 enunciado por Kahneman[30]. Ciertamente, como hemos dejado apuntado, por medio de esta técnica el usuario interactúa con el modelo de cara a obtener un resultado más afinado o acotado, más acorde con lo que verdaderamente está buscando como *output* final. En el sentido anterior, en la medida en la que el uso del *prompting* permita, además de una mejora general del texto generado como resultado del uso de la IA, la identificación de sesgos o alucinaciones producidos en un primer momento por el propio modelo y su eliminación posterior, creemos que nos estaremos aproximando a la compleja función que cumple el Sistema 2 en el proceso humano de toma de decisiones. Evidentemente, es muy probable que, incluso con un alto refinamiento de esta técnica y una mejora progresiva del funcionamiento de los modelos, algunos errores no puedan ser detectados y persistan en los outputs aportados. Con todo, no podemos obviar que tampoco el proceso de toma de decisiones conjunto de los Sistemas 1 y 2 conjugados asegura la eliminación

---

30 Ver Saphiro, D., "The Fast and Slow Minds of AI", en https://medium.com/@dave-shap/the-fast-and-slow-minds-of-ai-67cb9528ca84. Según Saphiro, "in the context of AI, System 2 thinking is about implementing systems that allow for recursive and iterative processing, enabling a more deliberate and analytical mode of operation... This new generation of cognitive architectures allows us to create AI systems that can engage in complex problem-solving and decision-making processes, much like humans do when they engage their System 2 thinking".

de todos los errores que, en forma de sesgos o determinada información equivocada, pueden impregnar el juicio final que emitimos los humanos. En cualquier caso, sí que existe un cierto paralelismo entre el Sistema 2 y las mejoras que pueden obtenerse por medio de un buen uso del *prompting*, y habrá que estar al perfeccionamiento y refinamiento de esta técnica y, sobre todo, a la precisión de las nuevas generaciones de modelos de IA Generativa para conocer el alcance a futuro del uso de la IA Generativa también para cuestiones y textos que, como los de asesoramiento y defensa jurídica, exijan un alto nivel de precisión, además de una apariencia externa y un relato de calidad y correctamente construido.

6. CONCLUSIONES

Hasta aquí hemos tratado de exponer, en primer lugar, la gran revolución que está suponiendo la IA —especialmente la IA Generativa— en el mundo de las profesiones intelectuales y, muy especialmente, en las vinculadas al ámbito jurídico. Pensamos que la IA, con su capacidad de proceso, búsqueda de patrones y generación de textos, va a suponer un auténtico terremoto en las formas de hacer y concebir profesiones que, como la de abogado, se basan en la capacidad intelectual en relación con la aplicación de la ley, la jurisprudencia y la doctrina a situación particulares que se le presenten al profesional. En el sentido anterior, la IA Generativa no se proyecta como una tecnología más, sino una absolutamente disruptiva, no incremental: con ella no solo pueden hacerse determinados trabajos de una forma muy diferente a la actual, sino que además los outputs generados por la IA —en forma, por ejemplo, de textos articulados y fundamentados— pueden no hacer necesaria la participación humana a tal fin. Es por ello por lo que es imprescindible acoger con una mente abierta los cambios que ya están aquí pero, todavía más, los llegarán con la evolución de los modelos pues, de lo contrario, corremos el riesgo de quedarnos obsoletos[31]. La IA Generativa ha supuesto un auténtico terremoto en un ámbito tradicionalmente conservador como el jurídico, y ante una tecnología que está viviendo un progreso tan fulgurante, ciertamente no nos encontramos en situación de decir cómo quedará el panorama dentro de

[31] En esta línea, al presentar su nueva herramienta de IA los responsables del despacho Allen & Overy exponían que son la misma estaban intentando “disrupt the legal market before someone disrupts us” (en Financial Times, 21 de diciembre de 2023; https://www.ft.com/content/f1aff4d0-b2c5-4266-aa0a-604ef14894bb).

unos años, dónde nos llevará la aplicación de la misma cuando se alcancen unos niveles de desarrollo y perfeccionamiento mayores hasta alcanzar una cierta estabilización en su evolución.

Pero que los resultados de la IA Generativa sean sorprendentemente positivos no puede eclipsar los problemas que están surgiendo con su uso. Dejando de lado los *bias* o sesgos y la falta explicabilidad —más analizados por parte de la doctrina—, en este texto hemos querido aproximarnos a las alucinaciones, las "invenciones" que, en ocasiones, los modelos proyectan en la información que proporcionan en sus *outputs* y la falta de confianza que puede generar este fenómeno de cara a obtener textos precisos y correctos. De cara a su acotación hemos acercado la figura del *prompting*, que permite a los usuarios interactuar con el modelo de IA de cara a mejorar el resultado obtenido desde el mismo. En el sentido anterior, hemos establecido un paralelismo entre los dos sistemas de pensamiento del humano de cara a su toma de decisiones —el pensar rápido del Sistema 1 y el pensar despacio del Sistema 2 que Daniel Kahneman ha descrito en su obra— y las formas que se van imponiendo en el uso de las nuevas evoluciones de la IA Generativa y las técnicas de *prompting* mencionadas. En la medida en la que las primeras vayan aportando mejores resultados y las segundas puedan permitir identificar y limitar los problemas que esta tecnología trae consigo y conseguir resultados más alineados con los deseos de los usuarios el ámbito de uso de la IA en el ámbito jurídico será todavía más amplio del que hoy se atisba.

Una autoridad en el área del uso de las tecnologías en el ámbito jurídico como Richard Susskind afirmaba recientemente que los modelos futuros de IA Generativa, más allá de facilitar el trabajo de los expertos, van a permitir que ciudadanos ajenos al mundo del derecho puedan desarrollar trabajo que actualmente es realizado por letrados. En los últimos meses no se ha parado de hablar de la capacidad de esta tecnología para hacer borradores, comparar o resumir documentos de naturaleza legal, contestar a preguntas o exponer argumentos jurídicos, pero la realidad descrita por Susskind dibuja un futuro muy distinto, basado en un empoderamiento de las personas legas en el que los profesionales del derecho deberían buscar su lugar en ese nuevo mundo en el que los ciudadanos gestionen y argumenten sus cuestiones legales[32]. ChatGPT fue hecho público hace poco

---

32 Susskind, R., "Forget the firms, we should be asking what legal AI means for clients" en The Times, 14 de diciembre de 2023 (https://www.thetimes.co.uk/article/forget-the-firms-we-should-be-asking-what-legal-ai-means-for-clients-x32mcm297):

más de un año, este hecho supuso el pistoletazo de salida de la revolución de la IA Generativa. Solo hemos recorrido el inicio del camino y, sin lugar a duda, no podemos saber qué nos deparara la evolución de esta tecnología. Sin duda, nos hallamos ante un punto de inflexión en la forma en la que los profesionales jurídicos deben prestar sus servicios y, muy probablemente, la forma en la que en el futuro se gestionen y resuelvan los conflictos.

BIBLIOGRAFÍA

Bainbridge, L., "Ironies of Automation", en Automatica, Vol. 19, No. 6. 1983.

Bommarito, J., Bommarito, M., Katz, D. M. y Katz, J., "GPT as knowledge worker: A zero-shot evaluation of (ai) cpa capabilities", 2023, pág. 9 (arXiv preprint arXiv:2301.04408.

Bommarito II, M. y Katz, D. M., "GPT takes the bar exam", 2022, arXiv preprint arXiv:2212.14402, págs. 5-6.

Burrell, J., "How the machine 'thinks': Understanding opacity in machine learning algorithms", en Big Data & Society, January-June 2016, 1-12, 2016.

Candelon, F., Burtsev, M., Jha, G., Sack, D., Zhukov, L. y Zuluaga Martínez, D., "ChatGPT's first year is just the start of a permanent AI revolution. Here's what your company should do to prepare", en https://fortune.com/2023/12/01/chatgpt-ai-revolution-management-bcg/

Coeckelberg, M., AI Ethics, MIT Press, Cambridge, 2020.

Dahl, M., Magesh, V., Suzgun, M, Ho, D., "Large Legal Fictions: Profiling Legal Hallucinations in Large Language Models", 2024, https://arxiv.org/abs/2401.01301.

Kahneman, Daniel, "Pensar rápido, pensar despacio", Ed. Debate, Barcelona, 2012.

Katz, D. M., Bommarito, M., Gao, S., Arredondo, P., "GPT-4 Passes the Bar Exam", March 15, 2023. Available at SSRN: https://ssrn.com/abstract=4389233 or http://dx.doi.org/10.2139/ssrn.4389233.

Murgia, M., "Generative AI exists because of the transformer", Financial Times, 12 de septiembre de 2023 (https://ig.ft.com/generative-ai/).

Saiz Garitaonandia, A., "Abogacía y ChatGPT-IA: Desmontando Mitos y Confirmando Realidades", en Revista del Consejo General de la Abogacía Española, nº 139, febrero 2023, págs. 30-33.

"The main social benefit of legal AI will not be in making lawyers more efficient but in empowering people who are not lawyers to handle their own legal affairs. Access to justice issues may well be cracked by making AI systems available to people directly so they can understand and enforce their legal entitlements for themselves. For large law firms, AI will doubtless increase productivity in the short term. But further ahead, AI will equip clients to undertake much of the very work currently given to traditional firms. Here is the main disruption. The market will show no loyalty to conventional legal and court service if AI delivers the outcomes that clients want but quicker, and at lower costs".

Saiz Garitaonandia, A., "Deus ex machina al estrado: Inteligencia Artificial y Resolución de Conflictos. Reflexiones para una aproximación flexible a un fenómeno en constante evolución", en Diario La Ley, 8 de septiembre de 2023.

Saphiro, D., "The Fast and Slow Minds of AI", en https://medium.com/@dave-shap/the-fast-and-slow-minds-of-ai-67cb9528ca84.

Sourdin, T., Judges, Technology and Artificial Intelligence. The Artificial Judge, Edward Elgar Publishing, Cheltenham, 2021.

Surden, H., "Ethics of AI in Law: Basic Questions", en Dubber, M., Frank Pasquale, F. y DAS, S. (eds), The Oxford Handbook of Ethics of AI (2020; online edn, Oxford Academic, 9 July 2020).

Susskind, R., "Forget the firms, we should be asking what legal AI means for clients" en The Times, 14 de diciembre de 2023 (https://www.thetimes.co.uk/article/forget-the-firms-we-should-be-asking-what-legal-ai-means-for-clients-x32mcm297).

Terwiesch, C., "Would Chat GPT Get a Wharton MBA? A Prediction Based on Its Performance in the Operations Management Course", Mack Institute for Innovation Management at the Wharton School, University of Pennsylvania, 2023.

Yu, F., Quarty, L., Schilder, F., "Legal Prompting: Teaching a Language Model to think like a lawyer", https://arxiv.org/abs/2212.01326.

Zerilli, J., "A Citizen's Guide to Artificial Intelligence", The MIT Press, Cambridge, 2021.

Zerilli, J., Knott, A., Maclaurin, J., Gavaghan, C., "Algorithmic Decision-Making and the Control Problem", en Minds & Machines, 29, 2019.

Contra el juez robot

BERNARDINO J. VARELA GÓMEZ
Prof. Titular de Derecho Procesal (USC)

SUMARIO: 1. INTELIGENCIA ARTIFICIAL PARA LA DECISIÓN JUDICIAL. 2. CONTRA EL FUTURO JUEZ ROBOTIZADO. BIBLIOGRAFÍA.

1. INTELIGENCIA ARTIFICIAL PARA LA DECISIÓN JUDICIAL

En relación con la inteligencia artificial (IA), es habitual oír que los que llaman *sistemas expertos*, serán pronto capaces de darnos respuestas semejantes a las que nos daría un jurista, es decir, soluciones al conflicto planteado acordes con la ley y la jurisprudencia, dado que cada vez más serán capaces incluso de tomar sus propias decisiones para la resolución de problemas complejos, merced a su capacidad para relacionarse con el entorno y procesar los datos que reciben, cada vez en mayores cantidades, y sobre todo de responder a ellos, ofreciendo una solución al problema similar, incluso se dice que mejor, a la que ofrecería el razonamiento humano. Pronto van a ser capaces de razonar y de aprender de modo autónomo, incluso se dice que tendrán *conciencia* de sí mismas[1].

Cabe preguntarse si con ella adquirirán también *empatía*, aunque ya se empiezan a oír respuestas positivas a esto, en relación con la llamada *IA generativa*, capaz de crear textos e imágenes, y con el famoso programa *Chat GPT*, de la empresa *Open AI*[2], sin duda la noticia del año 2023, en que se ha producido su explosión mediática[3]. Mediante su uso generalizado, a través de su comercialización masiva, estos sistemas, capaces de escribir y

---

1 En este sentido, Miró Linares, Francisco, "Inteligencia Artificial y Justicia Penal": más allá de los resultados lesivos causados por robots", *Revista de Derecho Penal y Criminología, UNED,* 3ª Época, núm. 20, 2018.

2 De la cual se ha dicho recientemente que muestra "más empatía que los médicos a la hora de comunicar los diagnósticos a los enfermos". (Salas, Javier, en "Una revolución muy opaca", en *Diario El País,* de 19 de noviembre de 2023.

3 El 30 de noviembre de 2022, fue lanzado Chat GPT, que ha logrado en el año transcurrido un impacto social absolutamente gigantesco.

resumir textos en cuestión de segundos, se han hecho ahora accesibles al público en general, con lo que han ocasionado una verdadera conmoción a nivel global.

Como es lógico, en la medida en que van estos sistemas adquiriendo autonomía en su funcionamiento, empiezan ya a plantearse problemas en su relación con el Derecho. Es generalmente admitido que estos sistemas automatizados de toma de decisiones, que se basan en los llamados algoritmos, se van a desarrollar exponencialmente en los próximos años, en la medida en que van a converger con otras tecnologías emergentes, que también avanzan velozmente, como la nanotecnología, la biomedicina y la neurociencia, etc. Y también lo es que esta evolución tecnológica provocará consecuencias en la propia configuración mental de las personas, y transformará profundamente la sociedad.

Su aplicación concretamente en el campo del proceso plantea unos inmensos desafíos, pues ya no se trata, como al principio, de programas de análisis de imágenes, reconocimiento de voz, motores de búsqueda, etc., *sino sobre todo herramientas de toma de decisiones*, que serán cada vez más potentes y perfeccionadas.

Cualquier avance o salto tecnológico, disrupción como se dice ahora, en un mundo anclado en la tradición y conservador por naturaleza como es el Derecho, suele conllevar respuestas iniciales que oscilan entre el temor, la negación o resistencia al cambio, y la esperanza y aceptación sin limitaciones. Frente a esas posiciones extremas, otros, desde el temor a no controlar su funcionamiento, tal como voces autorizadas advierten una y otra vez, o a los posibles efectos lesivos para los derechos fundamentales, abogarían por usarlas cuando menos con fuertes limitaciones. El problema es harto complicado, puesto que la renuncia a los avances que la IA proporciona, o su prohibición total, probablemente sean imposibles en la práctica, como ya ha sucedido antes con otros avances tecnológicos, caso de la energía nuclear. Sobre todo porque el valor económico de estas industrias es gigantesco, y algunas estimaciones para 2030 lo elevan hasta los 180 billones de euros[4].

Sin embargo, los avances que las nuevas tecnologías nos proporcionan no cabe duda de que van a tener, en este caso como en todos, unos costes, entre los cuales parece inevitable una cierta merma de los derechos indi-

[4] Salas, Javier, "Una revolución muy opaca", *Diario El País*, 19 de noviembre de 2023.

viduales, en la tensión entre eficacia y seguridad jurídica[5], comenzando por el derecho a la intimidad, a la vista de la acumulación de datos que conllevará su uso generalizado.

En nuestra opinión, no se trataría ni de aceptar una merma importante de las garantías constitucionales, ni tampoco de creer en la imposible utopía, probablemente indeseable, de la objetivación total de las decisiones judiciales, sino de concretar y estudiar estos avances, sus ventajas, pero también sus peligros, y por lo tanto los límites que el legislador y los jueces les debieran de imponer. En el ámbito del proceso la IA debe tener una serie de limitaciones, y la primera sería una *moratoria* en su implantación. Esto parece bastante ingenuo, por lo difícil de lograr en la práctica.

Entre sus limitaciones debería ser el contar siempre con *supervisión humana.* Y tercero, los algoritmos debieran estar sujetos a *sistemas de control públicos,* estatal y supranacional, que aseguren entre otras cosas que no presentan sesgos. Y cualquiera de los operadores procesales deberían poder solicitar acceso a los entresijos del sistema y, de esa forma, conocer los *motivos* por la cual se ha llegado a una determinada decisión.

Tal como se ha señalado[6], frente a las indudables ventajas para acelerar o aligerar el trabajo, o para aumentar la certeza y exactitud de los resultados, si es que en Derecho fuera siempre apropiado hablar en esos términos, lo cierto es que se plantea el peligro de que nos alejen de la *equidad en el caso concreto,* tan importante en el ámbito del proceso penal, o de que introduzcan *sesgos* muy discutibles en la decisión, que se acaben por sustituir los *prejuicios* de los jueces por los *sesgos* de la máquina, al fin y al cabo algo similar, o más bien peor, ya que éstas carecen de la legitimidad de los jueces, y de la capacidad de autocontrol sobre los *prejuicios,* ahora llamados más modernamente *sesgos.*

Al respecto, ya en 2018, la *Carta Ética Europea sobre el uso de la IA en los Sistemas Judiciales* nos advertía de que estas herramientas contribuyen a una visión "administrativa", *en el sentido de burocrática o "gerencial",* de la justicia criminal, difuminando el análisis exhaustivo de las razones del delito y su tratamiento individualizado, y pueden implicar un riesgo de simplificación

---

5 Bonet Navarro, José, "Valoración de la prueba y resolución con inteligencia artificial", en *Derecho Procesal, retos y transformaciones,* Bujosa Vadell, Lorenzo, dir., Atelier, Barcelona, 2021, págs. 315 ys ss.

6 Bujosa Vadell, Lorenzo, "Ética e inteligencia artificial: una mirada desde el proceso jurisdiccional, en *Revista Eletrônica de Direito Procesual,* REDP, Rio de Janeiro, Ano 16, Vol. 23. Núm. 1, Janeiro a abril de 2022, ISSN 1982-7636, págs. 733-768.

excesiva de las conductas criminales, mediante la eliminación o atenuación de elementos que permiten el tratamiento contextualizado del hecho y de su autor, con impacto sobre el propio carácter justo del proceso penal. Ello porque los mecanismos que pueden sustraer las decisiones del juzgador de la excesiva subjetividad, que a veces puede derivar en irracionalidad o arbitrariedad, pueden al mismo tiempo hacer perder elementos, ajenos a la programación o ingeniería informática, pero imprescindibles en la labor del juez, *como la conexión entre la actividad jurisdiccional y el valor superior de justicia* en la decisión.

Resulta obvio[7] que el uso de la IA en la tramitación y resolución de conflictos penales puede ofrecer muchos beneficios y ventajas, y puede conducir a una justicia penal de mayor calidad, más rápida y con menos errores. Tan obvio como que el límite infranqueable es el respeto a los derechos y garantías del imputado. Nos corresponde incorporar lo primero y preservar lo segundo, porque la utilización de la inteligencia artificial en el proceso penal incide directamente en las garantías y derechos procesales básicos, que deben seguirse respetando, en lo que atañe al imputado como a la víctima.

Como hay hemos avanzado, su aplicación debería operarse siempre bajo *supervisión humana, garantizando la transparencia* de su funcionamiento, siendo lo más deseable que los encargados de operar estos sistemas fueran funcionarios judiciales, asegurando la cooperación entre ellos y la empresa privada, debiendo de crearse para su implantación equipos interdisciplinares de juristas, criminólogos, y matemáticos o ingenieros[8].

Y es que el derecho de defensa y el principio de igualdad de armas se pueden ver afectados, en la medida en que las partes no puedan conocer los algoritmos que la herramienta utiliza en la toma de sus decisiones. Es fundamental el levantamiento del secreto sobre su funcionamiento interno, a fin de poder usar los recursos procesales.

No se nos oculta sin embargo la dificultad de esta exigencia, primero porque es sabido que en sus formas más avanzadas o futuras ni siquiera los programadores podrán explicarnos cuál ha sido el camino mediante el

---

[7] Guzmán Fluja, Vicente, "Proceso Penal y Justicia Automatizada", en *Revista General de Derecho Procesal* 53 (2021), ISSN: 1696-9642, núm. 53, enero de 2021.

[8] Llorente Sanchez-Arjona, Mercedes, "Hacia una justicia penal predictiva", *Cuadernos de Política Criminal,* núm. *136, I, Época II, mayo 2022, págs. 91-124,* ISSN: 0210-4059.

cual se ha llegado a la conclusión, y por otro lado porque se trata de cuestiones amparadas por el secreto o la propiedad intelectual e industrial, que además tienen un altísimo valor económico. De esta manera la exigencia de transparencia puede resultar imposible hasta cierto punto, o no podrá ser total.

Se puede ver comprometida *también la igualdad de armas*, ya que la parte pública y las grandes corporaciones tendrían acceso a la tecnología más moderna al disponer de medios económicos de los que no gozan los particulares.

Centrándonos ahora en la fase decisoria del proceso penal, debemos de prepararnos para el momento en que tendremos un instrumento informático que nos proporcionará automáticamente la resolución del tribunal, ya que podrá aprender y actuar por sí mismo, algo que ya existe, aunque en estado embrionario[9]. De ahí a adquirir la *capacidad para dictar resoluciones* en principio sencillas, y para ello *proceder a la valoración de las pruebas*, parece que no habrá un largo trecho. Un robot sería ya actualmente capaz de dictar resoluciones, incluso de proceder a la fijación de la premisa de hecho, sobre todo cuando solo haya que valorar la suficiencia y regularidad de la prueba practicada, como cuando solo hay testificales o periciales *coincidentes*.

Más complicado será dictar una resolución sobre el fondo en aquellos casos en los que haya pruebas *contradictorias* sobre los mismos hechos[10]. En ellos será necesario decidir qué prueba tiene mayor *credibilidad* o fiabilidad para fijar los hechos controvertidos.

En el proceso penal la valoración se basa en las reglas de la lógica humana basada en la razón, y en las *máximas* de *experiencia*, de modo que el hecho queda fijado cuando el juez alcanza un nivel de convicción suficiente, subjetivo, no puede ser de otra forma, aunque basado en elementos externos, estos sí objetivables, que son los que se han de explicitar en la motivación, para permitir el control de partes y terceros.

---

9 En los periódicos recientes se pueden ver titulares como el siguiente, "Investigadores de EEUU y España crean por primera vez una IA que razona como un humano", (Diario *El confidencial*, de 25 de octubre de 2023). Se refiere a un sistema que aprende cosas y las relaciona sobre la marcha con otros conceptos ya conocidos, aprendizaje hasta ahora reservado a los humanos.

10 Bonet Navarro, "Valoración de la prueba y resolución…", *cit.*, págs. 322-3.

En el caso de operar la decisión mediante *IA, habría que sustituir la convicción judicial por un porcentaje numérico,* el que se estime suficiente para tener el hecho por fijado, de *modo que la valoración de la prueba podría así ser realizada de modo automático.* Se trata de considerar los aspectos relevantes de cada prueba para determinar porcentualmente su fiabilidad, en atención a diversos criterios previamente definidos, comparándolos con otros medios probatorios y decidir el grado de fiabilidad que puede considerarse suficiente para fijar el hecho como probado.

Tratándose de pruebas personales, declaraciones de partes y testimonios, el sistema de IA habrá de considerar todos los posibles elementos que puedan influir en la credibilidad, como el contexto en que se adquirió el conocimiento, el tiempo transcurrido desde entonces, circunstancias del momento de la adquisición, hora diurna o nocturna, luz ambiental, distancia del testigo, sus condiciones psicofísicas, incluso las reacciones físicas exteriores que sufra el declarante, detectables también por máquinas. Todas estas circunstancias pueden darnos un porcentaje matemático aproximado que podrá conducir a declarar la fiabilidad de la declaración o no y todo ello puede resultar más eficaz y fiable que la mera intuición de la mente humana[11].

Esto lo que se ha llamado, sobre todo en el ámbito anglosajón, *la inteligencia artificial judicial,* donde el uso de esta tecnología va más allá de la investigación del delito, la llamada *IA policial,* y abarca también el momento de la decisión final sobre la responsabilidad penal, y la imposición de la pena, o sea hasta la sentencia.

Aunque por el momento parece que aún no ha llegado la inteligencia artificial que pueda sustituir por completo al ser humano, la llamada *IA fuerte o general*[12], ya está aquí en una forma más débil, basada en el aprendizaje automático. Es posible ya que ciertas decisiones basadas en criterios objetivos sean susceptibles de automatizarse, en algunos procedimientos sencillos, incluso penales.

Salvo estos casos, de justicia automatizada, parece que es más realista limitarnos de momento a aquellos en los que la IA se utiliza como *instrumento auxiliar para el juzgador,* la cual desde luego plantea menos problemas. *En realidad, la justicia automatizada ya ha comenzado,* sin que lo hayamos adver-

---

11 Bonet Navarro, "Valoración de la prueba y resolución...", *cit.*, pág. 326.

12 Bujosa Vadell, "Ética e inteligencia artificial...", *cit.*

tido, en determinadas decisiones interlocutorias, integrantes del juicio de hecho en la sentencia penal[13].

Así, hace décadas que hizo su aparición la *automatización* de tareas relacionadas con la *investigación* del delito y el análisis de las evidencias forenses. En los últimos años se han ido ampliando las tareas relacionadas con la decisión penal que han caído bajo procesos de automatización, total o parcial; y, por otro lado, gracias al desarrollo de algoritmos cada vez más sofisticados, la mejora continua de los procesos de aprendizaje automático, y el acceso a cantidades cada vez mayores de datos, también de más calidad, a efectos de comparaciones, análisis y obtención de resultados, la IA está comenzando a participar en las decisiones del proceso penal, bien sea mediante el *asesoramiento* a Jueces o *incluso, mediante la toma de decisiones*, aun cuando éstas quedan bajo supervisión humana. De momento, pero cabe preguntarse hasta cuándo.

La automatización gana así cada vez más protagonismo en el proceso penal, plasmada en decisiones de las máquinas aceptadas sin más, o tras una revisión crítica por los humanos, lo que impregna ya hoy justicia penal, sobre todo en asuntos y delitos más complejos tecnológicamente. Es verdad que, de momento, el tratamiento automatizado, la validez de su resultado o de la decisión originada por él, debe ser confirmado por un perito, debiendo cumplirse con las garantías de localización, recogida, análisis, cadena de custodia y contradicción, que despejen las dudas sobre su validez y eficacia. La cuestión que cabe plantear es la de si con el paso del tiempo, la mejora y sofisticación de las herramientas automatizadas de análisis podrá desplazar, disminuir o incluso eliminar la importancia del papel del factor humano, del perito, pero sobre todo la del Juez.

Pronto puede suceder también que el alto grado de fiabilidad o de seguridad que pueden mostrar los resultados así obtenidos, por tratamiento automatizado de datos, la certeza objetiva, en términos de probabilidad matemática y lógica que proporcionan, y que ya hoy en día sustituyen a la convicción personal, puede llevar a que sean aceptados *acríticamente* por los operadores procesales, especialmente por los jueces, a la hora de construir del juicio de hecho mediante la valoración de la prueba.

Esta circunstancia nos puede situar casi ante una especie de *resurgimiento de la prueba legal o tasada*, o como mínimo ante la objetivación de decisiones probatorias que condicionan el ámbito de la libre valoración, y que se

---

13 Guzman Fluja, "Proceso Penal y Justicia Automatizada", *cit.*

traduce en la normalización del uso de estándares objetivos de prueba en lugar de las tradicionales valoraciones subjetivas.

Mientras eso no suceda, lo cual será más pronto de lo que pensamos y de lo deseable, no podemos desdeñar el uso de las *IA como instrumentos auxiliares del juzgador,* que ya permiten *una gran predictibilidad en las decisiones,* con los problemas que conlleva, como los sesgos implícitos tanto en la configuración del algoritmo como en los criterios de selección de los datos introducidos. Cierto que en todas las decisiones judiciales hay sesgos inadvertidos, como en todo razonamiento humano, pero es posible que aquí se vean en vez de disminuidos, aumentados por el trabajo de los que diseñan el algoritmo y la gestión masiva de los datos, que tienden también a introducir patrones no necesariamente neutrales.

Y también el análisis de predictibilidad de las sentencias permitiría también reducir el margen de discrecionalidad de los jueces, e incluso el análisis de supuestos sesgos ideológicos en sus patrones de comportamiento, lo que puede sin embargo poner en peligro también la independencia judicial.

Si en un principio se trata solo de la confección automática de documentos judiciales complementarios, se apunta ya pronto hacia la creación *de sistemas de apoyo y suministro de información para una adecuada adopción de resoluciones,* que puedan ayudar a rebajar la discrecionalidad y mejorar la calidad, mediante una adecuada selección y aplicación de la doctrina jurisprudencial.

En este sentido, ya hoy la llamada *jurimetría,* constituye una herramienta informática capaz de analizar un gran volumen de datos, en nuestro caso sentencias anteriores, para extraer o entresacar de todas ellas no solo información, sino también tendencias en su contenido que puedan orientar la decisión actual[14]. Esta suerte de asistente judicial requiere que una persona le dé indicaciones y cierta información relevante sobre el caso, para posteriormente analizar todas las sentencias anteriores, y con *ello sugerir*

---

14 *Vid.* En este sentido, las páginas *web* de la editorial Wolters Kluwer o la base de datos del CGPJ. *Entre e*llos, cabe destacar la herramienta *Prometea, software* desarrollado en Argentina que actualmente se está utilizando para predecir la solución de conflictos jurídicos simples, siempre que haya precedentes muy similares y la solución jurídica sólo sea una.

un modelo de respuesta, un dictamen. Obviamente, el documento que genera pasa por una revisión humana[15]. De momento.

En una primera etapa estas herramientas pueden servir también para *chequear el cumplimiento de los requisitos formales y objetivos* de los actos procesales, como los documentos que han de acompañar a la demanda o el recurso, o la asistencia para fijar pensiones, multas, fianzas, indemnizaciones, etc.[16]. Obviamente esto exigirá capacitar a todo el personal sobre la cuestión.

Dentro de estas posibilidades del asistente robótico se encuentran también los *sistemas de selección de jurisprudencia*, que ya funcionan actualmente y se contienen en las bases de datos más usadas, y que ayudan a la selección de la jurisprudencia aplicable al caso, pero que también *pueden ya reconocer patrones* conforme a los cuales realizar la búsqueda, pudiendo incluso extraer una argumentación basada en ella. En esta línea existen también *sistemas que redactan borradores de resoluciones judiciales y que conf*orme a esos patrones proponen al Juez la decisión y sus fundamentos. Sin embargo, debe garantizarse que en todo caso deba ser él quien finalmente decida.

Estos indudables avances en seguida van a plantear nuevos problemas o interrogantes, pues habría que prevenirse frente a la posible *comodidad*, ya que se producirá una inclinación natural por adherirse al borrador, sobre todo en aquellos tribunales saturados de trabajo, que son muchos. Por el contrario, en el futuro, si el juez se aparta del borrador, será posible que se plantee que tenga que motivar este apartamiento, y que se pueda hacer valer en vía de recurso.

Es necesario plantearse la posibilidad de que los sistemas de IA puedan emplearse también en la valoración de las pruebas, en el momento de la elaboración de la sentencia. Obviamente, no cabe sustituir el sistema y principio de libre valoración, dominante en nuestro proceso penal (art. 741 LECr), por un sistema automatizado que recordaría a los de valoración tasada o legal, más propia del pasado, al menos en nuestra tradición. No pueden sin embargo desdeñarse las posibilidades que ofrece la IA para la

---

15 A esta y otras herramientas se refiere más ampliamente, Miró Linares, F., "Inteligencia Artificial y Justicia Penal, *cit.*

16 Conde Fuentes, Jesús, "La irrupción de la inteligencia artificial en el ámbito jurisdiccional: especial referencia a la toma de decisiones judiciales", en *Inteligencia Artificial y proceso penal: un reto para la justicia,* Castillejo Manzanares/Noya Ferreiro, dir. Varela Gómez, coord., Aranzadi, Navarra, 2023, pág. 103 y ss.

objetivación de la valoración, en función del medio probatorio de que se trate[17].

Ciertamente, todo ello habría de contribuir a la fundamentación de la decisión en baremos explicables, y objeto de crítica siempre en vía de recurso, en la medida de su objetividad, aunque parezca difícil excluir de las sentencias las emociones, gustos, o incluso los prejuicios de los jueces, y probablemente no solo sea imposible sino ni siquiera deseable, ya que ello da también la medida de la humanidad de la decisión. Es verdad que existe en el actuar de los jueces, como en el de todos los humanos, un cierto automatismo de la decisión, aunque también que la decisión no opera en el vacío, sino que viene condicionada por sus ideas, y por otros factores de su entorno, social, cultural y político, sobre todo si se trata de decisiones no colegiadas, de ahí también la superioridad técnica de éstas, siempre preferibles.

Y así debe ser, no en vano las normas deben ser interpretadas de acuerdo con la realidad social del tiempo en que han se ser aplicadas, como manda el Código Civil, art. 3.1, lo que no quiere decir que no deban tomar sus decisiones basadas en la interpretación de la ley, según lo establecido por la jurisprudencia. Pero ellas están fundamentadas también en su propia experiencia vital y profesional, en su propia ideología, o más sencillamente, en su talante personal o forma de pensar.

Ese es en mi opinión el principal problema, cómo trasladar todo ello al sistema artificial, además de mitigar o expulsar en lo posible los prejuicios del juzgador.

2. CONTRA EL FUTURO JUEZ ROBOTIZADO

Las implicaciones que todo lo expuesto hasta aquí va a presentar en un futuro a medio y largo plazo para el mundo del Derecho producen en primera instancia verdadera estupefacción, ya que estaremos hablando pronto nada menos que de la posibilidad de *sustitución del Juez humano por uno digital, virtual o mecánico,* y seguramente también de otros operadores procesales. Es parte de lo que se ha llamado la *cuarta revolución industrial,* en la que la incorporación de los robots a la sociedad incluirá la posibilidad

---

17 En este sentido, Simon Castellano, Pedro, "Inteligencia artificial y valoración de la prueba: las garantías jurídico-constitucionales del órgano de control", en *Themis, Revista de Derecho,* núm 79, enero-junio 2021. págs. 283-297. e-ISSN: 2410-9592.

de que se encarguen también de la toma de decisiones ante un conflicto, lo que más pronto que tarde incluirá también los jurídicos.

Es verdad, como ha señalado Gómez Colomer[18], que el mero planteamiento de la cuestión de la existencia de un juez robot, y a la vista de sus implicaciones procesales, produciría hasta hilaridad, sin o fuera tan grave, esta cuestión. Y es que, aunque hoy se niegue de manera general esta posibilidad, incluso se prohíba, qué duda cabe de que acabará surgiendo, e incluso imponiéndose en mayor o menor medida, dado que la evolución social producto de los avances tecnológicos es imparable, y siempre que algo se puede hacer en este ámbito se acaba haciendo, como sucede también en otros terrenos de grandes avances tecnológicos, caso de la biotecnología.

También lo es que su implantación no ha de ser fácil, primero porque el avance tecnológico no ha llegado aún tan lejos, y porque nadie cree en serio hoy en día que desaparezca el juez humano de la vida judicial. Pero lo cierto es que esta posibilidad se está ya planteando, en incluso comenzando a ensayar en países como China o Estonia.

De momento el problema no es urgente o inmediato pues la UE ya ha declarado terminantemente que la máquina no puede sustituir al juez humano a la hora de dictar sentencias[19]. Pero ¿hasta cuándo durará esta prohibición, hasta cuando se podrá mantener ante el avance tecnológico?

Al respecto, parece claro es que el desarrollo tecnológico lo hará pronto posible, y nuestro papel como juristas frente a ello entiendo que ha de ser la valoración sobre si será jurídicamente admisible y conveniente, y sobre todo las cautelas, medidas de defensa, en suma, *como siempre, las garantías* que frente a estas nuevas posibilidades deberían de adoptarse para salvaguardar los principios del debido proceso.

De esta forma, es necesario plantearse si nuestra sociedad está preparada para asimilar que una máquina inteligente pueda adoptar decisiones que tengan el valor de un fallo judicial. La pregunta clave es si la IA podrá en algún momento sustituir el trabajo del juez y si estamos preparados para afrontar la problemática jurídica y práctica que ello conllevaría. Y ello asumiendo que se trata también de predecir el futuro, puesto que el escenario

---

18 Gómez Colomer, Juan Luis, "Algunas consideraciones de tipo orgánico sobre la posibilidad de que un día nos juzgue una máquina", en *Inteligencia Artificial y proceso penal: un reto para la justicia, cit.*, págs. 129 y ss.

19 Resolución del Parlamento Europeo de 20 de enero de 2021 sobre inteligencia artificial.

tecnológico cambia a gran velocidad, por lo que convendría, al menos por esta vez, hablando de España, adelantarse a los acontecimientos.

Apostar por una inteligencia artificial que asuma funciones decisorias en la resolución de litigios parece hoy algo muy lejano, ya que el proceso de decisión, concretamente en lo que atañe a sus componentes subjetivos, semeja ser algo difícil de automatizar y trasladar al seno de una máquina, y frente a las indudables "ventajas" que trae la tecnología, prescindir del factor humano en la resolución, del contacto inmediato con las partes afectadas, con sus argumentos y alegaciones, parece que significaría en gran medida una deshumanización de la justicia y en consecuencia una pérdida de valores como la equidad y la justicia material, el acompañamiento y la protección de víctima, o la apuesta necesaria por la reinserción del delincuente, pensando en el proceso penal.

Frente a la ventaja de la objetividad en la resolución, entre *las carencias o defectos d*e la máquina que le impedirían sustituir al juez *se citan la ausencia de emociones y sentimientos,* que también se necesitan para poder dictar una sentencia justa. Se parte de la base de que la maquina no los tiene, lo cual por otra parte puede que ya no sea así en el futuro, en la medida en que cada vez aprenden más y parece seguro que un día tendrán también algo parecido a sentimientos.

En cualquier caso, nosotros preferimos un ser humano, con todos sus defectos y virtudes, que puede dictar una sentencia errónea, porque no puede prescindir totalmente de sus emociones, pero al mismo tiempo le ayudan a comprender los hechos y a las personas cuyo comportamiento tiene que juzgar, y su relevancia para el Derecho. Es preferible esto a una máquina inteligente sí, pero fría y calculadora, totalmente carente de estas cualidades, positivas y negativas, que son propias de las personas[20]. De modo que, aunque no sea aconsejable dejarse llevar por ellos en todo caso, esos sentimientos y emociones son necesarios, en cuanto que permiten entrar en juego a la equidad o la justicia material del caso, en suma, la humanidad de la decisión.

Frente al juez humano, la máquina carece de la necesaria *sensibilidad jurídica,* para poder argumentar jurídicamente y motivar su resolución. Aunque el juez humano se equivoque, ello es esencial para la justicia de la decisión, porque el Derecho no es un sistema frío y aséptico que huya

---

20 Gómez Colomer, "Algunas consideraciones de tipo orgánico sobre la posibilidad de que un día nos juzgue una máquina", *cit.*, pág. 135.

de las fortalezas y debilidades humanas, sino todo lo contrario, se nutre de ellas y gracias a ellas sobrevive, evoluciona y progresa.

Por otra parte, el proceso del moderno Estado de Derecho basa su superioridad moral y jurídica precisamente en el respeto a un conjunto de principios y derechos fundamentales, a las cuales no podemos renunciar. Por ello es claro que estos instrumentos artificiales deberán combinar su superioridad tecnológica con el respeto a las garantías constitucionales y procesales, y los mecanismos que desde hace mucho permiten reaccionar jurídicamente ante su vulneración, como el sistema de recursos.

En este sentido, las resoluciones del Juez humano han de estar necesariamente motivadas (art. 120 CE), de forma que sea siempre posible conocer el camino del razonamiento que ha llevado a la solución o fallo, lo cual parece en principio "alérgico" o incompatible con la IA, cuyo mecanismo interno, el famoso algoritmo, ha de permanecer en secreto con la coartada de la protección de los derechos de propiedad intelectual.

Se dice que el juez robot no podrá motivar sus resoluciones, dado que no puede razonar ni argumentar, no puede explicar por qué decide absolver o condenar, simplemente lo hace. Sin embargo, este problema es probable que encuentre pronto solución, dado que lo que ya puede hoy en día ya es proporcionar como parte de la solución *argumentos ajenos*, con base en la información sobre conflictos y sentencias pasadas, y en algún momento, dada la capacidad de aprendizaje, es probable que el sistema informático exprese ya y construya su propia argumentación. Obviamente, mientras ello no sea así no se debería implantar sin dejar la última decisión en manos de un juez humano, dado que de otra manera se vulnera el derecho de defensa y al recurso, de naturaleza constitucional en el proceso penal.

Efectivamente, hoy por hoy representa un problema la naturaleza inmaterial o intangible de estos sistemas, que operan en segundo plano, sin que el público, ni los operadores procesales, puedan ver sus entresijos y, en ocasiones son como "cajas negras" cuyas decisiones no pueden ser explicadas, dado que estos programas se han convertido en parte fundamental de la ventaja competitiva de muchas empresas tecnológicas. Pero desde el punto de vista de las garantías procesales necesitamos conocer, al menos hasta cierto punto esos entresijos, ya que eso nos va a permitir conocer los sesgos de quienes los diseñaron, y sus posibles perjuicios ideológicos.

Esa opacidad o secreto del funcionamiento es sin embargo hasta cierto punto inevitable, puesto que es la base sobre la que se sustenta la propiedad intelectual e industrial de estos sistemas, pero no puede prevalecer nunca frente a los derechos procesales fundamentales de los imputados.

Esto es lo que sucedería si estas herramientas o programas van más allá del papel de auxiliares del juez, y se convierten en el elemento central o capital sobre el que se apoya la resolución, desapareciendo la valoración personal de las pruebas.

Por lo tanto, debiéramos de encontrar, como siempre en Derecho, un punto de equilibrio que permita cohonestar ambos intereses legítimos en conflicto. La solución pasaría quizás por evitar la privatización del algoritmo, que debiera ser público, debido al usuario al que se dirige en este caso, que es el Estado. Ello parece también bastante ilusorio, dado que estamos tratando con unas empresas gigantescas, multinacionales que ostentan una posición dominante en la prestación de estos servicios, en un mercado global de millones de usuarios, y que atienden a sus propios fines mercantiles, que nada tienen que ver con los de la administración de justicia con la que han de servir o colaborar.

Sin embargo, en algún punto intermedio habrá de encontrarse la solución, ya que el Estado no es un cliente cualquiera, y menos tratándose de procesos penales, porque está en peligro el derecho de tutela judicial y a un juicio justo. Así se propone[21], que bastaría con que se nos diesen a conocer los datos o los valores que se han introducido en el sistema y, también el resultado final, pero se estima que no tenemos por qué comprender el funcionamiento interno de la máquina, ni el camino hasta ese resultado final.

De esta manera se acepta que es preciso comprender y poder explicarse los sistemas inteligentes, pero *no pretender su total transparencia.* Eso sí, el ciudadano debería estar plenamente informado cuando una decisión se basa en IA, tener la oportunidad de solicitar información, y poder conocer los motivos por los que se ha tomado una decisión que afecte a sus derechos y libertades, y tener siempre la posibilidad de impugnarla.

En suma, parece que no podemos pretender eliminar por completo la opacidad de los sistemas inteligentes, pero sí hacerla variable en su intensidad y proporcional a los riesgos que plantea, mediante una regulación que prevea un ámbito y unos métodos adecuados a los tipos específicos de estos sistemas y a su ámbito de aplicación[22].

---

21 Castillejo Manzanares, en "Nuevas tecnologías" ..., *cit.*

22 Como propone Fioriglio, Giancarlo, *Inteligencia artificial: Retos para el derecho en la sociedad global, en Inteligencia artificial y derecho. El jurista ante los retos de la era digi-*

La implantación del juez robot produciría además *la vulneración del derecho a un proceso con todas las garantías,* en relación con la independencia e imparcialidad del juez. Existe el peligro de pudiera ser escogido por las partes en atención a las características personales y profesionales extraídas mediante las herramientas predictivas. Con lo cual se violaría el principio del juez ordinario predeterminado por la ley (24 CE). Además, se haría inútil la función de la jurisprudencia, así como la adaptación de la norma a la realidad histórica en la que se tiene que aplicar, porque la IA siempre resolvería conforme a datos e informaciones ya existentes, es decir, siempre en función de fallos anteriores, conforme al pasado, impidiendo la adaptación de las normas al tiempo presente, y la evolución de la jurisprudencia, que quedaría fosilizada.

Otros problemas o inconvenientes derivados de la introducción del juez robótico a los que se ha referido Gómez Colomer serían algunos *actos y presupuestos procesales,* que perderían en gran medida su sentido, ya que por ej. las cuestiones sobre jurisdicción y la competencia perderían importancia, dado que el sistema informático los controlaría de forma automática. Y los de las partes, sobre su capacidad, legitimación y postulación, se decidiría en décimas de segundo por la máquina de juzgar, con lo cual no haría falta en principio audiencia preliminar alguna, aunque habría que conservar la posibilidad de debatir sobre ello y la impugnación de la decisión. Salvo en este punto concreto, no tendrían sentido tampoco las audiencias o vistas interlocutorias, ni incluso el juicio oral, *por lo que la esencial garantía de la oralidad entraría en crisis,* careciendo de sentido pretender comunicarse oralmente con la máquina, y finalizando también la inmediación y la publicidad, principios que se derivan del mismo tronco común, de modo que algunos de los principios clave del moderno proceso perderían vigencia. *Y es que el algoritmo decidirá en secreto y sin procedimiento o casi,* dado que dejaría de ser necesario.

Por otra parte, la implantación del juez robot conllevaría también *una nueva configuración orgánica de los tribunales,* muchos serían prescindibles, ya que puede plantearse[23] incluso la posibilidad de que un solo robot central pueda resolver todos los asuntos con lo que la planta y demarcación sobraría, lo mismo que los recursos, o parte de ellos.

---

tal, Aranzadi, 2021, pág. 124, citado por Castillejo Manzanares, en *Nuevas tecnologías…, cit.*

23 Gómez Colomer, "Algunas consideraciones de tipo orgánico sobre la posibilidad de que un día nos juzgue una máquina", *cit.*, pág. 144.

Otros problemas de organización judicial que han de plantearse en algún momento, aunque hoy sean imposibles de resolver, y aunque de nuevo parezcan ridículos o de risa, atañen a que, aunque el juez sea una máquina, habrá que incardinarlo en una organización del Poder Judicial, ¿o también terminará por sobrar éste?

En el caso de España obviamente deberían ubicarse dentro del CGPJ, pero más allá de esto, pretender regular la planta y demarcación judiciales, el ingreso y ascenso, provisión de plazas, y todos los temas relativos al estatuto de los jueces y su gobierno interno, el nombramiento y posesión, honores y tratamientos (¿?), derechos y obligaciones de los jueces-robot, las sustituciones y vacaciones, y muchas otras, como cuántos habrá, dónde se instalarán, quién será su operador directo si no es el Secretario, qué hacer en caso de avería o sustitución sin haberse decidido el conflicto, cómo se coordinarán entre sí, cómo se garantizarán el principio de contradicción y el de publicidad en sus notificaciones procesales, etc., parece, una vez más, ridículo.

¿Y que papel quedaría reservado a las CCAA en todo ello? ¿Tendremos algún día jueces-robot catalanes, vascos, gallegos, navarros, o valencianos? Y todo ello porque no cabe duda también de que habrá de otorgarse *a estas máquinas un estatuto jurídico propio,* de forma análoga a los jueces humanos, decidiendo en primer lugar si estarían gobernados, dentro del CGPJ por una comisión de jueces humanos, si es que estos no acaban por desaparecer por completo, pues como recientemente ha dicho uno de los gurús tecnológicos, en algún momento "todas" las profesiones serán innecesarias...

Consecuentemente, debería regularse también la *situación jurídica de las empresas proveedoras* de estos sistemas informáticos, el régimen de propiedad intelectual, etc., y el *estatuto jurídico del programador,* de alguna forma también integrado en la estructura del Poder Judicial.

De momento se carece casi totalmente de regulación, que se hará necesaria en el futuro, aunque algunas directrices se han promulgado ya. Por ejemplo, la *Recomendación sobre la Ética de la Inteligencia Artificial, promulgada por la UNESCO* en noviembre de 2021[24].

Mas trascendental desde el punto de vista regulatorio, es la *Propuesta* de *Reglamento Europeo sobre IAl,* que Comisión Europea presentó en abril de

---

24 Es una suerte de *declaración universal* para el uso de estos sistemas, contempla los principios que deben inspirar su desarrollo, y establece por primera vez un marco normativo mundial para el uso de la inteligencia artificial.

2021 con el objeto de establecer unos límites éticos y fomentar la implantación de estas tecnologías. Precisamente en estos días de diciembre de 2023 se ha producido un acuerdo político sobre la ley que regulará la IA, aunque está pendiente todavía la convalidación por los Estados miembros y la Eurocámara, y el desarrollo técnico de los detalles de este pacto[25].

Sin embargo, parece que se ha dado más importancia a la autorregulación que a las restricciones y prohibiciones[26], con el objeto de no desfavorecer los avances tecnológicos de las empresas europeas frente a las grandes del sector, y de que Europa no quede rezagada frente a EEUU y China, de forma que las prohibiciones se restringen al mínimo. En todo caso, la ley no entrará en vigor totalmente hasta 2026, aunque se adelantan algunos de sus aspectos.

Esta futura normativa aspira a minimizar los riesgos de estas tecnologías, entre los que se citan la posibilidad de discriminación, los daños materiales a la vida o integridad de las personas*, y el riesgo de impacto negativo sobre los derechos fundamentales***,** como el de igualdad, o la intimidad, u otros con protección constitucional. Para los sistemas de alto riesgo se incluye una evaluación obligatoria del impacto, teniendo los ciudadanos derecho a presentar quejas sobre decisiones basadas en ellos.

Se proponen varios instrumentos de regulación e intervención, en función de la clasificación de las aplicaciones informáticas y el riesgo que entrañe cada una. Desde nuestro punto de vista, lo que interesa es el régimen de las aplicaciones *de alto riesgo, o riesgo sistémico, que son las que "afectan negativamente a la seguridad o a los derechos fundamentales",* que estarán sometidas a una especie de declaración responsable. Y es que se incluyen aquí as aplicaciones típicas del ámbito de la IA predictiva, o de aplicación de la ley, y de asistencia en su interpretación, *dirigidas a su uso por jueces y tribunales*, las cuales deberán registrarse en una base de datos de la UE y ser evaluadas antes y después de su comercialización, a lo largo de todo su ciclo de vida.

La futura regulación permitiría la prohibición de los sistemas de IA que violen los derechos fundamentales y los valores de la Unión, pero parece

---

25 *Cfr. Diario El Confidencial*, 9 de diciembre, o el *Diario El mundo*, de 8 de diciembre de 2023

26 De esta forma quedarían prohibidos solo los sistemas de categorización biométrica que usan características sensibles, la creación de ciertas bases de datos de reconocimiento facial, la puntuación social basada en el comportamiento social o caracteres personales, o los sistemas que manipulen el comportamiento humano para eludir su libre albedrío.

que aun siendo de alto riesgo podrán ser autorizados bajo estrictos controles, que si no se cumplen conllevaran fuertes sanciones. No se tata por lo tanto de una verdadera prohibición, como debería ser en nuestra opinión tratándose de jueces robot.

Ya en la anterior propuesta se decía que las aplicaciones de alto riesgo deben estar basadas en datos "*de alta calidad*", "*representativos, libres de errores y completos*" (art. 8). Es preciso documentar y archivar los datos generados en la creación y utilización de la aplicación (art. 9), que debe estar bien hecha y ser fiable ("*solidez, exactitud y seguridad*", art. 12), *quedar siempre sometida a la dirección humana (art. 11), que entre otras cosas prohíbe que el sistema pueda rechazar esa intervención* o saltarse los mecanismos de seguridad establecidos y tener un grado de transparencia "*suficiente*" (art. 10).

Puede decirse que se trata de exigencias demasiado vagas o generales, y concretamente en el punto clave de la transparencia, no se exige que sea total, sino compatible "*con el cumplimiento de las obligaciones legales del usuario y del proveedor*" (art. 10.1), incluidas, lógicamente, las de respetar los secretos industriales utilizados en la propia aplicación. La regulación de la transparencia es, obviamente, una de las cuestiones más delicadas, y el proyecto busca un equilibrio, en el que el proveedor debe mostrar cómo funciona la aplicación, incluida su "lógica general", pero no se le exige transparencia total sobre el *software* utilizado.

Esto no es más que aplicar la técnica del *compliance* o "cumplimiento normativo", propia del Derecho Penal, también en este ámbito. Cada fabricante o diseñador tendrá que establecer, en cada producto de IA y en su proceso de creación y aplicación, una serie de medidas dirigidas a cumplir suficientemente los requisitos establecidos en los artículos 8-12 de la Propuesta de Reglamento, y documentarlo. Esas medidas serán proporcionales al tipo de aplicación, su complejidad, a los daños que pueda causar, al riesgo de producción, etc.

La normativa prevé la creación de una Oficina Europea de IA, dentro de la Comisión, que supervisará el cumplimiento de los sistemas mas avanzados, y en general el de las normas en todos los Estados miembros. Y es que sobre todo los sistemas de alto riesgo, que son los que tienen que ver con la decisión automática, debieran ser evaluados de manera constante y continuada en el tiempo, no solo por las entidades gubernamentales, sino también por las propias empresas y por la sociedad civil. Se prevé también la imposición de duras sanciones, en forma de multas millonarias, para las compañías infractoras.

Se trata sin duda de un gran avance, pionero a nivel mundial, ya que no existe ninguna otra ley o regulación tan completa en ningún otro país, lo que también pone de relieve el riesgo para su eficacia en un mundo donde ya no hay fronteras, como es el de Internet, y convierte a Europa en el primer actor internacional en regular de modo integral la IA, impulsando su desarrollo a la vez que protegiendo a los derechos ciudadanos. Con ello se convierte una vez más en una especie de regulador mundial, ya que este marco legal con seguridad ha de servir de modelo a otros países.

También desde el punto de vista normativo, en España contamos ahora por fin con la nueva *LO 7/2021, de 26 de mayo, de protección de datos personales tratados para fines de prevención, detección, investigación y enjuiciamiento de infracciones penales y de ejecución de sanciones penales,* que en su art. 14, prohíbe las decisiones basadas únicamente en un tratamiento automatizado, incluida la elaboración de perfiles, que produzcan efectos jurídicos negativos para el interesado o que le afecten significativamente, salvo que se autorice expresamente por una norma con rango de ley o por el Derecho UE. Ello no parece una prohibición muy fuerte, aunque va en la línea correcta de excluir el juez robot, aunque admite la posibilidad de excepciones.

Aun dudando de su futura eficacia, el establecimiento de todas estas prevenciones es muy importante, sobre todo si se tiene en cuenta el grado de confianza de la sociedad en estos avances tecnológicos, y el desconocimiento de sus riesgos, asombrosamente alto[27].

Por otro lado, significa que no se está considerando ni siquiera la posibilidad de que estos sistemas funcionen de manera autónoma y exenta de control del juez humano. Al menos de momento, pues cabe preguntarse cuándo sucederá esta eventualidad, que nos pondría ante el verdadero juez robotizado. Y este es en fin el verdadero problema, que nos sitúa ante una posibilidad abismal y terrorífica.

Por nuestra parte, a la vista de los inconvenientes expuestos, parece lo más prudente implantar solamente el robot como auxiliar del juez, tal

---

27 Un estudio realizado por investigadores la Universidad de Ámsterdam con una muestra de 2.106 personas ha encontrado que más de la mitad de los encuestados acepta que los algoritmos son independientes de la actividad humana, no tienen sesgos, tienen el mismo nivel de razonamiento crítico e inteligencia que los humanos, y nos van a reemplazar. Un tampoco desdeñable 43% opina que estos sistemas pueden resolver "todos los problemas de la sociedad", cfr. *La falacia del algoritmo omnipotente y otras ideas equivocadas que tenemos sobre estos sistemas,* diario El País, de 12 de diciembre de 2021, Hidalgo Pérez, Manuel.

como ya se dijo, y que este le serviría solo de apoyo, sin reemplazarlo en absoluto, algo de difícil consideración a la vista del estado del debate social, tanto como de la tecnología, de modo que los sistemas de IA serían simples colaboradores de los tribunales. No me parece que se deba ir más allá, pues de no hay manera de que se puedan garantizar los derechos fundamentales implicados en el proceso si se opta por el juez robot de modo completo.

Todas las exigencias que las garantías procesales plantean serán pronto difíciles de mantener en la práctica y este es el problema más grave en mi opinión, ya que las cosas no suceden en este ámbito de manera sosegada y con seguridad jurídica, sino más bien de modo caótico y desordenado, como siempre que se producen una revolución o una disrupción tecnológica, que entraña además unos beneficios industriales astronómicos.

Y es que en los países de nuestro entorno existen ya en este momento diversas iniciativas o ensayos en el campo de la decisión judicial automatizada[28] , como la herramienta de divorcios *online* del Reino Unido, o un proceso monitorio automatizado, para la reclamación de ciertos créditos dinerarios en Alemania. En ambos casos la escasa cuantía de los asuntos o en la posibilidad de acudir posteriormente a la vía judicial sirve a modo de "disculpa" para la previsible oposición que pudiera plantearse a su implantación. De la misma manera, Estonia pretende utilizar la figura del juez-robot en litigios de cuantía no superior a los 7.000 euros, si bien no está en funcionamiento aún.

Incluso en el ámbito procesal penal China introdujo la figura del juez-robot con *Xiao fa*, un sistema diseñado para estudiar y analizar 100 delitos, con condenas estandarizadas y borradores de sentencias automáticos. Aunque todo indica que ya posee auténticos jueces-robot, las herramientas de IA utilizadas hasta el momento no resuelven casos propiamente dichos, y tampoco conocen de litigios de gran importancia, de modo que se están utilizando en causas de menor cuantía como una asistencia o ayuda para el juez.

Con todo el problema que devendrá capital se producirá en el momento en que los robots acaben por ser más inteligentes que los propios humanos, y devengan en consecuencia incontrolables[29], problemas todos ellos

---

28 Como recoge Conde Fuentes, "La irrupción de la inteligencia artificial en el ámbito jurisdiccional…, *cit.*

29 Un informe de inteligencia británico, al que se ha referido también la prensa, tratando de predecir el desarrollo de la IA, en uno de los varios escenarios posi-

que están dejando de ser lo que hasta ahora eran, ciencia ficción, pero sobre los cuales se nos viene advirtiendo últimamente todos los días en los medios de comunicación, y precisamente por personas que en muchos casos son nada menos que los creadores de estas tecnologías, o dueños incluso de las grandes empresas del sector tecnológico[30].

Se corre además el peligro, como en todos los grandes saltos tecnológicos, de que la evolución de este sector sobrepase la regulación legal, prácticamente inexistente en este momento, sobre todo en un ámbito de tan vertiginosa evolución como es el de la IA.

También sería necesario que se reformase la Constitución y las leyes orgánicas procesales para incorporar esta figura del juez-robot y de que pudiese ejercer la función jurisdiccional. Difícil tarea éstas, dado el momento social y político que se vive en España, lejos de la posibilidad de un debate sosegado sobre estas cuestiones. Claro que estar hablando de IA y del proceso del siglo XXI o del siguiente, estando vigente, y sin visos de reforma total, una ley procesal penal del siglo XIX parecería otro chiste, si no tuviera la gravedad que tiene.

Como ya dijimos, ya existen hoy en día, determinadas herramientas informáticas para la toma de decisiones, para ayudar en la valoración de la prueba, para auxiliarse a fin de realizar comparaciones u obtener datos estadísticos de casos anteriores, en suma, para extraer la jurisprudencia aplicable al caso, o para recoger los datos que se desprendan de la práctica de la prueba, y esto no parece que plantee demasiados problemas.

Bien distinto es el caso *del verdadero juez robot*, una maquina inteligente que dicte sentencias con base en los algoritmos introducidos previamente y también en los hechos y datos de un caso realmente acaecido que también habrá que proporcionarle. Ante este planteamiento, *la primera cuestión que surge es si los ciudadanos estaríamos dispuestos y preparados para que nos juzgase una máquina*, y si consentiríamos ceder nuestra libertad a la decisión de

bles, para la próxima década, prevé la posibilidad de surgimiento de una superinteligencia capaz de sustituir por completo a los humanos, también en cuanto a sus capacidades mentales, pudiendo funcionar de manera autónoma, ideando sus propios objetivos, sin necesidad de supervisión humana, lo que le permitiría saltarse las medidas de seguridad con que fue creado, hasta ocultar información o falsearla (*La voz de Galicia*, del 3 de noviembre de 2023).

30 Elon Musk, en información recogida por el diario que se viene de citar, afirmó hace poco tiempo que en algún momento "todas las profesiones dejarán de ser necesarias".

un juez-robot, a cambio de un aumento de la celeridad y de la eficacia o eficiencia del proceso.

Es claro que, desde un punto de vista técnico, un juez-robot podrá pronto dictar resoluciones automatizadas. Sin embargo, también es sabido que en asuntos similares la respuesta de los tribunales es a veces completamente diferente, precisamente por aquellos detalles que, aplicados al caso concreto, dan una respuesta necesariamente distinta. Y es que detrás de la decisión de cada juez, existe una dinámica social que la máquina no puede tener en cuenta. En este sentido existe el peligro de que los jueces-robot nos den una respuesta estadística, matemática, que puede ser exacta y legalmente adecuada, pero no necesariamente justa.

Lo cierto es que pronto llegará el momento de *plantearnos si la IA puede realmente sustituir por completo el trabajo del juez.* Recopilando un conjunto de sentencias se pueden extraer ciertos patrones con base en los cuales elaborar algoritmos e incorporarlos a una máquina. De este modo realizaría la acción configurada por los algoritmos y dictaría su sentencia, en lo que se ha denominado *justicia algorítmica*, la cual contaría las ventajas de mayor rapidez de respuesta y supuestamente mayor objetividad ante la ley, y desde luego un alto grado de previsibilidad ajena a los sesgos cognitivos. Aunque esto último me parece ciertamente discutible, pues pronto, en función del avance en su desarrollo, las maquinas tendrá también sesgos propios, aunque al principio dependerán de los que tuviere el programador o ingeniero.

Frente a los argumentos en favor de la justicia automática, en mi opinión prevalecen los argumentos en contra. Y es que el juez-robot carecerá siempre de la necesaria sensibilidad jurídica para poder argumentar y motivar su resolución, de modo que si su decisión se basa exclusivamente en la norma aplicable y la jurisprudencia que lo ha interpretado corre el peligro de darnos un resultado inamovible o estático, basado solo en los precedentes, que no siempre conducirían a una solución justa.

Y es que hacer justicia es algo distinto a constatar en términos estadísticos cómo se ha resuelto un problema similar anterior. La insatisfacción derivada de la mecánica aplicación de una jurisprudencia no renovada lleva hoy al tribunal a un cambio de criterio que se aparta de las decisiones anteriores, y esta es la manera en que evoluciona la jurisprudencia, algo que la maquina no podrá hacer. Frente a la certidumbre de la máquina, el juez humano utiliza el sentido común, algo esencial en el razonamiento jurídico. Además, la interpretación de las normas ha de atender también al momento social y económico de aplicación, por lo que hemos de acudir al espíritu de la ley, yendo más allá de la letra de la norma en cuestión. De forma que la aplicación de algoritmos no puede sustituir la sensibilidad, la percepción y el pensamiento humano necesarios para la interpretación de las normas.

En todo caso, la confianza desproporcionada en los métodos informáticos debiera evitarse, ya que estaríamos *renunciando al control social y democrático de las decisiones*, tanto como a nuestra responsabilidad sobre ellas en tanto que ciudadanos.

Esto ya está sucediendo a propósito de ciertas decisiones instrumentales o interlocutorias, pero esto no puede ser respecto de la principal, pues resultará que estaremos aceptando ser juzgados por una máquina, nada menos. Algo que hoy parece imposible, pero que está mucho más cerca seguramente de lo que pensamos. Eso significaría que estamos dispuestos también a admitir que formulen jurisprudencia, y en un paso siguiente inevitable también que elaboren las normas (¿?). Todo esto parece inaceptable desde el punto de vista ético, y también jurídico y político.

Para evitar esto que ya se anticipa catastrófico es necesario por fijar de manera clara y rotunda unos límites que no se puedan sobrepasar, de forma que la IA no pueda ser usada para sustituir a los jueces, lo cual atentaría, entre otros principios constitucionales, contra la esencia de la función jurisdiccional, actividad exclusiva y excluyente de los jueces, según proclama el 117 CE. Y esto no parece estar sucediendo, véase la nueva regulación europea, que aparenta no tener muy claro este punto, y admite excepciones.

Tal como se ha señalado[31], *las dificultades provienen por un lado de la imposibilidad de dotar a las máquinas de sentido común*, conjunto de conocimientos adquiridos por los humanos en las primeras etapas de su existencia, *y sobre todo de la imposibilidad de que tengan criterios éticos*, por lo que será necesario que esto sigan haciéndolo los humanos.

Por otra parte, la inteligencia artificial funciona con reglas que no se puede saltar, también a diferencia de los humanos, por lo que su capacidad creativa en cuanto al establecimiento de nuevas reglas o principios en el razonamiento jurisdiccional parece de momento al menos imposible, con lo que la jurisprudencia quedaría anquilosada o petrificada, sin posibilidad de evolucionar al hilo del devenir social, como es deseable.

---

[31] López de Mantarás, Ignacio, *"Eso de que los robots puedan rebelarse es una tontería"*, *diario El Mundo*, del 25 de marzo de 2022.

Desde luego no cabe dudar de que un juez robot sería más eficiente o eficaz, dado que no tiene horario, carece de enfermedades, o problemas personales y familiares, y sobre todo es más rápido para de buscar y procesar información, y de redactar la resolución[32].

Es obvio sin embargo que la tarea del juez va mucho más allá del conocimiento del texto de la ley, y de cómo se ha venido desarrollando su aplicación en los casos anteriores, por lo que un juez robot capaz de sustituir al humano debería también serlo de interpretar el texto de la ley, distinguir a las partes del juicio, valorar los resultados de las pruebas, e interpretar la ley y los principios básicos del Derecho, así como ponderarlos adecuadamente a la hora de aplicarlos a los hechos, entre otras aptitudes, algunas de las cuales ni se enseñan, ni se puede hacer, en las Facultades de Derecho.

En suma, tiene que ser capaz de llevar a cabo el llamado silogismo judicial, pero también de hacer justicia del caso concreto, *iuris prudentia*, en el mejor de los sentidos.

Por todo ello, al menos de momento la decisión artificial, entendida como diseño y transferencia de la totalidad o parte de un proceso de decisión a un sistema técnico, se presenta como algo muy problemático[33]. Las tecnologías de la decisión artificial utilizan sobre todo sistemas expertos y modelos estadísticos. *Pero, las labores de calificación jurídica son difíciles de reducir a un algoritmo, ya que su práctica es argumentativa*, al menos en la labor de motivación del juez, y se convierte en muchos casos en largas cadenas de razonamiento complejo, y es una actividad persuasoria, que al aplicar las normas al caso concreto lo hace inscrita en un determinado contexto social.

En definitiva, no se puede olvidar que el juzgador, en la resolución y motivación de sus decisiones, *no solo realiza inferencias lógico-jurídicas*, sino

---

32 Al respecto es muy conocido el estudio del *University College* de Londres, la Universidad de Pennsylvania y la de Sheffield en el que los investigadores han desarrollado una inteligencia artificial capaz de predecir los resultados del 79% de las sentencias del TEDH. Así, la aplicación ha ido "aprendiendo" a través de textos legales y posteriormente se le ha dado la información de numerosos juicios ya resueltos por el Tribunal, y en el 79% de los casos, su veredicto ha coincidido con el del juez que resolvió el asunto. Sus propios autores reconocen que esta herramienta no puede reemplazar a los jueces, pero sí que podrá utilizarse para analizar patrones que llevan a ciertos resultados, así como también podrá ayudar a determinar qué casos son más susceptibles de haber violado los derechos humanos

33 Bourcier, Daniel, *Inteligencia artificial y Derecho*, Barcelona, 2003, págs. 146 y ss.

que también ha de *recurrir a la consideración de elementos sociológicos*, y, por lo tanto, la decisión solo puede provenir del humano, pues sólo él es capaz de apreciar el comportamiento de otros humanos. *La decisión automática choca así con la noción constitucional de independencia judicial*, ya que el juez no puede pasar a depender del ingeniero diseñador o de la técnica empleada para la resolución.

No se puede descartar, sin embargo, que en un futuro más o menos próximo, gracias al desarrollo de la IA y de la computación cuántica, se pueda prescindir de la intervención de los humanos incluso en la elaboración de la decisión principal del proceso. Pero como ya hemos anticipado, esta posibilidad no debería tomar carta de naturaleza legal como método general de adopción de las decisiones, podría estudiarse para tareas específicas o, como mucho, para asuntos penales de escasa complejidad. Para las demás, y sobre todo para la decisión final más importante, para la sentencia, es inadmisible, y no solo desde el punto de vista constitucional, sino también legal, ético y moral.

Pero, en la medida en que se vaya incrementando la automatización, cabe preguntarse qué papel quedará para el futuro al juez y al resto de los operadores procesales. La *garantía de la intervención humana no puede ser una mera formalidad, un trámite, sino algo de contenido material*, con capacidad de tomar la decisión más adecuada, y por supuesto de rectificar o enmendar la automática, tanto si fue adoptada por una máquina, como si lo fue por el tribunal inferior de modo posterior al tratamiento automatizado de los datos.

El problema es que, con su generalización y desarrollo existe la posibilidad cierta de que esa intervención se relaje, consciente o inconscientemente, y se minimice el papel incluso el de los jueces[34], a causa de *un exceso de confianza* en el tratamiento automático de los datos, desdibujando el componente humano esencial y central en la decisión, dejando el protagonismo a la decisión propuesta o elaborada por la IA, lo que podría suponer en los casos más graves una cierta dejación de responsabilidades, y un riesgo para los derechos y garantías del interesado.

En definitiva, el empleo de estos sistemas de IA debiera limitarse al apoyo a determinadas tareas judiciales, pero debe ser el humano el que esté siempre al frente del sistema, pues el papel del juez no puede quedar reducido a mero formalismo, cediendo el protagonismo a las decisiones

---

34 Guzmán Fluja, *Proceso Penal y Justicia Automatizada, cit.*

automatizadas. Estas deben de pasar por un análisis crítico que permita asumirlas, modificarlas o descartarlas, y dotarlas de un sentido humano, en el marco legal procesal y penal, manteniendo el dominio final sobre sobre la resolución del caso.

Deberíamos preguntarnos, y el legislador decidir, hasta dónde es constitucional, legal y éticamente admisible que se vaya construyendo un proceso penal donde cada vez habrá más decisiones basadas en instrumentos de IA, que no cabe duda proporcionan rapidez y eficacia, incluso mayor calidad en tanto que objetividad en las resoluciones, y por lo tanto garantías de acierto, pero a la vez conllevan amenazas para las garantías procesales del art. 24.2 CE. Los avances tecnológicos en inteligencia artificial deberían poder convivir con un proceso penal ajustado a las exigencias del Estado de Derecho.

Para ello debiera crearse cuanto antes *un órgano de control público* que garantizase los principios de publicidad, transparencia y trazabilidad de los sistemas de IA. En España existía ya una *comisión* en el seno del Ministerio de Justicia, llamada de A*dministración Digital*, y en esta línea, paralelamente a la aprobación de la nueva ley europea de IA se ha creado *la Agencia Española de Supervisión de la IA.*

BIBLIOGRAFÍA

Bonet Navarro, José, "Valoración de la prueba y resolución con inteligencia artificial", en *Derecho Procesal, retos y transformaciones,* Bujosa Vadell. Lorenzo, dir., Atelier, Barcelona, 2021, págs. 315 ys ss.

Bujosa Vadell. Lorenzo, "Ética e inteligencia artificial: una mirada desde el proceso jurisdiccional", en *Revista Eletrônica de Direito Procesual,* REDP, Rio de Janeiro, Ano 16, Vol. 23. Núm. 1, Janeiro a abril de 2022, ISSN 1982-7636, págs. 733-768.

Castillejo Manzanares, Raquel, en "Nuevas tecnologías y prueba en el proceso penal. Especial incidencia en Inteligencia Artificial", *en Derecho Digital e Innovación,* Núm. 11, enero-marzo 2022, ISSN 2659-871X, Ed. Wolters Kluwer.

Conde Fuentes, Jesús, "La irrupción de la inteligencia artificial en el ámbito jurisdiccional: especial referencia a la toma de decisiones judiciales", en *Inteligencia Artificial y proceso penal: un reto para la justicia,* Castillejo Manzanares/Noya Ferreiro, dirs., Varela Gómez, coord., Aranzadi, Navarra, 2023, pág. 103 y ss.

Gómez Colomer, Juan Luis, "Algunas consideraciones de tipo orgánico sobre la posibilidad de que un día nos juzgue una máquina", en *Inteligencia Artificial y proceso penal: un reto para la justicia, cit.*, págs. 129 y ss.

Guzman Fluja, Vicente, "Proceso Penal y Justicia Automatizada", en *Revista General de Derecho Procesal* 53 (2021), ISSN: 1696-9642, núm. 53, enero de 2021.

Llorente Sánchez-Arjona, Mercedes, "Hacia una justicia penal predictiva", *Cuadernos de Política Criminal,* núm. *136, I, Época II, mayo 2022, págs. 91-124.*

Iudex Suspectus. *Ideas entremezcladas sobre la imparcialidad del juzgador y el poder de las apariencias*

Mª PÍA CALDERÓN CUADRADO
Catedrática de Derecho Procesal (Universitat de València)
Magistrada (Tribunal Superior de Justicia Comunidad Valenciana, Sala de lo Civil y Penal)

1. ÁRBOLES QUE POSIBLEMENTE NO DEJAN VER EL BOSQUE

1.1. Todos los medios de comunicación se han hecho eco en los últimos tiempos de dos tipologías de jueces en las antípodas de su propia ontología. Me refiero a los jueces robots y a los jueces politizados. Dos figuras que no guardan relación pero que pueden terminar vinculadas si, como ahora veremos, se piensa en un enemigo común.

Los segundos, los jueces politizados, están siendo recientemente señalados desde el *lawfare*, término anglosajón ya de uso cotidiano que se utiliza como sinónimo de persecución judicial, politización de la justicia o guerra judicial. Con nombres y apellidos en ocasiones, se describen titulares del Poder Judicial como sujetos —diríamos— influenciables que sucumben y abusan de la ley actuando en clave política y resolviendo mediante decisiones que lo serían parciales, arbitrarias y ajenas al Estado de derecho.

Un tipo de jueces, en definitiva, extrínsecamente contaminado y dotado, entre otras "cualidades", de una —diríamos también— dependencia hacia determinados poderes fácticos y de una evidente e imperdonable parcialidad. De hecho, estos jueces operarían siempre a favor o en contra de una de las partes del proceso, utilizando espuriamente la ley como medio, junto con la opinión pública, para beneficiar o desacreditar a personas —adversarios— en juicios políticos e incluso en toda clase de juicios por corrupción.

Naturalmente y caso de suceder, semejante proceder solo podría calificarse desde su potencial delictivo y, cuando menos, desde su condición de inadmisible, indefendible e injusto. Sin paliativos además pues se halla en la antítesis de la función jurisdiccional.

Ahora bien, al margen de lo anterior debe advertirse que acusaciones generalizadas y gratuitas de *lawfare*, de actuaciones judiciales por motivaciones políticas, generan graves peligros. Por lo pronto, trasladan a la sociedad una desconfianza hacia los jueces, hacia la justicia en general, con consecuencias, quiero pensar, imprevisibles para el Estado de derecho.

– Nótese, de un lado, que suponen un ataque frontal a la independencia judicial y a la separación de Poderes. En el juego de pesos y contrapesos de nuestra democracia, el entregado al Judicial se podría terminar diluyendo ante un Legislativo que, con ciertos rasgos intimidatorios, controlaría a los jueces a través de comisiones parlamentarias de investigación que darían lugar a la exigencia de responsabilidades (art. 76 CE)[1].

De ahí las prevenciones del Consejo General del Poder Judicial,

> *"Ante las inadmisibles referencias, que lo son tanto semántica como sustantivamente, al 'lawfare' —judicialización de la política— contenidas en el acuerdo suscrito entre el PSOE y Junts con la finalidad de facilitar la investidura y, especialmente, frente al anuncio de la eventual constitución de comisiones parlamentarias de investigación que puedan llegar a determinar lo que ambiguamente se denominan "responsabilidades" derivadas, precisamente, de advertirse situaciones de 'lawfare', nos hacemos eco y compartimos el frontal rechazo a tales iniciativas, en línea con lo ya manifestado por la totalidad de las asociaciones judiciales.*
> *Tal repudio se funda, de manera muy justificada, en la evidencia de que ello implica potencialmente someter a revisión parlamentaria decisiones enmarcadas en la exclusividad del ámbito competencial de nuestros Tribunales que, por otro lado, entendemos se produjeron de forma plenamente acorde con la legalidad entonces enjuiciada. Por todo ello, la iniciativa apuntada implicaría una inadmisible injerencia en la independencia judicial y un flagrante atentado a la separación de poderes. La continuidad de tal iniciativa parlamentaria,*

---

1 A la hora de escribir estas páginas, son tres las comisiones de investigación aprobadas por el Pleno del Congreso: la primera, promovida por JxCat, sobre los atentados yihadistas de Barcelona y Cambrils de agosto de 2017 y para "saber la verdad" y esclarecer "responsabilidades políticas de cualquier índole"; la segunda, promovida también por Junts, sobre la denominada operación Cataluña, que se afirma diseñada para desacreditar a políticos independentistas; y la tercera, promovida por ERC, sobre el presunto espionaje por el Estado a políticos catalanes con el sistema "Pegasus".

de llegar a materializarse, determinaría nuestra más frontal oposición a través de los cauces legalmente establecidos.

Paralelamente hemos de expresar nuestro apoyo real y no meramente nominal a todos los órganos del Poder Judicial con ocasión de las futuras actuaciones que puedan llevar a cabo en el marco de la legalidad en cada momento, vigente garantía última de los derechos y libertades de todos nuestros ciudadanos"[2].

O, sin excepción, de todas las Asociaciones judiciales,

"Ante el documento suscrito por PSOE y Junts para facilitar la investidura, las asociaciones judiciales firmantes mostramos nuestro rechazo por las referencias al "lawfare o judicialización de la política" y sus consecuencias. El texto del acuerdo alcanzado contiene explícitas referencias a la posibilidad de desarrollar comisiones de investigación en sede parlamentaria a fin de determinar la presencia de situaciones de judicialización de la política, con las consecuencias que, en su caso pudieran dar lugar a acciones de responsabilidad o modificaciones legislativas.

Ello podría suponer, en la práctica, someter a revisión parlamentaria los procedimientos y decisiones judiciales con evidente intromisión en la independencia judicial y quiebra de la separación de poderes.

Los jueces han de estar sometidos únicamente al imperio de la ley, puesto que así lo establece expresamente el artículo 117.1 de la Constitución.

Estas expresiones, en cuanto traslucen alguna desconfianza en el funcionamiento del Poder Judicial, no son aceptables. El Poder Judicial en España es independiente, no actúa sometido a presiones políticas y dispone de un sistema de garantías jurisdiccionales que aparta el riesgo que se apunta"[3].

---

2 El comunicado referenciado es de la Comisión Permanente del Consejo y se aprobó el pasado 9 de noviembre a la vista del acuerdo suscrito por dos partidos políticos, PSOE y JxCat. Con posterioridad, el 5 de diciembre se reiteró el anterior comunicado añadiendo que el Consejo General del Poder Judicial se mantendrá vigilante, en defensa de la independencia judicial, en relación con el desarrollo de las citadas comisiones parlamentarias de investigación. Y en fecha 21 de diciembre y complementando lo anterior el Pleno del CGPJ instó por unanimidad al Congreso y al Senado a no citar a los jueces para declarar sobre hechos conocidos en las actuaciones judiciales objeto de actividad jurisdiccional.

3 Firmaron el documento, que también lleva fecha 9 de noviembre, la Asociación Profesional de la Magistratura, la Asociación de Jueces Francisco de Vitoria, la Asociación de Jueces y Juezas por la Democracia, y la Asociación de Jueces Foro Judicial Independiente. Ese mismo día y en sentido similar se pronunciaron tanto la Asociación de Fiscales como la Asociación Profesional Independiente de Fiscales y la Unión Progresista de Fiscales quienes igualmente rechazaron la inclusión del *lawfare* en el acuerdo firmado por el PSOE y Junts en cuanto supone un ataque sin precedentes a la independencia judicial y a la vez manifestaron su confianza absoluta en el Poder Judicial "que es neutral, independiente y garante de la democracia española".

– Y nótese, de otro, que implican un cuestionamiento permanente de los jueces, marcados de por vida por la sospecha de una falta de imparcialidad que pareciera consustancial a un colectivo integrado por personas con ideas propias, preferencias e intereses de los que no podrían abstraerse. Lógicamente, cualquier descalificación similar —instruir y juzgar con fines políticos— deja huella en la sociedad y, como no podía ser de otra forma, en quien acude al proceso. Rompe además algo muy delicado pues una deslegitimación tal no solo posibilitaría que desde la política o, más grave aún, desde los poderes públicos se llegaran a eludir aquellos contrapesos —y con argumentos de todos conocidos como el interés general, la convivencia pacífica, la soberanía o seguridad nacional u otros semejantes—, sino además mediatizaría el cumplimiento de la función encomendada, y tanto en litigios presentes como en juicios futuros[4].

1.2. En todo caso, es en este contexto de jueces parciales donde podría aparecer como tabla de salvación aquella primera tipología de jueces robots o jueces algoritmos[5]. Verdaderamente, la tentación de acudir a una justicia computarizada es grande: vende objetividad y neutralidad. Por ello, cabría pensar en implementar sistemas de IA que se incorporaran al propio ejercicio de la función jurisdiccional e incluso antes, en un estadio previo, que sirvieran de instrumento para detectar la falta de imparcialidad del juzgador verificando datos e indicios en una especie de lectura de la mente y sucesiva predictibilidad de resoluciones carentes de tal cualidad[6].

---

4 Téngase en cuenta que alguna de esas descalificaciones, con nombre y apellidos, se han vertido por la portavoz de un Grupo Parlamentario en el Congreso, tachando a los señalados de personajes oscuros, cómplices de la politización de la policía y de la justicia española o de "personajes indecentes que en un país normal serían cesados y juzgados de inmediato". Ello nos acerca a acusaciones encubiertas de prevaricación quizá con un propósito último: desprestigiar a togados e influir en la aplicación futura de esa ley de amnistía en tramitación.

5 Llaman la atención los parecidos encontrados por Caterini, M., "El sistema penal en la encrucijada ante el reto de la inteligencia artificial", en *Revista de Internet, Derecho y Política,* 2022, al juez mecánico: nos transportan al juez inanimado de Montesquieu e incluso al silogismo judicial de Beccaria. A ellos y en un ejercicio de imaginación se suma la vieja historia del *Jutizklavier* contada por De la Oliva Santos, A., "Justicia predictiva, interpretación matemática de las normas, sentencias robóticas y la vieja historia del *Jutizklavier*", en *El Cronista del Estado Social y Democrático de Derecho,* 2019, págs. 30-37.

6 Puede leerse así que, "aparte de los beneficios de una mayor celeridad, manejo más completo de la jurisprudencia y accesibilidad a normas legales", los jueces robots podrían "ofrecer, junto con un servicio más predecible o previsible, el be-

En mi opinión, sin embargo y debo reconocer que no he estudiado las experiencias de países como China o Estonia precursores en esta materia, se trataría de una solución sumamente desafortunada e ingenua habida cuenta que aborda solo fortalezas silenciando debilidades y peligros para nada ficticios. Es más, con independencia de la ayuda innegable e inestimable que puede suponer la robótica en la Administración de justicia, elevarla a aquellos extremos o, dicho con otras palabras, permitiendo la elaboración de decisiones judiciales que se dicen imparciales o la generación de perfiles de jueces desde circunstancias personales y elementos de su personalidad que predigan su apartamiento del deber de imparcialidad[7], constituiría una gran equivocación.

– Primero, porque olvida una premisa básica de quienes han estudiado el tema: que hombres y máquinas comparten subjetividad; mejor aún, que

---

neficio de eliminar la corrupción y las influencias sospechosas, ya sean políticas, económicas o sociales". En este sentido se pronuncia Cárdenas Krenz, R., "¿Jueces robots? Inteligencia artificial y derecho", en *Justicia y Derecho*, 2021, si bien a continuación y tras analizar las ventajas y los inconvenientes de esta tipología de jueces termina inclinándose por el mantenimiento de la persona en el desarrollo de la función jurisdiccional ayudado, eso sí, por los algoritmos.

Al margen de lo anterior y entre la bibliografía española cabe mencionar Nieva Fenoll, J., *Inteligencia artificial y proceso judicial*, Barcelona, 2018; AAVV, *El derecho y la Inteligencia Artificial*, CGPJ y Universidad de Granada, 2022; Barona Vilar, S., *Algorimización del Derecho y de la Justicia. De la Inteligencia Artificial a la Smart Justice*, Valencia, 2021; o Gómez Colomer, J. L., *El juez Robot. La independencia judicial en peligro*, Valencia, 2023.

7 Salvando las distancias, bastaría remontarnos al caso Eric L. Loomis en EEUU y a la controversia generada por el uso del software *Correctional Offenders Managment Profilying for Alternative Sanctions*, Compas, y sus riesgos discriminatorios al predecir la reincidencia. Sobre esta herramienta de predicción Dressel, J., y Farid, H., "The accuracy, fairness, and limits of predicting recidivism" y "The limits of human predictions of recidivism", en *Science advances*, 2018 y 2020, y una crítica a lo allí sucedido en Simón Castellano, P., *Justicia cautelar e inteligencia artificial. La alternativa a los atávicos heurísticos judiciales*, Barcelona, 2021, que llega a calificar el empleo de estos sistemas de IA en las decisiones judiciales, y en tanto se basarían en valoraciones de riesgo, de aberración que constriñe el derecho de defensa.

Por lo demás, no se pierda de vista las palabras de López de Mántaras, R. —a quien pertenecen los entrecomillados siguientes del texto, "El futuro de la IA: hacia inteligencias artificiales realmente inteligentes", *BBVA Open Mind*, 2019—: "actualmente los algoritmos en que se basan los motores de búsqueda en internet, los sistemas de recomendación y los asistentes personales de nuestros teléfonos móviles, conocen bastante bien lo que hacemos, nuestras preferencias y nuestros gustos e incluso pueden llegar a inferir el qué pensamos y cómo nos sentimos".

la IA lejos de ser autónoma y objetiva está impregnada de sesgos humanos[8]. Y la razón se asocia a los datos en sí mismos considerados y a los propios responsables de la programación que con sus algoritmos, muchas veces rodeados de una gran opacidad, no solo determinan los que deben tenerse en cuenta sino también cómo interpretarlos. Precisamente, esos mismos estudiosos observan que en materia de corrupción la implementación de sistemas de inteligencia artificial en la toma decisiones no solo no erradicaría tales prácticas, sino que contribuiría a su expansión por los menores controles que conlleva.

– Después, porque desconoce la prevención que a continuación ellos mismos efectúan: "por muy inteligentes que lleguen a ser las futuras inteligencias artificiales, incluidas las de tipo general, nunca serán iguales a las inteligencias humanas ya que, tal como hemos argumentado, el desarrollo mental que requiere toda inteligencia compleja depende de las interacciones con el entorno y estas interacciones dependen a su vez del cuerpo, en particular del sistema perceptivo y del sistema motor. Ello, junto al hecho de que las máquinas no seguirán procesos de socialización y culturización como los nuestros, incide todavía más en que, por muy sofisticadas que lleguen a ser, serán inteligencias distintas a las nuestras. El que sean inteligencias ajenas a la humana y, por lo tanto, ajenas a los valores y necesidades humanas nos debería hacer reflexionar sobre posibles limitaciones éticas al desarrollo de la IA".

En nuestro caso, es claro que esa reflexión sobre limitaciones éticas se centraría en la posibilidad de dejar en manos de jueces mecánicos una impartición de justicia disociada de la vigencia efectiva de los derechos fundamentales de las partes de un proceso; entre ellos y si se aceptara la predictibilidad de la imparcialidad o no del juzgador, el derecho al juez ordinario predeterminado por la ley.

Importa anotar entonces que el día 8 de diciembre de este mismo año, 2023, las Instituciones de la Unión Europea llegaron a un acuerdo provisional sobre el texto de la cada vez más próxima Ley —Reglamento— de inteligencia artificial. Esta propuesta tiene como principal objetivo establecer un marco jurídico uniforme, en particular en lo que respecta al desarrollo, la introducción en el mercado, la puesta en servicio y la utilización de la inteligencia artificial, que permita garantizar que los sistemas de esta naturaleza comercializados y utilizados en el ámbito de la Unión Europea

---

[8] Vivar Vera, J., "La sentencia penal, el juez y el algoritmo: ¿Las nuevas tecnologías serán nuestros próximos jueces?", en *Revista Chilena de Derecho y Tecnología*, 2021.

sean éticos, seguros y fiables y asimismo respeten los derechos fundamentales y los valores imperantes en la Unión. Y, por lo que ahora interesa, se construye en función de la capacidad de dichos sistemas de IA de causar daño a la sociedad. Por esta razón, las directrices seguidas se basan en el riesgo, en el menoscabo de intereses públicos y derechos, y de su calificación, que además de prohibidos sería alto, medio o bajo riesgo, depende las reglas, más o menos estrictas, a cumplir.

Justamente, a la hora de clasificar un sistema de IA como de alto riesgo, las normas armonizadas propuestas atienden a la magnitud de las consecuencias adversas que tendría para los derechos fundamentales protegidos por la Carta; mencionándose entre tales derechos —y el resaltado es nuestro—: "la dignidad humana, el respeto de la vida privada y familiar, la protección de datos de carácter personal, la libertad de expresión y de información, la libertad de reunión y de asociación, la no discriminación, el derecho a la educación, la protección de los consumidores, los derechos de los trabajadores, los derechos de las personas discapacitadas, la igualdad entre hombres y mujeres, los derechos de propiedad intelectual, *el derecho a la tutela judicial efectiva y a un juez imparcial, los derechos de la defensa y la presunción de inocencia...*". Siendo así, no extrañará que la Administración de justicia termine incardinándose en este entorno, lo que comportará mayores exigencias y obligaciones para su comercialización y uso[9]. En cambio,

---

9 En la enmienda 69 al Considerando 38 del Informe del Parlamento de 22 de mayo de 2023 sobre la propuesta de Reglamento del Parlamento Europeo y del Consejo por el que se establecen normas armonizadas en materia de inteligencia artificial (Ley de Inteligencia Artificial) y se modifican determinados actos legislativos de la Unión, A9-0188/2023, se dice por ejemplo: "Las actuaciones de las autoridades encargadas de la aplicación de la ley que implican determinados usos de sistemas de IA se caracterizan por un importante desequilibrio de poder y pueden dar lugar a la vigilancia, la detención o la privación de libertad de una persona física, así como a otros efectos negativos sobre los derechos fundamentales que garantiza la Carta. En particular, si el sistema de IA no está entrenado con datos de buena calidad, no cumple los requisitos oportunos en términos de rendimiento, precisión o solidez, o no se diseña y prueba debidamente antes de introducirlo en el mercado o ponerlo en servicio, puede señalar a personas de manera discriminatoria, incorrecta o injusta. Además, podría impedir el ejercicio de importantes derechos procesales fundamentales, como el derecho a la tutela judicial efectiva y a un juez imparcial, así como los derechos de la defensa y la presunción de inocencia, sobre todo cuando dichos sistemas de IA no sean lo suficientemente transparentes y explicables ni estén bien documentados. Por consiguiente, procede considerar de alto riesgo a múltiples sistemas de IA diseñados para usarse con fines de aplicación de la ley cuando su precisión, fiabilidad y

se considera que deben prohibirse los sistemas de IA que "proporcionen calificaciones sociales de personas físicas para su uso con fines generales ya que pueden tener resultados discriminatorios y abocar a la exclusión a determinados grupos", así como los "utilizados por las autoridades encargadas de la aplicación de la ley o en nombre de estas para realizar predicciones, perfiles o evaluaciones de riesgo a partir de la elaboración de perfiles de personas físicas o del análisis de datos basados en rasgos y características de la personalidad, incluida la ubicación de la persona, o en comportamientos delictivos pasados de personas físicas o grupos de personas con el fin de predecir la comisión o reiteración de uno o varios delitos reales o potenciales u otro tipo de comportamientos sociales criminalizados o infracciones administrativas, incluidos los sistemas de predicción del fraude, entrañan un riesgo particular de discriminación contra determinadas personas o grupos de personas, ya que vulneran la dignidad humana, así como el principio jurídico clave de presunción de inocencia".

1.3. No obstante, y de nuevo se trata de una opinión personal, el *lawfare* y los jueces robots se conforman como árboles que, al margen de su actualidad y de los peligros que conllevan, no dejan ver el bosque. Un bosque con suficientes garantías para poder proclamar, de un lado, que los titulares del Poder Judicial se hayan sometidos exclusivamente al imperio de la ley, por lo que pueden incurrir en responsabilidad penal si no lo hacen; de otro, que son imparciales y ejercen su función por encima de sus propias ideas, afectos o aversiones, algo que se viene protegiendo desde antiguo y con éxito indudable mediante las figuras de la abstención y la recusación.

Y aquí entraría el objeto de estas páginas. Con la idea última de prevenir al ciudadano de deslegitimaciones infundadas que se articulan sobre presupuestos argumentales falaces; y, al mismo tiempo, de dar confianza y

---

transparencia sean especialmente importantes para evitar consecuencias adversas, conservar la confianza de la población y garantizar la rendición de cuentas y una compensación efectiva. En vista de la naturaleza de las actividades en cuestión y de los riesgos conexos, entre dichos sistemas de IA de alto riesgo deben incluirse, en particular, los sistemas de IA que se utilicen por o en nombre de las autoridades encargadas de la aplicación de la ley o por las agencias, órganos u organismos de la Unión en apoyo de las primeras, como los polígrafos y herramientas similares, en la medida en que su uso esté permitido conforme a la legislación de la Unión y nacional pertinente, para evaluar la fiabilidad delas pruebas en un proceso penal; para elaborar perfiles durante la detección, la investigación o el enjuiciamiento de infracciones penales, y para realizar análisis penales en relación con personas físicas". A este Informe pertenecen los entrecomillados del texto.

señalar al litigante de un proceso concreto que el ordenamiento jurídico dispone ya de instrumentos eficaces para combatir aquellos males que se preconizan desde ciertas instancias con una generalización y ambigüedad inaceptable.

2. EL JUEZ IMPARCIAL Y LOS TEMORES A QUE NO LO SEA

2.1. Volvamos al bosque y a la frase proverbial que nos transporta a ese escenario en el que alguien no puede ver un asunto o una situación en su conjunto porque está prestando atención a los detalles (Instituto Cervantes, Centro Virtual Cervantes).

Según se ha comentado, la situación en su conjunto nos acerca a Jueces y Magistrados que, además de integrarse en un Poder constitucional del Estado, el encargado de juzgar y hacer ejecutar lo juzgado, son independientes, inamovibles, responsables y sometidos únicamente al imperio de la ley (art. 117 CE). También, a los instrumentos legales para su consecución —medidas dispuestas para evitar intromisiones externas e internas— y la persecución del abuso por el CGPJ y por los órganos jurisdiccionales competentes —responsabilidades disciplinarias, civiles y penales (prevaricación judicial, corrupción de funcionarios, activa y pasiva...)—.

El asunto, que es lo que trataremos en realidad, nos trasporta a la imparcialidad judicial y a la imagen del juez porque, como recordaba Gómez Orbaneja[10], la ley no excluye al juez porque sea parcial, sino porque puede temerse que lo sea. Con todo, ese temor no puede estar huérfano de justificación, ha de tener una causa probable. Sin ella, los efectos serían devastadores, el sistema colapsaría.

2.2. Vaya por delante, entonces, que creo firmemente en la máxima latina *iudex suspectus iudicare non debet.* Por ello, considero un logro que ya en el segundo estadio de los derechos humanos y en relación con los de naturaleza procesal se haya recogido el relativo a ser juzgado por un tribunal —independiente e— imparcial. Logro, como es natural, que sobrepasa el uso retórico de la construcción, que aúna tanto su perspectiva axiológica

---

10 Gómez Orbaneja, E., *La imparcialidad como principio básico del proceso.* Contestación al discurso de Goldschmidt, W., Madrid 1950, y *Comentarios a la Ley de Enjuiciamiento Criminal de 14 de septiembre de 1882 con la legislación orgánica y procesal complementaria,* I y II, Barcelona, 1947 y 1951, principalmente págs. 114-116 y 1-62.

como jurídico-técnica y que, lógicamente, le dota de una fuerza mayor en orden al restablecimiento del derecho conculcado.

No puede negarse, en efecto, que en sus orígenes, con gran probabilidad vinculados al periodo de las *extraordinariae cognitiones* y a la desaparición del *iudex privatus*, la admisión y disposición de ciertos remedios constituyó un claro avance para permitir la efectividad de aquella novedosa regla que frenaba el juicio a cargo del *iudex suspectus*. Es sabido que inicialmente se acudió a la *appellatio* o *provocatio*, esto es, a la impugnación de la sentencia a los efectos de posibilitar la denuncia de la actuación parcial del juez y conseguir por esta vía la eliminación de su decisión. Y que fue algo más tarde cuando surgió la recusación como herramienta específica y de condición preventiva. Concretamente, en el derecho justinianeo y facultando a la parte para que pudiera advertir, con carácter previo al juicio, sobre los riesgos de parcialidad del juez a los fines de apartarlo de su conocimiento.

En las sociedades modernas, sin embargo, la progresión de aquella regla se ha deslizado más allá de los instrumentos sanadores. De hecho, se ha unido a la irrupción de los derechos humanos en el plano normativo internacional y, específicamente, a su integración con luz propia entre los reconocidos como tales en el ámbito de la Administración de justicia.

De este modo, en la actualidad el otorgamiento de aquella caracterización se convierte en elemento clave para obtener la exclusión del proceso del *iudex suspectus*. Manteniendo la recusación, el derecho a un juez imparcial supone el reforzamiento institucional y práctico para todo aquel sujeto que se somete a la jurisdicción. De un lado, interviene en un primer estadio visibilizando la obligación de los poderes del Estado de crear las condiciones generales propicias para su promoción, protección y desarrollo, incluido el deber incuestionable del juez de abstenerse de conocer. De otro y ya *a posteriori*, actúa generando e incrementando las posibilidades de tutela del justiciable ante la hipotética violación de este derecho subjetivo de índole pública. Y lo hace tanto en la esfera internacional como interna con el establecimiento de sistemas de control adicionales, normalmente condicionados al agotamiento de las instancias estatales, facilitadores de una defensa última y más eficaz para quien fue parte en un proceso. Nueva oportunidad, por tanto, que permitirá la reintegración del derecho y evitará que la decisión del *iudex suspectus*, que voluntariamente no formuló su abstención, sea la que dirima definitivamente la controversia planteada ante el órgano jurisdiccional.

E interesaría destacar que en la transformación operada no hubo desavenencias relevantes. Al contrario, el cambio de condición se adoptó teórica y prácticamente de forma natural y unánime. Entre otras razones porque entonces como ahora se consideró que el juez independiente e imparcial era y es —y son palabras de la STC 178/2014, de 3 de noviembre— "garantía fundamental de la Administración de justicia que condiciona su existencia misma". Ni que decir tiene que carecería de sentido que esas otras conquistas jurídico-políticas relativas al debido proceso o, con otra terminología, al proceso justo se desarrollaran al margen del titular de la potestad jurisdiccional cuando, por definición, lo es en tanto en cuanto goza de independencia e imparcialidad. "Sin juez imparcial —nos dirá aquí la STC 60/1995, de 8 de mayo— no hay, propiamente, proceso jurisdiccional".

2.3. Y antes de continuar conviene hacer hincapié en aquellos dos planos, institucional y procesal, general y específico, y con ellos en que la satisfacción o conculcación del derecho a un juez imparcial solo se producirá con relación a este último. Ello es así porque desde la perspectiva del titular del derecho no hay una suerte de imparcialidad judicial en abstracto. En absoluto. Siempre se desarrolla en función de un proceso pendiente, lo que se traduce en la necesidad de legitimar la sospecha de parcialidad e individualizarla respecto a quien esté conociendo del mismo.

Es verdad que el punto de partida puede y debe encontrarse en la faceta primera, es decir, en el Estado como garante de los derechos humanos. Como tal, sin duda, ha de proclamar el deber de los poderes públicos de rehuir la lesión del derecho y articular las directrices básicas para su preservación y, en caso de violación, para su recuperación. En España, desde luego, así ha sucedido preocupándose el legislador, hasta fechas recientes al menos, de crear las condiciones adecuadas a fin de que el juez, como obligado a ejercer la potestad jurisdiccional con sometimiento exclusivo a la ley y en ausencia de prejuicios, pueda actuar de forma independiente e imparcial. A este propósito respondió el establecimiento en la Ley Orgánica del Poder Judicial de las distintas garantías de la independencia judicial, régimen de prohibiciones e incompatibilidades incluida, o la disposición de los clásicos instrumentos de la abstención y la recusación.

Pero es verdad también que al hilo de este último enfoque la imparcialidad judicial ha sido objeto de estudio con un elevado grado de abstracción y al mismo tiempo de disociación con el proceso concreto al que se conecta el derecho fundamental a un juez imparcial. De muestra servirían determinadas construcciones sobre la Justicia donde la imparcialidad se vincula al principio de igualdad y a la proscripción de la arbitrariedad[11]; o sobre el Poder Judicial y su legitimidad con una imparcialidad que se asocia a la confianza de la sociedad en la Administración de justicia y a la seguridad del ordenamiento jurídico.

Aunque conviene no llamarse a engaño. Se trata de planos distintos que difícilmente pueden converger, y ello pese a que se concluya que la imparcialidad es elemento esencial de la jurisdicción y del proceso. En el fondo y como se ha comentado, *stricto sensu* esta garantía se impone por y durante el litigio sometido a la consideración del juez. De ahí que la figura del *iudex suspectus* no sea aplicable a los magistrados en general o a una categoría en particular. Incide, en realidad y de modo exclusivo, en quien conozca, objetiva o funcionalmente, del objeto litigioso. Y de ahí los riesgos de ese *lawfare* indiscriminado, o incluso particularizado y con visos de futuro; y lo sorprendente es que sobrepasa la arena de los partidos políticos para situarse en el Congreso y el Senado encargados también como poderes públicos de preservar la independencia e imparcialidad judicial.

2.4. Partiendo de este dato, se hace preciso advertir, también y con ahínco, que la separación del proceso de ese concreto juez no puede producirse en el vacío. Se exigirá siempre la presencia de una desconfianza "fundada". Y su razón de ser es tan evidente que no requeriría de mayor explicación salvo para destacar que la parcialidad, acaso con más motivo tras el reconocimiento del derecho, nunca se presume. Hasta ahora al menos y por ello su revelación, su denuncia en el proceso debía y debe efectuarse de un modo individualizado y legítimo. Ya en el *Codex Iustinianeus* —y el ejemplo de la Constitución del 527 (C. 3, 1, 12, 1) serviría[12]—, se prevenía sobre las sospechas infundadas precisando que la recusación tenía que formularse por justa causa. Naturalmente, los ordenamientos actuales no son una

---

11 Bachmaier Winter, L., *Imparcialidad judicial y libertad de expresión de Jueces y Magistrados,* Pamplona 2008, pág. 19 y notas 3 y 6 con referencias a Rawls, J. y Golschmidt, W.

12 Dice así: "Sin *recuset quis iudicem iusta ex causa ante litis contestationem, iudex alius aut collega ei ex divina aditione dabitur; quod si et iuste recusare videbitur post litis contestationem, iudex alius et collega ne petatur, apud unum vero iudicem omne moveatur causae negotium…* ". Véase al respecto, Alemán Monreal, A., "La *recusatio iudicis suspecti* en derecho romano y sus vaivenes históricos", en *Vergentis* 1, diciembre 2015, págs. 173-200. Más próximos en el tiempo, Picó i Junoy, J., *La imparcialidad judicial y sus garantías: la abstención y la recusación*", Barcelona, 1998; y Vallines García, E., *Instrumentos para garantizar la imparcialidad e independencia de los Jurados,* Cizur Menor, 2008.

excepción, manteniendo la precisión de indicios, de sospechas razonables para su aceptación.

Por consiguiente, el reconocimiento del derecho al juez —independiente e— imparcial no puede alcanzar a meras aprensiones subjetivas del litigante en cuestión. Si fuera así, si bastara con que la parte se quejara de la parcialidad del juzgador, no hay duda de que otro derecho de su misma condición, el juez ordinario predeterminado por la ley, podría verse seriamente menoscabado. Y no solo. Nótese que un halo de incertidumbre rodearía la composición de los tribunales dando paso, como en alguna ocasión ha recordado la jurisprudencia, a una selección interesada de sus integrantes y con ello a un recelo más que justificado hacia la Administración de justicia. Debido a ello, a la hora de crear las condiciones precisas para su protección no se incluyen sentimientos ni vagas apariencias. Serán únicamente las dudas fundadas, las sospechas legítimas y acreditadas las que finalmente autoricen destruir aquella presunción de conformación del órgano con arreglo a sus garantías básicas y, en su consecuencia, las que permitan obtener la retirada del *iudex suspectus* en beneficio de la sociedad en su conjunto pero, antes y sobre todo, para hacer realidad el derecho del litigante afectado.

Y esta causa probable, volvemos a la expresión americana[13], su necesidad en definitiva debe ser recordada con insistencia ante un entorno de acusaciones generalizadas que no dejan de influir, más cuando provienen

---

[13] A pesar de situarse en otro orden cosas, véase el análisis de Bachmaier Winter, L., "*Probable cause* y la cuarta enmienda de la Constitución Estadounidense: una garantía tan imprecisa como necesaria", en *Quaestio facti. Revista Internacional sobre Razonamiento Probatorio*, 2023, donde se explica que "en el derecho procesal estadounidense los estándares de prueba suelen dividirse en seis categorías, que van desde la suposición menos exigente hasta la casi certeza: 1) sospecha razonable (*reasonable articulable suspicion*); 2) *probable cause*; 3) prueba preponderante (*preponderance of evidence*); 4) probabilidad fundada (*substantial probability*); 5) prueba clara y convincente (*clear and convincing evidence*); y 6) más allá de toda duda razonable (*beyond any reasonable doubt*)". Ciertamente, lo descrito son estándares de prueba vinculados al logro de la convicción judicial, y antes al "error en la valoración, de modo que cuanto mayor sea el coste del error —las consecuencias perjudiciales de una decisión equivocada— mayor será la exigencia probatoria". Ahora bien, en el escenario en que nos encontramos no podemos ignorar que también la separación del juez del enjuiciamiento de un caso requiere de la acreditación, con prueba directa o mediante indicios, de las acusaciones de parcialidad. Por eso la expresión, seguramente fuera de contexto, pero con una significación pareja que nos llevaría a una garantía tan imprecisa como necesaria.

de los poderes públicos, en la percepción de potenciales y reales litigantes. Y en este contexto permítanme que insista también en mostrar mis recelos a la utilización de la IA en la búsqueda de cautelas y tanto por las premisas de partida, los datos almacenados, como por el procedimiento verificador de las probabilidades de que el juez se aparte de su deber de imparcialidad.

3. ALGO SABIDO, SU CARACTERIZACIÓN COMO DERECHO FUNDAMENTAL

3.1. A día de hoy, ya se ha dicho, resulta indiscutible que el derecho a ser juzgado por un tribunal independiente e imparcial se encuentra entre los derechos humanos consagrados por las principales normativas internacionales sobre la materia. Tan solo faltaba señalar que buena prueba de ello es su reconocimiento en artículos tales como el 10 de la Declaración de Derechos Humanos (DDH), 14.1 del Pacto Internacional de Derechos Civiles y Políticos (PIDCP), 8.1 de la Convención Americana de Derechos Humanos (CADH), 6.1 del Convenio Europeo de Derechos Humanos (CEDH) o 47 de la Carta de Derechos Fundamentales de la Unión Europea (CDFUE).

Precisamente esta positivación, que se refleja y extiende a numerosos textos constitucionales internos, consiente a su vez en conferir al derecho que nos ocupa el calificativo de fundamental. Y se trata de una especificación cuya licencia no parece plantear excesivos inconvenientes. Tanto nos acerquemos a la concepción política o material de los derechos fundamentales como a la jurídica o formal se cumplirían las premisas necesarias para su integración en semejante categoría[14].

---

[14] La distinción, clásica ya, en Díaz-Picazo Giménez, L., *Sistema de derechos fundamentales*, Madrid 2005, págs. 36 y 37. Con alguna matización, la misma puede verse en otros constitucionalistas y con ocasión tanto de tratamientos generales de los derechos fundamentales como específicos sobre algún tema particular. Así Rubio Llorente, F., "Una Carta de dudosa utilidad", en *La protección de los derechos fundamentales en la Unión Europea*, director Matia Portilla, F. J., Madrid 2002, pág. 189, quien añade que la función de los derechos fundamentales en sentido lato o material es "fijar finalidades necesarias de su acción, objetivos que en todo caso el poder ha de perseguir", mientras que en su entendimiento estricto o formal ésta consiste en "establecer límites a su acción". De este mismo autor "Los derechos fundamentales. Evolución, fuentes y titulares en España", en *Claves de razón práctica* nº 75, 1997, págs. 2-10; y "Derechos fundamentales, derechos humanos y Estado de Derecho", en *Fundamentos: Cuadernos monográficos de teoría del Estado,*

Baste recordar que según la primera teoría, que se fija esencialmente en el contenido, son fundamentales "todos aquellos derechos subjetivos que corresponden universalmente a todos los seres humanos en cuanto dotados del status de persona, de ciudadanos o personas con capacidad de obrar; entendiendo por derecho subjetivo cualquier expectativa positiva (de prestaciones) o negativa (de no sufrir lesiones) adscrita a un sujeto por una norma jurídica; y por status la condición de un sujeto, prevista asimismo por una norma jurídico-positiva, como presupuesto de su idoneidad para ser titular de situaciones jurídicas y/o autor de los actos que son ejercicio de éstas"[15]. Y que de conformidad con la segunda, que tiene en cuenta las características específicas de la regulación en cuestión —de ahí su denominación como jurídica o formal—, "son derechos fundamentales aquéllos que están declarados en normas constitucionales o, al menos, en normas de rango supralegal"[16].

Ninguna dificultad, por tanto, para que el derecho al juez imparcial pueda encuadrarse en una y otra proposición, sin duda compatibles. No en vano posee carácter universal: las expectativas —positivas o negativas— se atribuyen a todo sujeto que ha de acceder a la justicia, a cualquier persona con independencia de nacionalidad, lugar de residencia o condicionante parejo. Y además se prevé en normas que indudablemente gozan de la condición "supralegal" exigida desde la segunda concepción de los derechos fundamentales.

---

derecho público e historia constitucional nº 4, 2006, págs. 203-233. Muy claro también Rodríguez Bereijo, A., "Los derechos fundamentales: derechos subjetivos y derecho objetivo", en *Diario la Ley*, 1996, versión electrónica B.D. *General la Ley*.
Y ello sin olvidar que los dos modos de entender el derecho fundamental no son mutuamente excluyentes. Al contrario, nada impide su compatibilidad como sucede en el caso que nos ocupa.

15 Ferrajoli, L., *Derechos y garantías. La ley del más débil*, traducción Andrés Ibáñez, P., y Greppi, A., Madrid, 1999, pág. 37. Esta tesis es mayoritaria en el campo de la Filosofía del Derecho, aunque también constitucionalistas importantes se suman a ella; véase Solozábal Echavarría, J. J., "Algunas cuestiones básicas de la teoría de los derechos fundamentales", en *Revista de Estudios Políticos (Nueva época)* nº 71, 1991, págs. 87-109.

16 No han faltado autores que, incluso y muy gráficamente, llegan a afirmar que los mismos "nacen con la Constitución" y acaban con ella (los entrecomillados del texto también de Díaz-Picazo, *Sistema de derechos fundamentales, ob. cit.*, pág. 37, y Cruz Villalón, P., "Formación y evolución de los derechos fundamentales", en *Revista Española de Derecho Constitucional* nº 25, 1989, pág. 49).

3.2. Con todo, se podría objetar que en nuestro país —y a diferencia de otros textos constitucionales— no existe disposición alguna que expresamente de cobertura al referido derecho[17]. Y es cierto. No obstante, resulta forzoso reconocer que esta objeción, válida en términos de conveniencia, carece en el fondo de suficiente entidad. No puede ignorarse, en efecto, que los tratados internacionales antes citados, al menos en su gran mayoría, han sido suscritos por España y que, debido a ello y en aplicación de los artículos 96.1 y 10.2 de la CE, cualquier discusión sobre el reconocimiento patrio de tal derecho fundamental se torna caduca e infructuosa.

Tanto es así que tras la aprobación de la Constitución de 1978 nunca se negó su existencia entendiéndose que el derecho a ser juzgado por un tribunal independiente e imparcial formaba parte bien del derecho a un "juez ordinario predeterminado por la ley", bien del derecho a un "proceso con todas las garantías". A ambas formulaciones recogidas en el artículo 24.2 de la CE se vinculó inicialmente el requerimiento de imparcialidad judicial, requerimiento que unos años más tarde y ya en doctrina jurisprudencial uniforme terminó integrándose en el derecho a un proceso con todas las garantías (entre otras muchas, STC 205/2013, de 5 de diciembre).

La propia definición constitucional de este último derecho, compleja desde su construcción como concepto jurídico indeterminado, conduce a ello. De hecho, la imprecisión resultante le dota de un marcado carácter residual y subsidiario que se traduce en una primera aproximación eminentemente negativa: su invocación estará justificada en defecto de garantías típicas constitucionalizadas, es decir, con relación a garantías no expresamente reconocidas y que, además y en principio, disfruten de naturaleza procesal.

Y esto es lo que ocurre tratándose del derecho a juez imparcial. Aunque no incluido específicamente en el listado de salvaguardas procesales elevadas a derecho fundamental por la Constitución, sí se contempla, insistimos, en normativas internacionales de indudable vigencia en nuestro país. Por ello, su integración en el derecho a un proceso con todas las garantías.

---

17 Acaso el actual silencio del texto constitucional sobre la imparcialidad judicial proceda de anteriores mutismos de los constituyentes patrios. Sea o no ésta la causa, lo cierto es que no deja de resultar paradójica. Por su propia significación, primero, y por las menciones que a la imparcialidad de los funcionarios públicos y de los representantes del Ministerio fiscal se contienen en los artículos 103.3 y 124 de la CE, después.

3.3. De cualquier modo y para evitar equívocos, debe advertirse que este derecho tiene un marcado carácter orgánico al incidir sustancialmente en el titular del órgano jurisdiccional. Esta caracterización, sin embargo, no suprime su configuración como garantía jurisdiccional de naturaleza procesal. En realidad, su relación con el proceso es tan estrecha que en ocasiones resulta de difícil, cuando no imposible, separación. Hasta tal punto es así que desde todas las instancias judiciales se viene defendiendo no solo que “el derecho a un juez imparcial forma parte del derecho fundamental a un proceso con todas las garantías”, sino además y sobre todo que éste constituye “la primera de ellas al condicionar la existencia misma de la función jurisdiccional” (STS 6767/2012, de 5 de octubre, con cita de numerosas resoluciones del Tribunal Constitucional)[18].

3.4. Por lo demás, téngase presente que el contenido esencial del derecho al juez imparcial suele explicarse aludiendo a la ausencia de parcialidad. Se trata, sin duda, de una construcción imperfecta: la definición no debe formarse ni con el propio concepto ni con su opuesto[19]. No obstante, con ella se pretende resaltar la idea de una neutralidad inflexible en la aplicación del derecho objetivo, sin predisposiciones psicológicas o interferencias ajenas que conduzcan al favorecimiento de una de las partes del litigio. Y, puesto que la imparcialidad también estaría al servicio de un debate justo donde los contendientes se encontraran en pie de igualdad, queda claro que su violación excluiría la garantía del debido proceso.

Definiciones al margen, importa especialmente la delimitación última de su contenido, sujeta, como no podía ser de otro modo, a una cierta relatividad en función de las distintas circunstancias de lugar y tiempo. Centrándonos en nuestro país, actualmente la unanimidad impera tanto en su versión objetiva, donde propiamente no se cuestiona la actitud del juez o su integridad y cuyo exponente principal viene de la mano de la conocida regla “quien instruye no puede juzgar”, como subjetiva, entendida ésta como “concurrencia de intereses o preferencias personales hacia alguno de los términos en los que el enjuiciamiento se sustancia” y aquí la

---

18 Podría deberse a un error de traducción, pero lo cierto es que, incorrecciones al margen, en ocasiones y fruto de esa conexión innegable se llega a utilizar la expresión “proceso imparcial”.

19 En la definición correcta aparecen distintos elementos como la ausencia de prejuicios a favor o en contra de una de las partes procesales o la aplicación del derecho objetivo con neutralidad y sin interferencias ajenas que favorezcan o tiendan a favorecer a una de las partes procesales.

amistad o enemistad manifiesta servirían de ejemplo (STS 1638/2013, de 15 de marzo).

Ocurre, sin embargo, que frecuentemente y en una y otra esfera aparecen zonas limítrofes que requieren ir perfilándose por quien tiene atribuido la máxima instancia en materia de derechos fundamentales/humanos. Y todos somos conscientes que la tentación expansiva no resulta algo hipotético sino real principalmente cuando nos hallamos ante postulados que se prestan "a un inevitable subjetivismo, porque operan sobre unas bases, fácticas o jurídicas, en esencia discutibles"[20].

Pero volviendo a la distinción anterior, ésta es fruto, y resulta sabido, de una clásica interpretación del Tribunal Europeo de Derechos Humanos según la cual en la imparcialidad cabe apreciar dos tipologías vinculadas a la mayor preponderancia de la conducta, el ánimo, del juez en el caso concreto, la objetiva y la subjetiva centrada en la conducta del juez. Y cabe hacerlo porque se trate o no de una distinción artificiosa y poco operativa ambos aspectos afectan al núcleo definitorio de la potestad jurisdiccional. De ahí que uno y otro hayan terminado comprendiéndose en las previsiones expresas o implícitas de los textos internacionales e internos antes referidos (por todas, STEDH de 24 de mayo de 1989, caso "Hauschildt contra Dinamarca" y STC 60/1995, de 16 de marzo)[21].

Llegados a este punto, no parece superfluo destacar que la Sala Segunda del Tribunal Supremo matiza en cierta medida la interpretación anterior

---

[20] Y ejemplos conocemos en relación con otros derechos no tan distantes del que ahora nos ocupa: tutela judicial efectiva y motivación de resoluciones judiciales podría ser uno de ellos, véase Delgado Piqueras, F., "Motivación irrazonable de las sentencias, suspensión cautelar e indemnización de los perjuicios causados por la ejecución del acto administrativo", en *Revista de Administración Pública* nº 152, 2000, a quien pertenecen los entrecomillados del texto y quien se inspira en las tesis, que no pueden sino compartirse de Borrajo Iniesta, I., Díaz-Picazo Giménez, I., y Fernández Farreres, G., *El derecho a la tutela judicial y el recurso de amparo. Una reflexión sobre la jurisprudencia constitucional,* Madrid, 1995.

[21] Como primera resolución al respecto se suele citar la STEDH de 1 de octubre de 1982, caso Piesark contra Bélgica, señalándose también que Estrasburgo estaría "asumiendo una clasificación existente en la jurisprudencia de los tribunales de Reino Unido —análoga a la distinción entre *bias* y *apparent bias*—" (Bachmaier Winter, L., *Imparcialidad judicial y libertad de expresión de Jueces y Magistrados, ob. cit.*, págs. 25 y 26). En España, evidentemente, se tomó aquella distinción del Tribunal Europeo conectándose una y otra categoría a las relaciones del juez con el objeto del proceso o con los sujetos del mismo (Montero Aroca, J., *Sobre la imparcialidad del juez y la incompatibilidad de funciones procesales,* Valencia, 1999).

al apreciar, mucho más correctamente en nuestra opinión, que la vertiente objetiva no afecta tanto a la imparcialidad en sí misma considerada como a la incompatibilidad de funciones judiciales. Se observa así:

– Por un lado, que "la imparcialidad, entendida como la ausencia de toda prevención o designio que pueda ponerse al servicio de alguna de las partes o del propio Juez, tiene siempre un marcado carácter subjetivo. La concurrencia de cualquiera de esos designios, esto es, su parcialidad, afecta al ánimo del Juez, que filtra lo que debiera ser el legítimo ejercicio de la función jurisdiccional con una motivación que le aparta de su verdadero estatuto constitucional. Esa genuina dimensión subjetiva de la imparcialidad y las dificultades para indagar su concurrencia, explican que el ordenamiento jurídico, con el fin de prevenir cualquier riesgo de menoscabo, objetive una serie de causas que obligan al Juez a apartarse del conocimiento del asunto, con independencia de que aquél se sienta o no íntimamente afectado en su imparcialidad. El legislador asume que la preexistencia de una relación del Juez con cualquiera de las partes o con el objeto del proceso, lleva a la sociedad a desconfiar del efecto que esos vínculos puedan proyectar sobre la labor de enjuiciamiento. El Juez ha de apartarse inmediatamente del conocimiento del asunto y si no lo hace puede ser recusado" (ATS 9670/2011, de 4 de octubre, y SSTS 662/2009, de 5 de junio, 713/2007, de 19 de abril o, más recientemente, 173/2013, de 9 de enero). Aclaremos entonces que una cosa son las prevenciones reales advertidas y otra muy distinta las descalificaciones infundadas, individuales o no, que aluden a motivaciones espurias de índole política, social o económica que, de concurrir, nos llevarían a actuaciones parciales e ilegítimas.

– Por otra parte, que la incompatibilidad de funciones, referida a la participación del tribunal sentenciador en labores instructoras o en la decisión de impugnaciones previas, "nada tiene que ver con una relación preexistente, con hechos o situaciones que son ajenos al proceso mismo. De lo que ahora se trata —nos dirá el ATS 9670/2011— es de abordar el obstáculo que podría representar para la vigencia del derecho a un proceso con todas las garantías, el contacto mantenido por el Juez con actos procesales en los que ha intervenido durante la fase de instrucción".

Así perfilado, el derecho que nos ocupa encuentra su verdadero significado tanto en la idea de imparcialidad en sí misma considerada —vinculación personal del juez con las partes o con el objeto del proceso— como en la de incompatibilidad funcional derivada de su intervención anterior en el proceso. Tal vez esta última categoría no sea tan artificiosa o, en un extremo al menos, tan difícil de verificar como la anterior; obsérvese que la constatación del ánimo del juez no siempre será necesaria. Pero, sea o no así, lo cierto es que hoy en día la obligación de los poderes públicos en la promoción y respeto del derecho fundamental al juez imparcial se extiende, en su ámbito respectivo, a una y otra faceta. Lógicamente y con la mirada puesta en el *lawfare*, ello incluye tres recordatorios decididos: uno, para la existencia de límites a la fuerza expansiva de las causas legitimadoras de la exclusión judicial ante el riesgo de parcialidad; dos, para su necesaria acreditación con prueba directa o, lo más habitual, indiciariamente; y tres, para el deber de abstención que corresponde al *iudex suspectus* tanto por sus vinculaciones —objetivas o subjetivas— con el litigio en cuestión, como por su participación jurisdiccional en decisiones previas relativas al mismo.

4. AL HILO DE LAS APARIENCIAS Y LA FRASE ATRIBUIDA A CÉSAR

4.1. Según el Diccionario de la Real Academia de la Lengua Española la palabra apariencia, que procede del latín tardío *apparentia* —cualidad de lo que se muestra—, puede significar tres cosas: la primera, "aspecto o parecer exterior de alguien o algo"; la segunda, "verosimilitud, probabilidad"; y la tercera, "cosa que parece y no es"[22].

Sobre éste su plural significado volveremos después. Antes "parece" obligado una breve digresión sobre la mujer del César y su conocida e incluso manida relación con el tema que nos ocupa[23].

Todos somos conocedores de la leyenda, historia real según Plutarco, sobre la reprobación de Julio César a su segunda esposa como consecuencia de un episodio de seducción —y sacrilegio— en el que participó un joven patricio, Clodio, y quizá, tal vez, la propia afectada, Pompeya. Se cuenta que el famoso militar y político romano sentenció entonces y en una frase ya célebre que "no basta con que la mujer del César sea honesta,

---

22 A estos tres significados se añade un cuarto propio del teatro: "En los corrales de comedias, escena pintada sobre un lienzo, representada por actores o montada con muñecos y tramoyas, que se ocultaba tras el telón de fondo y se descubría en un determinado momento con la intención de causar sorpresa". Y algunas locuciones verbales como cubrir, guardar o salvar las apariencias en clara referencia a "disimular la realidad para evitar habladurías o críticas" o "idear la explicación de un hecho observable sin certidumbre de la verdad".

23 Y ello aunque soy consciente, por la afectación que conlleva, que Francisco Silvela lo habría podido tachar de "cursería" (*La Filocalia o el arte de distinguir a los cursis de los que no lo son*, Madrid 1868).

también tiene que parecerlo"[24]. La orden de divorcio que recibió Pompeya, exculpada después y de modo indirecto por su marido, fue el desenlace inmediato[25].

Sea como fuera, las razones últimas de aquel su pensamiento —se ha dicho que respondieron a un intento de no enemistarse con el pueblo que tenía en Clodio su principal valedor— no importan. Ya se imaginarán que son las apariencias, la imagen externa, superficial y estética, que César sube a la palestra las que ahora interesan. Y no se descubre nada nuevo al señalar que, en la actualidad y con un ambiguo significado, esas apariencias han terminado por desbancar a los hechos y lo han hecho además trascendiendo de los escenarios que le eran favorables —político, social o incluso económico—, para instalarse en un mundo también propicio cuál es el jurídico y judicial principalmente. Baste pensar que el Tribunal Europeo de Derechos Humanos no deja de advertir sobre la importancia de las apariencias y su incidencia en las sociedades democráticas desde la perspectiva de la confianza de los ciudadanos en la justicia y los órganos encargados de prestarla.

No voy a ser yo quien critique la importancia de la imagen, en absoluto, pero sí creo que se ha sobredimensionado su papel hasta el punto de convertirse en factor clave de decisión. Y aquí, en mi opinión y de nuevo con el *lawfare* entre bastidores, está el peligro. Un peligro que se traduce en dejar de lado, en relegar, la esencia, lo profundo e interno de las personas, las instituciones, las cosas... y al mismo tiempo en priorizar la superficialidad, lo accesorio y más fútil de unas y otras. Si se quiere y sin llegar al dicho popular "difama que algo queda", continente por contenido.

Pero volvamos a la célebre frase pues quiero pensar que nos da la razón. Obsérvese que comienza con un "no basta", lo que si bien se mira implica

---

24 En la traducción de Ranz Romanillos, A., de las *Vidas Paralelas* de Plutarco, Madrid 1822, v. IV, págs. 104-106, se califica lo ocurrido como "incidente doméstico desagradable".
Empero, las palabras de César que allí se recogen no son exactamente las transcritas en el texto. Según figura en ese relato todo ocurrió en el juicio que por tales hechos se siguió contra Clodio y al ser preguntado como testigo. Narra el historiador griego que César declaró no saber nada de las acusaciones y que fue a raíz de esta respuesta cuando se le interpeló por las razones que le movieron entonces a repudiar a Pompeya y cuando afirmó: "Porque quiero que de mi mujer ni siquiera se tenga sospecha".

25 Luego vendría su posterior matrimonio con Calpurnia cuyo linaje y familia hacían predecir una nueva motivación de claro interés político.

un ineludible punto de partida que se halla, como no podía ser de otra forma, en la cualidad en sí: no solo ha de ser honesta… Y diría más pues la expresión, quiero entender también, se formula en términos relativos referidos únicamente a quienes ocupan una determinada posición y en tanto en cuanto referentes de la sociedad: no basta con que la mujer del César…[26].

Por lo pronto, resulta difícil negar que situar el centro de gravedad en la mera apariencia se presenta, cuando menos, como poco prudente[27]. Desde luego, la tentación en el mundo que vivimos es grande. Tanto que no causa extrañeza, y no hace falta recordar que se trata de un sentir distinto de la inquietud, encontrar actitudes claramente trasgresoras de aquel pensamiento y que traen consigo reflexiones como la siguiente: puesto que lo importante es parecer, para qué ser. Y obsérvese aquí que con ello seguiríamos utilizando correctamente la palabra apariencia, no en su primera y más adecuada enunciación, "aspecto o parecer exterior de alguien o algo", pero sí en la tercera sobre cuyo peligro no es necesario insistir, "cosa que parece y no es", que es en realidad a lo que puede inquietantemente llegarse con las críticas reiteradas de *lawfare.*

4.2. Pues bien, como se ha anticipado, el referente de la mujer del César, y en esas sus dos versiones, emerge con fuerza en el escenario de los derechos humanos de índole procesal al hilo, concretamente, del derecho al juez —independiente e— imparcial.

Han sido varios los artículos periodísticos que con un título similar al que rubrica estas páginas pueden leerse en los medios de comunicación. Casi siempre relacionados con temas de corrupción y para concluir mayoritariamente sobre el inescindible vínculo entre el ser y el parecer del juez imparcial. Sirva de muestra la opinión de José María Mena, publicada en el año 2015 (Diario El País Cataluña), con reflexiones como las siguientes: "Hoy, como hace dos mil años, la credibilidad de los virtuosos y de las virtudes de trascendencia social es inseparable de su apariencia. La

---

26 En este extremo, la etimología de la palabra podría llevarnos a ello: derivada del verbo aparecer *parere*, con el prefijo *ad* y el sufijo *ia* expresando dirección y cualidad y con el agente *nt* en clara alusión a quien hace la acción; mas se trata de una interpretación personal naturalmente sujeta a mejor crítica.

27 Esta misma preocupación se trasluce en el voto concordante que se encuentra en la STEDH de 26 de febrero de 1993, Padovani contra Italia (véase Bachmaier Winter, *Imparcialidad judicial y libertad de expresión de Jueces y Magistrados, ob. cit.*, pág. 28, nota 55).

honestidad de todas las Pompeyas, la fidelidad de todos los compromisos, la honradez de todos los políticos, parten de que las virtudes que ostentan sean creíbles, aceptadas socialmente como veraces, sinceras, auténticas. La credibilidad de los jueces, de su imparcialidad e independencia, también es inseparable de su apariencia. También ellos deben ser honestos, imparciales e independientes, y además parecerlo".

Y tiene razón el articulista en que uno de los agentes en la etimología de la expresión romana ha de ser necesariamente el juez. Se quiera o no, aquella relatividad antes afirmada no afecta ni puede afectar a quienes en estos momentos ejercen los Poderes del Estado, los tres, judicial incluido. No basta, pues, que sus integrantes sean virtuosos, deben también parecerlo. En juego está el propio prestigio de las instituciones que representan.

El problema estriba, ya se dicho también, en que el ser y el parecer se colocan en pie de igualdad y, si esta equivalencia y reciprocidad cabe resultar equívoca, mucho más resultaría cuando se arrincona la rectitud y se prioriza la apariencia. Descuidar el ser constituye, en mi opinión, un grave error, ignorarlo puede dar paso a una equivocación irreparable. Y no solo. Nótese que extrapolar el valor de las apariencias más allá de los confines propios, en nuestro caso la confianza de la sociedad en la Justicia, podría distorsionar el contenido esencial del derecho a ser juzgado por un tribunal imparcial.

5. SOSPECHAS Y CUESTIONAMIENTO DE LA CREDIBILIDAD JUDICIAL

5.1. La teoría de las apariencias a la que en determinados pronunciamientos recurren los máximos intérpretes del derecho a un juez imparcial genera inquietud desde un doble orden de cuestiones. Lo hemos visto. Primero, por desvincularse del derecho en sí y dar paso a una visión desenfocada y errónea de la imparcialidad judicial que se traduce en una desconfianza de la ciudadanía en la Administración de justicia y correlativamente en un debilitamiento del Estado de derecho. Después, por centrarse sobremanera en las apariencias con un coste también difícil de asumir pues consiente quebrar la credibilidad del juez y posibilita intromisiones inaceptables en su deber de juzgar.

Quizá por ello y como venimos explicando, el Tribunal Constitucional avisa que en la averiguación de la posible trasgresión del derecho a un juez imparcial resulta preciso comprobar si los temores del demandante pueden pasar por objetivamente justificados, debiendo determinarse "si, a parte de la conducta del juez, hay hechos verificables que pueden crear dudas respecto a su imparcialidad" (STC 133/2014, de 22 de julio). Justamente de esta necesidad verificadora ha surgido la conveniencia de "un modelo de juez rodeado de apariencia de imparcialidad".

Este modelo de juez está siendo objeto de estudio desde distintas instancias internacionales. En todas ellas, la independencia judicial y la confianza pública en la justicia se conforman como elemento clave a la hora de proclamar sus respectivos principios o reglas de conducta. Se destaca así que el comportamiento de los titulares de la potestad jurisdiccional ha de encaminarse siempre a preservar la dignidad de su función, a mantenerse independiente del resto de poderes y a evitar cualquier apariencia de parcialidad que se cierna sobre la percepción de inexistencia de un juicio justo. No extrañará que en este contexto se haga especial hincapié en advertir a los jueces respecto a la inconveniencia o, mejor, la incompatibilidad de realizar manifestaciones públicas en temas políticos controvertidos que impliquen mostrarse a favor o en contra del gobierno de que se trate. Y no puede decirse que no se haya cumplido, al menos con carácter general y con muy contadas excepciones.

Naturalmente, este modelo de juez, que es ajeno a la politización de la justicia, debe contar con el patrocinio y la protección de los poderes públicos. En este sentido, el Grupo de Estados del Consejo de Europa contra la Corrupción (GRECO) no ha dejado de prevenir sobre la necesidad de cambios para fortalecer la confianza ciudadana en la independencia e imparcialidad de nuestra justicia. En su Informe, publicado el 3 de enero 2018 y aprobado en la 78ª reunión celebrada en Estrasburgo los días 4 a 8 de diciembre de 2017, sobre el cumplimiento temporal de las medidas y recomendaciones adoptadas con relación a España en reuniones anteriores se hace constar la inobservancia patria en lo relativo, y estamos en el ámbito del Poder Judicial, a su recomendación VI: "*inscrire dans la loi des critères objectifs et des règles d'évaluation pour les nominations aux hautes fonctions de l'ordre judiciaire, à savoir, président de tribunal provincial ou de tribunal supérieur de justice et juge à la Cour nationale ou au Tribunal suprême, afin que ces nominations ne fassent naître aucun doute sur l'indépendance, l'impartialité ou la transparence du processus*".

Como es sabido, estos cambios no se han producido, y tampoco los relativos a los aforamientos a que se refería el Informe adoptado en su 88ª reunión los días 20 a 22 de septiembre de 2021. Por eso, la preocupación del GRECO se mantiene viva y sigue instándose el establecimiento por ley de criterios objetivos y requisitos de evaluación para el nombramiento de los rangos superiores de la judicatura con el fin "de garantizar la independencia, imparcialidad y transparencia del proceso" (Adenda al Informe de Cumplimiento de la IV Ronda de Evaluación de España de 5 de diciembre de 2022). Y ello al margen de otros temas que también inquietan, como la renovación del Consejo General del Poder Judicial o el estatuto del Fiscal General del Estado, y que son compartidos con la Comisión Europea (Informe sobre el Estado de Derecho en 2023 Capítulo sobre la situación del Estado de Derecho en España de 5 de julio de 2023).

5.2. La cuestión radica en que estas consideraciones surgidas en un escenario y con un objetivo específico, las injerencias políticas y la lucha contra la corrupción, se han trasladado, y con excesiva facilidad, a un entorno distinto que excede de las clásicas salvaguardas a la autonomía judicial respecto a los demás poderes del Estado y que proyecta recelos generales e intereses políticos particulares sobre procesos concretos. Se critica entonces, desde la apariencia y tras ensayos previos para desprestigiar a todos los jueces, el enjuiciamiento imparcial de aquel que conoció, conoce o ha de conocer los asuntos que en ese contexto objetivo se corresponden a su esfera de actuación.

Se observa así que, antes de las elecciones generales de 2023 y los acuerdos de gobernabilidad que siguieron, un ejemplo ilustraba en nuestro país la fuerza expansiva de aquella divisa en el seno del Poder Judicial, en el ámbito del proceso con todas las garantías y en relación con el derecho fundamental a un juez imparcial en cada una de sus vertientes.

Ese paradigma del esfuerzo por aparentar o, acaso tal vez, por disimular y no centrarse en la raíz de la cuestión residió durante un tiempo en el sistema de acceso a ciertos "puestos" de la magistratura española: básicamente, magistrados del turno autonómico de las Salas de lo Civil y Penal de los Tribunales Superiores de Justicia, del Tribunal Supremo no provenientes de la carrera judicial y del Tribunal Constitucional. Sobre ellos y en más de una ocasión se hizo recaer la nada baladí sospecha de una posible y general contaminación, de índole extrínseca y subjetiva y vinculada, precisamente, a su régimen electivo. Y, sin importar los riesgos que un rumor tal pudiera acarrear y olvidándose de la premisa que inspiraba el símbolo de la mujer del César, en la práctica pareció imponerse el guardar las apariencias a la actuación concreta del juez; porque, si bien se mira, no se trataba del riesgo de un proceder sin sometimiento exclusivo a la ley y en atención a circunstancias personales que condicionaran la experiencia vital del juez encargado de juzgar el caso, sino de la suspicacia ciudadana en un Poder Judicial sin nombre ni apellidos.

Con este enfoque y para cierto tipo de magistrados, básicamente autonómicos, se plantearon cambios. Acaso convenientes, no lo negaremos, pero a la vez alarmantes al llegar muchas veces a ellos con el único aval de la estética; esto es, sin contar con esa previa e imprescindible reflexión sobre su verdadera razón de ser y con esa ambigüedad que, desviando la atención, autorizaría concluir que la reforma se produce a los efectos de salvaguardar el derecho a un juez imparcial. Por ello y en el fondo, este ejemplo solo se explicaría desde una confusión que afecta a aquellos dos planos de la imparcialidad. Una cosa es el juez imparcial, derecho subjetivo público del que es titular cualquier persona en tanto en cuanto parte de un proceso y que se impone como deber en el ejercicio de su potestad jurisdiccional, y otra distinta los valores que se incluyen en la idea de Justicia o, si se quiere mejor, que dotan de legitimidad al Poder Judicial. En realidad, que el respeto o el restablecimiento de aquel derecho beneficie también a la sociedad democrática al robustecer ese clima de confianza de la ciudadanía en sus tribunales no significa ni puede significar una transformación tal que reformas legales pensadas desde posiciones institucionales —evitar recelos en la justicia, luchar contra la corrupción, conferir mayor transparencia a nombramientos judiciales...— se conviertan en causa justa que permitan denunciar la presencia de un *iudex suspectus* por el mero hecho de la forma de su designación. Sin conexión, por tanto, con un proceso concreto y con una proyección desorbitada de la regla romana.

Ahora bien, en estos momentos, a dicho ejemplo se suma el *lawfare*, y con mayor preocupación si cabe pues, como viene indicándose, las apariencias se destrozan con unos argumentos generalistas, a la vez que partidistas y vacíos de contenido, que vienen sostenidos, expresa o implícitamente, por determinados grupos parlamentarios. Y aquí, por los recelos de contaminación que conllevan, el riesgo no viene solo de presentes o futuras recusaciones, también de que el juzgador, anticipándose a la mujer del César, abandone su función, voluntaria o involuntariamente, absoluta o relativamente. Un abandono que de nuevo ocurrirá sin estar en cuestión su imparcialidad sino a modo de prevención para parecer y al mismo tiempo evitar que "la orden de divorcio" le afecte.

Sea como fuera, lo cierto es que nunca, en los cuarenta y cinco años de existencia del texto constitucional, importaron tanto las apariencias y nunca durante este tiempo se cuestionó tanto la "credibilidad" de los jueces como ahora. De hecho, hasta momentos recientes, y de nuevo con alguna salvedad ya comentada, los integrantes del Poder Judicial se mostraban cumplidores no solo con las exigencias derivadas del derecho a un juez independiente e imparcial, sino además con el patrón romano: también lo parecían.

De un tiempo a esta parte, sin embargo, las cosas han cambiado. El mundo del ser ha permanecido, pero el de las apariencias ha sufrido una evolución tal que ha dado paso a las temidas e inquietantes sospechas. Unas sospechas, no nos engañemos, que ni siquiera surgen al hilo de procesos contra aforados, y nótese que el número de éstos resulta insignificante en comparación con las denuncias y querellas presentadas, sino que traen causa de una lucha política ajena a los jueces que se limitan a juzgar comportamientos delictivos con independencia de quien los haya cometido. La quiebra, insistimos, se produce en relación con una temática concreta pero se extiende a una velocidad de vértigo y sin importar que esos atributos del juzgador independiente e imparcial no se hubieran visto cuestionados en los restantes asuntos sometidos a su conocimiento, tengan o no un componente político, versen o no sobre temas de corrupción.

En estas condiciones, todo hace pensar que se trata de una operación estética con señalamientos personales incluidos y, lo que es peor, sin la menor acreditación. Insinuada la sospecha, se alimenta con el fin de eludir la justicia y con la pretensión encubierta de, desprestigiando a los jueces, desgastar al Estado de derecho, a la separación de poderes y a sus instituciones. El desenlace, sin duda, es desolador. De ahí la insistencia en la credibilidad, en la prevención del poder de las apariencias y en la justificación del temor.

El rechazo liminar de la recusación contra jueces y magistrados

L. ALFREDO DE DIEGO DÍEZ
Magistrado y doctor en Derecho
Profesor de Derecho Procesal en la Universidad Pablo de Olavide (Sevilla)

A los abogados que juegan limpio; a los otros, no.

Resumen: La recusación es un instrumento idóneo para apartar del proceso al *iudex suspectus*, esto es, al juez sobre quien recae una razonable sombra de duda sobre su imparcialidad. Sin embargo, con más frecuencia de la deseada, algunos abogados poco escrupulosos utilizan de mala fe y de forma abusiva este instrumento, con la única finalidad de apartar del proceso al juez riguroso, al que ha dictado resoluciones fundadas y certeras pero que no han sido favorables a sus intereses. Se montan, así, recusaciones sin el más mínimo fundamento, directamente basadas en fabulaciones, medias verdades o incluso mentiras, impropias de un profesional del derecho que se define a sí mismo como colaborador de la justicia (art. 55.1 del Estatuto General de la Abogacía Española, Real Decreto 135/2021).

Palabras clave: imparcialidad, recusación, desestimación liminar, abuso de derecho, fraude de ley.

Abstract: The recusal is a suitable instrument to remove from the process the *iudex suspectus*, that is, the judge on whom there is a reasonable shadow of doubt about his impartiality. However, more often than desired, some unscrupulous lawyers use this instrument in bad faith and in an abusive manner, with the sole purpose of removing from the process the rigorous judge, the one who has issued well-founded and accurate resolutions but who has not been favorable to their interests. Thus, challenges are mounted without the slightest basis, directly based on fabrications, half-truths or even lies, unbecoming of a legal professional who defines himself as a collaborator of justice (art. 55.1 of the General Statute of the Spanish Legal Profession, Royal Decree 135/2021).

Key words: impartiality, recusal, liminal dismissal, abuse of rights, fraud of law.

"Es deber imperioso [del recusante] y de su dirección jurídica producirse con la mayor mesura y el máximo comedimiento que debe ser el norte que guíe los pasos de cuantos colaboran a la augusta función de los Tribunales de Justicia; y el freno que contenga sus demasías de lenguaje, impropias del ambiente de serenidad y ponderación que debe rodear el desenvolvimiento de las actividades forenses, sin que sea lícito que, al socaire del legítimo ejercicio del derecho de recusar, se emitan juicios irrespetuosos y se empleen vocablos que envuelvan evidentes ofensas al principio de autoridad que encarnan esos funcionarios, dignos de que se les guarden las consideraciones que merecen por la alta misión que les está confiada y desempeñan".

STS (Sala de lo Criminal) de 14 de marzo de 1953 (ECLI:ES:TS:1953:1483
Excmo. Sr. D. Francisco de la Rosa de la Vega

1. APROXIMACIÓN AL TEMA

Decretar la admisión o no a trámite de la recusación no es de la incumbencia del recusado ni entra dentro de sus facultades; ello compete, como es lógico, al instructor del incidente. La regla general es, por consiguiente, "que el órgano recusado ha de dar curso a la recusación para que sea examinada por un órgano distinto a aquel de quien se sospecha la parcialidad" (STC 155/2002).

El derecho a recusar comprende, "en línea de principio, la necesidad de que la pretensión formulada se sustancie a través del proceso prevenido por la ley con este fin y a que la cuestión así propuesta no sea enjuiciada por los mismos jueces objeto de recusación, sino por aquellos otros a que la ley defiera el examen de la cuestión" (STC 47/1982). De este modo, se garantiza también la imparcialidad en la resolución del incidente de recusación planteado.

Esta regla general no significa, sin embargo, que en casos excepcionales —pero cada vez mucho más frecuentes— la recusación no pueda rechazarse de plano por el propio órgano recusado (STC 155/2002). La inadmisión *a limine* es constitucionalmente admisible, entre otras razones, cuando falten los presupuestos, se incumplan los requisitos formales y también cuando la recusación encubra un fraude de ley. El asidero legal se encuentra en el artículo 225.2 de la LOPJ, por cuanto dispone que "no se admitirán a trámite las recusaciones en las que no se expresaren los motivos en que se funden, o a las que no se acompañen los documentos a que se refiere el apartado 2 del artículo 223"; es decir, un principio de prueba sobre los motivos en que se funde la recusación y poder especial del procurador.

Dice el ATS (Sala 2ª) de 17 de junio de 2021, rec. 20284/2021 (ECLI:ES:TS:2021:9617A):

> "Como hemos indicado en el auto dictado por esta Sala el día 1 de julio de 2020, con cita del auto de fecha 11 de enero de 2012, de la regulación legal de la recusación se deduce que la posibilidad de inadmisión liminar está ahora contemplada expresamente en la LOPJ en dos momentos: i) el primero se refiere a la que puede acordar el mismo recusado o el tribunal del que forma parte cuando se basa en la extemporaneidad, según el artículo 223.1 de la LOPJ; ii) el segundo se concreta en la que corresponde acordar al instructor, por los motivos contemplados en el artículo 225.2 de la LOPJ.
> A estas posibilidades de inadmisión se une una tercera, que es la que resulta de aplicar el artículo 11.2 de la LOPJ, esto es, cuando las peticiones, incidentes y excepciones se formulen con manifiesto abuso del derecho o entrañen fraude de ley o procesal".

- *Motivos de rechazo preliminar.* STC 229/2003 (Pleno):

> "10. [...] El rechazo preliminar de la recusación ha de tener carácter excepcional, pudiendo sustentarse en el incumplimiento de los requisitos formales que afecten a la esencia del procedimiento (entre los que ha de incluirse el cumplimiento de los plazos legalmente previstos), en la inexistencia de causa en que legítimamente pueda fundarse (bien porque no se designe, bien porque su invocación sea arbitraria o manifiestamente infundada, de modo que sea *prima facie* descartable), o en que no se establezcan los hechos que le sirven de fundamento"[1].

"También es lícito —afirman los AATC 144/2003 (FJ 1), 265/2003 (FJ 2) y 80/2005 (FJ 3)— inadmitir a trámite las recusaciones que, por el momento en que se suscitan, su reiteración u otras circunstancias ligadas al proceso concreto, son formuladas con manifiesto abuso de derecho o entrañan fraude de ley o procesal".

---

1 Esta doctrina inconcusa ha sido reiterada en innumerables resoluciones del Tribunal Constitucional y del Tribunal Supremo. Por ejemplo, en las SSTC 47/1982 (FJ 3), 234/1994 (FJ 2), 64/1997 (FJ 4), 136/1999 (FJ 5); 155/2002 (FJ 2); en los AATC 144/2003 (FJ 1) y 265/2003 (FJ 2) o en los AATS (Sala 2ª) de 12 de marzo de 2021, causa especial 21092/2018 (ECLI:ES:TS:2021:2970A); 21 de junio de 2021, causa especial 20776/2020 (ECLI:ES:TS:2021:9081A); 16 de marzo de 2022, causa especial 21103/2021 (ECLI:ES:TS:2022:3744A) y 26 de julio de 2022, causa especial 2195/2021 (ECLI:ES:TS:2022:11948A).

Con cierto detalle, el ATC 73/2022 (FJ 3) enumera cuándo es posible denegar *a limine* la tramitación de la recusación:

- Cuando razones procesales o de fondo así lo exijan. Entre otros muchos, pueden verse los AATC 109/1981, 394/2006 (FJ 2), 454/2006 (FJ 3), 177/2007 (FJ 1), 202/2014 (FJ 9), 269/2014 (FJ 2), 119/2017 (FJ 3), 62 y 63/2020 (FJ 3), 69/2021 (FJ 2) y 107/2021 (FJ 5).
- Como consecuencia de su defectuoso planteamiento procesal. Por ejemplo, los AATC 383/2006 (FJ 2) y 394/2006 (FJ 2).
- En atención al momento en que se suscitan, su reiteración, las circunstancias que las rodean, a su planteamiento o a las argumentaciones que las fundamentan. Así, los AATC 394/2006 (FJ 2), 454/2006 (FJ 3) y 177/2007 (FJ 1).
- Cuando son formuladas con manifiesto abuso de derecho o entrañan fraude de ley o procesal (art. 11.2 de la LOPJ). Por todos, véase el ATC 119/2017 (FJ 3).

2. FALTA DE PRESUPUESTOS O INCUMPLIMIENTO DE REQUISITOS FORMALES

Resulta constitucionalmente admisible, al decir de la STC 47/1982, el rechazo liminar de la recusación cuando se propone por quien no es parte en el proceso o falta alguno de los presupuestos de admisibilidad, tales como que se incumplan los requisitos formales que afectan a la esencia del procedimiento (entre ellos, la extemporaneidad), cuando no se alega la causa en que legítimamente puede fundarse la recusación, o cuando no se establecen los hechos que le sirven de fundamento (STC 136/1999 y AATC 144/2003 y 265/2003, entre otros muchos).

2.1. Recusación extemporánea

Es el propio artículo 223.1 de la LOPJ el que habilita para inadmitir las recusaciones que no se propongan "tan pronto como se tenga conocimiento de la causa en que se funde" (SSTC 136/1999, 155/2002). Señala el ATC 64/1984:

> "Es inadmisible, como contrario a todo el régimen de la recusación, y a la razón y la finalidad de esta institución procesal, que mediante un escrito presentado después del señalamiento para sentencia, y aun después de votada y redactada ésta, y pendiente de notificación, en el que, además, no hay

una concreción de causa alguna de recusación, subsumible en alguno de los supuestos definidos en la Ley, pueda ser abierto un incidente de recusación, pues si la recusación es un instrumento procesal ideado para evitar que un proceso sea fallado por Jueces en los que concurra algún supuesto que el precepto legal conceptúa como de posible quiebra de la imparcialidad, tendrá que apoyarse en la concurrencia de alguno de aquellos supuestos y plantearse en tiempo [...] La extemporaneidad de la recusación [...] hace rechazable *a limine* el escrito de recusación".

La recusación, por el momento en que se suscita, puede además suponer un verdadero abuso de derecho o entrañar un fraude procesal, de manera que, para su rechazo liminar y consecuente inadmisión a trámite, cabe traer también a colación el artículo 11.2 de la LOPJ (*cfr.*, por todos, los AATC 144/2003, 265/2003).

En todo caso, la extemporaneidad de la recusación no impide que el juez o magistrado afectado pueda —y deba— abstenerse si realmente concurre un motivo que le haga sospechoso de parcialidad.

2.2. Falta de legitimación

La recusación propuesta por quien no es parte en el proceso (STC 155/2002) o por quien carece de legitimación (como el abogado de la parte: SSTC 52/1999 y 129/2002) puede también ser rechazada *a limine.* La STC 47/1982 advierte al respecto que la decisión de rechazar de plano, en el momento preliminar, el incidente de recusación "puede adoptarse cuando la recusación sea propuesta por quien no es parte en el proceso, porque es principio general que sólo las partes legítimas puedan recusar, aunque naturalmente deba comprenderse en tal concepto a aquellos que tengan derecho a ser parte una vez que se personen en el proceso".

2.3. Defectos en lo concerniente a la causa legal de recusación

Entre las exigencias de contenido del escrito de recusación se encuentran, en relación con la causa, las siguientes (*cfr.*, por todos, el ATC 265/2003):

1. Expresar "concreta y claramente la causa de recusación" prevista por la ley.
2. Exponer los hechos en que la parte funde tal afirmación.

3. Que estos hechos constituyan —en principio— los que configuran la causa invocada.

Faltando cualquiera de los anteriores extremos, puede rechazarse sin más trámite la recusación. No es un criterio novedoso. Hace ya varias décadas que el Tribunal Constitucional lo viene afirmando de modo inconcuso: "Es presupuesto también de la admisibilidad, esto es, de la admisión a trámite de la recusación, el que el escrito exprese concreta y claramente la causa de recusación [...]. Pero no basta afirmar un motivo de recusación; es preciso expresar los hechos concretos en que la parte funde tal afirmación y que estos hechos constituyan —en principio— los que configuran la causa invocada" (ATC 109/1981, FJ 2).

Se ha reproducido esta doctrina en multitud de resoluciones. Entre las últimas de este siglo véanse los AATC 202/2014, 268/2014, 269/2014 y 61/2021.

• *Expresión de la causa, de los motivos en que se funda y acompañamiento de un principio de prueba.* ATC 269/2014:

> "[...] la doctrina consolidada de este Tribunal, que arranca del ATC 109/1981 [...] exige, para que una recusación pueda ser admitida, que el escrito en que se formule exprese, concreta y claramente, una causa de recusación de las previstas legalmente, con expresión de los motivos en que se funda, pero también acompañando un principio de prueba sobre los mismos".

• *Expresión de los hechos; no basta la invocación de un motivo.* ATC 61/2021:

> "[...] debe recordarse que no basta afirmar un motivo de recusación, sino que es preciso expresar los hechos concretos en que la parte funde tal afirmación y que estos hechos constituyan —en principio— los que configuran la causa invocada".

• *Recusación sin expresar la concreta causa legal. El tribunal no está para construir de oficio una recusación mal fundada.* ATS (Sala especial del art. 61) de 9 de diciembre de 2015, incidente de recusación 10/2015 (ECLI:ES:TS:2015:10521A):

> "*Inadmisibilidad por no expresión de los motivos en que se pretenden fundar las recusaciones de los restantes magistrados.* Dispone el artículo 225.2 de la LOPJ que "No se admitirán a trámite las recusaciones en las que no se expresaren los motivos en que se funden, o a las que no se acompañen los documentos a que se refiere el apartado 2 del artículo 223".
> En el presente caso, la recusación se formula con confusión y defectuoso fundamento sin ni siquiera subsumir los motivos alegados en una de las dieciséis causas explicitadas en el artículo 219 de la LOPJ, por lo que no se le puede construir de oficio al recusante su demanda incidental y analizarse por la Sala

aquellas causas de entre las relacionadas en el citado precepto orgánico que pudiera presumirse estar en la intención del recusante su expresión, como, a modo de ejemplo, cita el Ministerio Fiscal las causas 10ª, 11ª, 13ª o 16ª del artículo 219 de la LOPJ".

• *Meras afirmaciones sin encaje en un motivo de recusación. Invocación de causa legal carente de vínculo con los hechos en que se apoya. Formación de criterio en procesos anteriores o votos particulares previos.* ATC 107/2021 (Pleno):

> "c) [...] los motivos de recusación han de subsumirse necesariamente en algunos de aquellos supuestos que la ley define como tales [...].
>
> Lo anterior conduce al rechazo de plano de las recusaciones que se sustentan en meras afirmaciones de imposible encaje en un motivo de recusación y huérfanas de todo sustento en hechos concretos, tales como la atribución de "posiciones cercanas ideológicamente" a las de un partido político o de "vinculaciones y afinidades con el cuerpo de la Guardia Civil", o de la "pertenencia a la denominada Asociación Profesional de la Magistratura" o, en fin, en la existencia de "animadversión hacia los recusantes".
>
> La misma razón determina que se deban inadmitir *a limine* las recusaciones que se apoyan en la mera invocación de una causa legal carente de cualquier vínculo con los hechos que se narran para darle sustento. Así sucede en primer lugar cuando los recusantes, invocando de modo impropio la causa novena del artículo 219 de la LOPJ, con claro error conceptual, atribuyen la condición de parte al que fuera fiscal general del Estado, ya fallecido, o a uno de los letrados de la Junta Electoral Central o, en fin, a los magistrados del Tribunal Supremo, y confunden de este modo las instituciones con quien las representa o atribuyen la condición de parte a quien ontológicamente es evidente que no puede tenerla.
>
> También se llega a esta conclusión cuando los recurrentes atribuyen a quien ha intervenido en el enjuiciamiento penal de determinados hechos en su condición de presidenta de un órgano judicial, el motivo de recusación previsto en la causa décima sexta del artículo 219 de la LOPJ, "pues, aunque en la posición de juez se forma criterio cada vez que se resuelve, el así adquirido nunca lo es en detrimento de la debida imparcialidad" (ATC 80/2005, de 17 de febrero, FJ 4, y 18/2006, de 24 de enero, FJ 3).
>
> d) Finalmente debe descartarse que pueda fundarse una duda legítima de imparcialidad sea por la exteriorización jurisdiccional de un criterio jurídico al resolver un proceso o al discrepar de lo resuelto a través de la formulación de un voto particular, sea por las manifestaciones vertidas en publicaciones académicas o en artículos de opinión antes de haber adquirido la condición de magistrado".

En el mismo sentido se pronuncia el ATC 17/2022 (Pleno):

> "[...] si los motivos de recusación invocados se apoyan en "meras afirmaciones" que, como se destaca en el auto impugnado, están "huérfanas de todo sustento en hechos concretos", y no se aporta un principio de prueba del que se pueda derivar una duda objetiva y razonable sobre las causas de recusación invocadas, la decisión de inadmisión *a limine* puede ser adoptada

> por todos los componentes del tribunal, sin incurrir en vicio de parcialidad, porque se trata de un rechazo basado en alguno de los supuestos previstos en el artículo 11.2 de la LOPJ".

Justifica, por tanto, el rechazo liminar de la recusación el que "las partes recusantes se limiten a enunciar la concurrencia de la causa sin soporte alguno de carácter fáctico que le prestase una mínima consistencia" (ATC 136/2002).

A la hora de abordar el acomodo de los hechos expresados con la causa invocada, es preciso distinguir dos situaciones: si ese encaje requiere una labor interpretativa o es manifiesta su falta de ajuste. La inadmisión *a limine* de la recusación "no puede llevarse a cabo [...] cuando la tarea es interpretativa respecto del encaje o de la falta de encaje de los hechos y de la pretensión sobre ella formulada en las normas, porque ello exige la sustanciación del incidente" (SSTC 47/1982, FJ 3 y 136/1999, FJ 5). Pero, si es evidente, de modo inequívoco y manifiesto, que los hechos no constituyen causa de recusación alguna, como por ejemplo la alegación de amistad del recusado con quien "no ostenta la condición de parte" en el proceso, procederá igualmente el rechazo preliminar del incidente (AATC 115/2002, 136/2002).

En suma, la alternativa entre el rechazo liminar o la sustanciación del incidente de recusación dependerá de si la causa invocada resulta o no descartable *prima facie*. Así lo expresa la STC 155/2002 (FJ 6): El rechazo liminar de la recusación puede acordarse cuando "la improcedencia de la recusación [...] pueda apreciarse *prima facie* de modo manifiesto, claro y terminante y, además, que la tramitación ordinaria del incidente pueda causar perjuicios relevantes al proceso principal".

Esto es lo que sucede cuando se aduce una causa de recusación ilusoria o ficticia; es decir, aquella que de ningún modo se infiere de los hechos en que pretende fundarse (STC 155/2002). En estos supuestos, en los que, por ejemplo, se alega una "enemistad imaginaria", la recusación puede rechazarse *a limine* no solo porque los hechos no constituyan la causa invocada, sino también porque, al ser arbitraria o manifiestamente infundada nos encontraríamos ante una recusación "temeraria, abusiva y contraria al derecho a un proceso sin dilaciones indebidas" (STC 234/1994).

• *Enemistad "imaginaria", carente del más mínimo fundamento, al ejercitar el presidente del tribunal la policía de vista y dirección de los debates.* STC 155/2002:

> "Como en el supuesto examinado en la STC 234/1994, de 20 de julio, nos hallamos ante una "enemistad imaginaria" (FJ 2), carente manifiestamente de

todo fundamento (SSTC 205/1998, de 26 de octubre, FJ 3, y 136/1999, de 20 de julio, FJ 3), que no se desprende en absoluto del relato de los hechos de los que pretende hacerse derivar y que, según lo expuesto, justifica el rechazo liminar no sólo por tratarse de un supuesto análogo al contemplado en la STC 234/1994, sino además porque, como pone de manifiesto el auto por el que fue rechazada, las normas imperativas que regulan la policía de vistas y las que limitan la suspensión de los juicios a los motivos estrictamente determinados por la ley quedarían, de otro modo, a disposición de las partes, con la consiguiente distorsión fraudulenta del proceso".

En resumidas cuentas, ante la arbitraria invocación de causa legal cabe también el rechazo preliminar de la recusación (STC 155/2002). Se dice por la STC 136/1999:

"[...] La inadmisión liminar de la recusación puede sustentarse tanto en la falta de designación de una causa legal de abstención como en su invocación arbitraria, esto es, manifiestamente infundada (SSTC 234/1994 y 64/1997), ya que este último comportamiento también constituye una evidente infracción del deber de actuar con probidad en el proceso (art. 11.2 de la LOPJ), sin formular incidentes dilatorios, que resulta de la genérica obligación de colaborar en la recta administración de justicia (art. 118 de la CE) (por todas, STC 234/1994)".

3. ABUSO DE DERECHO O FRAUDE DE LEY O PROCESAL

El propio recusado puede rechazar *a limine* su propia recusación cuando sea patente que la misma responde a fines espurios y es contraria a la buena fe, por entrañar abuso de derecho y fraude procesal. La habilitación legal para ello se encuentra en la literalidad de los artículos 11.2 de la LOPJ y 247.2 de la LEC, que permiten a los juzgados y tribunales "rechazar fundadamente las peticiones, incidentes y excepciones que se formulen con manifiesto abuso de derecho o entrañen fraude de ley o procesal". Así pues, cuando la recusación sea manifiestamente infundada, presidida clara e inequívocamente por un ánimo dilatorio o difamatorio, los anteriores preceptos autorizan al juez o magistrado recusado, o al tribunal al que este pertenezca, a rechazar por auto la recusación, con la posibilidad de que frente a dicho auto la parte interponga los recursos legalmente previstos[2].

- AATC 144/2003, 150/2003, 265/2003, 266/2003, 267/2003, 80/2005, entre otros muchos: "También es lícito inadmitir a trámite las recusaciones que, por el momento en que se suscitan, su reiteración u otras circunstancias ligadas al proceso concreto, son formuladas con manifiesto abuso de derecho

---

2 José Garberí Llobregat, *Los procesos civiles*, Bosch, Barcelona, 2001, pág. 28.

o entrañan fraude de ley o procesal (art. 11.2 de la Ley Orgánica del Poder Judicial de 1985; SSTC 136/1999, de 20 de julio, FJ 5, y 155/2002, de 22 de julio, FFJJ 2-6)".

Pero, el rechazo liminar también puede encontrar su fundamento en una racional aplicación del artículo 24 de la Constitución Española que proclama el derecho al juez natural predeterminado en la ley, sin que la parte a su libre elección pueda descartarlo con causas de recusación en fraude de ley, y el derecho a la tutela judicial efectiva que comprende un procedimiento sin dilaciones maliciosas (STC 155/2002).

3.1. Recusaciones "ilusorias"

Se trata de recusaciones engañosas, irreales, ficticias. Su finalidad es entorpecer la instrucción o la tramitación y decisión, en general, de un procedimiento donde el juez —imparcial y riguroso en la aplicación de la ley— resulta incómodo para el recusante por el sentido de sus resoluciones. El Tribunal Constitucional "recomienda" que sea el propio recusado quien rechace *a limine* tales fraudes y abusos.

La STC 234/1994 examina una causa de recusación ilusoria, que en modo alguno se desprende de los hechos en que intenta fundamentarse. En este caso "los recurrentes pretendieron la recusación del juez de instrucción por la sola razón de una imaginaria "enemistad" surgida de la circunstancia de no haber atendido a su petición de puesta en libertad, sin que hubieran ejercitado siquiera los recursos pertinentes contra el auto de prisión provisional". Como era evidente *prima facie* que tal presupuesto fáctico no podía servir de fundamento a la enemistad aducida, y que se formulaba la recusación "con el solo objeto de entorpecer el legítimo ejercicio de la función instructora", el tribunal llegó a la conclusión de que lo que debió haber hecho el órgano jurisdiccional de instancia "es haber repelido la recusación por abusiva, temeraria y contraria al derecho a un proceso sin dilaciones indebidas".

• *Enemistad imaginaria por no haber estimado la petición de libertad del recusante.* STC 234/1994:

> "2. [...] Según consta en las actuaciones los recurrentes pretendieron la recusación del juez de instrucción por la sola razón de una imaginaria "enemistad" surgida de la circunstancia de no haber atendido a su petición de puesta en libertad, sin que hubieran ejercitado siquiera los recursos pertinentes contra el auto de prisión provisional.
> Delimitado así el fundamento fáctico de la petición de recusación es claro que debió ser rechazada de plano (de conformidad con lo dispuesto en el art.

> 11.2 de la LOPJ) y ello como consecuencia de la manifiesta infracción por los recurrentes de su deber de probidad y de su obligación de actuar en el proceso sin formular incidentes dilatorios; obligaciones procesales todas ellas que dimanan de la genérica obligación de colaboración en la recta Administración de Justicia, proclamada por el artículo 118 de la CE, tal como tiene proclamado este Tribunal (STC 206/1991).
> Si lo que debió haber hecho el órgano jurisdiccional de instancia es haber repelido de plano la petición de recusación por abusiva, temeraria y contraria al derecho a un proceso sin dilaciones indebidas (art. 24.2), mal puede pretenderse ahora el restablecimiento del supuesto derecho a la tutela y a la prueba por la circunstancia de que el magistrado recusado se negara a "absolver posiciones" *(sic)* en el incidente de recusación indebidamente planteado.

Antes al contrario, lo que debió de haber hecho el recurrente, sin perjuicio de utilizar los recursos pertinentes contra el auto de prisión, es haberse abstenido de formular tan dilatorio y temerario incidente. Al no hacerlo así, no sólo infringieron aquellas obligaciones procesales, sino que arrojaron también injustificadas dudas sobre la imparcialidad del juez de instrucción con el solo objeto de entorpecer el legítimo ejercicio de la función instructora. En suma, la conducta de los recurrentes no puede merecer el amparo, sino el mayor reproche constitucional".

Y en la sentencia 136/1999 (FJ 5), el Tribunal Constitucional considera que la invocación arbitraria de una causa legal de recusación, esto es, manifiestamente infundada, es un comportamiento que "constituye una evidente infracción del deber de actuar con probidad en el proceso (art. 11.2 de la LOPJ), sin formular incidentes dilatorios, que resulta de la genérica obligación de colaborar en la recta administración de justicia (art. 118 de la CE)". Sigue el alto tribunal en esta misma sentencia examinando el caso concreto para concluir que el rechazo liminar de la recusación, sin proceder a su tramitación, se ajustó al ordenamiento constitucional (FJ 6):

> "El auto de 6 de octubre de 1997, dictado por la Sala regulada en el artículo 61 de la LOPJ, funda el rechazo preliminar de la recusación, en primer lugar, en su formulación extemporánea y, en segundo lugar, en que "ni uno sólo de los hechos en que los recusantes dicen fundar su pretensión coincide ni guarda la menor analogía con la causa de abstención invocada" (recordemos que la recusación se basaba, en sustancia, en el hecho de que una hija del magistrado recusado trabajaba como auxiliar administrativa en el Ministerio del Interior). De ahí, concluye la Sala, que "esta absoluta falta de cobertura legal de que padece la pretensión, deducida en el mismo día en que deben comenzar las sesiones del juicio oral, implica, sin lugar a dudas, un manifiesto abuso de derecho y un notorio fraude procesal [...] por lo que la respuesta de esta Sala no puede ser sino la que previene el artículo 11.2 de la LOPJ para tales peticiones, es decir el rechazo *a limine* con objeto de impedir que el desleal comportamiento de una parte procesal pueda obstaculizar el normal funcionamiento de los tribunales".

Como se sigue del razonamiento expuesto, la Sala Especial del Tribunal Supremo ha apreciado, de modo razonado y en términos que no pueden tacharse de irrazonables tanto la concurrencia de una causa formal de inadmisión del incidente (extemporaneidad), como la total falta de fundamento, *prima facie*, del motivo de recusación alegado. Con ello queda acreditado, dentro de los estrechos límites de nuestro enjuiciamiento, que en este caso no cabe acoger la tacha de inconstitucionalidad denunciada en relación con el rechazo *a limine* de la recusación".

3.2. Recusaciones colectivas y preventivas

En ciertos casos, normalmente con repercusión mediática, se ha "puesto de moda" recusar a todos o a la mayoría de los magistrados de un alto tribunal, sin causa seria y con la única finalidad de perturbar el funcionamiento del sistema judicial. Por un lado, una recusación "colectiva" se dirige, en realidad, contra el órgano, no contra alguno o algunos de los magistrados que lo integran. Y, por otro, una recusación "preventiva" es inviable por cuanto la recusación solo puede utilizarse contra el juez o magistrado que conozca de la causa, no contra todo aquel magistrado que pertenezca orgánicamente al tribunal colegiado en el que pendan las actuaciones si, al mismo tiempo, no es uno de los designados para conocer del asunto.

Unas y otras recusaciones han sido rechazadas liminarmente, por abusivas, tanto por el Tribunal Constitucional como por el Tribunal Supremo. Importa señalar, en lo tocante a la inadmisión de las recusaciones colectivas, que el Tribunal Europeo de Derechos Humanos ha prevenido sobre el fraude de que tales recusaciones se dirijan a paralizar el funcionamiento del sistema judicial de un Estado. Nos lo recuerda el ATC 17/2022 (Pleno):

"[...] como señalan los AATC 84/2020 y 85/2020, de 21 de julio, FJ 2, y 86/2021, de 16 de septiembre, FJ 3, es acorde con el artículo 6 del Convenio europeo para la protección de los derechos humanos y de las libertades fundamentales, que "las mociones de parcialidad no deben ser capaces de paralizar el sistema jurídico del Estado demandado. Este aspecto reviste especial importancia cuando se trata de tribunales de última instancia" (STEDH de 9 de julio de 2015, asunto *A.K. c. Liechtenstein*, § 82).

• *Recusación formulada contra todos los magistrados de Tribunal Constitucional. Rechazo de plano.* AATC 62 y 63/2020 (Pleno):

"3. Desde las primeras resoluciones dictadas en materia de recusación, este Tribunal ha admitido la posibilidad de denegar su tramitación cuando razones procesales o de fondo así lo exijan (AATC 109/1981, de 30 de octubre; 269/2014, de 4 de noviembre, entre otros muchos). El rechazo *a limine* de una recusación puede producirse como consecuencia de su defectuoso planteamiento procesal. También es posible inadmitir a trámite las recusaciones que, por el momento en que se suscitan, su reiteración u otras circunstancias ligadas al proceso concreto, son formuladas con manifiesto abuso de derecho o entrañan fraude de ley o procesal (art. 11.2 de la LOPJ), tal y como reiteradamente ha sostenido la jurisprudencia constitucional (AATC 383/2006, de 2 de noviembre, FJ 2, y 394/2006, de 7 de noviembre, FJ 2 ATC 119/2017, de 7 de septiembre, FJ 3).

Entre los motivos que justifican el rechazo *a limine* se incluyen los supuestos en los que la recusación se dirige contra la totalidad de los magistrados que forman el Tribunal Constitucional. En relación con este tipo de recusaciones el Tribunal ha señalado que vienen a coincidir dos órdenes de peculiaridades. El primero deriva de la especificidad del Tribunal Constitucional, órgano constitucional único en su género, no integrado en el poder judicial, compuesto por doce únicos magistrados, sin posibilidad alguna de sustitución interna, a cuyo Pleno corresponde la competencia en materia de recusación de sus magistrados [art. 10.1 k) de la LOTC]. El segundo y principal deriva de la naturaleza misma de la recusación, en la que, propiamente, no se recusa a los magistrados, sino al propio Tribunal Constitucional (ATC 380/1993, de 21 de diciembre FJ 4). El Tribunal ha apreciado que, como en estos casos la recusación va referida al órgano mismo y no a sus integrantes, "carece de sustantividad jurídica" y no es acreedora de una decisión sobre el fondo (ATC 269/2014, de 4 de noviembre, FJ 2). Por ello, las recusaciones que se formulan contra todo el colegio de magistrados "son impertinentes y abusivas y deben ser rechazadas sin más" (ATC 80/2005, de 17 de febrero, FJ 5).

4. Los promotores de este incidente alegan que la recusación no se suscita de forma "genérica" o frente "al tribunal", sino que se formula "de forma singularizada por la concurrencia de causas de recusación en todos sus magistrados". Por ello, consideran que en este supuesto no resulta aplicable la doctrina expuesta y procede examinar si en cada uno de los magistrados concurren las causas de recusación alegadas.

La resolución del presente incidente ha de tomar en consideración las siguientes premisas: i) que la recusación se plantea individual y nominalmente contra los doce magistrados de este tribunal; ii) que esos magistrados son los actuales componentes del Tribunal Constitucional y, por tanto, conforman la totalidad del Pleno, sus Salas y Secciones; iii) y que las causas de recusación que se invocan están vinculados, en todos los casos, a resoluciones dictadas por el Pleno de este tribunal, del que formaron parte los magistrados recusados.

La inadmisión liminar a que se refiere la jurisprudencia citada en el fundamento jurídico anterior no se asocia al empleo de una determinada terminología en la redacción del incidente, sino al objeto y finalidad real de la recusación planteada. En el presente caso, aunque formalmente se recusa individualmente a cada uno de los magistrados, la recusación tiene como objeto recusar al Tribunal Constitucional. La referencia personalizada a cada uno de los magistrados no impide apreciar que sea una recusación genérica de todo el Colegio de Magistrados, pues (i) se recusa a todos los magistrados, (ii) las causas de recusación invocadas son las mismas para todos ellos y, lo que es determinante, (iii) se fundamenta no en la existencia de circunstancias personales que pudieran poner en duda su imparcialidad, sino en su condición de magistrados del Tribunal Constitucional. En efecto, quienes promueven este incidente consideran que los magistrados incurren en las causas de recusación invocadas porque en el ejercicio de su cargo de magistrado del Tribunal Constitucional han dictado resoluciones en otros procesos constitucionales que pueden tener relación con el asunto del que trae causa el recurso de amparo. Tal reproche pone de manifiesto que a quien realmente se está recusando no es a cada uno de los magistrados, sino al Tribunal Constitucional que es, el órgano que, en ejercicio de las funciones jurisdiccionales que le corresponden, ha dictado las resoluciones que, según sostienen quienes promueven este incidente, pueden crear un prejuicio en los magistrados que menoscabe las exigencias de imparcialidad. Este planteamiento es incompatible con la naturaleza del Tribunal Constitucional que, como se ha señalado, es un tribunal único en su género cuyos miembros son insustituibles y a quien le corresponde resolver los procesos constitucionales que la Constitución y su Ley Orgánica le atribuye, sin que pueda eximirse de esta función por haber resuelto otros procesos que puedan tener relación con las cuestiones planteadas en el presente recurso de amparo.

Así pues, la argumentación dada por los promotores de este incidente no puede prosperar. La tacha dirigida contra todos los magistrados que conforman este tribunal es equivalente a la descalificación del órgano mismo para conocer del presente recurso de amparo, por lo que, de acuerdo con la jurisprudencia constitucional, la recusación formulada carece de sustantividad jurídica y no es acreedora de una decisión sobre el fondo (ATC 268/2014, de 4 de noviembre FJ 2; 269/2014, de 4 de noviembre, FJ 2; 119/2017, de 7 de septiembre, FJ 3; 125/2017, de 20 septiembre, FJ 5, y 132/2017, de 3 de octubre)".

• *Recusación "colectiva" y "preventiva" frente a 15 de los 16 magistrados de la Sala Penal del Tribunal Supremo.* ATS (Sala 2ª) de 26 de julio de 2022, rec. 2195/2021 (ECLI:ES:TS:2022:11948A):

"2. [...] como también ha reiterado el Tribunal Europeo de Derechos Humanos, cuando se trata de recusaciones dirigidas contra todos o la mayoría de los integrantes de un tribunal basadas en motivos abstractos y generales, sin referirse a hechos concretos y/o materiales que puedan dar lugar a dudas legítimas sobre la imparcialidad de cada uno de los jueces recusados, aquellas pueden considerarse como un claro supuesto de abuso del proceso.

En estos casos, el hecho de que sea el propio juez recusado quien decida sobre la admisión de la pretensión recusatoria no compromete la garantía al juez imparcial, establecida en el artículo 6.1.º del CEDH. En estos supuestos de recusaciones "colectivas", basadas en motivos idénticos, sin ninguna prueba de la existencia de animosidad u hostilidad personal con relación a cada uno de los magistrados cuya recusación se pretende, deben valorarse los riesgos de paralización del propio sistema judicial. Muy en particular, cuando se dirigen contra todos los miembros del tribunal de última instancia, deben valorarse los riesgos de grave disfunción sistémica que pueden derivarse. Constituyendo precisamente dicha intención de paralización de la Administración de Justicia un serio indicativo del carácter abusivo del incidente de recusación que se promueva —*vid.* SSTEDH, *caso Debled c. Bélgica*, de 22 de septiembre de 1994; *caso A.K. c Liechtenstein*, de 9 de julio de 2015; *caso*

Mironov c. Rusia, de 6 de octubre de 2020; *caso Kolesnikova c. Rusia*, de 2 de marzo de 2021—.
3. Objeción convencional de admisibilidad que concurre con toda claridad en el caso que nos ocupa.
No puede ser de recibo que se pretenda recusar a quince integrantes de la Sala de Penal del Tribunal Supremo invocando una suerte de razón común de animadversión personal y juicio anticipado de culpabilidad del promotor del incidente sin precisar de manera detallada y circunstanciada en qué medida concurre en cada uno de los magistrados y magistradas recusadas las causas que presten apoyo a la pretensión. No puede admitirse a trámite una pretensión incidental, marcada por graves indicadores de abusividad, que busca neutralizar el funcionamiento jurisdiccional de una Sala de Justicia del Tribunal Supremo.
4. Nuestro propio Tribunal Constitucional, en lógica correspondencia con la jurisprudencia del Tribunal Europeo, ha validado las inadmisiones *in limime* de incidentes de recusación "basadas en el incumplimiento de los requisitos formales que afecten a la esencia del procedimiento (entre los que ha de incluirse el cumplimiento de los plazos legalmente previstos), en la inexistencia de causa en que legítimamente pueda fundarse (bien porque no se designe, bien porque su invocación sea arbitraria o manifiestamente infundada, de modo que sea *prima facie* descartable), o en que no se establezcan los hechos que le sirven de fundamento" —SSTC 136/1999, 155/2002, 229/2003—. Como se destaca en el ATC 107/2021, cabe también las inadmisiones *in limime* "cuando son formuladas con manifiesto abuso de derecho o entrañan fraude de ley o procesal (art. 11.2 de la LOPJ), tal y como reiteradamente ha sostenido la jurisprudencia constitucional (ATC 119/2017, de 7 de septiembre, FJ 3). En tales casos, hemos afirmado que este último comportamiento también constituye una evidente infracción del deber de actuar con probidad en el proceso (art. 11.2 de la LOPJ), sin formular incidentes dilatorios, que resulta de la genérica obligación de colaborar en la recta administración de justicia (art. 118 de la CE), exigencia esta que, lamentablemente, en muchas ocasiones es desconocida". Añadiéndose en el ATC 62/2020, de 17 de junio, y con precisa referencia a las que hemos denominado como "recusaciones colectivas", "que, en estos casos, la recusación se dirige realmente contra el órgano y no contra sus integrantes, y por ello carece de sustantividad propia y no es acreedora de una decisión sobre el fondo". Este tipo de recusaciones son, en palabras del Tribunal Constitucional, "impertinentes y abusivas y deben ser rechazadas sin más". Su fundamento no radica realmente en la existencia de circunstancias personales que pudieran poner en duda la imparcialidad de los magistrados recusados nominalmente, sino en su condición de magistrado.
5. Pero además de la manifiesta ausencia de consistencia causal para admitir la recusación dirigida contra quince, de dieciséis, magistrados y magistradas integrantes de la Sala de lo Penal del Tribunal Supremo, el incidente se promueve en términos manifiestamente improcedentes, lo que intensifica el *fumus* de abuso en el ejercicio del derecho que se afirma defender.
En efecto, como se decanta con toda claridad de la regulación de la recusación contenida en los artículos 217 y 223.1, ambos, de la LOPJ, el instrumento de recusación solo puede utilizarse contra el juez o magistrado que conozca de la causa. Lo que coliga con la exigencia temporal de activación

> en el término máximo de diez días desde que se conozca la identidad del juez o magistrado a recusar, si el conocimiento de la concurrencia de la causa de recusación fuese anterior a aquel.
> En modo alguno la pertenencia orgánica de un magistrado o magistrada al tribunal colegiado en el que penda la causa es suficiente para promover un incidente de recusación si, al tiempo, y de conformidad a las reglas de distribución de asuntos entre los distintos integrantes, el magistrado concernido por la causa o causas de recusación invocadas no es designado, entre los miembros del colegio, para conocer del asunto concreto.
> 6. El modelo legal, insistimos, ni admite recusaciones colectivas basadas en causas genéricas y abstractas ni, tampoco, preventivas. En supuestos de tribunales integrados por un número de magistrados que supere el mínimo legalmente necesario para formar Sala —artículo 196 de la LOPJ— o cuando por distintas circunstancias no se alcance dicho número —artículo 199 de la LOPJ— el incidente de recusación solo podrá promoverse previa determinación de los concretos magistrados del tribunal que conocerán de la causa".

3.3. Recusaciones selectivas

Se producen cuando, pese a concurrir la supuesta causa de recusación en varios magistrados, únicamente se recusa a alguno o algunos de ellos. El ATC 177/2022, de 19 de diciembre, rechazó la recusación de dos magistrados del Tribunal Constitucional, cuyo mandato se encontraba prorrogado, entre otras razones, por su carácter abusivo al ser cuatro los magistrados a quienes afectaba la prórroga de su mandato:

> "Las recusaciones han sido planteadas solo respecto de dos de los cuatro magistrados llamados a cesar en el ejercicio de sus funcionares por expiración del plazo de su nombramiento, lo que evidencia su carácter abusivo, y deben por ello inadmitirse. No caben recusaciones selectivas cuyo propósito es apartar del conocimiento del asunto a solo algunos de los magistrados incursos en la supuesta causa de recusación invocada, cuando dicha causa, de existir, sería predicable de los cuatro magistrados cuya renovación se encuentra pendiente en este momento. De apreciarlas, ello conduciría, dada la actual composición del Tribunal Constitucional, a la inadmisible consecuencia de impedir que alcanzase el *quorum* mínimo imprescindible para que este Tribunal pudiera actuar en el ejercicio de sus competencias".

La defensa letrada: la anuencia o renuencia como motores de independencia e inhibidores de la colaboración judicial

JACOBO BARJA DE QUIROGA LÓPEZ
Presidente de Sala del Tribunal Supremo

1

Víctor Moreno Catena ha mantenido una doble faceta. Por una parte, como catedrático de Derecho procesal se ha ocupado de la investigación y de la escuela y, por otra parte, se ha dedicado a la abogacía; junto a ello también fue tentado por la política, donde tuvo que elaborar algún anteproyecto de ley. De todas esas materias, que él analizó con su maestría habitual, me gustaría resaltar la que se refiere a quién debe instruir (o investigar) y formar un sumario, esto es, si el Juez de instrucción o el Fiscal[1]. Me refiero a esta cuestión, pues en su momento fue muy polémica y Moreno Catena "bajó a la arena" de la discusión y defendió que debería llevar a cabo tal tarea el Ministerio Fiscal. Recuerdo perfectamente cuándo el Ministerio de Justicia nos reunió a varias personas (entre ellas, no podía faltar Víctor) para que discutiéramos ese tema y como resultado preparatorio para la elaboración de la correspondiente ley, en donde la instrucción correspondía al Ministerio Fiscal. No hace falta decir que tal ley nunca llegó a cuajar y seguimos esperándola.

Allí, expuso los criterios o argumentos elaborados o defendidos por otros catedráticos de Derecho penal, en contra de otorgarle al Ministerio Fiscal la instrucción de los procedimientos, y los contraargumentó, defendiendo claramente que las cosas no debían seguir como en ese momento; pero ya digo que nada fue atendido.

---

1 Moreno Catena, Víctor, "El papel del juez y del fiscal durante la interpretación del delito". *Manuales de Formación Continuada*, 32/2005, págs. 1 y ss.

También trató con acierto otros temas muy polémicos, como la acción popular y el principio de oportunidad[2]. Cuestiones, todas ellas, que creíamos resueltas y superadas, pero, desafortunadamente, me parece que no es así. Así mismo, examinó la cuestión de la doble instancia en el sistema penal[3].

Siempre ha tenido como base en su análisis del sistema penal que "el gran principio de la libertad individual tiene que impregnar también las actuaciones procesales"[4]

Pero, no es sólo de estas materias de las que quería tratar, sino también de aquella faceta relativa a la abogacía.

Respecto al derecho de defensa, Víctor Moreno siendo un importante abogado de éxito, nos lo expone con todo detalle. Defendió que el derecho a la defensa "opera como factor de legitimidad de la acusación y la sanción penal"[5]. Afirmación con la que estoy plenamente de acuerdo, pues no puede existir un "juicio justo" si no existe el derecho de defensa; y, sin un juicio justo, la sanción penal resulta absolutamente injusta, y, por consiguiente, carente de las condiciones precisas para que pueda hablarse de un Estado de Derecho. Por ello, el derecho de defensa no es algo particular, sino que, como dice Moreno Catena, "atañe al interés general".

El derecho de defensa abarca varios derechos, todos los cuales conforman ese derecho que, como tal, tiene muy diferentes facetas. De forma sintética, el derecho de defensa abarca el derecho a la asistencia letrada, a intervenir en todas las actividades del proceso, a la utilización de los medios de prueba pertinentes, a disponer del tiempo para preparar la defensa, y, por consiguiente, a conocer la acusación; además, abarca el derecho a no declarar, a no declarar contra sí mismo y, a no colaborar. Precisamente, la Carta de los Derechos Fundamentales de la Unión Europea, en su art. 48.2, de forma escueta, señala "se garantiza a todo acusado el respeto de los derechos de la defensa". Se tratan en plural, pues se parte de una variedad, pero no se enuncian, ya que la Carta trata de exponer simplemente las lí-

---

2 Moreno Catena, Víctor, "El proceso penal español. Algunas alternativas para la reforma". *Cuadernos de Derecho judicial*, 4/2002, págs. 15 y ss.

3 Moreno Catena, Víctor, "El recurso de apelación y la doble instancia penal". *Estudios de Derecho judicial*, 149/2007, págs. 1 y ss.

4 Moreno Catena, Víctor, "El proceso penal...", *cit.*, pág. 22.

5 Moreno Catena, Víctor, en Moreno Catena/Cortés Domínguez, *Derecho procesal penal*, 9ª ed., 2019, pág. 157.

neas maestras, que deberán ser objeto de desarrollo por los Tribunales. El uso del plural ("derechos") reafirma lo dicho.

Con toda agudeza explica Calaza López[6] que la asistencia de abogado constituirá, "una garantía de eficaz asesoramiento y consejo jurídico; pericia o diligencia técnica en la selección, planteamiento y prueba de los hechos relevantes, así como en la paralela aportación del derecho aplicable [...] y, desde luego, profesionalidad en la capacidad de persuasión, convencimiento y demostración de la justicia del caso concreto [...]". De ahí que, añada que "la intervención del abogado redundará en una mayor probabilidad de éxito", de manera que sus "actuaciones técnicas [...] inciden, de manera directa, en el derecho a la tutela judicial efectiva y de defensa".

Y, refiriéndose en concreto al proceso penal, Calaza López[7], conceptúa el derecho de defensa como "el derecho fundamental que asiste a todo investigado o encausado, en el marco del proceso penal, orientado a preparar una pretensión exculpatoria o, en su caso, a dar u omitir respuesta, a la pretensión punitiva, con plena libertad, información y asistencia técnica y lingüística, bajo los principios de legalidad, contradicción, audiencia bilateral e igualdad de armas".

El derecho a la defensa, como explica Moreno Catena[8], puede ejercerse de dos modos: por una parte, mediante la autodefensa y, por otra, a través de la asistencia letrada.

El Convenio Europeo de Derechos Humanos (CEDH), en su art. 6.3.c), establece que todo acusado tiene "como mínimo" una serie de derechos y, entre ellos, el derecho "a defenderse por sí mismo o a ser asistido por un defensor de su elección y, si no tiene medios para pagarlo, poder ser asistido gratuitamente por un abogado de oficio, cuando los intereses de la justicia lo exijan".

La defensa por el propio acusado también aparece recogida en los Pactos de Derechos Civiles y Políticos (New York, 1966), en el art. 14.3.d), configurado como una garantía mínima; el acusado tiene derecho "a defenderse personalmente o ser asistido por un defensor de su elección" y, si careciese de medios suficientes para pagarlo, a que "se le nombre un

---

6 Calaza López, Sonia, en Gimeno Sendra, Vicente/Díaz Martínez, Manuel/Calaza López, Sonia *Derecho procesal civil, parte general*, 2021, pág. 100

7 Calaza López, Sonia en Gimeno Sendra, Vicente/Díaz Martínez, Manuel/Calaza López, Sonia *Derecho procesal penal*, 2021, pág. 154).

8 Moreno Catena, Víctor, *Derecho...*, *cit.*, págs. 162-163.

defensor de oficio". Así pues, en el ámbito supranacional se considera un claro derecho, integrado dentro de los derechos de defensa, el de defenderse a sí mismo. Sin embargo, nuestra legislación (casi) no reconoce este derecho (a pesar de los compromisos internacionales), pues siempre el acusado en el proceso penal deberá estar asistido de letrado, bien sea elegido por él o de oficio, salvo en el caso del procedimiento por delitos leves. Únicamente, cabe pensar en el derecho a la última palabra en el juicio oral, constitucionalmente protegido.

Así, en este sentido, la STC 35/2021, de 18 de febrero, defiende que "el derecho a la última palabra del acusado no lo es a verbalizar al tribunal los hechos relevantes para asegurar su mejor posición en la sentencia, sino el derecho a transmitir al tribunal aquello que a su criterio este último debe conocer para dictar una resolución justa, sea o no decisivo para su absolución o menor condena". Así pues "ha de considerarse vulnerado el derecho a la defensa del art. 24.2 CE en todos los casos en los que, no habiendo renunciado expresamente a su ejercicio, se haya privado al acusado del derecho a la última palabra, sin que para ello deba este acreditar en vía de impugnación contra la sentencia, la repercusión o relevancia hipotética de cómo lo que hubiera podido expresar al tribunal, habría supuesto la emisión de un fallo distinto".

En nuestro sistema penal, la asistencia letrada es anterior al procedimiento judicial, pues ha de existir ya ante la policía o ante la Fiscalía. En efecto, el art. 767 LECrim dispone que "desde la detención o desde que de las actuaciones resultare la imputación de un delito contra persona determinada será necesaria la asistencia letrada. La Policía Judicial, el Ministerio Fiscal o la autoridad judicial recabarán de inmediato del Colegio de Abogados la designación de un abogado de oficio, si no lo hubiere nombrado ya el interesado".

Lo cual, a nuestro juicio, es correcto. No tengo dudas sobre que debe existir una defensa letrada; Volk[9] recoge un proverbio conforme al cual "quien se defiende a sí mismo tiene a un tonto como abogado y a un tonto como cliente"; y, añade que "en el derecho procesal penal existe una clara diferencia entre "law in books" y "law in practice" [esto es, el Derecho en los libros y el Derecho en la práctica[10]]. Esta distinción no apunta a un

9 Volk, Klaus, *Strafprozeßrecht*, 2ª ed., 2001, pág. 74.

10 En inglés en el original.

déficit en la aplicación de la norma, sino a un "código informal" en el proceso, respecto al cual el acusado no conoce".

Evidentemente, pueden presentarse problemas cuando el abogado y su cliente discrepan en la estrategia de defensa. Al respecto, Moreno Catena[11] nos dice que "la actuación del defensor no puede entrar en colisión con la voluntad del defendido, ya que el abogado que asume la defensa es un "alter ego" procesal, algo así como el oído y la boca jurídica de la persona a la que asiste". Poco más adelante, añade que el defensor debe "gozar de total autonomía frente al juez y de una autonomía relativa o limitada frente al defendido, que no puede ser despojado o expropiado de su derecho de defensa, ni siquiera en favor de un abogado".

Aquí, nos presenta Víctor Moreno uno de los problemas más espinosos del ejercicio de la abogacía. Las posiciones en la doctrina son diversas respecto de hasta dónde debe llegar el abogado en el cumplimiento de su contrato con su defendido. Calaza López[12] lo tiene claro: se trata del "derecho a la efectiva "asistencia" y no "disidencia" del abogado que asume la defensa", "el defensor no puede entrar en colisión con la voluntad del defendido".

Esta cuestión, en cierto modo, aparece enlazada con la concepción que se mantenga respecto de la abogacía.

Claramente, Moreno Catena[13] defiende que "el abogado defensor no puede ser conceptuado como un 'órgano colaborador de la Justicia'".

La Ley Orgánica del Poder Judicial (LOPJ) se refiere a los abogados en el Título III (arts. 54 y sigs.), Libro VII que lleva por rúbrica "Del Ministerio Fiscal y demás personas e instituciones que cooperan con la Administración de Justicia". En esta línea, el Estatuto General de la Abogacía. En efecto, el art. 55.1 de este Estatuto (Real Decreto 135/2021, de 2 de marzo) señala que "en su condición de garante de la efectividad del derecho constitucional de defensa y de colaborador con la Administración de Justicia, el profesional de la Abogacía está obligado a participar y cooperar con ella asesorando, conciliando y defendiendo en Derecho los intereses que le sean confiados".

---

11 Moreno Catena, Víctor, *Derecho…*, *cit.*, págs. 163-164.

12 Calaza López, Sonia, *Derecho procesal penal*, *cit.*, pág. 169.

13 Moreno Catena, Víctor, *Derecho…*, *cit.*, pág. 164.

Es cierto que, en otros ordenamientos. se configura al defensor como un órgano de la Administración de Justicia, lo que constituye una diferencia importante. Pero, ahora no es preciso desarrollar las diferentes formas de conceptuar a la defensa letrada[14]. Pues, sea como fuere, lo cierto es que no es un colaborador de la Administración de Justicia, en el sentido de ayudar a una búsqueda más correcta de la verdad. Por consiguiente, aunque se quiera decir que el abogado defensor coopera con la Administración de Justicia, lo cierto es que tiene ciertos e importantes límites, pues no puede ni debe perjudicar a su cliente, ni puede revelar lo que éste le haya dicho. Es cierto que, en la defensa del acusado, no le está permitido faltar a la verdad, lo que el defendido sí puede hacer; el defensor está vinculado con los intereses de su cliente y no puede ni debe defraudarlos. Y, si por alguna razón no está de acuerdo con la actitud o con, llamemos, ciertas actuaciones que el defendido "esté haciendo a sus espaldas", entonces lo que debe hacer es renunciar al encargo recibido.

La cuestión es, por consiguiente, determinar hasta dónde está vinculado con su defendido. Evidentemente, no puede perjudicar los intereses de su cliente; por ello, si éste considera que su estrategia es declararse inocente, ésta debe ser la que debe seguir el defensor. Más complicado se presenta el caso inverso: que el acusado decida confesarse culpable y el defensor sepa que no es verdad tal declaración, aunque ésta conlleve una rebaja importante de la pena.

A mi juicio, la clave se encuentra en que a quien se juzga es al acusado y él es el que, voluntariamente, puede decidir que prefiere. Por ejemplo, ante una oferta de conformidad, con importante rebaja de pena, el abogado no puede decidir, ha de comunicárselo a su cliente y aconsejarle lo que estime más adecuado, pero la decisión es del cliente y no del abogado defensor.

Es lógico establecer derechos y desarrollarlos. Evidentemente, lo mejor es que sean de configuración legal, y no como en estos momentos que son de configuración jurisprudencial, dada la parálisis que con relación al sistema procesal penal aqueja al legislador[15]. Pues bien, desde luego no es suficiente con enumerar derechos, sino que tienen que ser realidades y, al

---

14 La cuestión esta tratada por diversos autores, por todos, Lüderssen en el Comentario previo a los §§ 137 y ss. StPO en Löwe, Ewald/Rosenberg Werner, *Die Strafprozeßordnung und das Gerichtsverfassungsgesetz*, 27 ed., 2016.

15 Véase, recientemente, a propósito de la proyectada Ley Orgánica de Defensa, Calaza López, S., y de Prada Rodríguez, M., "Acción y Defensa en clave digital: "Dos

respecto, es muy importante la labor del abogado. Su función es esencial en la defensa de derechos.

No basta con decir que la persona investigada, encausada o ya acusada está protegida porque la ley establece así; con eso, desde luego, no basta. Precisa de un abogado que exija el ejercicio real de tales derechos. Esto conduce a que toda persona sometida a un procedimiento penal ha de tener un abogado que lo defienda y, por ello, si no puede pagarlo, el Estado debe arbitrar un sistema de justicia gratuita para que, en cualquier caso, dicha persona tenga su abogado. Necesariamente es preciso un sistema de abogados de oficio que, además, sea efectivo. No voy a desarrollar ahora cómo es y cómo debería ser un adecuado y efectivo sistema de justicia gratuita[16], sino que me voy a centrar en otro aspecto: la defensa ha de ser adecuada y efectiva. En otras palabras, no es suficiente con que exista un abogado designado, sino que es esencial que el trabajo desplegado por él sea el adecuado y efectivo.

2

Conviene recordar lo que dicen algunas normas.

El art. 6.3 del CEDH dispone:

"Todo acusado tiene, como mínimo, los siguientes derechos:

a) A ser informado en el más breve plazo, en una lengua que comprenda y detalladamente, de la naturaleza y de la causa de la acusación formulada contra él.

b) A disponer del tiempo y de las facilidades necesarias para la preparación de su defensa.

c) A defenderse por sí mismo o a ser asistido por un defensor de su elección y, si no tiene medios para pagarlo, poder ser asistido gratuitamente por un abogado de oficio, cuando los intereses de la justicia lo exijan.

---

caras de una misma moneda" y un "brindis al sol" en la inminente Ley de Derecho de Defensa". *Actualidad Civil*, 4/2023.

16 Ni cómo deberían resolverse los casos sobre insostenibilidad del recurso de casación (véase, el art. 35 de la Ley de Asistencia Jurídica Gratuita).

d) A interrogar o hacer interrogar a los testigos que declaren contra él y a obtener la citación y el interrogatorio de los testigos que declaren en su favor en las mismas condiciones que los testigos que lo hagan en su contra.

e) A ser asistido gratuitamente de un intérprete, si no comprende o no habla la lengua empleada en la audiencia".

En la Unión Europea, tenemos la Directiva (UE) 2016/1919, de 26 de octubre de 2016, relativa a la asistencia jurídica gratuita a los sospechosos y acusados en los procesos penales y a las personas buscadas en virtud de un procedimiento de orden europeo de detención. El art. 7 de esta Directiva, precisamente, se refiere a la calidad de los servicios de asistencia jurídica. Este art. 7 dispone:

"Calidad de los servicios de asistencia jurídica gratuita y formación

1. Los Estados miembros adoptarán las medidas necesarias, también en materia de financiación, para asegurarse de que:

a) existe un sistema eficaz de asistencia jurídica gratuita de calidad adecuada, y

b) los servicios de asistencia jurídica gratuita son de una calidad adecuada para garantizar la equidad de los procesos, con el debido respeto a la independencia de la profesión jurídica.

2. Los Estados miembros velarán por que se proporcione formación adecuada al personal que intervenga en la toma de decisiones sobre la asistencia jurídica gratuita en los procesos penales y en los procedimientos de orden europea de detención.

3. Con el debido respeto por la independencia de la profesión jurídica y la función de los responsables de la formación de los abogados, los Estados miembros adoptarán medidas adecuadas para promover que los letrados que presten que presten jurídica gratuita reciban una formación apropiada.

4. Los Estados miembros adoptarán las medidas necesarias para garantizar que los sospechosos, acusados y las personas buscadas tengan derecho a que, si lo solicitan, se sustituya al letrado que les haya sido asignado para prestar los servicios de asistencia jurídica gratuita, cuando así lo justifiquen las circunstancias específicas".

3

Al respecto, el TEDH distingue entre obligaciones positivas y obligaciones negativas del Estado, en la defensa de los derechos humanos recogidos en el CEDH. La protección de estos derechos exige la obligación negativa del Estado de no entorpecerlos y la obligación positiva de hacer lo necesario para obtener su máxima efectividad. Por eso no basta con la designación de un abogado, sino que lo que exige el Convenio es la existencia real de una asistencia letrada.

Conviene examinar los diversos casos resueltos por el TEDH.

1) Caso *Artico v. Italia,* STEDH de 13 de mayo de 1980.

El demandante fue el señor Ettore Artico, ciudadano italiano, nacido en 1917, y de profesión contable. Para una mejor comprensión, es necesario exponer sucintamente los hechos atinentes a esta cuestión.

El señor Artico fue condenado por un delito de estafa (*truffa*) y luego, más tarde, por un delito de estafa con reincidencia (*truffa con recidiva*), por delito de suplantación de identidad (*sustituzione di persona*) y emisión de cheques sin fondos. Recurrió sus condenas por un abogado de su elección, que fue el Sr. Ferri, pero, posteriormente asistido, solicitó y le fue concedida la defensa de oficio y fue nombrado el Sr. Della Rocca, que era un abogado de Roma.

El Sr. Artico escribió al Presidente de la Sección y al Fiscal para informarles de que no había tenido noticias del Sr. Della Rocca, solicitando que se tomaran medidas para prestarle una asistencia efectiva. Mediante una carta, el Sr. Della Rocca le comunicó al Sr. Artico que se había enterado de su designación a la vuelta de sus vacaciones y que otros compromisos le impedían aceptar. En consecuencia, el Sr. Artico pidió al Sr. Della Rocca que solicitara, conforme a la ley, el nombramiento de sustituto. En una carta, que el Sr. Della Rocca le dirigió al demandante, le comunicó que había presentado al Presidente de la Sección una solicitud formal a tal efecto, indicando que por razones de salud no podía realizar la tarea, que era muy exigente y grave (*molto impegnative e gravi*), y expresó el deseo de "ser dejado en paz".

Después de ello, el Sr. Artico escribió al Presidente de la Sección y al Fiscal solicitando la sustitución del Sr. Della Rocca, adjuntando copia de la carta recibida.

La Secretaría del Tribunal le respondió que el Sr. Della Rocca seguía en funciones, ya que un abogado designado de oficio no estaba legalmente autorizado a rechazar el nombramiento. Posteriormente, el Sr. Artico escribió al Fiscal y solicitó, además de las sanciones penales y disciplinarias que correspondieran, que sustituyeran al Sr. Della Rocca. El Sr. Artico escribió al Presidente del Tribunal para llamarle la atención sobre la falta de asistencia jurídica y solicitar su atención, y recibió un telegrama indicándole que el Sr. Della Rocca no había sido sustituido. El Sr. Artico escribió al Fiscal quejándose de la ausencia de abogado; recibió un telegrama con un contenido similar al anterior. Volvió a escribir al Fiscal, de lo que se envió copia al Presidente de la Sección, subrayando las graves consecuencias de la situación para su defensa y pidió, nuevamente, el nombramiento de otro abogado.

Un par de meses después, la Secretaría notificó al Sr. Della Rocca que el asunto iba a ser visto el 12 de noviembre. Y, en respuesta a su telegrama, la Secretaría comunicó al Sr. Artico la fecha de la audiencia y que el abogado no había sido reemplazado. El Sr. Artico envió más cartas solicitando la sustitución del Sr. Della Rocca; en la última, alegó la violación del derecho a la defensa y solicitó un aplazamiento de la vista. Sin embargo, ésta última no llegó al Tribunal hasta el 20 de diciembre y el 12 de noviembre ya habían decidido desestimar los recursos del Sr. Artico.

El Gobierno italiano, dicho de forma muy esquemática, alegó que el Sr. Artico tuvo un abogado designado y que, con eso, Italia cumplió con el Convenio, pues no era responsable de lo que hiciera el abogado.

Veamos ahora lo principal que dijo el TEDH.

"El Tribunal recuerda que el Convenio tiene como objetivo garantizar no derechos teóricos o ilusorios sin derechos concretos y efectivos" y, además añade que "esto se aplica en particular a los derechos de la defensa, habida cuenta del lugar destacado que ocupa en una sociedad democrática el derecho a un proceso justo, del que aquellos derechos derivan". Además, subrayan que el art. 6 párr. 3 (c) "habla de "asistencia" y no de "nombramiento". Dicho de nuevo, el simple nombramiento no garantiza una asistencia efectiva, ya que el abogado designado para la asistencia jurídica puede morir, enfermar gravemente, verse impedido de actuar durante un periodo prolongado o eludir sus funciones. Si las autoridades son notificadas de la situación deberán sustituirlo o hacerle cumplir con sus obligaciones". Entenderlo de otro modo haría que la asistencia jurídica gratuita resultar inútil.

"En realidad, el Sr. Artico intentó obstinadamente rectificar la situación: multiplicó sus quejas y gestiones tanto ante su abogado oficial —hasta el punto de importunarlo e incluso exasperarlo— como ante el Tribunal de casación".

"Es cierto que un Estado no puede ser considerado responsable de todas las deficiencias cometidas por un abogado designado para los fines de asistencia jurídica gratuita, pero, en las circunstancias particulares, correspondía a las autoridades italianas competentes tomar medidas para garantizar que el demandante disfrutaba efectivamente del derecho que le correspondía, pues le habían reconocido que tenía ese derecho. Las autoridades tenían dos caminos abiertos: reemplazar al Sr. Della Rocca o, en su caso, obligarlo a cumplir con sus obligaciones (ver párrafo 33 *supra*). Eligieron una tercera opción, permaneciendo pasivos, mientras que el cumplimiento del Convenio exigía una acción positiva por su parte".

Así pues, no basta con el nombramiento de un abogado, sino que éste debe proporcionar una defensa efectiva: pero, la cuestión no queda ahí, pues, las autoridades, si son conocedores de que no está existiendo una defensa efectiva, deben sustituir al abogado u obligarle a cumplir con sus deberes. ¿Está preparado nuestro sistema de justicia gratuita para ello?

2) Caso *Pakelli v. Alemania,* STEDH de 25 de abril de 1983.

Este caso, realmente, de lo que trata es de la ausencia de abogado en una audiencia en el recurso de casación, en la cual, sí se oyó al Ministerio fiscal. Por ello, el TEDH señala que la "oportunidad de refutar los argumentos del Ministerio Público debería haber estado a disposición del Sr. Pakelli también durante la audiencia. Al negarle un abogado defensor, el Tribunal Federal le privó, durante la fase oral del proceso, de la posibilidad de influir en el resultado del proceso, posibilidad que habría conservado si el proceso se hubiera desarrollado íntegramente por escrito". De ahí, que concluya que ha habido una violación del art. 6.3.c) del Convenio.

Pero junto a estos dos casos, existen una importante variedad de ellos sobre la calidad de los servicios prestados por el abogado, a los que a continuación nos referiremos.

Sigamos viendo ahora algunas otras sentencias del TEDH.

3) Caso *Imbrioscia contra Suiza,* STEDH de 24 de noviembre de 1993.

En este caso:

"El 2 de febrero de 1985, el actor fue arrestado por sospecharse que estaba implicado en la importación de unas drogas incautadas en el aeropuerto de Zurich. Entre su arresto y su inculpación el 10 de junio de 1985, fue interrogado en siete ocasiones por el fiscal del distrito o un oficial de la policía. Con ocasión de su primer interrogatorio, solicitó que se le designara abogado de oficio. Sin embargo, con excepción del último interrogatorio realizado por un Fiscal de distrito el 6 de junio de 1985, no asistió a aquellas sesiones ningún abogado. Su primer abogado renunció a su mandato a partir del 25 de febrero, pero el actor pudo comunicarse libremente con su segundo abogado, que recibió las actas de los distintos interrogatorios. El Fiscal de distrito no indicó a los letrados del interesado cuándo iba a ser interrogado, si bien existe desacuerdo sobre este extremo en lo que se refiere a un interrogatorio que se realizó el 11 de abril de 1985".

Ante ello, el TEDH considera que "incluso si al principio el actor no gozó del necesario apoyo jurídico, el Tribunal estima que no cabe imputar a un Estado la responsabilidad de todas las asistencias de un abogado de oficio o elegido por el acusado. Según el Tribunal, debido al carácter independiente del ejercicio de la abogacía, el desarrollo de la defensa depende en lo esencial del interesado y de su representante; el artículo 6.3.c) sólo obliga a reaccionar a los Estados contratantes en caso de carencia manifiesta o de insuficiencia sobre la que se haya llamado suficientemente su atención. Ahora bien, en el caso concreto las autoridades competentes designaron a un abogado de oficio tan pronto como el interesado les informó, el 25 de febrero, sobre su retirada".

Y, por ello concluye que el recurrente tuvo un proceso equitativo y que no se había violado el art. 6.3.c) del CEDH.

Pero esta tesis sería posteriormente matizada o, más bien, abandonada.

4) Caso *Goddi contra Italia*, STEDH de 9 de abril de 1984.

En cuanto a los hechos, "según el demandante, el juicio del 3 de diciembre de 1977 ante el Tribunal de Apelación de Bolonia se celebró sin cumplir los requisitos indicados en el párrafo arriba citado [se refiere al art. 6.3.c) del CEDH], y ello por tres razones: no se le permitió comparecer personalmente en el juicio; fue privado de los servicios de un abogado de su elección, al ser notificada la fecha del juicio al señor Monteleone, que ya no le representaba, y no al señor Bezicheri, y la defensa realizada por el señor Straziani, abogado de oficio, no fue efectiva.

La Comisión aceptó esta tesis en lo sustancial. El Gobierno, por otra parte, contestó que la ausencia del señor Goddi se debió a su propia voluntad; en segundo lugar, que el procedimiento seguido por el Tribunal de Apelación de Bolonia no infringió el derecho citado, dado que no hubo revocación expresa del mandato del señor Monteleone; finalmente, que los jueces no podían supervisar la manera en que el señor Straziani dirigía sus asuntos.

27. La consideración del presente caso debe empezar con la siguiente constatación: la finalidad perseguida por el artículo 6.3.c) no se logró ante el Tribunal de Apelación de Bolonia. El señor Bezicheri no asistió al juicio celebrado el 3 de diciembre de 1977 y, por tanto, no pudo cumplir el mandato confiado por el demandante. Este último, por su parte, tampoco pudo comparecer al encontrarse en prisión en Orvieto. En lo que se refiere al señor Straziani, designado como abogado de oficio, no conocía ni el desarrollo de las actuaciones ni a su cliente, ignorando sobre todo su detención, realizada el 29 de octubre; por otra parte, no dispuso del tiempo necesario para preparar el asunto ante el Tribunal de Apelación al rechazar éste la solicitud de aplazamiento y celebrarse el juicio el mismo día, resultando de éste la imposición de condenas más graves de las impuestas en primera instancia (ver parágrafo 15 más arriba). Por tanto, el señor Goddi no gozó el 3 de diciembre de 1977 de una defensa "práctica y efectiva" como requiere el artículo 6.3.c) (ver sentencia Artico de 13 de mayo de 1980, serie A, núm. 37, pág. 16, parágrafo 33).

28. Sin embargo, queda por determinar si esa situación de hecho es imputable al Estado italiano".

Tajantemente, señala el TEDH que "en relación con la ausencia del abogado designado por el señor Goddi, el Tribunal no debe entrar en la cuestión de si de acuerdo con la legislación italiana existía la obligación de notificar la fecha del juicio tanto al señor Monteleone como al señor Bezicheri o sólo a uno de los dos y, en este caso, a cuál; le corresponde únicamente comprobar que las exigencias del Convenio han sido satisfechas".

Y, en cuanto a la defensa de oficio que había sido designada al Sr. Goddi, el 3 de diciembre de 1977, señala el TEDH que "no es misión del Tribunal pronunciarse sobre la manera en que el Sr. Straziani, miembro de una profesión liberal que estaba actuando de acuerdo con los dictados de su conciencia como auxiliar de la justicia, consideró que debía llevar el caso. Contrariamente, el Tribunal debe determinar si el Tribunal de Apelación de Bolonia tomó las medidas para asegurar que el acusado gozase de un proceso equitativo, que comprende la posibilidad de una defensa adecuada.

De hecho, el señor Straziani no tuvo ni el tiempo ni las facilidades necesarias para estudiar el caso, preparar sus alegaciones y, si lo hubiese considerado oportuno, consultar a su cliente [ver art. 6.3.b) del Convenio]. A falta de notificar al señor Bezicheri de la fecha de la vista, el Tribunal de

Apelación debía —respetando siempre el principio básico de independencia del abogado— al menos haber tomado algunas medidas positivas destinadas a permitir que el abogado de oficio pudiese cumplir sus obligaciones en las mejores condiciones posibles (ver, "mutatis mutandis", la más arriba citada sentencia Artico, pág. 16, parágrafo 33). Podía haber aplazado la vista, como pedía el ministerio fiscal (ver parágrafo 15 más arriba), o haber ordenado a iniciativa propia su suspensión por un periodo de tiempo suficiente.

El hecho de que el señor Straziani no hiciera esa petición no exime de lo dicho anteriormente. Las circunstancias excepcionales del caso —la ausencia del señor Goddi y la falta de notificación al señor Bezicheri— obligaban a que el Tribunal de Apelación no permaneciese en actitud pasiva.

32. Apreciadas en su conjunto, estas consideraciones llevan al Tribunal a estimar que existió un incumplimiento de las exigencias del artículo 6.3.c) en el juicio celebrado el 3 de diciembre de 1977 ante el Tribunal de Apelación de Bolonia. Este incumplimiento no fue remediado por la Corte de Casación, ya que su sentencia de 8 de noviembre de 1979 rechazó el recurso del demandante (ver parágrafo 16 más arriba). En consecuencia, se ha producido una violación".

5) Caso *Kamasinski v. Austria*, STEDH de 19 de diciembre de 1989.

La queja principal del Sr. Kamasinski se centró en que "el abogado defensor designado por el tribunal, el Dr. Steidl, no le había proporcionado asistencia jurídica efectiva en la preparación y conducción del caso, con el resultado de que se le había negado el beneficio de un juicio justo.

Citó la no asistencia del abogado a la audiencia de acusación (ver párrafo 15 arriba) y la brevedad de las visitas del abogado a la prisión antes del juicio (ver párrafos 14 y 17 arriba). Acusó al abogado de no haberle informado de las pruebas de cargo antes del juicio. Criticó la actuación del abogado en el juicio por varios motivos, por ejemplo, por haber aceptado la presentación de declaraciones escritas de testigos extrajudiciales, por no haber presentado determinadas mociones para preservar el derecho a interponer un recurso de nulidad y al pedir en el discurso final una "sentencia indulgente" ("mildes Urteil") (véanse los párrafos 26 a 27 supra). En su opinión, después del incidente tras el cual el abogado defensor presentó una solicitud infructuosa de retirarse del caso (véase el párrafo 25 supra), se encontraba "sin el beneficio de asistencia jurídica alguna". La falta de pruebas tangibles de una asistencia eficaz quedó, según afirmó, demostrada por el expediente incompleto que el Dr. Steidl había entregado al Dr.

Schwank, el abogado defensor designado a efectos del procedimiento de apelación y de nulidad (véase el apartado 34 supra)".

Al respecto, el TEDH señaló que "ciertamente, el nombramiento por sí solo de un abogado defensor no resuelve necesariamente la cuestión del cumplimiento de los requisitos del artículo 6 § 3 (c) (art. 6-3-c). Como afirmó el Tribunal en su sentencia Artico de 13 de mayo de 1980:

"El Convenio tiene por objeto garantizar no derechos que son teóricos o ilusorios sino derechos que son prácticos y efectivos... [L]a simple designación no garantiza una asistencia efectiva ya que el abogado designado para fines de asistencia jurídica puede morir, enfermarse gravemente, estar impedido de actuar por un periodo prolongado o eludir sus funciones. Si las autoridades son notificadas de la situación, deberán sustituirlo o hacerle cumplir sus obligaciones." (Serie A n. 37, pág. 16, § 36)

Sin embargo, "un Estado no puede ser considerado responsable de todas las deficiencias del abogado designado para la asistencia jurídica" (ibid., pág. 18, § 36). De la independencia de la profesión jurídica respecto del Estado se desprende que la conducción de la defensa es esencialmente una cuestión entre el acusado y su abogado, ya sea que el abogado sea designado en el marco de un plan de asistencia jurídica o sea financiado de forma privada. El Tribunal coincide con la Comisión en que las autoridades nacionales competentes están obligadas en virtud del artículo 6 § 3 c) (art. 6-3-c) intervenir sólo si el incumplimiento por parte del abogado de asistencia jurídica de proporcionar una representación efectiva es manifiesto o se les ha señalado suficientemente de alguna otra manera.

66. A diferencia del abogado en el caso Artico, quien, "desde el principio,... declaró que no podía actuar" (ibid., 16. § 33), el Dr. Steidl tomó una serie de medidas antes de el juicio en su calidad de abogado defensor del Sr. Kamasinski. Así, visitó al Sr. Kamasinski en prisión en nueve ocasiones, presentó una denuncia contra la decisión de prisión preventiva y solicitó por escrito y por teléfono la comparecencia de los testigos (véase los apartados 14, 17 y 18 supra). Es evidente que estas acciones no eran tales como para poner a las autoridades competentes sobre aviso de una representación legal ineficaz".

Después de exponer otros supuestos de fricción y quejas de Kamasinski respecto a su abogado, indica el TEDH que "puede ser cierto que la defensa en el juicio podría haberse llevado a cabo de otra manera, o incluso que el Dr. Steidl actuó en algunos aspectos en contra de lo que el Sr. Kamasinski en ese momento o posteriormente consideró que era mejor para sus propios intereses. Sin embargo, a pesar de las críticas del Sr. Kamasinski, las circunstancias de su representación en el juicio no revelan una falta de asistencia jurídica como exige el párrafo 3 c) (art. 6-3-c) o una denegación de un juicio justo conforme al párrafo 1 (artículo 6.1).

71. En conclusión, no se ha demostrado ningún incumplimiento por parte del Estado demandado de sus obligaciones en virtud del artículo 6 §§ 1 y 3 (c) (art. 6-1, art. 6-3-c) en relación con la asistencia jurídica recibida por el Sr. Kamasinski de su abogado defensor, el Dr. Steidl, antes y durante el juicio en primera instancia".

6) Caso *Benham v. Reino Unido,* STEDH de 10 de junio de 1996.

El Sr. Stephen Benham no pagó un impuesto por importe de 325 libras esterlinas y, cuando compareció, no tuvo asistencia de abogado en la vista. A pesar de que el Tribunal comprobó que no poseía ingresos ni bienes, como había conseguido superar nueve asignaturas del ciclo de enseñanza secundaria y había abandonado el programa nacional para el empleo, "llegaron a la conclusión de que su falta de pago del impuesto era debida a una negligencia de la que él era el único responsable, ya que poseía de manera manifiesta facultades para ganar dinero, y ordenaron su ingreso en prisión durante treinta días. El señor Benham fue inmediatamente encarcelado en la cárcel de Dorchester, en donde pasó once días", pues interpuso un recurso y le fue concedida la libertad provisional.

El TEDH consideró que "dos tipos de asistencia jurídica se presentaban ante el señor Benham. En virtud del programa "fórmula verde", podía obtener asesoramiento y asistencia de un *solicitor* antes de la vista, pero no estar representado ante el *magistrates' Court.* En el marco del sistema ABWOR, los magistrados podían, si lo estimaban conveniente, encargar a un *solicitor* la defensa del interesado. No obstante, el señor Benham no pudo pretender de pleno Derecho estar representado".

En consecuencia, ha existido violación del art. 6 ap. 1 y 3.

7) Caso *Cuscani v. Reino Unido,* STEDH de 24 de septiembre de 2002.

En realidad, la cuestión no se plantea por el art. 6.3.c), sino por el art. 6.3.e) del CEDH.

La cuestión se centró en que había falta de comprensión del idioma inglés por parte del demandante y de ahí su incapacidad para comprender el procedimiento.

El demandante se declaró culpable y se enfrentó a una dura pena de prisión.

Considera el TEDH que le correspondía al juez asegurase de que la ausencia de un intérprete en la audiencia no perjudicaría al demandante.

Santo Annino Tommaso Cuscani tuvo abogado y, al respecto el TEDH dice que “es cierto que la conducción de la defensa es esencialmente una cuestión entre el acusado y su abogado, ya sea que el abogado sea designado conforme a un plan de asistencia jurídica como en el caso del demandante o sea financiado de forma privada (véase la sentencia Kamasinski c. Austria de 19 de diciembre de 1989, serie A, núm. 168, páginas 32-33, § 65; sentencia Stanford contra Reino Unido de 23 de febrero de 1994, serie A 282-a, pág. 11 § 28). Sin embargo, el guardián último de la equidad del procedimiento era el juez de instancia, que había sido claramente informado de las dificultades reales que la falta de interpretación podría crear para el demandante. Observa además que los tribunales nacionales ya han adoptado la opinión de que en circunstancias como las del presente caso, los jueces deben tratar los intereses del acusado con “escrupuloso cuidado” (véase los párrafos 32 y 33 supra).

40. Teniendo en cuenta las consideraciones anteriores, el Tribunal concluye que ha habido una violación del artículo 6.1 del Convenio en relación con el artículo 6.3(e)”.

8) Caso *Daud v. Portugal*, STEDH de 21 de abril de 1998.

El TEDH “recuerda que el convenio tiene como finalidad proteger unos derechos no teóricos o ilusorios, sino concretos y efectivos, y que el mero nombramiento de un abogado no garantiza por sí solo la efectividad de la asistencia que puede facilitar al acusado. En embargo, no se puede imputar a los Estados la responsabilidad de todas las deficiencias de los abogados de oficio. De la independencia de los colegios de abogados con respecto al Estado se deriva que la dirección de la defensa incumbe esencialmente al acusado y a su abogado, tanto si éste le asiste gratuitamente como si es retribuido por su cliente. El artículo 6.3 c) no obliga a las autoridades nacionales competentes a intervenir salvo que las carencias del abogado de oficio sean manifiestas o si son informadas suficientemente de cualquier otra manera”.

Y, precisamente, éste es un caso en el que el Tribunal debió intervenir ante la pasividad del abogado de oficio.

“Este Tribunal observa que el primer abogado de oficio, antes de declararse enfermo, no tomó ninguna medida como abogado del señor Daud, quien trató en vano de defenderse a sí mismo. En cuanto al segundo, de cuyo nombramiento tuvo constancia el demandante sólo tres días antes del inicio del proceso ante el Tribunal Criminal, el Tribunal estima que no dispuso del tiempo que habría necesitado para estudiar el expediente, ir a ver, en su caso, a su cliente en la prisión y preparar su defensa. El plazo entre la notificación de la sustitución del abogado y la vista parecía demasiado corto para un caso tan grave y complejo en el que apenas había habido instrucción y que concluyó en una condena dura. El Tribunal Supremo no remedió la situación puesto que en su sentencia de 30 de junio de 1993 declaró el recurso inadmisible por presentación inadecuado de los motivos".

En cuanto a los hechos concretos, prescindiendo de otros, señala el TEDH que el demandante "en su carta de 15 de diciembre de 1992, después de que hubieran transcurrido más de ocho meses, pidió igualmente al Tribunal una entrevista con su abogado, el cual todavía no se había puesto en contacto con él. Por motivo del uso de un idioma extranjero, el juez no la tuvo en cuenta. Sin embargo, dicha petición debería haber revelado a las autoridades competentes una carencia manifiesta del abogado de oficio, especialmente teniendo en cuenta que este último no había tomado ninguna medida desde su nombramiento en marzo de 1992. Por esta razón y habida cuenta de la denegación de las dos solicitudes formuladas, durante este mismo periodo, por el propio acusado, el tribunal hubiera debido informarse sobre la manera en que el letrado estaba desempeñando sus deberes y eventualmente sustituirle pronto, sin esperar a que éste declarase no estar en situación de representar al señor Daud. Por otra parte, después de haber designado un sustituto, el Tribunal Criminal de Lisboa, que debía saber que hasta la fecha el demandante no había dispuesto de una asistencia jurídica efectiva, podría haber aplazado de oficio las vistas. Que el segundo abogado de oficio no presentara tal solicitud es irrelevante. Las circunstancias de la causa exigían que el Tribunal no permaneciera pasivo".

9) Caso *Czekalla v. Portugal*, STEDH de 1 de octubre de 2002 o 2003.

En este caso, se examinan los defectos del abogado al presentar el recurso en el que tuvo un "fallo manifiesto". En efecto, "se plantea la cuestión de si el hecho de que el abogado defensor designado oficialmente interpusiera un recurso sin cumplir los requisitos formales de la legislación portuguesa y del Tribunal Supremo puede considerarse un 'fallo manifiesto'".

Señala el TEDH que "no se puede considerar al Estado responsable de cualquier insuficiencia o error en la conducción de la defensa del demandante imputable a su abogado oficialmente designado. Sin embargo, considera que, en determinadas circunstancias, el incumplimiento negligente de un requisito puramente formal no puede asimilarse a una defensa imprudente o a un mero defecto de argumentación. Así ocurre cuando, como consecuencia de tal negligencia, el demando queda privado de un recurso sin que la situación haya sido reparada por un tribunal superior. A este respecto, procede señalar que el demandante era un extranjero que desconocía la lengua en la que se desarrollaba el proceso y que se enfrentaba a cargos que le exponían a una larga pena de prisión, e incluso le conducían a ella.

66. Esta combinación de circunstancias lleva al Tribunal a considerar que el Sr. Czekalla no disfrutó, como exige el artículo 6.3 (c), de una defensa práctica y eficaz en lo que respecta a su recurso ante el Tribunal Supremo. Queda por determinar si las autoridades pertinentes tenían el deber, respetando el principio fundamental de la independencia de la profesión jurídica, de tomar medidas para garantizar que el demandante disfrutara efectivamente del derecho que le concedieron".

Para el TEDH "lo decisivo es el incumplimiento por parte del abogado de oficio de una norma simple y puramente formal al presentar el recurso de casación ante el Tribunal Supremo. En opinión del Tribunal, se trataba de un "fallo manifiesto" que exigía medidas positivas por parte de las autoridades pertinentes. El Tribunal Supremo podría, por ejemplo, haber invitado al abogado designado oficialmente a ampliar o rectificar su alegato en lugar de declarar el recurso inadmisible".

De ahí que el TEDH concluya que "las circunstancias del caso impusieron al tribunal pertinente la obligación positiva de garantizar el respeto práctico y efectivo del derecho del demandante al debido proceso. Como no fue así el Tribunal estima que ha existido un incumplimiento de los requisitos de los párrafos 1 y 3 (c) del artículo 6 del Convenio, tomados en conjunto. Por tanto, se ha producido una violación de dichas disposiciones".

10) Caso *Mayzit v. Rusia*, STEDH de 20 de enero de 2005.

En este caso, el demandante se queja "de que no pudo prepararse adecuadamente para el juicio debido a las malas condiciones de su detención y porque la administración del centro de detención le prohibió tener libros jurídicos y copiar documentos procesales.

Con carácter general, el TEDH dice que "el artículo 6 § 3 (b) garantiza al acusado "tiempo y facilidades adecuados para la preparación de su defensa" y por lo tanto eso implica que la actividad sustantiva de defensa en su nombre puede abarcar todo lo que sea "necesario" para preparar el juicio principal. El acusado debe tener la oportunidad de organizar su defensa de manera adecuada y sin restricciones en cuanto a la posibilidad de presentar todos los argumentos de defensa pertinentes ante el tribunal de primera instancia y, por tanto, de influir en el resultado del proceso. La disposición sólo se viola si esto resulta imposible (véase Can contra Austria, nº 9300/81, informe de la Comisión de 12 de julio de 1984, seri A nº 96 § 53).

79. Los "derechos de defensa", de los cuales el artículo 6 § 3 (b) ofrece una lista no exhaustiva, se han instituido, sobre todo, para establecer la igualdad, en la medida de lo posible, entre la acusación y la defensa. Las facilidades que deben concederse al acusado se limitan a aquellas que ayuden o puedan ayudar en la preparación de su defensa (véase Jespers c. Bélgica, nº 8403/78, informe de la Comisión de 14 de diciembre de 1981, DR 27, pág. 61 §§ 55, 57)".

Pero examinado el caso concreto, considera el TEDH que "teniendo en cuenta los cargos que se le imputan, el Tribunal está convencido de que el demandante tuvo suficiente "tiempo" para prepararse para el juicio". Añade que "no se impusieron restricciones al demandante en cuanto al acceso al expediente del caso y que se puso a su disposición asistencia jurídica gratuita y sin restricciones, aunque optó por no recurrir a ella. En consecuencia, el Tribunal está convencido de que se disponía de instalaciones adecuadas".

En consecuencia, decide que no ha habido violación del art. 6.3.b) del CEDH.

11) Caso *Sannino v. Italia*, STEDH de 27 de abril de 2006.

En el presente caso "el abogado elegido por el demandante, se retiró del caso (véase el párrafo 7 supra). Señor B., el abogado designado por el tribunal para representar al demandante, fue informado de la fecha de la próxima audiencia, pero no de su nombramiento (véase el apartado 8 supra). Esta omisión por parte de las autoridades explicó en parte la ausencia del Sr. B., que condujo a la situación denunciada por el demandante, es decir, el hecho de que en cada audiencia estuvo representado por un abogado sustituto diferente (véanse los apartados 9 a 12 y 14 anteriores). No había nada que sugiriera que los abogados sustitutos tuvieran conocimiento del caso. Sin embargo, no solicitaron un aplazamiento para conocer el caso de su cliente. Tampoco pidieron interrogar a los testigos de la defensa a quienes el Tribunal de Distrito había autorizado a citar a los dos primeros abogados del demandante (véanse los párrafos 5 y 6 supra).

51. Es cierto que el demandante, que hasta el 2 de noviembre de 1999 había asistido a muchas de las audiencias, nunca informó a las autoridades

de las dificultades que había tenido para preparar su defensa (en contraste con Artico, antes citado, § 36), como correctamente señaló el Gobierno (véase el párrafo 42 supra). El demandante tampoco se puso en contacto con sus abogados de oficio para pedirles aclaraciones sobre el desarrollo del proceso y la estrategia de defensa. Tampoco se puso en contacto con la secretaría del tribunal para preguntar sobre el resultado de su juicio. Sin embargo, el Tribunal considera que la conducta del demandante no podía por sí sola eximir a las autoridades de su obligación de tomar medidas para garantizar la eficacia de la defensa del acusado. Las deficiencias de los abogados designados por el tribunal eran manifiestas, lo que hizo que la responsabilidad de intervenir recayera en las autoridades nacionales. Sin embargo, nada sugiere que este último haya tomado medidas para garantizar al acusado una defensa y representación efectivas.

52. En consecuencia, ha habido una violación del artículo 6 del Convenio".

12) Caso *Bogumil v. Portugal*, STEDH de 7 de octubre de 2008.

En este caso, "el demandante señala que no se benefició de asistencia jurídica alguna entre enero y septiembre de 2003, a pesar de las diversas solicitudes y quejas relativas a la negligencia del abogado de oficio que presentó, personalmente o por mediación de la Embajada de Polonia en Lisboa. El mismo día de la vista, el 18 de septiembre de 2003, se nombró un nuevo abogado. Para el demandante, es evidente que este segundo abogado no pudo preparar adecuadamente su defensa, cuando se trataba de un caso complejo en el que se encontraba inmerso un extranjero que no conocía la lengua del procedimiento".

Al respecto, el TEDH observa que "durante la fase inicial del procedimiento, el demandante fue asistido por un abogado en prácticas, que intervino en varias ocasiones. El 15 de enero de 2003, tras comprobar el fiscal que este abogado en prácticas no podía representar al demandante dada la gravedad de la pena impuesta en el caso, se nombró a un nuevo abogado, supuestamente con más experiencia. Este abogado sólo intervino en el proceso para solicitar ser relevado de sus funciones, el 15 de septiembre de 2003, es decir tres días antes del inicio del proceso. El mismo día de la audiencia se designó una nueva abogada de oficio; pudo estudiar el expediente entre las 10 y las 15.15 horas".

Insiste el TEDH en que "a la abogada de oficio, designada el mismo día de la vista, el intervalo de poco más de cinco horas que tuvo para preparar la defensa fue evidentemente demasiado corto para un caso de infracción grave que podía acarrear una pena severa".

"Ante tal "deficiencia manifiesta" por parte de la defensa, el demandante llamó la atención de las autoridades judiciales. Sin embargo, la Sala 9 del Tribunal Penal de Lisboa no respondió adecuadamente a sus solicitudes y no garantizó que el interesado estuviera realmente "asistido" por un defensor de oficio. Así, tras nombrar un sustituto, el Tribunal Penal de Lisboa, quc debía saber que el demandante no se había beneficiado hasta el momento de una auténtica asistencia jurídica, podría haber aplazado el procedimiento por propia iniciativa. El hecho de que el defensor de oficio en cuestión no hay presentado tal solicitud carece de consecuencias. Las circunstancias del caso exigían que el tribunal no permaneciera pasivo y garantizara el respeto concreto y efectivo del derecho de defensa del demandante".

Por ello, el Tribunal declara que ha habido una violación del art. 6.1 y 6.3 c) del CEDH.

13) Caso *Falcão dos Santos v. Portugal*, STEDH de 3 de julio de 2012.

El demandante se queja de no haber contado con una asistencia jurídica adecuada.

Al examinar el caso concreto, el TEDH observa que "el primer abogado de oficio, el Sr. F., no intervino en absoluto en el proceso, excepto para solicitar ser relevado de su ministerio (párrafo 8 supra). El segundo abogado de oficio, el Sr. M., respondió con alegaciones que se limitaban a basarse en los conocimientos del tribunal y que éste no tuvo en cuenta, de conformidad con la petición del demandante, que se consideraba mal representado. (párrafo 11 supra). Las observaciones de la respuesta y la lista de testigos presentadas por el tercer abogado de oficio, el Sr. D., fueron examinadas tardíamente por el tribunal (apartado 15 supra). Alegando que ya no confiaba en el Sr. D., el demandante solicitó su suspensión, pero el juez del tribunal penal de Oporto se lo negó, en consecuencia, el Sr. D. representó al demandante —contra su voluntad— durante la audiencia, pero sin intervenir en modo alguno durante la misma (apartados 17 y 18 supra)".

En consecuencia, el TEDH considera que "una restricción de los derechos de la defensa como la que tuvo lugar en el presente caso —incluso impidiendo al demandante presentar sus pruebas y su defensa— resulta incompatible con el principio de un juicio justo.

47. Estas deficiencias no fueron subsanadas durante el procedimiento de apelación, durante el cual el demandante estuvo representado por un abogado de su elección. De hecho, el Tribunal de Apelación respaldó las

decisiones del tribunal de primera instancia sobre este punto y consideró que el demandante había tenido una "representación adecuada" (párrafo 22 supra)".

Y, en consecuencia, declaró que se ha producido una violación de los arts. 6.1 y 6.3 b), c) y d) del CEDH.

4

A la vista de las diferentes sentencias del TEDH respecto a esta cuestión, cabe extraer las siguientes líneas maestras.

a) La asistencia letrada es esencial y básica para que pueda hablarse de un juicio justo.

b) Asistencia no es equivalente a designación o nombramiento. El CEDH no se respeta mediante la existencia de derechos ilusorios y sin traslación a la realidad. La asistencia debe ser real.

c) Esto plantea la cuestión de sobre quién recae la obligación de reaccionar, cuando se observa una mala o nula asistencia letrada. Aquí se notan —como es lógico— las dificultades para que no exista una intromisión en la labor de la defensa. Por ello, con todas las cautelas, dice que la efectividad del art. 6.3.c) CEDH sólo obliga a reaccionar a los Estados en caso de manifiesta o de insuficiencia de la asistencia letrada; añadiendo, en ocasiones, que ello será así después de que se haya llamado suficientemente la atención ante tales deficiencias.

5

Por falta de espacio no voy a profundizar en el análisis de esta cuestión en EE. UU. Únicamente diré que el caso clave es *Strickland v. Washington* de 1984. Posteriormente, existen bastantes sentencias sobre el tema, si bien se remiten a lo decidido en la de 1984 y siguen los criterios establecidos en ella.

Esta sentencia [*Strickland v. Washington*, 466 US 668 (1984) de 14 de mayo de 1984] se refiere a un acusado de tres casos de asesinato y otros delitos. El acusado consideró que la defensa prestada por el abogado había sido ineficaz, pues no pidió un informe psiquiátrico, para investigar y presentar testigos de carácter.

El acusado se llamaba David Leroy Washington y Strickland es el nombre del superintendente de la prisión estatal de Florida, que es donde después de la sentencia de instancia fue encarcelado el acusado.

La sentencia declaró que "el derecho a un abogado establecido en la Sexta Enmienda es el derecho a la efectiva asistencia de un abogado y el punto de referencia para juzgar cualquier reclamación por la ineficacia debe concretarse en si la conducta del abogado socavó de tal manera el derecho al funcionamiento del proceso contradictorio que no se puede confiar que el juicio haya producido un resultado justo. [...] La afirmación de un acusado condenado de que la asistencia de su abogado fue tan defectuosa que requiera la revocación de una condena o la anulación de una muerte La sentencia exige que el acusado demuestre, en primer lugar, que la actuación del abogado fue deficiente y, en segundo lugar, que la actuación deficiente perjudicó la defensa para privar al acusado de un juicio justo".

"(a) El estándar adecuado para juzgar la actuación de los abogados es que la asistencia sea razonablemente eficaz, considerando todas las circunstancias. Cuando un acusado condenado se queja de la ineficacia de la actuación del abogado, el acusado debe demostrar que la representación del abogado estuvo por debajo de un estándar objetivo de razonabilidad. El control judicial sobre la actuación del abogado debe ser altamente respetuoso y una evaluación justa de la actuación del abogado requiere que se hagan todos los esfuerzos posibles para eliminar los efectos distorsionadores de la comprensión retrospectiva, para reconstruir las circunstancias de la conducta impugnada del abogado y evaluar la conducta desde el punto de vista del abogado, desde la perspectiva en ese momento. El tribunal debe aceptar una fuerte presunción que la conducta del abogado cae dentro de la amplia gama de principios profesionales razonables de asistencia. Estos estándares no requieren ninguna amplificación especial en orden a definir el deber del abogado de investigar, el deber en cuestión en este caso".

"(b) Con respecto a la demostración requerida respecto al perjuicio, el adecuado estándar requiere que el demandado demuestre que existe una probabilidad razonable que, debido a los errores poco profesionales del abogado, el resultado del procedimiento hubiera sido diferente. Una probabilidad razonable es una probabilidad suficiente para socavar la confianza en el resultado La audiencia ante el Tribunal en razón a una reclamación de ineficacia debe considerar la totalidad de las pruebas ante el juez o el jurado".

"Una serie de consideraciones prácticas son importantes para la aplicación de las normas antes expuestas. Las normas no establecen reglas mecánicas; El foco último de la investigación debe estar en que el procedimiento cuyo resultado se impugna, revista los aspectos fundamentales para poder afirmar que se trata de un juicio justo. El tribunal no necesita determinar primero si la actividad del abogado fue deficiente, antes de examinar el perjuicio sufrido por el demandado como consecuencia de las supuestas deficiencias".

"Los hechos de este caso dejan claro que la conducta del abogado en y antes del procedimiento de sentencia del demandado no puede considerarse irrazonable bajo las normas antes mencionadas. También dejan claro que, incluso suponiendo que la conducta del abogado fuera irrazonable, el demandado sufrió insuficiente perjuicio para ordenar la anulación de su pena de muerte".

O'Connor, J., fue la ponente y Burger, C. J. y White, Blackmun, Powell, Rehnquist y Stevens, JJ. se unieron; Brennan, J., presentó voto concurrente en parte y disidente en parte y, Marshall, J., presentó una opinión disidente.

El voto del juez Brennan, estuvo de acuerdo con la sentencia, pero discrepó porque es contrario a la pena de muerte. Defendió en el voto que la pena de muerte "es en todas las circunstancias un castigo cruel en inusual prohibido por la 8ª y la 14ª enmiendas"[17]. Este juez hubiera excluido la pena de muerte y hubiera devuelto el caso para procedimientos adicionales.

El voto del juez Marshall, parte de que "el derecho a un abogado es el derecho a una asistencia efectiva de abogado". Discrepa de los dos criterios que el Tribunal toma para examinar las quejas sobre la no asistencia efectiva del abogado: primero, "el standard de razonabilidad" y segundo, el "que únicamente un error del abogado que ha tenido suficiente impacto en el juicio para socavar la confianza en el resultado, es motivo para revocar una condena".

David Leroy Washington fue ejecutado el 13 de julio de 1984; no pasaron ni dos meses (faltó un día) desde la sentencia del Tribunal Supremo Federal de Estados Unidos.

---

17 "The death penalty is in all circunstances cruel and unusual punishment forbidden by the Eighth and Fourteenth Amendments".

En definitiva, el Tribunal estableció dos criterios (que ambos deben concurrir) para examinar esta cuestión.

Por una parte, si la actuación del abogado estuvo por debajo del standard objetivo de razonabilidad.

Y, por otra parte, si debido a los errores en la actuación del abogado existe una probabilidad razonable de que, de no haber concurrido tales errores, el resultado hubiera sido diferente.

6

He expuesto diversas sentencias, en las que se señala con claridad la importancia del derecho de defensa, incluyendo la información sobre sus derechos[18] y la asistencia letrada. Hasta el punto, como hemos visto, de plantearse qué debe hacerse cuando la asistencia letrada se comporta simplemente de forma inexistente o negligente. Al efecto, llama mucho la atención la sentencia del Tribunal de Justicia de 22 de junio de 2023, recaída en el asunto C-660/21.

Se trata de una sentencia "extraña", con unas declaraciones que no se compaginan bien, a mi entender, con la decisión que adopta.

La sentencia es consecuencia de una decisión prejudicial planteada por el tribunal correctionnel de Villefranche-sur Saône, esto es, el Tribunal de lo Penal de Villefranche-sur Saône.

En cuanto a los hechos, "en la tarde del 22 de marzo de 2021, K. B. y F. S. fueron objeto de control por agentes de la policía judicial por su presencia sospechosa en el aparcamiento de una empresa. Los agentes constataron que el depósito de un camión de gran tonelaje estacionado en dicho aparcamiento estaba abierto y que cerca de este se encontraban unos bidones. A las 22.25, estos agentes detuvieron y esposaron a K. B. y a F. S., que trataban de esconderse, e incoaron inmediatamente una investigación por delito flagrante por hechos constitutivos de robo de combustible, sobre la base del artículo 53, párrafo primero, del Código de Enjuiciamiento Criminal.

18 En EE. UU., conforman las denominadas "prevenciones" Miranda"; sintéticamente, véase Barja de Quiroga, Jacobo, "En el cincuenta cumpleaños de *Miranda*", *El Notario del siglo XXI*, 67/2016, págs. 170 y ss.

Tras haber interrogado a K. B. y a F. S., sin haberles notificado los derechos establecidos en el artículo 63-1 del Código de Enjuiciamiento Criminal, los agentes de la policía judicial dieron aviso a un oficial de la policía judicial, que solicitó la puesta a disposición inmediata de ambos sospechosos con vistas a su detención preventiva, de conformidad con el artículo 73 *in fine* del Código de Enjuiciamiento Criminal.

Ignorando estas instrucciones, los agentes de la policía judicial llamaron a otro oficial de la policía judicial, que acudió al lugar de los hechos a las 22.40 y, sin detener con carácter preventivo a los dos sospechosos, ni informarles de sus derechos ni avisar al Fiscal de la República, como exige el Derecho francés, procedió al registro de su vehículo. Durante el mencionado registro se descubrieron pruebas de cargo, como tapones, un embudo y una bomba eléctrica. Este oficial formuló preguntas a K. B. y a F. S., a las que estos respondieron.

A las 22.50, se comunicó al Fiscal de la República la detención preventiva de F. S. y de K. B., a los que se les notificaron sus derechos a las 23.00 y las 23.06 respectivamente y, entre tales derechos, el derecho a permanecer en silencio".

El órgano jurisdiccional francés constata que se llevaron a cabo diligencias de investigación y se recabaron declaraciones autoinculpatorias antes de que K.B. y E.S. fueran informados de sus derechos; añade que "en estas condiciones, el registro del vehículo, la detención preventiva de los sospechosos y todas las diligencias que derivan de ello deberían, en principio, ser anulados de conformidad con la jurisprudencia de la Cour de cassation (Tribunal de Casación, Francia)".

"En virtud del artículo 385 del Código de Enjuiciamiento Criminal, las excepciones de nulidad de las actuaciones, como la que se basa en el incumplimiento de la obligación establecida en el artículo 63-1 de dicho Código, de informar a una persona de su derecho a permanecer en silencio en el momento de su detención preventiva, deben ser planteadas por la persona afectada o su abogado con carácter previo a cualquier defensa en cuanto al fondo. También se desprende de los autos que K. B. y F. S. fueron asistidos por un abogado, pero que ni este ni K. B. o F. S. propusieron, con carácter previo a la defensa en cuanto al fondo, una excepción de nulidad, en el sentido del artículo 385 del referido Código, basada en el incumplimiento de esa obligación".

El órgano jurisdiccional remitente señala que "la Cour de cassation (Tribunal de Casación) ha interpretado el artículo 385 del Código de Enjuiciamiento Criminal en el sentido de que prohíbe a los órganos jurisdiccionalles que conocen del fondo del asunto apreciar de oficio la nulidad de las actuaciones, salvo la que se deriva de su falta de competencia, dado que el encausado, que dispone del derecho a ser asistido por un abogado cuando comparece o se encuentra representado ante un órgano jurisdiccional competente para conocer sobre el fondo, puede invocar tal nulidad con carácter previo a cualquier defensa en cuanto al fondo, disponiendo dicho encausado, además, de la misma facultad en apelación si no compareció o no fue representado en primera instancia. Por consiguiente, según el órgano jurisdiccional remitente, el artículo 385 del Código de Enjuiciamiento Criminal así interpretado le prohíbe apreciar de oficio el incumplimiento de la obligación mencionada en el apartado anterior de la presente sentencia".

Así pues, dado que ni el o los encausados dijeron nada y estuvieron asistidos de abogado, que no planteó la nulidad, la cuestión planteada es si una normativa, que prohíbe apreciar los defectos de oficio, es contraria al derecho de la Unión. En concreto, la pregunta del Tribunal remitente es la siguiente:

"¿Deben interpretarse los artículos 3 (Derecho a la información sobre los derechos) y 4 (Declaración sobre los derechos en el momento de la detención) de la [Directiva 2012/13] y el artículo 7 (Derecho a guardar silencio) de la [Directiva 2016/343], en relación con el artículo 48 (Presunción de inocencia y derechos de la defensa) de la Carta [...], en el sentido de que se oponen a la prohibición impuesta al órgano jurisdiccional nacional de apreciar de oficio una vulneración del derecho de defensa garantizado por dichas Directivas y, más concretamente, de apreciar de oficio, a efectos de la nulidad de actuaciones, la falta de notificación del derecho a guardar silencio en el momento de la detención o la notificación tardía del derecho a guardar silencio?".

La sentencia del Tribunal de Justicia considera que "los Estados miembros pueden, en virtud del margen de maniobra que les concede la Directiva 2012/13, limitar temporalmente la invocación de tal incumplimiento a la fase que precede al planteamiento de la defensa en cuanto al fondo. En particular, procede considerar que la prohibición impuesta al órgano jurisdiccional de lo penal que conoce del fondo del asunto de apreciar de oficio este incumplimiento a efectos de la nulidad de las actuaciones respeta, en principio, los derechos a la tutela judicial efectiva y a que la causa sea oída equitativamente garantizados en el artículo 47, párrafos primero y segundo, de la Carta, así como los derechos de la defensa consagrados en el artículo 48, apartado 2, de la Carta, siempre que las personas sospechosas, acusadas o sus abogados hayan tenido la posibilidad concreta y efectiva de invocar la infracción correspondiente y hayan dispuesto para ello de un plazo razonable, así como de acceso al expediente".

Luego se refiere a los derechos del acusado establecidos en diversas Directivas y en la Carta, así como a la jurisprudencia del TEDH recogiendo, expresamente, que este Tribunal declara que "la situación de especial vulnerabilidad del acusado en la fase de investigación para la preparación del juicio solo puede ser compensada adecuadamente por la asistencia de un abogado, con la función, entre otras, de contribuir a garantizar que se respeta el derecho del acusado a no declarar contra sí mismo".

Añade que, conforme al art. 8 ap. 2 de la Directiva 2012/13, "el incumplimiento de la obligación de informar con prontitud a las personas sospechosas o acusadas de su derecho a permanecer en silencio debe poder ser alegado por el sospechoso o acusado "o" por su abogado. En efecto, esta conjunción coordinante ha de entenderse en el sentido de que ese sospechoso o acusado debe alegar él mismo tal infracción únicamente en los supuestos en los que haya renunciado válidamente a la posibilidad de ser asistido por un abogado".

Pues bien, esta sentencia sorprendentemente, a continuación, concluye que "no cabe considerar que una normativa nacional que prohíbe al órgano jurisdiccional que conoce del fondo del asunto en materia penal apreciar de oficio, a efectos de la nulidad de las actuaciones, el incumplimiento de la obligación que incumbe a las autoridades competentes, en virtud de los artículos 3 y 4 de la Directiva 2012/13, de informar con prontitud a las personas sospechosas o acusadas de su derecho a permanecer en silencio vulnera los artículos 47 y 48 de la Carta, cuando no se les haya privado de la posibilidad concreta y efectiva de ser asistidos por un letrado".

Es difícil comprender que: a) a pesar de que el abogado no ha instado la nulidad por la falta de información de los derechos al o a los acusados, es un hecho del que no extrae consecuencia alguna, a pesar de que sería examinable desde la óptica de ausencia o negligencia; b) que permita una legislación que prohíbe de oficio apreciar un defecto tan importante y defendido en diversas Directivas, Convenios, La Carta de Derechos Humanos, etc.

Desde mi punto de vista, los derechos y garantías deben ser apreciados de oficio y con total prontitud, sin perjuicio de que, obviamente, también su ausencia o desconocimiento pueden ser alegados a instancia de parte. Entenderlo de otra forma, no es defender ni proteger los derechos, a lo que está obligado el Estado.

7

En definitiva, el abogado es el "primer defensor" de los derechos de defensa, debiéndose comportar conforme al rol establecido.

Pero, en el caso de que se produzca una decepción del rol, objetiva y necesariamente ha de actuar el Estado.

Eso sí, respetando siempre la independencia de la tarea del abogado defensor y, por ello, el Estado debe intervenir únicamente cuando la deficiencia o ausencia es manifiesta o las quejas son reiteradas, inatendidas y con gravedad y relevancia suficiente para influir en el curso de los intereses de la persona necesitada de asistencia letrada.

Los derechos de defensa deben ser protegidos y defendidos, en todo caso.

Una ley para el derecho de defensa[1]

AMAYA ARNÁIZ SERRANO

Titular de Universidad. Departamento de Derecho Penal, Procesal e Historia del Derecho. Instituto Alonso Martínez de Justicia y Litigación. UC3M

ORCID: 0000-0001-7125-9667

---

1 Nuestra democracia se sustenta en valores. Principios que van cimentando día a día nuestras convicciones sobre las libertades, los derechos y la justicia. En ese afán por fortalecer el Estado de Derecho es donde se inscribe el magisterio de mi maestro, el Prof. Moreno Catena. Nos ha enseñado cada día que el Derecho es para la vida, que debemos aprehenderlo como lo que es, un Derecho vivo, dotado de alma, que es dinámico y cambiante como la realidad que trata de ordenar. Quizá por ello, mi homenaje más sincero sea el reconocimiento por sus enseñanzas prácticas, pues no sólo me transmitió conocimientos sino también un modelo de conducta, una forma de ser jurista. Esa forma de ser jurista de la que nos hizo partícipes tenía todo que ver con cómo comprende las singularidades de la doctrina jurídica, que no se agotan en lo estrictamente científico ni teórico sino que tienen la virtualidad de actuar sobre la realidad pudiendo transformarla y mejorarla. Por ello, su mayor enseñanza ha sido su ejemplo diario, en el que pone en práctica la labor del buen jurista que en palabras de otro maestro, el Prof. De Castro, podía resumirse en la colaboración con el legislador; la defensa de la organización jurídica; la asistencia en la actividad jurídica de los particulares como abogado y la elaboración científica. Gracias, Víctor, por enseñarme que la labor del jurista no puede limitarse a la de ser un experto en la materia, sino que nuestra labor debe ser —junto con la del resto de profesionales del Derecho— la de garantizar la subordinación y sujeción de los distintos sectores, públicos o privados, a los principios democráticos cristalizados en el ordenamiento jurídico, que es tanto como ser garante de los derechos de la ciudadanía.

1. LA OPORTUNIDAD DE UNA LEY REGULADORA DEL DERECHO DE DEFENSA[2]

La elaboración de una norma que regule y sistematice el contenido y garantías esenciales del Derecho de defensa es una iniciativa comprometida e innovadora. No sólo se trata de una tarea jurídicamente compleja por el alcance y dimensión de este Derecho fundamental, sino también porque no existe en Derecho comparado ningún referente de un texto de esta envergadura. De hecho, resulta sorprendente que algunos textos constituyentes, como por ejemplo el de Alemania o el de Francia, no lo contemplasen entre el catálogo de derechos fundamentales, pese a tratarse de un derecho capital en la conformación del Estado de Derecho. Hay quien ha explicado esta ausencia por la "obviedad" de su reconocimiento implícito[3]. Nuestro legislador resulta sumamente valiente pues al abordar esta cuestión debe, en primer lugar, delimitar este derecho respecto de otros afines e íntimamente relacionados con el mismo. Y, de otro, debe redimensionar su alcance ante nuevas realidades como son los MASC.

En la Memoria de Análisis de Impacto Normativo (MAIN) que acompaña al ALODD de 2024 se expone que el objetivo fundamental de la norma no es otro que el de recoger los aspectos esenciales del ejercicio del derecho de defensa como un concepto distinto, aunque antecedente, al derecho a un juicio justo. Efectivamente, el derecho a un proceso justo, aunque

---

2 Durante la edición de esta obra fue aprobada la Ley Orgánica 5/2024, de 11 de noviembre, del Derecho de Defensa. Un estudio ya detallado sobre el contenido de sus preceptos puede encontrarse en Arnáiz Serrano, A., "Abogar por los Derechos. Desafíos de una Ley Fundamental", *Revista Jurídica de Catalunya*, núm. 4, 2024, págs. 35-63.

3 Sobre la ausencia de previsión constitucional y sobre su reconocimiento jurisprudencial desde 1970 puede consultarse "Le Conseil constitutionnel et les droits de la défense", en *Discours de M. Jean-Louis Debré*, https://www.conseil-constitutionnel.fr/les-membres/le-conseil-constitutionnel-et-les-droits-de-la-defense

conectado en su finalidad con el derecho a la defensa y el derecho a no sufrir indefensión, se erige también como un derecho fundamental autónomo, estructural e instrumental al principio de igualdad de las partes[4]. De ahí, que "no se pretendan abordar las cuestiones conexas al ejercicio de la defensa pero que son consideradas contenidos propios de otros principios o derechos fundamentales, como pueden ser el derecho a la tutela judicial efectiva, el acceso a tribunales o el proceso justo". Dicho así pudiera parecer una tarea sencilla, pero nada más lejos de la realidad, pues la imbricación de estos derechos, sobre todo en su vertiente procesal, los harán en numerosas ocasiones difícilmente escindibles. Esta circunstancia es la que explica que el articulado del Anteproyecto entronque necesariamente con distintos derechos y principios constitucionales, así por ejemplo, con el derecho al juez ordinario predeterminado por la ley; con el derecho a un proceso público sin dilaciones indebidas (art. 24.2 CE); con el derecho al secreto profesional (art. 20.1.d); con las garantías establecidas en torno a la detención (art. 17.3 CE) y con el derecho a la asistencia jurídica gratuita (art. 119 CE).

Más allá de que este objetivo declarado por el pre-legislador pueda haberse logrado con mayor o menor éxito, lo que precisa del análisis de su articulado, antes es necesario comprender a qué responde esta iniciativa, su encaje en el ordenamiento jurídico nacional y en el marco de los compromisos internacionales adquiridos por el Estado español.

1.1. El anteproyecto de Ley Orgánica del Derecho de Defensa como respuesta a una demanda histórica

Esta XV Legislatura ha arrancado con la aprobación en el Consejo de Ministros, de 23 de enero de 2024, del Anteproyecto de Ley Orgánica del Derecho de Defensa[5]. Se trata de un proyecto que fue impulsado por el Ministro Campo a través de una Comisión técnica durante la XIV Legislatura[6].

---

4 Moreno Catena, V., "Sobre el derecho de defensa: cuestiones generales", *Teoría & Derecho. Revista De Pensamiento jurídico*, 2010, núm. 8, pág. 17.

5 El texto del anteproyecto se encuentra publicado en el Boletín Oficial de la Cortes General de 2 de febrero, https://www.congreso.es/public_oficiales/L15/CONG/BOCG/A/BOCG-15-A-6-1.PDF

6 El 19 mayo 2020, el ministro de Justicia, Juan Carlos Campo, firmaba la orden por la que se designaba a los miembros que compondrían la Comisión que, adscrita al Ministerio de Justicia a través de la Secretaría de Estado de Justicia, elaboró el anteproyecto de Ley de Derecho de Defensa. La comisión se encontraba presidida

La ministra LLop logró llevarlo a Consejo de Ministros el 4 de marzo de 2023, pero su tramitación parlamentaria en la anterior legislatura decayó como consecuencia de la convocatoria anticipada de elecciones generales.

La elaboración de un texto legislativo que desarrollase el derecho de defensa ha sido una demanda histórica de la abogacía institucional[7]. De hecho, en los últimos años son dos los textos que fueron presentados por el CGAE para dar cumplimiento a esa demanda histórica. En el año 2017, junto con los informes de la Comisión Jurídica, el CGAE presenta una Propuesta de Ley Orgánica del Derecho de Defensa. Se trataba de una propuesta muy concisa, dieciséis artículos, en los que se trataba de desarrollar algunas de las cuestiones que en la práctica forense suscitaban mayores fricciones en relación con el derecho de defensa, particularmente en relación con la defensa penal[8]. Apenas un año después, de nuevo con motivo de la publicación de los Informes de la Comisión Jurídica en 2018, el CGAE pre-

---

por Antonio Garrigues Walker, Presidente de la comisión. Abogado. Presidente de honor de Abogados Garrigues. Presidente de la Fundación Garrigues y de la Cátedra Garrigues de Derecho Global de la Universidad de Navarra; Begoña Castro Jover. Abogada. Vicedecana del Ilustre Colegio de Abogados de Madrid. Profesora Asociada de Derecho Penal en la Universidad Carlos III de Madrid; Miquel Roca i Junyent. Abogado. Ponente de la Constitución Española de 1978. Presidente de Roca Junyent Abogados. Profesor de Derecho Constitucional en la Universidad Pompeu Fabra de Barcelona; Victoria Ortega Benito. Presidenta del Consejo General de la Abogacía Española. Profesora titular de Derecho Procesal de la Universidad de Cantabria; Ana María Ferrer García. Magistrada de la Sala Segunda de lo Penal del Tribunal Supremo; Isabel Rodríguez Mateo. Fiscal del Tribunal Supremo; Mª Ángeles Jaime de Pablo. Abogada. Presidenta de la Asociación de Mujeres Juristas Themis; Cristóbal Martell Pérez-Alcalde. Abogado. Socio-Director de Martell Abogados; Eduardo García Peña. Abogado. Socio-director de García Peña & Andújar Abogados. Profesor Asociado de Derecho Procesal Penal en la Universidad Carlos III de Madrid; Alicia González Alonso. Profesora Contratada Doctora de Derecho Constitucional de la Universidad Autónoma de Madrid; José Miguel Bueno Sánchez. Abogado del Estado. Subsecretario de Justicia; Paula Novo Cuba. Secretaria de la comisión. Abogada del Estado. Secretaria General Técnica del Ministerio de Justicia y Javier Truchero Cuevas. Asesor del ministro de Justicia. Abogado. Socio fundador de IusLab Estudio Legal.

7 Vid, por todos, Alonso Puig, J. L. y Otros., "Diálogos para el futuro judicial. LII EL Anteproyecto de Ley Orgánica del derecho de defensa", *Diario La Ley*, 2022, núm. 10151, pág. 2 y García Molina, P., "Hacia la Ley Orgánica del Derecho de Defensa", *Diario La Ley*, 2020, núm. 9656, pág. 3.

8 Este texto de esta propuesta puede consultarse en CGAE, El derecho de defensa. Propuesta de Ley Orgánica. Informes de la Comisión Jurídica del Consejo General de la Abogacía Española, 2017, Valencia, págs. 13-18.

sentaba una nueva propuesta, bajo la denominación de Ley reguladora del Derecho de Defensa[9]. Esta vez se trataba de una iniciativa más articulada, aunque en la misma desaparecía la Exposición de Motivos que, en cambio, sí introducía la anterior. Se trataba de un texto compuesto por 26 artículos, sistematizados en torno a dos títulos. En el primero de los títulos bajo la rúbrica de "Principios generales del derecho de defensa", se enmarca el Capítulo I en el que en 9 preceptos se dispone a dar respuesta a su enunciado sobre "El derecho de defensa y sus condiciones de ejercicio". En el segundo capítulo, cuatro preceptos se dedican a aclarar la "Titularidad y modalidades de ejercicio" del derecho defensa. Y, cerrando el Título I, se contienen cuatro preceptos relativos a los "Deberes vinculados al ejercicio del derecho de defensa" (Capítulo III). El Título II de la propuesta normativa se circunscribe a "La asistencia jurídica a la defensa". Dos preceptos en su Capítulo I abordan las cuestiones relativas a la "Confianza, confidencialidad y secreto profesional". Y el Capítulo II ultima el texto con nueve artículos relativos a "La abogacía y las garantías del derecho de defensa"[10].

El germen del actual texto legislativo se encuentra sin duda en los esfuerzos regulatorios y en el impulso decidido de la abogacía institucional. Prueba de ello, es que la literalidad de algunos pasajes del anteproyecto tienen clara inspiración en los textos del CGAE. En la exposición de motivos de la Propuesta de Ley Orgánica del Derecho de Defensa del CGAE de 2017, podía leerse que "[d]esde la aprobación de la Constitución Española, la jurisprudencia y la práctica judicial han ido consolidando los estándares de protección del derecho de defensa en los diversos órdenes jurisdiccionales, procedimientos y actuaciones, pero ha llegado el momento de recoger este básico principio estructural del Estado en una ley orgánica que, sin agotar sus diversas facetas, desarrolle algunos de los aspectos esenciales de este derecho fundamental, refleje el consenso social y político sobre una materia de especial importancia, sirva de guía de todos los operadores y refuerce el mandato de asegurar en todo momento la efectividad del derecho con el máximo reconocimiento y garantías". Justificación de la norma que, con muy leves variaciones puede encontrarse en

---

9 Esta segunda propuesta de regulación puede consultarse en CGAE, El derecho de defensa. Propuesta de Ley Orgánica. Informes de la Comisión Jurídica del Consejo General de la Abogacía Española, 2019, Valencia, págs. 15-25.

10 El Consejo de los Ilustres Colegios de Abogados de Cataluña (CICAC) el 27 de diciembre de 2018 presentaba también una propuesta de Ley Orgánica del Derecho de Defensa.

el actual anteproyecto[11]. Por ello, parece justo reconocer que el impulso de este importante proyecto legislativo se encuentra en la labor incesante del CGAE, y no sólo en la plasmación de estas dos concretas propuestas de regulación, sino en la labor constante que ha venido realizando a través de su Comisión Jurídica desde su creación en 2009. A través de muchos de sus informes la abogacía institucional ha tratado de ofrecer respuestas e interpretaciones en relación con los problemas prácticos que se han ido sucediendo en relación con el Derecho de defensa. De hecho, me atrevería a decir que la problemática abordada por los informes de la Comisión Jurídica en relación con el derecho de defensa es mucho más rica y ambiciosa que la que finalmente ha sido plasmada en las propuestas regulatorias[12]. Probablemente la prudencia llevó a la abogacía institucional a elaborar textos contenidos, pues pese a la importancia de este derecho fundamental no encontramos en Derecho comparado modelos de referencia. Sin embargo, una vez decididos a innovar la voluntad del legislador debiera ser

---

11 En el apartado III de la EM del Anteproyecto de Ley Orgánica del Derecho de Defensa de 2024, puede leerse que "Desde la aprobación de la Constitución Española, la jurisprudencia y la práctica judicial han ido consolidando los estándares de protección del derecho a la defensa en los diversos órdenes jurisdiccionales, procedimientos y actuaciones. Pero ha llegado el momento en que la realidad histórica y social de este país, hace necesario que este principio básico estructural del Estado de Derecho se consagre en una ley orgánica, que, sin agotar sus diversas facetas, desarrolle algunos de los aspectos esenciales de este derecho, y muestre el reflejo de un consenso social y político sobre una materia de especial importancia. Debe servir para que las personas conozcan el alcance de este derecho en su máximo reconocimiento y garantía, así como para dejar constituida una ruta de guía para todos los operadores jurídicos".

12 Sin ánimo de exhaustividad pueden citarse los siguientes informes de la Comisión Jurídica del CGAE: Informe 1/2011, la intervención judicial de las comunicaciones abogado-cliente y sus consecuencias sobre el derecho a la defensa en el proceso penal; Informe 5/2011, sobre el derecho a la asistencia letrada al detenido (art. 17.3 CE), su relación con el derecho a la defensa (art. 24.2 CE) y posibilidad para su reforzamiento; Informe 12/2012, relativo al derecho de los abogados a acceder al contenido de las actuaciones judiciales; Informe 8/2015, entrada y registro de despachos de abogados; Informe 1/2018, el derecho a la tutela judicial efectiva: sobre el ámbito de la asistencia jurídica gratuita en relación con la jurisdicción contencioso-administrativa y la interpretación del artículo 2 de la ley 1/1996, de 10 de enero, de asistencia jurídica gratuita; Informe 15/2019, regulación comparada en Europa sobre confidencialidad y secreto profesional.

lo más ambiciosa posible, máxime cuando se trata de uno de los Derechos fundamentales que es piedra angular del Estado de Derecho[13].

1.2. El anteproyecto de Ley Orgánica del Derecho de Defensa como respuesta a los compromisos internacionales y europeos

El derecho de defensa es uno de los derechos fundamentales que se encuentra consagrado en casi todas las Constituciones[14] y en todos los textos sobre derechos humanos[15]. Su contenido y manifestaciones se han ido interpretando —en virtud de la previsión contenida en el art. 10.2 de

---

13 El Anteproyecto es sin duda una iniciativa valiente pero probablemente escasamente ambiciosa y nada innovadora, por ello quizá como dicen Calaza López y Prada Rodríguez: "Con todo, nuestra CE está a punto de cumplir 46 años y la mera proclamación de derechos tan vertebradores de un avanzado Estado democrático de Derecho, como el derecho de acción y, en su reverso, el derecho de defensa —que fue considerada suficiente en aquél despertar democrático—, bien merecía —en esta madurez (también democrática) que avanza vertiginosamente hacia el segundo cuarto del siglo XXI— un mayor desarrollo legislativo, con base, tanto en nuestra más sugerente doctrina, como en nuestra más consolidada jurisprudencia (TS, TC, TEDH), e incluso en los textos nacionales e internacionales (así como en las distintas Directivas del Parlamento Europeo a este respecto)— fundamentalmente: Convenio Europeo para la Protección de los Derechos Humanos y las Libertades Fundamentales (CEDH), Pacto internacional de Derechos civiles y políticos (PIDCP)— que asumen y/o desarrollan los principios estructurales más elementales de nuestras sociedades democráticas; y todo ello, sin desconocer la sensibilidad jurídica, económica, personal y social de nuestro tiempo; un tiempo caracterizado, en esencia, por la multiplicación, a gran escala, de relaciones (fuente de potenciales controversias) fluidas, transnacionales, fugaces y tecnológicas", [en "Acción y Defensa en clave digital: "Dos caras de una misma moneda" y un "brindis al sol" en la inminente Ley de Derecho de Defensa", *Actualidad Civil,* 2023, núm. 4, págs. 3-4].

14 En la MAIN que acompaña el ALODD de 2024 puede encontrarse un detallada tabla en la que se sistematizan las disposiciones de Derecho primario y de Derecho secundario que abordan el derecho de defensa en los 27 Estados miembros de la UE. Así, como la normativa relativa al Reino Unido. Sistematización que evidencia la inexistencia en nuestro entorno de Ley que regulen de manera integral el derecho de defensa (2023, págs. 13-39).

15 Cfr. el art. 11.1 de la Declaración Universal de los Derechos Humanos, de 10 de diciembre de 1948 (DUDH); el art. 6 del Convenio Europeo para la protección de los Derechos Humanos y de las Libertades Fundamentales, de 4 de noviembre de 1950 (en adelante, CEDH); el art. 14 del Pacto Internacional de Derechos Civiles y Políticos, de 19 de noviembre de 1996 (PIDCP) y, más recientemente, los arts.

la CE—, de conformidad con la Declaración Universal de Derechos Humanos y los tratados y acuerdos internacionales sobre la materia. Este elemento, tal y como pone de relieve Caamaño, no hace sino "aportar, si cabe, mayor complejidad, puesto que diversos Tratados internacionales suscritos por España declaran el derecho de todo ciudadano a defenderse", lo que como sigue advirtiendo complica la aprehensión de su contenido[16]. En la actualidad, el alcance del derecho de defensa se ha visto complementado y reforzado tanto por las previsiones contenidas en los instrumentos internacionales y en el Derecho de la Unión Europea, como por la ingente jurisprudencia nacional e internacional recaída en la materia.

En el marco del Derecho comunitario son numerosos los instrumentos que, en las últimas décadas, han avanzado en la consagración de este derecho fundamental, pues la Unión Europea ha promovido un espacio de libertad, seguridad y justicia en el que se pretende la protección del Estado de Derecho como uno de sus valores fundamentales. De ahí, que en el Reglamento (UE) 2021/693, de 28 de abril, por el que se establece el programa de justicia, pueda leerse que "[e]l respeto y el fomento del Estado de Derecho, los derechos fundamentales y la democracia en la Unión son requisitos previos para la defensa de todos los derechos y obligaciones consagrados en los Tratados y para generar confianza en la Unión entre las personas". Esta circunstancia es la que permite explicar que sean numerosos los instrumentos de derecho comunitario que en las últimas décadas han hecho referencia al derecho de defensa[17].

---

47 y 48 de la Carta de los Derechos Fundamentales de la Unión Europea, de 7 de diciembre de 2000 (CDFUE).

16 Caamaño Domínguez, F. M., "El derecho a la defensa y asistencia letrada el derecho a utilizar los medios de prueba pertinentes", *Cuadernos de derecho público*, 2000, núm. 10, 2000, págs. 114.

17 Buena prueba de ello es, por ejemplo, el Derecho de la Unión Europea que contiene múltiples previsiones en cuanto al Derecho de Defensa. Así por ejemplo, la Directiva 2012/13/UE del Parlamento europeo y del Consejo, de 22 de mayo de 2012, relativa al derecho a la información en los procesos penales, en la que se establecen normas relativas al derecho de las personas sospechosas o acusadas a recibir información sobre sus derechos en los procesos penales y sobre las acusaciones formuladas contra ellas. En la Directiva (UE) 2016/1919 del Parlamento europeo y del Consejo, de 26 de octubre de 2016 y en la Directiva 2013/48/UE del Parlamento europeo y del Consejo de 22 de octubre de 2013, se refuerzan los derechos de sospechosos y acusados a recibir asistencia jurídica gratuita; a ser asistidos por un letrado; a que se informe de su privación de libertad a un tercero y a comunicarse con un tercero y con las autoridades consulares durante la pri-

En relación con todo este elenco de Derechos reconocidos por las Directivas, el Anteproyecto podría haber realizado una labor de ordenación y sistematización, al menos de esos aspectos generales pero cruciales para conformar y garantizar hoy el derecho de defensa. Así por ejemplo, más allá de la polémica sobre si la Directiva (UE) 2016/343, del Parlamento Europeo y del Consejo, de 9 de marzo de 2016, por la que se refuerzan en el proceso penal determinados aspectos de la presunción de inocencia y el derecho a estar presente en el juicio, ha sido plenamente traspuesta, en la misma se dispone que "[l]os Estados miembros deben adoptar las medidas necesarias para garantizar que, cuando faciliten información a los medios de comunicación, las autoridades públicas no se refieran a los sospechosos o acusados como culpables mientras no se haya probado con arreglo a la ley la culpabilidad de esas personas. A tal fin, los Estados miembros deben informar a las autoridades públicas de la importancia de tener debidamente en cuenta la presunción de inocencia cuando faciliten o divulguen información a los medios de comunicación. Ello se entiende sin perjuicio del Derecho nacional en materia de protección de la libertad de prensa y otros medios de comunicación" (párrafo 19). Pues bien, en un texto que pretende ser una guía de actuación para la preservación del derecho de defensa, no existe una sólo mención a los juicios paralelos o a la incidencia de los medios de comunicación e información en relación con el derecho de defensa y ya no sólo en el proceso penal, sino en cualquier proceso sancionador o disciplinario[18].

---

vación de libertad. La presunción de inocencia y el derecho a estar presente en el juicio se refuerzan a través de la Directiva 2016/343 del Parlamento Europeo y del Consejo, de 9 de marzo. Las garantías procesales de los menores sospechosos o acusados en los procesos penales son objeto de la Directiva 2016/800 del Parlamento Europeo y del Consejo, de 11 de mayo. Y ya en la Directiva 2010/64/UE del Parlamento europeo y del Consejo, de 20 de octubre, se contemplaban el derecho a interpretación y a traducción en los procesos penales. Asimismo la Comisión en 2022 actualizó la recomendación de 2013 sobre los derechos procesales de las personas (vulnerables) sospechosas o acusadas sometidas a prisión provisional y sobre las condiciones materia de reclusión [Recomendación (UE) 2023/681 de la Comisión de 8 de diciembre de 2022].

18 Prueba de la afectación que los medios de comunicación tienen en el ejercicio del derecho de defensa y, en particular en relación con la presunción de inocencia, es precisamente que, en el marco del proceso penal los dos Anteproyecto de LECrim (2011 y 2020) y el Proyecto de Código Procesal Penal (2013), han tratado de garantizar que el derecho a la información y comunicación no afecten la presunción de inocencia y afecten así al derecho de defensa. De ahí que, en la EM del ALECrim de 2020, pudiese leerse que: "Circunscrito el campo de la ley

1.3. El objeto del anteproyecto de Ley Orgánica del Derecho de Defensa y su encaje en el marco del ordenamiento jurídico nacional

La Constitución española consagra en el apartado primero del art. 24 el derecho a la tutela judicial efectiva, vinculándolo a la prohibición de que pueda producirse indefensión o, formulándolo en positivo, al también derecho fundamental a la defensa, que se prevé en su apartado segundo. Ambos se configuran como derechos inherentes al funcionamiento del Estado de Derecho. De hecho, en el apartado segundo del mencionado precepto, además de reconocerse ya expresamente del derecho de defensa así como la defensa letrada, se explicitan algunas de las manifestaciones del mismo, como son el derecho a ser informado de la acusación formulada contra uno; el derecho a un proceso público sin dilaciones indebidas y con todas las garantías; el derecho a utilizar los medios de prueba pertinentes para la defensa; el derecho a no declarar contra uno mismo; el derecho a no confesarse culpable y la presunción de inocencia. Por ello, como ya se ha expuesto, el desarrollo de este derecho no sólo guarda una íntima relación con otros preceptos constitucionales sino que, además debe tener un encaje correcto con el resto normas que contienen la forma de ejercicio del derecho procesal.

En la medida en que el legislador no parece que tenga como objetivo regular nuevos derechos sino más bien sistematizarlos en una norma única, el pre-legislador debiera haber tenido muy presente las disposiciones ya existentes relativas al ejercicio del derecho de defensa. Y es que resulta singular la técnica normativa, pues este proyecto no obedece a la estrategia normativa habitual, que opera de arriba abajo, de acuerdo con el sentido piramidal del ordenamiento jurídico, de manera que cada norma constituye además una especificación de aquella de la que trae causa. Muy al contrario, en este caso nos hallamos ante la conformación de un texto nor-

---

procesal al ámbito específico de los actores del procedimiento de investigación, la regulación propuesta introduce garantías ajustadas a los cánones marcados por el Tribunal Europeo de Derechos Humanos y el Tribunal Constitucional. Se busca, así, que el flujo de información se limite a lo esencial desde el punto de vista del interés informativo y que se transmita de forma aséptica y objetiva". Pues bien, desde esta perspectiva, de una regulación al menos de mínimos pues no es tarea del Anteproyecto determinar cómo han de comportarse los profesionales de la información en la elaboración y difusión de noticias sobre los procesos de naturaleza penal, sancionadora o disciplinaria, tal vez lo que sí habría sido factible es alguna previsión genérica que permitiese prevenir la afectación de este derecho fundamental cuando entra en colisión con el derecho de defensa.

mativo que pretender "extractar" las cuestiones esenciales relativas al derecho defensa, diseminadas hoy en las leyes procesales, en numerosas leyes especiales y en la doctrina jurisprudencial de carácter nacional e internacional, para aunarlas en un texto único. Si esta tarea parece a simple vista compleja se hace aún más ardua si —como se pretende el pre-legislador— trata de consagrar "en una ley orgánica, que, sin agotar sus diversas facetas, desarrolle algunos de los aspectos esenciales de este derecho, y muestre el reflejo de un consenso social y político sobre una materia de especial importancia". Pues como se sigue diciendo en la Exposición de Motivos, "[d]ebe servir para que las personas conozcan el alcance de este derecho en su máximo reconocimiento y garantía, así como para dejar constituida una guía de ruta para todos los operadores jurídicos". Para saber si esto es así bastaría echar un vistazo a dos bloques normativos que guardan íntima relación con el ejercicio del derecho de defensa. Por un lado, su relación con las leyes procesales y con el resto de leyes que regulan los ADR y, de otro, con las normas reguladoras de las profesiones que hacen posible a través de la postulación, el ejercicio del derecho defensa.

En relación con las leyes procesales donde se regulan los aspectos relativos al ejercicio del derecho de defensa en el marco del proceso judicial, el art. 1.2 del ALODD prevé que "[l]a Ley de Enjuiciamiento Criminal y las restantes leyes procesales desarrollarán el contenido del derecho de defensa en sus respectivos ámbitos". Y en el art. 3.3 al regular el ejercicio del derecho de defensa se dispone que el mismo se ejercitará "de conformidad con la Ley de Enjuiciamiento Criminal, la Ley Orgánica 6/1985, de 1 de julio, del Poder Judicial, la Ley Orgánica 2/1989, de 13 de abril, Procesal Militar, y la Ley Orgánica 5/2000, de 12 de enero, reguladora de la responsabilidad penal de los menores. Estos derechos resultarán de aplicación al procedimiento administrativo sancionador y al procedimiento disciplinario de acuerdo con las leyes que los regulen".

Pues bien, en la medida en que el ALODD prevé que el derecho de defensa comprende el conjunto de facultades y garantías que permiten proteger y hacer valer, sus derechos, libertades e intereses legítimos, en cualquier tipo de controversia ante los tribunales y Administraciones Públicas o en los medios adecuados de solución de controversias regulados en la normativa de aplicación (art. 2), no se comprende por qué el texto se refiere exclusivamente a las leyes procesales. Si la pretensión es hacer un abordaje integral del derecho de defensa debiera hacerse también mención a las particularidades de su ejercicio en el marco de la Ley 39/2015, de 1 de octubre, del Procedimiento Administrativo Común de las Administraciones Públicas, así como en otras leyes de naturaleza administrativa.

Pero es más, resultaría muy pertinente que se hubiese conectado la regulación con las normas especiales de Derecho administrativo de carácter sancionador o disciplinario, más allá de esa genérica referencia del art. 3.3 del Anteproyecto, que sólo sirve para evidenciar que los principios y derechos del ámbito penal son extendidos aquí con matizaciones. Quizá, no habría estado de más, haber tratado de arrojar luz sobre el alcance de dichas singularidades o limitaciones.

Del mismo modo, si se pretenden regular los aspectos esenciales del derecho de defensa en los medios adecuados de solución de controversias, el Anteproyecto debiera tener presente las leyes que ya establecen procedimientos extrajudiciales de solución de controversias, así por ejemplo, la Ley 60/2003, de 23 de diciembre, de Arbitraje; Ley 5/2012, de 6 de julio, de mediación en asuntos civiles y mercantiles, etc. En todo caso, no puede sino celebrarse esta opción legislativa por acoger el derecho de defensa en los MASC.

Esta extensión del derecho de defensa a los MASC en el anteproyecto viene a abonar la tesis de todos aquellos que vienen sosteniendo que el acceso a la justicia es hoy, mucho más que el acceso a los tribunales y que, por tanto, bajo el derecho de acceso a la tutela judicial efectiva deben entenderse también comprendidos los ADR[19]. En este mismo sentido se pronuncia la UE, al contemplar que "[d]e conformidad con la legislación europea e internacional sobre derechos humanos, el concepto de acceso a la justicia obliga a los estados a garantizar a todas las personas el derecho a acudir a los órganos jurisdiccionales —o en algunas circunstancias a otro órgano de resolución alternativa de conflictos— para interponer una demanda si se han vulnerado sus derechos"[20]. Luego, en el Derecho de la UE

---

19 En este sentido, *vid.* Barona Vilar, S., "El título IV de la Constitución, "Poder Judicial", desde una mirada en el siglo XXI", en Corts: Anuario de derecho parlamentario, núm. extra 31, 2018, pág. 478; Soleto Muñoz, H., "Tutela judicial y alternativas al proceso: instrumentos adecuados para la protección de los derechos de las personas mayores", en *Anuario de la Facultad de Derecho de la Universidad Autónoma de Madrid,* núm. 25, 2021, págs. 423 y Colmenero Guerra, J. A., "Acceso a la justicia, arbitraje, motivación y orden público", *Revista La Ley Mediación y Arbitraje,* núm. 17, 2023, pág. 13 y Ordeñana Gezuraga, I, "Contribuciones al debate sobre la necesidad de constitucionalizar las técnicas extrajurisdiccionales de conflictos en el ordenamiento español", en *El impacto de la oportunidad sobre los principios procesales clásicos: estudios y diálogos,* (Calaza López y Muinelo Cobo, dirs.), Madrid, 2021, pág. 347.

20 Manual sobre el Derecho europeo relativo al acceso a la justicia, realizado por la Agencia de los Derechos Fundamentales de la Unión Europea, el Consejo de

también se entiende que hay un derecho de acceso a la justicia "previo al derecho de acceso a los tribunales" que debe ser encajado en el sistema. De ahí la necesidad de dar a conocer y sistematizar los elementos esenciales de la defensa en estas otras formas de pacificar el conflicto, porque a través de todas ellas el Estado pretende pacificar el conflicto y debe hacerlo en todas ellas garantizando el derecho de defensa. A este respecto debiera hacerse una reflexión sobre la información que debe recibirse para poder ejercer la defensa así como para evitar la indefensión, pues por influencia del Derecho de la Unión Europea cada vez son más los mecanismos adecuados de solución de conflictos que deben ser ofrecidos en materia de consumidores y usuarios, resultando complejo para el consumidor y el usuario saber qué mecanismos tiene a su disposición para resolver el conflicto[21].

Luego, si el objetivo de la norma es el de "servir para que las personas conozcan el alcance de este derecho en su máximo reconocimiento y garantía, así como para dejar constituida una guía de ruta para todos los operadores jurídicos", se echa en falta una visión más panorámica, y menos judicial, que permitiese hacerse a la idea de los contenidos y matizaciones del derecho de defensa según el ámbito, judicial o extrajurisdiccional, en el que se ejerce el derecho de defensa.

De otro lado, el Anteproyecto centra gran parte de su regulación en la participación de los profesionales en el ejercicio del derecho de defensa. En este sentido, guarda especial relación con la normativa relativa al ejercicio de la abogacía. En concreto, gran parte de su contenido tiene una estrecha relación con Ley 34/2006, de 30 de octubre, sobre el acceso a las profesiones de Abogado y Procurador de los Tribunales; la Ley 2/1974, de 13 de febrero, sobre Colegios Profesionales y con la Real Decreto 135/2021, de 2

Europa y la Corte Europea de Derechos Humanos, Editado por la Oficina de Publicaciones de la Unión Europea, 2016, pág. 14.

21 Recientemente ha sido una mediante Orden TMA/469/2023, de 17 de abril, se ha logrado, de un lado, inscribir a la Agencia Estatal de Seguridad Aérea como entidad de resolución alternativa de litigios acreditada por el Ministerio de Transportes Movilidad y Agenda Urbana y, de otro, acreditarla como entidad de resolución alternativa de litigios de los usuarios de transporte aéreo sobre los derechos reconocidos en el ámbito de la Unión Europea en materia de compensación y asistencia en caso de denegación de embarque, cancelación o gran retraso, así como en relación con los derechos de las personas con discapacidad o movilidad reducida. De este modo, se cumple con la Directiva 2013/11/UE, del Parlamento Europeo y del Consejo, de 21 de mayo de 2013, relativa a la resolución alternativa de litigios en materia de consumo, que fue incorporada al ordenamiento jurídico español por la Ley 7/2017, de 2 de noviembre.

de marzo, por el que se aprueba el Estatuto General de la Abogacía Española. Resulta evidente en este punto el peso que la Abogacía institucional ha tenido en la conformación de este anteproyecto[22].

En la medida en que el proyecto aborda las cuestiones de la colegiación como garantía del derecho de defensa y puesto que la postulación en nuestro ordenamiento está conferida a distintos profesionales, tal vez, el Anteproyecto debiera haber realizado una regulación más equilibrada de los distintos profesionales que participan en la postulación para el ejercicio del derecho de defensa. Se trata sin duda de una cuestión espinosa, pues debiera tomarse partido sobre asuntos como el futuro de la procura o el papel que quiere conferirse a los graduados sociales en el marco de la jurisdicción social. Pero, no imagino mejor contexto que éste para abordar estas materias.

2. LAS DIMENSIONES DEL DERECHO DE DEFENSA Y SU TRASLACIÓN AL ANTEPROYECTO

El desarrollo y consolidación del Estado de Derecho permite afirmar que la defensa tiene hoy distintas y muy variadas dimensiones que trascienden sin duda al ejercicio del derecho de defensa en el marco del proceso judicial. En este sentido, resulta sorprendente que el Anteproyecto reduzca su contenido, y por tanto sus pretensiones de ser una norma esencial para el desenvolvimiento de la actuaciones de los operadores jurídicos, a la vertiente procesal del derecho y especialmente a las implicaciones de la defensa en relación con la asistencia letrada. De nuevo, en el pecado está la penitencia, pues no cabe duda que este déficit obedece a la influencia de origen del proyecto por parte de la Abogacía institucional.

El esfuerzo del legislador por llevar a cabo un texto de esta envergadura que no cuenta con precedentes en su entorno jurídico, debiera haberle animado a aspirar a una concepción lo más amplia y comprensiva del derecho. Haber contemplado otras dimensiones actuales y muy comprometi-

---

22 Prueba este demandado y logrado protagonismo de la abogacía son las palabras de Rosal García, R., cuando afirma que "[...] si pudiera considerarse la LOPJ la casa de los jueces, es claro la Ley Orgánica del Derecho de Defensa vendrá a ser y será la casa genuina de los abogados", [en "Hacia una Ley Orgánica de desarrollo del Derecho fundamental de Defensa jurídica", *Otrosí: Revista del Colegio de Abogados de Madrid*, núm. 10, 2016, pág. 5].

das del derecho de defensa en nuestros días, como pueden ser: la defensa como mandato a los poderes públicos de interdicción de la indefensión; la defensa en relación con el derecho de los consumidores o la asistencia letrada como forma de control y legitimación de la actuación del Estado, le habrían permitido ofrecer una visión más moderna y necesaria, a nuestro juicio, del derecho de defensa. Haberse limitado a esa vertiente casi estrictamente procesal e institucional en cuanto a la asistencia letrada, nos lleva a pensar que será una norma que quedará desfasada y superada en breve. En cambio, haber aspirado a una regulación quizá más principialista pero más omnicomprensiva habría favorecido ese anhelo de "servir para que las personas conozcan el alcance de este derecho en su máximo reconocimiento y garantía, así como para dejar constituida una ruta de guía para todos los operadores jurídicos" manifestado reiteradamente en su Exposición de Motivos.

2.1. La defensa como mandato a los Poderes Públicos de interdicción de la indefensión

2.1.1. Respecto de la Administración Pública: el ciudadano como administrado

El art. 24.1 de la CE es uno de los preceptos que me atrevería a decir se encuentra presente en casi todos los amparos constitucionales. Esta circunstancia quizá no se deba a que el mismo contiene el más importante de los derechos fundamentales, sino a que en su apartado primero se enuncia un principio con una enorme trascendencia, como es la interdicción de la indefensión. El hecho de que el constituyente considerase necesario no sólo reconocer el derecho de defensa sino también su faceta negativa, el derecho que todas las personas tienen a que no se produzca indefensión en la tutela de sus derechos e intereses legítimos, nos da la medida de la importancia y proyección que tiene la defensa. En palabras de nuestro más Alto Tribunal "en el contexto del artículo 24.1 CE, la indefensión es una noción material que se caracteriza por suponer una privación o minoración sustancial del derecho de defensa; un menoscabo sensible de los principios de contradicción y de igualdad de las partes que impide o dificulta gravemente a una de ellas la posibilidad de alegar y acreditar en el proceso su propio derecho, o de replicar dialécticamente la posición contraria en igualdad de condiciones" (STC 40/2002).

Este principio de interdicción de la indefensión que debiera proyectarse sobre todas y cada una de las actividades (e inactividades) de todos los poderes públicos ha de ser puesto en relación con el principio (o derecho) a la buena administración. En el marco de la Unión Europea, la Carta Europea de Derechos Fundamentales dispone en su art. 41 que "toda persona tiene derecho a que las instituciones, órganos y organismos de la Unión traten sus asuntos imparcial y equitativamente y dentro de un plazo razonable". Para a continuación reconocer que del mismo se desprenden un amplio haz de derechos como son: el derecho de toda persona a ser oída antes de que se tome en contra suya una medida individual que la afecte desfavorablemente; el derecho a acceder al expediente que le concierna, dentro del respeto de los intereses legítimos de la confidencialidad y del secreto profesional y comercial; la obligación que incumbe a la administración de motivar sus decisiones; el derecho a la reparación o el derecho a dirigirse a las instituciones en una de las lenguas de los Tratados y a recibir una contestación en esa misma lengua. De esta forma se consagra por la CDFUE lo que se ha venido en denominar el derecho a una buena administración. Ni que decir tiene la íntima relación que guardan los derechos reconocidos por la Carta bajo esta concepción con la prohibición de indefensión. Si bien este derecho a la buena administración no se encuentra formulado en estos términos en nuestro ordenamiento jurídico puede desprenderse de la lectura conjunta de distintos preceptos constitucionales. Así, podría decirse que, del mismo modo que el Tribunal Constitucional, interpretando el art. 9.3 de la CE para delimitar el contenido de lo que debiera entenderse por seguridad jurídica, consideraba que la misma era la "suma de certeza y legalidad, jerarquía y publicidad normativa, irretroactividad de lo no favorable e interdicción de la arbitrariedad". La adición de lo dispuesto en el art. 103.1 de la CE en el que se prevé que la Administración pública sirve con objetividad los intereses generales; unido a los principios de actuación bajo el principio de legalidad e interdicción de la arbitrariedad de los poderes públicos (art. 9.3 CE); junto con el control judicial de la misma (art. 106.1 CE) y la prohibición de indefensión del art. 24.1 de la CE, permitirían conformar a nivel interno el principio de buena administración.

La íntima relación que guardan este principio y la dimensión del derecho de defensa en su vertiente negativa, la interdicción de la indefensión, ha sido puesta de relieve por la doctrina jurisprudencial. El Tribunal Supremo ha considerado que el principio de buena administración debe proyectarse en esa actuación de supervisión del ejercicio de potestades públicas[23]. Desde

---

[23] Entre otras, cfr. SSTS 196/2019, de 19 de febrero; 1853/2019, de 18 de diciembre; 904/2020, de 2 de julio; 1309/2020, de 15 de octubre; 1356/2020, de 20 de octu-

esta perspectiva, y en relación con la interdicción de la indefensión, existe hoy un cuerpo jurisprudencial que, en consideración al principio de buena administración e interdicción e la indefensión, ha permitido la sujeción por ejemplo de la Administración tributaria cuando, en el ejercicio de sus potestades, ha actuado más allá de lo que le permite el ordenamiento jurídico[24].

En la actualidad habría sido deseable que esa cláusula de cierre del sistema en su conjunto —que es la prohibición de indefensión—, fuese puesta en relación con ese otro principio más moderno que es el de la buena administración, pues ambos tienen como finalidad potenciar la supervisión del ejercicio de potestades públicas. En un contexto en el que la actuación de la Administración pública, sustentada en viejos privilegios, es cada vez mayor, habría resultado sumamente interesante que la dimensión negativa del derecho de defensa hubiese sido también contemplada por el legislador.

2.1.2. Respecto del sector privado: El ciudadano como consumidor

Ese principio de interdicción de la indefensión que durante mucho tiempo ha centrado casi exclusivamente nuestra atención sobre la actuación de los Poderes públicos, ha cobrado especial relevancia en otros sectores privados como el de consumo. Si la voluntad del legislador era la de abordar el derecho de defensa desde una perspectiva integral quizá habría resultado también oportuno —máxime en los tiempos que corren—, haber dedicado alguna atención al derecho de defensa de los consumidores. Con la promulgación de la Constitución de 1978, la protección de los consumidores y usuarios se consagraba ya como un principio básico que exigía al Estado asegurar a los ciudadanos sus derechos y libertades en este ámbito. De hecho, en el art. 51.1 de la CE se dispone que los poderes públicos garantizarán la defensa de las personas consumidoras y usuarias, protegiendo, mediante procedimientos eficaces, la seguridad, la salud y los legítimos intereses económicos de los mismos.

Pues bien, la proyectada LODD es una gran oportunidad desaprovechada para abordar las cuestiones nucleares que presenta la defensa de consumidores y usuarios. Son numerosísimas las normas que en los últimos

---

bre; 1810/2020, de 22 de diciembre; 39/2021, de 21 de enero y 361/2021, de 15 de marzo.

24 *Vid.* por todas la STS núm. 1959/2017, de 13 de diciembre.

años afectan de manera más o menos directa al derecho fundamental de defensa en el ámbito de consumo. De entrada, en las últimas reformas legislativas se ha establecido como presupuesto de acceso a la jurisdicción el haber acudido previamente a otros mecanismos adecuados de solución de controversias. Cuestión que quizá debiera ir acompañada de una reflexión más amplia sobre cómo se garantiza en estos casos el derecho de defensa de consumidores y usuarios. *Mutatis mutandis*, si como afirmara Martín Diz "el contenido del derecho a la tutela judicial efectiva debe adaptarse a las fórmulas extrajudiciales que se están asentando en la realidad social"[25], el derecho de defensa debiera replantearse para asegurar en este ámbito la efectiva realización de los principios de igualdad de las partes y de contradicción; así como para evitar desequilibrios e impedir limitaciones que puedan comportar indefensión. Sólo a modo de ejemplo, resultaría muy oportuno que el ALODD hubiese abordado, a la luz de la legislación europea y de los pronunciamientos del TJUE, el derecho de las personas consumidoras y usuarias a ser informadas de los medios de ADR a los que se encuentra sometida la empresa, ya sea como opción voluntaria o porque se encuentre legalmente obligada a ello[26]. La interdicción de la indefensión debe estar muy presente en el desarrollo de todo lo atinente al Derecho de consumidores y usuarios, por ello abordar las cuestiones relativas a la prohibición de indefensión no habría resultado baladí en este proyecto.

2.2. La defensa como actuación de control y legitimación del Estado: la asistencia al detenido

Como no podía ser de otra manera el articulado del Anteproyecto dedica una especial atención al derecho de defensa en el proceso penal, en particular en relación con el sujeto contra el que se ejerce el *ius puniendi* del Estado. Como se revela en la Exposición de Motivos la defensa "cobra una relevancia especial en el orden penal, particularmente para la persona que es investigada como sospechosa de haber cometido un delito; sobre todo cuando esta persona está privada de libertad". Sin embargo, parece desconocer el proyecto una de las dimensiones que el derecho de defensa despliega en relación con la actuación punitiva del Estado, que no es otra

---

25 *Mediación en el ámbito contencioso-administrativo*, Pamplona, 2018, pág. 42.

26 Sobre este particular puede consultarse el trabajo de Catalán Chamorro, M. J., "El derecho a la información de las ADR de consumo tras el Caso C-380/19", *Cuadernos de Derecho Transnacional*, 2021, vol. 13, núm. 1, págs. 811-824.

que la de control y legitimación. El ALODD desconoce esa vertiente legitimadora que el Estado de Derecho atribuye al ejercicio de la defensa. En los sistemas políticos avanzados, como es el Estado de Derecho, al Poder público se le atribuye el uso ordenado y controlado de la fuerza en régimen de monopolio. Por eso, cuando la solución del conflicto jurídico conforme a las normas jurídicas precisa de la utilización de la fuerza para lograr precisamente su observancia, su empleo será controlado y legitimado a través del ejercicio del Derecho de defensa[27]. Por ello, en el marco del proceso penal el derecho de defensa se consagra no sólo como un derecho fundamental sino también como una garantía frente al monopolio de la fuerza que, bien mediante la actuación de las fuerzas y cuerpos de seguridad, bien mediante el ejercicio del *ius puniendi*, es ejercido por el Estado. Desde este prisma se explica el hecho de que el ejercicio de la autodefensa o la renuncia a la asistencia letrada se configuren de manera restrictiva, así como el hecho de que la detención tenga que estar garantizada mediante la asistencia letrada[28]. De hecho, pese a la estrecha relación que guardan el derecho a la defensa (art. 24.2 CE) y el derecho a la asistencia letrada al detenido (art. 17.3 CE) no aparece mención alguna a este extremo en el articulado del Anteproyecto.

Habría merecido la pena una reflexión enmarcada en el ALODD que estableciese como opera el ejercicio del derecho de defensa como forma de control y legitimación de la actuación del Estado. De nuevo, el anteproyecto desaprovecha la ocasión de incidir en uno de los aspectos más cruciales de la defensa, y deja pasar la oportunidad para ser un texto realmente innovador y vanguardista.

2.3. La dimensión prestacional del derecho de defensa

Tanto el art. 24.2 de la CE como los textos internacionales y europeos contemplan la relación existente entre el derecho fundamental a la defensa y el derecho de defensa letrada. Sin embargo, como se ha encargado de poner de relieve nuestro Tribunal Constitucional, la forma en que puede ejercerse la defensa no queda constreñida exclusivamente a la defensa me-

---

27 Moreno Catena, V., "La justicia en acción", *Cuadernos de Derecho Judicial*, núm. 18, 2006, pág. 295.

28 Sierra Gabarda, R., "Presunción de inocencia y derecho de defensa en la Carta de Derechos Fundamentales de la UE: una visión crítica", *Revista Aranzadi Doctrinal*, 2023, núm. 1, pág. 6.

diante abogado, pues ha de reconocerse también el derecho a defenderse por sí mismo. Y, además, se debe reconocer también el derecho a defenderse mediante asistencia letrada de su elección y el derecho a obtener asistencia letrada gratuita en determinadas circunstancias[29].

La dimensión prestacional del derecho de defensa debiera haber llevado al legislador a contemplar las distintas formas y fórmulas a través de las cuales se puede ejercitar la defensa, en cambio —como veremos a continuación—, el texto gravita en torno a la asistencia letrada. Hasta tal punto es así que el reconocimiento de la autodefensa queda reducido a una mención casi obligada en el art. 3.3 relativo al derecho a la asistencia jurídica, lo que resulta sorprendente.

2.3.1. La autodefensa

En relación con la autodefensa lo primero que llama la atención es que el pre-legislador no haya considerado que este derecho merecía un precepto independiente y autónomo para su reconocimiento. De hecho, casi el primero de ellos. En su lugar, se prevé en el apartado 3º del art. 4 bajo la rúbrica *Derecho a la asistencia jurídica.* Además sorprende que se haga tras contemplar el derecho a recibir la asistencia jurídica y tras establecer que la misma corresponde al profesional de la abogacía. Esta consideración relativa del derecho a la autodefensa se explica en la Exposición de Motivos, en la que puede leerse que "[l]a defensa letrada se halla expresamente mencionada en el precepto constitucional del artículo 24.2 y es que, si bien la jurisprudencia del TEDH, al interpretar el artículo 6.3.c) del CEDH, consagra la posibilidad de la defensa personal, la defensa técnica realizada por profesional se entiende como un mecanismo más garantista. De ahí que, en esta ley orgánica, la defensa privada o personal se configure como un mecanismo excepcional y se establezca que las personas pueden defenderse por sí mismas en aquellos casos en los que no sea preceptiva la asistencia de profesional, cuando legalmente se prevea su renuncia, o cuando exista una habilitación legal expresa". Pues bien, parece que el prelegislador confunde la preferencia, sobre todo en el ámbito penal por la defensa ejercida mediante abogado —pues en esta jurisdicción la defensa

29 Vid, por todas, las SSTC núm. 181/1994, de 20 de junio y núm. 29/1995, de 6 de febrero.

del letrado opera también de facto como legitimadora de la actuación del Estado—, con la existencia y persistencia del derecho a la autodefensa[30].

La autodefensa no es sólo un contenido esencial y el primigenio del derecho de defensa, sino que tanto la elección entre ser asistido técnicamente por un abogado o defenderse por sí mismo, así como, en su caso, la elección del abogado de confianza no son sino manifestación de la autodefensa[31]. Más evidente resulta esta contradicción a la luz de doctrina constitucional que, sin ambages, reconoce que el que ha de ejercer el derecho de defensa es el titular del mismo, limitándose la actuación del abogado a asistirle técnicamente en el ejercicio de su derecho. En este sentido, resulta nítida la STC 91/2000, de 30 de marzo, en la que se manifiesta que "nuestra jurisprudencia (SSTC 37/1988, de 3 de marzo; 181/1994; 29/1995, de 6 de febrero, y 162/1999, de 27 de septiembre), ha reconocido que el derecho a participar en la vista oral y a defenderse por sí mismo forma parte del núcleo del derecho de defensa que ha de considerarse esencial desde la perspectiva del art. 24 CE y, por lo tanto, que constituye el punto de partida en la fijación del que hemos denominado "contenido absoluto" de los derechos fundamentales que, necesariamente, ha de proyectarse *ad extra.*[…]. Se pone así de manifiesto que el que ha de ejercer el derecho de defensa es el acusado: el Letrado se limita a "asistirle" técnicamente en el ejercicio de su derecho, habiéndose reiterado, tanto por nuestra juris-

---

30 Como pone de relieve López Ortega, "A diferencia del CEDH, el art. 24.2 CE no contempla expresamente la autodefensa como un derecho fundamental de contenido procesal. Esta circunstancia, sin embargo, no ha impedido que el Tribunal Constitucional haya reconocido su existencia como un derecho fundamental autónomo, estableciendo que la Constitución no sólo reconoce un derecho a la asistencia técnica a través de abogado, sino también un derecho a la autodefensa o defensa privada, del que por lo demás existen múltiples manifestaciones en la legislación procesal…", [en López Ortega; J. J., "El derecho de defensa y a la asistencia letrada", en *Comentarios a la Constitución española,* coord. por M. Pérez Manzano, I. Borrajo Iniesta; M. Rodríguez-Piñero y Bravo-Ferrer (dir.), María Emilia Casas Baamonde (dir.), vol. 1, tomo 1, 2018, pág. 794.
Sobre el contenido de la autodefensa puede verse también el trabajo de Asencio Gallego, J. M., "El derecho a la última palabra del acusado", *La Ley Penal,* 2022, núm. 156, págs. 3 y ss.

31 Cfr., entre otros, Gimeno Sendra, V., *Fundamentos del Derecho Procesal,* Madrid, 1981, pág. 21. También puede verse, más extensamente en Gimeno Sendra, "La defensa", en *El nuevo Proceso Penal. Estudios sobre la Ley Orgánica 7/1988,* (con Moreno, Almagro y Cortés), Valencia, 1989, págs. 113 a 126 y Montero Aroca, J., Introducción al Derecho Procesal: jurisdicción, acción y proceso, 1ª Edic., Madrid, 1976, pág. 88.

prudencia (*vid.* las SSTC antes mencionadas) como por la del Tribunal Europeo de Derechos Humanos, que la opción por la asistencia jurídica gratuita o por la de un Letrado de elección, no puede entenderse como renuncia o impedimento para ejercer la defensa por sí mismo. Ambas son compatibles, de modo que la defensa técnica no es, en definitiva, sino un complemento de la autodefensa. Merecen destacarse, en tal sentido, las SSTEDH de 16 de diciembre de 1999 (casos T y V contra Reino Unido). En dichas resoluciones, el Tribunal Europeo reafirma de modo inequívoco que el derecho del acusado a defenderse comporta el de poder dirigir realmente su defensa, dar instrucciones a sus Abogados, interrogar a los testigos y ejercer las demás facultades que le son inherentes".

El derecho a la autodefensa habría merecido un precepto para establecer su contenido esencial así como su alcance. De hecho, habría permitido contemplarlo no sólo en relación con el proceso penal sino con todos los procesos judiciales, procedimientos administrativos así como en los mecanismos adecuados de solución de controversias donde se pretenda hacer valer un derecho o interés legítimo. Asimismo, se podría haber contemplado en la ley algunos otros aspectos que hasta ahora sólo han tenido acogida en la jurisprudencia. De haber prestado más atención a esta modalidad de defensa se podrían haber contemplado, por ejemplo, las singularidades que la libertad de expresión alcanza cuando la misma se pone en relación con la defensa, no sólo con la defensa letrada[32].

La garantía de la libertad de expresión del profesional de la abogacía es contemplada por el anteproyecto en su art. 16 en el que —acogiendo la doctrina del Tribunal Constitucional— prevé que "[l]os profesionales de la abogacía gozarán del derecho a manifestarse con libertad, oralmente y por escrito, en el desarrollo del procedimiento ante los poderes públicos y con las partes, atendiendo al significado de las concretas expresiones, al contexto procedimental y a la necesidad para la efectividad del derecho de defensa". Pues bien, atendiendo a la doctrina del Tribunal Constitucional[33] esa especial garantía del ejercicio de la libertad conectada al ejercicio del

---

32 Sobre este particular afirma Estal Gallego, L., que "[…] si bien en el Proyecto de Ley Orgánica de Derecho de Defensa, se reconoce dicho derecho, se echa en falta un mayor detalle a la hora de definir su alcance y la protección debida, así como la determinación de un órgano a nivel colegial que vele por el respeto del mismo", [en "¿Está suficientemente consignada la protección reforzada de la libertad de expresión del profesional de la Abogacía (art. 16 Proyecto de Ley de Derecho de Defensa)?", *Actualidad Jurídica Aranzadi*, 2023, núm. 997, pág. 2.

33 STC núm. 187/2015, de 21 de septiembre.

derecho de defensa es aplicable, no sólo a la defensa letrada en el proceso judicial, sino que también puede extrapolarse al resto de procedimientos administrativos y judiciales donde el ciudadano puede ejercer su defensa en primera persona. Luego, cuando la libertad de expresión sirve al derecho fundamental consagrado en el art. 24.2 de la CE, independientemente de que la defensa sea ejercida por un profesional de la abogacía o por el propio ciudadano o funcionario, el canon aplicable debe ser el que el propio TC tiene acuñado en relación con el contenido de la libertad en el ejercicio de la defensa letrada, que la hace especialmente inmune a sus restricciones para la preservación de otros derechos y bienes constitucionales, estando condicionado, claro está, a esa funcionalidad de defensa y a que no suponga un detrimento desproporcionado de los derechos de los demás partícipes en el proceso y la integridad del proceso mismo (STC núm. 39/2009, FJ 3)". Parece más que evidente que resultaría discriminatorio e irracional no extender al ciudadano que opta por defenderse a sí mismo el plus de libertad de expresión del que gozan los letrados para la defensa de sus representados. Si esa amplitud de la libertad de expresión ejercida en el marco del derecho de defensa por el letrado tiene como objeto la garantía de la mejor y más efectiva defensa de los derechos e intereses del ciudadano, qué sentido tendría privar de esa garantía al titular de los mismos que ha optado legalmente por defenderse a sí mismo sin intermediación de un abogado. Quizá otro tanto de lo mismo debiéramos predicar en el caso de los MASC[34]. La elaboración de una Ley integral sobre el derecho de defensa no puede dejar pasar la oportunidad de regular las modulaciones y la singular protección que la libertad de expresión experimenta cuando la misma se ejerce, no sólo para exteriorizar ideas u opiniones, sino también para proteger los derechos e intereses legítimos de quien en el marco de un procedimiento judicial, administrativo o en cualquier otro MASC ejerce el derecho de defensa por sí mismo o mediante letrado. Tal vez, en trámite

34 De hecho, como señala Mateos Martínez, "[…] a la hora de examinar los posibles excesos en que pueda incurrir un ciudadano al ejercer su derecho de defensa, debe valorarse su condición de *lego* en Derecho. Y ello no puede sino llevar a ampliar aún más su margen de libertad de expresión en relación con el de los letrados, pues es consecuencia lógica de su desconocimiento del Derecho el que pueda incurrir en expresiones que, por no saber su exacto significado, diga sin ser consciente de lo que pudieran representar. Así, está claro que jamás podría ampararse en la libertad de expresión el insulto desnudo del justiciable" [en "Libertad de expresión y derecho de defensa frente al *ius puniendi* de la administración: una visión a la luz de la más reciente jurisprudencia constitucional", *UNIVERSITAS. Revista de Filosofía, Derecho y Política*, 2017, núm. 26, págs. 145-146].

parlamentario, el nuclear derecho a defenderse a uno mismo pueda ver la luz en el articulado del Anteproyecto.

2.3.2. La defensa letrada

La regulación de la defensa ejercida a través de la asistencia letrada es sin lugar a dudas la que mayor protagonismo ha tenido en el ALODD. De hecho, en la redacción dada al anteproyecto en 2022 se preveía que "[l]a prestación de la asistencia jurídica para el ejercicio del derecho de defensa corresponde en *exclusiva* al profesional de la abogacía, de conformidad con lo dispuesto en las leyes y en los estatutos profesionales correspondientes" (art. 4.2 ALODD). Esta supuesta reserva en la actuación es eliminada en la redacción del Anteproyecto de 2024 en la que, como consecuencia de una de las observaciones más compartidas por los Informes preceptivos emitidos al texto, se insta a la eliminación de la referencia a la "exclusividad" a favor de la abogacía en la prestación de la asistencia jurídica[35].

El articulado se hace eco de los dos aspectos que la doctrina constitucional hace recaer en la asistencia letrada para la salvaguarda del derecho de defensa. De un lado, el Anteproyecto deja claro que la defensa letrada contemplada en el art. 24.2 de la CE se proyecta tanto en el proceso penal como en el resto de los procesos, con las salvedades oportunas, con la finalidad de asegurar la efectiva realización de los principios de igualdad de las partes y de contradicción que impone a los órganos judiciales el deber positivo de evitar desequilibrios entre la respectiva posición procesal de las partes, o limitaciones en la defensa que puedan repercutir en alguna de ellas un resultado de indefensión, prohibido asimismo por el art. 24.1 de la CE[36]. De otro, se contemplan los supuestos en que los que la interven-

---

35 Así, por todos, puede leerse en el Informe emitido por el Ministerio de la Presidencia, relaciones con las Cortes y Memoria Democrática al Anteproyecto de Ley Orgánica del Derecho de defensa, de 28 de marzo de 2023, que: "La redacción del art. 4.2 del Anteproyecto y la de este artículo 1.2 de la Ley 34/2006, de 30 de octubre, no son coincidentes, presentando aspectos diferenciales, en cuanto al ámbito de la reserva y a su condición (reserva de denominación), que podrían interpretarse con alcance sustantivo. Es por ello que ante mayor complejidad del ordenamiento a que dan lugar y por el riesgo que suponen para su unidad y coherencia, la buena técnica normativa aconseja evitar ese tipo de duplicaciones" (págs. 26-27.

36 Vid, por todas, la STC núm. 10/2022, de 7 de febrero, que cita a su vez la doctrina de la STC 174/2009, de 16 de febrero.

ción de letrado resulta preceptiva, convirtiéndose esta asistencia jurídica en garantía constitucional. En estos casos, la asistencia letrada se convierte en una exigencia estructural del proceso tendente a asegurar su correcto desenvolvimiento. Se trata de asegurar una dialéctica procesal efectiva, que facilite al órgano judicial la consecución de una sentencia ajustada a Derecho. La conexión existente entre el derecho a la asistencia letrada y la institución misma del proceso determina incluso que la pasividad del titular del derecho deba ser suplida por el órgano judicial para cuya propia actuación —y no sólo para el mejor servicio de los derechos e intereses del defendido—, hace necesaria la asistencia del letrado[37].

Pese al protagonismo que sin duda adquiere la defensa por medio de abogado hay cuestiones de gran relevancia que no han sido abordadas por el Anteproyecto. Resulta sumamente llamativa la ausencia de referencia alguna a la exclusión del abogado de confianza en la detención o en la prisión preventiva incomunicada, máxime cuando la Directiva 2013/48/UE del Parlamento Europeo y del Consejo, de 22 de octubre de 2013, sobre los derechos de asistencia letrada y comunicación en el proceso penal no lo contempla[38]. De otro, aunque el Anteproyecto dedica su extenso artículo 15 a la regulación de la garantía de la confidencialidad de las comunicaciones y el secreto profesional, no se agotan en el mismo todas las cuestiones que hoy afectan al ejercicio del derecho de defensa.

La regulación del secreto bien merecería un repaso conforme a la doctrina de la TJUE y el TEDH sobre qué cubre el secreto profesional, sobre si su alcance sólo atañe a los asuntos judiciales, pero no a otros asuntos que llevan los abogados, pero que también pueden llevar otro tipo de profesionales, y que no guardan relación con los asuntos judiciales, pero que

---

37 Cfr., entre otras, la STC 225/2007, de 22 de octubre y la STC 31/2017, de 27 de febrero.

38 De hecho, tal y como pone de relieve Colmenero Guerra, no se trata exclusivamente de que la Directiva no contemple esta posibilidad, sino que como expone el autor no permite la regulación actual española, que admite la exclusión del profesional, cuando solo es posible limitar su presencia en algunas actuaciones. Sobre este particular cfr. Colmenero Guerra, "El derecho de defensa en la investigación preliminar de los delitos de terrorismo y otros delitos graves", *en Globalización y lucha contra las nuevas formas de criminalidad transnacional*, Valencia, 2019, págs. 433-477. *Vid.* también Jimeno Bulnes, M., "La Directiva 2013/48/UE del parlamento europeo y del consejo de 22 de octubre de 2013 sobre los derechos de asistencia letrada y comunicación en el proceso penal: ¿realidad al fin?", *Revista de Derecho Comunitario Europeo*, núm. 48, 2014, págs. 443-489.

afectan a la defensa en esas otras dimensiones extrajurisdiccionales, así por ejemplo, los asuntos tributarios. De otro, el precepto podría resultar también insuficiente pues, en nuestros días, la intromisión en la actividad profesional de un abogado no está tanto —o al menos exclusivamente—, en la entrada y registro sino en todas aquellas otras diligencias de investigación de carácter tecnológico que contempla la LECrim[39].

2.3.3. La asistencia Jurídica al Estado e Instituciones Públicas

Uno de los mayores déficits que arrastraban las distintas propuestas de regulación del Derecho de defensa tenían que ver con la cláusula de exclusividad que, como ya hemos comentado podía hacer entender que no sólo la denominación, sino también la actuación de defensa técnica estaba limitada a la abogacía. Este déficit regulatoria que olvidaba las distintas formas de asistencia jurídica al Estado e instituciones públicas ha sido corregida, sólo parcialmente y de manera deficitaria en la versión del ALODD que ha sido remitida a las Cortes Generales.

Esa tendencia a la centralidad de una sólo de las formas prestacionales del Derecho de defensa ha llevado al legislador a incurrir en un importante olvido pues como veremos sólo en versión de 2024 y a través de una técnica normativa muy cuestionable, se contempla alguna de las formas de prestación de la asistencia jurídica letrada de las Administraciones públicas y las restantes entidades del sector público que, además por ministerio de la ley o en virtud de convenio, se extiende también en favor de determinados funcionarios o empleados públicos.

Esta omisión evidenciada por los distintos informes preceptivos emitidos al Anteproyecto llevaron al pre-legislador de 2024 a incorporar la Disposición final primera en la que se prevé la modificación de la Ley 52/1997, de 27 de noviembre, de Asistencia Jurídica al Estado e Instituciones Públicas. En ella se prevé la introducción de una nueva disposición adicional séptima a la mencionada Ley en la que se prevén algunas de las singularidades que el reconocimiento del derecho de defensa en el Anteproyecto debe tener en relación con esta forma de prestación de la asistencia jurídica gratuita que cuenta con sus propias particularidades pues, tanto las Administraciones públicas o entidades del sector público o, en su caso, lo

---

[39] Cfr. Remón, J., "¿Para qué una ley reguladora del derecho de defensa?", *OTROSÍ: Revista del Colegio de Abogados de Madrid*, 2023, núm. 1, 2023, pág. 71.

funcionarios, son titulares del derecho de defensa y del derecho a la tutela judicial efectiva si bien con ciertas matizaciones.

En este sentido ya la STC 64/1988, de 12 de abril, reconocía el derecho de defensa de las personas jurídicas de Derecho público aunque con una extensión y alcance dispar según los casos. Así, cuando la defensa tiene por objeto los intereses legítimos de las entidades públicas, aquellos que derivan de su actividad no administrativa o pública, no hay impedimento alguno para reconocerles plenamente el derecho de defensa en toda su extensión y con todas las garantías que ello conlleva[40]. En cambio, cuando se trata de la defensa de los actos de las Administraciones públicas dictados en el ejercicio de sus potestades administrativas, la protección que el art. 24 de la CE les dispensa debe entenderse limitada a no padecer indefensión en el proceso lo que supone, exclusivamente que se le respeten los derechos procesales contemplados en el mencionado precepto, es decir, sólo las facultades inherentes a la condición de parte en el proceso[41]. A estas singularidades que el Anteproyecto habría tenido que atender al reconocer el derecho a la asistencia Jurídica al Estado e instituciones públicas, debieran haberse unido las que derivan de las peculiaridades que el propio legislador ha contemplado al articular el derecho de defensa de las personas jurídicas públicas.

Pese a las peculiaridades que entraña la asistencia jurídica letrada a favor de las Administraciones públicas, entidades del sector público y funcionarios, el ALODD debiera haber contemplado esta forma prestacional entre su articulado. El reconocimiento de esta forma prestacional de asistencia jurídica a través de una Disposición adicional es claramente insuficiente. No cabe duda que esta forma prestacional del derecho de defensa responde a un estatuto jurídico-público singular. Prueba de ello es la atribución por ley de funciones de asistencia jurídica letrada a determinados funcionarios; su dirección y control encomendada a ciertos centros directivos y su forma de acceso que comporta una serie de derechos y deberes como funcionario, así como de funciones que le son encomendadas en virtud del art. 103.1 de la CE. Pero ello, no es óbice para reconocer que la función de asistencia jurídica letrada que desempeñan constituye una forma más de ejercer la abogacía. Luego, la efectividad del derecho de defensa precisaría

40 Sobre este particular, cfr. entre otras la STC 175/2001, de 26 de julio; la STC 311/2006, de 23 de octubre y la STC 44/2016, de 14 de marzo.

41 *Vid.* sobre estas limitaciones la STC 91/1995, de 19 de junio, la STC 175/2001, de 26 de julio, la STC 164/2008 y la STC 58/2019.

que a estos funcionarios, en la medida en que resulten acordes a su naturaleza y cometidos legales, también les fuesen reconocidos los derechos, garantías y deberes contemplados en una ley que reconoce el derecho de defensa. La incorporación de la disposición adicional séptima es un remiendo que debiera ser reconducido en la tramitación parlamentaria si, lo que se pretende, es contemplar el derecho de defensa en toda su extensión y en todas sus modalidades.

2.3.4. La representación técnica/defensa de los graduados sociales

En el ALODD se ha desaprovechado la ocasión para abordar la cuestión relativa a la posición que debe reconocerse a los graduados sociales en relación con el derecho de defensa. Los graduados sociales ejercen una profesión regulada, son asesores jurídicos en materia socio-laboral, expertos en relaciones laborales y recursos humanos. Intervienen ante los órganos judiciales en el orden jurisdiccional social y en la vía administrativa ejercen la representación y dirección técnica del procedimiento ante la Inspección de Trabajo, en la conciliación previa a la vía judicial, ante el Instituto Nacional de la Seguridad Social; Tesorería General de la Seguridad Social o Instituto de Mayores y Servicios Sociales, entre otros.

En relación con su actuación en los procesos judiciales ante la jurisdicción social no cabe duda que, las singularidades del proceso laboral, han llevado a pensar que los graduados sociales, además de ejercer la representación ante órganos jurisdiccionales del orden social en todo tipo de procedimientos laborales o de seguridad social, también ejercen la defensa[42]. A ello, ha contribuido el hecho de que en la reforma operada por la Ley Orgánica 19/2003, de 23 de diciembre, el art. 545.2 de la LOPJ haya previsto que "[e]n los procedimientos laborales y de Seguridad Social la *representación técnica* podrá ser ostentada por un graduado social, al que serán de aplicación las obligaciones inherentes a su función, de acuerdo con lo dispuesto en su ordenamiento jurídico profesional, en este título y especialmente en los artículos 187, 542.3 y 546". Así como la modificación del art. 21.1 de la LPL que prevé que "[e]n el recurso de suplicación los litigantes habrán de estar defendidos por abogado o *representados técnica-*

---

[42] Sobre este particular cfr. Pérez Del Blanco, G., "La "representación técnica" por graduado social en España tras la Ley 13/2009 de la Oficina Judicial", *Revista Internacional de Estudios sobre Derecho procesal y Arbitraje*, RIEDPA, núm. 1, 2009, págs. 1-28.

mente por graduado social colegiado". Todo ello unido a que el art. 18 de la Ley 36/2011, de 10 de octubre, reguladora de la jurisdicción social, prevé que "[l]as partes podrán comparecer por sí mismas o conferir su representación a abogado, procurador graduado social o cualquier persona que se encuentre en pleno ejercicio de sus derechos civiles".

No cabe duda que la regulación singular del procedimiento social y las últimas reformas que, procurando salvar la reserva técnica en favor de la abogacía, han introducido el concepto de "representación técnica", lejos de clarificar la cuestión han introducido mayor confusión. Sin pretender en este momento entrar en el fondo de esta cuestión, lo que no parece cuestionable es que en esos otros ámbitos extrajurisdiccionales donde el Anteproyecto está reconociendo el derecho de defensa —los procedimientos administrativos y los MASC—, el graduado ejerce funciones de defensa. Por ello, y por el sistema de postulación existente en la jurisdicción social, bien habría merecido la pena haber regulado la actuación de los graduados sociales.

2.3.5. La defensa ejercida ocasionalmente por letrados no colegiados y colegiados no ejercientes

Tras la promulgación del Real Decreto 135/2021, de 2 de marzo, por el que se aprueba el Estatuto General de la Abogacía Española se ha generado una laguna legal que quizá podría haberse colmado a través del ALODD. Nada se dice en el nuevo texto sobre la posibilidad del ejercicio ocasional de la abogacía por letrados no colegiados y colegiados no ejercientes. Prerrogativa que con anterioridad era reconocida por el anterior EGAE aprobado por el hoy derogado Real Decreto 658/2001, de 22 de junio. En su art. 17. 5 podía leerse que "[n]o se necesitará incorporación a un Colegio para la defensa de asuntos propios o de parientes hasta el tercer grado de consanguinidad o segundo de afinidad"[43]. Para ello, lo que se exigía era

43 Se trata de una previsión que tiene una gran tradición histórica en nuestro sistema. Así, como expone Blanco Pérez, ya en el primer Estatuto General de la Abogacía Española, aprobado por el Decreto de 28 de junio de 1946, "[e]l artículo 13 titulado "Ingreso" del Decreto eximía al letrado de la necesidad de ingresar en cualesquiera Colegio de Abogados para la defensa de asuntos propios o de parientes de hasta el cuarto grado de consanguinidad o segundo de afinidad, siempre que el interesado tuviera capacidad legal para el ejercicio de la profesión. Los que se hallasen en estos casos, podían ser habilitados por el Decano del Colegio de Abogados para la intervención que se solicitaba. Esta habilitación estaría limitada

que el interesado reuniese los requisitos establecidos en el art. 13.1, párrafos a), b) y c) del Estatuto, es decir, que se tuviese nacionalidad española o de algún Estado miembro de la Unión Europea o con dispensa legal; ser mayor de edad; no estar incurso en causa de incapacidad y poseer el título de Licenciado o graduado en Derecho o los títulos extranjeros que, conforme a las normas vigentes, sean homologados a aquéllos. Los que reuniesen estas condiciones y para los supuestos descritos el Decano del Colegio de Abogados podría habilitarles para la intervención que se solicitase. Dicha habilitación suponía para quien la recibía —aunque limitado a los asuntos habilitados—, el disfrute de todos los derechos concedidos en general a los abogados y la asunción de las correlativas obligaciones.

Esta forma prestacional de ejercicio del derecho de defensa ocasionalmente por letrados no colegiados y colegiados no ejercientes ha desaparecido del articulado del vigente EGAE, lo que ha ocasionado no pocos problemas interpretativos sobre esta posibilidad de ejercicio de la defensa. No sólo por la ausencia de previsión en el actual EGAE, sino porque ante la ausencia de derogación expresa numerosos colegios profesionales cuentan con la previsión en sus propios Estatutos lo que, sin duda, generará inseguridad jurídica y situaciones de desigualdad. Para algunos, esta laguna legal podría quedar salvada por la Disposición Transitoria Tercera del Real Decreto 135/2021, de 2 de marzo, en la que se dispone que "[l]as situaciones creadas y los derechos adquiridos con arreglo al régimen anteriormente en vigor serán respetados". Pero no parece que pueda haber ningún derecho adquirido pues el derecho surge con la habilitación para el ejercicio de la defensa del Decano del Colegio de Abogados, no existiendo previamente derecho alguno adquirido[44]. Algunos colegios profesionales, como en el

al caso concreto que se pretendiese defender. Por tanto, no siendo necesaria la colegiación en ningún Colegio de Abogados, bastaba solamente con ser mayor de edad y licenciado en Derecho para poder optar por esa habilitación", [en "Ejercicio ocasional de la abogacía por letrados no colegiados y colegiados no ejercientes: una laguna normativa a propósito del nuevo Estatuto General de la Abogacía Española", *Diario La Ley*, 2022, núm. 10125, págs. 6-7].

44 Para Nikolaeva Georgieva, K., esta habilitación comportaría un supuesto de "autodefensa" ("6 cuestiones sobre la autodefensa letrada en el proceso", pág. 1, https://blog.sepin.es/autodefensa-letrada-proceso). De la misma opinión se muestra partidario Blanco Pérez, J. L., "Ejercicio ocasional de la abogacía por letrados no colegiados y colegiados no ejercientes...", supra *cit.*, pág. 8. A nuestro juicio, pese a que no existe definición legal pero sí jurisprudencial, la autodefensa implica el ejercicio de la defensa en interés propio, de ahí que se enmarquen en ella el derecho a guardar silencia, el derecho a la última palabra, etc. Porque en

caso del Ilustre Colegio de la Abogacía de Madrid, a través de su Junta de Gobierno, han aprobado mediante acuerdo de 22 de septiembre de 2021, "que los colegiados no ejercientes del ICAM puedan asumir su propia defensa y la defensa de parientes"[45]. Si bien, este tipo de acuerdos permite salvar algunos supuestos —en particular la de los colegiados no ejercientes—, no deja claro si persiste esa prerrogativa en otros muchos casos, así por ejemplo aquellos profesionales del Derecho que no precisan para el ejercicio de la abogacía de la colegiación, como pueden ser los letrados de la seguridad social, los abogados del estado, los letrados de las cortes o del consejo de estado, entre otros.

Parece razonable pensar que este debiera ser un contenido posible del ejercicio del derecho de defensa por parte de quienes ostentan los requisitos exigidos para el ejercicio de la profesión de abogado, pese a que no se encuentren colegiados o no lo estén como ejercientes. Prueba de ello es que, algunos estatutos de profesiones jurídicas han salvado legalmente esta facultad. Así por ejemplo, en el art. 57.6 del Estatuto Orgánico del Ministerio Fiscal se advierte que el ejercicio de cargos fiscales es incompatible "[c] on el ejercicio de la abogacía, excepto cuando tenga por objeto asuntos personales del Fiscal, de su cónyuge o persona a quien se halle ligado de forma estable por análoga relación de afectividad, de los hijos sujetos a su patria potestad o de las personas sometidas a su tutela, con el ejercicio de

---

estos casos se litiga en relación con derechos e intereses de terceros (aunque se trate de familiares) y porque la habilitación lo que tiene presente es su capacitación jurídica, parece que esta forma prestacional del ejercicio del derecho de defensa se hallaría más cercana a la asistencia técnica, la que parece quererse blindar a los abogados.

45 Los Acuerdos de Junta de Gobierno de 22 de septiembre de 2021 del ICAM pueden consultarse en https://web.icam.es//wp-content/uploads/2021/11/7-22-sept_merged_compressed.pdf
En cambio, el Ilustre Colegio de la Abogacía de Barcelona, mediante Acuerdo de la Junta de Gobierno de 2 de noviembre de 2021, ha considerado la no aplicabilidad del art. 21 de su Estatuto en el que se contemplaba la dispensa para asuntos propios y ha considerado que: "Una vez ha sido suprimida la habilitación para asuntos propios, tanto en el Estatuto General de la Abogacía Española como en la Normativa de la Abogacía Catalana, no adoptar ningún acuerdo corporativo, en aplicación del vigente artículo 21 de los vigentes Estatutos colegiales, consistente en la habilitación para la defensa de asuntos propios, dado que las condiciones de acceso a la profesión deben ser coincidentes en todo el Estado". El Acuerdo puede consultarse en https://www.icab.es/export/sites/icab/.galleries/documents-col-legi/documents-de-normativa/Certificacion-Acuerdo-Junta-de-Gobierno-ICAB-2-noviembre-2021-tema-asuntos-propios.pdf

la procuraduría, así como todo tipo de asesoramiento jurídico, sea o no retribuido". En este momento se produce una situación de desigualdad e incertidumbre pues el reconocimiento de esta dispensa dependerá de la opción de autorregulación que cada Colegio de la abogacía —recuérdese que perviven 83 en el territorio español— quiera asumir.

2.3.6. La asistencia jurídica gratuita y el turno de oficio

En el apartado cuarto del art. 4 rubricado *Derecho a la asistencia jurídica gratuita* se prevé que "[l]as personas que acrediten insuficiencia de recursos tendrán derecho a la asistencia jurídica gratuita en los casos y términos establecidos en la Constitución Española y las leyes, que determinarán, asimismo, los supuestos en los que esta deba extenderse a personas". A continuación, en su apartado 5 se prevé que "[l]a designación, sustitución, renuncia y cese del profesional de la abogacía designado por turno de oficio se regirá, en todo caso, por lo dispuesto en las normas especiales".

El reconocimiento del derecho a la asistencia jurídica gratuita es consecuencia directa de lo dispuesto en el art. 119 de la CE en el que se establece que "[l]a justicia será gratuita cuando así lo disponga la ley y, en todo caso, respecto de quienes acrediten insuficiencia de recursos para litigar". Esta previsión es contemplada en el art. 20 de la LOPJ en la que se prevé que la ley regulará un sistema de justicia gratuita que permita la efectividad los derechos reconocidos en el art. 24 de la CE en los casos de insuficiencia de recursos para litigar. Luego, en coherencia con el contenido de dicho precepto y al objeto de asegurar a todas las personas el acceso a la tutela judicial efectiva (art. 119 CE), el propio texto constitucional previene que la Justicia será gratuita cuando así lo disponga la ley y, en todo caso, respecto de quienes acrediten insuficiencia de recursos para litigar. Por ello, en la Ley 1/1996, de 10 de enero, de asistencia jurídica gratuita, se advierte que "el núcleo de los costes económicos derivados del acceso a la tutela judicial viene determinado por la intervención en el mismo, por imperativo legal, en la mayor parte de las ocasiones, de profesionales especializados en la defensa y representación de los derechos e intereses legítimos". Por ello, se compadece mal con el sistema legal de asistencia jurídica gratuita que las únicas referencia contenidas en el ALODD sean las relativas a los abogados. De nuevo, el texto denota una clara inclinación hacia la regulación de los aspectos referentes a la postulación exclusivamente contemplada desde el prisma de la abogacía. Ni que decir tiene que esta inclinación resultaba comprensible en los textos promovidos por la Abogacía institucional, pero carece de explicación en el texto proveniente del pre-legislador.

En relación con este derecho, llama poderosamente la atención que en la Carta de derechos del ciudadano ante la justicia, la aspiración fuese mucho más ambiciosa, exigiendo una asistencia jurídica gratuita de calidad. De ahí que en su parágrafo 40 se contemplase que "[e]l ciudadano tiene derecho a ser asesorado y defendido gratuitamente por un abogado suficientemente cualificado y a ser representado por un procurador cuando tenga legalmente derecho a la asistencia jurídica". Y, en el 41 se lee que [e] l ciudadano tiene derecho a exigir una formación de calidad al profesional designado por el turno de oficio en los supuestos de asistencia jurídica gratuita". Quizá la regulación del derecho a la asistencia jurídica gratuita en una futura ley del derecho de defensa podría establecer esas consideraciones relativas a la calidad que ya eran reclamadas a principios del siglo XX y que permitirían avanzar no sólo en la retribución digna sino también en el control de la calidad del servicio prestado.

Además, la regulación se muestra sumamente insuficiente en la medida en que hoy la reflexión sobre el alcance del derecho a la asistencia jurídica con cargo al Estado trasciende a aquello que en tiempos se denominara "beneficio de pobreza" y se reconoce en la actualidad este derecho a determinadas personas, por ejemplo, las vulnerables, con independencia de sus recursos económicos, o respectos de determinadas situaciones graves o relevantes, también al margen de la disponibilidad económica[46].

---

46 En la actualidad, más allá del reconocimiento por la insuficiencia de recursos económicos que prevé el ALODD la Ley 1/1996, de 10 de enero, de asistencia jurídica gratuita en su art. 2.h) prevé que "[c]on independencia de la existencia de recursos para litigar, se reconoce el derecho de asistencia jurídica gratuita, que se les prestará de inmediato, a las víctimas de violencia de género, de terrorismo y de trata de seres humanos en aquellos procesos que tengan vinculación, deriven o sean consecuencia de su condición de víctimas, así como a las personas menores de edad y las personas con discapacidad necesitadas de especial protección cuando sean víctimas de delitos de homicidio, de lesiones de los artículos 149 y 150, en el delito de maltrato habitual previsto en el artículo 173.2, en los delitos contra la libertad, en los delitos contra la libertad e indemnidad sexual y en los delitos de trata de seres humanos. Este derecho asistirá también a los causahabientes en caso de fallecimiento de la víctima, siempre que no fueran partícipes en los hechos".

2.4. La defensa en el proceso

2.4.1. La defensa en los MASC

El reconocimiento del derecho de defensa en relación con los mecanismos adecuados de resolución de conflictos ha sido valorado de manera muy positiva[47]. En la Exposición de Motivos del Anteproyecto puede leerse que "[t]ambién debe garantizarse la defensa fuera de los ámbitos jurisdiccionales. De ahí que en esta ley se extienda expresamente el derecho de defensa y de asistencia letrada a los procedimientos extrajudiciales y a los mecanismos de solución adecuada de controversias reconocidos legalmente".

Así, en el apartado 4º del art. 3 puede leerse que "[l]as leyes procesales salvaguardarán el principio de igualdad procesal. En aras de la seguridad jurídica y del buen funcionamiento del servicio público de Justicia, el legislador podrá condicionar el acceso a la jurisdicción, a los medios de impugnación y a otros remedios de carácter jurisdiccional al cumplimiento de plazos o requisitos de procedibilidad, que habrán de ser suficientes para hacer efectivo el derecho de defensa y deberán estar inspirados por el principio de necesidad, sin que en ningún caso puedan generar indefensión".

La extensión de la previsión legal del derecho de defensa a los MASC —como anteriormente hemos mencionado— respalda esa creencia de quienes consideran que se está produciendo una transformación o actualización del derecho de acceso a la Justicia, contemplando bajo este prisma no sólo el acceso a los tribunales, sino también otros mecanismos que favorecen la composición y resolución del litigio.

Este reconocimiento legal del derecho de defensa en los medios extrajurisdiccionales y en los MASC siendo, sin duda, el aspecto más novedoso de la ley, no se corresponde con su previsión. Su proclamación se queda en eso, en un mera afirmación del derecho, que no es posteriormente desarrollado, pues el Anteproyecto se limita a la enunciación del mismo sin especificar cuáles son las características —si es que las hay—, qué diferencia el ejercicio de la defensa en estos mecanismo —si es que la hay—, ni tampoco cuál debiera ser su contenido esencial en estos supuestos. Re-

[47] *Vid.* por todos el Informe emitido por el Consejo Fiscal, al Anteproyecto de Ley Orgánica del Derecho de defensa, de 5 de abril de 2023, págs. 11-12 y el Informe emitido por el Ministerio de la Presidencia, relaciones con las Cortes y Memoria Democrática al Anteproyecto de Ley Orgánica del Derecho de defensa, de 28 de marzo de 2023, pág. 17.

sulta complejo imaginar que nadie —ningún operador jurídico— pueda encontrar en este texto una "guía de ruta" para el ejercicio del derecho de defensa en esos medios adecuados de solución de controversias.

2.4.2. La defensa en su vertiente procesal

El pre-legislador dispone en la Exposición de Motivos que con este texto se aspira a regular, al menos tres aspectos capitales del derecho de defensa. De un lado, el catálogo de derechos que asisten a toda persona, física o jurídica, en el marco del derecho de defensa. De otro, las garantías y deberes de la asistencia jurídica en el derecho de defensa prestada por los profesionales de la abogacía. Y, finalmente, las garantías institucionales para el ejercicio de la abogacía, a través de las instituciones colegiales. Todas ellas son cuestiones cruciales del contenido esencial del derecho de defensa pero que no agotan el alcance que hoy debiera atribuirse a una norma que pretender una regulación integral de este derecho fundamental.

Pues bien, en lo que atañe a la regulación del derecho de defensa en su vertiente procesal, pese a que es lógico que los aspectos relativos al proceso penal adquieran cierto protagonismo, el Anteproyecto debiera procurar su salvaguarda en todos los órdenes jurisdiccionales y a los litigantes, independientemente de que ocupen la parte activa o pasiva en el proceso con cierto equilibrio en su tratamiento. En la medida en que el proceso hace surgir una relación entre el órgano judicial, a quien se acude para solicitar la resolución de una disputa, y las partes en conflicto, el derecho de defensa debe ser reconocido y garantizado por igual a quienes ocupan posiciones enfrentadas —activa y pasiva— en la causa.

Prueba de esta inclinación por la regulación del proceso penal es el art. 1.1 del ALODD en el que se expone que "[l]a Ley de Enjuiciamiento Criminal y las restantes leyes procesales desarrollarán el contenido del derecho de defensa en sus respectivos ámbitos". Esa referencia explícita a la LECrim es un adelanto de la regulación que a continuación se detalla en el art. 3.3 sobre el contenido específico del derecho de defensa en las causas penales. Quizá no haber llevado a cabo una regulación tan apegada el proceso penal habría posibilitado al legislador reflexiones más amplias y necesarias sobre el alcance de algunos de los contenidos del derecho de defensa más allá del proceso penal, más allá de la posición del sujeto pasivo del proceso. Así por ejemplo, es hoy muy necesaria una reflexión sobre el alcance del derecho a un proceso sin dilaciones indebidas —reconocido con carácter general en el art. 3.2 ALODD—, pero en el proceso penal sólo es considerada como atenuante de responsabilidad del sujeto pasivo del proceso (art. 21.6ª CP), desconociendo que la víctima, cuando es parte del proceso, también ha sido afectada en su derecho fundamental.

En el marco de la regulación del derecho de defensa también habría tenido cabida una reflexión amplia y sosegada sobre el alcance del derecho a la segunda instancia, su proyección en los distintos órdenes jurisdiccionales y sobre si, medios de impugnación como la casación, permite cumplir esa función conforma a los parámetros establecidos por la doctrina del TEDH[48]. Sobre este particular, quizá esta ley habría sido un buen lugar para clarificar la situación en el contencioso-administrativo. En el art. 3.3. del ALODF se dispone que en las causas penales, el derecho de defensa integra el derecho a la doble instancia, lo que entiende que es un derecho que resulta también de "aplicación al procedimiento administrativo sancionador y al procedimiento disciplinario de acuerdo con las leyes que los regulen". Ésta habría sido una gran ocasión para no dejar lugar a dudas, y evitar la reapertura de debates, clarificando el alcance y la forma de articulación de este derecho a la luz de la Sentencia del Tribunal Europeo de Derechos Humanos (TEDH), caso Saquetti Iglesias c. España, de 30 de junio de 2020[49]. El TEDH condenó al Reino de España por no haber ofrecido al sancionado, Sr. Saquetti Iglesias, una doble instancia judicial, pese a que la infracción cometida podía considerarse grave y, por tanto, gozaba de naturaleza penal, para lo que debiera regir esa exigencia de segunda instancia —o segunda revisión— que deriva del art. 2.1 del Protocolo nº 7 del Convenio Europeo para la Protección de los Derechos Humanos y de las Libertades Fundamentales (CEDH). Para incorporar este pronunciamiento europeo a nuestro ordenamiento jurídico, el Tribunal Supremo en sendas sentencias fijó como doctrina que la exigencia de revisión por un tribunal superior de la sentencia confirmatoria de una resolución administrativa por la que se impone una sanción de naturaleza penal, a que

---

48 Sobre el derecho al recurso el prof. Colmenero Guerra considera que el mismo deriva de la Constitución y que no solo alcanza al proceso penal y contencioso-administrativo cuando trae causa de un procedimiento administrativo sancionar, considerando que su extensión va mucho más allá del reconocimiento que del mismo ha hecho el TC. Cfr. Colmenero Guerra, J. A., "Los Recursos (I)", en *Derecho Procesal Laboral. Parte general y Parte Especial*, Valencia, 2021, págs. 375 y 376. En relación con el TS, y la necesidad de medios de impugnación, el mismo autor en "Comentarios al Tít. IV. De la composición y atribuciones de los órganos jurisdiccionales", en *Ley Orgánica del Poder Judicial*, Madrid, 2024, págs. 369-459.

49 STEDH (Sección Tercera) de 30 de junio, asunto 50514/13.

se refiere el art. 2 del Protocolo nº 7 del CEDH, en la interpretación dada por la sentencia del TEDH, de 30 de junio de 2020, en el asunto Saquetti c. España, puede hacerse efectiva mediante la interposición de recurso de casación, para cuya admisión habrá de valorarse si en el escrito de preparación se justifica la naturaleza penal de la infracción que ha sido objeto de sanción en los términos establecidos por el TEDH y el fundamento de las infracciones imputadas a la sentencia recurrida al confirmar la resolución administrativa sancionadora[50]. Estamos ante el reconocimiento de parte del contenido de un derecho fundamental que, ante ausencia de regulación, se interpreta en base a la subjetividad de la doctrina Saquetti, lo que, de entrada parece difícilmente sostenible en el tiempo.

Prescindido en este momento del debate sobre la idoneidad del recurso de casación para satisfacer la exigencia de reexamen por un órgano jurisdiccional superior conforme a las exigencias del TEDH, dadas las intrínsecas limitaciones de este medio extraordinario de revisión que excluye el reexamen de los hechos o la valoración de la prueba, la doctrina emanada de la condena por el asunto Saquetti, tampoco deja claro qué es lo que sucede con las sentencias dictadas en única instancia por juzgados de los contencioso-administrativo en procedimientos sancionadores. Correspondería al legislador abordar esta cuestión, como viene demandando tanto la doctrina como la jurisprudencia, más allá de la consideración sobre si resultaría procedente o no, una segunda instancia generalizada en el proceso contencioso-administrativo.

Finalmente, parece también necesario evidenciar que el Anteproyecto no hace referencia alguna al ejercicio del derecho de defensa en la fase de ejecución, no sólo en el proceso penal sino en ninguno otro. Cuestión que quizá no sorprenda tanto por la escasa atención que en la práctica forense y, en general, por la doctrina se presta a la potestad de ejecución. Esta norma brinda una oportunidad para evidenciar que este derecho debiera tener la misma proyección, alcance y eficacia en el proceso declarativo como en el de ejecución[51].

---

50 SSTS núm. 1375/2021 y núm. 1376/2021, ambas 25 de noviembre.

51 Sobre el derecho de defensa en el proceso de ejecución, *vid.* por todos López Yagües, V., *El derecho a la asistencia y defensa letrada. Su ejercicio en situaciones de privación de libertad,* Alicante, 2002, págs. 224 y ss.

2.4.3. La defensa en el proceso administrativo

En la propia exposición de motivos del ALODD se expone que aunque el derecho de defensa cobra una especial relevancia en el marco del proceso penal, "esto no significa que el derecho de defensa se limite a estas únicas situaciones; su protección abarca toda situación de controversia jurídica en la que pueda verse una persona y sea cual sea su posición". Este reconocimiento de que la defensa abarca no sólo la actuación en sede judicial sino también en cualquier "otra situación de controversia jurídica en la que pueda verse una persona" no ha tenido efectiva traslación al articulado. Las únicas referencias relativas al procedimiento administrativo común son las relativas a la extensión por referencia de algunos de los contenidos del derecho de defensa del ámbito penal al procedimiento administrativo sancionador y disciplinario.

Ésta era una referencia casi obligatoria si tenemos presente que el Tribunal Constitucional, ya desde sus orígenes, recordaba que "los principios inspiradores del orden penal son de aplicación, con ciertos matices, al derecho administrativo sancionador, dado que ambos son manifestaciones del ordenamiento punitivo del Estado, tal y como refleja la propia Constitución (art. 25, principio de legalidad) y una muy reiterada jurisprudencia de nuestro Tribunal Supremo (Sentencia de la Sala Cuarta de 29 de septiembre, 4 y 10 de noviembre de 1980, entre las más recientes), hasta el punto de que un mismo bien jurídico puede ser protegido por técnicas administrativas o penales, si bien en el primer caso con el límite que establece el propio art. 25.3, al señalar que la Administración Civil no podrá imponer penas que directa o subsidiariamente impliquen privación de libertad"[52].

El Tribunal Constitucional también dejó claro que, pese a que la actividad sancionadora de la Administración debía regirse por los principios informadores del Derecho penal, por tanto, le eran de aplicación los de-

[52] STC 18/1981, de 8 de junio. Esta sentencia generó una doctrina que ha sido consolidada y desarrollada en el tiempo. Entre otras pueden consultarse, la STC 130/1991, 6 de junio de 1991, STC 7/1998, de 13 de enero, la STC 3/1999, de 25 de enero, la STC 14/1999, de 22 de febrero, la STC 276/2000, de 16 de noviembre, la STC 117/2002, de 20 de mayo, la STC 59/2014, de 5 de mayo, la STC 54/2015, de 16 de marzo, la STC 172/2016, de 17 de octubre, la STC 9/2018, de 5 de febrero y la STC 113/2018, de 29 de octubre, entre otras muchas.

rechos contemplados en el art. 24.2 de la CE, el alcance y extensión de los mismos no podía entenderse idéntico en ambos procesos[53].

Si tenemos presente que el Anteproyecto aspira a ser una norma integral sobre el contenido esencial del derecho de defensa, habrían resultado muy oportunas algunas reflexiones en relación con el alcance del derecho de defensa en el marco de los procesos administrativos, máxime si tenemos presente que en la Ley 39/2015, de 1 de octubre, del Procedimiento Administrativo Común de las Administraciones Públicas, sólo tres preceptos hacen referencia al derecho de defensa: el art. 3 en relación con la capacidad de obrar; el art. 18 cuando se refiere a la colaboración de las personas y, finalmente, en el art. 53 donde se encuentran recogidos los derechos del interesado en el procedimiento administrativo. Sorprende que el legislador no haya considerado necesario hacer una sólo mención en la exposición de motivos de esta Ley sobre cómo opera el derecho de defensa en el marco del proceso administrativo[54]. Ésta es una nueva oportunidad desaprovechada para arrojar luz, máxime a la ciudadanía, sobre el contenido esencial del derecho de defensa en relación con la actuación de la Administración pública. Si precisamente este Anteproyecto tiene "su razón de existir en la necesidad de que las personas físicas y jurídicas conozcan el especial reconocimiento y las garantías que les corresponden como titulares de su derecho de defensa" —tal y como reza la Exposición de Motivos—, no se alcanza a comprender porque no se ha aprovechado la ocasión y, no sólo en relación con el procedimiento administrativo

---

53 Sobre este particular afirma Juanes Peces, que "hay que advertir que aun a pesar de ese substrato común al ámbito penal y el administrativo, si descendemos al nivel de la legalidad ordinaria, es en el aspecto procedimental donde más se aprecia una diferencia de grado entre la regulación de los respectivos ámbitos sancionadores penal y administrativo, pues si en el penal existe una cuidada normativa procesal, en cambio no ha acaecido lo mismo, hasta épocas relativamente recientes, en el administrativo", en "Especialidades del derecho al proceso con garantías en el procedimiento administrativo sancionador", en *Art. 24. Comentarios a la Constitución española,* (Rodríguez-Piñero y Bravo-Ferrer, M. y Casas Baamonde, M. E. dirs.), Madrid, 2018, pág. 876.

54 Máxime cuando la doctrina consolidada del TC que ha permitido conformar las garantías y derechos concernientes a la defensa en el proceso administrativo sancionador proviene precisamente de la interpretación por el TEDH del art. 13 del CEDH, en el que puede leerse que: "Toda persona cuyos derechos y libertades reconocidos en el presente Convenio hayan sido violados tiene derecho a la concesión de un *recurso efectivo ante una instancia nacional,* incluso cuando la violación haya sido cometida por personas que actúen en el ejercicio de sus funciones oficiales".

sancionador sino, con carácter general, en relación con el procedimiento administrativo común.

Sólo dos preceptos hacen referencia en el Anteproyecto al derecho de defensa en el ámbito del proceso administrativo. En el apartado 7º del art. 3 del ALODD se contempla que "[l]os principios establecidos en este artículo (*relativo al contenido*) resultarán aplicables, con sus especificaciones propias, al derecho de defensa cuando se ejercite acción, petición o controversia ante Administraciones Públicas, en procedimientos arbitrales o, en su caso, cuando se opte por un medio adecuado de solución de controversias". Una referencia tan genérica como superflua que permite hablar de la defensa ante la Administración como en cualquier otro ADR. Igual de liviana y relativa resulta la referencia al contenido del derecho de defensa en el ámbito sancionador y disciplinario. En el apartado 3º del art. 3 puede leerse que "[e]n las causas penales, el derecho de defensa integra, además, el derecho a ser informado de la acusación, a no declarar contra uno mismo, a no confesarse culpable, a la presunción de inocencia y a la doble instancia, de conformidad con la Ley de Enjuiciamiento Criminal, la Ley Orgánica 6/1985, de 1 de julio, del Poder Judicial, la Ley Orgánica 2/1989, de 13 de abril, Procesal Militar, y la Ley Orgánica 5/2000, de 12 de enero, reguladora de la responsabilidad penal de los menores. Estos derechos resultarán de aplicación al procedimiento administrativo sancionador y al procedimiento disciplinario de acuerdo con las leyes que los regulen".

Cierto es que no debiera ser objeto del Anteproyecto las singularidades que los principios y derechos del proceso penal adquieren en los procesos administrativos sancionadores y disciplinarios, pues se trata de un contenido propio de las leyes procedimentales. Así, sería deseable que esas diferencias relativas a las garantías del art. 24.2 de la CE en relación con, por ejemplo, el contenido del derecho a ser informado de la acusación; el momento en que ha de ejercitarse así como la relación entre la acusación y la resolución sancionadora, con especial referencia a la problemática de las normas en blanco, se contuviesen en las LRJPAC o, en su caso, en la legislación especial.

En cambio, la consideración sobre si algunos de los contenidos del derecho defensa deben también proyectarse sobre el procedimiento administrativo, como pudiera ser el de la publicidad de los procedimientos o el derecho a un proceso sin dilaciones indebidas, habrían tenido pleno encaje en este Anteproyecto.

2.4.4. La defensa en la jurisdicción militar

La Exposición de Motivos y la MAIN que acompañan al Anteproyecto insiste en que no es el objeto primordial de esta Ley la recopilación del contenido del derecho de defensa, en cuanto conjunto de facultades y garantías ya reconocidas en las normas procesales. Sin embargo, en relación con la jurisdicción militar quizá habría resultado muy oportuno realizar algún tipo de consideración. Si hay una reforma pendiente en relación con el ejercicio del derecho de defensa y la tutela judicial efectiva en el ámbito procesal es precisamente la de la jurisdicción militar, reforma que se encuentra pendiente desde hace años.

En la Ley Orgánica 9/2011, de 27 de julio, de derechos y deberes de los miembros de las Fuerzas Armadas, con el fin de adecuar la jurisdicción militar a los avances de la democracia, se preveía en su Disposición Adicional 8ª que en el plazo de un año "[e]l Gobierno también deberá remitir al Congreso de los Diputados un Proyecto de Ley para la actualización de la Ley Orgánica 13/1985, de 9 de diciembre, del Código Penal Militar y para realizar las necesarias adaptaciones de las leyes procesales militares". Cuatro años más tarde, en la Ley Orgánica 7/2015, de 21 de julio, de reforma del Poder Judicial, se introducían reformas importantes para el encaje definitivo de la Jurisdicción Militar en el Poder Judicial y para la eliminación del privilegio de presentación de ternas del que goza el Ministerio de Defensa para la designación de los Magistrados de la Sala de lo Militar del Tribunal Supremo procedentes del Cuerpo Jurídico Militar. Asimismo, se reformaba el recurso de revisión para dar cumplimiento a las sentencias del TEDH que declaraban la vulneración de alguno de los derechos reconocidos en el Convenio Europeo para la protección de los Derechos Humanos y Libertades Fundamentales y en sus Protocolos. Y, en su Disposición final sexta, se volvía a conceder un nuevo plazo, esta vez de dos años, para que el Gobierno remitiese a las Cortes Generales el Proyecto de Ley de reforma de la Ley Orgánica 4/1987, de 15 de julio, de la Competencia y Organización de la Jurisdicción Militar. Sólo unos meses más tarde en la Ley Orgánica 14/2015, de 14 de octubre, del Código Penal Militar, de nuevo se mandataba en la Disposición adicional primera para que, en un plazo de dos años, se procediese por el Gobierno a remitir al Congreso de los Diputados un proyecto de Ley Orgánica de reforma de la Ley Orgánica 4/1987, de 15 de julio, de la Competencia y Organización de la Jurisdicción Militar. Tampoco este plazo fue cumplido y hoy la reforma de la jurisdicción militar sigue siendo una asignatura pendiente en el Estado de Derecho. Y, ni que decir tiene, que el calado de la reforma de esta norma, aunque nada se dice en los textos legales, precisaría también de una profunda revisión de la Ley Orgánica 2/1989, de 13 de abril, Procesal Militar[55].

Pese a que no hay duda que nuestro más Alto Tribunal ha considerado constitucional las peculiaridades organizativas y procesales de la jurisdicción militar, así en su STC núm. 180/1985, de 19 de diciembre, podía leerse que: "La jurisdicción militar (art. 117.5 de la Constitución) no puede organizarse sin tener en cuenta determinadas peculiaridades que originan diferencias tanto sustantivas como procesales, que, si dispuestas en el respeto a las garantías del justiciable y del condenado previstas en la Constitución, no resultarán contradictorias con su artículo 14 cuando respondan a la naturaleza propia de la institución militar. Estas peculiaridades del Derecho Penal y Procesal Militar resultan genéricamente, como se declaró en la Sentencia 97/1985, de 29 de julio (fundamento jurídico 4º), de la organización profundamente jerarquizada del Ejército, en el que la unidad y disciplina desempeñan un papel crucial para alcanzar los fines encomendados a la institución por el art. 8 de la Constitución". No obstante, como se clarifica en la STC SSTC 204/1994, de 11 de julio, "[l]a jurisdicción militar, pues, más allá de todas sus peculiaridades reiteradamente reconocidas por este Tribunal (STC 97/1985, fundamento jurídico 4º; 180/1985, fundamento jurídico 2; 60/1991, fundamento jurídico 4º) ha de ser "jurisdicción", es decir, ha de ser manifestación de la función constitucional a la que, como derecho fundamental, se confía la tutela judicial efectiva. Esta misma idea se encuentra corroborada, en negativo, por el art. 117.6 CE cuanto al declarar lapidariamente que "se prohíben los Tribunales de excepción", excluye la existencia de órganos judiciales que excepcionen el derecho al Juez ordinario predeterminado por la ley".

Por ello, como se reconoce en la STC 113/1995, de 6 de julio, se "exige una regulación legal de la jurisdicción militar que sea acorde con los principios constitucionales, de modo que el resultado querido o permitido por la Norma fundamental es la de unos órganos que, adaptados a los principios de la Constitución, en su estrecho ámbito competencial, presten la tutela judicial efectiva sin indefensión y con todas las garantías a que se refiere el art. 24 de la Constitución". Así pues, en virtud del art. 117.5 de la CE que prevé que "[l]a ley regulará el ejercicio de la jurisdicción militar en el ámbito estrictamente castrense y en los supuestos de estado de sitio,

---

55 González Alonso, F., "Hacia una jurisdicción militar del siglo XXI. Algunas propuestas para la reforma de la justicia militar española a la luz de la jurisprudencia del TEDH", *Revista Española de Derecho Constitucional*, 2020, 119, pág. 155.

de acuerdo con los principios de la Constitución", no se entiende por qué se ha desaprovechado la ocasión para establecer el contenido y alcance del derecho defensa en la jurisdicción militar, considerando que "la diferencia de régimen jurídico no afecta ni compromete el derecho a la tutela judicial efectiva sin indefensión" (STC 202/2002, de 28 de octubre)[56]. De no haberse podido abordar en este momento una reforma tan compleja como esta por lo que entraña en cuanto a la organización del poder, podría al menos haberse contemplado el derecho a la doble instancia en esta jurisdicción, cuestión que a todas luces precisa su adaptación para dar cumplimiento a los compromisos adquiridos en el CEDH y en el PIDCP.

En todo caso, y pese a lo complejo que pueda resultar abordar las reformas relativas a la jurisdicción militar —a su organización y a su procedimiento—, se trata de reformas necesarias para seguir avanzando en la democracia, para preservar con plenitud y eficacia los derechos a la tutela judicial efectiva y el derecho a la defensa de todas las personas que integran las Fuerzas Armadas y la Guardia Civil.

3. ALGUNAS CONSIDERACIONES FINALES

El texto que acaba de presentarse como Anteproyecto de Ley de Derecho de Defensa, debiera ser la culminación de más de cuatro décadas de esfuerzos dirigidos a desarrollar el contenido y alcance del derecho de defensa. El legislador valoró y descartó lo que se conoce como "alternativa 0",

---

56 En relación con esas singularidades que puede comportar la organización militar en relación con la salvaguarda del derecho a la tutela judicial efectiva y la prohibición de indefensión, la STC 115/2001, de 10 de mayo, preveía que: "[...] no cabe cuestionar que la disciplina es un valor imprescindible en toda organización jerarquizada que, en el caso de las Fuerzas Armadas, se convierte en un ineludible principio configurador, sin cuya garantía y protección se dificulta el cumplimiento de los cometidos que constitucional y legalmente tienen asignados por el art. 8.1 CE. Por ello, si bien la particular relación de sujeción especial en que se encuentran los militares no puede ser aducida como fundamento para justificar toda limitación al ejercicio de sus derechos fundamentales, no cabe considerar contrarias a dichos derechos, aquellas disposiciones legales limitativas de su ejercicio que resulten estrictamente indispensables para el cumplimiento de su misión (SSTC 21/1981, de 15 de junio, F. 15, y 31/2000, de 3 de febrero, F. 4), entre las que, indudablemente, han de situarse todas las que sean absolutamente imprescindibles para salvaguardar ese valor esencial en toda institución militar, que es la disciplina".

es decir, la inactividad legislativa. En la MAIN que acompaña al Anteproyecto se descarta la opción de "no hacer nada" pues "[l]o cierto es que esta alternativa no permite el desarrollo de los aspectos esenciales del derecho de defensa ni que las personas físicas y jurídicas conozcan el especial reconocimiento y garantías que este derecho les otorga". Asimismo, se expresa que "[n]o es objetivo primordial de esta ley la recopilación de normas procesales, que ya gozan de un reconocimiento expreso y manifiesto en otras normas, ni la reiteración de principios consagrados". Entendiendo y compartiendo ambas consideraciones, la pregunta que debemos hacernos es si una norma de esta envergadura tiene sentido a los solos efectos de ser una disposición que aglutine y sistematice algunos de los aspectos relativos a este derecho fundamental. Puestos a emprender —y adoptada la decisión de política legislativa de acometer la compleja labor de elaborar un texto que compendie el alcance y contenido actual del derecho de defensa—, el legislador no debiera haber perdido la oportunidad de, en primer lugar, haber hecho pivotar la norma en torno a la centralidad del titular del derecho y, en segundo lugar, haber desarrollado esa consideración amplia del derecho de defensa, contemplando todas y cada una de sus dimensiones constitucionales. Aún es más, quizá también habría podido aspirar a regular el ejercicio del derecho de defensa ante las nuevas realidades que superan con mucho las actuales previsiones legislativas.

3.1. La pérdida de la centralidad de la persona física o jurídica como titular del derecho de defensa

En la regulación del derecho de defensa debiera haber habido un único protagonista: la ciudadanía. Una vez reconocida esa centralidad, y como consecuencia de ella, el legislador debiera haber hecho nacer las obligaciones para los poderes públicos y también para los profesionales que posibilitan el ejercicio de la defensa[57]. Ahora bien, en relación a estos últimos y, particularmente, con los abogados, a veces es imprescindible conferirle

---

57 Como pone de relieve Álvarez Landete, "El derecho de defensa es un derecho básico del ciudadano de rango constitucional y de protección especial, debido a su encuadre sistemático en la propia Norma Fundamental, en sus artículos 17.3, 24.2. El derecho de defensa acompaña al ciudadano, reforzando los efectos del derecho a la libertad, constituyendo un derecho de la esfera individual frente a los poderes del Estado en el ejercicio del ius puniendi. Pero el derecho de defensa nace devaluado en la propia constitución al disociarse en dos manifestaciones distintas: la de defensa propiamente dicha y la de asistencia letrada" [en "El derecho

determinados derechos adicionales y garantías, no porque resulten de su *status* profesional, sino porque son imprescindibles para hacer efectivo el derecho de defensa de los ciudadanos. Expresado de otro modo: los derechos específicos de los defensores y sus garantías (por ejemplo, el secreto profesional) son instrumentos excepcionales al servicio, no de la posición personal del abogado, sino del derecho de defensa del ciudadano. Son, en suma, una garantía del instituto que protege al derecho de defensa frente a los poderes del Estado —incluso, frente al legislador-que se instrumenta y proyecta a través de quien la asume y ejerce profesionalmente por cuenta de otro. Éste debiera haber sido el enfoque principal de la ley. Todo lo que exceda de ese cometido suena a "disculpa" para elevar a rango de ley la pretensión corporativa de ordenar los aspectos esenciales de una profesión —la abogacía— que a día de hoy se encuentran en una diversidad de fuentes, la mayoría infralegales. Por tanto, el legislador debiera revisar el lugar que ocupa el titular del derecho, descartar de la norma todo aquello que no conforma una garantía para el ejercicio del mismo y, de otro, debiera desarrollar otros aspectos, como los relativos a la calidad y efectividad del ejercicio del derecho.

Tampoco parece que sea una buena técnica legislativa reproducir en la ley lo que ya se encuentra previsto en la Constitución, entre otras cosas, porque la ley siempre comporta una interpretación de las varias posibles. Ése es el cometido del legislador democrático —concretar en la ley las aperturas constitucionales—, y no reproducir sus deliberadas ambigüedades, pensadas para soportar gobiernos y, por ende, legisladores distintos. Por ello, el legislador debiera en este punto tratar de adoptar una posición jurídico-política en aquellos aspectos que, en su caso, no hayan sido ya desarrollados por la ley, en lugar de reproducir las consideraciones constitucionales.

3.2. La perspectiva eminentemente judicial y procesal penal

El ALODD es un proyecto de mínimos y tiene un enfoque muy procesal y, en particular, muy penalista, de defensa en el orden jurisdiccional penal. Hace falta una inmersión en el tema más ambiciosa. Debería hablarse primero del derecho natural a la defensa, es decir, de la autodefensa y no sólo enunciarla, exponiendo sus manifestaciones, alcance y, en su caso,

---

de defensa como derecho devaluado", *Jueces para la democracia*, núm. 15, págs. 1037].

limitaciones. Luego debería abordarse la defensa por medio de profesionales, con cierto deslinde sobre su contenido —sobre todo para incluir y excluir— y para diferenciarla con otras actividades posibles (procuradores y graduados sociales). Debería fijarse dicha defensa técnica atendiendo a la doble perspectiva posible: a saber cuándo se es parte activa (solicitante, demandante o acusador); y cuando se es parte pasiva (solicitado, demandado o investigado/acusado), pues creo que se vuelve a incurrir en un problema tradicional que es el de enfocar la defensa sólo o principalmente desde la perspectiva de la parte pasiva del proceso, lo que no obedece a la realidad del conflicto en el que dos pretensiones deben ser igualmente tuteladas. Este déficit regulatorio debiera extenderse no sólo desde el plano jurisdiccional, sino también desde el plano administrativo (con detalles sobre todo en el régimen sancionador y disciplinario), pero como se pone de relieve, también en los otros sistemas de solución de conflictos. Y, puestos a realizar un enfoque ambicioso y útil como "guía para la actuación de la ciudadanía" podría abordarse el derecho al recurso como contenido del derecho de defensa con las particularidades concretas de cada orden jurisdiccional. Esta perspectiva también permitiría afrontar el derecho de defensa ante los tribunales supranacionales, permitiendo así realizar una reflexión actualizada sobre la actual pirámide jurisdiccional y la integración o confluencia de los tribunales supranacionales, singularmente los de la Unión Europea.

3.3. La excesiva regulación de los aspectos relativos a la Abogacía institucional

El ejercicio de la abogacía y su dimensión institucional ya cuentan con sus propias fuentes regulatorias, por lo que no se alcanza a comprender por qué quiere petrificarse ese régimen jurídico incorporándolo a una ley orgánica, de suerte que se perdería la necesaria flexibilidad para adaptarse normativamente a la realidad cambiante de la profesión y sus múltiples retos de futuro, máxime en el marco del espacio europeo.

Junto a todo lo anterior, es necesario diferenciar entre una ley del derecho de defensa y la regulación de la abogacía, pues son conceptos distintos y perfectamente diferenciables que no conviene confundir o entremezclar innecesariamente en un mismo texto legal. Una cosa es que en el ejercicio del derecho de defensa el abogado desempeñe un papel fundamental y otra, bien distinta, entender que esa es su única tarea. En suma, no parece necesario ni conveniente entremezclar ambos planos que, aunque ligados, cuentan con autonomía propia. Cuanto más claro sea el enfoque del Anteproyecto en lo que tiene que ver con el ejercicio del derecho de defensa, menos problemática será la conjunción de intereses en conflicto que pueden subyacer a su tramitación parlamentaria. Es indudable que hace falta una ley de defensa, pero esta ley no puede convertirse en una excusa u oportunidad para realizar un impropio vademécum de la abogacía española.

3.4. Su petrificación como orgánica

Como se advertía anteriormente, en origen, al menos el primero de los textos articulados por el CGAE, se consideraba como ordinaria la norma de desarrollo del derecho de defensa que hoy se tramita como orgánica. Se ha producido un cambio deliberado en la naturaleza de la futura regulación de este derecho. Sin embargo hay dos motivos que nos permiten pensar que se trata de una opción sumamente desacertada. De un lado, por la convicción de que la regulación del derecho de defensa del art. 24.2 CE no requiere necesariamente de una ley orgánica como, salvo alguna excepción, carecen de rango orgánico las leyes procesales vigentes en las que se regula. La opción forzada que se propone, —rango orgánico— además de requerir que el contenido no esencial del derecho tenga que regularse en leyes ordinarias, pues estaría fuera del ámbito de reserva del art. 81 CE, supone una mayor dificultad de tramitación en un parlamento fragmentado como el actual (mayoría absoluta en una votación final sobre el conjunto de proyecto) y, además, en contra de lo que habitualmente se piensa, una menor estabilidad de la norma.

En la actualidad, la experiencia nos demuestra que las primeras leyes que se modifican como consecuencia de los cambios de gobierno son, precisamente, las orgánicas, que muchas veces han dejado de ser leyes de un "mayor" y "más plural consenso", para convertirse en leyes que reflejan el "mayor poder legislativo". Dicho con otras palabras, las leyes del art. 81 de la CE han dejado de ser en la práctica, aquellas que reflejaban un gran consenso conforme al espíritu constitucional, para convertirse, en más casos de los deseados, en leyes de "imposición" en manos de las "mayorías mayoritarias".

3.5. La actualización y modernización del derecho de defensa: La política lingüística en la Administración de Justicia

El pre-legislador aún cuenta con tiempo y espacio para innovar en el contenido del derecho de defensa. Haciéndolo además de manera que en la norma se contemple sólo el planteamiento general, dejándose su concreción para las normas de desarrollo. La regulación fragmentada en textos legales y en la jurisprudencia del Derecho de defensa que genera desconcierto en cuanto a su conocimiento y resta eficacia al mismo no son suficientes motivaciones para emprender una regulación de esta envergadura, pues el resultado de dicho esfuerzo carecería de originalidad alguna y de escasa utilidad práctica. Puestos a acometer una empresa de esta envergadura el Anteproyecto, además de contemplar y sistematizar el contenido esencial del Derecho de defensa hoy disperso en distintas normas y en una abundante doctrina constitucional, debiera procurar completar y actualizar este derecho, aparte de de remover los obstáculos que impidan hacer del mismo un derecho eficaz y de calidad.

Quizá una de las cuestiones más complejas, pero también más valientes, sería la relativa al empleo de las lenguas en la administración de justicia. La doble oficialidad lingüística existente en algunos territorios no ha permeado de la misma manera en las distintas Administraciones públicas. La Administración de justicia es, con mucho, la que ha avanzado menos y con mayores dificultades en el uso de lenguas oficiales distintas del castellano. Prueba de ello es que las Administraciones autonómicas emplean la lengua oficial propia de la Comunidad Autónoma en sus relaciones con la ciudadanía. En cambio, en la Administración de Justicia, la lengua del proceso judicial tiende a ser el castellano. Como advierte Caamaño, esto no es casualidad, "[e]l artículo 231.1 de la LOPJ, una interpretación corporativa de la reserva de ley orgánica en materia judicial y una utilización interesada del deber de conocimiento del castellano y el derecho de las partes a no padecer indefensión explica, en cierto modo, ese marcado desequilibrio"[58]. Esta iniciativa para regular el derecho de defensa sería una gran oportunidad para definir una política pública en materia lingüística que permita igualar el tratamiento de la ciudadanía ante las distintas administraciones, previniendo la indefensión que supone relacionarse con la Administración de justicia en otra lengua[59].

---

58 Caamaño, F. "¿Justicia sin lenguas o lenguas sin justicia?", *Revista catalana de dret públic*, núm. 50, 2015, pág. 53.

59 Esta desigualdad se produce por ejemplo entre el procedimiento administrativo y el proceso judicial, pues tal y, como explica Caamaño, "[a] diferencia de lo que acontece en el ámbito del procedimiento administrativo, en el que el desconocimiento de la lengua oficial por una de las partes no convierte el castellano en la lengua obligatoria del proceso (por todas, STC 123/1988 y, en cierto modo, también la STC 31/2010), pues cabe que se traduzcan a esta lengua los actos de comunicación y de resolución del proceso, evitándose así su indefensión (ex art.

BIBLIOGRAFÍA

Aguilera Morales, M., "La representación procesal y la defensa técnica (I). Divulgación de la nueva Ley de Enjuiciamiento Civil", *Tribunales de Justicia*, 2000-8/9, págs. 937-940.

Aguilera Morales, M., "La representación procesal y la defensa técnica (y II). Divulgación de la nueva Ley de Enjuiciamiento Civil", *Tribunales de Justicia*, 2000-10, págs. 1061-1066.

Alonso Puig, J. L. y Otros, "Diálogos para el futuro judicial. LII EL Anteproyecto de Ley Orgánica del derecho de defensa", *Diario La Ley*, 2022, núm. 10151, págs. 1-15.

Álvarez Landete, J., "El derecho de defensa como derecho devaluado", *Jueces para la democracia*, núm. 15, págs. 1037-1039.

Asencio Gallego, J. M., "El derecho a la última palabra del acusado", *La Ley Penal*, 2022, núm. 156, págs. 1-16.

Barona Vilar, S., "El título IV de la Constitución, "Poder Judicial", desde una mirada en el siglo XXI", en Corts: Anuario de derecho parlamentario, núm. extra 31, 2018, págs. 475-496.

Blanco Pérez, J. L., "Ejercicio ocasional de la abogacía por letrados no colegiados y colegiados no ejercientes: una laguna normativa a propósito del nuevo Estatuto General de la Abogacía Española", *Diario La Ley*, 2022, núm. 10125, págs. 1-9.

Blázquez Martín, R., "La Carta de Derechos de los Ciudadanos ante la justicia, ocho años después", *Jueces para la democracia*, 2010, núm. 68, págs. 44-50.

Caamaño Domínguez, F. M., "El derecho a la defensa y asistencia letrada el derecho a utilizar los medios de prueba pertinentes", *Cuadernos de derecho público*, 2000, núm. 10, 2000, págs. 113-132.

Caamaño Domínguez, F. "¿Justicia sin lenguas o lenguas sin justicia?", *Revista catalana de dret públic*, núm. 50, 2015, págs. 42-56.

Calaza López, S. y Prada Rodríguez, M., "Acción y Defensa en clave digital: "Dos caras de una misma moneda" y un "brindis al sol" en la inminente Ley de Derecho de Defensa", *Actualidad Civil*, 2023, núm. 4, págs. 1-52.

Catalán Chamorro, M. J., "El derecho a la información de las ADR de consumo tras el caso c-380/19", *Cuadernos de Derecho Transnacional*, 2021, vol. 13, núm. 1, págs. 811-824.

Colmenero Guerra, J. A., "Acceso a la justicia, arbitraje, motivación y orden público", *Revista La Ley Mediación y Arbitraje*, núm. 17, 2023, págs. 1-50.

Colmenero Guerra, J. A., "El derecho de defensa en la investigación preliminar de los delitos de terrorismo y otros delitos graves", *en Globalización y lucha contra las nuevas formas de criminalidad transnacional*, Valencia, 2019, págs. 433-477.

Colmenero Guerra, J. A., "Los Recursos (I)", en *Derecho Procesal Laboral. Parte general y Parte Especial*, Valencia, 2021, págs. 375 y 376.

24.2 CE); en la Administración de Justicia por razones que ni la LOPJ (art. 231.2) ni la doctrina del Tribunal Constitucional explicitan, la consecuencia siempre es la de convertir automáticamente el castellano en la lengua del proceso" [Caamaño, F. "¿Justicia sin lenguas o lenguas sin justicia?", supra *cit.*, *Revista catalana de dret públic*, núm. 50, 2015, pág. 53].

Colmenero Guerra, J. A., "Comentarios al Tít. IV. De la composición y atribuciones de los órganos jurisdiccionales", en *Ley Orgánica del Poder Judicial*, Madrid, 2024, págs. 369-459.

Estal Gallego, L., "¿Está suficientemente consignada la protección reforzada de la libertad de expresión del profesional de la Abogacía (art. 16 Proyecto de Ley de Derecho de Defensa)?", *Actualidad Jurídica Aranzadi*, 2023, núm. 997, págs. 1-2.

CGAE, *El derecho de defensa. Propuesta de Ley Orgánica. Informes de la Comisión Jurídica del Consejo General de la abogacía Española*, 2017, Valencia, 437 págs.

CGAE, *El derecho de defensa. Propuesta de Ley Orgánica. Informes de la Comisión Jurídica del Consejo General de la abogacía Española*, 2019, Valencia, 448 págs.,

Debré, J. L., "Le Conseil constitutionnel et les droits de la défense", en *Discours de M. Jean Louis Debré*, https://www.conseil-constitutionnel.fr/les-membres/le-conseil-constitutionnel-et-les-droits-de-la-defense

García Castaño, C., "Derecho de defensa en el ámbito penitenciario", *Revista general de derecho penal*, 2022, núm. 38, págs. 1-23.

García Molina, P., "Hacia la Ley Orgánica del Derecho de Defensa", *Diario La Ley*, 2020, núm. 9656, págs. 1-11.

Gimeno Sendra, V., *Fundamentos del Derecho Procesal*, Madrid, 1981.

Gimeno Sendra, V., "La defensa", en *El nuevo Proceso Penal. Estudios sobre la Ley Orgánica 7/1988*, (con Moreno, Almagro y Cortés), Valencia, 1989, págs. 113 a 176.

González Alonso, F., "Hacia una jurisdicción militar del siglo XXI. Algunas propuestas para la reforma de la justicia militar española a la luz de la jurisprudencia del TEDH", *Revista Española de Derecho Constitucional*, 2020, 119, págs. 153-183.

González García, J. M. "Representación procesal, "representación técnica" y función legal de los graduados sociales en el proceso: una reflexión sobre el art. 545.3 de la Ley Orgánica del Poder Judicial", *Revista de derecho procesal*, núm. 1, 2005, págs. 211-245

González García, J. M., "La representación procesal y la defensa técnica en la Ley 1/2000, de Enjuiciamiento Civil", *Tribunales de justicia: Revista española de derecho procesal*, núm. 1, 2001, págs. 9-28.

Herrero Jiménez, J. L., "¿Debería consignarse con mayor detalle la protección reforzada de la libertad de expresión del profesional de la Abogacía en el proceso, contenida en el art. 16 del Proyecto de Ley de Derecho de Defensa?", *Actualidad Jurídica Aranzadi*, 2023, núm. 997, págs. 1-3.

Iglesias Cabero, M., "Las partes del proceso (capacidad, postulación y legitimación)", *Revista del Ministerio de Trabajo y Asuntos Sociales: Revista del Ministerio de Trabajo e Inmigración*, núm. 28, 2001 (Ejemplar dedicado a: Derecho del trabajo), págs. 43-56.

Jimeno Bulnes, M., "La Directiva 2013/48/UE del parlamento europeo y del consejo de 22 de octubre de 2013 sobre los derechos de asistencia letrada y comunicación en el proceso penal: ¿realidad al fin?", *Revista de Derecho Comunitario Europeo*, núm. 48, 2014, págs. 443-489.

Juanes Peces, A., "Especialidades del derecho al proceso con garantías en el procedimiento administrativo sancionador", en *Art. 24. Comentarios a la Constitución española*, (Rodríguez-Piñero y Bravo-Ferrer, M. y Casas Baamonde, M. E. dirs.), Madrid, 2018, págs. 866-888.

López Ortega; J. J., "El derecho de defensa y a la asistencia letrada", en *Comentarios a la Constitución española*, coord. por M. Pérez Manzano, I. Borrajo Iniesta; M. Rodríguez-Piñero y Bravo-Ferrer (dir.), María Emilia Casas Baamonde (dir.), vol. 1, tomo 1, 2018, págs. 793-802.

López Yagües, V., *El derecho a la asistencia y defensa letrada. Su ejercicio en situaciones de privación de libertad*, Alicante, 2002, 248 págs.

Lourdes Miguel Sáez, L., "Lectura y revisión de la Carta de Derechos de los ciudadanos ante la Justicia en clave actual", en *Claves y retos de una justicia del siglo XXI: derechos, garantías y procedimientos*, coord. por C. Torres Fernández, W. Jerez Rivero, J. M. de la Serna Tuya, 2022, págs. 73-101.

Martín Diz, F., *Mediación en el ámbito contencioso-administrativo*, Pamplona, 2018, 378 págs.

Mateos Martínez, J. (2017). "Libertad de expresión y derecho de defensa frente al *ius puniendi* de la administración: una visión a la luz de la más reciente jurisprudencia constitucional", *UNIVERSITAS. Revista de Filosofía, Derecho y Política*, 2017, núm. 26, págs. 135-146, https://doi.org/10.20318/universitas.2017.3749

Merchán González, A., "La posición del acusado en el proceso penal, el derecho a declarar en último lugar y el derecho a sentarse junto a su abogado", *Diario La Ley*, 2023, núm. 10397, pág. 1-7.

Montero Aroca, J., *Introducción al Derecho Procesal: jurisdicción, acción y proceso*, 1ª Edic., Madrid, 1976.

Moreno Catena, V., "Sobre el derecho de defensa: cuestiones generales", *Teoría & Derecho. Revista De Pensamiento jurídico*, 2010, núm. 8, págs. 16-38.

Manuel Moreno Catena, V., "La justicia en acción", *Cuadernos de Derecho Judicial*, núm. 18, 2006, págs. 293-326.

Nikolaeva Georgieva, K. "6 cuestiones sobre la autodefensa letrada en el proceso", https://blog.sepin.es/autodefensa-letrada-proceso

Ordeñana Gezuraga, I, "Contribuciones al debate sobre la necesidad de constitucionalizar las técnicas extrajurisdiccionales de conflictos en el ordenamiento español", en *El impacto de la oportunidad sobre los principios procesales clásicos: estudios y diálogos*, (Calaza López y Muinelo Cobo dirs.), Madrid, 2021, págs. 343-374.

Pelayo, Ramón C., "Transcendencia constitucional de la garantía de confidencialidad entre abogado y cliente: ilicitud de la prueba obtenida con quebranto del "secreto profesional", *Diario La Ley*, 2023, núm. 10254, págs. 1-10.

Pérez Daudí, V., "La imposición de los ADR *ope legis* y el derecho a la tutela judicial efectiva", InDret, 2019, núm. 2, págs. 1-40.

Pérez del Blanco, G., "La "representación técnica" por graduado social en España tras la Ley 13/2009 de la Oficina Judicial", Revista Internacional de Estudios sobre Derecho procesal y Arbitraje, RIEDPA, núm. 1, 2009, págs. 1-28.

Pinto Palacios, F., "El estándar Strickland y el derecho a una defensa eficaz. A propósito de la STS 383/2021, de 5 de mayo", *Diario la Ley*, 2023, núm. 10304, págs. 1-4.

Remón, J., "¿Para qué una ley reguladora del derecho de defensa?", *OTROSÍ: Revista del Colegio de Abogados de Madrid*, 2023, núm. 1, 2023, págs. 70-71.

Rosal García, R., "Hacia una Ley Orgánica de desarrollo del Derecho fundamental de Defensa jurídica", *Otrosí: Revista del Colegio de Abogados de Madrid*, núm. 10, 2016, disponible en http://eticajuridica.es/2016/04/10/hacia-una-ley-organica-de-desarrollo-del-derecho-fundamental-de-defensa-juridica/

Sierra Gabarda, R., "Presunción de inocencia y derecho de defensa en la Carta de Derechos Fundamentales de la UE: una visión crítica", *Revista Aranzadi Doctrinal*, 2023, núm. 1, págs. 1-17.

Soleto Muñoz, H., "Tutela judicial y alternativas al proceso: instrumentos adecuados para la protección de los derechos de las personas mayores", en *Anuario de la Facultad de Derecho de la Universidad Autónoma de Madrid*, núm. 25, 2021, págs. 419-437.

Varela Rivadulla, M., "La asistencia al detenido, derecho de información y derecho de acceso", *Diario La Ley*, 2023, núm. 10244, págs. 1-9.

Garantía de los parlamentarios frente al proceso: la inviolabilidad

MILAGROS LÓPEZ GIL
Profesora Titular de Derecho Procesal
Universidad de Málaga
https://orcid.org/0000-0002-3399-3593

1. INTRODUCCIÓN

Hace casi treinta años que, en los inicios de mi carrera universitaria, elegí —a sugerencia de mi querido maestro, el Dr. Robles Garzón— como tema de mi memoria de licenciatura, el estudio de las prerrogativas parlamentarias en nuestro ordenamiento jurídico[1]. En aquel momento, y con escasa experiencia, abordé el análisis de dos figuras que por su carácter me llamaban poderosamente la atención: la inviolabilidad y la inmunidad parlamentaria. Ambas se me presentaban como instituciones injustas —producto, sin duda, de mi ignorancia— que atentaban contra el principio de igualdad y el derecho a la tutela judicial efectiva.

No obstante, la aparición de nuevos parámetros —y probablemente, una mayor madurez— me han conducido a replantearme algunas de las cuestiones que ya fueron objeto de estudio alcanzando conclusiones diferentes, y a poner de manifiesto nuevos interrogantes. Y es que, a pesar de la longevidad de la institución, su pervivencia es fuente de constantes preguntas.

---

1 Este primer trabajo de investigación dio lugar a la publicación de un artículo *vid.* López Gil, M., "Las prerrogativas parlamentarias en el ordenamiento jurídico español", *Actualidad Penal*, nº 5, 2000.

Ahora bien, dada la complejidad de ambas prerrogativas parlamentarias, y las limitaciones de espacio, el objeto del presente trabajo va a girar en torno a la inviolabilidad.

Desde un punto de vista semántico y recurriendo para ello a la definición aportada por la RAE, la inviolabilidad entendida como la cualidad del inviolable, comprendería dos situaciones diferentes: en primer lugar, la prerrogativa personal de monarca, "por virtud de la cual no está sujeto a responsabilidad penal", y en segundo lugar, como un subgénero, la inviolabilidad parlamentaria definida como la "prerrogativa personal de los senadores y diputados, que los exime de responsabilidad por las manifestaciones que hagan y los votos que emitan en el respectivo cuerpo colegislador".

Las distintas acepciones aportadas por la RAE ponen de manifiesto la existencia de dos instituciones diferentes que, con elementos comunes —por cuanto constituyen una prerrogativa, en tanto afectan el principio de igualdad del artículo 14 CE, y suponen la sustracción de la acción de la justicia de aquellos que se ven favorecida por la misma—, se diferencian en sus límites y contenidos.

En efecto, la inviolabilidad del Rey reconocida en el artículo 56.3 CE se caracteriza por su carácter absoluto, en tanto se extiende tanto a los actos públicos como los privados, y, hasta hace relativamente poco, perpetuo. No obstante, el hecho de que por primera vez nos encontrásemos ante la existencia de dos Reyes, uno emérito, suscitó toda una discusión social y doctrinal acerca de si la condición de emérito determinaba la subsistencia de dicha inviolabilidad y, si siendo la respuesta negativa, los actos públicos y privados desarrollados mientras ostentaba la jefatura del Estado seguían estando amparados por la misma. No obstante, la utilización del término "inviolabilidad" en estos casos es incorrecto desde un punto de vista conceptual puesto que en este caso lo que se pretende es que no se aperture ningún proceso contra el Rey por cuanto es una institución del Estado[2].

Por otro lado, la inviolabilidad parlamentaria se pergeña de forma más restringida en la medida en la que sólo serán efectivas con relación a determinados actos: expresiones vertidas en el ejercicio de sus funciones —ni otras conductas, ni fuera de su labor como parlamentario— teniendo, sólo

---

2 Sobre esta cuestión *vid.* Gómez Colomer, J. L, y Esparza Leibar, I., *Tratado jurisprudencial de aforamientos procesales (estudio particularizado teórico-práctico sobre los privilegios procesales de los altos cargos, autoridades y funcionarios públicos Enel proceso penal español y en el derecho comparado)*, Valencia, Tirant lo Blanch, 2019, págs. 48

en estos casos, un carácter absoluto y permanente —en el sentido en el que no serán perseguibles siquiera cuando haya finalizado su mandato—.

Sin perjuicio del interés que tanto una como otra han generado no solo a nivel jurídico sino incluso a nivel social dado el impacto que tiene cualquier noticia que implique a los beneficiarios de estas prerrogativas, el análisis de ambas excedería el objeto de este trabajo por lo que el mismo se va a centrar en la inviolabilidad de los parlamentarios.

Y es que, aunque este tema ha sido ampliamente estudiado tanto por la doctrina penalista como por la constitucionalista, ha tenido poco impacto entres los procesalistas quizá porque su tradicional configuración como una institución sustantiva o material la dota de un carácter autónomo e independiente del proceso en la medida en la que parece que no altera las normas procesales ni introduce ninguna especialidad, sino que influye en la formulación positiva de las conductas delictivas introduciendo excepciones.

Sin embargo, nada más lejos de la realidad. Ni la naturaleza está clara, ni la configuración de la misma como una figura de naturaleza material trae consigo la exclusión automática del proceso, pues la estimación de su concurrencia debería recaer en los Tribunales. Cuestiones éstas que van a ser el hilo conductor del presente trabajo.

2. LA DISCUTIDA NATURALEZA JURÍDICA DE LA INVIOLABILIDAD PARLAMENTARIA

Una de las cuestiones que más ríos de tinta ha generado es el análisis de la naturaleza jurídica de la inviolabilidad parlamentaria. Durante años se ha discutido si nos encontrábamos ante una institución de naturaleza penal o procesal siendo las consecuencias de su inclusión en una u otra categoría diferente.

La diferencia práctica esencial giraría en torno a la forma en la que despliega sus efectos. De ser de naturaleza material, debería incardinarse en alguno de los elementos que definen el delito y la valoración de su concurrencia deberá realizarse en sede del proceso por el órgano jurisdiccional. Si por el contrario su naturaleza fuese procesal, se construiría como un óbice procesal que no se podría enervar por lo que impediría, incluso, la incoación de cualquier tipo de proceso —civil o penal—.

Tradicionalmente, se ha sostenido de forma mayoritaria por la doctrina[3] —especialmente la penalista— que nos encontrábamos ante una institución de carácter material, autónoma e independiente del proceso. En este sentido, y en apoyo de esta posición, se ha señalado que la inviolabilidad no trae consigo ni una alteración de las normas procesales ni ninguna especialidad en este ámbito, sino que incide en los elementos del tipo penal al introducir excepciones al mismo, es decir, constituye una excepción a la norma que establece unas consecuencias jurídicas frente a una determinada conducta como consecuencia de la concurrencia de determinadas circunstancias. En otras palabras, y como diría Portero García[4], la inviolabilidad despliega sus efectos en el momento de la formulación de la norma y no en su momento aplicativo, lo que nos conduce a afirmar que esta conducta está exenta de pena, aunque no implica la exclusión automática del proceso.

Cuestión distinta pero no menos trascendente sería la inclusión de la inviolabilidad como una u otra categoría del derecho sustantivo —como causa de justificación, excusa absolutoria o condición objetiva de punibilidad—, cuestión que tiene una especial importancia de cara a resolver problemas sobre la subsistencia o no de la responsabilidad una vez acabado el mandato del parlamentario o la incidencia del error vencible o invencible.

Sin entrar en el estudio de lo que se ha dado en llamar la teoría general del delito[5], lo que excedería con mucho el ámbito del presente trabajo, debemos recordar que para que una conducta —activa u omisiva— sea

---

3 *Vid.* Quintano Ripollés, A., *Curso de Derecho penal, Tomo I,* Madrid, Revista de Derecho Privado, 1963, págs. 145-146; Anton Oneca, J., *Tratado de Derecho Penal, vol. I, Parte General,* Madrid, 1949, págs. 320-321; Cuello Calón, E., *Derecho Penal, Tomo I, Parte General,* Barcelona, Bosch, 1971, pág. 274; Rodríguez Devesa, J. M., *Derecho Penal Español, Parte General,* Madrid, 1981, pág. 630. En la doctrina italiana y alemana *vid. Vid.* Manzini, *Trattato di Diritto Penale, Parte Generale, Vol. I,* Padua, UTET, 1956, pág. 71; JESCHECK, *Tratado de Derecho Penal, Parte General,* Barcelona, Bosch, 1981, págs. 249-250.

4 Portero García, L., *Inviolabilidad e inmunidad parlamentaria,* Universidad de Málaga, 1979, pág. 16. Este autor al hablar de los privilegios señala como estos pueden estar recogidos en *"tres estadios fundamentales de la vida del Derecho"*. En su formulación (norma), en el momento de concreción (aplicación), y en la actuación material y jurídica de los resultados jurídicos obtenidos (ejecución). La inviolabilidad pertenecería al primero de ellos al estar implícito en la norma misma que excluye su aplicación (de las normas) y la ejecución.

5 *Vid.* con carácter general Rodríguez Devesa, J. M., *Derecho penal español,* Madrid, Dykinson, 1993, págs. 325-685; Cerezo Mir, J., *Curso de derecho penal español,* Ma-

considerada delito y, por tanto, susceptible de la imposición de una pena es necesaria que sea típicamente antijurídica —y que no concurran causas de justificación[6]—, culpable y, además, punible[7].

La consideración de la inviolabilidad como causa de justificación supone la exclusión de la responsabilidad no sólo penal sino también la civil[8] con dos consecuencias añadidas: la primera, en aplicación de la teoría de la accesoriedad limitada o media[9], la extensión de esta causa de justificación a los terceros que hubiesen participado en el hecho delictivo, convirtiendo igualmente su conducta en lícita. La segunda, impedir que la reacción del tercero afectado por las expresiones del parlamentario pudiese quedar amparada por la legitima defensa, debido a que no cabe la apreciación de

---

drid, Tecnos, 1990, págs. 261-269; Antón Oneca, J., *Derecho penal,* Madrid, Akal, 1986, págs. 153-266.

6 Las causas de justificación son de carácter objetivo y están sometidas a rígidos requisitos en los que se trata de valorar los bienes jurídicos puestos en peligro y efectivamente lesionados. La concurrencia de estas causas determinación supone que la conducta deje de ser típica y, por tanto, ilícita.

7 Esta última categoría es muy discutida por la doctrina como ya veremos más adelante.

8 Un sector minoritario ha considerado que la inviolabilidad encajaba en la causa de justificación del ejercicio de un derecho, oficio o cargo. *Vid.* Roxin, C., *Política Criminal y sistema de Derecho Penal, Barcelona,* ED. PPU, 1992, págs. 55 y ss. Rodríguez Devesa, J. M., *Derecho penal español, op. cit.*, pág. 659 establece que *"En realidad, se trata de una causa de justificación, puesto que es un derecho que les confiere su calidad de representantes del pueblo español"*, pero las trata como causas de exclusión de la pena en las págs. 659-662.

9 La teoría de la accesoriedad limitada o media considera que la punibilidad de un participe en el hecho delictivo está condicionada a que la conducta del actor sea típica o antijurídica en la medida en la que no tendría sentido que se penara al participe y no al actor. Sobre el desarrollo del tema de la participación en el delito nos remitimos a las obras de Quintero Olivares, G., *Curso de Derecho Penal, Parte General,* Barcelona, CEDECS, 1996, págs. 485-486; Peñaranda Ramos, E., *La participación en el delito y el principio de accesoriedad,* Madrid, Tecnos, 1990, págs. 336-337; Muñoz Conde, F., *Derecho Penal, Parte General,* Valencia, 1993, pág. 391; Mir Puig, S. *Derecho Penal, Parte General,* Barcelona, 1996, pág. 339; Bustos Ramírez, J. *Manual de Derecho Penal, Parte General,* Barcelona, Ariel, 1989, págs. 289-290. Todos estos autores desarrollan las tres teorías existentes en torno a la accesoriedad de la participación: la máxima, la mínima y la limitada, inclinándose por esta última porque es la que da solución a los graves problemas que plantean la adopción de las otras dos.

una causa de justificación frente a otra[10]. Todo esto coloca al sujeto pasivo de las actuaciones del parlamentario ante una verdadera situación de indefensión.

Otra de las opciones era encuadrar la inviolabilidad como una de las circunstancias que excluyese la culpabilidad. No obstante, resulta difícilmente encuadrable ni como causa de inimputabilidad[11] ni como causa de exculpación[12].

Por lo tanto, si la inviolabilidad no puede ser configurada ni como causa de justificación ni como circunstancia excluyente de la culpabilidad, deberá ser analizada como una causa personal de exclusión de la pena o condición objetiva de punibilidad. Pero ¿qué son las condiciones objetivas de punibilidad? Pues no son más que causas de política criminal que determinan que siendo una conducta típica, antijurídica y culpable no pueda ser penada por entrar en contraposición con otros intereses que, a juicio del legislador, están por encima del bien jurídico lesionado, en este caso la libertad de expresión de los parlamentarios.

De esta forma, la inviolabilidad quedaría incluida en una categoría que, aunque discutida por la doctrina como elemento del delito, ha recibido distintas denominaciones: punibilidad o penalidad.

La configuración de la inviolabilidad como tal, permitiría que los sujetos afectados por las expresiones del parlamentario puedan servirse del instrumento de la legítima defensa, máxime si tenemos en cuenta que el Tribunal Supremo ha relajado en estos casos la exigencia de la inmediatez en la defensa, porque, aunque el comportamiento del parlamentario constituyese una conducta típicamente antijurídica y culpable, ésta no sería susceptible de ser penada. De igual modo, permite que aquellos en quienes no concurren la condición de parlamentarios y que sean considerados como participes puedan ser castigados, puesto que en los mismos no concurre la condición objetiva de punibilidad que determinaría la no penalidad.

---

10 Catalá i Bas, A., "La inviolabilidad parlamentaria a la luz de la sentencia del TSJ del País Vaco de 5 de septiembre de 2003 (Caso del Diputado de HB Jon Salaberría)", *Revista General de Derecho Constitucional*, nº 27, 2018, págs. 144 y ss. Portero García, L., *op. cit.*, págs. 57 y 58.

11 Minoría de edad, enajenación mental, y el trastorno mental transitorio

12 Error esencial e invencible, caso fortuito, estado de necesidad exculpante, miedo insuperable y el encubrimiento entre parientes

Las dudas existentes en la dogmática se han trasladado a los tribunales quienes no han tenido un criterio unitario. En efecto, el Tribunal Supremo en unas ocasiones la conceptúa como una institución que elimina la antijuridicidad[13] y en otras como un privilegio sustantivo que determina la inimputabilidad o la justificación de la conducta[14].

No obstante, con independencia de en qué categoría lo situemos, la eficacia práctica sería la misma desde el punto de vista procesal, en la medida en la que incoado el proceso este debería finalizar bien, con una sentencia absolutoria, bien con un auto de sobreseimiento libre por concurrir las circunstancias previstas en el artículo 637 1° o 3° LECRim.

Por otro lado, de forma minoritaria nos encontramos con aquellos que han considerado que la inviolabilidad, cuando se den los requisitos que analizaremos en las páginas siguientes, supone la existencia de un ámbito excluido del control del Poder Judicial[15] configurándose como una suerte de inmunidad de jurisdicción. Posición que se sustenta en distintos pronunciamientos del Tribunal Constitucional que desde sus primeras sentencias señaló que la inviolabilidad garantiza que los diputados "no puedan verse sometidos a procedimiento alguno"[16] hasta la más reciente en la que configura la inviolabilidad como "un privilegio frente a la mera incoación de todo procedimiento. Es decir, un verdadero límite a la jurisdicción que tiene carácter absoluto y no meramente relativo"[17].

Podemos observar la existencia de argumentos de peso en una u otra concepción de la inviolabilidad que, creemos, va a estar condicionada por la forma en la que se configure. Con esto queremos señalar que, si la invio-

---

13 Sirva como ejemplo la Sentencia de 22 de mayo de 1981 (*Tol 2308825*).

14 En este sentido, los autos del TS de 20 de diciembre de 1990, FJ 3°, el de 29 de abril de 2003 (ECLI:ES:TS:2003:4535), el de 20 de julio de 2004 y el de 9 de septiembre de 2004.

15 Viana Ballester, C., "La inviolabilidad parlamentaria y la inviolabilidad del Rey como causas de exclusión de la responsabilidad penal", en Teoría y derecho, n° 31, 2021, DOI: https://doi.org/10.36151/td.2021.022, pág. 12 y ss. Aunque sobre el carácter procesal de la institución ya se habían manifestado anteriormente Del Rosal, *Tratado de Derecho Penal, Parte General, vol. I,* Madrid, Facultad de Derecho Universidad Complutense, 1968, págs. 324-325 siguiendo a Mezger, E., *Tratado de Derecho Penal, Tomo I,* Madrid, Revista de Derecho Privado, 1946, págs. 133 y ss.

16 STC 36/1981, de 12 de noviembre, FJ 1° I (*Tol 110838*).

17 STC 30/1997, de 24 de febrero (*Tol 83173*). En términos similares la STC 243/1988, de 19 de diciembre (*Tol 80090*) o la sentencia 9/1990, de 19 de enero (*Tol 80303*).

labilidad se configura de modo que ampara la totalidad de las expresiones del parlamentario, vertidas en cualquier momento o lugar, bastaría la mera constatación de su condición de parlamentario para que cualquier querella presentada ante los tribunales debiese ser inadmitida *ad liminen.*

Si, por el contrario, se establecen ciertos límites al disfrute de la inviolabilidad que determinan que no todas las expresiones de los parlamentarios están amparadas por la prerrogativa, entonces la determinación de la concurrencia de sus presupuestos deberá ser analizada en sede jurisdiccional.

Prima facie, el texto constitucional hace pivotar la inviolabilidad sobre dos conceptos: expresiones y en el ejercicio de sus funciones, lo que podría decantarnos por la segunda de las opciones manifestadas, pero veremos a continuación como esta limitación es más formal que material por lo que la conclusión será otra.

3. LOS ELEMENTOS DELIMITADORES DE LA INVIOLABILIDAD PARLAMENTARIA

Como hemos dicho en páginas anteriores, el análisis de los elementos definidores de la inviolabilidad parlamentaria debe partir, necesariamente, de la propia dicción del artículo 71.1 CE por cuanto en el mismo se establece que *"los diputados y senadores gozarán de inviolabilidad por las opiniones manifestadas en el ejercicio de sus funciones"*. Esto nos permite, a priori afirmar que la misma sólo va a ser disfrutada por aquellos en quienes concurran la condición de parlamentario, bien sea diputado o senador —aunque luego tendremos ocasión de ver como se ha extendido a los titulares de otros cuerpos legislativos—, concretada en las expresiones vertidas, lo que determina la exclusión de otro tipo de comportamiento. Y, finalmente, la inviolabilidad no amparará a cualquier expresión vertida por el diputado o senador, sino que se limitan a las que realicen en el ejercicio de sus funciones. Por tanto, debemos analizar el qué, el quién y el cuándo.

3.1. La condición de diputado o senador

La determinación del alcance y contenido de la inviolabilidad parlamentaria requiere como paso ineludible la determinación de quienes son los beneficiarios de esta prerrogativa en la medida en la que el texto constitucional la residencia en los diputados y senadores sin aclarar ni en quien concurre esta condición, ni a partir de qué momento se comienza a disfrutar.

Sobre esta cuestión, el artículo 224 de la Ley Orgánica 5/1985, de 19 de junio, del Régimen Electoral General —LOREG, en adelante— establece que una vez finalizado el proceso electoral se debe proceder a la proclamación de los electos. Podría parecer que sería a partir de dicha proclamación cuando se adquiriría el estatus de parlamentario, si no fuese porque a continuación recoge la obligación de que en el plazo de los cinco días siguiente se jure o prometa acatar la Constitución, anudando al incumplimiento de este requisito formal la consecuencia de declarar vacante el escaño. Por lo tanto, este precepto nada aclara acerca de cuál debe ser el *dies a quo* del inicio del estatuto de parlamentario.

Será, por tanto, necesario recurrir al reglamento del Congreso en cuyo capítulo IV se regula "la adquisición, suspensión y pérdida de la condición de Diputado". Es aquí donde se sitúa el artículo 20 que dedica su apartado primero a establecer los requisitos necesarios para adquirir la condición plena de Diputado[18] —incluyendo la obligación de prestar promesa o juramento de acatar la Constitución— y, por tanto, el estatus de parlamentarios con todos los derechos y obligaciones.

Sin embargo, a pesar de la clara dicción del artículo 20.1, en el apartado segundo, en concordancia con lo establecido en el artículo 224 LOREG, se vuelve a situar la adquisición de los derechos y prerrogativas en el momento de la declaración de electo, condicionado de nuevo a que en las tres primeras sesiones plenarias el diputado cumplimente todos y cada uno de los requisitos del apartado primero. La evidente contradicción que presenta el precepto se refleja en la frase *"nadie puede gozar y no gozar, al mismo tiempo de los derechos y prerrogativas"*[19] lo que obligó a la doctrina a analizarlo sin terminar de llegar a un acuerdo sobre la cuestión.

En primer lugar, estaban quienes entendían que la adquisición de las prerrogativas era condicional a la perfección de la condición de parlamentario y, por tanto, era imprescindible el cumplimiento del requisito ideológico de juramento o promesa. En segundo lugar, estaban aquellos quie-

---

18 Los requisitos que establece el artículo 20.1 Reglamento del Congreso son la presentación de la credencial que lo acredite como electo, la declaración de incompatibilidad y la prestación, en la primera sesión del Pleno, del juramento o promesa de acatar la Constitución.

19 Fernández Viagas, P., *op. cit.*, págs. 173-174.

nes, partiendo de una interpretación literal, consideraban que se tienen las prerrogativas desde que el diputado es electo, pero se pierden cuando no se cumplen los requisitos, volviéndose a recuperar cuando finalmente se cumplimentan[20]. Y, finalmente, la posición mayoritaria es aquella que consideraba que existía una dualidad diputado electo/condición plena[21], estableciendo la existencia de un núcleo mínimo de derechos y prerrogativas para los primeros, mientras que el resto sólo se disfrutaría cuando se perfeccione la condición. El núcleo mínimo estaría constituido sólo por la inmunidad y por la facultad de adquirir la condición plena. Posición que encuentra refrendo en el artículo 1 de la Ley 9 de febrero de 1912 que establece la competencia del Tribunal Supremo para conocer de las causas contra los parlamentarios "aun cuando sólo tengan carácter de electos".

Ahora bien, esta última interpretación supone excluir de ese núcleo la inviolabilidad, por lo que para que despliegue todos sus efectos va a ser necesario que, ineludiblemente, se haya perfeccionado la condición de parlamentario no siendo suficiente la mera condición de electo. Evidentemente esta posición se vería reforzada por el resto de presupuestos que deben concurrir para que la inviolabilidad despliegue sus efectos.

Si bien la inviolabilidad está constitucionalmente referida a los parlamentarios nacionales, los respectivos Estatutos de Autonomía la han incorporado en términos casi idénticos a la de los parlamentarios nacionales. La única variación es que unos hablan de la inviolabilidad en el ejercicio de

---

20 Señala Aranda Álvarez, E., "El Reglamento del Congreso de los Diputados. Propuestas para su reforma" *Revista de Estudios Políticos*, 175, pág. 27 http://dx.doi.org/10.18042/cepc/rep.175.01 que la suspensión en este caso sería de tipo económico, acceso a los órganos parlamentarios y ejercicio de las funciones parlamentarias, pero en ningún momento de las prerrogativas constitucionalmente reconocidas que se anuda al momento de adquirir el mandato. En el mismo sentido, Cámara Villar, G., "El estatuto de los Diputados del Congreso. Viejos y nuevos problemas", *Revista de las Cortes Generales*, nº 113, número especial, 2022, https://doi.org/10.33426/rcg/2022/113/1701, págs. 340 y ss. Sin embargo, Gómez Corona, considera que para no frustrar la finalidad de la inmunidad esta se debe ostentar desde el momento de la elección, en "Las prerrogativas parlamentarias: inviolabilidad, inmunidad y sus límites constitucionales", *Teoría y derecho,* nº 31, 2021 pág. 51 y ss., https://doi.org/10.36151/td.2021.021

21 Morales Arroyo, J. M., "La determinación del período de vigencia del estatuto de Diputados y senadores" *Revista de las Cortes Generales,* nº 19, 1990. págs. 69-73

sus funciones y otros, de los actos parlamentarios, refiriéndose al ámbito material de actuación de esta prerrogativa[22].

En los mismos términos se incorporó la inviolabilidad en el Ordenamiento de la Unión Europea a través del artículo 8 del Protocolo sobre privilegios e inmunidades de los Diputados del Parlamento, en el que se estableció que "l*os diputados al Parlamento Europeo no podrán ser buscados, detenidos ni procesados por las opiniones o los votos por ellos emitidos en el ejercicio de sus funciones*".

Dado que la configuración de la prerrogativa de la inviolabilidad se ha realizado de forma casi idéntica en todos los cuerpos legislativos, su ámbito material y funcional, así como los problemas para dotarla de eficacia van a ser los mismos.

3.2. Opiniones emitidas por el parlamentario

El texto constitucional reconoce la inviolabilidad por las opiniones emitidas en el ejercicio de sus funciones. No obstante, la interpretación que se ha realizado tanto de las opiniones o expresiones como del ejercicio de sus funciones generó un fuerte debate doctrinal que todavía hoy sigue vivo. Y es que la idea de que la inviolabilidad pueda amparar no sólo aquellos actos que se produzca en las sedes parlamentarias, sino también a aquellas actuaciones del parlamentario como político ha despertado serias críticas doctrinales.

La primera cuestión que debemos perfilar es qué debe entenderse por "opiniones emitidas". Dos son las opciones que se barajan, bien partir de un concepto restringido en el que se incluiría sólo la expresión oral de las ideas quedando excluidas otras formas de expresión oral como las preguntas, repreguntas, interpelaciones, o bien partir de un concepto amplio que dé cabida a éstas y a cualquier otra conducta que supusiese la expresión de opiniones, tales como los gestos, la exhibición de carteles aplausos, abucheos, repetición de consignas, abandonos de la sala etc.

El artículo 10 del Reglamento del Congreso poco aporta para resolver esta cuestión en la medida en la que reproduce la dicción del precepto constitucional. Por el contrario, el artículo 21 del Reglamento del Senado

---

22 En este sentido ver las apreciaciones que realiza Marchena Lopez, M., "Procesos penales contra aforados ", en *Cuestiones de Derecho Procesal Penal,* Cuadernos de Derecho Judicial del Consejo General del Poder Judicial, *X*, 1994, pág. 499.

señala que el Senador gozará de inviolabilidad no sólo por las opiniones sino también por los votos emitidos en el ejercicio de su cargo. En realidad, la referencia a los votos, en sentido estricto, no tiene mucha trascendencia si tenemos en cuenta que la emisión de los mismos no da lugar a responsabilidad. Sin embargo, la importancia de la aparición de este inciso en el Reglamento del Senado estriba en reflejar que el legislador no pretendía limitar la forma en que las declaraciones o manifestaciones de voluntad se iban a realizar.

El Tribunal Constitucional no se ha pronunciado a favor de ninguna de las opciones, es más, el hecho de que sea doctrina consolidada que las prerrogativas deben ser interpretadas en sentido estricto podría inclinar la balanza hacia una concepción estricta[23]. Sin embargo, al delimitar el ámbito de la inviolabilidad establece que *"la garantía no ampara cualesquiera de las actuaciones de los parlamentarios y si sólo sus declaraciones de juicio o de voluntad"* sin restringir el modo en el que se manifiesta, nos permite optar por un concepto amplio. Por lo tanto, podemos concluir que la inviolabilidad amparará la totalidad de las declaraciones o manifestaciones de juicio o de voluntad, sean oral o escrita, quedando excluidas todas aquellas manifestaciones que no sean expresión de la voluntad interna.

Las consecuencias prácticas de esta definición deben conducir —y así lo ha hecho— a considerar que la irresponsabilidad inherente a la esencia de la inviolabilidad alcanzará a los delitos que se puedan cometer utilizando la palabra, es decir, los delitos de opinión. Consideramos que, por tanto, deberían fuera de la protección de la inviolabilidad el resto de los delitos, como los de odio, enaltecimiento de terrorismo, etc.[24] Sin embargo, no ha sido siempre así. Nuestros tribunales han rechazado en múltiples ocasiones analizar la naturaleza de las expresiones vertidas partiendo de una concepción formal. De esta forma, sean cuál sea el contenido de las mismas, si cumplen el resto de los requisitos —que se hayan emitido en el ejercicio de sus funciones— han quedado amparada bajo el manto de la protección que ofrece la inviolabilidad. La justificación de esta limitación se fundamenta en la afirmación de que permitir el análisis material de las

---

23 En la Sentencia 51/85, 10 de abril, (*Tol 79466*) FJ 6º establece que *"las prerrogativas parlamentarias han de ser interpretadas estrictamente para no devenir privilegios que puedan lesionar Derechos Fundamentales de terceros"*.

24 Gómez Colomer, J. L., "Privilegios procesales inconstitucionales e innecesarios en la España democrática del siglo XXI: El sorprendente mantenimiento de la institución del aforamiento", *Teoría y Realidad Constitucional*, nº 38, 2016, págs. 248 y ss.; Viana Ballester, C., *op. cit.*, págs. 85 y ss.

expresiones daría cabida a que los órganos jurisdiccionales realizasen un control de la actividad parlamentaria, produciéndose su judicialización[25] lo que vaciaría de contenido la propia institución. Se afirma que todo control debe realizarse en el propio seno de la Cámara.

No podemos estar de acuerdo con lo anterior por cuanto, actualmente, no existe un sistema real de contrapesos que permita garantizar el derecho a la tutela judicial efectiva de aquellos que pudiesen haberse visto afectados por el ejercicio de la libertad de expresión de los parlamentarios, como tendremos ocasión de poner de manifiesto en las próximas páginas.

3.3. En el ejercicio de sus funciones

El ámbito material descrito en el que la inviolabilidad va a desplegar sus efectos está indisolublemente unido a un requisito de carácter funcional y es que dichas expresiones se produzcan durante "el ejercicio de sus funciones". La conjunción de ambos elementos determina que, a priori, no nos encontremos ante una prerrogativa absoluta que ampare cualquier expresión que el parlamentario realice tanto en el ámbito privado como en el público y, dentro de esta categoría, cuando actúe en su calidad de político o en su función parlamentaria, sino solo a aquellas que realicen en el ejercicio de sus funciones. Ahora bien, la delimitación de lo que se debe entender por "ejercicio de sus funciones" no es un concepto evidente, por lo que requiere que le dediquemos las siguientes líneas.

Y es que no existe uno opinión unánime sobre lo que deba entenderse por "ejercicio de sus funciones". Por un lado, un sector doctrinal ha partido de una concepción amplia entendiendo que el ejercicio de las funciones incluye cualquier acto reglamentario, realizado dentro o fuera de las Cámaras siempre que tenga relación con el mandato legislativo o con una actuación constitucional[26]. Sin embargo, este criterio nos parece desorbitado y contrario a la interpretación restrictiva que debe imperar en toda prerrogativa, al convertir la inviolabilidad en un privilegio personal, ale-

---

25 Viana Ballester, C., *op. cit.*, págs. 88.

26 Gómez Benítez, J. M., "Inmunidad e inviolabilidad parlamentarias", *Revista de la Facultad de Derecho de la Universidad Complutense,* N° 64, 1981, pág. 27. En el mismo sentido, Manzella, A., *Il parlamento,* Bologna, Il Mulino, 1977, pág. 247 cuando señala que *"la función parlamentaria no se circunscribe al ámbito estricto de la Cámara sino el que opera con la presencia política del Diputado en el país"*

jado del carácter funcional que le ha venido asignando la jurisprudencia constitucional.

Es por esto por lo que somos partidarios de un concepto más restrictivo que acote el concepto de acto parlamentario, identificándolo con las funciones que desarrollan. Creemos que, para ello, debemos tomar como punto de partida aquellas que están fijadas en los Reglamentos de las Cámaras[27]. Posición ésta que ha sido la acogida por el Tribunal Constitucional[28], quien ha venido recogiendo, a lo largo de las múltiples sentencias en las que se ha tenido que pronunciar sobre el ámbito de aplicación de las distintas prerrogativas de nuestro Ordenamiento, que la inviolabilidad sólo procederá por opiniones manifestadas por los parlamentarios en actos que tengan esta condición y en el seno de cualquiera de las articulaciones orgánicas de las Cortes. Es más, el propio texto constitucional excluye los privilegios de aquellas reuniones de parlamentarios que se celebren sin convocatoria reglamentaria —artículo 67.3 CE—.

Así pues, son los Reglamentos de las Cámaras los que deben —o, deberían— delimitar cuáles son estas funciones. No obstante, si bien los artículos 6, 7 y 8 del Reglamento del Congreso recogen los derechos de los diputados, no existe ningún precepto que contenga un elenco de sus funciones, máxime cuando la mayoría de aquellas en las que participaban

---

27 Pérez Serrano Jáuregui, N. "Hacia una teoría de los actos parlamentarios", *Revista de Derecho Político,* Nº 9, 1981, pág. 76.; González Cussac, J. L. y Cuerda Arnau, L, "Aproximación al Derecho penal parlamentario: inviolabilidades", Cuadernos de Derecho Público, nº 1, mayo-agosto 1997, págs. 107.

28 STC 51/1985, (*Tol 79466*) FJ 6º establece *"la inviolabilidad...requiere de una correcta delimitación material y funcional. Respecto de la primera...la garantía no ampara cualesquiera actuaciones de los parlamentarios y si sólo sus declaraciones de juicio o de voluntad. En cuanto a la concreción funcional del ámbito de la prerrogativa (...) podrían presentarse (...). dudas y (...). la relativa a si la inviolabilidad cubre toda la actuación de "relevancia política" del parlamentario o si (...) la protección dispensada por esta garantía no alcanza sino a la conducta de su titular en tanto que miembro del órgano colegiado, cesando, por lo tanto, cuando el sujeto desplegase ya su conducta al margen de las funciones parlamentarias. El diputado o senador ejercitaría, pues, sus funciones sólo en la medida en que participase en actos parlamentarios y en el seno de cualesquiera de las articulaciones orgánicas de las Cortes Generales."*. Esta misma idea se reitera en la STC 243/1988, de 19 de diciembre, FJ 3º B (*Tol 80090*) *"La inviolabilidad es un privilegio de naturaleza sustantiva que garantiza la irresponsabilidad jurídica de los parlamentarios por las opiniones manifestadas en el ejercicio de sus funciones, entendiendo por tales aquellas que realicen en actos parlamentarios y en el seno de cualquiera de las articulaciones de las cortes generales (...)"*.

los parlamentarios directamente, han sido asumidas por los grupos parlamentarios. No obstante, los grupos parlamentarios no son órganos de las Cámaras y, por tanto, su funcionamiento no se rige por el Reglamento del Congreso. Con lo cual la inviolabilidad sólo cubriría al portavoz que pone en conocimiento de la Cámara la opinión de su grupo parlamentario.

En contra, Fernández Viagas[29] ha sostenido que, en atención a la finalidad de la inviolabilidad, esta debería desplegar sus efectos también cuando se reúnen los grupos parlamentarios ya que estos contribuyen a poner en marcha la formación de la opinión política, y en muchas ocasiones, será en esta sede, donde el parlamentario necesitará estar más protegido por la inviolabilidad[30].

A pesar de lo anterior, existen dos actividades que, aún realizadas fuera de las sedes parlamentarias, están amparadas por la inviolabilidad: la reproducción periodística de lo dicho en sede parlamentaria, y, las opiniones vertidas en las ruedas de prensa realizadas por los distintos grupos parlamentarios.

Si bien, resulta lógico que la reproducción literal por los medios de comunicación de lo manifestado en las Cámaras quede amparada por la inviolabilidad, en la medida en la que los medios de comunicación desarrollan una función social, informadora y configuradora de la opinión pública[31], más discutible es su extensión a las ruedas de prensa convocadas por los grupos parlamentarios salvo que las mismas sean convocadas a través de los órganos administrativos de las Cámaras[32].

---

29 Fernández Viagas, P., *Inviolabilidad e inmunidad de los Diputados y Senadores. La crisis de los privilegios parlamentarios,* Madrid, Civitas, 1990, págs. 40-58.

30 En contra, Torres del Moral, A. "Libertad de comunicación pública de los parlamentarios: inviolabilidad y secreto", *Asamblea: revista parlamentaria de la Asamblea de Madrid,* nº 28, 2013., pág. 40 y Peñaranda Ramos, E., "EL estatuto del Diputado: nuevos y viejos problemas", *Revista de las Cortes Generales,* nº 113, Especial monográfico, 2022, págs. 380-381.

31 *Vid.* ATC 147/1982, de 22 de abril (*Tol 242782*), o más reciente la STC 243/1988, (*Tol 80090*) FJ 3º B "*La inviolabilidad (...) garantiza la irresponsabilidad jurídica de los parlamentarios, por las opiniones manifestadas en el ejercicio de sus funciones, entendiendo por tales... o, por excepción, en actos exteriores a la vida de las Cámaras que sean reproducción literal de un acto parlamentario (...)*".

32 Fernández Viagas, P., *op. cit.*, págs. 55-58, partiendo del análisis conjunto de los artículos 98.1 Reglamento del Congreso, del artículo 22 del Estatuto de Gobierno y del Régimen Interior del Parlamento de Andalucía y del artículo 66.1 del Reglamento del Parlamento de Andalucía que tiene un contenido idéntico.

A pesar de la claridad con la que se ha manifestado nuestro Constitucional al partir de un concepto locativo del "ejercicio de sus funciones" restringiéndolo a las expresiones vertidas en sede parlamentaria, nuestro Tribunal Supremo se ha mostrado más ambiguo. En unas ocasiones ha extendido el ámbito de la inviolabilidad para amparar todas aquellas opiniones, juicios de valor o consideraciones políticas realizadas por un parlamentario en el ejercicio de sus funciones dentro o fuera de las sedes del Congreso o del Senado[33], llegando a señalar que la inviolabilidad "no desaparece bruscamente por el hecho de traspasar el umbral del recinto parlamentario"[34] lo que ampara, sin ningún género de dudas, una concepción expansiva que incluiría cualquier tipo de expresión en cualquier lugar o tiempo, extendiéndose la inviolabilidad, como señala Viana Ballester, a cualquier manifestación que sirva al desarrollo de la actividad parlamentaria —discursos políticos realizados fuera del a cámara, declaraciones realizadas en ruedas de prensa, publicaciones científicas, artículos de opinión etc.—[35].

No obstante, en otras resoluciones, el propio Tribunal Supremos se alinea con el Tribunal Constitucional, limitando el concepto de las funciones parlamentarias[36]. Estos vaivenes jurisprudenciales solo contribuyen a incrementar la inseguridad jurídica no sólo para quienes están amparados por la prerrogativa, sino, también, por los posibles afectados por dichas expresiones.

Estas mismas disquisiciones se han planteado en el ámbito de la inviolabilidad de los parlamentarios europeos por cuanto el TJUE partió de un concepto restrictivo en el asunto Patriciello[37] en el que consideró que la inviolabilidad quedaba limitada a las opiniones vertidas en el propio recinto del Parlamento Europeo —en línea con los sostenido por nuestro Tribunal Constitucional para los parlamentarios nacionales y autonómicos—. Sin embargo, posteriormente ha ido matizando esta afirmación en el sentido de considerar que el hecho de expresar las opiniones en el recinto parlamentario es un elemento a tener en cuenta, pero no el único, añadiendo

---

33 ATS, causa especial 210/1995, de 6 de abril, (*Tol 3459159*), ATS de 23 de enero de 2003 (*Tol 3473422*), ATS de 9 de diciembre de 2003 (*Tol 928496*).

34 ATS de 29 de noviembre de 2019, causa especial 201702/2019, ATS 6 de abril de 1995, causa especial 210/1995 (*Tol 345915*).

35 *op. cit.*, págs. 84, 85.

36 STS 338/2015, FJº 23 y 24 (*Tol 5175381*).

37 STJUE de 6 de septiembre de 2011, asunto C-163/10.

que debe existir un vínculo entre dichas expresiones y las actividades como miembro del Parlamento. Como señala Carmona Contreras[38] esto supone que quedaran excluidas de la inviolabilidad las expresiones vertidas en sede parlamentaria pero desconectadas de dicha función e incluidas aquellas otras que vertidas extramuros del Parlamento presenten el nexo de conexión.

Precisamente esta última interpretación es la que realizó el TSJ del País Vasco[39] en la sentencia en la que condenó al diputado Jon Salaberría por las expresiones vertidas en sede parlamentaria por considerarlas constitutivas de un delito de enaltecimiento del terrorismo. A pesar de que las expresiones se realizaron, como decimos, en sede parlamentaria y al hilo de un debate sobre una Proposición no de ley respecto de la supresión del delito de insumisión, el TSJ consideró que para que la prerrogativa desplegase sus efectos requería, primero, que la intervención gozara de "causalidad suficiente bastante para cooperar a formar la voluntad de la Cámara", y, segundo, "que las manifestaciones emanadas de quienes la invocan, constituyan verdaderas opiniones, es decir pareceres o juicios cuyo poder de convicción (...) procure una ilustración indispensable para formar óptimamente la voluntad del órgano".

Por lo tanto, el TSJ del País Vasco distinguía dos tipos de opiniones o expresiones, unas amparadas por la inviolabilidad en la medida en la que contribuyen efectivamente a la conformación de la opinión de la cámara y otras, excluidas, en tanto no inciden en esa formación y que podrían ser perseguibles cuando son constitutivas de delito.

No obstante, esta sentencia fue casada por el TS quien consideró que no cabía redefinir los límites de la inviolabilidad en contra de lo fijado por la doctrina del Tribunal Constitucional[40].

Por lo tanto, la interpretación del "ejercicio de sus funciones" en sentido físico determina que toda expresión, con independencia del contenido, que se vierta en sede parlamentaria estará amparada por la inviolabilidad y por tanto no será perseguible. Ahora bien, las expresiones no amparadas

---

38 *Vid.* Carmona Contreras, A., "Las prerrogativas parlamentarias en la Unión Europea: Unos personajes en busca de autor", *Teoría y Derecho,* nº 31, 2021, DOI: https://doi.org/10.36151/td.2021.027, págs. 8 y ss.

39 STSJ País Vasco de 5 de septiembre de 2003 (*Tol 301619*).

40 Sobre esta cuestión Catalá i Bas, "Extensión y alcance de la inviolabilidad parlamentaria", *Revista de las Cortes Generales,* nº 61, 2004, págs. 297 y ss.

por la inviolabilidad podrán ser perseguidas y en el caso de ser constitutivas de delito, para su procesamiento, se deberá solicitar el correspondiente suplicatorio entrando en juego otra de las prerrogativas que integran el estatuto parlamentario.

Obviamente, esta interpretación de los límites de la inviolabilidad nos conduce, paradójicamente, a que la consecuencia práctica sea la misma que si se hubiese partido de una configuración absoluta de la irresponsabilidad puesto que, vertidas las expresiones en el seno de la Cámara, la interposición de cualquier querella debe producir su inadmisión *ad limine*[41]. Por lo tanto, de facto, la inviolabilidad actúa como un auténtico obstáculo al proceso, en términos parecidos a lo que supone la inmunidad de jurisdicción, a pesar de su pretendida naturaleza sustantiva, haciendo inútil toda la discusión sostenida en páginas anteriores sobre la inclusión en alguno de los elementos del delito.

En efecto, la construcción que se ha realizado de la inviolabilidad la convierte en un obstáculo absoluto al enjuiciamiento, lo que impide que se admita la querella o que, admitida a trámite, tras las primeras actuaciones tendentes a comprobar quién y dónde se ha vertido las expresiones, den lugar a un archivo de la misma, salvo que de dichas averiguaciones se establezca que pudiera ser que las mismas quedan fuera del cobijo de la inviolabilidad en cuyo caso podrá incoarse el procedimiento.

4. EL ABUSO DE LA INVIOLABILIDAD Y SU CONTROL

A pesar de lo mantenido hasta el momento y derivado de la falta de seguridad jurídica que los vaivenes jurisprudenciales están produciendo, la pregunta que nos hacemos es que sucede en aquellos supuestos en los que se produce un abuso de la prerrogativa. Nos referimos a aquellos casos en los que las expresiones vertidas afectan los derechos de tercero, con independencia de que las mismas sean constitutivas de delito o no. Late en estas cuestiones una auténtica preocupación por la afectación del derecho a la tutela judicial efectiva de estos terceros.

Como decíamos en páginas anteriores, tanto la jurisprudencia como un sector doctrinal han señalado que la inexistencia de control *ad extra* de las opiniones realizadas por los parlamentarios, no implica una ausencia total de control. En efecto, sobre la base de lo establecido en el artículo 72.3 CE,

---

41 Gómez Colomer, J. L. y Esparza Leiva, I., *op. cit.*, págs. 292.

que atribuye las facultades de policía, así como los poderes administrativos, a los presidentes de las Cámaras, se desarrolló el artículo 103[42] del Reglamento del Congreso que los faculta para adoptar medidas de carácter administrativo cuando consideren que los parlamentarios se han extralimitado en sus funciones. Es más, si el parlamentario persiste en mantener su conducta, se prevé la imposición de sanciones —artículo 104 Reglamento del Congreso—.

No obstante, que estos preceptos reglamentarios estén amparando un posible control de la libertad de expresión de los parlamentarios no ha recibido un respaldo unánime. Hay quienes consideran que resultara difícilmente entendible que haya opiniones que no puedan ser objeto de control por los tribunales y que, sin embargo, puedan ser susceptibles de ser sancionadas disciplinariamente[43]. El único control que podría hacerse es el referido a la forma y no al fondo o contenido de la expresión.

Otros[44], sin embargo, avalan que entre las facultades disciplinarias atribuidas al presidente de la Cámara se encuentra un auténtico control, argumentando que, en ningún caso, dicho control atenta contra la libertad de expresión del parlamentario, en la medida en la que sólo serviría para poner de manifiesto que existen ciertos comportamientos que no son necesarios para el normal desarrollo de la función parlamentaria y, por tanto, no deben quedar cubiertos por la inviolabilidad. En estos supuestos surgiría incluso la obligación derivada del artículo 101.3 del RCD[45] de poner en conocimiento de los tribunales los hechos por si fueran constitutivos de delitos.

Postura esta última refrenda por el propio TC, en su sentencia 30/1997, de 24 de febrero, en la que tras reivindicar la exención de responsabilidad

---

42 Art. 103 RCD *"Los diputados y los oradores serán llamados al orden: 1º cuando profirieren palabras o vertieren conceptos ofensivos al decoro de la Cámara o de sus miembros, de las Instituciones del Estado o de cualquiera otra persona o entidad. 2º Cuando en sus discursos faltaren a lo establecido para la buena marcha de las deliberaciones. 3º Cuando con interrupciones o de cualquier otra forma alteren el orden de las sesiones. 4º Cuando, retirada la palabra a un orador, pretendiere continuar haciendo uso de ella."*.

43 Fernández Viagas, P., *Inviolabilidad e inmunidad de los Diputados y Senadores, op. cit.*, págs. 60-66.

44 Gómez Sánchez, Y. "Sobre las garantías parlamentarias" Revista *de Derecho Político,* Nº 23, 1986, págs. 81-83; Sánchez Melgar, J., *Inviolabilidad e inmunidad de Diputados y senadores,* La Ley, Madrid, 2013, págs. 123 y ss.

45 Art. 101.3 RCD *"Si la causa de la sanción pudiera ser, a juicio de la Mesa, constitutiva de delito, la Presidencia pasará el tanto de culpa al órgano judicial competente"*.

que la inviolabilidad supone, impidiendo la mera incoación de cualquier procedimiento, civil o penal, añade que "las desviaciones antijurídicas por las opiniones vertidas no pueden ser contrapesadas ni administradas por alguien desde el exterior de las Cámaras, debiendo quedar sujetas exclusivamente a la disciplina de los Reglamentos que las rigen".

Ahora bien, ¿qué sucede si estas facultades de control no se ejercitan por la correspondiente Asamblea? O, aún existiendo dicho control, el tercero no se sienten reparado.

La lectura de los Reglamentos del Congreso y del Senado pone de manifiesto la ausencia de normas que resulten plenamente aplicables a aquellos casos en los que el parlamentario se excede en su libertad de expresión afectando al honor de terceros sin que medie actuación alguna por parte de la Presidencia. Sería recomendable que se abordase la reforma de estos textos legales dirigida a rellenar este vacío. No obstante, entraría dentro de la lógica que, si el tercero afectado por las opiniones vertidas en sede parlamentaria puede rebatir, por sí mismo —al ser parlamentario también— o a través de los miembros del Gobierno, dichas expresiones estas deberían quedar amparadas por la inviolabilidad[46].

Ahora bien, la situación de aquellos terceros que no tienen estas posibilidades de actuación queda desamparada como consecuencia de la construcción que se ha realizado de la inviolabilidad pues al ser vertidas en el seno de la Cámara quedaría cubierta por la inviolabilidad y quedaría excluida, por tanto, del control judicial. No obstante, principios básicos de justicia recomendarían que, en estos casos, el derecho a la tutela judicial efectiva de los terceros ajenos a la vida política prevaleciese sobre el derecho a la libertad de expresión del parlamentario[47].

5. GARANTÍAS PROCESALES DE LA INVIOLABILIDAD

A lo largo de este trabajo hemos pergeñado un concepto de inviolabilidad que ha tenido en cuenta tanto su definición constitucional como los límites doctrinales y jurisprudenciales, lo que nos ha conducido a observar que, aunque tradicionalmente esta institución se ha incardinado en el ámbito del derecho penal —siendo discutida y discutible su engarce en uno u otro elemento del delito—, a la luz de la interpretación de sus límites

---

[46] Sánchez Melgar, J., *op. cit.*, págs. 129.

[47] Auto TS de 23 de enero de 2003 (*Tol 3473422*).

encaja más como una institución de naturaleza procesal, similar a las inmunidades de jurisdicción previstas en nuestro ordenamiento jurídico.

La determinación de su naturaleza en una u otra categoría tiene una gran trascendencia sobre todo para articular su efectividad en el proceso. La naturaleza sustantiva obliga a que su concurrencia deba ser analizada en sede del proceso —civil o penal— y constatada ésta el mismo finalice sin un pronunciamiento de condena[48].

Sin embargo, su configuración como inmunidad de jurisdicción impide que los tribunales puedan ni siquiera incoar dichos procesos al construirse como un auténtico obstáculo al enjuiciamiento por lo que la mera apertura del proceso supondría una infracción de la inviolabilidad y, por tanto, del estatuto del parlamentario.

Teniendo en cuenta que la irresponsabilidad predicada en el artículo 71.1 CE alcanza a todos los ámbitos jurisdiccionales, civiles y penales, la actuación del órgano jurisdiccional será diferente.

En el ámbito penal, interpuesta una querella, el órgano jurisdiccional deberá inadmitirla a trámite si conoce que quien ha proferido las expresiones es parlamentario y que las opiniones han sido vertidas en la correspondiente Cámara. Si, por el contrario, desconoce estos elementos deberá realizar las indagaciones mínimas necesarias que permitan apreciar la concurrencia de dichas circunstancias. Si los elementos configuradores de la inviolabilidad concurren —se trata de un parlamentario, y las expresiones se han vertido en la Asamblea— se deberá proceder al archivo definitivo de la causa. Sólo en aquellos casos en los que el órgano jurisdiccional pudiese tener dudas acerca de si una conducta está amparada por la inviolabilidad, piénsese, p.ej., en expresiones vertidas en los pasillos del Parlamento o en reuniones no convocadas oficialmente, podría proseguir el proceso al ser necesario que se delimite si, en estos casos, despliega sus efectos la inviolabilidad. Esto no sería necesario si hubiese una doctrina constitucional clara acerca de los límites funcionales y materiales de la inviolabilidad puesto que la jurisprudencia de nuestro Tribunal Supremo, en tanto que cambiante, no nos permite establecer un criterio claro que nos dé seguridad jurídica.

Cuestión distinta pero íntimamente relacionada con lo que acabamos de exponer es si en los casos en los que el proceso siga adelante es preciso la solicitud del suplicatorio. Con esto no queremos decir que la forma de

---

48 López Gil, M., *op. cit.*,

garantizar la inviolabilidad y la correlativa irresponsabilidad sea a través del reconocimiento de la inmunidad. Esto no es así. Inmunidad e inviolabilidad son dos prerrogativas de diferente contenido y ámbito de aplicación[49]. En este sentido, la inviolabilidad no necesita ningún complemento ya que incluye en sí misma el elemento de la improcedibilidad[50]. Ahora bien, si las expresiones no están amparadas por la inviolabilidad y, por lo tanto, las expresiones son susceptibles de recibir el reproche penal a través de la tramitación del proceso, nada obsta que despliegue sus efectos la inmunidad parlamentaria prevista en el artículo 71.2 CE y, por ende, la necesidad de solicitar el suplicatorio a la correspondiente Cámara.

Más complicada se torna la respuesta si lo que se presenta es una demanda civil de protección al derecho al honor. Las demandas civiles sólo pueden ser inadmitidas a trámite por defectos formales y por las causas previstas en la propia LEC. Por lo tanto, sólo la configuración de la inviolabilidad como inmunidad jurisdicción permitirá al órgano jurisdiccional inadmitir la demanda ad limine. Cualquier otra configuración obligaría a su admisión y a la tramitación del correspondiente proceso.

BIBLIOGRAFÍA

Antón Oneca, J., *Tratado de Derecho Penal, vol. I, Parte General*, Madrid, 1949.

Antón Oneca, J., *Derecho penal*, Madrid, Akal, 1986.

Aranda Álvarez, E., "El Reglamento del Congreso de los Diputados. Propuestas para su reforma" *Revista de Estudios Políticos*, 175, http://dx.doi.org/10.18042/cepc/rep.175.01

Bustos Ramírez, J. *Manual de Derecho Penal, Parte General*, Barcelona, Ariel, 1989.

Cámara Villar, G., "El estatuto de los Diputados del Congreso. Viejos y nuevos problemas", *Revista de las Cortes Generales*, nº 113, número especial, 2022, https://doi.org/10.33426/rcg/2022/113/1701

Carmona Contreras, A., "Las prerrogativas parlamentarias en la Unión Europea: Unos personajes en busca de autor", *Teoría y Derecho*, nº 31, 2021, DOI: https://doi.org/10.36151/td.2021.027

Catalá i Bas, A., "La inviolabilidad parlamentaria a la luz de la sentencia del TSJ del País Vaco de 5 de septiembre de 2003 (Caso del Diputado de HB Jon Salaberría)", *Revista General de Derecho Constitucional*, nº 27, 2018.

Catalá i Bas, A., "Extensión y alcance de la inviolabilidad parlamentaria", *Revista de las Cortes Generales*, nº 61, 2004.

Cerezo Mir, J., *Curso de derecho penal español*, Tecnos, Madrid, 1990.

Cuello Calón, E., *Derecho Penal, Tomo I, Parte General*, Barcelona, Bosh, 1971.

---

[49] Sobre la distinta configuración de ambas figuras *vid.* López Gil, M., *op. cit.*

[50] Torres del Moral, A., *op. cit.*

Del Rosal, *Tratado de Derecho Penal, Parte General, vol. I,* Madrid, Facultad de Derecho Universidad Complutense, 1968.

Fernández Viagas, P., *Inviolabilidad e inmunidad de los Diputados y Senadores. La crisis de los privilegios parlamentarios,* Madrid, Civitas, 1990.

Fernández Viagas, P., "La extensión de la inviolabilidad parlamentaria" *Revista general de Derecho, N° 499,* 1986.

Gómez Benítez, J. M., "Inmunidad e inviolabilidad parlamentarias", *Revista de la Facultad de Derecho de la Universidad Complutense,* N° 64, 1981.

Gómez Colomer, J. L., "Privilegios procesales inconstitucionales e innecesarios en la España democrática del siglo XXI: El sorprendente mantenimiento de la institución del aforamiento", *Teoría y Realidad Constitucional,* n° 38, 2016.

Gómez Colomer, J. L, y Esparza Leibar, I., *Tratado jurisprudencial de aforamientos procesales (estudio particularizado teórico-práctico sobre los privilegios procesales de los altos cargos, autoridades y funcionarios públicos Enel proceso penal español y en el derecho comparado),* Valencia, Tirant lo Blanch, 2019.

Gómez Corona, "Las prerrogativas parlamentarias: inviolabilidad, inmunidad y sus límites constitucionales", *Teoría y derecho,* n° 31, 2021 https://doi.org/10.36151/td.2021.021

Gómez Sánchez, Y. "Sobre las garantías parlamentarias" Revista *de Derecho Político,* N° 23, 1986.

González Cussac, J. L. y Cuerda Arnau, L, "Aproximación al Derecho penal parlamentario: inviolabilidades", Cuadernos de Derecho Público, n° 1, mayo-agosto 1997.

Jescheck, *Tratado de Derecho Penal, Parte General,* Barcelona, Bosch, 1981.

López Gil, M., "Las prerrogativas parlamentarias en el ordenamiento jurídico español", *Actualidad Penal,* n° 5, 2000.

Manzella, A., *Il parlamento,* Bologna, Il Mulino, 1977.

Manzini, *Trattato di Diritto Penale, Parte Generale, Vol. I,* UTET, Padua, 1956.

Marchena Lopez, M., "Procesos penales contra aforados ", en *Cuestiones de Derecho Procesal Penal,* Cuadernos de Derecho Judicial del Consejo General del Poder Judicial, *X,* 1994.

Mezger, E., *Tratado de Derecho Penal, Tomo I,* Madrid, Revista de Derecho Privado, 1946.

Mir Puig, S. *Derecho Penal, Parte General,* Barcelona, 1996.

Morales Arroyo, J. M., "La determinación del período de vigencia del estatuto de Diputados y senadores" *Revista de las Cortes Generales,* n° 19, 1990.

Muñoz Conde, F., *Derecho Penal, Parte General,* Valencia, Tirant lo Blanch, 1993.

Peñaranda Ramos, E., *La participación en el delito y el principio de accesoriedad,* Madrid, Tecnos, 1990.

Peñaranda Ramos, E., "El estatuto del Diputado: nuevos y viejos problemas", *Revista de las Cortes Generales,* n° 113, Especial monográfico, 2022.

Pérez Serrano Jáuregui, N., "Hacia una teoría de los actos parlamentarios", *Revista de Derecho Político,* N° 9, 1981.

Portero García, L., *Inviolabilidad e inmunidad parlamentaria,* Universidad de Málaga, 1979.

Quintano Ripollés, A., *Curso de Derecho penal, Tomo I,* Madrid, Revista de Derecho Privado, 1963.

Quintero Olivares, G., *Curso de Derecho Penal, Parte General,* Barcelona, CEDECS, 1996.

Rodríguez Devesa, J. M., *Derecho Penal Español, Parte General,* Madrid, 1981.

Rodríguez Devesa, J. M., *Derecho penal español,* Dykinson, Madrid, 1993.

Roxin, C., *Política Criminal y sistema de Derecho Penal,* Barcelona, EPPU, 1992.

Sánchez Melgar, J., Inviolabilidad e inmunidad de Diputados y senadores, La Ley, Madrid, 2013.

Torres del Moral, A., "Libertad de comunicación pública de los parlamentarios: inviolabilidad y secreto", *Asamblea: revista parlamentaria de la Asamblea de Madrid,* nº 28, 2013.

Viana Ballester, C., "La inviolabilidad parlamentaria y la inviolabilidad del Rey como causas de exclusión de la responsabilidad penal", en Teoría y derecho, nº 31, 2021, DOI: https://doi.org/10.36151/td.2021.022

La sentencia en la encrucijada o para qué sirve una sentencia

PEDRO ÁLVAREZ SÁNCHEZ DE MOVELLÁN
Profesor titular de Derecho Procesal
Universidad de León

SUMARIO: 1. LA SENTENCIA Y LOS PODERES DEL ESTADO. 1.1. PUENTES ENTRE LOS PODERES LEGISLATIVO, EJECUTIVO Y JUDICIAL. 1.2. EJECUCIÓN DE SENTENCIAS Y ADMINISTRACIÓN. ¿ES ADMINISTRACIÓN LA EJECUCIÓN DE SENTENCIAS?. 2. LEGALIDAD Y JUSTICIA. MARCO CONSTITUCIONAL. 2.1. EL SOMETIMIENTO A LA LEY COMO GARANTÍA DEL JUEZ. 2.2. EL SOMETIMIENTO DEL JUEZ A LA LEY COMO GARANTÍA PARA EL CIUDADANO. BIBLIOGRAFÍA.

Ciñéndonos a la quintaesencia de la sentencia y en una primera aproximación, podríamos decir con CORTÉS DOMÍNGUEZ que la sentencia es un mecanismo aplicador del Derecho, ya se entienda el Derecho como el resultante de la propia sentencia, ya sea entendido aquél como el elemento determinante de la sentencia[1]. Esto atendiendo a criterios de la naturaleza de los actos procesales o, dicho de otra manera, como concepto de la sentencia en el contexto del ordenamiento procesal.

1. LA SENTENCIA Y LOS PODERES DEL ESTADO

1.1. Puentes entre los poderes legislativo, ejecutivo y judicial

También debemos dar por buena, siguiendo al mismo autor, la conceptualización de la sentencia dentro del ordenamiento constitucional y la organización jurídica del Estado; siendo esta la única característica que determina la diferencia entre la sentencia y cualquier otra operación lógica de parecido o similar cuño que pueda realizar un particular: la fuerza de cosa juzgada y la ejecutiva, determinan claramente el ámbito jurisdiccional

---

[1] Cortés Domínguez, Valentín. *Derecho Procesal Civil. Parte general* (con Víctor Moreno Catena). Tirant lo Blanch, Valencia, 2017, pág. 307.

de los poderes estatales[2]. En este marco la sentencia es ciertamente un acto de Estado[3], sin perjuicio de que, al mismo tiempo y desde diversos puntos de vista se pueda decir también que es un acto del juez[4] o un acto de reconocimiento de derechos, afirmaciones estas que exigirían de un mayor comentario. La sentencia es una operación intelectual y una expresión de voluntad. La sentencia es decisión imperativa sobre el objeto del proceso, con efectos que claramente denotan esa naturaleza (cosa juzgada y, en su caso, eficacia ejecutiva)[5].

En la sentencia, que es ejercicio de la potestad jurisdiccional por excelencia, efectivamente están presentes los otros dos poderes del Estado. Podríamos decir que la sentencia hace presente al legislativo y al ejecutivo para el caso concreto[6]. En palabras de Montero Aroca para explicar cómo el Poder Judicial participa del poder político y cuáles son sus rela-

---

2 Cortés Domínguez, Valentín. *Derecho Procesal Civil…, cit.*, pág. 308.

3 Así la califica el AAP de Navarra (Sección 2ª) núm. 1/2002 de 15 enero, RJ 2 (ECLI:ES:APNA:2002:1A), que en relación con la normativa internacional sobre reconocimiento y ejecución de resoluciones extranjeras afirma que "en el Convenio, y en el Reglamento, el reconocimiento tiene por objeto simplemente la aceptación por el estado requerido —en este caso España—, de la fuerza probatoria de la decisión extranjera, de todos sus efectos, salvo el ejecutivo; la ejecución, por su parte comporta un *acto del estado* (es nuestra la cursiva) requerido, por el que el contenido de la decisión extranjera deviene imperativo, es decir se le otorga efecto imperativo. Ese efecto imperativo y ese "acto de Estado" es propio de la sentencia dictada por los tribunales españoles.

4 Atendiendo a la naturaleza de este decimos que la sentencia es un acto del Estado. Pero por lo que respecta a la autoría no hay duda de que es un acto del Juez. Así lo justificaban los estudiosos de principio del pasado siglo (ROCCO, Alfredo. *La sentencia civil,* Ediciones Olejnik, Santiago de Chile, 2018, pág. 95) razonando que la sentencia es, en su carácter esencial, un acto de la mente del juez, y precisamente un juicio lógico sobre la existencia o no existencia de una relación o de un conjunto de relaciones jurídicas; por tanto, en aquella se actúa aquella parte de la función jurisdiccional, que consiste precisamente en la declaración de la tutela que el derecho objetivo concede a los intereses concretos. La naturaleza de la sentencia queda de tal modo determinada, así como su función; la sentencia es esencialmente, un juicio sobre la existencia de una relación jurídica; su función es la de la declaración de las relaciones jurídicas inciertas"

5 Ortells Ramos, Manuel. *Derecho Procesal Civil* Aranzadi, Cizur Menor, 2017, pág. 341.

6 A esta idea responden las palabras de Rocco, defendiendo que, si la sentencia es el acto por el cual el órgano jurisdiccional, aplicando la norma al caso concreto, elimina la incertidumbre sobre la tutela jurídica que corresponde a un interés concreto, es claro que solamente aquel acto del juez que contiene "la declaración

ciones con los otros poderes del Estado, es preciso con carácter previo referirse al concepto mismo de poder político. Y así, el poder en general consiste en la facultad de hacerse obedecer, de sujetar a los demás a las decisiones adoptadas, y por ello el poder político atiende a esa capacidad si bien dentro de la sociedad y hay hoy que referirse a Estado democrático. La concepción democrática supone atribuir el poder, bajo la expresión de la soberanía nacional, al pueblo[7].

Esta idea de interrelación entre los poderes del Estado está presente en la doctrina del Tribunal Constitucional de la que conviene destacar, "en primer lugar, la doble posición atribuida a la potestad jurisdiccional de ejecución de lo juzgado, como elemento basilar de nuestro Estado de Derecho y como parte integrante del derecho a la tutela judicial efectiva de los Jueces y Tribunales; en segundo lugar, el protagonismo del legislador en la configuración de este derecho, salvaguardando su contenido esencial, como característica común que es del genérico derecho a la tutela judicial efectiva, y, finalmente, el consecuente deber de los jueces de adoptar "con la intensidad necesaria" las medidas, que han de estar legalmente previstas, conducentes a dicha ejecución, muy particularmente en aquellos supuestos en los que es un ente público el que la obstaculiza"[8].

El poder legislativo está presente en la sentencia porque los tribunales dictan sentencia aplicando la Ley. Pero no solo por virtud del art. 9 CE, por el que todos "*los ciudadanos y los poderes públicos están sujetos a la Constitución y al resto del ordenamiento jurídico*". El art. 117.1. LEC es más explícito y puntualiza, respecto de los jueces y magistrados integrantes del poder judicial

---

de una relación jurídica incierta" puede llamarse sentencia. Rocco, Alfredo. La sentencia civil Ediciones Olejnik, Santiago de Chile, 2018., págs. 54-55.

7 Montero Aroca, Juan. *Derecho Jurisdiccional I* (con José Luis Gómez Colomer y Silvia Barona Vilar). Tirant lo Blanch, Valencia, 2019, págs. 63-64.

8 STC (Sala Primera) núm. 298/1994 de 14 noviembre, FJ 4, (*Tol 82703*). Trae razón esta sentencia de la valoración del justiprecio fijado en una expropiación forzosa. Los recurrentes en amparo alegan que, ante la resistencia de la administración al cumplimiento de lo procesalmente ordenado en orden al pago de intereses de demora, la Sala debió adoptar medidas más contundentes que garantizasen el cumplimiento en un plazo razonable de tiempo de lo por ella misma ordenado, impidiendo una dilación temporal de la ejecución que resulta contraria al derecho a un proceso público sin dilaciones indebidas.

que serán "*independientes, inamovibles, responsables y sometidos únicamente al imperio de la ley*"[9].

La LOPJ puntualiza más en este sentido, disponiendo en su art. 5.1 que "la Constitución es la norma suprema del ordenamiento jurídico, y vincula a todos los Jueces y Tribunales, quienes interpretarán y aplicarán las leyes y los reglamentos según los preceptos y principios constitucionales"; y esa misma "vigencia específica" del principio de legalidad se predica en el art. 6 LOPJ, disponiendo que "*los Jueces y Tribunales no aplicarán los reglamentos o cualquier otra disposición contrarios a la Constitución, a la ley o al principio de jerarquía normativa*". Pero sobre esta cuestión (¿básica?) volveremos en otro momento.

Por otro lado, la facultad coercitiva del Estado radica en la misma naturaleza de la sentencia, ya que "*es obligado cumplir las sentencias y demás resoluciones firmes de los Jueces y Tribunales, así como prestar la colaboración requerida por éstos en el curso del proceso y en la ejecución de lo resuelto*" (art. 118 CE). Esta previsión constitucional se encuentra en sintonía con la calificación del derecho a la ejecución de las resoluciones judiciales como un derecho fundamental comprendido dentro del ámbito del art. 24 CE. Y más en concreto como una consecuencia ineludible de la *efectiva* tutela judicial de la que aquel artículo habla. Los autores han abundado en argumentos al respecto, resaltando que esa condición del derecho como fundamental implica que todos los poderes públicos están vinculados por el mismo (art. 53.1 CE), que su interpretación ha de realizarse conforme a la Declaración Universal de los Derechos Humanos y los textos internacionales sobre derechos humanos suscritos por nuestro país (art. 10.2 CE), y que, como nota más relevante, su eventual vulneración podrá ser tutelada por los propios jueces y tribunales ordinarios que los hubiesen infringido y, en su caso, por

---

9 En este contexto Montero Aroca afirma que a jueces y magistrados se les atribuye, pues, una potestad de Derecho público, caracterizada por el *imperium* derivado de la soberanía, lo que les coloca en situación de superioridad, y ello respecto de todos. Montero Aroca, Juan. *Derecho Jurisdiccional I…*, *cit.*, págs. 65. Quizá de estas palabras traigan razón otras del mismo autor, en las que aprueba una función jurisdiccional que vaya más allá de la mera aplicación de la ley. Justificando al respecto que no tiene mucho sentido mantener un sistema judicial tan elaborado y tan costoso y exigir a los jueces tales garantías simplemente para que sirvan de correa de transmisión de las decisiones del legislador. Como se ha dicho acertadamente, bastaría con encomendar esta labor a funcionarios especializados perfectamente conocedores del derecho.

el Tribunal Constitucional de manera subsidiaria a través del recurso de amparo (arts. 53.2 CE, 41 y ss. LOTC)[10].

Y este precepto no es un "brindis al sol"[11], ya que esa obligación de colaboración lo es para todos y, si cabe hablar así, especialmente para el poder ejecutivo y la administración pública, de los que es exigible la necesaria diligencia, sin obstaculizar el cumplimiento de lo acordado en sentencia. Todo ello por previsión normativa y por las facultades que ostentan, con frecuencia determinantes para esa efectividad de las resoluciones judiciales[12].

---

10 Las palabras son de Garberí Llobregat, José. *El proceso de ejecución forzosa en la Ley de Enjuiciamiento Civil.* Aranzadi, Cizur Menor, 2016, pág. 66. Este autor justifica su afirmación base (la existencia del derecho fundamental a la ejecución de las resoluciones judiciales) en una abundante jurisprudencia del Tribunal Constitucional. Sobre la justificación de esta calificación como derecho fundamental, y el alcance de su control y tutela a través del recurso de amparo, sintetiza el ATC (Pleno) núm. 119/2018 de 13 noviembre, FJ 3 (RTC 2018\119) el contenido esencial del derecho fundamental a la ejecución de las resoluciones judiciales firmes (art. 24.1 CE) y su canon de control constitucional, al igual que la jurisprudencia del TEDH. Allí se afirma, entre otras conclusiones del Tribunal Constitucional, que "fuera de esa actividad de control externo sobre alguna de las patologías que se indican (arbitrariedad, no racionalidad y error —fáctico y decisivo— patente), no cabe auspiciar ante nosotros un mayor nivel de fiscalización de la resolución ejecutiva impugnada, pues ello conllevaría sustituir al órgano administrativo y a la postre judicial en su labor propia".

11 Efectivamente no lo entiende así la doctrina del Tribunal Constitucional, que afirma que "cuando este deber de cumplimiento y colaboración…se incumple por los poderes públicos, ello constituye un grave atentado al Estado de Derecho, y por ello, el sistema jurídico ha de estar organizado de tal forma que dicho incumplimiento —si se produjera— no pueda impedirse en ningún caso la efectividad de las sentencias y resoluciones judiciales firmes. El art. 24.1 de la Constitución, al establecer el derecho a la tutela judicial efectiva —que comprende el de la ejecución de las sentencias según hemos indicado— viene así a configurar como un derecho fundamental de carácter subjetivo (…) Cuando para hacer ejecutar lo juzgado, el órgano judicial adopta una resolución que ha de ser cumplida por un ente público, éste ha de llevarla a cabo con la necesaria diligencia, sin obstaculizar el cumplimiento de lo acordado, por imponerlo así el art. 118 de la Constitución; y cuando tal obstaculización se produzca, el Juez ha de adoptar las medidas necesarias para la ejecución, de acuerdo con las Leyes". STC (Sala Primera) núm. 298/1994 de 14 noviembre, FJ 4, (*Tol 82703*).

12 En este sentido, por ejemplo, la STC (Sala Primera) núm. 22/2009 de 26 enero, FJ 2 (*Tol 1445083*) señala que "cuando para hacer ejecutar lo juzgado, el órgano judicial adopta una resolución que ha de ser cumplida por un ente público, éste ha de llevarla a cabo con la necesaria diligencia, sin obstaculizar el cumplimiento

Parece que está fuera de toda duda y no requiere mayor justificación que el principio de exclusividad que configura la potestad jurisdiccional lo es de una manera radical en el proceso de ejecución, ya que este comporta una coerción que sólo se concibe en un Estado de Derecho como una actividad propia del Estado. Así se explican Montero y Flors al afirmar que la ejecución es asumida en régimen de monopolio por el Estado y ello como consecuencia de la coacción que esta implica en lo que la propia ejecución supone. La ejecución, por su propia naturaleza es forzosa y coactiva, y el uso de la fuerza va unido indisolublemente a la titularidad de potestad propia de la soberanía[13].

1.2. Ejecución de sentencias y administración. ¿Es administración la ejecución de sentencias?

Y no nos estamos refiriendo exclusivamente a las funciones encomendadas a la administración en materia de ejecución de las sentencias dictadas en el orden contencioso-administrativo[14]. Las sentencias dictadas en este orden cuentan con otra norma que vuelve a recordar el deber de colaboración con la administración de justicia[15]. Una colaboración que parte de la facultad ejecutiva de los propios tribunales de justicia, que así se procla-

---

de lo acordado, por imponerlo así el art. 118 de la Constitución, y que cuando tal obstaculización se produzca, el Juez ha de adoptar las medidas necesarias para su ejecución sin que se produzcan dilaciones indebidas, pues el retraso injustificado en la adopción de las medidas indicadas afecta en el tiempo a la efectividad del derecho fundamental.

13 Montero Aroca, Juan y Flors Matíes, José. *Tratado de proceso de ejecución civil.* Tirant lo Blanch, Valencia, 2013, pág. 33. Añaden en este sentido que se considera un pleonasmo hablar de ejecución forzosa. Y Allí debe estar el Estado. Es posible que el Estado permita a los particulares acudir al arbitraje para la declaración del derecho, pero no puede admitir ni la autotutela ni la heterotutela privada.

14 Detalla Gimeno Sendra, en referencia a la Ley Reguladora de las Jurisdicción contencioso-administrativo del 1956, que este régimen excepcional de ejecución está determinado por tres notas esenciales: a) el otorgamiento de la ejecución de sentencias al órgano que hubiere dictado el acto o la disposición objeto de recurso (art. 103); b) la facultad de que goza la Administración de suspender la ejecución de la sentencia (art. 105.1.b); y c) el privilegio de dejar inejecutado lo ordenado en su parte dispositiva (art. 105.1.c). Gimeno Sendra, Vicente. *Constitución y proceso.* Tecnos, Madrid, 1988, pág. 162.

15 En este sentido el art. 103.2 LJC-A dispone *nuevamente* que “las partes están obligadas a cumplir las sentencias en la forma y términos que en éstas se consignen”.

ma en el art. 103.1 LJC-A: "*la potestad de hacer ejecutar las sentencias y demás resoluciones judiciales corresponde exclusivamente a los Juzgados y Tribunales de este orden jurisdiccional, y su ejercicio compete al que haya conocido del asunto en primera o única instancia*"[16].

Por tanto, en este contexto al que nos estamos refiriendo podemos decir que hay una actividad de la administración que converge y colabora con la actividad jurisdiccional para el buen fin del proceso de ejecución. Pero de esta afirmación, particularmente presente en el orden contencioso-administrativo, no puede deducirse que el proceso de ejecución sea actividad administrativa. Siguiendo a los autores ya citados entendemos que la actividad ejecutiva es la que comporta una verdadera injerencia en la esfera jurídica de las personas y, por tanto, es la que más precisa que en ella se respeten los principios base de la jurisdicción (por ejemplo, juez predeterminado) del personal jurisdiccional (por ejemplo, independencia del juez) y del proceso, (por ejemplo, contradicción)[17].

2. LEGALIDAD Y JUSTICIA. MARCO CONSTITUCIONAL

"*La justicia emana del pueblo y se administra en nombre del Rey por Jueces y Magistrados integrantes del poder judicial, independientes, inamovibles, responsables y sometidos únicamente al imperio de la ley*" (art. 117.1 CE). Con este texto normativo quiere iniciar la Constitución la regulación contenida en el Tí-

---

16 Y esto a diferencia de la regulación preconstitucional recogida en el art. 103 LJC-A/1956, donde se disponía que "*la ejecución de las sentencias corresponderá al órgano que hubiere dictado el acto o la disposición objeto del recurso*".

17 Montero Aroca, Juan y Flors Matíes, José. *Tratado de proceso de ejecución civil…, cit.*, pág. 34. Fieles a esta lógica los referidos autores dudan del acierto de las reformas legislativas que han querido encontrar en la figura del letrado de la administración de justicia el eje vertebrador de la actividad ejecutiva de los tribunales. Efectivamente el estatuto jurídico de este cuerpo de cualificados juristas no les dota, por ejemplo, de la imparcialidad que requiere la actividad jurisdiccional. Cuestión que también cabría analizar de los procedimientos vinculados a la llamada técnica monitoria. Sin embargo, no es el caso de la jurisdicción voluntaria, en cuyo régimen legal (y sin entrar en su corrección terminológica) pensamos que la función del letrado de la administración de justicia se ha sabido adaptar a su estatuto jurídico. Sobre esta cuestión, por extenso Lorca Navarrete, Antonio María. *La huida de la ejecución de la jurisdicción y su impulso procesal por el letrado de la administración de justicia responsable de la ejecución.* Instituto Vasco de Derecho Procesal y Arbitraje. San Sebastián, 2020.

tulo VI de la misma; la regulación de uno de los tres poderes del Estado: el Poder Judicial.

Entendemos que el artículo que debe ser comprendido en su contexto. No se trata esta disposición de una mera repetición del principio de legalidad que se programa en el artículo 9.3 CE. Allí se invoca el principio de legalidad y otros principios y criterios que determinan el régimen normativo al que se somete nuestro Estado de Derecho[18]. Forma parte aquella norma del título preliminar de la Constitución y viene a ser una de las disposiciones que perfilan el ADN de nuestra Norma Fundamental. Una norma por tanto llamada a formar parte de los criterios interpretativos del texto constitucional. Y junto a esto una disposición llamada a ser cumplida por todos y a estar presente en todos los espacios y rincones de nuestro ordenamiento jurídico[19].

2.1. El sometimiento a la ley como garantía del Juez

Sin embargo, el artículo 117.1 CE tiene un sujeto concreto, que son los Jueces y Magistrados; y un contexto singular que es el régimen del Poder Judicial. El artículo 117.1 no se refiere a los jueces y magistrados en su condición de ciudadanos, sino como titulares ejercientes del Poder Judicial, llamados a administrar la justicia que emana del pueblo. O dicho en otros términos el sometimiento a la ley que dispone el artículo 117.1 CE es un sometimiento a la ley en el ejercicio de la potestad jurisdiccional. Por tan-

---

18 El texto completo del art. 9.3 CE proclama que "*la Constitución garantiza el principio de legalidad, la jerarquía normativa, la publicidad de las normas, la irretroactividad de las disposiciones sancionadoras no favorables o restrictivas de derechos individuales, la seguridad jurídica, la responsabilidad y la interdicción de la arbitrariedad de los poderes públicos*".

19 La norma jurídica aspira a su generalidad como requisito de eficacia. Esto mismo que se predica de la norma legal también se aplica a las normas constitucionales. En palabras de García de Enterría los jueces y tribunales ordinarios y todos los sujetos públicos o privados, en cuanto vinculados por la Constitución y llamados a su aplicación, deben aplicar la totalidad de sus preceptos sin posibilidad alguna de distinguir entre artículos de aplicación directa y otros meramente programáticos, que carecerían de valor normativo. García de Enterría, Eduardo. *La Constitución como norma y el Tribunal Constitucional.* Civitas. Madrid, 1981, pág. 68.
Pero del mismo modo que, en este sentido, podemos decir que el principio de legalidad afecta por igual a ciudadanos y tribunales, como referimos a continuación, hay también un sentido diverso de ese sometimiento a la ley para los tribunales y los ciudadanos.

to, en la tramitación del proceso en general y de manera particular en la sentencia que se dicte para poner fin a dicho proceso.

A pesar de que la referencia al sometimiento a la ley pueda simular connotaciones limitativas, muy al contrario, el referido sometimiento constituye el fundamento de la debida libertad de independencia que la Constitución y el ordenamiento jurídico en su conjunto predica y pretende de los jueces. Si el juez es independiente es por su sometimiento a la ley. O en palabras de Moreno Catena la sumisión a la ley y solo a ella, es un preciso reflejo de la necesaria ausencia de ataduras, presiones o influencias, sea de las partes, del aparato judicial, de otros Poderes del Estado, o de la misma sociedad; es el referente necesario para preservar escrupulosamente la independencia judicial[20].

2.2. El sometimiento del juez a la ley como garantía para el ciudadano

Por otro lado, y sin salirnos del contexto del artículo 117 CE, dentro del régimen del Poder Judicial, la exigencia de sometimiento del juez a la ley constituye, también para el ciudadano, eventual justiciable, una garantía en la administración de Justicia. El tribunal "*resolverá conforme a las normas aplicables al caso, aunque no hayan sido acertadamente citadas o alegadas por los litigantes*" (art. 218.1.II LEC) y esta exigencia legal constituye una norma de seguridad jurídica a favor del ciudadano. Citando nuevamente a Moreno Catena, la sumisión a la ley opera como un poderoso mecanismo para preservar el principio de igualdad de todos los ciudadanos que demandan una respuesta judicial a un mismo problema; de otro lado, el sometimiento al ordenamiento jurídico ha de funcionar como un factor de fijeza y certidumbre o, al menos, de previsibilidad de las resoluciones judiciales, es decir, como garantía del principio de seguridad jurídica[21].

---

20 Moreno Catena Víctor. *Introducción al Derecho procesal* (con Valentín Cortés Domínguez). Editorial Tirant lo Blanch, Valencia, 2019, pág. 146. Añade en el mismo sentido este autor que desde las formulaciones de la Revolución Francesa esta garantía ha sido una constante histórica, precisamente como trasunto de la propia independencia judicial: el juez constitucional debe ser independiente porque se encuentra sometido a la ley.

21 Moreno Catena Víctor. *Introducción al Derecho procesal..., cit.*, pág. 147. Matiza este autor puntualizando que el sometimiento del juez a la ley no puede coincidir con el planteamiento del siglo XVIII, cuando la doctrina entendía que el juez debía ser, en conocida frase de Montesquieu, la boca que pronuncia las palabras de la ley. El papel que el juez ha de desempeñar en el Estado social y democrático de

Desde otro punto de vista, también podemos pensar en la relación que existe entre ambas consecuencias del principio de sometimiento del juez a la ley. Malamente puede sentirse el ciudadano seducido por el principio de legalidad si quienes tienen encomendada la labor de hacer justicia prescinden de dicho principio. Calamandrei puso de relieve la bondad y la eficacia didáctica del respeto a la legalidad en la actividad judicial, a fin de que el derecho ejercite en la sociedad su benéfica disciplina pacificadora. Y plantea el citado autor "cómo podría imponerse a las conciencias la severidad de las sanciones con que se amenaza, si se comenzase a formar una especie de solidaridad en desafiarlas, en la cual participaran también los jueces, que, quizá, un minuto antes de vestir la toga para la audiencia, habrían cometido sin escrúpulos, como ciudadanos particulares, infracciones del mismo género de las que están llamados a castigar"[22]. Sí, efectivamente todos estamos obligados por la ley[23]. Los jueces también. Y particularmente en el ejercicio de la función jurisdiccional. De hecho, es

---

Derecho trasciende sin duda los estrechos límites a que se había de contraer en el pasado, pero no puede sustraerse de aplicar la ley al caso concreto en su función de garante de los derechos de los ciudadanos. También Montero Aroca toma como referencia de contraste la doctrina de Montesquieu, afirmando que, por aquel camino, la doctrina de la división de poderes condujo, en el plano jurídico, a la escuela de la exégesis, basada en la plenitud del ordenamiento jurídico y en la reducción de todo el Derecho a la ley. Montero Aroca, Juan. *Derecho Jurisdiccional I. Parte General* (con Juan Luis Gómez Colomer y Silvia Barona Vilar) Tirant lo Blanch, Valencia 2018, página 124.

22 Calamandrei, Piero. "La certeza del Derecho y las responsabilidades de la doctrina", en *Los estudios de Derecho procesal en Italia* (Traducción de Santiago Sentís Melendo). Ediciones Jurídicas Europa-América, Buenos Aires 1959, págs. 125-126. Siguiendo a este autor Damián Moreno plantea que cuando una ley es considerada injusta por una parte importante de la población surge inevitablemente la legítima expectativa de cambiarla a través de los cauces que constitucionalmente están establecidos. Pero con carácter general eso no autoriza el juez a aplicar la ley en un sentido diferente a como ha sido promulgada, ahora porque la considere injusta, ahora porque no le gusta o no está de acuerdo con ella, o porque no le convenga al caso que tiene que decidir, o, lo que aún es peor, simplemente porque contraviene los criterios de la ideología del régimen político que la ha dictado. Damián Moreno, Juan. *El Juez ante la Ley*. Cuadernos de Derecho Registral, Madrid, 2011, pág. 97.

23 El mismo autor citado defiende en otro lugar ese sometimiento a la ley afirmando que "la sentencia tiene carácter declarativo"; añadiendo que en cuanto la misma no mira a crear el derecho, no tiende a formar nuevas relaciones jurídicas, sino que se limita a reconocer las concretas voluntades de ley: aplica la ley, pero escudriñando la voluntad de la ley. Calamandrei, Piero. "Límites entre jurisdicción

su único límite, al mismo tiempo que su título de legitimidad: "sometidos únicamente al imperio de la ley" (cfr. art. 117.1 CE).

BIBLIOGRAFÍA

Calamandrei, Piero. "La certeza del Derecho y las responsabilidades de la doctrina", en *Los estudios de Derecho procesal en Italia* (Traducción de Santiago Sentís Melendo). Ediciones Jurídicas Europa-América, Buenos Aires 1959.

Calamandrei, Piero. "Límites entre jurisdicción y administración", en *Estudios sobre el proceso civil*, trad. Santiago Sentís Melendo. Editorial bibliográfica argentina, Buenos Aires, 1961.

Cortés Domínguez, Valentín. *Derecho Procesal Civil. Parte general* (con Víctor Moreno Catena). Tirant lo Blanch, Valencia, 2017.

Damián Moreno, Juan. *El Juez ante la Ley*. Cuadernos de Derecho Registral, Madrid, 2011.

Garberí Llobregat, José. *El proceso de ejecución forzosa en la Ley de Enjuiciamiento Civil.* Aranzadi, Cizur Menor, 2016.

García de Enterría, Eduardo. *La Constitución como norma y el Tribunal Constitucional.* Civitas. Madrid, 1981,

Gimeno Sendra, Vicente. *Constitución y proceso.* Tecnos, Madrid, 1988.

Lorca Navarrete, Antonio María. *La huida de la ejecución de la jurisdicción y su impulso procesal por el letrado de la administración de justicia responsable de la ejecución.* Instituto Vasco de Derecho Procesal y Arbitraje. San Sebastián, 2020.

Montero Aroca, Juan y Flors Matíes, José. *Tratado de proceso de ejecución civil.* Tirant lo Blanch, Valencia, 2013.

Montero Aroca, Juan. *Derecho Jurisdiccional I* (con José Luis Gómez Colomer y Silvia Barona Vilar). Tirant lo Blanch, Valencia, 2019.

Moreno Catena Víctor. *Introducción al Derecho procesal* (con Valentín Cortés Domínguez). Editorial Tirant lo Blanch, Valencia, 2019.

Ortells Ramos, Manuel. *Derecho Procesal Civil.* Aranzadi, Cizur Menor, 2017.

Rocco, Alfredo. *La sentencia civil.* Ediciones Olejnik, Santiago de Chile, 2018.

---

y administración", en *Estudios sobre el proceso civil*, trad. Santiago Sentís Melendo. Editorial bibliográfica argentina, Buenos Aires, 1961, pág. 21.

El incidente de nulidad de actuaciones como sistema de amparo "ordinario" ¿previo? al amparo constitucional

LETICIA FONTESTAD PORTALÉS
Catedrática de Derecho Procesal
Universidad de Málaga
Consejera-Académica GUERRERO ABOGADOS

1. INTRODUCCIÓN

Nos planteamos el estudio del incidente que para la nulidad de actuaciones regula nuestra Ley Orgánica del Poder Judicial[1] en su artículo 241 como consecuencia de las dudas que surgen acerca del carácter de este incidente tras la reforma introducida por la Disposición Final primera de la Ley Orgánica 6/2007, de 24 de mayo, por la que se modifica la Ley Orgánica del Tribunal Constitucional[2].

La cuestión no es baladí pues, aunque nos encontramos ante un incidente de carácter excepcional que desde antiguo ha estado presente en nuestro Ordenamiento Jurídico, la redacción del artículo 241 LOPJ, tras la citada reforma, no solo lleva a reflexionar acerca de si el objetivo del legislador era introducir un nuevo "amparo ordinario", sino que genera dudas con relación a la propia constitucionalidad del incidente. Nótese, además, que el artículo 241.1 LOPJ atribuye competencia para conocer de este inci-

---

1 Ley Orgánica 6/1985, de 1 de julio, del Poder Judicial (BOE de 2 de julio de 1985).

2 LO 6/2007, de 24 de mayo, por la que se modifica la LO 2/1979, de 3 de octubre, del Tribunal Constitucional (BOE de 25 mayo de 2007).

dente de nulidad al mismo juzgado o tribunal que dictó la resolución que hubiere adquirido firmeza.

Nuestro objetivo en este estudio es advertir acerca de la posibilidad de acceder a un mecanismo extraordinario para la tutela de derechos fundamentales con carácter previo al amparo constitucional; extraordinario porque, como de todos es sabido, estamos ante un incidente a través del cual se puede solicitar la nulidad de actuaciones cuando la resolución no sea susceptible de recurso ordinario ni extraordinario, esto es, cuando estemos ante resoluciones firmes[3]. Nada impide, sin embargo, que, durante el desarrollo del proceso declarativo, a través del sistema de recursos ordinarios las partes denuncien una potencial vulneración de los derechos fundamentales e, igualmente, podrán acudir al Tribunal Constitucional como órgano garante, en particular, de los derechos fundamentales, así como, en general, del respeto a las normas constitucionales.

Es por ello que dedicaremos las siguientes líneas a poner de relieve los problemas que genera la redacción del artículo 241 LOPJ[4] tras la citada reforma.

---

3 *Vid.* artículo 207.2 Ley de Enjuiciamiento Civil (Ley 1/2000, de 7 de enero, de Enjuiciamiento Civil (BOE núm. 7, de 8 de enero de 2000).

4 Establece el artículo 241 LOPJ que "1. No se admitirán con carácter general incidentes de nulidad de actuaciones. Sin embargo, excepcionalmente, quienes sean parte legítima o hubieran debido serlo podrán pedir por escrito que se declare la nulidad de actuaciones fundada en cualquier vulneración de un derecho fundamental de los referidos en el artículo 53.2 de la Constitución, siempre que no haya podido denunciarse antes de recaer resolución que ponga fin al proceso y siempre que dicha resolución no sea susceptible de recurso ordinario ni extraordinario.
Será competente para conocer de este incidente el mismo juzgado o tribunal que dictó la resolución que hubiere adquirido firmeza. El plazo para pedir la nulidad será de 20 días, desde la notificación de la la (sic) resolución o, en todo caso, desde que se tuvo conocimiento del defecto causante de indefensión, sin que, en este último caso, pueda solicitarse la nulidad de actuaciones después de transcurridos cinco años desde la notificación de la resolución.
El juzgado o tribunal inadmitirá a trámite, mediante providencia sucintamente motivada, cualquier incidente en el que se pretenda suscitar otras cuestiones. Contra la resolución por la que se inadmita a trámite el incidente no cabrá recurso alguno.
2. Admitido a trámite el escrito en que se pida la nulidad fundada en los vicios a que se refiere el apartado anterior de este artículo, no quedará en suspenso la ejecución y eficacia de la sentencia o resolución irrecurribles, salvo que se acuerde de forma expresa la suspensión para evitar que el incidente pudiera perder su

Lo primero que debemos destacar en relación con este incidente de nulidad de actuaciones es, además de su carácter excepcional, que estamos ante un medio de impugnación contra resoluciones firmes, por lo que su ámbito de aplicación ya queda reducido a las resoluciones contra las que ya no cabe ningún tipo de recurso, bien porque el perjudicado por la misma no haya querido recurrir, bien porque se le ha pasado el plazo para recurrir, bien porque haya agotado todos los recursos posibles o porque el legislador no haya previsto ningún recurso contra dicha resolución. Esto nos lleva a hacer una primera advertencia, no estamos ante la nulidad de los actos procesales que se puede solicitar a lo largo del proceso, según establece el artículo 238 LOPJ, sino ante el incidente de nulidad de actuaciones entendido como medio de impugnación contra resoluciones firmes[5].

No podemos negar el carácter excepcional del incidente de nulidad establecido en la citada norma, ni que se trata de un medio de impugnación que, como tal, solo cabe contra resoluciones que han adquirido firmeza y pasan en autoridad de cosa juzgada, sin embargo, poca duda cabe que el legislador ha ampliado su ámbito de aplicación.

---

finalidad, y se dará traslado de dicho escrito, junto con copia de los documentos que se acompañasen, en su caso, para acreditar el vicio o defecto en que la petición se funde, a las demás partes, que en el plazo común de cinco días podrán formular por escrito sus alegaciones, a las que acompañarán los documentos que se estimen pertinentes.

Si se estimara la nulidad, se repondrán las actuaciones al estado inmediatamente anterior al defecto que la haya originado y se seguirá el procedimiento legalmente establecido. Si se desestimara la solicitud de nulidad, se condenará, por medio de auto, al solicitante en todas las costas del incidente y, en caso de que el juzgado o tribunal entienda que se promovió con temeridad, le impondrá, además, una multa de 90 a 600 euros.

Contra la resolución que resuelva el incidente no cabrá recurso alguno.

Si se estimara la nulidad, se repondrán las actuaciones al estado inmediatamente anterior al defecto que la haya originado y se seguirá el procedimiento legalmente establecido. Si se desestimara la solicitud de nulidad, se condenará, por medio de auto, al solicitante en todas las costas del incidente y, en caso de que el juzgado o tribunal entienda que se promovió con temeridad, le impondrá, además, una multa de 90 a 600 euros.

Contra la resolución que resuelva el incidente no cabrá recurso alguno".

5 Sobre la revocación de la cosa juzgada Vid. Vallespin Pérez, D., *Manual de Derecho procesal civil*, Ed. Atelier, Barcelona 2023, pp. 257-262. Vallespin Pérez, D., y Vermengo Pellejero, N., "Novedades relativas a la revisión de la sentencia firme tras la reforma, por la Ley 41/2015, del art. 954 LECrim", en *El nuevo proceso penal tras las reformas de 2015*, Ed. Atelier, Barcelona 2016, pp. 339-347.

Efectivamente, al llevar a cabo un análisis retrospectivo, el incidente de nulidad de actuaciones, con anterioridad a la reforma del artículo 241.1 de la Ley Orgánica del Poder Judicial, introducida por la Disposición Final Primera de la Ley Orgánica 6/2007, de 24 de mayo, que modifica la Ley Orgánica del Tribunal Constitucional, solo podía invocarse en aquellos supuestos en los que se hubieran producido defectos procesales que ocasionaran indefensión o bien ante una incongruencia en el fallo. Sin embargo, tras la reforma, el ámbito de aplicación de este incidente extraordinario alcanza a "... cualquier vulneración de un derecho fundamental de los referidos en el artículo 53.2 de la Constitución, siempre que no haya podido denunciarse antes de recaer resolución que ponga fin al proceso y siempre que dicha resolución no sea susceptible de recurso ordinario ni extraordinario".

Atendiendo a que este incidente extraordinario de nulidad se plantea ante el mismo juzgado o tribunal que dictó la resolución firme, surge la duda acerca de si nos encontramos ante un recurso de amparo ordinario frente al recurso de amparo ante el Tribunal Constitucional que podría subsistir como una tutela de los derechos fundamentales de carácter subsidiario.

Con carácter previo al estudio de la controversia generada por la redacción del artículo 241 LOPJ, que debemos advertir no ha sufrido modificación alguna desde la reforma de 2007[6], esto es, en diecisiete años, además de las dudas que genera su posible inconstitucionalidad[7], merece la pena detenerse en el devenir histórico de esta institución.

2. IDAS Y VENIDAS DEL INCIDENTE DE NULIDAD DE ACTUACIONES EN NUESTRO ORDENAMIENTO JURÍDICO

Con más de un siglo de historia en nuestro país, el incidente de nulidad de actuaciones encuentra ya acomodo en la derogada Ley de Enjuiciamien-

---

6 Reforma que todavía se considera "lastimosa". *Cfr.* Cortés Domínguez, V., *Introducción al Derecho Procesal* (con Moreno Catena, V.), Ed. Tirant lo Blanch, Valencia 2023, pág. 289.

7 Sobre este punto que dejamos al margen de nuestro trabajo, *Vid.* Morenilla Allard, P., y De Castro Martín, J. L., "Sobre la inconstitucionalidad del artículo 241.1 II LOPJ, en cuanto que atribuye la competencia para el conocimiento y resolución del incidente excepcional de nulidad de actuaciones al mismo Tribunal que dictó la resolución judicial firme cuya rescisión se postula", *La Ley* 22352/2011 y Morenilla Allard, P., "De nuevo sobre la inconstitucionalidad del incidente de nulidad de actuaciones", *La Ley* 2933/2013.

to Civil de 1881 (en adelante, LEC1881), en cuyo artículo 742 se regulaba la posibilidad de denunciar cuestiones sobre la validez del procedimiento[8].

Sin embargo, la pervivencia de este incidente en nuestro ordenamiento jurídico no ha sido constante a lo largo de los años pues, tras la reforma de la LEC1881 como consecuencia de la Ley 34/1984, de 6 de agosto, de reforma urgente de la Ley de Enjuiciamiento Civil[9], el legislador prescinde de la posibilidad de acudir a este incidente para solicitar la nulidad de los actos procesales. A partir de este momento, la única posibilidad de las partes para solicitar la nulidad de la resolución radica en recurrir contra la propia resolución. Así se establece en el entonces apartado segundo del artículo 742 LEC1881, según el cual *"Será inadmisible el incidente de nulidad de resoluciones judiciales. Los vicios que pueda producir tal efecto serán hechos valer a través de los correspondientes recursos"*[10].

Lógicamente, al suprimir el legislador esta vía de nulidad de resoluciones judiciales se incrementa la actividad ante el Tribunal Constitucional, pues el recurso de amparo se convierte en la única posibilidad que tienen las partes en un proceso para poner de manifiesto la vulneración de sus derechos fundamentales en la sentencia.

Reaparece, pues, más de una década después, con el fin de mitigar el exceso de trabajo de nuestro Tribunal Constitucional, el incidente de nulidad de actuaciones, esta vez, en un instrumento normativo diferente: la LOPJ, que aun cuando ya estaba en vigor, como todos sabemos desde 1986, no regula este medio de impugnación contra resoluciones firmes hasta la reforma del artículo 240 a través de la Ley 5/1997, de 4 de diciembre[11], en cuyo artículo primero se establece que "Se modifica el apartado 2 del

---

8 *Vid.* Serra Domínguez, M., El incidente de nulidad de actuaciones, en *Justicia: revista de derecho procesal*, núm. 1, 1981, págs. 43-94.

9 BOE núm. 188, de 7 de agosto de 1984.

10 *Vid.* Artículo dieciocho de la Ley 34/1984. Resulta de interés en este momento la obra de Gómez de Liaño González, F., "Nulidad de actuaciones y la Constitución", *La Ley: Revista jurídica española de doctrina, jurisprudencia y bibliografía*, núm. 3, 1992, págs. 793-796.

11 Ley Orgánica 5/1997, de 4 de diciembre, de Reforma de la Ley Orgánica 6/1985, de 1 de julio del Poder Judicial (BOE núm. 291, de 5 de diciembre de 1997). Sobre el incidente de nulidad de actuaciones tras la regulación en la LOPJ, *Vid.* Díez-Picazo Giménez, I., "A vueltas con el incidente de nulidad de actuaciones", *La Ley: Revista jurídica española de doctrina, jurisprudencia y bibliografía*, núm. 5, 1999, págs. 1978-1980 y "A vueltas con el incidente de nulidad de actuaciones", en *Tribunales de justicia: Revista española de derecho procesal*, núm. 7, 1999, págs. 615-620.

artículo 240 de la Ley Orgánica 6/1985, de 1 de julio, del Poder Judicial, y se añaden al mismo los apartados 3 y 4 en los siguientes términos:

> *2. Sin perjuicio de ello, el Juez o Tribunal podrá, de oficio o a instancia de parte, antes de que hubiere recaído sentencia definitiva o resolución que ponga fin al proceso, y siempre que no proceda la subsanación, declarar, previa audiencia de las partes, la nulidad de todas las actuaciones o de alguna en particular.*
> *3. No se admitirá el incidente de nulidad de actuaciones. Sin embargo, excepcionalmente, quienes sean parte legítima podrán pedir por escrito que se declare la nulidad de actuaciones fundada en defectos de forma, que hubieran causado indefensión o en la incongruencia del fallo, siempre que los primeros no haya sido posible denunciarlos antes de recaer sentencia o resolución que ponga fin al proceso y que éstas no sean susceptibles de recurso en el que quepa reparar la indefensión sufrida.*
> *Será competente para conocer de este incidente el mismo Juzgado o Tribunal que dictó la sentencia o resolución que hubiere adquirido firmeza. El plazo para pedir la nulidad será de veinte días, desde la notificación de la sentencia, la resolución o, en todo caso, desde que se tuvo conocimiento del defecto causante de indefensión, sin que, en este último supuesto, pueda solicitarse la nulidad de actuaciones después de transcurridos cinco años desde la notificación de la sentencia o resolución. El Juzgado o Tribunal inadmitirá a trámite cualquier incidente en el que se pretenda suscitar otras cuestiones.*
> *4. Admitido a trámite el escrito en que se pida la nulidad fundada en los vicios a que se refiere el apartado 3 de este artículo, no quedará en suspenso la ejecución y eficacia de la sentencia o resolución irrecurribles, salvo que se acuerde de forma expresa para evitar que el incidente pudiera perder su finalidad, y se dará traslado de dicho escrito, junto con copia de los documentos que se acompañasen, en su caso, para acreditar el vicio o defecto en que la petición se funde, a las demás partes, que en el plazo común de cinco días podrán formular por escrito sus alegaciones, a las que acompañarán los documentos que estimen pertinentes.*

No obstante, la regulación de este incidente de nulidades sufre una nueva reforma con la Ley Orgánica 13/1999, de 14 de mayo[12], que en su Artículo segundo reforma los apartados 3 y 4 del artículo 240. Se mantiene, por tanto, hasta la actualidad el incidente de nulidad en nuestro Ordenamiento Jurídico, aunque, como veremos a continuación, no exento de modificaciones hasta su redacción final en el año 2007.

---

12 Ley Orgánica 13/1999, de 14 de mayo, de modificación de los artículos 19 y 240 de la Ley Orgánica 6/1985, de 1 de julio, del Poder Judicial (BOE núm. 116, de 15 de mayo de 1999).

Es el artículo cincuenta y ocho de la Ley Orgánica 19/2003, de 23 de diciembre, de modificación de la LOPJ[13], la que da una nueva redacción al incidente de nulidad de actuaciones, esta vez y ya de forma permanente, en el artículo 241. La nueva redacción afecta, como se observar, a la legitimación:

> *1. No se admitirán con carácter general incidentes de nulidad de actuaciones. Sin embargo, excepcionalmente, quienes sean parte legítima o hubieran debido serlo, podrán pedir por escrito que se declare la nulidad de actuaciones fundada en defectos de forma que hayan causado indefensión o en la incongruencia del fallo, siempre que los primeros no hayan podido denunciarse antes de recaer resolución que ponga fin al proceso y que, en uno u otro caso, ésta no sea susceptible de recurso ordinario ni extraordinario.*
> *Será competente para conocer de este incidente el mismo juzgado o tribunal que dictó la resolución que hubiere adquirido firmeza. El plazo para pedir la nulidad será de 20 días, desde la notificación de la resolución o, en todo caso, desde que se tuvo conocimiento del defecto causante de indefensión, sin que, en este último caso, pueda solicitarse la nulidad de actuaciones después de transcurridos cinco años desde la notificación de la resolución.*
> *El juzgado o tribunal inadmitirá a trámite, mediante providencia sucintamente motivada, cualquier incidente en el que se pretenda suscitar otras cuestiones. Contra la resolución por la que se inadmita a trámite el incidente no cabrá recurso alguno.*
> *2. Admitido a trámite el escrito en que se pida la nulidad fundada en los vicios a que se refiere el apartado anterior de este artículo, no quedará en suspenso la ejecución y eficacia de la sentencia o resolución irrecurribles, salvo que se acuerde de forma expresa la suspensión para evitar que el incidente pudiera perder su finalidad, y se dará traslado de dicho escrito, junto con copia de los documentos que se acompañasen, en su caso, para acreditar el vicio o defecto en que la petición se funde, a las demás partes, que en el plazo común de cinco días podrán formular por escrito sus alegaciones, a las que acompañarán los documentos que se estimen pertinentes.*
> *Si se estimara la nulidad, se repondrán las actuaciones al estado inmediatamente anterior al defecto que la haya originado y se seguirá el procedimiento legalmente establecido. Si se desestimara la solicitud de nulidad, se condenará, por medio de auto, al solicitante en todas las costas del incidente y, en caso de que el juzgado o tribunal entienda que se promovió con temeridad, le impondrá, además, una multa de 90 a 600 euros.*
> *Contra la resolución que resuelva el incidente no cabrá recurso alguno.*

Ahora bien, con anterioridad a la nueva redacción de la norma en el artículo 241 LOPJ tras su redacción por la Ley 19/2003, entra en vigor la,

---

13 Ley Orgánica 19/2003, de 23 de diciembre, de modificación de la Ley Orgánica 6/1985, de 1 de julio, del Poder Judicial (BOE núm. 309, de 26 de diciembre de 2003).

entonces nueva, Ley de Enjuiciamiento Civil en el año 2000, en adelante LEC, que regula expresamente el incidente de nulidad de actuaciones contra sentencias firmes en el artículo 228. A pesar, como veremos a continuación, de cuál sea la voluntad del legislador expresada en la Exposición de Motivos, el nuevo incidente excepcional, como se denomina en la citada norma, no entra en vigor en el momento de publicación de esta norma por contradecir el régimen normativo en vigor en ese momento en la LOPJ hasta su reforma por la citada Ley Orgánica 19/2003[14].

La Exposición de Motivos de la LEC, al introducir en su articulado el incidente de nulidad de actuaciones afirma que:

> *La nulidad de los actos procesales se regula en esta Ley determinando, en primer término, los supuestos de nulidad radical o de pleno derecho. Se mantiene el sistema ordinario de denuncia de los casos de nulidad radical a través de los recursos o de su declaración, de oficio, antes de dictarse resolución que ponga fin al proceso.*
>
> *Pero se reafirma la necesidad, puesta de relieve en su día por el Tribunal Constitucional, de un remedio procesal específico para aquellos casos en que la nulidad radical, por el momento en que se produjo el vicio que la causó, no pudiera ser declarada de oficio ni denunciada por vía de recurso, tratándose, sin embargo, de defectos graves, generadores de innegable indefensión. Así, por ejemplo, la privación de la posibilidad de actuar en vistas anteriores a la sentencia o de conocer ésta a efectos de interponer los recursos procedentes. Sin embargo, se excluye la incongruencia de esta vía procesal. Porque la incongruencia de las resoluciones que pongan fin al proceso, además de que no siempre entraña nulidad radical, presenta una entidad a todas luces diferente, no reclama en muchos casos la reposición de las actuaciones para la reparación de la indefensión causada por el vicio de nulidad y, cuando se trate de una patente incongruencia omisiva, esta Ley ha previsto, como ya se ha expuesto, un tratamiento distinto.*

---

14 *Vid.* Disposición final decimoséptima que regula el Régimen transitorio en materia de nulidad de actuaciones, entre otras, siendo así que determina que "Mientras no se proceda a reformar la Ley Orgánica del Poder Judicial en las materias que a continuación se citan, no serán de aplicación los artículos 101 a 119 de la presente Ley, respecto de la abstención y recusación de Jueces, Magistrados y Secretarios Judiciales, ni el apartado 2 de la disposición final undécima, ni los apartados 1, 2, 3 y 4 de la disposición final duodécima. Tampoco se aplicarán, hasta tanto no se reforme la citada Ley Orgánica, los artículos 225 a 230 y 214 de esta Ley, sobre nulidad de las actuaciones y aclaración y corrección de resoluciones, respectivamente". *Vid.* García-Vilarubia Bernabé, M., "A vueltas con el incidente de nulidad de actuaciones y el recurso de amparo. Examen de la cuestión a la vista de los recientes avances legislativos y jurisprudenciales", *Diario La Ley* 6156 de 28 de diciembre de 2004.

> *Verdad es que, mediante el incidente excepcional de nulidad de actuaciones, pueden verse afectadas sentencias y otras resoluciones finales, que han de considerarse firmes. Pero el legislador no puede, en aras de la firmeza, cerrar los ojos a la antecedente nulidad radical, que afecta a la resolución, con todas sus características —firmeza incluida— y con todos sus efectos. La Ley opta, pues, por afrontar la nulidad conforme a su naturaleza y no según la similitud con las realidades que determinan la existencia de otros institutos, como el denominado recurso de revisión o la audiencia del condenado en rebeldía.*
>
> *En los casos previstos como base del remedio excepcional de que ahora se trata, no se está ante una causa de rescisión de sentencias firmes y no ha parecido oportuno mezclar la nulidad con esas causas ni se ha considerado conveniente, para una tutela judicial efectiva, seguir el procedimiento establecido a los efectos de la rescisión ni llevar la nulidad al órgano competente para aquélla.*
>
> *Aunque, como respecto de otros derechos procesales, siempre cabe el riesgo de abuso de la solicitud excepcional de nulidad de actuaciones, la Ley previene dicho riesgo, no sólo con la cuidadosa determinación de los casos en que la solicitud puede fundarse, sino con otras reglas: no suspensión de la ejecución, condena en costas en caso de desestimación de aquélla e imposición de multa cuando se considere temeraria. Además, los tribunales pueden rechazar las solicitudes manifiestamente infundadas mediante providencia sucintamente motivada, sin que en esos casos haya de sustanciarse el incidente y dictarse auto.*

A partir de aquí, tanto la LEC como la LOPJ —como ya hemos tenido ocasión de señalar al comienzo de nuestro estudio— sufren sendas modificaciones, el artículo 228 LEC por Ley 13/2009, de 3 de noviembre, de reforma de la legislación procesal para la implantación de la nueva Oficina judicial[15] y el artículo 241 LOPJ por la citada Ley Orgánica 6/2007, de 24 de mayo, de la que trae causa, precisamente, nuestro trabajo[16]. Reforma que alcanza al trámite de admisión del recurso de amparo, pues como afirma la Exposición de Motivos de la citada norma de 2007, "... frente al sistema anterior de causas de inadmisión tasadas, la reforma introduce un sistema en el que el recurrente debe alegar y acreditar que el contenido del recurso justifica una decisión sobre el fondo por parte del Tribunal

15 Ley 13/2009, de 3 de noviembre, de reforma de la legislación procesal para la implantación de la nueva Oficina judicial (BOE núm. 266, de 4 de noviembre de 2009).

16 Sobre la materia, *Vid.* Bachmaier Winter, L., "La reforma del recurso de amparo en la Ley Orgánica 6/2007, de 24 de mayo", *Diario La Ley* 6775, de 10 de septiembre de 2007 y Doig Díaz, Y., "Análisis del nuevo incidente de nulidad de actuaciones en la Ley Orgánica 6/2007 de reforma del art. 241 LOPJ", *Diario La Ley* 1116/2008, de 22 de febrero de 2008.

en razón de su especial trascendencia constitucional, dada su importancia para la interpretación, aplicación o general eficacia de la Constitución"[17].

Debemos advertir que pocas sorpresas causó, sin embargo, la citada reforma de la LOPJ en el año 2007 dado que no eran pocas las críticas en relación con la anterior regulación de este incidente extraordinario de nulidad de actuaciones que impedía denunciar la vulneración de un derecho fundamental en la sentencia firme ante la jurisdicción ordinaria. La única posibilidad que tenían las partes de poner de manifiesto, por tanto, dicha vulneración de sus derechos fundamentales, dada la irrecurribilidad de la sentencia, era acudir al amparo constitucional[18].

Con la reforma de la LOPJ en el año 2007 se regula la posibilidad de recurrir en vía judicial ordinaria dicha vulneración de los derechos fundamentales de las partes, pero sin olvidar que tampoco resulta una cuestión novedosa, pues para la tutela de los derechos fundamentales durante la tramitación de un proceso han sido, tradicionalmente, competentes los tribunales ordinarios[19]. Sin embargo, en este caso, con anterioridad a la

---

17 *Vid.* Artículo 49.1 LOTC. Para una mejor comprensión del alcance de la trascendencia constitucional a la que hace referencia la citada norma se puede consultar la obra de LÓPEZ NAVÍO, A., "Comentario de Jurisprudencia de los casos de especial trascendencia constitucional". *Revista Estudios Jurídicos. Segunda Época,* núm. 22, 2022 (DOI: https://doi.org/10.17561/rej.n22.7514); Figueroa Gutarra, E., "La exigencia de especial trascendencia constitucional en el ordenamiento en el ordenamiento constitucional. Indeterminación y reconstrucción del precedente vinculante", *en Revista de Derecho Constitucional,* núm. 8, págs. 111-132 y Beladíez Rojo, M., "El recurso de amparo y la especial trascendencia constitucional", en *La nueva perspectiva de la tutela procesal de los derechos fundamentales: XXII Jornadas de la Asociación de Letrados del Tribunal Constitucional/Asociación de Letrados del Tribunal Constitucional (aut.),* Madrid, Centro de Estudios Políticos y Constitucionales, 2018, págs. 13-98. Resulta de interés advertir que, según las estadísticas del Tribunal Constitucional del año 2022, el porcentaje de inadmisión de los recursos de amparo por falta de justificación de la especial trascendencia constitucional asciende al 22,67% (1.540). Información disponible en https://www.tribunalconstitucional.es/es/jurisprudencia/InformacionRelevante/ESTADISTICAS-2022.pdf (último acceso, 16.02.2024).

18 Sobre el incidente de nulidad de actuaciones tras la reforma de 2007, *Vid.* Castillo Rodríguez, I., "El nuevo incidente de nulidad de actuaciones", en *Actualidad civil,* núm. 8, 2008 y, más recientemente, Carretero Sánchez, S., "Acerca de la nulidad de actuaciones y su complicada clarificación constitucional, *Diario La Ley* 1704/2014.

19 Sobre el incidente de nulidad de actuaciones en general, *Vid.* Richard González, Manuel, *Tratamiento procesal de la nulidad de actuaciones,* Ed. Thomson Aranzadi,

reforma, esto no era posible en el supuesto específico en el que la vulneración del derecho fundamental se producía, precisamente, en la sentencia firme contra la que ya no cabe recurso alguno.

Esto nos lleva a afirmar, casi a modo prematuro de conclusión, que la reforma del artículo 241 LOPJ tras la entrada en vigor de la, reiteradamente citada, Ley Orgánica 6/2007, atendiendo al nuevo ámbito de aplicación del incidente de nulidades, no supone, en ningún modo, algo excepcional pues no podemos olvidar que, tampoco tras la reforma, este incidente se convierte en protagónico para la tutela de los derechos fundamentales de las partes en el proceso, sino que se convierte en uno más de los que el legislador pone al alcance de los justiciables para velar por los derechos fundamentales. Lo relevante de este incidente de nulidad de actuaciones —que no es poco— es el momento procesal en el que las partes pueden denunciar la lesión de un derecho fundamental, dado que supone la última posibilidad de tutela de las garantías judiciales de los derechos fundamentales y, especialmente, de los del art. 24.1 CE ante la jurisdicción ordinaria.

3. EL INCIDENTE DE NULIDAD DE ACTUACIONES COMO REQUISITO ¿PREVIO? AL RECURSO DE AMPARO CONSTITUCIONAL: UN ANTES Y UN DESPUÉS TRAS LA SENTENCIA DEL TEDH DE 15 DE DICIEMBRE DE 2022

Como hemos tenido ocasión de observar, con carácter previo a la reforma del artículo 241 LOPJ por la citada LO 6/2007, con el incidente de nulidad de actuaciones solo se podía alegar tras sentencia firme la indefensión o la incongruencia de la sentencia. Sin embargo, a partir de la citada reforma, como si de una especie de amparo judicial se tratara, se puede solicitar la nulidad de actuaciones por la vulneración de cualquier derecho fundamental.

Como advertíamos anteriormente, lo que el legislador busca con esta extensión de la tutela de los derechos fundamentales a la jurisdicción ordinaria atribuyendo a los tribunales ordinarios el control de la vulneración de los derechos fundamentales a través del incidente de nulidad de actuaciones de los artículos 241 LOPJ y 228 LEC, es reducir el número de

---

Cizur Menor 2008 y en relación con el error judicial, *Vid.* Fernández Caballero, G., "El incidente de nulidad de actuaciones y las demandas para la declaración de error judicial", *Diario La Ley* 7684/2014.

recursos de amparo ante el Tribunal Constitucional para lo cual restringe las causas de admisión del recurso de amparo aprovechando, además, para enmendar determinadas dificultades de funcionamiento del propio TC.

Lo esencial en esta cuestión es lograr el justo equilibrio en relación con la tutela de los derechos fundamentales de los justiciables que, por un lado, bien es cierto que han visto ampliado el ámbito de aplicación del incidente de nulidad de actuaciones, pero, por otro, no podemos olvidar cómo han visto reducidas las posibilidades de acceder al Tribunal Constitucional a consecuencia de la restricción del acceso al recurso de amparo. Aun cuando el legislador, a tenor de lo establecido en los citados artículos 241 LOPJ y 228 LEC, ha trasladado la competencia para conocer del quebrantamiento de los derechos fundamentales a los tribunales ordinarios, mantiene, al menos en apariencia, dado el carácter subsidiario, la posibilidad de acudir como última opción al Tribunal Constitucional en defensa de los derechos fundamentales.

No obstante, antes de reflexionar acerca de cómo lograr la pacífica utilización de ambos mecanismos de tutela de los derechos fundamentales en el proceso, consideramos necesario detenernos, aunque sea brevemente, de forma más específica, en el conflictivo escenario ante el que se encontraban las partes en un proceso en relación con ambos instrumentos de tutela en un momento anterior a la publicación de la Sentencia del TEDH de 15 de diciembre de 2022.

Tras la reforma operada en el artículo 241 LOPJ y en el artículo 49.1 LOTC con la Ley 6/2007, que viene a consolidar el régimen de este incidente en la LOPJ junto a la regulación que del mismo prevé la LEC, no son pocos los problemas que se generan atendiendo a que, desde ese momento, los defectos denunciables a través del incidente de nulidad son también los denunciables mediante el recurso de amparo constitucional.

Efectivamente, a partir de la citada reforma cuando las partes en el proceso consideran que una resolución judicial contiene defectos de forma que provocan indefensión o vicios de incongruencia pero, a su vez, lesiona sus derechos fundamentales, debían elegir entre solicitar únicamente, en aplicación de lo establecido en el artículo 241 LOPJ, la nulidad de las actuaciones o plantear tanto este incidente de nulidad como interponer el recurso de amparo ante el Tribunal Constitucional dado que si se quería solicitar tutela ante el órgano constitucional, con carácter previo, había que solicitar en vía ordinaria la nulidad de actuaciones. Esto era así porque, tal y como establece el artículo 44 LOTC, se podrá interponer el recurso de amparo ante "... las violaciones de los derechos y libertades susceptibles de amparo constitucional que tuvieran su origen inmediato y directo en un acto u omisión de un órgano judicial podrán dar lugar a este recurso siempre que se cumplan los requisitos siguientes: a) Que se hayan agotado todos los recursos utilizables dentro de la vía judicial…". Como vemos, en este caso, la parte que hubiera visto vulnerados también sus derechos fundamentales no podría recurrir en amparo sin la previa interposición de la nulidad de actuaciones al fin de agotar la vía judicial previa.

Ahora bien, si las partes en el proceso interponían únicamente el incidente de nulidad de actuaciones con carácter previo al recurso de amparo, si el juez no decretaba la nulidad de lo actuado, se corría el riesgo de no poder interponer el recurso de amparo en el plazo establecido en el artículo 44.2 LOTC[20].

Para evitar la desestimación del recurso de amparo, bien por no agotar la vía judicial previa en caso de no solicitar la nulidad de actuaciones, bien por la presentación extemporánea del recurso de amparo tras la desestimación de la nulidad de actuaciones[21], lo más conveniente era reclamar simultáneamente en ambas vías, esto es, agotar la jurisdicción ordinaria solicitando la nulidad de actuaciones a través de este excepcional incidente por defectos de forma que provocaran indefensión o vicios de incongruencia y lesionara derechos fundamentales susceptibles de amparo e interponer también el correspondiente recurso de amparo ante el Tribunal Constitucional. De esta manera, para el caso de que la jurisdicción ordinaria inadmitiera o desestimara la solicitud de la nulidad de actuaciones, quedaba a salvo la posibilidad de recurrir en amparo ante el Tribunal Constitucional[22].

---

20 "El plazo para interponer el recurso de amparo será de veinte días a partir de la notificación de la resolución recaída en el proceso judicial".

21 En este sentido, *Vid.* la reciente STC 151/2023, de 20 de noviembre (ECLI:ES:TC:2023:151).

22 No hay que dejar de lado, aunque no se refiere al incidente de nulidad de actuaciones, el pronunciamiento del Tribunal Constitucional según el cual "Las consideraciones y doctrina constitucional expuestas permiten concluir, dado el momento procesal en el que se ha presentado la demanda, cuando aún permanecía abierto un cauce procesal legalmente pertinente para dilucidar las cuestiones de referencia en la vía judicial, que las vulneraciones alegadas han sido planteadas de forma prematura en el proceso de amparo, lo que determina su inadmisión a trámite". *Vid.* STC 10/2020, de 28 de enero (ECLI:ES:TC:2020:10).

El propio TC, en STC 182/2011,[23] reconoce que la parte que considere vulnerados sus derechos fundamentales se encuentra "ante una encrucijada difícil de resolver, toda vez que si no utiliza todos los recursos disponibles dentro de la vía judicial ordinaria su recurso de amparo podrá ser inadmitido por falta de agotamiento de la vía judicial previa, y si decide, en cambio, apurar la vía judicial, interponiendo todos los recursos posibles o imaginables, corre el riesgo de incurrir en extemporaneidad al formular alguno que no fuera en rigor procedente"

Diversas son las cuestiones que debemos recordar en este momento. En primer lugar, no podemos dejar de lado el carácter extraordinario o excepcional del incidente de nulidad de actuaciones del artículo 241 LOPJ que presenta, además, carácter subsidiario, pues no responde, con carácter general, a las reclamaciones por los mencionados defectos de forma, sino exclusivamente cuando estos defectos de forma que provocan indefensión o vicios de incongruencia se dan en la sentencia. Sentencia que, además, debe ser firme, esto es, contra la que no exista la posibilidad de recurrir. En caso contrario, esto es, cuando la sentencia no sea firme o los defectos de forma se den a lo largo del proceso, las partes tendrán a su alcance el sistema ordinario de recursos para denunciarlo ante el juez.

Como resulta fácilmente constatable, el ámbito de aplicación del incidente de nulidades no ha perdido, pese a la reforma por la LO 6/2007 que lo amplía, su carácter limitado, dado su carácter subsidiario. Todo ello sin mencionar lo infrecuente que resulta la vulneración de los derechos de las partes en la propia sentencia.

Por otro lado, como advertíamos al comienzo del epígrafe y aun cuando parece que el legislador amplía el ámbito de aplicación del incidente de nulidad de actuaciones para reducir el número de recursos de amparo ante el Tribunal Constitucional, a tenor de la interpretación que la Jurisprudencia ha llevado a cabo del significado acerca de la exigencia de agotar con carácter previo al amparo constitucional, "todos los recursos utilizables dentro de la vía judicial...", desde la reforma hasta prácticamente la Sentencia del TEDH de 2022, el resultado no es el esperado, pues el incidente de nulidad de actuaciones del artículo 241 LOPJ se acabó convirtiendo en un mecanismo previo y necesario para la posterior interposición del recurso de amparo ante el TC por vulneración de derechos fundamentales. Nos encontramos, así, ante un nuevo amparo judicial tras el cual, y agotada la

---

23 STC 182/2011, de 21 de noviembre (ECLI:ES:TC:2011:182).

vía judicial ordinaria, el perjudicado podría interponer el recurso de amparo ante el TC.

En esta línea, el Auto del TC 179/2010, de 29 de diciembre, exigía la necesidad de agotar la vía judicial previa al recurso de amparo de tal modo que determina que *"la jurisdicción constitucional sólo puede intervenir una vez que, intentada la reparación de la eventual lesión del derecho invocado por los ciudadanos en la vía judicial ordinaria y agotados los cauces procesales que ésta ofrece, dicha reparación no se haya producido. Y cuando aquellas vías no hayan sido recurridas el recurso de amparo resultará inadmisible"*[24]. El mismo criterio sigue la STC 12/2011, de 28 de febrero, al confirmar que este amparo judicial previo resulta necesario para evitar el amparo constitucional *per saltum* ofreciendo así a la jurisdicción ordinaria la posibilidad de pronunciarse sobre la vulneración de un derecho fundamental y evitando también recursos de amparo innecesarios[25].

No obstante, y anterior a esta doctrina, el propio Tribunal Constitucional comienza a cuestionarse la rigidez de esta interpretación del requisito del artículo 44 LOTC en relación con el incidente de nulidad de actuaciones, siendo así que la STC 216/2013, de 19 de diciembre, resuelve el recurso de amparo ratificándose en lo dispuesto en sentencias anteriores[26],

---

24 ECLI:ES:TC:2010:179A.

25 ECLI:ES:TC:2011:12. En este mismo sentido, en el mismo año, el Auto núm. 200 del TC afirma que "La aplicación de los razonamientos que anteceden lleva a estimar cometido el defecto de falta de agotamiento de la vía judicial [art. 44.1 a) LOTC], determinante de la inadmisión del recurso interpuesto [art. 50.1 a) LOTC]". *Vid.* Auto 200/2010, de 21 de diciembre (ECLI:ES:TC:2010:200A).

26 *Vid.*, por todas, STC 11/2011, de 28 de febrero (ECLI:ES:TC:2011:11). Según la STC 176/2013, de 21 de octubre, (ECLI:ES:TC:2013:176), "...a la vista de que la lesión de los derechos fundamentales invocados por el demandante se reprocha a la Sentencia del Tribunal Supremo, en tanto que es la única resolución judicial que habría menoscabado los derechos fundamentales a la intimidad y a la propia imagen, el incidente de nulidad resultaría, abstractamente considerado, un remedio procesal pertinente tras la reforma en su regulación introducida por la Ley Orgánica 6/2007, de 24 de mayo. Ahora bien, no ha de perderse de vista que el remedio procesal extraordinario que es el incidente de nulidad de actuaciones no es exigible para considerar correctamente agotada la vía judicial, sino en la medida en que en el caso concretamente contemplado pudiese lograrse con su utilización la reparación de los derechos fundamentales pretendidamente vulnerados". Resulta de indudable interés la lectura de la obra de Górriz Gómez, B., "Modificación de la doctrina constitucional sobre la necesidad de interponer el incidente de nulidad de actuaciones con carácter previo al recurso de amparo (STC 216/2013, de 19 de diciembre). *La Ley* 1218/2014.

pues considera que la interposición de la demanda de amparo constitucional por la vulneración directa del derecho fundamental, como sería, por ejemplo, una vulneración del derecho al honor o a la intimidad, no exige la solicitud previa de nulidad de las actuaciones a través del incidente extraordinario del artículo 241 LOPJ puesto que lo contrario *"...consistiría en la pretensión de una reconsideración sobre el fondo de la resolución con argumentos semejantes a los ya empleados en la vía judicial"*[27].

Se puede concluir, por lo tanto, que a partir de este momento nuestro Tribunal Constitucional cambia de criterio al admitir a trámite el recurso de amparo sin que el recurrente plantee necesariamente el incidente de nulidad de actuaciones, pues lo contrario significaría imposibilitar la vía de amparo constitucional *"con un enfoque formalista y confundir la lógica del carácter subsidiario de su configuración"*[28].

Es más, ya en la citada STC 11/2011, de 28 de febrero, se afirmaba que "el presupuesto procesal del agotamiento no puede configurarse como la exigencia de interponer cuantos recursos fueren imaginables, incluso aquellos de dudosa viabilidad. El agotamiento queda cumplido con la utilización de aquéllos que razonablemente puedan ser considerados como pertinentes sin necesidad de complejos análisis jurídicos". En este sentido, si el carácter subsidiario del amparo constitucional está garantizado porque las alegaciones de las lesiones de derechos fundamentales han sido denunciadas previamente ante la jurisdicción ordinaria, no sería necesario acudir también al incidente de nulidad de actuaciones. Si exigiéramos en estos casos plantear previamente el incidente de nulidad de actuaciones resultaría materialmente inútil en palabras del propio TC porque comportaría pedirle al órgano judicial que se retractase de lo que ya ha resuelto[29].

El problema con el que nos encontramos es que podríamos haber seguido citando sentencias del propio TC en un sentido y en otro lo cual no hace más que acrecentar la incertidumbre que se cierne sobre quien

---

27 *Vid. STC 216/2013, de 19 de diciembre (*ECLI:ES:TC:2013:216).

28 *Vid.* la Sentencia 19/2014, de 10 de febrero de 2014 (ECLI:ES:TC:2014:19).

29 En este sentido, *Vid.* Díez-Picazo y García Roca., "Encuesta sobre la reforma del LOTC", en *Revista Española de Derecho Constitucional*, núm. 85, 2006, págs. 30-31. *Vide.* también, Díez-Picazo Giménez, I., "¿Tiene sentido el incidente de nulidad de actuaciones?", en *La nueva perspectiva de la tutela procesal de los derechos fundamentales: XXII Jornadas de la Asociación de Letrados del Tribunal Constitucional/Asociación de Letrados del Tribunal Constitucional (aut.)*, Madrid, Centro de Estudios Políticos y Constitucionales, 2018, págs. 99-122.

ha visto vulnerados sus derechos fundamentales en la sentencia firme y se encuentra con la disyuntiva de solicitar la nulidad de actuaciones exponiéndose a la inadmisión del recurso de amparo por considerar el Tribunal Constitucional su presentación extemporánea o descartar la nulidad de actuaciones apostando directamente por el amparo constitucional, con el riesgo, igualmente, de ver inadmitido su recurso por no cumplir con el requisito de procedibilidad del artículo 44 LOTC, esto es, agotar la vía judicial previa.

Y decimos que podríamos "haber seguido citando" porque parece que el Tribunal de Estrasburgo ha venido a aclarar la cuestión advirtiendo al TC la incertidumbre que genera la aplicación de su propia doctrina en relación con las inadmisiones de los recursos de amparo por no agotar los medios de impugnación en vía judicial ordinaria[30].

Efectivamente, tal y como reconoce el Tribunal Europeo de Derechos Humanos (TEDH) en la mencionada sentencia "... el propio Tribunal Constitucional consideró que debía modificar su planteamiento sobre cuándo interponer un incidente de nulidad en estos casos. En su sentencia de 2019 (véase el apartado 8 supra), sostuvo que el requisito de agotar la vía judicial antes de interponer el recurso de amparo no obliga a utilizar en cada caso todos los medios de impugnación posibles, sino sólo aquellos normales que "de manera clara" se puedan ejercitar, "sin necesidad de superar unas dificultades interpretativas mayores de lo exigible razonablemente" y que "de la normativa procesal que regula el incidente de nulidad de actuaciones no cabe deducir que en supuestos como el que ahora se examina proceda de manera clara su interposición"[31].

Por tanto, puede concluirse que el Tribunal Constitucional había modificado su doctrina porque reconocía que el sistema anteriormente vigente había generado una gran incertidumbre y que faltaba previsión acerca del agotamiento de los medios de impugnación disponibles o, mejor dicho, necesarios, antes de recurrir en amparo. Por ello, el TEDH declara en la

---

30 *Vid.* Sentencia del TEDH de 15 de diciembre de 2022 en el asunto Olivares Zúñiga c. España

31 Para un estudio más exhaustivo del pronunciamiento del TEDH, *Vid.* Gómez de José, C., "Presentación del incidente de nulidad de actuaciones como cauce de admisión del recurso de amparo a la vista de la reciente sentencia del TEDH (15 de diciembre de 2022, asunto Olivares Zúñiga c. España)", en *Revista de derecho UNED*, núm. 31, 2023, págs. 225-242.

citada sentencia que se ha producido una violación del artículo 6.1 del Convenio.

Resulta claro, pues, que tras la sentencia del TEDH, nuestro Tribunal Constitucional no podrá inadmitir el recurso de amparo, en estos casos, por la falta de agotamiento de la vía judicial previa cuando la interposición del incidente de nulidad no sea necesario porque la vulneración de los derechos fundamentales forme parte del conocimiento del proceso, lo que traerá consigo, posiblemente, una disminución del número de incidentes de nulidad de actuaciones y un incremento de los recursos de amparo ante el Tribunal Constitucional[32].

4. ASPECTOS GENERALES DEL PROCEDIMIENTO DEL INCIDENTE DE NULIDAD DE ACTUACIONES

El incidente regulado en el artículo 241 LOPJ es, como ya se ha adelantado anteriormente, un incidente extraordinario que el legislador pone a disposición de las partes en el proceso para la impugnación de sentencias firmes que hayan causado indefensión como consecuencia de una infracción procesal siempre que dicha indefensión no se haya podido denunciar a lo largo del proceso en el que se ha producido.

Nadie pone en duda, como advertimos con anterioridad, que, a tenor de lo establecido en los artículos 241 LOPJ y 228 LEC, nos encontramos ante un incidente de carácter extraordinario, no solo por el carácter restrictivo en relación con el tipo de resoluciones ante las que se puede plantear (resoluciones firmes), sino porque igualmente son restrictivos los motivos que las partes pueden alegar para solicitar la nulidad de las actuaciones. En efecto, se trata de un medio de impugnación y, como tal, solo cabe interponerlo frente a resoluciones firmes. Igualmente, solo se admite como

---

32 Los datos sobre el porcentaje de inadmisiones de recurso de amparo por falta de agotamiento de la vía judicial previa a la mitad, según el avance de las estadísticas que el Tribunal Constitucional publica en su página web, para el año 2023 asciende al 10,57% (1207 recursos). Información disponible en https://www.tribunalconstitucional.es/es/jurisprudencia/InformacionRelevante/202312_Avance_Estadistico_Anual_Con_Comparativas.pdf, pág. 30. Los datos para el año 2022, fueron del 11,01% en relación con 748 recursos. Información disponible en https://www.tribunalconstitucional.es/es/jurisprudencia/InformacionRelevante/ESTADISTICAS-2022.pdf, pág. 233 (último acceso, 16.02.2024).

motivo de nulidad de actuaciones a través de este incidente excepcional la vulneración de normas procesales que lesionen derechos fundamentales.

La redacción final del artículo 241 LOPJ exige para la interposición de este incidente de nulidad de actuaciones, además de que nos encontremos ante una resolución firme, que se haya vulnerado algún derecho fundamental de los previstos en el artículo 53.2 CE; que la lesión de los citados derechos fundamentales no se hayan podido poner de manifiesto con anterioridad a la sentencia que ponga fin al proceso y, por último, que la vulneración del derecho fundamental en cuestión no se pueda poner de manifiesto a través del sistema de recursos, tanto ordinarios como extraordinarios.

Atendiendo a que la competencia para resolver este incidente de nulidad de actuaciones no corresponde al órgano jurisdiccional que cometió el defecto de forma, sino ante el órgano jurisdiccional que dictó la resolución firme, a nadie escapa que estamos ante un medio de impugnación de naturaleza devolutiva. Cuestión que ha sido objeto de críticas por su similitud a un mero recurso de reposición[33].

En relación con el plazo para la interposición del incidente de nulidad de actuaciones, como sabemos, el legislador regula un plazo relativo y otro plazo de carácter absoluto. El primero, de veinte días desde la notificación de la resolución que deviene firme o desde que se tiene conocimiento del defecto que ha causado la indefensión. El segundo, que trata de lograr el equilibrio con el principio de seguridad jurídica, es un plazo absoluto de 5 años desde la notificación de la resolución.

Muy brevemente, para finalizar, solo recordar el procedimiento que, por escrito, sigue este incidente de nulidad de actuaciones que comienza con la solicitud de la nulidad en forma de demanda conforme a lo establecido con carácter general en el artículo 399 LEC. Demanda que irá acompañada de los documentos acreditativos de la vulneración del derecho fundamental. Tras el control de oficio por parte del órgano jurisdiccional competente para resolver el incidente, cumplidos los requisitos —denuncia en plazo de los defectos de forma que vulneran derechos fundamentales— admitirá a trámite la demanda dando traslado a las partes para que aleguen conforme a derecho lo consideren conveniente. En caso contrario, esto es, no se alegan defectos de forma que lesionan derechos fundamentales o se solicita la nulidad de actuaciones fuera del plazo legal, el

---

33 *Vid.* artículo 451.2 LEC.

órgano jurisdiccional inadmitirá por providencia sucintamente motivada la solicitud. Providencia contra la que no cabe recurso alguno.

Aun cuando la inadmisión del incidente de nulidad de actuaciones se realiza a través de providencia, señalar que el legislador exige que la respuesta debe estar *sucintamente motivada* lo cual no deja de llamar la atención a la doctrina que aunque justifica razones de celeridad a la hora de resolver por providencia, dado que se exige motivación, tal vez, debería resolverse mediante auto, igualmente, irrecurrible.

Por otra parte, aunque quepa la posibilidad de que la parte pueda solicitar la suspensión de la eficacia de la resolución firme cuando considere que, de lo contrario, el incidente perdería su finalidad, debemos señalar que este medio de impugnación, como regla general, no tiene efectos suspensivos.

Es cierto que se trata de un mero incidente, no de un proceso, y, por tanto, el legislador no prevé la práctica de la prueba, sin embargo, la doctrina considera que resultaría conveniente celebrar una vista conforme a las normas generales para la celebración de la vista en el juicio verbal[34].

El órgano jurisdiccional resolverá la solicitud de nulidad de actuaciones a través de auto irrecurrible y en caso de desestimación de la solicitud condenará al solicitante en todas las costas del incidente. Si, además, el juzgado o tribunal entiende que se ha interpuesto con temeridad, le impondrá, además, una multa de 90 a 600 euros. Si, por el contrario, estimara la nulidad, se repondrán las actuaciones al estado inmediatamente anterior al defecto que la haya originado y se seguirá el procedimiento legalmente establecido.

BIBLIOGRAFÍA

Bachmaier Winter, L., "La reforma del recurso de amparo en la Ley Orgánica 6/2007, de 24 de mayo", *Diario La Ley* 6775, de 10 de septiembre de 2007.

Carretero Sánchez, S., "Acerca de la nulidad de actuaciones y su complicada clarificación constitucional, *Diario La Ley* 1704/2014.

Castillo Rodríguez, l., "El nuevo incidente de nulidad de actuaciones", en *Actualidad civil*, núm. 8, 2008.

Cortés Domínguez, V., *Introducción al Derecho Procesal*, (con Moreno Catena, V.), Ed. Tirant lo Blanch, Valencia 2023.

---

34 *Vid.* artículos 442 y ss LEC.

Díez-Picazo Giménez, I., "¿Tiene sentido el incidente de nulidad de actuaciones?", en *La nueva perspectiva de la tutela procesal de los derechos fundamentales: XXII Jornadas de la Asociación de Letrados del Tribunal Constitucional/Asociación de Letrados del Tribunal Constitucional (aut.),* Madrid, Centro de Estudios Políticos y Constitucionales, 2018.

Díez-Picazo Giménez, I., "A vueltas con el incidente de nulidad de actuaciones", *La Ley: Revista jurídica española de doctrina, jurisprudencia y bibliografía,* núm. 5, 1999.

Díez-Picazo Giménez, I., "A vueltas con el incidente de nulidad de actuaciones", en *Tribunales de justicia: Revista española de derecho procesal,* núm. 7, 1999.

Díez-Picazo y García Roca., "Encuesta sobre la reforma del LOTC", en *Revista Española de Derecho Constitucional,* núm. 85, 2006, págs. 30-31.

Doig Díaz, Y., "Análisis del nuevo incidente de nulidad de actuaciones en la Ley Orgánica 6/2007 de reforma del art. 241 LOPJ", *Diario La Ley* 1116/2008, de 22 de febrero de 2008.

Fernández Caballero, G., "El incidente de nulidad de actuaciones y las demandas para la declaración de error judicial", *Diario La Ley* 7684/2014.

Figueroa Gutarra, E. "La exigencia de especial trascendencia constitucional en el ordenamiento en el ordenamiento constitucional. Indeterminación y reconstrucción del precedente vinculante", en *Revista de Derecho Constitucional,* núm. 8, págs. 111-132.

García-Vilarubia Bernabé, M., "A vueltas con el incidente de nulidad de actuaciones y el recurso de amparo. Examen de la cuestión a la vista de los recientes avances legislativos y jurisprudenciales", *Diario La Ley* 6156 de 28 de diciembre de 2004.

Gómez de José, C., "Presentación del incidente de nulidad de actuaciones como cauce de admisión del recurso de amparo a la vista de la reciente sentencia del TEDH (15 de diciembre de 2022, asunto Olivares Zúñiga c. España)", en *Revista de derecho UNED,* núm. 31, 2023,

Gómez de Liaño González, F., "Nulidad de actuaciones y la Constitución", La Ley: Revista jurídica española de doctrina, jurisprudencia y bibliografía, núm. 3, 1992.

Górriz Gómez, B., "Modificación de la doctrina constitucional sobre la necesidad de interponer el incidente de nulidad de actuaciones con carácter previo al recurso de amparo (STC 216/2013, de 19 de diciembre). *La Ley* 1218/2014.

López Navío, A. "Comentario de Jurisprudencia de los casos de especial trascendencia constitucional". *Revista Estudios Jurídicos. Segunda Época,* núm. 22, 2022 (DOI: https://doi.org/10.17561/rej.n22.7514).

Morenilla Allard, P., y De Castro Martín, J. L., "Sobre la inconstitucionalidad del artículo 241.1 II LOPJ, en cuanto que atribuye la competencia para el conocimiento y resolución del incidente excepcional de nulidad de actuaciones al mismo Tribunal que dictó la resolución judicial firme cuya rescisión se postula", *La Ley* 22352/2011.

Morenilla Allard, P., "De nuevo sobre la inconstitucionalidad del incidente de nulidad de actuaciones", *La Ley* 2933/2013.

Richard González, M., *Tratamiento procesal de la nulidad de actuaciones,* Cizur Menor, Ed. Thomson Aranzadi, 2008.

Serra Domínguez, M., El incidente de nulidad de actuaciones, en *Justicia: revista de derecho procesal,* núm. 1, 1981.

Vallespin Pérez, D., *Manual de Derecho procesal civil,* Ed. Atelier, Barcelona 2023.

Vallespin Pérez y Vermengo Pellejero, N., "Novedades relativas a la revisión de la sentencia firme tras la reforma, por la Ley 41/2015, del art. 954 LECrim", en *El nuevo proceso penal tras las reformas de 2015,* Ed. Atelier, Barcelona 2016.

Sobre la eficacia de las sentencias del Tribunal Europeo de Derechos Humanos[1]

LORENZO M. BUJOSA VADELL
Catedrático de Derecho Procesal
Universidad de Salamanca

SUMARIO: 1. INTRODUCCIÓN. 2. EL TEDH COMO ÓRGANO JURISDICCIONAL SUPRANACIONAL. 3. LA FUERZA DE OBLIGAR DE LAS SENTENCIAS DEL TEDH. 4. LA APARENTE NATURALEZA HETEROGÉNEA DE LAS SENTENCIAS DEL TEDH. 5. LA EFICACIA DE LAS SENTENCIAS DEL TEDH. 5.1. LA LARGA PROBLEMÁTICA DE LA OBTENCIÓN DE EFICACIA DE LAS SENTENCIAS DEL TEDH. 5.2. EL COMITÉ DE MINISTROS DEL CONSEJO DE EUROPA COMO GARANTE DE LA EFICACIA DE LAS SENTENCIAS DEL TEDH. 5.3. LAS SENTENCIAS DEL TEDH Y EL PROCESO DE REVISIÓN DE SENTENCIAS FIRMES.

1. INTRODUCCIÓN

El Convenio Europeo de Derechos Humanos (en adelante, CEDH) es considerado el más efectivo sistema de protección de los derechos humanos del mundo[2], que es una muestra significativa de un rasgo fundamental de la evolución del Derecho en el siglo XX[3] y que supuso un paso certero hacia la concreción de formulaciones más amplias y menos

---

1 Con esta pequeña contribución, tengo el honor de participar en el muy merecido homenaje al Prof. Moreno Catena, uno de los principales referentes del procesalismo español, con los mejores deseos para una larga y placentera jubilación.

2 Cfr. Sweet, A. S., Keller, H., "The reception of the ECHR in National Legal Orders", *A Europe of Rigths. The impact of the ECHR in National Legal Systems,* Oxford University Press, Oxford, 2008, pág. 3.

3 Precisamente Mauro Cappelletti, "Appunti per una fenomenologia della giustizia nel secolo XX", *Rivista Trimestrale di Diritto e Procedura Civile,* 1978, núm. 4, págs. 1413-1414, al trazar las características principales de la fenomenología del Derecho Procesal en el siglo XX, destaca sus pasos avanzados hacia la internacionalización: "La dimensione internazionale della giustizia implica infatti, prima di ogni altra cosa, abbandono della concezione esclusivistica e monopolistica della sovranità dello Stato; essa implica, com'è eloquentemente proclamato dalla costituzione italiana del 1948, volontà dello Stato di consentire le 'limitazioni di sovranità necessarie ad un ordinamento che assicuri la pace e la giustizia fra le Nazioni'".

coercitivas, al tiempo que ha sido modelo de otros sistemas de protección que también buscan su efectividad.

En efecto, la Declaración Universal de los Derechos Humanos fue un paradójico fruto de los grandes estragos de las guerras mundiales que confrontaron, de manera particular y muy dramática, en primera línea, a sucesivas generaciones de jóvenes europeos, especialmente franceses y alemanes, pero además a millones de personas que sufrieron en sus propias carnes las funestas consecuencias de políticas que menospreciaron radicalmente la idea central de dignidad humana[4]. La proclamación de una serie de derechos como fundamento universal de la convivencia supuso un cambio radical: el Estado ya no se debía limitar a proteger —en su caso— a sus ciudadanos a través de la protección diplomática, sino que era visto como una potencial amenaza respecto a su propia población. La inmediata experiencia histórica era clara. Por ello, se consideraba imprescindible la creación de instrumentos de protección para los sujetos jurídicos frente al poder público de sus propios países.

Sin embargo un planteamiento realista no podía detenerse en proclamaciones programáticas o de excelentes deseos, por muy oportunas que fueran. Se tuvo la suficiente visión práctica para conseguir acompañar esas declaraciones de un conjunto orgánico dirigido a asegurar la interpretación y la aplicación concreta de los derechos humanos enumerados en los textos internacionales. Tales innovaciones, no obstante, suponían alteraciones en los equilibrios jurídico-constitucionales que no han sido fáciles de resolver, como son, sin ningún ánimo exhaustivo, la justificación de la potestad jurisdiccional ejercida por estos nuevos órganos, la incardinación del proceso supranacional en el *iter* de resolución de un caso concreto iniciado, naturalmente, en el ámbito interno o el problema en el que nos deberemos centrar en las páginas siguientes y que tiene que ver, nada menos, que con la eficacia de las sentencias en todo el ámbito espacial de incidencia de estos órganos.

Para un procesalista resulta evidente la insuficiencia de las enumeraciones dogmáticas, si no van acompañadas de los instrumentos necesarios

---

4 Justamente en la famosa Declaración Schuman, de 9 de mayo de 1950, el ministro de Asuntos Exteriores francés declaraba: "Europa no se hará de una vez ni en una obra de conjunto: se hará gracias a realizaciones concretas, que creen en primer lugar una solidaridad de hecho. La agrupación de las naciones europeas exige que la oposición secular entre Francia y Alemania quede superada…".

para hacerlas valer[5]. Pero, aún con la configuración de cauces procesales en los que se puedan constatar las vulneraciones en los supuestos concretos que se sometan a —y logren ser admitidos por— los órganos competentes, es también claro que no nos podemos quedar satisfechos con la mera declaración contenida en la sentencia, que puede ser valiosa en sí misma, pero que debe producir los efectos propios derivados de su contenido. En todo ello está implicado un análisis sobre la verdadera naturaleza de las sentencias dictadas en el sistema europeo de protección de los derechos humanos y sobre las consiguientes consecuencias en los ordenamientos de los Estados parte del CEDH.

2. EL TEDH COMO ÓRGANO JURISDICCIONAL SUPRANACIONAL

En el esquema orgánico originario del CEDH se crearon dos órganos destinados a asegurar la observancia de los compromisos contraídos por las Altas Partes Contratantes: La Comisión Europea de Derechos Humanos y el Tribunal Europeo de Derechos Humanos (art. 19 CEDH); mientras que se asignaban atribuciones en este contexto a dos órganos preexistentes en el conjunto orgánico del Consejo de Europa: el Secretario General y el Comité de Ministros, órgano este último, como veremos, con un creciente protagonismo para el control de la eficacia de las sentencias emitidas por el TEDH.

El carácter novedoso de esta configuración implicaba lo que ahora consideramos como una excesiva prudencia desde el punto de vista del procedimiento: La recepción de reclamaciones de cualquier persona, de organizaciones no gubernamentales o de grupos de individuos se condicionaba a declaraciones facultativas emitidas por cada uno de los Estados parte (art. 25 CEDH), que se emitían para un periodo determinado y se iban prorrogando. Y, por otro lado, se preveía otra declaración facultativa a efectos de reconocer la jurisdicción del TEDH respecto a todos los asuntos relativos a la interpretación y a la jurisdicción del Convenio (art. 46 CEDH).

Estas salvaguardas adicionales posiblemente estuvieran justificadas en los primeros años de funcionamiento del sistema europeo, pero en los

---

5 Recuérdese la concepción de Almagro Nosete, J., *Constitución y Proceso,* Barcelona, 1984, págs. 153-155, por la que el Derecho procesal se entiende como un conjunto institucional que sirve a la efectividad de todo el Derecho, y que, por tanto, instrumenta la efectividad judicial de todas las normas jurídicas.

años noventa se pretendió reforzar la posición del Tribunal y, en definitiva, reestructurar los mecanismos de control del sistema, ante la masiva abundancia de casos presentados y con el fin de aumentar la eficiencia en su gestión procesal. Conviene recordar que, además, en esos años, la incorporación de los países del Este supuso una inflexión importante en la vertiente práctica de la protección europea de los derechos humanos, que debía tener sus consecuencias estructurales.

De este modo, el Protocolo núm. 11, de 11 de mayo de 1994[6], consolidó el sistema de protección al hacer desaparecer la Comisión, como filtro previo a la fase propiamente jurisdiccional, y al establecer un Tribunal, con una mayor permanencia, pero también con una más elevada complejidad, pues los magistrados —tantos como Estados parte del CEDH— se agrupan en Comités, Salas y Gran Sala (art. 27 CEDH), aunque también caben reuniones plenarias a efectos organizativos. Ahora, por el simple hecho de la vinculación con el sistema de protección hay un sometimiento de los Estados a estos órganos del Tribunal y las reclamaciones pueden presentarse directamente por los sujetos privados (personas físicas, organizaciones no gubernamentales y grupos de individuos), por tanto desaparecen las declaraciones facultativas anteriores.

Los Comités, con tres miembros, pueden, por unanimidad, declarar inadmisible o eliminar del orden del día una demanda individual presentada en virtud del artículo 34, en ciertas circunstancias. Pero son las Salas y la Gran Sala las que dictan resoluciones sobre el fondo, una vez tramitado el proceso supranacional, aunque las Salas deben realizar inicialmente una nueva valoración de admisibilidad. Ordinariamente estos órganos, compuestos por siete magistrados, conocen en primera instancia de las pretensiones presentadas por los reclamantes y, naturalmente, se pronuncian a través de sentencias de primera instancia.

En casos excepcionales, en los que se planteen cuestiones graves relativas a la interpretación del Convenio o de sus protocolos, o si la solución

---

6 Cuya entrada en vigor tuvo lugar el 1 de noviembre de 1998. *Vid.* Bonet i Pérez, J., "El Protocolo núm. 11 y la reforma del sistema europeo de protección de los derechos humanos", *Revista Española de Derecho Internacional*, vol. XLVI, 1994, núm. 1, págs. 474-485; Marín López, A., "La reforma del sistema de protección de los derechos del hombre en el Consejo de Europa: El protocolo nº. 11 al Convenio Europeo de 1950", *Anuario de Derecho Internacional*, XI, 1995, págs. 169-202; Salinas Alcega, S., *El sistema europeo de protección de los derechos humanos en el siglo XXI. El proceso de reforma para asegurar su eficacia a largo plazo*, Iustel, Madrid, 2009, págs. 28-38.

dada a una cuestión pudiera ser contradictoria con una sentencia dictada anteriormente por el Tribunal, la Sala podrá inhibirse en favor de la Gran Sala, mientras no haya dictado sentencia, salvo que una de las partes se oponga a ello (art. 30 CEDH). A su vez, en el plazo de tres meses desde la fecha de la sentencia de la Sala, cualquier parte puede pedir la remisión del asunto a la Gran Sala, que lo admitirá si se aprecia una cuestión grave relativa a la interpretación o a la aplicación del Convenio o de sus protocolos o una cuestión grave de carácter general (art. 43 CEDH). Por supuesto, la Gran Sala no tiene una instancia superior, por tanto sus sentencias gozarán de firmeza.

Posteriores protocolos han ido ajustando este esquema. Así el Protocolo núm. 14, de 13 de mayo de 2004, constatando de nuevo la urgente necesidad de modificar algunas previsiones del Convenio, y con el reiterado propósito de perfeccionar la eficiencia del sistema de control a largo plazo, en el contexto del crecimiento exponencial de asuntos[7], añadió la posibilidad de que los magistrados, individualmente, puedan considerar la inadmisibilidad de la reclamación o su exclusión del orden del día (art. 27 CEDH). Pero a su vez, otorgó competencias sobre el fondo a los Comités, de modo que, si se trata de asuntos para los que el tribunal tiene ya una jurisprudencia consolidada, el asunto es resuelto sobre el fondo, y por tanto con una sentencia que goza de firmeza[8] (art. 28 CEDH). Por otra parte, con idéntica finalidad de restringir el número de casos que ingresen en el sistema, aumentan los criterios que permiten inadmitir una reclamación con criterios de difícil concreción y de imposible control[9].

---

7 No está de más señalar que el problema del elevado número de reclamaciones lleva directamente al asombro. Conforme a las estadísticas publicadas por el propio TEDH, eran 70.150 las reclamaciones pendientes de resolución el 31 de diciembre de 2021, la mayor parte de ellas contra la Federación Rusa (24,20%) y Turquía (21,70 5). Solo en el año 2021 fueron presentadas 44.250. Y desde que se puso en funcionamiento el Tribunal hasta finales de 2021 fueron 24.511 las sentencias dictadas, más de un tercio de las cuales respecto a tres países: Turquía (3.820), Federación Rusa (3.116) e Italia (2.466).

8 La posición de los magistrados componentes del respectivo Comité se ve muy fortalecida, pues su determinación sobre si la cuestión planteada en el caso concreto, acerca de la interpretación o la aplicación de la Convención y sus Protocolos, ha sido objeto de jurisprudencia consolidada por el Tribunal, queda como indiscutible, o lo que es lo mismo en terminología jurídico-procesal: irrecurrible, al ser firme (art. 28.2 CEDH).

9 Así, el artículo 35.3 CEDH, tras la reforma, mantiene la redacción anterior, de modo que el Tribunal considerará inadmisible cualquier demanda individual

Es importante resaltar la exigencia general del previo agotamiento de las vías internas, como dispone el artículo 35.1 CEDH: "Al Tribunal no podrá recurrirse sino después de agotar las vías de recursos internas, tal como se entiende según los principios de derecho internacional generalmente reconocidos y en el plazo de cuatro meses a partir de la fecha de la decisión interna definitiva". Esta aplicación del principio de subsidiariedad es lógica y va en la misma dirección de restringir las funciones de estos tribunales supranacionales a lo estrictamente necesario y cuando la pretensión que se ejercite no pueda haber obtenido satisfacción previamente en el ámbito interno. En este sentido, el Protocolo núm. 15, ha añadido un nuevo párrafo al preámbulo de la Convención, en el que se viene a destacar que los Estados parte tienen la responsabilidad principal de garantizar los derechos y libertades definidos en el Convenio y sus Protocolos, y que al hacerlo disfrutan de un margen de apreciación, bajo el control del TEDH.

Pero esta prioridad de las vías internas no es absoluta, ya que el Protocolo núm. 16, de 2 de octubre de 2013[10], prevé que los órganos jurisdiccionales de mayor rango de los Estados parte podrán solicitar al tribunal que emita opiniones consultivas sobre cuestiones de principio relativas a la interpretación o a la aplicación de los derechos y libertades definidos en el Convenio o sus protocolos, siempre respecto a un asunto del que estén conociendo. Se permite de este modo una profundización del diálogo entre el Tribunal Europeo y los Altos tribunales internos[11] a través de esta técnica de cuestiones prejudiciales que ya había sido propuesta hace años[12]. Pero

---

presentada en aplicación del artículo 34 cuando la estime incompatible con las disposiciones del Convenio o de sus protocolos, manifiestamente mal fundada o abusiva. Pero se añade un nuevo criterio relativo a que el reclamante no haya sufrido un perjuicio significativo, a menos que en relación con la protección de los derechos humanos tal y como se definen en el Convenio y sus Protocolos exija un examen sobre el fondo. No obstante, ningún asunto podrá ser rechazado por este motivo si no ha sido debidamente considerado por un tribunal nacional.

10 Como señala el preámbulo de este Protocolo núm. 16: "la ampliación de la competencia del tribunal para emitir opiniones consultivas reforzará la interacción entre el Tribunal y las autoridades nacionales y consolidará así la implementación del Convenio, de conformidad con el principio de subsidiariedad".

11 *Vid.* González Herrera, D., *El diálogo judicial en el Espacio Jurídico Europeo,* Tirant lo Blanch, Valencia, 2021, págs. 289-368.

12 Así, Carrillo Salcedo, J. A., "En favor de la atribución al Tribunal Europeo de Derechos Humanos de la competencia de estatuir, a título prejudicial, sobre la interpretación del Convenio Europeo de Derechos Humanos", en *Problemas actuales de la Justicia (Homenaje al Prof. Gutiérrez-Alviz y Armario),* Tirant lo Blanch, Valencia,

la resolución de estas cuestiones prejudiciales, aunque debe ser motivada no tiene forma de sentencia, sino una forma específica a la que el protocolo denomina simplemente "opiniones consultivas", que serán comunicadas al órgano que realizó la consulta y, especialmente importante para nuestro análisis: "no serán vinculantes", conforme al artículo 5 del Protocolo[13].

3. LA FUERZA DE OBLIGAR DE LAS SENTENCIAS DEL TEDH

Como ocurre con cualquier convenio internacional, los Estados que han firmado y se han adherido o han ratificado el texto acordado están vinculados por él. Como dispone el artículo 26 del Convenio de Viena sobre el Derecho de los Tratados[14]: "Todo tratado en vigor obliga a las partes y debe ser cumplido por ellas de buena fe". Por tanto, es claro que las normas contenidas en el Convenio Europeo también tienen fuerza vinculante.

La peculiar naturaleza de este tratado internacional multilateral hace que no sólo debamos tener en cuenta la obligación de los Estados parte de vincularse a sus disposiciones, sino que la creación de órganos específicos para la interpretación y la aplicación de tales normas, extiende notablemente el acervo jurídico a aplicar. Estas consideraciones afectan notablemente a la cláusula de apertura supranacional de la Constitución española de 1978, pues el artículo 10.2 exige que las normas relativas a los derechos fundamentales y a las libertades que la Constitución reconoce se interpreten de conformidad con la Declaración Universal de Derechos Humanos y los tratados y acuerdos internacionales sobre las mismas materias ratificados por España, pues a través del CEDH encuentra una indudable vía de expansión y de actualización[15].

1988, págs. 777-780. Asimismo, Bandrés Sánchez-Cruzat, J. M., El Tribunal Europeo de los Derechos del Hombre, Ed. Bosch, Barcelona, 1983, pág. 109.

13 Ciertamente, ni el Convenio, ni el Protocolo núm. 16, ni el Reglamento de Procedimiento del TEDH (arts. 91 a 95) hablan de sentencia al referirse a estos trámites, sino simplemente "opiniones consultivas".

14 Firmado en Viena el 23 de mayo de 1969. U.N. Doc A/CONF.39/27 (1969), 1155 U.N.T.S. 331, en vigor desde el 27 de enero de 1980.

15 El TC en sentencia núm. 91/2000, de 30 de marzo, afirma que: "Especial relevancia revisten, en ese proceso de determinación, la Declaración Universal de Derechos Humanos y los demás tratados y acuerdos internacionales sobre las mismas materias ratificados por España, a los que el art. 10.2 CE remite como criterio interpretativo de los derechos fundamentales. Esa decisión del constituyente expresa el reconocimiento de nuestra coincidencia con el ámbito de valores e inte-

Pero no es exactamente lo mismo el texto del convenio que el texto de las sentencias emanadas de un órgano creado por el convenio. Por si hubiera dudas acerca de la fuerza vinculante de estas resoluciones, el propio CEDH establece que "Las Altas Partes Contratantes se comprometen a acatar las sentencias firmes[16] del Tribunal en los litigios en que sean partes" (art. 46.1 CEDH), por lo tanto es claro que los Estados miembros están obligados a acatar las sentencias que se dicten en los casos en que aparezcan como parte reclamada en el sistema de protección del CEDH. Tan simple como que las partes de un proceso quedan vinculadas al resultado de ese proceso en forma de sentencia firme[17].

Sin embargo, surge de inmediato la pregunta acerca de qué sentencias estamos hablando. Desde luego no todas las que dictan los diversos órga-

---

reses que dichos instrumentos protegen, así como nuestra voluntad como Nación de incorporarnos a un orden jurídico internacional que propugna la defensa y protección de los derechos humanos como base fundamental de la organización del Estado. Por eso, desde sus primeras sentencias este Tribunal ha reconocido la importante función hermenéutica que, para determinar el contenido de los derechos fundamentales, tienen los tratados internacionales sobre derechos humanos ratificados por España (SSTC 38/1981, de 23 de noviembre; 78/1982, de 20 de diciembre, y 38/1985, de 8 de marzo) y, muy singularmente, el Convenio Europeo para la Protección de los Derechos Humanos y las Libertades Públicas, firmado en Roma en 1950, dado que su cumplimiento está sometido al control del Tribunal Europeo de Derechos Humanos, a quien corresponde concretar el contenido de los derechos declarados en el Convenio que, en principio, han de reconocer, como contenido mínimo de sus derechos fundamentales, los Estados signatarios del mismo (SSTC 36/1984, de 14 de marzo; 114/1984, de 29 de noviembre; 245/1991, de 16 de diciembre; 85/1994, de 14 de marzo, y 49/1999, de 5 de abril)".

16 La traducción española del texto del convenio, reflejada en el propio texto publicado en el BOE, utiliza el término "definitiva", pero en realidad se ajustan mejor al concepto de "sentencia firme", entendida como aquella contra la que no cabe recurso alguno (art. 245.3 LOPJ). Téngase en cuenta que el adjetivo que se utiliza en la versión inglesa es de "final", por tanto: "final judgments".

17 Lo cual no implica, como en el Derecho interno, que en caso de que la justicia material lo exija, pueda haber una rescisión de la firmeza de estas sentencias. El artículo 80 del Reglamento de procedimiento del TEDH permite la presentación de solicitudes de revisión de sentencias "en caso de que se descubriera un hecho que, por su naturaleza, hubiera podido tener una influencia decisiva en el resultado de un asunto ya resuelto y que, en el momento de la sentencia, fuera desconocido por parte del TEDH y no podía ser razonablemente conocido por una de las partes". Para ello se tienen seis meses desde que se tuvo conocimiento del hecho descubierto a fin de solicitar al TEDH al revisión de la sentencia de que se trate.

nos del TEDH, sino sólo de algunas de ellas. El articulado del Convenio nos da una respuesta pormenorizada: Las sentencias de la Gran Sala serán firmes; las sentencias de una Sala lo serán cuando las partes declaren que no solicitarán la remisión del asunto ante la Gran Sala, cuando no haya sido solicitada la remisión del asunto ante la Gran Sala durante los tres meses posteriores a la fecha de la sentencia o cuando el colegio de la Gran Sala inadmita la remisión que se haya planteado, aplicando el apartado segundo del artículo 43 CEDH (art. 44 CEDH)[18].

Aparte de estas referencias normativas, tanto valor o más tiene otra perspectiva derivada de las sentencias del TEDH más allá de las partes del proceso supranacional que se haya tramitado. Por tanto, por un lado, tenemos el efecto de cosa juzgada propio de la actividad jurisdiccional, en algún momento determinado de cualquier procedimiento, por el que se impide la posibilidad de ulteriores decisiones en el mismo proceso y, asimismo, la prohibición de entrar de nuevo, a través de un proceso distinto, en el asunto que ya ha sido enjuiciado[19].

Pero, por otro lado, hay otro aspecto que ha tenido una mucho mayor influencia para la conformación continental de un orden público de los derechos humanos y que ha sido denominado, en contraposición del efecto de cosa juzgada, como "efecto de cosa interpretada *erga omnes*"[20]. Este efecto se refiere a la fuerza irradiadora que tiene la doctrina desplegada en la multitud de resoluciones del TEDH, que de forma dinámica han ido desmenuzando los derechos humanos y las libertades fundamentales que el

---

18 El tercer apartado del artículo 44 CEDH añade que "La sentencia firme será hecha pública".

19 Nos parecen asimismo indudables los efectos prejudiciales de la sentencia o de cosa juzgada en sentido positivo, pues es obligado que su contenido sea tenido en cuenta en el ámbito interno del Estado parte que hubiera sido parte reclamada en el proceso supranacional. En este sentido Escobar Hernández, C., "Nota a la STS (Sala 2ª) de 4 de abril de 1990 y al ATC (Sala 2ª) de 18 de julio de 1990", *Revista Española de Derecho Internacional,* 1990, vol. XLII, pág. 554, afirma que "obliga al Estado a reconocer como válida la interpretación del Convenio contenida en la misma".

20 Carrillo Salcedo, J. A., *El Convenio Europeo de Derechos Humanos,* Tecnos, Madrid, 2003, pág. 63: "El efecto de cosa interpretada de las sentencias del Tribunal tiene, por consiguiente, alcance general, esto es, respecto de todos los Estados parte en el Convenio; las autoridades nacionales, por tanto, incluidas las judiciales, deben tomar en consideración la interpretación del Convenio por el tribunal de Estrasburgo a través de su jurisprudencia ya que dicha interpretación les vincula jurídicamente".

Convenio proclama. No es nada extraño que los tribunales internos se apoyen en argumentos construidos en el seno del TEDH y que eso sea en procesos que nada tienen que ver directamente con nuestro país. Un ejemplo clásico —y drástico— de esa utilización argumental en asuntos nacionales fue la aplicación de la doctrina de los casos Piersack y De Cubber, ambos contra Bélgica, por nuestro Tribunal Constitucional al tener que valorar la constitucionalidad del proceso penal de la Ley Orgánica 10/1980, de 11 de noviembre, de enjuiciamiento oral de delitos dolosos, menos graves y flagrantes, y su ajuste a la derecho a un juez imparcial[21].

De este modo, se consigue un valioso cauce de actualización de los derechos humanos de alcance continental, y aún mucho más allá, teniendo en cuenta el fértil diálogo entre tribunales de diferentes ámbitos regionales que se alimentan de las construcciones jurídicas nacidas en otras latitudes, pero que contribuyen a resolver de manera renovada los complejos asuntos jurídicos que les son sometidos.

4. LA APARENTE NATURALEZA HETEROGÉNEA DE LAS SENTENCIAS DEL TEDH

De la letra del Convenio no se deduce claramente, por lo menos de manera directa, la existencia de sentencias de diversa naturaleza. Simplemente, como hemos visto, tenemos sentencias que han adquirido firmeza y otras que, por lo menos durante un tiempo, aún no la han adquirido. Y también hemos visto que podemos tener sentencias dictadas por la Gran Sala, y otras dictadas por las Salas, o incluso, más recientemente, por los propios Comités.

Pero el artículo 41 nos da una pista hacia otras valoraciones, pues se refiere al caso en que el Tribunal declare que ha habido una violación del Convenio o de sus Protocolos y el Derecho interno del Estado parte sólo

---

21 Así, la STC 145/1988, de 12 de julio, afirma literalmente: "en su citada Sentencia "De Cubber", el TEDH entendió que la actuación como Juez en el Tribunal sentenciador de quien había sido Juez Instructor de la causa suponía, por las razones ya expuestas, una infracción del derecho al Juez imparcial consagrado en el citado artículo del Convenio. De todo lo que antecede resulta que el párrafo segundo del apartado segundo de la Ley Orgánica 10/1980, que prohíbe en todo caso la recusación (y consiguientemente la abstención) del Juez sentenciador que ha sido instructor de la causa es inconstitucional por vulnerar el derecho al Juez imparcial que reconoce el artículo 24.2 de la Constitución".

permite de manera imperfecta reparar las consecuencias de dicha violación, y en ese supuesto, permite la concesión a la parte perjudicada, si así procede, lo que se conoce como una "satisfacción equitativa"[22]. Por tanto, en principio podemos tener sentencias que declaran la vulneración de alguno o algunos derechos proclamados en el Convenio, aunque si hay dificultades para reparar las consecuencias de esa vulneración, el contenido del fallo será distinto, pues puede condenar al demandado a esa satisfacción fundada en términos de equidad.

Son varias las consecuencias que podemos extraer de estas consideraciones iniciales. Está claro que estamos ante procesos de declaración: la pretensión ejercitada plantea si determinadas actuaciones del Estado han vulnerado o no alguno de los derechos y libertades del Convenio, y eso es lo que tiene que resolver el órgano competente del organigrama del TEDH. Por tanto, podrá resultar que hay vulneración de todos los derechos alegados, que hay vulneración solo de parte de ello o que no hay vulneración alguna. Y todo ello son meras declaraciones. Esa es la apariencia por lo menos. Pero justamente la colocación orgánica del TEDH, como institución supranacional, hace que tenga unas atribuciones limitadas e incompletas, si las comparamos con las resoluciones dictadas en los ordenamientos internos y de ello emanan asimismo consecuencias.

Vemos que hay supuestos en que los propios órganos del Tribunal deben ir más allá de la mera declaración y fijar directamente alguna medida, pues las circunstancias específicas nos muestran la imposibilidad de una completa reparación de las consecuencias de la vulneración. Fijémonos que hay un salto lógico: aparece aquí una reparación que expresamente nadie ha exigido, pero entonces la aparente mera declaración, en realidad en el fondo tiene otra naturaleza. El dar, el hacer o el no hacer son prestaciones de condena, no meras declaraciones[23]. Es verdad que, de ordinario, las

---

22 El TEDH, en su sentencia del *caso De Wilde, Ooms y Versyp,* de 10 de marzo de 1972 (§ 21), determinó que, en el supuesto de que las consecuencias de una vulneración solo puedan ser eliminadas parcialmente, la concesión de una "satisfacción justa" en aplicación del artículo 50 CEDH requiere que:
(i) El Tribunal haya declarado que "una decisión o medida adoptada" por una autoridad de un Estado parte está "en conflicto con las obligaciones derivadas del... Convenio";
(ii) hay una "parte vulnerada";
(iii) el tribunal lo considera "necesario" para brindar una justa satisfacción.

23 Como nos explica Fairén Guillén, V., *Doctrina general del Derecho procesal. Hacia una Teoría y Ley Procesal Generales,* Librería Bosch, Barcelona, 1990, pág. 91, al referirse

sentencias del TEDH se limitan a declarar la infracción, pero si no pueden adoptarse las consecuencias requeridas en el plano interno, el artículo 41 nos permite sustituir la satisfacción plena y directa —que resulta en estos casos imposible o incompleta— por una satisfacción equitativa, con lo que sale a la luz la verdadera naturaleza de la sentencia.

La complejidad del sistema enturbia la calificación de la naturaleza de la sentencia. Pero tratemos de aclararlo. No hay duda de que estamos ante un proceso de cognición, y por ello las sentencias resultantes serán en todo caso declarativas: declararán si ha habido o no vulneración, en qué medida y por qué razones. De todo ello se deduce una evidente valoración de la actividad pública que se ha estado enjuiciando. Si no se detecta violación de ningún derecho ni libertad fundamental, no se plantea problema alguno en el sentido que estamos considerando. Pero si se declara la vulneración y las razones por las que ésta se ha producido, debería ser fácil deducir que alguna norma interna —o quizás también la ausencia de ella— o una interpretación o aplicación de determinado precepto son contrarias al Convenio y, por consiguiente, se derivan obligaciones indirectas de derogar —o tal vez también promulgar— esa concreta norma o de corregir la interpretación o aplicación que se ha estimado infringe el Convenio.

Pero todo ello opera en un doble plano: la declaración y la necesidad de realizar la determinada prestación corresponde a contextos distintos. Los dos estadios de los que habla Fairén. La declaración corresponde al órgano supranacional, pero la ejecución es competencia de los órganos del Estado implicado. Y decimos bien 'ejecución', porque se trata de sentencias cuya verdadera naturaleza es de condena. No lo dicen directamente, pero la finalidad de la declaración, unida a la obligación de acatar las sentencias (art. 46 CEDH), exige al Estado reclamado, que ha obtenido una sentencia en su contra, a adoptar las medidas necesarias para reparar la vulneración cometida, restituyendo la situación al momento

a las pretensiones declarativas de condena afirma: "Se trata de obtener mediante ellas, una 'declaración' judicial, que precisa ser puesta en práctica, mediante una *ejecución,* también judicial, de diferente tipo, según se trate de condena civil, a hacer, deshacer, no hacer, entregar dinero o cosa específica; o penal, de condena a una pena, a ejecutar bajo la autoridad jurisdiccional". Y es especialmente clarificador el siguiente párrafo, cuando dice: "Dan, pues, lugar a un proceso integrado por dos estadios; el primero, 'declarativo', y el segundo —siempre es la misma fuerza la que lo mueve, la misma pretensión— 'ejecutivo'".

previo, si eso fuera posible, y si no lo es, tratando de compensar de alguna manera esa infracción[24].

Nos movemos, por tanto, ante la exigencia de un concurso de actividades jurisdiccionales, supranacional e interna[25], que opera como una obligación implícita de resultado[26]. Aunque sea una innegable instancia de protección, el TEDH no puede considerarse en sentido pleno una ulterior instancia supraordenada a las nacionales[27], por lo menos en el sentido de poder anular o corregir directamente los actos contrarios al Convenio; sin embargo sus decisiones firmes tienen consecuencias que deben ser propiciadas por los Estados, que son quienes deben poner los medios para llegar al resultado que se deduce de la sentencia firme del tribunal supranacional.

La mera existencia de una sentencia desfavorable, en un contexto favorable, ya puede conllevar cambios interpretativos en el plano interno. Así ha ocurrido, por ejemplo, respecto a la sentencia contra España, de 18 de enero de 2022, confirmada por la Gran Sala el 9 de mayo de 2022, acerca de la necesidad de motivación específica para la limitación del derecho a la defensa por abogado de libre elección en casos de investigados por terrorismo (caso Atristain Gorosabel contra España), que ha sido tenida en cuenta por la Sala de lo Penal de la Audiencia Nacional[28], aplicando más bien el efecto de cosa interpretada y no los efectos derivados del caso concreto que se tramité en Estrasburgo. Los problemas, sin embargo, se plantearon en relación con la necesidad de obtener efectos en el ámbito

---

24 Es preocupante que esta satisfacción equitativa pueda implicar una monetarización de los derechos humanos. Es cierto que, en ocasiones, no habrá otra manera de restituir el derecho vulnerado que a través de una indemnización económica, pero ello puede tener el riesgo de llevarnos a desvirtuar la solidez de la protección.

25 Liñán Nogueras, D., "Efectos de las sentencias del Tribunal Europeo de Derechos Humanos y el Derecho Español", *Revista Española de Derecho Internacional,* vol. XXXVII, págs. 355 y ss., habla de una colaboración de efectividades, interna e internacional.

26 *Vid.* Fernández Sánchez, P. A., *Las obligaciones de los Estados en el marco del Convenio Europeo de Derechos Humanos,* Ministerio de Justicia, Madrid, 1987, págs. 77-80.

27 Requejo Pagés, J. L., "La articulación de las jurisdicciones internacional, constitucional y ordinaria en la defensa de los derechos fundamentales (A propósito de la STC 245/91: 'Caso Bultó'", *Revista Española de Derecho Constitucional,* 1992, núm. 35, pág. 187.

28 Cfr. https://www.iustel.com/diario_del_derecho/noticia.asp?ref_iustel=1222480 (Consultado el 27 de mayo de 2022).

interno respecto a la situación específica que está en la base de la reclamación que ha sido estimada por el TEDH.

5. LA EFICACIA DE LAS SENTENCIAS DEL TEDH

La exigencia de agotamiento de las vías internas para que pueda ser admitida la reclamación por el TEDH implica la culminación de la vía jurisdiccional interna y, con ello, el intentar obtener la eficacia de la sentencia de Estrasburgo choca con el efecto de cosa juzgada interno. Así quedan afectados principios fundamentales del ordenamiento procesal como el de la inmodificación de las sentencias firmes, el cual precisamente ha sido considerado como parte del contenido del derecho a la tutela judicial efectiva[29] y, de hecho la irrevocabilidad ha sido incluida como una característica esencial de la jurisdicción[30], pues las exigencias de seguridad jurídica

---

29 Como dijo el TC en la sentencia 304/1993, de 25 de octubre, y en otras muchas: "Debe tenerse en cuenta, al respecto, la doctrina sentada por este Tribunal en sus SSTC 119/1998 y 16/9. Decíamos en la STC 119/1988 que la inmodificación de la Sentencia integra también el contenido del derecho a la tutela judicial efectiva, de modo que si, fuera del cauce del correspondiente recurso, el órgano judicial modificase una Sentencia, vulneraría el derecho fundamental del justiciable a la tutela judicial efectiva, puesto que la protección judicial carecería de efectividad si se permitiera reabrir un proceso ya resuelto por Sentencia firme. De este modo el derecho fundamental del justiciable a la tutela judicial efectiva actúa como límite y fundamento que impide que los Jueces y Tribunales puedan revisar las Sentencias y demás resoluciones firmes al margen de los supuestos taxativamente previstos por la Ley. La protección constitucional de la no modificación de las Sentencias definitivas y firmes tiene su base en el derecho a la tutela judicial efectiva del que aquélla sería manifestación, y no en el art. 9.3 de la Constitución. Ello significa que esa inmodificabilidad no es un fin en sí misma, sino un instrumento para el derecho a la tutela judicial. No integra el derecho a la tutela judicial el beneficiarse de simples errores materiales, o de evidentes omisiones en la redacción o transcripción del fallo, que pueden deducirse, con toda certeza, del propio texto de la Sentencia".

30 Así, Pedraz Penalva, E., "Sobre el 'poder' judicial y la ley orgánica del poder judicial", *Constitución, jurisdicción y proceso,* Akal, Madrid, 1990, pág. 185, define la jurisdicción como: "aquella potestad constitucional ejercida, exclusiva y excluyentemente, por Tribunales independientes, previa y legalmente establecidos, funcionalmente desarrollada de modo imparcial en el proceso, dirigida a la satisfacción *irrevocable* de los intereses jurídicos socialmente relevantes". Y aún de manera más destacada, Serra Domínguez, M., *Jurisdicción, acción y proceso,* Atelier, Barcelona, 2008, pág. 53, cuando sintetiza su concepto: "entendemos por jurisdicción la de-

conllevan un determinado momento en el procedimiento en el que no va a poder seguirse discutiendo el objeto del proceso y la resolución recaída zanja el pleito.

De nuevo, la superposición de un órgano supranacional interfiere en la dogmática clásica, basada en la concepción cerrada de la soberanía, por la que no habría nada más allá del ejercicio de la potestad jurisdiccional del Estado. Es, por tanto, imprescindible una adaptación conceptual y, si se nos permite la expresión, una relativización de la cosa juzgada interna, pues de lo contrario es imposible encontrar vías adecuadas para obtener la eficacia en el ámbito interno de las resoluciones de los órganos jurisdiccionales supranacionales.

La creación de estos órganos debe ir acompañada de las necesarias flexibilizaciones, pues de lo contrario nos quedaríamos a medio camino, sin conseguir alcanzar el propósito fijado precisamente por quienes tuvieron el atrevimiento y la fortuna de conseguir tal creación. Si se cede el ejercicio de la soberanía para la constitución de órganos supranacionales con unas atribuciones determinadas, debe completarse esa cesión permitiendo que el resultado del ejercicio de las potestades de estos tribunales puedan alcanzar el ámbito interno, pues a él se refieren las constataciones de vulneraciones que les corresponde declarar. Para ello es preciso contar con el concurso de las autoridades correspondientes del Estado parte implicado, y por tanto puede considerarse razonablemente que la obligación de acatar esas sentencias debe ir acompañada siempre de las actuaciones necesarias para obtener la reparación de las violaciones constatadas, incluidas reformas legislativas que adecuen el ordenamiento nacional a las prescripciones del CEDH.

5.1. La larga problemática de la obtención de eficacia de las sentencias del TEDH

Las flexibilizaciones exigidas por la vinculación al Convenio no han sido tarea fácil, como no lo ha sido aceptar que órganos integrados por juristas extranjeros puedan decirnos que alguna actuación de un órgano público ha vulnerado el núcleo central de derechos, de modo que debe modificar

---

terminación irrevocable del derecho en un caso concreto, seguido, en su caso, por su actuación práctica".

ese proceder y adecuar su conducta a los parámetros que fijan los órganos jurisdiccionales supranacionales.

Por un lado, los efectos indirectos de las resoluciones del TEDH —por tanto no respecto al caso concreto que resuelven, sino por el efecto de cosa interpretada del Convenio— se han extendido a lo largo y a lo ancho de los Estados parte, con un efecto armonizador mínimo[31], que ha tenido mayor o menor efectividad según la mayor o menor apertura del ordenamiento concreto a las exigencias supranacionales. De este modo, la profundización interpretativa que a través de su abundantísima jurisprudencia han llevado a cabo los órganos de Estrasburgo ha supuesto una destacada vía de renovación de las declaraciones de derechos contenidos en los respectivos textos constitucionales, con un llamativo activismo que ha llevado a la incorporación de nuevos derechos no explícitamente previstos en el documento fundacional ni siquiera en los protocolos adicionales —como es el caso al derecho al ambiente adecuado— y con una vertebración del contenido de derechos que estaban formulados como conceptos jurídicos indeterminados.

Por otro lado, las mayores dificultades se han dado respecto a los efectos directos de las sentencias firmes de Estrasburgo, cuando declaran una vulneración del Convenio o de sus Protocolos y se busca una reparación pretendidamente integral en el ámbito interno, y si no es posible, se complementaría o se sustituiría por una satisfacción equitativa, ya determinada en la propia sentencia sobre el fondo del TEDH, o en una resolución posterior específica.

Aunque no es descartable iniciar un proceso supranacional por la vigencia de una norma objetivamente contraria a las disposiciones del Convenio esta posibilidad se limita a las interposiciones de demandas interestatales, ejercitando una suerte de acción popular internacional. Sin embargo, por cuanto se refiere a las llamadas demandas individuales (las interpuestas por personas físicas, organizaciones no gubernamentales o grupos de individuos) es necesario recordar que exigen la previa alegación de la condición de víctima ("que se considere víctima de una violación por una de las Altas Partes Contratantes de los derechos reconocidos en el Convenio o sus Protocolos" art. 34 CEDH). Se exige, por tanto, la concreción de la

[31] El TEDH en su sentencia de 23 de marzo de 1995, en el *caso Loizidou contra Turquía* (Excepciones preliminares) alude a la efectividad del Convenio como instrumento constitucional de orden público (§ 75).

violación, con lo cual no se trata de un control abstracto de la legislación de un determinado Estado parte.

Sin embargo, como hemos visto, esta evidencia no obsta para que se deriven consecuencias más amplias de la constatación de una vulneración concreta en la sentencia firme que resulte de los órganos del TEDH[32]. De lo contrario, el Estado que no atienda estas exigencias indirectas se expone a un aluvión de demandas basadas en cada una de las situaciones particulares que sean sustancialmente idénticas a la que ha sido declarada contraria al Convenio a o sus protocolos[33]. Aunque sea por elemental prudencia, parece que en estos supuestos el efecto debería ser la promoción de un cambio legislativo o, como mínimo, un cambio interpretativo, si las técnicas jurídicas aplicables lo permitieran. Conviene añadir que en estos casos no es probable que estemos ante el supuesto previsto en el artículo 41 CEDH, no porque no existan impedimentos de Derecho interno, sino porque éstos deben considerarse superables en un tiempo razonable a través de la reforma normativa que corresponda[34]. Una cuestión adicional que puede resultar polémica se refiere al alcance temporal de la reforma, es decir, si debe tener efectos retroactivos desde la promulgación de la norma del derecho o la libertad fundamental vulneradora del derecho humano o libertad fundamental o si las exigencias de seguridad jurídica obligan a un alcance más limitado (*ex nunc*).

Por cuanto se refiere a las infracciones derivadas de actos administrativos, vías de hecho o inactividades administrativas, la necesidad de agotar las vías internas nos lleva a exigir la culminación del proceso jurisdiccional administrativo, a través de pretensiones contra actos administrativos, expresos o presuntos, contra la inactividad de la administración o contra ac-

---

32 Así, lo afirmaba ya el Tribunal, en la sentencia de 13 de junio de 1979, en el *caso Marckx contra Bélgica:* “es evidente que la decisión del Tribunal producirá efectos que excedan los límites de este caso concreto, sobre todo si se tiene en cuenta que las supuestas violaciones de derechos que aquí se plantean derivaron de preceptos jurídicos generales y no de medidas concretas de ejecución”.

33 Sobre la dimensión colectiva de los procesos supranacionales del TEDH, *vid.* Cucarella Galiana, L. A., *Derecho a la igualdad, prohibición de discriminación y Jurisdicción. Especialidades en los procesos por discriminación: amparo ordinario, constitucional y europeo,* La Ley - Wolters Kluwer, Madrid, 2019, págs. 173-296.

34 Como señala Cohen-Jonathan, G., *Aspects européens des droits fondamentaux, Libertés et droits fondamentaux,* Montchrestien, Paris, 1996, pág. 50, la adaptación del derecho interno a las enseñanzas del TEDH es la única forma de evitar violaciones similares en el futuro respecto a víctimas potenciales.

tuaciones materiales constitutivas de vías de hecho[35]. Si se considera que hay actos discrecionales o políticos exentos de control jurisdiccional[36], entonces sí que podríamos estar ante el caso de sentencias del TEDH de las que se deducirían vulneraciones a los derechos del Convenio y sus protocolos, pero probablemente la principal vulneración en esos casos sería la de del derecho fundamental a la tutela judicial efectiva del sujeto que hubiera sufrido el perjuicio concreto por estas actividades excluidas de ella[37].

En esos supuestos en que no ha habido control jurisdiccional interno, el Estado deberá adoptar las medidas necesarias para la reparación de la vulneración acaecida. Pero, por la misma razón, no concurrirá ningún impedimento de cosa juzgada y, por tanto, la administración afectada debería iniciar el correspondiente procedimiento para la reintegración de la situación jurídica previa a la violación del derecho o libertad fundamental[38].

---

35 Castillejo Manzanares, R.; Loredo Colunga, M., "El objeto del recurso", en *Derecho Procesal Contencioso-Administrativo,* (Dirs. R. Castillejo Manzanares y L. Martín Contreras), Thomson-Reuters Aranzadi, Cizur Menor, 2021, págs. 70-74.

36 *Vid.* Oliván del Cacho, J., "La jurisdicción contencioso-administrativa (I). Ámbito, planta, partes, objeto y pretensiones", en *Lecciones de Derecho Administrativo* (Dirs. P. Menéndez y A. Ezquerra), Civitas-Thomson Reuters, Madrid, 2019, pág. 482.

37 Como afirma Sánchez Morón, M., *Derecho Administrativo. Parte General,* Tecnos, Madrid, 2020, págs. 541-544: "la idea de Estado de Derecho se compagina mal con la ausencia de todo control de algunas decisiones del poder público".

38 La vigente ley federal suiza de procedimiento administrativo contempla expresamente en su artículo 66 esta posibilidad: "1. L'autorité de recours procède, d'office ou à la demande d'une partie, à la révision de sa décision lorsqu'un crime ou un délit l'a influencée.
2. Elle procède en outre, à la demande d'une partie, à la révision de sa décision:
a. si la partie allègue des faits nouveaux importants ou produit de nouveaux moyens de preuve;
b. si la partie prouve que l'autorité de recours n'a pas tenu compte de faits importants établis par pièces ou n'a pas statué sur certaines conclusions;
c. si la partie prouve que l'autorité de recours a violé les art. 10, 59 ou 76 sur la récusation, les art. 26 à 28 sur le droit de consulter les pièces ou les art. 29 à 33 sur le droit d'être entendu, ou d. si la Cour européenne des droits de l'homme a constaté, dans un arrêt définitif, une violation de la Convention de sauvegarde des droits de l'homme et des libertés fondamentales du 4 novembre 1950116 ou de ses protocoles, pour autant qu'une indemnité ne soit pas de nature à remédier aux effets de la violation et que la révision soit nécessaire pour y remédier.
3. Les motifs mentionnés à l'al. 2, let. a à c, n'ouvrent pas la révision s'ils pouvaient être invoqués dans la procédure précédant la décision sur recours ou par la voie du recours contre cette décision".

Las complejidades mayores se han dado respecto a los actos jurisdiccionales internos, pues cuando una sentencia del TEDH declara una vulneración tienen que haberse agotado las vías internas, dada la subsidiariedad de la jurisdicción supranacional: los órganos del Estado deben haber tratado de constatar esa vulneración, pero no lo han hecho, por lo que la víctima ha acudido a Estrasburgo[39], donde se le ha dado la razón. Ahora pretende obtener las consecuencias de ello en el ámbito interno frente a la autoridad de la cosa juzgada derivada de la firmeza que puso fin a los cauces nacionales.

Desde luego es imprescindible interpretar las normas procesales que integren alguna vía rescisoria de sentencias firmes en el sentido más favorable para permitir la adecuada protección jurisdiccional de los derechos fundamentales (STC 185/1990, de 15 de noviembre), pero esta preponderancia de los derechos fundamentales debe encontrar su cauce procesal por elementales exigencias de seguridad jurídica (art. 9.3 CE) y de concreción de las garantías procesales (art. 24.2 CE). Las contradicciones e incoherencias entre los distintos órganos jurisdiccionales ante los que se pretendieron respuestas concretas respecto a esa necesidad fueron muchas y trataremos de resumirlas en las líneas que siguen.

Antes de 2 de octubre de 2015 ninguna disposición normativa preveía en España la ejecución de sentencias materialmente condenatorias del TEDH; se plantearon distintas posibilidades y con resultados desiguales. El proceso de revisión (aún denominado indebidamente "recurso de revisión" en algunos casos, entre ellos en la LECrim) es una vía para la rescisión de sentencias en las que la seguridad pueda chocar o degradar la justicia y el Derecho[40], por tanto podría servir para dejar sin efecto un estado jurídico no sólo existente, sino consolidado[41]. Se ataca la cosa juzgada de una sentencia firme por razones eminentemente de justicia material, por tanto, en principio podría servir como vía de acceso al ordenamiento español de las sentencias del TEDH. Pero el problema está en el carácter

---

39 Y como señaló la sala Primera (De lo Civil) del Tribunal, en su sentencia de 22 de julio de 1994: "tales impugnaciones no suspenden en ningún caso la firmeza y ejecutoriedad de las resoluciones dictadas en los Estados de las Altas Partes Contratantes, en donde supuestamente se haya producido la violación del derecho reconocido en el convenio; antes al contrario, el art. 26 del citado convenio exige como requisito de admisibilidad, que se hayan agotado todos los recursos internos, y la resolución haya adquirido definitivamente firmeza".

40 Así, Calvo Sánchez, M. C., *La revisión civil,* Montecorvo, Madrid, 1977, pág. 23.

41 Calvo Sánchez, M. C., *La revisión…, op. cit.,* pág. 64.

excepcional de la revisión, que solo puede admitirse en los motivos taxativos contemplados por la ley y, además, de interpretación estricta, precisamente por sus consecuencias contrarias a los efectos esenciales y ordinarios de las sentencias firmes. En el corto elenco de supuestos no había ninguno que permitiera la asimilación con los resultados derivados de una sentencia de Estrasburgo y por ello mismo, esta vía apareció ya como infructuosa de entrada[42].

Otros procedimientos dirigidos a la rescisión de sentencias firmes son la audiencia al rebelde en el proceso civil y el llamado "recurso" de anulación en el proceso penal. Pero tampoco son útiles como cauces para dar eficacia a las sentencias del TEDH. Es cierto que se dirigen a la protección del derecho de defensa para los casos en que no ha habido oportunidad de contradicción por razones no imputables al reclamante o por incumplimiento de los límites legalmente establecidos. Podría ser una solución para los casos en que el TEDH hubiera declarado la vulneración del derecho a un proceso equitativo por indefensión equiparable a los supuestos en que caben estos trámites de la LEC y de la LECrim, es decir por desconocer la garantía de la contradicción. Sin embargo, los presupuestos específicos de sendas figuras procesales y sus límites temporales hacen patente la inviabilidad práctica de estos medios de sentencias firmes para servir de vía de entrada al ordenamiento español a las sentencias del TEDH.

Podría pensarse en un cauce más tradicional como es el *exequatur*, es decir, el procedimiento de cooperación internacional por el que se obtiene el reconocimiento u homologación en España de resoluciones dictadas por órganos jurisdiccionales extranjeros o incluso de otros órganos, como los arbitrales. Todo ello para otorgar eficacia a resoluciones recaídas en procedimientos tramitados fuera de nuestras fronteras, pero relativos a elementos subjetivos u objetivos de nuestro país. Existe, como es sabido, un amplio desarrollo normativo, tanto por vía convencional, como de normativa de la Unión Europea, como de desarrollo articulado interno. Pero, como afirma Velu[43], existen diversas posiciones doctrinales es acerca de la producción de efectos en el orden interno de las resoluciones de órganos jurisdiccionales internacionales. La doctrina española se ha manifestado razonablemente en contra de la utilización de esta vía respecto a la eficacia

---

42 En cambio, otros ordenamientos sí preveían expresamente vías específicas para la eficacia interna de estas sentencias.

43 Velu, J., "Les effects directs des instruments internationaux en matière de droits de l'homme", *Revue Belge de Droit International*, vol. XV, 1980, págs. 293-316.

de las sentencias del TEDH[44] por considerar que estas últimas son resoluciones cualitativamente diferentes, porque proceden de un órgano creado por un convenio en el que España es miembro; por consiguiente no son en puridad sentencias extranjeras. La obligación de propiciar la reparación como consecuencia de la declaración de vulneración opera en un contexto normativo muy distinto, enmarcado en la obligación establecida en el artículo 46.1 del CEDH, y eso se comprueba fácilmente cuando hacemos notar que la autoridad de cosa juzgada también se opondría a los intentos de *exequatur* y pondría en marcha la cláusula de orden público como límite para dar entrada a sentencias emitidas en el exterior.

Otra solución práctica que ha sido propugnada en nuestro ordenamiento ha sido la concesión, caso por caso, del indulto. Esa es la vía a la que aludió la Sala 2ª del Tribunal Supremo de 4 de abril de 1990 —en el complejo *caso Barberá, Messegué y Jabardo*— como cauce aplicable "en el caso de cumplimiento de penas privativas de libertad o pecuniarias por cumplir", si acaso acompañada por una reparación pecuniaria complementaria. Sin perjuicio de que no era descabellado proponer este cauce conforme al Derecho vigente en ese momento, el indulto no deja de ser una vía muy limitada y en absoluto adecuada para ser considerada el trámite ideal para la ejecución de las sentencias de Estrasburgo. Obviamente, opera en el ámbito penal, y por tanto quedan fuera todos los asuntos no penales, pero además no rescinde la firmeza de la sentencia, por mucho que haya sido dictada con vulneración de derechos[45]. Es una vía para alcanzar soluciones prácticas, pero por esa misma razón no puede propugnarse como un cauce universal de solución de esta problemática.

Cuando hablamos de infracciones procesales, si la intensidad de la vulneración es suficiente, la consecuencia es la nulidad[46]. Como sabemos, la

---

44 *Vid.* Soria Jiménez, A., "La problemática ejecución de las sentencias del Tribunal Europeo de Derechos Humanos (Análisis de la STC 245/1991. Asunto Barberà, Messegué y Jabardo)", *Revista Española de Derecho Constitucional,* 1992, núm. 36, pág. 328.

45 Como añade Fernández Sánchez, P. A., "La responsabilidad internacional de España en el llamado caso Bultó", *Poder Judicial,* núm. 17, 1990. pág. 128, el indulto no repara el daño moral que supone una condena.

46 Sigue siendo convincente la concepción de Hernández Galilea, J. M., *La nueva regulación de la nulidad procesal. El sistema de ineficacia de la LOPJ,* Forum, Oviedo, 1995, págs. 44-52, de la nulidad como técnica de protección del ordenamiento jurídico y como manifestación del derecho fundamental a un proceso con todas las garantías (págs. 114-129).

firmeza convalida las nulidades que no han sido alegadas por los cauces oportunos[47]. Pero, aún así, nuestro ordenamiento regula la posibilidad de hacer valer la nulidad de sentencias firmes. De este modo podríamos contar con un instrumento privilegiado por el cual los órganos jurisdiccionales tengan ocasión de corregir defectos o vicios procesales que afecten a garantías constitucionales o derechos fundamentales. Por tanto, las abundantes vulneraciones de derechos humanos de contenido procesal podrían considerarse supuestos de nulidad y se podría tratar de conseguir efectos en el ordenamiento interno por la vía del llamado incidente de nulidad de sentencias firmes. La reparación de la vulneración del derecho se obtiene a través de la nulidad de los actos procesales que hayan dado lugar a ella, purgando así infracciones que el legislador y la jurisprudencia hayan considerado especialmente relevantes. También aquí, no obstante, nos encontramos con dificultades, pues la existencia de cauces procesales determinados limita la posibilidad de alegación de estas violaciones. Precisamente, por afectar también a la seguridad jurídica, la nulidad no es imprescriptible, y por ello el artículo 241 LOPJ, en todas sus modificaciones, no ha dejado de contener límites temporales que dificultan el encauzamiento de las sentencias de Estrasburgo[48].

Con la primera condena a España, en el *caso Barberá, Messegué y Jabardo*[49], se plantearon con una extraordinaria viveza estas cuestiones, pues el TEDH había declarado que los tres condenados en un proceso penal no habían gozado de su derecho a un proceso equitativo[50], y por ello

47 Hernández Galilea, J. M., *La nueva regulación…*, *op. cit.*, pág. 324.

48 En efecto, la regulación de la LOPJ no pensó en esta finalidad al promulgar el artículo 241. En la regulación vigente en estos momentos, el trámite se refiere a "cualquier vulneración de un derecho fundamental de los referidos en el artículo 53.2 de la Constitución", lo cual sí combina perfectamente con los fines a los que nos referimos en el texto, (la reparación de la vulneración de los derechos humanos y libertades fundamentales previstos en el CEDH); sin embargo, el plazo para pedir la nulidad es el de veinte días desde la notificación de la resolución o desde que se tuvo conocimiento del defecto causante de la indefensión, sin que, en este último caso, pueda solicitarse la nulidad de actuaciones después de transcurridos cinco años desde la notificación de la resolución. Sin embargo, con las adaptaciones consiguientes, esta vía pudiera ser técnicamente más adecuada que la de la revisión, que ha sido, como veremos, la que finalmente ha prosperado.

49 STEDH de 6 de diciembre de 1988.

50 En el parágrafo 89, el TEDH afirma: "Teniendo en cuenta el traslado tardío de los peticionarios de Barcelona a Madrid, el cambio inopinado en la composición del Tribunal inmediatamente antes de la apertura del debate, la brevedad de la vista y,

intentaron hacer valer ese rotundo pronunciamiento ante los órganos jurisdiccionales internos. Si bien el órgano jurisdiccional en el que se había producido la vulneración del Convenio, la Sala de lo Penal de la Audiencia Nacional, se declaró en primer lugar incompetente en favor del Tribunal Supremo, acordó la suspensión de la ejecución de la condena, y al resolver la súplica, modificó su resolución anterior en el sentido de imponer ciertas conductas a los dos condenados que hasta ese momento seguían privados de libertad. El Tribunal Supremo[51] destacó la falta de fundamento, legalidad y el exceso competencial en que había incurrido la Sala de la Audiencia Nacional, concluyendo la imposibilidad de conceder efectos anulatorios a las sentencias de Estrasburgo en nuestro ordenamiento, mientras no tuvieran lugar reformas legislativas[52].

De este modo, se planteó un recurso de amparo ante el Tribunal Constitucional en el que se partía de la ausencia de carácter ejecutivo directo de la sentencia del TEDH, pero se solicitaba que se extrajeran las consecuencias jurídicas correspondientes dirigidas a obtener la nulidad del acto que había producido la violación. El Tribunal Constitucional reconoció no ser el competente para dar eficacia a las resoluciones de Estrasburgo, pero sí consideró que debía valorar si la sentencia impugnada, la de la Sala Segunda del Tribunal Supremo, había provocado vulneración de derechos fundamentales. Es clave destacar que dos de los recurrentes en ese momento seguían privados de libertad, lo que dio pie a la constatación por parte del Tribunal Constitucional de la existencia de una "violación actual" de derechos fundamentales, ante la que era absolutamente insuficiente una simple reparación sustitutoria de índole económica.

Ya en alguna sentencia anterior, a pesar de confirmar la regularidad técnica del acto impugnado, dio lugar a un salto argumentativo para permitir la nulidad reclamada, basándose en que de la sentencia recurrida se

---

sobre todo, la circunstancia de que elementos de prueba muy importantes no fueron presentados ni discutidos de manera adecuada en la vista, en presencia de los acusados y bajo la mirada del público, el Tribunal concluye que no ha respondido a las exigencias de un proceso equitativo y público. Por tanto, ha habido violación del artículo 6. § 1".

51 En sentencia de la Sala Segunda (De lo Penal), de 4 de abril de 1990.

52 Con razón Escobar Hernández, C., "Nota a la STS (Sala 2ª) ...", *op. cit.*, pág. 556, resalta la contradicción en la que cae la Sala Segunda cuando, por un lado, afirma que la configuración del Convenio prohíbe colateralmente dar naturaleza de última instancia definitiva al TEDH y, por otro, propugna reformas legislativas internas en este sentido.

derivaba la consolidación de una situación actual de vulneración de derechos fundamentales procedente de resoluciones anteriores que debían ser también anuladas, retrotrayendo las actuaciones al momento justamente previo a la producción del acto vulnerador del convenio. Por tanto, el Tribunal Constitucional, en consideraciones de justicia del caso concreto, consideró que el único remedio frente a situaciones de indefensión constitucional causadas por vicios procesales advertidos después de que recayera una sentencia firme, siguiendo su argumentación de la STC 185/1990, era la vía del recurso de amparo[53].

Pero esta solución jurisprudencial, al apuntar la vía del amparo como cauce de eficacia interna de la sentencia del *caso Barberá, Messegué y Jabardo,* no era más que una respuesta parcial a esta problemática, como pronto se pudo comprobar. La doctrina de la situación lesiva actual no resuelve genéricamente la cuestión, solo el caso concreto basado en la privación actual de libertad de dos de los recurrentes, pero si bien se observa la vulneración del Convenio declarada por el TEDH persistiría aun en el caso en que no hubiera privación de libertad: todavía seguiría pendiente la necesidad de reparar la vulneración del proceso equitativo, que era lo efectivamente constatado por la jurisdicción de Estrasburgo.

Pero, en realidad, el amparo constitucional, tras la interpretación constitucional que hemos recordado, tampoco se convirtió en vía legítima para que los particulares pudieran hacer valer en nuestro ordenamiento las declaraciones de vulneración de derechos humanos y libertades fundamentales emitidas en las sentencias del TEDH. Como decíamos, por un lado, esta vía no contempla todas las posibilidades y, por otro, es técnicamente muy discutible por introducir por la puerta falsa un medio adicional de rescisión de sentencias firmes.

Pocos años después la familia Ruiz-Mateos, basándose en la sentencia favorable que habían obtenido ante el TEDH (STEDH de 23 de junio de 1993) intentó la vía del amparo y su pretensión fue inadmitida de plano por dos providencias en las que se defendió que el Tribunal Constitucional carece de jurisdicción para revisar sus propias decisiones, las cuales gozan del efecto de cosa juzgada —como las resoluciones del Constitucional en el caso Barberá, Messegué y Jabardo, podemos añadir nosotros— y, como

53 "La nulidad de actuaciones que no le está permitida pronunciar al Tribunal Supremo ni a otros órganos judiciales ordinarios, por imperativo legal, en supuestos como el presente, existiendo Sentencia firme, sí le está dado pronunciarla a este Tribunal por la vía del recurso de amparo" (FJ 5).

argumento adicional, se afirmó que el recurso planteado carece manifiestamente de contenido que justifique una resolución sobre el fondo del asunto.

Tampoco tuvieron éxito los amparos intentados tras otras condenas a nuestro país. El argumento común fue que no había en ninguno de estos casos un proceso penal en que los demandantes de amparo estaban sometido a penas privativas de libertad que se estuvieran ejecutando en ese momento, como consecuencia de un proceso que, observado en su conjunto, hubiera vulnerado el artículo 6 del CEDH. Pero debería ser evidente que en ellos persistía la vulneración de su derecho a un proceso equitativo, y esa vulneración seguía si ser reparada[54]. El Tribunal Constitucional, sin embargo, en la STC 197/2006, de 3 de julio reconoció "la notoria incertidumbre procesal a la que se enfrentan los justiciables favorecidos por una Sentencia del Tribunal Europeo de Derechos Humanos a la hora de escoger la vía procesal para hacer valer a efectos internos esa Sentencia, cuando entienden que persiste una lesión actual de sus derechos fundamentales". Y cabe reconocer, que ha habido interpretaciones flexibilizadoras respecto a la aplicación de las normas de la revisión penal[55].

---

54 Así fue en el ATC 96/2001, de 24 de abril, relativo al *caso Castillo Algar* y en las SsTC 240/2005, de 10 de octubre relativa al *caso Riera Blume y otros;* la 313/2005, de 12 de diciembre, en el *caso Perote Pellón;* la 197/2006, de 3 de julio, en el *caso Fuentes Bobo* y en la 70/2007, de 16 de abril, en el *caso Prado Bugallo.*

55 Así, la STS, Sala 2ª (De lo Penal), de 19 de mayo de 2015: "Como ya se decía en el Auto de 24 de noviembre de 2014, en estas mismas actuaciones, esta Sala ha entendido que en los casos en los que el Tribunal de Derechos Humanos de Estrasburgo dicte sentencia en la que aprecie que a un condenado por los Tribunales españoles se le ha vulnerado con la condena un derecho reconocido en el Convenio, e igualmente en la Constitución como un derecho fundamental, es posible acudir al llamado recurso de revisión de los artículos 954 y siguientes de la LECrim con la finalidad de hacer efectiva la mencionada resolución en la medida procedente, evitando una lesión actual de los derechos del ciudadano.
No se ha de interpretar esta posibilidad en el sentido de que en todo caso, si el TEDH ha apreciado la vulneración de un derecho reconocido en el CEDH, haya de estimarse directamente la demanda y deba acordarse mecánica e ineludiblemente la nulidad de la sentencia cuya revisión se pretende. Pues la sentencia estimatoria del TEDH no acuerda la nulidad o la revocación de la sentencia interna, sino que se limita a declarar la vulneración de un derecho reconocido en el Convenio, aunque pueda contener, como ocurre cada vez con más frecuencia, una modalidad concreta de reparación o una satisfacción equitativa, como prevé el artículo 41 del Convenio".

5.2. El Comité de Ministros del Consejo de Europa como garante de la eficacia de las sentencias del TEDH

La reforma operada en el CEDH por el Protocolo núm. 14, mantuvo la competencia sobre la vigilancia de la ejecución de las sentencias del TEDH ya prevista en el anterior artículo 54, pero introdujo una nueva y más amplia redacción que ahora podemos leer en el artículo 46. Tras proclamar el compromiso de acatar las sentencias firmes en los litigios en que sean partes, continúa disponiendo que estas sentencias deben remitirse al Comité de Ministros del Consejo de Europa[56] para que vele sobre su ejecución[57]. Aparece de nuevo aquí la naturaleza real de estas resoluciones y la necesidad de que haya una verdadera ejecución.

Por su parte, los apartados tercero, cuarto y quinto prevén dos situaciones distintas que pueden darse en el ejercicio de esta función de garantía de la ejecución de las sentencias del TEDH. En primer lugar, puede suceder que el Comité de Ministros considere que se está obstaculizando la supervisión de la ejecución de una sentencia firme por un problema de interpretación de esa sentencia. Si ello ocurre, se autoriza al Comité a dirigirse al Tribunal con la finalidad de que se pronuncie al respecto de la duda interpretativa. Para adoptar esta decisión de dirigirse al Tribunal son necesarios dos tercios de los votos de los representantes que tengan derecho a formar parte del Comité.

En segundo lugar, puede suceder que un Estado se niegue a acatar una sentencia definitiva sobre un asunto del que es parte. Si ello ocurre, el comité, tras notificarlo formalmente a ese Estado y si la decisión se adopta por una mayoría de dos tercios de los votos de los representantes que tengan derecho a formar parte del Comité, podrá plantear al Tribunal el

---

Vid. Ibáñez García, I., "La necesaria regulación del cauce procesal adecuado en relación con la efectividad de las resoluciones del TEDH", La Ley Penal, *LA LEY 7890/2014*.

56 También se refiere a este órgano el artículo 39.3 y 4 CEDH al disponer que, al alcanzarse un acuerdo amistoso el Tribunal dictará una decisión por la que se archiva el asunto, y en ella se limitará a una breve exposición de los hechos y de la solución adoptada. Esta decisión se trasmite asimismo al Comité de Ministros, que supervisará la ejecución de los términos del acuerdo.

57 Eissen, M. A., *El Tribunal Europeo de Derechos Humanos,* Civitas, Madrid, 1985, pág. 73, lamentaba que fuera un órgano político el encargado de mostrar vigilancia y la diligencia debida en estos asuntos, y consideraba que se trataba de un punto débil del sistema de protección.

incumplimiento. Si una vez analizada la cuestión, el tribunal concluye que se ha incumplido la obligación de acatar la sentencia, lo declarará así y remitirá el asunto al Comité de Ministros para que examine las medidas que deben ser adoptadas. Si, por el contrario, el Tribunal considera que no se ha vulnerado la obligación de acatar las sentencias del apartado primero del artículo 46, lo declarará así y remitirá el asunto al Comité de Ministros, para que ponga fin al examen del asunto.

Una mención particular merece el procedimiento de sentencias piloto para los casos en que se revele un problema estructural o sistémico u otra disfunción similar que haya dado lugar o sea susceptible de dar lugar a la formulación de otras demandas análogas[58]. En el fallo de la sentencia piloto el TEDH debe indicar la naturaleza del problema o de la disfunción y las medidas correctoras que deben ser adoptadas por el Estado implicado y para ello puede fijar un plazo determinado. Podrá aplazar el examen de las demás demandas fundadas en la misma alegación hasta que se adopten las medidas correctoras. El Comité de Ministros deberá dar prioridad a la supervisión de la ejecución de este tipo de sentencias, aunque no por delante de otros asuntos importantes, principalmente los relativos a casos en que la vulneración haya causado graves consecuencias.

A fin de disciplinar el ejercicio de estas funciones, el Comité de Ministros adoptó unas Reglas para la supervisión de la ejecución de sentencias y de los términos de los acuerdos amistosos[59]. En cuanto le sea trasmitido la sentencia o la decisión, sin demora deberá inscribir el asunto en el orden del día. El Comité pedirá información al Estado sobre las medidas adoptadas o por adoptar en consecuencia de la sentencia del Tribunal. Debe comprobar si se ha pagado alguna satisfacción equitativa y, de manera discreta, si se han adoptado medidas individuales para hacer cesar la vulneración y si se ha reintegrado a la víctima, en la medida de lo posible, a la situación previa a la infracción, y medidas generales a fin de prevenir nuevas vulneraciones o para la cesación de las que se están cometiendo. Hasta que el

---

58 Está previsto en el artículo 61 de Reglamento de procedimiento del TEDH, introducido por este Tribunal el día 21 de febrero de 2011. En desarrollo de lo dispuesto en la Resolución Res(2004)3 del Comité de Ministros sobre sentencias que revelan un problema sistémico subyacente, adoptada el 12 de mayo de 2004, en la sesión 114 del Comité de Ministros.

59 Adoptadas por el Comité de Ministros el 10 de mayo de 2006, en la reunión 964 de los representantes de los Ministros y modificadas el 18 de enero de 2017 en la reunión 1275 de los mismos representantes.
https://rm.coe.int/16806eebf0 (Consultado el 27 de mayo de 2022).

Estado comunique el pago de la satisfacción equitativa o la adopción de medidas individuales el asunto permanecerá en la agenda.

Se dispone que en cualquier momento se podrá remitir al Tribunal la cuestión interpretativa suscitada y, en cuanto considere que un Estado rehúsa acatar la sentencia firme del Tribunal, tras una notificación formal al Estado, en general por lo menos seis meses antes, y por decisión de por lo menos tres tercios, someter la cuestión del incumplimiento al Tribunal, aunque se matiza que esta última decisión debe tomarse solo en circunstancias excepcionales. Finalmente el Comité dictará una resolución final en la que se declare que se han tomado todas las medidas necesarias para acatar la sentencia o los términos del acuerdo amistoso y que se han ejercido las funciones del Comité de Ministros como supervisor de la ejecución[60]. A pesar de que la reforma operada por el Protocolo núm. 14 ha aumentado la coercibilidad de la ejecución, sigue siendo criticable que un órgano político como el Comité sea el encargado de la vigilancia de una actividad que debería ser estrictamente jurisdiccional: hacer ejecutar lo juzgado.

5.3. Las sentencias del TEDH y el proceso de revisión de sentencias firmes

Fue durante las abundantes reformas legislativas promulgadas durante el año 2015 que se planteó la necesidad de establecer un cauce general para dar eficacia a las sentencias dictadas por el TEDH, que hubieran condenado a España y que implicaran la necesidad de rescindir una —o varias— sentencias que hubieran ganado firmeza. Así, la Ley Orgánica 7/2015, de 21 de julio, por la que se modifica la Ley Orgánica 6/1985, de 1 de julio, del Poder Judicial, en su preámbulo anuncia la inclusión de "una previsión respecto de las sentencias del Tribunal Europeo de Derechos Humanos que declaren la vulneración de alguno de los derechos reconocidos en el Convenio Europeo para la protección de los Derechos Humanos y Libertades Fundamentales y en sus Protocolos", de modo que esa resolución se considera motivo suficiente para iniciar un proceso de revisión. El legislador sigue sin tener claridad de ideas en este punto y lo

---

60 Respecto a los casos cerrados, puede comprobarse: https://www.coe.int/en/web/execution/closed-cases y sobre los asuntos pendientes:
https://rm.coe.int/CoERMPublicCommonSearchServices/DisplayDCTMContent?documentId=090000168059ddb0
Son llamativos los problemas causados por países como Rusia, el Reino Unido o Ucrania, por la falta de voluntad de adoptar medidas respecto a algunas de las condenas recaídas.

vuelve a denominar "recurso de revisión". Destaca, además, que, "con ello se incrementa, sin lugar a dudas, la seguridad jurídica en un sector tan sensible como el de la protección de los derechos fundamentales, fundamento del orden político y de la paz social, como proclama el artículo 10.1 de nuestra Constitución". Nos parece que va bastante más allá de incrementar la seguridad jurídica, como pueden entenderse por lo que llevamos dicho en las páginas anteriores.

De este modo, se adiciona un artículo 5 bis LOPJ, dirigido, en términos generales, a ofrecer la posibilidad de interponer lo que denomina "recurso de revisión" ante el Tribunal Supremo, contra una resolución judicial firme, con arreglo a las normas procesales de cada orden jurisdiccional, cuando haya resultado una declaración del TEDH sobre la violación de alguno de los derechos reconocidos en el CEDH y sus Protocolos. Pero es importante subrayar dos condiciones para la válida opción por este cauce: la violación, por su naturaleza y gravedad, debe entrañar efectos persistentes y, por otro lado, estos efectos no deben poder cesar de ningún otro modo que no sea mediante esta revisión. Es razonable que la rescisión de una sentencia firme se deje como última opción, por su carácter tan excepcional en el sistema procesal.

La disposición final segunda de esta Ley Orgánica 7/2015 incluye en la Ley Orgánica 2/1989, de 13 de abril, Procesal Militar, una regulación más pormenorizada de la revisión, que incluye, en el apartado segundo del artículo 504, una de las modalidades previstas. No estamos ante orden jurisdiccional alguno, sino ante una jurisdicción especial en la que ha habido ya vulneraciones de derechos declaradas por el TEDH, y es correcto que se arbitre la vía para la rescisión de sentencias firmes dictadas por los órganos de la jurisdicción militar cuando vulneren el Convenio y ninguna instancia interna haya sido capaz de detectar la vulneración.

Por su parte, la Disposición final tercera de esta Ley Orgánica 7/2015 modifica la Ley 29/1998, de 13 de julio, reguladora de la Jurisdicción Contencioso-administrativa, entre otras numerosas disposiciones nuevas, se incluye el nuevo motivo de revisión en el artículo 102, en términos similares a los del art. 5 bis LOPJ, aunque añade otra condición más: la de no perjudicar los derechos adquiridos de buena fe por terceras personas.

Por lo que se refiere al proceso civil, también la Ley Orgánica 7/2015, en su Disposición final cuarta, modifica la LEC, entre otras materias, en cuanto a la regulación del proceso de revisión con una redacción idéntica a la del proceso administrativo, con lo que en un contexto en que aparecía claramente que la revisión no era considerada recurso y el encabezamiento del título VI del Libro II se hablaba simplemente "De la revisión de sentencias firmes", se introduce indebidamente, en el artículo 510.2 la referencia a la posibilidad de "interponer recurso de revisión". Se prevé una legitimación activa limitada a quien hubiera sido demandante ante el TEDH y un plazo de interposición específico, previsto en el artículo 512.1.II, es decir, en el período de un año desde firmeza de la sentencia del TEDH[61].

En cambio, la reforma de la revisión penal tuvo lugar por otro texto legal posterior: la Ley 41/2015, de 5 de octubre, de modificación de la LECrim para la agilización de la justicia penal y el fortalecimiento de las garantías procesales. Se incluye un motivo nuevo de revisión en el apartado tercero del artículo 954, relativo a la resolución firme sobre la que se haya pronunciado el TEDH en el sentido de que fue dictada en violación del CEDH o de sus Protocolos[62], siempre que la violación, por su naturaleza y gravedad, entrañe efectos que persistan y no puedan cesar de ningún otro modo que no sea mediante esta revisión. También aquí se limita la legitimación activa a quien haya sido el demandante ante el TEDH y se limita a un año desde la firmeza de la sentencia supranacional el plazo para iniciar el proceso de revisión.

Cabe añadir que el Real Decreto-ley 6/2023, de 19 de diciembre ha modificado estos preceptos en el sentido de permitir a la Abogacía General del Estado conocer y participar en estos procesos con el fin de tener mayor facilidad para informar al Comité de Ministros del Consejo de Europa de las medidas adoptadas en España para la ejecución de las sentencias del TEDH, y, como añade la exposición de motivos de este texto normativo: "facilitar a los órganos jurisdiccionales su tarea de dar debida consideración a lo que pueda demandar la ejecución de dichas sentencias de conde-

---

61 No se reforma expresamente el apartado primero del artículo 236 de la Ley 36/2011, de 10 de octubre, reguladora de la jurisdicción social, porque a nuestros efectos se remite al artículo 510 LEC, con lo que también queda integrada la posibilidad de revisión derivada de sentencias del TEDH en el orden social.

62 Niño Estébanez, R., *Fuerza obligatoria y ejecución de las sentencias del Tribunal Europeo de Derechos Humanos en España: El procedimiento de revisión,* Tirant lo Blanch, Valencia, 2019, págs. 227-228, destaca que "la reapertura de procedimientos judiciales ya concluidos parece, en particular, una técnica idónea para obtener el restablecimiento del *statu quo ante* cuando la violación tiene su origen en un proceso penal", pero se muestra mucho más escéptico cuando la lesión convencional procede de un procedimiento civil "en el que de ordinario la reapertura del proceso judicial podría perjudicar los derechos de terceras personas".

na". Por tanto, sin tener la condición de parte, podrá aportar información u observaciones escritas sobre ello.

Nos parece correcta la posibilidad de reabrir procesos ya cerrados por sentencias firmes cuando ello se derive de la constatación de una vulneración de un derecho o libertad previstos en el CEDH o sus Protocolos. Desde luego, el proceso de revisión es una vía adecuada para la rescisión de resoluciones firmes, pero tal vez no sea la más coherente con el fundamento y la concepción subyacentes en este medio de impugnación. La iniciación de este tipo de procesos tradicionalmente se deriva de cuestiones de hecho: se trata de hechos que no se conocían en el momento del proceso y el órgano jurisdiccional no pudo tener en cuenta en el momento de fallar, porque no fueron aportados al proceso o porque se ha confirmado su falsedad o su ilicitud, como cuando se han utilizado documentos falsos o cuando la sentencia se ha dictado por medio de coacciones. En definitiva, característica común a todos ellos es la auténtica novedad de estos hechos, ya sean hechos nuevos o de nueva noticia. Pero hasta 2015 la revisión no se daba por errores o vicios de tipo jurídico constatados por órganos jurisdiccionales, sino por situaciones fácticas producidas o conocidas con posterioridad a la resolución que se pretende rescindir[63]. Por tanto la revisión, en puridad no debería considerarse un medio para la denuncia de nulidades, por eso hubiera sido preferible que el legislador hubiera optado por la configuración de un procedimiento autónomo de nulidad, como vía específica para articular la nulidad derivada de las infracciones procesales, simplemente añadiendo un nuevo apartado al artículo 241 LOPJ.

---

63 Como decía Calvo Sánchez, M. C., *La revisión... op. cit.*, pág. 48: "no existen en los motivos de la revisión vicios *in procedendo*, primero, porque de haberlos cometido se tendrían que haber denunciado en su tiempo y se hubiera tenido para hacerles frente el recurso de casación por quebrantamiento de forma, y de no haberlo interpuesto nuestras posibilidades hubieran decaído. Segundo no existen vicios de esta clase, porque si se hubiera cometido tal error la sentencia no sería válida, adolecería de un defecto formal y como hemos dicho la sentencia revisable es válida procesalmente. Tampoco existen vicios *in iudicando*, porque el Juez ha juzgado con arreglo a derecho y lo ha aplicado rectamente en base a los autos, es decir, el Juez no podía haber juzgado de otra manera el caso con el material fáctico que tenía".

Subsidiariedad y niveles de protección jurisdiccional de los derechos fundamentales

JOSÉ GARBERÍ LLOBREGAT
Catedrático de Derecho Procesal (UCLM)
Ex Letrado del Tribunal Constitucional

1. LOS DERECHOS SUBJETIVOS *FUNDAMENTALES*: CONSIDERACIONES GENERALES

1.1. Concepto

A) A la hora de conceptualizar los derechos fundamentales, puede distinguirse una vertiente subjetiva de otra vertiente de índole objetiva.

a) *Dimensión subjetiva*: El surgimiento del moderno Estado Constitucional de Derecho ha ocasionado que, de entre todos los derechos subjetivos de los que los sujetos pueden ser titulares, existan algunos, calificados como "fundamentales", que se consideran inherentes (a) a la condición humana de "persona" y (b) a la condición política y social de "ciudadano", y sin cuyo reconocimiento al más alto nivel normativo no podría hablarse con propiedad de la existencia de un verdadero "Estado de Derecho".

Los derechos fundamentales, en definitiva, son aquellos derechos encarnan los bienes jurídicos más preciados (la vida, la libertad, la educación, la participación política...) en los Estados Sociales y Democráticos de Derecho.

b) *Dimensión objetiva*: pero, junto a dicha dimensión subjetiva (que pone el acento en los sujetos titulares de dichos derechos fundamentales), la jurisprudencia constitucional también ha advertido de la existencia de una dimensión objetiva de aquéllos, que hace que se erijan en una suerte de columna vertebral de un ordenamiento democrático.

Así, por ejemplo, el TC ha declarado que "los derechos fundamentales son, al propio tiempo que derechos subjetivos de los individuos, *elementos esenciales de un ordenamiento objetivo de la comunidad nacional*, en cuanto ésta se configura como marco de una convivencia humana justa y pacífica, plasmada históricamente en el Estado de Derecho y, más tarde, en el Estado Social de Derecho o el Estado Social y Democrático de Derecho... Los derechos fundamentales... son *elemento unificador y patrimonio común de los ciudadanos, individual y colectivamente* y constituyen el ordenamiento jurídico cuya vigencia atañe a todos por igual" (STC 24/1981, de 14 de julio).

En consecuencia, los "derechos fundamentales no son sólo normas constitucionales que establecen derechos subjetivos públicos, sino rasgos esenciales del sistema democrático, de modo que la protección efectiva del derecho fundamental y de su actuación concreta trasciende del significado individual, para adquirir una dimensión objetiva" (STC 245/1991, de 16 de diciembre).

O, como declaró en su día la STC 53/1985, de 11 de abril, "los derechos fundamentales no incluyen solamente derechos subjetivos de defensa de los individuos frente al Estado, y garantías institucionales, sino también deberes positivos por parte de éste (...) los derechos fundamentales son los componentes estructurales básicos, tanto del conjunto del orden jurídico objetivo como de cada una de las ramas que lo integran, en razón de que son la expresión jurídica de un sistema de valores que, por decisión del constituyente, ha de informar el conjunto de la organización jurídica y política; son, en fin, como dice el art. 10 de la Constitución, el 'fundamento del orden jurídico y de la paz social'".

B) La delimitación del conjunto de los derechos fundamentales es el fruto de un dilatado periodo de decantación que, con posterioridad a la Segunda Guerra Mundial, desemboca en las Constituciones democráticas europeas (vgr. la *Grundgesetz* alemana de 1949) y en los más significativos Textos Internacionales sobre Derechos Humanos (vgr. la Declaración Universal de los Derechos del Hombre de 1948 —DUDH—, el Convenio Europeo de Derechos Humanos de 1950 —CEDH— o, con posterioridad, el Pacto Internacional de los Derechos Civiles y Políticos de 1966 —PIDCP—), produciendo la elevación a la categoría de fundamentales de una serie de derechos subjetivos cuya consagración y efectividad se considera en el Estado Moderno una necesidad de primer orden en función de asegurar los más preciados valores individuales y colectivos.

1.2. El catálogo de los derechos fundamentales en la Constitución

En nuestro país nadie puede sostener con acierto que, con anterioridad a la entrada en vigor de la CE de 1978, en el ordenamiento vigente durante la dictadura franquista, y la posterior transición a la democracia, ya estuvieran reconocidos los derechos fundamentales. Por tanto, si bien es cierto que alguna norma franquista se recogían algunos de los derechos que hoy se catalogan como fundamentales, dicha proclamación normativa no era más que retórica o teórica, es decir, sin efectividad práctica ninguna, y sin posibilidad tampoco de corregir con éxito ante los tribunales su eventual vulneración.

Por eso cabe ser rotundo en este punto: hasta la CE no cabe hablar en el ordenamiento español del reconocimiento de los derechos fundamentales.

En este sentido, la CE, pues, muy avanzada en este punto, la que califica como fundamental el derecho a la igualdad (art. 14 CE) y los distintos derechos consagrados en la Sección 1ª del Capítulo 2ª de su Título I, de manera que el resto de los derechos subjetivos contemplados en la misma (si bien igualmente pueden ser calificados como *derechos constitucionales* —vgr. el derecho a la propiedad consagrado en el art. 33 CE—), ni pueden ser calificados técnicamente como *derechos fundamentales,* ni participan de las notas que son características de estos últimos.

Únicamente a los efectos de su tutela jurisdiccional, como se examinará más adelante, el art. 53.2 CE sitúa al derecho a la objeción de conciencia (art. 30 CE) en el mismo plano que el resto de los derechos fundamentales, pese a no encontrarse el mismo ubicado constitucionalmente bajo la rúbrica sistemática de "De los derechos fundamentales y de las libertades públicas".

2. CARACTERES DIFERENCIALES DE LOS DERECHOS FUNDAMENTALES

Los derechos fundamentales reconocidos en la CE, además, participan de una serie de notas características propias que no se dan cita en el resto de los derechos subjetivos plasmados en ella, y que, por esta circunstancia, se erigen también en notas diferenciales entre aquéllos y éstos. De entre dichas características destacan las cuatro siguientes:

2.1. Interpretación de las normas reguladoras de los derechos fundamentales conforma a los textos internacionales sobre derechos humanos (artículo 10.2 CE)

A) Los preceptos de la CE que consagran los diferentes derechos fundamentales, a tenor de lo dispuesto en el citado precepto, "se interpretarán de conformidad con la Declaración Universal de los Derechos Humanos y los tratados y acuerdos internacionales sobre las mismas materias ratificados por España".

La presente característica, pese a que en principio pudiera parecer una retórica declaración de principios sin mayor repercusión práctica (sobre todo debido a que los textos internacionales a los que alude el art. 10.2 CE no incorporan declaraciones explicativas, ni pautas interpretativas, del contenido preciso de cada derecho subjetivo consagrado, sino que se componen de simples y escuetos enunciados de normas, de tenor análogo o similar a los que regulan los derechos fundamentales en los preceptos de la propia CE), ello no es así.

En efecto, al menos en los supuestos en que, para velar por el cumplimiento de un texto internacional sobre derechos humanos de los ratificados por España, se instituye un órgano de control (como puede serlo, por ejemplo, el TEDH respecto del CEDH), es evidente que el contenido de las resoluciones de dicho órgano supranacional al resolver los conflictos ha de vincular a los poderes públicos españoles (a quienes va dirigido el art. 10.2 CE), incluidos, por supuesto y, sobre todo, los tribunales, a la hora de interpretar el contenido de los derechos fundamentales dispuestos en la CE.

Así, por ejemplo, si el TEDH ha sostenido que en el seno del derecho a la intimidad personal y familiar (que la CE recoge en su art. 18) debe incluirse el derecho a no padecer en el domicilio perturbaciones de gases y malos olores provenientes de una industria próxima (como declaró en el asunto López Ostra —STEDH 09/12/1994—, en la que consideró vulnerado el art. 8 CEDH), es evidente que, por imperativo del art. 10.2 CE, dicha doctrina ha de ser obligatoriamente secundada por los tribunales españoles, así como por el TC; dichos órganos judiciales, en consecuencia, al menos desde la citada STEDH, no pueden, sin vulnerar el mandado constitucional del art. 10.2 CE, interpretar el art. 18 CE de manera distinta a como se interpreta en dicha resolución.

O, de nuevo a título de ejemplo, si el TEDH ha sostenido que los derechos fundamentales a la libertad y a la legalidad penal (arts. 17 y 25 CE, respectivamente) quedan infringidos si el cómputo de una pena de prisión se hace sobre la base de una doctrina jurisprudencial (la tristemente célebre *doctrina Parot*) carente de base legal (como declaró en el asunto Inés del Río —STEDH 21/10/2013—, en la que consideró vulnerados los arts. 5 y 7 CEDH), es igualmente evidente que, por imperativo del art. 10.2 CE, dicha doctrina ha de ser obligatoriamente secundada por los tribunales españoles, así como por el TC.

Y así, además, con respecto a toda la jurisprudencia del TEDH (o del órgano de control del texto internacional ratificado por España de que se trate), y con independencia de si en la concreta resolución aplicable se condena a nuestro país o cualquier otro.

En consecuencia, y al igual que por imperativo del art. 5 LOPJ los tribunales ordinarios están obligados a cumplir la interpretación que sobre los derechos fundamentales realice el TC, también, y ahora por imperativo del art. 10.2 CE, los tribunales ordinarios y el TC están obligados a cumplir la interpretación que sobre los derechos humanos realicen los textos internacionales (y sus órganos de control) sobre la materia ratificados por España (como reclama, por ejemplo, la SSTC 24/1981, de 14 de julio, 42/1982, de 5 de julio, 65/1986, de 22 de mayo...).

B) Téngase en cuenta, por último, que la LO 7/2015, de 21 de julio, introdujo un nuevo art. 5 bis en la LOPJ, según el cual, y para lograr el cumplimiento por los tribunales de las resoluciones del TEDH que condenen al Estado español, los afectados podrán acudir al "recurso de revisión" (debería haber dicho "recurso o acción de revisión").

En concreto, la norma reza lo siguiente: "*Se podrá interponer recurso de revisión ante el Tribunal Supremo contra una resolución judicial firme, con arreglo a las normas procesales de cada orden jurisdiccional, cuando el Tribunal Europeo de Derechos Humanos haya declarado que dicha resolución ha sido dictada en violación de alguno de los derechos reconocidos en el Convenio Europeo para la Protección de los Derechos Humanos y Libertades Fundamentales y sus Protocolos, siempre que la violación, por su naturaleza y gravedad, entrañe efectos que persistan y no puedan cesar de ningún otro modo que no sea mediante esta revisión*".

2.2. Vinculación de todos los poderes públicos de las normas reguladoras de los derechos fundamentales (artículo 53.1 CE)

Con arreglo a esta segunda nota característica y diferencial, *los derechos fundamentales vinculan a todos los poderes públicos*, añadiendo citada la norma que *sólo por ley, que en todo caso deberá respetar su contenido esencial, podrá regularse el ejercicio de tales derechos y libertades.*

De ahí que, desde la entrada en vigor misma de la CE, el contenido de los diferentes derechos fundamentales ha de ser observado y respetado por cualesquiera poderes públicos (STC 166/1986, de 19 de diciembre), con independencia si de los mismos han sido o no desarrollados legislativamente (y en este último radica la nota diferencial con relación a los demás derechos —no fundamentales, se entiende— previstos en la CE).

De ahí que, por ejemplo, la STC 129/1989, de 17 de julio, haya afirmado que la "significación que estos derechos adquieren dentro del orden constitucional impone a los poderes públicos el deber de garantizar su efectiva vigencia y, especialmente, obliga al legislador a proteger los valores positivados y formalizados en el ordenamiento a través de los derechos fundamentales".

Recuérdese, además, que, como corolario del mandato del art. 53.1 CE, el TC mantiene como doctrina jurisprudencial consolidada (al menos desde la STC 34/1983) la existencia en la CE del *principio de interpretación de la legalidad en el sentido más favorable a los derechos fundamentales* (reiterada posteriormente en multitud de ocasiones —SSTC 17/1985, 24/1990, 48/1991...).

2.3. Desarrollo legislativo de las normas reguladoras de los derechos fundamentales (artículo 81.1 CE)

En tercer lugar, y como garantía de procurar el consenso en las cámaras legislativas, y que un mayor número de diputados coincidan en su voto, el art. 81 CE dispone que las leyes que apruebe el Parlamento *relativas al desarrollo de los derechos fundamentales* hayan de revestir la forma de *ley orgánica*, para cuya aprobación, como indica ese mismo precepto, será precisa la mayoría absoluta del Congreso en la votación final.

En este sentido, el TC "se ha pronunciado ya por el entendimiento de que "los derechos fundamentales y libertades públicas" a que se refiere el art. 81.1 de la Norma suprema son los comprendidos en la Sección 1ª, Capítulo Segundo, Título I, de su Texto (STC 76/1983, de 5 de agosto), exigiéndose, por tanto, forma orgánica para las leyes que los desarrollen de modo directo en cuanto tales derechos (STC 67/1985, de 26 de mayo), pero no cuando meramente les afecten o incidan en ellos, so pena de convertir a las Cortes en "constituyente permanente" con la proliferación de Leyes Orgánicas (STC 6/1982, de 22 de febrero)".

Así, según ha podido declarar la STC 22/1986, de 14 de febrero, el "desarrollo de los derechos fundamentales a que se refiere el art. 81.1 de la CE no comprende cualquier incidencia o regulación más o menos directa su ejercicio, sino aquel conjunto de determinaciones que configura el sistema de regulación, los criterios conformadores de la ordenación del derecho o libertad fundamental".

2.4. La tutela jurisdiccional reforzada de los derechos fundamentales: los dos niveles de tutela ex artículo 53.2 CE

A) Por último (pero, desde luego, siendo ésta la característica diferencial de mayor importancia y repercusión práctica), *los derechos fundamentales cuentan con una protección jurisdiccional doble* (o, si se prefiere, reforzada), de la que carecen cualesquiera derechos subjetivos no fundamentales, y que impone el tenor del art. 53.2 CE.

En efecto, conforme a lo dispuesto en el citado precepto (que, por su interés para los objetivos del presente trabajo, reproducimos literalmente): "*Cualquier ciudadano podrá recabar la tutela de las libertades y derechos reconocidos en el artículo 14 y la Sección primera del Capítulo segundo ante los Tribunales ordinarios por un procedimiento basado en los principios de preferencia y sumariedad y, en su caso, a través del recurso de amparo ante el Tribunal Constitucional. Este último recurso será aplicable a la objeción de conciencia reconocida en el artículo 30*".

En consecuencia, cuando un sujeto de derecho considere que alguno de sus derechos fundamentales ha sido vulnerado por un tercero podrá acudir a los tribunales ordinarios, como también puede hacerlo, en virtud del art. 24.1 CE, el titular de cualquier derecho subjetivo reconocido por el ordenamiento; pero, a diferencia de este último, el primero podrá instar la tutela jurisdiccional de sus derechos fundamentales (a) *a través de un procedimiento preferente y sumario* (de los que doctrinalmente se denominan *procesos de amparo* o *procesos de amparo ordinario*) y, adicionalmente, si no obtuviera de éstos la estimación de sus pretensiones, entonccs, y *en su caso*, podrá también (b) *acudir al TC interponiendo un recurso de amparo.*

Nótese, además, que incluso la tutela procesal de los derechos fundamentales ante los tribunales ordinarios no se encauza del mismo que la de los restantes derechos subjetivos; porque mientras la de estos últimos se ha de llevar a cabo a través de los procesos ordinarios y especiales que regulan las diferentes leyes de enjuiciamiento, la de los primeros, en cambio, y por imperativo constitucional, ha de verificarse mediante un procedimiento basado en los principios de preferencia y sumariedad (véase, de nuevo, el art. 53.2 CE).

B) De ahí que la tutela jurisdiccional de los derechos fundamentales sea *doble*: primero mediante un *procedimiento preferente y sumario ante los tribunales ordinarios*, y segundo, y en su caso, *mediante el recurso de amparo ante el TC.* Se crea así, consecuentemente, un doble nivel de tutela jurisdiccional de los derechos fundamentales, a saber:

1°) De un lado, y en primer lugar, el que podría denominarse *nivel ordinario de tutela procesal de los derechos fundamentales* (porque discurre ante los tribunales ordinarios), integrado por, como veremos, los diferentes procesos preferentes y sumarios contemplados en nuestro ordenamiento.

2°) Y, de otro lado, y en su caso, el que podría denominarse *nivel constitucional de tutela procesal de los derechos fundamentales* (porque discurre ante el TC), integrado por un único instrumento: el recurso de amparo regulado en la LOTC.

C) Podría incluso hablarse de un *nivel internacional de tutela procesal de los derechos fundamentales* (no derivado directamente, eso sí, del art. 53.2 CE), desde el momento en que nuestro país ha suscrito determinados Convenios y Tratados supranacionales que también reconocen derechos susceptibles de ser calificados como fundamentales, y que cuentan con órganos capaces de controlar su cumplimiento u observancia por parte de los Estados miembros, a los que los ciudadanos españoles pueden acceder (v. art. 10.2 CE). Tratados tales como el CEDH, cuyo cumplimiento fiscaliza el TEDH, o el PIDCP, cuya observancia controla el CDH.

3. LA ARTICULACIÓN DE LOS DIFERENTES NIVELES DE TUTELA JURISDICCIONAL DE LOS DERECHOS FUNDAMENTALES: EL PRINCIPIO DE SUBSIDIARIEDAD

3.1. Los diferentes sistemas de articulación entre los niveles de tutela jurisdiccional de los derechos fundamentales

A la vista de los dos distintos niveles —ordinario y constitucional— en torno a los cuales se estructura la tutela jurisdiccional de los derechos fundamentales, a los que incluso cabría sumar un tercer nivel —el internacional—, resulta sencillo comprender la necesidad de que la actuación de los órganos que componen cada uno de los referidos niveles guarde un determinado orden de prelación.

No se entendería, por ejemplo, que un ciudadano que se considera lesionado en sus derechos fundamentales pudiera acudir directamente al TEDH sin instar con carácter previo el amparo ante los Jueces y Tribunales de su país; como tampoco se entendería, por otra parte, que una misma persona pudiera acudir al mismo tiempo al tribunal ordinario de su localidad y al TC, originando la litispendencia de dos diversos procesos de amparo con idéntico objeto.

En este sentido, y consciente de dicha realidad, cabría sostener que al legislador constituyente, redactor del art. 53.2 CE, se le abrieron al menos tres diferentes posibilidades de articular o vertebrar dichos niveles de tutela jurisdiccional, en concreto en torno a tres diferentes principios o modelos:

1°) El *principio de simultaneidad*, conforme al cual sería factible que el sujeto agraviado en sus derechos fundamentales pudiera acudir de manera simultánea a dos (o incluso a los tres) niveles de tutela jurisdiccional antes especificados. Podría, por ejemplo, instar el amparo ante un tribunal ordinario mediante un procedimiento preferente y sumario, y también, simultáneamente, interponer un recurso de amparo ante el TC (e incluso también una reclamación individual ante el TEDH).

2°) El *principio de alternatividad*, con arreglo al cual se otorgaría al sujeto agraviado una única posibilidad de instar el amparo de sus derechos fundamentales, bien ante los tribunales ordinarios, bien ante el TC, o bien ante una instancia supranacional. Una única posibilidad que el sujeto habría de elegir, alternativamente, entre las tres previstas por el ordenamiento.

3°) El *principio de subsidiariedad*, por último, por el cual se instaura un acceso escalonado y jerarquizado a los diferentes niveles de tutela jurisdiccional, de forma que el sujeto agraviado habría de recabar el amparo ante los tribunales ordinarios (nivel ordinario), y sólo tras haber agotado éste sin obtener satisfacción a su queja podría, sólo entonces y no antes, acudir al siguiente nivel interponiendo un recurso de amparo (nivel constitucional), y sólo tras haber agotado uno y otro nivel podría, sólo entonces y no antes, acceder al órgano supranacional correspondiente (nivel internacional).

3.2. La solución adoptada por el legislador constituyente: la instauración del principio de subsidiariedad

3.2.1. La crítica al principio de simultaneidad

Como resulta evidente, la articulación de los niveles de tutela jurisdiccional conforme al principio de simultaneidad es del todo punto desaconsejable.

Se trata, sin duda, de un modelo absurdo (porque deja la utilización de las vías de tutela previstas por el ordenamiento a la libérrima voluntad del sujeto afectado), antieconómico (porque entraña un dispendio de esfuerzos humanos y materiales, tanto desde la óptica de los tribunales cuanto desde la del patrimonio del sujeto agraviado) y, lo que es peor, un modelo capaz de ocasionar la emisión de resoluciones contradictorias por parte de los tribunales actuantes, con grave quebranto de la seguridad jurídica (y, con ello, la infracción del art. 9.3 CE).

3.2.2. La crítica al principio de alternatividad

De igual modo, la articulación de los niveles de tutela jurisdiccional conforme al principio de alternatividad, aunque en menor medida que el anterior, también resulta desaconsejable.

Se trata de un modelo que, al no tener en cuenta la jerarquía de los tribunales, provoca (lo que es empíricamente constatable) que el sujeto agraviado intente siempre acudir a los órganos más altos, integrados por los Magistrados con mayor experiencia, porque le generan más confianza o le ofrecen mayores garantías de acierto, aunque resulten menos asequibles económicamente, en detrimento de los órganos jerárquicamente inferiores, que por tal causa apenas intervienen en este modelo.

Por ello resulta antieconómico, amén de contrariar el saludable principio socio-político que predica el acercamiento de la justicia al justiciable.

3.2.3. La adopción del principio de subsidiariedad en el artículo 53.2 CE: ventajas generales

En cambio, la vertebración de los distintos niveles de tutela jurisdiccional de los derechos fundamentales en torno al principio de subsidiariedad no trae consigo sino ventajas y beneficios.

Con carácter general, al impedir el acceso al segundo nivel sin haberse agotado el primero (y al tercero sin haberse agotado el segundo), el principio de subsidiariedad ocasiona una articulación racional de las vías que ofrece el ordenamiento (primero las más cercanas y económicas para el justiciable, más tarde, y en su caso, las más lejanas y costosas), y un reparto igualmente racional de la tarea de tutelar los derechos fundamentales entre los diferentes órganos judiciales, amén de una considerable economía procesal (porque si los tribunales ordinarios satisfacen la queja del agraviado, ya no es necesario agotar ninguna vía o nivel adicional).

De ahí que, en materia de lesiones a los derechos y libertades fundamentales, al corresponder a los tribunales ordinarios pronunciar la *primera palabra,* se pueda obtener una más rápida tutela de los derechos.

Por eso acertó plenamente el legislador constituyente al secundar el principio de subsidiariedad en el art. 53.2 CE, e imponer la utilización primera de la vía preferente y sumaria ante los tribunales ordinarios, y después, "en su caso" (es decir, subsidiariamente), la del recurso de amparo ante el TC. Subsidiariedad ésta que se complementa en la LOTC, la cual establece la obligación de agotar "la vía judicial procedente" (art. 43.1) o "todos los medios de impugnación previstos por las normas procesales para el caso concreto dentro de la vía judicial" (art. 44.1.a), como presupuesto de admisibilidad de la demanda de amparo ante el TC

3.2.4. El caso español, en particular: el fundamento político de la implantación del principio de subsidiariedad

Por si todo ello no fuera suficiente, y centrándonos ahora particularmente en el caso español, la exigencia (que impone la subsidiariedad) de tener que acudir primero a los tribunales ordinarios, obliga a que estos se comprometan e involucren en la tutela y defensa de los derechos fundamentales, lo que resulta de extrema importancia en un momento histórico de transición de un régimen autocrático a una democracia, como el que se sucedió en la España de 1978 al aprobarse la Constitución.

A) En efecto, a la hora de decidir a qué órganos judiciales encargar la tutela procesal de los derechos fundamentales que la CE consagraba por vez primera, el constituyente se encontró ante una dicotomía: o bien la confería a los tribunales ordinarios en exclusiva, o bien en exclusiva al nuevo TC que igualmente se implantaba por vez primera en nuestro país.

Ambas opciones presentaban ventajas e inconvenientes.

A favor de la primera postulaba la ya citada necesidad de que los tribunales ordinarios se implicasen en dicha tarea de defensa de los nuevos valores constitucionales, destilando así la subsidiariedad, en palabras de Gimeno Sendra, una suerte de valor pedagógico en pro de la defensa y respeto a los derechos fundamentales; en contra, el hecho constatable de que la mayoría de dichos tribunales, y en particular el Tribunal Supremo (de quien se llegó a decir que en el año 1978 constituía una suerte de *gerontocracia*), estaban integrados por Jueces y Magistrados educados en la Dictadura y acostumbrados a la aplicación cotidiana de la legislación franquista (esta misma circunstancia había motivado, por ejemplo, que en la Alemania posterior a la aprobación de la Grundgesetz de 1949, se produjese una depuración de la Magistratura proveniente del régimen del Tercer Reich).

A favor de la segunda se aducía como argumento el de que el TC era un órgano de nuevo cuño, sin pasado (por decirlo de algún modo), nacido directamente de la CE, y encontrándose, por tanto, en la mejor posición para afrontar la tutela jurisdiccional de los derechos fundamentales; en contra, que su limitada composición (sólo 12 Magistrados) iba a dificultar la realización de una tarea que se presumía ingente, y, sobre todo, que el otorgarle en exclusiva la labor de amparar aquellos derechos iría en claro detrimento de lo que, desde Kelsen, es la función esencial y la razón de ser última de los Tribunales Constitucionales, es decir, el control de la constitucionalidad de la les leyes.

B) Por eso el legislador constituyente, con un criterio impecable (a la vista del desarrollo de los derechos fundamentales experimentado desde la aprobación de la CE), optó por el camino intermedio que le ofrecía el principio de subsidiariedad, y decidió en el art. 53.2 CE otorgar primariamente a los tribunales ordinarios la tutela de los derechos fundamentales, y subsidiariamente al TC, haciendo efectivas, de este modo, las ventajas anudadas a cada uno de ambos modelos por separado, anteriormente apuntadas.

C) Sin embargo, a día de hoy, a más de 40 años de vigencia del principio de subsidiariedad, y de la situación actual de la justicia constitucional, cabe concluir en que no se sostiene ya la bondad del sistema elegido por el art. 53.2 CE, y urge su reforma, sobre todo porque el antes denominado fundamento político de la implantación del principio de subsidiariedad ha decaído por completo.

Es evidente que, no sólo en el momento presente, sino desde hace ya décadas, la labor de los tribunales ordinarios de nuestro país, con el Tribunal Supremo a la cabeza, está plenamente acomodada a los valores consagrados en la CE, sin que quepa advertir en sus resoluciones recelos o reparos a la hora de aplicar sus preceptos, como con toda evidencia acontecía en los años posteriores a su entrada en vigor en muchos de ellos.

Además, es también diáfano que la labor de amparo que desarrolla el TC ha quedado reducida prácticamente a la nada tras la reforma de la LOTC que llevó a cabo la LO 6/2007, de 24 de mayo, la cual, para evitar la enorme sobrecarga de trabajo que le ocasionaba al TC la avalancha de recursos de amparo que tenía que examinar todos los años, introdujo el impresentable (por indeterminado y contrario a la seguridad jurídica) presupuesto de la "especial trascendencia constitucional" [art. 50.1.b) LOTC].

Dicho requisito de admisibilidad de la demanda de amparo supuso, primero, una avalancha de inadmisiones inmotivadas de demandas de amparo, y segundo, y como consecuencia de lo anterior, una reducción considerable del número de demandas de amparo interpuestas ante TC, dada la desconfianza que genera este modelo al justiciable, quien ya no encuentra en el recurso de amparo un instrumento eficaz en orden a la tutela de sus derechos fundamentales.

Por todo ello cabría reformar el sistema (lo que no es sencillo, dado que habría que reformar al CE en este punto) y otorgar el amparo en exclusiva a los tribunales ordinarios, dejando al TC dedicado en exclusiva al control de constitucionalidad de las leyes.

3.2.5. La subsidiariedad en el nivel internacional de tutela jurisdiccional de los derechos fundamentales

Con todo, el art. 53.2 CE, al instaurar la subsidiariedad, no hizo sino reiterar la solución que ya habían recogido los principales textos internacionales sobre Derechos Humanos, a la hora de articular o vertebrar el nivel nacional con el nivel internacional de tutela jurisdiccional de estos derechos tan preciados.

Así, por ejemplo, el art. 35 del CEDH, al regular el acceso al TEDH, instaura el principio de subsidiariedad del siguiente modo: "Al Tribunal no podrá recurrirse sino después de agotar las vías de recursos internas, tal como se entiende según los principios de derecho internacional generalmente reconocidos...".

O el art. 41.1.c) PIDCP, que hace lo propio con respecto al CDH: "El Comité conocerá del asunto que se le someta después de haberse cerciorado de que se han interpuesto y agotado en tal asunto todos los recursos de la jurisdicción interna de que se pueda disponer, de conformidad con los principios del derecho internacional generalmente admitidos"

3.3. Consecuencias de la instauración del principio de subsidiariedad en el artículo 53.2 CE

La decisión de instaurar el principio de subsidiariedad a la hora de vertebrar los niveles ordinario y constitucional (y también el internacional, como sabemos) de tutela procesal de los derechos fundamentales trae consigo diversas consecuencias, de orden organizativo o externo las unas, de orden interno o puramente técnico las otras, y de orden jerárquico o de efectividad práctica las restantes.

3.3.1. Consecuencias de orden organizativo o externo

La primera de las exigencias que comporta la subsidiariedad es la prelación ordenada en el acceso a los distintos niveles de protección jurisdiccional de los derechos fundamentales.

El ciudadano presuntamente agraviado, por consiguiente, habrá de sujetar su solicitud de tutela jurisdiccional a dicha exigencia organizativa o externa, y sólo cuando no reciba satisfacción a su queja por parte de los tribunales ordinarios podrá acudir en amparo ante el TC (y sólo cuando éste último tampoco satisfaga su pretensión, podrá entonces instar la tutela ante los órganos supranacionales).

Tal y como ha podido manifestar desde siempre el TC, el recurso de amparo se plantea como una vía tuteladora última y subsidiaria, de modo que sólo puede acudirse al mismo cuando la queja no se ha satisfecho por los Jueces y Tribunales ordinarios (v. STC 50/1984, de 5 de abril); sólo, en suma, cuando a través de los instrumentos procesales en sede judicial no se obtiene satisfacción, se abre el acceso al TC (v. STC 57/1984, de 8 de mayo).

A este respecto, y como se dirá en el lugar oportuno, el TC mantiene una elaborada doctrina jurisprudencial sobre la inadmisibilidad de aquellos recursos de amparo interpuestos sin haberse agotado la vía judicial procedente, o los recursos utilizables en ella, doctrina que tiene como claro fundamento esta exigencia organizativa o externa del principio de subsidiariedad.

3.3.2. Consecuencias de orden técnico-procesal o interno

La exigencia de subsidiariedad, en segundo lugar, trae también consigo una prohibición de orden técnico-procesal, que opera internamente a medida que se va ascendiendo a cada nivel de tutela jurisdiccional; en concreto, la interdicción de modificar ante el TC la pretensión de amparo esgrimida ante los tribunales ordinarios (o modificar ante el órgano supranacional correspondiente la esgrimida ante los órganos nacionales), que en todos los casos ha de ser la misma.

Así, los ciudadanos que reclamen el amparo de sus derechos fundamentales han de formular la misma pretensión ante todos y cada uno de los órganos jurisdiccionales integrantes de los distintos niveles de tutela ordinaria y constitucional (y, llegado el caso, internacional), sin que les esté permitido modificar los elementos constitutivos de su pretensión (los hechos jurídicamente relevantes a los que se anuda la lesión del derecho fundamental) a medida que van acudiendo a las diferentes instancias y órganos en demanda de amparo.

No tendría sentido, por ejemplo, que en el paso de la primera a la segunda instancia —en el amparo ordinario— o del amparo ordinario al constitucional, fuera admisible una *alteración sustancial de los términos del debate inicialmente sometido ante la Jurisdicción*, pues ello daría al traste con la posibilidad de obtener el restablecimiento o preservación del derecho vulnerado ya desde el escalón inicial del primer nivel de la tutela jurisdiccional (v. STC 143/1993, de 26 de abril).

Por ejemplo, si un condenado penalmente interpone un recurso en la vía ordinaria fundamentado en la lesión del derecho fundamental a utilizar los medios de prueba (porque, vgr., le fueron inadmitidos de manera inmotivada), posteriormente, ya en la vía de amparo ante el TC, no puede fundamentar su queja en la lesión de otro diferente derecho fundamental (vgr. la presunción de inocencia porque no haya sido probado algún hecho típico). Y ello porque, por fundamentarse la pretensión ante el TC en hechos y derechos fundamentales no alegados e invocados ante los tribunales ordinarios, no permitió a estos últimos restablecer la lesión, de modo que, al plantear la cuestión por vez primera ante el TC, se estaría entonces vulnerando la presente consecuencia del principio de subsidiariedad.

En definitiva, y como ya se ha dicho, el fundamento del principio de subsidiariedad no es otro que el de posibilitar que el ciudadano agraviado en sus derechos fundamentales pueda conseguir la satisfacción a su queja lo más rápidamente posible, mejor ante los propios Jueces y Tribunales ordinarios, sin necesidad, por tanto, de que tenga que verse obligado a proseguir y agotar la larga cadena subsidiaria de recursos y órganos jurisdiccionales, constitucionales e internacionales, hasta obtener por fin la estimación de su pretensión.

3.3.3. Consecuencias de orden jerárquico o de efectividad práctica

Finalmente, la implantación del principio de subsidiariedad como criterio articulador de los diferentes niveles de tutela procesal de los derechos fundamentales determina que éstos deban articularse jerárquicamente, de inferior (tribunales ordinarios) a superior (TC y, en su caso, el órgano supranacional que corresponda).

De dicho diseño jerárquico derivado de la vigencia del principio de subsidiariedad se desprenden las dos siguientes exigencias:

A) Que los tribunales ordinarios deban interpretar las normas reguladoras de los derechos fundamentales conforme con lo declarado al respecto por la jurisprudencia del TC (tal y como exige el art. 5.1 LOPJ), y que tanto aquéllos como éste deban, a su vez, llevar a cabo dicha interpretación de conformidad con la DUDH y los tratados internacionales sobre la materia (y, cabría añadir, con la doctrina de los órganos fiscalizadores de dichos textos supranacionales) ratificados por España (art— 10.2 CE).

B) Que los tribunales jerárquicamente superiores pueden, en vía de recurso, anular las resoluciones dictadas por los órganos inferiores, para sustituirlas por otras, cuando consideren que no se ajustan a las normas constitucionales (e internacionales, en su caso) que consagran los derechos fundamentales.

Tal consecuencia es *absoluta* en el caso del TC (que, por supuesto, puede anular las sentencias impugnadas en amparo que hayan dictado cualesquiera tribunales, incluido el Tribunal Supremo). Basta con leer el art. 55.1.a) LOTC, o cualquier sentencia del TC estimatoria de un recurso de amparo contra actos del Poder Judicial, para así constatarlo.

Pero lo es tan sólo *relativa* en el caso de los órganos supranacionales, a los que no les es dado llevar a cabo tal anulación de las resoluciones dictadas por tribunales nacionales de los Estados miembros del correspondiente Tratado o Convenio. Así, por ejemplo, el art. 46 CEDH no prevé la ejecución directa de las sentencias del TEDH, sino tan sólo la previsión de que el Comité de Ministros vele por su ejecución.

Con todo, el art. 5 bis LOPJ (introducido por la LO 7/2015, de 21 de julio, y que en buena medida respondió a la enorme repercusión que tuvo en nuestro país la STEDH 21/10/2013, dictada en el asunto Inés del Río) intentó solucionar el problema que genera al justiciable la eventual negativa del Estado a ejecutar una sentencia condenatoria del TEDH. En concreto dicho precepto introduce como motivo capaz de fundamentar la acción de revisión (tanto en el proceso penal —art. 954.3 LECrim— como en los procesos civil —art. 510.2 LEC—, contencioso-administrativo —art. 102.2 LJCA— y social o laboral —art. 236.1 LRJS—) el de *la existencia de una resolución del TEDH que declare que la sentencia impugnada es contraria al CEDH*; acción de revisión cuya interposición en este caso habrá de propiciar una sentencia estimatoria por parte del Tribunal Supremo, tal y como afirma el art. 5 bis LOPJ, "siempre que la violación, por su naturaleza y gravedad, entrañe efectos que persistan y no puedan cesar de ningún otro modo que no sea mediante esta revisión"

4. VIGENCIA DEL PRINCIPIO DE SUBSIDIARIEDAD

Réstanos señalar que el principio de subsidiariedad (y, por ende, la necesidad de agotar el amparo ante los tribunales ordinarios con carácter previo a la interposición del recurso de amparo constitucional), contrariamente a lo que pudiera pensarse a la vista del tenor del art. 53.2 CE, no presenta una vigencia absoluta en cualesquiera hipótesis de vulneraciones a los derechos fundamentales de la persona.

Antes al contrario, existen determinados supuestos donde el acceso al recurso de amparo ante el TC es directo (*Vorabverfassungsbeschwerde*), sin que sobre el sujeto agraviado pese la obligación de instar previamente ningún proceso de amparo ordinario.

Cabe distinguir, en consecuencia, entre los siguientes supuestos:

4.1. Supuestos de vigencia del principio de subsidiariedad

A) La subsidiariedad del amparo constitucional, pese al aparentemente categórico mandato del art. 53.2 CE, sólo adquiere vigencia en los supuestos en los que las violaciones a los derechos fundamentales provengan de los órganos del Poder Ejecutivo o de los órganos del Poder Judicial.

1º) Para el primero de los referidos supuestos (vulneraciones procedentes del Poder Ejecutivo) dispone el art. 43.1 LOTC que las violaciones de los derechos y libertades originadas por disposiciones, actos jurídicos o simples vías de hecho del Gobierno o de sus autoridades o funcionarios, o de los órganos ejecutivos colegiados de las Comunidades Autónomas o de sus autoridades o funcionarios o agentes, podrán dar lugar al recurso de amparo *una vez que se haya agotado la vía judicial procedente.*

Dicha vía, a tenor de lo previsto por la Disposición Transitoria 2ª.2 LOTC, está constituida, bien por el proceso administrativo ordinario regulado en la LJCA, o bien por el proceso administrativo especial contemplado en los arts. 114 y ss. LJCA.

Dentro de este mismo supuesto de lesiones imputables al Poder Ejecutivo se dan cita también aquellas lesiones al derecho fundamental a participar en los asuntos públicos (art. 23 CE) provenientes de las Juntas Electorales, las cuales podrán ser cuestionadas mediante un recurso de recurso de amparo ante el TC, bien cuando se agote el proceso electoral especial al que se refiere el art. 49 LOREG en lo relativo a los conflictos en materia de proclamación de candidatos, bien cuando se culmine el procedimiento contencioso-electoral regulado en los arts. 109 a 120 LOREG, en lo relativo a las controversias en materia de proclamación de electos, así como la elección y proclamación de los Presidentes de las Corporaciones Locales.

2º) Para el segundo de los citados supuestos (vulneraciones procedentes del Poder Judicial) dispone el art. 44.1 LOTC que las violaciones de los derechos y libertades susceptibles de amparo constitucional que tuvieran su origen inmediato y directo en un acto u omisión de un órgano judicial podrán dar lugar a este recurso siempre que, entre otros requisitos, *se hayan agotado todos los medios de impugnación previstos por las normas procesales para el caso concreto dentro de la vía judicial*, y, además, *se haya denunciado formalmente en el proceso, si hubo oportunidad, el derecho constitucional vulnerado tan pronto como, una vez conocida la violación, hubiere lugar para ello.*

B) Por consiguiente, cuando la lesión al derecho fundamental sea consecuencia de una disposición, acto o vía de hecho del Gobierno o la Administración (Juntas Electorales incluidas), o de un acto u omisión de un órgano judicial, el sujeto agraviado habrá de promover el amparo ordinario antes de acudir, en su caso, al recurso de amparo constitucional. Y si lo hace sin cumplimentar dicho presupuesto del agotamiento de la vía judicial previa, o de los medios de impugnación previstos para el caso concreto, entonces su demanda de amparo será inexorablemente inadmitida a trámite (art. 50 LOTC).

Recuérdese, además, que como anteriormente fue indicado, en el plano internacional opera siempre la exigencia de subsidiariedad, de forma que ante de acceder a cualquier órgano supranacional competente para tutelar los derechos fundamentales, el sujeto nacional deberá agotar las vías judiciales internas [v. arts. 35 CEDH y 41.1.c) PIDCP].

4.2. Excepciones a la vigencia del principio de subsidiariedad

Existen supuestos, en cambio, donde el acceso al recurso de amparo ante el TC es directo y no precisa del agotamiento previo de ninguna vía judicial ante los tribunales ordinarios.

En este sentido, y tras la derogación en su día del art. 45 LOTC por la LO 8/1984, de 26 de diciembre (que contemplaba el amparo directo en materia de vulneraciones al derecho a la objeción de conciencia), tal amparo directo se sucede en los siguientes casos:

4.2.1. Amparo frente a actos del Poder Legislativo

Cuando la actuación lesiva de los derechos fundamentales sea imputable a una actuación de alguno de los órganos de Gobierno de los Poderes Legislativos, estatal y autonómicos, el acceso al TC por la vía del recurso de amparo no requiere que se agote ninguna vía judicial ordinaria previa, ni ningún previo medio de impugnación. Dicho acceso, en consecuencia, no es subsidiario sino directo, de forma que el sujeto presuntamente agraviado tendrá expedita la vía de amparo constitucional desde el instante mismo en que aquella actuación lesiva adquiera firmeza con arreglo a la normativa reglamentaria reguladora de los respectivos órganos legislativos.

De tal supuesto se hace eco el art. 42 LOTC, conforme al cual las decisiones o actos sin valor de Ley emanados de las Cortes o de cualquiera de sus órganos, o de las Asambleas legislativas de las Comunidades Autónomas, o de sus órganos, que violen los derechos y libertades susceptibles de amparo constitucional, *podrán ser recurridos ante el TC desde que, con arreglo a las normas internas de las Cámaras o Asambleas, sean firmes.*

Como es sencillo comprobar, muy escasos han sido, desde luego, los recursos de amparo interpuestos en aplicación del art. 42 LOTC. Y ello porque, como tempranamente apuntó un sector de la doctrina (Salas Hernández, Cano Mata, Garrido Falla), resulta un tanto dificultoso imaginar supuestos encuadrables en dicho precepto, porque tales actos, o bien operan en las relaciones entre órganos constitucionales, o bien son de eficacia exclusivamente interna, es decir, afectan únicamente a los miembros de las propias Cámaras.

Pueden señalarse al respecto, recursos de amparo contra la suspensión de derechos y prerrogativas parlamentarias y contra la pérdida de asignación económica, como consecuencia de la falta de juramento o promesa de acatamiento a la CE por parte de algunos Diputados (SSTC 101/1983, de 18 de noviembre, 122/1983, de 16 de diciembre, y 119/1990, de 21 de junio); recurso contra el cese de parlamentarios forales (STC 28/1984, de 28 de febrero); recurso dirigido a revisar un acuerdo del Pleno del Senado denegando la concesión de suplicatorio (STC 90/1985, de 22 de julio); recurso frente a la restricción del derecho de los Diputados y Senadores a defender sus enmiendas ante el Parlamento (ATC 183/1984, de 21 de marzo); recurso contra acuerdo de la Mesa de una Asamblea autonómica denegando solicitud de información proveniente de un Diputado (STC 161/1988, de 20 de septiembre); recurso denegando la formación de un Grupo Parlamentario (STC 125/1990, de 5 de julio); recurso en relación con la renovación de su credencial a un senador (STC 149/1990, de 1 de octubre).

4.2.2. Amparo en materia de "iniciativa legislativa popular"

En el desarrollo legislativo de la previsión contenida en el art. 87.3 CE (ejercicio y requisitos de la iniciativa legislativa popular), la LO 3/1984, de 26 de marzo, ha implantado un procedimiento a través del cual canalizar las iniciativas legislativas de este orden.

En concreto, la norma establece la competencia de la Mesa del Congreso para adoptar la decisión de admitir o inadmitir las iniciativas presentadas por los ciudadanos. Sin embargo, a dicho órgano tan sólo incumbe la primera palabra, puesto que *su art. 6 recoge la posibilidad de que la comisión promotora de la iniciativa entable un recurso de amparo directo ante el TC frente a una eventual decisión de inadmisión de la misma, por parte de la Mesa del Con-*

greso: "contra la decisión de la Mesa del Congreso de no admitir la proposición de ley, la Comisión Promotora podrá interponer ante el Tribunal Constitucional recurso de amparo que se tramitará de conformidad con lo previsto en el Título III de la Ley Orgánica 2/1979, de 3 de octubre, del Tribunal Constitucional".

De este modo, el recurso de amparo aquí contemplado es directo y, por tanto, su interposición se revela admisible sin necesidad de agotar vía judicial previa alguna.

4.2.3. Amparo en materia de conflictos jurisdiccionales

Finalmente, tampoco el recurso de amparo previsto en el art. 20 de la LO 2/1987, de 18 de mayo, de Conflictos Jurisdiccionales, se sujeta a las exigencias del principio de subsidiariedad.

Dispone dicho precepto que contra las sentencias del Tribunal de Conflictos de Jurisdicción (art. 38 LOPJ) —y también frente a las dictadas por la Sala de Conflictos de Jurisdicción (art. 39 LOPJ)— no cabrá otro recurso que el de amparo constitucional, siempre y cuando las citadas decisiones hayan podido vulnerar alguno de los derechos y libertades fundamentales de las personas implicadas en el conflicto.

Por consiguiente, el acceso al TC en demanda de amparo podrá efectuarse directamente, una vez se tenga conocimiento de la decisión lesiva dictada por el Tribunal o la Sala de Conflictos de Jurisdicción.

SEGUNDA PARTE

MEDIOS ALTERNATIVOS DE SOLUCIÓN DE CONFLICTOS

Acceso a la justicia (ADR) como derecho fundamental de los ciudadanos[1]

JOSÉ ANTONIO COLMENERO GUERRA[2]
Prof. Titular de Derecho Procesal
Universidad Pablo de Olavide

---

1 Esta es mi contribución al Libro Homenaje del Profesor Víctor Moreno Catena, mi MAESTRO. Conozco a Víctor desde mi Licenciatura, pues fue mi Profesor de Derecho Procesal I y II, durante los Cursos de Cuarto y Quinto de Derecho. En 1988 entré en el Departamento de Derecho Procesal a hacer los cursos de doctorado y la tesis doctoral, bajo su Dirección. Desde entonces han pasado 36 años. Hemos compartido docencia, investigación y gestión en la Universidades de Sevilla, Pablo de Olavide y Carlos III de Madrid. También hemos compartido trabajos y proyectos de investigación, en España y en América, así como diferentes publicaciones, entre las que se incluyen nuestras Legislaciones para Tecnos, que empezaron en el año 2002 y todavía continúan. No es el momento de glosar sus méritos docentes, investigadores, de gestión y profesionales. Basta, simplemente, con señalar que es un gran PROCESALISTA, cualidad que, no voy a negar, comparte con otros compañeros de generación académica. Yo, en realidad, lo que quiero es darle las Gracias por permitirme compartir durante estos años sus conocimientos, que, ahora, la mayoría son míos, y a la Universidad también le agradezco que me haya permitido trabajar con una "Buena Persona" que siempre transmite "Valores". Gracias Maestro, la Universidad, en activo, ha sido un punto y seguido. Soy consciente que todavía te quedan más enseñanzas, y que el mundo jurídico todavía seguirá disfrutando de tu "buen hacer" en la defensa de los derechos y libertades fundamentales.

2 Este Trabajo forma parte de las investigaciones para el Proyecto "El acceso a la Justicia de las personas vulnerables" (JUSVUL; PID2021-123493OB-100), dentro de los Proyectos de I+D de Generación del Conocimiento, del Programa Estatal para impulsar la investigación Científica-Técnica y su Transferencia, Plan Estatal 2021-2023. Miembro del Grupo de Investigación PAIDI, de la Junta de Andalucía, "Sistema penal y Criminología (SISPECRIM)" (Referencia SEJ 571). ORCID: 0000-0001-6214-8519.

1. INTRODUCCIÓN

Si uno teclea en su ordenador, como cualquier día, algo, para ver qué contestan los "buscadores", y pone "Unión Europea, acceso a la justicia", en nuestro caso en "Google", la respuesta que nos dio (al margen del tiempo y de los resultados), como primera búsqueda, fue "El acceso a la justicia en Europa", que resultó ser un resumen ("hoja informativa") que tiene colgada la FRA (*European Unión Agency For Fundamental Rights*)[3], que indica, entre otras cosas, que "El artículo 47 de la Carta de Derechos Fundamentales de la Unión Europea, incluido en el Capítulo sobre justicia, garantiza el derecho al acceso efectivo a la justicia", para apostillar en los "Antecedentes" que "De conformidad con la legislación europea e internacional sobre derechos humanos los Estados miembros de la Unión Europea deben garantizar a todas las personas el derecho a acudir a los tribunales, o a otro órgano de resolución alternativa de conflictos, y disponer de tutela judicial cuando se han vulnerado sus derechos. En esto consiste el derecho de acceso a la justicia".

La mera lectura de la "hoja informativa" y la remisión que hace a "otro órgano de resolución alternativa de conflictos" como derecho de acceso a la justicia, incluido en el art. 47 Carta de Derechos Fundamentales de la Unión Europea (CDFUE), ya resulta llamativo, por cuanto que hasta ahora siempre habíamos dicho, y puesto en valor, que dicho precepto remitía a la "tutela judicial efectiva" (art. 24.1 Constitución Española-CE—) y, también, al art. 6 Convenio Europeo de Derechos Humanos (CEDH).

La inclusión, y los términos, no es baladí, máxime en los momentos en que nos encontramos, y que nuestro Tribunal Constitucional (TC), hasta ahora, no había realizado dicha asimilación, se limitaba a razonar como acabamos de exponer: art. 24.1 CE/ 47 CDFUE/ 6 CEDH. Y ahí quedaba la cosa. Sin embargo, no es de la misma opinión la Unión Europea, y así lo pone de manifiesto su "hoja informativa".

Pero ahí no terminaron las sorpresas, pues la segunda página que nos concedía "Google" era del Parlamento Europeo, y llevaba por rúbrica "Garantizar el acceso a la justicia"[4], y sus primeras frases indican: "El respeto de los derechos fundamentales en la UE ha de ser efectivo. Esto significa

---

3 La consulta es: https://fra.europa.eu/sites/default/files/fra_uploads/1506-Factsheet-Access-to-justice_ES.pdf

4 La consulta es: https://www.europarl.europa.eu/about-parliament/es/democracy-and-human-rights/fundamental-rights-in-the-eu/ensuring-access-to-justice

que, cuando se violan los derechos de una persona, esta tiene derecho a un recurso efectivo ante un órgano jurisdiccional". Y dicho derecho, nos dirá luego, se encuentra consagrado en el art. 47 CDFUE, si leemos la versión en inglés, pues la versión en español dice que el derecho a la "tutela judicial efectiva" queda consagrado en el art. 47 CDFUE.

La consulta de esta segunda página puede dejar perpleja a muchas personas. Primero, al cifrar el "derecho a un recurso efectivo" en el art. 47 de la Carta, pues su noticia siempre la hemos situado en el art. 13 CEDH. Pero también su noticia en cuanto a contenido del art. 47 de la Carta, pues, hasta ahora, no habíamos constatado su presencia en el precepto. Pero, claro, al consultar la versión en inglés, efectivamente, ahí estaba en el apartado 1 del art. 47 de la Carta, que en la versión en español se ha transformado en "tutela judicial efectiva". Esa asimilación ya supone otra sorpresa, pues, hasta ahora, el art. 13 CEDH, que ahora aparece en el art. 47.1 CDFUE (con matizaciones como veremos), no era asimilado al art. 24.1 CE, pero parece que, a efectos de la Unión Europea, así lo es, aunque hasta ahora no lo hayamos asimilado. Reitero, no se cita el art. 6 CDEH, sino el art. 13 CEDH, asimilado plenamente a la "tutela judicial efectiva" del art. 24.1 CE. Y si alguien tiene la duda, en el segundo párrafo de la página, en el que se dice que se encuentra incluido en el art. 47 de la Carta, en la versión en español se dice: "El derecho a la tutela judicial efectiva…", y en la versión en inglés se dice: "The right to an effective remedy…", es decir, que el "derecho a un recurso efectivo" es el "derecho a la tutela judicial efectiva".

Después de dos páginas, uno podría pensar, bueno no son "afortunadas traducciones", "un pequeño borrón", se han equivocado con la asimilación, pues dichos preceptos, e ideas, nunca se han mezclados. Pero, la tercera página ya nos saca del "entuerto", pues se trata de la página Web del Tribunal Europeo de Derechos Humanos —TEDH— (versión en inglés)[5] que no nos lleva a su página principal, sino a un "Manual sobre el derecho europeo relativo al acceso a la justicia", realizado por la FRA (*European Unión Agency for Fundamental Rights*), la Corte Europea de Derechos Humanos y el Consejo de Europa. La Corte y el Consejo no se responsabilizan de su contenido, ni de la calidad de las traducciones (la

---

5 La consulta es: https://www.echr.coe.int/documents/d/echr/Handbook_access_justice_SPA
Se trata del *Manual sobre el Derecho europeo relativo al acceso a la justicia,* realizado por la Agencia de los Derechos Fundamentales de la Unión Europea, el Consejo de Europa y la Corte Europea de Derechos Humanos, y editado por la Oficina de Publicaciones de la Unión Europea, 2016.

versión que sale es en español, y el original en inglés). No obstante, consultado su contenido (y posteriormente volveremos sobre el mismo), todo lo que hemos señalado en las dos primeras páginas aparece en el "Manual", y también las asimilaciones de conceptos, en función de las traducciones, así como las referencias legales citadas. Por tanto, no era una equivocación, era una realidad, que, además, viene avalada por la interpretación que se ha realizado de la CDFUE.

Como se comprenderá, ante dichos términos, no es extraño el título del trabajo, es lo correcto, al menos desde el plano de la UE. Y no solo es que sea correcto, sino que obliga a realizar más precisiones, pues estamos afirmando que para la Unión Europea (UE), al menos en lo que se refiere a sus derechos, el art. 24.1 CE incluye, no solo lo que hasta ahora hemos relatado en los manuales de Derecho Constitucional y de Derecho Procesal, de la materia, sobre el "derecho a la tutela judicial efectiva", sino también el "acceso a la justicia" (otras instancias o ADR —*Alternative Dispute Resolution*—), previos a los tribunales, un nuevo escalón, que siempre ha estado presente, pero que no era considerado un derecho fundamental, y ahora resulta que debemos incluirlo.

Establecido donde nos ubicamos, vamos a proceder a desarrollar, aunque sea una primera aproximación, dicho "acceso a la justicia", para lo cual conviene partir de donde nos encontramos, recordando lo que hacemos, para, posteriormente, referirnos a dónde debemos ubicarnos de futuro.

2. AUTODEFENSA, DEFENSA Y ACCESO A LA JUSTICIA

Alguien puede señalar interrogantes a la rúbrica del apartado. No se puede negar, al menos genéricamente, la vinculación de los términos, aunque, también, se puede indicar que no es la conexión relevante. De hecho, en la introducción hemos puesto de relieve la conexión "acceso a la justicia" y "tutela judicial efectiva". Ahora bien, desde el plano dinámico, no se puede negar la conexión. Claro, que la referencia no es el "acceso a la jurisdicción" sino la "solución de los conflictos". Cualquiera que ponga la atención en dicha cuestión, y tome como punto de partida los instrumentos o métodos de solución de conflictos, desde el primer momento, el primer derecho que surge, para el individuo que pide, y para el individuo que es pedido, es el derecho a la "autodefensa", que dará lugar al instrumento, más primitivo, de solución de conflictos, la "autotutela" o "autodefensa"[6]. Creo que no genera ninguna duda que el derecho que es connatural a las personas (nos referimos a las físicas, pero se puede extrapolar a las jurídicas) es la "autodefensa". A partir de dicha premisa, desde el plano dinámico, podemos hablar del resto de derechos que forman parte del derecho fundamental a la defensa. Pero el sujeto, como animal, si es atacado, o entiende que es atacado, normalmente, se defiende. A partir de ahí, y dentro de una sociedad, podemos desarrollar en qué consiste y qué contiene, desde un plano civilizado y jurídico, dicho derecho.

Y se pone de manifiesto dicha cuestión por cuanto que se acaba de presentar un Proyecto de Ley Orgánica del Derecho de defensa[7], y dicha premisa, al menos en su verdadero contenido, no ha merecido desarrollo (solo una cita testimonial), pese a estar prevista en el ordenamiento jurídico (en realidad forma parte del sujeto/animal), y no ser una cuestión menor, más bien todo lo contrario, de enorme trascendencia práctica en el proceso penal, que es el que toma, principalmente, como referencia el texto legal (con claro arrinconamiento del resto de procesos —civil, administrativo y laboral—). De hecho, si uno mira el contenido del art. 3 del Proyecto, que, precisamente, lleva la rúbrica de "contenido", resulta que la "autodefensa" no es un contenido de la "defensa", pues ni se cita. Claro, si no se le cita tampoco podemos saber en qué consiste y qué comprende.

Resulta sorprendente que aparezca en la exposición de motivos, al hilo del art. 6.3.c) CEDH y el art. 14.3.d) del Pacto Internacional de Derechos Civiles y Políticos (PIDCP), y luego nada se diga en el Proyecto de Ley. Parece que va a seguir "condenada" a ser citada vía art. 10.2 CE, conforme a lo contenido en dichos textos internacionales, pero no por la Ley Orgánica del derecho de defensa, y tampoco, por cierto, por el art. 48.2 CDFUE, cuya mención se ha omitido en el Proyecto (se ve que no ha hecho falta la normativa UE).

---

6 Sobre estas cuestiones, el siempre recordado trabajo de Alcalá-Zamora y Castillo, N., *Proceso, autocomposición y autodefensa. Contribución al estudio de los fines del proceso*, Edit. UNAM, 3ª Edic, 1ª Reimpresión, México, 2000. Al margen de todo el contenido del trabajo, respecto de la "Autodefensa", la parte II del trabajo, y en concreto sobre el derecho a autodefenderse, las págs. 48 y siguientes y 176 y siguientes.

7 Proyecto de Ley Orgánica del Derecho de Defensa (121/000006), *BOCG*, Congreso de los Diputados, Serie A: Proyectos de Ley, 2 de febrero de 2024.

No nos preocupa la "autodefensa", en este momento, por lo que suponga en el ámbito jurisdiccional[8], sino por lo que supone en el ámbito de "los medios adecuados solución de controversias"[9], que se citan en el art. 2 del Proyecto, pero luego no reciben la protección "debida" en el texto legal.

Resulta llamativo que la "autodefensa" se cite al hilo del "derecho a la asistencia jurídica" (art. 4.3 del Proyecto). Ello ya supone una contradicción, pues "defenderse por sí mismo" no es una parte de la "asistencia jurídica", sino al contrario, pues el verdadero derecho subjetivo público es la "autodefensa", del que surge la "asistencia letrada" o "jurídica", como uno de los derechos que conforman la defensa/autodefensa que, desgraciadamente, y pese a que así se pone de manifiesto, no consiste solo, y exclusivamente, en intervenir en los procesos, sino que, también, es un ejercicio de autodefensa el nombramiento de "letrado de confianza" (o del turno de oficio, si fuera posible) para intervenir en las instancias adecuadas, y en los procesos. Ahí está todo el problema, en el orden de los derechos. Y el artículo lo deja claro, primero "asistencia jurídica" y, como excepción, defenderse a sí mismo. Claro, ello es así en el ámbito del proceso, según el Proyecto de Ley Orgánica (aunque no sea cierto respeto del orden real). Pero, en los Métodos Alternativos/Adecuados de Solución de Conflictos (MASC), sin embargo, la persona se "defiende a sí misma", normalmente, dado que no se encuentran sometidos a la obligatoriedad de asistencia y asesoramiento técnico, como regla general. Y en esos casos, ¿cuáles son los derechos de la defensa?, ¿los deducimos de los previstos para el proceso?, ¿qué es lo que regula el Proyecto de Ley Orgánica? Eso es precisamente lo que hace el art. 3.7, en mi opinión, de forma parcial e incorrecta. Y el tema, de presente, y de futuro, no será una cuestión menor.

Aunque posteriormente volveremos sobre ello, resulta cuanto menos problemático cómo se ha ventilado el tema de la "autodefensa" y de la "defensa" cuando esta tiene lugar ante una Administración, procedimiento arbitral, o MASC (curiosamente se cita el arbitraje que es un MASC).

---

8 Desde este contexto, Moreno Catena, V., "Sobre el derecho de defensa: cuestiones generales", en *Teoría y Derecho: revista de pensamiento jurídico*, nº 8 (2010), págs. 17 a 40, y Caamaño Domínguez, F., "El derecho a la defensa y asistencia letrada. El derecho a utilizar los medios de prueba pertinentes", en *Cuadernos de Derecho Público*, nº 10 (2000), págs. 113 a 132.

9 En esta línea, el trabajo de Carnicer Díez, C., "El acceso a la justicia en España", en *Lecciones sobre la justicia internacional* (Gamarro Chopo, Y., Dir.), Edit. CSIC, Instituto Fernando el Católico, 2009, págs. 213 a 228.

Desde luego, la Unión Europea requiere otros contenidos. Para ello basta con mirar el art. 47 CDFUE, y lo que exige. Recordemos, el art. 47.1 CDFUE exige el "derecho a un recurso efectivo ante los tribunales", que se remite al art. 13 CEDH, que no habla de recurso ante los "tribunales", sino ante las "instancias nacionales", que no son los "tribunales", necesariamente, sino la "Administración" y los MASC. Y lo mismo hace el art. 2.3 PIDCP, y otros textos internacionales. Claro, que los preceptos que ya citamos en la "Introducción", y citamos ahora, resulta que no aparecen en la Exposición de Motivos, y tampoco han sido tenidos en cuenta en el desarrollo del Proyecto de Ley Orgánica.

Resulta curioso que los derechos que forman parte del contenido del "derecho de defensa", en el art. 3 (apartados 1 a 6) del Proyecto, se transforman en "principios" en el apartado 7, de tal manera que, dichos principios/derechos "resultarán aplicables con sus especificaciones propias al derecho de defensa cuando se ejercite acción, petición o controversia ante Administraciones Públicas, en procedimientos arbitrales o, en su caso, cuando se opte por un medio adecuado de solución de controversias". Es decir, habrá que esperar para determinar las "especificaciones propias", o los "casos", para fijar el contenido del "derecho de defensa" en dichos supuestos. O lo que es lo mismo, "indeterminación" del contenido. Por ejemplo, recientemente el Tribunal Constitucional ha excluido parte de lo que se recoge en el art. 3.2 del Proyecto, para el arbitraje, aunque sea dejando en un segundo plano los requerimientos del Tribunal de Justicia de la Unión Europea (TJUE) y del Tribunal Europeo de Derechos Humanos (TEDH). Era momento para definir en "positivo", de forma "expresa", no para diferir la solución a cuando se planteen los casos. Pero la mayor crítica que hay que hacerle al precepto es que no incluya, como parte del "derecho de defensa" el libre "acceso a la justicia", que forma parte del artículo 47.1 CDFUE, y por ello, también, del art. 24.1 CE. Sobre ello iremos razonando en este trabajo, de ahí el traer a colación este Proyecto de Ley Orgánica, del que mucho más no vamos a decir.

3. ADR Y TUTELA JUDICIAL EFECTIVA: CONSTITUCIÓN

3.1. Acotación legal (Constitución)

El art. 3.2 del Proyecto de Ley Orgánica del Derecho de Defensa indica, con razón, que el derecho de defensa incluye, en todo caso, "el derecho el derecho al libre acceso a los Tribunales de Justicia, a un proceso sin dilaciones indebidas, a que se dicte una resolución congruente y fundada en

Derecho por la jueza o el juez ordinario e imparcial predeterminado por la ley, así como a la invariabilidad de las resoluciones firmes y a su ejecución en sus propios términos. El derecho de defensa incluye, también, las facultades precisas para conocer y oponerse a las pretensiones que se formulen de contrario, para utilizar los medios de prueba pertinentes en apoyo de las propias y al acceso a un proceso público con todas las garantías, sin que, en ningún caso, pueda producirse situación alguna de indefensión".

Recientemente se ha puesto de relieve[10], en una primera aproximación a dicho Proyecto, que "defensa" y "tutela judicial efectiva" son las dos caras de una misma moneda. Lo mismo hace la Exposición de Motivos del Proyecto. No se puede negar dicha interrelación. Pero, como hemos señalado, la defensa no siempre lleva a los tribunales, pues puede hacerlo, o debe hacerlo, a veces, a la Administración pública o a los MASC, sobre lo que ya hemos apuntado que, señala el art. 3.7 del Proyecto de Ley Orgánica, deben regirse sobre los mismos principios que el derecho de defensa ante los tribunales con sus "especificaciones" o "casos". En estos casos, habrá que entender que el ciudadano tiene derecho al libre acceso a la Administración o a los MASC, además del resto de derechos a que se refiere el art. 3 del Proyecto.

El art. 3 del Proyecto define, genéricamente, buena parte del contenido del "derecho a la tutela judicial efectiva", del haz de facultades o derechos que el Tribunal Constitucional ha entendido incluidos en el art. 24.1 CE. No es momento para un desarrollo de los mismos[11], pero sí de acotar ciertas cuestiones para relacionarlas con el acceso, no a la Administración, que no es nuestro campo de atención, sino con los MASC.

El núcleo esencial del derecho a obtener la tutela judicial efectiva de los jueces y tribunales se salvaguarda con la "obtención de una resolución judicial favorable o no al actor, que habrá de recaer sobre el fondo si con-

---

10 Calaza López, S. y De Prada Rodríguez, M., "El derecho de defensa y su curiosa ecuación axiomática con el derecho de acción en la proyectada LO del Derecho de Defensa", en *Actualidad Civil*, nº 2 (2024), págs. 1 a 8.

11 Una visión del derecho, Díez-Picazo Giménez, I., "Reflexiones sobre algunas facetas del derecho fundamental a la tutela judicial efectiva (Titularidad, ámbito y caracteres generales del derecho a la tutela judicial efectiva. Derecho de acceso a la jurisdicción. Derecho a una resolución sobre el fondo. Derecho a los recursos. Derecho a una resolución fundada en Derecho), en *Cuadernos de Derecho Público*, nº 10 (2000), págs. 13 a 37.

curren los presupuestos procesales para ello, extendiéndose a su efectivo cumplimiento"[12].

Si bien el Tribunal Constitucional ha fijado dicho núcleo, no podemos negar que también ha ido fijando, a lo largo del tiempo, a través de diferentes resoluciones, un contenido esencial, que algunos cifran en un contenido más amplio, y otros más ajustado[13]. Ahora bien, los tres elementos básicos esenciales, y de ellos se pueden derivar otros, como señala Moreno Catena son: i) el derecho de acceso a la justicia; ii) el derecho a una sentencia de fondo; y iii) el derecho a la ejecución[14].

Ahora solo nos interesa el primer apartado, el "acceso a la justicia", el primero en el orden de proceder lógico, que también es referido como "acceso al proceso", derecho de "acción", "a la acción", cuyo reconocimiento tuvo lugar con la primera sentencia del Tribunal Constitucional 1/1981, de 26 de enero. Como pone de manifiesto Peiteado Mariscal, dicho derecho se ha entendido, fundamentalmente, "como un mandato dirigido primeramente al legislador, que no puede promulgar normas que excluyan la posibilidad de que los tribunales se pronuncien sobre ningún sujeto (vertiente subjetiva del derecho de acceso a los tribunales) ni sobre ninguna materia (vertiente objetiva del derecho a acceso a los tribunales)". Apostillando que: "se trata de un derecho incondicionado y no sujeto a configuración legal: no hay situación que permita legítimamente que el legislador sitúe personas o asuntos completamente fuera del alcance de la jurisdicción". Por ello, y pese a que la jurisprudencia pueda inducir a lo contrario, el derecho de acceso y el derecho a una resolución de fondo, como partes del derecho a la tutela la judicial efectiva, no se mueven bajo los mismos parámetros. El primero, como se acaba de señalar, deriva directamente de la Constitución, y no puede condicionarse, mientras que el segundo es de carácter "prestacional", y de configuración legal, puede el legislador ordinario determinar qué tipo de tutela se dispensa, o puede producirse. Sin

---

12 Moreno Catena, V., "El derecho a la tutela judicial efectiva", en *Introducción al Derecho Procesal* (con Cortés Domínguez, V.), 12ª Edic., Edit. Tirant lo Blanch, Valencia, 2023, pág. 220.

13 Con carácter general, Moreno Catena, "El derecho a la tutela...", *op. cit.*, págs. 221 a 225 y Cabañas García, J. C., "El derecho fundamental de acceso a la justicia civil y su configuración por el Tribunal Constitucional", en *Revista General de Derecho Constitucional,* nº 16 (2013), págs. 6 a 13.

14 Moreno Catena, "El derecho a la tutela...", *op. loc. cit.*; También Peiteado Mariscal, P., "Consideraciones sobre la relación entre el derecho a la tutela judicial efectiva y la mediación obligatoria", en *Estudios de Deusto,* nº 66 (2018), pág. 291.

embargo, desde el plano práctico, en la jurisprudencia, no siempre es fácil discernir ambos planos[15].

No obstante, lo que sí llama la atención de este derecho es que siempre se ha señalado que no aparece reconocido de modo explícito en el texto constitucional, encontrando su apoyo normativo en los arts. 14.1 PIDCP y 6.1 CEDH[16]. Pero, apoyo normativo de carácter extensivo, puesto que, en dichos preceptos, tampoco se hace referencia al acceso a la justicia. De hecho, el "acceso", al menos en los primeros momentos, estuvo vinculado al art. 6.1 CEDH, y es lo que puede inducirse de la STEDH, de 21 de febrero de 1975, asunto Golder contra Reino Unido. No obstante, el Tribunal Constitucional no ha tenido inconveniente en fijar que dicho derecho forma parte del contenido del art. 24.1 CE (por ejemplo, SSTC 140/1985, de 28 de septiembre, y 140/2016, de 21 de julio). Ahora bien, de lo dicho queda claro que se está refiriendo al acceso a la jurisdicción, a los tribunales, y ello no incluye, expresamente, los ADR.

Llegados a este punto, queremos acotar diferentes cuestiones antes de proceder a poner de relieve qué tipo de amparo y consecuencias ha anudado el Tribunal Constitucional al uso de los ADR[17]. Pero, primero conviene puntualizar que, por ADR, vamos a entender tanto los medios autocompositivos que prevea, o permita, el ordenamiento, como vamos a incluir, también, el arbitraje, como hace la Unión Europea en sus diferentes documentos y normativas[18]. En los instrumentos autocompositivos, tradicionalmente, se han incluido las variantes "unilaterales", como son la renuncia y el allanamiento, como los "bilaterales", como son el desistimiento y la transacción, incluyendo, también (dentro de los bilaterales), aquellos en que un tercero ayuda a las partes a la consecución del acuerdo, como son la mediación y la conciliación. Claro es, que dichos métodos admiten variantes, y también deben ser incluidas, pero también se pueden

---

15 Peiteado, "Consideraciones…", *op. cit.*, págs. 291 y 292.

16 Moreno Catena, "El derecho a la tutela…", *op. cit.*, pág. 221.

17 Con carácter general, Borrajo Iniesta, I., Díez-Picazo Giménez, I. y Fernández Farreres, G., *El derecho a la tutela judicial y el recurso de amparo. Una reflexión sobre la jurisprudencia constitucional*, Edit. Civitas, Madrid, 1995, págs. 30 y siguientes.

18 Una visión general del tema, Moreno Catena, V., "Del litigio judicial a modos diferentes de resolver los conflictos jurídicos", en *Nuevos debates en relación a la mediación penal, civil y mercantil* (Castillejo Manzanares, R., Dir.), Edit. Universidad de Santiago de Compostela, Santiago de Compostela, 2018, págs. 23 a 44.

incluir otros supuestos fenómenos como, por ejemplo, hacía el Proyecto de Ley de Eficiencia Procesal[19].

Acotado dicho criterio, también ponemos de manifiesto que no vamos a desarrollarlos, ni a puntualizarlos, salvo en aquellas cuestiones que puedan incidir respecto a lo que es objeto de reflexión, que es el acceso a la justicia, entendida como acceso a instrumentos que permitan solucionar "conflictos", aunque en determinados momentos haya que adentrarse en algunas cuestiones.

Hemos puesto de manifiesto el art. 24.1 CE, que fija como derecho fundamental el acceso a los tribunales, a la jurisdicción. Pero también habría que citar su conexión con el artículo 117 CE, en concreto con su apartado tercero, en el que se fija que "la potestad jurisdiccional en todo tipo de procesos, juzgando y haciendo ejecutar lo juzgado, corresponde exclusivamente a los juzgados y tribunales determinados por las leyes". De la conjunción de ambos preceptos deviene ese derecho del ciudadano de dirigirse a los tribunales, para que a través de la potestad de juzgar y hacer ejecutar lo juzgado, que les corresponde en exclusiva (frente a los otros poderes del Estado), resuelvan un conflicto conforme al derecho[20].

Sin embargo, y pese que, a veces, puede parecer lo contrario, los jueces y tribunales no tienen el monopolio de la jurisdicción, y tampoco tienen el monopolio de "juzgar", aunque sí lo tienen de "hacer ejecutar lo juzgado". Siendo consecuentes, la Constitución admite actividad jurisdiccional a la Administración (resolver o decidir un litigio conforme al derecho, art. 103 CE), lo que no admite es que dicha función lo sea al "juzgar y hacer ejecutar lo juzgado", que acabamos de indicar es una función exclusiva de juzgados y tribunales. Por otro lado, tampoco tiene el monopolio de "juzgar", dado que la Constitución admite que dicha función pueda corresponder a un ciudadano o ciudadanos: los árbitros. Quienes, además, también dicen

---

19 Proyecto de Ley de medidas de eficiencia procesal del servicio público de Justicia (121/000097), *BOCG*, Congreso de los Diputados, Serie A: Proyectos de Ley, 22 de abril de 2022. De ella ya me he ocupado en Colmenero Guerra, J. A., "Acceso a la justicia, arbitraje, motivación y orden público", en *Revista La Ley Mediación y Arbitraje*, nº 17 (2023), págs. 1 a 50; y en "La necesidad de una ley de resolución alternativa de conflictos en materia de consumo", en *Revista La Ley Mediación y Arbitraje*, nº 12 (2022), págs. 1 a 35.

20 Esta idea puede verse en Hernández Marín, R., *Las obligaciones básicas de los jueces*, Edit. Marcial Pons, Madrid, 2005, págs. 119 y 120; también, Requejo Pagés, J. L., *Jurisdicción e independencia judicial*, Edit. Centro de Estudios Constitucionales, Madrid, 1989, pág. 34.

el derecho, puesto que la jurisdicción no es monopolio del Poder Judicial. Quizás la equivocación provenga de una lectura apresurada del art. 117.3 CE. Dicho precepto, en realidad, lo que hace es atribuir, dentro de los Poderes del Estado, la actividad de "juzgar y hacer ejecutar lo juzgado", siendo exclusiva de los juzgados y tribunales, frente a otros órganos y poderes del Estado. Además, el art. 117.3 CE, establece la obligación de los juzgados y tribunales, al juzgar y hacer ejecutar lo juzgado, de realizar la función o potestad jurisdiccional, es decir, decidir litigios conforme a derecho, que es el verdadero contenido de la "potestad jurisdiccional", que no aparece en el precepto legal, dado que no es definida por el legislador. Cierto es que, como establece el art. 117.3 CE, dicha actividad de los juzgados y tribunales (decir el derecho) se realiza conforme a las normas de competencia y procedimiento que prevé la Ley, es decir, conforme al "proceso debido".

Por tanto, el art. 117.3 CE no dice que no haya otros órganos que ejerzan potestad jurisdiccional, y tampoco dice que no haya otros órganos que juzguen, aunque no tengan posibilidad, en sentido estricto, de hacer ejecutar lo juzgado. Ya me he referido a la Administración, que formula decisiones, que aplican y dicen el derecho (actividad jurisdiccional), pero no son terceros "suprapartes", es decir, no juzgan. Pero hay en la Constitución otros casos, ajenos al Poder Judicial (Tribunal Constitucional y Tribunal de Cuentas). Y dado que el art. 117.3 CE establece las funciones del Poder Judicial frente a los otros poderes del Estado (Legislativo y Ejecutivo), también conviene hacer referencia a que la Constitución no prohíbe, permite, actividad jurisdiccional (decidir litigios conforme a derecho) privada, a través de la actividad de "juzgar" (por tanto, aplicar y decir el derecho) por medio del arbitraje.

Asumida la distinción, y asumida la permisividad del arbitraje, que además ha estado presente en otras constituciones españolas (por ejemplo, la de 1812)[21], nos queda solventar el tema del resto de ADR. En estos casos, dado que no se decide por un tercero situado "suprapartes", solo se resuelven conflictos, no entran en las previsiones del art. 117.3 CE, y tampoco del 24.1 CE (en principio, luego veremos que sí). Sin embargo, también están presentes en el ordenamiento español desde bien antiguo (en algunos casos siglos)[22], y respecto de ellas tampoco se han producido grandes

---

[21] Al respecto, Merchán Álvarez, A., *El Arbitraje. Estudio histórico jurídico*, Edit. Publicaciones de la Universidad de Sevilla, Sevilla, 1981.

[22] En el caso de la conciliación, Montero Aroca, J., "Bosquejo histórico de la conciliación hasta la Ley de Enjuiciamiento Civil de 1855", en *Estudios de Derecho Proce-*

problemas para ser admitidas tras la Constitución de 1978. Ya estaban, han continuado, e incluso han acrecido.

3.2. Acotación jurisprudencial (TC)

Desde luego, en lo que ahora interesa, el Tribunal Constitucional ha legitimado todos los ADR, salvo en contadas ocasiones, por no ajustarse al art. 24.1 CE, o por problemas competenciales, al haber sido propuestos por las Comunidades Autónomas y no por el Gobierno central.

No vamos a poner de relieve todos los supuestos, pero sí vamos a centrarnos en las conciliaciones/mediaciones y el arbitraje. Solo un apunte, el Tribunal Constitucional se ha ocupado de las conciliaciones (civiles y laborales), pero también vamos a equiparar, a estos efectos, las mediaciones, pues en materia laboral se suele prescindir de las diferencias conceptuales entre ambos instrumentos, luego lo dicho para la conciliación sería válido para la mediación.

El Tribunal Constitucional parte, en principio, de la validez de los ADR, siempre en el contexto en que estos, normalmente, se desarrollan, y teniendo como premisas, que se utilizarán en el ámbito de los derechos e intereses de libre disposición, aunque haya situaciones específicas.

Así, en el caso de la conciliación preprocesal, en el ámbito laboral otorgará amparo, por violación del artículo 24.1 CE, como consecuencia de una defectuosa notificación al demandante para asistir al preceptivo acto de conciliación ante el IMAC (Instituto de Mediación Arbitraje y Conciliación) que luego dio lugar a la inadmisión de la demanda laboral por dicha inasistencia. La sentencia 1/1983, de 13 de enero, indica que "la conciliación sea un acto previo al proceso, y preparatorio, que se desarrollan ante órgano distinto del propiamente jurisdiccional, acto obligatorio y condicionante en el caso que enjuiciamos, de la decisión del proceso laboral, no obsta para conceptuarlo a los fines que ahora estudiamos y desde la perspectiva del derecho de defensa, dentro del marco del artículo 24.1 de la Constitución, como una de las garantías cuyo quebrantamiento justifica

---

sal, Edit. Librería Bosch, Barcelona, 1981, págs. 147 a 188; también, del mismo Autor, "Libro Segundo. De la Jurisdicción Contenciosa. Título Primero. De los actos de conciliación", en *Comentarios a la Reforma de la Ley de Enjuiciamiento Civil. Ley 34/1984 de 6 de agosto de 1984* (Cortés Domínguez, V., Coord.), Edit. Tecnos, Madrid, 1985, págs. 309 y 310.

el amparo". La "obligatoriedad" del acto dirá que trasciende al proceso posterior, dado que lo invalida, al no costar la realización del trámite anterior. Y terminará diciendo:

> "3. El art. 24.1 de la Constitución es aplicable, como ha dicho este Tribunal en otros recursos (así en las Sentencias de 26 de enero de 1981, 31 de marzo de 1981, 14 de julio de 1981, 23 de julio de 1981, entre otras), a todos los órdenes jurisdiccionales y, desde luego al orden jurisdiccional laboral, y a los procedimientos que siendo preparatorios y previos, de carácter obligatorio, se insertan en el conjunto de actos precisos para la tutela de los derechos o intereses legítimos".

Como puede comprobarse, desde el primer momento el Tribunal Constitucional decide aplicar los criterios del art. 24.1 CE a la conciliación, que no es proceso, siempre que se trate de una conciliación necesaria, como es la prevista en el orden social (aunque a tiempo presente con numerosas excepciones, incluido el mayor empresario del país, que es el Estado). Y le aplica dichas reglas al considerar que se trata de actos preparatorios o previos al proceso. La opción de ser trámite preparatorio necesario al que se le aplican los criterios del art. 24.1 CE no solo ha concurrido en el caso de conciliación preprocesal prevista en la norma (en las Leyes de Procedimiento Laboral y ahora en la Ley de la Jurisdicción Social), sino que también se ha extendido a las "Comisiones Paritarias" de los Convenios, cuando el Convenio establece la necesidad de acudir a ellas antes de plantear el conflicto en vía jurisdiccional. La STC 217/1991, de 14 de noviembre, señala:

> "5. Este Tribunal ha declarado reiteradamente la compatibilidad con el derecho a la tutela judicial efectiva de la exigencia de trámites previos al proceso, como son los de conciliación o de reclamación administrativa previa (por todas, STC 60/1989, las que en ella se cita y también por su proximidad al presente supuesto la STC 162/1989). De un lado, porque en ningún caso excluyen el conocimiento jurisdiccional de la cuestión controvertida, ya que únicamente suponen un aplazamiento de la intervención de los órganos judiciales; y, de otro, porque son trámites proporcionados y justificados, ya que su fin no es otro que procurar una solución extraprocesal de la controversia, lo cual resulta beneficioso tanto para las partes, que pueden resolver así de forma más rápida y acomodada a sus intereses el problema, como para el desenvolvimiento del sistema judicial en su conjunto que ve aliviada su carga de trabajo.
>
> La doctrina anterior es de perfecta aplicación al presente supuesto. La necesidad de plantear la cuestión previamente ante la comisión paritaria del convenio colectivo no excluye ni cierra el posterior paso a las vías jurisdiccionales. El interesado, si no queda satisfecho con la intervención de la comisión, puede acudir posteriormente, en todo caso, a los tribunales. Pero es que, además, es un trámite que, como hemos visto, encuentra una plena justificación, toda vez que tiene por objeto, no sólo los fines generales expuestos de la conci-

liación o de la reclamación previa, sino también procurar una solución de la controversia por medios autónomos, propios de la autonomía colectiva y no jurisdiccional que, por estar insertos en el ámbito del convenio, conoce de primera mano las características v necesidades del medio en el que operan y se desenvuelven, lo que se refuerza y acrecienta cuando el conflicto en el que interviene la comisión paritaria se plantea en torno a la interpretación del convenio colectivo, pues dicha comisión es designada por las partes negociadoras del mismo [art. 85.2 d) ET]".

Y los criterios no solo los ha aplicado cuando, desde el plano procedimental no se hayan cumplido las normas, sino que también ha suavizado la idea de ser un trámite necesario previo al proceso laboral. Así, ha reconocido vulneración del art. 24.1 CE, y otorgado amparo, cuando previamente al proceso no se ha celebrado la conciliación, y esta ha tenido lugar después de presentada la demanda (SSTC 69/1997, de 8 de abril y 199/2001, de 4 de octubre). Un buen resumen de lo expresado, y de otras opciones, viene representado por lo establecido en la STC 185/2013, ya con la Ley de la Jurisdicción Social, en la que se indica:

"2. El recurso planteado debe analizarse de acuerdo con nuestra consolidada doctrina acerca del derecho de acceso al proceso, sobre el cual, y en tanto constituye el primero de los contenidos del derecho a la tutela judicial efectiva, se proyecta con toda su intensidad el principio *pro actione*, exigiendo un control riguroso de la decisión judicial que impide conocer de la pretensión suscitada por la parte. Y si bien es cierto que, en la medida en que dicho derecho se ejercita conforme a la configuración prevista por el legislador, los órganos judiciales pueden apreciar una causa impeditiva del pronunciamiento sobre el fondo, no lo es menos que la apreciación de dicha causa debe hacerse, desde la perspectiva constitucional, conforme a un criterio respetuoso del derecho fundamental, rechazando aquellas decisiones que por su rigorismo o excesivo formalismo revelen una clara desproporción entre el defecto o causa en que justifiquen el cierre del proceso y la consecuencia que se deriva para la parte, que es la imposibilidad de obtener un pronunciamiento judicial sobre su pretensión (entre otras muchas, SSTC 154/1992, de 19 de octubre, FJ 2; 112/1997, de 3 de junio, FJ 3; 8/1998, de 13 de enero, FJ 3; 38/1998, de 17 de febrero, FJ 2; 207/1998, de 26 de octubre, FJ 3; 16/1999, de 22 de febrero, FJ 4, y 108/2000, de 5 de mayo, FJ 3).

3. Esta doctrina sobre el principio *pro actione* sirve también de fundamento al trámite de subsanación de la demanda, que en el proceso laboral se regulaba en el entonces vigente art. 81 LPL —con el mismo tratamiento procesal en este extremo que el vigente art. 81.3 de la Ley 36/2011, de 10 de octubre, reguladora de la jurisdicción social (LJS)—, de suerte que el criterio que informa tanto la finalidad y observancia del trámite de subsanación, como la apreciación de los defectos que, en último término, pueden determinar el archivo de las actuaciones sin pronunciamiento sobre el fondo, exige la verificación por parte de este Tribunal de que la causa esgrimida por el órgano judicial sea real y necesariamente determinante de aquel archivo, evitando que una decisión rigurosa y desproporcionada sacrifique el derecho de acceso al proceso

de modo reprochable en términos constitucionales (SSTC 118/1987, de 8 de julio, FFJJ 2 y 3; 120/1993, de 19 de abril, FJ 5; 112/1997, de 3 de junio, FJ 3; 130/1998, de 16 de junio, FJ 5; 135/1999, de 15 de julio, FJ 2; 75/2001, de 26 de marzo, FJ 2; 199/2001, de 4 de octubre, FJ 2; y 211/2002, de 11 de noviembre, FJ 3).

Hemos precisado, asimismo, que la obligación legal del órgano judicial contenida en el citado art. 81 LPL (requerimiento de subsanación de defectos, omisiones o imprecisiones de la demanda) no puede confundirse con una facultad ilimitada, por mucho que lo pedido pudiera mejorar en hipótesis la articulación del subsiguiente debate procesal. El art. 81.1 LPL se refiere exclusivamente a los contenidos estrictos que para la demanda laboral exige el art. 80 LPL, resultando improcedente el archivo por defectuosa subsanación cuando lo solicitado extralimite aquéllos, sea cual sea el propósito al que responda el exceso cometido por el requerimiento judicial. Idénticos criterios, e iguales límites del juzgador en el alcance potencial de sus mandatos de subsanación, operan en relación con el art. 81.2 LPL (acreditación de la celebración o intento del acto de conciliación previa), como recuerdan las SSTC 127/2006, de 24 de abril, y 119/2007, de 21 de mayo.

Por lo demás, en atención a su relevancia en la resolución del caso actual, será preciso señalar también que la finalidad que inspira la conciliación previa es la de evitación del proceso. De ahí que el art. 63 LPL, aquí aplicable, no la considere en rigor como requisito previo a la demanda sino como requisito "previo para la tramitación del proceso" (SSTC 69/1997, de 8 de abril, FJ 6, y 199/2001, de 4 de octubre, FJ 3), cuya finalidad es asegurar que las partes hayan tenido oportunidad de, antes de tramitarse aquél, someter la controversia a solución extrajudicial intentando un acuerdo, garantía que está en la base del citado art. 81.2 LPL, así como en el vigente art. 81.3 LJS.

4. Por lo que concierne, en especial, a la exigencia de conciliación previa (arts. 63 y ss. LPL), hemos de recordar la doctrina sentada en nuestra STC 69/1997, de 10 de abril, FJ 6, donde se expresaba que la posibilidad, prevista en el art. 81.2 LPL, de subsanar en el plazo de quince días la omisión del acto de conciliación previa ante el órgano administrativo competente, cuando sea legalmente exigible, "tiene como objeto y esencial finalidad que el proceso no se frustre por el incumplimiento de requisitos susceptibles de posterior realización por la parte y que no se configuran como presupuestos procesales de indeclinable cumplimiento en tiempo y forma, de manera tal que mediante la subsanabilidad, rectamente entendida, se otorga como regla general a la parte que incurrió en el defecto procesal subsanable, la posibilidad de realizar, en el plazo al efecto habilitado, el requisito procesal incumplido o el acto procesal defectuosamente realizado, integrando así, o rectificando *ex novo* la actuación procesal inicialmente defectuosa o irregular. De lo anterior se infiere que el plazo habilitado para la subsanación no lo es tan solo para la simple acreditación formal de que temporáneamente fue cumplido el requisito procesal exigible, sino también para la realización en dicho plazo del acto omitido o la rectificación del defectuosamente practicado."

Más concretamente, y con aplicación al caso ahora planteado, la citada STC 69/1997, de 10 de abril, FJ 6, afirmaba que "la conclusión expuesta no queda enervada por el argumento de que la conciliación ha de ser previa a la demanda, pues, de una parte, el art. 81.2 LPL no se constriñe a la acreditación formal consistente en la simple aportación de la certificación del acta de con-

> ciliación (para lo que resultaría a todas luces excesivo el plazo de quince días, en contrate con el más reducido de cuatro días del apartado 1 del precepto), sino a que se acredite "la celebración o el intento del expresado acto (de conciliación) en el referido plazo de quince días, y de otra, que la finalidad que inspira dicha carga procesal es la de evitación del proceso y de aquí que el art. 63 LPL no la considere en rigor como requisito previo a la demanda sino "previo para la tramitación del proceso", de tal suerte que lo esencial es conceder a las partes la oportunidad de, antes de tramitarse el proceso, lo que explica la admisión provisional de la demanda tal como señala el citado art. 81.2 LPL, someter la controversia a solución extrajudicial intentando la conciliación ante el órgano administrativo correspondiente; se cumple, pues, el designio inspirador del requisito si el demandante, en el plazo otorgado para la subsanación de la omisión, intenta el acto de conciliación presentando la correspondiente "papeleta" para que el empresario demandado ... pueda llegar a una avenencia que evite la sustanciación del litigio".
> Este criterio jurisprudencial está consolidado en la doctrina posterior, contenida básicamente en las SSTC 199/2001, de 4 de octubre, FFJJ 2 a 4, y 119/2007, de 21 de mayo, en especial, FFJJ 3 y 5".

No obstante, los criterios fijados no han impedido que, cuando sido conveniente, lo que se ha acordado es que no hubiera conciliación preprocesal, por la naturaleza de los derechos en juego (proceso de protección de derechos fundamentales), como se acordó en la STC 81/1992, de 28 de mayo, criterio tenido en cuenta en la regulación procesal posterior.

En el ámbito de la conciliación civil también se ha pronunciado el Tribunal Constitucional, al hilo del acceso a la justicia. Hay un supuesto en el que el TC concede el amparo ante la inadmisión de una papeleta/demanda de conciliación civil, ya tras la reforma de 1984, en la que dicha conciliación pasa a tener una vertiente facultativa y no necesaria. Aun así, el TC aplica los criterios que ya hemos señalado para la conciliación laboral. En el asunto resuelto se había presentado solicitud de procedimiento de conciliación voluntaria preprocesal. Tanto el juzgado, con la Audiencia consideraron que el escrito presentado no debía ser admitido al no contender petición de conciliación, sino otras peticiones propias del ámbito de las diligencias preliminares. El TC consideró que algunas de las peticiones sí eran de conciliación, y que podría haberse hecho uso de un trámite de subsanación de defectos. La STC 155/2011, de 17 de octubre, que otorga el amparo, en lo que ahora interesa, señala:

> "La conciliación previa en el orden civil, en cambio, se configura desde la Ley 34/1984, de 6 de agosto, como un mecanismo de evitación del proceso de carácter no necesario, que por tanto se insta por el interesado de manera facultativa y sin deparar efectos perjudiciales si no se intenta, por lo que carece de aquel componente directamente causal sobre la admisión de la demanda litigiosa que sí posee su equivalente en lo laboral. Constatado esto, sin embar-

go, la conclusión al interrogante planteado no puede ser la negación de los derechos del art. 24 CE para el justiciable que hace uso de este cauce, ni el abandono de todo control por parte de este Tribunal frente a las inadmisiones injustificadas de la correspondiente solicitud.

Es cierto que la conciliación preprocesal civil no persigue el ejercicio de jurisdicción en sentido estricto, esto es, que un tribunal resuelva un determinado conflicto de intereses mediante la realización del derecho objetivo ("juzgar", en términos del art. 117.3 CE), sino sólo que se propicien las condiciones para una comunicación directa entre las partes, encaminada a facilitar un acuerdo entre ellas.

Ahora bien, resulta evidente que el procedimiento de conciliación dispensa una protección de los derechos subjetivos que se ventilan en él y que no resulta en absoluto indiferente al legislador el que esa tarea se confíe a un órgano judicial. Ello es así, tanto en cuanto al control de las materias que permiten acudir a su cauce (art. 460 LEC 1881); como al correcto emplazamiento de las partes —a las que se irroga la carga de acudir al acto de conciliación, so pena de condena en costas: art. 469—; la actuación durante la vista oral, en la que la autoridad competente ha de velar porque las partes se manifiesten en ella con total libertad y consciencia acerca de lo que hacen y sus consecuencias (esto es, tanto si concilian, como si no); el acta escrita que ha de recoger con precisión el contenido y alcance de lo conciliado en su caso, acta que ha de homologar una resolución del propio órgano judicial (art. 471); la cual, en fin, lleva aparejada ejecución ex art. 517.2.9 LEC 1/2000; es decir como título judicial, tal como prevé el art. 476 inciso segundo de la misma LEC 1881, en la redacción dada a este precepto por la Ley 13/2009 (anteriormente, la fuerza ejecutiva también existía para los casos en que la conciliación se instaba ante el Juzgado competente para resolver el asunto en sede litigiosa, como aquí de hecho sucede).

Esta Ley 13/2009, de 3 de noviembre, de reforma de la legislación procesal, ha atribuido, por cierto de manera novedosa, la dirección del procedimiento de conciliación preprocesal civil a los Secretarios de los Juzgados de Primera Instancia, junto a los jueces de Paz —que en este ámbito se mantiene, allí donde operen— (art. 460, párrafo primero LEC 1881). Los hechos objeto de este amparo se sucedieron sin embargo, según se ha dicho ya, en fecha anterior a la entrada en vigor de aquella ley y el Auto de inadmisión fue dictado por el propio Juez titular del órgano competente, por lo que tal reforma legal no le es de aplicación. En todo caso, devienen reiterados los pronunciamientos de este Tribunal en el sentido de reconocer que las funciones atribuidas ex lege a los Secretarios judiciales han de imputarse, ante todo, al órgano judicial donde estos actúan y por tanto ello nada hubiera alterado la exigibilidad de los derechos fundamentales del art. 24 CE (entre otras, *vid.* SSTC 276/1993, de 20 de septiembre, FJ 2; 115/1999, de 14 de junio, FJ 4; 285/2000, de 27 de noviembre, FJ 5; 216/2002, de 25 de noviembre, FJ 4).

3. En cuanto a la naturaleza del acto de conciliación en el proceso civil, esto es, si se incluye en el área contenciosa o se incardina en la jurisdicción voluntaria, ha de señalarse que a efectos de la tutela judicial efectiva la cuestión es indiferente, desde el momento en que la jurisprudencia de este Tribunal ha venido extendiendo los derechos procesales del art. 24 de la Constitución, a esa parcela de la justicia civil. A los meros efectos recordatorios, cabe indicar que así lo hemos decidido, desde luego, en procedimientos donde se

> debate la situación de menores de edad desde diversos ángulos: a) ante la declaración administrativa de desamparo (SSTC 124/2002, de 20 de mayo, FJ 3 —art. 24.1 CE—; 221/2002, de 25 de noviembre, FFJJ 4 a 6 —arts. 24.1 y 24.2 CE—); b) en expedientes de adopción (SSTC 114/1997, de 16 de junio, FFJJ 3, 5, 7 y 8 —art. 24.1 CE—; 113/2001, de 7 de mayo, FFJJ 2, 5 a 7 —art. 24.1 CE—; 75/2005, de 4 de abril, FJ 3 —24.1 CE—; 58/2008, de 28 de abril —art. 24.1 CE—); c) para la determinación de la guarda y custodia del menor (SSTC 71/2004, de 19 de abril, FFJJ 3, 4 y 7 —arts. 24.1 y 24.2 CE—); d) o ante la solicitud para su escolarización inmediata (STC 133/2010, de 2 de diciembre —art. 24.1 CE—); e) así como para su restitución, en caso de sustracción internacional (STC 120/2002, de 20 de mayo —art. 24.1 CE—); procedimientos todos éstos donde se hace uso con frecuencia de un trámite de oposición, ante la confluencia de intereses contrapuestos (menores, progenitores, terceros con interés legítimo —acogedores—, organismos oficiales).
> En concreto y por lo que aquí importa, la citada STC 124/2002, de 20 de mayo, otorgó el amparo por vulneración del derecho de acceso a la jurisdicción (art. 24.1 CE), que es el invocado aquí por la recurrente.
> Pero la aplicación de los derechos del art. 24 CE se ha extendido también a procedimientos de jurisdicción voluntaria donde no hay prevista oposición (de haberla, de hecho, el procedimiento se convertiría en litigioso conforme al art. 1817 LEC 1881), de modo que ante el menoscabo o lesión de garantías constitucionales en su sustanciación, el Tribunal ha respondido con un pronunciamiento favorable al amparo: así, en expediente de consignación de rentas (STC 18/2006, de 30 de enero, FFJJ 2 y 3 —art. 24.2 CE—); de exhibición de contabilidad de una empresa (STC 162/2006, de 22 de mayo, FFJJ 6 y 7 —art. 24.1 CE—); y de aceptación o repudio de una herencia (STC 61/2010, de 18 de octubre, FFJJ 2 y 3 —art. 24.1 CE—).
> En definitiva, tanto si se atiende al carácter tutelador de la actividad judicial que se presta en la conciliación preprocesal, como a su naturaleza propia de actividad de jurisdicción voluntaria para la que este Tribunal ha reconocido los derechos procesales del art. 24 CE, nada obsta a que se le dispense el mismo trato a dicha conciliación, lo que se traduce, específicamente y en lo que aquí importa, en el reconocimiento para el justiciable que hace uso de este cauce, del derecho de acceso a la jurisdicción".

Como puede observarse, en este último caso, el problema principal planteado (lo que no quita que también estuviera el de verdadero acceso a la jurisdicción, que lo había, pues al no admitir la conciliación no se interrumpió la prescripción de acciones civiles) no era de verdadero "acceso a los tribunales", pues el amparo otorgado era para cumplir con el "acceso a la justicia", para que tuviera lugar la conciliación, sin entrar a valorar el resultado de la misma. Por ello, podría decirse que el TC, en estos casos, al hilo del "acceso a la jurisdicción", en realidad lo que estaba era protegiendo el "acceso a la justicia", aunque no citara dicho derecho. Eso sí, no en abstracto, sino vinculado a aquellos supuestos en que la Ley contempla métodos autocompositivos, necesarios o facultativos. Por tanto, bajo la órbita "prestacional", como hace con la "tutela judicial efectiva".

Desde el plano de creación de ADR, también se ha pronunciado el Tribunal Constitucional. Así, la STC 102/2018, de 4 de octubre, aborda la constitucionalidad de diferentes mediaciones, voluntarias, que plantea la Comunidad Autónoma de Murcia, al hilo de reformas en materia de vivienda y consumidores y usuarios. En ninguno de los dos supuestos el TC entiende que haya problemas competenciales, y por ello la Comunidad puede regularlos, pero tampoco cree que haya afectación al sistema de acceso a la jurisdicción, por la regulación de dichos ADR, con independencia de su verdadera naturaleza (en la que no se entra), pues en una de ellas se duda de su carácter de mediación. Sin embargo, no ocurrirá igual en el caso de mediaciones obligatorias, en temas semejantes, reguladas por la Comunidad Autónoma de Cataluña y Aragón, cuyos supuestos fueron tratados por las SSTC 54/2018, de 24 de mayo y 5/2019, de 17 de enero. En esta última se indica:

> "Se trata de un supuesto distinto del examinado en la STC 102/2018, de 4 de octubre, en donde se desestimó la inconstitucionalidad del procedimiento de mediación extrajudicial allí previsto, en razón de su carácter voluntario, en la medida en que se contemplaba expresamente que el inicio de dicho procedimiento tenía carácter potestativo y podía ser solicitado por los legitimados, por lo que su constitucionalidad derivaba de "la voluntariedad del mecanismo previsto, que no impone su aplicación por la sola voluntad de una de las partes, ni, por lo mismo, les impide el acceso a la jurisdicción" [fundamento jurídico 4 a)]. En el supuesto que ahora se examina resulta de aplicación lo señalado en el fundamento jurídico 7 de la STC 54/2018, de 24 de mayo, en donde vinimos a declarar la inconstitucionalidad de una medida que "instituye la mediación en presupuesto procesal para el ejercicio de la jurisdicción, desbordando así el ámbito de lo constitucionalmente admisible". También aquí y como entonces afirmamos, el carácter imperativo de la medida "resulta incompatible con el orden constitucional de distribución de competencias, al invadir la competencia estatal en materia de legislación procesal (art. 149.1.6 CE), de acuerdo con la doctrina recogida en la STC 47/2004, de 25 de marzo, FJ 4".
>
> Las Comunidades Autónomas pueden regular procedimientos extrajudiciales de resolución de conflictos, como es el caso de la mediación, en relación con materias de su competencia, siempre que se respeten determinadas condiciones, entre las que se incluye la nota de la voluntariedad, en el sentido de que no exista un sometimiento obligatorio a dicho procedimiento —es decir que ni el deudor ni los acreedores estén constreñidos a seguirlo a instancia de la otra parte—. Tal carácter voluntario no concurre en el supuesto examinado, toda vez que el recurso a la mediación viene impuesto con carácter obligatorio por la norma autonómica en los casos regulados en el código de buenas prácticas del Real Decreto-ley 6/2012, desapareciendo con ello la voluntariedad propia de la mediación prevista en el artículo 6 de la Ley estatal 5/2012, que fue dictada al amparo de los apartados 6 y 8 del artículo 149.1 CE".

Pero los problemas de constitucionalidad no lo han generado solo regulaciones autonómicas. Basta para ello traer a colación la STC 156/2021, de 16 de septiembre, en un Recurso de inconstitucionalidad, en el que precisamente se declaran no ajustados a la constitución determinados preceptos del Real Decreto-ley 1/2017, de 20 de enero, de medidas urgentes de protección de consumidores en materia de cláusulas suelo (por tanto en temas como los señalados en las anteriores sentencias). La sentencia anula la referencia a "personas físicas" que se hace en la regulación legal recurrida, para remitirla a la Ley general para la defensa de los consumidores y usuarios, al entender que no se puede excluir al resto de sujetos que contempla la ley, entre ellos a las personas jurídicas que actúan fuera de un ámbito profesional y de explotación comercial, que son también consumidores. Se entiende que dicha exclusión vulnera el principio de igualdad (art. 14 CE) al excluir a dichos sujetos del cauce sencillo y ordenado que se regula (reclamación previa) para dar respuesta a sus reclamaciones, fuera de la vía jurisdiccional. Si bien la sentencia declara constitucional el cauce sencillo y ordenado (reclamación previa), al entender que no hay vulneración del art. 14, 24.1 y 51.1 CE. Sobre el art. 24.1 CE, se indica:

> "c) Finalmente, con respecto a la denunciada infracción del art. 24.1 CE, se ha de indicar, en primer lugar, que la finalidad esencial perseguida por el Real Decreto-ley 1/2017 con la implantación de la reclamación previa regulada en su art. 3 es la de evitar el colapso judicial que supondría la presentación de multitud de demandas derivadas de la declaración del carácter abusivo y la consiguiente nulidad de las cláusulas suelo por la sentencia del Tribunal Supremo de 9 de mayo de 2013, y la determinación del alcance de dicho fallo por la sentencia del Tribunal de Justicia de la Unión Europea de 21 de diciembre de 2016. Y ese fin es constitucionalmente legítimo, pues se trata, en definitiva, de proteger el ejercicio de la función jurisdiccional que encomienda en exclusiva a los jueces y tribunales el art. 117.3 CE, función que es esencial en un Estado de Derecho que propugna como valor superior de su ordenamiento jurídico la justicia (art. 1.1 CE), y, al tiempo, se persigue permitir que puedan ser efectivos los derechos fundamentales que, en relación con la administración de justicia y con el proceso, se consagran en el art. 24 CE, en especial aquellos que se refieren al acceso a la justicia y a no padecer dilaciones indebidas en el desenvolvimiento del proceso. Desde esta perspectiva, no se puede oponer tacha alguna al Real Decreto-ley.
>
> Dicho lo anterior, cabe añadir que el establecimiento de una vía de reclamación previa como la prevista en el art. 3 del Real Decreto-ley en nada afecta a los derechos reconocidos por el art. 24 CE. El sistema es enteramente voluntario, como explicita el preámbulo y establece el art. 3.1, tratándose de un procedimiento de reclamación previa a la interposición de demandas judiciales que han de establecer las entidades de crédito. Es decir, su implantación supone fundamentalmente una carga únicamente para las entidades de crédito, que deberán también "garantizar que el mismo es conocido por todos los consumidores que tuvieran incluidas cláusula suelo en su préstamo

> hipotecario" (art. 3.1). El consumidor puede renunciar a esta vía, acudiendo directamente a la judicial, no siendo tal procedimiento obstativo en modo alguno de esa opción. La única limitación es la prevista en el apartado sexto del art. 3, que establece que "las partes no podrán ejercitar entre sí ninguna acción judicial o extrajudicial en relación con el objeto de la reclamación previa durante el tiempo en que esta se sustancie. Si se interpusiera demanda con anterioridad a la finalización del procedimiento y con el mismo objeto que la reclamación de este artículo, cuando se tenga constancia, se producirá la suspensión del proceso hasta que se resuelva la reclamación previa". Dicha limitación no convierte el proceso en obligatorio, sino que, antes al contrario, trata, precisamente, de ordenar la resolución del conflicto ofreciendo al consumidor distintas vías que pueden ser alternativas, o consecutivas, a su elección, pero presididas, en todo caso, por las reglas de la buena fe, para evitar los abusos que pudieran cometerse compaginando diversos procedimientos cuando, como advierte el preámbulo, solo se persiguiera desde un primer momento entablar acciones judiciales. En último término, la duración máxima de tres meses que prevé el art. 3.4 del Real Decreto-ley es un tiempo prudencial y no puede considerarse excesiva, sobre todo si la comparamos con la duración que la memoria de impacto económico calcula para los procedimientos en primera instancia como consecuencia del incremento de la litigiosidad, que situaría la respuesta en hasta 39,3 meses.
> Por consiguiente, esta tacha de inconstitucionalidad también debe ser rechazada".

También se hicieron ciertos retoques a la Ley de Enjuiciamiento Civil, sobre el régimen de imposición de costas, anulándose parte de la regulación (art. 4.2 del Real Decreto-ley) por vulneración del art. 24.1 CE, dado que se restringe el derecho de acceso a la jurisdicción de los consumidores, como consecuencia de los criterios fijados para imponer las costas (en el proceso posterior), que trata de obligar a los consumidores a intervenir en la reclamación previa.

En cuanto al arbitraje, también se ha pronunciado el Tribunal Constitucional, admitiendo su participación en el sistema de justicia. Pero que participe en el sistema, al ser un método de solución de conflictos heterocompositivo, no significa que forme parte del Poder Judicial, y que siga, exactamente las reglas previstas para el proceso. El Tribunal Constitucional parte del principio de la autonomía de la voluntad de los sujetos privados (STC 43/1988, de 16 de marzo), y de la libertad como valor superior del ordenamiento (art. 1.1 CE). Es verdad que el Tribunal Constitucional ha puesto de relieve que el arbitraje es un "equivalente jurisdiccional", para remarcar que las partes obtienen los mismos resultado que accediendo a la jurisdicción civil, una resolución con efectos de cosa juzgada (por ejemplo, SSTC 62/1991, de 22 marzo y 288/1993, de 4 de octubre, entre otras), aunque ello, en nuestra opinión no supone que se haya decantado por alguna naturaleza jurídica concreta para el arbitraje, ni de carácter contractual, ni de carácter jurisdiccional[23], pese a las críticas, y también la falta de verdadera concreción, que realiza la STC 65/2021, de 15 de marzo. Lo cierto es que, el TC no se ha pronunciado, expresamente, sobre la constitucionalidad del arbitraje, se ha limitado, de forma difusa, a dar por supuesta dicha cuestión, y analizar distintas cuestiones sobre dicha institución, bien para fijar semejanzas con la jurisdicción, bien para fijar diferencias. Entre estas últimas, sí ha indicado, por ejemplo, que no reúne las garantías del art. 24 CE, excluyéndose al amparo contra el laudo (AATC 701/1988, de 6 de junio y 179/1991, de 17 de junio), que los árbitros no pueden plantear cuestiones de inconstitucionalidad, ni cuestiones prejudiciales al TJUE (ATC 259/1993, de 20 de julio), pero sí se ha pronunciado sobre el control que deben ejercer los tribunales sobre el arbitraje, a través de la acción de anulación, que le impide la revisión judicial del fondo del laudo, al hilo de la cual también se ha planteado la posibilidad de arbitrajes "obligatorios".

En cuanto al control del arbitraje, vía acción de anulación, se han producido diferentes autos y sentencias del Tribunal Constitucional. No obstante, recientemente se ha pronunciado, en diferentes casos sobre la cuestión, dejando claro que el control judicial sobre el laudo solo es posible por motivos formales, con falta de control sobre la cuestión de fondo (SSTC 46/2020, de 15 de junio; 17/2021, de 15 de febrero; 55/2021, de 15 de marzo; 65/2021, de 15 de marzo; y 79/2022, de 27 de junio)[24]. En realidad, y pese a las afirmaciones (que, desde el plano práctico, pueden resultar contradictorias, dado que el control sobre el "orden público" es un control sobre el fondo del asunto), lo que se quiere poner de relieve es que el control que ejercen los tribunales no es completo, y debe ceñirse a los motivos previstos en la ley. En cuanto a la posibilidad de arbitrajes "obligatorios" (aunque quizás fuera mejor decir "necesario", dado que se desconoce de quién depende dicha obligación), el Tribunal Constitucional ha legitimado dicha posibilidad, siempre que el laudo permita ser objeto de

---

23 De la misma idea es Montero Aroca, J., que entiende que las sentencias carecen de precisión conceptual, por tanto, que no definen su naturaleza. "Comentario al art. 2" (junto con Esplugues Mota, C.), en *Comentarios a la Ley de Arbitraje (Ley 60/2003, de 23 de diciembre)* (Barona Vilar, S., Coord.), Edit. Civitas, Madrid, 2004, pág. 106. Para la naturaleza jurídica del arbitraje, en la misma obra, Barona Vilar, S., "Introducción", págs. 53 a 65.

24 Sobre estas sentencias ya me he ocupado, Colmenero Guerra, J. A., "Acceso a la justicia, arbitraje, motivación y orden público", en *Revista La Ley Mediación y Arbitraje*, nº 17 (2023), págs. 1 a 50.

control por los tribunales en cuanto al fondo del asunto, como acontece en los supuestos declarados constitucionales. Por ello, nos dirá la STC 1/2018, no aceptando la constitucionalidad en el supuesto concreto objeto de cuestión de inconstitucionalidad:

> "Ha de partirse de la idea de que la configuración del arbitraje como vía extrajudicial de resolución de las controversias existentes entre las partes es un "equivalente jurisdiccional", dado que las partes obtienen los mismos resultados que accediendo a la jurisdicción civil, es decir, una decisión al conflicto con efectos de cosa juzgada (por todas, SSTC 15/1987, de 6 de febrero, y 62/1991, de 22 de marzo). La exclusividad jurisdiccional a que alude el artículo 117.3 CE no afecta a la validez constitucional del arbitraje, ni vulnera el artículo 24 CE. En relación con el sometimiento de controversias al arbitraje, este Tribunal ha reiterado que, si bien el derecho a la tutela judicial efectiva (artículo 24.1 CE) tiene carácter irrenunciable e indisponible, ello no impide que pueda reputarse constitucionalmente legítima la voluntaria y transitoria renuncia al ejercicio de las acciones en pos de unos beneficios cuyo eventual logro es para el interesado más ventajoso que el que pudiera resultar de aquel ejercicio. A esos efectos, se ha incidido en que dicha renuncia debe ser explícita, clara, terminante e inequívoca y si bien, por la protección que se debe dispensar a la buena fe, se ha declarado que la renuncia puede inferirse de la conducta de los titulares del derecho, no es lícito deducirla de una conducta no suficientemente expresiva del ánimo de renunciar (por todas, STC 65/2009, de 9 de marzo, FJ 4). Esta circunstancia es lo que ha determinado que se haya considerado contrario al derecho a la tutela judicial efectiva (art. 24.1 CE) la imposición obligatoria e imperativa del sometimiento a arbitraje (por todas, STC 174/1995, de 23 de noviembre, FJ 3).
>
> Hay que subrayar, como se ha hecho en anteriores ocasiones, que el arbitraje en cuanto equivalente jurisdiccional, se sustenta, en la autonomía de la voluntad de las partes plasmada en el convenio arbitral. Es "un medio heterónomo de arreglo de controversias que se fundamenta en la autonomía de la voluntad de los sujetos privados (art. 1.1 CE)" (STC 176/1996, de 11 de noviembre, FJ 1). Dicha Sentencia, en su fundamento jurídico 4, resalta la importancia de la nota de voluntariedad en el arbitraje "lo que constitucionalmente le vincula con la libertad como valor superior del ordenamiento (art. 1.1 CE). De manera que no cabe entender que, por el hecho de someter voluntariamente determinada cuestión litigiosa al arbitraje de un tercero, quede menoscabado y padezca el derecho a la tutela judicial efectiva que la Constitución reconoce a todos. Una vez elegida dicha vía, ello supone tan sólo que en la misma ha de alcanzarse el arreglo de las cuestiones litigiosas mediante la decisión del árbitro y que el acceso a la jurisdicción —pero no su 'equivalente jurisdiccional' arbitral, SSTC 15/1989, 62/1991 y 174/1995— legalmente establecido será sólo el recurso por nulidad del Laudo Arbitral y no cualquier otro proceso ordinario en el que sea posible volver a plantear el fondo del litigio tal y como antes fue debatido en el proceso arbitral. Pues como ha declarado reiteradamente este Tribunal, el derecho a la tutela judicial efectiva no es un derecho de libertad, ejercitable sin más y directamente a partir de la Constitución, sino un derecho prestacional, sólo ejercitable por

los cauces procesales existentes y con sujeción a su concreta ordenación legal (SSTC 99/1985, 50/1990 y 149/1995, entre otras)".
Ello quiere decir que la falta de la necesaria concurrencia de la voluntad de ambas partes litigantes para someterse a este mecanismo extrajudicial de resolución de conflictos y su imposición a una de ellas, en principio, no se compadece bien con el básico aspecto contractual del arbitraje y con el derecho fundamental a la tutela judicial efectiva que garantiza el derecho de acceso a los órganos jurisdiccionales (art. 24.1 CE). La razón estriba en que ha de entenderse que en el mecanismo arbitral, la renuncia al ejercicio del derecho fundamental proviene de la legítima autonomía de la voluntad de las partes, que, libre y voluntariamente, se someten a la decisión de un tercero ajeno a los tribunales de justicia para resolver su conflicto, y ello, correctamente entendido, no implica una renuncia general al derecho fundamental del artículo 24 CE, sino a su ejercicio en un determinado momento, no quebrantándose principio constitucional alguno (SSTC 174/1995, 75/1996 y 176/1996). Precisamente por su naturaleza alternativa a la jurisdicción ordinaria, la STC 174/1995 afirmó que el artículo 38.2, párrafo primero, de la Ley de ordenación de los transportes terrestres, que imponía un arbitraje obligatorio e imperativo, excluyente del acceso la jurisdicción, resultaba contrario al derecho a la tutela judicial efectiva. Allí se afirmó además que "[n]o se opone a esta conclusión el posible control final por los órganos judiciales, a que aluden el Abogado del Estado y el Ministerio Fiscal con referencia al recurso de nulidad del laudo previsto en el art. 45 de la Ley de Arbitraje. La objeción tendría consistencia si dicho control judicial no estuviera limitado —como lo está— a su aspecto meramente externo y no de fondo sobre la cuestión sometida al arbitraje; pero al estar tasadas las causas de revisión previstas en el citado art. 45, y limitarse éstas a las garantías formales sin poderse pronunciar el órgano judicial sobre el fondo del asunto, nos hallamos frente a un juicio externo (STC 43/1988 y Sentencias del Tribunal Supremo que en ella se citan) que, como tal, resulta insuficiente para entender que el control judicial así concebido cubre el derecho a obtener la tutela judicial efectiva que consagra el art. 24.1 CE"
Por el contrario, como recuerda la STC 119/2014, de 16 de julio, FJ 5 B), "de acuerdo con la doctrina de este Tribunal, el arbitraje obligatorio no resulta conforme al derecho a la tutela judicial efectiva cuando el control judicial sobre el laudo previsto en la ley se limita a las garantías formales o aspectos meramente externos, sin alcanzar al fondo del asunto sometido a la decisión arbitral (SSTC 174/1995, de 23 de noviembre, FJ 3; y 75/1996, de 30 de abril, FJ 2). Hemos de entender, en cambio, que el arbitraje obligatorio sí resulta compatible con el derecho reconocido en el art. 24.1 CE cuando el control judicial a realizar por los tribunales ordinarios no se restringe a un juicio externo, sino que alcanza también a aspectos de fondo de la cuestión sobre la que versa la decisión". Decisión que se reitera en la STC 8/2015, de 22 de enero, FJ 5 c).
De este modo un arbitraje obligatorio para una de las partes en la controversia resultaría plenamente compatible con el artículo 24.1 CE si "en ningún caso excluye el ulterior conocimiento jurisdiccional de la cuestión y su fin resulta proporcionado y justificado, ya que no es otro que 'procurar una solución extraprocesal de la controversia, lo cual resulta beneficioso tanto para las partes, que pueden resolver así de forma más rápida y acomodada a sus intereses el

> problema, como para el desenvolvimiento del sistema judicial en su conjunto, que ve aliviada su carga de trabajo' (STC 217/1991, de 14 de noviembre, FJ 6)". [SSTC 119/2014, FJ 5 B), y 8/2015, FJ 5 c)]".

En cuanto al control de los tribunales del laudo arbitral, a través de la acción de anulación, la STC 46/2020, seguidas por las otras citadas, nos indica que:

> "Por consiguiente, es claro que la acción de anulación debe ser entendida como un proceso de control externo sobre la validez del laudo que no permite una revisión del fondo de la decisión de los árbitros, "al estar tasadas las causas de revisión previstas en el citado art. 45, y limitarse estas a las garantías formales sin poderse pronunciar el órgano judicial sobre el fondo del asunto, nos hallamos frente a un juicio externo" (SSTC 174/1995, de 23 de noviembre, FJ 3, y 75/1996, de 30 de abril, FJ 2). Por todo ello, ninguna de las causas de anulación previstas en el art. 41.1 de la Ley de arbitraje puede ser interpretada en un sentido que subvierta esta limitación, pues "la finalidad última del arbitraje, que no es otra que la de alcanzar la pronta solución extrajudicial de un conflicto, se vería inevitablemente desnaturalizada ante la eventualidad de que la decisión arbitral pudiera ser objeto de revisión en cuanto al fondo" (ATC 231/1994, de 18 de julio, FJ 3). A ello hay que añadir —a diferencia de lo afirmado por el órgano judicial— que es doctrina del Tribunal de Justicia de la Unión Europea que las "exigencias relativas a la eficacia del procedimiento arbitral justifican que el control de los laudos arbitrales tenga carácter limitado y que solo pueda obtenerse la anulación de un laudo en casos excepcionales" (STJCE de 26 de octubre de 2008, asunto Mostaza Claro, C-168/05).
>
> Es cierto que la contravención del "orden público" se establece en el art. 41.1 f) de la Ley de arbitraje como motivo de anulación y en el art. V.2 B) del Convenio de Nueva York de 1958 como causa de denegación del reconocimiento de laudos extranjeros. Ahora bien, el problema que precisamente suscita este asunto es el de qué debe entenderse por orden público o si la interpretación llevada a cabo por el órgano judicial de lo que deba entenderse por orden público es arbitraria e irrazonable y con esa irrazonabilidad se ha vulnerado el derecho de las partes a la motivación razonable de las resoluciones judiciales.
>
> Es jurisprudencia reiterada de este Tribunal la de que por orden público material se entiende el conjunto de principios jurídicos públicos, privados, políticos, morales y económicos, que son absolutamente obligatorios para la conservación de la sociedad en un pueblo y en una época determinada (SSTC 15/1987, de 11 febrero; 116/1988, de 20 junio, y 54/1989, de 23 febrero), y, desde el punto de vista procesal, el orden público se configura como el conjunto de formalidades y principios necesarios de nuestro ordenamiento jurídico procesal, y solo el arbitraje que contradiga alguno o algunos de tales principios podrá ser tachado de nulo por vulneración del orden público. Puede decirse que el orden público comprende los derechos fundamentales y las libertades garantizados por la Constitución, así como otros principios esenciales indisponibles para el legislador por exigencia constitucional o de la aplicación de principios admitidos internacionalmente".

Todo lo señalado ha sido al hilo de la jurisprudencia del Tribunal Constitucional. Pero hay que poner el acento en que para ello había que contar con normas. Así, el Tribunal Constitucional se ha pronunciado sobre las tres regulaciones que ha habido sobre arbitraje, la que había cuando entró en funcionamiento, y las dos regulaciones posteriores a la Constitución. Junto a ellos habría que poner en valor el arbitraje de consumo, así como los arbitrajes en materia de telecomunicaciones y aéreos[25]. Todo ello, sin desdeñar que hay arbitrajes sectoriales, con reglas propias, o remitidos a la Ley general. También, como hemos visto, se ha pronunciado sobre las mediaciones y conciliaciones en materia laboral, al menos las vinculadas al IMAC u organismos asimilados, aunque existen arbitrajes y mediaciones convencionales, de carácter autonómico y nacional, sobre los que, de momento, no se ha pronunciado. Existen otros supuestos de ADR en el ámbito laboral, y, por ejemplo, hemos citado las Comisiones Paritarias de los Convenios Colectivos, pero también hay arbitrajes en materia electoral, de carácter obligatorio, además de los que aparecen citados en la Jurisprudencia constitucional (declarados constitucionales). En el campo civil hemos hecho referencia a la conciliación, y también a otros supuestos que han sido testados por el Tribunal Constitucional. Pero también hay conciliaciones con Notarios y Registradores, y hay una nueva ley de mediación civil y mercantil. Junto a ello hay que tener presente todo el desarrollo normativo realizado por las Comunidades Autónomas, tanto en materia de mediación familiar, como en materia civil y mercantil. Y podríamos pensar que esos son los posibles campos naturales, pero no es así, dado que también se estudia y ha sido objeto de atención, por ejemplo, el ámbito contencioso administrativo, y de regulación la mediación y la justicia penal alternativa, por las normas reguladoras en materia de víctimas. En fin, un enorme panorama como para someter a reflexión que, a lo mejor, el entendimiento del art. 24.1 CE, en su vertiente de acceso a la jurisdicción, debiera ser entendido, con sus concreciones, como derecho de acceso a la justicia, en-

---

25 De estas cuestiones me he ocupado en Colmenero Guerra, J. A., "La reforma de los MASC en el Proyecto de Ley de Eficiencia Procesal del Servicio Público de Justicia", en *Avances para una Justicia sostenible. Ponencias y comunicaciones de la Jornada sobre "Métodos alternativos de Resolución de Controversias y Cultura de la Paz" (16 de diciembre de 2022)*, Fernández Pérez, A., Coordinadora, Edit. Aranzadi, Cizur Menor (Navarra), 2023, págs. 43 a 81; y Colmenero Guerra, J. A., "Los procedimientos de resolución alternativa de litigios en que resultan de aplicación los reglamentos de la unión europea en materia de protección de los usuarios del transporte aéreo", en *Hacia una tutela efectiva de consumidores y usuarios* (Romero Pradas, M. I., Dir.), Edit. Tirant lo Blanch, Valencia, 2022, págs. 445 a 506.

tendida, como acceso a métodos de solución de conflictos, criterio que ya ha asumido la Unión Europea, y así lo ha reflejado en el art. 47 CDFUE, y lo está publicitando, como vimos al comienzo del trabajo. Conviene tener presente que el crecimiento de los ADR en España, no solo ha sido debido a las corrientes internas, puesto que buena parte de lo que tenemos es fruto de las corrientes internacionales, sobre todo del influjo de la Unión Europea, pero también del Consejo de Europa.

4. ADR Y ACCESO A LA JUSTICIA: CDFUE

4.1. Los ADR en EEUU[26]

Doctrinalmente suele haber acuerdo que el "movimiento ADR" nace en 1976, con la Conferencia Pound. Sin embargo, ello no quita que el caldo de cultivo pueda fijarse con anterioridad, precisamente en 1906 cuando POUND pronunció su discurso "The causes of Popular Dissatisfaction With the Administratition of Justice" ante la "American Bar Association".

Lo cierto es que, entre ambas fechas, EEUU ha realizado un largo recorrido reconociendo, en la práctica, la importancia de los ADRs. Y ese recorrido, tachonado con diferentes hitos de ADR, tiene que ver con un cambio de cultura jurídica, pero también con una lucha por los derechos civiles, económicos y sociales en EEUU.

Durante el comienzo del Siglo XX, y hasta la década de los años 30, EEUU vivió momentos convulsos, al menos desde el punto de vista laboral. El descontento de los trabajadores se manifestaba a través de la huelga (que recordemos que es un instrumento de "autodefensa", constitucionalmente previsto), con numerosos episodios de extrema violencia.

Dicha situación era de difícil solución sin el reconocimiento de derechos (sobre todo de sindicación y negociación colectiva), bajo un modelo político y económico netamente liberal ("laissez faire"), auspiciado, también, por el "Classical Legal Thought", concepción jurídica imperante en EEUU desde finales del Siglo XIX hasta la década de los años 30 del Siglo XX. Dicha conflictividad resentía la economía americana, lo que llevó al

---

26 Respecto a la evolución de los ADR en EEUU somos deudores del magnífico trabajo de Macho Gómez, C., "Origen y evolución de la mediación: el nacimiento del "movimiento ADR" en Estados Unidos y su expansión a Europa", en *Anuario de derecho Civil*, Vol. 67, nº 3 (2014), págs. 931 a 996.

Gobierno, en momentos concretos, a buscar diferentes soluciones, muchas de ellas vinculadas a la "mediación". Por ejemplo, en 1898 se aprueba la "Erdman Act", que preveía como medio de solución de conflictos la mediación. Del mismo modo, durante los años 1917 y 1918, en que los americanos participan en la Primer Guerra Mundial, para evitar los problemas laborales, empresarios y trabajadores, con la ayuda del Gobierno, llegaron a un Acuerdo de cooperación, en el que se incluía una Comisión encargada de resolver las disputas que surgieran a consecuencia del acuerdo. Será la primera "War Labor Board". Finalizada la contienda decayeron las condiciones.

Llega la Gran Depresión de la década de 1930, cuyo comienzo tiene lugar en EEUU, con traslado a Europa, y la Administración del Presidente Houver no adopta decisiones relevantes, como fieles partidarios del laissez faire. Sin embargo, en 1932 gana las elecciones F. D. Roosevelt, y para solventar los problemas y la crisis, pondrán en marcha un nuevo ideario ("New Deal"), que supondrá cambios políticos, económicos y sociales, entre otras razones, con la intervención del Estado en el Sistema, frente a las anteriores posturas políticas imperantes en EEUU.

En la cultura jurídica también se producirá un tránsito, pues será el comienzo del "Realismo jurídico americano", tránsito al que también contribuyó el Tribunal Supremo americano, inicialmente no partidarios del cambio de políticas, para posteriormente alinearse con el "New Deal" del presidente Roosevelt.

En dicho tránsito al realismo americano, con anterioridad hubo opiniones críticas con el modelo imperante en EEUU. Es relevante citar tanto O. W. Holmes, que fue juez y presidente del TS americano, como R. Pound, Decano de Harvard. El primero imprimiría cambios en la Jurisprudencia del TS, dando entrada y avalando el pensamiento jurídico que tenían las políticas del "New Deal" (entre sus famosas frases: "la vida de la ley no ha sido lógica, ha sido experiencia"). Pound, y su influencia innegable, cultivador de la denominada "jurisprudencia sociológica", abogando por una visión del derecho que respondiera a los intereses y necesidades sociales. El arranque de sus postulados hay que buscarlo en 1906, cuando pronuncia su famosa conferencia. Fundamentalmente se centra en poner de relieve el alejamiento del derecho y la sociedad, criticando el espíritu individualista y competitivo del "common law" y la forma en que se estructura el proceso judicial, criticando la aplicación mecánica de las leyes por los jueces.

El Realismo jurídico americano ensalzará dichos postulados abogando por una concepción funcional y social del derecho, que debía estar al servicio de la sociedad, donde debían incidir las políticas públicas, de ahí el engarce con el "New Deal". La Administración Roosevelt creará un generoso grupo de "Administrative Agencies" encargadas de sus nuevas políticas, que además de legislar, gestionar y controlar, también gozaban de facultades de resolución de conflictos. Las Agencias de ámbito laboral impulsarán la mediación. Las diferentes reformas legales en materia laboral, junto con las Agencias o Comisiones, toman como elemento o instrumento de resolución de conflictos la mediación. Así, se podría hablar del "U. S. Conciliation Service (USCS)", la "National Defense Mediation Board" y la "War Labor Board", que, además, esta última, aunaba una particularidad. Al tratarse de un órgano que ocupaba el segundo escalón, tras el USCS, más que mediadores gozaba de una excelente plantilla de abogados y economistas, que más que a la mediación se dedicaron al arbitraje.

Tras el final de la II Guerra Mundial, volverán las conflictividades laborales, y ello dará lugar, en 1947, a una ley ("Labor Manegement Relation Act") con la que se crea el "Federal Mediation and Conciliation Service", que sustituirá al USCS, y que tendrá funciones mediadoras, hasta el punto que se considera que con ella se formaliza dicho Instrumento en EEUU.

En otros ámbitos también se desarrollará los ADR, sobre todo la mediación. Las Comunidades, la Iglesia y las Asociaciones sí habían utilizado dichos mecanismos, aunque ello no suponga que tuvieran gran éxito. Piénsese que, por ejemplo, la comunidad judía tenía sus sistemas de conciliación desde 1920 (*Jewish Conciliation Board*), o la comunidad china desde el Siglo XIX (*Chinese Benevolent Association*).

Sin embargo, durante los años 60 del Siglo pasado se producirán numerosos conflictos y protestas de carácter social, en contra de la Guerra de Vietnan, disturbios estudiantiles, lucha por los derechos civiles... En dicha época, y consecuencia de las reformas legales ("Civil Right Act", 1964), se crearán dos Agencias: *Equal Employment Oportunity Commision (*EEOC) y *Community Relations Service* (CRS). La primera trata de subvenir necesidades en materia de discriminación en el ámbito laboral. La segunda también sobre discriminaciones, de forma transversal. Ambas utilizaban las mediaciones. La razón de volver sobre dicho mecanismo no era ya, que los tribunales no fueran capaces de absorber el volumen de asuntos, sino el convencimiento de que era un mecanismo idóneo para resolver controversias (que, además, tenían componentes más allá de lo jurídico), sobre todo en asuntos relativos a relaciones interpersonales de la larga duración ("coexistenciales"). A ello también coadyuvará las nuevas corrientes de pensamiento jurídico ("Law and Society Movement"). Pero también influyó la extensión manifiesta de la mediación al ámbito "comunitario" y "familiar". No se pueden negar que, en 1976, tras la conferencia Pound[27] se producirá un salto cuantitativo y cualitativo en el entendimiento de los ADR, a través de los "Court-annexed ADR", "Court-Connected ADR", es decir, no es la inclusión de los ADR en el ámbito de los tribunales, sino la creación de los "sistemas multipuertas" ("multi-door courthouse"), como pusiera de manifiesto SANDER.

No me voy a extender en más allá, en la consolidación e institucionalización de los ADR en EEUU, parte más conocida, apoyada en diferentes instituciones públicas y privadas. Lo que no se puede negar es que, en el ámbito estadounidense, los ADR, con su defectos y virtudes, forman parte del sistema de justicia, del acceso de los ciudadanos a la justicia.

4.2. Expansión de los ADR a Europa

En anteriores páginas hemos hecho referencia a que la Unión Europea entiende que el "acceso a la justicia" está presente en su documentación y en sus normas (incluido el art. 47 CDFUE), teniendo en cuenta que dicho acceso no solo incluye "tribunales", sino otras instituciones, y también los ADR. Así lo hemos reflejado al hacernos eco del "Handbook" sobre la materia (y luego volveremos, con mayor detalle, sobre él). No obstante, queda la duda de si esa visión es aceptada por los Estados. Sí es aceptada, por cuanto que la FRA (*European Unión Agency For Fundamental Rights*) así lo recoge en el Informe comparativo sobre el "Acceso a la Justicia en Europa". Y no solo el *Informe General*, sino que el Informe singular sobre España tiene un Apartado 7 que lleva por rúbrica "Acces to non-judicial procedures", que los incluye, los ADR, entre ellos el arbitraje, y no los sectoriales, sino el arbitraje de la Ley 60/2003 (pág. 18)[28].

Esto es debido a la posición adoptada en el seno de la UE, desde los primeros momentos. Y en dicha evolución no ha sido ajena las Recomendaciones del Consejo de Europa.

---

27 Sobre la Conferencia, Soleto Muñoz, H., "La Conferencia Pound y la adecuación del método de resolución de conflictos", en *Revista de Mediación*, Vol. 10, nº 1 (2007), págs. 1 a 6.

28 El acceso al Informe General: https://fra.europa.eu/en/publication/2011/access-justice-europe-overview-challenges-and-opportunities#country-related. Y al informe sobre España: https://fra.europa.eu/sites/default/files/fra_uploads/1529-access-to-justice-2011-country-ES.pdf

Enlazando con el movimiento americano "The Florence Access to Justice Proyect" (1978-1979) vuelve sobre la importancia de dicha cuestión, con carácter universal, pero también desde el plano europeo. Es sabido que el Proyecto incidía en tres materias básicas, sin perjuicio de otras: i) Asistencia legal o asistencia jurídica gratuita; ii) Las acciones de clase ("Class actions") con el reconocimiento de los intereses colectivos y difusos; y iii) Nacimiento de los ADR como vías para evitar los defectos de los juicios tradicionales y conseguir un efectivo acceso a la justicia[29].

No obstante, en el ámbito europeo, el país donde mayor éxito ha tenido los ADR ha sido en Gran Bretaña, posiblemente por la cercanía con la cultura jurídica de EEUU (curioso que también ha acrecido, los ADR, en Australia y Canadá).

Con carácter general, tanto el Consejo de Europa, como la, entonces, CEE, luego UE, apostaron por los ADR. No vamos a poner de relieve todas las cuestiones, pero sí algunas relevantes.

Así, en el ámbito del Consejo de Europa, la primera que podemos citar es la Recomendación 7/1981, del Comité de Ministros a los Estados miembros, relativa a medidas tendentes a facilitar el derecho de acceso a la justicia. En ella se aboga, frente a la justicia tradicional, por la mediación. La Recomendación 12/1986, del Comité de Ministros a los Estados miembros, relativa a medidas tendentes a prevenir y reducir la sobrecarga de trabajo de los Tribunales de Justicia. Partiendo, de nuevo, de la mejora en el "acceso a la justicia" aboga por los ADRs, en concreto, por la mediación y el arbitraje.

Dichas Recomendaciones tuvieron reflejo en las normas de los países (incluido España). No obstante, el Consejo de Europa siguió pujando sobre la materia. Así, en el año 1998, se aprobará la Recomendación 1/1998, del Comité de Ministros a los Estados miembros, sobre mediación familiar. La mayoría de las mediaciones familiares autonómicas (españolas) surgen al hilo de esta Recomendación, y tendrá reflejo en la Ley 15/2005, de 8 de julio, desde el plano del Código Civil y de la Ley de Enjuiciamiento Civil. El Consejo de Europa también ha recomendado la mediación penal y la Administrativa, pero cerraríamos el apartado con la Recomendación

---

[29] Sobre el tema aplicado a lo que estamos tratando, Catalán Chamorro, M. J., "El derecho fundamental de acceso a la justicia de los consumidores", en *Estudios de Deusto* 66, nº 2 (2018), págs. 323-346. http://dx.doi.org/10.18543/ed-66(2)-2018, págs. 323-346.

10/2002, del Comité de Ministros a los Estados miembros, sobre mediación en asuntos civiles, que también ha tenido reflejo por los Estados europeos.

Su preocupación e influjo sobre la materia no ha terminado ahí. La Comisión Europea para la eficiencia de la Justicia (CEPEJ), a través del Grupo de Trabajo sobre mediación (CEPEJ-GT-MED), ha ido realizando Directrices y recomendaciones, en el ámbito de la mediación, empezando en el año 2006 y celebrando su última reunión (6th meeting) en 2019. La UE ha participado en el Foro[30].

Pero la UE no ha sido ajena al movimiento europeo de ADR. Es bastante difícil recopilar dónde y cuándo en todos los sectores. No obstante, hay un documento relevante en la materia que nos permite ir hacia atrás y hacia delante en los criterios de la UE: el Tratado de Lisboa (2007)[31]. En el art. 65.2 del Tratado (en materia de cooperación judicial civil) se nos indica que el Parlamento Europeo y el Consejo adoptarán, cuando resulte necesario para el buen funcionamiento del mercado interior, medidas para garantizar: i) una tutela judicial efectiva (Apartado e); y ii) el desarrollo de métodos alternativos de resolución de litigios (Apartado g). Queda claro, por tanto, lo que debe garantizar la UE. No obstante, llamamos la atención sobre algo que hemos comentado al principio, al hilo del art. 47 CDFUE. La versión en inglés del Tratado (por tanto la válida) indica en el art. 65.2.e) "effective Access to justice", que no es, exactamente, como vemos, "tutela judicial efectiva", que es lo que recoge la versión en español, con lo que se vuelve a producir el error comentado, equiparando ambas expresiones, cuando "Access to justice" incluye actividad no jurisdiccional y no procesal, entre ellas los ADR que luego son recogidos, de forma expresa, en el Apartado g). Ciertamente es un equívoco preocupante por lo que estamos viendo, pues implica restricción de derechos subjetivos públicos de carácter fundamental, de los ciudadanos. Estas ideas estaban en el "Proyecto de Tratado por el que se instituye una Constitución para Europa", y ya sabemos que están incluidas en el art. 47 CDFUE.

---

30 Por ejemplo, European Commission for Efficiency of justice. Working Group on Mediation (CEPEJ-GT-MED). Road Map of the CEPEJ-GT-MED. Based on the CEPEJ-GT-MED report on "The impact of CEPEJ Guidelines on Civil, Family, and Administrative Mediation", 27 de junio de 2018. Puede consultarse (y resto de documentación) en: https://www.coe.int/en/web/cepej/cepej-work/mediation

31 En lo que ahora nos interesa, Huelín Martínez de Velasco, J., "El derecho a la tutela judicial efectiva en el ordenamiento de la Unión Europea después de Lisboa: algunas notas para la reflexión", en *Revista de Jurisprudencia*, nº 4 (2011).

Pero el interés no empezó en 2007 con el Tratado de Lisboa, comenzó antes. Así, por ejemplo, se suele traer a colación el *Libro Verde* de la Comisión, de 16 de noviembre de 1993, sobre el acceso de los consumidores a la justicia y solución de litigios en materia de consumo en el mercado único. Aunque la preocupación por los consumidores y su acceso a la justicia no comienza en dicho momento, sino que ha sido fruto de diferentes hitos escalonados, que comienzan, como se establece en el propio Libro Verde, con la Resolución del Consejo de 14 de abril de 1975 (Programa preliminar de la Comunidad Económica Europea para una política de protección e información de los consumidores-DO nº 92, de 25/04/1975, págs. 1-16—).

Tras el *Libro Verde*, se producirán otras Recomendaciones, pero nos interesa ahora, sobre todo, la Directiva 2013/11/UE del Parlamento Europeo y del Consejo, de 21 de mayo de 2013, relativa a la resolución alternativa de litigios en materia de consumo. En esta Directiva no ha hay solo mediación, también hay arbitraje, precisamente por el que se ha optado en España. Pero en consumo también hay diferentes sistemas de solución de conflictos On Line (ODR).

Con carácter general también se puede poner de manifiesto el *Libro Verde* sobre las modalidades alternativas de solución de conflictos en el ámbito civil y mercantil, de 19 de abril de 2002, que daría lugar, posteriormente a la Directiva 2008/52/CE, del Parlamento Europeo y del Consejo, de 21 de mayo de 2008, sobre ciertos aspectos de la mediación en asuntos civiles. Existen otras Directivas con menciones al ADR, o su creación[32]. Y como puede verse, todo ello genera un horizonte de ADRs en el ámbito comunitario transpuesto (o pendiente de transponer) en los Estados miembros.

Pero me quedo, ahora, con la Directiva relativa a los sistemas de solución de conflictos en materia de consumo (DRAL). La DRAL contempla, expresamente, el arbitraje, lo que en el ordenamiento español ha supuesto incluir, dentro de ella, vía Ley RAL[33], el arbitraje de consumo. De la Directiva DRAL me interesan dos cosas, utilizadas en el ordenamiento espa-

---

[32] Puede verse el Documento de Consulta: "Sobre el recurso a mecanismos alternativos para resolver litigios relacionados con las transacciones y las prácticas comerciales en la Unión Europea", págs. 6 y siguientes. Puede consultarse en: https://www.centrodemediacionmurcia.com/wp-content/uploads/2020/08/ADR-EN-LA-UNION-EUROPEA.pdf

[33] Ley 7/2017, de 2 de noviembre (*BOE* del 4), por el que se incorpora al ordenamiento jurídico español la Directiva 2013/11/UE, del Parlamento y del Consejo,

ñol. Por un lado, que es posible instaurar un arbitraje "obligatorio" para los empresarios. Y desde luego, aquí, por cierto, no estamos en libertad y autonomía de la voluntad, y sí en el "acceso a la justicia", al menos respecto del obligado. De momento, ajustado a la CDFUE (y bendecido por el TJUE, en el caso de las mediaciones "obligatorias"). La Directiva indica que es para si lo creen conveniente los Estados. Y España lo ha creído conveniente, y ha regulado un arbitraje para las relaciones entre pasajeros/aerolíneas, en materias específicas[34]. Lo curioso es que en el caso de este arbitraje, la Directiva (Considerando 49) admite dicha posibilidad "siempre que dichas normas no impidan a las partes ejercer su derecho a acceder al Sistema judicial, tal como establece el art. 47 de la CDFUE". Curioso, no es el art. 41 de la Ley de Arbitraje española, es decir, no es la acción de anulación, sino acceso libre al proceso. Es más, la versión española permite ese acceso libre (al proceso) para la compañía aérea, y en el caso del pasajero, no sólo para ejercitar las mismas pretensiones que en el arbitraje, sino que las puede ampliar. Por tanto, en un arbitraje español, ¿los tribunales solo revisan el procedimiento, es decir, no revisan el fondo?, ya vemos, que los nuevos tiempos dicen que no (saliendo fuera de las coordenadas sobre la materia del TC, al hilo de la acción de anulación). Por otro lado, el Considerando 49 de la Directiva, en relación con el Considerando 45, deja claro que el consumidor y el empresario no pueden ser privados de su derecho a un recurso ante los órganos jurisdiccionales, en los términos del art. 47.1 CDFUE. Por ello, uno se puede preguntar, al hilo del arbitraje de consumo español ¿la acción de anulación, del art. 41 LA cumple con el art. 47 CDFUE?, por ejemplo, ¿permite examinar el derecho de la UE?, pues el TJUE exige que se pueda "examinar" el derecho de la UE (todo), y el art. 41 LA no indica eso, y la jurisprudencia del TC reciente sobre la materia, tampoco. Desde luego, "examinar" no es lo mismo que verificar el orden público, que es lo que permite el art. 41 LA. Y se sabía, de hecho, en una de las STC se cita el caso "Mostaza Claro", pero curiosamente, no la parte idónea, donde se indica que se debe controlar y examinar todo lo relativo a las normas de la UE. Además, con la nueva doctrina, del TC, en materia

---

de 21 de mayo de 2013, relativa a la resolución alternativa de litigios en materia de consumo.

34 Ya me he ocupado del tema, como he indicado. Colmenero Guerra, J. A., "Los procedimientos de resolución alternativa de litigios en que resultan de aplicación los reglamentos de la unión europea en materia de protección de los usuarios del transporte aéreo", en *Hacia una tutela efectiva de consumidores y usuarios* (Romero Pradas, M. I., Dir.), Edit. Tirant lo Blanch, Valencia, 2022, págs. 445 a 506.

de "motivación" de los laudos, bastante laxa, frente a los criterios exigidos a una sentencia o auto, ¿cómo se va a poder "examinar" la aplicación del derecho de la UE, si no hay una "motivación suficiente" (en hechos y en derecho)? Sirvan estas últimas reflexiones para que se pueda entender por qué el "acceso a la justicia", como derecho fundamental, no es una cuestión menor, no asumida plenamente, en el ordenamiento interno.

5. ACCESO A LA JUSTICIA Y TUTELA JUDICIAL EFECTIVA COMO CONTENIDO DEL ART. 24.1 CE

5.1. Aproximación legal

A la vista de lo último señalado, volvemos al principio, recapitulando diferentes cuestiones acotadas en el trabajo.

Estamos abogando por un nuevo entendimiento del art. 24.1 CE, en el que habría que situar un escalón anterior a lo que ahora entendemos por "tutela judicial efectiva". Ahora, conforme a las explicaciones tradicionales, y conforme referencia el TC, la tutela comienza, normalmente, con el acceso a los tribunales. Es dicho acceso a la jurisdicción, entendida como acceso a los juzgados, el que marca el comienzo de la protección del derecho fundamental. Sin embargo, hemos visto, que el TC, en algunos supuestos, como es, por ejemplo, cuando se establecen conciliaciones o mediaciones, "necesarias", previas a la demanda, entienden que dichas actuaciones deben recibir la protección que recibe el acceso a los tribunales, y así lo ha afirmado y señalado. Sin embargo, no exige las mismas reglas cuando se trata del arbitraje, aunque ello no quita que luego, por vía indirecta, incida en dichas cuestiones, como ha acontecido con la motivación de los laudos, que no era una cuestión que, en su opinión, tuviera carácter constitucional, aunque sí tuviera otras obligaciones que cumplir, por imperativo de la Unión Europea.

Pese a ello, hemos puesto de manifiesto, que las reglas del art. 24.1 CE, y puede que algunas de las previstas en el art. 24.2 CE, deban volverse a ajustar, para que armonicen con el entendimiento que emerge de la Unión Europea, fundamentalmente, al hilo del art. 47 CDFUE, que se entronca con el art. 13 y 6 CEDH. Ya hemos puesto de manifiesto la preocupación de la UE por el "acceso a la justicia", en el que, no solo ha puesto de manifiesto el control que pueden ejercer los tribunales, sino que también ha mostrado su interés por los ADR, en toda su extensión y abanico, apostando por la mediación y el arbitraje, claramente, cuestión que es fácil de asumir, si tenemos en cuenta las diferentes Directivas aprobadas, en muchas de las cuales, o son directamente sobre ADRs, o los incluyen. Claro, que en el ámbito de la UE, no se habla sobre el acceso a la justicia en los mismos términos que lo hacemos en el ámbito nacional. Y la razón deriva de su propia normativa. Pero, como hemos visto, tampoco lo hace el Consejo de Europa, al recomendar los ADRs como mecanismo de acceso a la justicia, tanto en el ámbito civil, como penal (y el administrativo).

Retomando las explicaciones anteriores, desde el plano nacional, ya señalamos que el art. 24.1 CE permite distinguir entre el acceso a los tribunales y el derecho a una resolución de fondo, y que dicha distinción es la que, de alguna manera, se invoca para poner de relieve que los ADR sean entendidos como una limitación o condición respecto del acceso a los tribunales, y no como un derecho del ciudadano, que accede a otra forma de justicia, aunque luego tenga su derecho de acceso a los tribunales. Debe quedar claro que no estamos rebajando el nivel de derechos, ni limitando el derecho de acceso a los tribunales[35], sino abogando por la yuxtaposición de derechos fundamentales: acceso a la justicia, mediante ADR, y si estos no fueran efectivos, o no funcionaran correctamente, acceso a los tribunales, que es, precisamente, lo que indican los parámetros comunitarios.

La idea sí se encuentra, como hemos reflejado, en las normas de la Unión Europea. Ya hemos hecho referencia a las diferentes Directivas que abonan dicho criterio, e incluso al Tratado de Lisboa. No obstante, ahora sí quisiera citar, tanto el TUE como el TFUE, que también se hacen eco dicha cuestión. Así, en el TUE, en su art. 19, al referirse a la Justicia de la UE, tras fijar sus Tribunales, en el Apartado 1, párrafo primero, en su segundo párrafo indica: "Los Estados miembros establecerán las vías de recurso necesarias para garantizar la tutela judicial efectiva en los ámbitos cubiertos por el Derecho de la Unión", en la versión en español. La versión en inglés, indica: "Member States shall provide remedies sufficient to ensure effective legal protection in the fields covered by Union law". Se incluyen ambas versiones pues no siempre coinciden los términos. No obstante, sí llamamos la atención que el TUE exige a los Estados que garanticen "vías

---

35 Señala Peiteado, "Consideraciones...", *op. cit.*, pág. 291, que "La faceta del derecho a la tutela judicial efectiva que en mayor medida puede ser desconocida o vulnerada con la imposición obligatoria del recurso a medios de resolución de conflictos distintos de la jurisdicción es el derecho de acceso a los tribunales". Con ello se refleja la idea, pero vaya, por delante, que la Autora, no está reflexionando en contra de los ADR, sino de la imposición obligatoria, que es una de las variantes posibles, y que analiza en su trabajo.

de recursos necesarias", que no siempre son los "tribunales", pues la idea de "recursos" utilizada no nos lleva al art. 6 del CEDH, que es de donde viene, sino al art. 13 (como luego veremos). Si no trasladamos al TFUE, ya sabemos, por el Tratado de Lisboa, que los términos elegidos, no eran "tutela judicial efectiva". Así, el art. 81 TFUE, en la versión consolidada, en materia de cooperación judicial civil, en su Apartado 2, indica que el Parlamento y el Consejo adoptarán medidas para garantizar: "...e) una tutela judicial efectiva; ...g) el desarrollo de métodos alternativos de resolución de litigios;...". Esa es la versión en español. En la versión en inglés, se dice: "...e) effective Access to justice; ...g) the development of alternative methods of dispute settlement;...". Como se puede comprobar, no se habla de "tutela", sino de "acceso", que no es lo mismo, puesto que la versión en inglés incluye a los "recursos", entre los que se encuentran, también, los ADR, y la versión en español no.

Bueno, uno podría pensar que solo eran dichos documentos, pero que ello no afecta a otros documentos. Sin embargo, al consultar la Constitución Europea, aunque no hubiera entrado en vigor, al mirar su art. II-47 ("Derecho a la tutela judicial efectiva y a un juez imparcial"), en su párrafo primero, se dice: "Toda persona cuyos derechos y libertades garantizados por el Derecho de la Unión hayan sido violados tiene derecho a la tutela judicial efectiva respetando las condiciones establecidas en el presente artículo". Esto para la versión es español. Pero la versión en inglés señala, para la rúbrica del precepto, "Right to an effective remedy and to a fair trial", que desde luego nada tiene que ver con la versión en español, pues habla de "recurso efectivo" y de "juicio justo o equitativo", luego algo diferente a la rúbrica elegida en español. En cuanto al párrafo primero, indica: "Everyone whose rights and freedoms guaranteed by the law of the Union are violated has the right to an effective remedy before a tribunal in compliance with the conditions laid down in this Article". Lo dicho, nada de "tutela judicial efectiva", sino "derecho a un recurso efectivo ante un tribunal", lo que ya ponía de relieve que no se estaba hablando del art. 6 CEDH, sino del art. 13 CEDH.

Peiteado ponía de manifiesto la relación del art. 24.1 CE con los arts. 47 CDFUE y 6 y 13 CEDH[36]. Sin embargo, ya señalaba que el entendimiento que se hacía sobre la materia no coincide con las explicaciones

---

[36] Peiteado, "Consideraciones...", *op. cit.*, págs. 295 y siguientes. La misma relación puede verse en Milione, C., "La interpretación del art. 47 CDFUE como expresión de la labor hermenéutica del Tribunal de Luxemburgo en la construcción de un

tradicionales. Normalmente, y pueden consultarse manuales, monografías y jurisprudencia al uso (incluida la del TC), el art. 24.1 CE se relacionaba con el artículo 6 CEDH y el art. 14 PIDCP. Es decir, se relacionaba la "tutela judicial efectiva" con el "derecho a un proceso equitativo" (art. 6 CEDH) y con el "derecho a ser oída públicamente y con las debidas garantías por un tribunal competente" (art. 14.1 PIDCP). Ciertamente, tiene razón Peiteado cuando indica que existe mayor relación entre el art. 24.1 CE y el art. 47 CDFUE pues ambos, al menos en la "versión en español", hacen uso de la expresión "tutela judicial efectiva" (en el apartado 1 del art. 47). Señalo la versión en español, pues la versión en inglés no dice lo mismo.

Tampoco debe coger de sorpresa, puesto que, el precepto no es mas que el traslado de lo previsto en el art. II-47 de la Constitución Europea. Así, en la versión en español, la rúbrica del art. 47 CDFUE es "Derecho a la tutela judicial efectiva y a un juez imparcial", de ahí las coincidencias con el art. 24.1 CE. Sin embargo, como ocurre con la Constitución de la UE, la rúbrica en inglés señala "Right to an effective remedy and to a fair trial", que como hemos puesto de relieve hace referencia a "remedio" o "recurso" efectivo, y a "juicio justo" o "equitativo". Ahí no terminan las semejanzas con la Constitución, y las diferencias con el art. 24.1 CE. El párrafo primero del art. 47.1 CDFUE, en la versión en español, dice: "Toda persona cuyos derechos y libertades garantizados por el Derecho de la Unión hayan sido violados tiene derecho a la tutela judicial efectiva respetando las condiciones establecidas en el presente artículo". El art. 47.1 CDFUE, en la versión en inglés, dice: "Everyone whose rights and freedoms guaranteed by the law of the Union are violated has the right to an effective remedy before a tribunal in compliance with the conditions laid down in this Article". La traducción sería derecho a un "recurso efectivo", y no derecho a la "tutela judicial efectiva", pues no son, exactamente, términos correlativos, aunque sí relacionados.

Pero, ahora, el matiz diferencial no se fija en dicha relación, que nadie duda, sino en las relaciones del art. 47 CDFUE con el CEDH y otros instrumentos internacionales. Así, la relación del art. 47 CDFUE ya no se fija, por ejemplo, con el artículo 14 PIDCP sino con los arts. 2.3 y 14 PIDCP. Ya conocemos el art. 14 PIDCP, pero a dichos derechos ahora se le suman lo previsto en el art. 2.3 PIDCP, conforme al cual:

---

estándar europeo de protección de los derechos", en *Teoría y Realidad Constitucional* (UNED), nº 39 (2017), págs. 659 y siguientes.

> "3. Cada uno de los Estados Partes en el presente pacto se compromete a garantizar que:
> a) Toda persona cuyos derechos o libertades reconocidos en el presente pacto hayan sido violados podrá interponer un recurso efectivo, aún cuando tal violación hubiere sido cometida por personas que actuaban en ejercicio de sus funciones oficiales;
> b) La autoridad competente, judicial, administrativa, o legislativa, o cualquiera otra autoridad competente prevista por el sistema legal del Estado, decidirá sobre los derechos de toda persona que interponga tal recurso, y desarrollará las posibilidades de recurso judicial;
> c) Las autoridades competentes cumplirán toda decisión en que se haya estimado procedente el recurso".

En dicha línea también se sitúa el art. 8 ("derecho a un recurso efectivo ante los tribunales nacionales competentes") y 10 ("derecho a ser oída públicamente y con justicia por un Tribunal") de la Declaración Universal de los Derechos humanos. De dichas relaciones se deduce que "los elementos fundamentales de estos derechos son el acceso efectivo a un órgano de resolución de litigios, el derecho a un proceso equitativo y a la resolución diligente de litigios, el derecho a un recurso adecuado y la aplicación general de los principios de eficiencia y eficacia en la Administración de Justicia"[37].

Uno podría pensar que se sigue diciendo lo mismo. Sin embargo, si se observa las "Explicaciones sobre la Carta de Derechos Fundamentales"[38] en cuanto al primer inciso del art. 47 CDFUE, no se engarza con el art. 6 CEDH, sino con el art. 13 CEDH, es decir, con el "derecho a un recurso efectivo ante una instancia nacional" por presuntas violaciones de los derechos del Convenio Europeo de Derechos Humanos. En las "Explicaciones" se deja claro que hay dicha conexión, y que el art. 47.2 CDFUE se conexiona con el art. 6 CEDH. Pero se realiza una matización, pues indica que en el ámbito del Derecho de la UE, el derecho no solo incluye poder dirigirse,

---

37 *Manual sobre el Derecho europeo, op. cit.*, pág. 17 y FRA (2011), *Acces to justice in Europe: an overview of challenges and opportunities*, Luxemburgo, Oficina de publicaciones, pág. 9. También incluyen esas referencias la Convención Aarhus de 1998 sobre el acceso a la información, la participación del público en la toma de decisiones y el acceso a la justicia en materia de medio ambiente (art. 9) y la Convención de 2006 sobre los derechos de las personas con discapacidad (art. 13).

38 Elaboradas por la Convención que redactó la Carta, fueron objeto de publicación en el mismo *DOUE* que la Carta (*DOUE* C 303/17, de 14/12/2007). Como se señala en su Introducción, no tienen por sí mismas valor jurídico, pero constituyen un valioso instrumento de interpretación con objeto de aclarar las disposiciones de la Carta.

como mero "recurso efectivo" a una instancia nacional, que también (y así lo establece el propio art. 13 CEDH), sino que es más amplio, ya que garantiza un derecho a un recurso efectivo ante el juez.

No obstante, creo que hay que hacer una lectura correcta del artículo 24.1 CE y de los arts. 47 CDFUE y 6 y 13 CEDH, que incide sobre los ADR (mediación, conciliación y arbitraje) y su verdadero encaje legal, que no es entendido como instituciones autónomas, sino que se prevén como parte del derecho de "acceso a la justicia", que forma parte del derecho a la tutela judicial efectiva, pero como primer paso, anterior a acceder a la jurisdicción o a los tribunales. Así, el "Manual sobre el Derecho europeo relativo al acceso a la justicia" (2016)[39], indica que:

> "De conformidad con la legislación europea e internacional sobre derechos humanos, el concepto de acceso a la justicia obliga a los Estados a garantizar a todas las personas el derecho a acudir a los órganos jurisdiccionales —o, en algunas circunstancias, a otro órgano de resolución alternativa de conflictos— para interponer una demanda si se ha vulnerado sus derechos. Es, por tanto, un derecho que también permite a las personas hacer valer otros derechos
>
> El derecho de acceso a la justicia comprende varios derechos humanos fundamentales, como el derecho a un proceso equitativo según el artículo 6 del CEDH y el artículo 47 de la Carta de los Derechos Fundamentales de la UE y el derecho a un recurso efectivo según el artículo 13 del CEDH y el artículo 47 de la Carta.
>
> Los derechos de acceso a la justicia recogidos en la Carta de los Derechos Fundamentales de la UE pueden equipararse con los del CEDH. Por tanto, la jurisprudencia del TEDH es importante para interpretar los derechos de la Carta.
>
> Aunque la aplicación del CEDH y de la Carta de los Derechos Fundamentales de la UE está sujeta a regímenes diferentes, ambos hacen hincapié en que los derechos a un recurso efectivo y a un proceso equitativo deben cumplirse fundamentalmente en el ámbito nacional".

Como puede comprobarse, para la UE (y también en el ámbito internacional), los ADR, en ciertos casos, forman parte del acceso a la justicia. Por ello, posteriormente, el "Manual", tras la cita de otros Tratados internacionales sobre derechos humanos, indica:

> Elementos fundamentales de estos derechos son el acceso efectivo a un órgano de resolución de litigios, el derecho a un proceso equitativo y a la reso-

[39] *Manual sobre el Derecho europeo relativo al acceso a la justicia*, realizado por la Agencia de los Derechos Fundamentales de la Unión Europea, el Consejo de Europa y la Corte Europea de Derechos Humanos, y editado por la Oficina de Publicaciones de la Unión Europea, 2016, pág. 16.

lución diligente de litigios, el derecho a un recurso adecuado y la aplicación general de los principios de eficiencia y eficacia a la administración de justicia[40].

Posteriormente, el "Manual" procede a indicar a qué se refiere cuando habla de "órganos no jurisdiccionales", como consecuencia de la aplicación del derecho a un recurso efectivo ante una instancia nacional, como hace el art. 13 CEDH. Asume la carga de trabajo y las dificultades de acceso a los órganos jurisdiccionales, de ahí que se adopte una visión más amplia del acceso a la justicia, incluyendo órganos no jurisdiccionales, además de los jurisdiccionales. Estos pueden ser organismos de igualdad[41], órganos administrativos y no judiciales que tratan casos de discriminación, instituciones nacionales de derechos humanos, defensores del pueblo, autoridades de protección de datos[42], inspecciones de trabajo y tribunales especializados. El TEDH exige el desempeño de funciones jurisdiccionales para ocupar dicho espacio, pues en caso contrario el órgano deberá someterse a la supervisión de un órgano jurisdiccional que cumpla con los criterios del art. 6 CEDH[43].

Pero no solo se han legitimado dichos organismos, también se ha legitimado la resolución alternativa de conflictos (ADR), es decir, soluciones extrajudiciales a los conflictos, que los organismos que acabamos de citar también pueden utilizar, y que la UE considera que es una oportunidad de resolver sus litigios de manera eficaz y económica[44]. Como ya hemos puesto de relieve, en el apartado anterior, el Consejo de Europa legitima las mediaciones, tanto en el ámbito civil, como penal. El TEDH sí se ha pro-

---

40 FRA (2011), *Access to justice in Europe: an overview of challenges and opportunities*, Luxemburgo, Oficina de Publicaciones, pág. 9.

41 Por ejemplo, los previstos en la Directiva de igualdad racial. Directiva 2000/43/CE del Consejo, de 29 de junio de 2000, relativa a la aplicación del principio de igualdad de trato de las personas independientemente de su origen racial o étnico, DO 2000 L 180 (Directiva de igualdad racial).

42 Como los previstos en la Directiva 95/46/CE del Parlamento Europeo y del Consejo, de 24 de octubre de 1995, relativa a la protección de las personas físicas en lo que respecta al tratamiento de datos personales y a la libre circulación de estos datos, DO 1995 L 281.

43 SSTEDH, caso Oleksandr Volkkow c. Ucrania, nº 21722/11, de 9 de enero de 2013 (apartados 88-91) y caso Zumtobel c. Austria, nº 12235/86, de 21 de septiembre de 1993 (apartados 29-32).

44 Al respecto puede verse, Consejo de Europa, CEPEJ (2014), *Report on "European judicial systems - Edition 2014 (2012 data): efficiency and quality of justice"*.

nunciado sobre arbitrajes. Así, por ejemplo, en la STEDH, asunto *Regent Company c. Ucrania*, nº 773/03, de 3 abril de 2008 (Apartado 60), entiende que no aplicar una resolución de arbitraje firme puede constituir una violación del art. 6 CEDH; en la STEDH, asunto *Suda c. República Checa*, nº 1643/06, de 28 de octubre de 2010, entendió que si las partes estaban obligadas a someterse a arbitraje, el tribunal debía cumplir con lo dispuesto en el art. 6 CEDH, aunque en el caso juzgado entendió que se violaba el art. 6.1 CEDH pues la cláusula de arbitraje otorgaba poderes decisorios a un tribunal de arbitraje que no estaba establecido por la ley y no permitía una vista pública lo que perjudicaba al demandante que no había renunciado a dicho derecho (aplicando el "proceso debido"). Si el arbitraje forma parte del art. 47 CDFUE, en la medida que sea así, se le aplicarán las garantías del art. 47 CDFUE, que son las garantías del art. 24 CE. En los arbitrajes "obligatorios", el TEDH (caso *Mutu*)[45], establece que deben aplicársele las garantías del art. 6.1 CEDH, es decir, la mayoría de las previstas en el art. 24 CE. Recientemente, el TEDH ha vuelto a aplicar las garantías del art. 6.1 CEDH al arbitraje voluntario, en concreto, la falta de imparcialidad, que considera vulnerada en el caso resuelto[46].

En el caso de la UE, como vimos en el apartado anterior, es obvio que se ha apostado, claramente, por los ADR, sobre todo en materia de acceso a la justicia de los consumidores, instrumentos que aparecen en numerosas Directivas, y que, incluso, ha dado lugar a que un Reglamento contemple la creación de un Portal interactivo (plataforma de ODR) para la resolución extrajudicial de conflictos contractuales, a través de la mediación electrónica. De hecho, hay sentencias del TJUE, tanto en materia de mediación/ conciliación, como de arbitraje, dada la importancia que le adjudica la UE a los ADR. En materia de mediación/conciliación destacan la STJUE *Alassini y otros c. Telecom Italia SpA* (sentencia de 18 de marzo), en las que se declara ajustados al Derecho de la UE la posibilidad de conciliación obligatoria, siempre que no hubiera una decisión vinculante, no se produjeran retrasos sustanciales a la hora de interponer los recursos jurisdiccionales,

---

45 STEDH (sección 3ª), de 2 de octubre de 2018. Sobre el tema, Julià Insenser, J. M., "Breve comentario de la sentencia del Tribunal Europeo de Derecho Humanos (Sección 3ª), de 2 de octubre 2018, en los asuntos Mutu y Pechstein c. Suiza", en *Arbitraje*, vol. XI, nº 3, págs. 817 a 835.

46 En esta materia hay que tener presente la STEDH, de 20 de mayo de 2021, *Beg S.P.A. contra Italia*, Caso 5312/11. Comenta la misma, Julià Insenser, J. M., "La protección de las garantías procesales en el arbitraje voluntario", en *La Ley Mediación y Arbitraje*, julio-septiembre, nº 8.

se interrumpiera la prescripción de las acciones, los gastos fueran escasamente significativos, que no podían ser procedimientos exclusivamente electrónicos y que se pudiesen adoptar medidas provisionales en casos excepcionales. Y reglas parecidas seguirá en la STJUE *Menini y Rampanelli.* Pero no solo se ha pronunciado sobre dichos ADR, pues también lo ha hecho sobre el arbitraje, que también se habilita en otros supuestos (en el caso español, por ejemplo, el arbitraje de consumo). Llama la atención, por su posición, las resoluciones en esta materia, que no siguen los mismos postulados que el Tribunal Constitucional. Si bien en la STC 1/2018, cuando declara nulo el arbitraje obligatorio, lo es por no ajustarse a los requerimientos constitucionales que respeten el art. 24.1 CE, también lo es en cuanto que entiende que no se ha realizado, exactamente, lo que sugiere la normativa de la UE sobre la materia, que es que en dichos casos el control del arbitraje, vía acción de anulación, sea completo, sobre el fondo del asunto[47]. Sin embargo, dicho criterio vuelve a surgir al hilo de las SSTC 46/2020, 17/2021, 55/2021, 65/2021, 50/2022 y 79/2022, en las que, sin embargo, opta por entender, claramente, que la acción de anulación es un control restringido, a las formas del arbitraje, y solo admite, como excepción, en cuanto al fondo, el control de las normas de orden público. Resulta, cuanto menos curioso, que en la STC 46/2020, de 15 de junio, se diga que es doctrina del TJUE que las "exigencias relativas a la eficacia del procedimiento arbitral justifican que el control de los laudos arbitrales tenga carácter limitado y que solo pueda obtenerse la anulación de un laudo en casos excepcionales", al hilo de la STJCE de 26 de octubre de 2008, asunto *Mostaza Claro* (C-168/05). Sí es cierto que se dice en la sentencia, pero también se dice que haya un control de oficio del derecho de la UE, vía cláusula de orden público, y dicho criterio se omite. En realidad, el razonamiento completo, que no coincide con el de la sentencia del TC, es:

> "27. A la luz de estos principios, el Tribunal de Justicia ha considerado que la facultad del Juez para examinar de oficio el carácter abusivo de una cláusula constituye un medio idóneo tanto para alcanzar el resultado señalado por el artículo 6 de la Directiva —impedir que el consumidor individual quede vinculado por una cláusula abusiva—, como para ayudar a que se logre el objetivo contemplado en su artículo 7, ya que dicho examen puede ejercer un efecto disuasorio que contribuya a poner fin a la utilización de cláusulas abusivas en los contratos celebrados por un profesional con los consumidores (sentencias Océano Grupo Editorial y Salvat Editores, antes citada, apartado

47 Sobre ello ya se había pronunciado en las SSTC 174/1995, 119/2014 y 8/2015, que son arbitrajes obligatorios declarados constitucionales.

28, y de 21 de noviembre de 2002, Cofidis, C-473/00, Rec. pág. I-10875, apartado 32)
33. Móvil y el Gobierno alemán alegan que, si se permitiera al órgano jurisdiccional apreciar la nulidad de un convenio arbitral en los casos en los que el consumidor no ha propuesto dicha excepción en el procedimiento de arbitraje, quedaría gravemente menoscabada la eficacia de los laudos arbitrales.
34. Esta alegación se basa en la consideración de que las exigencias relativas a la eficacia del procedimiento arbitral justifican que el control de los laudos arbitrales tenga carácter limitado y que sólo pueda obtenerse la anulación de un laudo en casos excepcionales (sentencia de 1 de junio de 1999, Eco Swiss, C-126/97, Rec. pág. I-3055, apartado 35).
35. No obstante, el Tribunal de Justicia ya ha declarado que, en la medida en que un órgano jurisdiccional nacional deba, en aplicación de sus normas procesales internas, estimar un recurso de anulación de un laudo arbitral basado en la inobservancia de normas nacionales de orden público, también debe estimar tal recurso basado en la inobservancia de las normas comunitarias de este tipo (véase, en este sentido, la sentencia Eco Swiss, antes citada, apartado 37)".

Este criterio de *Mostaza Claro*, que no es nuevo, y que conocemos en los temas de protección de consumidores, en materias hipotecarias (y con origen en un arbitraje de consumo), vuelve a reiterarse en los asuntos *Eco Swiss* y asunto *Achmea*[48]. Se traen a colación, también, pues en la Sentencia del TC que citamos, pudiera no ser relevante, de forma directa (pero sí indirecta), pero sí lo era, por ejemplo, en la STC 65/2021, pues se trataba de un "arbitraje europeo", un "arbitraje SWAP", con la aplicación de las Directivas MIFID, y se prescinde de la doctrina del TJUE. En el caso *Eco Swiss*, de 1999, estaba el germen del caso de *Mostaza* pues se decía:

"32. En primer lugar, procede señalar que si un arbitraje convencional suscitara cuestiones de Derecho comunitario, los órganos jurisdiccionales ordinarios podrían tener que examinar estas cuestiones, especialmente en el marco del control del laudo arbitral, de mayor o menor entidad según el caso, que les corresponde en caso de que se interponga un recurso de apelación, un recurso de oposición, un recurso relativo al exequátur o cualquier otro recurso admitido por la legislación nacional aplicable (sentencia Nordsee, antes citada, apartado 14).
35. A continuación procede señalar que las exigencias relativas a la eficacia del procedimiento arbitral justifican que el control de los laudos arbitrales

---

48 La primera STJCE, de 1 de junio de 1999, C-126/97 (ECLI:EU:C:1999:7); la segunda STJUE, de 6 de marzo de 2018, C-284/16 (ECLI:EU:C:2018:158, § 54). Sobre dichas sentencias es conveniente ver los razonamientos de Gómez Jene, M., "Arbitraje europeo: una crítica a la sentencia del Tribunal Constitucional 65/2021, de 15 de marzo, en *Cuadernos de Derecho Transnacional* (2021), Vol. 13, nº 2, págs. 745 a 753.

tenga carácter limitado y que sólo pueda obtenerse la anulación de un laudo o la denegación del reconocimiento en casos excepcionales.
36. No obstante, con arreglo al artículo 3, letra g), del Tratado CE [actualmente, artículo 3 CE, apartado 1, letra g)], el artículo 85 del Tratado constituye una disposición fundamental indispensable para el cumplimiento de las misiones confiadas a la Comunidad, especialmente para el funcionamiento del mercado interior. La importancia de dicha disposición hizo que los autores del Tratado establecieran expresamente en el apartado segundo del artículo 85 del Tratado, que los acuerdos y decisiones prohibidos por este artículo son nulos de pleno Derecho.
37. De ello se deduce que, en la medida en que un órgano jurisdiccional nacional deba, en aplicación de sus normas procesales internas, estimar un recurso de anulación de un laudo arbitral basado en la inobservancia de normas nacionales de orden público, también debe estimar tal recurso basado en la inobservancia de la prohibición impuesta en el apartado 1 del artículo 85 del Tratado.
38. No obsta a esta conclusión el hecho de que el Convenio de Nueva York de 10 de junio de 1958 sobre reconocimiento y ejecución de sentencias arbitrales extranjeras, ratificado por todos los Estados miembros, establezca que sólo se podrá denegar el reconocimiento y la ejecución de la sentencia arbitral si se prueba la existencia de determinados vicios, en concreto, que la sentencia incumple o excede los términos de la cláusula compromisoria, que la sentencia no es aún obligatoria para las partes o que el reconocimiento o la ejecución de la sentencia son contrarios al orden público del país en el que se solicita su reconocimiento o ejecución [letras c) y e) del apartado 1 y letra b) del apartado 2 del artículo 5 del Convenio de Nueva York]".
39. En efecto, por los motivos mencionados en el apartado 36 de la presente sentencia, el artículo 85 del Tratado puede considerarse una disposición de orden público en el sentido de dicho Convenio".

No obstante, en el caso *Achmea* uno de los problemas que se plantea es si el arbitraje estaba sometido a control jurisdiccional, pues el TJUE, pese a que los arbitrajes forman parte del "acceso a la justicia" no se plantea que es "obligatorio" que haya control jurisdiccional (aunque puede ser limitado, no tanto como plantea el TC). Así señala:

"50. En estas circunstancias, queda por comprobar, en tercer lugar, si el laudo emitido por un tribunal arbitral de este tipo está sujeto, conforme al artículo 19 TUE en particular, al control de un órgano jurisdiccional de un Estado miembro que garantice que las cuestiones relativas al Derecho de la Unión que pudiera tener que tratar ese tribunal arbitral puedan ser sometidas, en su caso, al Tribunal de Justicia en el marco de un procedimiento prejudicial".

Pero, en cuanto al control a realizar se señala que:

"54. Ciertamente, por lo que se refiere al arbitraje comercial, el Tribunal de Justicia ha declarado que las exigencias relativas a la eficacia del procedimiento arbitral justifican que el control de los laudos arbitrales ejercitado por los órganos jurisdiccionales de los Estados miembros tenga carácter limitado, siempre que las disposiciones fundamentales del Derecho de la Unión puedan ser examinadas en el marco de dicho control y, en su caso, puedan ser objeto de una petición de decisión prejudicial ante el Tribunal de Justicia (véanse, en este sentido, las sentencias de 1 de junio de 1999, Eco Swiss, C-126/97, EU:C:1999:269, apartados 35, 36 y 40, y de 26 de octubre de 2006, Mostaza Claro, C-168/05, EU:C:2006:675, apartados 34 a 39)".

Bueno, queda claro que el TJUE pide "examinar" el derecho de la Unión (no siempre imperativo). En el caso resuelto por el TC se prescinde de estos criterios, ajustándose solo y exclusivamente, a parámetros nacionales. Quien lea *Achmea* observará más cosas, relativas a la adhesión a tribunales, y también el TJUE ha realizado Dictámenes sobre los "arbitrajes de inversiones" nuevos. Se quiere control jurisdiccional y se quiere el cumplimiento de los arts. 47 CDFUE y 6 CEDH.

Conviene señalar, que todo lo que hemos razonado hasta ahora, debe, a su vez, relacionarse con el derecho a un recurso efectivo, que es trasunto del art. 47 CDFUE, primer párrafo y del art. 13 CEDH[49]. Como ya hemos señalado, hay un matiz entre el art. 47 CDFUE y el art. 13 CEDH, pues en el segundo caso se trata de un recurso efectivo ante una instancia nacional, mientras que en el primero es ante una instancia jurisdiccional. El matiz se salva al entender que, en la UE, no basta con el recurso ante la instancia nacional, que podría no ser un órgano jurisdiccional, sino que será necesario que se pueda activar el proceso jurisdiccional (piénsese en temas de extranjería, que tiene la faceta administrativa y posteriormente la jurisdiccional). Ello no quita que se pueda discutir el carácter efectivo y material del recurso[50].

Finalmente, como hemos reflejado con anterioridad, lo que ponemos de manifiesto es que han variado los términos sobre el comienzo del "derecho a la tutela judicial efectiva" por cuanto que la UE entiende que hay un "derecho de acceso a la justicia" previo al "derecho de acceso a los tribunales" que debe ser encajado en el Sistema. Y dentro de ese primer escalón están incluidos los ADR. Nada nuevo si se tiene en cuenta que el TC ya ha legitimado la posibilidad de mediaciones, conciliaciones y arbitrajes, con anterioridad al uso del proceso. Cierto es que ello depende de los casos concretos, y así lo ha establecido la jurisprudencia. El matiz no está, ahora, por tanto, en que se

---

49 La conexión entre ambos derechos puede verse en Tassinari, F., "La tutela del derecho fundamental a un recurso efectivo a la luz de la Directiva 2013/32/UE: Reflexiones sobre el asunto N. D. Y N.T vs España", en *Teoría y Derecho*, nº 24 (2018), págs. 327 a 345.

50 El "Manual" dedica las págs. 101 a 122 a dicha cuestión, que conviene consultarse.

pueda establecer, que ya ha sido reconocido, sino en su ubicación y su contexto. Ahí es donde se produce la variación. Yo no los entiendo ya, dadas las normas a cumplir (nacionales e internacionales) como instituciones de solución de conflictos autónomas, sino como partes integrantes del "derecho de acceso a la justicia", derecho que a su vez forma parte del "derecho a la tutela judicial efectiva" lo que, en mi modesta opinión, supone una variación sustancial frente a su entendimiento anterior. Si forma parte del art. 24.1 CE habrá que determinar diferentes cuestiones, algunas de alcance constitucional, y otras relativas a qué garantías tiene el derecho.

No obstante, conviene acotar alguna cosa más. El CEDH se aplica a los derechos contemplados en el propio convenio, generalmente de carácter civil y penal. En el caso del CDFUE su ámbito de aplicación es más amplio, pues se aplica a los derechos y libertades reconocidos por el Derecho de la UE (art. 51 CDFUE), que incluyen derechos económicos, sociales y culturales adicionales (es decir, que no se circunscribe solo a los derechos de la Carta). Además, a dichos preceptos deben unírseles la jurisprudencia del TEDH y TJUE. Pero a lo dicho hay que unirle las situaciones que se plantean a los Tribunales ordinarios y al TC. Desde luego, si los derechos en juegos no implican la aplicación de los derechos previstos en el CEDH, ni el TC, ni los tribunales ordinarios tendrán que utilizar como parámetro de interpretación dicho convenio, aunque siempre será difícil discernir que no es de aplicación, dado el carácter expansivo que suele tener la aplicación de dicho convenio. En el caso de las normas de la UE, y fundamentalmente sus Tratados y el CDFUE, el TC en la Declaración 1/2004, de 13 de diciembre, indica que la Carta y los Tratados (que tiene el mismo rango) se insertan en el principio de primacía del derecho de la Unión en su ámbito de aplicación (art. 93 CE). Y si no fueran aplicables, siempre tendrán valor hermenéutico vía art. 10.2 CE, cuando concurrieran las circunstancias en los casos concretos. Ni que decir tiene que el Derecho de la Unión goza de dicha primacía ya indicada (en su ámbito de aplicación) y por tanto los tribunales ordinarios deben utilizar dichas normas. Resumiendo, en lo que ahora interesa. Se debe aplicar el art. 47 CDFUE, con el art. 24.1 CE, cuando se aplique el derecho de la UE. El problema se planteará, y se plantea, cuando se entiende que el asunto concreto no afecta al Derecho de la Unión, pues hoy en día empieza a ser difícil que haya campos no afectados por el Derecho del Unión[51].

---

51 Sobre lo razonado en el párrafo, con dimensión transversal, MUÑOZ MACHADO, S., "Los tres niveles de garantías de los derechos fundamentales en la Unión

Y a nuestros efectos, ¿qué importancia tiene? Mucha, pues en el derecho a un recurso efectivo (47.1 CDFUE), como hemos señalado, no solo hay que incluir el "derecho de acceso a un órgano jurisdiccional", lo que ya sabemos que coincide con el 24.1 CE, sino también, al hilo del art. 13 CEDH, el "derecho a un recurso efectivo ante una instancia nacional", y dicha ampliación supone un plus respecto del actual entendimiento del art. 24.1 CE, aunque ello no quita que, de forma indirecta, sin embargo el TC haya admitido dicha variante, sobre todo cuando ha legitimado conciliaciones laborales necesarias. Estos organismos, muchos de ellos de carácter administrativo, favorecen el acceso a la justicia, pues facilitan vías rápidas de recurso, o incluso que se realicen reclamaciones colectivas. Ahora bien, no pueden situarse por encima del "derecho de acceso a los tribunales" y deben estar sujetos a control judicial[52]. Pero junto a ellos hay que situar la posibilidad de hacer uso de "procedimientos de resolución alternativa de conflictos (ADR) como la mediación y el arbitraje", ya que "son alternativas al acceso a la justicia a través de las vías judiciales formales"[53]. Cierto es que, cuando se introducen dichos ADR, en la normativa de la UE, se suele exigir que haya un equilibrio entre el ADR y los procesos judiciales, generalmente permitiendo que se pueda acudir a los tribunales, si no hubo acuerdo, o para someter a control judicial lo acordado o resuelto en el ADR. No suelen plantear problemas los métodos autocompositivos (fundamentalmente conciliación y mediación o sus variantes). Aunque en este caso, si fuera "obligatorio/necesario" no pueden conducir a una "decisión vinculante", amén de otras características puestas de relieve por el TJUE. En el caso de los métodos heterocompositivos, se suele incluir, al margen de otras relaciones, un control judicial. Es decir, no se admite un arbitraje que no sea susceptible de control por los órganos jurisdiccionales. Control que, además, si el arbitraje fuera obligatorio/necesario, debe permitir el control sobre el fondo del asunto, incluso el planteamiento completo de la pretensión ejercitada, incluyendo, incluso, nuevas pretensiones no ejercitadas en el arbitraje (como acontece en materia de "arbitraje de transporte aéreo"). Quiere ello decir que, en los arbitrajes hay control judicial, más o menos intenso, según los asuntos. Y ello teniendo en cuenta que el arbitraje forma parte del "acceso a la justicia", lo que supone, valor justicia, e inclusión en el art. 24.1 CE.

Europea: problemas de articulación", en *Revista de Derecho Comunitario Europeo*, nº 50 (2015), págs. 195 a 230.

52 *Manual sobre el Derecho europeo, op. cit.*, pág. 54.

53 *Manual sobre el Derecho europeo, op. cit.*, pág. 55.

5.2. Aproximación doctrinal[54]

No obstante, quiero acotar algo más las cosas para que se entienda el razonamiento. Vaya por delante que, desde el plano doctrinal, la idea no es nueva. Doctrinalmente sí se pueden hacer referencias muy expresas sobre la materia. Tampoco puedo decir que se trata de una idea novedosa, aunque es cierto que ha sido recientemente cuando ha fructificado, y como acabo de señalar tiene un claro origen comunitario, con diferentes normas sobre la materia, tanto en el CDFUE, como en Directivas y Reglamentos, y en otras normas y consideraciones de la UE (con claro origen cuando era la Comunidad Económica Europea). Y, además, tiene aval en el Convenio Europeo de Derechos Humanos, apoyado en otros textos internacionales. Creo que a nadie le causa sorpresa que la Unión Europea habla de "acceso a la justicia" vinculándolo a diferentes cuestiones y derechos (sobre todo en materia de consumidores), y lo hace incluyendo en ella, o mejor, remarcando, no lo obvio, lo que ya formaba parte de los ordenamientos internos de los Países de la Unión Europea ("tutela judicial efectiva"), sino lo nuevo, los mecanismos de solución de conflictos no judiciales, es decir, los ADR, incluyendo el arbitraje.

Nada nuevo, por otro lado, en otras culturas forma parte de su ADN (países asiáticos)[55], de su cultura jurídica, y de su cultura religiosa (vinculada al confucionismo), pero en occidente tampoco es algo novedoso. Es algo que tiene su comienzo, a principios del siglo XX en Estados Unidos, y que alcanzará sus primeros avances tras la depresión de 1930, fundamentalmente vinculado al mundo laboral. Pero no será hasta después de la Segunda Guerra mundial que alcance su apogeo, sobre todo en los años 60 y 70 del siglo XX, con culminación en la "Conferencia Pound", de 1976. El "movimiento ADR" norteamericano no se circunscribió solo a dicho país, puesto que Europa, bien a través del Consejo de Europa, bien a través de la, entonces, Comunidad Económica Europea no permanecieron ajenos a dicho movimiento, trasladándolo a sus ordenamientos (en el caso de la UE) bajo el término de "acceso a la justicia".

---

54 Para un desarrollo más minucioso, desde el plano legal y conceptual, y su aparato bibliográfico, Martín Diz, F., "El derecho fundamental a justicia: revisión integral e integradoras del derecho a la tutela judicial efectiva", en *Revista de Derecho Político*, nº 106 (2019), págs. 13 a 42.

55 Sobre la mediación en China, LI, Xinwei, *La mediación en China. Aportaciones de occidente*, Edit. Dykinson, Madrid, 2017.

No obstante, no quiero olvidar referirme a algunas cuestiones que guardan relación con lo que acabo de señalar, al menos desde el plano doctrinal. La Profesora Barona Vilar señalaba, en un trabajo[56], que la Constitución de 1978, en el ámbito de la justicia supuso un "punto de inflexión". Además de remarcar que el "Judicial" es uno de los "Poderes del Estado", la Constitución formulaba cambios, puesto que pasaba a formar "parte de la estructura política del Estado, y pilar fundamental en el modelo político del sistema social y democrático de derecho configurado. Y no solo se le diseña, sino que se le adjudican las herramientas necesarias para consolidar los principios esenciales del Poder Judicial"[57]. Y tras fijar y enumerar sus logros (en materia judicial) terminaba indicando que:

> "Era imprescindible la norma política, que desde la construcción ideológica del Estado ofreciera a la ciudadanía un modelo de Justicia creíble, fiable, sólido, garantista y duradero. Los ciudadanos y las ciudadanas encontraron en la Constitución el soporte social y democrático para una justicia adecuada a la sociedad moderna del momento. La transformación fue enorme y se asentaron las bases de esa justicia paradigmática que ha presidido décadas y que ha presentado los tribunales y el proceso como los grandes baluartes de la sociedad tanto para responder ante la conflictividad social como para garantizar el control social frente a la posible violación de normas"[58].

Sin embargo, dicha justicia, tras más de casi 45 años, ha ido evolucionando, dado que la Constitución tampoco es un modelo rígido, y sufre las influencias del entorno en que se aplica. Señala Barona que "Hoy son muchos los componentes exógenos, y algunos también endógenos, que nos podrían llevar a reflexionar y cuanto menos valorar la necesidad de "repensar" algunos parámetros de la justicia"[59]. Y entre esos posibles cambios enumera[60]: i) feminización de la justicia; ii) cambio de protagonistas y aparición de Justicia más allá del proceso, más allá de los Tribunales y más allá del Estado; iii) replanteamiento del Consejo General del Poder Judicial; iv) supresión de los principios procedimentales; y v) tecnologías e inteligencia artificial.

---

[56] Barona Vilar, S., "El título VI de la Constitución, "Poder Judicial", desde una mirada en el siglo XXI", en *Corts: Anuario de derecho Parlamentario*, nº Extra 31 (2018), págs. 478-496. Desde el plano general, de la misma Autora, "Integración de la mediación en el moderno concepto de Acces to Justice. Luces y sombras en Europa", en *InDret, Revista para el Análisis del Derecho*, nº 4 (2014), págs. 1 a 29.

[57] Barona, "El título VI...", *op. cit.*, pág. 479.

[58] Barona, "El título VI...", *op. cit.*, págs. 484 y 485.

[59] Barona, "El título VI...", *op. cit.*, pág. 485.

[60] Barona, "El título VI...", *op. cit.*, págs. 486 a 495.

De ellos, en mi caso, ahora solo me interesa el segundo[61]. En dicho apartado se pone de manifiesto que el Título VI de la Constitución se vuelca, como no podía ser de otra manera (y así ocurre en la mayoría de las constituciones de nuestro entorno) en los jueces y magistrados. Sin embargo, la importancia de otros operadores jurídicos ha acrecido desde 1978. Piénsese en el Ministerio fiscal y la policía (y no solo en el ámbito penal). Pero también en otros operadores jurídicos cuyo peso específico ha subido, como pueden ser los Notarios, los Letrados de la Administración de Justicia, y, en la parte que ahora nos interesa, "sobre todo es especialmente destacable el rol asumido por los negociadores, los conciliadores privados, los mediadores y los árbitros". En el caso de estos últimos su irrupción lo es como consecuencia de los ADR, y ello supone que hay que plantearse "que hay Justicia más allá de los jueces y del Poder Judicial", puesto que ello favorece el derecho a la tutela judicial efectiva, "a través de medios plurales, unos judiciales y procesales, otros procesales pero arbitrales, otros no judiciales ni procesales como la negociación, la mediación y la conciliación, empero con efectos jurídicos indudables en la consecución de acuerdos y la eficacia de los mismos". Finalmente, señala que eso debe hacer variar la redacción del Título VI de la Constitución, para incluir dichas variaciones, que ya existen, y no tienen reflejo en el texto constitucional. En su opinión, que compartimos, el Poder Judicial no puede ser contemplado "como un compartimento estanco sino integrado en un conjunto de medios garantizados legalmente que permite un diagnóstico del conflicto, de la discrepancia, de la infracción de la norma, para poder acudir al medio más adecuado de solución del conflicto y/o de razonamiento jurídico con consecuencias jurídicas procesales o no". A ello obliga la UE, y cualquiera que observe las leyes procesales y no procesales, comprobará que existen relaciones entre los ADRs y el proceso, y entre los "solucionadores" y los jueces. Tiene razón Barona cuando indica que la "Constitución no puede sino integrarlos en una mirada global de la Justicia, una suerte de "Multi door Justice System" que se retroalimenta entre sí". En dicho Sistema el Estado tiene diferentes grados de intervención, pero debe contar con un marco constitucional y legal (que ya existe, pero a trazos) que lo envuelva.

En la obra que referenciamos (y en otras muchas) se ubica las explicaciones desde ese ángulo. Sin embargo, Barona, dando continuidad a dicho

---

61 Seguimos a Barona, "El título VI...", *op. cit.*, pág. 489 a 492. Todas las citas del párrafo corresponden a dichas páginas.

pensamiento, en la Obra "Introducción al Derecho Procesal. Derecho Procesal I" (cito la 2ª edición, 2022)[62], desarrolla dos temas dentro del Capítulo VII, que lleva por rúbrica "Tutela efectiva no judicial: ADR". El primer tema, la Lección 19ª, lleva por título "Medios de solución de conflictos no judiciales ni procesales: de la negociación a la mediación" indicando que se trata de una tutela efectiva no judicial ni procesal. El segundo tema, la Lección 20ª, lleva por título "Tutela efectiva procesal no judicial: el arbitraje". Luego, es obvio que, con dichos términos, para Barona los ADR forman parte del derecho a la tutela judicial efectiva, y no creo que tenga ninguna duda que forman parte de ese "derecho de acceso a la justicia" que he señalado anteriormente[63].

Junto a dichas explicaciones, también hay que poner en valor que las mismas también deben insertarse en el art. 24 CE, puesto que, como ha puesto de relieve López Yagües, a los ciudadanos les asiste el derecho "de obtener efectiva tutela de sus derechos e intereses legítimos o, expresado de otro modo, el derecho de acceso a la justicia, un derecho-como acertadamente señala el preámbulo de la Ley 24/2018, de 5 de diciembre, de mediación de la Comunitat valenciana-"fundamental e indispensable para la garantía y protección de los demás derechos, ya sea a través de procesos jurisdiccionales, de todos aquellos procedimientos orientados a tratar o prevenir conflictos o de la labor de órganos no jurisdiccionales (...)" y derecho,..., por cuya protección y respeto han de velar los poderes públicos...". Para la Autora "el derecho subjetivo de acceso a la justicia de los y las ciudadanas valenciana-consagrado, aun con distinta formulación, en el art. 24 CE-se corresponde con el deber de los poderes públicos autonómicos, de garantizar las condiciones precisas para su efectiva realización...", para terminar reclamando que hay que "Superar el esquema de confrontación propio de las fórmulas adversariales, con la incorporación de métodos tendentes, de un lado, a la pacificación social

---

62 Barona Vilar, S., "Capítulo VII. Tutela efectiva no judicial: ADR", pág. 347; Lección 19ª, "Medios de solución de conflictos no judiciales ni procesales: de la negociación a la mediación", págs. 351 a 369; Lección 20ª, "Tutela efectiva procesal no judicial: el arbitraje", págs. 371 a 390; todos en *Introducción al Derecho Procesal. Derecho Procesal I* (Gómez Colomer y Barona Vilar, Coords.), 2ª Edic., Edit. Tirant lo Blanch, Valencia 2022.

63 En parecidos términos a los aquí expresados, también puede consultarse, Ordeñana Gezuraga, I., "Contribuciones al debate sobre la necesidad de constitucionalizar las técnicas extrajurisdiccionales de conflictos en el ordenamiento español", en *El impacto de la oportunidad sobre los principios procesales clásicos: estudios y diálogos* (Calaza López y Muinelo Cobo, Dirs.), Edit. Iustel, Madrid, 2021, págs. 343 a 374.

y, de otro, a descongestionar la vía judicial, resulta un objetivo irrenunciable y su consecución, pasa por afrontar reformas de calado, y no solo en el plano normativo"[64].

BIBLIOGRAFÍA

Alcalá-Zamora y Castillo, N., *Proceso, autocomposición y autodefensa. Contribución al estudio de los fines del proceso*, Edit. UNAM, 3ª Edic, 1ª Reimpresión, México, 2000.

Barona Vilar, S. "Capítulo VII. Tutela efectiva no judicial: ADR", en *Introducción al Derecho Procesal. Derecho Procesal I* (Gómez Colomer y Barona Vilar, Coords.), 2ª Edic., Edit. Tirant lo Blanch, Valencia 2022.

Barona Vilar, S., "Medios de solución de conflictos no judiciales ni procesales: de la negociación a la mediación", en *Introducción al Derecho Procesal. Derecho Procesal I* (Gómez Colomer y Barona Vilar, Coords.), 2ª Edic., Edit. Tirant lo Blanch, Valencia 2022.

Barona Vilar, S., "Tutela efectiva procesal no judicial: el arbitraje", en *Introducción al Derecho Procesal. Derecho Procesal I* (Gómez Colomer y Barona Vilar, Coords.), 2ª Edic., Edit. Tirant lo Blanch, Valencia 2022.

Barona Vilar, S., "El título VI de la Constitución, "Poder Judicial", desde una mirada en el siglo XXI", en *Corts: Anuario de derecho Parlamentario*, nº Extra 31 (2018).

Barona Vilar, S., Desde el plano general, de la misma Autora, "Integración de la mediación en el moderno concepto de Acces to Justice. Luces y sombras en Europa", en *InDret, Revista para el Análisis del Derecho*, nº 4 (2014).

Barona Vilar, S., "Introducción", en *Comentarios a la Ley de Arbitraje (Ley 60/2003, de 23 de diciembre)* (Barona Vilar, S., Coord.), Edit. Civitas, Madrid, 2004.

Borrajo Iniesta, I., Díez-Picazo Giménez, I. y Fernández Farreres, G., *El derecho a la tutela judicial y el recurso de amparo. Una reflexión sobre la jurisprudencia constitucional*, Edit. Civitas, Madrid, 1995.

Caamaño Domínguez, F., "El derecho a la defensa y asistencia letrada. El derecho a utilizar los medios de prueba pertinentes", en *Cuadernos de Derecho Público*, nº 10 (2000).

Cabañas García, J. C., "El derecho fundamental de acceso a la justicia civil y su configuración por el Tribunal Constitucional", en *Revista General de Derecho Constitucional*, nº 16 (2013).

Calaza López, S. y De Prada Rodríguez, M., "El derecho de defensa y su curiosa ecuación axiomática con el derecho de acción en la proyectada LO del Derecho de Defensa", en *Actualidad Civil*, nº 2 (2024).

Carnicer Díez, C., "El acceso a la justicia en España", en *Lecciones sobre la justicia internacional* (Gamarro Chopo, Y., Dir.), Edit. CSIC, Instituto Fernando el Católico, 2009.

---

[64] López Yagües, V., "La mediación como vía de acceso a una justicia eficaz, eficiente, próxima y satisfactoria para la ciudadanía", en *Drets, Revista Valenciana de Reformes Democràtiques*, nº 6 (2023), págs. 123 y 125.

Catalán Chamorro, M. J., "El derecho fundamental de acceso a la justicia de los consumidores", en *Estudios de Deusto* 66, nº 2 (2018), págs. 323-346. http://dx.doi.org/10.18543/ed-66(2)-2018, págs. 323-346.
Colmenero Guerra, J. A., "Acceso a la justicia, arbitraje, motivación y orden público", en *Revista La Ley Mediación y Arbitraje*, nº 17 (2023).
Colmenero Guerra, J. A., "La reforma de los MASC en el Proyecto de Ley de Eficiencia Procesal del Servicio Público de Justicia", en *Avances para una Justicia sostenible. Ponencias y comunicaciones de la Jornada sobre "Métodos alternativos de Resolución de Controversias y Cultura de la Paz" (16 de diciembre de 2022)*, Fernández Pérez, A., Coordinadora, Edit. Aranzadi, Cizur Menor (Navarra), 2023.
Colmenero Guerra, J. A., "Acceso a la justicia, arbitraje, motivación y orden público", en *Revista La Ley Mediación y Arbitraje*, nº 17 (2023).
Colmenero Guerra, J. A., "La necesidad de una ley de resolución alternativa de conflictos en materia de consumo", en *Revista La Ley Mediación y Arbitraje*, nº 12 (2022).
Colmenero Guerra, J. A., "Los procedimientos de resolución alternativa de litigios en que resultan de aplicación los reglamentos de la unión europea en materia de protección de los usuarios del transporte aéreo", en *Hacia una tutela efectiva de consumidores y usuarios* (Romero Pradas, M. I., Dir.), Edit. Tirant lo Blanch, Valencia, 2022.
CONSEJO DE EUROPA, CEPEJ (2014), *Report on "European judicial systems - Edition 2014 (2012 data): efficiency and quality of justice"*.
Díez-Picazo Giménez, I., "Reflexiones sobre algunas facetas del derecho fundamental a la tutela judicial efectiva (Titularidad, ámbito y caracteres generales del derecho a la tutela judicial efectiva. Derecho de acceso a la jurisdicción. Derecho a una resolución sobre el fondo. Derecho a los recursos. Derecho a una resolución fundada en Derecho), en *Cuadernos de Derecho Público*, nº 10 (2000).
DOCUMENTO DE CONSULTA: "Sobre el recurso a mecanismos alternativos para resolver litigios relacionados con las transacciones y las prácticas comerciales en la Unión Europea". Puede consultarse en: https://www.centrodemediacionmurcia.com/wp-content/uploads/2020/08/ADR-EN-LA-UNION-EUROPEA.pdf
FRA (2011), *Access to justice in Europe: an overview of challenges and opportunities*, Luxemburgo, Oficina de Publicaciones.
Gómez Jene, M., "Arbitraje europeo: una crítica a la sentencia del Tribunal Constitucional 65/2021, de 15 de marzo, en *Cuadernos de Derecho Transnacional* (2021), Vol. 13, nº 2.
Hernández Marín, R., *Las obligaciones básicas de los jueces*, Edit. Marcial Pons, Madrid, 2005.
Huelín Martínez de Velasco, J., "El derecho a la tutela judicial efectiva en el ordenamiento de la Unión Europea después de Lisboa: algunas notas para la reflexión", en *Revista de Jurisprudencia*, nº 4 (2011).
Julià Insenser, J. M., "Breve comentario de la sentencia del Tribunal Europeo de Derecho Humanos (Sección 3ª), de 2 de octubre 2018, en los asuntos Mutu y Pechstein c. Suiza", en *Arbitraje*, vol. XI, nº 3.
Julià Insenser, J. M., "La protección de las garantías procesales en el arbitraje voluntario", en *La Ley Mediación y Arbitraje*, julio-septiembre, nº 8.
Li, Xinwei, *La mediación en China. Aportaciones de occidente*, Edit. Dykinson, Madrid, 2017.

López Yagües, V., "La mediación como vía de acceso a una justicia eficaz, eficiente, próxima y satisfactoria para la ciudadanía", en *Drets, Revista Valenciana de Reformes Democràtiques*, nº 6 (2023).

Macho Gómez, C., "Origen y evolución de la mediación: el nacimiento del "movimiento ADR" en Estados Unidos y su expansión a Europa", en *Anuario de derecho Civil*, Vol. 67, nº 3 (2014).

Manual sobre el Derecho europeo relativo al acceso a la justicia, realizado por la Agencia de los Derechos Fundamentales de la Unión Europea, el Consejo de Europa y la Corte Europea de Derechos Humanos, y editado por la Oficina de Publicaciones de la Unión Europea, 2016.

Martín Diz, F., "El derecho fundamental a justicia: revisión integral e integradoras del derecho a la tutela judicial efectiva", en *Revista de Derecho Político*, nº 106 (2019).

Merchán Álvarez, A., *El Arbitraje. Estudio histórico jurídico*, Edit. Publicaciones de la Universidad de Sevilla, Sevilla, 1981.

Milione, C., "La interpretación del art. 47 CDFUE como expresión de la labor hermenéutica del Tribunal de Luxemburgo en la construcción de un estándar europeo de protección de los derechos", en *Teoría y Realidad Constitucional* (UNED), nº 39 (2017).

Montero Aroca, J., "Comentario al art. 2" (junto con Esplugues Mota, C.), en *Comentarios a la Ley de Arbitraje (Ley 60/2003, de 23 de diciembre)* (Barona Vilar, S., Coord.), Edit. Civitas, Madrid, 2004.

Montero Aroca, J., "Libro Segundo. De la Jurisdicción Contenciosa. Título Primero. De los actos de conciliación", en *Comentarios a la Reforma de la Ley de Enjuiciamiento Civil. Ley 34/1984 de 6 de agosto de 1984* (Cortés Domínguez, V., Coord.), Edit. Tecnos, Madrid, 1985.

Montero Aroca, J., "Bosquejo histórico de la conciliación hasta la Ley de Enjuiciamiento Civil de 1855", en *Estudios de Derecho Procesal*, Edit. Librería Bosch, Barcelona, 1981.

Moreno Catena, V., "El derecho a la tutela judicial efectiva", en *Introducción al Derecho Procesal* (con Cortés Domínguez, V.), 12ª Edic., Edit. Tirant lo Blanch, Valencia, 2023.

Moreno Catena, V., "Del litigio judicial a modos diferentes de resolver los conflictos jurídicos", en *Nuevos debates en relación a la mediación penal, civil y mercantil* (Castillejo Manzanares, R., Dir.), Edit. Universidad de Santiago de Compostela, Santiago de Compostela, 2018.

Moreno Catena, V., "Sobre el derecho de defensa: cuestiones generales", en *Teoría y Derecho: revista de pensamiento jurídico*, nº 8 (2010).

Muñoz Machado, S., "Los tres niveles de garantías de los derechos fundamentales en la Unión Europea: problemas de articulación", en *Revista de Derecho Comunitario Europeo*, nº 50 (2015).

Ordeñana Gezuraga, I., "Contribuciones al debate sobre la necesidad de constitucionalizar las técnicas extrajurisdiccionales de conflictos en el ordenamiento español", en *El impacto de la oportunidad sobre los principios procesales clásicos: estudios y diálogos* (Calaza López y Muinelo Cobo, Dirs.), Edit. Iustel, Madrid, 2021.

Peiteado Mariscal, P., "Consideraciones sobre la relación entre el derecho a la tutela judicial efectiva y la mediación obligatoria", en *Estudios de Deusto*, nº 66 (2018).

Requejo Pagés, J. L., *Jurisdicción e independencia judicial*, Edit. Centro de Estudios Constitucionales, Madrid, 1989.

Soleto Muñoz, H., "La Conferencia Pound y la adecuación del método de resolución de conflictos", en *Revista de Mediación*, Vol. 10, nº 1 (2007).

Tassinari, F., "La tutela del derecho fundamental a un recurso efectivo a la luz de la Directiva 2013/32/UE: Reflexiones sobre el asunto N. D. Y N.T vs España", en *Teoría y Derecho*, nº 24 (2018).

Prejudicialidad penal en el proceso arbitral y prueba penal

JOSÉ MARIA ASENCIO MELLADO
Catedrático de Derecho Procesal de la Universidad de Alicante

"A mi amigo entrañable y compañero, el Profesor Víctor Moreno Catena, del que tanto aprendí en mis primeros pasos en este maravilloso oficio y sigo aprendiendo y al que profeso un profundo afecto".

Resumen: Se pretende en este trabajo, partiendo de la realidad del hecho de que los tribunales arbitrales internacionales conocen de cuestiones prejudiciales penales cuando lo hacen de los litigios dispositivos que les son propios, reflexionar acerca de la aplicación de los principios y reglas que informan la prueba penal. Especialmente la de las derivadas de los derechos a la presunción de inocencia y a un proceso con todas las garantías".

Palabras clave: Prejudicialidad. Prueba. Derecho a la presunción de inocencia. Derecho a un proceso con todas las garantías. Proceso arbitral.

Abstract: Having into account from the the fact that international arbitration courts hear criminal preliminary points of law matters when they decide in dispositive matters procedures, this work analyses the application of the principles and rules that inform criminal evidence, and especially those principles derived from the rights to the presumption of innocence and to a due process trial.

Key words: Preliminary point of law. Presumption of innocence. Due process. Arbitration procedure.

1. PREJUDICIALIDAD PENAL EN EL PROCESO CIVIL. EL TRATAMIENTO DE LAS CUESTIONES PREJUDICIALES PENALES EN LOS PROCESOS ARBITRALES

Es tendencia universal que los tribunales arbitrales, especialmente los internacionales en el marco complejo en el que actúan, han asumido competencia y jurisdicción para conocer de las alegaciones que sobre corrupción se plantean en el curso de las demandas que se les dirigen. Es decir, que conocen de materias penales a los efectos de decidir sobre las que les son sometidas de otra naturaleza.

La uniformidad del Derecho procesal, el conjunto de reglas que lo presiden, el hecho de que los delitos que se exige conocer para valorar la pretensión puedan estar siendo investigados en un proceso penal paralelo, que los imputados no sean parte del proceso arbitral etc..., implica determinadas obligaciones que explican que el tratamiento de la prejudicialidad penal en el proceso civil y arbitral no pueda resolverse atendiendo solo a reflexiones genéricas, sino que ha de tomar en consideración razones por las cuales, en el ámbito interno, no arbitral ni internacional, se haya optado, como regla, por la devolutividad en el conocimiento de la prejudicialidad penal en el proceso civil. Se ha de analizar, pues, a la vez la razón por la cual en el arbitraje internacional se obvia una norma que se sustenta en criterios procesales con base cierta y debidamente comprobados ante la dificultad y los problemas que engendra conocer de hechos presuntamente delictivos, investigados y hacer uso de medios de prueba que tampoco son tales, sino meros actos propios de la fase preliminar del proceso penal. Pues sucede que, constante el proceso penal, incluso en fase de investigación, ese conocimiento del objeto punitivo y la afirmación, a efectos prejudiciales, de existencia de un delito y sus presuntos autores, se realiza sobre elementos que no tienen la consideración de prueba, que son meros actos de investigación y que, incluso, pueden ser anulados por atentar contra el derecho a la presunción de inocencia o constituir pruebas ilícitas.

Asumir, como hacen los tribunales arbitrales, una posición diferente a la que jurisdiccionalmente es la norma, fundada en criterios procesales estrictos, debe, a su vez, comportar conductas que hagan posible y viable un conocimiento adecuado y no heterogéneo de lo que los tribunales penales deben resolver por ser de su competencia. Que los tribunales arbitrales internacionales decidan no acatar conceptos procesales básicos, no puede significar que, a su vez, desconozcan los efectos de tal desatención y lleven a cabo una actividad que vulnere derechos fundamentales.

Por tanto, si los mismos hechos se están conociendo en un proceso penal, el conocimiento prejudicial de los mismos en el arbitraje, de forma paralela, no puede asumirse sin reflexionar acerca de las graves consecuencias de este actuar. El arbitraje es un método heterocompositivo de resolución de conflictos que, teniendo sus propias características, no puede ser ajeno a las del proceso cuando, como sucede en estos casos, se extiende su conocimiento, aunque sea prejudicial, a materias sujetas a un proceso penal y que, contra la naturaleza del arbitraje, no son disponibles.

Se pretende en este breve trabajo, pues, poner de manifiesto los graves problemas que entraña la posición de los tribunales arbitrales para, sobre esa base, determinar la forma en que ha de actuarse para evitar dobles enjuiciamientos y atentados a la seguridad jurídica y al sistema de derechos fundamentales.

No se trata aquí, aunque debe mostrarse el rechazo a este proceder que no es compatible con la misma naturaleza del arbitraje, de criticar la posibilidad de conocer de hechos penales a efectos prejudiciales, lo que se asume como regla que debería imponerse, sino, con finalidad eminentemente práctica, solo, por ser y tratarse de cuestiones que suelen llevar aparejada la suspensión del proceso civil, indagar en la eficacia del derecho probatorio penal a los fines de procurar decisiones compatibles y no contradictorias en procesos simultáneos. O, lo que es lo mismo, analizar los efectos que deben producir en el proceso arbitral las normas constitucionales y legales que sobre la prueba penal rigen en el proceso, toda vez que el tribunal arbitral, que invade materias que no le son propias, no puede, aplicando normas dispositivas, desatender las de orden público que informan el proceso penal y sustituirlas por reglas propias del derecho privado, especialmente las de naturaleza procesal. Las normas procesales no son de carácter privado, siendo por tanto indisponibles para los tribunales arbitrales, esencialmente las procesales penales referidas al concepto de prueba y los requisitos para que los elementos aportados tengan esa naturaleza.

Como es sabido, es frecuente la existencia de cuestiones que pueden estar relacionadas entre sí de manera que precisan de una respuesta conjunta cuando la decisión de la que constituye el objeto principal exige la previa determinación de otra que no tiene la misma consideración. O que la alegada forme parte de la causa del objeto principal, es decir, que integre el tipo civil que conforma la causa petendi, cual sucede en el caso en el que un presunto delito se erige en parte del objeto procesal, siendo inescindible del mismo.

Esta interrelación entre materias atribuidas a diferentes órdenes jurisdiccionales es consecuencia de que el derecho no se divide en compartimentos estancos tan absolutos, máxime en tiempos como los actuales en los que el Derecho penal ha explosionado con la aparición indiscriminada de normas en blanco que tipifican delitos que hasta hace poco no tenían esa consideración delictiva[1].

Si ya es complejo que en un asunto civil aparezca una cuestión prejudicial penal, determinante del éxito de la pretensión, mucho más lo es que la penal, a su vez, contenga cuestiones prejudiciales no penales. Un proceso civil con una cuestión prejudicial penal que, a su vez, contiene elementos no penales. Por ejemplo, una administración desleal, un delito societario etc...que sea elemento determinante de una demanda civil. Y la corrupción, que suele ser la materia prejudicial penal que se somete a los tribunales arbitrales, no es solo meramente penal, sino que los tipos penales, a la vez, dependen de elementos no penales: la responsabilidad de administradores, la de grupo de empresas etc...

Una cuestión prejudicial, en sentido estricto, se produce cuando en un proceso determinado se presenta un tema, independiente del principal hasta el punto de integrar él mismo una pretensión ejercitable en su lugar correspondiente, que puede constituirse como objeto principal en otro proceso, pero que requiere de una resolución previa y anterior, pues condiciona el resultado y contenido del fallo[2].

La cuestión prejudicial, a diferencia de la pretensión, se diferencia en que la primera no se ejercita como tal pretensión y se resuelve a los meros efectos prejudiciales, es decir, a los de decidir sobre la pretensión principal. Y, de este modo, la cuestión prejudicial puede ser ejercitada y resuelta en su lugar. Es decir, se pueden producir dobles enjuiciamientos, con diferentes efectos, pero susceptibles de generar contradicciones que tienen relevancia constitucional. Y quedan abiertas vías muy diversas en relación con la eficacia mutua entre resoluciones dictadas por cada tribunal, del mismo o distinto orden jurisdiccional o los tribunales arbitrales.

---

1 Vide por todo. Asencio Mellado, JM. Prejudicialidad en el proceso penal y criminalización social. Valencia 2015. Págs. 91 y ss. Senés Motilla, C; Las cuestiones prejudiciales en el sistema procesal español. Madrid 1996. Pág. 2 y ss. González Granda, P; De las cuestiones prejudiciales. En "Comentarios a la nueva Ley de Enjuiciamiento Civil". T. 1. Vlladolid 2000. Pág. 468.

2 Moreno Catena, V;

Con base en principios que datan del siglo XIX, en vigor en casi todas las legislaciones de nuestro modelo jurídico, la regla básica consiste en que cada orden puede conocer a efectos prejudiciales de aquellas cuestiones de esta naturaleza que se le plantean. Es la llamada prejudicialidad no devolutiva.

Otra cosa sucede en el proceso civil cuando ante el mismo se lleva, como objeto distinto de la pretensión, pero determinante para su solución, una cuestión prejudicial penal. Y es que determinados principios se han considerado tradicionalmente prioritarios, afirmados sobre aquellos rasgos ancestrales del sistema, pero que permanecen a pesar de la eclosión de tipos penales con elementos típicos no penales y criminalizados.

Destaca el de preferencia del orden penal, cuya base reside en ciertos criterios, tales como la mayor gravedad de lo pedido, el interés pretendido, que es social, la especialización penal, la prueba penal etc...[3]Pero sobre todo el hecho de que el tratamiento de una materia penal siempre afecta al derecho a la presunción de inocencia y las pruebas que deben utilizarse a los efectos de declarar la responsabilidad penal, aunque la sentencia se pronuncie a los meros efectos prejudiciales, incide directa o indirectamente en dicho derecho y/o, adicionalmente, en el honor de los afectados, así como, en caso del arbitraje, al orden público y a la indisponibilidad de la materia penal que excede de la competencia general de los tribunales arbitrales.

Este es el elemento clave en el tratamiento de la prejudicialidad penal en el proceso civil o arbitral. Porque, cuando lo prejudicial es materia no penal, sea civil, mercantil, laboral o incluso administrativo, el régimen de la prueba es el mismo en los procesos correspondientes; pero cuando la cuestión es penal, ese sistema, de trascendencia constitucional, no permite aplicar reglas civiles sin incurrir en infracción de derechos fundamentales y, lo que es más grave, en contradicciones serias si se aplican distintos regímenes probatorios que lleven a resoluciones incompatibles en materia tan sensible.

---

3 Asencio Mellado, JM. "Prejudicialidad en el proceso penal y criminalización social". *Cit.* Págs. 22 y ss. Conde-Pumpido Ferreiro, C; Comentarios a la Ley de Enjuiciamiento Criminal y otras leyes del proceso penal (obra colectiva). T. 1. Valencia 2004. Pág. 78. Valbuena González, F; Las cuestiones prejudiciales en el proceso penal. Valladolid 2004. Págs. 238-244. Gimeno Sendra, V: Cuestiones prejudiciales devolutivas y "nom bis in ídem" en el proceso penal. Revista General del Derecho Procesal. Iustel. Núm. 1. Junio 2003.

En el ámbito penal, como es sabido, se aplica el derecho procesal penal para conocer de las materias prejudiciales extrapenales. Pero no puede hacerse lo propio en el civil si es la prueba penal la que ha de valorarse por su trascendencia constitucional fundamental. Si se valora una cuestión prejudicial penal no es posible o no debería serlo, someter la prueba penal aportada a las reglas de prueba extrapenales.

Nada sucedería o sería menos grave salvo que se legitimara prueba excluida anteriormente, cuando la demanda civil se basa en la existencia de un delito ya declarado por los órganos penales; pero cuando se pide una declaración prejudicial sobre un delito y el proceso penal está en curso, el material que se aporta, que proviene de aquel, es siempre el propio de fases de investigación preliminares en las cuales, como es sabido, no se practica actividad probatoria alguna, careciendo los elementos ejecutados de cualquier valor probatorio para fundamentar una sentencia condenatoria. Por esto, la utilización de lo aportado debe ser considerada de la misma forma y otorgada la misma eficacia. Pretender que lo que es inútil a efectos penales en su lugar natural, sea plenamente válido para servir de base a una condena civil, que depende directamente de aquel pronunciamiento y que, por tanto, tiene una relación directa con una condena anticipada, aunque no sea en sentido formal, no puede ser solucionado sin atender a los posibles resultados de esta opción que en el proceso civil se rechaza universalmente.

La solución que se recoge en el art. 40 de la LEC[4] es la de la suspensión del proceso civil cuando se plantee una cuestión prejudicial penal, respecto de la cual ya haya sido abierto un procedimiento penal por el mismo hecho y que sea decisivo para la resolución de la pretensión civil.

Una norma clásica de regulación de la prejudicialidad penal en el proceso civil.

La ley no contiene norma alguna que extienda este deber de abstención de los tribunales civiles a los arbitrales; empero, la jurisprudencia así lo ha hecho, entendiendo que las normas sobre prejudicialidad penal en procesos dispositivos tienen su fundamento en razones constitucionales, tales como tratarse lo penal de materia no disponible, que escapa de la autonomía de la voluntad de las partes, aunque se resuelva solo a efectos prejudiciales y, especialmente, por el riesgo de graves contradicciones con

---

[4] En el mismo sentido el art. 320 CPC de Perú. O el art. 167 CPC de Chile. Art. 366 CPC de México. Art. 92 CPC de Portugal.

relevancia constitucional, teniendo en cuenta que las absoluciones o condenas penales pueden chocar con las decisiones contrarias dictadas por los tribunales arbitrales generándose crisis que pueden desembocar en nulidad de los laudos o en la de las sentencias penales.

Y así se pronuncia el TSJ de Madrid, en sentencia de fecha 8 de noviembre de 2019:

Establece el Art. 41.1: "El laudo solo podrá ser anulado cuando la parte que solicita la anulación alegue y pruebe: f) Que el laudo es contrario al orden público."

A.-En cuanto a lo que se debe entender por orden público, como ya dijo esta Sala en sentencia de 23 de mayo de 2012, Recurso 12/2011, "... por orden público han de estimarse aquel conjunto de principios, normas rectoras generales y derechos fundamentales constitucionalizados en el Ordenamiento Jurídico español, siendo sus normas jurídicas básicas e inderogables por la voluntad de las partes, tanto en lo social como en lo económico (Sentencia del Tribunal Constitucional, Sala 2ª, nº 54/1989, de 23-2, y por ende, a los efectos previstos en el citado artículo, debe considerarse contrario al orden público, aquel Laudo que vulnere los derechos y libertades reconocidos en el Capítulo II, Título I de la Constitución, garantizados a través de lo dispuesto en términos de generalidad en el artículo 24 de la misma, incluyendo la arbitrariedad patente referida en el art. 9.3 de la Constitución, y desde luego, quedando fuera de éste concepto la posible justicia del Laudo, las deficiencias del fallo o el modo más o menos aceitado de resolver la cuestión." Criterio reiterado en nuestra sentencia de fecha doce de junio del dos mil dieciocho y en las más recientes ya citadas.

B.- Como hemos señalado, la parte demandante plantea como base de su pretensión de anulación del Laudo arbitral la concurrencia de prejudicialidad penal, que debió abocar a la suspensión del procedimiento arbitral, citando al efecto el criterio de esta Sala, expuesto en nuestra sentencia de fecha 16 de febrero del dos mil dieciséis:

"No cabe duda de que este alegato puede ser incardinado en el ámbito del art. 41.1.f) LA. el necesario respeto de la prejudicialidad penal en el seno del proceso civil responde, claro está, a la necesidad de evitar sentencias contradictorias para preservar tanto el principio de seguridad jurídica como el derecho a la tutela judicial efectiva. Por esa razón, la Sala Primera, v.gr., en su Sentencia de 7 de junio de 2012 (ROJ STS 4447/2012) afirma: "las sentencias penales condenatorias que resuelven la problemática civil tienen carácter vinculante para éste orden jurisdiccional, no sólo en cuanto a los hechos declarados probados, sino también respecto de las decisiones en materia de responsabilidad civil —— sentencia 1190/1999, de 31 de diciembre "..., "dado que se entiende que puede ser opuesto a la seguridad jurídica la contradicción entre las decisiones de dos órdenes jurisdiccionales que conozcan de

un mismo asunto —— sentencias 34/2003, de 25 de febrero, del Tribunal Constitucional, 502/2003, de 27 de mayo, y 368/2008, de 5 de mayo, de esta Sala" (FJ 3).

Sin embargo, el primer presupuesto para que proceda la suspensión de las actuaciones civiles, sean o arbitrales, consiste en acreditar la pendencia de causa criminal en la que se estén investigando, como hechos de apariencia delictiva, alguno o algunos de los que fundamenten las pretensiones de las partes en el proceso civil (art. 40.2.1ª LEC)".

La regla, pues, es que la suspensión se extiende al arbitraje, en el bien entendido de que la misma se produce en los casos en que existe un proceso penal en curso y en los que la materia no civil es decisiva para la resolución arbitral.

Influye en esta decisión el hecho de la no coincidencia de las partes civiles y penales y, especialmente, la decisión penal sin audiencia de los imputados. Si el laudo niega los hechos, no habría consecuencia alguna, pues el proceso penal continúa su tramitación; pero si los afirma sin oir a los imputados a los que se va considerar autores de los delitos afirmados como tales, el laudo podría ser recurrido por esos terceros por afectación a sus derechos constitucionales. Y, es evidente, que esos terceros, los imputados penales, no pueden ser llamados a un procedimiento arbitral como partes.

Se trata de razones de orden público, constitucionales, derivadas de dobles enjuiciamientos susceptibles de contradicciones y de crisis, dilaciones, reiteraciones de las mismas materias, desequilibrando severamente la igualdad de las partes, generando costes excesivos y provocando daños en el honor personal y empresarial. Que alguien decida acudir a un proceso arbitral con base en meras investigaciones penales, sin prueba alguna como tal, es decisión que esconde o puede esconder razones no atendibles. Máxime cuando ignora los derechos de los investigados.

No obstante todo lo dicho, se reitera que en el ámbito del arbitraje internacional, el tratamiento de la prejudicialidad es diferente, siendo constitucionalmente válido hacerlo. Cierto es que esa asunción de competencia se actúa sin referencia a los conceptos procesales básicos y que se imponen en su lugar otras consideraciones que se alzan sobre una visión procesalista que es rechazada expresamente por los internacionalistas[5]. En su lugar se hace referencia, para otorgar competencia o jurisdicción a los tribunales arbitrales a conceptos, tales como la separabilidad entre el objeto de la controversia y la cláusula arbitral, siendo así que la corrupción,

---

5 Fernández Armesto, J; La lucha contra la corrupción en el arbitraje. Madrid 2018.

delito normalmente aducido, afecta al primero o la consideración de que la actividad delictiva afecta al orden público internacional. Y nada de ello es constitucionalmente discutible, al menos mientras que la decisión no sea la de apreciar el delito imputado. Otra cosa sucedería si se produjera lo contrario[6].

Afectando la corrupción al objeto material, se dice, su acreditación impide entrar a resolver sobre la base del convenio arbitral, que quedaría afectado por el hecho delictivo. Es decir, si bien se mira, se trataría de dar a la cuestión prejudicial un tratamiento no devolutivo, entendiendo que la declaración de existencia del delito implica la nulidad e impide resolver el conflicto planteado conforme a su naturaleza privada.

La cuestión se complica, no obstante, cuando los presuntos hechos corruptos están siendo investigados en un proceso penal, en fase preliminar, siendo la "prueba" aportada los actos de investigación, no de prueba, que se trasladan a la corte arbitral. Un doble enjuiciamiento que permite la ley cuando de una pretensión y una cuestión prejudicial se trata, pero que no autoriza cuando es penal la segunda por razones de orden público también.

Cuando un tribunal arbitral entiende que puede conocer y aceptar el carácter prejudicial de los delitos imputados y darles tratamiento no devolutivo, es obligado entrar en el complejo mundo de la prueba, dada la sumisión de los tribunales arbitrales a la legalidad y la necesidad de aceptar, cuando de valorar hechos punibles se trata, las reglas probatorias de la prueba penal, derivadas de los Tratados Internacionales, Constituciones y normas procesales penales, pues tales normas, por ser consecuencia de preceptos constitucionales, expresión de derechos humanos, tienen también rango de normas de orden público.

La prejudicialidad no devolutiva, por su complejidad al asignar la competencia de una materia ajena a un tribunal de otro orden, tiene como problema el riesgo de contradicciones y el de declaración de derechos con rasgos impropios de su naturaleza. Por esa razón la norma es la aplicación del derecho propio para su resolución.

Como se verá más adelante, la aplicación a la resolución de las materias prejudiciales de las normas propias es la solución que la ley impone. No hay otra si se admite la competencia de los tribunales arbitrales, pues no parece admisible que estos apliquen las normas probatorias civiles al cono-

---

6 Metal-Tech v. Uzbekistán (CIADI 10/13); FRAPPORT v. Filipinas (CIADI 5/13).

cimiento de asuntos penales por su vinculación a derechos fundamentales y reglas de rango constitucional.

No es posible, aunque sea a los meros efectos prejudiciales, declarar la existencia de un delito y la responsabilidad de sus presuntos autores sin atender a las normas de prueba que se van a aplicar en el proceso penal. Pues no puede haber una doble responsabilidad penal según el lugar en la que se analiza. Una responsabilidad penal a efectos penales y otra, civiles. Los efectos de la imputación pública, en el mundo de los negocios, son demoledores. La seguridad jurídica exige uniformidad y certeza.

La opción por la suspensión no es posible en el ámbito del arbitraje internacional. Pero, que sea ésta la solución adoptada por diversos ordenamientos jurídicos en atención a problemas muy determinados y de entidad indiscutible debe tenerse en cuenta a los efectos de analizar la prueba, de los problemas que plantea resolver sobre actos delictivos cuando los mismos se están valorando en un proceso penal en fase de investigación preliminar.

Es necesario evitar incurrir en contradicciones y valorar los elementos aportados conforme a la naturaleza que tienen en su origen, sin dotarlos de otro rango que pudiera propiciar contradicciones relevantes.

Si se quiere evitar lo manifestado y conocer prejudicialmente de la materia penal, no cabe otra posibilidad que sujetar esto último a las normas que rigen en el proceso penal. No se trata, pues, de aplicar el derecho material, lo que no es discutible, a la cuestión prejudicial, sino de hacer lo propio con el procesal. Y esta solución, que debería extenderse a las cuestiones prejudiciales no penales que se dilucidan en el proceso penal, fuertemente repleto de materias prejudiciales extrapenales, es en estos casos de difícil rechazo, pues enjuiciar lo penal en el marco arbitral bajo normas no penales ataca o puede atacar normas de rango constitucional de forma directa o indirecta.

2. PRUEBA PENAL Y PROCEDIMIENTO ARBITRAL

En línea con lo anteriormente dicho y planteado, es obligado profundizar en el marco de exigencias que la prueba penal, con fundamentos constitucionales expresos y reconocidos en Tratados Internacionales, que integran el concepto de orden público, presupuesto de la validez de los laudos, impone a los tribunales arbitrales si éstos conocen a efectos prejudiciales de asuntos penales, no dispositivos, aunque, evidentemente, no pronuncien condenas en materias de las que carecen de competencia.

Se debe resolver con carácter previo cómo ha de actuarse cuando el tribunal arbitral decide conocer de una cuestión prejudicial de naturaleza penal. Y ahí reside el objeto principal de este trabajo, pues siendo los derechos constitucionales de orden público, al igual que la seguridad jurídica, no es compatible con dichos conceptos el conocimiento de aquellas materias punitivas prescindiendo de las normas de rango constitucional que presiden la prueba penal. No parece adecuado, por ejemplo, que una declaración de un coimputado premiado, que en el proceso penal carece de valor probatorio o está fuertemente disminuido por ser sospechoso en sí mismo considerado, pueda ser valorada en el arbitral sin condiciones o límites y, con base en ella, llegar a concluir una responsabilidad penal, pues nunca esa declaración puede servir de prueba penal en origen. Las contradicciones en este ámbito, fruto de desatención a derechos fundamentales, pueden originar la nulidad de los laudos por afectación a derechos humanos y al derecho al proceso con todas las garantías.

En el proceso arbitral, pues, han de ser respetadas las reglas que rigen en el penal y, en este sentido, todas las que se relacionan con la prohibición de la prueba ilícita, la vigencia del derecho a la presunción de inocencia que ordena que solo se puedan valorar auténticas pruebas, no actos que carecen materialmente de esa cualidad, que determinadas pruebas se sometan a condiciones para garantizar su credibilidad (coimputados, testigos de referencia, testigos anónimos o prueba indiciaria) y, en otro orden de cosas, la valoración que sea adecuada a la presunción de inocencia. Es decir, un proceso con todas las garantías constitucionales que protegen a la persona frente a actuaciones de los poderes públicos y equivalentes[7].

No hay referencia alguna o son pocas las que hay respecto de la aplicación del derecho a la presunción de inocencia en el proceso civil. La razón es simple pues, como anteriormente se ha comentado, las cuestiones prejudiciales penales dan lugar a la suspensión del proceso civil y ser tratadas siempre devolutivamente. Los tribunales civiles son conscientes de que deben ser resueltas con respeto a sus propios principios. Hallar, por tanto, elementos de apoyo en la jurisprudencia es tarea imposible.

---

7 San Martín Castro, C; Derecho Procesal Penal. Lecciones. 2ª edición. Lima 2020. Pág. 153.

Por tanto, la competencia arbitral, que es excepcional en el ámbito privado y compleja, no debería resolverse con meras referencias genéricas a reglas civiles o dejarlas a la discrecionalidad, propia de los conflictos dispositivos, pues dichas reglas no se adecuan a las controversias indisponibles y de carácter público. Es decir, no es adecuado a la naturaleza del arbitraje y a la naturaleza de su objeto dispositivo someter el enjuiciamiento en sentido amplio de objetos penales a las normas y principios que rigen en general para objetos diametralmente diferentes.

Cuando se conoce de materias que no son de libre disposición no es adecuado aplicar las normas privadas que disciplinan la actividad procesal o arbitral. La respuesta penal, que es penal aunque sea prejudicial, ha de basarse en el marco constitucional y legal a la que han de someterse las controversias punitivas.

No debería atenderse exclusivamente, pues, a la verificación del cumplimiento de la carga de la prueba y el grado de evidencia que deriva de la valoración de los elementos aportados. Pues, en materia penal, ese conjunto de instrumentos es limitado precisamente porque la presunción de inocencia lo impone y exige que, previamente, se valore si esos elementos tienen la cualidad de prueba, practicados con todas las garantías y que sea de cargo.

No es posible, pues no lo es en el proceso penal que transita paralelamente, analizar la "veracidad" de los elementos aportados sin respetar las reglas y garantías que persiguen, precisamente, amparar esa "veracidad". No es veraz lo que es inveraz por la forma en que se ha obtenido y practicado. Por ejemplo, nunca puede ser veraz una declaración obtenida mediante torturas, malos tratos o que no garantiza la libertad de quien confiesa o una declaración no contradictoria, que es por lo menos incompleta y de parte o la de un testigo de referencia sin llamar al directo.

Se trata de máximas de experiencia constitucionalizadas y que, al ser tales y constituir reglas, al menos, de valoración de la prueba, habrían de ser refutadas por el tribunal en caso de ser obviadas al constituir reglas constitucionalizadas.

Tampoco se puede utilizar un criterio mixto, propio de los tribunales arbitrales, valorando los instrumentos penales desde un análisis de la veracidad de lo aportado sin referencia y sumisión a las reglas procesales de ese carácter, no a meras referencias genéricas referidas a los principios básicos de la prueba penal. Esa conducta, común en el arbitraje en estos casos, sume al procedimiento arbitral en una suerte de incerteza cuando conoce de materias penales. La veracidad solo es predicable de los actos procesales penales partiendo, en primer lugar, de los elementos objetivos que rigen la prueba y solo, en un segundo paso, de su valoración. Y la primera condición se ha de cumplir con respeto a las normas que regulan la prueba, legalizadas y formalizadas. No se puede valorar la veracidad de una declaración de un coimputado beneficiado no corroborada, por ejemplo, porque ello no es posible en el ámbito penal, ni hacerlo con referencias genéricas al respeto a las bases inconcretas del proceso penal a la vez que se desconoce la ley y la jurisprudencia.

Y es que es evidente que, aunque no se produzca una condena, se afecta al derecho a la presunción de inocencia y al honor empresarial y personal cuando se trata, como suele ser común en el proceso arbitral, de reclamaciones que afectan al mundo de los negocios. Toda acusación penal, aunque no se declare la condena, solo posible en el proceso penal, si es atendida prejudicialmente, afecta a la reputación, los intereses comerciales y legales que derivan directamente de decisiones que, en principio, ni siquiera deberían ser analizados por quien carece de competencia objetiva para conocer hechos de naturaleza pública.

La presunción de inocencia se manifiesta así, en dos ámbitos inseparables: el de que nadie puede ser tratado como culpable sin ser previamente condenado y en el de exigencia de requisitos para la prueba de la condena.

Y el primero de los contenidos, el de los efectos extraprocesales, al integrar el derecho, exige comportamientos muy determinados que superen las meras reflexiones o apelaciones. Y es que no es privado lo que afecta al derecho a la presunción de inocencia.

Y así lo ha puesto de manifiesto el TC en su sentencia 109/1986, de 24 septiembre[8].

---

8 "El derecho a ser presumido inocente, que sanciona y consagra el apartado 2.° del art. 24 de la Constitución, además de su obvia proyección como límite de potestad legislativa y como criterio condicionador de las interpretaciones de las normas vigentes, es un derecho subjetivo público que posee su eficacia en un doble plano. Por una parte, opera en las situaciones extraprocesales y constituye el derecho a recibir la consideración y el trato de no autor o no participe en hechos de carácter delictivo o análogos a éstos y determina por ende el derecho a que no se apliquen las consecuencias o los efectos jurídicos anudados a hechos de tal naturaleza en las relaciones jurídicas de todo tipo. Opera, el referido derecho, además y fundamentalmente en el campo procesal, en el cual el derecho, y la norma que lo consagra, determinan una presunción, la denominada "presunción de inocencia", con influjo decisivo en el régimen jurídico de la prueba. Desde este punto de vista, el derecho a la presunción de inocencia significa, como es

En el mismo sentido se ha pronunciado el TEDH en múltiples ocasiones. Y expreso en la sentencia dictada en el caso KONSTAS contra GRECIA, de 24 de mayo de 2011.

Que la decisión del tribunal arbitral no signifique o se equipare a una condena, no implica que no afecte a los indicados fuera del proceso y que una decisión tomada por un órgano heterocompositivo pueda prescindir de las normas que la contemplan. El derecho a la presunción de inocencia no puede ser ajeno al tribunal arbitral que conoce de materias no dispositivas y que declara la existencia de delitos y de responsabilidades penales aunque no sea con el efecto propio de la cosa juzgada.

2.1. Valor constitucional de la prueba penal. El derecho al proceso con todas las garantías. El orden público. La aplicación en sede arbitral de las reglas de prueba, de rango constitucional, en orden a la aportación, admisión, práctica y valoración de la prueba

Si se acepta la aplicación del derecho a un proceso con todas las garantías y las prescripciones constitucionales que lo conforman, debe, dando un paso más, concretarse si esa opción se proyecta y obliga a someter la actividad del tribunal arbitral a las normas que regulan la prueba penal en los textos normativos que disciplinan la materia, concretamente, en los

---

sabido, que toda condena debe ir precedida siempre de una actividad probatoria impidiendo la condena sin pruebas. Significa, además, que las pruebas tenidas en cuenta para fundar la decisión de condena han de merecer tal concepto jurídico y ser constitucionalmente legítimas. Significa, asimismo, que la carga de la actividad probatoria pesa sobre los acusadores y que no existe nunca carga del acusado sobre la prueba de su inocencia con no participación de los hechos. Cuando el derecho a la presunción de inocencia es cuestionado, el control de la jurisdicción constitucional, en sede de amparo de los derechos fundamentales y de las libertades públicas, impone una revisión de las actuaciones llevadas a cabo por los poderes públicos y señaladamente por los órganos del Poder Judicial, que permita constatar si ha existido o no violación del derecho con el fin de restaurarlo o preservarlo en su caso" (13). O dicho en formulación más sintética por el propio TC: "La presunción de inocencia… es ante todo un derecho fundamental que el art. 24.2 de la Constitución reconoce y garantiza a todos. En virtud del mismo, una persona acusada de una infracción no puede ser considerada culpable hasta que así se declare en sentencia condenatoria, siendo sólo admisible y lícita esta condena cuando haya mediado actividad probatoria que, producida con las garantías procesales y libremente valorada por los Tribunales penales, pueda entenderse de cargo".

códigos procesales de la nacionalidad de las partes y en su jurisprudencia. Solución, que se anticipa, es inevitable en tanto tales derechos son de desarrollo legal, siendo la ley la que delimita exactamente sus contornos y contenido en nuestros sistemas jurídicos. Y no se trata de derechos disponibles.

2.1.1. La aplicación del derecho propio de la materia a la prejudicialidad

La regla en materia de prejudicialidad es que a estas cuestiones acumuladas a procesos de diferente naturaleza les son de aplicación las normas propias, no las del proceso en el que se enjuician. Es lógico. Que el homicidio sea lo que es en derecho penal, no algo distinto en el civil a los efectos propios creando un derecho penal civil. O, al contrario, que una sociedad, cuando se imputa un delito societario, no sea otra cosa a efectos penales.

Por lógica cada proceso tiene su propia prueba, que no tiene necesariamente que coincidir dado el carácter dinámico y dialéctico del proceso cuando la misma cuestión se enjuicia o se conoce en procesos distintos. Una misma declaración puede adquirir formas y expresiones no coincidentes. Y este hecho es frecuente en procesos paralelos en los que se dilucida una misma cuestión al doble efecto prejudicial y judicial cuando la prueba es la misma. El riesgo de contradicciones, incluso sustanciales, es evidente y éste se acrecienta injustificadamente si la misma prueba se valora desde principios diferentes.

A su vez, el riesgo material se ve incrementado si no se atiende a la necesidad de un rigor conceptual y de una limitación de la cognición de cada tribunal. Pues, no hay duda, atribuir a órganos civiles el conocimiento de materias penales o viceversa, si no se impone un deber de sometimiento a las normas apropiadas a la naturaleza de lo debatido, abre la puerta a la creación de derechos paralelos y diferentes según el tribunal que conoce de los mismos. Y tal conducta es grave si los tribunales penales crean un derecho especial penal societario o de la competencia por ejemplo. O los civiles sobre actos delictivos.

Por tal razón, para procurar la armonía del sistema jurídico, la regla es la aplicación a los objetos procesales de las normas propias de éstos, no las que rigen la actividad del tribunal que conoce de ellas.

El art. 7 de la Ley de Enjuiciamiento Criminal es claro al respecto:

"El Tribunal de lo criminal se atemperará, respectivamente, a las reglas del Derecho civil o administrativo, en las cuestiones prejudiciales que, con arreglo a los artículos anteriores, deba resolver".

Y por normas propias han de entenderse en todo caso las de rango constitucional, que tienen carácter superior.

Las normas materiales y procesales penales deben ser de aplicación igualmente cuando lo prejudicial es penal y no devolutivo.

2.2. La vinculación del tribunal arbitral a las reglas de prueba que rigen el proceso penal

2.2.1. El derecho al proceso con todas las garantías

Los derechos fundamentales no se limitan en su eficacia a los sujetos a los que afectan o de los que son titulares, sino que constituyen un orden de valores que se encarnan en el ordenamiento jurídico como principios básicos del orden constitucional. Y como tales, imponen a todos su respeto escrupuloso. Sin interpretaciones restrictivas.

La valoración de la prueba aportada a los efectos de considerar la existencia de actos delictivos en un proceso arbitral debe sujetarse, en todo caso, al respeto al derecho a un proceso con todas las garantías y demás derechos que resulten preceptivos.

Son de aplicación, por imperativo constitucional a toda actuación, judicial o no, en la que entren en juego los derechos que lo conforman. Y su infracción puede ser causa de anulación del laudo, pues el carácter constitucional de tal derecho lo exige.

Muy relevante es la decisión del Tribunal Constitucional peruano, dictada en el expediente 6167-2005. PHC-TC), cuya claridad impone transcribir[9].

---

9 *"Asimismo, la naturaleza de jurisdicción independiente del arbitraje, no significa que establezca el ejercicio de sus atribuciones con inobservancia de los principios constitucionales que informan la actividad de todo órgano que administra justicia, tales como el de independencia e imparcialidad de la función jurisdiccional, así como los principios y derechos de la función jurisdiccional. En particular, en tanto jurisdicción, no se encuentra exceptuada de observar directamente* ***todas aquellas garantías que componen el derecho al debido proceso****".*

Son de aplicación, pues, todas las garantías que configuran el derecho, no sólo algunas con exclusión de otras. Cualquier determinación restrictiva o selección, carece de cobertura constitucional y puede ser fuente de nulidades constitucionales. Y la sentencia transcrita tenía como objeto un proceso arbitral en el que se dilucidaban cuestiones de carácter penal.

Y, sin duda, la prueba penal implica penetrar en el ámbito del proceso y sus garantías constitucionalizadas. Limitar la aplicación de este derecho a solo algunas de sus manifestaciones, salvo que sean incompatibles con el arbitraje mismo, lo que no sucede en el caso de la prueba, constituye una opción discrecional sin referente normativo constitucional. Que en el arbitraje se admita la renuncia a la Jurisdicción forma parte de la misma naturaleza del arbitraje, como afirma el TEDH en el caso Mutu y Pechstein contra Suiza de 2 de octubre de 2018.

No es el derecho privado el aplicable con preferencia, sino el constitucional y el público, siendo este orden de prelación de orden público.

Y la Convención sobre el reconocimiento y la ejecución de las sentencias arbitrales extranjeras de Nueva York, en su art. V,2 b) establece que:

"Así, la jurisdicción arbitral, que se configura con la instalación de un Tribunal Arbitral en virtud de la expresión de la voluntad de los contratantes expresada en el convenio arbitral, no se agota con las cláusulas contractuales ni con lo establecido por la Ley General de Arbitraje, sino que se convierte en sede jurisdiccional constitucionalmente consagrada, con plenos derechos de autonomía y obligada a respetar los derechos fundamentales. Todo ello hace necesario que este Tribunal efectúe una lectura iuspublicista de esta jurisdicción, para comprender su carácter vado; ya que, de lo contrario, se podrían desdibujar sus contornos constitucionales".

"En este contexto el control constitucional jurisdiccional no queda excluido, sino que se desenvuelve a posteriori cuando se vulnera el derecho a la tutela procesal efectiva o se advierte un incumplimiento, por parte de los propios árbitros, de la aplicación de la jurisprudencia constitucional o los precedentes de observancia obligatoria, los mismos que los vinculan en atención a los arts. VI in fine y VII del Título Preliminar del Código Procesal Constitucional, respectivamente".

"El principio de interdicción de la arbitrariedad es uno inherente a los postulados esenciales de un Estado constitucional democrático y a los principios y valores que la propia Constitución incorpora; de allí que, si bien la autonomía de la jurisdicción arbitral tiene consagración constitucional, no lo es menos que, como cualquier particular, se encuentra obligada a respetar los derechos fundamentales, en el marco vinculante del derecho al debido proceso y a la tutela jurisdiccional efectiva (artículo 139° de la Constitución); por cuanto, si así no ocurriese, será nulo y punible todo acto que prohíba o limite al ciudadano el ejercicio de sus derechos, de conformidad con el artículo 31 ° in fine de la Carta Fundamental 6. Si ocurriese lo contrario, la autonomía conferida al arbitraje devendría en autarquía, lo que equivaldría a sostener que los principios y derechos constitucionales no resultan vinculantes".

"Sólo se podrá denegar el reconocimiento y la ejecución de la sentencia, a instancia de la parte contra la cual es invocada, si esta parte prueba ante la autoridad competente del país en que se pide el reconocimiento y la ejecución:

Que el reconocimiento o la ejecución de la sentencia serían contrarios al orden público de ese país".

Y los derechos fundamentales constituyen orden público.

El TEDH ha sido parco en esta cuestión, la relativa a la aplicación del art. 6,1 CEDH, sobre el derecho a un proceso equitativo, al proceso arbitral. Y lo he hecho, fundamentalmente, en el ámbito del derecho deportivo y la renuncia a la jurisdicción.

Caro Catalán[10] se ha referido a los pocos casos en los que se aborda directamente la cuestión, entresacando algunas conclusiones.

Parte de una afirmación que no debe perderse de vista y es que los tribunales arbitrales son equivalentes jurisdiccionales y que cumplen la misma función, la de emitir resoluciones con los efectos de la cosa juzgada.

Y, a tal efecto, cita la STEDH dictada en el asunto Mutu y Pechstein contra Suiza de 2 de octubre de 2018:

"139. Par ailleurs, la Cour rappelle qu'une autorité qui ne figure pas parmi les juridictions d'un État peut, aux fins de l'article 6 § 1, s'analyser néanmoins en un "tribunal" au sens matériel du terme (Sramek c. Autriche, no 8790/79, § 36, 22 octobre 1984). Un "tribunal" se caractérise au sens matériel par son rôle juridictionnel: trancher, sur la base de normes de droit, avec plénitude de juridiction et à l'issue d'une procédure organisée, toute question relevant de sa compétence (ibidem, et Chypre c. Turquie [GC], no 25781/94, § 233, CEDH 2001-IV). La compétence de décider est inhérente à la notion même de "tribunal". La procédure devant un "tribunal" doit assurer "la solution juridictionnelle du litige" voulue par l'article 6 § 1 (Benthem c. Pays-Bas, 23 octobre 1985, § 40, série A no 97). Aux fins de l'article 6 § 1, un tribunal ne doit pas nécessairement être une juridiction de type classique, intégrée aux structures judiciaires ordinaires. Il peut avoir été institué pour connaître de questions relevant d'un domaine particulier dont il est possible de débattre de manière adéquate en dehors du système judiciaire ordinaire (Rolf Gustafson c. Suède, 1er juillet 1997, § 45, Recueil 1997-IV). En outre, seul mérite l'appellation de "tribunal" au sens de l'article 6 § 1 un organe jouissant de la plénitude de juridiction

---

10 Caro Catalán, J. Arbitraje y derechos humanos: una aproximación a la jurisprudencia del Tribunal Europeo de Derechos Humanos. Revista General de Derecho europeo. Iustel. 51-2020.

et répondant à une série d'exigences telles que l'indépendance à l'égard de l'exécutif comme des parties en cause (Beaumartin c. France, 24 novembre 1994, § 38, série A no 296-B, et Di Giovanni c. Italie, no 51160/06, § 52, 9 juillet 2013)".

Y sobre esa base y la doctrina sentada en la decisión, concluye que los derechos del art. 6,1 CEDH son de aplicación al proceso arbitral, si bien pueden ser renunciados por las partes renuncia que, no obstante, no puede alcanzar al núcleo esencial de los mismos, es decir, a aquello que es irrenunciable por esencia y que el mismo legislador no puede restringir. Y una renuncia que tiene que ser libre y consciente.

7. Or, dans la présente affaire, la Cour a conclu que la renonciation aux droits garantis par l'article 6 § 1 de la part de la requérante n'avait pas été libre et "sans équivoque" (paragraphe 114 ci— dessus), que la renonciation de la part du requérant n'avait pas été "sans équivoque" (paragraphe 122 ci-dessus) et que, par conséquent, les procédures d'arbitrage qui concernaient les intéressés devaient offrir l'ensemble des garanties de l'article 6 § 1.

Siendo esta la doctrina cuando se trata de materias disponibles, no parece que cuando se conoce de una de naturaleza penal, esta vinculación a las garantías del proceso, el proceso equitativo, se pueda negar que son plenamente reclamables a salvo las que pudieran ser renunciadas. Y, en este sentido, es evidente que la presunción de inocencia y el derecho de defensa no lo son.

El derecho a un proceso con todas las garantías contiene una relación de derechos que lo integran y debe analizarse de forma separada aún dentro del contexto del que forma parte que no puede, pues, valorarse desde los rasgos informadores de las abstractas y subjetivas apelaciones a las nociones referidas de justicia y equidad. Justicia y equidad son fines y principios, pero que operan una vez constatado que el derecho ha sido respetado, no como criterio que sirva a los fines contrarios, es decir, para excluir su atención[11].

Estos derechos, en lo que interesa a este trabajo se pueden reconducir a: derecho de defensa, a ser informado de la acusación, a utilizar medios

11 Atender estos criterios para reducir la vigencia de los derechos fundamentales, provoca consecuencias graves para el sistema, pues devalúa la norma constitucional, la legal y atribuye a los tribunales competencias que pueden llegar a la arbitrariedad y que en todo caso generan inseguridad jurídica.
Un ejemplo de esta tendencia es la sentencia 97/2019 sobre la prueba ilícita, que subordina su apreciación a que la infracción afecte al proceso justo y equitativo.

de prueba pertinentes, no elementos que no tienen esa cualidad o inútiles o aportados de forma procesalmente fraudulenta, a no declarar contra sí mismo y no confesarse culpable y a la presunción de inocencia[12].

Cada una de estas garantías, que conforman el derecho al proceso con todas las garantías, tienen su propio régimen jurídico, público e indisponible en el ámbito penal por su relevancia penal. Y es ese régimen jurídico de cada uno de ellos el que debe tomarse en consideración para dar cumplimiento al derecho al proceso con todas las garantías, no la referencia genérica a la idea de justicia o equidad que no satisface el contenido constitucional del mismo.

Los derechos fundamentales quedan sujetos a los efectos de su limitación a que la misma se produzca por medio de una ley, la cual, ha manifestado el TEDH[13], ha de ser accesible y previsible, de modo que impida la arbitrariedad y asegure que los ciudadanos ajusten su conducta a una ley previa y cierta, certeza que forma parte de la legalidad misma. Y así lo establece el art. 29 CIDH, que prohíbe que los derechos declarados puedan ser limitados más allá de su contenido esencial y, el art. 53 de la Constitución que, de modo expreso, ordena que las limitaciones se hagan en todo caso por una ley.

Ley, pues, accesible y previsible. Una ley que impida que se cometan abusos contra los ciudadanos (STEDH FUNKE y MAILHE de 25 de febrero de 1993).

La no aplicación de los derechos fundamentales relativos a la prueba penal exige una ley que establezca de forma expresa la excepción y que determine exactamente el alcance de las restricciones.

Y, claramente, las normas sobre arbitraje que presiden las diversas cortes internacionales no contemplan esa necesaria norma explícita y que cumpla con tales exigencias, de modo que, tratándose de derechos reconocidos constitucionalmente, deben aplicarse al caso las relativas a la prueba penal previstas en las correspondientes legislaciones y las contenidas en los Tratados internacionales suscritos por los países de los que sean ciudadanos las partes.

---

12 Saavedra Gallo, P; Sistema de garantías procesales. Madrid 2008. Pág. 376.

13 SsTEDH SUNDAY THIMES de 26 de abril de 1979; SILVER de 25 de marzo de 1983; BARTHOLDT de 25 de marzo de 1985 entre otras muchas).

Se está ante una materia de orden público que no es disponible cuando de valorar un delito se trata.

2.2.2. La aplicación del derecho a la presunción de inocencia

De modo general, es evidente que el derecho a la presunción de inocencia se integra o integra el derecho al proceso con todas las garantías aunque se constitucionalice de forma independiente dado su rango y características propias, al encontrarse previsto en las Constituciones modernas y en los Tratados Internacionales en materia de derechos humanos. Y que es de obligado cumplimiento por los tribunales arbitrales cuando se debe aplicar, especialmente en los casos en que se asume una competencia que no tiene el carácter de disponible, que escapa a la libre autonomía de la voluntad y que genera efectos en el ámbito de libertad y honor de las personas.

La presunción de inocencia, como derecho de desarrollo constitucional, no es equivalente a la antigua regla "in dubio pro reo", ni se reduce a ser un mero criterio de valoración subjetiva de la prueba[14]. Por el contrario, este derecho constituye un conjunto de reglas estrictas cuya finalidad es asegurar el proceso con todas las garantías. Se trata de reglas de aplicación inmediata en el proceso penal y en todos aquellos procesos en los que se verifiquen sanciones distintas de las derivadas del derecho privado[15]. Está presente en todo el proceso, no sólo en el momento de apreciar la prueba y su entidad cuantitativa, de modo que sirve u ordena la admisión de los medios de prueba y la forma en que se han de practicar, esto es, limita la prueba a lo que es prueba e impide valorar lo que no tiene esa cualidad, al margen de su contenido.

Como establece el TEDH en el caso ALLEN v. REINO UNIDO, de 12 de julio de 2013:

> "*...el derecho a la presunción de inocencia entendido como garantía procesal persigue, a través de la aplicación durante el proceso de todos los aspectos inherentes al mismo, prevenir que se imponga una condena penal injusta*".

---

14 Aunque cada vez las referencias a la prueba de cargo extiendan sus efectos a aspectos subjetivos, como la racionalidad, que otorgan a tal principio un rango equivalente a derecho fundamental.

15 Vide San Martín Castro. "Derecho Procesal Penal". *Cit.*, Pág. 135.

Tiene rango constitucional, lo que implica que sus diversas manifestaciones también lo tienen y que por tal alcanzan el mismo valor, vinculando a todos los tribunales, de cualquier naturaleza, que conozcan de materias en las que es de aplicación. Y es evidente que lo es a los tribunales arbitrales. En toda su extensión, no solo en lo referido a la valoración de la prueba y su veracidad.

Constituye un derecho fundamental, de modo que su respeto integral garantiza la eficacia del proceso, entendiendo por eficacia una solución cercana a la verdad que siempre en el proceso penal o en el que se analizan materias de esta naturaleza, es formalizada[16], pues el objeto mismo de la prueba es el propuesto por la parte acusadora, dueña de la investigación y, en los casos de prejudicialidad penal en procesos arbitrales, de forma exclusiva, sin acceso o intervención de los imputados. Este concepto de verdad procesal, que adquiere sentido pleno en el proceso penal no puede ser obviado por los tribunales arbitrales, ni puede ser argumento para ignorar las reglas constitucionales y los derechos fundamentales.

Los pilares básicos a los que suelen hacer referencia los tribunales arbitrales de forma a veces críptica e insegura, en un Estado de derecho solo pueden construirse por referencia a normas jurídicas, no bastando, sin una ley previsible y accesible, atender a criterios imprecisos y genéricos, pues la seguridad jurídica que proporciona la ley garantiza una respuesta objetiva y cierta.

Las garantías que conforman el derecho a la presunción de inocencia, siendo básicas en el proceso penal, son igualmente aplicables al derecho sancionador no civil, aunque tienen aplicación, por ejemplo, en los procesos concursales al punto de valorar la calificación del concurso como culpable y, en todo caso, en aquellos procesos de los que pueden derivarse consecuencias penales por ser lo decidido o analizado en los procesos no penales materia penal, pretensión ejercitada o ejercitable y más en los casos en los que se están tramitando tales procesos con un objeto idéntico. La prejudicialidad, aunque no comporta una condena, afecta a los investigados en el proceso penal.

La sujeción a la presunción de inocencia lleva a someterse a las normas contenidas en los textos procesales ordinarios. Y es que, como es bien sabido, este derecho es de configuración legal, de modo que su desarrollo se

---

16 Binder, A.; Introducción al derecho procesal penal. Buenos Aires. 1993. Págs. 174 y ss.

hace por ley en nuestros sistemas jurídicos. La infracción de las garantías legalmente establecidas se hace equivalente a violación del derecho.

Las normas que regulan un arbitraje, aunque nada dispongan o limiten, han de remitirse siempre al derecho vigente, a la Constitución y a los Tratados, que proporcionan el marco estable para resolver, en su caso, sobre una cuestión penal prejudicial sometida al conocimiento del Tribunal.

La prueba ilícita en el arbitraje[1]

JOAN PICÓ JUNOY
Catedrático de Derecho Procesal
Universitat Pompeu Fabra

SUMARIO: 1. INTRODUCCIÓN. 2. LA PRUEBA EN LA LA. 3. DOCTRINA JUDICIAL SOBRE LA PRUEBA ILÍCITA EN EL ARBITRAJE. 4. EXAMEN CRÍTICO DE LA STSJ DE MADRID 24/2023, DE 14 DE JUNIO. 5. REFLEXIÓN FINAL. 6. ANEXO DE DOCTRINA JUDICIAL DE LOS TSJ EN MATERIA DE PRUEBA ILÍCITA EN EL ARBITRAJE.

1. INTRODUCCIÓN

La ilicitud de la prueba es una de las patologías que vicia de nulidad cualquier actividad probatoria. Mucho se ha escrito sobre ella en el proceso judicial, pero la bibliografía es inexistente cuando nos referimos al arbitraje. El presente estudio analiza el complejo mundo de la prueba ilícita en el arbitraje, tomando en consideración las 23 sentencias que los Superiores Tribunales de Justicia (TSJ) han dictado refiriéndose a este tema y, muy especialmente, la STSJ de Madrid 24/2023, de 14 de junio (ECLI:ES:TSJM:2023:6982; Id Cendoj: 28079310012023100257).

2. LA PRUEBA EN LA LA

La Ley de Arbitraje (LA) dedica muy pocos artículos a la actividad probatoria, debido a la flexibilidad que debe presidir en toda ella[2]. Ya nos

---

1 El presente trabajo se enmarca dentro del Grupo de Investigación Reconocido, Consolidado y Financiado "Retos del Derecho Procesal" (2021SGR00991) de la AGAUR; y del Proyecto I+D "Nuevos retos tecnológicos del derecho probatorio" (PID2020-115304GB-C21) del Plan Estatal de Investigación Científica del Ministerio de Ciencia e Innovación; ambos liderados por Joan Picó i Junoy.

2 Al respecto, me remito a Munné Catarina, F., *La prueba en el proceso arbitral*, en "La prueba civil: aspectos problemáticos", director Joan Picó Junoy, editorial Aranzadi-RJC, Barcelona, 2017, págs. 157-178; ídem, *Las pruebas personales en el arbitraje*, en "Arbitraje internacional en una economía globalizada. Reflexiones en homenaje a D. Ramón Mullerat", coordinadores Alfonso Hernández-Moreno y Christian Herrera Petrus, editorial Difusión Jurídica, Madrid, 2020, págs. 289-311 (y

lo anuncia —y justifica— su Exposición de Motivos, cuando en los dos últimos párrafos de su punto VI, indica:

> "La fase probatoria del arbitraje está también presidida por la máxima libertad de las partes y de los árbitros —siempre que se respeten el derecho de defensa y el principio de igualdad— y por la máxima flexibilidad. La ley establece únicamente normas sobre la prueba pericial, de singular importancia en el arbitraje contemporáneo, aplicables en defecto de voluntad de las partes. Estas normas están encaminadas a permitir tanto los dictámenes emitidos por peritos designados directamente por las partes como los emitidos por peritos designados, de oficio o a instancia de parte, por los árbitros, y a garantizar la debida contradicción respecto de la pericia. Se regula igualmente la asistencia judicial para la práctica de pruebas, que es una de las tradicionales funciones de apoyo judicial al arbitraje.
> La asistencia no tiene que consistir necesariamente en que el tribunal practique determinadas pruebas; en ciertos casos, bastará con otras medidas que permitan a los árbitros practicarlas por sí mismos, como, por ejemplo, medidas de aseguramiento o requerimientos de exhibición de documentos".

En consecuencia, no es de extrañar que en la LA solo haya seis normas que, parcialmente, regulan el derecho probatorio. A saber, los artículos:

- 8.2 (Tribunales competentes para las funciones de apoyo y control del arbitraje): "Para la asistencia judicial en la práctica de pruebas será competente el Juzgado de Primera Instancia del lugar del arbitraje o el del lugar donde hubiere de prestarse la asistencia";
- 25.2 (Determinación del procedimiento): "A falta de acuerdo, los árbitros podrán, con sujeción a lo dispuesto en esta Ley, dirigir el arbitraje del modo que consideren apropiado. Esta potestad de los árbitros comprende la de decidir sobre admisibilidad, pertinencia y utilidad de las pruebas, sobre su práctica, incluso de oficio, y sobre su valoración";
- 29.1 (Demanda y contestación): "Las partes, al formular sus alegaciones, podrán aportar todos los documentos que consideren pertinentes o hacer referencia a los documentos u otras pruebas que vayan a presentar o proponer";

---

de igual modo en "La prueba a debate: diálogos hispano-cubanos", director Joan Picó i Junoy, Juan Mendoza Díaz y Ariel Mantecón Ramos, editorial J. Mª Bosch, Barcelona, 2021, págs. 285-308); e ídem, *Estándar de prueba en el arbitraje a la luz de la STC de 15 de febrero de 2021*, en "La Ley. Mediación y Arbitraje", nº 6, 2021, págs. 1-3.

- 30.1 (Forma de las actuaciones arbitrales): "Salvo acuerdo en contrario de las partes, los árbitros decidirán si han de celebrarse audiencias para la presentación de alegaciones, la práctica de pruebas y la emisión de conclusiones, o si las actuaciones se sustanciarán solamente por escrito";
- 31.c (Falta de comparecencia de las partes): "Una de las partes no comparezca a una audiencia o no presente pruebas, los árbitros podrán continuar las actuaciones y dictar el laudo con fundamento en las pruebas de que dispongan"; y
- 33 (Asistencia judicial para la práctica de pruebas): "1. Los árbitros o cualquiera de las partes con su aprobación podrán solicitar del tribunal competente asistencia para la práctica de pruebas, de conformidad con las normas que le sean aplicables sobre medios de prueba. Esta asistencia podrá consistir en la práctica de la prueba ante el tribunal competente o en la adopción por éste de las concretas medidas necesarias para que la prueba pueda ser practicada ante los árbitros. 2. Si así se le solicitare, el Tribunal practicará la prueba bajo su exclusiva dirección. En otro caso, el Tribunal se limitará a acordar las medidas pertinentes. En ambos supuestos el Secretario judicial entregará al solicitante testimonio de las actuaciones".

Como podemos comprobar, en ninguno de ellos se prevé nada sobre la ilicitud de la prueba, lo que puede plantear un sinfín de problemas en la práctica arbitral.

3. DOCTRINA JUDICIAL SOBRE LA PRUEBA ILÍCITA EN EL ARBITRAJE

Al igual que sucede con la LA, la doctrina judicial de los TSJ referente a la prueba ilícita es muy escasa (menos de la mitad de los TSJ que hay en España se refieren a ella, e importantes Altos Tribunales —como los de Andalucía o Cataluña— ni se han pronunciado)[3]. De las 23 sentencias

---

3 Para la realización de este estudio he utilizado la base de datos "La Ley Digital", usando para ello las voces: "Prueba ilícita. Arbitraje y mediación. Arbitraje privado. Anulación y revisión de laudos. Acción de anulación del laudo" (fecha de la consulta: 17 de febrero de 2024). De esta forma, se obtienen 22 sentencias de interés de los TSJ. Además, hay que añadir la STSJ de Madrid 24/2023, de 14 de junio, que se analizará en el punto cuarto de este trabajo.

que mencionaremos, rápidamente nos damos cuenta que toda la doctrina judicial se refiere a la prueba ilícita como supuesto legitimador de la anulación del laudo por infringir el orden público (art. 41.1.f.LA).

Hay resoluciones en las que nos recuerdan que la constitucionalización del derecho a la prueba no justifica la admisión de la prueba ilícita: así, por ejemplo, la STSJ del Principado de Asturias 3/2017, de 25 de abril (LA LEY 60695/2017, ECLI: ES:TSJAS:2017:1416), cuyo fundamento jurídico (f.j.) 4º indica: "El Derecho a la prueba es un derecho primordial, fundamental (artículo 24 de la CE) de las partes, y esa naturaleza se proyecta tanto sobre la actividad probatoria misma como sobre su inicio, que está en la petición de prueba y en la resolución judicial sobre la misma, con el cumplimiento de los requisitos extrínsecos e intrínsecos sobre su pertinencia, así como del rechazo de la prueba ilícita.".

Pero, como hemos indicado, la mayoría de las resoluciones encontradas se limitan a citar la ilicitud de la prueba como posible motivo de nulidad del laudo. Ello tiene lugar a través de la cláusula general de infracción del "orden público" del art. 41.1.f LA, al entenderse que dicho "orden público", en su perspectiva procesal, se vulnera cuando no se respetan las garantías básicas y esenciales de cualquier tipo de método de resolución jurisdiccional de conflictos. Así, por ejemplo, suele repetirse la siguiente justificación: "No es de extrañar entonces que la definición primera y principal de orden público tenga marcado carácter procesal vinculándose básicamente a los derechos recogidos en el artículo 24. 1 y 2 de la Constitución. Ausencia de motivación, existencia de cosa juzgada, parcialidad del árbitro, infracción del principio de igualdad o prueba ilícita serían alguno de los defectos alegables a través de esta vía" (en este sentido, *vid.* las SSTSJ de la Comunidad Valenciana, 2/2012, de 24 de enero, f.j. 4º, LA LEY 79772/2012, ECLI: ES:TSJCV:2012:925); 4/2012 de 21 febrero, f.j. 7º, LA LEY 79774/2012, ECLI: ES:TSJCV:2012:932; 14/2012, de 26 de abril, f.j. 5º, LA LEY 133756/2012, ECLI: ES:TSJCV:2012:3914; 12/2013, de 15 de octubre, f.j. 5º, LA LEY 179307/2013, ECLI: ES:TSJCV:2013:4700; 13/2013, de 31 de octubre, f.j. 7º, LA LEY 251577/2013, ECLI: ES:TSJCV:2013:6636; 1/2014, de 7 de enero, LEY 33198/2014, ECLI: ES:TSJCV:2014:96; 21/2014, de 18 de diciembre, f.j. 4º, LA LEY 235937/2014, ECLI: ES:TSJCV:2014:10335; 8/2015 de 30 de marzo, f.j. 4º, LA LEY 161453/2015, ECLI: ES:TSJCV:2015:3407; 6/2015, de 24 de febrero, f.j. 4º, LA LEY 161449/2015, ECLI: ES:TSJCV:2015:3403; 9/2015, de 23 de abril, f.j. 3º, LA LEY 161454/2015, ECLI: ES:TSJCV:2015:3408; las SSTSJ del Principado de Asturias, 3/2014, de 9 de julio de 2014, f.j. 8º, LA LEY 220084/2014, ECLI: ES:TSJAS:2014:4126; 1/2015, de 30 de enero, f.j. 8º, LA LEY 4723/2015, ECLI:

ES:TSJAS:2015:224; y la 4/2018, de 8 de junio, f.j. 5°, LA LEY *119891/2018*, ECLI: *ES:TSJAS:2018:2519*; las STSJ de Galicia, 10/2017, de 2 de marzo, f.j. 3°, LA LEY 30603/2017, ECLI: ES:TSJGAL:2017:1967); y 11/2017, de 7 de marzo, f.j. 1°, LA LEY 30595/2017, ECLI: ES:TSJGAL:2017:1970; las SSTSJ de Canarias, 1/2014, de 29 de abril, f.j. 4°, LA LEY 81397/2014, ECLI: ES:TSJICAN:2014:615; 10/2017, de 22 de diciembre, f.j. 6°, LA LEY 238557/2017, ECLI: ES:TSJICAN:2017:3935; 3/2018, de 10 de octubre, f.j. 2°, LA LEY 236075/2018, ECLI: ES:TSJICAN:2018:2214; la STSJ de Navarra, 20/2014, de 15 de diciembre, f.j. 2°, LA LEY 190701/2014, ECLI: ES:TSJNA:2014:436; o la STSJ de Madrid, 27/2017, de 26 de abril, f.j 1°, LA LEY 76075/2017, ECLI: ES:TSJM:2017:4571).

Al margen de este planteamiento muy genérico, existe alguna resolución que añade ideas fundamentales para la denuncia del uso indebido de una prueba ilícita, como son (a) la necesidad de recurrir la decisión del árbitro admitiendo dicha prueba pues, de lo contrario, entra en escena el art. 6 LA, en función del cual se entiende que hay una renuncia tácita a las facultades de impugnación; y (b) la necesidad de concretar la razón que justificaría el carácter ilícito de la prueba. En este sentido, la STSJ de Madrid 63/2013, de 29 de julio (LA LEY 142945/2013, ECLI: ES:TSJM:2013:11503), en su f.j. 4°, destaca que "la inconcreción de estos datos (...) son argumentos suficientes para rechazar sin más esta pretensión anulatoria, máxime cuando tampoco consta que en el procedimiento arbitral se ejercitara algún tipo de recurso contra la admisión de tal prueba, lo que implica, conforme al artículo 6 de la Ley de Arbitraje, una renuncia tácita a las facultades de impugnación por la supuesta infracción cometida".

4. EXAMEN CRÍTICO DE LA STSJ DE MADRID 24/2023, DE 14 DE JUNIO[4]

La reciente STSJ de Madrid 24/2023, de 14 de junio, es la que más profundiza en el problema de la prueba ilícita en el arbitraje. El supuesto de hecho era muy sencillo, a saber, la validez de un informe de detective privado, sobre el que el Tribunal, después de analizarlo en detalle afirma: "Del contraste de estos datos y documentos, la conclusión a la que llegamos

---

[4] N° de Recurso: 52/2022 (ECLI:ES:TSJM:2023:6982, e Id Cendoj: 28079310012023100257).

es que en ningún momento aflora que en el proceso de elaboración de tal informe se hubiesen llevado a cabo "escuchas ilegales", "seguimientos a personas" o violación por parte de los detectives de los derechos fundamentales que protegen la intimidad personal o el secreto de las comunicaciones personales de cualquier tipo". Partiendo de este planteamiento, como es lógico, la sentencia considera que no ha habido prueba ilícita alguna. Para ello, formula tres ideas:

(a) En primer lugar, se afirma que hay un "principio general inamovible en el Estado de Derecho como es la prohibición del recurso a la prueba ilícitamente obtenida".

(b) En segundo lugar, y partiendo del planteamiento anterior, mantiene que "un laudo arbitral que admitiese, se fundase o consintiera una prueba de semejante cariz (esto es, ilícita), estaría irremisiblemente abocado a su declaración de nulidad por virtud del respeto debido a los derechos fundamentales";

(c) Y, finalmente, se justifica todo ello en el art. 11.1 LOPJ, según el cual "No surtirán efecto las pruebas obtenidas, directa o indirectamente, violentando los derechos o libertades fundamentales", pues considera que esta norma "(n)o es aplicable exclusivamente al Poder Judicial [...]. Con carácter general recordemos que conceptualmente prueba ilícita puede decirse —en síntesis— que es aquella que se obtiene con vulneración de derechos fundamentales, y de acuerdo con lo establecido en el artículo 11.1 de la Ley Orgánica del Poder Judicial no podrá surtir efectos en el seno del proceso" [...]. De ahí la literalidad del art. 11 LOPJ ("no surtirán efecto") que supone que la infracción del citado precepto comporta la ineficacia jurídica por nulidad absoluta, de las actuaciones procesales, resoluciones judiciales incluidas que tengan su fundamento en la prueba ilícita".

Este planteamiento tan genérico del problema de la prueba ilícita es erróneo porque obvia dos realidades establecidas de manera rotundamente clara en la STC (Pleno) 97/2019, de 16 de julio[5], según las cuales:

---

[5] Ponente: Alfredo Montoya Melgar (ECLI:ES:TC:2019:97). Esta sentencia trae causa de la STS 116/2017, de 23 de febrero, Ponente: Manuel Marchena Gómez (ECLI: ES:TS:2017:471); que a su vez proviene de un recurso de casación presentado contra la SAP de Madrid, sec. 23ª, 280/2016, de 29 de abril, Ponente: Celso Rodríguez Padrón (ECLI: ES:APM:2016:3742).

(a) no existe un derecho fundamental a la inadmisión de una prueba ilícita; y

(b) de la sola infracción de un derecho fundamental sustantivo no se deriva la inadmisión de la prueba obtenida con dicha infracción pues, para ello, además, debe haberse obtenido la prueba con la intención de perjudicar el derecho de defensa de la parte contraria y el principio de igualdad de armas entre las partes[6].

En consecuencia, la primera idea de la STSJ de Madrid 24/2023, de 14 de junio, es errónea, pues al inexistir un derecho fundamental a la inadmisión de la prueba ilícita no es correcto mantener la existencia del "principio general inamovible" de la "prohibición del recurso a la prueba ilícitamente obtenida". La segunda idea de dicha sentencia es matizable por cuanto, como vimos, la inadmisión de una prueba ilícita no solo exige la vulneración de un derecho fundamental sustantivo —como ahí se afirma— sino que es necesario algo más. Este algo más, en términos de la STC 97/2019, es que la obtención de dicha prueba haya tenido lugar con la intención de ser aportada a un proceso pues, solo en ese caso, es cuando la vulneración del derecho fundamental sustantivo comportaría la infracción de los derechos a la igualdad de armas procesales y a la defensa. Y la tercera idea es errónea por cuanto lo previsto en una ley procesal —como la LEC y, en algunos preceptos, la LOPJ (*ad exemplum*, su art. 11.1)— no es de aplicación al arbitraje[7].

5. REFLEXIÓN FINAL

¿Significa todo lo dicho que un árbitro puede utilizar una prueba ilícita para formar su enjuiciamiento de los hechos? La respuesta, evidentemente, es que no, si bien por argumentos diferentes a los dados por la STSJ de Madrid 24/2023, de 14 de junio, como hemos indicado en el punto anterior.

La razón de esta prohibición cabe buscarla no en el art. 11.1 LOPJ sino en la jurisprudencia del Tribunal Constitucional, que limita la prueba ilícita a (a) la obtenida vulnerando un derecho fundamental, y además (b)

---

6 Para un comentario extenso de esta STC me remito a mi estudio *La prueba ilícita:* un concepto todavía por definir, en "La Ley Probática", nº 1, 2020, págs. 1-16.

7 Como nos lo recuerda Munné Catarina, F., *La prueba en el proceso arbitral, ob. cit.*, pág. 158.

con la intención de aportarse a un proceso jurisdiccional (como lo es el arbitral). Y en estos términos tan restrictivos debe entenderse aplicable el art. 41.1.f LA como motivo de anulación de un laudo que se fundamenta en una prueba ilícita.

En todo caso, para que pueda prosperar dicha acción de anulación del laudo será necesario tener tres importantes precauciones: (a) la primera, haber denunciado, tan pronto como sea posible, la existencia de la prueba ilícita (art. 6 LA) y provocar, de este modo, una resolución del árbitro que, como es lógico, debería tener lugar después de un trámite de audiencia a la parte contraria con posibilidad de probar la eventual ilicitud probatoria; (b) la segunda, razonar, por un lado, el derecho fundamental sustantivo infringido con la obtención de la prueba ilícita y, por otro, la intención de valerse de la misma en el arbitraje, en claro desprecio del principio de igualdad de armas y limitando así injustificadamente el derecho de defensa de la contraparte; y (c) la tercera, justificar la existencia de una efectiva indefensión con dicha prueba ilícita, lo que exige motivar convincentemente que la prueba ilícita tuvo una influencia decisiva en la resolución de la controversia, esto es, que de no valorarse dicha prueba hubiese cambiado el sentido del resultado final del laudo[8].

Para concluir, debemos ser conscientes de que este planteamiento es mucho más restrictivo del previsto en el ámbito del arbitraje internacional: así, por ejemplo, en las nuevas *IBA Rules on the Taking of Evidence in International Arbitration* de 2020, se ha introducido una previsión de la prueba ilícita en su art. 9.3, con el siguiente contenido: "Admissibility and Assessment of Evidence: [...] 3. The Arbitral Tribunal may, at the request of a Party or on its own motion, exclude evidence obtained illegally". Como podemos comprobar, la regulación es muy amplia, pero es totalmente lógico ya que estas reglas responden a una lógica distinta a la normativa interna española: en el ámbito internacional debe formularse una previsión flexible de la regulación de la prueba ilícita dado que es perfectamente posible que las pruebas pueden ser ilícitas en la legislación de un país y válidas conforme a las de otro estado. Precisamente por ello, este tipo de norma flexible sobre la prueba ilícita también la encontramos en las nuevas *Model*

8 Somos conscientes que esto es muy difícil de hacer, pero el abogado diligente debe hacerlo si quiere que prospere la acción de anulación del laudo pues, de lo contrario, es muy probable que la sentencia del TSJ, aun admitiendo la irregularidad en la admisión de dicha prueba ilícita, razone que, al no haber tenido trascendencia para la resolución final del árbitro, no procede la anulación de su laudo.

European Rules of Civil Procedure, del *European Law Institute* y la *UNIDROIT*, de 2020, cuyo art. 90.1 establece: "Illegally Obtained Evidence. 1. Except where Rule 90(2) applies, illegally obtained evidence must be excluded from the proceedings"[9].

6. ANEXO DE DOCTRINA JUDICIAL DE LOS TSJ EN MATERIA DE PRUEBA ILÍCITA EN EL ARBITRAJE

Las 23 sentencias que se refieren a las pruebas ilícitas en el arbitraje son las de los siguientes TSJ:

- TSJ de Canarias: sentencias 1/2014, de 29 de abril (LA LEY 81397/2014, ECLI: ES:TSJICAN:2014:615); 10/2017, de 22 de diciembre (LA LEY 238557/2017, ECLI: ES:TSJICAN:2017:3935); y 3/2018, de 10 de octubre (LA LEY 236075/2018, ECLI: ES:TSJICAN:2018:2214);
- TSJ de Galicia: sentencias 10/2017, de 2 de marzo (LA LEY 30603/2017, ECLI: ES:TSJGAL:2017:1967); y 11/2017, de 7 de marzo (LA LEY 30595/2017, ECLI: ES:TSJGAL:2017:1970);
- TSJ de Madrid: sentencias 63/2013, de 29 de julio (LA LEY 142945/2013, ECLI: ES:TSJM:2013:11503); 27/2017, de 26 abril (LA LEY 76075/2017, ECLI: ES:TSJM:2017:4571); y 24/2023, de 14 de junio (ECLI:ES:TSJM:2023:6982, Cendoj: 28079310012023100257).
- TSJ de Navarra: sentencia 20/2014, de 15 de diciembre (LA LEY 190701/2014, ECLI: ES:TSJNA:2014:436);
- TSJ de la Comunidad Valenciana: sentencias 2/2012, de 24 de enero (LA LEY 79772/2012, ECLI: ES:TSJCV:2012:925); 4/2012, de 21 de febrero (LA LEY 79774/2012, ECLI: ES:TSJCV:2012:932); 14/2012, de 26 de abril (LA LEY 133756/2012, ECLI: ES:TSJCV:2012:3914); 12/2013, de 15 de octubre (LA LEY 179307/2013, ECLI: ES:TSJCV:2013:4700); 13/2013, de 31 de octubre (LA LEY 251577/2013, ECLI: ES:TSJCV:2013:6636); 1/2014, de 7 de enero (LA LEY 33198/2014, ECLI: ES:TSJCV:2014:96); 21/2014, de 18 de diciembre (LA LEY 235937/2014, ECLI: ES:TSJCV:2014:10335); 6/2015, de 24 de febrero (LA LEY 161449/2015, ECLI:

---

[9] Aunque hay una diferencia sustancial entre ambos textos: mientras que, en el ámbito arbitral, el árbitro puede excluir la prueba ilícita, esto es, no está obligado ("may"), en el ámbito judicial, el juez debe hacerlo ("must be").

ES:TSJCV:2015:3403); 8/2015, de 30 de marzo (LA LEY 161453/2015, ECLI: ES:TSJCV:2015:3407); y 9/2015, de 23 de abril (LA LEY 161454/2015, ECLI: ES:TSJCV:2015:3408); y del

- TSJ del Principado de Asturias: sentencias 3/2014, de 9 de julio (LA LEY 220084/2014, ECLI: ES:TSJAS:2014:4126); 1/2015, de 30 de enero (LA LEY 4723/2015, ECLI: ES:TSJAS:2015:224); 3/2017, de 25 de abril (LA LEY 60695/2017, ECLI: ES:TSJAS:2017:1416); y 4/2018, de 8 de junio (LA LEY *119891/2018,* ECLI: *ES:TSJAS:2018:2519).*

El Arbitraje Internacional on line *como medio de resolución de conflictos comerciales transfronterizos. ODR, IA y los beneficios de su implementación en el arbitraje internacional*

TAMARA MARTÍNEZ SOTO
Universidad Internacional de La Rioja

1. INTRODUCCIÓN

La modernización del mundo digital, tanto a nivel social como mercantil obliga necesariamente que se modernicen en paralelo los medios de solución de conflictos que aborden las situaciones que al hilo de estos contextos pueden surgir. El avance en los ADR en las últimas décadas ha sido notable, y la resolución jurídica de conflictos ya no se trata de la única opción, y se apuesta por opciones que representan un modo de resolución de conflictos consensuada por las partes, que apuesta por la pacificación social[1]. La aplicación de los mencionados ADR a las nuevas realidades que posibilitan cada vez más contratar, comprar, vender… entre particula-

1 Moreno Catena, V., "La resolución jurídica de conflictos" en *Mediación y resolución de conflictos: técnicas y ámbitos* / coord. por Emiliano Carretero Morales, Cristina Ruiz López; Helena Soleto Muñoz (dir.), 2017, págs. 45

res y empresas que se encuentran en diferentes estados, obliga a perfilar detalles que permitan una aplicación de estos ADR a las realidades mencionadas de forma segura y eficaz.

La mediación[2] ha irrumpido en el ámbito civil y mercantil como un medio flexible que abre un nuevo contexto en el cual negociar y llegar a acuerdos de forma rápida, sin embargo, no es eficaz cuando el factor transfronterizo hace aparición, ya que se plantea la disyuntiva de qué normativa debe ser aplicable.

En este sentido, el arbitraje internacional se postula como una opción más segura y clara, en tanto las partes acordarán previamente todos esos detalles, quedando todo prefijado con antelación a la aparición al conflicto, lo cual aporta sencillez, seguridad y oficialidad.

2. EL ARBITRAJE INTERNACIONAL Y SU CADA VEZ MÁS NECESARIA VINCULACIÓN A LOS MEDIOS TELEMÁTICOS DE SOLUCIÓN DE CONFLICTOS

El arbitraje es, dentro de los ADR, el método de solución de conflictos paradigmático en el ámbito comercial internacional[3]. Se ha convertido en el mecanismo más adecuado para resolver los conflictos que de estas actividades se derivan, por su sencillez a la hora de abordar la problemática de la diferencia de legislaciones en operaciones transfronterizas[4], su rapidez y su garantía de confidencialidad.

---

2 Vid: Soleto Muñoz, H., "El procedimiento de la mediación" en *Mediación y resolución de conflictos: técnicas y ámbitos* / coord. por Emiliano Carretero Morales, Cristina Ruiz López; Helena Soleto Muñoz (dir.), 2017, págs. 301-325

3 Aliste Santos, T., "El arbitraje y su relevancia epistemológica entre las alternativas al proceso jurisdiccional" en Revista vasca de derecho procesal y arbitraj (Zuzenbide prozesala ta arbitraia euskal aldizkaria) Vol. 28, N°. 1, 2016, págs. 49 y ss, et Lorca Navarrete, A. M., "Comentario breve a la ley de arbitraje", coord. por Antonio María Lorca Navarrete; Félix Alonso Royano (aut.), 1989, págs. 89 y ss.

4 En relación con el concepto de conflicto transfronterizo, se plantea la cuestión de si quizá otro ADR como la mediación podría igualmente arrojar luz sobre esta cuestión. La Ley 5/2012 de Mediación menciona en su art. 3 que "un conflicto es transfronterizo cuando al menos una de las partes está domiciliada o reside habitualmente en un Estado distinto a aquél en que cualquiera de las otras partes a las que afecta estén domiciliadas cuando acuerden hacer uso de la mediación o sea obligatorio acudir a la misma de acuerdo con la ley que resulte aplicable.

A través de este mecanismo, una o más personas, que pueden ser naturales o jurídicas, pueden decidir someter a un arbitraje su conflicto comercial, el cual será resuelto de manera definitiva a través del denominado laudo.

El arbitraje será internacional cuando según la legislación vigente en ese Estado así se haya recogido. En este sentido se le atribuirá este carácter cuando se den alguna de las siguientes circunstancias: cuando el arbitraje tenga por objeto una controversia internacional, cuando las partes o los árbitros envueltos en una transacción comercial sean de nacionalidades diferentes, cuando el domicilio o residencia de las partes se encuentren en Estados distintos o cuando así se derive de factores directamente relacionados con la controversia como el lugar de celebración del contrato, nacionalidad o ubicación de la institución arbitral, lugar en que se llevará a cabo el arbitraje, lugar en donde se hará efectivo el laudo, o a ley seleccionada como ley sustantiva, o ley de procedimiento, entre otros. El arbitraje internacional trata de solucionar conflictos que surgen entre personas (físicas o no) que se encuentran en lugares diferentes, y por lo tanto también bajo jurisdicciones distintas. De este modo, a través del arbitraje internacional la solución del conflicto se simplifica desde el punto de vista del órgano competente, la normativa aplicable etc. que se determina por las propias partes en el convenio arbitral que previamente hayan firmado.

Como comentamos, sus ventajas frente a otras opciones se concretan en varias cuestiones. Por un lado, la rapidez y sencillez que deriva del hecho de que los detalles aplicables al proceso de resolución del conflicto hayan sido previamente acordados por las partes en el Convenio Arbitral. Igualmente, el hecho de que no existan audiencias públicas, y que sólo las partes reciban la comunicación del laudo supone un plus de privacidad que

---

También tendrán esta consideración los conflictos previstos o resueltos por acuerdo de mediación, cualquiera que sea el lugar en el que se haya realizado, cuando como consecuencia del traslado del domicilio de alguna de las partes, el pacto o alguna de sus consecuencias se pretendan ejecutar en el territorio de un Estado distinto". Señala Carretero Morales que la realidad es que actualmente la práctica de la mediación en asuntos de carácter transfronterizo es aún escasa por su especial complejidad, "existiendo evidentes complicaciones a la hora de determinar la ley aplicable a los acuerdos alcanzados, que dependerá de la materia sobre la que verse la mediación, y su eficacia extraterritorial, lo que hace que no exista una excesiva seguridad y garantías jurídicas que ayuden a su impulso y desarrollo". Carretero Morales, E., La Mediación Civil y Mercantil en el sistema de Justicia, Dykinson, 2012, pág 135.

garantiza la confidencialidad, tan relevante para el mundo empresarial y comercial[5]. Además, los árbitros están especializados en la materia de la que trata el arbitraje, y los laudos cuentan con carácter de título judicial y por lo tanto con ejecutabilidad[6].

El implementar el uso de medios telemáticos en la celebración de las audiencias supondría un gran avance en tanto aportaríamos rapidez y flexibilidad al proceso, se simplificaría el arbitraje en términos de tiempo y de hitos a cumplir, y además tendría enormes consecuencias en otros aspectos como los costes económicos del arbitraje, los costes de tiempo y la huella de carbono que se vería reducida al minimizar los desplazamientos y el uso de documentos en formato clásico o papel.

El uso de medios telemáticos en la consecución de los ADR introduce un nuevo concepto, el de los ODR (on line dispute resolution). Se trata de adaptar los ADR al uso de las nuevas tecnologías, introduciendo la opción de realizar sus sesiones o vistas a distancia a través del uso de plataformas que permitan la celebración de audiencias virtuales.

Por supuesto, su implementación supone un reto a la hora de diseñar estas audiencias sin incumplir con algunas exigencias que son requisitos vitales para el desarrollo de los ADR (voluntariedad, confidencialidad) y en el caso del arbitraje cumplir también con otras garantías de carácter procesal (inmediación, derecho de defensa).

2.1. Contexto de pandemia y las consecuencias en el desarrollo del arbitraje por medios telemáticos

En las últimas décadas el sistema de administración de justicia ha ido sufriendo cambios fruto del contexto cambiante en el que vivimos[7].

---

5 Las principales instituciones de arbitraje comercial internacional que existen en el mundo son:
La Corte Internacional de Arbitraje de la Cámara de Comercio Internacional. La Corte Internacional de Londres. La Corte Española de Arbitraje. La Korean Commercial Arbitration Board. La Corte China de Arbitraje (CIETAC). La Asociación Americana de Arbitraje. El Tribunal Arbitral de la Cámara de Comercio de Ginebra/Zurich.

6 Los laudos arbitrales poseen el mismo valor que las sentencias declarativas de los tribunales nacionales (Convenio de Nueva York de 1958).

7 Martín Diz, F., "Inteligencia artificial y proceso. Garantías frente a eficiencia en el entorno de los derechos procesales fundamentales" en Justicia: ¿garantías "ver-

El contexto de pandemia de los años 2020 a 2023[8] aceleró el proceso de incorporación de numerosos cambios en el ámbito civil, mercantil y del consumo en casi todos los países[9]. Así, durante este período, en muchos países se establecieron nuevos métodos de solución de controversias para afrontar problemas vinculados a la sobrecarga de los tribunales a través de la redacción de decretos y/o legislación de urgencia.

Destacan entre otros ADR la mediación y el arbitraje, ya que la legislación y las iniciativas que durante ese período surgieron para la introducción de medios electrónicos en la resolución de conflictos se basaron sobre todo en estos dos métodos.

2.2. Los ODR en la mediación y el arbitraje

Dentro de los ADR si hablamos de la mediación hablamos de un sistema de resolución de conflictos flexible y autocompositivo, en el que el objetivo es más la mejora de la comunicación que el propio acuerdo, que podrá llegar o no, y por lo tanto su planteamiento online[10] podría ser por ello más sencillo[11] que en el caso del arbitraje. El arbitraje se configura como un procedimiento que, aunque sea antiformalista, sí cuenta con una serie de fases e hitos, con una cronología y consecución regulada y además, existe aquí sí el objetivo de llegar a una resolución, por lo que su abordaje en este sentido sería diferente.

En el caso de la mediación[12], el contexto de la pandemia evidenció en España la escasa inversión e impulso que respaldaba a este ADR, el cual

---

sus" eficiencia? Coord. por Patricia Llopis Nadal, Elena de Luis García; Fernando Jiménez Conde (dir.), Rafael Bellido Penadés (dir.), 2019, págs. 815-816.

8 Vid: Murciano Álvarez, G., "Demasiado tiempo juntos: Los conflictos en tiempos de coronavirus. La mediación electrónica", Blog SEPIN. Recurso electrónico.

9 La Plataforma ODR (Online Dispute Resolution) es una herramienta on line desarrollada por la Comisión Europea para la resolución litigios en línea y que tiene como fin ayudar a consumidores y comerciantes a solucionar altercados relativos a compras de productos y servicios contratados online.

10 Montesino García, A., "Arbitraje on line" en Revista vasca de derecho procesal y arbitraje, Zuzenbide prozesala ta arbitraia euskal aldizkaria, Vol. 17, N°. 1, 2005, págs. 133

11 Teniendo en cuenta claro todos lo relacionado con el aseguramiento de la confidencialidad, identidad de los intervinientes, uso de una plataforma segura etc.

12 Martín Diz, F., "ADR, ODR e inteligencia artificial: evolución en el arbitraje y la mediación" en Interacción entre mediación y arbitraje en la resolución de los liti-

podría haber ayudado fácilmente a sacar adelante procesos que quedaron paralizados si se hubiese impulsado su uso a través de medios telemáticos.

En este sentido es interesante mencionar que la mediación es voluntaria y que por lo tanto se puede comenzar o no, y una vez iniciada se puede abandonar. Sin embargo, en el caso del arbitraje nos encontramos frente a un procedimiento que a pesar de que sea igualmente voluntario, esta voluntariedad se acuerda de forma previa a la aparición del propio conflicto, y puede ser un momento muy anterior a aquel en el que surge el mismo, con lo cual la solución sobrevenida a través de medios telemáticos debe tener en cuenta una serie de cuestiones que protejan el derecho de defensa de las partes y su igualdad de oportunidades[13], ya que una vez que se acuerda el uso de este ADR, esto será vinculante para las partes.

Afortunadamente el arbitraje del que hablamos cuenta con una dimensión internacional que hace que a nivel telemático exista ya un bagaje del que carece como antecedente o precedente la mediación. En tanto el arbitraje internacional precisamente trata de solucionar conflictos que surgen entre personas (físicas o no) que se encuentran en lugares diferentes, la distancia en un elemento que pertenece al este ADR per se.

2.3. Celebración de audiencias virtuales. Organización de la celebración de audiencias virtuales

Como comentamos, el apostar por el uso de medios telemáticos en la celebración de las audiencias supondría un gran avance en tanto aportaríamos rapidez y flexibilidad al proceso, se simplificaría el arbitraje en términos de tiempo y de hitos a cumplir, y además tendría enormes consecuencias en otros aspectos como los costes económicos del arbitraje, los

---

gios internacionales del siglo XXI ponencias y comunicaciones del I Curso interuniversitario internacional organizado por la Universidad de Alcalá (7 a 9 de abril de 2021), 2021, Aranzadi, pág. 95-118.

13 Es este sentido cabe hacer una mención especial al arbitraje de consumo, ya que en muchos países los problemas relacionados con el consumo se han visto directamente afectados por la normativa adoptada durante la pandemia del COVID-19 y en algunos lugares se ha establecido la obligatoriedad de que las notificaciones en este ámbito sean comunicadas a través de medios virtuales. Vid: Moreno Blesa, L., "La solución extrajudicial de litigios de consumo a través del arbitraje on line" en "Revista de la contratación electrónica", Núm. 97, 2008, págs. 3-59.

costes de tiempo y la huella de carbono que se vería reducida al minimizar los desplazamientos y el uso de documentos en formato papel.

A pesar de las ventajas que la celebración virtual de las audiencias pueda suponer, es necesario tener en cuenta que esta práctica, de no tomarse las precauciones suficientes, podría suponer una amenaza para importantes garantías como la inmediación y el derecho de defensa e igualdad.

Para avanzar en esta cuestión existen regulaciones, reglamentos, de algunas instituciones relevantes en el mundo del arbitraje que han desarrollado algunas ideas.

2.3.1. Nota orientativa de la International Chamber of Commerce

La ICC, en previsión del uso más frecuente de los medios telemáticos en el contexto de la pandemia, en abril de 2020 publicó una nota orientativa sobre "Posibles medidas destinadas a mitigar los efectos de la pandemia del COVID-19" y en la misma se establece un apartado sobre "Orientación sobre la organización de audiencias virtuales".

En este apartado se recogen algunas pautas sobre cómo desarrollar las audiencias virtuales. Incluso se incluye información sobre la elaboración de un protocolo cibernético, destinado a regular el desarrollo de las vistas, que sería fruto del acuerdo entre las partes, aunque se indica que el propio tribunal puede facilitarles un modelo como puntos importantes a tener en cuenta, dejando siempre indefinidas algunas cuestiones cuya elección corresponderá exclusivamente al acuerdo que alcancen las partes:

La elección que se haga de la plataforma específica de videoconferencia tiene implicaciones relevantes ya que debe cumplir con dos importantes cuestiones:

- Garantizar la privacidad y la confidencialidad de las vistas.
- Debe permitir: grabar las sesiones, acceso de las partes a salas privadas y la opción de compartir documentos, entre otras cuestiones.

La Nota Orientativa de la ICC recoge una lista comparativa de las principales plataformas disponibles, la mayoría conocidas por todo tipo de usuarios. Se habla también de la posibilidad de contratar un proveedor externo que se encargue de gestionar todas las cuestiones relacionadas con la plataforma, soporte técnico, documentación etc.

En general se establecen también algunas recomendaciones sobre aspectos que van a tener un impacto directo sobre la celebración de la vista:

- Se deben establecer unos requisitos mínimos de conexión a Internet con el fin de garantizar que la calidad del audio y del vídeo sea aceptable, para que la experiencia sea lo más parecido a una sesión presencial.
- Establecer exigencias básicas en relación con el hardware (cámara, micrófono).
- Criterios sobre la colocación de las personas frente a la cámara (por ejemplo, la problemática de colocarse a contraluz).
- Crear un protocolo sobre turnos de palabra e intervenciones.
- Las partes deben consensuar otro documento de singular relevancia: la agenda virtual.
- Realizar pruebas previa celebración de la vista.

Es importante tener en cuenta que es necesario llevar un control del procedimiento para que no resulten dañados determinados aspectos procesales: derecho de defensa, derecho de audiencia y contradicción, derecho a la igualdad de armas, y las garantías del procedimiento como la inmediación, privacidad y confidencialidad de las sesiones. En este sentido el Reglamento del ICC establece algunas cuestiones relevantes.

El art. 25 del Reglamento de la ICC dispone que: "Una vez examinados los escritos y documentos presentados por las partes, el tribunal arbitral deberá oírlas contradictoriamente si una de ellas así lo solicita. A falta de tal solicitud, podrá oírlas de oficio". Podría surgir la duda de si este artículo se refiere únicamente a que la audiencia sea presencial, o no, ya que podría suponer de lo contrario un motivo para solicitar una anulación del laudo si no se desarrollase adecuadamente. Por ello, en este sentido sería adecuado llevar a cabo el cumplimiento de los principios de oralidad e inmediación cuando se trate de una vista virtual, ya que puede existir igualmente un intercambio simultáneo de pruebas, argumentos etc.

Por este motivo una cuestión vital también es que las cámaras se utilicen durante toda la vista, asegura la inmediación, y además para el desarrollo de algunas pruebas como los interrogatorios son muy importantes. Además, el uso de cámaras 360 ayuda a comprobar si hay más personas en la estancia que puedan estar escuchando o interviniendo en las respuestas del interrogado (testigo o perito). Es verdad que en este sentido es muy complicado tener la seguridad total de que esto no está ocurriendo ya que puede existir un dispositivo móvil conectado o que a través de mensajes de texto se le puedan estar indicando cuestiones. Si sus gestos fuesen sospechosos de una situación similar, el tribunal debería tenerlo en cuenta a la hora de valorar.

La identificación de los participantes debe hacerse no sólo con sus datos personales, sino también a través de su IP y correo electrónico, y sólo esas personas podrán entrar en la sala de vistas virtual (identificados mediante correo electrónico y dirección IP) a través de una autorización específica. En el caso de que acceda alguna persona que no debería asistir el tribunal debe de poder expulsarla o bloquearla (a tener en cuenta a la hora de elegir plataforma).

Es importante señalar expresamente que el reglamento hace referencia a que no se podrá conectar a la sala desde un lugar público, una red no segura o pública, o un dispositivo no seguro o compartido.

Las partes implicadas deben además de comprometerse a no granar ni reproducir por medios no autorizados el contenido de las sesiones.

2.3.2. Recomendaciones para la celebración de audiencias online. Guía de buenas prácticas de la Corte Española de Arbitraje

En mencionado contexto de la pandemia, igualmente la Corte Española de Arbitraje emite también su "guía de buenas prácticas" para la celebración de audiencias online, y señala que el objetivo del texto es arrojar luz sobre la práctica de las audiencias virtuales que se desarrollen en la Corte Española de Arbitraje (CEA), y también facilitar a los usuarios su celebración y previa preparación.

Según el texto se podrá acordar la celebración de audiencias virtuales por los árbitros con las partes del siguiente modo. Junto con el acta preliminar, o inmediatamente a continuación, los árbitros dictarán una primera orden procesal, previa audiencia con las partes, de que puede realizarse de forma virtual el proceso. Será ese el momento en el que se determinen las condiciones de celebración de las audiencias, sin embargo, a pesar de no haber procedido inicialmente de este modo, y su las circunstancias lo requiriesen en cualquier otro momento el árbitro tiene la potestad de acordarlas, dentro del marco de los poderes generales de dirección de los árbitros. Recoge además que para tomar esta decisión se debería de tener en cuenta el impacto sobre el proceso, el objeto de la audiencia y la posibilidad de mantener el respeto a derechos y garantías.

Para respetar el principio de igualdad de las partes será necesario tener en cuenta el número de personas que participarán en la audiencia, su disponibilidad para viajar y sus ubicaciones geográficas, especialmente en caso de que se encuentren en distintas zonas horarias.

En relación con la plataforma, la Corte Española de Arbitraje cuenta con varios sistemas para la celebración de audiencias virtuales que se pueden adaptar a las necesidades de los particulares. Algunos ejemplos pueden ser sistemas de multiconferencia telefónica, o videoconferencia por IP, Webex, Skype, Zoom, Microsoft Teams, etc.

En cuanto a las mimas, la Corte no ofrece garantías respecto a estos proveedores externos, y por ello, se indica a los participantes que deben actuar con la diligencia necesaria al momento de usar las mismas. En relación con esta cuestión, la CEA sugiere las siguientes advertencias:

- Establecer las condiciones técnicas mínimas para los dispositivos y la conexión que vaya a utilizarse.
- El uso de un ordenador del tipo que sea, preferiblemente antes que tabletas o móviles.
- El uso de conexión a internet por cable presenta mayor velocidad y estabilidad, aunque es verdad que esto no es del todo realista, ya que la mayoría de las personas tiene en sus domicilios o lugares de fácil acceso red wifi.
- Utilización de cámara web y micrófono adecuadas, que ofrezcan una imagen y audio de la calidad necesaria.
- Se recomienda que las baterías estén cargadas, comprobarlo, y en cualquier caso que sigan conectados durante la celebración de la vista.
- Antes de empezar, asegurarse que la aplicación de la plataforma que se vaya a utilizar esté actualizada.
- Desactivar algunas alertas como las actualizaciones automáticas del dispositivo que puedan interrumpir la audiencia.
- Tener claro el listado de personas que se conectarán a la audiencia y en qué momento deberán hacerlo, confirmando además su presencia e identidad al inicio de la misma.
- Tener en cuenta a la hora de fijar la agenda de las audiencias los diferentes husos horarios.
- Se recomienda, además, prever un protocolo de acción en caso de fallo técnico, para los supuestos de fallo o problemas con la plataforma.

Por otro lado, la Corte recoge cuestiones sobre la protección de la confidencialidad. Este aspecto es un elemento especialmente sensible, ya que la confidencialidad es uno de los caracteres más significativos del arbitraje y que lo diferencian notablemente de otros métodos de solución de conflictos, tanto de métodos judiciales, en los cuales la publicidad prima, como de otros métodos extrajudiciales, como la mediación o la negociación, en los que es más difícil garantizar la confidencialidad del mismo modo que lo hace el arbitraje.

En este sentido se recomienda la redacción de un protocolo al cual se pueda recurrir para determinar los extremos en los que deben moverse las audiencias para asegurar la confidencialidad.

Las recomendaciones que la corte hace en este sentido son las siguientes:

- Durante la celebración de la audiencia la dirección de ésta corresponde al árbitro único o al presidente del tribunal arbitral. Si existiese algún contratiempo que hiciese esto imposible el Tribunal podría delegar en el secretario del Tribunal esta competencia. Si ocurriese que por algún motivo no se pudiese obtener una conexión óptima los árbitros o el árbitro podrían decidir suspender la celebración, siempre previamente oídos tanto los servicios técnicos si los hubiera como las partes. Del mismo modo coma sí durante el desarrollo de la audiencia si hubiesen producido situaciones qué se entiende que puedan poner en peligro la confidencialidad de la audiencia y en consecuencia estuviesen causando un perjuicio a alguna de las partes se podrá suspender la misma.
- En otro orden de cuestiones se señala también la utilidad del uso de la denominada sala de espera, en la cual deben permanecer los participantes hasta que estén todos presentes y en ese momento el presidente les dará paso a todos ellos simultáneamente, esto es positivo tanto para la confidencialidad como para la imparcialidad. También en la guía se hace mención al uso del chat que está disponible en la mayoría de las plataformas. En este sentido se recomienda a los árbitros que no lo utilicen para comunicarse con las partes a través de chats privados que no permiten ver las comunicaciones al resto de las partes.
- También se menciona la utilidad de determinar la duración de las intervenciones, tanto los interrogatorios de los testigos como las intervenciones de los peritos. En este punto que se refiere a la práctica de la prueba se hace especial alusión al tema de la cámara. Se

menciona la utilidad del uso de una cámara 360° en tanto permite no solo ver a la persona que está interviniendo sino también al resto de personas que pudiesen estar presentes en la estancia coma por este motivo se entiende que es de gran utilidad incluir el uso de este tipo de cámaras o en su caso colocar una segunda cámara en el dispositivo.

- Se realizan además algunas recomendaciones en relación con la práctica de la prueba. En este sentido se señala la importancia de que el testigo o perito cuando comparezca lo haga única y exclusivamente con la documentación o materiales autorizados y, lógicamente, el dispositivo para la realización del interrogatorio. Se recomienda además que al testigo o perito no se les permita el uso de ninguna herramienta que permita su contacto con el exterior. Incluso verificar al inicio de la audiencia que no puede comunicarse con otras personas no autorizadas durante su comparecencia. Igualmente, y para asegurar el cumplimiento de todas estas cuestiones, se recomienda que se firme un documento con estos deberes, sin perjuicio de que el árbitro en cualquier momento podrá solicitarle lo que estime conveniente para comprobar que se están cumpliendo todas estas medidas.
- Durante la comparecencia de testigos o peritos podrá ser necesario que se lleve a cabo la exhibición de determinados documentos. En ese caso, será responsabilidad de éstos el tenerlos preparados para su exhibición. En el momento de su exhibición deben de quedar perfectamente indicados tanto a los árbitros como a la parte contraria, exhibiéndolo al letrado de la contraparte y al tribunal para que corroboren que coincide con los documentos reseñados.
- Como medida también de aseguramiento de la confidencialidad se recomienda, o incluso, se insta a las partes a que no participen en las audiencias a través de redes de conexión públicas y que no compartan con terceros las contraseñas que se les indiquen que deben utilizar para el acceso a las salas virtuales de la audiencia. Igualmente queda prohibido el compartir con terceros la visualización de lo que en la sala virtual está ocurriendo, ni durante ni posteriormente a la celebración de la audiencia. Y para terminar coma en relación con la grabación de la audiencia, que se entregaría a cada una de las partes, a los árbitros al final de cada sesión una grabación.

2.4. Buenas prácticas y arbitraje online en relación con el medio ambiente

Señala JULIEN DE ASÍS[14] que "el concepto de medio ambiente difiere según el contexto desde el que se analice, acercándonos estas distintas interpretaciones a una mejor comprensión no solamente de este concepto sino también de los conflictos que en torno al mismo pueden surgir."

Los conflictos medioambientales no siempre se refieren a situaciones evidentes, grandes catástrofes que afectan al medio o situaciones extremas. Existen también conflictos que surgen de la realización continuada de acciones que en su conjunto y realizadas de un modo repetido y rutinario están provocando daños al medio ambiente desde el punto de la vista de la optimización de los recursos.

Así, según JULLIEN DE ASÍS[15] "mientras que algunos conflictos ambientales se dan a consecuencia de una transgresión de las normas en otros se da un posible malestar por las mismas normas o el impacto de su cumplimiento. También tiene relevancia en este caso el carácter interdisciplinario del derecho ambiental."

En consonancia con estas cuestiones, como ya se ha mencionado, una de las ventajas del arbitraje es el ahorro de costes, el ahorro de tiempo y el ahorro de papel. Con relación a estas cuestiones la utilización del arbitraje telemático tendría un efecto directo sobre el medio ambiente. Esto ha sido objeto de estudio por varias asociaciones, destacando entre ellas la Greener Arbitration[16].

Esta asociación ha investigado y emitido una serie de protocolos muy interesantes con el objetivo de reducir la huella de carbono y reducir el uso de papel, entre otras cuestiones, de los arbitrajes.

En este sentido se establecen medidas similares, pero adaptadas a cada realidad que se vincula a la celebración de un arbitraje, en forma de diferentes protocolos específicos para cada una de las personas o instituciones que participan en un arbitraje:

- Protocolo Ecológico para Procedimientos Arbitrales.

---

14 Jullien de Asís, J. L., "Mediación en conflictos medioambientales", en La Ley. Mediación y arbitraje, Nº. 17 (octubre-diciembre), 2023, pág 183.

15 Ibidem Pág. 187.

16 Vid: https://www.greenerarbitrations.com/

- Protocolo Ecológico para bufete de abogados, cámaras y proveedores de servicios legales que trabajan en arbitraje.
- Protocolo Ecológico para árbitros.
- Protocolo para las Conferencias de Arbitraje.
- Protocolo Ecológico para las Sedes de Audiencias Arbitrales
- Protocolo Ecológico para las Instituciones Arbitrales.

Como decíamos, a pesar de que se establecen medidas específicas para cada realidad que participa en los arbitrajes, se pueden resumir las medidas a adoptar en las siguientes:

- Uso de energía limpia.
- Reducir el consumo de energía.
- Minimizar la impresión y el uso de papel.
- Fomentar el reciclaje.
- Limitar el uso de artículos de un solo uso.
- Eliminar el plástico.
- Asociarse con organizaciones ecológicas.
- Incentivar al personal.
- Participar en iniciativas de responsabilidad social.
- Compensación de las emisiones de carbono.

La campaña Greener Arbitration pretende por lo tanto a través del uso del arbitraje online llegar a reducir el uso de papel, de plástico, y además, reducir la huella de carbono que deriva de los numerosos viajes.

Es importante destacar también como en los últimos años el arbitraje, más en concreto el arbitraje de inversiones, se ha ido configurando en los últimos años como una herramienta relevante para la defensa de los Derechos Humanos en relación con delitos medio ambientales[17].

---

[17] Parejo, M., "Derechos humanos y arbitraje, dos caras de una misma moneda", en Confilegal, 202.

3. LA INTELIGENCIA ARTIFICIAL EN LOS ODR

La digitalización, los medios electrónicos y el desarrollo de los sistemas de inteligencia artificial han generado nuevos escenarios a los que muy poco a poco se va adaptando también la administración de justicia. Los cambios de la oficina judicial y la regulación de medios de prueba a través de medios electrónicos, digitalización de documentos y la propia Ley de Protección de datos son ejemplos de cómo paso a paso la vida jurídica y judicial se va adaptando y se va abriendo el camino hacia esa modernización de la Justicia.

Sin embargo, no hay todavía una total confianza en estos sistemas, sobre todo existe todavía desconfianza o desconocimiento sobre la inteligencia artificial (IA) y sus efectos. Gran parte de esta desconfianza se debe a todavía a que se trata de un contexto aún en proceso regulación y redacción de los adecuados textos legales.

La IA se configura como un sistema, al menos a corto plazo, complementario a muchas cuestiones vinculadas con la administración de justicia. Debido al enorme abanico de posibilidades que nos abre la IA existen numerosas cuestiones que podríamos hacernos sobre el uso de esta aplicada a los ADR[18], como por ejemplo si en relación con los ADR el desarrollo tecnológico actual habilitaría el uso de ADR a través de un entorno virtual, sin la presencia física de las partes, pero con las mismas garantías, al menos a nivel legal y procedimental, que en su variante presencial. Todo dependerá del uso que se dé de estos medios electrónicos, y de cómo se trasladen sus puntos débiles a la regulación.

El papel de la tecnología y la IA en estos casos[19] sería por lo tanto muy variado, sus funciones hoy en día se podrían concretar en algunas de las siguientes.

3.1. La IA y el espacio virtual en el uso de los ODR

Consistiría en crear entornos virtuales para la celebración de las vistas o audiencias. Para que se implementase de un modo eficaz y seguro se-

---

18 Martín Diz, F., "Inteligencia artificial y ADR evolución en el arbitraje y la mediación" en La Ley. Mediación y arbitraje, N°. 2 (abril-junio), 2020.

19 Gonzalo Quiroga, M., "La inteligencia artificial en el arbitraje internacional 2.0. Oportunidades y desafíos en un futuro que ya es presente" en Cuadernos de derecho transnacional, Vol. 15, N°. 2, 2023, págs. 516-550.

ría necesario previamente desarrollar algunas cuestiones no estrictamente procesales pero que aportasen seguridad al procedimiento en relación al entorno:

- Creación de un entorno seguro, que asegure la confidencialidad, y por lo tanto que tenga en cuenta la protección de datos.
- Que el entorno virtual sea accesible y fácil de comprender y utilizar.
- Catálogo de buenas prácticas: Integrar instrucciones para todos los asistentes, a través de un acta previa o preliminar que deje claro el funcionamiento del sistema virtual, llevar a cabo una comprobación de todas las cuestiones relevantes antes de iniciar las sesiones, no usar una red pública, no compartir ni permitir que estén presentes terceros (llevar a cabo comprobaciones y establecer medidas de prevención).
- Determinar en su caso las responsabilidades del tercero que presta el servicio si alguna de las cuestiones destacadas queda desprotegida.

3.2. La IA y el análisis de datos e información en la implementación de los ODR

La recopilación ordenada de información e incluso el llevar a cabo funciones de análisis que permitan tomar decisiones al hilo de los resultados de las mismas es una de las funciones que podría realizar una IA de forma mucho más rápida que un ser humano.

Analizar ventajas y conveniencia de un arbitraje o mediación, evaluar parámetros importantes para el éxito del caso, o incluso valorar las opciones de un ADR frente a un proceso judicial evaluando la trayectoria previa del tribunal y del abogado de los oponentes en casos similares, la jurisprudencia, los Magistrados, precedentes etc. O predecir algunos comportamientos (por ejemplo en relación a jurisprudencia pasada y la que podría redactarse en el futuro).

Incluso podría llevarse a cabo un análisis a posteriori del procedimiento arbitral o de mediación lo cual ofrecería a las partes información para el futuro sobre su actividad y los resultados. Esta actividad junto con la realización de encuestas de satisfacción y seguimiento supondría una retroalimentación muy completa del servicio. resoluciones).

Para algunos incluso el papel podría ir más allá y llegar a plantearse el derivar un a un árbitro creado a través de IA. ¿Sería posible derivar un arbitraje o una mediación a una IA?

3.3. La IA y las funciones asistenciales en la implementación de ODR. El nombramiento de árbitros

Además de la determinación del espacio para desarrollar el procedimiento, o analizar datos, existen otra serie de cuestiones de tipo asistencial que la IA podría gestionar, como podría ser el nombramiento de terceros.

En este sentido podemos nombrar algunas herramientas que ya podrían realizar estas funciones, como "Arbitrator Intelligence", o "Siarelis" (en Colombia que se usa para casos societarios) que permiten llevar a cabo la elección del árbitro que mejor se adecúe a las necesidades del caso y de las partes, basándose en varios datos.

Cabría preguntarse si sería oportuno o de utilidad el incluir esta realidad acerca de estos sistemas de elección de terceros en la Ley de Arbitraje, e incluso llevar este esquema a la mediación, e igualmente plantearnos si sería oportuno trasladar este contenido a la Ley de Mediación y hacer oficial la posibilidad de acudir a estas herramientas de IA.

Los textos legislativos tanto de la Ley de Arbitraje como de la Ley de Mediación Civil y Mercantil en lo que se refiere al nombramiento de los terceros no hacen mención a esta posibilidad, sería necesario adaptar este contenido, junto con lo que menciona el resto del articulado que se refiere a la necesidad de que cumplan con el requisito de capacidad que se concreta en ser persona natural. En relación al arbitraje, para esto habría que modificar varios preceptos de estas leyes, no sólo aquellos que se refieren a la designación de árbitros.

La cuestión es que algunas herramientas no sólo prevén la designación, sino también la decisión de los asuntos a través de árbitros "virtuales", en otras palabras, que una IA resuelva un asunto. Por ejemplo, el denominado "Adjusted Winner"[20], consiste en una herramienta que se utiliza para el reparto de bienes de forma equitativa, en dos partes. Se trata de un mecanismo de inteligencia artificial que funciona a través de un algoritmo de corte arbitral.

Sin embargo, como mencionamos, para esto sería necesario modificar numerosos preceptos de la legislación existente ya que según la Ley de Mediación en su art. 11.1 se menciona que "Pueden ser mediador las personas naturales", y según la Ley de Arbitraje en su art. 13 "Pueden ser árbitro,

---

20 http://www.nyu.edu/projects/adjustedwinner/

las personas naturales". Nuestro ordenamiento jurídico no está preparado para la participación de la IA todavía.

Como alternativa a esta realidad en la que por un lado seguiríamos con el modelo tradicional, o, por otro lado, la resolución de un asunto se podría realizar íntegramente por IA podemos pensar en un modelos híbridos conformando por ejemplo un tribunal tanto por árbitros, o en su caso mediadores en una comediación, llevando a cabo una mezcla de humanos e IA.

Martín Diz[21] plantea en este sentido varias cuestiones interesantes alrededor de la viabilidad de esta situación:

- El principio de autonomía de la voluntad permitiría esta opción, siempre que los litigios versen sobre derechos disponibles.
- Cuestionarse si esto implicar la necesidad de ser programada de forma diferente la IA al asumir ese concreto protagonismo
- Si un tribunal arbitral está compuesto por ejemplo por dos humanos y una IA, si se produce un desacuerdo entre los árbitros humanos, o misma situación en una comediación, ¿aceptaríamos que fuera la IA quien rompiese el desacuerdo?
- Si ocurriese el caso contrario, que la mayoría de los miembros fuesen IA y no humanos, las dudas serían mayores: ¿el laudo en su caso sería será emitido y firmado por el árbitro humano o por todos?, ¿sería adecuado admitir un laudo dictado por mayoría de IA frente a un humano?, ¿qué ocurriría entonces con el principio "control por humanos del uso de una IA"?, ¿estaríamos realmente dispuestos a ceder todo ese poder a una máquina?, ¿qué ocurriría si, aun existiendo una mayoría por parte de las IA, el humano no está de acuerdo con ambas IA?

Lógicamente para abordar esta realidad desde la más amplia seguridad y garantías para las partes la Ley deberá tener en cuenta estas cuestiones y tratar de dar respuesta a cada una de ellas. Es importante señalar también que los ADR se caracterizan por ser muy flexibles y atribuir a las partes un gran margen de disponibilidad del proceso (tanto en mediación como en el arbitraje) para tomar decisiones y que el mecanismo que en cada caso se esté utilizando pueda adaptarse a las necesidades de las partes.

---

21 Martín Diz, F., "Inteligencia artificial y ADR evolución… *op. cit.*

La cuestión es que para conseguir que esa IA tome las decisiones de acuerdo con unos parámetros, introducir ese factor de "flexibilidad" que es típico de los ADR se convierte en una tarea muy complicada. En relación con esto y con otras cuestiones señala Martín Diz[22] algunas cuestiones a tener en cuenta. Algunas de ellas podrían suponer desventajas del uso de IA en los ADR. Como aspectos negativos o a mejorar del uso de la IA en los ADR en este sentido destacarían los siguientes:

- Eficiencia del árbitro o mediador virtual: va a depender de la configuración y el tipo y número de datos que se hayan utilizado en su configuración. Y hay que tener en cuenta en este sentido que si los datos que se incorporan están sesgados también lo estará el algoritmo que se cree.
- El denominado sobreajuste: El sobreajuste es lo que ocurre cuando el algoritmo que esté sirviendo de base a la IA para la toma de decisiones aprende las características inherentes de los datos, en este sentido lo que ocurre es que una vez que "aprende" este patrón comienza a crear patrones y reglas, para esas situaciones concretas, y una pequeña variación de cualquier tipo provoca que ya no se generalice a ella ese patrón.
- Sería necesaria una verdadera transparencia que asegure el conocimiento de los datos utilizados en la configuración del algoritmo, y en ese sentido, que estas cuestiones formen parte del consentimiento informado que dan las partes.
- Es importante tener en cuenta que los humanos no estamos diseñados únicamente para tomar decisiones en base a patrones o silogismos, sino que hay una parte de inteligencia emocional en todas nuestras decisiones, en el caso de los ADR también, y en ese sentido no debemos olvidarnos que la IA carece de estas inteligencia emocional, y por lo tanto en la IA existe una inteligencia interpersonal limitada.
- Cuestiones procedimentales con una IA. Es necesario recordar que debe regir tanto en un arbitraje como en una mediación la independencia e imparcialidad, y que es importante también señala que un laudo, en el caso de un arbitraje, no se trata únicamente de dar "un resultado" sino que es el fruto de un razonamiento que tiene en cuenta muchas cuestiones y huye de la arbitrariedad.

---

22 Ídem.

- ¿Qué ocurriría con la firma de un hipotético acuerdo? La firma electrónica podría ser la opción más segura, aunque teniendo se podrían señalar lugares prestablecidos para llevar a cabo la firma, también para mayor aseguramiento de su identidad y, muy relevante también, la comprensión de lo que están firmando.

4. NUEVOS RETOS: EL METAVERSO Y LOS CONFLICTOS EN EL MUNDO VIRTUAL

En la última década se podría decir que los cambios en las TIC han ido por delante de cualquier previsión, sin dejar tiempo a los ciudadanos, a algunos, a acostumbrarse, entender el nuevo contexto, entender su utilidad, o incluso conocer su existencia.

Las redes sociales, la IA, el metaverso, las criptomonedas, NFTs; para muchos resultan todavía "completos desconocidos".

Es importante plantearse los conflictos que pueden surgir al hilo de estas nuevas formas de relacionarse y contratar. En este sentido el metaverso abre un escenario totalmente nuevo y pendiente de regulación.

Se describe metaverso como entornos donde los humanos interactúan social y económicamente a través de avatares, por medio de un soporte lógico en un ciberespacio, el cual actúa como una metáfora del mundo real, pero sin sus limitaciones. Y aunque solemos hablar de "metaverso" en singular, no existe sólo uno, existen varios entornos. En este contexto podemos imaginarnos que podrán surgir problemas por ejemplo al hilo del derecho de propiedad, y es que dentro del metaverso se celebran negocios a través de criptomonedas y por lo tanto se llevan a cabo compras incluso de *terrenos*. Muchas grandes empresas ya son propietarias de "espacios" dentro del metaverso donde poder "construir" y estar ahí para el momento en el que el metaverso deje de ser todavía un proyecto para convertirse en algo al alcance de todos.

Hoy en día son varias las empresas que están trabajando en estos proyectos, Facebook o Google, pero no son los únicas. Cada una de ellas orienta el proyecto de un modo distinto pero todas ellas coinciden en tratar de conseguir darle el mayor realismo posible: que las personas puedan modificar y crear su avatar como que puedan hacerlo semejante o no a, diseñar el lugar en el que viven, en definitiva, existir dentro de ese entorno virtual como si se tratase de un entorno real.

El metaverso, lógicamente, desde el momento en el que comienza a ser escenario para relaciones sociales y contractuales es igualmente un escenario en el que pueden aparecer conflictos. El modo de resolver estos conflictos todavía no se ha determinado, ya que alrededor del metaverso como hemos dicho no existen limitaciones ni regulación alguna. Sí podemos recurrir en ocasiones a la regulación que existe al hilo de la Protección de Datos o de la propiedad industrial, pero para asuntos muy concretos, y es que dentro del metaverso ya se han producido situaciones de agresiones sexuales, y la legislación no ha podido responder sobre cómo proceder a estas situaciones.

El metaverso será un lugar en el que las personas podrán llevar a cabo infinidad de actividades[23]: interactuar con personas que se encuentran lejos y poder pasear con ellas en un entorno virtual, desarrollar reuniones de trabajo entre personas que se encuentran en puntos distintos del mundo coma como si estuviesen dentro de la misma a través de sus avatares, por lo tanto en cierto modo acercará a las personas, y esto puede tener un efecto relevante en relación a el medio ambiente también. Incluso se habla de que desde el momento en el que se convierta en un entorno "vivo" las personas usarán sus avatares para trabajar, y se hablará incluso de ser "encargado" por ejemplo de un punto de venta de un establecimiento en el metaverso.

Todo esto requerirá regulación, pero no en un futuro, sino ya, porque las criptomonedas ya son una realidad, y también la existencia del metaverso.

El metaverso junto con la IA se configuran como unos de los grandes retos sobre los que legislar. Y con ello será necesario establecer también qué métodos de solución de conflictos serían los más adecuados.

5. CONCLUSIONES. VENTAJAS E INCONVENIENTES DE LOS ODR

Hoy en día se premia lo "rápido". Buscamos formas más rápidas de comunicarnos, de encontrar la información, de llegar a los sitios, de trabajar, y también, de resolver los conflictos. Los ODR ayudan en este aspecto, y en otros, reducen costas, aportan rapidez, tienen un efecto positivo en el medio ambiente, facilita la gestión de las "agendas" de los intervinientes,

---

23 Vid: Conferencia Nicolle Lafosse "The Metaverse Collective" en The Anima Collective, 2023.

y acercan los métodos de solución de conflictos extrajudiciales a todas las personas.

Sin embargo, como hemos visto hay cuestiones no tan positivas, puede ser que haya asuntos para el que las personas necesiten para implicarse emocionalmente la presencialidad, según la plataforma podemos perder información del lenguaje no verbal de las partes, la necesidad de asegurar el secreto las comunicaciones y la identidad de los intervinientes, asegurar el respeto de las garantías procesales de inmediación, derecho de defensa y confidencialidad, y para terminar determinar qué plataforma es más seguro usar.

Cuando hablamos de transacciones comerciales internacionales hay varios aspectos que para las empresas son vitales, la simplificación de tiempo, dinero y proceso, y la confidencialidad. El arbitraje internacional deviene por ello como un ADR idóneo para estos casos concretos, ya nos aseguramos de que existirá una resolución vinculante, y que incluso la elección voluntaria del mismo supone luego una vinculación para la partes, lo que aporta un plus de seguridad.

El hecho de que exista un factor transfronterizo en la relación comercial, supone desde el punto de vista jurisdiccional en ocasiones enfrentarse a procesos complejos, que quedan completamente fuera de la ecuación al optar por el arbitraje internacional.

Si a esta realidad le añadimos la opción de utilizar medios electrónicos, que faciliten todavía más la celebración de esas audiencias, se convierte en un método sencillo, y seguro para las partes que ningún otro ADR puede ofrecer.

Para que su uso sea adecuado será necesario tener en cuenta todos los aspecto a la hora de elegir el medio o plataforma, y que la inmediación, derecho de defensa y confidencialidad estén asegurados. Para ello sería necesario determinar qué plataforma es más seguro usar, quizá sería más idóneo crear una plataforma ad hoc del mismo modo que se procedió por la Comisión Europea con el arbitraje de consumo.

Igualmente, a largo plazo, habría que estudiar la aplicación de la IA valorando la opción de interactuar en entornos digitales, someter asuntos a árbitros encarnados por IA o utilizar la IA para determinar el ADR más adecuado en cada caso. Teniendo en cuenta que los ADR se caracterizan por su flexibilidad y emocionalidad, quizá estas últimas opciones deberían tomarse con cautela, ya que quedarían completamente anuladas con el uso de la IA.

BIBLIOGRAFÍA

Aliste Santos, T., "El arbitraje y su relevancia epistemológica entre las alternativas al proceso jurisdiccional" en *Revista vasca de derecho procesal y arbitraje = Zuzenbide prozesala ta arbitraia euskal aldizkaria*, Vol. 28, Nº. 1, 2016.

Carretero Morales, E., La Mediación Civil y Mercantil en el sistema de Justicia, Dykinson, 2012.

Gonzalo Quiroga, M., "La inteligencia artificial en el arbitraje internacional 2.0. Oportunidades y desafíos en un futuro que ya es presente" en *Cuadernos de derecho transnacional*, Vol. 15, Nº. 2, 2023.

Jullien de Asís, J. L., "Mediación en conflictos medioambientales", en *La Ley. Mediación y arbitraje*, Nº. 17 (octubre-diciembre), 2023.

Martín Diz, F., "ADR, ODR e inteligencia artificial: evolución en el arbitraje y la mediación" en *Interacción entre mediación y arbitraje en la resolución de los litigios internacionales del siglo XXIponencias y comunicaciones del I Curso interuniversitario internacional organizado por la Universidad de Alcalá (7 a 9 de abril de 2021)*, 2021, Aranzadi.

Martín Diz, F., "Inteligencia artificial y proceso. Garantías frente a eficiencia en el entorno de los derechos procesales fundamentales" en *Justicia: ¿garantías "versus" eficiencia?* Coord. por Patricia Llopis Nadal, Elena de Luis García; Fernando Jiménez Conde (dir.), Rafael Bellido Penadés (dir.), 2019.

Martín Diz, F., "Inteligencia artificial y ADR evolución en el arbitraje y la mediación" en *La Ley. Mediación y arbitraje*, Nº. 2 (abril-junio), 2020

Montesino García, A., "Arbitraje on line" en *Revista vasca de derecho procesal y arbitraje = Zuzenbide prozesala ta arbitraia euskal aldizkaria*, Vol. 17, Nº. 1, 2005.

Moreno Blesa, L., "La solución extrajudicial de litigios de consumo a través del arbitraje on line" en "Revista de la contratación electrónica", Núm. 97, 2008.

Moreno Catena, V., "La resolución jurídica de conflictos" en Mediación y resolución de conflictos: técnicas y ambitos / coord. por Emiliano Carretero Morales, Cristina Ruiz López; Helena Soleto Muñoz (dir.), 2017.

Parejo, M., "Derechos humanos y arbitraje, dos caras de una misma moneda", en *Confilegal*, 2021

Soleto Muñoz, H., "El procedimiento de la mediación" en Mediación y resolución de conflictos: técnicas y ámbitos / coord. por Emiliano Carretero Morales, Cristina Ruiz López; Helena Soleto Muñoz (dir.), 2017.

Situación y perspectivas de futuro de la mediación en España

BLANCA OTERO OTERO
Profesora Ayudante Doctora de Derecho Procesal
Universidad de Vigo

1. SITUACIÓN ACTUAL DE LA MEDIACIÓN EN ESPAÑA

En la actualidad en España, no se dispone de un análisis y estudio pormenorizado de los procedimientos desarrollados en el campo de los métodos adecuados de resolución de conflictos a nivel global, así como en lo referente a la mediación extrajudicial o intrajudicial en particular, que nos lleve a concluir y definir la situación real de los distintos mecanismos de gestión y/o resolución de conflictos; y así mismo, que ponga de manifiesto la repercusión de la normativa existente en la materia a la hora de ofrecer a la ciudadanía una vía de gestión y/o resolución de conflictos alternativa o complementaria al proceso judicial.

En este sentido, no debemos obviar la complejidad existente tanto para valorar como para cuantificar las mediaciones desarrolladas en nuestro país, cuando en el desenvolvimiento actual de la mediación en derecho privado concurren mediaciones desarrolladas de manera extrajudicial, preprocesal y amparadas bajo la confidencialidad, que por tanto no engrosan ningún registro de datos ni estadística a nivel nacional[1]. Únicamente, es-

---

1 Fernando Martín, "Nuevos escenarios para impulsar la mediación en derecho privado: ¿conviene que sea obligatoria?" *Práctica de Tribunales*, N° 137, La Ley

tán a disposición, algunos datos relativos a las mediaciones intrajudiciales, donde el conocimiento de los resultados es objetivo y cuantificable por los propios datos que ofrece el Consejo General del Poder Judicial. Por tanto, nos encontramos ante datos incompletos con omisiones relevantes[2].

Si tomamos como referencia los datos estadísticos publicados por el Consejo General del Poder Judicial, se puede observar que las derivaciones realizadas a procedimientos de mediación son muy escasas si tenemos en cuenta el número de asuntos que ingresan cada año en nuestros órganos judiciales. En este sentido, a modo de ejemplo, en el año 2022, únicamente en la jurisdicción civil se han registrado 2.809.693 asuntos ingresados frente a los 3.037 casos derivados a mediación intrajudicial familiar o los 868 derivados en el ámbito de la mediación civil[3].

Además, la introducción de la mediación en el proceso judicial no ha sido una práctica uniforme en todos los juzgados ni tampoco entre las diferentes comunidades autónomas ni provincias[4].

En este sentido, en el ámbito civil y mercantil, los datos ponen de manifiesto que no se están alcanzando los resultados que se auguraban de la aprobación y entrada en vigor de la Ley 5/2012, de 6 de julio, de mediación en asuntos civiles y mercantiles en la línea que ha ocurrido en otros países europeos[5]. En definitiva, tras once años desde la entrada en vigor

---

3520/2019, Wolters Kluwer (2019): 1-2 (https://revistas.laley.es).

2 Dado el avanzado estadio normativo y de implantación de la mediación en Cataluña, el Centro de Mediación de Derecho Privado de Cataluña, si cuenta con una serie de indicadores en donde se recogen tanto las mediaciones extrajudiciales como intrajudiciales (http://justicia.gencat.cat).

3 http://www.poderjudicial.es.

4 *Vid.* los juzgados que ofrecen servicios de mediación intrajudicial (http://www.poderjudicial.es).

5 El European Parliament's Committee on Legal Affairs. 'Reboting' The Mediation Directive: Assessing the limited impact of its implementation and proposing measures to increase the number of mediations in the EU. Brussels, 2014, ha constatado que, pese a los múltiples y probados beneficios, la mediación en materia civil y mercantil todavía se utiliza en menos del 1% de los casos. Asimismo, la Comisión Europea, en su *Informe al Parlamento Europeo, al Consejo y al Comité Económico y Social Europeo sobre la aplicación de la Directiva 2008/52/CE, de 26 de agosto de 2016*, pese a reconocer los avances a nivel normativo en relación a la mediación, apunta en su *Apartado 2* que "se han detectado algunas dificultades en relación con el funcionamiento de los sistemas nacionales de mediación en la práctica. Estas dificultades están relacionadas principalmente con la falta de una "cultura" de la mediación en los Estados miembros, el insuficiente conocimiento de cómo

de la Ley 5/2012, se puede constatar, por una parte, ciertos avances en relación con la implementación de la "cultura de paz" en España. Si bien, por otra parte, los datos disponibles, ponen de manifiesto la escasa operatividad de la mediación en nuestro país, pudiendo llegar incluso a calificar esta realidad como decepcionante.

De tal forma que, en nuestro ordenamiento jurídico, a fin de intentar paliar ese escaso impacto, han sido varios los intentos de fomentar el uso de la mediación como medio adecuado de resolución de controversias.

Muestra de ello fue el Anteproyecto de Ley de impulso de la mediación (en adelante ALIM), aprobado el 11 de enero de 2019, que tal como se deriva de su propia denominación, trataba de impulsar la mediación con la inclusión de una serie de propuestas de modificación de la Ley 5/2012, la LEC y la Ley 1/1996, de 10 de enero, de asistencia jurídica gratuita. De todas ellas, sin duda, la que más debate generó fue la introducción de la obligatoriedad de la mediación como una "obligatoriedad mitigada", que suponía la superación del vigente modelo de mediación basado en su carácter voluntario para las personas en conflicto, y que es la línea que sigue también, como se verá el Proyecto de Ley de medidas de eficiencia procesal del Servicio Público de Justicia.

La aprobación del Proyecto de Ley de medidas de eficiencia procesal del Servicio Público de Justicia (en adelante PLMEP), el 22 de abril de 2022, convirtió en obsoleto el anterior Anteproyecto y nos sitúa en un escenario en el que la mediación no es el único método de resolución de conflictos de carácter negocial previsto legalmente, sino que ahora está acompañada de otros medios, algunos de los cuales se regulan expresamente en su articulado, como la conciliación, la oferta vinculante confidencial o la opinión de experto independiente, cuyo intento y posterior acreditación, además se configuran como requisito de procedibilidad para la admisión a trámite de la práctica totalidad de las demandas que se interpongan en la vía civil.

---

tratar los casos transfronterizos, el bajo nivel de conocimiento de la mediación y el funcionamiento de los mecanismos de control de calidad para los mediadores. Varios participantes en la consulta pública afirmaron que la mediación no era todavía lo suficientemente conocida y que seguía siendo necesario un "cambio cultural" para asegurar que los ciudadanos confiaran en la mediación. Señalaron también que los jueces y tribunales seguían siendo reacios a remitir a las partes a la mediación". Por todo ello, el Parlamento Europeo en su *Resolución de 12 de septiembre de 2017, sobre la aplicación de la Directiva 2008/52/CE* recomienda a los Estados miembros que "intensifiquen sus esfuerzos para fomentar el recurso a la mediación en litigios civiles y mercantiles".

Cuestiones todas ellas que, pueden suponer un antes y después tanto para los Mecanismos Alternativos de Resolución de Conflictos (MASC), como para la mediación en particular. Pues bien, este trabajo se centra en las modificaciones más relevantes en materia de mediación incluidas en la iniciativa legislativa; ahora bien, teniendo en cuenta que, como consecuencia de la disolución anticipada del Congreso de los Diputados y del Senado por Real Decreto 400/2023, de 29 de mayo, de disolución del Congreso de los Diputados y del Senado y de convocatoria de elecciones, quedaron precipitadamente inconclusos una serie de procedimientos legislativos, como ocurrió con el PLMEP; puede señalarse que, el futuro de esta iniciativa en lo que se refiere a los MASC es relativamente incierta[6]. De ahí que, en las páginas que siguen, no se trate de hacer un análisis exhaustivo de la misma, sino de destacar las propuestas más relevantes al objeto de analizar si, en efecto, con la introducción de este texto normativo, se fomentará e instaurará la mediación como medio adecuado de solución de controversias o si se hace necesario apostar por otro tipo de medidas y/o alternativas a las reformas legales.

2. EL PROYECTO DE LEY DE MEDIDAS DE EFICIENCIA PROCESAL DEL SERVICIO PÚBLICO DE JUSTICIA

El Proyecto de Ley de Medidas de eficiencia procesal del servicio público de Justicia se integra dentro de la llamada "Estrategia de Justicia 2030"[7], que está enmarcado y conectado con el "Plan de Recuperación, Transformación y Resiliencia"[8]. Como proclama la Exposición de Motivos en su apartado I, a la vista de las insuficiencias estructurales de nuestro sistema de justicia y teniendo en cuenta la escasa eficiencia de las soluciones que sucesivamente se han ido implantando para reforzar la Administración de Justicia como servicio público, se considera necesario que la ciudadanía

---

6 Cabe reseñar que, como conmemoración del Día Europeo de Mediación de este año 2024, se organizó un evento por el Ministerio de Justicia en el que se confirmó la apuesta y mejora del Proyecto de Ley de Medidas de eficiencia procesal donde aparecen regulados los MASC y la propia mediación como elemento de procedibilidad antes de acudir a la vía judicial. *Vid.* Luisa Sánchez "Justicia mantiene su apuesta por los MASC y la mediación como claves de la futura ley de eficiencia procesal", *Economist & Jurist*, 25 de enero de 2024.

7 *Vid.* https://www.justicia2030.es/.

8 *Vid.* https://planderecuperacion.gob.es/ y https://next-generation-eu.europa.eu/index_es.

perciba a la justicia como "algo propio, como algo cercano, eficaz, entendible y relativamente rápido". Por ello, se trata de afianzar que el acceso a la justicia suponga la consolidación de derechos y garantías de la ciudadanía, que su funcionamiento como servicio público se produzca en condiciones de eficiencia operativa y que la transformación digital de nuestra sociedad reciba traslado correlativo en la Administración de Justicia. Además, a lo expuesto se añade la necesidad de adaptar las actuales estructuras de la justicia ante el gran impacto de la crisis sanitaria en la vida social y en la vida empresarial y en pleno desarrollo de la sociedad tecnológica no sólo para hacer frente a las dificultades de actuación diaria de los tribunales y para superar el reto de ofrecer un servicio público eficiente y justo a la ciudadanía, sino también para incorporar los valores de interdependencia, solidaridad y humanismo en la justicia, lo que se considera esencial para la paz social[9].

Por tanto, el Proyecto contiene tres bloques de disposiciones; el Título I, contiene un conjunto de preceptos que constituyen la inserción en nuestro ordenamiento jurídico de los medios adecuados de solución de controversias, distintos al proceso judicial; el Título II reúne las reformas procesales tendentes a una mayor agilización en la tramitación de los procedimientos judiciales; y, finalmente, todo lo concerniente a la implementación de nuevas tecnologías de la información y la comunicación en el servicio público de Justicia, queda recogido en el Título III.

Cabe señalar, el reciente Real Decreto-ley 6/2023, de 19 de diciembre, que aprueba medidas urgentes para la ejecución del Plan de Recuperación, Transformación y Resiliencia en materia de servicio público de justicia, función pública, régimen local y mecenazgo así, en su Libro I regula todo lo referente a las medidas de eficiencia digital y procesal del servicio público de justicia.

Por tanto, las páginas que siguen se centran en las reformas previstas en el PLMEP, relativas a la inserción en nuestro ordenamiento jurídico de los medios adecuados de solución de controversias —no contenidas en el reciente Real Decreto-ley 6/2023— distintos al proceso judicial y en particular a la mediación; al objeto de hacer un análisis de las más relevantes al efecto de evidenciar en qué medida suponen una apuesta real por la

---

9 Esther Pillado, "Algunas reflexiones sobre el tratamiento de la mediación en el Anteproyecto de ley de medidas de eficiencia procesal del servicio público de justicia" en *Nuevos hitos en la gestión de controversias: Estado, Justicia, Educación y Empresa* (Madrid: Dykinson, 2021), 263-292.

consolidación de la mediación como medio de gestión y/o solución de conflictos en el ámbito civil y mercantil[10].

3. EL TRATAMIENTO DE LA MEDIACIÓN EN EL PROYECTO DE LEY DE MEDIDAS DE EFICIENCIA PROCESAL DEL SERVICIO PÚBLICO DE JUSTICIA

En primer lugar, debe valorarse de forma positiva y constructiva toda iniciativa que permita gestionar un cambio en nuestro sistema de justicia y más, cuando se pretende incorporar a nuestro ordenamiento jurídico métodos de gestión y/o resolución de conflictos que se fundamentan en el uso del diálogo y la negociación; por tanto, el Proyecto supone un impulso importante en la materia. Ahora bien, antes de proceder a analizar las disposiciones más relevantes en materia de mediación contenidas en el PLMEP; una lectura detenida del Proyecto nos lleva a entender que con este texto no se trata de impulsar la mediación en la medida en que sería necesario para consolidar esta institución en nuestro territorio. Es claro que este texto constituye un estímulo importante para el cambio del sistema de justicia en nuestro país; como refiere la Exposición de Motivos en su apartado II "el servicio público de Justicia debe ser capaz de ofrecer a la ciudadanía la vía más adecuada para gestionar su problema. En unos casos será la vía exclusivamente judicial, pero en muchos otros será la vía consensual la que ofrezca la mejor opción". No obstante, la norma deja entrever que la intención de esta iniciativa legislativa es descongestionar los tribunales más que impulsar en este caso el uso de la mediación y por tanto, ofrecer respuestas más adecuadas y de mayor calidad; como también se expone en el anteriormente citado apartado II "se trata de potenciar la negociación entre las partes, directamente o ante un tercero neutral, partiendo de la base de que estos medios reducen el conflicto social, evitan la sobrecarga de los tribunales y son igualmente adecuados para la solución de la inmensa mayoría de las controversias en materia civil y mercantil".

En segundo lugar, la mediación propiamente dicha, parece diluirse en cuanto se regula junto con otras vías de resolución de conflictos, entre las que se incluyen la conciliación privada, la oferta vinculante confidencial o la opinión de experto independiente. Por tanto, no se tiene en cuenta

---

10 Así, la disposición final 6ª PLMEP introduce la modificación de la Ley 5/2012, de 6 de julio, de mediación en asuntos civiles y mercantiles.

la regulación de esta institución en nuestro ordenamiento, tanto a nivel europeo como estatal y autonómico, así como una implantación, si bien desigual, en las distintas comunidades autónomas.

Y, en tercer lugar, al incluirse en el Proyecto la mediación junto con otros medios de gestión extrajudicial del conflicto, las previsiones que regulan de forma genérica los distintos métodos de resolución de conflictos, también son de aplicación a la mediación. En este sentido, el PLMEP modifica algunos preceptos de la Ley 5/2012; al igual, que recoge otras propuestas de reforma de la LEC, así como de la Ley de Asistencia Jurídica Gratuita que afectan de forma directa a la configuración de la mediación.

3.1. Concepto y ámbito de aplicación de la mediación

El Proyecto en su artículo 1 recoge una amplia definición de los medios adecuados de solución de controversias en vía no jurisdiccional y, por tanto, alude a "cualquier tipo de actividad negociadora" a la que se acude de buena fe para alcanzar una solución extrajudicial del conflicto ya sea por sí mismas o con la intervención de un tercero neutral. Dicha definición ha obligado a reformar el art. 1 Ley 5/2012 que concibe la mediación como un medio adecuado de solución de controversias en que dos o más personas mediadas intentan voluntariamente, a través de un "procedimiento estructurado", alcanzar por sí mismas un acuerdo con la intervención de un mediador.

En primer lugar, debe destacarse el hecho de que se haga referencia al carácter procesal de la mediación tal como hace la Directiva 2008/52/CE del Parlamento Europeo y del Consejo de 21 de mayo de 2008 sobre ciertos aspectos de la mediación en asuntos civiles y mercantiles que la denomina "procedimiento estructurado". Se delimita de este modo su alcance, con el objetivo de diferenciarla de otras posibles modalidades facilitadoras con las que guarda afinidad, algunas de ella consideradas en el PLMEP. Es así que, toda persona mediadora debe explicar y dejar claro en la sesión informativa de mediación la flexibilidad del procedimiento, así como de sus actuaciones, pero siempre enmarcando su hacer dentro de un procedimiento "estructurado" con sus respectivas fases y sesiones, el cual conferirá a las partes seguridad y confianza en esta institución[11].

---

[11] Como refiere John Haynes, *Fundamentos de la Mediación familiar. Manual práctico para mediadores* (Madrid: Gaia, 1993) cuanto más coherente y organizado sea el procedimiento, más sencillo será para los participantes.

En segundo lugar, debe reseñarse la introducción del término "adecuado", denominación que ha sido cuestionada por cuanto pudiera llevar al equívoco de considerar el proceso judicial o el arbitraje, entre otros, como mecanismos de resolución de controversias no adecuados para resolver las mismas, al no estar contemplados en el Título I PLMEP relativo a los Medios adecuados de solución de controversias en vía no jurisdiccional[12]. Si bien, debe señalarse que, en ocasiones, el proceso judicial no se presenta como el método más apropiado para dar una adecuada respuesta a determinados conflictos. Esta apreciación, no implica renunciar a la innegable transcendencia y necesidad del proceso judicial, sino valorar otros mecanismos complementarios para la Administración de Justicia que puedan ofrecer una mejor solución o una respuesta más adecuada y así preservar el proceso judicial para aquellos casos donde sea realmente imprescindible[13].

Por otra parte, no se ha procedido a modificar el art. 2 Ley 5/2012, lo que genera dudas sobre la extensión del ámbito de aplicación de la mediación si lo comparamos con el apartado 2 del art. 3 PLMEP; a saber, mientras el art. 2 Ley 5/2012 lo limita a los "asuntos civiles o mercantiles, incluidos los conflictos transfronterizos, siempre que no afecten a derechos y obligaciones que no estén a disposición de las partes en virtud de la legislación aplicable", el apartado 2 del art. 3 PLMEP mantiene esa misma exclusión de las materias no disponibles para las partes con excepción de los "efectos y medidas previstos en los artículos 102 y 103 CC". Esta discordancia entre los dos preceptos debe entenderse sin duda como un error del texto normativo y debe salvarse entendiendo la aplicación a la mediación del apartado 2 del art. 3 PLMEP, pese al carácter de ley especial de la Ley 5/2012; en otro caso, nos encontraríamos ante la paradoja de que si se trata de alguno de los medios adecuados de solución de controversias a los que genéricamente se refiere el PLMEP es posible alcanzar un acuerdo sobre las medidas previstas en los arts. 102 y 103 CC, mientras que el

---

12 Fernando Martín, "Mediación y sistema de justicia: a propósito de las reformas legislativas para la eficiencia procesal de la administración de justicia y la incorporación de los denominados "medios adecuados de solución de controversias", *Revista la Ley mediación y arbitraje, n° 12, Sección Doctrina* (2022): 1-30 (https://revistas.laley.es).

13 Emiliano Carretero, "El modelo de "obligatoriedad mitigada" de los MASC, *Diario La Ley, n° 10256, Sección Doctrinas* (2023): 1-14 (https://revistas.laley.es); Sonia Calaza, Verónica López y Ixusko Ordeñana, *Medios adecuados de solución de controversias,* (Madrid: La Ley, 2023).

mismo no procedería en una mediación. En este sentido, debe reseñarse que este Proyecto, hubiera sido un buen momento legislativo, para perfilar y replantear la citada discordancia, analizada por la doctrina en relación con el ALEP[14].

3.2. La mediación como requisito de procedibilidad

Tal y como se ha expuesto, el PLMEP alude a la mediación —junto con otros métodos de negociación previa— como requisito de procedibilidad en los asuntos civiles y mercantiles —incluidos los asuntos de familia—; no obstante, en su Exposición de Motivos, apartado II señala que "no podrán ser sometidos a medios adecuados de solución de controversias, ni aún por derivación judicial, los conflictos que afecten a derechos y obligaciones que no estén a disposición de las partes en virtud de la legislación aplicable ni los que versen sobre alguna de las materias excluidas de la mediación conforme a lo dispuesto en el artículo 87 ter de la Ley Orgánica 6/1985, de 1 de julio, del Poder Judicial, sin perjuicio de la posible aplicación de los medios adecuados de solución de controversias a los efectos y medidas previstos en los artículos 102 y 103 del Código Civil".

En esta misma línea se planteaba el ALIM, que en su art. 2, que modificaba la LEC, introducía la denominada "obligatoriedad mitigada" de la mediación; superando así el vigente modelo de mediación basado en el carácter exclusivamente voluntario de la misma[15]. Esta medida, no suponía la obligación de someterse a un procedimiento de mediación; de tal manera que, en numerosas materias se establecía la mediación extrajudicial previa como presupuesto procesal para la admisión a trámite de la demanda y se regulaba la derivación a mediación intrajudicial. En este sentido, se instauraba únicamente como obligatorio asistir a la sesión informativa y a una primera sesión explicativa del conflicto como aparece recogido en el ALIM o como refiere el PLMEP modificando el art. 6 Ley 5/2012 "a efectos procesales, se entenderá cumplido este requisito con la celebración, al me-

---

14 Pillado, "Algunas reflexiones sobre el tratamiento de la mediación en el Anteproyecto de ley de medidas de eficiencia procesal del servicio público de justicia", 263-292.

15 La propia Directiva 2008/52/CE, en su art. 5.2 permite que la legislación nacional de los distintos Estados miembros estipule la obligatoriedad de la mediación o la someta a incentivos y sanciones, ya sea antes o después de la incoación del proceso judicial, siempre que ello no impida a las partes el ejercicio de su derecho de acceso al sistema judicial.

nos, de una sesión inicial ante el mediador, siempre que quede constancia en la misma del objeto de la controversia y demás requisitos establecidos en el art. 17. A dicha sesión habrán de asistir las partes, personalmente si se trata de personas físicas, y el representante legal o persona con facultad para transigir, si se trata de personas jurídicas".

Ahora bien, aunque el PLMEP sigue la misma dirección marcada por el ALIM, este va mucho más allá no sólo porque el citado Anteproyecto se refería únicamente al intento de mediación como requisito de procedibilidad y no a otros medios de solución de conflictos, sino también porque se mantenía la voluntariedad de la mediación y sólo en relación a determinadas materias, que el propio texto recogía, estaban obligadas las partes a intentar la mediación con carácter previo al acceso a la vía judicial[16]. El PLMEP modifica el art. 6 Ley 5/2012, desapareciendo la previsión relativa a la voluntariedad de la mediación, y señalándose en su lugar que "la mediación es uno de los medios adecuados de solución de controversias a los que las partes pueden acudir para intentar encontrar una solución extrajudicial a la controversia y cumplir con el requisito de procedibilidad previsto en el artículo 403.2 de la Ley 1/2000, de 7 de enero, de Enjuiciamiento Civil".

Llegados a este punto, y teniendo en cuenta que, tal y como está configurado el intento de mediación en el PLMEP, es claro que no existe vulneración del derecho a la tutela judicial efectiva al obligar a las personas en conflicto a acudir simplemente a una sesión informativa o sesión inicial; y, por otro lado, el hecho de establecer un requisito previo de acceso a la jurisdicción no afectaría el acceso a la misma[17]. Además, una sesión informativa no debe considerarse parte del procedimiento de mediación; en esta sesión se explica detalladamente a las personas intervinientes las características de este procedimiento ante un determinado conflicto —sopesando las distintas alternativas de gestión y/o solución— para posteriormente decidir libremente entre las distintas opciones que tienen a su disposición. Incluso, de optar por esta, todavía como paso previo a la mediación, se encuentra la firma del acta constitutiva. Por otro lado, realizar cualquier tipo de mandato, consideración o recomendación para que las partes asistan

---

16 *Vid.* Art. 3 ALIM que recoge la modificación de la Ley 5/2012, de 6 de julio, de mediación en asuntos civiles y mercantiles, en concreto del art. 6 Ley 5/2012.

17 *Vid.* Óscar Daniel Franco, "Impacto de la Tutela Judicial Efectiva sobre el modelo de mediación de conflictos en España". *Revista Confluencia: análisis, experiencias y gestión de conflictos,* N° 10, (2014): 125-154.

a una sesión informativa, no atenta contra el principio de voluntariedad, siempre que la misma se mantenga tanto para aceptar iniciar, proseguir o abandonar el procedimiento de mediación. En definitiva, tanto la vía de acudir a los tribunales como la vía de continuar con el proceso iniciado siempre quedaría abierta[18].

Así las cosas, la mediación obligatoria como requisito de procedibilidad permitiría proporcionar información a los "posibles usuarios" del sistema judicial sobre la existencia de la mediación como mecanismo más adecuado para gestionar y/o solucionar determinados conflictos, favorecería una estrategia preventiva de conflictos inadecuadamente gestionados; y, así mismo, contribuiría a la implantación de la mediación como institución alternativa o más adecuada, incrementando su difusión y presencia entre los particulares[19]. No obstante, aun valorando de forma positiva los beneficios que reportaría esta regulación, sería más acertado en un primer momento —fruto de esa falta de cultura en nuestra sociedad— establecer la posibilidad de que una vez iniciado el proceso judicial —en cualquier fase procesal e independientemente de una posible derivación anterior— que la autoridad judicial, a iniciativa propia o a petición de una de las partes o de los abogados o de otros profesionales, deriven a las personas en conflicto a una sesión informativa de mediación, de carácter obligatorio, en función del caso en concreto. Con ello, se podría evitar-de ser el caso— que el modelo de mediación obligatoria como requisito de procedibilidad se llegase a convertir en un mero trámite y que por consiguiente la mediación se desvirtúe provocando el efecto contrario[20]. De ahí la necesidad de que

---

18 Óscar Daniel Franco, "La sesión informativa obligatoria en la mediación intrajudicial en España", *Diario La Ley*, Nº 8486 (2015): 6-12 (http://laleydigital.laley.es).

19 Como apunta Silvia Barona (*Mediación en asuntos civiles y mercantiles en España. Tras la aprobación de la Ley 5/2012, de 6 de julio* (Valencia: Tirant lo Blanch, 2013) "uno de los múltiples argumentos que se barajaron a favor de la mediación obligatoria fue el de la necesidad de generar hábitos y cultura de mediación...".

20 Si se analizan las estadísticas de aquellos países que en Europa adoptaron un modelo de mediación obligatoria como requisito de procedibilidad, la realidad dista mucho de ser la idónea; como señalan Eduardo Vázquez y Leticia García ("La mediación a debate, ¿hacia la voluntariedad mitigada?, *Anuario de mediación y solución de conflictos*, Nº 3 (2015): 21-36 (https://www.editorialreus.es/revistas/anuario-de-mediacion-y-solucion-de-conflictos/) "en estos países ha sucedido lo mismo que sucedió con la conciliación en España cuando se establecía como requisito de procedibilidad en la jurisdicción civil y su escaso éxito práctico llegó a convertirlo en un trámite inútil que debía sortearse cuanto antes para acceder al proceso judicial, hasta que en 1984 volvió a configurarse como meramente facultativo".

se consolide la mediación como complemento del proceso y, por tanto, la obligatoriedad de asistencia a la sesión informativa de mediación por mandato judicial en función del caso en concreto; si bien, haciendo uso de fórmulas más persuasivas y no basándose tanto en la imposición. Ahora bien, una vez que esta institución se haya consolidado como complemento del proceso, no debe descartarse la posibilidad de que la misma se configure como requisito de procedibilidad en determinados tipos de conflictos[21].

3.3. La confidencialidad de la mediación

El principio de confidencialidad se configura como uno de los principios de mayor trascendencia en el procedimiento de mediación, además de constituirse como una condición indispensable para el éxito de la propia institución.

A tenor de lo dispuesto en la Ley 5/2012, cabe considerar el estudio del principio de confidencialidad desde una doble perspectiva: objetiva y subjetiva.

Desde el punto de vista objetivo, el art. 9.1 Ley 5/2012 señala que "el procedimiento de mediación y la documentación utilizada en el mismo es confidencial"; derivándose de esta previsión que el principio de confidencialidad afecta a toda la información, verbal (sesiones de mediación) o documental, obtenida en el trascurso del procedimiento de mediación; no obstante, este principio de confidencialidad no es absoluto, como se desprende del apartado 2 del citado artículo, al establecerse supuestos concretos en los que la información obtenida en la mediación está excepcionada de la previsión general de reserva; en concreto, "a) Cuando las partes de manera expresa y por escrito les dispensen del deber de confidencialidad. b) Cuando, mediante resolución judicial motivada, sea solicitada por los jueces del orden jurisdiccional penal". Además, esta norma prevé un supuesto concreto de confidencialidad en su art. 21.3 Ley 5/2012, así, la persona mediadora comunicará a las personas mediadas la celebración de las reuniones que tengan lugar por separado con alguna de ellas, sin perjuicio de la confidencialidad sobre lo tratado, por ello, el mediador no podrá ni comunicar ni distribuir la información o documentación que la parte le hubiera aportado, salvo autorización expresa de esta.

---

21 Blanca Otero, *La mediación intrajudicial en supuestos de ruptura de pareja* (Madrid: La Ley, 2021).

Desde el punto de vista subjetivo, el principio de confidencialidad afecta tanto a las personas mediadas como a la persona mediadora e instituciones de mediación, así como a otras personas que hayan intervenido en el procedimiento de mediación, como pueden ser los abogados o familiares de las partes o los peritos, etc. o que hayan tenido contacto con el mismo, como pueden ser los mediadores en formación, como se desprende del art. 9 Ley 5/2012. Por otro lado, el art. 9.2 Ley 5/2012 se refiere a "los mediadores o personas que participen en el procedimiento de mediación" quienes "no estarán obligados a declarar o aportar documentación en un procedimiento judicial o en un arbitraje sobre la información derivada de un procedimiento de mediación o relacionada con el mismo", es decir, las personas mediadoras no pueden ser llamadas como testigos en un proceso judicial posterior.

Teniendo en cuenta la importancia de la confidencialidad en la mediación, el ALIM recoge una serie de medidas llamadas a mejorar el tratamiento a la mediación, y, por tanto, añade un apartado 4 al art. 283 LEC en el cual se contempla que los documentos que formen parte de la negociación desarrollada en el seno de un procedimiento de mediación están sujetos a confidencialidad de conformidad con lo dispuesto en las leyes, y en ningún caso podrán constituir fuentes de prueba del posterior proceso. Exceptuándose el contenido del acta normalizada de las sesiones que emita el mediador a los efectos previstos legalmente. Asimismo, el PLMEP recoge en su art. 8 esa doble perspectiva subjetiva y objetiva de la confidencialidad de los métodos adecuados de resolución de conflictos en términos similares al art. 9 Ley 5/2012 y, por tanto, la iniciativa legislativa recoge la armonización de la previsión que hace el PLMEP respecto de la confidencialidad, con lo que dispone, hoy en día, la Ley 5/2012[22].

No obstante, el PLMEP en su disposición final sexta recoge una propuesta de modificación del contenido del art. 9 Ley 5/2012, que introduce una nueva excepción al deber de confidencialidad que trata de permitir la aportación de la documentación derivada del procedimiento de mediación "cuando se esté tramitando la impugnación de la tasación de costas y solicitud de exoneración o moderación de las mismas según lo previsto en el artículo 245 de la Ley 1/2000, de 7 de enero, de Enjuiciamiento Civil y a esos únicos fines, sin que pueda utilizarse para otros diferentes ni en procesos posteriores". En este sentido, la inclusión de esta excepción a la confidencialidad permitiría que la información vertida en el procedimiento de

---

22 Martín, "Mediación y sistema de justicia: ...".

mediación saliese del mismo, utilizando e incorporando como prueba la propuesta que se formuló en mediación a fin de evidenciar que la misma era sustancialmente coincidente con la resolución que finalmente dictó el tribunal, sin que se entienda muy bien por qué el prelegislador ahora considera que, en esta fase, la confidencialidad ya ha cumplido su función y, por tanto, ya no es importante[23]; por tanto, debe afirmarse que esta previsión pone en entredicho la propia esencia de esta institución y con esta reforma se estaría desvirtuando la mediación en sí misma. En definitiva, estamos ante uno de los temas más cuestionables de la norma proyectada.

3.4. La mediación intrajudicial

En lo referente a la mediación intrajudicial, el PLMEP modifica los arts. 415, 429, 443 y 456 LEC, preceptos que regulan la celebración de la audiencia previa en el juicio ordinario y de la vista en el juicio verbal y las disposiciones generales del recurso de apelación, así como los arts. 565 y 776 LEC, para regular la posible derivación judicial a medios adecuados de solución de controversias cuando los procedimientos judiciales se encuentren en primera instancia, apelación o ejecución. Y también los arts. 722, 724 y 730 LEC sobre las medidas cautelares en el caso de intento de medios adecuados de solución de controversias, arbitrajes y litigios extranjeros.

Si bien, debe reseñarse que tal y como se proyectan los citados artículos en el PLMEP, debe entenderse que no resulta necesaria la fundamentación de la derivación basada en el posible acuerdo; dado que, la obtención de un acuerdo no es el único objetivo de un procedimiento mediación. El procedimiento de mediación es concebido como un método o instrumento que pretende alcanzar un determinado objetivo a través de la intervención activa de un tercero y de la participación de las personas mediadas; aunque la principal finalidad del procedimiento de mediación es la consecución de un acuerdo, el mismo no es considerado como único objetivo y resultado de un procedimiento de mediación[24]. Aunque, es cierto que las

---

[23] Emiliano Carretero, "El controvertido tratamiento de las costas procesales en el Proyecto de Ley de medidas de eficiencia procesal del servicio público de justicia", *Diario La Ley,* nº 10274, Sección Doctrina (2023): 1-15 (http://laleydigital.laley.es).

[24] Como refiere Raquel Alastruey ("Mediación familiar". En *Problemática actual de los procesos de familia. Especial atención a la prueba,* 1st ed. J. M. Bosch (2018): 373-392. "Lo interesante de la mediación como método de gestión de un conflicto es que el mediador propicia una reflexión diferente que habilita el cambio. Se dirige

personas en conflicto cuando acuden a un procedimiento de mediación y deciden someter su controversia a este método, lo único que buscan es la solución de la controversia mediante un acuerdo, es posteriormente, al finalizar la mediación, con acuerdo total o parcial o sin acuerdo[25], cuando son conscientes de las otras ventajas que les ha reportado la mediación[26].

Otra de las modificaciones que se plantean, guarda relación con la solicitud de inicio del procedimiento de mediación; así, el PLMEP modifica el art. 16 Ley 5/2012, estableciendo en su apartado 1 d) que el procedimiento de mediación podrá iniciarse "por derivación judicial o del letrado de la Administración de Justicia, previa conformidad de las partes en los términos previstos en las leyes procesales". Si bien, debe señalarse que la redacción que propone el PLMEP, al exigir que todas las partes manifiesten su conformidad con la derivación, contraviene con el valor que la norma le pretende dar a los métodos adecuados de solución de controversias en su integración y complemento de la Administración de Justicia; por tanto,

---

a que la persona en conflicto recupere las tres "R": racionalidad, razonabilidad y responsabilidad. Las partes deciden qué hacer con sus reflexiones. Si no hay acuerdo las partes saben por qué no lo desean y si lo hay existe, desde luego, un consentimiento bien informado".

25 Coincidiendo con el valor positivo que tiene el acuerdo parcial como refiere Barona (*Mediación en asuntos civiles y mercantiles en España…*) "el acuerdo como toma de decisión de las partes en relación con su conflicto puede —y así sucede en muchas ocasiones— no abarcar a todo el conflicto, dando lugar a la diferenciación entre acuerdo total y acuerdo parcial. El primero ofrece una respuesta de consenso de todo el conflicto, mientras que el segundo tan solo cierra el conflicto respecto de una parte del mismo, lo que puede analizarse desde un punto de vista negativo —sigue existiendo conflicto entre las partes— o desde un punto de vista positivo, se ha reducido notablemente el conflicto y esta reducción se ha producido por voluntad trabajada de las partes (…)".

26 Como refieren Rafael Cabrera y Rafael López, *La mediación civil, mercantil y concursal,* (Madrid: Wolters Kluwer, 2018) "el acuerdo es el resultado pretendido por las partes que acuden a un procedimiento de mediación, por lo que la culminación de éste con acuerdo puede entenderse como un resultado de éxito satisfactorio". No obstante, son significativas las conclusiones a las que llega el Informe Estadístico ["Mediación intrajudicial de España: datos de 2015" del CGPJ, (2015): 4 (http://www.poderjudicial.es/)] "Alcanzar acuerdo en mediación familiar supone, necesariamente, una vía de diálogo que se concreta en una menor conflictividad procesal a posteriori. Además, se viene comprobando que la mera participación de las partes en los procesos de mediación reduce, aunque no se llegue al acuerdo, el tono del conflicto".

sería conveniente que la derivación judicial no requiriese la conformidad de todas las partes implicadas.

3.5. La sesión inicial en el procedimiento de mediación

La sesión informativa de mediación es considerada como el instrumento más eficaz para dar a conocer este procedimiento de gestión y/o resolución de conflictos, dado que puede determinar que las personas en conflicto acepten o desistan de la mediación antes de comenzar. De esta manera, el contenido de la misma resulta de gran relevancia, especialmente, si se considera que para la mayoría de las personas es el primer contacto con la mediación, al igual que puede ser el primer contacto para los letrados. Así, sirve para que conozcan sus características y ventajas frente al sistema judicial.

Esta sesión tiene un carácter meramente informativo, no debiéndose considerar parte del procedimiento de mediación, dado que en esta sesión se explican detalladamente a las personas intervinientes las características de este procedimiento ante un determinado conflicto; así el art. 17.1. II Ley 5/2012 establece una serie de contenidos sobre los que la persona mediadora informará.

Además de los contenidos señalados, toda persona mediadora para realizar una buena sesión informativa debe ir más allá de la exposición y explicación de los contenidos expuestos y recogidos en el art. 17 Ley 5/2012, cuestión que guarda relación con lo que con acierto fue planteado por el legislador en el ALIM cuando se refiere a la sesión informativa y a la exploración del conflicto.

A este respecto, en una sesión informativa no es suficiente con que la persona mediadora transmita simplemente las cuestiones a las que hace referencia el art. 17 Ley 5/2012 y que explique la mediación en abstracto sin adecuar la información al "propio conflicto de las personas implicadas" sino que ha de hacerse de forma tal que las partes logren la confianza absoluta de que realmente la mediación es el método más adecuado para intentar gestionar y dar solución a su conflicto. Todo ello, sin que los mismos se sientan presionados, puesto que la presión puede provocar reactancia y rechazo en ellos, así como en sus letrados[27].

---

27 Emiliano Martín, Cristina del Álamo y Cristina González, "Mediación familiar intrajudicial: reflexiones y propuestas desde la práctica", *Revista de Mediación,* nº 3

En este sentido, el PLMEP no hace ningún tipo de alusión a este extremo, limitándose únicamente a cambiar la nomenclatura de la sesión informativa, para pasar ahora a denominarse "sesión inicial"; si bien, podría entenderse que también hace alusión a la necesidad de exploración del conflicto, al recoger en la nueva redacción del art. 17 Ley 5/2012 el que "las partes habrán de manifestar durante la sesión el objeto de la controversia para que el intento de mediación pueda entenderse como suficiente para considerar cumplido el requisito de procedibilidad previo a la interposición de la demanda", cuestión recogida en el actual art. 19 Ley 5/2012, cuando regula el contenido del acta de la sesión constitutiva. No obstante, no debería de perderse la oportunidad, en la tramitación del Proyecto, de perfilar más esta cuestión y definir más el contenido de esta sesión inicial enfocada a la necesidad de exploración del conflicto[28].

3.6. Asistencia letrada en el procedimiento de mediación

Como novedad destacada, no debe dejar de mencionarse lo contemplado en el PLMEP que modifica el art. 13 Ley 5/2012 que recoge que "el mediador facilitará la comunicación entre las partes y velará por que dispongan de la información y asesoramiento suficientes. La asistencia de los abogados de las partes a cada una de las sesiones de mediación, de haber varias, será consensuada con las partes y el mediador y su inasistencia a alguna de ellas no invalidará el procedimiento de mediación cuando así se haya acordado". Asimismo, en el art. 5 PLMEP establece que "las partes podrán acudir a cualquiera de los medios adecuados de solución de controversias asistidas de abogado" siendo esta asistencia letrada preceptiva "cuando se utilice como medio adecuado de solución de controversias la formulación de una oferta vinculante, excepto cuando la cuantía del asunto controvertido no supere los 2.000 euros o bien cuando una ley sectorial no exija la intervención de letrado o letrada en la realización o aceptación de la oferta". Por tanto, por primera vez, una iniciativa legislativa, realiza

---

(2009): 6-15 (https://www.imotiva.es/revista-de-mediacion/).

28 Como señala Verónica López ("Mediación y proceso judicial, instrumentos complementarios en un Sistema integrado de Justicia Civil", *Práctica de tribunales: revista de derecho procesal civil y mercantil*, nº 137 (2019) (http://laleydigital.laley.es) "este es, precisamente, el elemento diferencial que ignoran quienes entienden este encuentro de las partes plenamente coincidente con el fracasado "acto de conciliación" incorporado a la norma de 1984, al que auguran la misma suerte".

una previsión legal expresa de participación de los profesionales de la abogacía en el procedimiento de mediación.

Regulación que permite que las personas mediadas puedan solicitar la asistencia letrada siempre y mientras sea aceptada por las mismas, con la finalidad de permanecer informadas y asesoradas, y así poder tomar las mejores decisiones, o como mínimo, decisiones informadas.

En este sentido, debe entenderse que será la persona mediadora quien, atendiendo a las circunstancias particulares de la situación, valore la conveniencia de la presencia de los letrados en el transcurso del procedimiento, tanto en las sesiones individuales como en las sesiones conjuntas, manteniendo en todo caso una igualdad entre las personas mediadas. El mediador tendrá que valorar cada una de las circunstancias, pero bien es cierto que su participación puede favorecer el desarrollo del procedimiento de mediación cuando se estén abordando temas económicos o patrimoniales, para así agilizar el procedimiento de mediación e ir acordando cada uno de los temas con toda la información; o incluso, puede ser favorable su participación, como una estrategia disponible por parte de la persona mediadora, en caso de que las personas mediadas se encuentren ante una situación de bloqueo o de no salida.

Por último, resulta conveniente que las personas mediadas cuenten con el asesoramiento de sus respectivos letrados al finalizar el procedimiento de mediación, antes de proceder a la firma del acuerdo de mediación; es aconsejable que el mediador invite a los respectivos letrados a la firma del acuerdo para revisar el documento o que les envíe el documento para su revisión, bien a través de sus clientes o directamente. Es importante que el abogado les asesore sobre la legalidad del acuerdo y sobre las consecuencias jurídicas del mismo.

3.7. La duración del procedimiento de mediación

El art. 20 Ley 5/2012, concreta una previsión de duración del procedimiento de mediación de un máximo de tres meses, a contar desde la recepción de la solicitud por el mediador, en los casos en los que se opte por el intento de mediación como requisito de procedibilidad. Previsión que claramente viene vinculada a no demorar el acceso a los órganos jurisdiccionales en los supuestos en los cuales las personas mediadas acepten iniciar el procedimiento de mediación en cumplimiento del requisito de procedibilidad y no alcancen un acuerdo en el seno de la mediación.

Ahora bien, esta diferenciación en el plazo máximo de duración de la mediación vinculada al requisito de procedibilidad puede generar ciertas distorsiones y llegar a ser contraproducente. Por tanto, sería más razonable unificar los plazos y establecer de forma genérica un plazo máximo de extensión de todo procedimiento de mediación[29]. En este sentido, se pueden tomar como referencia las legislaciones autonómicas de mediación familiar que por regla general, establecen límites temporales máximos, así la duración de la mediación no podrá ser superior a tres meses (a contar desde la celebración de la sesión inicial), con posibilidad de ampliación, de forma excepcional, por otros tres para la consecución del acuerdo o los Convenios firmados para el desarrollo de programas de mediación intrajudicial familiar, donde se establece que, con el objeto de conseguir la mayor eficacia, el procedimiento de mediación no puede tener una duración superior a tres meses[30].

3.8. El coste del procedimiento de mediación

Otra de las novedades, guarda relación con el coste del procedimiento, en este sentido, debe señalarse la propuesta de reforma del art. 6 Ley 1/1996 que planteaba el ALIM con el propósito de introducir la mediación como una prestación incluida dentro del sistema de justicia gratuita, propuesta que seguía la misma línea que la Ley 24/2018, de 5 de diciembre, de la Generalitat, de mediación de la Comunidad de Valencia; como refiere su Exposición de Motivos en el apartado III, esta modificación es de precisa coherencia con el objetivo perseguido en la reforma, es decir, con la clara apuesta por la resolución de los conflictos mediante la mediación y ese "acercar y dar a conocer" este método alternativo al ciudadano.

En este sentido, el PLMEP en su disposición adicional primera se refiere al coste de la intervención del tercero neutral, en los supuestos en que la utilización del medio adecuado de resolución de controversias sea requisito de procedibilidad antes de acudir a los tribunales de justicia y para aquellos otros en que la intervención del tercero neutral se produzca por derivación de dichos tribunales una vez iniciado el proceso, así "las Administraciones con competencias en materia de Justicia podrán establecer, en su caso, cuanto tengan por conveniente para sufragar el coste de la intervención de dicho tercero neutral, en todo o en parte, con cargo a fondos

---

[29] Martín, "Mediación y sistema de justicia: ...".

[30] *Vid.* https://www.poderjudicial.es/cgpj/es/Temas/Mediacion/.

públicos y para aquellas personas en quienes concurran los requisitos que se establezcan a tal efecto, en la medida en que los medios adecuados de solución de controversias permitan reducir tanto la litigiosidad como sus costes, siempre de acuerdo con las disponibilidades presupuestarias".

En definitiva, tanto en la actualidad como en las reformas que se plantean, no hay uniformidad de criterios en torno a quién y cómo ha de hacerse frente a los costes derivados de un procedimiento de mediación y si las personas mediadas han de pagar por dicho servicio, de ahí que se haga necesario unificar criterios y que el ciudadano tenga los mismos beneficios independientemente del lugar donde resida y por tanto, que la intervención mediadora esté incluida como una prestación dentro del sistema de justicia gratuita, siempre que se reúnan las condiciones para acogerse al derecho a justicia gratuita según los requisitos establecidos en la Ley 1/1996[31].

Ahora bien, como novedad destacada, debe señalarse que la disposición final tercera del PLMEP añade un nuevo apartado 11 al citado art. 6 1/1996 que hace referencia a "los honorarios de los abogados que hubieren asistido a las partes, cuando acudir a los medios adecuados de solución de controversias sea presupuesto procesal para la admisión de la demanda, resulte de la derivación judicial acordada por los jueces, juezas, los tribunales, los letrados o las letradas de la Administración de Justicia o sea solicitada por las partes en cualquier momento del procedimiento, siempre que tal intervención de los abogados sea legalmente preceptiva o cuando, no siéndolo, su designación sea necesaria para garantizar la igualdad de las partes".

3.9. Registro de mediadores e instituciones de mediación

El Registro de mediadores e instituciones de mediación, dependiente del Ministerio de Justicia, tiene la finalidad de facilitar el acceso de los ciudadanos a este medio de solución de controversias a través de la publicidad de los mediadores profesionales y las instituciones de mediación (art. 8 RD 980/2013). El Director General de los Registros y del Notariado es el responsable del Registro, a los efectos de lo previsto en la Ley Orgánica 3/2018, de 5 de diciembre, de Protección de Datos Personales y garantía

---

[31] Blanca Otero, *La mediación intrajudicial en supuestos de ruptura de pareja ...*

de los derechos digitales, ante el que se ejercerán los derechos de acceso, rectificación, cancelación y oposición (art. 10.2 RD 980/2013).

La inscripción de la persona mediadora en el Registro facilita el que las personas interesadas en resolver su conflicto a través de la mediación puedan encontrar el mediador que necesiten, en función de la actividad profesional, la especialidad o el área geográfica.

Conforme regula el art. 11 RD 980/2013, se configura un modelo de inscripción voluntaria de los mediadores, el cual difiere del generalmente establecido por el legislador autonómico que prevé la inscripción obligatoria como requisito para el ejercicio de la actividad mediadora[32].

Ahora bien, aun no estableciéndose la obligatoriedad de la inscripción, el legislador sí que "insta" a los mediadores e instituciones a inscribirse y, así se señala en el Preámbulo RD 980/2013 que "la regulación del Registro de Mediadores e Instituciones de Mediación hace de él una pieza importante para reforzar la seguridad jurídica en este ámbito, en la medida que la inscripción en el mismo permitirá acreditar la condición de mediador, que plasmada en el acta inicial de una mediación será objeto de comprobación tanto por el notario que eleve a escritura pública el acuerdo de mediación, como el juez que proceda a la homologación judicial de tales acuerdos"[33].

En este sentido, el PLMEP viene a introducir un nuevo apartado 4 al art. 11 Ley 5 /2012, y establece la exigencia de inscripción de la persona mediadora en el Registro de Mediadores e Instituciones de Mediación dependiente del Ministerio de Justicia o, en su caso, en los registros de mediadores habilitados por las comunidades autónomas. Obligatoriedad que claramente redundará en una mayor seguridad jurídica, al no existir en la actualidad ningún colegio profesional de mediadores, ni la necesidad de colegiación para ejercer como mediador. Lo importante es que todas las personas mediadoras que cumplan los requisitos establecidos por las Leyes e instituciones de mediación estén inscritas, ya sea en Registros autonómi-

---

32 A modo de ejemplo, entre otros, es de inscripción voluntaria el Registro de Mediación Familiar de Andalucía y de inscripción obligatoria el Registro de Mediadores Familiares de Aragón, el Registro de Personas Mediadoras de la Comunidad Autónoma de Cantabria, el Registro de Mediadores Familiares de la Comunidad de Castilla y León, el Registro de Mediadores Familiares de Galicia, el Registro de Mediadores Familiares de la Comunidad de Madrid, el Registro de Personas Mediadoras del País Vasco y el Registro de Personas Mediadoras de Valencia.

33 Apdo. 3, Preámbulo RD 980/2013.

cos, o en el del Ministerio de Justicia, con la finalidad de que se ejercite algún tipo de control sobre la formación inicial y continua de todo aquel profesional que ejerza como mediador y así mismo, se brinde la seguridad jurídica pertinente a las personas en conflicto y se confieran las garantías necesarias de todo el procedimiento de mediación.

En definitiva, esta nueva regulación coadyuvaría a mejorar la calidad y buenas prácticas en la consagración de la institución de mediación y la buena prestación de servicios por parte de las personas mediadoras[34].

4. ALTERNATIVAS A LAS REFORMAS LEGALES

Una vez analizadas las propuestas más significativas planteadas en el PLMEP en relación con la mediación, debe señalarse que este texto constituye un estímulo importante para un cambio del sistema de justicia en nuestro país. Si bien, como se ha analizado, con la norma proyectada, no se trata de impulsar la mediación en la medida en que sería necesario para consolidar esta institución en nuestro territorio. De ahí que, para el caso de que finalmente este Proyecto llegue a promulgarse, para que se favorezca una implantación efectiva de la mediación, sería indispensable una propuesta de mayor calado, como la que en su día se proponía en el ALIM.

No obstante, para una consolidación efectiva de la mediación, dejando al margen las iniciativas legislativas —que claramente, en el caso que prosperen, favorecerán la implantación de los MASC— sería preciso aunar sinergias y apostar por un proyecto común entre los profesionales de la abogacía, la judicatura y la sociedad en general a fin de impulsar los MASC y en concreto la mediación[35].

En primer lugar, ya en las Recomendaciones para la Abogacía en la Mediación elaboradas por el CGAE, se establece que “la abogacía, desde el conocimiento y la formación necesaria, habrá de realizar un análisis detallado del conflicto para recomendar a sus clientes el mecanismo adecuado de resolución de conflictos, entre los que se encuentra el procedimiento de mediación. Se recomienda tomar en consideración los elementos diferen-

---

[34] Leticia García, *Mediación en conflictos familiares: Una construcción desde el derecho de familia* (Madrid: Reus, 2006).

[35] *Vid.* Pascual Ortuño, “La ley de eficiencia procesal, de nuevo en la sala de espera”, *LA LEY mediación y arbitraje,* N° 16, Sección Tribuna, Tercer trimestre (2023): 1-11 (http://laleydigital.laley.es).

ciadores de los diversos mecanismos (vía judicial, arbitraje, negociación, derecho colaborativo, mediación...), sus principios y garantías y, esencialmente, la flexibilidad, la voluntariedad, el grado de autocomposición, el papel de los terceros y la confidencialidad y su ajuste a las necesidades e intereses de sus clientes"[36]. De este modo, el letrado, una vez analizado el conflicto, debe informar y asesorar a su cliente sobre los distintos mecanismos para la gestión y/o solución de este[37]. De ahí que el papel de los profesionales de la abogacía sea esencial en relación con la mediación, dado que, una voluntad decidida recomendando a sus clientes este procedimiento y concibiendo a la persona mediadora como un ayudante para lograr una negociación más efectiva[38], contribuiría a fomentar y consolidar claramente la mediación como sistema de justicia. Igualmente, como señala ORTUÑO MUÑOZ un cambio en la mentalidad por parte de la ciudadanía respecto a la valoración del trabajo de los profesionales de la abogacía en los diferentes métodos negociales fomentaría su aplicación, y, en consecuencia, sus honorarios profesionales deberían ser, como mínimo, los mismos que los que se generan por la llevanza y dirección letrada de un pleito en los juzgados[39].

Ahora bien, todo ello debe venir acompañado de una formación sólida y rigurosa del profesional de la abogacía, teniendo en cuenta la concepción clásica del abogado tradicional, formado en todas las ramas de las

---

36 Consejo General de la Abogacía Española, *Recomendaciones para la Abogacía en la Mediación*. 1-8 (https://www.abogacia.es).

37 La Comisión Europea para la eficacia de la Justicia de diciembre de 2007 ya indicaba en un Documento sobre las líneas directrices para mejorar la aplicación de la Recomendación del año 1999 sobre la mediación penal, que los códigos de conducta de los abogados deberían comportar una obligación o una recomendación para éstos de tomar medidas tendentes a proporcionar información y proponer a las partes, cuando sea apropiado, el recurso de la mediación víctima delincuente, así como solicitar a las autoridades competentes la derivación del asunto a mediación. Así véase como ejemplo, el art. 13.9. e) [Ilustre Colegio de Abogados de Madrid, "Código deontológico del Ilustre Colegio de Abogados de Madrid" 2002, (https://web.icam.es/) que establece la obligación de poner en conocimiento del cliente, entre otras cosas, las "soluciones alternativas al litigio".

38 María Rosario García, "Guía de mediación para abogados", *Diario La Ley*, Nº 7828 (2012): 17 (http://laleydigital.laley.es).

39 Ortuño, "La ley de eficiencia procesal, de nuevo en la sala de espera" ...

ciencias jurídicas, educado para litigar y ganar ante los tribunales, y la escasa tradición de otras formas de resolución de conflictos en nuestro país[40].

En segundo lugar, el juez desempeña una función trascendental en la implantación y consolidación de la mediación intrajudicial, dado que es quien debe promover y facilitar activamente este procedimiento como mecanismo complementario de gestión y solución de conflictos dentro de los juzgados, de ahí que del interés y conocimiento del juez, de la información y formación sobre la mediación y del apoyo que se le preste desde el CGPJ como desde otras instituciones dependa el que este tipo de mediación se muestre eficaz y se consolide en el tiempo.

En este sentido, debe resaltarse la triple función que se le otorga al juez en el *Protocolo para la implantación de la mediación familiar intrajudicial*; a saber, en primer término, el juzgador deberá promover los acuerdos necesarios con el resto de las personas y estamentos que han de involucrarse en el proceso para la puesta en marcha del servicio de mediación. En segundo lugar, el juez deberá evaluar los casos concretos en los que es recomendable intentar un procedimiento de mediación y el momento procesal en que deba realizarse, ya que cualquier familia, con sus singulares características, puede ser apta para someterse a un procedimiento de mediación, o tal vez, no sea lo más recomendable. Por lo tanto, lo correcto es que el magistrado examine caso a caso antes de enviarlos a la sesión de mediación, ya que gran parte del éxito posterior depende de la derivación y las condiciones de esta. Por último, el juez debe realizar recomendaciones a los ciudadanos, contando con la colaboración de sus abogados para que acudan, al menos, a una primera entrevista conjunta, que debe hacer siempre con criterios de proximidad a las funciones judiciales[41].

Ahora bien, si ponemos el foco de atención en la práctica diaria de nuestros tribunales, debe señalarse que no se impulsa el empleo de la mediación intrajudicial y por ende, se sanciona, desde el punto de vista de las estadísticas y consiguientemente, de las retribuciones, el hecho de que las

---

1.1 [40] *Vid.* Sonia Calaza, Ixusko Ordeñana, (Dir.), *Innovación docente en la universidad:* los medios adecuados de solución de controversias (MASC) como último elemento de la ciencia procesal y su enseñanza-aprendizaje, Madrid: Dykinson, 2023.

[41] Teresa Martín, Margarita Pérez y José Luis Utrera, "Protocolo para la implantación de la mediación familiar intrajudicial en los juzgados y tribunales que conocen de procesos de familia", *Revista de mediación*, Nº. 4, (2009): 12-35 (https://www.imotiva.es/revista-de-mediacion/).

personas en conflicto consigan acuerdo[42]. De ahí que, en la actualidad, el éxito o fracaso de la mediación intrajudicial dependa de la actitud y colaboración de cada uno de los jueces.

Por todo ello, se hace preciso que la mediación intrajudicial se instaure como un instrumento complementario al proceso judicial en todo el territorio y que el mismo no venga a depender del voluntarismo, sensibilidad e implicación de los órganos judiciales en los distintos proyectos piloto de mediación. Es el momento de una efectiva implantación y de un empuje institucional —por parte del CGPJ y de las distintas Administraciones— que contribuya a la consolidación de la mediación intrajudicial como un método de gestión y/o solución de conflictos con el que alcanzar soluciones efectivas y eficientes que contribuyan a la satisfacción y bienestar de los ciudadanos.

Y, por último, es necesario crear un registro de mediaciones a nivel nacional que recoja todas las especificidades de los procedimientos de mediación, tanto extrajudiciales como intrajudiciales, que se desarrollen en nuestro territorio. Asimismo, en relación con la mediación intrajudicial y su incidencia en el proceso, es conveniente que el CGPJ articule los mecanismos necesarios para que, trimestral o semestralmente, los Letrados de la Administración de Justicia de manera coordinada con los equipos de mediación, remitan además de los datos que actualmente se les solicitan, los efectos procesales de los procedimientos derivados a mediación.

Todo ello contribuiría a medir y visibilizar la realidad de los procedimientos de mediación lo que favorecería un mayor conocimiento de este método de resolución de conflictos por parte de la sociedad en general.

BIBLIOGRAFÍA

Alastruey, Raquel, "Mediación familiar". En *Problemática actual de los procesos de familia. Especial atención a la prueba,* 1st ed. J. M. Bosch, 373-392, 2018.

Barona, Silvia, *Mediación en asuntos civiles y mercantiles en España. Tras la aprobación de la Ley 5/2012, de 6 de julio,* Valencia: Tirant lo Blanch, 2013.

Cabrera, Rafael y López, Rafael, *La mediación civil, mercantil y concursal,* Madrid: Wolters Kluwer, 2018.

---

42 **Grupo Europeos de Magistrados por la Mediación** (GEMME) "Aproximación valorativa de la implantación de la mediación intrajudicial en España. Convenio de Colaboración CGPJ-GEMME, Propuestas". Madrid (2018): 1-13 (https://mediacionesjusticia.com).

Calaza, Sonia, López, Verónica y Ordeñana, Ixusko, *Medios adecuados de solución de controversias,* Madrid: La Ley, 2023.

Calaza, Sonia y Ordeñana, Ixusko, *Innovación docente en la universidad:* los medios adecuados de solución de controversias (MASC) como último elemento de la ciencia procesal y su enseñanza-aprendizaje, Madrid: Dykinson, 2023.

Carretero, Emiliano, "El modelo de "obligatoriedad mitigada" de los MASC, *Diario La Ley, nº 10256, Sección Doctrinas* (2023): 1-14 (https://revistas.laley.es).

Carretero, Emiliano, "El controvertido tratamiento de las costas procesales en el Proyecto de Ley de medidas de eficiencia procesal del servicio público de justicia", *Diario La Ley,* nº 10274, Sección Doctrina (2023): 1-15 (http://laleydigital.laley.es).

Franco, Óscar Daniel, "Impacto de la Tutela Judicial Efectiva sobre el modelo de mediación de conflictos en España". *Revista Confluencia: análisis, experiencias y gestión de conflictos,* Nº 10, (2014): 125-154.

Franco, Óscar Daniel, "La sesión informativa obligatoria en la mediación intrajudicial en España", *Diario La Ley,* Nº 8486 (2015): 6-12 (http://laleydigital.laley.es).

García, María Rosario, "Guía de mediación para abogados", *Diario La Ley,* Nº 7828 (2012). (http://laleydigital.laley.es).

García, Leticia, *Mediación en conflictos familiares: Una construcción desde el derecho de familia,* Madrid: Reus, 2006.

Haynes, John, *Fundamentos de la Mediación familiar. Manual práctico para mediadores,* Madrid: Gaia, 1993.

López, Verónica, "Mediación y proceso judicial, instrumentos complementarios en un Sistema integrado de Justicia Civil", *Práctica de tribunales: revista de derecho procesal civil y mercantil,* nº 137 (2019) (http://laleydigital.laley.es).

Martín, Emiliano, Del Álamo, Cristina y González, Cristina, "Mediación familiar intrajudicial: reflexiones y propuestas desde la práctica", *Revista de Mediación,* nº 3 (2009): 6-15 (https://www.imotiva.es/revista-de-mediacion/).

Martín, Teresa, Pérez, Margarita y Utrera, José Luis, "Protocolo para la implantación de la mediación familiar intrajudicial en los juzgados y tribunales que conocen de procesos de familia", *Revista de mediación,* Nº. 4, (2009): 12-35 (https://www.imotiva.es/revista-de-mediacion/).

Martín, Fernando, "Mediación y sistema de justicia: a propósito de las reformas legislativas para la eficiencia procesal de la administración de justicia y la incorporación de los denominados "medios adecuados de solución de controversias", *Revista la Ley mediación y arbitraje, nº 12, Sección Doctrina* (2022): 1-30 (https://revistas.laley.es).

Martín, Fernando, "Nuevos escenarios para impulsar la mediación en derecho privado: ¿conviene que sea obligatoria?" *Práctica de Tribunales,* Nº 137, La Ley 3520/2019, Wolters Kluwer (2019): 1-2 (https://revistas.laley.es).

Otero, Blanca, *La mediación intrajudicial en supuestos de ruptura de pareja* (Madrid: La Ley, 2021).

Ortuño, Pascual, "La ley de eficiencia procesal, de nuevo en la sala de espera", *LA LEY mediación y arbitraje,* Nº 16, Sección Tribuna, Tercer trimestre (2023): 1-11 (http://laleydigital.laley.es).

Pillado, Esther, "Algunas reflexiones sobre el tratamiento de la mediación en el Anteproyecto de ley de medidas de eficiencia procesal del servicio público de justicia" en *Nuevos hitos en la gestión de controversias: Estado, Justicia, Educación y Empresa,* 263-292, Madrid: Dykinson, 2021.

Sánchez Luisja, "Justicia mantiene su apuesta por los MASC y la mediación como claves de la futura ley de eficiencia procesal", *Economist & Jurist*, 25 de enero de 2024.

Vázquez, Eduardo y García, Leticia, "La mediación a debate, ¿hacia la voluntariedad mitigada?, *Anuario de mediación y solución de conflictos*, Nº 3 (2015): 21-36 (https://www.editorialreus.es/revistas/anuario-de-mediacion-y-solucion-de-conflictos/).

La supervisión en relación con la práctica de la mediación

EMILIA OFELIA PASOLEA
Ayudante Doctora
Universidad Carlos III de Madrid

SUMARIO: 1. INTRODUCCIÓN. 2. APROXIMACIÓN AL CONCEPTO DE SUPERVISIÓN. 3. CONTEXTOS PRESENTES EN LA SUPERVISIÓN EN MEDIACIÓN. 4. SUPERVISIÓN DEL DESEMPEÑO DE LOS PROFESIONALES QUE EJERCEN LA MEDIACIÓN. 4.1. OBJETIVOS DE LA SUPERVISIÓN. 4.2. MODALIDADES Y FORMAS DE SUPERVISIÓN. 4.2.1. SUPERVISIÓN INTERNA Y EXTERNA. 4.2.2. SUPERVISIÓN INDIVIDUAL Y GRUPAL. A) SUPERVISIÓN INDIVIDUAL. B) SUPERVISIÓN GRUPAL. 4.2.3. PERFIL DEL SUPERVISOR. 4.2.4. SUPERVISIÓN DE LOS PROGRAMAS DE MEDIACIÓN. A) SUPERVISIÓN DE LOS PROGRAMAS DE MEDIACIÓN IMPLANTADOS EN LOS JUZGADOS. B) SUPERVISIÓN POR PARTE DE LOS ÓRGANOS JUDICIALES. BIBLIOGRAFÍA.

1. INTRODUCCIÓN

La supervisión de la labor del mediador supone un importante instrumento de control de calidad y profesionalidad del procedimiento de mediación. La práctica de la supervisión en mediación ya es común en otros países donde lleva muchos años implantada, ejemplo de ello encontramos en México, Chile, Argentina, Reino Unido, etc.[1] En España, es menos co-

---

1 Para garantizar la calidad del ejercicio profesional de los mediadores, Chile creó un Sistema Nacional de Mediación licitado, destinado a la contratación de los servicios de mediadores familiares, que garantiza la adecuada cobertura de estos servicios a nivel nacional y cuya gestión y administración corresponde a la Unidad de Mediación del Ministerio de Justicia. En el año 2011 se puso en marcha una metodología de carácter cuantitativa y cualitativa denominada "Evaluación de la calidad del proceso de mediación familiar" (ECAME), a través de la cual se busca conseguir un sistema permanente de supervisión y mejora continua de la calidad de la mediación familiar. El instrumento de evaluación, conocido como pauta ECAME cuenta en la actualidad con varias etapas, a través de los cuales permite valorar conductas y competencias definidas previamente y que han de poner en práctica los mediadores en el proceso de mediación. Dicha valoración se basa en: una observación por parte de un equipo de supervisión, a través del uso de la video grabación, es seguida de una autoevaluación del mediador observado, una retroalimentación del supervisor y la entrega de un informe completo puntuado

nocida en el campo de la mediación y por tanto menos aplicada. No obstante, hay otras profesiones en las que se aplica con muy buenos resultados asumiéndose como habitual. Se trata de aquellos campos donde los profesionales han de afrontar dilemas o conflictos ajenos, sobre los cuales han de intervenir, pero sin influir sobre las decisiones de los otros.

2. APROXIMACIÓN AL CONCEPTO DE SUPERVISIÓN

Para ayudar a comprender mejor el significado de la supervisión, así como el alcance del término, realizamos un recorrido de aproximación al concepto que nos acerque a la supervisión en mediación.

La palabra supervisión proviene etimológicamente de las palabras latinas "super" que significa *sobre* y "videre" que significa *ver*, y que traducida significa *visión desde arriba, mirar desde arriba, mirar desde lo alto.* Si nos remitimos a la RAE la define como "Acción y efecto de supervisar."[2] Como una primera aproximación, supervisar hace referencia al acto de observar o estudiar algo con una visión global y a cierta distancia[3]. Esta aceptación sugiere la idea de control y evaluación.

---

sobre su proceso de mediación, finalizando el proceso con un taller participativo. En Reino Unido encontramos la Quality Mark, es un conjunto de estándares de calidad aplicables a los prestadores de servicios legales de mediación y al cuidado de los clientes, que fueron diseñadas para garantizar la calidad de la información y el asesoramiento que se brinda con fondos públicos.

Se trata de un programa de control de calidad muy completo que tiene en cuenta las siguientes áreas: objetivos organizacionales, capacitación de mediadores, administración de casos, el equipo de profesionales, la relación con otras instituciones que trabajan en la misma área y el acceso al servicio.

Los criterios de calidad están organizados en siete áreas y cada organización ha de pasar evaluaciones y auditorías para conservar su certificación de calidad respecto a: acceso al servicio, red de contacto social, dirección de la organización del servicio de mediación, gestión del personal, funcionamiento interno del servicio, satisfacer las necesidades del servicio y el compromiso con la calidad. Con carácter anual, las organizaciones certificadas, han de someterse a una auditoría de supervisión a fin de determinar si mantienen el cumplimiento de los estándares de la certificación.

2 "Real Academia Española", [versión 23.3 en línea], 2020, https://dle.rae.es [fecha de consulta: 4 de marzo de 2024].

3 María José Aguilar Idáñez, *Introducción a la supervisión.* (Buenos Aires: Lumen, 1994), 29.

La supervisión nació y se desarrolló en los ámbitos psicosociales, pero no es una práctica exclusiva de este ámbito, sino que se ejerce en diferentes campos tales como la educación, el empresarial y la salud. Es especialmente útil para los profesionales que ejercen prácticas vinculadas a la atención o ayuda a las personas, es decir, en aquellas profesiones en las cuales es importante el manejo de las relaciones, siendo una herramienta clave en los procesos de calidad de las organizaciones. Los contextos preferentes para aplicar la supervisión son aquellos en los que los profesionales disponen ya de un potente bagaje, tanto teórico como técnico, y buscan mejorar profesionalmente a través de espacios de reflexión e intercambio de experiencias[4], constituyendo así, una oportunidad para el pensamiento, la reflexión y la búsqueda de la excelencia.

Si nos remitimos a las funciones de la supervisión en su concepción más clásica encontraremos tres: la administrativa, la educativa y la de apoyo.

La función administrativa está relacionada con el desarrollo y el análisis institucional, orientada a la consecución de mejora en los servicios que se ofrecen a sus usuarios, todo ello, en concordancia con los recursos disponibles. Se supervisa la estructura y la organización de la institución a través de seguimiento, control y evaluación[5].

La función educativa es una herramienta de ayuda para la reflexión y revisión del ejercicio profesional, así como un espacio de contraste entre el marco teórico-conceptual y la práctica cotidiana de un equipo de trabajo. Lo que algunos autores denominan "un método pedagógico", en la que la supervisión es entendida como una reflexión sobre la práctica que permite la revisión de la teoría[6]. Esta tipología de supervisión ayuda a mantener la profesionalización y a mejorar las propias actuaciones, teniendo como finalidad orientar, apoyar y reforzar a los profesionales con el objetivo de mejorar sus capacidades y la calidad de sus intervenciones.

De otro lado, la supervisión orientada al apoyo persigue asistir a los profesionales supervisados a superar dificultades que se presentan en el ejercicio de su trabajo, a fin de mejorar y prestar un servicio de mejor calidad.

---

4 Carmina Puig i Cruells, "La Supervisión Profesional En El Ámbito Social", *Revista Perspectivas Sociales. Universidad Autónoma de Nuevo León, México* 13, nº 1 (2011): 1-17.

5 Aguilar Idáñez, *Introducción a la supervisión.*, 41.

6 Teresa Sheriff y Eddy Sánchez, *Supervisión en trabajo social*, 2ª ed. (Buenos Aires: Ecro, 1976).

La práctica de la supervisión ha ido evolucionando y en la actualidad ha incorporado otras orientaciones tales como instrumento de asesoramiento para profesionales, supervisión dirigida a la iniciación profesional o la formación continua, evaluación del desempeño, aprendizaje a través de la supervisión como elementos enfocados a la consecución de la calidad y la mejora de los servicios[7].

De este modo, el concepto de supervisión hoy en día se percibe como un elemento de evaluación y ayuda, a través de los cuales se persigue la enseñanza, orientación, el asesoramiento y el perfeccionamiento, fundamentando sus principios sobre la relación de confianza y trabajo conjunto entre supervisor y supervisado, porque la emergencia de nuevos fenómenos y la interpelación de las funciones de las instituciones genera la necesidad de plantear nuevas perspectivas sobre la supervisión y la acción profesional[8].

A la luz de las consideraciones realizadas, parece acertado definir la supervisión como un proceso sistemático de control, seguimiento, evaluación, orientación, asesoramiento y formación, de carácter administrativo y educativo, que lleva a cabo una persona en relación con otras, sobre las cuales tiene cierta autoridad a fin de lograr la mejora en el rendimiento del personal, aumentar su competencia y asegurar la calidad de los servicios[9].

Autores de referencia en la materia aluden a teorías desarrolladas en las ciencias humanas y sociales centradas en la práctica de la supervisión, y que nos sirven de guía para adaptar la supervisión al tema que nos interesa, la supervisión en mediación.

---

7 No obstante, aunque la práctica de la supervisión ha ido evolucionando, señala PUIG que esta "no ha cambiado ni su objetivo, que es la mejora de la actividad profesional, ni sus funciones, que aún con denominaciones diferentes (de aprendizaje en vez de educativa, afectiva o emocional en vez de apoyo) mantienen su vigencia. En cambio, se ha abandonado definitivamente la idea de verificación y control" Carmina Puig Cruells, *La supervisión en la acción social. Una oportunidad para el bienestar de los profesionales*, 1ª ed. (Tarragona: Publicacions URV, 2016), 36.

8 Puig Cruells, 36.

9 Aguilar Idáñez, *Introducción a la supervisión.*, 32.

3. CONTEXTOS PRESENTES EN LA SUPERVISIÓN EN MEDIACIÓN

Poníamos de manifiesto anteriormente, que el término *supervisión* se acuñó en el campo de la formación en ámbito psicosocial. Aunque no es específico de la supervisión en mediación, los contenidos básicos que trata pueden ser adaptados y trasladados al ámbito de la mediación.

En el campo de la mediación, disponemos de referencias que identifican la supervisión del trabajo de las personas que ejercen como mediadores como trascendental, aunque en muchos países la supervisión en mediación se constituye como una opción, utilizada con poca o escasa frecuencia. Como posible causa de su baja aplicación podemos señalar dos factores: la escasez de supervisores con una adecuada formación y capacidad especifica en este campo y la falta de claridad en cuanto al proceso en sí se refiere.

Basándonos en los datos expuestos, entendemos la supervisión como una actividad que se sustenta sobre el análisis de la actividad profesional, un trabajo sobre el trabajo, un meta-trabajo que se sitúa en la interfaz entre el aprendizaje, la formación, la educación y el apoyo y calidad. Desde esta perspectiva, la supervisión en mediación puede ser entendida como un contexto de seguridad y crecimiento personal y profesional que promueve la reflexión y el autoconocimiento[10], y que a su vez, ofrece una visión general sobre las actividades y las condiciones profesionales. En definitiva, lo que se busca a través de la supervisión es asegurar la calidad de la actuación de cualquier mediador respecto a las partes del proceso, los protocolos del servicio y la observancia de buenas prácticas, con ausencia de riesgos para las partes y la organización[11].

---

10 En este sentido señala Campos Vidal que "No se trata de que un experto juzgue nuestras intervenciones y casos para emitir un juicio, o que el supervisor nos indique cuáles son nuestros puntos débiles o fuertes tras un diagnóstico. Esta manera de pensar y ejercer la supervisión, no solo es obsoleta, sino que, a ciencia cierta, es contraproducente. La supervisión actual ha abandonado la tentación del control, fundamentándose en la relación de confianza y en la alianza entre supervisor y supervisado. Dicho, en otros términos, la supervisión es eficaz si se dan condiciones voluntarias para la colaboración y si se asume el compromiso para con los clientes finales de la mediación. Porque en el fondo se trata de eso: si yo estoy bien y lo hago cada vez mejor, mis clientes saldrán beneficiados, yo me sentiré competente y la mediación se verá reforzada." José F. Campos Vidal y Josefa Cardona Cardona, "La supervisión de la mediación, un instrumento para la calidad", *Revista Actualidad Civil. La Ley*, nº 6 (2014): 644-51.

11 M. Lourdes Fernández Manzano, "La calidad de los servicios de mediación: el compromiso ético de las entidades que los gestionan, la supervisión de la labor

Las investigaciones sobre supervisión indican que según sea el objetivo perseguido, las prácticas de supervisión se sitúan habitualmente entre dos supuestos: técnico-institucional o relacional-clínico.

Distinguimos entre la supervisión relacionada con el cumplimiento de las normativas ejercida por una entidad superior y la supervisión relacionada con la práctica de los profesionales. En el primer supuesto, es el Ministerio de Justicia, que a través de distintas entidades estatales ejerce la supervisión orientada hacia una vertiente administrativa, relacionada con la gestión, dirección y calidad de servicios que, en definitiva, está enfocada a buscar la eficacia y la calidad de la mediación. En este sentido, podemos señalar que España desarrolla un modelo de supervisión que delega las funciones entre el Ministerio de Justicia a quien le corresponde la organización del Registro de mediadores y las instituciones de mediación, encomendar en éstas últimas la responsabilidad de la formación y calidad de las mediaciones[12]. Algunas CC.AA. han delegado esta responsabilidad en las Consejerías competentes, siendo éstas las responsables de evaluar los procesos de mediación, elaborar propuestas de mejora, mantener relaciones oportunas con el órgano judicial etc.[13] Referente a este último, Soleto

---

mediadora y la formación de los mediadores, instrumentos clave para alcanzarla", en *Mediación es Justicia. El impacto de la Ley 5/2012, de mediación civil y mercantil*, de Mª Elena Lauroba Lacasa y Pascual Ortuño Muñoz, 1ª ed. (Barcelona: Huygens, 2014), 80.

12 Emiliano Carretero Morales, *La mediación civil y mercantil en el sistema de justicia* (Madrid: Dykinson, 2016), 219.

13 La Ley 4/2001, de 31 de mayo, reguladora de la mediación familiar, establece en su art. 17. Bajo rubrica *Seguimiento, control y evaluación de la mediación familiar*, que corresponde a la Consejería competente en materia de familia, a través de la unidad orgánica que se determine reglamentariamente, ejercer las siguientes funciones: "*a) Realizar el estudio y promoción de las técnicas de mediación familiar, delimitando, en su caso, normas de buena práctica que habrán de ser seguidas por las personas mediadoras. b) Mantener las relaciones oportunas con la autoridad judicial en orden a potenciar e instrumentar las actividades de mediación familiar. c) Facilitar el acceso a esta institución como medida de apoyo a la familia en las situaciones de conflicto. d) Designar a la persona mediadora cuando no lo hagan las partes. e) Ofrecer apoyo y asesoramiento a los mediadores cuando estos lo precisen para el mejor desarrollo de su actividad. f) Evaluar los procesos de mediación y resolver las cuestiones que se planteen en los mismos. g) Homologar la formación y calificación de los mediadores familiares. h) Coordinar, controlar y gestionar el Registro de Mediadores Familiares. i) Elaborar los informes que sean requeridos y elevar las propuestas que se estimen necesarias en orden a mejorar la implantación y potenciación del servicio de mediación. j) Divulgar cumplidamente la institución de la mediación familiar.*"

Muñoz clasifica la supervisión en mediación respecto al trabajo de los mediadores y al trabajo sobre los procesos de mediación[14].

Para un buen funcionamiento del servicio prestado por las instituciones de mediación, así como del desempeño profesional de los mediadores, se hace necesario una evaluación periódica desde una perspectiva integral.

En cuanto a la supervisión relacionada con la práctica de los profesionales, ésta supone también un importante instrumento de control orientado a la consecución de un servicio de calidad y a la vez eficiente. La supervisión de la práctica de la mediación favorece la generación de un espacio creativo, tiene un carácter dinámico y educativo, basado en las experiencias de los mediadores y en el mutuo aprendizaje de los mismos, a través de un diálogo permanente y fluido, y dota la experiencia profesional de un carácter de relevancia y excelencia.

4. SUPERVISIÓN DEL DESEMPEÑO DE LOS PROFESIONALES QUE EJERCEN LA MEDIACIÓN

La supervisión se convierte en una oportunidad para la reflexión, el pensamiento y el cuidado de los profesionales de la mediación que permite la confluencia de dos áreas de interés: los aspectos técnicos y los aspectos emocionales y personales del sujeto supervisado, que sin duda marcan el camino hacia la prestación de un servicio de calidad.

Asimismo, la supervisión pone de manifiesto qué hipótesis teóricas pueden extraerse de la práctica y nos muestra si la teoría elegida es suficiente o por el contrario necesita incidir en algunos aspectos más. De esta manera, la supervisión se configura como una enseñanza personalizada y activa que permite al profesional expresarse y ser un sujeto activo en su propio proceso.

Para algunos autores la supervisión tiene un doble rol, por un lado, ayuda al mediador a acercarse a su forma ideal de actuación profesional y, por

---

14 Helena Soleto Muñoz, "Mecanismos alternativos de solución de conflictos en América Latina en justicia comunitaria" (COMJIB; EUROsociAL, julio de 2013), 73.

otro, a encontrar satisfacción personal en su quehacer, en definitiva, ser el mejor profesional posible y a la vez, disfrutar en su desempeño[15].

La práctica de la supervisión y la práctica reflexiva de la mediación, reportan garantías para el desarrollo de unas buenas prácticas puesto que permite: identificar y afrontar los conflictos individuales y las dificultades que el mediador experimenta en el marco de sus mediaciones, desarrollar estrategias concretas a fin de afrontar y superar las dificultades en el ejercicio de la mediación, descubrir las fortalezas y puntos a mejorar del mediador, facilitar el autocuidado personal del mediador[16].

Así, la supervisión de la labor mediadora, asentada así mismo sobre los valores propios de la mediación, consiste en un proceso de exploración durante o posterior a la sesión sobre lo ocurrido en el transcurso de ésta, a través de ejercicios, autoanálisis y reflexión de la práctica, lo que Foucault denomina "estética del sí mismo"[17] y Brandoni "un diálogo con uno mismo y con la experiencia."[18]

Algunos autores relacionan la supervisión de la labor del mediador con un espacio de terceridad del mismo, que garantiza un lugar neutral, desde donde observar en perspectiva la tarea realizada, donde la palabra circula en un contexto de seguridad y se puede ejercer el pensamiento crítico.[19]

---

15 Jesús Hernández Aristu, *Acción comunicativa e intervención social: trabajo social, educación social, supervisión* (Madrid: Editorial Popular, 1991),...

16 Thelma Butts Griggs, Francisco Campos Vidal, y Carmen Velasco Ramírez, "Grupo PNPM sobre calidad y código de buenas prácticas de la mediación", en *Mediación es Justicia. El impacto de la Ley 5/2012, de mediación civil y mercantil*, de Mª Elena Lauroba Lacasa y Pascual Ortuño Muñoz, 1ª ed. (Barcelona: Huygens, 2014), 260.

17 "Uno puede comportarse hacia uno mismo en el papel de un técnico, de un artesano o de un artista, quien —de tiempo en tiempo— al dejar de trabajar examina qué está haciendo, se recuerda a si mismo las reglas de su arte y compara estas reglas con lo que ha realizado de esta manera a la distancia." Tomás Abraham, *El último Foucault* (Buenos Aires: Sudamericana Señales, 2003), 386.

18 Florencia Brandoni, "Construcción de calidad en el ejercicio del mediador", en *Hacia una mediación de calidad*, de Florencia Brandoni, 1ª ed. (Buenos Aires: Paidós, 2011), 45. Sigue la autora señalando que la supervisión es "el dispositivo para alcanzar el conocimiento de uno mismo, la consciencia de sí en los espacios intersubjetivos y, en consecuencia, la construcción de la propia identidad profesional." 50.

19 Ver Patricia Valeria Aréchaga, "Pedir lo que no hay. El principio de la impotencia.", en *Hacia una mediación de calidad*, de Florencia Brandoni, 1ª ed. (Buenos Aires: Paidós, 2011), 86.

4.1. Objetivos de la supervisión

Como se ha mencionado con anterioridad, los objetivos que persigue la supervisión en mediación son muchos y diversos y pueden variar según el tipo de supervisión que se requiere: la evaluación del desempeño, mejora de la labor mediadora, el crecimiento personal, el continuo aprendizaje, perfeccionamiento de los servicios, mejora del rendimiento profesional, el aumento de competencias, enseñanza y formación permanente, elevar el nivel de conocimientos práctico y teórico etc, todos orientados a la mejora de la calidad de los servicios prestados.

Podemos distinguir entre los *objetivos específicos* relacionados con el perfeccionamiento de la práctica profesional, con la satisfacción en el ejercicio de la profesión, y con el desempeño de la práctica profesional, y los *objetivos básicos* relacionados con la enseñanza y formación permanente, ofrecimiento de servicios de calidad, socialización del profesional y elevar el nivel teórico y práctico de las actuaciones[20].

Para algunos autores de referencia en la materia la supervisión es vista como una gran oportunidad para examinar el caso y cuestionar los supuestos del mismo, un dispositivo de capacitación y perfeccionamiento, que, a través de relatos y presentación de casos, se transmite conocimiento[21].

También a través de la supervisión se pueden reconducir las dificultades y los atascos que puede encontrarse el mediador a lo largo del proceso. En este caso, se busca generar un lugar donde se identifican esas dificultades y se afrontan conjuntamente, con el objetivo de generar un espacio de competencia para el mediador que ayude a reconducir y facilitar el proceso[22].

También nos encontramos con la supervisión orientada al autocuidado profesional, cuyo objetivo es buscar y promover mecanismos de autocuida-

---

20 Ana Cano Ramírez, "La supervisión profesional" (Curso 2005/2006, Universidad de Las Palmas de Gran Canarias, s. f.).

21 Brandoni, "Construcción de calidad en el ejercicio del mediador", 45 y ss.

22 Señala Carretero Morales en este sentido que "Una buena supervisión va a permitir identificar los conflictos individuales y las dificultades que el mediador afronta en el marco de sus mediaciones, así como desarrollar estrategias de superación de dichas dificultades, mejorando las fortalezas del propio mediador." Emiliano Carretero Morales, "El mediador civil y mercantil tras la aprobación de la Ley 5/2012 y del Reglamento 980/2013", en *Mediación y resolución de conflictos: técnicas y ámbitos*, de Helena Soleto Muñoz, 3ª ed. (Madrid: Tecnos, 2017), 218.

do de los mediadores[23]. Así mismo, el bienestar profesional está estrechamente ligado a la supervisión en la medida en que ambos necesitan de la formación y el aprendizaje como base de la mejora continua de la actividad profesional, sobre todo teniendo en cuenta los actuales entornos cambiantes, en los que la flexibilidad es una condición básica[24]. En esta misma línea, aunque los mediadores dispongan de un extenso bagaje profesional, Soleto Muñoz señala la necesidad de que estos asuman el compromiso de participar en mediaciones reales supervisadas, para optimizar su aprendizaje y fortalecer sus habilidades profesionales[25].

Asimismo, la evaluación del desempeño del mediador a través de indicadores establecidos para tal fin se configura como una herramienta útil para medir la calidad de su labor y establecer en su caso elementos de mejora.

Visto el contexto que sitúa la literatura de especialidad la supervisión, podemos concluir que ésta se asienta como garante de calidad de los servicios ofrecidos en mediación y contempla la evaluación de la labor del mediar, el desarrollo y la mejora profesional como una modalidad propia de la supervisión para lograrlo[26].

4.2. Modalidades y formas de supervisión

La propuesta de la doctrina se inclina por un sistema de supervisión llamado de "evaluación entre pares o iguales", donde el supervisor es un profesional que ejerce la mediación. Esta tipología es señalada como la que genera resultados confiables y válidos, poniendo de manifiesto la importancia de realizar una retroalimentación de los resultados obtenidos con la

---

23 "Asimismo, un profesional de la mediación debe hacer algo, intencional y conscientemente, para investigar y conocer de qué manera le afecta la relación con sus clientes y cómo puede tomar medidas de protección contra el desgaste profesional. Entendemos que la supervisión es uno de los procedimientos contrastados que permiten cubrir ambas necesidades." Campos Vidal y Cardona Cardona, "La supervisión de la mediación, un instrumento para la calidad".

24 Puig Cruells, *La supervisión en la acción social. Una oportunidad para el bienestar de los profesionales*, 109.

25 Soleto Muñoz, "Mecanismos alternativos de solución de conflictos en América Latina en justicia comunitaria", 57.

26 "La supervisión en mediación es "un proceso y una relación que tiene el objetivo de revisar el "quehacer" profesional y los sentimientos que lo acompañan, así como contrastar los marcos teóricos con la praxis cotidiana de los profesionales." Puig i Cruells, "La Supervisión Profesional En El Ámbito Social".

objetividad de un profesional con experiencia[27]. Este tipo de evaluación permite morigerar el impacto del resultado (acuerdo) en la medición del desempeño del mediador evaluado, pues solo los profesionales que poseen conocimientos, preparación y destrezas similares pueden abstraerse del impacto de las estadísticas de acuerdos logrados y concentrarse en el valor del proceso.

4.2.1. Supervisión interna y externa

La supervisión externa es aquella que es desempeñada por un profesional acreditado, ajeno a la organización y, por tanto, independiente. De esta forma, se facilita la interacción entre supervisor y supervisado ya que el único vínculo que mantiene el supervisor con la institución es llevar a cabo la labor de supervisión encomendada. Cabe destacar como elemento diferenciador, la capacidad del supervisor para manejarse con autonomía y equidad al encontrarse fuera de la red de la institución. En cuanto a la elección del supervisor, éste puede ser elegido por la institución o a proposición de los profesionales del centro.

No podemos dejar de lado la importancia que tiene la supervisión de la institución que ofrece servicios de mediación. Se configura como método de investigación y análisis técnico-institucional, que se centra en identificar y solucionar situaciones relacionadas con el funcionamiento institucional, análisis de situaciones potencialmente adversas, elaboración y seguimiento de proyectos, cumplimiento de exigencias legislativas, seguimiento y propuestas de mejoras de calidad, etc.

Para llevar a cabo estas acciones, la figura del supervisor externo se configura como solución óptima ya que, desde una perspectiva ajena, posibilita la generación y canalización de ideas diferentes respecto de las situaciones tratadas. Desde la objetividad de estar "fuera" de los procesos, se pueden

---

27 Santiago de Quijano de Arana, *Sistemas efectivos de evaluación del rendimiento: resultados y desempeños. Técnicas y sistemas para la gestión y el desarrollo del personal*, 1ª ed. (Barcelona: Promociones y Publicaciones Universitarias, PPU, 1992), 97 y ss. En la misma línea se pronuncia Siegel al afirmar que "se ha encontrado una alta confiabilidad entre los juicios de los supervisores y los de los compañeros." Laurence Siegel, "Paired comparison evaluations of managerial effectiveness by peers and supervisors", *Personnel Psychology* 35, nº 4 (1982): 843-52, https://doi.org/10.1111/j.1744-6570.1982.tb02226.x.

identificar mejor los elementos de análisis, las estrategias a desarrollar, los recursos necesarios, así como los cambios o mejoras a acometer.

De otro lado, la supervisión interna es aquella llevada a cabo por un profesional que pertenece a la institución, sobre el que recae la responsabilidad del proceso de supervisión.

Cabe precisar que en la supervisión interna se pueden dar dos supuestos según el rol que desempeñe el supervisor dentro del organigrama de la institución: puede ser un compañero, en cuyo caso ejerce la supervisión en base a modelo de pares, o la puede ejercer algún cargo jerárquico, en cuyo caso, tiene la posibilidad de modificar normas o directrices, por lo que la supervisión forma parte del ejercicio de la dirección: se facilitan las funciones de planificación y se ayuda a cumplir los objetivos de la organización[28]. En este caso, la supervisión queda influida, tanto por el equipo como por el propio supervisor, por sus resultados.

4.2.2. Supervisión individual y grupal

Con independencia de la modalidad elegida para la supervisión, en la práctica se puede aplicar tanto desde una perspectiva individual como grupal, que tiene como objetivo compartido la revisión de los procesos de trabajo: *el qué hago* y *el cómo lo hago.*

a) Supervisión individual

La supervisión individual se caracteriza por ser un espacio de encuentro entre el mediador y el supervisor para la reflexión y el análisis de situación y actuación respecto de un caso llevado a cabo a través de un intercambio de experiencias, entre ambos.

Este modelo ofrece una mayor continuidad y desarrollo en la formación del profesional, ya que permite un asesoramiento continuo y personalizado, así como una retroalimentación de su actuación en el proceso. Se trata de un espacio de ayuda enfocado a reducir el miedo del supervisado a ver expuesta su experiencia, ya que el objeto no es criticar al mediador que

---

28 Puig Cruells, *La supervisión en la acción social. Una oportunidad para el bienestar de los profesionales*, 64.

expone el caso, sino extraer un saber de lo sucedido en el desarrollo del proceso de mediación[29].

Los mediadores han de ver esta herramienta, como un intercambio de experiencia coordinado por un especialista y enriquecido con sus aportes, lo que permite que sea percibido como un proceso de aprendizaje y no un sistema de control y evaluación[30]. Puede ser visto como un espacio pedagógico generado por dos sujetos que, desde distintas experiencias y saberes reconocidos por ambos, construyen un tercer escenario especifico, que se encuentra intencionadamente enfocado a compartir sus bagajes técnico para un mejor ejercicio profesional.

La supervisión individual también permite identificar la existencia de cualquier asunto personal y emocional que implique una barrera para el desarrollo de un trabajo eficaz y de calidad, facilitando al mediador apoyo para su solución.

No obstante, hay autores que advierten sobre algunas de las desventajas que conlleva la supervisión individual, poniendo de manifiesto que si no se da un alto grado de confianza, no existe confidencialidad o se producen desacuerdos entre el supervisor y el supervisado, puede bloquearse el aprendizaje, además de favorecer la idea y la conducta de dependencia del supervisor, lo que no es nada conveniente[31].

La literatura de especialidad contempla el análisis de la supervisión individual a través de dos modalidades:

a. desde una perspectiva basada en la narrativa (a través de la narración del mediador sobre su experiencia y la observación por parte del supervisor)
b. desde la experiencia de la co-mediación.

---

29 Señala Brandoni en este sentido que "en la medida que se evita la crítica y el juicio se puede dar paso a la reflexión y a la creatividad a fin de diseñar estrategias que sirvan para continuar con el caso." Brandoni, "Construcción de calidad en el ejercicio del mediador", 51.

30 Caterine Valdebenito Larenas, "Requerimientos de calidad en el ejercicio de la mediación familiar licitada en Chile. Reflexiones para su conceptualización", *Polis [En línea]*, nº 48 (5 de febrero de 2018), http://journals.openedition.org/polis/12697.

31 Puig Cruells, *La supervisión en la acción social. Una oportunidad para el bienestar de los profesionales*, 65.

Entre la doctrina, la supervisión basada en la narrativa es considerada la más tradicional. En este espacio se analiza el desarrollo de los casos y las percepciones sobre los mismos, desde la perspectiva del mediador, siendo éste el narrador de los hechos, lo que en la literatura de especialidad se llama "trabajo sobre un tercer nivel de realidad". Dicha realidad, al estar sustentada en base a los recuerdos creados para la narración a fin de comprender, explicar y transmitir los hechos acontecidos durante la sesión, no deja de ser una realidad "inventada"[32] ya que el material que se lleva a la supervisión es siempre una selección de elementos, la omisión de otros y la relaciones que se establecen entre unos y otros.[33] Por tanto, trabajar sobre bases narrativas, tiene la ventaja de que estas pueden ser progresivamente modificadas de la misma forma en que cada uno de nosotros construye sus propias historias. Desde esta perspectiva, se hace posible cambiar y mejorar introduciendo cambios narrativos que provocan cambios cognitivos que, a su vez, estimulan cambios conductuales y emocionales[34]. Esta modalidad de supervisión contempla una doble vertiente, por un lado, sirve de apoyo a los mediadores y, por otro, provee de seguridad las intervenciones de los mismos. A través de una tercera mirada se consigue mejorar la intervención y superar las barreras encontradas a lo largo del proceso, favoreciendo la incorporación de medidas que garantizan la calidad y eficiencia de la mediación. En definitiva se trata del cómo se relata el acontecimiento por parte del supervisado y cómo es entendido y recogido por el supervisor[35].

Existe otra modalidad de supervisión narrativa, basada en la observación de la sesión de mediación por parte del supervisor. En este caso el supervisor observa la sesión de mediación en directo, pero sin participar en la misma, a través de un circuito cerrado de televisión o un espejo unidireccional. Cabe señalar que en ambos casos es necesario contar con el

---

32 Como pone de manifiesto Cardona Cardona y Campos "...como ya es sabido desde la antigüedad clásica, no es tan importante aquello que nos ha sucedido sino el significado que atribuimos a aquello que nos ha sucedido." Josefa Cardona Cardona y José Francisco Campos, "Construyendo competencias: la supervisión de la mediación", en *Mediación es Justicia. El impacto de la Ley 5/2012, de mediación civil y mercantil*, de Mª Elena Lauroba Lacasa y Pascual Ortuño Muñoz, 1ª ed. (Barcelona: Huygens, 2014), 161.

33 Brandoni, "Construcción de calidad en el ejercicio del mediador", 51.

34 Cardona Cardona y Campos, "Construyendo competencias: la supervisión de la mediación", 162.

35 Juan Luis Linares, *Identidad y narrativa. La terapia familiar en la práctica clínica* (Barcelona. Buenos Aires: Paidós, 2009), 27 y ss.

visto bueno de las partes implicadas, si no se consigue la aprobación de las mismas no será posible llevar a cabo esta modalidad de supervisión.

Cabe identificar otra modalidad de supervisión llevada a cabo mediante visionado de un video grabado de la sesión de mediación, llamada "sesión clínica de mediación". En este caso el supervisor y supervisado pueden intervenir y hacer sus aportaciones en el momento que consideren oportuno. En este espacio, mediante análisis combinado teoría-práctica, se busca analizar la intervención, dando respuesta a qué se hizo, por qué, a qué objetivos respondía, qué consecuencias hubo, qué otro enfoque conceptual hubiera podido ser necesario para reconducir los procesos, etc. En definitiva, el modelo se orienta en animar a los mediadores a ir más allá de lo conocido y explorar nuevas formas de intervención. También está visto como un método valioso de enseñanza-aprendizaje, que proporciona seguridad en las intervenciones garantizando la calidad del proceso.

En cuanto a la modalidad de supervisión individual basada en la experiencia de la co-mediación, el supervisor y supervisado participan conjuntamente en la sesión de mediación, pero con roles bien definidos, que según el caso y el momento van cambiando[36]. En esta modalidad de supervisión es recomendable realizar co-mediaciones con profesionales expertos y entrenados en el desarrollo de esta modalidad.

Independientemente de cómo se lleve a cabo la supervisión, se trata de que el supervisor comparta con el mediador sus impresiones acerca del trabajo observado, teniendo presente que debe priorizar el componente pedagógico[37]. Se busca de este modo establecer un vínculo de enseñanza-aprendizaje entre ambos que favorezca la reflexión del mediador supervisado, en vistas al mejoramiento continuo de su desempeño profesional.

---

36 "En algunos casos, el supervisor será el responsable de dirigir la sesión y el supervisado observará la práctica de este. En otros casos, será el supervisado el responsable de dirigir la sesión, actuando el supervisor de observador." Cardona Cardona y Campos, "Construyendo competencias: la supervisión de la mediación", 162.

37 "No se trata de que el supervisor señale deficiencias o falta de conocimiento para la tarea, sino de ayudar al mediador a destrabar esos puntos que ofrecen una dificultad especial y que surgen inevitablemente en toda tarea que realizamos los seres humanos con otros seres humanos." Florencia Brandoni y Elena Cohen Imach, "Una discapacidad como metáfora", en *Hacia una mediación de calidad*, de Florencia Brandoni, 1ª ed. (Buenos Aires: Paidós, 2011), 143.

b) Supervisión grupal

De otro lado, la supervisión grupal se basa en las experiencias vividas por los miembros del grupo. Este espacio de supervisión igualmente garantiza un marco de trabajo que favorece la exploración, el análisis y la reflexión crítica[38], sustentado en la comprensión colectiva del grupo y su capacidad de apoyo para superar situaciones de presión, atasco y dificultad que pueden darse en el transcurso de una mediación.

Se muestra adecuada para fortalecer la identidad colectiva de equipos multidisciplinarios, potenciando dentro del grupo un ambiente propicio para generar nuevas ideas, porque este espacio trata de presentar, analizar y discutir los casos a través de las historias aportadas por el grupo. En este tipo de supervisión, se alienta a cada uno de los integrantes que hable desde su experiencia, sin pretender corregir los conocimientos del otro. El grupo se apoya mutuamente en todos los aspectos del trabajo y el aprendizaje se produce mediante la reflexión sobre las situaciones presentadas y la retroalimentación mutua, que sirven para identificar posibles actuaciones a utilizar en el futuro, mejorando así la profesionalidad. La supervisión grupal da la oportunidad a los supervisados de compartir sus experiencias sobre problemas similares a los que se encuentran en el trabajo y de contrastar las posibles soluciones que han encontrado o que se han planteado[39]. Es decir que uno encuentra allí la posibilidad de discutir, intercambiar dificultades, diferentes experiencias de aprendizaje, confrontar sentimientos, actitudes, reacciones, planes de acción que provocan los casos y situaciones presentadas, enriqueciendo al propio sujeto y al resto del grupo que alcanza una visión más amplia[40]. En este caso, el trabajo del supervisor está apoyado por la propia dinámica del grupo.

La supervisión basada en la experiencia grupal está indicada para aquellas sesiones que presentan un alto grado de complejidad o con altos niveles de problemática relacional entre las partes.

---

38 Cardona Cardona y Campos, "Construyendo competencias: la supervisión de la mediación", 163.

39 Alfred Kadushin, *Supervision in Social Work*, 2ª ed. (New York: Columbia University Press, 1985), 109.

40 Urbania Rondón, "Prácticas, escuelas de prácticas y supervisión: Relato de una Experiencia", en *Mediación es Justicia. El impacto de la Ley 5/2012, de mediación civil y mercantil*, de Mª Elena Lauroba Lacasa y Pascual Ortuño Muñoz, 1ª ed. (Barcelona: Huygens, 2014), 171.

En las sesiones, se trabaja con un supervisado protagonista que recibe las reflexiones sobre su trabajo tras presentar un caso y exponer la situación, que desde su punto de vista se ha de analizar. El objeto es recrear sucesos concretos sobre los cuales el supervisado ha encontrado dificultades o ha experimentado algún tipo de duda y que pueden derivar en situaciones no deseadas en su desempeño profesional.

Los comentarios del grupo como elemento estructural de la sesión reúnen muchas ventajas y aportan una singular riqueza de puntos de vista sobre una misma situación, sirven a los demás como motivo de reflexión sobre los casos propios[41] y animan a tener en cuenta aspectos que no se habían planteado, tanto en lo referente a la aplicación de procedimiento y técnica como en relación a las propias actitudes[42]. En este tipo de supervisión, se hace necesaria la cooperación de todos los implicados.

Desde la perspectiva de la supervisión pedagógica incluimos también aquí lo propuesto por Brandoni, el aprendizaje a través del ateneo de casos[43].

Un ateneo es un espacio de formación profesional que tiene sus antecedentes en la clínica médica y psicológica. Señala la autora, que se establece a partir de un caso que se expone por el mediador a un tercero experto y ante un auditorio para su consideración y debate. Es considerado un espacio de aprendizaje grupal, un diálogo entre formador y compañeros, donde la presentación del caso se centra en intervenciones claves, en interrogantes teóricos, en cuestionamientos técnicos, en obstáculos o cualquier elemento que el mediador considere significativo. Desde esta experiencia cada profesional que participa recoge pautas que pueden aplicar a otros casos. Normalmente se escogen para analizar casos complejos ya cerrados y se busca la participación activa del grupo en el análisis. A la vez, el experto da a conocer su opinión y reflexiones acerca de puntos problemáticos y establece conexiones entre la práctica y la teoría.

Otra sugerencia de supervisión grupal vista también desde una perspectiva pedagógica es la utilización de la Cámara de Gesell. Esta metodología

---

41 Elisa López Barberá y Pablo Población Knappe, "Supervisión activa total. (S.A.T.)", *Revista de Psicoterapia Relacional e Intervenciones Sociales* 1, nº 2 (Segundo semestre de 1996): 95-114.

42 Cardona Cardona y Campos, "Construyendo competencias: la supervisión de la mediación", 164.

43 Brandoni, "Construcción de calidad en el ejercicio del mediador", 52 y ss.

permite observar las sesiones y evaluar el desarrollo del trabajo de los profesionales, a fin de ayudarles en el crecimiento personal y profesional[44]. El principio que fundamenta esta forma de trabajo con casos reales es la existencia de un equipo de trabajo que cumple con el compromiso de confidencialidad establecido por la Ley 5/2012 y cuentan con la autorización expresa dc los mediados. La metodología requiere la presencia de una parte del equipo en la sala de mediación y otra en la sala de supervisión.

La literatura de especialidad reconoce los espacios reflexivos como una oportunidad para mejorar las destrezas profesionales a través de la reflexión, el pensamiento y el autocuidado, todo ello enfocado a proveer a los usuarios de un servicio cualificado, en concordancia con los estándares de calidad deseados.

Entre los modelos reflexivos destacamos el de Argyris y Schön en el cual los autores proponen comparar y contrastar las teorías en uso (lo que hacemos) con las teorías expuestas (lo que decimos o creemos hacer). Estos autores citados proponen dos modelos:

a) El aprendizaje de una vuelta *(single loop learning)* que consiste en detectar errores y corregirlos. Este modelo está enfocado en hacer un cambio operativo.

b) El *aprendizaje de doble vuelta (double loop learning)* que se basa en el cuestionamiento y el cambio de variables para encontrar una solución. Este modelo busca las causas y consecuencias[45].

---

44 "El supervisor de prácticas crea un clima de crecimiento personal que propicie en el profesional en prácticas que maneja los principios de la Mediación y del mediador, el instrumental de intervención y la metodología, ese "darse cuenta", mientras hace y ve hacer, de los cambios y adaptaciones necesarios en contenido, actitud y práctica para ser fiel al ejercicio de la gestión positiva del conflicto siguiendo lo que es propio de esta forma de intervenir y respetando un código ético. Cada persona tiene un ritmo y un tiempo para despertar y asimilar la novedad, comparar experiencia con teoría y emprender los cambios. Son procesos internos. Nuestra labor es crear el espacio para favorecer ese crecimiento y ese "darse cuenta". Rondón, "Prácticas, escuelas de prácticas y supervisión: Relato de una Experiencia", 171.

45 Ingrid Eugenia Cerecero Medina, "Propuesta de un nuevo modelo: Práctica Reflexiva Mediada", *Innoeduca. International Journal of Technology and Educational Innovation* 4, nº 1 (junio de 2018): 44-53, https://doi.org/10.24310/innoeduca.2018.v4i1.3595.

La relevancia de la reflexión ha sido mencionada desde tiempos remotos: Sócrates propuso su método socrático en el que establece la importancia del debate, la discusión y el cuestionamiento, Platón resaltaba que el conocimiento verdadero procede de la razón y Aristóteles afirmaba que la realidad se descubre a través de la observación, y Descartes por medio de su método cartesiano de la duda sugiere poner en entredicho todo lo que se dice o lee[46].

La práctica reflexiva es entendida como un modelo que ilustra e invita a pensar, preparar, aplicar y desarrollar las habilidades de los mediadores a través de la reflexión[47]. Porque un mediador eficaz es aquél que más allá de cualquier procedimiento estandarizado, revisa y reflexiona sobre su praxis cotidiana, empeñado en mejorar y ofrecer a las partes un servicio eficiente y de calidad[48].

4.2.3. Perfil del supervisor

Como cabe esperar, el rol del supervisor requiere de una buena preparación y altos conocimientos para el desarrollo de su labor. Desde esta perspectiva, ha de contar con una amplia experiencia en el ejercicio de su función, además de tener formación y experiencia docente[49]. La supervisión se ha de entender como una fórmula útil de colaboración, fundada en el respeto y el compromiso, debiendo el supervisor cumplir ciertas funciones, tanto hacia los mediadores como al servicio de mediación, entre las

---

46 Cerecero Medina.

47 Herbey Peña Sandoval, "Práctica reflexiva en la formación de mediadores/conciliadores", *Revista La Trama*, nº 32 (agosto de 2012): 1-22.

48 "Solo de esta manera es posible asegurar la tensión necesaria para mantener los niveles de competencia profesional. Abandonar esta práctica reflexiva garantiza la pérdida de control sobre los procesos de trabajo y facilita la pérdida de cualquier garantía de calidad. En estas situaciones, la competencia profesional estará seriamente comprometida. Desgraciadamente ello irá en detrimento de los resultados y estos, no lo olvidemos, hacen referencia a personas que, viviendo y estando en conflicto, no tendrán el apoyo adecuado del mediador." Campos Vidal y Cardona Cardona, "La supervisión de la mediación, un instrumento para la calidad".

49 Señala Rondón respecto al perfil del supervisor que "ha de ser una persona mediadora de amplia experiencia en el ejercicio, con formación y experiencia docente, capaz de trabajar en equipo y respetar los ritmos del profesional en prácticas." Rondón, "Prácticas, escuelas de prácticas y supervisión: Relato de una Experiencia", 170.

cuales el autor destaca: responsabilidad, monitorización, apoyo, desarrollo profesional, gestión y representación[50].

La supervisión y evaluación por parte de mediadores con experiencia es garantía de calidad y ofrece una mayor eficacia en la monitorización de la práctica profesional de los mediadores[51]. Al ser un trabajo orientado a analizar la práctica profesional de los mediadores, debe ser realizado por un profesional capacitado para tal fin.

El supervisor tiene que transmitir una cierta madurez, una visión de la profesión, e incluso una ideología y una ética, además ha de tener conocimientos técnicos y teóricos actualizados, experiencia suficiente en la práctica profesional, conocimiento suficiente del sujeto de la intervención y experiencia en la práctica de la supervisión[52].

Autores de referencia relacionan directamente el desempeño de su responsabilidad con el contenido de su formación que ha de estar orientado para llevar a cabo las funciones designadas entre los cuales, han de destacar:

a) La función administrativa, que supone el estudio en profundidad de la administración, dominando sus cinco funciones básicas que son: la planificación, la organización, la dirección, la coordinación y el control;

b) La función didáctica o de enseñanza, en este caso debe conocer en profundidad, la aplicación de todos los métodos, así como aquellas otras disciplinas que tengan una influencia importante en el buen desempeño del trabajo;

---

50 Fernández Manzano, "La calidad de los servicios de mediación: el compromiso ético de las entidades que los gestionan, la supervisión de la labor mediadora y la formación de los mediadores, instrumentos clave para alcanzarla", 180.

51 Para Fernández Manzano un buen servicio de mediación debe contar con buenos mediadores, lo que conlleva asegurar que los mismos tienen acceso a un supervisor que proporcione oportunidades efectivas y enriquecedoras para pulir y desarrollar su capacidad profesional, y, cuando eventualmente ocurra, examinar y comprender mejor el impacto de una determinada situación si la misma fue controvertida. Fernández Manzano, 180.

52 Víctor M. Giménez Bertomeu, Josefa Lorenzo García, y Asunción Lillo Beneyto, *El proceso de supervisión de campo en el punto de mira. Una investigación a tres en Trabajo Social* (Alicante: Instituto de Ciencias de la Educación, Universidad de Alicante, 2003), 58 y ss.

c) La función de ayuda, en la que la formación debe propiciar el desarrollo y apoyo del "yo" profesional[53].

4.2.4. Supervisión de los Programas de Mediación

Hasta ahora nos hemos movido dentro del campo de la supervisión relacionada con la mejora en la práctica de la labor de los mediadores. No obstante, mencionábamos que la supervisión también ha de darse desde una perspectiva técnico-administrativa. El seguimiento periódico de un Programa de mediación es un aspecto clave para su buen funcionamiento, puesto que aporta información relativa al desarrollo del mismo, identifica posibles dificultades y brinda la posibilidad de solucionarlas, gracias a lo cual se garantiza su sostenibilidad en el tiempo. A la vez, permite reajustar aspectos enfocados en mejoras que aporten o incrementen la calidad tanto en la gestión como en la provisión de servicios.

Existen múltiples factores a considerar a la hora de evaluar un programa de mediación entre los que podemos identificar: la actuación de los mediadores, la satisfacción de los usuarios del programa, los resultados del programa de mediación relacionados con el número de casos mediados, número de acuerdos alcanzado, cumplimiento de los acuerdos, etc.

En cuanto a los instrumentos utilizados para realizar la evaluación del programa, éstos se pueden hacer a través de: reuniones de colectivos específicos implicados en el programa, revisión de los registros de datos acumulados, cuestionarios, buzón de sugerencias sobre el funcionamiento del programa, supervisión, etc.

Así mismo, es recomendable realizar una memoria anual del Programa que recogerá entre otras las acciones realizadas y la valoración de las mismas, los resultados obtenidos mediante las herramientas de evaluación empleadas y las propuestas de mejora a introducir, si procediera.

---

[53] Natividad Fernández Rodríguez y Mª Paz Alonso Quijada, "La supervisión en la educación para el Trabajo Social.", *Cuadernos de Trabajo Social*, nº 6 (1993): 195-206, https://revistas.ucm.es/index.php/CUTS/article/view/CUTS9393110195A. En la misma línea se posicionan Sherif y Sánchez al afirmar que "el supervisor podrá desempeñar muchos papeles, unos que correspondan a la función educativa, otros a la administrativa o, simplemente, a hacer buen uso del grupo." Sheriff y Sánchez, *Supervisión en trabajo social*, 58 y ss.

Para medir la evaluación y la calidad, CEPEJ recomienda la implementación de un plan de seguimiento a través del cual se recopilen ciertos datos que sirvan para la evaluación, tanto cuantitativa (número de derivaciones, número de mediaciones, número de casos resueltos por mediación, tiempo de los casos desde la remisión hasta el acuerdo, tipos de casos, etc.) como cualitativa (satisfacción de las partes y otras partes interesadas, utilizando cuestionarios), con el fin de garantizar mejoras[54].

a) Supervisión de los Programas de Mediación implantados en los Juzgados

La supervisión y seguimiento de la implantación de la mediación en los Órganos Judiciales corresponde, por un lado, al mismo órgano ejercer un control interno sobre el buen funcionamiento del mismo y, por otro, al CGPJ. El CGPJ ostenta una importante tradición de supervisión y promoción de la mediación en los tribunales españoles, apoyada por las guías desarrolladas para cada orden jurisdiccional.

En este sentido, como hemos puesto de manifiesto en el Capítulo VII, las entidades prestadoras de servicios de mediación relacionadas con los tribunales deberán remitir semestralmente al CGPJ las fichas con los datos referentes a los resultados de las mediaciones debidamente cumplimentadas para control y efectos estadísticos y que sirven de orientación a fin de corregir las disfunciones observadas.

Esta responsabilidad también recae en los juzgados que han de remitir semestralmente al CGPJ los datos de los registros sobre resultados de las mediaciones.

A la vez es necesario que los mismos programas de mediación cuenten con evaluaciones periódicas internas fiables para aportar información contrastada, de forma objetiva, verificando el cumplimiento de sus propios objetivos, así como el funcionamiento, con el fin de ofrecer calidad a los usuarios del servicio. Velar por la calidad de la mediación implica hacer un seguimiento permanente de los distintos proyectos de mediación y la recogida y análisis semestral de datos resultantes.

---

54 CEPEJ, "Mediation Development Toolkit. Ensuring implementation of the CEPEJ Guidelines on mediation. CEPEJ(2018)7REV.", 2018, 6, https://publicsearch.coe.int/#f=%5B%5D#k=Resolution%20Res(2002)12%20Establishing%20the%20European%20Commission%20for%20the%20Efficiency%20of%20Justice%20(CEPEJ)#s=101.

Como se ha comentado, se ha delegado la responsabilidad sobre el control de calidad de la mediación en las propias instituciones de mediación y como ponen de manifiesto varios autores se echa en falta una mayor implicación institucional en este sentido, especialmente cuando nos referimos a mediación conectada con los tribunales donde cobra un carácter de servicio público[55]. Las entidades contratadas por la Administración para ofrecer un servicio de mediación han de ser las responsables del cumplimiento de la normativa vigente respecto a su relación con los mediadores, así como de la ejecución de las obligaciones precisas para el buen funcionamiento del servicio de mediación. No obstante creemos necesario, que la Administración tenga mayor implicación, y colabore con la Institución que presta servicios de mediación en los juzgados, en la adecuación de los criterios respecto a contratación, permanencia y formación de los mediadores, a fin de garantizar la calidad del servicio prestado.

b) Supervisión por parte de los Órganos Judiciales

Los juzgados que tienen implementados servicios de mediación intrajudicial, han de contar con una mínima estructura que les apoye, con mediadores bien formados que puedan ofrecer una mediación de calidad a fin de tener la seguridad que la mediación se va a producir desde el respeto a todos sus principios.

Respecto a los órganos judiciales, para tener un control de los procesos derivados a mediación en cada uno de ellos y poder evaluar el ritmo de su implantación y eficacia es conveniente la cumplimentación de un registro propio, que puede incorporarse al sistema informático judicial correspondiente, que refleje datos relativos al proceso tales como: fechas de derivación, inicio y finalización, el tema de controversia, si hay acuerdo o no, etc.

La responsabilidad del Tribunal respecto al servicio ofrecido, así como la incidencia que tiene la derivación en el proceso, hace necesario establecer pautas de administración y supervisión de los casos mediados, así como mecanismos de evaluación periódica de las funciones de los mediadores.

---

55 "Es conveniente que los tribunales lleven a cabo un seguimiento de la implantación de los programas de mediación y de los casos derivados a los mismos, y para ello habrán de establecer un sistema de evaluación y control periódico, a fin de constatar su correcto funcionamiento, así como el nivel de satisfacción, no sólo del propio tribunal, sino también de todos los usuarios de dichos programas." Carretero Morales, *La mediación civil y mercantil en el sistema de justicia*, 404.

Señalamos aquí también la responsabilidad del órgano judicial en cuanto a la supervisión de los mediadores, sobre todo si es el propio órgano encargado de reclutar, seleccionar y entrenar, en cuyo caso la responsabilidad del servicio ofrecido es mayor. En este caso, se hace necesario la implementación de algunos mecanismos de control y evaluación periódica de las funciones de los mediadores, que pueden ser, perfectamente, algunas de las modalidades que hemos visto anteriormente.

Los mecanismos de evaluación y supervisión pueden ser informales resumiéndose a comentarios recibidos por parte de los abogados, las partes y cualquier implicado en el desarrollo, o formales, a través de informes por parte de los supervisores, estadísticas que pueden medir los resultados tanto a nivel cuantitativo como cualitativo, formularios, encuestas.

Es especialmente recomendado que los profesionales que se dedican a atender mediaciones derivadas por los tribunales, además de justificar una alta preparación profesional con las capacidades y la experiencia bien acreditadas, fueran sometidas a supervisión.

Después de la derivación y empezada la mediación, se hace necesario que el tribunal esté informado sobre el proceso, no en cuanto al contenido del mismo, para garantizar el principio de confidencialidad y neutralidad, sino más bien respecto a plazos. En este contexto se recurre a la entrega de reportes periódicos que no tengan carácter substancial, pero que manifiesten al Juez si hay progresos en el caso, el estado en el que se encuentran y si se hace necesaria ampliación de plazos. Es conveniente que la reclamación ante el órgano jurisdiccional cuente con el debido control y supervisión de transparencia judicial, así como el cumplimiento de las garantías procesales y materiales que se requieran en cada caso[56].

Para evitar malentendidos o incurrir en el incumplimiento de la confidencialidad o neutralidad, algunos autores proponen la creación de una figura de supervisor del programa de mediación, a través de lo cual se puede ofrecer a los mediadores un foro neutral donde discutir problemas atípicos que se hayan presentado durante el procedimiento[57].

---

[56] Gonzalo Iturmendi Morales, "La Mediación Intrajudicial de conflictos.", *Práctica de tribunales: revista de derecho procesal civil y mercantil*, nº 136 (2019).

[57] Loredana Di Stefano, "Mediación conectada con los Tribunales: estructuración y principios que regulan su funcionamiento.", en *Mediación y resolución de conflictos: técnicas y ámbitos*, de Helena Soleto Muñoz, 3ª ed. (Madrid: Tecnos, 2017), 531.

También se señala la conveniencia de crear una nueva figura, no contemplada legalmente, como un administrador o gestor del programa de mediación, responsable de la supervisión y administración del mismo, que tendrá entre sus funciones la organización, puesta en funcionamiento, desarrollo y calidad de los programas de mediación conectados con los tribunales[58].

Esa petición no es insignificante ya que, en otros países existe la figura del administrador designada por el tribunal, encargada de supervisar y administrar los centros de mediación conectados con el tribunal[59].

Siguiendo el modelo de algunas CC.AA[60]., cada vez más se pone de manifiesto la necesidad de creación de un Observatorio Nacional de la Mediación, integrado por los distintos actores implicados de una forma u otra en la mediación conectada con los tribunales, jueces, letrados de la administración de justicia, cuerpos de gestión y tramitación procesal, abogados, procuradores, ciudadanos y, por supuesto, mediadores e instituciones de

---

58 Carretero Morales, *La mediación civil y mercantil en el sistema de justicia*, 394 y ss.

59 En Estados Unidos existe la figura del administrador encargado de dirigir y controlar los programas de mediación conectados con el tribunal, siendo normalmente el mismo tribunal encargado de designarla. John P. McCRORY, "Mandated Mediation of Civil Cases in State Courts: A Litigant's Perspective on Program Model Choices", *Ohio State Journal on Dispute Resolution* 14, nº Issue 3 (1999): 813-53, http://hdl.handle.net/1811/79976. En Puerto Rico, el Negociado de Métodos Alternos para la Solución de Conflicto (adscrito a la Rama Judicial, es la entidad llamada a reglamentar la mediación) es dirigido por un director nombrado por el Juez Presidente del Tribunal y es el encargado de supervisar todos los centros de mediación del tribunal, además de certificar y supervisar a todos los mediadores. Jacqueline N. Font-Guzmán, "Programas de derivación judicial en Estados Unidos", en *Mediación y resolución de conflictos: técnicas y ámbitos*, de Helena Soleto Muñoz, 3ª ed. (Madrid: Tecnos, 2017), 552.

60 "Decreto 57/2018, de 29 de junio, por el que se regula el Observatorio de Mediación de la Comunidad Autónoma de Cantabria", § BOCA (2018). que tiene por objeto establecer la composición, funciones, estructura organizativa y régimen de funcionamiento del Observatorio de Mediación de la Comunidad Autónoma de Cantabria Entre las funciones a llevar a cabo por dicho Observatorio de la Mediación se encuentran tal como se regula en el art. 3.d) "Evaluar las actuaciones que en el ámbito de la mediación realicen las Administraciones Públicas competentes, con especial atención a la mediación intrajudicial y a los compromisos asumidos con el Consejo General del Poder Judicial" en el art. 3.m) "Elaborar una memoria anual de sus actividades, así como de la situación de la mediación en la Comunidad Autónoma de Cantabria, con especial referencia a la mediación intrajudicial y al deber de colaboración con el Consejo General del Poder Judicial"

mediación, encargado de establecer los mecanismos de control del servicio prestado, además de verificar el cumplimiento de los requisitos de la Ley de Mediación en las mediaciones que se llevan a cabo en el ámbito de los tribunales, evaluar el nivel de satisfacción de los distintos implicados en la misma, supervisar y determinar los criterios de certificación y de formación continua de los mediadores, o la creación de un Registro de mediadores intrajudiciales[61].

A tenor de los expuesto, podemos afirmar que los beneficios de la supervisión quedan probados puesto que facilitan el aprendizaje del supervisado, proporcionan seguridad y confianza y posibilitan la solución de dificultades, dudas y dilemas que pueden surgir a los profesionales a lo largo del proceso de mediación, con una clara orientación hacia la mejora profesional y personal. Es por ello que concluimos que la supervisión es una herramienta que ayuda a garantiza un servicio de mediación prestado por profesionales cualificados y, por ente, un servicio de alta calidad.

BIBLIOGRAFÍA

Abraham, Tomás. *El último Foucault.* Buenos Aires: Sudamericana Señales, 2003.

Aguilar Idáñez, María José. *Introducción a la supervisión.* Buenos Aires: Lumen, 1994.

Aréchaga, Patricia Valeria. "Pedir lo que no hay. El principio de la impotencia." En *Hacia una mediación de calidad,* de Florencia Brandoni, 83-108, 1ª ed. Buenos Aires: Paidós, 2011.

Brandoni, Florencia. "Construcción de calidad en el ejercicio del mediador". En *Hacia una mediación de calidad,* de Florencia Brandoni, 25-58, 1ª ed. Buenos Aires: Paidós, 2011.

Brandoni, Florencia, y Elena Cohen Imach. "Una discapacidad como metáfora". En *Hacia una mediación de calidad,* de Florencia Brandoni, 143-72, 1ª ed. Buenos Aires: Paidós, 2011.

Butts Griggs, Thelma, Francisco Campos Vidal, y Carmen Velasco Ramírez. "Grupo PNPM sobre calidad y código de buenas prácticas de la mediación". En *Mediación es Justicia. El impacto de la Ley 5/2012, de mediación civil y mercantil,* de Mª Elena Lauroba Lacasa y Pascual Ortuño Muñoz, 257-68, 1ª ed. Barcelona: Huygens, 2014.

Campos Vidal, José F., y Josefa Cardona Cardona. "La supervisión de la mediación, un instrumento para la calidad". *Revista Actualidad Civil. La Ley,* nº 6 (2014): 644-51.

Cano Ramírez, Ana. "La supervisión profesional". Curso 2005/2006, Universidad de Las Palmas de Gran Canarias, s. f.

---

61 Martín Diz propone también la creación de un Observatorio de Mediación integrado en el CGPJ. Fernando Martín Diz, *La mediación: sistema complementario de Administración de Justicia.,* 1ª ed. (Madrid: Consejo General del Poder Judicial, 2010), 141.

Cardona Cardona, Josefa, y José Francisco Campos. "Construyendo competencias: la supervisión de la mediación". En *Mediación es Justicia. El impacto de la Ley 5/2012, de mediación civil y mercantil*, de Mª Elena Lauroba Lacasa y Pascual Ortuño Muñoz, 157-64, 1ª ed. Barcelona: Huygens, 2014.

Carretero Morales, Emiliano. "El mediador civil y mercantil tras la aprobación de la Ley 5/2012 y del Reglamento 980/2013". En *Mediación y resolución de conflictos: técnicas y ámbitos*, de Helena Soleto Muñoz, 132-58, 3ª ed. Madrid: Tecnos, 2017.

Carretero Morales, Emiliano. *La mediación civil y mercantil en el sistema de justicia*. Madrid: Dykinson, 2016.

CEPEJ. "Mediation Development Toolkit. Ensuring implementation of the CEPEJ Guidelines on mediation. CEPEJ(2018)7REV.", 2018. https://publicsearch.coe.int/#f=%5B%5D#k=Resolution%20Res(2002)12%20Establishing%20the%20European%20Commission%20for%20the%20Efficiency%20of%20Justice%20(CEPEJ)#s=101.

Cerecero Medina, Ingrid Eugenia. "Propuesta de un nuevo modelo: Práctica Reflexiva Mediada". *Innoeduca. International Journal of Technology and Educational Innovation* 4, n.º 1 (junio de 2018): 44-53. https://doi.org/10.24310/innoeduca.2018.v4i1.3595.

Di Stefano, Loredana. "Mediación conectada con los Tribunales: estructuración y principios que regulan su funcionamiento." En *Mediación y resolución de conflictos: técnicas y ámbitos*, de Helena Soleto Muñoz, 517-35, 3ª ed. Madrid: Tecnos, 2017.

Fernández Manzano, M. Lourdes. "La calidad de los servicios de mediación: el compromiso ético de las entidades que los gestionan, la supervisión de la labor mediadora y la formación de los mediadores, instrumentos clave para alcanzarla". En *Mediación es Justicia. El impacto de la Ley 5/2012, de mediación civil y mercantil*, de Mª Elena Lauroba Lacasa y Pascual Ortuño Muñoz, 177-86, 1ª ed. Barcelona: Huygens, 2014.

Fernández Rodríguez, Natividad, y Mª Paz Alonso Quijada. "La supervisión en la educación para el Trabajo Social." *Cuadernos de Trabajo Social*, n.º 6 (1993): 195-206. https://revistas.ucm.es/index.php/CUTS/article/view/CUTS9393110195A.

Font-Guzmán, Jacqueline N. "Programas de derivación judicial en Estados Unidos". En *Mediación y resolución de conflictos: técnicas y ámbitos*, de Helena Soleto Muñoz, 536-67, 3ª ed. Madrid: Tecnos, 2017.

Giménez Bertomeu, Víctor M., Josefa Lorenzo García, y Asunción Lillo Beneyto. *El proceso de supervisión de campo en el punto de mira. Una investigación a tres en Trabajo Social*. Alicante: Instituto de Ciencias de la Educación, Universidad de Alicante, 2003.

Hernández Aristu, Jesús. *Acción comunicativa e intervención social: trabajo social, educación social, supervisión*. Madrid: Editorial Popular, 1991.

Iturmendi Morales, Gonzalo. "La Mediación Intrajudicial de conflictos." *Práctica de tribunales: revista de derecho procesal civil y mercantil*, nº 136 (2019).

Kadushin, Alfred. *Supervision in Social Work*. 2ª ed. New York: Columbia University Press, 1985.

Linares, Juan Luis. *Identidad y narrativa. La terapia familiar en la práctica clínica*. Barcelona. Buenos Aires: Paidós, 2009.

López Barberá, Elisa, y Pablo Población Knappe. "Supervisión activa total. (S.A.T.)". *Revista de Psicoterapia Relacional e Intervenciones Sociales* 1, nº 2 (Segundo semestre de 1996): 95-114.

Martín Diz, Fernando. *La mediación: sistema complementario de Administración de Justicia*. 1ª ed. Madrid: Consejo General del Poder Judicial, 2010.

Mccrory, John P. "Mandated Mediation of Civil Cases in State Courts: A Litigant's Perspective on Program Model Choices". *Ohio State Journal on Dispute Resolution* 14, nº Issue 3 (1999): 813-53. http://hdl.handle.net/1811/79976.

Peña Sandoval, Herbey. "Práctica reflexiva en la formación de mediadores/conciliadores". *Revista La Trama*, nº 32 (agosto de 2012): 1-22.

Puig Cruells, Carmina. *La supervisión en la acción social. Una oportunidad para el bienestar de los profesionales.* 1ª ed. Tarragona: Publicacions URV, 2016.

Puig i Cruells, Carmina. "La Supervisión Profesional En El Ámbito Social". *Revista Perspectivas Sociales. Universidad Autónoma de Nuevo León, México* 13, nº 1 (2011): 1-17.

Quijano de Arana, Santiago de. *Sistemas efectivos de evaluación del rendimiento: resultados y desempeños. Técnicas y sistemas para la gestión y el desarrollo del personal.* 1ª ed. Barcelona: Promociones y Publicaciones Universitarias, PPU, 1992.

Rondón, Urbania. "Prácticas, escuelas de prácticas y supervisión: Relato de una Experiencia". En *Mediación es Justicia. El impacto de la Ley 5/2012, de mediación civil y mercantil*, de Mª Elena Lauroba Lacasa y Pascual Ortuño Muñoz, 165-72, 1ª ed. Barcelona: Huygens, 2014.

Sheriff, Teresa, y Eddy Sánchez. *Supervisión en trabajo social.* 2ª ed. Buenos Aires: Ecro, 1976.

Siegel, Laurence. "Paired comparison evaluations of managerial effectiveness by peers and supervisors". *Personnel Psychology* 35, nº 4 (1982): 843-52. https://doi.org/10.1111/j.1744-6570.1982.tb02226.x.

Soleto Muñoz, Helena. "Mecanismos alternativos de solución de conflictos en América Latina en justicia comunitaria". COMJIB; EUROsociAL, julio de 2013.

Valdebenito Larenas, Caterine. "Requerimientos de calidad en el ejercicio de la mediación familiar licitada en Chile. Reflexiones para su conceptualización". *Polis [En línea]*, nº 48 (5 de febrero de 2018). http://journals.openedition.org/polis/12697.

Mediación penal de adultos fallida y atenuantes de confesión o de reparación del daño

GREGORIO SERRANO HOYO
Profesor titular de Derecho procesal de la Universidad de Extremadura

Resumen: El objetivo de la mediación penal de adultos es la reparación (material o simbólica) a la víctima y el reconocimiento de los hechos por el victimario constituye un requisito de acceso a los servicios de justicia restaurativa. Apuntaremos algunas cuestiones controvertidas que plantean las atenuantes de confesión y de reparación del daño principalmente en los supuestos en que la mediación no ha sido exitosa. Abordaremos los pronunciamientos de nuestros tribunales al conocer de los recursos contra decisiones judiciales de primera instancia que no han apreciado la concurrencia de tales circunstancias modificativas de la responsabilidad penal siendo o no analógicas o, incluso, cualificadas. Se observa que las atenuantes son compatibles y que algunos elementos de tales atenuantes son coincidentes, pero también que no procede la concurrencia de ambas ni su aplicación por la mera tentativa restaurativa. El momento procesal en que se produzca la derivación a mediación puede ser relevante para la apreciación o no de tales circunstancias atenuantes. La ausencia de víctima individualizable plantea algunas dudas sobre la posibilidad de mediación y sobre la procedencia de la atenuante de reparación del daño a intereses colectivos o difusos.

Palabras clave: mediación frustrada, atenuantes, reconocimiento de los hechos, reparación del daño causado a la víctima

1. INTRODUCCIÓN. MEDIACIÓN Y ATENUANTE ESPECÍFICA

La mediación penal de adultos en cuanto mecanismo de justicia restaurativa y como complemento (más que como alternativa) del sistema de justicia penal va asentándose en nuestro sistema penal de justicia paulatinamente.

Dado que, de una parte, el fin de la mediación penal de adultos es la reparación (material o simbólica) a la víctima y, de otra, el reconocimiento de los hechos por el victimario es un requisito de acceso a los servicios de justicia restaurativa, haremos un breve recorrido por resoluciones de los tribunales penales que indirectamente se pronuncian sobre la finalidad de la mediación penal de adultos al abordar la concurrencia o no de la circunstancia atenuante de reparación del daño causado a la víctima o de la atenuante analógica de confesión. Estas circunstancias modificativas de la responsabilidad son invocadas por el victimario que ha acudido a las sesiones de mediación sin que se haya logrado un acuerdo, es decir, pretende que se aprecien las atenuantes, al menos como analógicas, por una mediación frustrada.

Un elemento presente siempre en la mediación es el reconocimiento por el infractor de los hechos esenciales de que deriva su responsabilidad como presupuesto de la misma y ello determina que se planteen cuestiones sobre su relevancia en la atenuación de su responsabilidad penal. Aunque el reconocimiento o, mejor, la confesión de los hechos para que opere como atenuante debe tener lugar ante autoridad, agente de la misma o funcionario, hay algún pronunciamiento que considera atenuante analógica la realizada ante el mediador y la víctima.

Distinguiremos los tipos de reparación (material o económica —a su vez, total o parcial por incapacidad económica— y simbólica o moral) y que se consiga sin mediación o con mediación (sea ésta exitosa o fallida por desavenencias entre víctima y victimario sobre la responsabilidad civil derivada del delito). Al analizar la reparación del daño material o moral, cabe distinguir una reparación económica en delitos patrimoniales, una reparación simbólica del daño psicológico y daños irreparables; en delitos sin víctima individualizable, surge la cuestión relativa a si todos los delitos son mediables o no y la forma en que se lleva a cabo la reparación del daño y quienes son convocados al procedimiento restaurativo para que obtengan cierta satisfacción por el delito cometido.

En definitiva, la mediación sea fallida o termine con acuerdo entraña un cambio de paradigma y, dada su conexión con estas circunstancias atenuantes, debe llevar a una nueva interpretación de las mismas derivada del protagonismo de víctima y ofensor, de la participación de ambos en el procedimiento de mediación.

La finalidad reparadora de la víctima que persigue la mediación se enmarca en el auge de la victimología. El acceso a la mediación penal está sujeto al cumplimiento del requisito de reconocimiento de los hechos esenciales por parte del infractor y el fin de la mediación es la reparación de la víctima[1]; por ello, el procedimiento de mediación guarda estrecha relación con dos atenuantes como circunstancias modificativas de la responsabilidad penal: la reparación del daño y la confesión de los hechos; en cualquier caso, la mediación exitosa no entraña una circunstancia atenuante específica[2]. En definitiva, puede decirse que con la mediación tanto la víctima como el victimario obtienen beneficios (*win win*), un resultado más justo, más satisfactorio, pero en ocasiones el procedimiento restaurativo fracasa y con todo el acusado solicita la aplicación de la atenuante analógica de reparación[3]. Vamos a analizar en los supuestos de mediación falli-

---

1 El art. 15.1 de la Ley 4/2015, de 27 de abril, del Estatuto de la víctima del delito dispone: "Las víctimas podrán acceder a servicios de justicia restaurativa, en los términos que reglamentariamente se determinen, con la finalidad de obtener una adecuada reparación material y moral de los perjuicios derivados del delito cuando se cumplan los siguientes requisitos: a) el infractor haya reconocido los hechos esenciales de los que deriva su responsabilidad".

2 Como se ha sostenido, "nuestro legislador no ha establecido una circunstancia atenuante específica derivada del acuerdo alcanzado en un proceso de mediación intrajudicial, lo que conlleva que, con el panorama legal actual, el infractor puede obtener los mismos beneficios tanto si repara el daño en el contexto de una mediación judicial como si no.

Tal situación evidencia que el legislador no ha apostado firmemente por la mediación penal como mecanismo de solución de los conflictos generados por la infracción penal, pese a que atenuante de reparación y mediación penal comparten fundamentos y objetivos. No obstante, ello no impide que la mediación penal intrajudicial pueda ser empleada como vía que permita estimar la atenuante de reparación del daño especialmente en aquellos supuestos en los que las circunstancias del caso exigen un plus de esfuerzo en el resarcimiento", Roselló Monserrat, J. T. "Mediación penal y circunstancia atenuante de reparación del daño", *Diario LA LEY, 3 de abril de 2023*, pág. 4.

3 Como advierte Cuadrado Salinas, "la principal finalidad que persigue este método alternativo de justicia es la de alcanzar la solución más justa posible a un conflicto originado por la comisión de un delito, que, según los defensores de este proceso, es la reparación del daño causado a la víctima, en lugar del castigo del autor del hecho, como sucede en el vigente sistema de justicia penal. Al focalizar la atención en la reparación a la víctima por el daño sufrido, y no en la condena del autor del acto delictivo, la mediación penal otorga una participación activa tanto a la víctima como al autor del hecho", Cuadrado Salinas, C., "La mediación: ¿Una alternativa real al proceso penal?", *Revista Electrónica de Ciencia Penal y Criminología* [disponible en: http://criminet.ugr.es/recpc/17/recpc17-01.pdf, última consulta: 27/10/2023]. 2015, núm. 17-01, pág. 2.

da estas dos circunstancias atenuantes[4], a fin de constatar qué tiene en común el reconocimiento de los hechos esenciales que motivan el proceso penal en cuanto requisito de la mediación con la confesión y de determinar en qué medida la reparación del daño material o moral causado a la víctima perseguida por la mediación penal constituye una atenuante que justifica minorar la responsabilidad penal del infractor[5].

Tendremos en cuenta la jurisprudencia, resaltando que lógicamente es escasa: no es de extrañar que la mediación aparezca tímidamente en las resoluciones jurisdiccionales de nuestros tribunales. Éstos aluden a la mediación al resolver recursos interpuestos por los condenados que consideran que el órgano judicial en su sentencia de instancia no ha apreciado adecuadamente el pretendido efecto atenuante de su responsabilidad penal derivado del reconocimiento de los hechos y/o de la reparación del daño causado a la víctima. Además, como es obvio, la razón de que no haya más pronunciamientos judiciales sobre la mediación penal se debe a que, tras la oportuna derivación, cuando el procedimiento mediador haya termina-

---

4 Como acertadamente se ha puesto de manifiesto, "la utilización efectiva de tales circunstancias configura un marco apropiado para dar cabida a la metodología restaurativa con relevancia en la calificación jurídica", en Perulero García, D., "Mecanismos de viabilidad para las prácticas restaurativas y la mediación en el proceso penal", *Mediación y resolución de conflictos: técnicas y ámbitos*, Soleto Muñoz, H. (dir.), Carretero Morales, E., y Ruiz López, C. (coords.), Madrid, Tecnos, 3ª ed., 2017, pág. 634.
También, como señalan Vidales y Planchadell, "es precisamente este tratamiento penológico el que explica en buena medida la confusión que se produce entre reparación y mediación. Sin duda, se trata de conceptos entre los que existe una clara relación, mas pese a la presencia de ese vínculo, no son en modo alguno equiparables. Basta, para verlo así, tomar en consideración que la apreciación de la citada atenuante puede ser independiente de la consecución de un acuerdo reparador. Es más, como ha reconocido el Tribunal Supremo en varias ocasiones, ni siquiera la reparación tiene por qué ser aceptada por la víctima o el perjudicado. En otros términos, idénticos efectos penológicos pueden conseguirse sin que las partes enfrentadas participen en un proceso mediador, quedando, en consecuencia, sustraídas de las ventajas que tal procedimiento ofrece", en Vidales Rodríguez, C. y Planchadell Gargallo, A., "La mediación penal: análisis y perspectivas tras la reforma del Código Penal y la aprobación del Estatuto de la víctima del delito", *Revista Aranzadi de Derecho y Proceso Penal*, núm. 39/2015.

5 Recogen la compatibilidad de estas atenuantes Niederleytner García-Lliberós, J. M. y Afonso Martín, A. "Las atenuantes de confesión y de reparación del daño: un análisis conjunto", en Ochoa Marco, R., Ortega Burgos, E, (coords.), *Derecho Penal 2021*, Tirant lo Blanch, 2021, pág. 502.

do con éxito y —en terminología empleada en la "Guía para la práctica de la mediación intrajudicial", elaborada por el CGPJ— se haya "gestionado procesalmente" el acuerdo de mediación o el acta de reparación, se dictará sentencia de conformidad y no será objeto de recurso al haberse obtenido los efectos pretendidos por las partes (víctima acusadora y/o fiscal y victimario acusado). Expresado en otros términos, si la mediación termina con un acuerdo homologado judicialmente a través de una sentencia de conformidad y ninguna de las partes la recurre no habrá lugar a que tribunales de segunda instancia se pronuncien sobre esta institución. Dicho sea de paso, la mayoría de los pronunciamientos judiciales que analizadmos recaen en Cataluña y País Vasco mayoritariamente por ser precisamente esas comunidades autónomas las que han implantado servicios de mediación.

La reparación material o moral de los perjuicios causados a la víctima es el hilo conductor o elemento común a distintas situaciones: a) atenuante de reparación material sin mediación y, consiguientemente, sin reconocimiento expreso de los hechos; b) reparación material tras mediación exitosa; c) reparación moral tras mediación pese a imposibilidad de reparación material y como consecuencia de la confesión de los hechos. También conviene hacer algún comentario a lo paradójico que resulta que en delitos en que está vedada legalmente la mediación quepa la conformidad o la concurrencia de las atenuantes de confesión y reparación del daño sin intervención de la víctima[6]. En los delitos en que la mediación está prohibida cabe

---

6 En supuestos en que está vedada la mediación, como acertadamente constatan Iglesias y González, no se da una verdadera reparación de la víctima más allá de la económica: "Desde el año 2021 se vienen aceptando conformidades verdaderamente irrisorias frente a conductas totalmente deleznables amparadas en la reparación de la víctima y su perdón. Así, de este modo, en la SAP, Pamplona, Sección 2ª, 15/2021, de 15 de enero, ante unos hechos graves en los que el padre que ha estado realizando tocamientos continuados a la hija desde que ésta tenía 12 años hasta que cumplió los 17, calificados como abuso sexual del art. 181.1 y 4, en relación con el 180.1.4 del CP, se llega a la conformidad, concretándose la pena en dos años de prisión y la consiguiente suspensión de la misma. Lo mismo sucedió en la SAP, Vigo, 115/2021, de 13 de abril, en este caso, se trata de un delito de trata de blancas, una pareja capta a mujeres de diferentes países centroamericanos con gran necesidad económica y en situación irregular en España, y con el propósito de atentar contra su libertad, libertad sexual, dignidad, derechos laborales…, con engaño, las llevan a su domicilio particular, donde consuman sus propósitos. Este delito es calificado como abusos sexuales (cinco), agresión sexual (uno) y un delito de trata. En este caso, se llega a una conformidad, pena de un año de prisión por todos los delitos de abuso sexual; cinco meses de prisión por el delito de agresión sexual y tres años de prisión por el delito de trata de seres humanos

la confesión y la reparación del daño, pero no la mediación, aunque sí la conformidad premiada en aras a la celeridad[7] y normalmente a espaldas de la víctima, con lo que, en cierto modo, resulta paradójico[8].

---

con una indemnización a las víctimas de 1.000 y 6.000€. En nuestra opinión, esta conducta no debería ser tratada de la forma que se hizo y desmerecer con ello los derechos de las víctimas, que consintieron por evitar el proceso judicial sin que se tuviera en cuenta verdaderamente su reparación como víctimas. En este caso, no existía acusación particular y, por ello, la conformidad se fragua únicamente entre Ministerio Fiscal y defensa", en Iglesias Canle, I. C. y González Fernández, A. I., "Derecho a la libertad sexual y justicia restaurativa a la luz de la reforma de la ley orgánica 10/2022, de 6 de septiembre, de garantía integral de la libertad sexual" *Revista Derecho y Proceso*, nº 3 (https://revistaderechoyproceso.colex.es/wp-content/uploads/2023/07/REVISTA-DERECHO-PROCESO-n3.pdf, última consulta 23/02/2024), pág. 22.

7 "Una vez más el legislador entre la encrucijada de lograr una mayor celeridad en el proceso u otorgar una efectiva tutela a los derechos e intereses de la víctima, se decanta por lo primero. Así, la figura de la víctima queda fuera del marco de la conformidad y ello porque en el desarrollo de la negociación se requiere de la presencia del Ministerio Fiscal y del Letrado de la defensa, pero no de la víctima, salvo que el Fiscal haga uso de la Instrucción 8/2005, de 26 de julio, conforme a la cual se "procurará oír previamente a la víctima o perjudicado, aun cuando no estén personados en la causa…siempre que sea posible y se juzgue necesario". De este modo, solo en el supuesto que la víctima se haya personado como acusación particular y solicite una pena superior a la pedida por el Ministerio Fiscal, podrá participar en la negociación de las condiciones y alcance de la conformidad. Nos encontramos con la paradoja de que a la víctima de violencia de género no se le da la oportunidad de acceder a los mecanismos de la justicia restaurativa, en los cuales pueden ser escuchadas, pero puede verse afectada por una conformidad que agrave el tan temido efecto victimizador del proceso. Es por ello, que resulta imperativo una profunda reforma que abra nuevas fórmulas al acuerdo sobre el que se sostiene la conformidad dándole voz a la víctima y reconociendo su derecho a ser reparada que puede pasar por vincular a la conformidad mecanismos de justicia restaurativa y, concretamente, a la mediación, conviene no olvidar que la justicia restaurativa tiene un ámbito de aplicación que viene delimitado por el principio de voluntariedad, ambas partes deben tener una actitud proactiva que favorezca el entendimiento y el deseo de consenso, circunstancia que no concurre en todos los escenarios. Además, uno de los argumentos esgrimidos con más fuerza por los detractores de este tipo de justicia parte del peligro que supondría una eventual privatización del ilícito penal que, aparte de no satisfacer los fines irrenunciables de todo sistema penal, podría hacer peligrar la prevención general de los comportamientos delictivos", Llorente Sánchez-Arjona, M. "Principio de oportunidad y violencia de género", en Calaza López, S., Munielo Cobo, J. C. (Dirs.), *El impacto de la oportunidad sobre los principios procesales clásicos: estudios y diá-*

En efecto, veremos que, aunque la mediación pretenda la reparación de la víctima fruto de un acuerdo con el victimario, cabe que el infractor efectúe la reparación sin mediación (esto es, sin contar con la víctima) y que tal victimario pretenda que se le atenúe su responsabilidad penal, pese a que la víctima truncó el acuerdo y frustró la mediación penal a la que él asistió. Así, si —pese a la ayuda del mediador— una de las dos partes que acuden a la mediación no contribuye a lograr el acuerdo, cabe que la víctima se proponga en el proceso penal perjudicar al victimario agravando la solicitud de pena o que éste pretenda la atenuación de su responsabilidad como consecuencia de su participación en el intento frustrado de acuerdo reparador a espaldas de aquella. Esto pone de manifiesto que los protagonistas en la mediación pueden incurrir en conductas abusivas, fraudulentas o carentes de buena fe, reveladoras de una animadversión o interés propio inasumible, que desean que el *ius puniendi* se acomode a su pretensión, esto es, la víctima querrá que la pena se imponga en toda su extensión y, por el contrario, el victimario, de la forma más suave; en definitiva, se olvida que el titular del derecho de castigar es el Estado y no la víctima por mucho que se haya constituido en acusación particular. En definitiva, el órgano judicial sentenciador en ejercicio de su potestad jurisdiccional puede apreciar atenuantes que la víctima no considera aplicables o despreciar peticiones de pena que son desproporcionadas debido a la concurrencia de atenuantes analógicas[9].

---

logos, Iustel, Madrid, 2021 [disponible en: https://dialnet.unirioja.es/descarga/libro/845425.pdf, última consulta: 21/01/2024], págs. 239-240.

8 Como magníficamente expone Llorente Sánchez-Arjona: "Conformidad y mediación son manifestaciones del principio de oportunidad, pero, en los delitos por violencia de género se da la paradoja de que el legislador permite la posibilidad de conformarse, mientras que la mediación, está expresamente prohibida". Añade: "El que la Ley Integral otorgue a los Jueces de Violencia sobre la Mujer la posibilidad de dictar sentencias de conformidad, pero prohíba, en todo caso, la posibilidad de acudir a la mediación en asuntos como podrían ser, por ejemplo, unas amenazas o coacciones se nos antoja una contradicción difícilmente justificable", *loc. cit.*, pág. 238.

9 Como señalan Vidales y Planchadell en su trabajo antes citado, los derechos, procesales y extraprocesales, de todas las víctimas de delitos han de conciliarse con el respeto a los derechos que asisten al delincuente. Añaden: "Precisamente, lograr esta protección sin que ello suponga cercenar ninguna de las garantías que asisten al victimario constituye el principal desafío al que se ha de hacer frente. El reto consiste, según entendemos, en superar la tradicional imagen antagónica en la que la satisfacción de unos sólo puede conseguirse a través del sacrificio de otros".

Aunque la reparación de la víctima es el fin perseguido por la mediación, hay que determinar qué papel juega en este instrumento, además no cabe desconocer que la mediación a su vez es un medio en manos del infractor para conseguir otro fin que es la atenuación de su responsabilidad, con lo que el infractor puede estar tentado de convertir el medio en su fin. La mediación será lo que sean los mediadores, pero también los mediados: víctimas y victimarios que asesorados por sus abogados pueden pretender obtener de la mediación el máximo provecho posible. El uso fraudulento de la mediación o el abuso de las partes puede terminar por incidir negativamente en este instrumento del sistema penal de justicia; por ello, deben preverse estos supuestos y articularse medidas necesarias para que no suceda. No puede permitirse que de la negociación de la pena a pie de estrados por parte de los abogados pasemos al regateo previo de los mediados ante el mediador penal. Éste, por supuesto, debe conocer bien la posible incidencia o efectos de la mediación, no sólo en la víctima, sino también en la individualización de la pena a la que pueda enfrentarse el infractor. La no confluencia de intereses entre victima y victimario que se traduce en una mediación no exitosa es la lleva a los pronunciamientos judiciales sobre la concurrencia de las atenuantes concernidas.

En definitiva, el objeto de este trabajo es recoger y comentar sin ánimo de exhaustividad una incipiente jurisprudencia sobre los fines y efectos de la justicia restaurativa, con el objetivo de arrojar alguna luz al adecuado entendimiento y aplicación de la misma, aprovechando la ocasión para poner de manifiesto la existencia de una exigua y ambigua regulación tanto de los requisitos de acceso a los servicios de justicia restaurativa como de los efectos de atenuación de la responsabilidad penal. La mediación penal —a nuestro juicio y sin desconocer los planteamientos que abogan por su flexibilidad y destacan sus ventajas— deberá ser objeto en el futuro de una regulación de forma concreta y exhaustiva en una ley específica que, además —como se ha hecho en la Ley de mediación en el ámbito civil— y precise su encaje en la ley procesal penal y delimite adecuadamente sus efectos en el Código penal[10].

---

[10] El arrinconado Anteproyecto de Ley de Enjuiciamiento Criminal (en adelante, ALECrim.) de 24 de noviembre de 2020 regula en los artículos 182-185 y concordantes algunos aspectos de la incidencia de la justicia restaurativa en distintas fases del proceso penal. Los arts. 182-185 integran el capítulo III, la justicia restaurativa, dentro del título IV, dedicado a las formas especiales de terminación del procedimiento penal, del libro I intitulado disposiciones generales. También aparecen referencias a la misma en la Exposición de motivos y en otros precep-

2. RECONOCIMIENTO DE LOS HECHOS, ATENUANTE DE CONFESIÓN Y COLABORACIÓN EN LA INVESTIGACIÓN

Como hemos dicho el acceso a la mediación requiere que el infractor lleve a cabo el reconocimiento de los hechos, este concepto guarda estrecha relación con la atenuante de confesión, sobre cuyos requisitos (fundamento, momento, etc.) existe pormenorizada y casuística interpretación por los tribunales[11]. A la vista de las exigencias de nuestros tribunales, es

---

tos concordantes: Arts. 553 (alternativas a la investigación), 647 (suspensión del juicio oral), 773 (formas de terminación del procedimiento urgente), 800 (derivación al sistema de justicia restaurativa en el proceso por delitos privados), 896 (justicia restaurativa en la ejecución) y 924.2 (procedimiento para la suspensión de la ejecución de la pena privativa de libertad).

11 Resulta esclarecedora la STSJ de Madrid de 30 de octubre de 2018 (Roj: STSJ M 10232/2018 - ECLI: ES:TSJM:2018:10232) cuando en su FD 2º.2 B en lo que ahora interesa expone: "El fundamento de la atenuación en la confesión del reo radica, una vez superada su anterior concepción basada en motivaciones pietistas o de arrepentimiento, en razones de política criminal, pues la confesión *ahorra esfuerzos de investigación y facilita la instrucción de la causa criminal.* Sin embargo, no es menos cierto que confesar supone poner en conocimiento de la autoridad judicial o de la policía, los hechos acaecidos, y *requiere que la misma sea sustancialmente veraz, no falsa o tendenciosa o equívoca, sin que deba exigirse una coincidencia total con el hecho probado. Esa confesión, además, entraña un reconocimiento de la vigencia de la norma y un aquietamiento a las previsiones de penalidad previstas en el ordenamiento para su conducta.* El requisito de la veracidad de la confesión, siquiera sustancial, parte del propio fundamento de la atenuación, pues si lo que pretende el confesante no es la declaración de unos hechos posibilitando la actuación instructora sino la defensa ante un hecho delictivo no se cumple con esa finalidad que fundamenta la atenuación... En esta línea de pensamiento, la confesión, al margen del arrepentimiento o no de quien la hace, ha de evidenciar, sí, una *utilidad para la investigación,* pero también ha de responder a un elemento intencional que guarde la debida congruencia con el fundamento de la confesión como atenuante —al margen de motivos pietistas—; por eso la Sala Segunda niega que se puedan calificar como de "confesión", con efectos mitigatorios de la responsabilidad, "aquellos supuestos en los que se produzca cuando ya no exista posibilidad de ocultar la infracción ante su inmediato e inevitable descubrimiento por la autoridad". Supuestos que la propia jurisprudencia califica de "confesión aparente" ... En efecto, constituye un elemento básico que la *confesión obedezca a la propia iniciativa del interesado,* pero no puede dar cuerpo a la atenuante —contravendría su fundamento mismo— la revelación de extremos que la autoridad ya conocía, o que previsible o inevitablemente va a conocer —v.gr., cuando se entrega el arma en el momento de la detención (STS 333/2017, de 10 de mayo, ROJ 1975/2017, FJ 1º). En estas circunstancias, como queda dicho, la jurisprudencia habla de *"confesión aparente", por irrelevante, porque los datos aportados en poco o en nada contribuyen a la*

conveniente derivar cuanto antes a mediación a fin de que el victimario pueda colaborar con la investigación (salvo que se establezca que esta debe suspenderse) y hacerse acreedor de esta atenuante.

Surge la cuestión acerca de si tal reconocimiento de los hechos esenciales va a comportar la concurrencia de la atenuante de confesión o, por el contrario, tienen fundamentos y efectos distintos[12], sin perjuicio de que en algún caso sean coincidentes[13].

---

investigación ... En palabras del ATS 148/2018, de 28 de diciembre de 2017 —roj ATS 13038/2017): no procede aplicar la atenuante de confesión cuando ya "la Justicia dispone de lo necesario para probar la ejecución del delito" (FJ 3º.C). ... Tal sucede en el presente caso: el incumplimiento del *requisito cronológico*, cierto es, permite la apreciación de la atenuante como analógica, y aun como muy cualificada, pero en el caso presente lleva razón la Sentencia apelada cuando razona cumplidamente el inicial carácter evasivo de la conducta del acusado y la práctica inutilidad para el buen fin de la causa hasta que, ya en el plenario, reconoce abiertamente los hechos que se le atribuían" (ponente Santos Vijande). La cursiva es nuestra.

12 Se ha llegado a sostener que ·el reconocimiento de los hechos por parte del victimario no puede nunca significar ni suponer una suerte de declaración auto inculpatoria de los hechos concretos que se le imputan, sino más bien un reconocimiento de los hechos esenciales de los que deriva su responsabilidad, a los meros efectos de reparación del daño. Por lo tanto, ese reconocimiento no puede ser tenido en cuenta por el juzgador ni por las acusaciones para sustentar una futurible acusación sea cual sea el resultado de la mediación, que, además, consideramos quedará protegida por el secreto, principio que vertebra el sistema de mediación penal", en Luna Álvarez, E., *Análisis crítico de la regulación y aplicación de la mediación penal en el ordenamiento jurídico español*, Valencia, Tirant lo Blanch, 2023, cap. V.6.

13 El reconocimiento por el infractor de los hechos esenciales de los que deriva su responsabilidad como condición de acceso a los servicios de justicia restaurativa se recoge en el art. 15 a) de la Ley del Estatuto de la Víctima del delito, cuyo tenor literal es distinto del de la Directiva 2012/29/UE del Parlamento Europeo y del Consejo de 25 de octubre de 2012 por la que se establecen normas mínimas sobre los derechos, el apoyo y la protección de las víctimas de delitos, y por la que se sustituye la Decisión marco 2001/220/JAI del Consejo (DOUE de 14 de noviembre de 2012, L 315/57); el art. 12.1 c) de ésta señala que "el infractor tendrá que haber reconocido los elementos fácticos básicos del caso". Este requisito está encaminado a que el responsable del hecho delictivo reconozca no sólo que algo ha hecho mal sino todos los aspectos fácticos de los que nace su responsabilidad (penal y civil). Tal conducta favorece la asunción de responsabilidad y conseguir la finalidad resocializadora o reeducadora del infractor que ha tomado conciencia de las consecuencias dañosas derivadas del delito cometido. Sobre este particular puede verse lo que establece la SAP B 4236/2018 (ECLI: ES:APB:2018:4236):

"La circunstancia cuarta del art. 21 del Código penal dispone textualmente: "La de haber procedido el culpable, antes de conocer que el procedimiento judicial se dirige contra él, a confesar la infracción a las autoridades". De este precepto hemos interpretado que el concepto procedimiento judicial es equiparable también a diligencias policiales (SSTS 21.3.1997 y 22.6.2001), y que la confesión ha de ser realizada ante autoridades oficiales, lo que excluye la confesión extrajudicial. Quiere ello decir que la confesión parece estar referida únicamente a los actos mediante los cuales, antes de que se conozca la autoría del delito —o se le investigue— el autor se dirige a una autoridad —judicial o policial— y narra espontáneamente su participación delictiva, declarándose autor. No se exige en la norma que la policía no conociere el delito y que su conocimiento le llegue precisamente por la confesión del autor. *Se excluye así la confesión que no va dirigida a ninguno de tales fines, o que la evidencia de su participación quede patentizada desde el primer momento, por su evidencia o flagrancia.* La razón de ser del requisito es que la confesión prestada, cuando ya la autoridad conoce el delito y la intervención en el mismo del inculpado, *carece de valor auxiliar a la investigación.* Se trata de una atenuante que opera por razones de política criminal a fin de de facilitar el esclarecimiento de los hechos delictivos a favor de la seguridad y en aras de evitar la impunidad de los delitos. Por eso en relación a la atenuante de confesión del art. 21.4 la jurisprudencia... ha puesto de relieve que *la razón de la atenuante no estriba en el factor subjetivo de pesar y contrición, sino en el dato objetivo de la realización de actos de colaboración a la investigación del delito.*
Se destaca como *elemento integrante de la atenuante, el cronológico, consistente en que el reconocimiento de los hechos se verifique antes de que el inculpado conozca que es investigado procesal o judicialmente por los mismos.* Otro requisito de la atenuante es el de la *veracidad sustancial de las manifestaciones del confesante,* sólo puede verse favorecido con la atenuante la declaración sincera, ajustada a la realidad, sin desfiguraciones o falacias que perturben la investigación, rechazándose la atenuante cuando se ofrece una *versión distinta de la luego comprobada y reflejada en el "factum",* introduciendo elementos distorsionantes de lo realmente acaecido ... Tal exigencia de veracidad en nada contradice los derechos constitucionales "a no declarar contra si mismo" y "a no confesarse culpable" puesto que ligar un efecto beneficioso o la confesión voluntariamente prestada, no es privar del derecho fundamental a no confesar si no se quiere (STC 75/1987 de 25.5 ... Por otra parte, un *reconocimiento de los hechos tendencioso y ocultando datos relevantes no* será merecedor de atenuación (STS 888/2006 de 20 de septiembre y 136/2001 de 31 de enero, entre otras).
La STS 321/2012 de 23 de abril señala: "No existe razón de política criminal ... que justifique que, siempre y en todo caso, cuando el imputado por un delito confiesa su participación en los hechos, deba ver atenuada su responsabilidad criminal. Es entendible que en todos aquellos casos en los que la confesión, *aun extemporánea, facilite de forma singular el desenlace de una investigación ya iniciada,* los efectos atenuatorios de la responsabilidad criminal estén aconsejados. Razones pragmáticas ligadas a la conveniencia de estimular una confesión relevante para el esclarecimiento de los hechos, hacen explicable que *la ausencia de un presupuesto*

Es lógico pensar que nadie repara el daño causado a la víctima si no se considera culpable del delito del que deriva tal daño; hay, por tanto, un reconocimiento tácito o presunto del acto delictual y de las consecuencias dañosas dimanantes del mismo, aunque el investigado se acoja a su derecho a no reconocer expresamente su culpabilidad, no renuncie formalmente a sus derechos y garantías procesales[14]. En definitiva, la reparación del daño causado y el reconocimiento siquiera tácito de los hechos como requisito previo de la mediación tienen puntos de conexión[15].

---

cronológico —que la confesión se produzca antes de conocer el imputado que el procedimiento se dirige contra él— *no* se erija en *requisito excluyente, sobre todo, cuando entre la atenuante genérica de confesión (art. 21.4 CP) y la analógica (21.6 CP) puede predicarse el mismo fundamento*".

14 Como constata Soleto, "evidentemente los procedimientos de justicia restaurativa han de desarrollarse respetando los derechos procesales y fundamentales. Con el objeto de evitar la posible vulneración del derecho de defensa, en la práctica los programas de JR exigen la concurrencia de fuertes indicios de culpabilidad, como son flagrancia, reconocimiento de los hechos, defensa no basada en la negación de los hechos, agresiones cruzadas, etc.", en Soleto Muñoz, H. "El desarrollo de la Justicia Restaurativa en América Latina en el ámbito de menores infractores: dificultades y oportunidades", Cachón Cadenas, M. y Franco Arias, J. (coord.), *Derecho y proceso.* Liber Amicorum del Profesor Francisco Ramos Méndez, Atelier, 2018, págs. 2438-2439.
Téngase en cuenta que en algunos de tales casos los tribunales no estiman aplicable la atenuante de confesión, con lo que la mediación viene a rescatar su efecto si ello satisface a la víctima.

15 La STS (2ª) 909/2016, de 30 de noviembre (Roj: STS 5251/2016 - ECLI: ES:TS:2016:5251) respecto de la atenuante de reparación del daño causado, tras delimitar la "ratio atenuatoria" de esta circunstancia en su actual formulación legal, lo expresa del siguiente modo: "*el carácter absolutamente objetivo de la atenuante no excluye que en la reparación total o parcial el daño, el sujeto, además de dar satisfacción a la víctima, reafirme la vigencia de la norma jurídica vulnerada y en definitiva el propio acto de reparación, restitución, indemnización o demás formas de eliminar o atenuar los efectos del delito, conlleva la emisión de una voluntad externa de reconocimiento del derecho. ...*
a) *La ley no exige el requisito adicional del reconocimiento de la culpabilidad* y donde la ley no distingue tampoco nosotros debemos distinguir.
b) Todas las atenuantes ex post facto (reparación, confesión, colaboración, etc.) se alejan de la exigencia de una menor culpabilidad por el hecho y simplemente están basadas en razones de política criminal.
c) *Exigir la presencia del elemento subjetivo de reconocimiento de la culpabilidad o responsabilidad penal comportaría de algún modo resucitar el móvil de arrepentimiento ya superado* para integrar improcedentemente en la atenuante un componente anímico que el legislador no contempló.

Cuando la víctima no es individualizable se ha discutido si el delito es mediable y, a nuestro modo de ver, la razón estriba en que, además de no caber el acuerdo entre una víctima indeterminada y el autor del delito, no cabe una reparación material. Así, en un supuesto de delito de falso testimonio en que el bien jurídico protegido es la correcta Administración de Justicia de titularidad pública se derivó a mediación a instancia de los acusados y en el procedimiento de mediación estuvo presente la magistrada ante la que se vertieron los falsos testimonios y a la que piden disculpas (cual si de la representante de la comunidad se tratase y sin que acuda la parte a la que el documento falso podría haber perjudicado), el Juzgado de lo Penal que conoce del proceso en que se enjuician los delitos no aprecia la atenuante analógica de confesión (puesto que no concurre la confesión ante autoridad policial, fiscal o judicial antes de que se incoe el proceso penal tras la deducción de testimonio) en lugar de la atenuante de reparación del daño por cuanto, aunque no se diga expresamente, no hay una concreta víctima a la que reparar el daño, dado que el titular del bien jurídico protegido es la comunidad y ello dificulta su encaje en tal atenuante[16].

---

d) *Una interpretación que exigiera el reconocimiento de la responsabilidad penal como elemento necesario para la estimación de la atenuante desalentaría o no serviría de estímulo a las conductas de reparación del daño del delito, al tener que renunciar el acusado a determinadas estrategias procesales de defensa.*" (FD 3º). La cursiva es nuestra.

16 Los condenados apelan la sentencia por considerar que esta atenuante debió aplicarse, pero la SAP de Tarragona (2ª) 160/2016, de 15 de abril (Roj: SAP T 400/2016 - ECLI: ES:APT:2016:400), desestima el recurso con el siguiente razonamiento: "La atenuante de confesión (21.4 CP), según la jurisprudencia, tiene como *ultima ratio*, la utilidad, desde un punto de vista político-criminal, de incitar al autor del delito a realizar una pronta confesión del hecho que permita la identificación de su autor desde el primer momento y facilite el esclarecimiento de las circunstancias más relevantes que en el mismo haya concurrido (STS 118/02 de 04/02), por lo tanto el fundamento de esta atenuante está en razones de política criminal pues la confesión ahorra esfuerzos de investigación y facilita la instrucción de la causa criminal. Desde la perspectiva de una política criminal pragmática se ha considerado que el elemento determinante de la atenuación de la responsabilidad criminal es la valoración de la conducta observada como un acto de colaboración y auxilio con la Administración de Justicia, que no sólo evidencia un espontáneo reconocimiento de la culpabilidad sino que evita los sucesivos trámites de investigación siempre que, por la naturaleza del delito, no sea necesario e imprescindible que el Juez compruebe la concurrencia de los datos objetivos (STS 394/02 de 08/03).

En cuanto a la atenuante de reparación del daño (artículo 21.5ª CP) por su fundamento político criminal se configura como una atenuante "ex post facto", que no hace derivar la disminución de responsabilidad de una inexistente disminución

En la atenuante analógica de confesión se ha llegado a incluir el reconocimiento de los hechos por parte del autor del delito que no tiene lugar propiamente ante la autoridad, sino ante los perjudicados, calificándola —no sin cierto voluntarismo— como "confesión extrajudicial"[17]. Con ello se viene a dar virtualidad al reconocimiento de hechos ante la víctima a

---

de la culpabilidad por el hecho, sino de la legítima y razonable pretensión del legislador de dar protección a la víctima y favorecer para ello la reparación privada posterior a la realización del delito (STS 809/07 de 11/10).
En el presente supuesto, *se ha procedido por la Juzgadora a considerar a la mediación como una circunstancia atenuante analógica de confesión*, indicando que los Sres. Armando y Virgilio se sometieron a un proceso de mediación donde reconocieron los hechos. A la vista de su declaración autoincriminatoria, es lo que le da entidad para fundar la circunstancia atenuante analógica de confesión. El razonamiento realizado por la Juzgadora lo consideramos acertado y como es evidente *la mediación no va a suponer de forma analógica, poderse acoger a dos circunstancias atenuantes. No procede consecuentemente acoger también dicha mediación como atenuante analógica de reparación del daño*" (FD 2º). La cursiva es nuestra.

17 La SAP de Sevilla (1ª) 143/2016, de 10 de marzo (Roj: SAP SE 176/2016 - ECLI: ES:APSE:2016:176) se refiere a la atenuante de confesión extrajudicial en los siguientes términos: "urge, a nuestro juicio, una nueva redacción de esta atenuante en supuestos de confesión y colaboración con la Justicia, lo que redundará en ahorrar costes y reducir recursos públicos, pero —sobre todo— dando seguridad y rapidez a su enjuiciamiento, y con ello que se produzcan resultados similares, de manera que sea efectivo el ofrecimiento de colaboración y confesión para que la respuesta del ordenamiento jurídico sea más ajustada a la verdadera culpabilidad del reo, y además, como decimos, se agilicen trámites y se ahorren costes. La vía de la mediación penal va por ese camino. ... La confesión extrajudicial no ha sido considerada por la jurisprudencia de esta Sala como verdadera confesión, generalmente tampoco como analógica, en tanto que la doctrina legal declara que la atenuante de análoga significación no puede alcanzar nunca al supuesto de que falten los requisitos básicos para ser estimada una concreta atenuante, porque equivaldría a crear atenuantes incompletas o a permitir la infracción de la norma, pero tampoco puede exigirse una similitud y una correspondencia absoluta entre la atenuante analógica y la que sirve de tipo, pues ello equivaldría a hacer inoperante el humanitario y plausible propósito de que hablaba la sentencia 28.1.1980 (... SSTS 5.1.1999, 7.1.1999, 27.11.2003).
Ahora bien, aunque el motivo no pueda ser encauzado por esta vía, no lo es menos, que lo que el recurrente propone con tal reproche casacional es una atenuación de la respuesta penológica a la que con mejor técnica debe darse satisfacción. En el presente supuesto, el acusado confesó los hechos, antes de conocer que el procedimiento se dirigía contra él, y si bien no se efectuó ante las autoridades sino ante los perjudicados, con dicha actitud ha contribuido a la investigación de los hechos, a la tramitación del procedimiento y la restauración del orden jurídico y en suma ha contribuido con la administración de justicia, lo que merece a nuestro

presencia del mediador sin que se haya hecho ante la autoridad: admite una confesión extrajudicial[18]. La mediación parte de que el infractor haya reconocido los hechos ante la víctima.

Aunque reparación y confesión son atenuantes compatibles, puede darse sólo el reconocimiento de hechos sin que ello comporte atenuante analógica de reparación simbólica[19].

---

entender la apreciación de la circunstancia atenuante analógica de confesión" (FD 4º).

18 SAP T 400/2016 (ECLI: ES:APT:2016): "En cuanto a la atenuante de reparación del daño (artículo 21.5ª CP) por su fundamento político criminal se configura como una atenuante "ex post facto", que no hace derivar la disminución de responsabilidad de una inexistente disminución de la culpabilidad por el hecho, sino de la legítima y razonable pretensión del legislador de dar protección a la víctima y favorecer para ello la reparación privada posterior a la realización del delito (STS 809/07 de 11/10).
En el presente supuesto, se ha procedido por la Juzgadora a considerar a la mediación como una circunstancia atenuante analógica de confesión, indicando que los Sres. Armando y Virgilio se sometieron a un proceso de mediación donde reconocieron los hechos. A la vista de su declaración autoincriminatoria, es lo que le da entidad para fundar la circunstancia atenuante analógica de confesión. El razonamiento realizado por la Juzgadora lo consideramos acertado y como es evidente la mediación no va a suponer de forma analógica, poderse acoger a dos circunstancias atenuantes. No procede consecuentemente acoger también dicha medicación como atenuante analógica de reparación del daño". (FD 2º).

19 La SAP de Barcelona (6ª) 583/2016, de 5 de julio (Roj: SAP B 7035/2016 - ECLI: ES:APB:2016:7035), tras apreciar que "concurre en el acusado la circunstancia modificativa de la responsabilidad penal atenuante de reparación del daño ocasionado a la víctima, prevista en el artículo 21. 5ª del Código Penal. Tanto la objetividad del pago consignado por el acusado de una cantidad superior a la solicitada por la acusación como responsabilidad civil derivada de delito, como la manifestación del perjudicado en el plenario, en la que afirma que se siente totalmente resarcido y reparado por el acusado (también lo ha afirmado del otro perjudicado, que es su padre) y que le perdona a todos los efectos, son dos bases de una intensidad suficiente para justificar la disminución en el desvalor del hecho y, por lo tanto, en la culpabilidad del autor, disminución que ha de calificarse, conforme a la acusación pública, como muy cualificada, a los efectos de aplicación del artículo 66. 2ª del Código Penal (FD 2º), en el fallo dispone: "Remítase Oficio al Equipo de Mediación Penal de adultos del Departament de Justícia de la Generalitat, a efectos de que inicien proceso de mediación en el presente caso, a los efectos de que en la fase de ejecución de este proceso se pueda valorar el acuerdo al que se llegue en su caso" (FD 2º).

3. ALGUNAS PRECISIONES JURISPRUDENCIALES SOBRE LA REPARACIÓN DEL DAÑO MATERIAL O MORAL CAUSADO A LA VÍCTIMA CON MEDIACIÓN PREVIA FRUSTRADA

Como hemos indicado, la reparación de la víctima es el objetivo que se persigue con la mediación penal y el acceso a ésta presupone el reconocimiento por el infractor de los hechos esenciales de los que deriva su responsabilidad.

La determinación del alcance del concepto reparación del daño no es ni mucho menos fácil; de esa dificultad da sobradas muestras la jurisprudencia.

Las exigencias europeas respecto de la reparación de la víctima, el hecho de que tal reparación constituya una "finalidad secundaria" del proceso penal (cuyo principal objetivo es la represión de la conducta delictiva), su subordinación al éxito de la pretensión punitiva del Estado, la tradicional reducción a una "reparación de contenido económico patrimonial", la ampliación a actividades o actitudes del agresor sin contenido patrimonial (reparación no económica), la posibilidad de que en el proceso español la víctima se constituya en parte acusadora, el peregrinaje a la jurisdicción civil en caso de sentencia absolutoria por falta de prueba de cargo suficiente para destruir la presunción de inocencia o la posible pero ineficaz reparación a la víctima por el Estado cuando el responsable penal carece de medios para hacer frente a la indemnización han sido expuestas[20].

El hecho de que la mediación penal exija que el infractor reconozca los hechos plantea si la reparación obtenida a través de la mediación comporta como elemento subjetivo el arrepentimiento, en cambio el TS se ha encargado de señalar que la atenuante tiene un carácter absolutamente objetivo, resultando secundarios los propósitos o el origen de la compensación dineraria siempre que se obtenga por iniciativa del acusado[21].

---

[20] Soleto, H. y Grané, A., *La eficacia de la reparación a la víctima en el proceso penal a través de las indemnizaciones. Un estudio de campo en la Comunidad de Madrid*, Dykinson, Madrid, 2018, págs. 13 a 24. Soleto Muñoz, H. y Grané Chávez, A., "El proceso penal, mecanismo ineficaz de compensación a la víctima: un estudio de campo", *Revista de Victimología*, nº 8, 2018 [disponible en: http://www.huygens.es/journals/index.php/revista-de-victimologia/article/view/127, última consulta: 23/02/2024], págs. 35 y ss.

[21] La STS (2ª) 909/2016, de 30 de noviembre (Roj: STS 5251/2016 - ECLI: ES:TS:2016:5251) señala: "El elemento sustancial de esta atenuante consiste en la reparación del daño causado por el delito o la disminución de sus efectos, en

---

un sentido amplio de reparación que va más allá de la significación que se otorga a esta expresión en el artículo 110 del Código Penal, pues este precepto se refiere exclusivamente a la responsabilidad civil, diferenciable de la responsabilidad penal a la que afecta la atenuante. *Cualquier forma de reparación del daño o de disminución de sus efectos, sea por la vía de la restitución, de la indemnización de perjuicios, o incluso de la reparación del daño moral puede integrar las previsiones de la atenuante.* Lo que pretende esta circunstancia es incentivar el apoyo y la ayuda a las víctimas, lograr que el propio responsable del hecho delictivo contribuya a la reparación o curación del daño de toda índole que la acción delictiva ha ocasionado, desde la perspectiva de una política criminal orientada por la victimología, en la que la atención a la víctima adquiere un papel preponderante en la respuesta penal. Para ello resulta conveniente primar a quien se comporta de una manera que satisface el interés general, pues la protección de los intereses de las víctimas no se considera ya como una cuestión estrictamente privada, ser valorada como un indicio de rehabilitación que disminuye la necesidad de pena"... la doctrina del "actus contrarius", interpretada desde la objetividad con que lo hemos hecho, valoraría el comportamiento del agente, con virtualidad para atenuar, desde la perspectiva del reconocimiento de la infracción del ordenamiento jurídico y el sometimiento al mismo, al provocar la eliminación o disminución de los efectos del delito. *El autor estaría exteriorizando una voluntad de reconocimiento de la norma infringida que no de su propia responsabilidad penal.* Su responsabilidad civil declarada en sentencia nace "ex delicto" por lo que satisfaciéndola el acusado reconoce que fue autor o tuvo participación en la causación a un tercero de un daño injusto.
Desde otro punto de vista, el carácter absolutamente objetivo de la atenuante no excluye que en la reparación total o parcial el daño, el sujeto, además de dar satisfacción a la víctima, reafirme la vigencia de la norma jurídica vulnerada y en definitiva el propio acto de reparación, restitución, indemnización o demás formas de eliminar o atenuar los efectos del delito, conlleva la emisión de una voluntad externa de reconocimiento del derecho.
No obstante ... debe insistirse que en su formulación actual ha desaparecido de la atenuante toda referencia al ánimo del autor por lo que no es necesario que la reparación responda a un impulso espontáneo, debiendo prevalecer el carácter objetivo de la atenuante —en atención a determinadas circunstancias que reseña la STS 809/2007 de 11.10:
a) *La ley no exige el requisito adicional del reconocimiento de la culpabilidad* y donde la ley no distingue tampoco nosotros debemos distinguir.
b) Todas las atenuantes *ex post facto* (reparación, confesión, colaboración, etc.) se alejan de la exigencia de una menor culpabilidad por el hecho y simplemente están basadas en razones de política criminal.
c) Exigir la presencia del elemento subjetivo de reconocimiento de la culpabilidad o responsabilidad penal comportaría de algún modo resucitar el móvil de arrepentimiento ya superado para integrar improcedentemente en la atenuante un componente anímico que el legislador no contempló.

En cualquier caso, reparación o restauración es un concepto jurídico no tan preciso como sería deseable; debe distinguirse la reparación material o económica de la moral, psicológica o simbólica, sin que quepa sostener que sea una más importante que la otra. Esta distinción nos parece importante porque la primera tiene un carácter objetivo, mientras que la segunda tiene un carácter subjetivo; la primera la determina un tercero (el fiscal o, en último término, el juez; pero no el mediador) y la segunda queda a criterio de la víctima[22].

La reparación integral constituirá una atenuante muy cualificada de la responsabilidad penal y una extinción de la responsabilidad civil.

La reparación en cierta medida comporta que el infractor reconoce la comisión del hecho, pero también puede entenderse que es una reparación condicionada a la eventual condena penal o que cabe sostener la presunción de inocencia hasta que se desvirtúe, resultando que la consignación de una cantidad a efectos de reparación del daño no la destruye.

El problema surgirá cuando las partes en el proceso (los mediados) no se pongan de acuerdo[23], cuando el victimario contemple como segura su

---

d) Una interpretación que exigiera el reconocimiento de la responsabilidad penal como elemento necesario para la estimación de la atenuante desalentaría o no serviría de estímulo a las conductas de reparación del daño del delito, al tener que renunciar el acusado a determinadas estrategias procesales de defensa." (FD 3º).

22 El art. 176 ALECrim., intitulado suspensión del procedimiento por razones de oportunidad, en su apartado 1 dispone: "En los supuestos de delitos castigados con penas de prisión de hasta cinco años o con cualesquiera otras penas de distinta naturaleza, siempre que concurran los requisitos fijados en el artículo anterior, el fiscal podrá acordar la suspensión del procedimiento de investigación, condicionándola al cumplimiento por la persona encausada de una o varias de las siguientes obligaciones o reglas de conducta:
a) Indemnizar al ofendido o perjudicado en la forma y cantidad que haya sido determinada.
b) Dar al ofendido o perjudicado una satisfacción moral que éste considere adecuada y suficiente.
c) Entregar al Estado o a instituciones públicas o privadas homologadas la cantidad que haya sido fijada para que sea destinada a obras sociales o comunitarias".
Nos parece una forma adecuada de plasmar la diferencia entre el daño material o económico, el daño moral o psicológico y el daño a los intereses colectivos, difusos o supraindividuales.

23 La frustración del acuerdo ha sido especialmente analizada desde el punto de vista de la condena al victimario que reconoció los hechos: "El mayor problema

condena, pero atribuya el fracaso del acuerdo a la víctima, que acudió al procedimiento restaurativo pretendiendo que el juez atenúe su responsabilidad penal apreciando atenuantes analógicas.

La casuística sobre reparación del daño es variada en la jurisprudencia del TS[24], además de la examinada: aquella en que se alude a la mediación o a la justicia restaurativa. Así, en un supuesto de delito patrimonial se ha considerado que debe haber una reparación económica (siquiera sea parcial en supuestos de falta de capacidad económica) o actuación equivalente, no bastando la simbólica o moral[25]. En otros delitos el daño psi-

---

se presenta cuando tras un procedimiento de mediación no se consigue ningún acuerdo y el hecho de que su participación en la mediación penal podrá interpretarse como un reconocimiento explícito de los hechos por parte del autor, recordemos que es un requisito de los enumerados en la Recomendación (99) 19, sobre mediación penal. Sin embargo, tal como se refieren también las Recomendaciones referidas supra, la mera participación del acusado en un procedimiento de mediación no es prueba suficiente para la admisión de culpabilidad en un proceso posterior, debiendo haber las pruebas de cargo suficientes para avalar su culpabilidad, rigiendo en todo caso el principio de *in dubio pro reo*", en González Fernández, A. I. *La mediación como método de resoluciones de controversias*, Valencia, Tirant lo Blanch, 2023, págs. 227-228. Así, "no procede derivar la causa a mediación cuando el presunto infractor niegue su participación en los hechos, pero sí en los restantes supuestos", Etxeberria Guridi, J. F., "La mediación penal en el Ordenamiento Español: algunas cuestiones no resueltas tras las recientes reformas procesales (cap. 2) en Montesinos García, A. (coord.) *Tratado de Mediación. Tomo II. Mediación Penal*, Valencia, Tirant lo Blanch, 2017.

24 Cfr. Magro Servet, V., "Doctrina jurisprudencial reciente del Tribunal Supremo sobre la atenuante de reparación del daño (art. 21.5 CP)", *La Ley Penal*, Nº 50, 2008.

25 La SAP de Barcelona (9ª) 392/2016, de 23 de mayo (Roj: SAP B 4494/2016 - ECLI: ES:APB:2016:4494), señala: "Fue rechazada también la atenuante de reparación del daño al no constatarse esfuerzo reparador por el penado ahora apelante. *La apelación se basa en que no pudo producirse una reparación económica por falta de recursos, pero debe estimarse producida una reparación moral derivada del hecho de no huir y entregarse y reconocer judicialmente los hechos.*
Debe rechazarse la pretensión de apreciar la atenuante de reparación del daño. Son obvias razones de política criminal orientadas a dar una satisfacción efectiva a las víctimas de los delitos las que sustentan la decisión del legislador de establecer una atenuación de la pena en atención a la actuación del culpable de reparar los daños causados, reparación que esta Sala —SSTS 435/2012 y 770/2013— ha declarado que *no necesariamente debe ser una reparación económica pudiendo ser de naturaleza moral, aunque en los delitos patrimoniales lo usual es que sea de esa naturaleza, que sea significativa en relación al daño causado, teniendo en cuenta las posibilidades reales del infractor y que se pueda apreciar a través de esta acción reparadora una autocrítica por el re-*

cológico es irreparable. Y en el caso de delitos que afectan a los intereses colectivos o supraindividuales sin víctima conocida también se plantean dudas sobre la posibilidad de mediación y sobre la reparación de los daños.

La determinación de cómo se lleva a cabo la reparación del daño también merece distinguir: la cuantificación del daño material puede hacerla un tercero (el fiscal o el juez) independientemente de los mediados, pero el daño moral exige conocer las necesidades subjetivas de la víctima[26].

La reparación del daño puede correr a cargo de un tercero y, en concreto, de aseguradoras que hacen frente a la responsabilidad civil —incluso tras una mediación civil—, pero la mediación penal debe pretender también la reparación del daño psicológico[27]. En un supuesto de estafa y falsedad documental a un Ayuntamiento (persona jurídico-pública) se ha

---

conocimiento del perjuicio causado, por ello se habla de justicia restaurativa como aquélla que pone el acento en conseguir una efectiva satisfacción para víctimas del delito otorgándole más protagonismo, frente a un modelo de justicia punitiva. *No es que sea imposible apreciar la atenuante aunque no se haya reparado económicamente si no se puede, pero en caso de insolvencia puede intentarse la reparación ofreciendo a las víctimas llevar a cabo una prestación ayuda o servicio concreto, reparar vía mediación*". La cursiva es nuestra. También cita la STS (2ª) 249/2014, de 14 de marzo, que la que nos ocuparemos a continuación.

26 "Las necesidades de las víctimas son individuales, concretas y distintas para cada persona y caso, y una visión empática desde la posición del espectador externo no es suficiente para definirlas, sino que habrán de observarse las particulares necesidades que cada perjudicado por el delito tenga como reales", Montesdeoca Rodríguez, D. "Contribuciones de la justicia restaurativa a la reparación del daño y a la satisfacción de necesidades de las víctimas de delitos", La Ley Penal, Nº 148, 2021, pág. 8.

27 Así el Auto de la AP de Madrid (1ª) 165/2017, de 23 de febrero (Roj: AAP M 35/2017 - ECLI: ES:APM:2017:35A) en caso de lesiones por la presunta comisión de un delito de imprudencia grave del art. 152.1 CP cometido con vehículo de motor razona: "En estos casos no olvidemos que también podría funcionar la vía de la mediación penal o justicia restaurativa por la que aplicando también el art. 14 RD 8/2004 *las partes, perjudicado y asegurado/compañía de seguros podrían pedir del juez la suspensión del procedimiento para someterse a la vía de la mediación penal y en ella indemnizar la aseguradora al perjudicado y cerrarse un acuerdo de mediación que conllevaría aplicar luego el protocolo de conformidades firmado entre el CGPJ, el Consejo general de la abogacía y la Fiscalía, por el que se propondría una rebaja de las penas* que constan en el art. 152.1 CP o el apartado 2º para los casos de imprudencia menos grave (FD 3º in fine)". La cursiva es nuestra. En los mismos términos se pronuncia el AAP de Alicante (1ª) 609/2016, de 15 de septiembre (Roj: AAP A 93/2016 - ECLI: ES:APA:2016:93A) también en su FD 3º in fine. El ponente de ambas resoluciones es Magro Servet. Con ello, deja de seguirse y cambia la jurisprudencia del TS.

considerado posible la mediación y la atenuación derivada de la reparación del daño, pero no en un delito contra la ordenación del territorio en que el daño es colectivo o difuso[28].

Adviértase que la mediación civil que recoge el art. 14 del Real Decreto Legislativo 8/2004, de 29 de octubre, por el que se aprueba el texto refundido de la Ley sobre responsabilidad civil y seguro en la circulación de vehículos a motor (modificado por el art. único.6 de la Ley 35/2015, de 22 de septiembre, de reforma del sistema para la valoración de los daños y perjuicios causados a las personas en accidentes de circulación) se estaría encajando en una mediación penal, cuyo objetivo es más amplio. Dicho de otro modo, la mediación civil se ocuparía sólo de la reparación económica por parte de la aseguradora del conductor victimario, pero sin la presencia de éste (o sin que sea decisiva o vinculante para la aseguradora) ante el mediador y el consiguiente desconocimiento de la reparación del daño moral o psicológico (más allá de su evaluación y compensación económica) que proviene del reconocimiento de los hechos y, en su caso, de la petición de disculpas por el autor del delito.

28 En un caso de delito de estafa en concurso ideal medial con un delito de falsedad de documento oficial o mercantil de los que es autor confeso un constructor y la víctima un Ayuntamiento se aprecia la atenuante muy cualificada de reparación del daño "teniendo en cuenta que el acusado ya reconoció los hechos desde la primera declaración ante el Juzgado y que este procedimiento ha sido incluido en la experiencia de mediación penal intrajudicial llegando al acta de reparación (folio 28) en la que el acusado además de reiterar ese reconocimiento de los hechos, lamentó las consecuencias de su comportamiento y pidió disculpas mostrando su voluntad de reparar el daño moral causado al Ayuntamiento a cuyo fin se ofreció a realizar trabajos de acondicionamiento de una calle de esa localidad de forma voluntaria y gratuita, lo cual efectivamente llevó a cabo según lo acordado tal como se acredita con el acta de recepción de dichas obras" [SAP de Valladolid (2ª) 149/2012, de 30 de abril, FJ 4°]. En cambio, si no hay algún tipo de reparación no cabe apreciar la suspensión de la ejecución de la pena. Así, el AAP de Castellón (2ª) 598/2016, de 27 de diciembre (Roj AAP CS 614/2016 - ECLI: ES:APCS:2016:614A) confirma la denegación del beneficio de suspensión de la pena impuesta por la comisión de un delito contra la ordenación del territorio, sosteniendo: "la justicia restaurativa es una referencia para este Tribunal a la hora del uso razonado de los beneficios legales en materia de ejecución de penas. El cumplimiento de la responsabilidad civil es exponente de un deseo del penado de restañar el perjuicio como muestra de arrepentimiento y actitud contraria al delito cometido, de cara a detectar predisposiciones que nos digan algo sobre el efecto de la pena en su aspiración aflictiva, preventiva y persuasiva.
En este caso en que ha transcurrido nueve años desde la comisión del delito (cuatro años y medio desde la condena), la Sra. Lourdes no ha cumplido con la demolición de lo construido, por lo tanto todo lo que el recurso desarrolla no puede ser atendido.

En relación con tal finalidad reparadora, la Sentencia del Tribunal Supremo (Sala 2ª) 249/2014, de 14 de marzo (Roj: STS 1294/2014 - ECLI:ES:TS:2014:1294, ponente del Moral García), indica: "La reparación en esa perspectiva engloba no solo indemnizaciones y en general los contenidos de la responsabilidad civil. Los parámetros exclusivamente pecuniarios no agotan todas las vertientes de la reparación. Puede tener otros componentes que la justicia restaurativa invita a redescubrir. En ocasiones la víctima necesita tanto o más que un resarcimiento económico una explicación, una petición de perdón, la percepción de que el victimario se ha hecho cargo del daño causado injustamente; la comprobación del esfuerzo reparador no seguido de logros efectivos pero movido por el sentimiento de que se debe reparar el mal infligido. Por eso han de mirarse con simpatía las normas penales de otros países (como Alemania o Portugal) que sitúan al mismo nivel que la reparación el sincero y real esfuerzo reparador.

La reparación puede ser uno de los objetivos de la mediación. Pero cabe reparación sin previa mediación; y cabe mediación sin reparación. Es ésta la que constituye una atenuante y no aquélla. Ni siquiera cabe la analogía pretendida por el recurrente. Esa reparación es la que tendría que acreditarse y no únicamente el inicial sometimiento a un programa de mediación fallido. La mediación es solo el camino, no la meta. Es un proceso que puede abrirse para alcanzar la reparación o la conciliación. ... el proceso de mediación puede desembocar en una reparación, en una conciliación o en un acuerdo que abre paso a un principio de oportunidad. Pero en sí mismo no tiene relieve penal. Así sucede igualmente en la legislación de menores (arts. 19 y 51 LRPM y 5 de su Reglamento)" (FJ 10º).

En definitiva, la mediación en el proceso penal aglutina o refunde aspectos de dos atenuantes. Pero lo que está claro es que no basta la mera solicitud de mediación para conseguir el efecto penológico atenuatorio[29].

No es aceptable que desde hace tantos años no se haya dispuesto de medios económicos para cumplir con la restauración" (FD 2º).

29 La SAP GC 763/2017 (ECLI: ES:APGC:2017:763) en un supuesto de asesinato frustrado,: "Tampoco concurre ni la atenuante de confesión ni la de reparación del daño, el acusado junto con su novia y su amigo se marchaban del lugar cuando llegó la policía, tal y como éstos declararon en el acto del juicio.
Además y si bien es cierto que la letrada que en su momento asistía al acusado solicitó a la Sala que se derivara a mediación penal la causa, no es menos cierto que dado que *el procesado se acogió a su derecho a no declarar en la fase de instrucción* en esos momentos el Tribunal no tenía ningún dato para considerar, sin entrar a prejuzgar el asunto que teníamos que enjuiciar posteriormente, que se dieran las

La mediación con reparación, tanto material como moral, será el objetivo final de esta institución y comporta un *plus* sobre la mera atenuante de reparación del daño material causado. En algún supuesto se ha dicho que es una atenuante cualificada por comportar un aspecto individual o particular y otro social o general[30].

Si cabe reparación (al menos económica) sin el concurso de la víctima se pone de manifiesto que la mediación penal es sólo uno de los medios para conseguir la protección de la víctima. El hecho de que la víctima no haya querido o no se le haya propuesto acudir a mediación penal, pero haya habido una reparación económica, no impide que el tribunal aprecie la atenuante de reparación del daño causado en el proceso penal[31]. A

---

condiciones a las que se refiere el artículo 15 de la Ley 4/2015 de 27 de abril del Estatuto de la Víctima ... En cualquier caso y tal y como indicamos en este último auto el acceso a la justicia restaurativa puede producirse en cualquier fase del procedimiento, incluso en ejecución de sentencia, siempre en el bien entendido que lo que se pretende es la reparación no sólo material sino también moral de la víctima. Entiende este Tribunal que *la justicia restaurativa no puede emplearse por parte de la víctima con la única finalidad de ser resarcida con la cantidad económica que ella reclame, ni por parte del acusado con la única finalidad de obtener una condena más favorable, pues ello sería una forma de pervertir el proceso de justicia restaurativa.*
Es por ello por lo que no podemos considerar acreditado que el intento de derivar la causa a un proceso de justicia restaurativa en el presente caso, sea una forma de reparar el daño a los efectos de la aplicación de la atenuante del artículo 21.5 del Código Penal" (FD 4º).

30 "En este caso, además, al ser la conformidad una plasmación procesal de un trabajo de mediación previa, se cumplen las exigencias de inserción social constructiva promovidos por la justicia restaurativa. Y, en el marco de la misma, la apreciación de la atenuante de reparación del daño como cualificada— con los efectos penológicos que a tal consideración se anuda— se justifica en el cumplimiento de los dos elementos estructurales de la mentada atenuante:
En el plano individual, la satisfacción de las necesidades restaurativas de la víctima.
En el plano social, la realización de una conducta que restablece la vigencia de la norma en su día infringida —la que prohíbe lesionar— al incorporar un elemento de responsabilización —el reconocimiento de los hechos y la petición de perdón— así como contener un elemento de compromiso de conducta futura —no acercamiento ni comunicación con la víctima y su entorno familiar— que se asume como programa conductual integrado en el modelo de inejecución condicionada de la pena de prisión" (Roj: SAP SS 17/2018 - ECLI: ES:APSS:2018:17, FD 3º).

31 En este sentido, la SAP de Barcelona (3ª) 1014/2009, de 17 de noviembre, en un supuesto de delito de lesiones en el que el agredido no desea acudir a mediación señala: "consta debidamente en autos haber intentado mediación penal en abril de 2009, solicitud de mediación que fue aportado como documento en cuestión

nuestro modo de ver, esta posibilidad evita que se genere una presión indebida en la víctima o un sentimiento de instrumentalización en la misma[32]. El acusado que ha reparado el daño material es probable que esté interesado en acudir a la mediación para reparar el daño moral y, de este modo, conseguir una atenuante cualificada y, si procede, una sentencia de conformidad premiada. En cualquier caso, en la mediación con reparación integral deben considerarse concurrentes una atenuante muy cualificada de reparación y una analógica de confesión.

Por eso, es importante determinar quién y cuándo deriva y si el infractor puede proponer la mediación, hasta qué momento y con qué efectos procesales. Además, habrá que tener en cuenta que el tipo de delitos tiene su relevancia, dado que los habrá en que baste la reparación material y aquellos en los que no[33].

---

previa por el letrado de la defensa y admitido por la sala, mediación que no prosperó sin constar las causas, así resulta del documento obrante en autos remitido a esta Sala por la Coordinadora del Equipo de mediación y reparación penal de fecha, ... Así mismo en acto de Juicio el acusado manifestó su arrepentimiento a lo sucedido y haber ofrecido cantidad mayor de indemnización y sentirse responsable de los hechos, por su parte el lesionado manifestó en el acto del juicio haber sido llamado por una chica para "arreglar las cosas", manifestando que no aceptó la consignación, puesto que deseaba justicia y que "tiene que pagar"; ante tales manifestaciones resulta evidente, el esfuerzo reparador y que si este no ha llegado a buen fin no lo es por la predisposición del agente causante sino del lesionado, por lo que la Sala aprecia el esfuerzo tanto económico como personal debidamente verificado, como es el uso de otras vías de reparación como es la de la mediación, en este caso intentada y cuyo fracaso no puede imputarse al responsable de los hechos" (FD 5°). Puede decirse que nos encontramos ante una mediación fallida por causa de la víctima.

32 Para evitar cualquier posible presión del victimario sobre la víctima el art. 146 del Borrador del Código Procesal Penal de 2013 establecía que ni el Ministerio Fiscal ni los Tribunales ofrecerán ventajas al encausado por el hecho de someterse a un procedimiento de mediación, sin perjuicio de los efectos procesales o materiales que puedan derivarse conforme a la Ley del acuerdo con la víctima si se alcanza.

33 La STS (2ª) 909/2016, de 30 de noviembre (Roj: STS 5251/2016 - ECLI: ES:TS:2016:5251): "Ahora bien constituye, a su vez, un referente atendible la naturaleza del delito, cuyos efectos nocivos se tratan de reparar. Si se trata de delitos estrictamente patrimoniales, como hurto, apropiación indebida, estafa, robo con fuerza, etc. es posible que el único bien jurídico protegido, el patrimonio privado, pueda ser íntegramente reparado en su plenitud.

No ocurre lo mismo en el pago de una indemnización económica señalada por unos perjuicios derivados de la lesión de bienes jurídicos personales. El daño ocasionado es irreparable y no tiene vuelta atrás. El pago de tales perjuicios económi-

En caso de mediación no exitosa la falta de acuerdo puede provenir de la pretensión civil formulada por la víctima y de la resistencia del investigado, no tanto de la pretensión penal. En estos supuestos surge la cuestión de si es aplicable la rebaja de la pena por conformidad o, por el contrario, sólo por las atenuantes analógicas que concurran[34]. En supuestos de desacuerdo de la víctima en el *quantum* indemnizatorio de la responsabilidad civil derivada del delito, ha sucedido que la defensa letrada del acusado interese del órgano juzgador la apreciación de la atenuante de reparación del daño poniendo el acento en su aspecto moral causado a la víctima sobre la base de que el acusado se sometió al proceso de mediación frustrado[35].

---

cos aunque fuera integro, sólo en parte, podría compensar las consecuencias de la lesión del bien jurídico que se protege" (FD 3º).

34 La ausencia de acuerdo entre los mediados puede provenir de las divergencias respecto de la acción civil. Según la Circular 1/2003 de la Fiscalía General del Estado en caso de disconformidad con la responsabilidad civil por parte de algún acusado o tercero responsable, ha de remitirse la causa al Juzgado de lo Penal para la celebración de juicio, con el fin de que sea discutida la pretensión civil conforme al artículo 695. En la sentencia —sostiene la indicada Circular— el Juez de lo Penal puede aplicar analógicamente la reducción de pena en un tercio "cuando el truncamiento de la sentencia de conformidad por parte del Juez de Instrucción sólo vino motivado por el rechazo de un tercero responsable civil", Magro Servet, V. "Particularidades de la conformidad premiada en la LECrim", en Calaza López, S., Munielo Cobo, J. C. (Dirs.), *El impacto de la oportunidad sobre los principios procesales clásicos: estudios y diálogos,* Iustel, Madrid, 2021 [disponible en: https://dialnet.unirioja.es/descarga/libro/845425.pdf, última consulta: 21/01/2024], págs. 325 y ss.

35 Como se pone de manifiesto en el FD 4º b) de la SAP de Álava (2ª) 332/2015, de 9 de noviembre (*Tol 5673495*, Roj: SAP VI 771:2015 Ecli: ES:APVI:2015:771) "Es cierto que esta Sala remitió al acusado a un proceso de mediación y que se produjo una intervención del Servicio de Mediación Intrajudicial de Álava (folio 25 del Rollo Penal), pero informó que "no se ha podido llevar a término". ... *A través de las declaraciones de la víctima y el acusado, se puede llegar a la clara conclusión de que no se pudo llegar a un acuerdo de mediación por el alcance de la responsabilidad civil,* porque éste *pretendía pagar aquella cantidad que el Ministerio Fiscal había fijado como indemnización en el escrito de calificación provisional* (1152 euros), mientras que la víctima pretendía la suma fijada en el presupuesto de tratamiento, 11.148 euros (folio 107). La valoración del daño hecha por el fiscal goza de objetividad frente a la realizada por un especialista a instancia de parte.
Por otro lado, el acusado parece que mostró un compromiso de pago, porque no tenía rendimientos económicos ni patrimonio, y no ha pagado ninguna cantidad por esta razón a pesar de tal aparente disponibilidad.
Aunque conforme al resultado probatorio alcanzado y como explicaremos más adelante en el oportuno Fundamento de Derecho, no se le puede conceder a la

En este supuesto, no se ve quebrado el deber de confidencialidad de las sesiones de mediación en el caso de que en las calificaciones se plasme tal acción civil: valorar positivamente acudir a ella desconociendo la conducta de las partes determinante de su infeliz desenlace supone aceptar que la mediación es de por sí un instrumento a favor del infractor, no de la víctima, y que la confidencialidad es menoscaba unilateralmente por aquél, sin contar con la víctima, sin exigir bilateralidad[36].

Dado que el acceso a los servicios de justicia restaurativa es voluntario para víctima y autor del delito, no puede imponerse a ninguna y su consentimiento es revocable en todo momento. En el procedimiento de mediación pueden surgir desavenencias que impidan lograr el acuerdo. Así, el éxito de la mediación penal puede ser puesto en entredicho por la propia víctima al no encontrarse interesada en obtener una reparación moral o simbólica, en recibir las explicaciones o la petición de perdón por parte del victimario o al pretender una indemnización mayor de la que éste está dispuesto a asumir. Aunque el hecho de desechar la opción de la mediación pueda entrañar que la víctima sea calificada de vengativa, represora o poco dialogante, cabe que se dé el caso de que el intento de mediación frustrado sea esgrimido por el victimario o su defensa en el proceso penal (que —no se olvide— la víctima ha considerado más adecuado en uso de

---

víctima la suma arriba interesada y la que otorgaremos será superior a la fijada inicialmente por el Ministerio Fiscal, para que este Tribunal pudiera dotar al proceso de mediación de alguna virtualidad atenuatoria, deberíamos haber conocido el resultado del mismo (y sólo se ha informado de que no ha tenido éxito o lo que es lo mismo "que no se ha podido llevar a término"), de modo que pudiéramos inferir que alguna satisfacción, aun de carácter moral o simbólico, tuvo la víctima por parte del acusado y más bien de sus manifestaciones en el plenario parece que no recibió, pues insistió solamente en que le "arreglara la boca".

36 Acertadamente, Soleto Muñoz advierte respecto del investigado: "el desarrollo de programas de justicia restaurativa ha de observar un especial cuidado en lo que a los derechos fundamentales del imputado afectan, garantizando la confidencialidad a todos los niveles, incluso cuando el procedimiento de justicia restaurativa no tenga éxito, caso en el que se debería evitar el conocimiento de esta circunstancia por el tribunal sentenciador". Añade: "En todo caso será necesario el consentimiento de los participantes en el proceso, consentimiento que además puede ser revocado en cualquier momento, protegiendo de cualquier temor a represalias en la posterior sentencia el deber de confidencialidad de las partes como del mediador", en Soleto Muñoz, H. "El desarrollo de la Justicia Restaurativa en América Latina en el ámbito de menores infractores: dificultades y oportunidades", Cachón Cadenas, M. y Franco Arias, J. (coord.), *Derecho y proceso.* Liber Amicorum del Profesor Francisco Ramos Méndez, Atelier, 2018, pág. 2439.

su derecho) con el objetivo de conseguir la atenuación de su responsabilidad penal.

De otra parte, el investigado puede por cuestiones de estrategia procesal no estar interesado en acudir a un procedimiento de mediación e, incluso seguido éste, tiene la posibilidad de retractarse en cualquier momento y, aunque discutible —por contrariar el deber de confidencialidad—, de hacer valer ante el juez sentenciador que se ha sometido a mediación intentando la reparación de la víctima hasta donde le ha sido posible.

La retractación es una manifestación de la voluntariedad de la mediación y puede darse en cualquier momento, durante e, incluso, después: es decir, cabe el desistimiento o abandono de las sesiones de mediación y renunciar a lo acordado. Es verdad que finalizado el procedimiento tras haber llevado a cabo todo el procedimiento de mediación, no sin el comprensible disgusto de la víctima personada en el proceso y del de la acusación pública. Es más la víctima tiene derecho, además de a la asistencia anterior y posterior de su abogado, al control judicial de su conformidad[37]. Hasta que el juez sentenciador no comprueba la concurrencia del consentimiento libre del investigado, su voluntariedad (recordemos que es otro de los requisitos de acceso a la mediación *ex* art. 15 LEVD) manifestada a presencia judicial y la legalidad de la pena atenuada solicitada por la acusación más grave (teniendo en cuenta las dos atenuantes, ya que reparación y confesión son compatibles) no dictará la sentencia de conformidad, en

---

37 La SAP de Madrid (27ª) 220/2016, de 28 de abril (SAP M 6864/2016 - ECLI: ES:APM:2016:6864) aborda un supuesto en que convocados el Ministerio Fiscal y las partes, a los efectos de formalizar la conformidad (la denominada confesión en el procedimiento abreviado) del acusado en la vista del juicio oral se produjo la retractación inesperada del acusado a presencia judicial, y recuerda: "El acto procesal en el que se manifiesta la conformidad, en todo caso debe de cumplir unos requisitos para su validez, siendo ésta de carácter absoluto, expreso y personalísimo, y de doble garantía (STS de 1 de marzo de 1998).
Ha de ser pues, expreso, personalísimo y voluntario, motivo por el que el art. 651 de la Ley de Enjuiciamiento Criminal, prevé la previa ratificación del procesado en la conformidad, y el art. 784.3 dispone, que el escrito de defensa, donde se expresa la conformidad, sea firmado por el acusado, señalando el art. 787.1 de la L.E.Crim., que la defensa podrá pedir que se proceda a dictar sentencia de conformidad, con la conformidad del acusado presente.
Por su parte, el órgano judicial, debe velar y controlar la voluntariedad de la conformidad, y el conocimiento por parte del acusado de sus consecuencias, oyéndole en todo caso (art. 668 y 787.2 de la Ley de Enjuiciamiento Criminal), debiendo aquél ratificar su conformidad a presencia judicial" (FD 2º).

su caso, además premiada. Dicho de otro modo, el papel de garante que desempeña el mediador no exime del control del órgano judicial.

Estos supuestos de desavenencias entre víctima y victimario no están contemplados, por lo que deben ser resueltos por nuestros tribunales y, en definitiva, pueden poner a prueba la institución de la mediación.

4. CONCLUSIONES

El breve recorrido a través de pronunciamientos de nuestros tribunales penales pone de manifiesto que los fines y efectos de la mediación penal son objeto de distinta interpretación y que muchos aspectos de este instrumento restaurativo deben ser objeto de una adecuada regulación y/o precisión jurisprudencial para evitar en lo posible la inseguridad jurídica o el exceso de discrecionalidad judicial.

Las atenuantes *ex post facto* de confesión y reparación del daño causado a la víctima responden a objetivos de política criminal distintos (celeridad en la investigación vs. victimología).

El reconocimiento de hechos por parte del infractor, que es una condición de acceso a la mediación, tiene algún componente de la atenuante de reparación del daño y la atenuante analógica de confesión. Se pone el acento en la utilidad para la investigación, en la colaboración con la misma y, en definitiva, en la celeridad de la impartición de justicia. Se ha llegado a admitir la confesión extrajudicial, esto es, la que no se realiza ante policía, fiscal o juez en su calidad de autoridades.

Entre la atenuante de reparación del daño económico causado sin mediación previa y la mediación existe como punto en común el reconocimiento de los hechos y de las consecuencias derivadas del delito, sea un reconocimiento tácito o expreso, respectivamente. También se da esa zona compartida en la atenuante analógica de confesión derivada de una mediación en que se pide perdón y hay reparación del daño psicológico, aunque tenga peor encaje en la atenuante de reparación del daño causado.

La mediación penal comporta el reconocimiento de hechos y la reparación del daño causado que se va a traducir en atenuación de la responsabilidad penal y una conformidad (premiada si concurren los requisitos legales previstos en la Ley de Enjuiciamiento Criminal), además de la suspensión de la ejecución de la pena. En este caso, puede decirse que se producen beneficios cumulativos. En otros casos, sólo se produce la reparación sin mediación (sin reconocimiento expreso de la culpabilidad) o la confesión (con reconocimiento expreso de los hechos) sin reparación del daño económico.

Cabe y es deseable una mediación con reparación integral del daño causado a la víctima que se traducirá en una sentencia de conformidad y debiera comportar una atenuante específica o muy cualificada o, si la víctima ha formado parte del procedimiento restaurativo, una rebaja de la pena solicitada. La mediación con acuerdo y acta de reparación integral del daño (tanto material o físico como moral o psicológico) debiera comportar un *plus* sobre la mera atenuante de reparación del daño causado a la víctima.

También puede darse reparación del daño (al menos material) sin mediación o reparación con mediación frustrada imputable a la víctima que comporten la apreciación de la circunstancia atenuante (al menos analógica) de reparación del daño causado a la víctima. La frustración del procedimiento restaurativo puede tener causa en la falta de reparación de cualquier tipo de daño experimentado por la víctima. En cualquier caso, el victimario que no ha conseguido un acuerdo en la mediación intentada tratará de que el juez sentenciador aprecie una atenuante analógica por lo que a su juicio comporta una reparación de cualquier tipo de daño causado.

El concepto jurídico indeterminado de reparación del daño causado a la víctima debe ser determinado con mayor precisión, puesto que —al poder obtenerse el efecto atenuante de la responsabilidad penal promoviendo la mediación— cabe que en determinados supuestos el victimario haga valer el mero hecho de acudir al procedimiento de mediación concluido sin éxito por causa imputable a la víctima buscando como fin la atenuación de su responsabilidad penal y pervirtiendo el fundamento de la mediación.

Sin desconocer que son variadas las circunstancias que deben ser tenidas en cuenta en cada caso concreto por el órgano judicial sentenciador para determinar la responsabilidad penal del infractor ha de hacerse un esfuerzo por delimitar y graduar la atenuación de la responsabilidad penal cuando no hay mediación.

Quizá estos matices son los que no se ven si se hace una mera aproximación a la mediación y a su virtualidad de atenuación de la responsabilidad penal dependiendo del tipo de delitos, que por algunos se consideran no mediables por no tener una víctima individualizada o por afectan a intereses difusos de la sociedad.

En definitiva, la nueva concepción del sistema de justicia penal a la que la mediación contribuye o complementa requiere de muchos esfuerzos tanto legales y jurisprudenciales como doctrinales que consigan sentar con claridad sus líneas maestras y principalmente sus detalles.

BIBLIOGRAFÍA

Cuadrado Salinas, C., "La mediación: ¿Una alternativa real al proceso penal?", *Revista Electrónica de Ciencia Penal y Criminología* [disponible en: http://criminet.ugr.es/recpc/17/recpc17-01.pdf, última consulta: 27/10/2023]. 2015, núm. 17-01, pág. 2.

Etxeberría Guridi, J. F., "La mediación penal en el Ordenamiento Español: algunas cuestiones no resueltas tras las recientes reformas procesales (cap. 2) en Montesinos García, A. (coord.) *Tratado de Mediación. Tomo II. Mediación Penal,* Valencia, Tirant lo Blanch, 2017.

González Fernández, A. I. *La mediación como método de resoluciones de controversias,* Valencia, Tirant lo Blanch, 2023, pág. 227-228.

Iglesias Canle, I. C. y González Fernández, A. I., "Derecho a la libertad sexual y justicia restaurativa a la luz de la reforma de la ley orgánica 10/2022, de 6 de septiembre, de garantía integral de la libertad sexual" *Revista Derecho y Proceso,* nº 3 (https://revistaderechoyproceso.colex.es/wp-content/uploads/2023/07/REVISTA-DERECHO-PROCESO-n3.pdf, última consulta 23/02/2024), pág. 22.

Llorente Sánchez-Arjona, M. "Principio de oportunidad y violencia de género", en Calaza López, S., Munielo Cobo, J. C. (Dirs.), *El impacto de la oportunidad sobre los principios procesales clásicos: estudios y diálogos,* Madrid, Iustel, 2021 [disponible en: https://dialnet.unirioja.es/descarga/libro/845425.pdf, última consulta: 21/01/2024], págs. 239-240.

Luna Álvarez, E., *Análisis crítico de la regulación y aplicación de la mediación penal en el ordenamiento jurídico español,* Valencia, Tirant lo Blanch, 2023.

Magro Servet, V., "Doctrina jurisprudencial reciente del Tribunal Supremo sobre la atenuante de reparación del daño (art. 21.5 CP)", *La Ley Penal,* Nº 50, 2008.

Magro Servet, V. "Particularidades de la conformidad premiada en la LECrim", en Calaza López, S., Munielo Cobo, J. C. (Dirs.), *El impacto de la oportunidad sobre los principios procesales clásicos: estudios y diálogos,* Madrid, Iustel, 2021 [disponible en: https://dialnet.unirioja.es/descarga/libro/845425.pdf, última consulta: 21/01/2024], págs. 325 y ss.

Montesdeoca Rodríguez, D. "Contribuciones de la justicia restaurativa a la reparación del daño y a la satisfacción de necesidades de las víctimas de delitos", La Ley Penal, Nº 148, 2021, pág. 8.

Niederleytner García-Lliberós, J. M. y Afonso Martín, A. "Las atenuantes de confesión y de reparación del daño: un análisis conjunto", en Ochoa Marco, R., Ortega Burgos, E, (coords.), *Derecho Penal 2021,* Valencia, Tirant lo Blanch, 2021, pág. 502.

Perulero García, D., "Mecanismos de viabilidad para las prácticas restaurativas y la mediación en el proceso penal", *Mediación y resolución de conflictos: técnicas y ámbitos,* Soleto Muñoz, H. (dir.), Carretero Morales, E., y Ruiz López, C. (coords.), Madrid, Tecnos, 3ª ed., 2017, pág. 634.

Roselló Monserrat, J. T. "Mediación penal y circunstancia atenuante de reparación del daño", *Diario LA LEY, 3 de abril de 2023,* pág. 4.

Soleto, H. y Grané, A., *La eficacia de la reparación a la víctima en el proceso penal a través de las indemnizaciones. Un estudio de campo en la Comunidad de Madrid*, Madrid, Dykinson, 2018, págs. 13 a 24.

Soleto Muñoz, H. y Grané Chávez, A., "El proceso penal, mecanismo ineficaz de compensación a la víctima: un estudio de campo", *Revista de Victimología*, nº 8, 2018 [disponible en: http://www.huygens.es/journals/index.php/revista-de-victimologia/article/view/127, última consulta: 23/02/2024], págs. 35 y ss.

Soleto Muñoz, H. "El desarrollo de la Justicia Restaurativa en América Latina en el ámbito de menores infractores: dificultades y oportunidades", Cachón Cadenas, M. y Franco Arias, J. (coord.), *Derecho y proceso.* Liber Amicorum del Profesor Francisco Ramos Méndez, Madrid, Atelier, 2018, pág. 2439.

Vidales Rodríguez, C. y Planchadell Gargallo, A., "La mediación penal: análisis y perspectivas tras la reforma del Código Penal y la aprobación del Estatuto de la víctima del delito", *Revista Aranzadi de Derecho y Proceso Penal*, núm. 39/2015.

La mediación societaria en un contexto de digitalización e Inteligencia Artificial[1]

DAVID VALLESPÍN PÉREZ
Catedrático de Derecho Procesal de la Universitat de Barcelona
NOEMÍ JIMÉNEZ CARDONA
Profesora Lectora de la Sección de Derecho Mercantil de la Universitat de Barcelona

Resumen: El presente análisis centra su atención en la potencialidad de aplicación que pueda corresponder a la mediación mercantil en el ámbito del Derecho de Sociedades, con especial atención a su plural configuración: estatutaria, parasocial, intragrupo, orgánica y protocolaria; así como también a los retos derivados de su configuración en un contexto de digitalización e inteligencia artificial.

Abstract: This analysis focuses its attention on the potential application that may correspond to commercial mediation in the field of Company Law, with special attention to its plural configuration: statutory, shareholder's agreements, intragroup, organic and protocol; as well as also the networks derived from its configuration in a context of digitization and artificial intelligence

Palabras clave: Mediación Mercantil - Derecho de Sociedades - Empresa - Digitalization - Artificial Intelligency

Keywords: Commercial Mediation - Company Law - Company - Digitalization

---

1 Este artículo constituye nuestra contribución al más que merecido Homenaje al Prof. Dr. Víctor Moreno Catena, de quien no solo hemos tenido (y tenemos) la oportunidad de aprender, a diario, de sus enseñanzas procesales; sino también, al conocerle, de su ejemplo personal y profesional.

2 Todos y cada uno de los apartados de este artículo han sido redactados de forma consensuada por ambos autores. En todo caso, la responsabilidad específica de la redacción de los apartados 1, 3 y 7 ha recaído en el Prof. Dr. David Vallespin Pérez; y la correspondiente a sus apartados 2, 4, 5, 6, 8 y 9, ha sido asumida por la Dra. Noemí Jiménez Cardona.

1. LA MEDIACIÓN MERCANTIL Y SU PLURAL CONFIGURACIÓN SECTORIAL

En la actualidad "cohabitan" en nuestro ordenamiento jurídico diferentes métodos de resolución de conflictos intersubjetivos: autotutela, autocomposición (sin intervención de tercero o, como así acontece, con la conciliación y la mediación, con intervención de tercero), heterocomposición y proceso[3]. Métodos que, dejando a salvo la autotutela y el proceso, reflejan los postulados clásicos de la "justicia alternativa" (consensuada y dialogada)[4] y centran su atención en la llamada "gestión del conflicto"[5].

Una gestión amparada en el uso de las conocidas como fórmulas ADR y ODR, ciertamente prometedoras desde la óptica de la supuesta "eficiencia procesal" (agilización de los tiempos de respuesta y reducción de la carga de trabajo que soportan nuestros órganos jurisdiccionales), pero que, en paralelo, también encierran dificultades (por no decir peligros), fruto de su hipotética generalización excesiva, por lo que se refiere al obligado respeto de las garantías procesales básicas que configuran el modelo constitucional de juicio justo[6] y, más concretamente, el derecho de acceso a la justicia, en cuanto parte integrante del complejo contenido del derecho a la tutela judicial efectiva (art. 24.1 de la Constitución Española de 1978)[7].

---

3 Alcalá-Zamora y Castillo, Niceto. *Estudios diversos de Derecho Procesal.* Barcelona: Bosch, 1987, pág. 55; y *Proceso, autocomposición y* autodefensa. México D.F.: Instituto de Investigaciones Jurídicas - Universidad Autónoma de México, 1991; Vallespín Pérez, David. *Litigios sobre consumo: especialidades procesales y acciones* colectivas. Madrid: Bosch (Wolters Kluwer), 2018, págs. 7 y ss.; y Mediación *mercantil y eficiencia procesal.* Madrid: Bosch (Wolters Kluwer), 2022, págs. 21 y ss.

4 Ortuño Muñoz, José Pascual, "Perspectivas de futuro de los métodos alternativos y complementarios de resolución de conflictos". En *Estudios sobre Mediación y Arbitraje desde la perspectiva del Derecho Procesal,* dirigida por Sigüenza López y García Rostán Calvín y coordinada por Castillo Felipe y Tomás Tomás (Pamplona: Thomson Reuters-Aranzadi, 2017), pág. 49.

5 Castillejo Manzanares, Raquel, "Fundamentos de la gestión alternativa de conflictos". En *Manual de mediación en asuntos civiles y mercantiles,* dirigido por la propia autora y coordinado por Cristina Alonso y Concepción Castillejo (Valencia: Tirant lo Blanch, 2020), págs. 49 y 62-68.

6 Sobre la correcta comprensión del modelo constitucional de juicio justo, véase: Vallespín Pérez, David. *El modelo constitucional de juicio justo en el ámbito del proceso civil.* Barcelona: Atelier, 2002.

7 Nieva Fenoll, Jordi. "Mediación y arbitraje ¿una ilusión decepcionante?". *Revista General de Derecho Procesal* 39 (2016), págs. 11 y ss.; Vallespín Pérez, David. *Mediación mercantil y eficiencia procesal, ob. cit.,* págs. 26-27.

No convendría olvidar, especialmente al hilo de la filosofía inspiradora del Proyecto de Ley de Eficiencia Procesal del Servicio Público de la Justicia (PLMEPJ), de abril de 2022, que la simple visión economicista del proceso, sin la adecuada reflexión, bien puede acabar por implicar la mutación del *"case manegement"* a un *"case elimination"* en que las fórmulas ADR, ODR y ODR-i, lejos de ser alternativas y complementarias al proceso, acaben por "sustituirlo", abriendo así la puerta una "justicia de segunda categoría"[8].

En este contexto, la utilización en el PLMEPJ, para referirse a la mediación y otros medios de resolución de conflictos (con exclusión del proceso), de la expresión: *"métodos adecuados de resolución de conflictos"*; resulta, cuando menos, preocupante[9]; siendo así que, bajo bonitas palabras y mejores deseos, bien pudiere ocultar un intento de "privatización de la justicia". En nuestra opinión, nuestro legislador procesal civil, lejos de centrar sus esfuerzos en deslegitimar el proceso en cuanto instrumento de resolución de conflictos, bien haría en pensar no solo en cómo mejorarlo, sino también en "complementarlo" con otras vías alternativas (entre ellas, por supuesto, la mediación)[10]. Por fortuna, el avance electoral que ha paraliza-

---

8 Barona Vilar, Silvia. *Nociones y principios de las ADR (solución extrajudicial de conflictos).* Valencia: Tirant lo Blanch, 2018, pág. 24; Pérez Daudí, Vicente. "La imposición de los ADR, ope legis y el derecho a la tutela judicial efectiva". *InDret: Revista para el análisis del Derecho* 2 (2018), pág. 4.

9 Una visión crítica acerca de este nuevo enfoque puede verse en: Calaza López, Sonia. "Ya llegan los medios adecuados de solución de controversias en vía no jurisdiccional: cuanta más desjudicialización, mejor". *Actualidad Civil* 6 (2022), págs. 1-23.

10 Asencio Mellado, José María. "Mediación y proceso civil. Estado de Derecho (Editorial)". *Práctica de Tribunales* 137 (2019), págs. 1-2; Bujosa Vadell, Lorenzo, y Palomo Vélez, Diego. "Mediación electrónica: Perspectiva europea". *Ius et Praxis* 2 (2017), págs. 53-54 y 75; Carretero Morales, Emiliano. *La mediación civil y mercantil en el sistema de justicia.* Madrid: Dykinson, 2016, págs. 66 y ss.; De la Oliva Santos, Andrés. "ADR o el redescubrimiento del agua caliente". *Ius et Praxis* 2 (2016), págs. 417 y ss.; y "Mediación y justicia: síntomas patológicos". *Revista Otrosí* 8 (2011), págs. 7 y ss.; López Yagüe, Verónica. *"Mediación y proceso judicial, instrumentos complementarios". Práctica de Tribunales* 37 (2019), págs. 2 y 16; Martín Diz, Fernando. "La mediación: marco general para su implementación como sistema complementario de Administración de Justicia". En *La mediación en materia de familia y derecho penal,* coordinada por el propio autor (A Coruña: Andavira Editorial, 2011), pág. 39; Taruffo, Michele. "Una alternativa a las alternativas: patrones para la solución de conflictos". En *Consideraciones sobre la prueba judicial,* con Andrés Ibáñez y Candau Pérez (Madrid: Fundación Coloquio Jurídico, 2009), pág. 127; y Vallespín Pérez, David. *Mediación mercantil y eficiencia procesal, ob. cit.,* págs. 34-35.

do su aprobación, permitirá una más amplia reflexión sobre el particular en un futuro inmediato.

Una mediación, por tanto, que no debiera excluir la Jurisdicción, sino complementarla. Una muestra más del llamado Derecho colaborativo[11], pero en el que, al menos en el momento actual, la incorporación de la inteligencia artificial, lejos de su consolidación automatizada mediante la figura del mediador-avatar o robótico, bien debiera adoptar un perfil más instrumental que decisional[12].

De hecho, incluso de configurarse como "obligatoria", en cuanto requisito de procedibilidad del propio proceso judicial, convendría no obviar lo ya expuesto por el TJUE en el conocido caso "Menini"[13]: el Derecho de la Unión Europea no se opone a que una norma nacional pueda prever, en determinados supuestos, que la mediación sea un requisito de admisibilidad de la propia demanda judicial, pero en el bien entendido que dicha mediación obligatoria debiera, en todo caso, compatibilizarse con el obligado respeto de las exigencias propias que derivan del respeto al derecho a la tutela judicial efectiva[14].

Compatibilidad que la propia jurisprudencia del TJUE hace depender del cumplimento de seis requisitos: a) el procedimiento de mediación no conduce a una decisión vinculante para las partes; b) no debe implicar una retraso sustancial para el ejercicio de la acción judicial; c) interrumpe la prescripción de los derechos; d) no debe comportar gastos innecesarios; e) si es electrónica, no debe ser ésta la única vía para acceder al procedimiento; y f) en el seno del procedimiento de mediación cabe la adopción de medidas provisionales y urgentes.

---

11 Sobre su correcta comprensión y posibilidades de expansión, véase, por todos: Soleto Muñoz, Helena. "Elementos básicos para la práctica colaborativa". En *Vías emergentes de solución extrajudicial de litigios en la Sociedad digital*, dirigida por Leticia Fontestad Portalés y coordinada por Pablo Ramón Suárez Xavier (Pamplona: Aranzadi, 2022), págs. 231 y ss.

12 Jiménez Cardona, Noemí. "La mediazione commerciale dal punto di vista dell'intelligenza artificiale (Spagna e Italia"). *Revista General de Derecho Procesal* 57 (2022), págs. 1 y ss.

13 STJUE (Sala Primera) de 14 de junio de 2017, asunto C-75/16 - Menini, Rampanalli/Banco Popular Società Cooperativa (ECLI:EU:C:2017:457).

14 Vallespín Pérez, David. "Intelligenza artificiale e valutazione delle prove nel processo civile spagnolo e italiano". *Revista General de Derecho Procesal* 57 (2022), págs. 1 y ss.

Así las cosas, resulta obligado señalar que la mediación se plantea como especialmente útil en el ámbito propio de aquellas relaciones privadas patrimoniales en que la autonomía de la voluntad alcanza cuotas elevadas[15]. De ahí la importancia que, sin duda, puede alcanzar la mediación en el ámbito mercantil.

Utilidad práctica con plasmación "plural" en los sectores propios del Derecho de la Competencia, la Propiedad Industrial, el Derecho de Consumo[16], la Contratación Mercantil (con especial referencia en orden a los contratos de distribución), la Contratación Internacional, la Responsabilidad Social Corporativa, el Derecho Concursal[17] y, por lo que ahora más interesa, el Derecho de Sociedades. Todo ello pone de relieve, precisamente, la dependencia recíproca entre el Derecho Mercantil y el Derecho Procesal, así como la trascendencia que cabe atribuir a la agilización y simplificación de la resolución de las "tensiones" propias del Derecho de la Empresa y de los Negocios[18].

Una mediación mercantil, a no confundir con el contrato de mediación mercantil o corretaje[19] (por el que una persona se obliga a pagar a otra una

---

15 Boldó Roda, Carmen. "Prólogo". En la obra colectiva *La mediación en asuntos mercantiles*, dirigida por la propia autora y coordinada por Andreu Martí (Valencia: Tirant lo Blanch, 2015), págs. 16-17; Vallespín Pérez, David. *Mediación mercantil y eficiencia procesal, ob. cit.*, pág. 89,

16 Con carácter específico, acerca de la mediación de consumo, véanse, por todos: Fontestad Portalés, Leticia. "Obligaciones de las entidades de resolución alternativa acreditadas". En *La resolución alternativa de litigios en materia de consumo*, coordinada por Ariza Colmenarejo y Fernández-Figares Morales (Pamplona: Thomson Reuters-Aranzadi, 2018), págs. 79 y ss.; y, más concretamente, al hilo de sus más recientes novedades: Jiménez Cardona, Noemí. "Mediación de consumo". *Revista General de Derecho Procesal* 56 (2022), págs. 1 y ss.

17 Ibiza Gimeno, Jordi. "¿El final de la mediación en materia de insolvencia?". En *Meditaciones sobre mediación (MED+)*, editada por Sílvia Barona Vilar (Valencia: Tirant lo Blanch UVcàtedres, Càtedra Cultura de la Mediació, 2022), págs. 325 y ss.; Sánchez-Tarazaga y Marcelino, Jorge. "Mediación concursal". En *Meditaciones sobre mediación (MED+)*, dirigida por Sílvia Barona Vilar (Valencia: Tirant lo Blanch UVcàtedres, Càtedra Cultura de la Mediació, 2022), págs. 305 y ss.

18 Alejandro Urbano, Martín. "Nuevas regulaciones del derecho societario: criterios para su aplicación en los tipos sociales tradicionales ". *USPQ Law Review*, 1 (2022), págs. 17 y ss.

19 Pérez-Serrabona González, José Luis. "Mediación en asuntos mercantiles". En *Tratado de Mediación en la resolución de conflictos*, dirigida por Orozco Pardo y Monereo Pérez, y coordinada por González de Patto y Lozano Martín (Madrid: Tecnos, 2015), pág. 263.

remuneración para que ésta se obligue a desarrollar una actividad dirigida a ponerle en contacto con un tercero a fin de concretar un contrato en el que el mediador no tendrá participación alguna, así como se obliga a guardar secreto en cuanto a las instrucciones que hubiere podido recibir de su cliente, informarle de la marcha de las operaciones y aconsejarle acerca de cómo defender de la mejor manera posible sus particulares intereses) y que, como se ha avanzado, resulta especialmente atractiva en el ámbito empresarial.

Una atracción que bien puede contemplarse desde la óptica de la empresa como estructura organizativa (*conflictos intrasocietarios* que pueden darse entre socios, trabajadores, o entre éstos y sus empleadores)[20], como desde aquella otra perspectiva en que adquiere carta de naturaleza la controversia con otras personas que si bien no forman parte de la empresa, lo cierto es que si pueden verse afectados por sus acciones (*conflictos extrasocietarios* que pueden darse con otras empresas, con proveedores, o clientes)[21].

Ello es así, en primer lugar, porque en el ámbito empresarial puede resultar especialmente conveniente que dichos conflictos sean enfrentados de forma no "traumática", tomando en consideración el posible interés, pese a una controversia puntual, en mantener la continuidad de la relación jurídica entre las partes enfrentadas; en segundo lugar, porque la confidencialidad propia de la mediación también resulta muy atractiva para las empresas, pues éstas, por regla general, no desean que su reputación se vea "salpicada" por el espectáculo de su enfrentamiento; y, en tercer y último lugar, porque no es nada descabellado pensar que la solución de los conflictos empresariales requiere unos conocimientos de especial complejidad técnica.

2. LA MEDIACIÓN SOCIETARIA: PLANTEAMIENTO GENERAL

Una de las aplicaciones sectoriales más aptas de la mediación mercantil tiene que ver, en cuanto "autocomposición inducida"[22], con el mundo de

---

20 Álfaro Águila-Real, Jesús. "Conflictos intrasocietarios (los justos motivos como causa legal no escrita de exclusión y separación de un socio en la sociedad de responsabilidad limitada". En *Estudios de derecho mercantil: homenaje al profesor Justino F. Duque* (Valladolid: Editorial Universidad de Valladolid, 1998), págs. 89 y ss.

21 Cabrera Mercado, Rafael, y López Fernández, Rafael. "Mediación civil y mercantil". En *La mediación civil, mercantil y concursal* (Madrid: Bosch-Wolters Kluwer, 2018), pág. 35.

22 Embid Irujo, José Miguel. "Mediación y Derecho Mercantil". En *La mediación en asuntos mercantiles*, dirigida por Boldó Roda y coordinada por Andreu Martí (Valencia: Tirant lo Blanch, 2015), pág. 26.

la empresa y la complejidad propia del Derecho de Sociedades. Ello explica, precisamente, que se hayan acabado por asentar en el foro expresiones tales como "mediación empresarial" o "mediación societaria".

Una mediación que si bien no se circunscribe, en exclusiva, a los conflictos entre socios de una empresa, es lo cierto que sí incorpora la resolución de aquellos conflictos entre socios, de naturaleza económica, esto es, de los derivados de las fricciones que pueden aparecen entre socios en cuanto a la visión estratégica del negocio y su expansión, la gestión del reparto de beneficios, o la distribución de los gastos de inversión; la de aquellos otros que tienen que ver con el reparto de poder en la empresa (peso de cada socio en atención al capital social e invasión de "funciones" entre socios); y la de los conflictos familiares, propios de las empresas de corte familiar (en particular, los relativos a la decisión acerca de continuar o no con el negocio por parte de los herederos tras el fallecimiento de uno de los socios en cuestión)[23].

La "aptitud" de la mediación societaria obedece a facilitar una solución del conflicto duradera y no traumática, que pasará por el mantenimiento y protección de la "buena imagen" de la empresa o empresas enfrentadas. Sin embargo, la Ley 5/2012, de Mediación en Asuntos Civiles y Mercantiles, pese a lo pomposo de su denominación, lo cierto es que no alude, de forma expresa, a la mediación empresarial o societaria[24].

No obstante, nada obsta a que podamos darla por incluida en atención a la amplia referencia a la "mediación mercantil" en al apartado primero de su art. 2; la no mención en cuanto excepción en el apartado segundo de este mismo precepto; así como al hecho de que los asuntos societarios, por regla general, se relacionan con derechos y obligaciones disponibles. Desde la perspectiva de los límites a esta mediación cabe traer a colación que no podrá afectar a cuestiones de orden público o extender su eficacia a elementos conformadores del núcleo esencial de la sociedad, así como

---

23 Con carácter general, véase, por todos: Vallespín Pérez, David, y Jiménez Cardona, Noemí. "Mediación societaria". En *Vías emergentes de solución extrajudicial de litigios en la sociedad digital,* dirigida por Leticia Fontestad Portalés y coordinada por Pablo Ramón Suárez Xavier (Pamplona: Aranzadi, 2022), págs. 270-284.

24 González Sánchez, Sara. "Problemática de la mediación societaria. Especial referencia a las sociedades cotizadas". *Revista de Derecho Bancario y Bursátil* 143 (2016), pág. 4; Vallespín Pérez, David. *Mediación mercantil y eficiencia procesal, ob. cit.*, págs. 230-231.

también deberá tomarse en consideración el interés público de las sociedades cotizadas.

Esta gestión del conflicto en el ámbito empresarial que, al igual que con la mediación, también puede intentarse mediante la negociación, el arbitraje societario o las fórmulas mixtas *med-arb*, permite atender no solo a la legalidad, sino también, mediante una más ajustada adecuación al problema concreto, a las particulares relaciones personales que, en no pocos supuestos, enturbian un contexto conflictivo que va "más allá de los propios negocios"[25]. En consecuencia, bien puede concluirse que la mediación societaria supone un instrumento "flexible" que permite a las partes encontrar soluciones de "sentido común" y "realistas" en un terreno, ciertamente pragmático, como es el relativo al Derecho de la Empresa y los Negocios[26].

Mediante la mediación societaria tenemos la posibilidad de afrontar no solo la gestión de la controversia (*dispute manegement*), sino también la gestión del conflicto (*conflict management*)[27]. En paralelo, dicha mediación también puede dar pie al denominado "aprendizaje societario"[28], es decir, la "formación" para saber dar respuesta a conflictos futuros que puedan surgir en dicho particular ámbito, mediante la consolidación de dinámicas de colaboración (derecho colaborativo) que derivan de la mejora de las relaciones entre los enfrentados. Un aprendizaje, por tanto, que posibilita recuperar la *affectio societatis* de los socios, conservar las buenas relaciones, eliminar incertezas y, con frecuencia, alcanzar una solución empresarial al conflicto bajo la aplicación de la fórmula *"win win"*.

---

25 Barrón López, Carmen. "La mediación mercantil como estrategia eficaz frente a las controversias empresariales". En *Meditaciones sobre mediación (MED+)*, editada por Sílvia Barona Vilar (Valencia: Tirant lo Blanch Universitat de València, UVcàtedres, Càtedra Cultura de la Mediació, 2022), págs. 278 y ss.

26 Sobre las particulares habilidades que deben acompañar a todo empresario/a, véase, por todos: Vallespín Romero, David. *Crea un imperio empresarial de la nada.* Porto: Juruá, 2021.

27 Duplà Marín, Teresa. "La mediación empresarial y el conflict management: claves de la evolución del modelo estadounidense". *IDP: Revista d'Internet, Dret i Política* 25 (2017), pág. 46.

28 Barona Vilar, Silvia. "Solución extrajudicial de conflictos en el ámbito empresarial: negociación, mediación y arbitraje". En *Mediación: un método de ¿conflictos? Estudio interdisciplinar*, dirigida por González-Cuéllar y coordinada por Sanz Hermida y Ortiz Pradillo, (Madrid: Colex, 2010), págs. 85 y ss.

Ante la realidad que se acaba de describir, nada impide que un pacto de sumisión a mediación empresarial pueda incorporarse, ya sea en documento privado, o bien en los propios estatutos sociales, con el objetivo de obtener una satisfactoria respuesta a situaciones conflictivas entre socios, entre trabajadores, o entre trabajadores y empresarios, en el ámbito de las actuaciones desplegadas por los órganos de administración, en orden a las fricciones entre empresas filiales o entre éstas y la matriz, así como también por lo que se refiere los desencuentros entre empresas, con proveedores, con los clientes e, incluso, con la propia Administración Pública. Y todo ello sin olvidar, además, su particular aplicación en el ámbito de la empresa familiar o de la llamada mediación intragrupo.

Conflictos, casi todos ellos, de máxima complejidad. Motivo éste por el que, precisamente, al hilo de esta mediación empresarial o societaria es que se constata la necesidad de contar en este ámbito con unos mediadores especialmente bien formados y especializados. Formación en la que resultará trascendente, como parece fácil intuir, tomar en consideración las habilidades de negociación y comunicación, así como también las particularidades técnicas que son propias de este sector de la disciplina mercantil.

Mediación societaria en estrecha relación, pero sin llegar a confundirse con las funciones de moderación interna dentro de la sociedad y la potenciación de la responsabilidad social corporativa[29]; y que para "consolidarse" requerirá que en los próximos años su propio funcionamiento práctico genere "confianza y seguridad" en el ámbito de la empresa. Una mediación, como así demuestra la experiencia norteamericana, que todavía tiene mucho camino por recorrer[30], máxime ante la actual saturación de la Administración de Justicia y la constatación de una crisis económica y financiera, continuada en el tiempo y que, por extensión, se ha traducido en un incremento de la "tensión social" entre las sociedades o, en su caso, en orden al propio funcionamiento interno de una determinada empresa.

---

29 Hernando Cebrià, Luis. "Mediación en el ámbito del Derecho de Sociedades". En *La mediación en asuntos mercantiles,* dirigida por Boldó Roda y coordinada por Andreu Martí (Valencia: Tirant lo Blanch, 2015), págs. 257-258; Navarro Matamoros, Linda. "Mediación y responsabilidad social corporativa". En *La mediación en asuntos mercantiles,* dirigida por Boldó Roda y coordinada por Andreu Martí (Valencia: Tirant lo Blanch, 2015), págs. 360 y ss.

30 Stipanowich, Tomas, y Lamare, Ryan. "Living with ADR: Evolving Perceptions and Use of Mediation, Arbitration and Conflict Management in Fortune 1000 Corporations". *Harvard Negotiation Law Review Legal Studies Research Paper series* 16 (2013), págs. 1-68.

Por todo cuanto se acaba de exponer, parece oportuno defender que, de una vez por todas, la Ley de Sociedades de Capital (o una Ley Mercantil futura) enfrenten la regulación de la mediación y el arbitraje societarios, máxime si tenemos bien presente no solo su pluralidad de hipotéticas configuraciones[31], sino también que quizás pueda ser éste uno de los sectores en los que pueda tener mayor sentido abogar, siempre desde la racionalidad y el sentido común, por una mediación de "tintes obligatorios" (claro está, que siempre cohonestada con el obligado respeto de las garantías procesales básicas)[32].

3. LA MEDIACIÓN SOCIETARIA EN UN CONTEXTO DIGITAL Y DE APLICACIÓN DE LA INTELIGENCIA ARTIFICIAL

Ante la consolidación de una nueva etapa de industrialización, la de la industria del 4.0, resulta obligado tomar en consideración la llegada de la tecnología, la digitalización y la inteligencia artificial a la mediación[33] (también a la societaria por lo que ahora interesa). Una llegada que tiene que ver, de una parte, con la llamada visión tecnológica instrumental de las fórmulas ADR-ODR (expediente digital, informatización, medios informáticos, sistemas electrónicos); y, de otra, con su acepción funcional, ligada a la minería de datos[34], algoritmos, softwares, redes neuronales convolucionales y la robotización (e-Mediation)[35].

---

31 González Sánchez, Sara. "Problemática de la mediación societaria. Especial referencia a las sociedades cotizadas", *ob. cit.*, págs. 4-9.

32 Vallespín Pérez, David. *Mediación mercantil y eficiencia procesal, ob. cit.*, pág. 234.

33 Barona Vilar, Silvia. "La mediación y su espacio en el hábitat de la justicia integral, global, algorítmica: ¿más o menos protagonismo?". En *Meditaciones sobre mediación (MED+)*, (Valencia: Tirant lo Blanch UVcàtedres, Càtedra Cultura de la Mediació, 2022), págs. 31 y ss.

34 Moreno Catena, Víctor. "Los datos en el sistema de justicia y la propuesta del Reglamento UE sobre Inteligencia Artificial". En *Uso de la información y de los datos personales: los cambios en la era digital*, dirigida por Ignacio Colomer Hernández y coordinada por Catalina Benavente y Oubiña Barbolla (Pamplona: Aranzadi, 2023), págs. 47-73.

35 Sobre este particular, con sus ventajas, pero también peligros, véase: Suárez Xavier, Paolo Ramón. "Justicia predictiva: ADR, Datos y Acceso a la Justicia". En *Vías emergentes de solución extrajudicial de litigios en la Sociedad digital*, dirigida por Leticia Fontestad Portalés y coordinada por el propio autor (Pamplona: Aranzadi, 2023), págs. 253 y ss.

De hecho, como bien ha señalado Barona Vilar[36], esta transformación de la mediación en un contexto digital y de aplicación de la inteligencia artificial en el ámbito de la Justicia, tiene que ver no solo con la posibilidad de utilizar instrumentos tecnológicos que favorezcan la gestión (coordinación de agendas), la transmisión de propuestas o el uso de videoconferencias; sino también con el diseño de herramientas algorítmicas que permitan, mediante un modelo híbrido, asesorar o dar apoyo al mediador en el cumplimiento de su función (lluvia de ideas, propuestas, estrategias de gestión del conflicto); o, en su caso, plantear la figura del mediador-avatar o mediador-robot (e-mediador), mediante sistemas de inteligencia artificial preparados, per se, para desempeñar las funciones propias de la mediación y, que en buena lógica, nos sitúan ante la necesidad de tomar conciencia acerca de nuevas categorías como la "persona híbrida", o la "persona maquínica o electrónica".

En esta línea, no faltan ejemplos de mediación virtual (electrónica) que pretenden dar respuesta al creciente número de intercambios e interacciones en internet por personas separadas geográficamente (compra y venta a través de la red)[37], dando así pie a la consolidación de los e-MASC (síncronos y asíncronos) que incluyen la tecnología e internet en el proceso y la creación de un espacio virtual o "sala virtual" para la resolución de la controversia y que, por extensión, también pueden ser más ágiles y baratos[38]; así como de modelos computacionales algorítmicos automatizados que han sido creados, precisamente, para enfrentar la resolución de conflictos mediante los MASC (por ejemplo, MODRIA, en cuanto intermediario pre-

---

36 Barona Vilar, Silvia. "Mediación y tecnología, entre la armonía y la seducción. La IA-Mediación y el Estatuto del Mediador Electrónico (IA)". En *Vías emergentes de solución extrajudicial de litigios en la sociedad digital*, dirigida por Leticia Fontestad Portalés y coordinada por Pablo Ramón Suárez Xavier (Pamplona: Aranzadi, 2023), págs. 17-50.

37 Fontestad Portalés, Leticia. "Plataforma de resolución de litigios en línea: opciones para la solución extrajudicial de litigios en el sector aéreo ". En *Vías emergentes de solución extrajudicial de litigios en la sociedad digital*, dirigida por la propia autora y coordinada por Pablo Ramón Suárez Xavier (Pamplona: Aranzadi, 2022), págs. 107 y ss. Sobre este particular, la autora reflexiona sobre el uso de la plataforma europea de resolución de litigios on-line.

38 Sobre este particular, véase: Bueno De Mata, Federico. "Determinación de un nuevo modelo estatal de mediación electrónica a raíz del proyecto de ley de eficiencia procesal". En *Vías emergentes de solución extrajudicial de litigios en la sociedad digital*, dirigida por Leticia Fontestad Portalés y coordinada por Pablo Ramón Suárez Xavier (Pamplona: Aranzadi, 2022), págs. 55 y ss.

vio, a la vía judicial, en los casos de divorcio; aquellos otros instrumentos aplicados per eBay u Paypal en orden a proponer soluciones ante quejas derivadas de formularios-tipo; ICAN SYSTEMs o SMARTSETTLE ONE, o LISA, que facilitan a las partes, sin decidir (mediante propuestas de solución), llegar a acuerdos.

Dicho lo anterior, parece fácil pensar que el ámbito particular de la mediación societaria será uno de aquellos en los que, a buen seguro, puedan tener una mayor aplicación tanto la mediación electrónica (ante protagonistas del conflicto que bien pueden estar muy separados geográficamente y, por extensión, involucrados en una actuación frenética a nivel comercial que les haga ser propensos a aceptar las ventajas de la virtualidad sobre la presencialidad); como la exploración de la mediación "robotizada" que pueda ser asumida mediante cláusulas de sumisión incorporadas en los estatutos sociales, pactos parasociales o protocolos familiares, así como por su hipotética utilidad al hilo de la solución de conflictos intragrupo o entre diferentes órganos sociales.

Todo ello, como es lógico, desde la perspectiva de la aplicación de la inteligencia artificial, con las debidas garantías que debieran derivar de la creación de un *"corpus iuris robótico"*[39] en que, junto a las nuevas categorías de persona, se preste especial atención al diseño de un particular estatuto de la IA-mediadora, con notables implicaciones en cuanto a la responsabilidad en el ejercicio de sus funciones, así como también a aquellos principios y garantías a los que ésta deba someterse[40].

Con todo, en este punto no convendría olvidar, por si acaso, que la decisión de la máquina no escapa a los prejuicios ideológicos de quién diseña e incorpora el algoritmo (sesgos que mal encajan con la imparcialidad); que dichos algoritmos no siempre son todo lo transparentes que debieran (black box); y que no resulta nada fácil combinar su aplicación con las exigencias propias del derecho de defensa y, en particular, de la motivación adaptada a las notas propias de cada caso concreto[41]. De ahí, precisamente,

---

39 Ercilla García, Javier. *Normas de Derecho Civil y Robótica. Robots inteligentes, personalidad jurídica, responsabilidad civil y regulación.* Pamplona: Aranzadi-Thomson Reuters, 2018, págs. 132 y ss.

40 Barona Vilar, Silvia. "Mediación y tecnología, entre la armonía y la seducción. La IA-Mediación y el Estatuto del Mediador Electrónico (IA)". En *Vías emergentes de solución extrajudicial de litigios en la sociedad digital, ob. cit.*, págs. 46 y ss.

41 Jiménez Cardona, Noemí. "La mediazione commerciale dal punto di vista dell'intelligenza artificiale (Spagna e Italia)". *Revista General de Derecho Procesal* 57

la atención que deberemos prestar al texto del Reglamento sobre Inteligencia Artificial del Parlamento Europeo y del Consejo (versión de junio de 2022), llamado a armonizar, sobre la base de la ponderación del riesgo y las garantías, la aplicación de la IA por parte de los Estados miembros de la Unión Europea.

4. MEDIACIÓN ESTATUTARIA

La mediación estatutaria responde a la existencia de aquellos pactos genéricos de mediación incorporados, como su propia denominación ya nos hace intuir, en una cláusula estatutaria. Dado que la aparición de "conflictos societarios" es algo bien probable, parece lógico pensar que ya en el momento de constituir la propia empresa los estatutos de la sociedad delimiten con precisión, por ejemplo, las funciones y el papel de cada uno de sus socios (en este punto, desde la óptica del más vale prevenir que curar, cobra especial relieve el rol del asesoramiento o consultoría técnica de la empresa), así como también tiene sentido incorporar por vía estatutaria, para cuando dicha "prevención" no baste, la particular mención a su condición como mecanismo específico de resolución de conflictos en el ámbito de la empresa[42].

Pactos que vienen respaldados por la Dirección General de Registros y el Notariado. Concretamente, su Resolución de 25 de junio de 2013[43], derivada del recurso interpuesto contra la nota de calificación extendida por el Registrador Mercantil y de Bienes Muebles III de Valencia, por la que se deniega parcialmente una escritura de constitución de una sociedad de responsabilidad limitada, responde al interrogante de si los estatutos sociales pueden prever que las controversias entre los administradores de una sociedad puedan ser objeto de mediación o arbitraje. Y lo hace concluyendo que el acuerdo genérico de mediación contenido en una cláusula estatutaria (arts. 6, 10.2 y 16.1.b) de la Ley 5/2012) no excluye que, poste-

---

(2022), págs. 1 y ss.

42 Alejandro Urbano, Martín. *Nuevas regulaciones del derecho societario: criterios para su aplicación en los tipos sociales tradicionales, ob. cit.*, págs. 13-14.

43 Resolución de 25 de junio de 2013, de la Dirección General de los Registros y del Notariado, en el recurso interpuesto contra la nota de calificación extendida por el registrador mercantil y de bienes muebles III de Valencia, por la que se deniega parcialmente una escritura de constitución de sociedad de responsabilidad limitada (BOE núm. 178 de 26 de junio de 2013, Sec. III, pág. 54877).

riormente, deba fijarse cuál es el conflicto concreto en que haya de desembocar la actividad del mediador (art. 19.1.c), por lo que éste siempre podrá excusar su actuación (art. 14) o renunciar más tarde (art. 22.2).

Es cierto que en el ámbito de la mediación no se sustituye la voluntad de las partes en conflicto, que pueden poner fin al procedimiento en cualquier momento. No obstante, aun así, la Ley ha previsto un determinado acto de actuación para el mediador. Con ello se confirma que, fijada la controversia sometida a su actuación, el mediador deberá abstenerse de actuar cuando se desborde el ámbito legal de su competencia (arts. 2 y 19). Como corolario de todo lo anterior, la Dirección General de los Registros y el Notariado termina por estimar que es claro que procede estimar el recurso planteado en este punto, pues la cláusula no contiene elemento alguno que permita, a priori, entender que el posible objeto de controversia sea contrario a Derecho; así como será en cada supuesto en que se plantee un conflicto entre administradores cuando el mediador designado (o el árbitro) haya de pronunciarse al respecto.

Siendo esto así, en función de la dicción literal del art. 28 del Texto Refundido de la Ley de Sociedades de Capital, en la escritura y en los estatutos se podrán incluir, además, todos los pactos y condiciones que los socios fundadores juzguen conveniente establecer, siempre que no se opongan a las leyes ni contradigan los principios configuradores del tipo social elegido. De este modo, es factible concluir que, junto a la posibilidad de insertar la mediación en los pactos de la escritura social, los estatutos sociales también pueden incluir, al constituirse la sociedad, una cláusula de sometimiento a mediación[44], en el bien entendido, eso sí, que dicho consentimiento será revocable, así como que de someterse a mediación los implicados vienen obligados a intentarla de buena fe y sin ánimo dilatorio[45].

5. MEDIACIÓN PARASOCIAL

Desde la óptica de la mediación societaria resulta también obligado señalar como cada vez son más frecuentes aquellos pactos parasociales

---

44 Embid Irujo, José Miguel. "Mediación y Derecho Mercantil". En *La mediación en asuntos mercantiles, ob. cit.*, pág. 36; Vallespín Pérez, David. *Mediación y eficiencia procesal, ob. cit.*, pág. 235.

45 Hernando Cebrià, Luis. "Mediación en el ámbito del Derecho de Sociedades". En *La mediación en asuntos mercantiles, ob. cit.*, pág. 9.

llamados a completar o modificar, de forma flexible, el contenido de los documentos constitutivos de aquella sociedad a la que vienen referidos. Pactos en los que, por descontado, también es factible incluir la sumisión a mediación (mediación parasocial) al amparo del art. 1255 CC, como método de resolución de aquellas controversias que puedan surgir entorno a los acuerdos que incorporen (de especial atractivo cuando son firmados por todos los socios)[46].

No olvidemos, precisamente, que los actos parasociales mediante los cuales los socios pretenden la regulación, con la fuerza del vínculo obligatorio entre ellos, de aspectos de la relación jurídica societaria sin utilizar los cauces específicos previstos en la ley y los estatutos, serán válidos siempre que no sobrepasen los límites impuestos a la autonomía de la voluntad.

En contraposición a lo que acontece con los estatutos sociales, sus efectos son *inter partes*, es decir, limitados a los suscriptores, pero sin llegar a alcanzar a los órganos sociales y la sociedad[47]. Por regla general, como así se deduce del art. 29 TRLSC, los pactos que se mantengan reservados entres socios no son oponibles a la sociedad. Ahora bien, dicha regla general puede ser excepcionada en aquellas situaciones en las que al pacto parasocial haya sido suscrito por todos y cada uno de los socios que componen la sociedad. Ello es así, porque en este caso el propio interés de la sociedad vendría representado por el que es propio de todos y cada uno de los socios.

6. MEDIACIÓN INTRAGRUPO

Desde luego, otro de aquellos sectores en los que también desarrolla y puede desarrollar un activo espacio de acción la mediación societaria tiene que ver con la denominada mediación intragrupo. Ello es así, porque no es nada infrecuente que se planteen situaciones de controversia en el seno de los "grupos de sociedades".

Conflictos que suelen reconducirse a las situaciones abusivas de la sociedad matriz respecto de las filiales, pero que también pueden alcanzar a la

---

46 Embid Irujo, José Miguel. "Mediación y Derecho Mercantil". En *La mediación en asuntos mercantiles, ob. cit.*, pág. 38.

47 Hernando Cebrià, Luis. "Mediación en el ámbito del Derecho de Sociedades". En *La mediación en asuntos mercantiles, ob. cit.*, págs. 262-263; Vallespín Pérez, David. *Mediación mercantil y eficiencia procesal, ob. cit.*, pág. 236.

compleja relación existente entre los socios internos y los administradores respectivos. De hecho, en estos casos puede tener pleno sentido plantearse la introducción del pacto de mediación dentro del contenido propio de un contrato de dominio o de formación del grupo en cuestión[48].

7. MEDIACIÓN ORGÁNICA

De otra parte, en el seno de la categoría amplia de la mediación societaria también cabe incluir la figura de la mediación orgánica[49], propia de sociedades cotizadas y vinculada con la inclusión de la mediación al hilo de la interpretación y aplicación de los Reglamentos de la Junta General y del Consejo de Administración, así como con la específica formación de las Asociaciones de Accionistas.

En este caso la mediación tiene que ver, concretamente, con la resolución de aquellas controversias intra-órganos que puedan surgir, ya sea entre el órgano de administración de la sociedad y la Junta General o, en su caso, entre dicho órgano de administración y los socios[50].

8. EMPRESA FAMILIAR Y MEDIACIÓN PROTOCOLARIA

Las empresas familiares son aquellas organizaciones en las que la toma de decisiones está influenciada por el elenco de miembros de una familia que son capaces de ejercer sobre ella una influencia de suficiente control y que, entre sus particulares proyecciones estratégicas, incorporan aquélla que tiene que ver con el hecho de trabajar para que las próximas generaciones puedan seguir al frente del negocio familiar[51]. Se habla así, de pro-

---

48 Embid Irujo, José Miguel. "Mediación y Derecho Mercantil". En *La mediación en asuntos mercantiles, ob. cit.*, pág. 39; Hernando Cebrià, Luis. "Mediación en el ámbito del Derecho de Sociedades". En *La mediación en asuntos mercantiles, ob. cit.*, págs. 263-264.

49 Vallespín Pérez, David. *Mediación mercantil y eficiencia procesal, ob. cit.*, págs. 236-237.

50 González Sánchez, Sara. "Problemática de la mediación societaria. Especial referencia a las sociedades cotizadas", *ob. cit.*, págs. 11 y ss.

51 Luquin Bergareche, Raquel. "Actualidad de la empresa familiar: protocolos, planificación estratégica y cláusulas ADR, como instrumentos jurídicos de continuidad y empowerment". *Revista Doctrinal Aranzadi Civil-Mercantil* 11 (2017), págs. 8 y ss.; Vallespín Pérez, David. *Mediación mercantil y eficiencia procesal, ob. cit.*, pág. 237.

tocolos familiares (Family Constitution), en cuanto orientados a regular el funcionamiento de la empresa y cuál sea la implicación familiar en ella.

Dichos protocolos giran en torno a cuatro grandes áreas de acción: a) políticas de decisión y gobierno; b) políticas de renta; c) políticas de empresa; y d) políticas sociales y familiares. En este contexto, como así dispone el art. 2 del Real Decreto 171/2017, de 9 de febrero, por el que se regula la publicidad de los protocolos familiares, bien pueden definirse como el conjunto de pactos suscritos por los socios entre sí o con terceros con los que guardan vínculos familiares que afectan a una sociedad no cotizada, en la que tengan el interés común de lograr un modelo de comunicación y consenso en la toma de decisiones para así regular las relaciones entre familia, propiedad y empresa que afectan a la propia entidad.

En este ámbito, sin perjuicio de la toma en consideración de la figura del abogado-mediador en su redacción (alejándose de la documentación estándar y ajustándola a las particularidades de cada caso concreto), es obligado traer a colación, en paralelo, el hecho de que entre sus particulares cláusulas puede tener total sentido incorporar una que tenga que ver, a efectos preventivos, con el establecimiento de la mediación como mecanismo alternativo de resolución de conflictos en la empresa familiar[52].

Ello obedece a la conveniencia de "desactivar" que alguna rama familiar pueda tener la intención de dilatar el conflicto con la utilización, más o menos torticera, de la vía judicial. De ahí la utilidad de contar, en este particular ámbito de las empresas familiares, con los acuerdos de sometimiento a mediación, voluntarios y con eficacia *inter partes*. Sin duda, pueden ser una herramienta útil para "ordenar" las no siempre fáciles relaciones entre familia y empresa, máxime si tenemos presente que, en estos casos, todavía más, adquiere carta de naturaleza la necesidad de que las "heridas" se cierren sin vencedores ni vencidos.

Conflictos que vienen referidos a la toma de decisiones que benefician a la familia, pero que pueden ser perjudiciales para la propia empresa. Así, por ejemplo, tienen que ver con la "sucesión" dentro de la empresa, la asunción de roles inadecuados en la empresa por algún miembro de la unidad familiar, el diseño de un estructura empresarial que no tiene porqué reproducir siempre, miméticamente, los roles, patrones y estructura familiar, la sobredimensión del órgano de administración con el único fin de "no enfadar a nadie", el desacuerdo sobre las retribuciones a percibir por

---

52 Vallespín Pérez, David. *Mediación mercantil y eficiencia procesal, ob. cit.*, pág. 238.

cada miembro de la familia en función de su real trabajo y competencia, o aquellos comportamientos cruzados, de índole "tóxica", derivados del caldo de cultivo que subyace en la denominada "contaminación familiar" por problemas empresariales.

En consecuencia, el éxito de la mediación en el ámbito de la empresa familiar tendrá mucho que ver con el conocimiento que pueda atesorar el mediador respecto del "ámbito real de la empresa familiar", eso es, del propio "ámbito personal" de la familia que la dirige[53].

BIBLIOGRAFÍA

Alcalá-Zamora y Castillo, Niceto. *Estudios diversos de Derecho Procesal.* Barcelona: Bosch, 1987.

Alcalá-Zamora y Castillo, Niceto. *Proceso, autocomposición y autodefensa.* México D.F.: Instituto de Investigaciones Jurídicas - Universidad Autónoma de México, 1991.

Alejandro Urbano, Martín. "Nuevas regulaciones del derecho societario: criterios para su aplicación en los tipos sociales tradicionales". *USPQ Law Review,* 1 (2022): 17-35.

Álfaro Águila-Real, Jesús. "Conflictos intrasocietarios (los justos motivos como causa legal no escrita de exclusión y separación de un socio en la sociedad de responsabilidad limitada)". En *Estudios de derecho mercantil: homenaje al profesor Justino F. Duque,* 89-112. Valladolid: Editorial Universidad de Valladolid, 1998.

Asencio Mellado, José María. "Mediación y proceso civil. Estado de Derecho (Editorial)". *Práctica de Tribunales* 137 (2019): 1-4.

Barona Vilar, Silvia. "Solución extrajudicial de conflictos en el ámbito empresarial: negociación, mediación y arbitraje". En *Mediación: un método de ¿conflictos? Estudio interdisciplinar,* dirigida por González-Cuéllar y coordinada por Sanz Hermida y Ortiz Pradillo, 73-90. Madrid: Colex, 2010.

Barona Vilar, Silvia. *Nociones y principios de las ADR (solución extrajudicial de litigios).* Valencia: Tirant lo Blanch, 2018.

Barona Vilar, Silvia. *"La mediación y su espacio en el hábitat de la justicia integral, global, algorítmica: ¿más o menos protagonismo".* En *Meditaciones sobre mediación (MED+),* 31-61. Valencia: Tirant lo Blanch - Universitat de València, UVcàtedres, Càtedra Cultura de la Mediació, 2022.

Barona Vilar, Silvia. "Mediación y tecnología, entre la armonía y la seducción. La IA-Mediación y el Estatuto del Mediador Electrónico (IA)". En *Vías emergentes de solución extrajudicial de litigios en la sociedad digital,* dirigida por Leticia Fontestad Portalés y coordinada por Ramón Suárez Xavier, 17-54. Pamplona: Aranzadi, 2023.

Barrón López, Carmen. "La mediación mercantil como estrategia eficaz frente a las controversias empresariales". En *Meditaciones sobre mediación (MED+),* editada por

---

53 Tortajada Chardí, Pablo, y Sebastiá Maganto, Emilia. "Empresa familiar y mediación". *Diario La Ley.* 9248 (2018), págs. 9 y ss.

Sílvia Barona Vilar, 269-288. Valencia: Tirant lo Blanch - Universitat de València, UVcàtedres, Càtedra Cultura de la Mediació, 2022.

Bueno De Mata, Federico. "Determinación de un nuevo modelo estatal de mediación electrónica a raíz del Proyecto de Ley de Eficiencia Procesal". En *Vías emergentes de solución extrajudicial de litigios en la sociedad digital*, dirigida por Leticia Fontestad Portalés y coordinada por Ramón Suárez Xavier, 55-76. Pamplona: Aranzadi, 2023.

Boldó Roda, Carmen. "Prólogo". En la obra colectiva *La mediación en asuntos mercantiles*, dirigida por la propia autora y coordinada por Andreu Martí, 17-20. Valencia: Tirant lo Blanch, 2015.

Bujosa Vadell, Lorenzo, y Palomo Vélez, Diego. "Mediación electrónica: Perspectiva europea". *Ius et Praxis* 2 (2017): 51-78.

Cabrera Mercado, Rafael, y López Fernández, Rafael. "Mediación civil y mercantil". En *La mediación civil, mercantil y concursal*, 11-64. Madrid: Bosch - Wolters Kluwer, 2018.

Calaza López, Sonia. "Ya llegan los medios adecuados de solución de controversias en vía no jurisdiccional: cuanta más desjudicialización, mejor". *Actualidad civil* 6 (2022): 1-23.

Carretero Morales, Emiliano. *La mediación civil y mercantil en el sistema de justicia*. Madrid: Dykinson, 2016.

Castillejo Manzanares, Raquel. "Fundamentos de la gestión alternativa de conflictos". En *Manual de mediación en asuntos civiles y mercantiles*, dirigido por la propia autora y coordinado por Cristina Alonso y Concepción Castillejo, 47-69. Valencia: Tirant lo Blanch, 2020.

De la Oliva Santos, Andrés. "Mediación y justicia: síntomas patológicos". *Revista Otrosí* 8 (2011): 1-13

De la Oliva Santos, Andrés. "ADR o el redescubrimiento del agua caliente", Ius et Praxis, núm. 2 (2016): 417-424.

Duplà Marín, Teresa. "La mediación empresarial y el conflict management: claves de la evolución del modelo estadounidense". *IDP: Revista d'internet, Dret i Política* 25 (2017): 45-56.

Embid Irujo, José Miguel. "Mediación y Derecho Mercantil". En *La mediación en asuntos mercantiles*, dirigida por Boldó Roda y coordinada por Andreu Martí, 25-45. Valencia: Tirant lo Blanch, 2015.

Ercilla García, Javier. *Normas de Derecho Civil y Robótica. Robots inteligentes, personalidad jurídica, responsabilidad civil y regulación*. Pamplona: Aranzadi-Thomson Reuters, 2018.

Fontestad Portalés, Leticia. "Obligaciones de las entidades de resolución alternativa acreditadas". En *La resolución alternativa de los litigios en materia de consumo*, coordinada por Ariza Colmenarejo y Fernández-Figares Morales, 79-95. Pamplona: Aranzadi-Thomson Reuters, 2018.

Fontestad Portalés, Leticia. "Plataformas de resolución de conflictos en línea: opciones para la solución extrajudicial de litigios en el sector del transporte aéreo". En *Vías emergentes de solución extrajudicial de litigios en la sociedad digital*, dirigida por Leticia Fontestad Portalés y coordinada por Ramón Suárez Xavier, 107-128. Pamplona: Aranzadi, 2022.

González Sánchez, Sara. "Problemática de la mediación societaria. Especial referencia a las sociedades cotizadas". *Revista de Derecho Bancario y Bursátil* 143 (2016): 165-185.

Hernando Cebrià, Luis. "Mediación en el ámbito del Derecho de Sociedades". En *La mediación en asuntos mercantiles*, dirigida por Boldó Roda y coordinada por Andreu Martí, 248-283. Valencia: Tirant lo Blanch, 2015.

Ibiza Gimeno, Javier. "¿El final de la mediación en materia de insolvencia? En *Meditaciones sobre mediación (MED+)*, editada por Sílvia Barona Vilar, 325-356. Valencia: Tirant lo Blanch - Universitat de València, UVcàtedres, Càtedra Cultura de la Mediació, 2022.

Jiménez Cardona, Noemí. "Mediación de consumo". *Revista General de Derecho Procesal* 56 (2022): 1-50.

Jiménez Cardona, Noemí. "La mediazione commerciale dal punto di vista dell'intelligenza artificiale (Spagna e Italia)". *Revista General de Derecho Procesal* 57 (2022): 1-6.

López Yagüe, Verónica. "Mediación y proceso judicial, instrumentos complementarios". *Práctica de Tribunales* 37 (2019): 1-36.

Luquin Bergareche, Raquel. "Actualidad de la empresa familiar: protocolos, planificación estratégica y cláusulas ADR, como instrumentos jurídicos de continuidad y empowerment". *Revista Doctrinal Aranzadi Civil-Mercantil* 11 (2017): 51-82.

Martín Diz, Fernando. "La mediación: marco general para su implementación como sistema complementario de Administración de Justicia". En *La mediación en materia de familia y derecho penal*, coordinada por el propio autor, 21-65. A Coruña: Andavira Editorial, 2011.

Moreno Catena, Víctor. "Los datos en el sistema de justicia y la propuesta de Reglamento UE sobre inteligencia artificial". En *Uso de la información y de los datos personales en los procesos: los cambios en la era digital*, dirigida por Ignacio Colomer Hernández y coordinada por María Ángeles Catalina Benavente y Sabela Oubiña Barbolla, 47-73. Pamplona: Aranzadi, 2022.

Navarro Matamoros, Linda. "Mediación y responsabilidad social corporativa". En *La mediación en asuntos mercantiles*, dirigida por Boldó Roda y coordinada por Andreu Martí, 369-387. Valencia: Tirant lo Blanch, 2015.

Nieva Fenoll, Jordi. "Mediación y arbitraje ¿una ilusión decepcionante?". *Revista General de Derecho Procesal* 39 (2016): 1-14.

Ortuño Muñoz, José Pascual. "Perspectivas de futuro de los métodos alternativos y complementarios de resolución de conflictos". En *Estudios sobre Mediación y Arbitraje desde la perspectiva del Derecho Procesal*, dirigida por Sigüenza López y García Rostán Calvín y coordinada por Castillo Felipe y Tomás Tomás, 45-66. Pamplona: Thomson Reuters-Aranzadi, 2017.

Pérez Daudí, Vicente. *"La imposición de los ADR, ope legis y el derecho a la tutela judicial efectiva". InDret: Revista para el análisis del Derecho* 2 (2018): 1-40.

Pérez-Serrabona González, José Luis. "Mediación en asuntos mercantiles". En *Tratado de Mediación en la resolución de conflictos*, dirigida por Orozco Pardo y Monereo Pérez y coordinada por González de Patto y Lozano Martín, 137-152. Madrid: Tecnos, 2015.

Sánchez-Tarazaga y Marcelino, Jorge. "Mediación concursal". En *Meditaciones sobre mediación (MED+)*, editada por Sílvia Barona Vilar, 305-324. Valencia: Tirant lo Blanch - Universitat de València, UVcàtedres, Càtedra Cultura de la Mediació, 2022.

Soleto Muñoz, Helena. "Elementos básicos para la práctica colaborativa". En *Vías emergentes de solución extrajudicial de litigios en la Sociedad digital*, dirigida por Leticia Fontestad Portalés y coordinada por Pablo Ramón Suárez Xavier, 231-252. Pamplona: Aranzadi, 2023.

Stipanowich, Tomas, y Lamare, Ryan. "Living with ADR: Evolving Perceptions and Use of Mediation. Arbitration and Conflict Management in Fortune 1000 Coorporations". *Harvard Negotiation Law Review Legal Studies Research Paper series*, 16 (2013): 1-49.

Suárez Xavier, Paolo Ramón. "Justicia predictiva: ADR, Datos y Acceso a la Justicia". En *Vías emergentes de solución extrajudicial de litigios en la sociedad digital*, dirigida por Leticia Fontestad Portalés y coordinada por Ramón Suárez Xavier, 253-268. Pamplona: Aranzadi, 2023.

Taruffo, Michele. "Una alternativa a las alternativas: patrones para la solución de conflictos". En *Consideraciones sobre la prueba judicial*, con Andrés Ibáñez y Candau Pérez, 91-101. Madrid: Fundación Coloquio Jurídico, 2009.

Tortajada Chardí, Pablo, y Sebastiá Maganto, Emilia. "Empresa familiar y mediación". Diario La Ley 9248 (2018): 1-15.

Vallespín Pérez, David. *El modelo constitucional de juicio justo en el ámbito del proceso civil.* Barcelona: Atelier, 2002.

Vallespín Pérez, David. *Litigios sobre consumo: especialidades procesales y acciones colectivas.* Madrid: Bosch (Wolters Kluwer), 2018.

Vallespín Pérez, David. *Mediación mercantil y eficiencia procesal.* Madrid: Bosch (Wolters Kluwer), 2022.

Vallespín Pérez, David. "Intelligenza artificiale e valutazione delle prove nel proceso civili spagnolo e italiano". *Revista General de Derecho Procesal* 57 (2022): 1-9.

Vallespín Pérez, David, y Jiménez Cardona, Noemí. "Mediación societaria". En *Vías emergentes de solución extrajudicial de litigios en la sociedad digital*, dirigida por Leticia Fontestad Portalés y coordinada por Ramón Suárez Xavier, 269-284. Pamplona: Aranzadi, 2023.

Vallespín Romero, David. *Crea un imperio empresarial de la nada.* Porto: Juruá, 2021.

La ley de convivencia universitaria: un nuevo impulso a la mediación

MARCOS LOREDO COLUNGA
Profesor de Derecho Procesal
Universidad de Oviedo
loredomarcos@uniovi.es

Resumen: En este trabajo se reflexiona sobre el papel de la mediación como mecanismo de resolución de conflictos en el ámbito universitario. A estos efectos, se tienen en cuenta las distintas experiencias vinculadas al procedimiento disciplinario y a las defensorías universitarias, así como las iniciativas pioneras que han dado lugar a unidades de convivencia, mediación o gestión de conflictos como servicios específicos y especializados. A continuación, se aborda el estudio de la recientemente aprobada Ley 3/2002, de 24 de febrero, de Convivencia Universitaria, que inaugura un escenario poco transitado hasta el momento y que se presenta repleto de posibilidades y nos invita a ser optimistas. En este sentido, puede afirmarse que esta ley supone un cambio significativo en el panorama legislativo existente y abre nuevas perspectivas para los mecanismos alternativos de resolución de conflictos —singularmente para la mediación— como vías idóneas para la mejora de la convivencia en los entornos universitarios. Con todo, hay que reconocer que no resulta fácil diseñar un sistema único y común para unas instituciones tan grandes, complejas y heterogéneas, ya que la fórmula más adecuada puede no ser la misma para los distintos colectivos, los diferentes conflictos y los diversos servicios, departamentos, centros y demás compartimentos en que se estructuran las universidades. En consecuencia, la amplísima casuística obligará con seguridad a combinar varias opciones, ampliando de forma significativa el catálogo de recursos para afrontar las controversias internas. Así las cosas, el éxito o fracaso del nuevo modelo dependerá en buena medida de la implicación y acierto de cada universidad en su efectiva implementación.

Palabras clave: Mediación; Ley de Convivencia Universitaria.

Abstract: This paper reflects on the role of mediation as a conflict resolution mechanism in the university environment. To this end, it takes into account the different experiences linked to disciplinary proceedings and university ombudsmen's offices, as well as the pioneering initiatives that have given rise to coexistence, mediation or conflict management units as specific and specialised services. This is followed by a study of the recently approved Law

3/2002, of 24 February, on University Coexistence, which inaugurates a scenario that has been little travelled until now and which appears to be full of possibilities and invites us to be optimistic. In this sense, it can be affirmed that this law represents a significant change in the existing legislative panorama and opens up new perspectives for alternative conflict resolution mechanisms —especially mediation— as ideal ways of improving coexistence in university environments. However, it must be recognised that it is not easy to design a single, common system for such large, complex and heterogeneous institutions, as the most appropriate formula may not be the same for the different groups, the different conflicts and the different services, departments, centres and other compartments into which universities are structured. Consequently, the very wide range of cases will certainly make it necessary to combine several options, significantly expanding the catalogue of resources for dealing with internal controversies. The success or failure of the new model will depend to a large extent on the involvement and success of each university in its effective implementation.

Key words: Mediation; University Coexistence Law

1. PLANTEAMIENTO: CONFLICTOS Y MEDIACIÓN EN LA UNIVERSIDAD

El punto de partida de este estudio se sitúa en la inexorable existencia de conflictos en las universidades —como en toda organización social—, siendo una circunstancia ineludible que nos enfrenta al reto de articular mecanismos que permitan su adecuado abordaje, gestión y resolución, promoviendo así una convivencia armónica, el bienestar de los miembros de la institución y la mejora de su funcionamiento general[1].

Dicha premisa viene avalada por el riesgo derivado de un enfoque inadecuado de la conflictividad, que redunda normalmente de forma negativa en la dinámica interna, dificultando la consecución de los objetivos esenciales de la entidad. Es decir, ignorar este tipo de situaciones o enfrentarlas de forma confrontativa puede enrarecer el ambiente laboral y educativo, generar costes personales y materiales y dificultar la solución de los problemas, no sólo impidiendo mejorar, sino empeorando el conjunto de la organización.

---

1 Un estudio detallado del conflicto en el ámbito universitario podemos encontrarlo en Antonio Lozano Martín, *Los conflictos en el ámbito universitario* (Madrid: Dykinson, 2021). En los distintos capítulos de esa obra se analizan las particularidades de la conflictividad en este entorno, las posibles soluciones positivas y constructivas y, en especial, la percepción en los distintos sectores de la comunidad universitaria.

En consecuencia, puede afirmarse que el objetivo ha de ser una intervención positiva y constructiva ante las eventuales desavenencias, abordando las causas del conflicto y no sólo sus manifestaciones, y ello con una orientación preventiva que sirva también para evitar conflictos futuros al reducir los factores de riesgo e introducir una cultura colaborativa en el seno de las universidades. Bajo este prisma, el conflicto ha de configurarse como oportunidad de mejora, pues las fricciones permiten detectar los puntos débiles de la organización —aquello que no funciona correctamente— y actuar en consecuencia, adoptando las medidas correctoras precisas, mejorando así los escenarios y las relaciones y desarrollando el sentido de pertenencia a la comunidad universitaria[2].

Ello no obstante, esta perspectiva resulta todavía bastante ajena a la tónica dominante en la academia, donde prima un enfoque tradicionalmente adversativo en el afrontamiento de los conflictos. Es por ello que el sistema habitual gravita en buena medida en torno a la queja, la denuncia, la reclamación o el recurso y la aplicación del régimen disciplinario, llegando incluso a la judicialización de determinadas cuestiones[3]. Sin embargo, estas vías no siempre resultan transitables ni son adecuadas al caso, por lo que —con demasiada frecuencia— se opta por no afrontar determinadas situaciones o por abordarlas con fórmulas inapropiadas, basadas en la autoridad jerárquica o psicológica, lo que se traduce en presiones, enfrentamientos abiertos, luchas de poder o imposiciones[4].

Así las cosas, se evidencia la necesidad de un cambio cultural en el tratamiento de los conflictos en la universidad[5], orientado a la implantación de un sistema constructivo, alejado de la mera represión y de la falsa convicción de que el elemento económico es el único que sirve a estos efec-

---

2 Cfr. Marta Vázquez Capón y María Ángeles López Cabarcos, "La Gestión Constructiva de Conflictos. Propuesta y desarrollo de un taller práctico en el contexto universitario", *Revista de Investigación en Educación,* 14-2 (2016): 184-204.

3 Como ocurre, en ocasiones, con los procedimientos selectivos del PAS, la imposición de sanciones o la adjudicación de determinadas plazas de profesorado.

4 Cfr. Manuel Rosales Álamo, Leticia García Villaluenga y Francisca Fariña Rivera, *Implementación y desarrollo de la convivencia y la mediación en las Universidades* (Santiago de Compostela: Andavira Editora, 2022).

5 Necesidad ya puesta de manifiesto por Rosa Pérez Martell, "Desarrollo de la mediación en la universidad como vía para resolver los conflictos que surgen en este ámbito y en el marco del Espacio Europeo de Educación Superior", *Revista Jurídica de Canarias* 8 (2008): 12.

tos[6]. Este nuevo enfoque ha de redundar en una mejora del clima de la organización, beneficiando tanto a sus integrantes como al conjunto de la sociedad a la que sirve. A estos efectos, pueden resumirse las principales ventajas de esa nueva perspectiva en los siguientes puntos[7]:

- La apertura de canales de comunicación y la consecución de soluciones factibles, transformando así las relaciones personales en el marco de la organización.
- Una significativa reducción de la conflictividad interna, mejorando con ello la convivencia general dentro de la institución.
- La prevención del desgaste de los trabajadores, favoreciendo al mismo tiempo la conservación de las relaciones laborales.
- La mejora del rendimiento, permitiendo el ahorro de costes y tiempo que se malgastan en la intervención ante los distintos conflictos.

Procede entonces reivindicar con convicción la importancia de instrumentos que permitan un adecuado enfrentamiento de estas situaciones, evitando que se generen problemas serios que se extiendan por la organización, que afecten más de lo imprescindible a la convivencia, al rendimiento y, en general, a su buen funcionamiento. Consecuentemente, desde la universidad[8] hay que apostar por el recurso a las fórmulas autocompositivas, cooperativas, colaborativas, pacíficas, dialogadas —singularmente la mediación—, como manifestación de valores más adecuados[9].

---

6 *Vid.* en este sentido, Fernando Díe Badolato, Leticia García Villaluenga e Ignacio Bolaños Cartujo, "El conflicto y la mediación en el ámbito de la enseñanza superior. La experiencia en la Universidad Complutense", María Luz Sánchez García-Arista (coord.), *Gestión positiva de conflictos y mediación en contextos educativos* (Madrid: IMEDIA, 2013: 170 y ss).

7 Sobre esta cuestión, *vid.* Marta Gonzalo Quiroga, "La mediación como herramienta de los Objetivos de Desarrollo Sostenible en la naciente Ley de Convivencia Universitaria: Propuesta UNIMEDIA", *Revista de Educación y Derecho* número especial (2021): 301-304.

8 El papel de la universidad en este punto es reivindicado por Leticia García Villaluenga y Eduardo Vázquez de Castro, "Mediación en las universidades: una gran apuesta por la convivencia", *Anuario de Mediación y Solución de Conflictos* 9 (2022): 24.

9 Sin perjuicio de la dificultad que se deriva de la desigualdad entre las partes por el diferente status en la comunidad según que se sea PAS, PDI o alumno. *Vid.* sobre el particular Eduardo Gamero Cadaso, La mediación en las defensorías universitarias: perspectiva jurídica. *RUEDA*, 2 (2017): 50-51.

Este escenario permitiría superar fórmulas más propias de Estados autoritarios y promover la implicación de los protagonistas como expresión de democracia. Y la propia universidad debería ser un modelo y avanzadilla en este sentido[10], visibilizando los conflictos y las vías para su adecuado abordaje[11].

El fundamento de esta pretensión entronca con la promoción de la cultura de la paz que se impulsa desde las Naciones Unidas y que se vincula a la educación[12]. Sobre esa base, se aprobó a nivel interno la Ley 27/2005, de 30 de noviembre, de fomento de la educación y la cultura de la paz, que incide en *"la promoción del diálogo y la no-violencia como práctica a generalizar en la gestión y transformación de los conflictos"* (Exposición de Motivos) y se traduce en objetivos y medidas concretas, entre las que destaca *"la formación especializada de hombres y mujeres en técnicas de resolución de conflictos, negociación y mediación"* (art. 2.7), por entender que se trata de instrumentos idóneos para implantar la cultura de la paz.

Este planteamiento encuentra igualmente acogida entre los llamados *Objetivos de Desarrollo Sostenible*[13], en la medida en que, educando en la resolución pacífica de conflictos, en la mediación —especialmente en la Educación Superior[14]—, se avanza en la consecución de los objetivos número 4 (*Educación*) y número 16 (*Paz, Justicia e Instituciones Sólidas*)[15].

---

10 *Vid.* Manuel Rosales Álamo y Leticia García Villaluenga, "La mediación intrauniversitaria: reflexiones y propuestas", Isabel Luján Henríquez, *Conflictos y mediación en contextos plurales de convivencia* (Las Palmas de Gran Canaria: Editorial Universidad de las Palmas de Gran Canaria, 2019: 175-200).

11 Cfr. Manuel Rosales Álamo, Leticia García Villaluenga y Fancisca Fariña Rivera, *op. cit.*: 41 y ss.

12 Así se pone de manifiesto en las Resoluciones 50/173, de 22 de diciembre de 1995, 51/101, de 12 de diciembre de 1996, 51/104, de 12 de diciembre de 1996 y 52/13, de 15 de enero de 1998, que se tradujeron en actuaciones posteriores como la proclamación del Año Internacional de la Cultura de Paz (2000) y del Decenio Internacional para la Cultura de Paz (2001-2010). *Vid.* https://www.un.org/es/ga/62/plenary/peaceculture/bkg.shtml (visto el 10-02-2024).

13 Adoptados por la ONU en 2015, dándose de plazo para su consecución hasta 2030. *Vid.* https://www.un.org/sustainabledevelopment/es/ (visto el 10-02-2024).

14 La mediación también ha llegado en cierta medida a la enseñanza Primaria y Secundaria a través de diversos programas de convivencia y mediación escolar, auspiciados en algunos casos por las autoridades educativas o por iniciativa de los propios centros.

15 Sobre el papel positivo de la mediación para los estudiantes, puede verse el estudio de Salvador Grau Company, Carlota González Gómez y José Daniel Álvarez

En este punto hay que destacar que hace ya más de veinte años que algunas universidades españolas comenzaron a promover los estudios específicos en mediación y otros métodos alternativos de resolución de conflictos[16]. Inicialmente se optó por ofertar formación de postgrado especializada y, poco a poco, se fue ganando terreno a través de asignaturas obligatorias y optativas, cursos de verano y otras fórmulas de formación continua. En paralelo, se impulsó la investigación en la materia, lo que se tradujo en un ingente número de tesis doctorales, publicaciones, proyectos, jornadas y congresos[17]. Todo este acervo formativo e investigador se tradujo en una base teórica y práctica suficiente para articular la mediación como un nuevo recurso institucional al servicio de la comunidad universitaria[18] y al que se puede acceder por diferentes vías o alternativas[19].

Así, estas iniciativas se canalizan en ocasiones a través de la inspección de servicios, vinculando la mediación al procedimiento disciplinario, como marco que justifica este tipo de intervención ante la sospecha de comisión de un ilícito que puede generar esa clase de responsabilidad[20]. Una variante de esta línea de actuación aparece en los protocolos en materia de

---

Teruel, "La mediación universitaria: un recurso de orientación. Experiencia en la Universidad de Alicante", *International Journal of Developmental and Educational Psychology*, 2-1 (2016): 365-373, basado en un trabajo de campo en la Universidad de Alicante, en la que se desarrolla un proyecto de innovación que incluye la mediación como acción de orientación.

16 Aunque se centró de forma casi exclusiva por la mediación y ello en cuanto que constituía un instrumento con cierto recorrido y que se había probado como eficaz para la adecuada gestión de conflictos de muy distinta naturaleza y ámbito (familiar, laboral, escolar).

17 En este proceso hay que destacar el importante papel de la Conferencia de Universidades para el Estudio de la Mediación y el Conflicto (en adelante, CUEMYC), como organización aglutinadora de las distintas universidades implicadas y verdadero piloto de un proceso de implantación de la mediación en distintos ámbitos, a partir de la formación en el marco de la Educación Superior. *Vid.* https://cuemyc.org/ (visto el 25-09-2023).

18 Ampliando con ello los servicios universitarios. Cfr. Rosa Pérez Martell, *op. cit.*: 12.

19 Sobre este tema puede verse Manuel Rosales Álamo y Leticia García Villaluenga, *op. cit.*, que analizan los modelos de implantación de la mediación en el ámbito universitario.

20 Ello sin perjuicio de las dudas que despierta la posibilidad de transigir cuando se trata de cuestiones de orden público. Cfr. Eduardo Gamero Cadaso, *op. cit.*: 50.

acoso[21], que incorporan con cierta frecuencia una fase previa calificada de *"mediación"*[22], aunque de cuestionada naturaleza y contenido[23].

También encontramos algunas universidades que han ido incorporando a su organigrama unidades de convivencia, mediación o gestión de conflictos como servicios específicos con distinta configuración y funciones según el caso[24]. Este enfoque va ganando adeptos, así que cada vez son más las organizaciones que optan por un modelo de esta naturaleza. Entre las mismas, destaca como pionera la Universidad Complutense de Madrid[25], pero también hay que señalar, sin ánimo exhaustivo, a las universidades de Barcelona[26], de las Islas Baleares[27], de La Laguna[28], de Las Palmas de

---

21 Cuya existencia viene impuesta por el artículo 62 y la Disposición final sexta de la LO 3/2007, de 22 de marzo, para la igualdad efectiva de mujeres y hombres.

22 Así ocurre, por ejemplo, en los protocolos de las universidades de Alicante (https://web.ua.es/es/ugt/documentos/legislacion/prevencion-y-actuacion-frente-al-acoso-sexual.pdf; visto el 10-02-2024), Autónoma de Madrid (https://www.cbm.uam.es/images/servicios/igualdad/documentos/Protocolo_prevencion_acoso_de_acoso_UAM.pdf; visto el 10-02-2024), Oviedo (https://igualdad.uniovi.es/protocoloacoso; visto el 25-09-2023), Pablo de Olavide (https://www.upo.es/cms1/export/sites/upo/upsc/igualdad/documentos/PROTOCOLO_ACOSO_LABORAL_UPO_APROBADO.pdf; visto el 10-02-2024) o Sevilla (http://fcce.us.es/sites/default/files/PROTOCOLO-ACOSO-CG-19-JUNIO.pdf; visto el 10-02-2024).

23 Una visión crítica de la supuesta mediación en el marco de estos protocolos puede verse en Beatriz Belando Garín, "La mediación en los protocolos universitarios contra el acoso por razón de sexo", *Revista Aranzadi Doctrinal* 10 (2018): 1-14.

24 Manuel Rosales Álamo, Leticia García Villaluenga y Fancisca Fariña Rivera (Coords.), *op. cit.*: 35 y ss., señalan que, hasta ahora, carecían de cobertura legal, pero que pueden aglutinar tareas muy diversas, entre las que destacan la impartición de formación inicial y continua, la labor preventiva, el asesoramiento, la emisión de informes y, por supuesto, la derivación y gestión directa de los procedimientos de mediación.

25 A través de del Instituto de Mediación (IMEDIA), modelo específico que comenzó en 2004 vinculado a la inspección de servicios y luego derivó en un organismo independiente a partir de 2007.

26 Que cuenta con el llamado Observatorio de Mediación de la Universidad de Barcelona (https://www.ub.edu/web/ub/es/recerca_innovacio/recerca_a_la_UB/observatoris/observatoris/mediacio.html; visto el 10-02-2024).

27 Laboratorio de Mediación, Resolución de Conflictos y Orientación Familiar (https://mediacionlab.uib.es/; visto el 10-02-2024).

28 Unidad de Mediación y Asesoramiento de Conflictos, UNIMAC (https://www.ull.es/servicios/unidad-de-mediacion-y-asesoramiento-para-la-convivencia/; visto el 10-02-2024).

Gran Canaria[29], de Huelva[30], del País Vasco[31], de Santiago de Compostela[32] o de Vigo[33].

Con todo, la fórmula más habitual ha sido la atribución de funciones *mediadoras* a las defensorías universitarias[34], si bien no siempre con el debido rigor conceptual, ya que su intervención, más que como una mediación en sentido estricto, suele configurarse como una actuación más próxima a la conciliación, a la intermediación o a los buenos oficios[35]. En cualquier caso, y a la vista de los resultados[36], no puede despreciarse el papel de estos órganos en la pacificación de la comunidad universitaria, ni la idoneidad de sus titulares a estos efectos[37].

En definitiva, cabe afirmar que la mediación ha llegado efectivamente a la universidad, aunque su presencia práctica todavía sea puntual y aislada

---

29 Servicio de Mediación, de Resolución de Conflictos y de Atención Integral, Intermedia (https://intermedia.ulpgc.es/; visto el 10-02-2024).

30 Servicio de Atención a la Comunidad Universitaria, SACU (http://www.uhu.es/sacu/; visto el 10-02-2024).

31 Centro Universitario de Transformación de Conflictos, GEUZ (https://geuz.es/; visto el 10-02-2024).

32 Centro Integral de Análisis y Resolución de Conflictos de la Universidad de Santiago de Compostela, CIARCUS (https://www.usc.es/es/institutos/ciarcus/; visto el 10-02-2024).

33 Unidad de Convivencia y Gestión Positiva de Conflictos, Convive (https://www.uvigo.gal/es/campus/convivencia; visto el 10-02-2024).

34 La figura del defensor universitario se toma del Derecho comparado y se incorpora en los Estatutos de algunas universidades ya a finales del siglo pasado. Sin embargo, la Disposición adicional decimocuarta de la LO 6/2001, de 21 de diciembre, de Universidades, impone su existencia y en los años siguientes esta figura se generalizó imperativamente en todas las universidades públicas, que fueron incorporando a su estructura organizativa la defensoría universitaria como garante de los derechos y libertades de todos los miembros de la comunidad universitaria.

35 En este sentido, Eduardo Gamero Cadaso, *op. cit.*: 43-44, distingue la mediación en sentido estricto de otras fórmulas más o menos próximas, con las que comparte algunos elementos. En concreto, alude a lo que llama *buenos oficios*, entendidos como *"gestión que alguien hace en beneficio de la posición de un tercero"* y que considera es lo que hacen normalmente los defensores con las quejas o consultas.

36 Cfr. Eduardo Gamero Cadaso, *op. cit.*: 61, que afirma que el 25% de los asuntos que llegan a las defensorías se resuelven a través de la mediación.

37 En este sentido, hay que tener en cuenta que el defensor universitario se configura como un órgano independiente, con deber de confidencialidad y que carece de poderes ejecutivos, atributos todos ellos que le aproximan al estatus del mediador. Cfr. en este sentido Eduardo Gamero Cadaso, *op. cit.*: 48.

en muchos casos y no siempre se articule bajo una concepción ortodoxa. Es cierto que ha ido ganando espacio progresivamente, pero su implantación generalizada en el conjunto de la organización sigue siendo un reto pendiente para la mayoría de las universidades, que carecen igualmente de un modelo definido y coherente con la esencia de la institución. Obviamente, materializar estos objetivos requiere un esfuerzo formativo importante y un trabajo transversal[38].

2. LA LEY DE CONVIVENCIA UNIVERSITARIA: UN NUEVO IMPULSO A LA MEDIACIÓN

En el estado de cosas descrito, la reciente aprobación de la Ley de convivencia universitaria[39] —en adelante, LCU—, inaugura un escenario poco transitado hasta el momento y que se presenta repleto de posibilidades. En este sentido, puede afirmarse que esta ley supone un cambio significativo en el panorama legislativo existente y abre nuevas perspectivas para los mecanismos alternativos de resolución de conflictos —singularmente para la mediación— como vías idóneas para la mejora de la convivencia en los entornos universitarios[40].

A estos efectos, hay que tener en cuenta que la LCU responde en origen a la necesidad de configurar un régimen disciplinario aplicable de forma específica al alumnado universitario[41], toda vez que seguía formalmente vigente la regulación sobre la materia establecida durante el régimen anterior[42], pese a su dudosa compatibilidad con los estándares y garantías

---

38 Cfr. Fernando Díe Badolato, Leticia García Villaluenga e Ignacio Bolaños Cartujo, *op. cit.*: 171-173.

39 Ley 3/2022, de 24 de febrero, de convivencia universitaria.

40 *Vid.* el Preámbulo de la LCU, en cuyo parágrafo I se afirma lo siguiente: *"El fomento de la convivencia en el seno de la comunidad universitaria excede y no puede afrontarse, al menos exclusiva ni preferentemente, mediante un régimen disciplinario"*. Se apela entonces a la autonomía universitaria para que se desarrollen medidas y actuaciones *"que favorezcan y estimulen la convivencia activa y la corresponsabilidad"* de la comunidad universitaria y se potencie *"el uso de medios alternativos de resolución de conflictos, como la mediación"*, al entender que *"poder resultar más eficaces para afrontar determinadas conductas y conflictos entre miembros de la comunidad universitaria pertenecientes al mismo o diferente sector"*.

41 Ya que para el PAS y el PDI sí existía un régimen específico postconstitucional.

42 El Decreto de 8 de septiembre de 1954, por el que se aprobó el Reglamento de Disciplina Académica de los Centros Oficiales de Enseñanza Superior y de Ense-

constitucionales[43]. En consecuencia, se decide subsanar esta anomalía histórica mediante la aprobación de una normativa básica y común para todo el Estado que viniera a colmar el vacío existente[44].

Sin embargo, el nuevo texto legal no se limita a articular la exigencia de responsabilidad disciplinaria a los estudiantes, sino que acomete una reforma de mayor calado desde la perspectiva de la convivencia en el ámbito universitario. Así, aprovecha para imponer a las universidades públicas la obligación de disponer y articular fórmulas alternativas para el adecuado abordaje de la generalidad de conflictos que puedan plantearse en el seno de la comunidad universitaria, y no sólo de aquellos que protagonicen los alumnos[45]. Con ello, se pretende evitar la aplicación automática de un sistema punitivo, primando otras fórmulas más constructivas a las que atribuye mayor protagonismo en detrimento del régimen puramente

ñanza Técnica dependientes del Ministerio de Educación Nacional.

43 Hay que tener en cuenta que esta regulación responde a la necesidad de control del orden público propio de un Estado dictatorial y que establece un régimen exclusivamente punitivo, con sanciones desproporcionadas y un procedimiento sin garantías, que no contempla el derecho de defensa del estudiante ni la prescripción de las eventuales faltas. Circunstancias puestas de manifiesto de forma reiterada desde distintos foros. Así, las dudas sobre su constitucionalidad se recogen en las SSTS de 9 de septiembre de 1988 y de 11 de abril de 1989. También el Defensor del Pueblo recomienda su derogación en los informes correspondientes a 1990, 2008 y 2012. Al respecto, *vid.* también Belén Marina Jalvo, "Convivencia pacífica, medios alternativos de solución de conflictos y sistema de disciplina en el ámbito universitario. Algunas consideraciones sobre la Ley de Convivencia Universitaria", *Revista General de Derecho Administrativo* 60 (2022): 11 y ss., muy crítica con la situación legislativa previa, poniendo de manifiesto la necesidad imperiosa de esta regulación.

44 *Vid.* la Disposición final primera LCU, sin perjuicio de las competencias autonómicas al respecto. En este sentido, hay que tener en cuenta que algunas Comunidades Autónomas ya habían aprobado leyes sobre enseñanza en las que se recogían preceptos dedicados al régimen disciplinario de los estudiantes universitarios, como la Ley 3/2004, de 25 de febrero, del sistema universitario vasco, o la Ley 6/2013, de 13 de junio, del sistema universitario de Galicia.

45 De acuerdo con el artículo 2 LCU, el ámbito subjetivo de aplicación lo constituye toda la comunidad universitaria (estudiantes, PAS y PDI) de las universidades públicas y los centros públicos adscritos. Para las universidades privadas y los centros privados adscritos, se impone igualmente la obligación de aprobar normas de convivencia específicas *"con base en los principios y directrices de convivencia"* que establece la ley (art. 2.2).

sancionador[46]. Bajo tales premisas, no cabe duda de que se trata de una regulación más ambiciosa y llamada a marcar un punto de inflexión en el dilatado proceso de promoción e implementación de la mediación en el ámbito universitario en el que estamos inmersos desde hace años[47].

En este punto, puede considerarse un acierto la propia denominación de la norma, ya que el término *"convivencia"* implica *"coexistencia en armonía"*, lo que implica bienestar, pues referido a las personas la *"armonía"* se entiende como *"amistad y buena correspondencia"* (RAE). Bajo este paraguas terminológico subyace la incorporación de valores muy positivos y que redundan en beneficio de la organización, singularmente en su vertiente humana, como marco de relaciones personales[48].

Por otra parte, resulta importante destacar que el proceso de aprobación de esta norma fue bastante ágil[49], si bien el borrador primigenio —que ciertamente generó muchas expectativas por su original enfoque— sufrió algunos cambios significativos durante su tramitación parlamentaria[50], perdiendo en el camino parte de su espíritu inspirador, que no se trasladó de forma íntegra a la versión definitiva.

---

46 Cfr. María Teresa Duplá Marín e Iris Requena, "La mediación, el diálogo y la autocomposición como vías principales de gestión de los conflictos en la Universidad: líneas esenciales de la futura Ley de Convivencia Universitaria", *La Ley Mediación y Arbitraje* 9 (2021): 3.

47 En este sentido, y siguiendo a Manuel Rosales Álamo y Leticia García Villaluenga, *op. cit.*, cabe afirmar que apuesta por la renovación y la adaptación de la universidad a los tiempos actuales, asumiendo nuevos retos y mejorando la respuesta a las demandas sociales, respondiendo así a la demanda de ser modelo y avanzadilla. En cualquier caso, su éxito dependerá de la implicación de cada universidad en su efectiva implementación, tal y como ponen de manifiesto María Teresa Duplá Marín e Iris Requena, *op. cit.*: 5.

48 Buscando un cambio cultural en las universidades, potenciando el diálogo y el acuerdo. Cfr. María Teresa Duplá Marín e Iris Requena, *op. cit.*: 5.

49 El Consejo de Ministros aprobó el anteproyecto en mayo de 2021; el texto original se transformó en proyecto de ley en septiembre del mismo año y el 24 de febrero del año siguiente tuvo lugar su aprobación definitiva como ley.

50 Los distintos textos se encuentran accesibles en los siguientes enlaces: borrador (https://www.universidades.gob.es/wp-content/uploads/2022/10/AIP09-Anteproyecto.pdf; visto el 10-02-2024); anteproyecto (https://www.universidades.gob.es/anteproyecto-de-ley-de-convivencia-universitaria/; visto el 10-02-2024); proyecto (https://www.congreso.es/public_oficiales/L14/CONG/BOCG/A/BOCG-14-A-68-1.PDF; visto el 10-02-2024).

En concreto, en el texto de origen se apostaba de forma más decidida por la mediación como institución específica sobre la que debía pivotar el nuevo sistema, imponiendo su presencia de forma expresa tanto en el marco del procedimiento disciplinario como al margen del mismo y ofreciendo algunas pautas concretas para su desarrollo e implementación en el seno de las universidades[51]. Sin embargo, algunas de estas previsiones fueron modificadas en el trámite de enmiendas, desdibujando con ello la propuesta inicial.

Así, la redacción final recoge una referencia menos clara y explícita a la mediación, ya que, en primer lugar, la exigencia al respecto se limita a la incorporación de *"medios alternativos de solución de conflictos de la convivencia basados en la mediación"* (art. 5). Lamentablemente, no cabe obviar esta ambigüedad terminológica, que puede llevar a entender que se refiere a los distintos mecanismos basados en la *"negociación"*, es decir, a los métodos autocompositivos en general, perpetuando esa habitual y perniciosa confusión entre la especie (la mediación) y el género (los llamados ADR, como fórmulas alternativas —en este escenario— al procedimiento disciplinario).

Por otra parte, esta mutación va acompañada igualmente de la omisión de buena parte de las disposiciones que entraban en mayor detalle al respecto del desarrollo de la mediación, de manera que desaparecen, entre otras cuestiones, las referencias al procedimiento, a las competencias al respecto de la Comisión de Convivencia y a la extinción de responsabilidad disciplinaria a través de un eventual acuerdo de mediación.

En cualquier caso, y pese a ser una normativa manifiestamente mejorable —al menos en el punto que nos ocupa—, no podemos dejar de reco-

---

51 Tanto en el anteproyecto como en el proyecto se recogía una referencia genérica a los *"medios alternativos de solución de controversias"* (art. 6), previendo de forma expresa que cada universidad debía contar con un *"mecanismo"* de mediación *"externo a un procedimiento disciplinario"*, así como de articular un procedimiento de mediación para su puesta en práctica *"en el marco de un procedimiento disciplinario"*, de acuerdo con los arts. 22-25 y sin perjuicio del eventual desarrollo reglamentario, estatal o autonómico (arts. 9 y 25). Es decir, se fijaban algunos aspectos del procedimiento de mediación, cuya gestión se atribuía a la Comisión de Convivencia, a la que correspondería igualmente la promoción del uso de la mediación, la realización de sesiones informativas o la propuesta de mediadores (art. 8). Por otra parte, se contemplaba la extinción de la responsabilidad disciplinaria mediante instrumentos de mediación. para el caso de infracciones que supusieran menosprecio al honor, la dignidad o la propia imagen (art. 28).

nocer que supone un importante avance, ya introduce un reconocimiento expreso a la preferencia de las fórmulas alternativas al procedimiento disciplinario basadas en la negociación de las personas implicadas[52].

Así las cosas, lo relevante es que la LCU parte de la idea de que la convivencia pacífica en la comunidad universitaria requiere un sistema más ambicioso que la mera aplicación del régimen disciplinario a los distintos colectivos que la integran. En este sentido, se apuesta por promover otras fórmulas que impliquen asunción de responsabilidad en los conflictos por parte de los protagonistas, sin delegar la resolución de los mismos, buscando la implantación de una nueva cultura en la que la sanción no sea el recurso preferente para la evitación de las conductas que se consideran inadecuadas[53].

A estos efectos, impone a las universidades la carga de desarrollar un marco propio de convivencia, a través de la aprobación de unas *"normas de convivencia"* específicas y acordes con los términos de la LCU[54]. En este sentido, se abunda en los principios inspiradores del nuevo sistema[55], pero apenas se fijan pautas para concreta puesta en práctica, dejando libertad al respecto para que cada universidad establezca el cuándo, el cómo y el quién, sin perjuicio del eventual desarrollo reglamentario[56]. Como excepción a esa falta de previsiones específicas, dentro del régimen disciplinario aplicable a los estudiantes sí se incluyen algunas referencias puntuales para articular la eventual mediación (y aquí sí se habla de *"procedimiento de mediación")* en el marco del procedimiento disciplinario (arts. 19.c y 22).

Así, se prevé que el instructor remita el expediente a la Comisión de Convivencia cuando, una vez practicadas las pruebas, las partes hayan ma-

---

52 Tal y como se recoge en esencia en el artículo uno al regular el objeto de la ley: *"establecer las bases de la convivencia en el ámbito universitario, fomentando la utilización preferente de modalidades alternativas de resolución de aquellos conflictos que puedan alterarla, o que impidan el normal desarrollo de las funciones esenciales de docencia, investigación y transferencia del conocimiento"*.

53 Cfr. María Teresa Duplá Marín e Iris Requena, *op. cit.*: 3.

54 Así se establece en la Disposición adicional cuarta, que fija el plazo de un año a tal efecto.

55 Voluntariedad, confidencialidad, equidad, imparcialidad, buena fe y respeto mutuo, prevención y prohibición de represalias, flexibilidad, claridad y transparencia (art. 5).

56 Como ya se indicó, la Disposición final segunda habilita igualmente al Gobierno y a las Comunidades Autónomas para que procedan al desarrollo reglamentario preciso, cada uno en el ámbito de sus competencias respectivas.

nifestado su voluntad de someterse a un proceso de mediación. En este supuesto, se suspenderá la tramitación del procedimiento disciplinario, a expensas del resultado de la mediación. De manera que se procederá al archivo definitivo si se alcanza un acuerdo enteramente satisfactorio[57]; y, en otro caso, se alzará la suspensión y se presentará el pliego de cargos (art. 19.c).

De forma complementaria, también se concreta hasta cierto punto la tramitación a seguir ante la Comisión de Convivencia (art. 22). En este sentido, se establece que, recibida la propuesta, este órgano optará por poner en marcha el procedimiento de mediación, o por devolver el expediente al instructor si considera que no procede esa vía alternativa. Los términos de la ley parecen plantear la respuesta como una decisión meramente discrecional, pero sería más razonable que las universidades fijaran criterios objetivos al respecto[58]. En cualquier caso, el inicio de la mediación determinará la interrupción de los plazos de prescripción y la suspensión de la caducidad del procedimiento disciplinario[59], que quedará a expensas del resultado de la mediación, en los términos ya indicados[60]. Con todo, nada se dice respecto al desarrollo de la mediación en sí, para lo que se remite a lo que prevea cada universidad al respecto[61].

En última instancia, hay que tener igualmente en cuenta la referencia contenida en el artículo 20 a la posibilidad de adoptar medidas sustitutivas[62] de las sanciones en el caso de faltas graves[63]. También en este caso

---

57 Con lo que parece que se renuncia al ejercicio de la potestad disciplinaria, lo que resulta bastante cuestionable. Cfr. Belén Marina Jalvo, *op. cit.*: 26. En cualquier caso, el archivo requeriría el cumplimiento del acuerdo y no solo su consecución.

58 *Vid.* sobre esta cuestión Belén Marina Jalvo, *op. cit.*: 25.

59 Interpretación que debe imponerse pese a los términos del artículo 22.6.

60 Que se completan con la referencia a que el acuerdo se considera confidencial, se recogerá por escrito y será firmado por las partes por triplicado, incorporándose un ejemplar al expediente (art. 22.4).

61 A estos efectos, puede buscarse inspiración en la mediación penal, ya que nos encontramos en el marco de un procedimiento disciplinario que tiene carácter sancionador. En este sentido, puede requerirse cierto reconocimiento de los hechos, así como garantizar la presunción de inocencia (especialmente si la mediación no culmina en acuerdo).

62 Leticia García Villaluenga y Eduardo Vázquez de Castro, *op. cit.*: 29, entienden que se refiere realmente a medidas de carácter reparador, como apuesta por la justicia restaurativa.

63 Exclusivamente para las faltas graves, de acuerdo con los términos del artículo 20.1.

habrá que estar a lo que determinen al respecto las distintas universidades, pero parece claro que la base para adoptar este tipo de decisiones se encuentra en la existencia de un acuerdo entre los implicados, que habría de alcanzarse en sede de mediación[64].

Con todo, hay que reconocer que no resulta fácil diseñar un sistema único y común para unas instituciones tan grandes, complejas y heterogéneas, ya que la fórmula más adecuada puede no ser la misma para los distintos colectivos, los diferentes conflictos y los diversos servicios, departamentos, centros y demás compartimentos en que se estructuran las universidades. En consecuencia, la amplísima casuística obligará con seguridad a combinar varias opciones, ampliando de forma significativa el catálogo de recursos para afrontar las controversias internas. Así las cosas, el éxito o fracaso del nuevo modelo dependerá en buena medida de la implicación y acierto de cada universidad en su efectiva implementación[65].

BIBLIOGRAFÍA

Belando Garín, Beatriz. "La mediación en los protocolos universitarios contra el acoso por razón de sexo". *Revista Aranzadi Doctrinal* 10 (2018): 1-14.

Belloso Martín, Nuria. "Hacia una convivencia pacífica en el contexto educativo universitario: instrumentos y procedimientos". Lozano Martín, Antonio (ed.). *Los conflictos en el ámbito universitario.*, Madrid: Dykinson, 2021: 439-460.

Díe Badolato, Fernando, García Villaluenga, Leticia y Bolaños Cartujo, Ignacio. "El conflicto y la mediación en el ámbito de la enseñanza superior. La experiencia en la Universidad Complutense". Sánchez García-Arista, María Luz (coord.). *Gestión positiva de conflictos y mediación en contextos educativos.* Madrid: IMEDIA, 2013: 163-186.

Duplá Marín, María Teresa y Requena, Iris. "La mediación, el diálogo y la autocomposición como vías principales de gestión de los conflictos en la Universidad: líneas esenciales de la futura Ley de Convivencia Universitaria". *La Ley Mediación y Arbitraje* 9 (2021): 1-8.

Gamero Cadaso, Eduardo. "La mediación en las defensorías universitarias: perspectiva jurídica". *RUEDA* 2 (2017): 41-56.

García Villaluenga, Leticia y Vázquez de Castro, Eduardo. "Mediación en las universidades: una gran apuesta por la convivencia". *Anuario de Mediación y Solución de Conflictos* 9 (2022): 21-30.

Gonzalo Quiroga, Marta. "La mediación como herramienta de los Objetivos de Desarrollo Sostenible en la naciente Ley de Convivencia Universitaria: Propuesta UNIMEDIA". *Revista de Educación y Derecho* número especial (2021): 281-306.

---

64 Cfr. Belén Marina Jalvo, *op. cit.*: 20.

65 Cfr. María Teresa Duplá Marín e Iris Requena, *op. cit.*: 5.

Grau Company, Salvador, González Gómez, Carlota y Álvarez Teruel, José Daniel. "La mediación universitaria: un recurso de orientación. Experiencia en la Universidad de Alicante". *International Journal of Developmental and Educational Psychology* 2-1 (2016): 365-373.

Lozano Martín, Antonio (ed.). *Los conflictos en el ámbito universitario.* Madrid: Dykinson, 2021.

Luján Henríquez, Isabel, *Conflictos y mediación en contextos plurales de convivencia.* Las Palmas de Gran Canaria: Editorial Universidad de las Palmas de Gran Canaria, 2019.

Marina Jalvo, Belén. "Convivencia pacífica, medios alternativos de solución de conflictos y sistema de disciplina en el ámbito universitario. Algunas consideraciones sobre la Ley de Convivencia Universitaria". *Revisa General de Derecho Administrativo* 60 (2022): 1-30.

Pérez Martell, Rosa. "Desarrollo de la mediación en la universidad como vía para resolver los conflictos que surgen en este ámbito y en el marco del Espacio Europeo de Educación Superior". *Revista Jurídica de Canarias* 8 (2008): 7-25.

Rosales Álamo, Manuel y García Villaluenga, Leticia. "La mediación intrauniversitaria: reflexiones y propuestas". Luján Henríquez, Isabel, *Conflictos y mediación en contextos plurales de convivencia.* Las Palmas de Gran Canaria: Editorial Universidad de las Palmas de Gran Canaria, 2019: 175-200.

Rosales Álamo, Manuel, García Villaluenga, Leticia y Fariña Rivera, Francisca (coords.). *Implementación y desarrollo de la convivencia y la mediación en las Universidades.* Santiago de Compostela: Andavira Editora, 2022.

Sánchez Bravo, Álvaro (ed.). *Sensibilidad, Sociología y Derecho.* Sevilla: Álvaro Sánchez Bravo Editor, 2021.

Sánchez García-Arista, María Luz (coord.). *Gestión positiva de conflictos y mediación en contextos educativos.* Madrid: IMEDIA, 2013.

Vázquez Capón, Marta y López Cabarcos, María Ángeles. "La Gestión Constructiva de Conflictos. Propuesta y desarrollo de un taller práctico en el contexto universitario". *Revista de Investigación en Educación* 14-2 (2016): 184-204.

El nuevo procedimiento extrajudicial de resolución de conflictos de transporte aéreo de pasajeros en el ordenamiento jurídico español

JUAN MANUEL BERMÚDEZ REQUENA
Profesor asociado (acreditado Contratado Doctor)
Universidad Pablo de Olavide (Sevilla-España)

1. INTRODUCCIÓN

En 2017 se incorporaba a nuestro ordenamiento jurídico nacional la Directiva 2013/11/UE, del Parlamento Europeo y del Consejo, de 21 de mayo de 2013, relativa a la resolución alternativa de litigios en materia de consumo; en sede de trasporte aéreo, la disposición adicional segunda de la citada ley establecía que, desde el Ministerio competente, se regularía el procedimiento de resolución alternativa de conflictos entre pasajeros y compañías aéreas. Previsión legislativa a la que dio respuesta la Orden TMA/201/2022, de 14 de marzo, por la que se regula el procedimiento de resolución alternativa de litigios de los usuarios de transporte aéreo sobre los derechos reconocidos en el ámbito de la Unión Europea en materia de compensación y asistencia en caso de denegación de embarque, cancelación o gran retraso, así como en relación con los derechos de las personas con discapacidad o movilidad reducida; cuya aplicabilidad fue efectiva, conforme a la Disposición Final Tercera de la citada orden ministerial, desde el primer día del mes siguiente a la publicación en el BOE de la acreditación de AESA como entidad encargada de resolver los conflictos tramitados por esta vía, esto es, desde el 2 de junio de 2023, gracias a la

Orden TMA/469/2023, de 17 de abril, por la que se acreditó a la Agencia Estatal de Seguridad Aérea como entidad de resolución alternativa de litigios en el ámbito aéreo

Procedemos a estudiar diferentes aspectos de la regulación de este nuevo ADR que ha entrado en funcionamiento en junio de 2023.

2. OBJETO DEL CONFLICTO

El artículo 2 de la orden ministerial aborda, mediante la técnica de reenvío normativo, la delimitación de las materias que pueden ser motivo de conflicto, señalando que este procedimiento de ADR será cauce para la "la aplicación de los Reglamentos (CE) nº 261/2004, del Parlamento Europeo y del Consejo de 11 de febrero de 2004, por el que se establecen normas comunes sobre compensación y asistencia a los pasajeros aéreos en caso de denegación de embarque y de cancelación o gran retraso de los vuelos y se deroga el Reglamento (CEE) nº 295/91; y (CE) nº 1107/2006, del Parlamento Europeo y del Consejo, de 5 de julio de 2006, sobre derechos de las personas con discapacidad o movilidad reducida en el transporte aéreo".

En base al incumplimiento de la citada normativa, la pretensión del pasajero siempre será de carácter indemnizatorio; y obligatoriamente fundada en alguna de las causas tasadas por la orden ministerial que posteriormente estudiamos

2.1. La cuestión territorial

El legislador diferencia los incumplimientos del Reglamento (CE) 261/2004 frente a las infracciones del Reglamento (CE) 1107/2006.

En el caso de conflicto surgido con motivo de la aplicación del Reglamento (CE) 261/2004, el legislador dispone que el procedimiento extrajudicial se aplicará cuando el conflicto afecte a un pasajero que:

- parta de un aeropuerto situado en territorio español;
- parta de un aeropuerto situado en un Estado no miembro de la Unión Europea —salvo que disfruten de beneficios o compensación y de asistencia en ese país—, pero con destino a otro situado en territorio español, cuando la compañía aérea operadora sea comunitaria.

Pero en los casos de conflictos nacidos con motivo de incumplimientos del Reglamento (CE) 1107/2006, del Parlamento Europeo y del Consejo, de 5 de julio de 2006, la aplicación del procedimiento extrajudicial de resolución de conflictos tendrá lugar si:

- Las personas con discapacidad o movilidad reducida que utilicen o pretendan utilizar vuelos comerciales de pasajeros que salgan de los aeropuertos situados en territorio español, lleguen a estos aeropuertos o transiten por ellos.
- En los casos previstos en los artículos 3, 4 y 10 del citado reglamento, los pasajeros que salgan de un aeropuerto situado en país no perteneciente a la Unión Europea lo hagan con destino a otro aeropuerto situado en territorio español, si la compañía aérea operadora es comunitaria.

Las anteriores previsiones legislativas hay que ponerlas en relación con las Directrices interpretativas que sobre el Reglamento (CE) 261/2004 formuló la Comisión sobre el Transporte en 2016 (2016/C 214/04)[1]; de tal forma que el pasajero ha de tener en cuenta que el procedimiento extrajudicial de resolución de conflicto instaurado por el legislador español en la Orden TMA/201/2022, de 14 de marzo, quedaría excluido desde el punto de vista del ámbito geográfico en los siguientes casos[2]:

- compañía aéreas pertenecientes a países y territorios descritos en el anexo II del Tratado de Funcionamiento de la Unión Europea, cuyo punto de destino sea un aeropuerto español; en virtud del artículo 355 del TFUE.
- compañía aéreas domiciliadas en Islas Feroe, la Isla de Man, ni las Islas Anglonormandas, cuyo punto de destino sea un aeropuerto español; territorios considerados terceros países a efectos del Reglamento, de conformidad con las actas de adhesión de Dinamarca y del Reino Unido —por ejemplo, Gibraltar[3]—.

---

1 COMUNICACIÓN DE LA COMISIÓN. *Directrices interpretativas del Reglamento (CE) nº 261/2004 del Parlamento Europeo y del Consejo por el que se establecen normas comunes sobre compensación y asistencia a los pasajeros aéreos en caso de denegación de embarque y de cancelación o gran retraso de los vuelos, y se deroga el Reglamento (CE) nº 2027/97 del Consejo sobre la responsabilidad de las compañías aéreas en caso de accidente, en su versión modificada por el Reglamento (CE) nº 889/2002 del Parlamento Europeo y del Consejo.* (2016/C 214/04). DOUE, 15-06-2016, págs. C214/5-C214/21.

2 *Directrices…, loc. cit.*, artículo 2.1.1.

3 En tanto no entre en vigor la declaración conjunta de los Ministros de Asuntos Exteriores del Reino de España y del Reino Unido de 2 diciembre de 1987 sobre cooperación en la utilización de dicha instalación aeroportuaria

Sin embargo sí es de aplicación en:

- aerolíneas cuyo punto de destino sea un aeropuerto español, domiciliadas en Guadalupe, la Guayana Francesa, Martinica, la Reunión y Mayotte, así como en San Martín, las Azores y Madeira.
- aerolíneas cuyo punto de destino sea un aeropuerto español y pertenezcan a Islandia y Noruega, en virtud del Acuerdo del Espacio Económico Europeo; y a Suiza de conformidad con el Acuerdo entre la Comunidad Europea y la Confederación Suiza sobre el transporte aéreo (1999).

Finalmente, si el conflicto surge en un vuelo con destino a España pero que ha partido del aeropuerto de un Estado Miembro de la Unión Europea, la entidad AESA debe remitir el expediente a la entidad competente de dicho Estado, previo consentimiento del pasajero.

2.2. Materias incluidas y excluidas

Atendiendo a la normativa invocada en la TMA/201/2022, de 14 de marzo, la variedad conflictual que puede dar origen a la reclamación del pasajero, puede subdividirse en dos bloques: un primer grupo referente a motivos generales de incumplimiento contractual del Reglamento (CE) 261/2004; y un segundo grupo específicamente dedicado a circunstancias que pudieran determinar una conducta discriminatoria contra determinadas personas, reguladas en el reglamento (CE) 1107/2006.

2.2.1. Causas generales

a) Denegación de embarque contra su voluntad

Para el legislador europeo estamos ante una denegación de embarque contraria al criterio del pasajero cuando la compañía aérea se niegue "a transportar pasajeros en un vuelo, pese a haberse presentado al embarque en las condiciones establecidas en el apartado 2 del artículo 3, salvo que haya motivos razonables para denegar su embarque, tales como razones de salud o de seguridad o la presentación de documentos de viaje inadecuados". Al pasajero que invoque esta causa como motivo de conflicto se le exigirá que:

- dispongan de una reserva confirmada en el vuelo de que se trate. Se considera cumplido el requisito, cuando "el pasajero disponga de un billete o de otra prueba que demuestre que la reserva ha sido aceptada y registrada por el transportista aéreo”[4].

- se presenten a facturación en las condiciones requeridas y a la hora fijada; si no se indicó hora, han de presentarse con un mínimo de cuarenta y cinco minutos de antelación a la hora de salida programada para el vuelo

Aunque la compañía pueda imponer en sus condiciones generales requisitos adicionales, la aplicación del Reglamento 261/2004 únicamente requiere las dos condiciones citadas[5].

También puede acogerse a esta causa el pasajero que ha sido transbordado del vuelo que tenía concertado a otro vuelo.

Sin embargo no puede invocar este motivo como fundamento de pretensión indemnizatoria el pasajero que, ya embarcado, sea obligado al desembarque contra su voluntad por una actuación de los Cuerpos y Fuerzas de Seguridad del Estado; así lo dispuso la SAP Madrid —Sección 28ª—, nº 2/2016 de 15 de enero: “Según resulta del propio relato del escrito de interposición del recurso, el Sr. Faustino fue forzado por las autoridades policiales a desembarcar del avión en el que debía operarse el transporte contratado con la demandada a fin de proceder a la revisión de su equipaje, partiendo aquel sin esperar a su vuelta, lo que, manifiestamente, no encaja en el supuesto de hecho de la norma. Los recurrentes enfatizan que el tiempo que llevó la revisión policial del equipaje fue breve, y que bien podía haberse esperado al Sr. Faustino. Carecemos de datos constatables que permitan comprobar si tal apreciación corresponde a la realidad. No obstante, en el escrito de demanda los aquí recurrentes señalaban que el Sr. Faustino estuvo retenido durante más de veinte minutos, lo que no parece ajustarse a la situación que ahora se nos pretende presentar. Por otro lado, Pullmantur, haciéndose eco de la información que le fue transmitida por personal de la agencia de viajes que organizó el viaje combinado que incluía el servicio de transporte a cargo de aquella compañía, del mismo grupo, señala que el comandante del aparato esperó hasta el último momento posible para operar la salida. En todo caso, aunque se contara con datos que avalaran la versión que se nos ofrece en el recurso, tampoco nos

---

4 Sentencia de la Audiencia Provincial de Madrid —Sección 28ª—, nº 691/2018, de 21 de diciembre. Tirant online, marginal (*Tol 7181711*).

5 SAP Madrid —Sección 28ª— nº 691/2018 de 21 de diciembre. *Loc. cit.* supra

encontraríamos ante una situación legalmente definible como denegación de embarque"[6].

Si la denegación de embarque al pasajero reclamante trae causa de procedimientos o requisitos establecidos en el Programa Nacional de Seguridad para la Aviación Civil, o en cualquier normativa sobre los requisitos documentales para confirmar la identidad de los pasajeros en el embarque u otra documentación del viaje, así como en el cumplimiento de los requisitos de salud pública exigibles, en estos supuestos el procedimiento de ADR ante la Agencia únicamente tendrá lugar si el vuelo tenía como punto de origen un aeropuerto situado en territorio español.

En caso de pasajeros con discapacidad o movilidad reducida, ha de tenerse en cuenta que el pasajero tiene derecho a embarcar con perro guía notificando previamente la necesidad de presencia del animal bordo[7].

La compañía aérea solo podrá denegar el embarque por motivos de seguridad establecidos en legislación nacional, comunitaria o internacional; o si las dimensiones de la aeronave o sus puertas dificultan físicamente el embarque o transporte de la persona afectada[8]. Pudiendo exigir la aerolínea que ese pasajero vaya acompañado. Pero todos estos condicionantes han de comunicarse por escrito al pasajero afectado.

b) Cancelación de su vuelo

La responsabilidad del transportista nace en este caso si no informa de la incidencia al pasaje con al menos dos semanas de antelación a la hora de salida prevista. Si el aviso se produce entre siete días y dos semanas, y no ofrece un transporte alternativo que permita al pasajero salir con un retraso máximo de dos horas respecto a la hora de salida programada inicialmente y llegar a su destino con menos de cuatro horas de retraso respecto de la prevista en su contrato de transporte. Finalmente, también responderá el transportista si la cancelación se produce en los siete días previos a la salida del vuelo y no ofrece al pasaje un vuelo que salga como máximo una hora antes del cancelado y llegue a destino con un retraso inferior a dos horas respecto de la prevista originalmente. La carga de la prueba corresponde al transportista.

---

[6] Tirant online, marginal (*Tol 5649803*).

[7] Reglamento 1107/2006, artículo 6.

[8] Reglamento 1107/2006, artículo 4.

¿Qué entendemos por cancelación, únicamente la acción de no despegar o, por el contrario, también incluye a estos efectos el aterrizaje en aeropuerto distinto del de destino sin que el avión llegue al mismo? El Tribunal Superior de Justicia de la Unión Europea, en su Sentencia —Sala Tercera— de 13 de octubre de 2011 (caso Aurora Sousa contra Air France S.A[9].) para dar contenido al concepto "cancelación", parte de la premisa de definir el concepto "vuelo", entendiendo como tal "una operación de transporte aéreo y [...] que, por lo tanto, constituye en cierto modo una 'unidad' de este tipo de transporte realizada por un transportista aéreo que fija su itinerario" (STJUE 10 de julio de 2088, caso Emirates Airlines); ante lo que el tribunal concluye que "dado que el término "itinerario" designa el recorrido que ha de efectuar el avión desde el aeropuerto de salida hasta el aeropuerto de llegada, según una cronología establecida, para que un vuelo pueda considerarse realizado no basta con que el avión haya salido conforme al itinerario previsto, sino que es necesario también que haya alcanzado su destino tal como figura en dicho itinerario. Pues bien, la circunstancia de que el despegue se haya producido, pero el avión haya regresado seguidamente al aeropuerto de origen sin haber alcanzado el destino que figura en el itinerario, significa que el vuelo, tal como estaba previsto inicialmente, no puede considerarse realizado". Por ello, continúa la STJUE de 13 de octubre de 2011 "el motivo por el que el avión se haya visto obligado a regresar al aeropuerto de salida y, por tanto, no haya alcanzado su destino es irrelevante a efectos de la calificación de "cancelación", en el sentido de la definición antes mencionada del artículo 2, letra l), del Reglamento núm. 261/2004. En efecto, tal motivo sólo es pertinente para determinar, en el marco de la indemnización del perjuicio sufrido por los pasajeros a causa de la cancelación de su vuelo, si, llegado el caso, dicha cancelación "se debe a circunstancias extraordinarias que no podrían haberse evitado incluso si se hubieran tomado todas las medidas razonables", en el sentido del artículo 5, apartado 3, del Reglamento núm. 261/2004, en cuyo caso no hay obligación de compensación" Concluyendo el TJUE que debe entenderse, por tanto, por cancelación "no se refiere exclusivamente al supuesto de que el avión de que se trate no haya despegado en modo alguno, sino que incluye igualmente el supuesto de que el avión haya despegado, pero, cualquiera que sea la razón, se vea obligado a re-

9 Almeida Shaigua, Amanda Sofía: "Responsabilidad contractual por retraso y cancelación en el trasporte aéreo de pasajeros". Repositorio de la Universidad de Sevilla, julio 2020, consultado en www.idus.us.es. Consulta realizada el 20 de diciembre de 2023.

gresar al aeropuerto de origen y los pasajeros de dicho avión hayan sido transferidos a otros vuelos"[10].

Téngase en cuenta que no surge derecho indemnizatorio en caso que la cancelación se deba a circunstancias extraordinarias que, aun tomando las medidas razonables, no pudieran haberse evitado.

c) Retraso de su vuelo

Se considera que esta incidencia devenga un derecho al pasajero a percibir indemnización, cuando el retraso es superior a:

- de dos horas o más en el caso de todos los vuelos de distancia igual o inferior a 1.500 kilómetros
- de tres horas o más en el caso de todos los vuelos intracomunitarios con distancia superior a 1.500 kilómetros; y todo vuelo con distancia entre 1.500 y 3.500 kilómetros
- de cuatro horas o más en vuelos no comprendidos en los citados anteriormente.

La pretensión indemnizatoria no solo alcanza al retraso en el vuelo, sino que además comprende los incumplimientos de medidas asistenciales, que son:

- en todos los casos: comida y refrescos suficientes para el tiempo de espera; poner a disposición del pasaje, gratuitamente, llamadas telefónicas, fax o correos electrónicos.
- cuando la salida se demore al día siguiente: alojamiento en hotel y transporte entre el aeropuerto y el hotel.

2.2.2. Causas específicas para pasajeros con discapacidad o movilidad reducida

Además de las causas citadas en el anterior apartado, también puede ser objeto del ADR que estudiamos la pretensión indemnizatoria del pasajero con discapacidad o movilidad reducida que sufra la pérdida o daño en la

[10] Ibídem

silla de ruedas, o equipo de movilidad, o dispositivo de asistencia durante el manejo en el aeropuerto o en el transporte a bordo de la nave[11].

Singular importancia cobra lo dispuesto en la normativa sobre obligación asistencial a estos pasajeros; elenco de medidas cuya responsabilidad recae en las entidades gestoras de aeropuertos, incluso en el caso que se contrate a un tercero para su ejecución material. Hemos de estar a lo dispuesto en el Anexo I del Reglamento (CE) nº 1107/2006, del Parlamento Europeo y del Consejo, de 5 de julio de 2006, sobre derechos de las personas con discapacidad o movilidad reducida en el transporte aéreo, para conocer el listado de causas invocables por el pasajero:

- comunicar su llegada a un aeropuerto y su solicitud de asistencia en los puntos designados dentro y fuera de los edificios terminales;
- desplazarse desde uno de esos puntos designados al mostrador de facturación,
- proceder a la comprobación de su billete y a la facturación de su equipaje,
- desplazarse desde el mostrador de facturación al avión, pasando los controles de emigración, aduanas y seguridad,
- embarcar en el avión, para lo que deberán preverse elevadores, sillas de ruedas o cualquier otro tipo de asistencia que proceda,
- desplazarse desde la puerta del avión a sus asientos,
- guardar y recuperar su equipaje dentro del avión,
- desplazarse desde sus asientos a la puerta del avión,
- desembarcar del avión, para lo que deberán preverse elevadores, sillas de ruedas o cualquier otro tipo de asistencia que proceda,
- desplazarse desde el avión hasta la sala de recogida de equipajes, pasando los controles de inmigración y aduanas,
- desplazarse desde la sala de recogida de equipajes hasta un punto designado,
- conectar con otros vuelos, cuando se hallen en tránsito, para lo que habrá que prever asistencia en el aire y en tierra y tanto dentro de las terminales como entre terminales, si es preciso,

---

11 Reglamento 1107/2006, artículo 12.

- desplazarse a los servicios si es preciso.
- Cuando una persona con discapacidad o movilidad reducida reciba la ayuda de un acompañante, esta persona deberá poder prestar, si así se solicita, la asistencia necesaria en el aeropuerto y durante el embarque y desembarque.
- Manejo en tierra de todos los equipos de movilidad, incluidos equipos como las sillas de ruedas eléctricas (previa notificación con una antelación de 48 horas y siempre que las limitaciones de espacio a bordo del avión no lo impidan, y sometido todo ello a la aplicación de la legislación pertinente en materia de mercancías peligrosas).
- Sustitución temporal del equipo de movilidad extraviado o averiado, aunque no necesariamente por idéntico tipo de equipo.
- Asistencia en tierra a los perros guía reconocidos, cuando así proceda.
- Comunicación de la información necesaria para tomar los vuelos en formato accesible.

2.2.3. Materias excluidas

No podrá ser objeto de conflicto una reclamación del pasajero fundada en las siguientes causas:

- daños y perjuicios causados por el incumplimiento o cumplimiento defectuoso del contrato de transporte no relacionados con los Reglamentos 261/2004 y 1107/2006;
- cláusulas y prácticas abusivas en el contrato de transporte aéreo
- reclamaciones sobre prácticas comerciales, información precontractual o el contrato;
- la protección de datos de carácter personal;
- reclamaciones de los pasajeros en base al Reglamento (CE) 2027/97, del Consejo, de 9 de octubre de 1997, sobre la responsabilidad de las compañías aéreas en caso de accidente y el Reglamento (CE) 889/2002, de 13 de mayo, que lo modifica; o las reclamaciones por la destrucción, pérdida, avería o retraso de los equipajes facturados en base a cualquier otra norma o convención;
- los demás previstos en el artículo 3.2 de la Ley 7/2017, de 2 de noviembre.

3. LA PRETENSIÓN

La única reclamación posible por el pasajero es una indemnización pecuniaria, por lo que debe cuantificar su pretensión indemnizatoria. Estimamos que esta cuantificación ya debe estar presente en la obligatoria reclamación previa anterior al ADR a la hora de presentar la obligatoria reclamación previa al ADR.

A tal efecto, el propio artículo 1 del Reglamento 261/2004 establece un régimen compensatorio que asiste al pasajero aéreo en estos casos; pero es un régimen de mínimos, porque en su artículo 12 recoge la posibilidad de obtener una compensación "suplementaria"; como declaró la SAP Madrid de 13 de mayo de 2011, "significa que su existencia no excluye cualesquiera otros derechos reconocidos a los pasajeros aéreos por la normativa internacional o nacional de los Estados miembros de la Unión Europea que resulten aplicables. Consecuentemente [...] las indemnizaciones reconocidas para los casos de denegación de embarque, retraso y cancelación en el Reglamento (CE) nº 261/2004 no deben en ningún caso interpretarse como límites a la responsabilidad de los transportistas aéreos en dichos supuestos, sino como indemnizaciones mínimas que no impiden el derecho del pasajero a exigir indemnizaciones suplementarias en función de los daños y perjuicios que hayan sufrido a consecuencia de la conducta del transportista aéreo (salvo el supuesto previsto en el art. 12.2 de renuncia voluntaria del pasajero a su reserva a cambio de determinados beneficios, en las condiciones señaladas en el artículo 4.1 del citado Reglamento comunitario)"[12].

¿Sería posible por el pasajero invocar el régimen indemnizatorio del Convenio de Montreal?

La respuesta ha de ser afirmativa; porque reiterada jurisprudencia del TJUE ha declarado que este Convenio forma parte del ordenamiento jurídico comunitario desde 28 de junio de 2004[13]. A mayor abundancia las medidas del Reglamento 20024 "mejoran la protección de los intereses de los pasajeros y las condiciones en que se les aplica el principio de reparación, no pueden, por tanto, considerarse incompatibles con el Convenio de Montreal. En segundo lugar, las medidas estandarizadas e inmediatas previstas en el artículo 6 del Reglamento núm. 261/2004 no se encuentran entre aquéllas cuyas condiciones de ejercicio fija el Convenio de Montreal

---

12 Tirant online, marginal (*Tol 2174697*).

13 Por todas, STJUE de 10 de enero de 2006 (IATA et alii, as. C-344/2004).

y no son incompatibles con ese Convenio. Resulta de lo anterior que las disposiciones de este Reglamento que regulan así determinados derechos de los pasajeros en los casos de grandes retrasos en los vuelos no pueden sujetarse a condiciones diferentes de las que fija dicho Convenio respecto de otros derechos. En consecuencia, no son en absoluto contrarias a las que contiene el Reglamento núm. 2027/97 y que han sido adoptadas, conforme a su artículo 1, para aplicar las disposiciones pertinentes del Convenio de Montreal"[14].

Sin embargo, Pazos Castro distingue un régimen distinto si la pretensión surge por retraso en el vuelo a que si la reclamación se funda en incumplimiento de obligaciones asistenciales, estimando el citado autor incompatible ambos textos normativos, Reglamento y Convenio, en el primero caso, pero no en el segundo, afirmando que "la razón es que las obligaciones de asistencia al pasajero durante el tiempo de espera a cargo de las aerolíneas tienen por objeto paliar las consecuencias de los retrasos. De este modo, a diferencia de la compensación, que constituye a mi juicio la indemnización de un daño ocasionado por un retraso, situación ya cubierta por el Convenio de Montreal, las obligaciones de asistencia tienen un objeto muy distinto: evitar, precisamente, que surja un daño indemnizable"[15].

Además de la compensación objetivable, en lo referente a los posibles perjuicios derivados del retraso en el vuelo, la denegación de embarque o la cancelación del viaje, "la indemnización [...] no puede serlo al precio de tarifa ordinaria, ya que lo único a lo que tiene derecho [...] es a que se le devuelva el importe que realmente pagó por esos servicios no prestados"[16].

¿Cabe solicitar indemnización por daño moral al amparo de esta "compensación suplementaria"?

Estimamos que sí. El TJUE en su Sentencia —Sala Tercera— de 13 de octubre de 2011 (caso Sousa contra Air France S.A.), determinó en base al artículo 12 del citado Reglamento que los pasajeros pueden ser "compensados por la totalidad del perjuicio que hayan sufrido a causa del incumplimiento, por parte del transportista aéreo, de sus obligaciones contractuales. Esta disposición permite así al juez nacional condenar al transportista

---

[14] PAZOS CASTRO, Ricardo: "El derecho a compensación por retraso en la normativa europea de transporte aéreo de pasajeros". *In Dret*, abril 2017, pág. 25.

[15] Ibídem.

[16] SAP Vizcaya (Sección 5ª) nº 758/2000, de 28 de julio de 2000.

aéreo a indemnizar el perjuicio resultante para los pasajeros del incumplimiento del contrato de transporte aéreo, sobre la base de un fundamento jurídico distinto del Reglamento núm. 261/2004, es decir, en particular, en las condiciones previstas por el Convenio de Montreal o por el Derecho nacional"[17].

Específicamente el capítulo III del Convenio de Montreal alude al "daño causado"[18], por lo que el TJUE, en su Sentencia de 6 de mayo de 2010 (Caso Axel Walz contra Clickair S.A.) ya dejó sentado que términos "préjudice" y "dommage", mencionados en el capítulo III del Convenio de Montreal, comprenden los daños tanto de carácter material como moral. Y en el mismo sentido hay que interpretar el artículo 12 letra i) del Reglamento 261/2004.

Por lo que estimamos que un pasajero que recurre al ADR de la Orden TMA/201/2022, podrá incluir en su pretensión indemnizatoria los daños y perjuicios, incluidos los daños morales, por incumplimiento de contrato de transporte aéreo; invocando el artículo 12 letra i) del Reglamento 261/2004 y AESA podrá resolver en favor de dicha indemnización. Pero los gastos que el pasajero haya tenido que efectuar por el incumplimiento contractual, únicamente serán los encuadrados en los artículos 8 y 9 del Reglamento 261/2004, preceptos donde encuentran fundamento jurídico.

Por ello, con De Diego Camarena[19], cabe distinguir un doble régimen de indemnización por pérdida de tiempo al pasajero:

- La compensación, que responde a un perjuicio objetivado, aplicable en los supuestos regulados por el artículo 7 del Reglamento 261/2004, que no necesitan prueba.
- Los demás daños y perjuicios, con fundamento en el Convenio de Montreal de 1999, que han de ser probados y suponen un suplemento o complemento de la compensación (art. 12 del Reglamento 261/2004), sin que se trate de conceptos equivalentes ni excluyentes.

Téngase en cuenta que conforme al artículo 5.3 del Reglamento 261/2004 "Un transportista aéreo encargado de efectuar un vuelo no está

---

17 Almeida Shaigua, Amanda Sofía: ibídem.

18 Instrumento de Ratificación del Convenio para la unificación de ciertas reglas para el transporte aéreo internacional, hecho en Montreal el 28 de mayo de 1999.

19 De Diego Camarena, Diego: "El derecho de compensación de los pasajeros aéreos". *Revista Jurídica Colex*, nº 24, 2022, págs. 20-30.

obligado a pagar una compensación conforme al artículo 7 si puede probar que la cancelación se debe a circunstancias extraordinarias que no podrían haberse evitado incluso si se hubieran tomado todas las medidas razonables".

4. ÓRGANO ACREDITADO PARA LA RESOLUCIÓN DEL CONFLICTO

Atendiendo a que la Agencia es el organismo competente para velar por el cumplimiento de lo dispuesto en el Reglamento 261/2004, incluso con potestad sancionadora[20], la aplicabilidad de la Orden TMA/201/2022 —como indicaba en su disposición adicional tercera— quedaba pendiente de la obtención por AESA de la acreditación como entidad de resolución alternativa de litigios en el ámbito de protección de los usuarios del transporte aéreo; que fue aprobada por la Orden TMA/469/2023, d 17 de abril publicada en el BOE de 10 de mayo de 2023.

La competencia recae en la Dirección General de AESA; que para este procedimiento se apoyará en el personal de la unidad administrativa de la Dirección de Gestión de la Seguridad y Personal de Vuelo (DGSPV) y, en concreto, de los funcionarios de la División de Derechos de los Pasajeros (PAX) y su Servicio de Asesoramiento y Reclamaciones[21].

5. PRINCIPIOS INFORMADORES DEL PROCEDIMIENTO

Los principios que informan este medio de solución de conflictos están íntimamente relacionados con las reglas que rigen los procedimientos de ADR de entidades acreditadas, establecidos en la Ley 7/2017; por lo que analizando el artículo 7 de la Orden TMA/201/2022, pueden señalarse los siguientes:

a) Transparencia

---

20 De Diego Camarena, Gonzalo: "AESA podría imponer al transportista aéreo las compensaciones a favor de los pasajeros si el legislador le facultase para ello (STJUE de 29 de septiembre de 2022)". *Revista Jurídica Colex*, nº 29, enero-febrero 2023, pág. 33.

21 Resolución AN-D-006 de la Directora de la Agencia Estatal de Seguridad Aérea, por la que se aprueba Reglamento de funcionamiento de la Agencia Estatal de Seguridad Aérea como entidad de resolución alternativa de litigios.

Dispone el artículo 5 de la orden ministerial analizada la obligación que tienen compañías aéreas y gestores aeroportuarios de informar a los pasajeros "sobre la posibilidad de recurrir ante la Agencia en los supuestos contemplados en esta disposición, y, cuando estuvieran adheridos a ellos, al sistema arbitral de consumo o al sistema arbitral para la resolución de quejas y reclamaciones en materia de igualdad de oportunidades, no discriminación y accesibilidad por razón de discapacidad"; el precepto da cumplimiento al régimen de información que impone la Ley 7/2017, de 2 de noviembre, a la que expresamente se remite.

La previsión del artículo 5 viene referida a la obligación de la compañía aérea y del gestor aeroportuario de incluir en la información comercial y contractual su adhesión al nuevo sistema de resolución de conflictos vigente desde el 2 de junio de 2023.

Además, la Agencia ha puesto a disposición de los usuarios la Resolución AN-D-006 que aprueba el Reglamento de funcionamiento de AESA como entidad de resolución alternativa de litigios.

Comenzado el procedimiento, las partes tienen derecho a conocer la identidad de la persona que tramita su expediente para poder ejercer su derecho de solicitar aclaración sobre su relación con la otra parte[22].

b) Libre elección por el pasajero

Aun siendo un sistema alternativo de resolución de conflictos específico para controversias dimanantes del transporte aéreo de pasajeros, el afectado que pretenda tramitar una reclamación contra la compañía aérea o el gestor aeroportuario no se encuentra vinculado a tramitarla necesariamente por el procedimiento de la orden TMA/201/2022; pudiendo acudir al sistema arbitral de consumo, al sistema arbitral para la resolución de quejas y reclamaciones en materia de igualdad de oportunidades, no discriminación y accesibilidad por razón de discapacidad, o, aunque no lo especifique el texto normativo, a cualquier otro medio de resolución de controversias.

Repárese en que, aunque el legislador no obligue a tramitar por este ADR los conflictos derivados de la inaplicación de los Reglamentos 261/2004 y 1107/2006, abriendo la puerta a procedimientos arbitra-

---

22 Artículo 23.1 b) párrafo segundo Ley 7/2017, de 2 de noviembre.

les de consumo, el nuevo procedimiento de ADR, a diferencia del sistema arbitral de consumo, no circunscribe la facultad de reclamación al pasajero-consumidor, sino que todo pasajero puede recurrir al mismo; además, si la empresa reclamada es una compañía aérea, no es necesario que se haya adherido formalmente al ADR de la orden ministerial, pues es un procedimiento extrajudicial de solución de conflictos vinculante por imperativo legal para estas empresas.

c) Acceso condicionado

Si el afectado decide intentar solucionar su controversia por este ADR, el legislador le impone una condición de obligado cumplimiento, que se erige en condición sine qua non para acceder a dicho procedimiento ante AESA: plantear una reclamación previa ante la compañía o el gestor aeroportuario contra quien dirija su pretensión indemnizatoria —contando para ello con un plazo de cinco años desde que se produce el incumplimiento que da lugar al conflicto—.

d) Independencia e imparcialidad

Conforme al artículo 7.1 del texto normativo que estudiamos, las personas nombradas para tramitar y resolver el expediente actuarán con independencia e imparcialidad; siendo de aplicación el artículo 23 de la Ley 7/2017, de 2 de noviembre, lo que garantiza que los funcionarios nombrados a tal efecto por delegación de la dirección general de AESA, son: nombrados para el ejercicio de esta concreta función por un periodo no inferior a dos años; solo pueden ser removidos por causa justificada; no reciban instrucciones de ninguna de las partes, ni de sus representantes, ni mantengan, ni hayan mantenido en los tres años precedentes con ellas relación personal, profesional o comercial; la retribución de su salario no guarda relación con los resultados de los procedimientos tramitados. Además, están obligados a mantener su imparcialidad durante todo el procedimiento, por lo que, junto a la ausencia de relación personal o profesional con alguna de las partes y de interés directo o indirecto en el objeto de la controversia, tienen la obligación de poner en conocimiento de las partes cualquier circunstancia que pudiera hacer dudar de esta imparcialidad en el momento del procedimiento en el que dicho motivo hiciera presencia. En este sentido, son de aplicación los artículos 23 y 24 de la Ley 40/2015, de 1 de octubre, de Régimen Jurídico del Sector Público.

e) Eficacia

Con el fin de garantizar la eficacia del procedimiento, el legislador ha dispuesto un plazo máximo de resolución de noventa días, a contar desde la recepción de la reclamación debidamente cumplimentada. Sin embargo, contrasta esta regla de la eficacia que ha de perseguir el nuevo ADR con el hecho que el plazo otorgado a la Agencia queda suspendido por los trámites de audiencia y prueba, a diferencia del sistema arbitral de consumo, donde el cómputo del plazo no contempla estas suspensiones.

Para reforzar este principio, en el informe anual de actividad que ha de publicar la entidad competente para la resolución del conflicto, un apartado queda reservado a la evaluación de la eficacia del procedimiento con indicación de posibles actuaciones dirigidas a mejorar sus resultados[23].

A efectos de contribuir a la eficaz resolución de conflictos en caso de pluralidad de reclamantes cuyas pretensiones tengan la necesaria conexión, es plausible que el legislador haya arbitrado la posibilidad de acumular en un mismo procedimiento, tanto de oficio por la Agencia como a instancia de parte, expedientes "que guarden identidad sustancial o íntima conexión, entendiéndose que concurren tales circunstancias cuando las reclamaciones acumuladas traigan su causa de los mismos hechos"; a mayor abundancia, si la decisión de acumulación de reclamaciones se ha realizado de oficio, no es revisable a instancia de parte.

f) Equidad

Por este principio la entidad encargada de tramitar el procedimiento de resolución del conflicto debe garantizar a ambas partes las mismas oportunidades para hacer valer sus derechos, de manera que la considerada más vulnerable vea facilitado el acceso y seguimiento de la tramitación[24] equilibrando las posiciones de las partes el organismo que tramita el procedimiento.

---

23 Artículo 31.1 letra h) Ley 7/2017, de 2 de noviembre

24 Vilalta Nicuesa, Aura Esther: *Resolución alternativa de conflictos*, Universitat Oberta de Catalunya, 2013, págs. 43-44. Consultado en https://openaccess.uoc.edu/handle/10609/75606

En aplicación de esta regla, el procedimiento no tiene coste —a salvo de lo dispuesto para la práctica de pruebas a instancia de parte— y, además, el pasajero puede optar por presentar su reclamación presencial o virtualmente; no siendo preceptiva la intervención de letrado. Sin embargo, tanto compañías aéreas o gestores aeroportuarios contra quienes se dirija la reclamación, obligatoriamente tienen que intervenir por medios electrónicos.

A mayor abundancia, el pasajero dispondrá de un formulario para facilitarle la redacción de su reclamación.

g) Audiencia y contradicción

El procedimiento regulado en la orden ministerial establece un trámite de audiencia a ambas partes para la presentación de escritos iniciales de alegaciones; y, si fuera necesario, uno de conclusiones tras la práctica de la prueba. Dándole el legislador a estas audiencias la consideración de "elemento de juicio necesario para resolver el procedimiento"; la misma que se le otorga en el texto normativo a la práctica probatoria.

La contradicción queda garantizada con la regulación de estos trámites de alegaciones iniciales y finales, así como de la práctica de la prueba; y de los actos de comunicación entre la Agencia y las partes.

h) Accesibilidad objetiva

Teniendo por objeto el conflicto una de las materias incluidas para su reclamación por este medio, la Orden TMA/201/2022 no restringe subjetivamente el acceso a este ADR a pasajeros con la condición de consumidor, como sí ocurre en los medios arbitrales a los que hasta ahora se podía recurrir; sino que extiende la posibilidad de acudir al ADR a todos los pasajeros, gracias a la modificación que previamente realizó la Ley 3/2020 de 18 de septiembre, de medidas procesales y organizativas para hacer frente al covid-19 en el ámbito de la Administración de Justicia, en la disposición adicional segunda de la Ley 7/2017.

i) Gratuidad

El procedimiento es gratuito, dejando a salvo los costes de las pruebas propuestas por cada parte que han de ser asumidos por el proponente.

j) Voluntariedad

Como ya manifestamos anteriormente, el pasajero no se encuentra obligado a resolver necesariamente su reclamación por el procedimiento que analizamos; y, de recurrir a dicho procedimiento, la decisión de AESA no es vinculante para él.

Sin embargo, para las compañías aéreas, el procedimiento es de aceptación obligatoria y la resolución del mismo es vinculante, de forma que se le otorga un plazo de un mes para cumplir la prestación pecuniaria a la que sea condenado; sin perjuicio de su derecho de recurrir esta decisión ante la jurisdicción. Como indica Agüero Ortiz, la Orden TMA/201/2022 "unida a la disposición adicional segunda de la Ley 7/2017, es la norma especial a la que se refiere el artículo 9 Ley 7/2017 como requisito sine qua non para poder imponer la sumisión a un determinado procedimiento de ADR a las empresas reclamadas"[25].

En cuanto a los gestores aeroportuarios, aquellos adheridos previamente al sistema de resolución de conflictos de la Orden TMA/201/2022, el procedimiento es de aceptación obligatoria pero su resultado no es vinculante; para el resto de los gestores, de aceptación voluntaria y resultado no vinculante. Aspectos normativos criticados por Agüero por la escasa ambición de la Orden en este aspecto, entendiendo esta autora que los gestores aeroportuarios deberían haber tenido el mismo grado de vinculación, respecto de este ADR, que las compañías aéreas[26].

k) Asistencia letrada

No es obligatoria la asistencia de abogado, pero pueden ambas partes valerse del asesoramiento jurídico profesional de letrado; para velar por el principio de igualdad, la parte que decida estar asistida de abogado debe comunicarlo a la Agencia en el plazo de tres días, a contar bien desde la presentación de la reclamación, en el caso del pasajero, bien desde la recepción de la reclamación en el caso del reclamado.

---

25 Agüero Ortiz, Alicia: "La resolución alternativa de conflictos en el sector de los derechos de los pasajeros aéreos". *CESCO, Revista de Derecho de Consumo*, nº 41/2022, pág. 98.

26 *Loc. cit.* supra, pág. 99.

6. REQUISITO DE ACCESO AL PROCEDIMIENTO

El legislador, en la orden ministerial reguladora del ADR que analizamos, ha dispuesto una obligación al pasajero que pretenda iniciar el procedimiento de resolución de conflictos ante AESA: dirigir previamente una reclamación a la compañía aérea o gestor aeroportuario a quien reclama a indemnización. El plazo máximo de respuesta por el requerido es de un mes. Si la petición es total o parcialmente denegada, o no se resuelve en el plazo legal, tiene ya vía libre el peticionario para formular su pretensión indemnizatoria ante AESA.

7. TRAMITACIÓN DEL PROCEDIMIENTO DE RESOLUCIÓN DE CONFLICTOS DE LA ORDEN TMA/201/2022

7.1. Inicio

Cumplido el requisito de la reclamación previa, el pasajero tiene el plazo de un año, a contar desde la presentación de dicha reclamación, para instar el inicio del procedimiento ante AESA. Las formalidades de la petición inicial son mínimas, reduciéndose a un escrito —basta un formulario que está a disposición del peticionario—, con lugar y fecha de presentación, en cuyo contenido se indique: datos de identificación del reclamante —o de su representante, en su caso—; domicilio de notificaciones —que no necesariamente debe ser postal, pudiendo ser una dirección de correo electrónico o un dispositivo móvil—; identificación de fecha y hora del vuelo en el que se produjo el conflicto; motivo de su reclamación; y pretensión que ejerce.

La presentación de la solicitud tiene efectos suspensivos e interruptivos de los plazos de prescripción y caducidad de las acciones que asistieran al derecho del pasajero.

7.2. Causas de inadmisión

En línea con lo dispuesto en el artículo 18 de la Ley 7/2017, AESA podrá inadmitir a trámite la petición en los siguientes casos:

- Falta de reclamación previa ante la compañía aérea o el gestor aeroportuario.

- Interposición de la petición trascurrido más de un año desde la fecha de presentación de la reclamación previa preceptiva.
- Reclamación que verse sobre materias excluidas de este procedimiento específico de resolución de conflictos.
- Reclamación manifiestamente infundada.
- Cosa juzgada, tanto por haberse dictado sentencia como laudo sobre el conflicto.
- Litispendencia; excepto que estando la cuestión sub iudice, se haya admitido la suspensión del proceso jurisdiccional o arbitral para derivar la cuestión litigiosa al ADR específico de la Orden TMA/201/2022.
- Falta de competencia de la AESA para conocer del expediente[27].

La inadmisión debe ser motivada, por lo que la Agencia deberá fundamentar la causa en la que funda su decisión, resolución que podrá ser impugnada ante la Agencia en el plazo de un mes. En el supuesto de carencia de competencia, la Agencia podrá remitir el expediente a la entidad u organismo competente en el Estado miembro que corresponda tramitar el procedimiento, siempre que el pasajero hubiera consentido expresamente en su solicitud este traslado causado por inhibición de la Agencia.

7.3. Alegaciones por el reclamado

Admitida a trámite la reclamación se da traslado a la empresa reclamada de la solicitud y la documentación que, en su caso, acompañe a la petición; emplazándolo por veinte días para presentar por escrito su defensa ante la reclamación planteada por el pasajero. La compañía o el gestor, dependiendo del caso, podrá alegar tanto contra los hechos manifestados por el reclamante como diferir de la cuantificación de la pretensión indemnizatoria.

Presentadas las alegaciones en su defensa, se da traslado del escrito al pasajero para garantizar el principio de contradicción mediante el acceso al contenido íntegro del expediente; y para que pueda manifestar lo que a su derecho convenga, con la posibilidad de proponer nuevas pruebas ade-

---

27 Única causa específica que introduce la Orden TMA/201/2022 respecto a las recogidas en la Ley 7/2017.

más de las ya propuestas en su escrito inicial. La contestación inicial por la compañía o gestor aeroportuario no es una obligación, sino una carga; de forma que, si no atiende en tiempo y forma este primer emplazamiento, transcurrido el plazo legal otorgado para ello la Agencia directamente pasará a la práctica de las pruebas que hubiera propuesto el reclamante en su escrito inicial.

7.4. Práctica probatoria: la carga de la prueba

La Agencia decidirá sobre la admisión o denegación de las pruebas propuestas a instancia de parte, no siendo impugnable dicha resolución; la Agencia tiene la potestad de practicar prueba de oficio.

En cuanto a la carga de la prueba, estimamos que al pasajero corresponde probar que sucedió el hecho en el que funda su pretensión; esto es: que le fue denegado el embarque; que el vuelo acumuló retraso; que fue cancelado; o que no se acordaron las medidas previstas para pasajeros con discapacidad o movilidad reducida. Recayendo en el reclamado la carga de probar que la actitud de la compañía o del gestor estaba justificada; en este sentido, ante una denegación injustificada de embarque, la SAP Madrid —Sección 28ª—, nº 15/2015, de 19 de enero determinó: "Si los pasajeros del grupo que disponían de la oportuna reserva se presentaron a facturar con la suficiente antelación y disponían de la documentación necesaria y, a pesar de ello, no pudieron acceder al vuelo, hemos de presumir que existió denegación de embarque. Corresponde a la demandada acreditar, más allá de sus propias especulaciones y de documentos elaborados ad hoc, que existiera otro motivo por el que los pasajeros no embarcaron"[28]. En la misma línea, ante la denegación de embarque a un pasajero de Ryanair por un conflicto sobre el equipaje de mano —la compañía quiso obligar a que facturara aparte su equipaje de mano alegando que no entraba en el medidor, negándose dicho pasajero al ver claramente que sí entraba—, el Juzgado de lo Mercantil nº 2 de Málaga en su Sentencia de 15 de diciembre de 2013 falló: "De las pruebas practicadas en autos, esto es de la documentación aportada por la actora, resulta acreditada la realidad de los hechos en que se funda la demanda relativos a que los actores adquirieron billetes Málaga-Dusseldorf-Málaga, para los días 7 y 8 de septiembre de 2011, siendo el precio del billete de ida el de 314,28 euros (documento nº 2 de la demanda). Asimismo, consta acreditado que el actor viajaba con un

---

[28] Tirant online, marginal (*Tol 4748316*).

equipaje de mano que cumplía los requisitos en cuanto a las dimensiones, dado que cabía perfectamente en el medidor, tal como se extrae de los documentos 8 y 9 de la demanda (foto y atestado de la Guardia civil). El referido atestado pone de manifiesto, con total claridad, que los agentes de dicho cuerpo comprobaron que la maleta del actor entraba perfectamente en el medidor que tenía al efecto la compañía demandada. Asimismo, la narración de la demanda coincide con la declaración prestada por el Sr. Santiago en las dependencias del aeropuerto. [...]Por tanto, se le estaba exigiendo algo que carecía de justificación, tal como se acredita con el referido atestado de la guardia civil, y se le impedía embarcar si no cumplía con dicha exigencia"[29].

También corresponde al pasajero la prueba del daño y de su cuantificación del daño; así, la SAP Vizcaya (Sección 5ª) nº 758/2000, de 28 de julio: "entiende esta Sala que el importe [...] necesario para llegar a su destino, resulta perfectamente razonable y procede ser indemnizado, considerando su desembolso acreditado, a través de los documentos aportados con la demanda, ya que no sólo se aportan los recibos que así lo prueban, sino también los resguardos de los billetes, los cuales se entregaron a su pago"[30].

Tras la práctica probatoria puede la Agencia habilitar un nuevo trámite de audiencia para conclusiones.

7.5. Resolución

El director de la Agencia debe resolver por escrito el procedimiento en el plazo de noventa días naturales, a contar desde la fecha en que se comunicó la recepción de la reclamación —en idéntica línea al artículo 49 del RD 231/2008, de 15 de febrero, por el que se regula el Sistema Arbitral de Consumo—; el plazo es prorrogable en casos de especial complejidad "por el tiempo imprescindible" —artículo 17 de la Orden TMA/201/2022—, que no será superior a otros noventa días; no se indica nada en la orden ministerial sobre el cómputo del plazo en caso de acumulación de procedimientos, por lo que estimamos que, en tal supuesto, el dies a quo computa desde la comunicación de la recepción de la última reclamación de entre todas las que vayan a acumularse.

---

29 Tirant online, marginal (*Tol 4748316*).

30 Aranzadi, marginal AC 2000/2029.

Las características de esta resolución son:

a) Motivada

La Orden TMA/201/2022 obliga a la Dirección de la Agencia a dictar una resolución motivada que, entendemos, debe cumplir la doble motivación fáctica y jurídica, teniendo en cuenta que es una resolución impugnable ante la jurisdicción.

Además, la Agencia debe pronunciarse no sólo sobre la existencia de causa que funde o no la condena; sino también, en caso de condena a la empresa, sobre la cuantificación de la indemnización. En este sentido, estimamos que la cuantía solicitada por el reclamante opera como límite máximo para la Agencia, que no podrá condenar por más de lo cuantificado por el pasajero en su reclamación ni aunque el cálculo de la indemnización fuera erróneo; pues supondría una extralimitación en sus funciones como órgano resolutorio.

b) Eficacia atenuada.

A diferencia del sistema arbitral de consumo, donde se dicta un laudo con eficacia de cosa juzgada, preceptivo cumplimiento de su contenido obligacional para todas las partes y ejecutividad, el efecto vinculante de la resolución de la Dirección de la Agencia en este ADR de la Orden TMA/201/2022 queda notablemente atenuado desde el punto de vista que no vincula igual a todos quienes pueden ser parte en el ADR, e incluso puede ser impugnado ante la jurisdicción. Podemos contemplar los siguientes supuestos:

- En caso de desestimación expresa de la pretensión, o tácita por transcurso del plazo sin resolución, el pasajero podrá ejercer las acciones que a su derecho convenga.
- En caso de estimación parcial, la resolución no vincula al pasajero.
- En caso de estimación total, aunque la Orden indica sin especificar más que la decisión no es vinculante para el pasajero, no tendría sentido una reclamación judicial posterior basada en alegaciones y pruebas que hubieran podido ser introducidas en el procedimiento ante la Agencia; pues, si bien la resolución de la Agencia no tiene eficacia de cosa juzgada, debe tenerse en cuenta el ejercicio de buena fe del Derecho del artículo 7.1 del Código Civil.

- Para la compañía aérea la resolución estimatoria parcial o total es vinculante y de obligado cumplimiento, teniendo un mes para cumplir la prestación indemnizatoria a la que haya sido condenada.
- Para los gestores aeroportuarios la decisión no es vinculante.

c) Ejecutividad

La certificación de la resolución estimatoria de la pretensión —total o parcial— emitida por la Agencia, que conlleva la condena dineraria a la compañía aérea, tiene naturaleza de título de ejecución por la vía del artículo 517.2.9° LEC; que podrá fundamentar la interposición de una demanda ejecutiva por el proceso de ejecución forzosa, si en el plazo de un mes no ha pagado la compañía la obligación pecuniaria impuesta. Sin embargo, carece de naturaleza ejecutiva si el condenado tiene la condición de gestor aeroportuario, consecuencia de la no vinculación de éstos al procedimiento y a su resolución. Por tanto, en caso de incumplimiento de la resolución de la Agencia por el gestor aeroportuario condenado, la eficacia jurídica de dicha resolución si se aporta su certificación por el pasajero que ejerza su acción en un proceso jurisdiccional, será la de un documento público del artículo 317.6° LEC con la eficacia probatoria del artículo 319 de la ley de ritos civiles; y, a mayor abundamiento, serán invocables por el pasajero a efecto de la condena en costas los artículos 394.2 y 395.1 párrafo segundo de la ley de ritos civiles.

El plazo legal para la ejecución en caso de incumplimiento es superior al de la ejecutividad del laudo arbitral de consumo, que es de veinte días —artículo 548 LEC—. Siendo impugnable la resolución de la Agencia por la compañía aérea, estimamos que en caso de verificarse la impugnación de la resolución condenatoria, el pasajero que desee ejecutar la resolución de AESA debe acudir al proceso de ejecución provisional de sentencias del artículo 526 y ss. de la Ley de Enjuiciamiento Civil.

La competencia para conocer de la ejecución de la resolución de la Agencia correspondería a los Jugados de lo Mercantil si se aplicara a este ADR de la Orden TMA/201/2022 el apartado 4° de la disposición adicional segunda de la Ley 7/2017, que hemos comprobado que informa muchos aspectos del ADR analizado; en virtud de lo establecido en el artículo 86 ter apartado 2 letra b) que estuvo vigente hasta la modificación de la Ley Orgánica del Poder Judicial en 2022. Y ello a pesar de que la tramitación procedimental del ADR estudiado tiene una naturaleza jurídica muy cercana a lo administrativo, lo que guarda relación, como apreciaba del Águila Martínez[31], con que aun cuando la resolución emane de un órgano administrativo el objeto del conflicto realmente nace de un contrato privado entre el pasajero y la compañía o el gestor aeroportuario.

Sin embargo, la reforma operada en la citada ley orgánica por la Ley Orgánica 7/2022, de 27 de julio, cuya entrada en vigor fue el 17 de agosto del citado año, introdujo una modificación sustancial en el artículo 86 bis, en cuyo apartado 1 párrafo segundo dispone expresamente: "los Juzgados de lo Mercantil no serán competentes para conocer de [...] las cuestiones previstas en el Reglamento (CE) nº 261/2004 del Parlamento Europeo y del Consejo, de 11 de febrero de 2004, por el que se establecen normas comunes sobre compensación y asistencia a los pasajeros aéreos en caso de denegación de embarque y de cancelación o gran retraso de los vuelos".

Por lo que estimamos que la competencia para la ejecución corresponderá a los Juzgados de Primera Instancia.

d) Impugnable

El artículo 18 de la Orden TMA/201/2022 recoge la posibilidad de la compañía aérea de impugnar la resolución de la Agencia "ante el juzgado competente". Al igual que manifestamos sobre la competencia para conocer de la ejecución de la resolución de la Agencia, el apartado tercero de la disposición adicional segunda de la ley 7/2017, tras su modificación por la Ley 3/2020 de 18 de septiembre, de medidas procesales y organizativas para hacer frente al covid-19 en el ámbito de la Administración de Justicia, atribuye la competencia a los Juzgados de lo Mercantil. Reiteramos lo afirmado anteriormente: desde el 17 de agosto de 2022, en virtud de la reforma de la Ley Orgánica del Poder Judicial por la Ley Orgánica 7/2022, de 27 de julio, el artículo 86 bis en su redacción actual impiden a los Juzgados de lo Mercantil conocer de "cuestiones previstas en el Reglamento (CE) nº 261/2004 del Parlamento Europeo y del Consejo, de 11 de febrero de 2004, por el que se establecen normas comunes sobre compensación y asistencia a los pasajeros aéreos en caso de denega-

---

[31] "Problemas que plantean las reclamaciones frente a AESA: especial referencia a su naturaleza jurídica e impugnación". *Actualidad Jurídica Iberoamericana*, nº 16, febrero 2022, pág. 622.

ción de embarque y de cancelación o gran retraso de los vuelos". Por lo que entendemos que la competencia para conocer d la impugnación de la resolución de la Agencia por la empresa corresponderá a los Juzgados de Primera Instancia.

En cuanto a la tramitación, la disposición adicional segunda de la Ley 7/2017 dispone que se tramitará por el cauce del juicio verbal y debe presentarse dentro de los dos meses siguientes a su notificación o, en caso de que se haya solicitado corrección o aclaración, desde la notificación de la respuesta a esta solicitud, o desde la expiración del plazo de diez días desde que esta se efectuó sin que se haya notificado respuesta expresa.

BIBLIOGRAFÍA

Agüero Ortiz, Alicia: "La resolución alternativa de conflictos en el sector de los derechos de los pasajeros aéreos". *CESCO Revista de Derecho de Consumo,* nº 41/2022.

Almeida Shaigua, Amanda Sofía: "Responsabilidad contractual por retraso y cancelación en el trasporte aéreo de pasajeros", julio 2020. Repositorio institucional de la Universidad de Sevilla, www.idus.us.es.

COMUNICACIÓN DE LA COMISIÓN. *Directrices interpretativas del Reglamento (CE) nº 261/2004 del Parlamento Europeo y del Consejo por el que se establecen normas comunes sobre compensación y asistencia a los pasajeros aéreos en caso de denegación de embarque y de cancelación o gran retraso de los vuelos, y se deroga el Reglamento (CE) nº 2027/97 del Consejo sobre la responsabilidad de las compañías aéreas en caso de accidente, en su versión modificada por el Reglamento (CE) nº 889/2002 del Parlamento Europeo y del Consejo.* (2016/C 214/04). DOUE, 15-06-2016, págs. C214/5-C214/21.

Del Águila Martínez, Jesús: "Problemas que plantean las reclamaciones frente a AESA: especial referencia a su naturaleza jurídica e impugnación". *Actualidad Jurídica Iberoamericana,* nº 16, febrero 2022.

Pazos Castro, Ricardo: "El derecho a compensación por retraso en la normativa europea de transporte aéreo de pasajeros". *In Dret,* abril 2017, pág. 25.

De Diego Camarena, Diego: "El derecho de compensación de los pasajeros aéreos". *Revista Jurídica Colex,* nº 24, 2022, págs. 20-30.

Vilalta Nicuesa, Aura Esther: *Resolución alternativa de conflictos,* Universitat Oberta de Catalunya, 2013, págs. 43-44. https://openaccess.uoc.edu/handle/10609/75606